应用型大学建设丛书

全国教育科学规划国家一般项目：
"'双一流'背景下中国特色高水平应用技术大学差别化发展研究"
（课题批准号：BIA170239）最终研究成果

中国应用科技型大学改革与发展研究

董立平 著

厦门大学出版社 国家一级出版社
XIAMEN UNIVERSITY PRESS 全国百佳图书出版单位

图书在版编目(CIP)数据

中国应用科技型大学改革与发展研究 / 董立平著
. -- 厦门：厦门大学出版社，2024.11
(应用型大学建设丛书)
ISBN 978-7-5615-9232-8

Ⅰ.①中… Ⅱ.①董… Ⅲ.①高等学校-教育改革-研究-中国 Ⅳ.①G649.21

中国国家版本馆CIP数据核字(2023)第241219号

责任编辑　曾妍妍
美术编辑　李夏凌
技术编辑　朱　楷

出版发行　厦门大学出版社
社　　址　厦门市软件园二期望海路39号
邮政编码　361008
总　　机　0592-2181111　0592-2181406(传真)
营销中心　0592-2184458　0592-2181365
网　　址　http://www.xmupress.com
邮　　箱　xmup@xmupress.com
印　　刷　厦门市金凯龙包装科技有限公司

开本　787 mm×1 092 mm　1/16
印张　40
插页　2
字数　975 千字
版次　2024 年 11 月第 1 版
印次　2024 年 11 月第 1 次印刷
定价　169.00 元

本书如有印装质量问题请直接寄承印厂调换

厦门大学出版社
微信二维码

厦门大学出版社
微博二维码

目 录

第一章 绪 论 ………………………………………………………………………… 1
 第一节 中国特色高水平应用科技型大学的提出 ……………………………… 1
 第二节 中国特色高水平应用科技型大学内涵及其新体系 ………………… 26

第二章 我国应用科技型高等教育的历史发展 ………………………………… 40
 第一节 我国近代应用科技型高等教育的产生与发展 ……………………… 40
 第二节 民国时期的应用科技型高等教育改革与发展 ……………………… 56
 第三节 新中国成立后应用科技型大学的形成、改革与发展 ……………… 65
 第四节 我国台湾地区技职教育与应用科技型大学的历史发展 …………… 92

第三章 世界应用科技型大学的历史发展 ……………………………………… 109
 第一节 法国应用科技型大学的历史发展 …………………………………… 109
 第二节 德国应用科技型大学的历史发展 …………………………………… 127
 第三节 英国应用科技型大学的历史发展 …………………………………… 144
 第四节 美国应用科技型大学的历史发展 …………………………………… 181
 第五节 世界应用科技型大学的基本规律与基本特征 ……………………… 213

第四章 应用科技型大学的办学定位 …………………………………………… 222
 第一节 应用科技型大学定位的基本内涵与基本逻辑 ……………………… 222
 第二节 应用科技型大学定位存在的主要问题与主要内容 ………………… 227

第五章 应用科技型大学的学科建设、专业建设与课程建设 ………………… 241
 第一节 应用科技型大学的学科建设 ………………………………………… 241
 第二节 应用科技型大学的专业建设 ………………………………………… 267
 第三节 专业认证与专业综合改革的实践探索
    ——以厦门理工学院为个案 ………………………………………… 289
 第四节 应用科技型大学的课程建设 ………………………………………… 300

第六章　应用科技型大学人才培养目标、培养规格与培养方案……326
　　第一节　应用科技型大学的人才培养目标……326
　　第二节　应用科技型大学人才培养规格……337
　　第三节　应用科技型大学人才培养方案制定……355

第七章　应用科技型大学人才培养模式……372
　　第一节　应用科技型大学人才培养模式的内涵、类型与基本特征……372
　　第二节　项目教学:应用科技型大学人才培养有效模式……388
　　第三节　现代学徒制:应用科技型大学校企合作培养人才的有效方式……398
　　第四节　应用科技型大学人才培养模式国际案例
　　　　　　——德国应用科学大学的人才培养模式……409

第八章　应用科技型大学的学生招录与教师发展……418
　　第一节　应用科技型大学的招生与录取……418
　　第二节　应用科技型大学的教师发展……425

第九章　应用科技型大学的实践教学……447
　　第一节　应用科技型大学实践教学内涵及其体系……447
　　第二节　工程训练中心:培养高素质应用科技型人才的重要校内平台……476
　　第三节　香港理工大学工业中心运作模式及其特色……492

第十章　应用科技型大学的科学研究……502
　　第一节　应用科技型大学的科研类型与基本特征……502
　　第二节　应用科技型大学科学研究中的问题困境及其改革方略……513

第十一章　应用科技型大学的治理……535
　　第一节　治理与大学治理……535
　　第二节　应用科技型大学治理……544

第十二章　应用科技型大学的产教融合及其基本组织形式……554
　　第一节　应用科技型大学的产教融合……554
　　第二节　产业学院:应用科技型大学产教融合的有效组织形式……577

参考文献……609

后　记……634

第一章

绪 论

第一节 中国特色高水平应用科技型大学的提出

应用科技型大学作为专门话语在中国出现是在20世纪90年代末开始的。因介绍德国的应用科学大学(Fachhochschule,简称FH)的特色办学而逐渐进入了广大高等教育理论研究者与实践工作者的视野。自此,国内一些地方高校尤其是新建本科院校自觉或不自觉地开始借鉴与学习德国的这种办学模式来推动自身的办学改革。应用技术型(应用科技型)大学建设作为一种国家政策在全国推行,则是在2014年国务院《关于加快发展现代职业教育的决定》的文件颁发之后。从此,中国开始出现了地方本科院校与新建本科院校转型发展为应用技术型(应用科技型)大学的热潮。在此后的转型发展过程中,加以国家"双一流"建设战略的推进,国内就出现了"双一流"建设与地方高校转型发展这两种类型、两条道路、两种模式并行推进而又相互交叉、相互影响的中国高等教育改革的浪潮。

在地方高校与新建本科院校作为中国高等教育系统主体的转型发展过程中,有梦想、有行动、有成就,但也有疑虑、有观望、有停滞,还有同质化、模式化、统一化的问题存在。因此,如何适应中国特色社会主义现代化建设所需要的富有中国特色高水平应用科技型大学的多元化、差别化发展问题就成为我国地方高校与新建本科院校转型发展中存在的深层次重大的理论与实践问题。

一、地方高校转型发展与建设应用科技型大学的社会时代背景

根据高等教育的"内外部关系规律",高等教育的变革与高等学校自身发展是由其本身所处的内外部环境所决定的,是基于外部环境需要(社会需要)和内部发展困境主动或被动变革破局的。地方高校转型发展为应用科技型大学在外部社会环境需要的外力推动下和自身发展面临困境的内力驱动下,成为21世纪中国高等教育变革发展的主旋律。

当前,我国已经开启了全面建设社会主义现代化国家的新航程。在新的历史时期,中国特色社会主义现代化建设坚持统筹推进经济建设、政治建设、文化建设、社会建设、生态

文明建设的总体布局,坚定不移贯彻创新、协调、绿色、开放、共享的新发展理念,以推动高质量发展为主题,以深化供给侧结构性改革为主线,以改革创新为根本动力,以满足人民日益增长的美好生活需要为根本目的,加快建设现代化经济体系,加快构建以国内大循环为主体、国内国际双循环相互促进的新发展格局。

"高质量发展"成为"十四五"时期我国社会经济与文化教育的发展的主旋律。高质量发展必须立足于新发展阶段、贯彻新发展理念、构建新发展格局。必须坚持深化供给侧结构性改革,以创新驱动、高质量供给引领和创造新需求,提升供给体系的韧性和对国内需求的适配性。展望2035年,我国将基本实现中国式现代化。经济实力、科技实力、综合国力将大幅跃升,经济总量和城乡居民人均收入将再迈上新的大台阶,关键核心技术实现重大突破,进入创新型国家前列。基本实现新型工业化、信息化、城镇化、农业现代化,建成现代化经济体系。建成文化强国、教育强国、人才强国、体育强国、健康中国,国民素质和社会文明程度达到新高度,国家文化软实力显著增强。人民生活更加美好,人的全面发展、全体人民共同富裕取得更为明显的实质性进展。

为此,国家在《国民经济和社会发展第十四个五年规划和2035年远景目标纲要》中对高等教育与职业技术教育改革提出了新的战略目标:增强职业技术教育适应性。创新办学模式,深化产教融合、校企合作,鼓励企业举办高质量职业技术教育,探索中国特色学徒制。实施现代职业技术教育质量提升计划,建设一批高水平职业技术院校和专业,稳步发展职业本科教育。强调要推进高等教育分类管理和高等学校综合改革,构建更加多元的高等教育体系,高等教育毛入学率提高到60%;分类建设一流大学和一流学科;建设高质量本科教育,推进部分普通本科高校向应用型转变;建立学科专业动态调整机制和特色发展引导机制;稳步扩大专业学位研究生规模。[①]

长期以来,党和政府一直高度重视就业问题,实施就业优先战略,为实现更加充分更高质量就业提供了根本保证。我国已转向高质量发展阶段,逐步形成以国内大循环为主体、国内国际双循环相互促进的新发展格局。但也要看到,在新的历史时期就业领域也出现了许多新变化新趋势。人口结构与经济结构深度调整,劳动力供求两侧均出现较大变化,产业转型升级、技术进步对劳动者技能素质提出了更高要求,人才培养培训不适应市场需求的现象进一步加剧,"就业难"与"招工难"并存,结构性就业矛盾更加突出,将成为就业领域主要矛盾。城镇就业压力依然较大,促进高校毕业生等重点群体就业任务艰巨,在工业化、城镇化进程中,还有大量农村富余劳动力需要转移就业,规模性失业风险不容忽视。同时,就业歧视仍然存在,灵活就业人员和新就业形态劳动者权益保障亟待加强;人工智能等智能化技术加速应用,就业替代效应持续显现;国际环境日趋复杂,不稳定性不确定性明显增加,对就业的潜在冲击需警惕防范。总之,就业形势仍较为严峻。必须深刻认识就业领域主要矛盾的变化,深入分析面临的挑战和风险,坚持问题导向,采取务实举措,抓住机遇,调动各种积极因素,不断开创就业工作新局面,努力实现更加充分更高质

---

① 中华人民共和国国民经济和社会发展第十四个五年规划和2035年远景目标纲要[EB/OL].(2021-03-13)[2021-09-21].http://www.gov.cn/xinwen/2021-03/13/content_5592681.htm.

量就业。①

目前,我国正处在产业转型升级和变革经济增长方式的关键时期。经济转型与产业结构升级实质就是从劳动密集型向技术密集型转变的过程,因此对劳动者的技术应用能力要求较高。近年来,结构性就业矛盾突出成为高等教育界关注的焦点之一。首先从高等教育毕业生数量来看,2014年我国的高等教育毕业生数量达727万人,而2023年毕业生数量则达到了1158万人,这为我国劳动力素质的整体提升提供了强大的支撑。但从社会对人才的需求结构来看,当前新增劳动力的结构性就业矛盾仍然比较突出,具体表现为高等院校毕业生就业难和高技术技能型人才供给不足的矛盾,如早在2023年全国高等院校毕业生初次就业率仅为22.8%,且整体就业质量不高,稳定性差,与此相矛盾的是,很多大型企业难以聘请到能够服务于生产、建设、服务、管理等一线的高级技术技能型人才。从中长期来看,是产业结构转型升级对高技术技能型人才的需求与供给缺口拉大的矛盾,研究显示,我国技能劳动者中的初级工、中级工和高级工所占比例分别为60%、35%和5%,高技术型人才仅占5%,相对于发达国家高级技术型人才占劳动者比重35%的比例差距甚远。② 人才市场的技能型人才供应主要集中在初、中级技术人员层次,高级工、技师和高级技师层次人才的需求存在较大缺口,供求比分别为1∶1.75,1∶2.49和1∶2.66。③ 2019年8月,国新办在国民经济运行情况发布会上指出,2019年上半年我国工业增加值同比增长5.8%,高技术制造业增加值同比增长8.7%,比全部规模以上工业高2.9个百分点,高新技术成为支撑经济前行的重要动力。数字化、智能化核心技术的创新突破驱动了产业优化升级和生产力整体跃升,同时也改变了原有劳动力的格局和需求。在智能化时代,原有科层制工作体系发生了根本性转变,转向扁平化、网络型工作体系,工作复杂性增加,工作组织形式发生了本质变化,主流生产方式由"大规模生产"变革为"定制化(或单件制)生产"和"柔性化"生产。在这种新的生产方式下,劳动力需求结构发生深刻变化,规则性劳动大量被机器替换,要求技术技能人才能力结构向一定的深度和广度延伸,即实践能力与理论知识并重、技术能力与工程能力复合。④

由于这一变化趋势,岗位工作任务愈加宽泛且复杂,这样原有高职高专所培养人才的职业技术能力是很难满足需要的,同时这些职业技术能力也是不可能通过传统本科教育培养出来的。可见,我国人才供给结构面临着人才层次和人才类型的双重矛盾。中国人力资源市场信息监测中心2018年调查显示,⑤我国劳动力市场对各技术等级或者专业技术职称的岗位空缺与求职人数的比率均大于1.7。其中,高级技能、高级工程师、高级技师

---

① 国务院."十四五"就业促进规划(国发〔2021〕14号)[EB/OL].(2021-08-27)[2021-09-22].http://www.gov.cn/zhengce/content/2021/08/27/content_5633714.html.
② 人力资源和社会保障部.人力资源和社会保障事业发展"十二五"规划纲要[EB/OL].(2011-06-12)[2020-03-22].http://www.gov.cn/gongbao/content/2012/content_2041883.html.
③ 中国人力资源市场信息监测中心.2012年第四季度部分城市公共就业服务机构市场供求状况分析[EB/OL].(2013-01-16)[2023-10-05].http://www.docin.com/p-587114148.html.
④ 匡瑛,李琪.此本科非彼本科:职业本科本质论及其发展策略[J].教育发展研究,2021(3):45-51.
⑤ 中国人力资源市场信息监测中心.2018年第四季度部分城市公共就业服务机构市场供求状况分析[EB/OL].(2019-01-31)[2021-05-12].http://chinajob.mohrss.gov.cn/c/2019-01-31/90668.shtml.

岗位空缺与求职人数的比率较大,分别为2.39、2.01、2.01。高层次技术技能人才短缺已经制约我国经济的发展。

从全球科技发展的现状来看,第三次科技革命的兴起和迅速演进对现代工业和社会经济发展产生了巨大的影响。第三次科技革命标志着人类文明史上的又一次显著飞跃。它以原子能、电子计算机和空间技术的广泛应用为主要标志,它涉及了信息技术、新能源技术、新材料技术、生物技术、空间技术、海洋技术等多个领域的信息控制技术的革命。第三次科技革命时代不仅对科学技术体系产生了深刻影响,还导致了生产体系和经济结构的深刻变革。在科技体系方面,新技术革命的显著特点之一是科学与技术之间的密切融合,使现代科学与技术在更高层次上实现了协同发展。在生产体系和经济结构方面,新技术革命提升了生产的智能化水平,创造了前所未有的生产力,提高了劳动生产率,推动了各国经济的蓬勃发展。这一变革在生产体系中体现为高度智能化的生产工艺和生产管理,同时智能密集型企业在产业结构中占据主导地位,其增长速度远超过传统的劳动密集型企业。这种生产体系和产业结构的变革导致了就业模式的重大变化,脑力劳动者与体力劳动者的比例结构在这一时期发生了巨大变化。二战前,就业人员中高级技术人员、中级专业技术人员、熟练工人与非熟练工人的结构模式呈金字塔形,到二战后,逐渐演变为椭圆形,而在某些高技术企业出现了倒金字塔形。科技体系、生产体系和经济结构的变革使得原有的高等教育和职业教育培养的学术型人才或经验型人才都难以完全适应新的社会经济发展要求,对高等工程技术教育提出新的要求,在此过程中,本科层次的工程技术教育的人才培养应运而生。各国在积极竞争科技水平的同时,都寄希望于高等工程技术教育。在20世纪70年代,本科技术教育的课程内容技术含量普遍提升,而且有部分高等职业技术教育由本科层次开始走向研究生层次。[1]

从我国工程技术教育的培养过程来看,目前还存在着一些明显的问题。其中突出的问题是工程技术型人才培养与实际工程技术应用之间的紧密度不够,工程技术教育更偏向理论化、科学化,而忽视了对学生工程技术意识和技术技能素养的培养,以及解决复杂工程技术问题和激发创新创造能力等方面的不足。2016年《中国工程教育质量报告》指出:"用人单位对毕业生掌握前沿科技发展知识的评价相对较低;对工科毕业生开发或设计解决方案、综合考虑非技术性因素、分析复杂工程问题、创新创造等能力评价相对较低;对于工科毕业生掌握行业法律法规知识和遵守意识的评价不高。"[2]另有研究表明,用人单位对大学毕业生"了解产业环境与发展""团队合作能力""实践操作能力"等就业能力的表现评价不高,认为大学毕业生对于当前产业环境与发展的了解度不深,对于产业界的实际情况了解得也不够,从而相对地影响到其将理论转化为实践的能力,这暴露出学校所学和职场所需之间的落差。另外,当前我国制造业重点领域人才短缺问题严重,预计2025年十大重点领域的人才缺口将占人才需求总量的48%,工程技术类人才短缺将成为制约我国制造业转型升级的因素。教育部、人社部、工信部联合发布的《制造业人才发展规划

---

[1] 李晓军.本科技术教育人才培养:比较的视野[M].上海:上海教育出版社,2011:22.
[2] 教育部高等教育教学评估中心.中国工程教育质量报告(摘要)[N].中国教育报,2016-04-08(6).

指南》指出,预计到2025年,全国制造业十大重点领域人才缺口将接近3000万人。[1] 而随着制造业无人化趋势日益加剧,数字化、无人化的智能制造将会成为全球未来制造业竞争力的核心。新型科技制造业,即第四次工业革命,如德国4.0、美国先进制造AMP、中国制造2025等大国战略,都是以制造业突破为目的的。中国制造2025聚焦在生产制造环节,而不是分配环节、交换环节和消费环节;聚焦在第二产业(制造业),而不是第三产业(服务业)。要实现我国由工业大国向工业强国的转变战略,问题的关键是制造行业极其缺乏高素质技术技能型人才的供给。在层次结构上,专科层次的技术技能型教育存量明显十足,研究生层次的工程技术教育所占比重较小,高水平拔尖创新的工程科技人才和高素质应用科技型人才的供给均不足。

当前,我国技能型劳动者占就业人员的比例远远低于德国、日本等发达国家。2021年,我国技能劳动者总量1.65亿人,仅占就业人群的20%,其中高技能人才4971万人,不足就业人群的6%,而在日本占比为40%,德国更是高达50%,导致我国出现高技能人才供不应求甚至严重短缺的现象。同时,我国研究生层次的工程技术教育所占比例较低,尚不足10%。尽管一些发达国家的工科学生绝对规模小于我国,但其工科类硕士、博士等高层次人才规模占比远远高于我国,高层次工程技术研发类人才已然成为市场的稀缺资源,致使我国企业创新能力、发展后劲不足。[2]

由于"十四五"期间乃至今后相当长的一段时期经济社会发展所面临的环境比较复杂,就业领域的矛盾和问题也会比较多。结构性就业矛盾更加突出,将成为就业领域的主要矛盾。其突出表现就是"就业难"和"招工难"并存,甚至可能出现强化。"就业难"主要体现在部分劳动者知识技能不能适应现代产业发展的变化,求职和就业难度加大,比如说高等教育人群规模不断扩大,但教育培训模式、专业设置可能与市场需求存在不够契合的问题,所以可能出现一些高学历、低技能的结构性矛盾。此外,人口老龄化趋势加快,大龄劳动者数量增多,随着产业转型升级,他们的就业难度也会加大。同时,我们又存在"招工难",特别是近一段时期,在东部沿海地区一些为进出口贸易服务的行业,普工、技工特别是技术技能人才短缺的情况比较明显。中国人力资源市场信息监测中心2021年第二季度的统计数据分析显示,我国劳动力市场中专业技术人员和高级技能人员用人需求缺口较大,各技术等级或者专业技术职称的求人倍率均大于1。[3] 我国经济社会的快速发展明确发出了一种信号,即产业对掌握复杂技术知识的高技能创新型人才的迫切需求。但现实是,高层次技术技能人才的严重匮乏已成为新常态下制约我国国力提升和产业发展的"卡脖子"问题。实际上我国技能人才求人倍率长期保持在1.5倍以上,高技能人才甚至要达到2倍。2021年全国技能人才的总量占比在不断提高,但是从庞大的劳动力人口结构来看它的比重还是偏低的,还不到30%。德国、日本等制造业强国,他们的技能人才总

---

[1] 教育部、人力资源社会保障部、工业和信息化部.制造业人才发展规划指南(教职成〔2016〕9号)[EB/OL].(2017-01-11)[2020-03-22].http://www.moe.gov.cn/srcsite/A07/moe_953/201702/t20170214_296162.html.
[2] 李心萍.我国技能劳动者已超过2亿人[N].人民日报,2020-12-19(4).
[3] 2021年第二季度百城市公共就业服务机构市场供求状况分析报告[R/OL].(2021-10-08)[2021-12-13].http://www.mohrss.gov.cn/xxgk2020/fdzdgknr/jy_4208/jyscgqfx/202108/t20210806_420213.html.

量占比能够达到70%～80%，所以我们差距还比较大。①

"十四五"期间乃至今后更长的一段时期，可以预计技术进步和产业转型升级步伐会进一步加快，这就对劳动者的技术技能素质提出了更高要求，特别是高质量劳动力短缺的结构性矛盾可能会更加尖锐。现存劳动力的技能水平无法完全胜任现代化岗位的需要，高技能劳动者在数量总体不足的同时还存在劳动力技术技能的层次错配、类型错配等一系列问题。我国劳动力技术技能供需错配的原因，在于教育链与产业链衔接不畅，现有教育供给难以培养经济转型升级所需的高技术技能创新型人才。目前，我国制造业的就业问题确实也是社会比较关注的，主要是制造业用工难、招工难问题比较突出，特别是在东部沿海地区。从长期来看，一方面人口结构正在深度调整，劳动年龄人口数量出现下降，劳动力供给减少。同时值得关注的是，制造业领域的一些从业人员老龄化趋势有所加快，特别是产业转型升级和自动化、智能化设备的广泛应用，使得大龄职工越来越难适应新的岗位。而许多年轻人并不太愿意到制造业领域去就业，而更倾向于一些工作比较灵活、工作强度相对较小的服务业领域，所以客观上也加剧了制造业用工的紧张。另一方面，主要是持续性地缺少熟练工、技术工，特别是技术技能人才。近几年我们的产业结构转型升级步伐非常快，特别是一些新的科技应用在迅速深化和扩大。比如芯片半导体产业、新能源产业，这些领域用工需求很旺盛，但是它对高素质技术技能型人才的需求比较大，不光是研发设计人员，也包括一些高素质技术型人才。但是我们短期之内，在高素质技术技能型人才培养上跟不上形势，所以出现了结构性缺口。②

近年来，随着就业规模扩大，普通高校毕业生就业难问题日渐突出，据麦可思《就业蓝皮书：2019年中国大学生就业报告》，本科生就业率持续缓慢下降，高职高专生就业率稳中有升。③据国家统计局统计，2023年1—4月青年（18～24岁）就业率仅为20.4%。④由于普通高等教育培养体系与实际工作岗位的联系并不十分紧密，导致普遍存在"毕业即失业"的就业焦虑。而缓解这一难题的有效方式就是引导其分流到职业教育培养体系中，使其学有所用，有效解决就业问题。

大学生这一结构性失业现象就反映出高等教育和社会政治经济、文化传统、科学技术这些外部关系的失调，而这种外部关系的失调将直接波及并作用于高等教育的内部，要求高等院校要更加根据社会经济科技等的要求，在培养目标、专业设置、课程结构、教学模式等方面作出相应的变革。《国家中长期教育改革和发展规划纲要（2010—2020年）》明确提出"适应国家和区域经济社会发展需要，建立动态调整机制，不断优化高等教育结构。优化学科专业、类型、层次结构，促进多学科交叉和融合。重点扩大应用型、复合型、技能

---

① 王晶.高技能人才短缺背后：新型制造业下大龄职工"不适应"年轻人不愿干[EB/OL].(2021-08-30)[2021-09-26].http://news.cnr.cn/dj/20210830/t20210830_525584595.shtml.
② 国务院政策例行吹风会介绍《"十四五"就业促进规划》有关情况[EB/OL].(2021-08-30)[2021-09-26].http://www.gov.cn/xinwen/fabu/zccfh/index.html.
③ 麦可思.2019年我国本科就业率基本平稳 高职高专就业率稳中有升[EB/OL].(2019-06-10)[2021-05-21].https://finance.sina.com.cn/roll/2019-06-10/doc-ihvhiews7944530.shtml.
④ 付凌晖.国家统计局新闻发言人就2023年4月份国民经济运行情况答记者问[EB/OL].(2023-05-16)[2023-05-23].http://news.sohu.com/a/678076192_121106842.

型人才培养规模"。因此,地方高校转型发展与建设高水平应用科技型大学就是办好人民满意的教育以满足人民日益增长的美好生活需要的重要战略之一。

近年来,国务院推行的一系列关于加快发展现代职业教育的政策,一再明确提出要牢固确立职业教育在国家人才培养体系中的重要地位,构建以就业为导向的现代职业教育体系。2021年4月,在北京召开了全国职业教育大会。习近平总书记作出重要指示强调,在全面建设社会主义现代化国家新征程中,要坚持立德树人,优化职业教育类型定位,深化产教融合、校企合作,深入推进育人方式、办学模式、管理体制、保障机制改革,稳步发展职业本科教育,建设一批高水平职业院校和专业,推动职普融通,增强职业教育适应性,加快构建现代职业教育体系,培养更多高素质技术技能人才、能工巧匠、大国工匠,为全面建设社会主义现代化国家、实现中华民族伟大复兴的中国梦提供有力人才和技能支撑。[1]

2021年8月,国务院印发《"十四五"就业促进规划》(以下简称《规划》)。《规划》提出要构建系统完备的技术技能人才培养体系的战略规划目标要求,要推动职业技术教育提质培优,突出职业技术教育类型特色,深入推进改革创新,优化高校学科专业布局,加快重点领域急需紧缺人才培养,建设一批高水平职业技术院校和专业。健全职普融通机制,稳步发展职业本科教育。探索中国特色学徒制,深化产教融合、校企合作。《规划》强调要注重提高人才培养质量,着力培养创新型、应用型、技能型人才。[2]

近年来,我国高等职业教育事业快速发展,体系建设稳步推进,培养培训了大批中高级技术技能型人才,为提高劳动者素质、推动经济社会发展和促进就业作出了重要贡献。同时也要看到,当前高等教育与高等职业教育还不能完全适应经济社会发展的需要,结构不尽合理,质量有待提高,办学条件薄弱,体制机制不畅。[3] 因此,加快发展现代职业教育,探索富有中国特色的高水平应用科技型大学差别化发展之路,构建高质量的中国特色的社会主义现代化高等职业教育体系,是党中央、国务院作出的重大战略部署,对于深入实施创新驱动发展战略,创造更大人才红利,加快转方式、调结构、促升级具有十分重要的意义。

二、地方本科高校转型发展的困境

20世纪90年代末,我国高等教育实行"大扩招"政策,尤其是进入21世纪,我国高等教育规模连年增长,从高等教育入学总人数看,我国进入了高等教育大众化阶段。伴随着高等教育大众化的发展,我国高等学校也出现了新建、合并、升格的新阶段,新建本科院校不断涌现,地方本科院校不论是从数量上还是办学规模上都得到了飞速发展。但是,这

---

[1] 2021年全国职业教育大会在京召开[EB/OL].(2021-04-14)[2021-09-26].http://www.moe.gov.cn/jyb_xwfb/s6052/moe_838/202104/t20210413_526123.html.
[2] 国务院."十四五"就业促进规划(国发〔2021〕14号)[EB/OL].(2021-08-27)[2021-09-26].http://www.gov.cn/zhengce/content/2021/08/27/content_5633714.htm.
[3] 国务院.关于加快发展现代职业教育的决定(国发〔2014〕19号)[EB/OL].(2014-06-22)[2021-09-26].http://www.gov.cn/zhengce/content/2014-06/22/content_8901.html.

些地方本科院校在其发展理念、发展路径与办学思想上还是沿用传统本科院校的办学路径，走研究型大学的发展道路，追求学科专业设置上的"大而全"，追逐办学层次（本科—硕士—博士）的不断提高，人才培养仍然是以课堂教学为主的知识型、理论型、学术型人才为主，而社会所需要的大批具备职业意识、动手能力强、实践操作能力好的应用科技型与技术技能型人才奇缺，这就导致了大批高校毕业生与企业所需人才的严重不匹配，就业率低，就业质量不高的情形发生，从而导致了我国地方本科院校与新建本科院校陷入了发展的困境。

我国现有的本科层次职业教育主要包括三类[①]：一是高等职业学校升格成为职业本科学校，从"职业学院"或"职业技术学院"改制为"职业大学"或"职业技术大学"。2018—2020年，教育部总共遴选了22所学校"开展本科层次职业教育试点"，其中21所为民办高职学校升格而来，仅有1所由公办高职学校升格。二是普通高等学校转型为应用型本科学校，主要由300多所本科独立学院和300多所1999年后新建的本科学校转型而来，共计600余所。三是采取专业试点的方式开展本科层次职业教育，这类本科层次职业教育又包含很多形式，如中本、高本贯通人才培养模式，中职、高职与应用型本科院校合作开展本科层次职业教育，打通技术技能人才的上升通道，以及在区域层面内成立联合应用技术大学，鼓励部分高职院校结合优势专业试点四年制本科，由联合应用技术大学颁发学历与学位证书。

从升格后的职教本科高校来看，第一批22所试点职业技术大学中，民办院校占21所，仅有南京工业职业技术学院一所公办院校，试点院校办学性质比例严重失衡。从办学规模看，在校生不足万人的民办院校有14所，占66.7%，其中3所院校在校生仅5000人左右，办学规模较小，试点效果不明显。从师资规模看，15所公布了专任教师数据的试点院校中生师比超过18:1的院校有6所，占40%；10所公布了"双师型"教师数据的试点院校中，8所院校的双师比例均分布在40%～50%，占80%；试点院校专任教师数量少、师资队伍结构不合理，"双师型"教师比例与本科层次职业教育规定要求相距较远。从专业设置看，11个试点院校的专业设置集中在4～5个大专业类，对当地产业发展的契合度、支撑力度不显著。从招生规模看，招生主要分布在电子信息、财经商务两大类专业，招生规模占总招生数的50%以上，职业教育本科试点改革成效无法得到全面检验。

再从新建本科院校来看，从1999年高校扩招以来，我国高等教育的规模不断扩张，高等教育体制改革继续深化，高职高专院校异军突起，其中一部分不同层次和类型的学校合并或独立升格、转型成一类新的本科院校，统称为新建本科院校。据2015年统计数据，1999年到2015年的这十几年间，由教育部批准，我国前后共新建364所本科院校（除独立民办高校之外），占到普通本科高校（不含独立学院423所）的43.07%，如果加上独立学院，这一比例高达63.9%。1999—2009年新建246所（见表1-1-1），其中4所已被合并为其他高校。目前我国有高职（专科）院校1341所，占据全国2560所普通高校的"半壁江山"。

[①] 石伟平,兰金林,刘笑天.类型化改革背景下本科层次职业教育发展的困境与出路[J].现代教育管理,2021(2):99-104.

表 1-1-1 1999—2015 年教育部批准的新建本科高校数

年份	新建本科高校数/所	年份	新建本科高校数/所	年份	新建本科高校数/所
1999	10	2005	21	2011	17
2000	41	2006	19	2012	17
2001	11	2007	21	2013	24
2002	33	2008	14	2014	28
2003	22	2009	14	2015	13
2004	40	2010	23		

资料来源：1999—2007 年数据根据 2000—2008 年各期《中国教育年鉴》统计所得，2008—2015 年数据根据新设置高等学校和设立高等学校的公示文件整理。

由于多种办学形式的存在，各个学校的办学历史、办学理念和定位都各不相同，本科层次职业教育发展面临诸多困境。

(一) 办学定位趋同，特色不明，盲目按照传统惯性思维发展

地方本科高校大部分不是"白手起家"，而是由高职高专院校合并升格而成，在初步发展本科阶段，立马取消原有专科层次的办学模式也不现实。同时在高等教育精英化思想的影响下，认为本科教育就应该区别于职业技术型教育，因此在办学定位问题上容易走极端，出现"攀高、求大、求全、趋同"等问题，盲目扩大办学规模，向研究型大学、学术型大学追赶。这样一种发展路子不能周密地结合区域发展特点、自身的办学条件和经济市场的需求等，缺乏对各种资源的优化整合，不能形成自己的特色。同样也难以和企业形成密切的联系，所以学校想要培养出满足市场需求的合格的高层次应用科技型人才难上加难，大学生就业难现象的出现也就不难理解了。

高等学校的办学定位体现了学校的办学指导思想、治校理念和策略，对学校的办学行为、学生发展、学校未来发展等具有引领作用。但是，从众多地方本科院校的发展规划可以看出，过多地在研究型、研究教学型、研究应用型、教学研究型、研究服务型等这些名词上做文章，把自己定位为研究教学型甚至研究型大学，盲目追高，规模求大，定位趋同，发展错位；许多新建地方本科院校也致力于向研究型或研究教学型大学目标靠拢，培养学术型、研究型拔尖人才，而学校自身又无坚实的办学基础和发展条件，发展困难重重，前景不明。部分学校虽然定位明确，但惯性发展，尚处于"自发探索阶段"，尽管有强烈的转型愿望，但未找到突破口与转型的关键路径，困难较多，在实际办学中仍然沿袭传统本科办学思路，亟须理论上的指导和实践中的支持。

(二) 学科与专业无特色，与区域/地方经济和产业结构脱节

地方本科院校存在地方性和区域性特色不明显的问题。统计数据显示，超过一半的新建本科院校在专业设置上集中在英语、数学、计算机科学与技术、艺术设计、市场营销、投资学、会计学、国际经济与贸易、电子信息工程和汉语言文学等几个专业，并且这些专业的招生比例明显高于国内本科院校的平均水平。然而，这种集中度高的专业设置导致了地方经济人才的培养适应性较差，大量毕业生难以找到适合的工作，造成就业困难。

造成这一问题的原因包括以下几点：

1.行业特色逐渐淡化:原部委或行业学校转制为地方本科院校,或行业背景浓厚的专科学校升格为本科院校后,原有的行业特色逐渐减弱。这使得专业结构与地方产业行业结构之间的匹配度不高,实现向适应地方经济社会发展需要的应用型院校转型需要时间较长,且改造难度较大。

2.缺乏专业设置灵活性:现行的本科专业目录设置缺乏灵活性,没有充分考虑不同教育类型高校的特点,限制了学校的办学自主权。学校虽然有一定的自主权来设置专业并备案审批,但新建本科院校根据本地方社会经济和产业结构设置专业的可能性有限,导致学校专业设置与地方产业结构发展脱节。

3.盲目追求排名:一些学校不顾所在地区的经济基础和产业结构对人才的需求,盲目追求高水平、高规格,没有充分研究地方社会经济建设对专业人才知识、能力和素质的新需求,而是盲目追求高校在各类大学排行榜中的排名。

总之,这些问题在很大程度上是由于地方本科院校盲目发展,缺乏与地方经济需求相匹配的专业设置和办学策略,以及过度依赖大学排名等因素所导致。

(三)关键要素薄弱,生源质量参差不齐,人才培养质量难以满足社会需求

本科层次职业教育面临多类生源的输入,主要分为两类:一类是经精英人才选拔制度即高考筛选下来的成绩较低学生,通常理论基础较差,学习习惯不好,且不具备技能基础;另一类是中职学校、高职院校通过贯通培养、专升本等方式升入本科的职校学生,这类学生具备一定技能基础,但文化素养、理论基础有待考量。这两类学生理论和技能基础均不相同,课程教学开展难度大。此外,目前升格为本科的学校多为民办大学,本身招生吸引力较差,历年的招生录取线远远低于普通高等院校甚至低于某些优质高职院校,这类学校在升本之后应如何调整招生分数线,学生进来之后将如何有针对性地进行课程教学,这些问题亟待解决。

(四)人才培养"重理论、轻实践",人才培养体系不完善

在当前的评估体系指导下,地方本科院校大都将培养研究型和学术型人才视为主要目标,然而,各种评估标准和框架的设定削弱了学校的专业特色。尽管最近关于"双一流"高校和地方本科院校的审核评估标准有所区别,但并没有实质性的改变,导致高校同质化发展问题未能得到解决。学校的培养计划过于强调理论体系的完整性,而实践、生产实习等工程实践类教学环节相对不足,而且由于资源限制,难以真正贯彻。此外,大多数高校采用了统一的"规划教材",而符合应用科技型高校人才培养目标和质量标准的高水平教材相对较少。培养目标和规格的描述相似度高,缺乏个性,专业缺乏地方、行业和学校的特色。产学合作和产教融合仍然停留在初级阶段。学校过于强调理论,忽视实践,导致学生理论知识偏多,实际操作能力不足,尤其是实践创新能力的薄弱,这给毕业生就业带来了困难。

目前,在本科层次职业教育的人才培养过程中,教师所教和学生所学的仍然带有浓厚的学术性,没有充分对接职业标准和生产过程,主要表现在课程教学"重理论、轻实践",没有遵循职业教育规律进行"理实一体化"的课程教学改革。同时,由于该类学校在经费、师资、实训条件等方面的限制,人才培养方案中对于学生实践能力培养体系的设计以及实践教学学时的安排难以达到高层次应用型人才培养的要求。

以专业为纽带,高职院校与本科院校之间合作开展本科层次职业教育也是近年来我国开展本科层次职业教育的一大探索。但是,合作培养本科层次的职业教育人才受制于学校合作机制、生源质量、课程与教学的一体化衔接、学生的学习动力和适应性等诸多复杂因素制约,特别是中本贯通将学生的专业学习时间延长至七年,面对复杂多变的工作环境,长学制的人才培养规格该如何定位,也成为学校间合作开展本科层次职业教育的一大难题。

(五)科学研究"重科学,轻技术""重纵向,轻横向""重基础,轻应用",服务地方社会经济与文化发展能力弱

高等学校在国家科技创新和知识发展中担负着重要使命。在知识信息化社会中,知识资本已经成为衡量一个国家综合国力的核心要素。因此,科研发展水平不仅是高等学校的关键任务,也是评估学校综合水平的重要标志。然而,长期以来,我国的学术文化偏向"重科学轻技术",导致科学与技术发展不平衡,产生了科技发展的"短板效应",并由此产生"搞科研的不管技术,搞技术的不重科研""搞纵向课题的轻视横向课题,搞横向课题不重视基础研究"的分离现象,我国是"SCI"论文第一大国,但 SCI 数量之多与被引次数却并不对等,并且存在论文造假问题,特别是在生物医学和化学领域的数据伪造问题。这表明原创科研成果未能获得广泛认可和应用,科研规范和伦理方面的问题较为突出,对中小企业面临的难题未能提供有效解决方案,地方高校在服务地方社会经济和文化发展方面的能力相对较低。

2023 年,广西壮族自治区审计厅在自治区十四届人大常委会第四次会议上作了《关于 2022 年度自治区本级预算执行和其他财政收支的审计工作报告》,报告披露了广西在科教振兴资金审计方面的相关情况。其中提到,1 所高校累计获得财政投入科研经费 1.31 亿元,实施科研项目 862 个,实现成果转化 0 个。与此同时,另一所高校累计获得财政投入科研经费 1.79 亿元,实施科研项目 702 个,仅有 5 个项目成果实现市场转化,占比 0.71%,高校科技成果市场转化率低。[①] 可以看出,许多高校关注的并不是有多少科研成果进行转化,转化取得的经济价值、社会价值如何,而是关注开展了多少项科研,发表了多少篇论文。2012 年,新建本科院校科研经费来自企业事业的经费仅占其科研经费总额的 29.87%,校均获得企事业经费的总额不到 300 万元。[②] 从 2022 年全国各类国家科研项目的立项数量和资助经费情况来看,地方本科院校与"双一流"建设高校的差距也越来越大。

(六)师资队伍"重学历、轻能力",教师专业实践能力弱,"双师型"教师严重不足,教师评价体系缺乏科学性、系统性与实效性

在师资队伍建设上,地方本科院校普遍存在重科研轻教学、重学历轻能力现象,尤其是在教师职称聘任中,"五唯"(唯分数、唯升学、唯文凭、唯论文、唯帽子)现象较为普遍,而

---

① 广西审计厅.一高校获 1.31 亿科研经费,科研成果转化率为零[EB/OL].(2023-08-07)[2023-09-12].https://news.southcn.com/node_179d29f1ce/64a71031b6.shtml.
② 应用技术大学(学院)联盟,地方高校转型发展研究中心.地方本科院校转型发展实践与政策研究报告[R].2013-11-15.

忽视教师将科研转化为教学、将理论转换为技术、将技术转换为现实生产力的教育教学能力、专业实践能力与社会服务能力。一方面,高校在人才引进上有过多的条框限制,从各高校人才招聘条件可以看到,几乎全部要求有博士学位且出身名校,这本身无可厚非,但结果却是高校的青年教师基本上出了校门(作为学生)又进校门(成为教师),而没有任何实践经历;另一方面,制度层面又不能有效引导教师进行必要的企业实践,工程实践能力得不到提高。同时,具有丰富实践经验的企业高级工程技术人员、高技术技能人才要进入学校却受到制度的制约,因此,真正的"双师型"教师很少。毋庸讳言,是否拥有一支素质优良的"双师型"教师队伍是建设高水平应用科技型大学成功与否的关键。

职业院校"双师型"教学团队建设的问题一直是职业教育领域中的难点,开展本科层次职业教育的学校同样面临师资力量不足、师资结构不合理的问题。但从目前升本的21所职业本科学校来看,它们的师资结构差距很大,根据中国高职高专教育网《高等职业教育质量年度报告(2019年)》数据,这类学校在"双师型"教师占比上,有的学校(如南京工业职业技术大学)高达91.01%,有的学校则低至29.33%,近70%的学校"双师型"教师比例都低于50%;在教师的职称结构上,这些学校中拥有副高及以上职称的教师占比大多集中在30%~40%;在教师的学历结构上,这些学校教师的学历分布也差距较大,有的学校硕士研究生学历教师占比为50%~60%,有的仅为20%~30%,同时博士研究生学历教师占比普遍较低。[1] 从近年师资队伍建设来看,许多学校都在大力引进高层次人才,但是民办高校无论在薪资待遇上,还是平台资源上,对优秀教师的吸引力还是有限的,能招聘来的一些教师又过于年轻,缺少实践经历。同时,在企业化管理体制下,这些学校用工形式十分多样化,教师流动性较大,教师队伍稳定性较差。

(七)从管理体制上看,权限不明,评价体系、高校治理水平与治理能力现代化程度不高

大部分新建本科院校都属于地方高校,在我国现有的高等教育管理体制内,大部分地方本科院校没有清晰的管理权限,再加上上一级政府应该有的管理权限不到位,这样学校就陷入了看似多头管理却又缺乏管理的尴尬境地。学术权力日益淡化,但行政权力明显强化并逐渐失去约束,[2]这就导致决策难以民主化、科学化,直接打击老师的积极性和创造性。除此之外,国家和地方的一部分科研项目以及相关优惠政策会优先照顾"双一流"建设高校等国家重点院校,像地方本科院校这类的高校想在其中分得一杯羹难上加难。管理权限不明、办学经费不足,导致办学条件上难以满足教学的要求,明显地限制了高校培养人才的质量,难以发挥其服务地区经济的职能,更没有办法形成自己的办学特色。

评价体系缺失,部分学校很难坚持职业教育特色。价值取向作为指导评估活动开展的基本价值立场、价值态度及其所表现出的价值倾向,主要以一定的教育评估政策为载体。[3]

---

[1] 上海市教育科学研究院,麦可思研究院.高等职业教育质量年度报告(2019年)[R].(2019-06-25)[2022-07-12].https://www.tech.net.cn/column/fbh/171.html.
[2] 梅左松,张志良,周艳华.地方高校可持续发展机制研究[M].北京:中国文史出版社,2013:82.
[3] 王永林,王战军.高等职业教育评估的价值取向研究:基于评估方案的文本分析[J].教育研究,2014,35(2):104-111.

在我国传统的高等教育体系中,由于受传统精英教育理念的影响,我国针对本科高校的评价体系仍遵循以学科为核心的学术逻辑,评价理念容易朝着学术导向的一元化发展,因此评估过程中往往忽视我国高等教育发展格局的复杂性和多样性,忽略了本科层次职业教育的实践应用价值取向。这样的评估导向并不适合这些自身学术基础薄弱的开展本科层次职业教育的高校,反而会导致这些学校盲目追随研究型大学发展的脚步,摒弃职业教育特色。①

(八)办学经费短缺,实践教学硬件条件明显不足

地方政府对本科高校的经费投入按照学生和教职工数,采用统一标准,不分学校类型。而应用技术型人才培养要求大量的实训和实验教学环节,硬件投入高,教学成本高。由于地方本科院校普遍基础差、底子薄,经费来源渠道单一,国家财政支持少,地方政府受财力限制,支持地方本科院校的资金总量不足、力度不大,学校自身吸纳社会资金的能力弱,直接影响着学校发展和人才培养质量。办学经费短缺在中西部地区的高校更是普遍,2021年全国高校办学经费的统计中,最高的清华大学的办学预算是317亿元,"双一流"高校大多是百亿元,②而许多中西部地区地方高校的办学经费预算仅为2亿~3亿元,云南昭通学院1.47亿元,新疆理工学院1.81亿元,贵州铜仁学院、陕西商洛学院和安康学院都是1.8亿元左右,③再扣除教师工资,真正能用于人才培养的费用就可想而知了。

民办高校在"升本"建设职业教育本科后仍然面临着汲取资源动力不足的问题。由高职升格而来的高职本科学校虽然在办学上主要遵循实践应用逻辑,但是办学主体的不同导致院校在办学过程中汲取的财政资源、体制资源和市场资源相去甚远。目前升格为职业本科的高职学校以民办为主,这类学校很难获得公共财政的支持,主要依赖于收取学生高昂的学费得以运转,或者通过与其他民办高职竞争获得当地的教育扶持专项资金,特别是在近些年生源数量急剧减少的背景下,这类学校容易为吸引更多生源去兴办一些热门专业,无法呼应当地实际的经济发展需求。同时,此类院校一般具有企业背景,学校创始人通常为民营企业家,管理体制为董事会领导下的校长负责制,与政府、教育部门联系不够紧密,常常受限于"民办非企业单位"的模糊定位,教育部门无法对其进行有针对性的指导,学校发展定位不清,发展动力不足。④

(九)产学研合作教育不深入,产教融合度不高,企业参与合作育人缺乏必要保障

现行的高校管理体制制约了地方本科院校,特别是原行业特色型院校,造成了行业特

---

① 石伟平,兰金林,刘笑天.类型化改革背景下本科层次职业教育发展的困境与出路[J].现代教育管理,2021(2):99-104.
② 2021年全国高校预算经费汇总排名[EB/OL].(2021-09-24)[2021-09-27].https://baijiahao.baidu.com/s?id=1709935086287418074&wfr=spider&for=pc.
③ 2021年地方高校经费预算汇总[EB/OL].(2021-09-24)[2021-09-27].https://baijiahao.baidu.com/s?id=1696391518086715827&wfr=spider&for=pc.
④ 石伟平,兰金林,刘笑天.类型化改革背景下本科层次职业教育发展的困境与出路[J].现代教育管理,2021(2):99-104.

色的缺失或丧失。同时,学校的科研实力整体相对薄弱,缺乏明确的实践应用导向,应用科技型科研力量不足。这导致学校为地方政府和区域行业企业提供的科研成果较少,难以真正解决当地中小企业的生产和管理问题。地方本科院校的社会服务能力整体较弱,社会影响力不高,缺乏企业的信任和支持。

此外,地方政府缺乏鼓励校企合作培养高层次应用科技型与技术技能型人才的国家制度和政策支持,教育部门在高校和行业企业之间的协调和联系不足,企业参与高校办学的积极性不高。产学研合作教育没有广泛实施,这直接影响了地方高校院校人才培养的质量。

(十)新建本科院校及独立学院问题更加突出

1999年以来,全国共新设本科学校647所,其中,新设公办本科院校256所(师范高等专科学校升格118所),独立学院293所,新设民办本科和中外合作本科院校两类共有98所。[①] 可以看出,这些院校缺乏本科教育办学的历史积淀,缺少服务地方经济社会发展的专业积累、师资积累、硬件积累以及技术积累,在办学定位、师资队伍、专业设置、教学设施、科研水平等方面都存在自身难以解决的问题,将造成以下结果:一是专业设置趋同化现象明显,倾向于培养成本低的人文社科类专业,在英语、中文、数学、计算机科学与技术、艺术设计、财会、国际经济与贸易等专业的招生比例高于非"211"高校平均水平;二是就业率低于全国本科院校平均水平;三是科研基础薄弱,拥有的科技经费少,产出的科研成果也较少,科研投入结构不合理,来自企业事业的科研经费仅占其科研经费总额的29.87%;四是学校为地方经济社会发展服务的能力十分薄弱,与产业界的联系很少。

在人才培养模式方面,地方本科院校存在专业趋同度高、缺乏实践能力的问题。这些院校本应具有明显的地域性特点,但很多地方院校没有深入了解所在区域/地方内的经济发展政策和企业发展情况,也没有进行实地考察和专项调研,导致专业设置缺乏针对性、应用性和前瞻性。这种情况使得高校的专业设置与区域经济发展脱节,无法满足社会需求,地方本科院校在服务地方经济发展方面的能力不足。而欧洲尤其是德国的应用科学大学在专业和课程设置上紧密结合本地经济发展和市场需求,坚持培养符合地区经济需求的各类专业人才。它们强调地域性特色,满足当地企业的实际需求,培养具备实践能力和应用知识的学生。因此,地方本科院校可以借鉴这种做法,加强与地方经济和企业的合作与沟通,深入了解地方需求,调整专业设置,以更好地服务地方经济发展和满足社会需求。地方本科院校就业率低,特别是新建本科院校更低,专业对口率低,就业质量不高,2014年的初次就业率74.8%,而到2023年第一季度的初次就业率则仅为22.8%,大学生就业形势十分严峻,缓就业、慢就业、灵活就业以及"啃老族"不就业等呈现多元趋势。

地方本科院校数量最多,招生规模最大,人才培养最多,是我国大众化高等教育的主力,目前陷入发展困境,在整个高等教育系统中呈现以下突出问题和矛盾:以学术标准为主的学校评估制度与应用科技型大学以技术积累创新和服务产业实际贡献为价值基准的矛盾;以学科体系为基础建立起来的专业结构与按照应用科技型大学职业和岗位需求设

---

① 应用技术大学(学院)联盟,地方高校转型发展研究中心.地方本科院校转型发展实践与政策研究报告[R].2013-11-15.

置专业的矛盾;以学术资格为基础建立起来的教师制度与"双师型"教师团队建设和灵活用人制度的矛盾;高考招生、分层录取的入学制度与扩大招收有技术技能基础的学生和发展职业继续教育的矛盾;教育内部自成一体相对封闭的治理结构与应用科技型大学行业企业直接参与治理的矛盾;以知识教学为基础建立起来的内部运行机制与以真实应用为基础实现培养与需求无缝对接的矛盾。虽然,诸多地方本科院校都在努力发展、寻找出路,在特色办学上取得不俗成绩,但由于我国高等教育不合理的分类设置、单一的评估体系、统一的拨款方式及高校自主权不落实等体制机制原因,使地方本科院校陷入发展困境。[1]

我国从2012年起就开展本科职教的试点工作,到2014年新建本科院校转型发展为应用技术大学/应用科技型大学,再到2018年国家提出由独立民办高校试点举办本科职教。虽然国家层面多次会议、多种政策、多种举措强调国家支持发展应用技术型大学/应用科技型大学,鼓励地方本科院校的转型发展,但仍存在相当数量的地方学校犹豫不决,徘徊观望,顾此失彼。有些高校把转型发展仅仅停留在学校的文件与口号上,有些学校可能很愿意转型,认识上却不足,因此在实施上就不能快速地找到突破口,仍坚持自己办学的老思想、老传统,难免会出现各种各样的问题。原因是这类学校大多数是本科独立学院和民办高校,受传统办学观念影响,办学思路上主要遵循研究型大学、学术型大学逻辑,一味效仿和追求一流研究型大学、学术型大学的培养理念和目标,而且学科与专业的关系难以协调。特别是在应用型本科高校发展前景并不明晰的时候,这类学校担心转型之后可能会带来学校社会声誉、地位和资源分配力度的下降,常常面临"转"或"不转",以及"整体转"或"局部转"的两难困境。因此,"不愿意转""不知怎么转""转型不彻底"都成为当前应用科技型大学发展本科层次职业教育的桎梏。因此,要建设富有中国特色高水平的应用科技型大学与高质量的现代高等职业教育新体系还有很长的路要走。

综上所述,地方本科院校的发展存在自身难以克服的困难,结合我国目前经济社会发展对高素质应用科技型人才的需求以及大学生的就业难现状,地方本科院校的转型发展不仅是院校发展的现实选择,也是教育结构调整中高等教育实现服务国民经济创新驱动与产业结构升级发展的关键。因此,地方本科院校尤其是新建本科院校的转型发展成为高等教育结构调整的聚焦点与突破口。从世界发达国家的经验看,高等教育的结构调整就是对高等教育的宏观结构进行优化,有效激活教育对经济的支撑与服务功能,充分发挥教育在提升国家竞争力中的重要作用。

三、从世界高等教育结构现状与发展的趋势来看我国地方高校转型发展与应用科技型大学体系构建的必要性

20世纪80年代开始,顺应研究型大学发展与职业教育上移趋势,欧美高等教育分类标准进一步细化。直到21世纪初,卡内基高等教育机构分类、国际教育标准分类以及欧

---

[1] 应用技术大学(学院)联盟,地方高校转型发展研究中心.地方本科院校转型发展实践与政策研究报告[R].2013-11-15.

洲高等教育机构分类才建立了多维分类框架。① 从美国、德国、英国、日本等高等教育强国的大学职业教育发展，以及高等教育机构的分类特征来看，大学职业教育虽然呈现出多样特征，但最大的共同点是都称为应用型高等教育（应用科技型大学）或非大学高等教育（non-university higher education）。

（一）美国：单轨制与应用型学士学位

美国的职业教育主要以课程、项目的方式在各阶段教育中开展，职业教育和普通教育之间并未形成彼此平行的体系，是典型的单轨制。20世纪70年代，美国创建了应用型学士学位（applied baccalaureate），率先在特洛伊大学、南伊利诺伊大学卡本代尔分校、西北密苏里州立大学和纽约时装学院试行。在20世纪80年代，已有部分州至少有1所学士学位授予的传统古典学院或大学能提供应用型学士学位。1994年，第四版卡内基分类的一个重大变化就是进一步细化了四年制本科层级的分类标准，将学士层级分类由文理学院更名为学士型学院，增强了对文理学科与应用技术学科之间的区分度，体现了职业教育和技术教育在四年制本科院校中重要性的提升。到2008年，美国共有39个州的公立高等教育参与了应用型学士学位项目，其中有29个州仅限在传统学士学位授予机构中进行，另有10个州的副学士学位授予机构（几乎都是社区学院）也获此资格。② 在应用型学士学位创始前期，四年制大学和学院是主要实施场所，但近年来，越来越多的社区学院获准授予应用型学士学位，已成为此项目主力军。③

美国虽然没有建立独立的职业教育体系，但其作为全球最重要的发达国家，其职业教育的独特经验和优势也是我国职业高等教育改革的重要参考。美国职业教育的最大特点在于其融合于各种类型教育中，是典型的融合型职业教育，这种开放办职业教育的理念也为美国的职业教育发展带来广泛的生存和发展空间。美国是最早开始实行本科层次职业教育的国家，美国大学本科水平一般包括科学类、工程科学类、工程类和工程技术类等四种基本类型的学士学位教育，其中，工程技术类即为本科层次职业教育类型。美国的本科层次职业教育融合于大学，如著名的普渡大学就设有工程学院与技术学院两个本科层次职业教育学院，其培养目标是使毕业生不但具备技术和专业技能，而且能够在更高层次教育中继续学习，能够取得专业技术技能成果。

美国发展职业教育的主要目的与大部分国家的目标不一致，大部分国家发展职业教育是为产业发展系统培养技能型和技术型人才，而美国的职业教育则是为了满足更多不同学习水平与兴趣学生的需要，即生涯教育。美国的本科层次职业教育通过与大学融合发展，推动大部分综合大学开始增设工程技术学院或职业教育专业，其中，四年制的学生即可取得学士学位，发展到后期美国的社区学院陆续开设本科层次职业教育，这为美国职业教育的普及化作出了重要贡献。

---

① 曹燕南,张男星.欧美高等教育的分类体系变迁及启示[J].大学(学术版),2013(11):53-57.
② RUUD C M, BRAGG D D. The applied baccalaureate: what we know, what we learned, and what we need to know[R]. Office of Community College Research and Leadership University of Illinois at Urbana-Champaign, 2011:5-6.
③ 郑文.本科应用型教育还是本科职业教育:历史演进与现实选择[J].高教探索,2020(1):5-10.

（二）德国：双轨制与应用科学大学

德国并没有中国意义上的高等职业教育，[1]其本科层次的应用科技型人才主要由应用科学大学承担。应用科学大学是在20世纪60年代末由原有工程师学校、工业设计高级应用科技学校、社会服务应用科技学校等工程技术类学校合并和升格而来的。其创建初期并无学位授予权，学生毕业时只能获得相应的职业资格证。随着应用科学大学办学水平的提升和实力的增强，1980年11月，德国文化部长联席会议同意应用科学大学获得与综合性大学同等的学位授予权，但要求其必须在学位证书上注明"FH"字样，以表示与综合性大学的区别。1985年11月，联邦德国正式实施经第三次修订后的《高等教育框架法》，进一步明确了应用科学大学与综合大学同等的办学水平和层次地位，强调应用科学大学与综合大学只是类型不同，在办学水平和地位层次上并无等级之分。1998年，作为《索邦宣言》的签署国之一，德国还对《高等教育框架法》进行了修订，以推进建构"学士—硕士"课程体系和学位结构。[2] 2016年，德国黑森州新修改的州高等教育法决定赋予富尔达应用科学大学独立的博士学位授予权，这是德国首个获得独立博士学位授予权的应用科学大学，[3]使德国应用科学大学构建了独立和完善的"学士—硕士—博士"学位体系，与传统学术型大学形成独特的"双轨制"。

（三）英国：从二元制到一元制

1963年，为了扩张高等教育规模，满足产业和民众的需求，英国颁布《罗宾斯报告》，提议建立多科技术学院（polytechnic），以增加人们接受高等教育的机会和促进高等教育大众化。1969—1973年间和1981—1991年间英国先后创建34所多科技术学院，这34所多科技术学院形成了英国高等教育的二元制结构。这些非大学没有学位授予权，提供一、二、三年制文凭课程、专业文凭课程和非正规证书课程，有的还开设研究生学位课程。1992年3月，英国议会通过《继续教育和高等教育法》，34所多科技术学院升格改称为"大学"，并取得学位授予权，获得和大学同等地位，英国高等教育又由二元制转变为一元制。升格后的多科技术学院通常也称为"1992年后大学"，成为英国大学高等职业教育的主体，主要提供职业性课程和开展应用性研究。但由于"一元制下的多元模式"，"在特许大学开辟职业技术与职业知识课程，逐步向从前的多科技术学院靠拢"[4]。

从美、德、英三个欧美典型国家大学职业高等教育的发展可以看出，本科层次大学职业教育日益重要，各国普遍提供大学本科层面的职业教育，允许授予应用型学位，力求取得与传统大学同等的地位等，但实施职业教育的大学不是职业大学，有的为原有的普通大

---

[1] 姜大源.德国"双元制"职业教育再解读[J].中国职业技术教育,2013(33):5-14.
[2] KLUMPP M, TEICHER U. German Fachhochschulen: towards the end of a success story? [M]// JAMES S T. Non-University higher education in Europe. Springer Science, Business Media B.V., 2003:99-122.
[3] 郝天聪,贺艳芳.德国应用科学大学获独立博士学位授予权争议与反思[J].比较教育研究,2018(1):105-112.
[4] 张建新.高等教育体制变迁研究:英国高等教育从二元制向一元制转变探析[M].北京:教育科学出版社,2006:125.

学,如美国;有的为新建的应用科技型大学,如德国;有的为升格后的大学,如英国。由此可见,不同的国家为满足本国高层次应用科技型人才的需要,立足本国教育传统与实际,走了各自不同的发展模式与道路。

20世纪60年代以后,欧洲各国普遍进入了高等教育大众化阶段,伴随着第三次工业革命的兴起和世界经济恢复发展对大量多元化人才的需求,作为不同于传统大学的应用科技型大学(universities of applied sciences)在欧洲各国逐渐兴起并得到了长足的发展,成为第二部门高等教育。

瑞士、芬兰作为最具全球竞争力的经济体,尽管国家人口较少、资源匮乏,但教育体系能够充分满足其经济发展需求,高等教育与职业培训整体发展水平较高。这些国家高等教育整体规模较小,改革阻力较小,能够针对经济发展变化及时调整教育结构。

瑞士高等教育类别结构呈现"双元"特点,包括综合性大学和应用科技型大学,其中综合性大学包括12所州立大学、2所联邦理工大学、14所师范大学,应用科技型大学为9所。州立大学是传统古老大学,联邦理工大学兼有法国工程师学校和德国工业大学的特征,综合性大学开展基础研究和教学,主要培养理论和科学研究型人才,培养层次到博士;应用科技型大学则重视实践性教学,突出应用性研究和开发,主要培养应用技术型人才,培养层次到硕士。对于这两类人才的培养,都突出强调其创新能力的培育,并实施严格的职业资格考核制度,保证学生达到参与实际工作的基本能力标准。

芬兰高等教育体系也呈"双元"特点,包括10所多学科的综合性大学和25所应用科技型大学。应用科技型大学与普通大学具有并立的法律地位,以本科教育为主,本科生占94.4%,硕士生占5.6%。1991年,芬兰试办20多所多科技术学院,以专科层次为主。1995年芬兰议会通过《应用科技大学法》,以法律形式确立了与普通大学并行的应用科技型大学教育体系的地位。2003年芬兰修改《应用科技大学法》,赋予应用科技型大学职业技术教育学士学位的授予权。2005年芬兰再次修订法律,学校获得了硕士学位授予权。应用科技型大学的引入助力芬兰在20世纪的最后十年里,顺利完成了从资源要素驱动型经济向知识和创新驱动型经济的转型。

从瑞士、芬兰综合性大学和应用科技型大学的数量比较可以看出,传统的学术性大学在数量上已经不再占据绝对优势的地位。而发生这一变化的根本原因是基于社会经济发展和国家竞争力支撑对高技术技能人才的需求所致。

(四)日本基于类型特征的技术科学大学与专门职大学

日本作为亚洲的发达国家,其完善的教育体系对我国现代教育体系的建立也具有重要的参考和借鉴意义。二战以后,为适应日本战后经济恢复和现代产业转型升级,日本的高等教育进行了多次重要改革,以建立短期大学、高等专门学校和专门职大学为代表的高等职业教育改革,成为日本二战后职业技术教育实现重大突破的重要举措。[1] 日本的高等职业教育起源于技术科学大学的设立,代表学校有丰桥技术科学大学和长冈技术科学大学,这两所大学都是日本为解决科学技术的进步发展与高技术技能人才需求的矛盾而

---

[1] 严世良,夏建国,李小文.日本本科层次职业教育发展历史研究[J].中国高等教育,2019(13):78-80.

建设的大学,其办学初衷就是要将高等专门学校的毕业生培养成为更高水平、更高层次的技术技能人才,最初办学体系是按"本科—研究生"的培养模式办学。后期为了适应技术人才对于高学位的需求和高新技术发展对于更高层次人才的需求,日本的技术科学大学再次将职业教育体系扩展延伸至博士层次职业教育阶段,至此,日本正式构建了从"高等专门学校—本科层次职业教育—硕士层次职业教育—博士层次职业教育"的完善的高等职业教育体系。

在大学教育普及化和第四次产业革命的共同作用下,受老龄社会影响,日本产业界对大学层次职业人才需求逐渐增强,日本专门职大学应运而生。2017 年日本国会修订《学校教育法》,确立了专门职大学制度,将职业教育作为一种教育类型在本科层面办学。

日本《学校教育法》对大学的规范为"大学作为学术中心,旨在提供广泛的知识,深入教授和研究专业艺术,培养智力、道德和应用能力。通过开展教育和研究以实现其目的并广泛服务社会,从而为社会的发展作出贡献"。而 2017 年修订的《学校教育法》在大学的规范之外加了一款关于专门职大学的规范:"以深入教授和研究职业艺术,培养实践和技术能力以从事需要专门化的职业为目的的大学是专门职大学。"日本通过法律规范将大学分为"大学"(普通大学)和"专门职大学"(职教本科),将专门职大学作了类型划分。此外,为了将专门职大学定型在"职业教育类型",明确规范专门职大学不得开设"以培养与临床实践相关的实践能力为主要目的的医学、牙科、药学课程,或者兽医学专业"。[①] 专门职大学的办学定位、专业设置、人才培养模式相对于技术科学大学具有不同的特征。

目前,日本实施本科层次职业教育的院校(机构)主要包括技术科学大学、专门职大学、高等专门学校、专门职短期大学以及在普通本科大学内设立专门职学部或学科等。

日本的本科层次职业教育虽然经历了曲折的发展历程,但通过高等专门学校的内部衍生,尤其是专门职大学作为新型大学的创立,克服了来自普通高等学校学术体系的各种阻力和挑战,对本科层次职业教育的类型属性进行了充分体现,实现了本科层次职业教育制度体系建设的成功转型。

(五)20 世纪 90 年代以来欧洲国家本科层次职业教育的分化

20 世纪 90 年代以来,西方国家发展本科层次职业教育的路线产生了分化,呈现出更加复杂的发展图景。大部分国家仍然坚定地推行高等教育二元制,大力发展专门的高等职业教育机构,比如芬兰、奥地利、瑞士。而一些国家的高等职业教育则出现了所谓的"学术漂移"。柯维克(Svein Kyvik)概括了六个层次的学术漂移:学生漂移、教师漂移、项目漂移、机构漂移、部门漂移和政策漂移。[②] 这些不同层次的漂移或多或少在不同国家有所

---

① 胡剑锋,宫福清,李奕.职业本科教育:日本专门职大学的制度设计及现实启示[J].中国职业技术教育,2022(15):64-73.
② KYVIK S.Academic drift:a reinterpretation[M]// ENDERS J,LUGIFT V F.Towards a cartography of higher education policy change.Enschede:Centre for Higher Education Policy Studies,2007:333-338.

表现。英国多科技术学院升格被认为是典型案例。1992年英国结束了高等教育二元制，将所有多科技术学院升格为大学，被称为"1992年后大学"。虽然三明治课程仍是许多"1992年后大学"的办学特色，但总体上学校的职业教育属性有所减弱。其他一些国家虽然没有英国的学术漂移如此明显，但也有体现。比如德国国内不认可Fachhochschulen的"大学"身份，但1998年德国各州文教部长联席会最终同意将其对外统一英译为"university of applied sciences"（应用科学大学），学生毕业证书上也不再加注"FH"的字样。荷兰大学学院也是不允许升格为大学的，但不少学校对外交流时都英译自己为"大学"，荷兰政府于2003年也放宽了高等教育机构类型与学位类型之间严格联系的限制，允许大学学院授予文学和科学的学士及硕士学位。关于20世纪下半叶欧洲各国本科层次职业教育的建立与名称见表1-1-2：

表1-1-2　20世纪下半叶欧洲国家本科层次职业教育的代表性机构

国家	机构名称原文	官方英译	中文翻译	形成时间	形成方式
英国	Polytechnic	Polytechnic	多科技术学院	1966[1]	合并升格
法国	Institut Universitaires de Technologie	University Insititutes of Technology	大学技术学院	1966	新建
爱尔兰	Insititutes of Technology	Insititutes of Technology	技术学院	1970[2]	新建
德国	Fachhochschulen	University of Applied Sciences	应用科学大学	1971[3]	合并升格
瑞典	Högskola	University College	大学学院	1977	新建
葡萄牙	Insittuto Politécnico	Plolytechnic Intstitute	多科技术学院	1977	升格
希腊	Technological Ekpedeutikal drimata	Technological Educational Institute	技术教育学院	1983	升格
荷兰	Hogskolen	University College	大学学院	1987	升格
芬兰	Ammattikorkeakoulu	Polotechnic	多科技术学院	1992	合并
奥地利	Fachhochschulen	University of Applied Sciences	应用科学大学	1993	新建
挪威	Hogskoler	University College	大学学院	1994	合并
瑞士	Fachhochschulen	University of Applied Sciences	应用科学大学	1995	升格

注：[1]英国多科技术学院在1992年升格为大学；

[2]1998年以前称为区域技术学院（Regional Technical College）；

[3]早期译为高等专科学校，自1998年起德国统一对外使用University of Applied Sciences的英文翻译，故改译为应用科学大学。

资料来源：AMARAL A，FERREIRA J B，MACHADO M L.Modelos de governacao e gestso fos Institutos ppolitecnicos portugueses no contexto Europeu[R].Politecnica-associacao dos Institutos Politecnicos do Centro，2006：12.

进入21世纪以后,欧洲本科层次职业教育——应用科技型大学基本上是沿着各自的形态在不断发展。1956年,雷斯曼(David Riesman)指出了高等教育的"蛇行"(snakelike procession)现象,即高等教育机构存在地位排序,地位较低机构趋向于模仿地位较高的高等教育机构的办学,同时又会有新机构沿着它的发展轨迹,替代它的地位。[1] 由于本科层次职业教育发展需求客观存在,总有新办学机构或新办学形式去填补本科层次职业教育的缺位。比如德国应用科学大学的前身是高等专科学校,随着办学发展,其研究取向不断加强。但与此同时,德国又产生了一种新的高等职业教育机构——双元制大学(Duale Hochschulen)。双元制大学的前身是以双元制学徒培养模式为特色的职业学院(Berufsakademie),始创于1974年。最初这种学校不被视为高等教育机构,2002年它获得学位授予权,2009年又被升格为双元制大学。它被视为是对发生了一定学术漂移的德国应用科学大学的补位。学徒制向高等教育领域的渗透不仅发生在德国,也发生在意大利、英国、美国、澳大利亚等国家。意大利于2004年启动高等学徒制项目。英国先是于2010年在其学徒制体系中增加了"高等学徒制"的层级,向学徒提供相当于学士甚至硕士层次的资格认证,2015年正式推出"学位学徒制",学徒可以获得大学完整学位。不仅"1992年后大学"积极提供学位学徒制,剑桥大学、诺丁汉大学、利兹大学这样的英国顶尖大学也纷纷参与。美国在2014年建立了"注册学徒制与院校联盟(registered apprenticeship-college consortium)",通过第三方机构评定,学徒可以获得大学学分乃至学士学位。澳大利亚也于2018年确立了高等学徒制,学徒可获得澳大利亚资格框架5级或6级的文凭。相比于学校本位职业教育,工作本位的学徒制更具职业教育特点。从这个意义上说,高等学徒制的发展为本科层次职业教育的发展注入了强心剂,使其更有活力、更具类型特征。

在20世纪下半叶的高等教育巨大增长在高等教育国家系统的组织上有一个重要的后果,就是许多国家在经济发展水平与高等教育类型系统之间存在一种很强烈的适应关系。[2] 正如可能期望的那样,许多国家倾向于政府更多地集中和控制去适应一种更集中聚焦的高等教育系统。分权国家和联邦政府更倾向于发展更多样化类型的高等教育系统。意大利、西班牙和瑞典就是前者的例子;而加拿大、墨西哥和美国则代表了后者。

英国学者斯科特(Scott)区分了大学主导系统、双轨制、双重制、单一制和分层制[3]。英国学者科威克(Kyvik)[4]也讨论了第三级高等教育系统类型,见表1-1-3。他们认为欧洲最普通的系统是双重制。美国的分层系统并不被欧洲国家所认同。

---

[1] RISEMAN D. Constraint and variety in American education[M]. Lincoln:University of Nebraska,1956:25.
[2] GRUBB W N.The roles of tertiary colleges and institutes:trade-offs in restructuring postsecondary education[M]//Unpublished Manuscript Prepared on a Sabbatical Period at the Education and Training Policy Division.OECD,2003:10.
[3] SCOTT P.Unified and binary system of higher education in Europe[M]//BURGEN A.Gods and purposes of higher education in the 21st century.London:Jessica Kingsley Publishers,1996:37-54.
[4] KYVIK S.Structural change in higher education systems in Western Europe[J].Higher education in Europe,2004(3):393-409.

表 1-1-3 西欧的高等教育系统类型

大学主导系统	双轨制	双重制	统一制（unified systems）
意大利	奥地利	荷兰、德国、比利时、瑞典、挪威、爱尔兰、希腊、葡萄牙、丹麦、芬兰、瑞士	英国、西班牙

资料来源：KYVIK S.Structural change in higher education systems in Western Europe[J].Higher education in Europe,2004(3):393-409.

双重制在大多数欧洲国家是较为普遍的。它创造出一种与传统大学不同的高等教育机构类型。"非大学高等教育"在过去曾经用以下几个命名以区分大学之外的高等教育机构：短期（short-cycle）、职业高等教育（vocational higher education）和专业高等教育（professional higher education）、学院（colleges）和多科技术学院（polytechnics）。[1]

按照阿玛瑞奥（Amaral）[2]等人的研究，非大学部门的产生与发展在各个国家是不同的。例如，在比利时、荷兰和挪威，它是从已经存在的非大学机构演化而来，自20世纪60年代以来原来的非大学机构改变和转换了目标。在20世纪90年代，可以观察到这些机构的大多数已经合并。在德国，这种FH在70年代被建立，以呼应于专业培训需要和应用性研究的发展。在奥地利，在90年代，这种FH作为不同于大学的制度框架下被创造出来。根据有关研究，这些机构的创建一方面代表了联邦政府在高等教育领域的垄断，另一方面又代表着分权扩张的努力。在芬兰，多科技术学院在90年代是被不同的实体组织机构所建立的，这些机构诸如市政府、市政联邦、公会和基金组织。在爱尔兰，非大学部门起源于90年代的院校重组。它产生了一些新的机构类型，最有重要意义的就是技术学院（institutes of technology）。在葡萄牙，多科技术学院在70年代被创建，但是它在80年代和90年代才得到真正发展。[3]

应用科技型人才培养数量在欧洲发达国家高等教育中占绝大部分。目前，欧洲发达国家应用科技型人才与学术型人才培养的比例一般在8:2，这与社会经济发展对人才需求的结构是相吻合的，而应用科技大学是这类人才培养的重要机构。欧洲应用科技型大学是基于地区经济发展需求，以职业岗位能力为目标的专业人才培养体系，与偏重理论和基础研究的传统大学学术型人才培养体系，构成了平行并逐渐贯通的普通高等教育体系和职业技术教育体系，完善了高等教育结构，形成了相对完整的现代高等教育系统。

荷兰应用科技型大学培养的人才不仅在数量上适应经济发展需求，而且在专业结构上也符合产业结构发展的需求。与产业结构高度匹配的是，2009年，荷兰从事农业的劳动力人口占2.8%，从事制造业和建筑业的劳动力人口占16.7%，从事服务业的劳动力人

---

[1] TEICHLER U.Diversification of higher education and the profile of the individual institution[J]. Higher education management and policy，2002,14(3):177.

[2] AMARAL A,FERREIRA J B,MACHADO M L.Modelos de governacao e gestso fos institutos politecnicos Portugueses no contex to Europeu[R].Politecnica-associacao dos Institutos Politecnicos do Centro,2006-01-01.

[3] JAMES S T,JOSE B F,MARIA L M.Non-university higher education in Europe[M].Springer，2008:245-260.

口占80.5%。可以看出,应用科技型大学主要培养从事第三产业的人才,其人才结构与国家的经济发展结构以及就业人员结构显示出高度的匹配性。

欧洲应用科技型大学毕业生的高就业率促进了社会结构的稳定。德国应用科学大学毕业生的就业形势优于综合性大学。应用科学大学毕业生的就业率一直高于综合性大学。2005年,应用科学大学毕业生失业率为3.8%,综合大学毕业生失业率为4.3%。

欧洲各国应用科技型大学虽然规模不尽相同,但都承担了高等教育大众化的功能,如荷兰的应用科技型大学在校生占了高等教育学生总数的65%。[1] 20世纪八九十年代是各国应用科技型大学迅速发展时期。瑞士在90年代中期,将60多所规模较小的学院合并为7所应用科技型大学,涉及工程、管理、设计等学科领域;芬兰1995年颁布《应用科技大学法》,确立了应用科技大学与普通大学的并行地位。英国于1992年颁布了《继续教育和高等教育法案》,授予多科技术学院/应用科技型大学在命名和集资项目方面与大学同等的地位,所有符合条件的多科技术学院(polytechnics)全部升格为大学,取消二元制而建立起统一的高等教育体制,英国高等教育发展进入了"大众化"时代。

欧洲应用科技型大学的建立和发展确立了职业技术教育在整个高等教育体系中的地位。应用科技型大学明确地把技术技能培养与训练引入大学,在满足个体教育需求和促进经济发展的过程中,得到了各国教育立法的确认和制度保障。从国家制度层面设计来说,欧洲把应用科技型大学定位在"不同类型但是等值"的高等学校,与学术型大学同等的地位。德国《高等教育框架法》明确规定:"不同的高校形式作为不同类型的高校体系中等值的要素而相互存在。"荷兰于1986年颁布《应用科技大学法案》,确立了应用科技大学与大学教育同等的法律地位。1995年芬兰议会通过《应用科技大学法》,以法律形式确立了与普通大学并行的多科技术学院(应用科技大学)的地位。1995年瑞士联邦议会颁发了《瑞士应用科技大学联邦法》。德国、荷兰、芬兰、奥地利等国的应用科技型大学不仅可以颁发学士学位,而且还可以颁发硕士学位,德国的应用科学大学还可以与研究型大学联合培养博士,甚至少数应用科学大学开始独立招收与培养博士生,使学生可以顺利地接受更高层次的专业教育。应用科技型大学中本科—硕士—博士教育层次的出现,不仅是对应用科技型人才专业水平的规范和认可,也表明职业技术教育的更高层次更高水平的发展。

总而言之,无论是瑞士、芬兰这些全球竞争力强的国家,还是英国、德国这些传统高等教育强国,都遵循了高等教育为经济发展服务的规律。它们根据国家工业化和现代化进程,及时调整高等教育的层次、科类和管理体制结构,以满足经济结构和发展对各层次人才的需求,实现高等教育结构与经济结构的良性互动。在这些国家,应用科技型大学成为高等教育结构的重要组成部分,并受到社会各界的高度认可。它们形成了高等教育的"双元"结构即综合性大学系统和应用科技型大学系统。这种结构体系促使不同类型的高等教育并存,包括与普通高等教育并列的现代高等职业技术教育。"双元"结构变得更加灵活,学生有更多的自由选择,并且两种教育轨道之间具有更好的贯通性,既满足了个体需求,又适应了社会经济发展的需要。这种高等教育结构有助于支持经济结构的调整和产

---

[1] 应用技术大学(学院)联盟,地方高校转型发展研究中心.地方本科院校转型发展实践与政策研究报告[R].2013-11-15.

业升级,增强了国家的竞争力。这一经验对于其他国家在高等教育结构调整和发展方面提供了有益的启示。

综上所述,欧洲发达国家应用科技型大学的创立及办学实践为我国高等教育的结构调整与改革发展提供了很好的学习与借鉴的经验。

四、我国"双一流"建设与高水平应用科技型大学体系构建的迫切性

中国特色高水平应用科技型大学新体系是基于"双一流"背景下中国应用科技型大学改革与发展以及建设现代职业高等教育体系的新的历史时代要求而提出的。

(一)"双一流"的提出

"双一流"是世界一流大学和一流学科的简称。建设世界一流大学和一流学科,是中国共产党中央、国务院作出的重大战略决策,有利于提升中国高等教育综合实力和国际竞争力,为实现"两个一百年"奋斗目标和中华民族伟大复兴的中国梦提供有力支撑。

2015年10月24日,国务院印发《统筹推进世界一流大学和一流学科建设总体方案》,提出"双一流"建设的总体目标就是,到2020年,若干所大学和一批学科进入世界一流行列,若干学科进入世界一流学科前列;到2030年,更多的大学和学科进入世界一流行列,若干所大学进入世界一流大学前列,一批学科进入世界一流学科前列,高等教育整体实力显著提升。到本世纪中叶,一流大学和一流学科的数量和实力进入世界前列,基本建成高等教育强国。[1]

2017年1月,教育部、财政部、国家发展改革委印发《统筹推进世界一流大学和一流学科建设实施办法(暂行)》,2017年9月,教育部、财政部、国家发展改革委又公布了42所世界一流大学和95所一流学科建设高校及建设学科名单。实施办法中指出,"双一流"建设要"加强总体规划,坚持扶优扶需扶特扶新,按照'一流大学'和'一流学科'两类布局建设高校,引导和支持具备较强实力的高校合理定位、办出特色、差别化发展,努力形成支撑国家长远发展的一流大学和一流学科体系"。[2] 2022年"双一流"建设经过动态调整又开始进入了二期建设。

(二)从"双一流"到"多一流"——中国特色高水平应用科技型大学体系的构建

在国家推进"双一流"重大战略的同时,也积极推进其他类型高校尤其是地方本科院校、新建本科院校和高职院校的分类定位与高质量特色发展,提出要健全多层次多类型人才培养体系的构建,已实现从研究型大学的"双一流"到各种类型高校的"多一流"体系的构建。

---

[1] 国务院.关于印发《统筹推进世界一流大学和一流学科建设总体方案》的通知(国发〔2015〕64号)[EB/OL].(2015-11-05)[2020-09-16].http://www.gov.cn/zhengce/content/2015-11/05/content_10269.htm.

[2] 教育部,财政部,国家发展改革委.关于公布世界一流大学和一流学科建设高校及建设学科名单的通知(教研函〔2017〕2号)[EB/OL].(2017-09-21)[2020-09-16].http://www.moe.gov.cn/srcsite/A22/moe_843/201709/t20170921_314942.html.

在这个过程中,专家学者的大力呼吁和地方本科院校、新建本科院校以及高职院校改革的强烈诉求促成了国家及各省市教育行政部门不断完善"多一流"高等教育改革体系的优化与构建。

2016年5月7日,潘懋元先生在"一流本科教学高峰论坛"(厦门大学)闭幕式上的讲话上提出一流大学、一流学科应统筹推进。他指出,当前所指的"一流",是排行榜居于前若干名的大学,主要是研究型的综合大学。这些大学及其学科,以培养学术型人才为主。对于一个国家来说,学术人才很重要,但应用型高校和学科也很重要。进入高等教育大众化阶段,高等教育发展的主力是应用型高校。中国现在已是世界高等教育第一大国,要从高教大国建成高教强国,要推进中国的转型发展,要超越"中等收入陷阱",都有必要加快发展地方性应用型高等教育,培养大量创新型技术人才。因此,各个层次、各种类型的高等教育,都应有其一流大学、一流学科,达到统筹推进。① 随后,许多专家学者与高教界领导者、管理者也都提出了类似的观点。

2017年2月,教育部在《关于"十三五"时期高等学校设置工作的意见》中提出:以全面提高高等教育质量为主题,以优化高等教育结构为主线,以人才培养定位为基础建立高等教育分类体系,研究探索分类设置制度,引导高等学校科学定位、各安其位、内涵发展、办出特色,全面提升高等教育人才培养、科学研究、社会服务和文化传承创新整体水平。探索构建高等教育分类体系。以人才培养定位为基础,我国高等教育总体上可分为研究型、应用型和职业技能型三大类型。研究型高等学校主要以培养学术研究的创新型人才为主,开展理论研究与创新,学位授予层次覆盖学士、硕士和博士,且研究生培养占较大比重。应用型高等学校主要从事服务经济社会发展的本科以上层次应用型人才培养,并从事社会发展与科技应用等方面的研究。职业技能型高等学校主要从事生产管理服务一线的专科层次技能型人才培养,并积极开展或参与技术服务及技能应用型改革与创新。各地要结合国家高等教育分类体系框架和本地区高等教育事业发展实际,因地制宜地构建符合本地省(自治区、直辖市)情和发展需要的高等教育分类体系,积极探索建立不同类型高等学校的拨款标准、质量评估、人事管理、监测评价等管理制度,充分发挥资源配置和政策引导作用,逐步形成不同类型高等学校之间各安其位、相互协调,同类型高等学校之间有序竞争、争创一流的发展格局。②

2019年1月24日,国务院发布《国务院关于印发国家职业教育改革实施方案的通知》。《国家职业教育改革实施方案》指出"职业教育与普通教育是两种不同教育类型,具有同等重要地位",并提出"到2022年,职业院校教学条件基本达标,一大批普通本科高等学校向应用型转变,……建成覆盖大部分行业领域、具有国际先进水平的中国职业教育标准体系"。实施方案还提出要启动实施中国特色高水平高等职业学校和专业建设计划,建设一批引领改革、支撑发展、中国特色、世界水平的高等职业学校和骨干专业(群)。完善高层次应用型人才培养体系。推动具备条件的普通本科高校向应用型转变,鼓励有条件

---

① 潘懋元.建设一流本科全面统筹推进[J].中国大学教学,2016(6):4-5.
② 教育部关于"十三五"时期高等学校设置工作的意见(教发〔2017〕3号)[EB/OL].(2017-02-04)[2020-09-17].http://www.moe.gov.cn/srcsite/A03/s181/201702/t20170217_296529.html.

的普通高校开办应用技术类型专业或课程。开展本科层次职业教育试点。①

2019年2月,中共中央、国务院在《中国教育现代化2035》中进一步明确提出,分类建设一批世界一流高等学校,建立完善的高等学校分类发展政策体系,引导高等学校科学定位、特色发展。持续推动地方本科高等学校转型发展。集中力量建成一批中国特色高水平职业院校和专业。②

2021年3月,《中华人民共和国国民经济和社会发展第十四个五年规划和2035年远景目标纲要》中提出,要实施现代职业技术教育质量提升计划,建设一批高水平职业技术院校和专业,稳步发展职业本科教育。推进高等教育分类管理和高等学校综合改革,构建更加多元的高等教育体系,高等教育毛入学率提高到60%。分类建设一流大学和一流学科。建设高质量本科教育,推进部分普通本科高校向应用型转变。③

这样,国家先后经历了一个从研究型大学的"双一流"建设到各种层次与各种类型高校的"多一流"推进的不断深化认识、不断提高、不断完善的过程。中国高水平应用科技型高校的提出与变革就是在这样一个大的教育改革的背景下提出并不断趋于科学演变的过程。

中国的高等教育强国建设是一个完整的体系建设,是一个系统工程。因此,要把"双一流"建设放在建设世界一流的中国高等教育体系建设的系统工程中来总体设计与统筹推进,要分层次、分类型、分步骤地推进"多一流"建设,既要有一批以研究型、学术型、精英型为龙头的世界一流大学与世界一流学科建设的名单,也要有应用科技型大学与职业技术型高校的国家一流院校与一流专业、一流课程建设的名单,不仅仅有"双一流",还要有"多一流",每个层次每种类型都应有一批一流的高校和一流的学科专业与课程。

第二节　中国特色高水平应用科技型大学内涵及其新体系

中国特色高水平应用科技型大学新体系及其差别化发展在中国新世纪的出现与发展有着独特的历史背景、时代特征,也是在改革开放后我国教育改革政策不断驱动与理论研究逐渐深化的相互催生与共同推动下展开的。它在中国的发生、发展有着独特的内涵,明了这一独特内涵才能更好地推动中国特色高水平应用科技型大学的改革与发展,实现高等教育强国与中华民族伟大复兴的中国梦。

2014年国务院颁布《关于加快发展现代职业教育的决定》(下文简称《决定》)。《决定》强调:"引导普通本科高等学校转型发展。采取试点推动、示范引领等方式,引导一批

---

① 国务院.关于印发国家职业教育改革实施方案的通知(国发〔2019〕4号)[EB/OL].(2019-02-13)[2020-09-16].http://www.gov.cn/zhengce/content/2019-02/13/content_5365341.htm.
② 中共中央,国务院.中国教育现代化2035[EB/OL].(2019-02-23)[2020-06-26].http://www.gov.cn/xinwen/2019-02/23/content_5367987.htm.
③ 国务院.中华人民共和国国民经济和社会发展第十四个五年规划和2035年远景目标纲要[EB/OL].(2021-03-13)[2022-06-23].http://www.gov.cn/xinwen/2021-03/13/content_5592681.htm.

普通本科高等学校向应用技术类型高等学校转型。"此后,地方高校转型发展与建设应用技术大学在全国的地方高校尤其是新建本科院校中引起了巨大影响,许多高校都纷纷把自己学校的未来发展定位为"建设高水平的应用技术大学"。随后,国务院于2019年印发《国家职业教育改革实施方案》,实施方案提出"到2022年,一大批普通本科高等学校向应用型转变。……完善高层次应用型人才培养体系。……推动具备条件的普通本科高校向应用型转变。开展本科层次职业教育试点"。2021年,《中华人民共和国国民经济和社会发展第十四个五年规划和2035年远景目标纲要》再次明确提出,"要稳步发展职业本科教育……推进部分普通本科高校向应用型转变"。

这样,从2014年以前全国所普遍提及的"应用型"到2014年、2015年的"应用技术型",再到2019年、2021年的"应用型"的重提与"职教本科教育"的新主张,这在全国高校的实践改革界和理论研究界产生了较大的误解,误以为国务院又否定了2014年所提出的"产教融合"的"应用技术型高校"的改革政策。为此,有必要从理论上正本清源,厘清"应用型""应用技术型""应用科技型""职业技术型""工程技术型""技术应用型""职业本科教育""行业特色型"等之间的关系,以促进我国高等教育改革的健康发展。

面对"应用型"与"应用技术型"的不同争议,笔者认为,根据我国高等教育改革与发展的实际情况,从构建更为完善的中国特色高水平高等教育体系出发,提出构建中国特色的高水平应用科技型大学体系的改革设想。

一、"应用科技型大学"名称的由来

应用科技大学作为一个高等教育专门类型的名词提出是从借鉴学习德国的应用科学大学开始的。"应用科技大学"英文名称为"universities of applied sciences",这个词源于德国为消除国际社会对德国应用科学大学(Fachhochschulen,FH)的误解而设计的英文翻译,并于1998年通过决议正式使用。《朗氏德汉双解大词典》的释义为"eine spezielle Art von Hochschulen, in der die praktische Ausbildung der Studenten stärker betont wird als an Universitäten(一类特别的高等学校,在这类高等学校,学生的实践性培训要比在综合性大学更为强调)"。同时,还给出了中文译名"专科高等学校(大学)",在中文解释中用括号里的"大学"两字,防止人们对德国这一类高等学校的不准确理解。[①] 其后,奥地利、荷兰、瑞士和芬兰陆续使用"universities of applied sciences"(UAS)这个英文国际名称。该类大学主要是将自然科学的知识应用到实际问题上,包含工程和技术等31个子分类,基本来源于实践,完全符合应用科技大学以实践为导向的办学定位。如,《荷兰高等教育与科学研究法》规定,应用科技大学(Hogescholen)应"促进理论知识的迁移与技能的培养,并使之与专业实践紧密结合"[②]。荷兰的应用科技大学的主要特点也在于以职业为

---

① 中国教育科学研究院课题组.欧洲应用技术大学国别研究报告[R].2013-12-10.
② HET MINISTERIE van ONDERWIJ,CULTUUR en WETENSCHAP.Wet op Het Hogeronderwijs en Wetenschappelijk Onderzoek[EB/OL].(2018-09-19)[2021-01-19].https://wetten.overheid.nl/BWBR0005682/2018-09-19.

导向,致力培养具备高超技术水平的应用科技型人才。因此,其毕业生通常具备大量实践经验和动手能力,在求职方面,甚至比研究型大学毕业生更具优势。自1998年,欧盟统一此类高校的英文名称后,应用科学大学(UAS)就被世界各国广为接受并成为一种内涵特别明确、办学特色特别鲜明、办学成效特别显著的区别于传统大学的一种高等教育类型,对欧洲和世界各国的高等教育改革产生了广泛的影响。但我国学者一般译介为"高等专科学院(FH)"或者译介为"高等专科学校(FH)"等。关于应用科学大学的内涵,德国《下萨克森州高校法》中规定:应用科学大学通过教与学、继续教育及与实践紧密联系的研发服务于应用性的科学或艺术。[①] 我国学界和实践界也不断学习和借鉴德国的应用科学大学的办学理念与办学实践经验,大量翻译和引介了相关资料,这对我国21世纪的高等教育改革产生了较大的影响。

1983年,江汉大学学报刊载的《联邦德国的高等专科学校》文章,这是国内最早对德国应用科学大学的介绍。从90年代开始陆续有学者不断介绍德国的应用科学大学的办学实践与特色经验,如:刘明慧《德国高等专科学校办学特色述评》(1994)、邓志伟《联邦德国的高等专科学校》(1994)、沈纯道《德国高等专科学校及其基本走向——"职教高移化"与"高教职业化"的典型范例》(1995)、徐理勤《论德国高等专科学校的发展过程和发展趋势》(1998)等。自1998年,欧盟统一将FH这类高等专科学院翻译成英文"universities of applied sciences"后,我国也开始将德国的这类高校翻译成中文"应用科学大学"或"应用科技大学"来介绍,如:徐迅、朱寒宇《对汉诺威应用科学大学艺术教学的认识与思考》(2000),李好好、卡尔-维尔海姆《德国的应用科技大学(Fachhochschule)研究》(2002)论文,其他还有张庆久的《德国应用科学大学与我国应用型本科比较研究》(2004),孙进的《德国应用科学大学的办学特色——类型特色与院校特色分析》(2011)、《德国应用科学大学专业设置的特点与启示》(2011)与《德国应用科学大学校企合作的形式、特点与发展趋向》(2012)等。

通过对应用型、应用技术型和应用科技型大学在我国的发展演变的梳理,我们可以认为,三者的内涵基本上是一致的,应用型只是更为宽泛,可以涵盖一切除研究型大学之外的高等教育类型即高等职业教育类型,它既包括应用型本科院校,也包括除本科之外的专业硕士、专业博士和职业技术专科层次的教育。而"应用技术型"虽说是从欧洲尤其是德国的"universities of applied sciences"翻译过来的一种特定称谓,亦已写入了2014年以来国务院和教育部的相关政策文件,其原意是既有等同于德国的应用科学大学之意,又强调在目前中国改变过分注重知识教育为注重技术技能教育,以强化学生实践能力的意蕴。笔者在2014年也曾对此进行明确:"应用技术大学中的'技术'是一种广泛意义上的'技术',是蕴涵'科学、知识、工程、技术、艺术'等应用性科学与技艺含义的名称。"[②]但由于在实践中,很容易引起人们的误解和错觉,以为"应用技术型"只是单指工程技术类的院校或专业,并不能涵盖地方本科院校的人文社科类专业,而且仅仅600余所的新建本科院校要

[①] HENDRIK L.德国应用科学大学体制对中国也是一种成功模式?[J].应用型高等教育研究,2016(1):65-75.

[②] 董立平.地方高校转型与建设应用技术大学[J].教育研究,2014(8):67-74.

转型发展为应用技术型大学。同时,在应用技术大学联盟中的高校有相当一部分是民办本科院校,这就给人们造成一种错觉——应用技术大学是一种低层次、低质量、低水平的大学,因此许多高校的领导和老师对转型发展为应用技术大学持抵触心理和观望态度。这一点,从2020年全国范围内的独立学院专设风波可见一斑。2020年以来,全国范围内的独立学院专设为职业技术类大学时,在浙江、江苏、山东、天津、福建等地出现了学生家长和部分办学者、教职员工纷纷抵制而导致专设工作的暂停。另外,除去100余所学术型大学(研究型大学)即"双一流"大学和600余所新建本科与独立学院,其余400余所传统本科院校和特色行业型本科院校又处于真空状态,它们该如何进行办学定位:是向研究型大学还是向应用技术大学转型?如果向研究型大学转型,它们将很难进入一流的研究型大学之列,很难赶超国内"双一流"高校,并且社会上也不需要这么多的学术型人才;如果向应用技术大学转型发展,它们又不甘于屈尊降低身份与新建本科院校同列。因此,许多人仍然主张用"应用型""应用型本科""应用型人才"等。笔者认为,"应用型"太过于宽泛,既包括本科教育,也包括高职高专;既和"研究型""学术型"相对立,也有许多人又把"应用型"当作是和"职业型""技术型""技能型""实用型"相并列的一种普通高等教育类型,将它与职业技术本科教育相并列。因此,为了更明确地统一大家的观念认识,更有力地推进地方高校尤其是新建本科院校、独立学院的转型发展和我国行业院校的特色发展,更有效地推进我国高等职业教育新体系的重组和重构,借鉴国际(欧洲)和我国港澳台地区高等教育改革的实践经验,我们认为"应用科技大学/应用科技型大学"更符合中国高等教育改革实际。

二、中国特色"应用科技型大学"的内涵

应用科技型大学(universities of applied sciences & technologies)名称虽然是借鉴欧洲特别是德国应用科学大学(universities of applied sciences)而来,但它却是内涵更为丰富、外延更为广泛的一种类型大学。它是以培养应用科技型人才为核心,以应用科技型研究为支撑,直接为区域/地方社会经济与文化发展提供应用科技型服务的本科层次及以上的一种类型的高等院校。它区别于以培养学术型人才为核心,以基础研究为支撑,以服务广泛的社会、国家和人类为目的的研究型大学;也区别于以培养一线实战型职业技术技能型人才为主要目标,直接为社区和中小微企业发展服务的职业技术型院校。所以,应用科技型大学的主要特征是培养应用科技型人才,以本科教育为主,辅以一定比例的学术型与专业型硕士、博士教育;研究型大学的主要特征是培养研究型、学术型人才,以本科生与研究生教育教学并重,以学术型硕士、博士为主,辅以专业型硕士、博士教育;而职业技术型院校的主要特征则是培养一线实战型职业技术技能型人才,以专科层次为主,辅以职业本科、职业硕士层次教育。

应用科技型大学是我国社会主义现代化建设进程中产业转型升级和产业技术进步的产物,是基于实体经济发展需求,服务国家技术技能创新积累,立足现代职业教育体系,直接融入区域/地方产业发展,是集职业技术教育、高等教育、继续教育于一体的新的大学类型。应用科技型大学特别注重为区域/地方经济和社会发展服务,根据学科专业特点及服

务情况还可以划分为应用科学型(工程型)、应用科技型(工程技术型)、应用技术型(技术型)、职业技术型本科院校等不同类型。其中,依托学科、面向产业/行业/职业、注重专业、通过实践、突出应用的以本科教育为主,兼以研究生(硕士、博士)教育尤其是以专业学位研究生(专业硕士、专业博士/实践型硕士、博士)教育的院校,我们称之为应用科技型大学。

应用科技型大学侧重培养从理论到实践的人才,即培养理论应用(将客观规律运用于相关领域,进行工程与技术设计、规划、决策、施工、评估,或对行政事业单位进行组织、管理等)人才。这种人才的主要特点是学以致用,具有一定的理论联系实际,以及较强的解决实践问题的能力。

三、"应用科技型大学"体系提出的理论基础

在我国,黄克孝在20世纪90年代初就以人才类型理论为基础,把教育划分为基础教育、专门教育两大类,并进一步把专门教育划分为科学教育和技术教育两类,进而又按照内容把科学教育和技术教育划分成了学术性、应用性、技术性和技能性四种不同类别。[①] 2001年,陈勃生也对"职业高等教育"进行了初步探究。[②] 他们的相关理论都为确立新的高等职业教育类型属性及其内部分类提供了学理的逻辑基础。据此,我们可把高等教育体系分为学术型高等教育与职业型高等教育两大体系,而职业型高等教育则可细分为应用科技型与职业技术技能型,应用科技型又可细分为应用科技型(工程技术型)、应用科学型(工程型)、应用技术型(技术型)教育,而职业技术技能型则可分为职业技术型(本科高职)与职业技术技能型(专科高职)两个层次教育。

从知识论的角度进一步分析,大学的核心是研究高级知识、高深学问,"大学者,研究高深学问之机关也"。知识分为理论知识与实践知识,科学分为纯科学(基础科学)与应用科学。著名的英国科学家E.J.拉塞尔提出:"有两个科学分支,更正确些说是两种科学类型:为了解释未知的科学和为了应用的科学。第一类成为纯粹科学,第二类成为应用科学。纯粹科学深刻影响我们的思维方式,而应用科学深刻影响我们的生活方式。"[③] 基础科学(纯科学)可分为自然科学、基础社会科学和基础人文科学(又称人文学科)。应用科学又可以细分为工程科学、技术科学与应用社会科学、应用人文科学(学科)。人们在分析科学技术进步与发展时,常常把"研究—生产"这一漫长而又复杂的周期,分为以下几个基本阶段:基础研究—应用研究—试验设计工作—新技术项目的试验生产—新技术的生产—使用新技术。前两个属于科学研究范围,其余的概括了新技术的创造、开发、生产和使用过程。而除了第一阶段的基础研究之外,"应用研究—试验设计工作—新技术项目的试验生产—新技术的生产—使用新技术"这个过程都属于应用科技型大学人才培养与科学研究的范围,可以说,应用科技型大学人才培养、科学研究与社会服务的职能覆盖了现

[①] 刘佛年.回顾与探索:论若干教育理论问题[M].上海:华东师范大学出版社,1991:353.
[②] 陈勃生.职业高等教育导论[M].长沙:湖南教育出版社,2001.
[③] M.Л.巴申.基础研究的效率[M].骆茹敏,译.北京:科学出版社,1981:3.

代社会的绝大多数领域。

根据科学及其研究类型的分类,作为研究高深知识、培养高层次专门人才的大学,就随之分为以研究与扩展基础科学、培养学术型人才为主的学术型大学(即研究型大学)与以研究与传授应用科学为主,培养应用科技型人才的应用科技型大学。应用科技型大学又可以根据各自高校的学科与专业的聚焦与定位分为以工程类学科专业为主的工程型大学、以技术类学科专业为主的技术型大学、兼有工程与技术类学科专业的工程技术型大学、以人文与社会科学类学科专业为主的应用文理型大学、具有产业行业特色的单科性应用科技型大学、具有多科性的应用科技型大学等。从广义上讲,民办高校升本所设立的"职业技术大学"(即本科层次职业教育)相当于德国特色的具有"双元制"特色的职业技术型大学(又称"双元制大学")和日本的"专门职大学"①,它们也应包括在应用科技型大学体系的范畴[应用科学型(工程型)—应用科技型(工程技术型)—应用技术型(技术型)—职业技术型]本科院校之内,属于从"科学—工程—技术—技能"的技术技能一端。但由于二者在办学目标、办学模式、课程体系与课程实施等方面还是有一定的区别,职教本科院校是高职院校职业技术教育办学层次的延伸与提升,故把职教本科院校列为职业技术教育一个单独类型,但都属于我国高等职业教育体系中一个重要组成部分。

四、我国高校分类及应用科技型大学新体系的构成

关于我国高校的分类,不少学者和省市都提出了不同的分类,如上海市、江苏省、山东省等曾把高校分为学术研究型、应用研究型、应用技术型和应用技能型四种类型,马陆亭教授在2021年12月"厦大高教论坛2021"上提出研究型、工程型、应用型、职业型的四种划分方法②,还有人提出研究型、教学研究型、教学型、服务型等等不同的分类。为此,2009年,笔者曾在与潘懋元先生共同发表的《关于高等学校分类、定位、特色发展的探讨》③一文中提出,高等学校的基本职能是培养高层次专门人才,那就应该根据高等学校的这一基本职能来划分才合理。也就是说,高校分类所依据的主要标准应该是人才的培养类型而不只是科研规模的大小、管理体制或办学形式。从社会发展的根本要求来说,社会分工对高校培养人才类型的要求是高等学校类型划分、定位的最终依据。据此,我们提出了我国高校应分为学术型大学、应用型本科高校、职业技术高校三种类型划分。笔者也在《研究型大学的本科质量观研究》④一文中对三种人才类型(学术性人才、专业性人才、职业技术性人才)作了比较分析。

如前所述,从世界高等教育体系的实际情形来看,世界各国基本上都是分为大学(universities)与非大学高等教育(non-university sector),即学术型高等教育与职业型高等

---

① 陆素菊.本科职业教育的日本道路:专门职大学制度的创立及其实践课题[J].外国教育研究,2021(1):3-14.
② 马陆亭.高等教育要面向创新和实践进行结构化教学设计[EB/OL].(2021-12-31)[2022-02-12].https://zgpl.cbpt.cnki.net/ 2021-12-31.
③ 潘懋元,董立平.关于高等学校分类、定位、特色发展的探讨[J].教育研究,2009(2):33-38.
④ 董立平.研究型大学的本科质量观研究[J].中国高教研究,2009(1):53-56.

教育(学术型大学与应用科技型院校)这两大体系,只是由于各国的政治、经济、文化与教育传统与教育制度的不同,在高等教育具体的学制、形态和名称上有所不同,各具特色而已。目前,欧洲虽有意大利的一轨制,但在大多数欧洲国家(德国、奥地利、荷兰、芬兰、挪威等)是双重制。双重制创造出一种与传统大学不同的高等教育机构类型。

以应用科技型大学为主体的非大学部门是当前欧洲高等教育的一个现实。在荷兰、比利时、芬兰、爱尔兰和挪威非大学部门的学生已经超过大学部门,在其他一些国家中,这种应用科技型大学的数量更多。在一些国家(如荷兰、挪威、德国、芬兰和葡萄牙),非大学机构能像大学一样提供同一类型的培训和学位(Ph.D博士学位除外),在一些国家,也包括硕士学位,德国已有个别大学获得博士学位授予权。在一些国家,例如葡萄牙,作为博洛尼亚进程的结果,假如它们能满足在一些领域诸如学术人员的资格等必要的要求,非大学机构被授权可以授予专业硕士学位。

在中外有关学者相关研究的基础上,根据世界高等教育新变化尤其是欧洲高等教育体系的改革实践,结合我国高等教育改革与发展新形势、新情况、新目标、新要求,笔者把我国的高等教育体系分为两大体系三大类型,见表1-2-1:

表1-2-1 不同类型高校基本特征的比较

体系类型	普通高等教育体系 (学术型高等教育)	高等职业教育体系 (应用型高等教育)			
高校类型	研究型大学 (学术型大学)	应用科技型大学 (应用型本科院校)		职业技术技能院校	
				职业技术型大学(职教本科院校)	高职院校(职教专科院校)
院校发展定位	世界旗舰大学	世界一流大学	世界知名大学	应用科技大学	应用科学大学	应用技术大学	国内一流/区域一流特色鲜明的职业技术型院校
主体院校	"985"工程、"双一流"建设高校,辅以新型研究型大学(如南方科技大学、上海科技大学、西湖大学等)	行业特色型大学、地方本科院校、新建本科院校等;如各类科技院校、理工院校、工程技术院校、工程院校、技术院校、文理院校、地方综合与专门性院校等	新设职业技术大学(职教本科)、独立学院专设职教大学等	高职院校
层次定位	本科与研究生并重	以本科为主,辅以硕博士研究生教育,研究生教育以专业硕士、专业博士为主	以本科或专科层次为主,辅以职业硕士、职业博士;兼以中职与高职贯通、高职与职业本科贯通的人才培养
学生来源与选拔方式	以高中高考为主,兼以国际学科竞赛获奖、特殊类型人才推荐与选拔为辅	以高中高考、中职高考、应用科技型优秀人才选拔为主	以中职高考、推荐、高中毕业生注册入学为主

续表

体系类型	普通高等教育体系 （学术型高等教育）	高等职业教育体系 （应用型高等教育）	
人才培养类型	拔尖创新型学术性、研究型人才（未来科学家、社会各界领导型精英人才，如哲学家、法学家、语言学家、经济学家、化学家、数学家、生物学家、物理学家、外交家、政治家等）	应用科技型人才（应用科学型、应用技术型，如未来工程师、技术师、研发师、会计师、设计师、农艺师、城市规划、建筑师、医师、精算师、律师、教师等各种专业领域高层次管理人才）	职业技术技能型人才（如技术师、技术员、设计员、操作师、施工员，各行业各领域中下层管理人员，如工厂技术员、车间主任、护士长、数控机床使用与维护人员）
人才功能	侧重于认识世界，从事科学理论研究和发现客观规律的工作	侧重于运用科学规律改造世界，从事设计、规划、管理、决策、施工、服务等工作	侧重于基于现实需求的改造世界；在生产第一线或工作现场从事为社会或企事业单位谋取直接利益的工作
需求量	小	大	巨大
主体能力	学术能力与通识能力； 相关基础学科与交叉学科能力	专业能力与实践能力； 相关应用学科与复合学科能力	职业能力与操作能力； 相关技术学科与复合技能能力
边缘能力	终身学习与普适性能力	终身学习与普适性能力	终身学习与普适性能力
主体知识	基础科学知识	应用科学（工程科学、技术科学）知识	技术知识与工作知识
边缘知识	应用科学知识	基础科学知识； 技术知识	应用科学知识； 基础科学知识
学科领域	基础学科、跨学科与交叉学科	应用学科与复合型学科	职业应用学科
学术属性	基于发现科学规律的科学学术	基于科学应用与实践改造的应用学术	基于知识应用、技术生成与开发的实践学术
培养方式	以理论教育、通识教育与研究性教学为主，导师制、小班化、个性化的普通高等教育	以应用理论与技术实践相融合的专业教育为主，班导师与企业导师相结合的应用科技型高等教育	以实践应用为主、理论学习为辅，小组导师与企业导师"双导师制"的应用技术技能型的职业高等教育
师资特征	师生比（1∶1～1∶9），以博士学位为主的高水平学术研究人员为主，辅以海内外名校兼职教师	师生比（1∶10～1∶16），以高水平的"双师型"师资为主，辅以大中型企事业兼职教师	师生比（1∶12～1∶18），以高水平的"双师型""双技型""双能型"师资为主，中小型企事业兼职教师并重
教学场地	以教室、实验室、图书馆等为主	以教室、实验室、实训室、工程训练中心、实习基地为主	以情景教室、实验室、实训室、工程训练中心、工厂、企业为主

由表1-2-1可以看出,应用科技型大学与职业技术型本科的办学目标、办学定位、人才培养、科学研究、社会服务、办学条件等方面都有着不同于研究型大学的显著特征。我们只有紧紧围绕着应用科技型大学的本质特征来办学治校,才能办出有中国特色高水平的应用科技型大学。

五、中国特色高水平应用科技型大学新体系改革与建设的基本特征

(一)应用科技型大学是一种多元化的体系建设

如前所述,应用科技型大学是一种多类型、多层次、多元化的体系,它包括应用科技型、应用科学型、应用技术型院校,还包括职业技术型(双元制大学)等;它既是综合性、多科性学校,也是单科性院校或行业特色型院校;它既可以是以本科层次为主的,也可是本科、专科、硕士、博士兼而有之的;它既可以培养各行业各领域顶尖的精英型人才,类似于法国大学校,也可以面向广大中小微企业与社会事业组织培养高素质的一线应用科技型人才,类似于德国应用科学大学(含双元制大学)、英国多科技术学院、日本的技术科学大学(含专门职大学)、我国台湾地区的应用科技大学和技术学院等。它既可是区域一流、省域一流、国内一流,也可是世界知名、世界一流、世界顶尖。该类高校名称中既可有应用科技、应用科学、应用技术、工程技术、职业技术之名称,也可有区域、城市或产业、行业特色之名称,也可无此种种之名而自行冠名,校名主要在其办学之实质、办学之特色与办学之质量是否符合应用科技型大学的本质特征与地方社会经济与文化建设之需要。总之,不应把应用科技型大学作为一种单一化、定式化、模式化、统一化的要求。

(二)应用科技型大学是一种有中国特色的新型大学体系

众所周知,"任何类型的大学都是遗传与环境的产物"[①],任何大学都不是在真空中存在的,都是为了满足特定的社会经济与文化建设的需要,在特定的历史时期在特定的国家或地区所产生、变革与发展的。

中国特色是指应用科技型大学在中国的产生有其特殊的历史背景与时代特征,它是扎根于这片广袤的中国大地上办教育,是在汲取人类历史文明与世界高等教育改革成果基础上,基于中国特色社会主义现代化建设需要,立足于中国传统文化与中国特色社会主义高等教育发展基础之上的中国需要、中国气派、中国道路、中国模式的应用科技型大学。它虽是积极学习与借鉴国外,尤其是欧洲国家应用科学大学办学实践的成功经验,但是,它在当代中国的产生、发展与形成却有着独特的国家需要、时代背景与高等教育新体系发展的特殊性。例如,它具有如政府主导、高校自治、社会参与的管理体制,党委领导、校长负责、教授治学、民主管理、多元参与的高校治理体制,以公办院校为主体、民办院校为辅的办学形式,以财政拨款为主、学费与其他收入为辅的非营利性办学宗旨,公办高校职员工的事业单位属性等特色与优势,以及与欧洲应用科学大学相比,目前还存在着起点低、

---

① 埃里克·阿什比.科技发达时代的大学教育[M].滕大春,滕大生,译.北京:人民出版社,1983:7.

类型多、规模大、分布广、"双师型"师资少、经费短缺、办学条件不一、校企合作弱等问题与不足。正是这些特色与优势、问题与不足,才需要我国的应用科技型大学立足国情校情,正视问题与不足,探索出富有中国特色、自身特色的应用科技型大学改革与发展之路。因此,它不是德国应用科学大学办学模式的简单照搬,而是国外应用科技型大学办学模式与中国高等教育实践发展相结合的产物,它是创造性的中国化与本地化、特色化。"一切世界标准都来源于某种或某些本土化的文明。换言之,只有文明本土化才有可能为文明全球化做贡献。"①应用科技型大学是历史发展、时代背景、国家需要、民族特性、政治制度等与世界文明的交相融合与综合创新。

2016年12月7日,习近平总书记指出:"我国有独特的历史、独特的文化、独特的国情,决定了我国必须走自己的高等教育发展道路,扎实办好中国特色社会主义高校。"②那种脱离开中国现实、中国未来、中国需要、中国气派、中国特征而"言必称希腊""言必称欧美"的应用科技型大学是民族虚无主义的形而上学的认识。2017年中共中央办公厅、国务院办公厅印发的《关于深化教育体制机制改革的意见》中指出,"不同类型的高等学校要探索适应自身特点的培养模式,着重培养适应社会需要的创新型、复合型、应用型人才"③。因此,中国高水平应用科技型大学改革与发展要走体系化、特色化与差别化改革与发展之路。

(三)中国应用科技型大学新体系是立足于高等专业教育基础之上的大职业教育新体系

关于应用科技型大学是专业教育还是职业教育的问题,一直存在着不同的争论。一种观点认为,它属于职业教育的范畴,应该紧密地面向职业/工种/岗位来进行人才培养目标/规格定位与课程体系的设计,从而淡化理论课程的学习,强化职业实践能力的训练。还有一种观点认为,它属于专业教育的范畴,在传统专业教育基础上加强实践动手能力的培养,不应把它降低为职业操作技能的培训。

笔者认为,从世界高等教育尤其是应用科技型大学的产生与发展、变革的历史来看,传统大学也即学术性大学、研究型大学不断出现"职业漂移"的现象,也就是说,学术性(研究型)大学也在积极面对毕业生未来职业不断变换与工作流动的现实,不断加强学生的实践能力与职业素养的提升。而欧美国家的应用科技型大学在其变革与发展的过程中也纷纷出现了"学术漂移"的现象,如德国在19世纪产生的工业大学、技术学院、多科技术学院等后来逐渐发展为研究型大学,为了培养社会急需的应用科技型人才在20世纪60—70年代又在原有工业学校等基础上升格组建了一批高等专科学院(FH),即应用科学大学。但是,随着德国应用科学大学的改革与发展,也大都有了硕士授予权,少数高校在近年来

---

① 涂又光.文明本土化与大学[J].高等教育研究,1998(6):5-7.
② 习近平在全国高校思想政治工作会议上强调:把思想政治工作贯穿教育教学全过程 开创我国高等教育事业发展新局面[EB/OL].(2016-12-09)[2022-02-12].http://dangjian.people.com.cn/n1/2016/1209/c117092-28936962.html.
③ 中共中央办公厅,国务院办公厅.关于深化教育体制机制改革的意见[EB/OL].(2017-09-24)[2021-09-12].http://www.gov.cn/xinwen/2017-09/24/content_5227267.htm.

也获得博士授予资格或者与综合性大学、研究型大学联合培养博士。英国在19世纪出现的城市大学也是为了适应当时工商业发展对大批应用科技型人才的需求而在大中城市纷纷建立起来的,但是这些城市大学也逐渐发展成为研究型大学,最终也是在20世纪60—70年代通过《罗宾斯报告》的改革又先后组建了34所新型的应用科技型大学——多科技术学院。1992年后,这些多科技术学院也都升格为"大学",逐步获得了硕士和博士授予权。美国的州立大学与赠地学院,这些为地方社会经济与文化建设培养急需人才的应用科技型大学后来有许多也逐渐发展成为研究型大学,还有像麻省理工学院和劳伦斯理工学院等也是从最初的培养应用科技型人才的应用科技型大学逐渐发展成为世界顶尖的研究型大学。因此说,"职业漂移"与"学术漂移"是世界两种类型大学变革发展的基本趋势和基本规律之一,准确地说,这是世界两种类型大学变革发展的一种张力。究其根本原因,就是高等教育的内外部关系规律所致。正如Skolnik和Davis所强调的:"高等教育历史中一个共同的主题就是,中等教育后机构是因区分于大学出现而又向大学演化。"[1]即使不同于(传统研究型)大学,非大学部门(应用科技型大学)的目标也并没有阻碍它们像大学那样发展,特别是关于组织、学位时长和学位授予。在许多情况下,非大学部门被认同为一个国际圈,诸如应用科技大学或大学学院。[2]

应用科技型大学是立足于完全中等教育之上的高等教育,高等教育的本质是专业教育,其内涵就是通过高深专业性知识传授来培养高层次专门人才。专业性是立足于学术性基础之上社会分工所需要的专门职业人才规格需求的知识、能力与素养的统一性。因此,专业性是学术性与职业性的有机统一。没有高等学术性基础之上的职业性是中低层次的职业人才,而没有专门职业性的专业性则是通识性的专业性人才,都不符合应用科技型人才学术性与职业性相统一的高级专业专门人才的本质要求。这就是传统意义上专业性与职业性二者相互对立的原因:在18—19世纪至20世纪上半叶,由于当时科学技术水平与生产力水平的限制,工厂企业第一线的工人、管理人员并不需要高深的科学技术知识,接受过初等与中等职业技术教育就可以满足当时生产与管理的需要。但随着20世纪后半叶,尤其是进入了21世纪后"新工业革命"与"新科技革命"的到来,信息社会与现代化大生产越来越需要具备高等专业知识技术与技能的专业人才,因此,职业教育才逐步由初等教育、中等教育向高等职业教育发展,最终由高等专科层次的职业教育发展为职业本科、职业硕士乃至职业博士教育层次递进发展。

因此,当前的中国应用科技型大学体系不同于传统意义上的职业教育体系,它是立足于高等专业教育基础之上的大职业教育新体系。

(四)中国应用科技型大学新体系是一种高水平的质量建设体系

高水平就是高质量,它是与低水平、低质量相对的概念。人们一般认为,高等教育是

---

[1] SKOLNIK M, DAVIS W G. Does structure matter: do questions about structure fit on the higher education policy agenda? [C]//Paper Presented at Canada Conference. John Deutsch Institute, Queen's University, 2004: 18.

[2] JAMES S T, JOSE B F, MARIA L M. Non-university higher education in Europe[M]. Springer, 2008: 256-257.

分层次、分水平的,研究型大学位居高等教育体系金字塔的塔尖,办学水平与办学质量都是顶尖、一流的,普通高等院校则是次等的、二流的,而应用科技型大学则是位居第三层次,是三流的水平与质量,依次而下,高职高专与民办高校以及成人高校等更是金字塔的底端,办学水平与办学质量则是更低层次、更低质量、更低水平。

虽然这种认识代表了相当一部分人的认识,在世界高等教育现实中也确实在某种程度上存在。但是,这种认识和现实是由于各国各种历史、政治、文化及教育招生与拨款体制等原因造成的,并不是高等教育及其高校类型本身的内在特征。美国的文理学院、法国的大学校、欧洲的应用科技型大学等都是高水平、高质量的,其声誉、质量与水平丝毫不亚于甚至还高于许多研究型大学。因此,应用科技型大学与研究型大学只是类型不同但价值等同,关键是看高校自身的办学努力、社会贡献与外部政治、经济、文化的公平环境与政策制度支持等。

应用科技型大学的"高水平"就其高校内部而言,一般体现为以下几个主要方面:领导、管理与治理的高水平,办学理念与办学定位的高水平,师资队伍的高水平,生源质量的高水平,人才培养过程与质量的高水平,办学条件的高水平,办学经费的高水平,科研基础与成果的高水平,社会服务与产教融合度的高水平,国际化办学程度的高水平,人才就业质量的高水平,杰出校友的高水平等。

应用科技型大学的"高水平"就其高校外部而言,既可以是特色鲜明、区域一流的应用科技型大学,也可以是特色鲜明、国内一流的应用科技型大学,更可以是特色鲜明、世界一流应用科技型大学甚或是世界旗舰型的应用科技型大学,如欧洲特别是德国的一些应用科技型大学就是特色鲜明、世界一流的应用科技型大学。应用科技型大学本身就是一种巨大的高等院校系统与办学体系,自然不同高校之间的办学水平与办学质量也有高低优劣之分。

以上这些主要方面都是在围绕"应用科技型大学"本质特征与属性的基础上而展开的高水平,而不是体现"研究型大学"本质特征与属性基础上的高水平。

(五)中国应用科技型大学新体系是一种差别化的改革与发展新体系

差别化发展是指应用科技型大学是一个近千所本科院校的体系,在这个应用科技型大学体系的建设中,每一所大学都应根据自身的办学传统、办学基础、办学定位、办学条件、办学地域、区域/地方社会经济与文化特点、区域高等院校生态位等确定自身的改革与发展之路,走特色化、差异化之路。正如德国学者所指出的那样,"应用科学大学继续明确并自信地保持和发扬其传统的在实践与职业导向型、地域性、应用型研究等方面的特色。这个体系灵活,能够最好地适应不同群体对高校的多样化需求,并建立在高校自治的基础上。它也最利于高校有机会形成今天还无法预见的全新的特色"[①]。

2017年,中共中央办公厅、国务院办公厅在《关于深化教育体制机制改革的意见》中指出,"不同类型的高等学校要探索适应自身特点的培养模式",要"促进高等学校科学定

---

① FRANK Z,ISABEL R,LISA M.高校类型在发生变化?:对应用科学大学未来在德国高校体系中扮演角色的研究[J].应用型高等教育研究,2016(2):67-74.

位、差异化发展"①。因此,应用科技型大学没有一个放之四海而皆准的统一模式,它是应用科技型大学统一化中的个体的差异化与多样化的统一。差别化要求就是要在高校自身做好鲜明特色的差异化发展,更要充分体现地方特色与中国特色的差异化发展,走中国化的自身特色差别化改革与发展之路。只有这样才能够走出并形成一条有中国特色高水平的应用科技型大学差别化改革与发展之路。

2019年,中共中央、国务院在《中国教育现代化2035》中进一步明确提出,分类建设一批世界一流高等学校,建立完善的高等学校分类发展政策体系,引导高等学校科学定位、特色发展。持续推动地方本科高等学校转型发展。集中力量建成一批中国特色高水平职业院校和专业。②《中国教育现代化2035》明确提出了应用科技型大学体系中也要有一批世界一流的高校与学科专业。这样,国家先后经历了从国家研究型大学的"双一流"建设到各种层次与各种类型高校的"多一流"同时推进的一个不断深化、不断提高、不断完善的过程。中国高水平应用科技型大学的提出与变革就是在这样一个大的教育改革背景下提出并不断趋于演变与完善的过程。

中国特色社会主义现代化建设需要多类型多层次多样化的人才体系。因此,中国的高等教育也必须是一个多类型、多层次、多样化的教育体系。截至2018年,中国有2940所高校,③"双一流"建设名单高校仅仅有137所(42所一流大学建设高校和95所一流学科建设高校)以及465个建设学科。这些入选高校和学科不可能都建设成世界一流大学和世界一流学科,即便是它们都建设成为世界一流大学和世界一流学科,其他2803所高校如果还停留在现在的发展水平上,那么中国的高等教育就还不能满足中国式现代化建设的多样化人才的需要,充其量也只是提供了一部分研究性、学术性和精英性的人才,社会经济文化建设所需要的大量的工程技术专业人才和职业技术技能人才还是质量不高。

中国的高等教育强国建设是一个完整的体系建设,没有世界一流的高等教育体系就没有世界一流的大学与世界一流的学科。阿特巴赫曾指出,"过分强调获取世界一流大学地位,可能会有损于一所大学甚至整个学术系统。它可能把精力和资源从更重要的、或许是更实际的目标上挪开,且过于关注建设面向研究和精英的大学,也会忽视培养更多学生或服务国家需要"④。萨尔米(J.Salmi)认为:"推动世界一流大学的建设压力必须在适当的范围内进行检查和回顾,以避免刻意夸大世界一流大学的价值和重要性,并造成在国家

---

① 中共中央办公厅,国务院办公厅.关于深化教育体制机制改革的意见[EB/OL].(2017-09-24)[2021-09-17].http://www.gov.cn/xinwen/2017-09/24/content_5227267.htm.
② 中共中央,国务院.中国教育现代化2035[EB/OL].(2019-02-23)[2021-09-17].http://www.gov.cn/xinwen/2019-02/23/content_5367987.htm.
③ 教育部.2018年全国教育事业发展统计公报[EB/OL].(2019-07-24)[2020-03-26].http://www.moe.gov.cn/jyb_sjzl/sjzl_fztjgb/201907/t20190724_392041.html.
④ 菲利普·G.阿特巴赫.世界一流大学的代价与好处[M]//世界一流大学:特征·排名·建设.上海:上海交通大学,2007:52.

高等教育系统里资源分配格局的扭曲。"①所以,中国的高等教育强国建设是一个完整的体系建设,是一个系统工程。因此,要把双一流建设放在建设世界一流的中国高等教育体系的系统工程中来总体设计与统筹推进,要分层次、分类型、分步骤地推进"多一流"建设,既要有一批以研究型、学术型、精英型为龙头的世界一流大学与世界一流学科建设的名单,也要有应用科技型大学与职业技术型高校的国际一流、国家一流院校与一流专业、一流课程建设的名单,不仅仅有"双一流",还要有"多一流",每个层次每种类型都应有一批一流的高校和一流的学科专业与课程。

综上所述,中国特色高水平应用科技型大学新体系的建设与发展在中国新世纪的出现与发展有着独特的历史背景、时代特征,它在改革开放后我国教育改革政策不断驱动与理论研究逐渐深化的相互催生与共同推动下展开。它在中国的发生、变革与发展有着独特的内涵,只有真正明了这一独特内涵,按照应用科技型大学的本质特征结合高校自身的办学实际与地方社会经济发展和文化建设的需要进行改革与建设,走特色办学之路,走内涵与质量提升之路,才能更好地推动中国特色高水平应用科技型大学新体系的改革与发展,实现高等教育强国与中华民族伟大复兴的中国梦。

---

① 杰米尔·萨尔米.在发展中国家建立一流研究型大学面临的挑战[M]//菲利普·G.阿特巴赫.世界级大学领导力.姜有国,译.北京:中国人民大学出版社,2014:226.

第二章 我国应用科技型高等教育的历史发展

"应用科技型"或应用型高等教育的历史悠久而又短暂。说它悠久,是因为在18—19世纪英法美俄等西方国家就出现了各种专门性、专业性、多科性的院校和城市大学,甚至可以追溯到以培养医学、法律、神学等应用型专门职业人才为目的的中世纪大学。在我国,隋唐时期就有了培养各种高层次人才的各种专门学校,宋元明则不断完善各类专门学校制度。当然这还不是近现代严格意义上的高等教育。从西方意义上的高等学校来看,以洋务运动时期所创办的各种洋务学堂为代表,其中最早的当属创办于1866年的福建船政学堂。它是中国最早出现的培养应用科技型人才的高等学校。说它短暂,则是因为,在国外真正出现一批以应用型或应用科技型大学命名的职业高等教育类型是在20世纪60年代以后,主要代表国家为德国、荷兰、丹麦等。

在旧中国,高等院校历经清末、北洋政府与民国时期,政局持续动荡变革,战乱纷起不停,致使高等教育遭受了不断的迁徙与破坏。新中国成立后,虽全面学习苏联教育制度,经过50年代的"院校调整"成立了各类专门学院和专科学校,但是经过十年"文化大革命"的动乱,我国各类教育几乎处于停滞,甚至瘫痪状态。

我国应用科技型高等教育从时间来划分,可分为古代、近代、现代和当代四个时间段;从地域范围划分,可以分为中国大陆、台湾地区、香港和澳门。由于历史和政治的原因,台湾地区的应用科技型高等教育富有其自身的区域特色,作为专节介绍,对港澳地区的相关研究穿插于本书的各章节之中。

第一节 我国近代应用科技型高等教育的产生与发展

自有人类,即有教育;自有人类生产,也即有职业教育。只不过伴随着当时生产力与科技水平的不同,职业教育的形式与形态有正式与非正式、粗浅与高深、初级与高级、单一与完备、简单与复杂之分。

我国是世界四大文明古国之一,有着五千多年的悠久历史,夏、商、周时期就有专门的学校:庠、序、校。孟子在《孟子·滕文公》中提到:"设为庠序学校以教之。庠者,养也;校者,教也;序者,射也。夏曰校,殷曰序,周曰庠。"自周朝就有了"百工之分",自然也就有了师徒制的"百工之学"。《周礼·考工记》中记载:"攻木之工:轮、舆、弓、庐、匠、车、梓;攻金之工:筑、冶、凫、㮚、段、桃;攻皮之工:函、鲍、韗、韦、裘;设色之工:画、缋、锺、筐、㡛;刮摩之工:玉、栉、雕、矢、磬;搏埴之工:陶、瓬。"传说《周髀算经》曾被作为教材,这应该是最早的专业教材。

西周时期的学校教育比商代完备。西周的学校有国学和乡学两种。国学为贵族子弟设立,乡学为平民子弟设立。国学又根据程度的高低,分为大学和小学。《礼记·王制》云:"天子命之教,然后为学。小学在公宫南之左,大学在郊,天子曰辟雍,诸侯曰泮宫。"可见,大学又分为天子设立的和诸侯设立的两种。天子设立的大学又分为五学:中间为辟,亦曰太学,养老之所;辟雍为水所环抱,水南为成均,亦曰南学,学德之所;水北为上庠,亦曰北学,学书之所;水东为东序,又称东胶,亦曰东学,学射之所;水西为瞽宗,又称西雍,亦曰西学,学礼习乐之所。教育内容以"六艺"(礼、乐、射、御、书、数)为主要内容。可见,西周已经形成了较为初步的高等学校体系。

春秋战国时期,我国的科学技术发展水平处于世界的前列。医学、建筑、军工、天文、地理、数学等在当时都有极高水平。科学技术的发展无疑也推动了专业技术教育的兴起。被誉为土木工匠祖师的鲁班传授工匠技艺有卓越成就;名医扁鹊有弟子子阳、子豹二人跟随行医四方;墨子不仅是伟大的思想家、教育家,而且也是位优秀的手工业工人,他会造车,善造守城器械,他的弟子有上千人,多出身于下层庶民,其所用教材即为《墨经》。墨子教学注意实用,要求学生参加生产劳动与社会实践,也很注重德育。可见那时不仅学徒制的传授技艺方式已经比较普遍地开展起来,而且专业技术教育体系也更趋完整。

汉朝陆续建立了各级各类学校。既有官学,又有私学;既有中央设立的学校,又有地方设立的学校;既有大学,又有中学性质和小学性质的学校,形成了较为完备的学校系统。大学由中央设立,分为太学和鸿都门学、宫邸学。鸿都门学建立于东汉灵帝光和元年(178年),该校的性质近似于今天独立的文学艺术类学院。由于当时的太学专门学习与研究儒家的经典,内容单一,满足不了汉灵帝对艺术的需求,因此,他建立了鸿都门学,罗致艺术人才,专门从事尺牍、字画、辞赋一类艺术的教学和研究工作。鸿都门学学生多达千人。它是我国乃至世界上最早的一所专门的文学艺术型高等学校,为我国后来兴办各种专门学校起了先导作用,可谓是我国应用科技型高等教育的雏形。

唐朝时期的大学教育十分发达。中央直接设立的学校,大致可分为直系和旁系两大类,即中央六学二馆。中央直系的学校有:中央六学,即国子学、太学、四门学、律学、书学、算学,统一隶属于国子监。国子学、太学、四门学相当于大学性质,律学、书学、算学相当于专科性质。中央旁系的学校有:弘文馆,直属于门下省;崇文馆,直属于东宫。此外,还有崇玄学。唐代从中央到地方还开始设立医学,直属于太医署,专科性质,分科培养医师、针师、按摩师、咒禁师等,都有相当的办学规模。它们相当于现在的部属行业特色型大学。其中,算学、律学等自然科学的专业学校是世界上最早的实科学校,拓宽了专业教育的范围,欧洲在17、18世纪才有这种性质的实科学校,比中国大约晚了1000年。

宋元时期专科学校的科技教育,比前代又有新的发展,进入了完善的阶段。宋代的教育制度大部分仿效唐代。中央设立的学校有国子学、太学、四门学、广文馆、辟雍,皆属于大学性质。武学、律学、算学、书学、画学、医学,属于专科学校性质。元、明、清(上中叶)的学校设置也大致如此,但其办学规模及学科设置都在不断扩展,各项制度日趋健全,要求也更加严格。

综上所述,我国古代尤其是自唐宋时期以来,就建立了较为完备的高等专科学校系统,可以说是建立了较为完备的应用科技型高等教育系统。但是,这只是相对历史意义上的高等教育,还不是现代意义上的高等教育,更不是现代大学系统的应用科技型高等院校体系。我国真正的应用科技型高等教育体系还是在近代清末时期开始建立起来的,准确地说是鸦片战争之后伴随着洋务运动而兴起的产物。

一、近代专门学堂建立与我国应用科技型高等教育的产生

鸦片战争之后,19世纪60年代开始的洋务运动在引进西方技术、兴办军工企业的同时,举办新型的工艺技术学校以培养生产所需的技术员工,近代应用型教育由此产生。甲午中日战争后,中国国势危如累卵,为救亡图存,变法维新的浪潮涌起,近代教育改革也同时进入到全面开展的阶段,出现了国人自办的普通大中小学,农工商各类专业技术学堂也开始兴办,为近代教育体制的建立奠定了基础。

(一)近代早期的工艺技术教育

鸦片战争后的不平等条约使中国被迫割地赔款和开放"通商口岸",还为西方列强的文化渗透打开了门户。1842年中英《南京条约》规定:"自后有传教者来至中国,须一体保护。"1844年中法《黄埔条约》更具体规定在通商口岸,法国人"一体可以建造礼拜堂、医人院、周急院、学房、坟地各项"。基督教传教士在中国建教堂,发展信徒,同时创办教会学校。据统计,1860年以前,仅基督教新教开设的学校就有50所,学生1000余人,著名的教会学校有香港的马礼逊学堂、上海的徐汇公学、福州的格致书院等。教会学校除传播宗教外,也带来了西方近代科学文化知识。传教士所办学校,实际上是按西方学制建构的,有一些文化知识和生活技能教育。例如1844年,英国东方女子教育协进会会员、传教士爱尔德赛(Aldesrya)在宁波创办女塾。这是近代外国人在华设立的最早的女子学校,课程内容有圣经、国文、算术等,并教授缝纫、刺绣。另外,传教士还通过翻译西书、创办报刊等活动广泛地传播了西学,如传教士翻译的《几何原本》《代数学》《重学》《奈顿(牛顿)数理》《天文问答》《指南针》等书,介绍了当时西方天文学、数学及自然科学的各种知识。此外,西方的历史、地理、医学领域的知识,如《地理全志》《古今万国纲鉴》《西医略论》等也开始传入中国。近代早期中国的启蒙学者正是从西方科技的先进性、科学性中看到了必须学习才能富国强兵,从而开启了一个文化层次上的思想启蒙。他们开始打开视野,对新的世界积极了解和研究。

鸦片战争失败后,当时一些有识之士鉴于英国侵略者"船坚炮利,工精器巧",感到不能再盲目自大、一味守旧。如魏源在林则徐《四洲志》的基础上编《海国图志》,介绍西方国情。在林则徐提出"师敌之长技以制敌"的基础上,魏源在该书序言中告诫说:"善师四夷者,能制四夷;不善师外夷者,外夷制之。"提出要"师夷之长技以制夷",要学习西洋人的先进技术,用于抵御西洋人的侵略。魏源指出当时"夷之长技"主要表现在战舰、火器、养兵

练兵之法等三个方面,率先主张学习和引进西方的军事工业、军事训练方法等。

张之洞系统阐释了"中学为体,西学为用"的教育思想,对中国近代的教育改革产生了较大影响。张之洞认为:"'四书'、'五经'、中国史事、政书、地图为旧学,西政、西艺、西史为新学","中学为内学,西学为外学,中学治身心,西学应世事"。西学为"学",而并非仅为某些"长技","政艺兼学:学校、地理、度支、赋税、武备、律例、劝工、通商,西政也;算、绘、矿、医、声、光、化、电,西艺也"。[①]他强调西学为我所用,而有效地运用西学的前提条件是拥有大批掌握西学的人才,这正是近代教育的内容。张之洞的"中体西用"论在当时是有一定的进步意义的,对改造旧教育体系和建立新教育体系具有一定的历史促进作用。

(二)洋务运动时期新式工艺技术教育的兴办

从19世纪60年代开始,出现了学习西方特别以创办新式军工企业为主的所谓"洋务运动"。与洋人打交道的基本前提是掌握外语,这样就迫切需要大批外事翻译人才。而要创办新式工业,工人和技术人员是不可缺少的,必须有培养培训这类人才的学校。洋务派办的新教育,就是在这种时代要求下出现的。

萌芽期的技术学堂和实业学堂并未形成学制,当时建立的学校按其性质与科类可分为两大类:文科性质学习西方语言文字(即"西文")的学校和学习西方科技(即"西艺")的学校。具体又可分以下五种类型[②]:

第一类,培养外交翻译人员以学习"西文"为主的学校。除上述北京同文馆、上海广方言馆与广州同文馆外,还有新疆俄文馆(1887年)、台湾西文馆(1887年)、珲春俄文书院(1889年)、湖南自强学堂(1893年)、湖南湘乡东山精舍(1896年),以及湖南时务学堂(1897年)、孙诒让在浙江瑞安办的方言馆(1897年)等。

第二类,国防工业技术学校。首批创办的除福建船政学堂外,还有上海江南制造局附设机器学堂(1867年,于1874年改操炮学堂,1898年改工艺学堂)、福州电气学塾(1876年,即电报学堂)、天津电报学堂(1880年)、上海电报学堂(1882年)、天津北洋武备学堂附设铁路学堂(1882年)、天津医学堂(北洋医学堂1894年)、南京陆师学堂附设矿务铁路学堂(1896年)、山海关铁路学堂(1895年)等。

第三类,军事学校。如天津水师学堂(1880年)、广东黄埔鱼雷学堂(1886年)、广东水陆师学堂(1887年)、北京昆明湖水师学堂(1888年)、山东威海卫水师学堂(1889年)、江南水师学堂(1890年)、奉天旅顺口鱼雷学堂(1890年)、山东烟台海军学堂(1894年)等。陆军方面有天津武备学堂(1885年)、南京江南陆师学堂(1895年)、直隶武备学堂(1896年)、湖北武备学堂(1896年)及浙江、贵州、安徽、山西、江苏、绥远(今内蒙古)、四川、福建、广东、甘肃、湖南、河南等地的武备学堂,几乎遍布全国各省。

第四类,农工商业实业学堂。这类学堂大多是戊戌变法期间举办的。除前面提到过的杭州蚕学馆外,尚有浙江孙诒让办永嘉蚕学馆(1897年)和温州瑞平化学学堂(1899年)、湖北农务学堂和工艺学堂(1898年)、广西农学堂(1899年)、福建蚕桑公学(1900年)、山西农林学堂(1902年)、四川蚕桑公社(1902年)、湖南农务工艺学堂(1902年)、直隶矿务

---

① 张之洞.劝学篇[M].北京:华夏出版社,2002:12.
② 李蔺田,王萍.中国职业技术教育史[M].北京:高等教育出版社,1994:9.

学堂(1897年)、汉阳钢铁学堂(1902年)及广东商务学堂(1901年)等。

此外,尚有一些综合性学习一般科技与西文的学校,如北京通学堂(1898年),学习外文与自然科学及气象、地质制造等。另如绍兴中西学堂(1898年,相当于中学),除学习中、西语言文字与自然科学外,兼习测绘科等。

以上学校的创办,最初侧重于国防军事,后趋向于农工商实业,培养应用科技型人才,以满足国防、外交与发展农工商各业的需要。

实业学堂的科类划分与课程设置,初仿西欧,后多仿效日本。学习西方语言文字是当时教育改革的一项重点,按语种分设英文、法文、俄文、德文与日文等科。农工商业学堂则按行业与产业门类划分学科类别。农林有农务、蚕桑与林业等;工业交通分设造船、驾驶、机器制造工艺、管轮(轮机)、电报通讯、铁路建筑、采矿、炼钢、炼铁、纺织、化学工艺等;商业所设商务不分科。新教育秉"中学为体,西学为用"方针,对"中学"很重视,规定要读经,但八股文已不作为学习内容,而改学策论。

中国近代第一所新式学校是京师同文馆,创建于1862年,隶属于恭亲王奕䜣主管的清政府新建外交机构——总理各国事务衙门。它最初是一所外国语专门学校,目的是培养清政府所需要的外事专业人才。京师同文馆以英文班开办最早,其分量也最重。法文、俄文班于次年开设,后来又开设了德文和日文班。京师同文馆严格说还是古代传统的职官学校的延伸。当时兴办的类似的外国语学校还有上海广方言馆(1863年建)和广州同文馆(1864年建)。京师同文馆是中国近代最早按照资本主义教育建立起来的新式学校,它打破了中国两千多年封建教育模式,是中国新教育的胚胎。从同文馆课程设置的情况可以看出,学习内容大部分都是自然科学方面的。1874年,李鸿章提出"另开洋务进取一科",要求"凡有海防省分,均宜设立洋学局",分格致、测算、舆图、火轮、机器、兵法、炮法、化学、电气学数门,学成后,"与正途出身无异"。1888年,我国的乡试第一次实行西学与中学同考。这为后来的废书院兴学堂,建立和实施"癸卯学制"打下了基础。

严格意义上的近代工程技术学校是1866年底洋务派大员闽浙总督左宗棠奏请设立的福建船政学堂,又称"求是堂艺局",是设在福州马尾的福建船政局(造船厂)附属学校,1867年1月6日开学,培养船舶制造和驾驶人才。福建船政学堂是按西方模式办理的第一所近代工程技术学校,所以被视为中国近代应用科技型高等教育的开端。

(三)中国第一所应用科技型大学——福建船政学堂

中国近代高等学校的出现始于洋务运动时期。当时国家急需"翻译兼译述的人才,海陆军的将才,及制船造械的技术人才"[①]。于是产生了两类中国早期的近代高等学校:一类为学习外语的方言学堂,一类为学习军备的水陆军学堂。军备学堂又分作两种:一为训练海军人才的水师学堂,如福建船政学堂、天津水师学堂等;一为训练陆军人才的,如天津武备学堂、山西武备学堂、湖北武备学堂等。从专业设置、课程体系而言,福建船政学堂更符合18—19世纪西欧所形成的近代性质的高等教育的特点,堪称中国近代第一所高等学校。作为中国近代第一所高等实业学堂,福建船政学堂相当于后来的职业技术型高等专

---

① 陈青之.中国教育史[M].台北:东方出版社,2008:453-456.

门学校或专科学校,[①]是中国近代第一所科技专门学校,[②]也就是中国第一所应用科技型大学。其人才培养过程和特点反映了当时国穷民弱,急需大批能够运用先进的科学技术来改造社会的专业应用科技型人才。福建船政学堂在建立高等教育体制、为国家培养高级应用科技型专门人才、促进中西文化交流上,比之清末许多高等学校,影响更深,作用更大。

下面就以福建船政学堂为例,探讨中国近代最早出现的高等学校如何培养高级应用科技型专门人才。

1.办学目标:培养造船与驾驶高级应用科技型专门人才

福建船政学堂是由洋务派大臣所倡议创办的。洋务运动的指导思想是"师夷之长技以制夷",是"中学为体、西学为用"。洋务派最先认识到西方有用的"长技"无非是"坚船利炮",以及采矿、冶炼、铁路、邮电等"西艺"。当时各省纷纷开设机器局、造船厂,都是进口外国机器,雇请洋人制造。而福建船政局的创办方案,就明确提出必须通过制造轮船以培养中国自己的造船与驾驶人才,才能自立、自强。船政局是同时开办铁厂、船厂、学堂的。当铁厂、船厂还在盖厂房、购机器时,船政学堂就已经招生开学。船政大臣沈葆桢,秉承闽浙总督左宗棠所主张的"不重在造而重在学"的"创始之意";由左宗棠、沈葆桢遴选聘请的正监督日意格,也认为"建造船厂并不十分重要,重要的是教会学生如何造船和驾驶"[③]。因此,船政学堂的课程、实习、奖励以及一切措施,可以说,都是围绕五年之内能按现成图纸或船样造船,能在不远离海岸驾驶轮船这一规格培养应用科技型的高级专业技术人才。由于办学思想明确,培养规格定位准确,成绩显著。在第一届毕业生中,驾驶专业有14名已具远航能力,管轮专业有14名担任轮机长,制造专业的26名接近工程师水平。[④]

2.教学组织:分系科,专业培养

船政学堂分为前学堂与后学堂,前学堂修法语,设轮船制造学堂(专业);后学堂修英语,设驾驶、管轮两个学堂(专业)。后来前学堂又设绘事院(专业),以培养轮机设计专业技术人才;还附设一个船厂工人业余培训的"艺圃"。船政学堂的各个专业都有其比较完整的课程体系(教学计划)。其中外语(法文或英文)、算术、平面几何,是每个专业的共同必修课程。除此之外,每个专业各有其专业基础课程和专业课程。其课程结构,符合近代高等教育分系科、专业培训专门应用技术型人才的特点。造船班(造船专业)除了开设圣谕广训、孝经、策论等传统课程之外,还开设了法语、算术、几何入门、三角、解析几何、微积分、物理、化学、格致、材料配力学、轮机重学、水力重学、机械学、透视绘图学、蒸汽机制造、船体建造等专业课程。中文课程由中国教师担任,而专业课全部由法国教师担任。该专业重视法语和专业理论教学,同时也重视教学实验和实习课。实践课所占的时数比例较多,每天都安排数小时让学生深入车间,通过参加劳动,实际操作,以熟悉各种机器的结构和性能,掌握蒸汽机和轮船的制造和维修技术,了解车间的管理知识,以便毕业后能够胜

[①] 潘懋元.福建船政学堂的历史地位及其影响[J].教育研究,1998(8):35-42.

[②] 刘海峰,庄明水.福建教育史[M].福州:福建教育出版社,1996:227.

[③] 陈学洵,田正平.中国近代教育史料汇编·洋务运动时期教育卷[M].上海:上海教育出版社,1992:354-355.

[④] 潘懋元.福建船政学堂的历史地位及其影响[J].教育研究,1998(8):35-42.

任造船业务工作。日意格认为,造船的关键不在具体操作,"而在画图定式,非心通其理,所学仍属皮毛。中国匠人多目不知书,且各事其事,恐他日船成未必能悉全船之窾要,故特开画馆二处,择聪颖少年通绘事者教之,一学船图,二学机器图"①。沈葆桢充分肯定了日意格的观点。绘事院初期有三个班,共有学生32名,其中一班以后转学造船专业。开设课程除中文课外,还有法语、算术、几何、几何作图、微积分、透视原理、蒸汽机结构、船图和实习课。

艺圃,法国人称之为学徒班。艺圃是对在职青年工人进行职业技术教育的机构。每天上午利用一个半小时上法语课,每天晚上7时半至9时上算术、几何、几何作图、代数、常用艺学浅议和蒸汽机构造等专业技术课。任课教师除少数专职教员外,多为所在车间的外国技师、工头和领班。

后学堂设置驾驶专业和轮机专业,培养目标是掌握海洋航行技术的驾驶员和轮机技师。后学堂全部用英语教学,由英国教师嘉乐尔担任堂长。

在学习"西艺"的办学思想指导下,福建船政学堂的培养目标显然是培养应用科技型的专科层次人才,但在当时的中国却是最高层次的高等教育。船政学堂相当于后来的高等职业技术专科教育(高职高专),但是,实践证明,其培养的人才质量显然是比现在许多应用型本科毕业生的质量要高。其办学方式与人才培养模式值得我们认真加以总结与借鉴。清末众多高等学堂,多数大体也属于这一层次。船政学堂是其中的第一所,而且成绩卓著,因而它的培养规格与课程体系,也为后来的众多高等学堂所仿效。福建船政学堂的课程体系,包括公共课、专业基础课、专业课和实习,基本配套,详见表2-1-1。福建船政学堂这种专业与课程模式,为后来的高等学堂所仿效。例如广东创办实学馆(西学馆),就申明是依据闽省船政学堂旧章,参酌粤省情形制订章程的。

从表2-1-1可以看出福建船政学堂课程设置从知识、能力和素养全面养成的角度,进行多学科整合,建立科学的学科专业体系,各学科之间具有一定的应用性和系统性。

(1)应用性。福建船政学堂课程设置以科学技术知识为主,以能够制造和驾驶轮船作为根本目标。总监日意格对于制造专业的学生曾有明确论述:"若要计算一个机器零件或船体的尺寸,就必须掌握算术和几何。想要了解物体能够承受力的大小及该具有的强度,就需要掌握力学的相关知识。对于航海专业的学生而言,若是想要通过太阳等进行导航,就要掌握天文知识,学会测算距离。学生如果没有掌握一定的地理知识,就不可能环游地球。"正如船政大臣张佩纶所言:"呈以生徒所习艺术,由粗及精,期于致用。"②

(2)系统性。每个专业都要学外语和数学。课程设置上体现了学习西方技术"必通泰西语言文字""必由算学入手"的思想。数学被看作科学技术的心脏。沈葆桢认为,西方能够制作技术先进的高级船和炮,而且在经过不断的整改之后,其性能也在不断提升,究其原因在于他们的数学有过人之处。③ 每个专业都有不同的培养目标,因而都设置了独有的课程,形成了特有的专业课程体系。在课程实施过程中,这些课程又能够相互配合进行,符

---

① 沈葆桢.沈文肃公政书(卷4)[M].北京:朝华出版社,2017:23.
② 中国史学会.中国近代史资料丛刊·洋务运动(五)[M].上海:上海人民出版社,1961:305.
③ 庞百腾.沈葆桢评传:中国近代化的尝试[M].陈俱,译.上海:上海古籍出版社,2000:350.

合高等职业技术教育课程结构设置的标准,全面地反映了学堂培养应用科技型人才的目标。

表 2-1-1 福建船政学堂专业与课程设置

部门	专业	公共课	专业课	实践课	学制	其他
前学堂	制造学堂	法文,兼习英文、算术、几何	代数、微积分、画法几何、三角、解析几何、物理和机械学	蒸汽机制造和操作、船体制造	五年	
	绘事院		平面几何、画法几何、微积分、透视原理、船用蒸汽机结构	熟悉种种轮机和工具的实际细节、150匹马力轮机设计及车间实习八个月	三年	
	艺圃		绘画、平面几何、代数、画法几何、机械图说	除了白天上午两节理论课之外的时间均在厂分班实习	三年	
后学堂	驾驶学堂	英文、算术、几何	代数、动静重学、解析几何、水重学、电磁学、球面三角、光学、音学、热学、航海理论、化学、割锥、地质学、天文学、平面三角、航海术、炮术、地理、指挥等	两年舰课,舰课包括驾驶、演炮及舰海实习	五年(前三年为理论学习,后两年为航海实践)	《圣谕广训》、《孝经》
	管轮学堂		发动机绘制、蒸汽机结构与安装调试、绘画机械制图、船上操纵轮机规则、各仪表的功能与使用	厂课(岸上安装蒸汽机)、舰课(船上安装蒸汽机)、80匹及150匹马力轮机的装配		

资料来源:黄份霞,黄仁贤.福建船政学堂在中国近代教育史上的价值与意义再探[J].教育史研究,2020(2):85-95.

福建船政学堂的专业与课程设置,以社会实际需求为导向,课程与教学内容并重,堂课和实习并存,较好地平衡了理论与实践、专业学习与技能训练这两对范畴的关系,以数学、物理等科学知识为基础,进行跨学科、跨领域、跨界知识的学习,这样的创新性课程设置为福建船政学堂培养具有创新思维的应用科技型人才奠定了基础和保障。

3.培养方式:立足于理论与实践相结合,提升实践创新能力

福建船政学堂的管轮专业和驾驶专业在理论与实践相结合的教育方面采取了一系列独特的方法,为学生提供了深刻的实际经验和技能培训。

在管轮专业中,学生将厂课作为主要的教学内容,通过法国技术人员的指导,分解并熟悉蒸汽机的结构,以及安装和调试轮机。他们还参与了七艘舰船发动机的建造以及其他机舱设备的安装工作,这使他们在实际工作中积累了丰富的经验。

驾驶专业的学生则在自备的"练船"上进行了两年的实习和培训。这包括亲自驾驶船只,必须在风浪中应对各种挑战,同时还需要每天提交航行日记供教官查阅。其中最关键的训练是在优秀学生的领导下进行广泛的巡航训练,部分学生还被指派担任一定的职务。这个训练的目的是确保学员掌握了船长所需要的知识和技能,包括航海术和射击术等。最终,有四名学生获得了船长或大副的资格。这种训练至今仍然是航海院校难以复制的,为今天的应用科技型人才培养提供了宝贵经验和启示。

福建船政学堂教学与实践紧密结合,学生通过真实情境不断实践达到"熟能生巧",养成解决问题的能力和创意设计的能力。如第一艘轮船下水时,船厂用滑道下水法,即用"巨镬煮牛膏、豚脂、胰皂油等物数十解灌入船底凹槽凝厚寸许,将船台初垒之木节节掇下,另垫木楔,使船身低依两旁托架跗尊相衔,留船旁撑柱数十根以支之","自陆入水,微波不溅"①。这个当时世界造船技术的难题,由船政解决了。船政学子还通过国产材料建造出国内首架水上飞机,打开了"中国制造"飞机的新时代。

福建船政学堂汲取了传统学徒制教育的合理内核,遵循"示范—观察—模仿"的教学流程。例如,绘事院的艺徒在三年学习期间,有八个月的时间到车间了解各种轮机的运行机制和工具的使用等细节,经过教师的详细指导,每天用几小时的时间观察熟悉一台150马力船用蒸汽机的各部分零件,参与绘制船体设计图,直至能独立测绘各种船图。艺徒遵照"依样设计,如法成造"的法则进行制图,任何试图修改这一标准的行为都要受惩罚。"艺徒上午入院学习船身……并令试制匠人手艺器件。或要求艺徒按图仿造轮船部件,其所制精熟者,即予升为匠人。"可见,对于此种"图式"来说,所具有的标准非常明确,过程非常严格。通过这种细致入微的观察和心思缜密的思考,福建船政学堂的学生在短时间内掌握了近代造船技术。②

4.办学体制:产学融合,厂校一体

福建船政局的办学模式独特,它同时创办了铁厂、船厂和学堂,实际上是一种产学融合的教育体制。这个体制不同于传统的厂办学校、校办工厂或厂校合作模式,而是将教育、工厂运营和学生培训统筹规划,经费相互交织。监督和教习既负责学堂的教育,又在工厂中担任工程师和教师的双重角色。学生不仅要接受学堂教育,还要参与工厂劳动并承担生产任务。

虽然政府在最初的五年内投入的资金可能更多地用于工厂建设和运营,但办学的指导思想是重点培养人才。这种产学融合、厂校一体的办学体制更强调教育与生产劳动的紧密结合,这点与现今提倡的产学研联合体或合作教育有所不同。

由于培养应用科技型人才是学堂的目标,以及船舶制造和驾驶的技术要求,各个专业都为学生提供了大量的实习机会。例如,在制造专业中,学生需要参加蒸汽机制造和船体

---

① 中国史学会.中国近代史资料丛刊·洋务运动(五)[M].上海:上海人民出版社,1961:83.
② 林庆元.福建船政局史稿[M].福州:福建人民出版社,1999:96.

建造的实习课程,这些实习涉及数小时的体力劳动,以使学生熟悉车间环境并逐渐培养他们指挥工人的能力。在绘事院的设计专业中,学生需要进行长达 8 个月的工厂实习,与工人亲近合作,熟悉各种机械和工具的实际使用,以准备各种机件的施工图和说明书。正是由于对实际训练的高度重视以及教学与实践的密切结合,福建船政学堂在办学五年后,制造专业的学生已经具备了独立制造船舶的能力。毕业后,他们能够自己参与并完成船舶制造的工作。这一教育模式突出了实践训练的重要性,培养了学生解决问题和创新设计的能力。

5.开创留学生的合作培养

船政学堂自 1877 年至 1898 年,先后派出 4 批留学生赴英、法、德等国留学。派学生到西方留学的主张,最早是由船政大臣沈葆桢提出的。1872 年,沈葆桢就认为,聘请外国教师,"未必非上上之技","选通晓制造驾驶之艺童,辅以年少技优之工匠,移洋人薪水为之经费,以中国已成之技求外国益精之学"[①],派出学有所成的前、后学堂学生,到外国深造,可以"窥其精微之奥,宜置之庄岳之间",三五年后"有外国学成而归者,则以学堂后进之可造者补之,斯人才源源而来,朝廷不乏于用"。[②] 1877 年 3 月,由李凤苞、日意格带领造船专业 12 人、驾驶专业 12 人、艺圃 4 人、工作人员 3 人,加上已在法国的两名造船专业学生、5 名艺圃艺徒,共 38 人赴法、英留学。这是我国继曾国藩派出赴美学习语言文字的留学生之后,首批派出学习西方先进科学技术的留学生。

首批留学生到达英、法后,既要学习理论,又要深入工厂、轮船实习。造船专业学生必须学习汽学、化学、重学统论、画影勾股、水力重学、轮机制造法、画图、法语、轮机重学、材料配方学、五圣学、房屋建筑、挖煤铁学、船上轮机学、铁路学等理论课程;驾驶专业学生主要学习天文、画海图学、汽学、水师战法、英语等课程;艺圃艺徒必须学习算学、化学、勾股、画学、重学统论、画影勾股、汽学、水力重学、轮机制造法、画图、轮机重学等课程。造船专业学生每天半日在工厂实习,每年两个月"游历各船厂铁厂"。驾驶专业学生第一年九个月学习理论,三个月到炮船上练习枪炮操法;第二年 6 个月学习理论,三个月在船上学画海图,然后再到海军舰艇上实习。首届留学生中,学造船的 14 人都是前学堂首届学生,学驾驶的 12 人中,10 人为后学堂首届学生,2 人为二届学生。他们出国前已具有较扎实的理论基础和一定的实践经验,而且都有爱国抱负。艺徒则凡上等匠首应知之艺,皆能通达,其中学习成绩特别突出的,被清政府提前抽调回国任职,如严复、魏瀚、陈兆翱、刘步蟾、林泰等。其他留学生学习三年届满归国时,"南北洋争先留用"[③]。他们成为我国海防造船、矿务、铁路等方面的技术骨干。

1882 年 1 月,船政学堂派出第二批留学生 10 人,到英、法、德国学习驾驶、枪炮、火药、鱼雷及轮机制造。1886 年 4 月,派出第三批留学生 24 人,会同北洋舰队和天津水师学堂 10 人,共 34 人赴英、法学习驾驶、造船、测绘、铁路建造、国际公法、语言文字等专业。1896 年 12 月,又派出第四批留学生 6 人到法国学习造船。原定学习 6 年,后因经费问题于 1900 年 9 月提前撤回。

---

① 刘海峰,庄明水.福建教育史[M].福州:福建教育出版社,1996:242.
② 沈葆桢.沈文肃公政书(卷 4)[M].北京:朝华出版社,2017:65.
③ 池仲祜.海军大事记[M].上海:商务印书馆,1926:6.

6.毕业生:中国近现代船政事业的骨干与栋梁

福建船政学堂在其80余年的存在和发展过程中,培养了众多的专业人才,对中国的近代化进程和各个领域的发展产生了深远的影响。

(1)培养专门人才:自1866年开办至1946年止,福建船政学堂培养了1131名专门人才,包括驾驶、制造、炼钢、鱼雷、潜艇、管轮、飞机制造、枪炮制造、建筑工程、后勤、无线电工程、通信、电机、雷达、测量、天文、汽车、火药、战术、气象、铸造等领域的专业人才,覆盖了广泛的科学技术和社会科学领域。

(2)留学生培养:福建船政学堂还派出了107名留学生,分布在英、美、法、意、德、比、荷、奥、日等国家,他们学习了各种科学技术知识,包括造船、航海、军事技术以及自然科学和社会科学等领域。

(3)毕业生贡献:在46年的历史中,福建船政学堂共毕业了629名学生。这些毕业生成为中国近代第一批杰出的科学技术人才和海军将领。他们在不同历史时期对中国的近代化进程作出了巨大贡献,涵盖了军事、经济、文化、政治等各个领域。

福建船政学堂培养的校友中有一些著名的历史人物,如严复、萨镇冰、詹天佑、邓世昌等,他们在中国近代史上有着卓越的地位和影响力,为国家和社会作出了杰出的贡献。福建船政学堂在近代中国的科技、军事和社会发展中扮演了重要角色,为培养各领域的专业人才和推动中国的近代化进程作出了杰出贡献。其办学模式和培养成就仍然值得我们深入研究和借鉴。

福建船政学堂是洋务派建立的中国近代第一所应用科技型专门学校,是中国近代高等职业教育的发端。它大胆挑战官学、私塾等旧教育,革新了沿袭1300年的科举制度和重道轻艺的教育模式,秉持"中学为体,西学为用"的指导思想,汲取西方文明之精华,传授科学技术,是当时师资力量最雄厚、最早采用西方教学制度的学校,也是办学成绩显著、社会影响深远、在我国近代史上具有重要历史地位的学校。[1] 它通过理论学习与实践操作的结合,开辟了中国近代科技人才培养的新模式,为国家培养了一大批具有家国情怀、科技素养的高级应用科技型专门人才。福建船政学堂的教育实践蕴含着今天学徒制、工匠精神和STEAM教育的中国火种,回顾其办学历程,对于我们当下构建具有中国风格和中国气派的职业教育体系具有重要的价值和意义。[2]

一方面,洋务运动中兴办的新式学堂在中国教育领域引发了革命性的变革,突破了传统儒学教育的局限。它们引入了西方近代科学技术和人文学科的教育内容,为中国教育迈向现代化开辟了新的道路。这些学堂培养出了中国自己的第一批专业技术人才、新型知识分子和技术工人。这类新式学堂的教学也体现了不同于传统教育的特色,有系统的循序渐进的课程设置,教学方式相对科学,注重理论与实践相结合,特别重视操作技能的训练。学堂往往附属于或依托企业,产学一体,体现了职业技术教育的基本要素。洋务派办学堂,目的在于培养外交人才和适应发展近代军事工业和民用工业的技术人才,所以他

---

[1] 刘海峰,庄明水.福建教育史[M].福州:福建教育出版社,1996:246-247.
[2] 黄份霞,黄仁贤.福建船政学堂在中国近代教育史上的价值与意义再探[J].教育史研究,2020(2):85-95.

们很讲究实践应用。在技术和军事学堂里,几乎所有修完学堂理论课程的学生,都必须到工地、兵船或军营实习。[①] 可以说,这一批最早的新式学堂是中国应用科技型院校的发端。另一方面,洋务派办的新式学堂也有很大的局限性,如其专业范围主要局限在军事领域,即便是举办民用专业,也多为满足军事方面的需要。教学内容集中在自然科学和专业技术的教学内容方面。尽管存在一些先天不足,但它毕竟开创了中国近代应用型新教育的先河。

(四)维新运动时期新式工艺技术教育的拓展

维新运动,是中国晚清末期(19 世纪末)的一场具有资产阶级改良性质的重要社会和思想改革运动。维新运动的主要目标是推动中国社会、政治、文化的现代化和改革,以应对外部压力、强国竞争,以及国内的危机和困境。以康有为、梁启超等为代表的维新派认为国家富强之本并非全在军事实力上,而是在经济上要振兴实业,发展大工业生产和先进的科学技术,在政治上要变法维新,学习西方资产阶级的政治制度。改良政治必须从改良吏治入手,又落实到选拔和培养人才上,所以维新派把兴学育才作为改良社会的核心,主张"创新政,废科举,强新学,广设学校",如 1897 年林启创设的杭州养蚕学堂,1898 年张之洞创设的湖北农务、工艺学堂。此外,还有江南铁路学堂(1896 年)、江西蚕桑学堂(1896 年)等专业技术学校。1896 年创立的江南储才学堂,分交涉、农政、工艺、商务四门,门下又各设若干目,是最早的综合性专业技术学校。

维新运动即"戊戌变法"期间的主要教育改革措施除了建立大、中、小学校制度与创办京师大学堂之外,就是创办各类专门学堂。

早期改良派突破了洋务派在办学主张上仅仅囿于语言、军事、技术等学堂的局限,不仅提出应仿照西方国家建立从小学到大学的较为完整的大、中、小三级学校系统,而且将"学战"思想与"商战"思想相结合,从推进工商经济发展以实现国家富强出发,主张学习西方国家设立"格致""制造""种植""工艺""商务"等实业学堂。从引介西方国家实业教育,到主张借鉴西方设立实业学堂,标志着实业教育在中国的发展迈出了关键性的一步。为甲午战争后实业教育更深层的引入,实业学堂的兴办,乃至实业教育制度体系的创立,都打下了初步的基础,标志着中国正式职业教育制度体系框架的构建与应用科技型院校体系的初步形成。

从"洋务教育"到"戊戌维新"教育改革的发展,不仅开了中国近现代学校教育的先河,而且开创了中国近现代职业技术教育与中国应用科技型院校体系的新纪元,并为中国近现代工业大生产培养了大批应用技术型/应用科技型人才,对新教育制度的产生起了奠基作用,具有一定的历史意义。

二、实业教育体系在近代学制中的确立

中国具有现代意义的职业教育产生于 1902 年,并以清政府发布的《钦定学堂章程》

[①] 曲士培.中国大学教育发展史[M].北京:北京大学出版社,2006:188.

("壬寅学制")正式提出"实业教育"概念为标志。[①] 对于我国而言,职业教育并非本土独创,而是地地道道的舶来品。作为近代推广职业教育的代表性人物,邹韬奋指出"职业教育盛行于欧洲,渐推于美国,今以世界潮流之推荡,渐施于东方矣","欧美往昔无所谓职业教育","十九世纪以后,因工商业之勃兴",于是"始有所谓职业教育"。[②] 在百余年的发展过程中,伴随社会制度变迁和经济社会发展,我国职业教育发展大致可以分为以下几个阶段,前四个阶段各自均有一个主要学习和借鉴对象,见表2-1-2:

表2-1-2 中国现代职业教育发展阶段分期

序号	阶段分期	主要特点
1	清政府阶段	在学习日本学制的基础上建立了"实业教育"体系
2	民国政府阶段	学习欧美学制,形成了官方实业教育和民间职业教育共同发展的职业教育体系
3	新中国成立后	全面学习苏联学制,建立了以培养技术员的中等技术学校和培养技术工人的技工学校为主体的职业教育体系。但是在"文革"期间,职业教育遭到了严重破坏,出现了大滑坡
4	改革开放后	重新向欧美学习,恢复并发展中等职业教育,大力发展高等职业教育,基本形成了相对完善的现代职业教育体系
5	党的十八大后	推进教育强国建设,构建比较系统完善的中国特色社会主义职业教育新体系,加快地方高校转型发展与建设应用技术大学、职教本科层次体系

从以上职业教育发展历程的梳理可以看到,我国职业教育在清政府时期学习日本,在民国时期学习欧美,新中国成立后学习苏联,改革开放后又向欧美学习,21世纪后自主创新中国模式。然而,每个国家的职业教育都是在其相对独特的社会历史环境中产生的,其内涵和外延并不一致,在我们学习对象不断变化的过程中,也一定程度上造成了我们对职业教育概念理解的不统一。

"实业"一词是清末对资本主义农工商业的统称,何时出现有待考证,涉及农业、工业、商业、矿业、船业、铁路、邮电等各个领域,有时也指桑蚕、森林、水产、医学等与国计民生相关的事业。实际上泛指国家的实体经济,张謇认为"实业者,西人赅农工商之名","实业在农工商,在大农大工大商"。[③] 可见实业的重点在农工商业。

实业教育源于英语 industrial education,本义为工业教育。经日本转译为实业教育,成为涵盖农工商各行业各级教育的总称。夏偕复最早使用"实业学校""实业教育"两词,他是借用德文 Realschule 的日文翻译,内涵包括农工商各类教育,"实业学校,所以教授中等农、工、商等实业之教育,其程度视中学校"[④]。1902年,罗振玉将实业教育与普通教

---

① 白汉刚,苏敏.中国职业教育体系的演化历程[J].中国职业技术教育,2012(18):60-66.
② 邹韬奋.职业教育研究[EB/OL].[2022-07-15].https://cread.jd.com/read/startRead.action? bookId=30366354&readType=1.
③ 张謇.张季子九录·文录[M].上海:中华书局,1931:36.
④ 罗振玉.学校刍言[J].教育世界,1901(14):10.

育、高等教育、军事教育并列,认为"四者相须,不可偏废";特别是实业教育,利于民生,更是"不可稍缓"[①]。

清末规划新的近代学校教育体系时,对与普通教育并列的各种专业技术教育机构,便采用日本学制使用的概念,统称为"实业学堂"。1899年2月,日本政府公布《实业学校令》,使得"实业学校"这一名称最终取代了"专门学校"和"技艺学校"的称谓。在近代中国,实业教育经历了一个由概念引入,到概况引介,再到实业学堂萌芽的艰难过程。[②]

最早在中国出现的实业学堂是由传教士创办的,如1850年和1861年北长老会在上海分别设立清心实业学校和清心实业女中学校。此后传教士陆续设立的实业学堂还有:苏州医学校(1891)、苏州护士职业学校(1895)、青年会商业夜校(1900)、青年会商业中学(1900)等。这些按照西方教育模式所办的实业学堂,为此后中国人创办实业学堂提供了借鉴。

1896年,江西绅士蔡金台创办江西高安蚕桑学堂。这是中国人自办的第一所真正意义上的实业学堂。1897年,温州蚕学馆创办,1901年改称蚕桑学堂。1897年,杭州蚕学馆创办。这三所实业学堂同为当时全国最早的三家蚕学馆,对促进蚕丝教育发展有着开风气之先的重要作用。随着它们的创办,其他种类的实业学堂也开始在中国大地上诞生。这些实业学堂的兴办,不仅促进了当时实业的发展,也为"新政"后实业教育制度建立伊始大批实业学堂的兴办提供了借鉴。

(一)壬寅癸卯学制中的实业教育

1902年8月15日,清政府颁布《钦定学堂章程》,开始创建实业教育制度,至1911年10月10日辛亥革命的十年期间,是中国近代实业教育的建立期。

1."壬寅学制"的制订

"新政"颁布同时,清廷任命张百熙为管学大臣,负责设计新教育体制构建方案。1902年,张百熙上呈学堂章程获得批准,即《钦定学堂章程》,史称"壬寅学制"。

《钦定学堂章程》规定学堂为3段7级。初等教育阶段分蒙养学堂和小学堂两级。蒙养学堂6岁入学,4年毕业。小学堂又分寻常(初等)和高等两级,相互衔接,各3年毕业。中等教育阶段设中学堂一级,4年毕业。高等教育阶段设立高等学堂或大学预科、大学堂和大学院3级。高等学堂学制3年,大学堂学制3年,毕业后升入大学农业、格致、工艺、医学4科。大学院旨在研究,不设课程,不主讲授,不定年限,是教育的最高阶段。

壬寅学制在主干的普通教育外还有师范、实业两个旁支。实业学堂分简易、中等和高等3级。简易实业学堂3年,相当于高小程度。中等实业学堂4年,相当于中学程度。高等实业学堂3年,与高等学堂或大学预科相当。但办学分别附设于同级的普通学堂。学制规定,在高等小学堂之外,应设简易之农、工、商实业学堂。在中学堂以外,应设中等农、工、商实业学堂,使高等小学毕业生如不愿进普通学堂,可以进入此类学堂学习实业。在高等学堂之外,附设农工商医高等专门实业学堂。实业学堂只是普通学堂的附属,并没有独立地位,也没有规定相应的课程设置。这与其制定者张百熙对建立实业教育体系的重要性认识不够有关,但已经承认了实业教育应该包容在各级教育之中,还是具有明显的进

[①] 罗振玉.论中国亟宜兴实业教育[J].教育世界,1902(33):9.
[②] 谢长法.中国职业教育史[M].太原:山西教育出版社,2011:1,38.

步意义。

2.《奏定学堂章程》——"癸卯学制"的制订及基本结构

1903年(农历癸卯年),张之洞主持制订的新学制完成并被朝廷批准,史称《奏定学堂章程》,包括总的《学务纲要》、各类学堂章程以及学堂管理、考试、奖励和教员任用等22个文件,于1904年1月颁行全国,成为中国近代第一个正式实施的学制,史称"癸卯学制"。其中的《学务纲要》在其全国学堂总要中阐明"以端正趋向,造就通才为宗旨",这是中国近代教育史上第一次对各级各类教育提出的教育目标。

与壬寅学制相比,癸卯学制在纵的方面仍是分为3段7级。高等教育阶段大体采纳壬寅学制,高等学堂或大学预科3年,分科大学3到4年,将大学院改称通儒院,学制定为5年。总学制长达30年,其中普通中小学阶段是14年。第三阶段为高等阶段,设高等学堂,"以教大学预备为宗旨"。根据大学堂分科的需要,分为3类:第1类为升入大学经学科、政法科、文学科、商科做准备;第2类为升入大学格致、工科、农科做准备;第3类为升入大学医科做准备。大学堂亦称分科大学,"以端正趋向,造就通才为宗旨",分8科,下设若干门。经学科大学:设周易、尚书、毛诗等11门。政法科大学:设政治、法律两门。文学科大学:设中国史学、万国史学、中国文学、英国文学等9门。医科大学:设医学、药学两门。格致科大学:设算学、星学、物理学、化学、动植物学、地质学6门。农科大学:设农学、农艺化学、林学、兽医学4门。工科大学:设土木工学、机器工学、造船学、造兵器学、电气工学、建筑学、应用化学、火药学、采矿及冶金学9门。商科大学设银行保险学、贸易及贩运学、关税学3门。学制除政法科及医科之医学两门修业4年外,余均为3年。

癸卯学制也包括师范、实业两个旁支,在初等教育、中等教育和高等教育三段中均有与普通教育对应的实业学堂,与壬寅学制不同的是独立设置专门的实业学堂,实业学堂分农业学堂、工业学堂、商业学堂、商船学堂,各类实业学堂均分高等实业学堂、中等实业学堂和初等实业学堂三等,另设实业教员讲习所。这标志着实业教育独立成为一种学校类型,也可以说职业教育作为一种类型体系教育的开端。

该学制共有23个法规,其中专属实业教育的法规就有7个:《实业学堂通则》《初等农工商实业学堂章程》《中等农工商实业学堂章程》《高等农工商实业学堂章程》《实业教员讲习所章程》《实业补习普通学堂章程》《艺徒学堂章程》。可以说,高等实业学堂与分科大学的建立可谓是中国应用科技型大学走向制度化、实质性的历史里程碑。

(二)实业学堂的教育目标

各级各类学堂各有其办学宗旨或教育目标。《学务纲要》阐明:"实业学堂,意在使全国人民具有各种谋生之才智技艺,以为富民富国之本。""农工商各项实业学堂,以学成后各得治生之计为主,最有益于邦本。"另在《实业学堂通则》设学要旨第一章第一节指出:"实业学堂,所以振兴农工商各项实业,为富国裕民之本计;其学专求实际,不尚空谈,行之最为无弊,而小试则有小效,大试则有大效,尤为确实可凭,近来各国提倡实业教育,汲汲不遑,独中国农工商各业故步自封,永无进境,则以实业教育不讲故也。"[1]

---

[1] 张百熙,荣庆,张之洞.学务纲要(1904-01-13)[M]//李蔺田,王萍.中国职业技术教育史.北京:高等教育出版社,1994:49.

1. 各级各类实业教育机构

为适应实业教育发展的需要，"癸卯学制"中将实业学堂视作"振兴农工商各项实业"的"富国裕民之本"，对实业学堂的类别、设科、教学等，均作了明确的规定，确立了实业教育体系的独立地位。癸卯学制中属于实业教育系统的机构有普通学校系列的初等实业学堂、中等实业学堂、高等实业学堂，还有补习教育性质的实业补习学堂、艺徒学堂以及大学堂附设的实科，培养实业学校师资的实业教员讲习所等。专业类别为农业、工业、商业和商船四大类。

高等实业学堂属于中学后，相当于高等学堂与大学预科程度。宗旨是"授高等农业学艺（或高等工业之学理技术，或高等商业教育，或高等航海机关之学术技艺），使将来能经理公私农务产业，并可充各农业学堂之教员、管理员"。招收18岁以上中学堂毕业生或同等学力者，分本科、预科。预科一年毕业，本科除农业科为4年外，余均为3年毕业。高等工业学堂和高等商船学堂则只设本科，前者3年毕业，后者学习年限为：航海科5年半，机轮科5年毕业。按毕业考试成绩等次分别可任知州、知县、州同，或任中等实业学堂教员。

高等农业学堂有预科和本科（分农学科、森林学科和兽医学科）；高等工业学堂分应用化学科、染色科、机织科、建筑科、窑业科、机器科、电器科、电气化学科、土木科、矿业科、造船科、漆工科、图稿绘画科；高等商业学堂分预科和本科，分别开设相应的课程；高等商船学堂分设航海科和机轮科。

高等实业学堂的科目的名称，多用"学"字，如园艺学、土壤学、电气工学、冶金学等。用"学"时多加"应用"二字，如应用力学。中等工业学堂的科目名称，则多采用某学科的"大意"，如水产学大意。这表明高等学堂科目的理论内容分量重。中等学堂则偏重于实际应用的内容，理论内容较少。有的则称某某学科的"法"，如施工法、机织法，明显地表明它的内容是实用技术。

2. 实业学堂培养目标

初、中、高等实业学堂的培养层次目标有明确区分。各等级各类实业学堂的办学宗旨，分别在学堂章程中规定，初等实业学堂以教授农工商最浅近之知识技能（或知识艺能，或知识技术），使毕业后能从事简易农工商业为宗旨；中等实业学堂则以授农工商业必需之知识艺能（或知识技能，或知识技术），使将来实能从事农工商业为宗旨；高等农业学堂"以授高等农业学艺，使将来能经理公私农务产业，并可充各农业学堂之教员、管理员为宗旨"；高等工业学堂"以授高等工业之学理技术，使将来可经理公私工业事务及各局厂工师，并可充各工业学堂之管理员、教员为宗旨"；高等商业学堂"以施高等商业教育，使通知本国外国之商事商情及关于商业之学术法律，将来可经理公私商务及会计，并可充各商业学堂之管理员、教员为宗旨"，高等商船学堂"以授高等航海机关之学术技艺，使可充高等管驾船舶之管理员，并可充各商船学堂之管理员教员为宗旨"。另规定艺徒学堂"以授平等程度之工业技术，使成为良善之工匠为宗旨"。实业教员讲习所"以教成各该实业学堂及实业补习普通学堂、艺徒学堂之教员为宗旨"。师范教育规定优级师范学堂以造就初级师范学堂及中学堂之教员管理员为宗旨。初级师范学堂为造就小学教师。设简易师范科及师范传习所则为弥补小学教师不足的临时办法。后于1909年因简易师范科卒业程度不足应小学教员需要,通令停办。①

可见,初等、中等与高等实业学堂定位层次分明,科学有序。初等实业学堂定位于教授"最浅近之知识技能",使毕业后能从事"简易"之相关业务;中等实业学堂定位于教授"必需"之知识技能,使毕业后能胜任相关业务;高等实业学堂定位于教授"高等"学术技艺,使毕业后能充任相关业务的管理员和教员。关于教育内容的用词也是很有层次的:初、中等实业学堂都有"知识",不同学堂则分别用"技能""艺能""技术",高等实业学堂则是"学艺""学理"和"技术""技艺",体现出不同层次和不同专业类别的特点和要求。这对目前我国的应用科技型大学、应用技术型大学以及职业技术型院校的准确定位具有重要的历史借鉴意义。

3.普通大学的实科教育

除专门的实业学堂外,普通大学堂也可以开展培训性质的实业教育,《奏定大学堂章程》规定:"农、工、商、医四大学,尚可酌置实科,以练习实业为主。"

癸卯学制使实业教育正式成为新教育体系中的重要组成部分,奠定了实业学堂建立和发展的体制基础。此后,随着科举制度废除,新的教育行政体系建立,实业学堂的管理进一步制度化和规范化。实业教育得到各级地方当局及社会各界的重视,在清末的最后几年间发展迅速,至辛亥革命前夕已初具规模。1902—1911年的10年是近代新教育起步的10年。从小学、中学到大学,近代教育有了一个较完善的体制,实业教育的体制雏形和格局基本形成,为中国现代职业教育的开展起了奠基作用。

第二节 民国时期的应用科技型高等教育改革与发展

辛亥革命之后,我国进入了民国北洋政府与南京国民党政府的执政时期。在这两个时期,我国的高等教育与应用科技型高等教育也进入了不同改革与发展的历史阶段。

一、民国北洋政府时期的应用科技型教育

辛亥革命后所建立的北洋政府,借鉴国外教育体系先后出台了一系列教育改革方针政策,完成了从实业教育到职业教育的改革。

(一)北洋政府时期的实利主义教育

1912年1月3日,临时大总统孙中山任命蔡元培为教育总长,1月9日,教育部成立,随后颁布了一系列教育改革的决议与法令。

1.民国教育宗旨中的实利主义教育

1912年7月教育部颁布了新的教育宗旨:"注重道德教育,以实利主义、军国民教育

---

① 李蔺田,王萍.中国职业技术教育史[M].北京:高等教育出版社,1994:19-20,33.

辅之,以美感教育完成其道德。"这一宗旨与前清"忠君尊孔"的教育宗旨完全划清了界限。其中所谓"实利主义教育"是作为智育提出的,而强调培养发展生产和民众生计所需的知识技能,这显然也包括职业教育领域。

2.《壬子癸丑学制》中的实业教育

1912年9月,民国教育部正式颁布《学校系统令》,次年又陆续公布了各级各类学校教育的法令规章,形成一个新的学制系统,统称"壬子癸丑学制",这也是民国初年实行的学制。

1912年10月,教育部颁布了《大学令》,其中规定:大学"以教授高深学术、养成硕学闳材、应国家需要为宗旨"。大学分为文科、理科、法科、商科、医科、农科、工科。"大学以文理二科为主;须合于下列各款之一,方得名为大学:一、文理二科并设者;二、文科兼法商二科者;三、理科兼医、农、工一科至三科者。"①1917年9月公布的《教育部修正大学令》,规定大学仍分七科,但设立的限制比较灵活,设二科以上者得称为大学,如仅设一科者成为某科大学,大学本科之修业年限四年,预科二年。

1913年1月,教育部公布了《大学规程》,把所有各科的分门和课程规定得很详细。例如,文科分为哲学、文学、历史学、地理学4门;理科分为数学、星学、理论物理学、实验物理学、化学、动物学、植物学、地质学、矿物学9门;法科分为法律学、政治学、经济学3门;商科分为银行学、保险学、外国贸易学、领事学、税关仓库学、交通学6门;医科分为医学、药学2门;农科分为农学、农艺化学、林学、兽医学4门;工科分为土木工学、机械工学、船用机关学、造船学、造兵学、电气工学、建筑学、应用化学、火药学、采矿学、冶金学11门。

1912年10月,教育部颁布了《专门学校令》,其要点如下:(1)"专门学校以教授高等学术、养成专门人才为宗旨"(第一条)②;(2)专门学校之种类为法政、医学、药学、农业、工业、商业、美术、音乐、商船、外国语等(第二条);(3)专门学校学生入学资格,须在中学毕业或经试验有同等学力者(第七条);(4)"专门学校得设预科及研究科"(第八条)。③

蔡元培曾在《爱丁堡中国学生会及学术研究会欢迎会演说词》中提出了他的"学为学理,术为应用"思想。蔡元培认为大学教育要处理好"学"和"术"的关系。他说:"学与术可分为二个名词,学为学理,术为应用。"他举例说:"文、理,学也。虽亦有间接之应用,而治此者以研究真理为的,终身以之。""法、商、医、工,术也。直接应用,治此者虽亦可有永久研究之兴趣,而及一程度,不可不服务于社会;转以服务时之所经验,促其术之进步。与治学者之极深研几,不相侔也。"因此他提出:"治学者可谓之'大学',治术者可谓之'高等专门学校'。两者有性质之别,而不必有年限与程度之差。"蔡元培还指出:"学"和"术"虽各有侧重,但二者是不可分割的。"学必借术以应用,术必以学为基本,两者并进始可。"④又

---

① 潘懋元,刘海峰.中国近代教育史资料汇编·高等教育[M].上海:上海教育出版社,2007:375.
② 潘懋元,刘海峰.中国近代教育史资料汇编·高等教育[M].上海:上海教育出版社,2007:471.
③ 舒新城.中国近代教育史资料(中)[M].北京:人民教育出版社,1961:646-652.
④ 高平叔.蔡元培教育文选[M].北京:人民教育出版社,1980:135.

说:"学为基本,术为支干,不可不求其相应。"①教育总长蔡元培的教育思想在"壬子癸丑学制"中得到了充分体现。

根据当时中国的实际情况,蔡元培提出,既要培养大批掌握各种专门技术的人才,更要造成一些深通学理的人才。他说:"中国固然要有好的技师、医生、法官、律师等等。但要在中国养成许多好的技师、医生等必须有熟练技能而又深通学理的人。""要是但知练习技术,不去研究学术;或一国中,练习技术的人虽多,研究科学的人很少,那技术也是无源之水,不能会通改进,发展终属有限。"②他还针对当时许多出国留学的人只想学得一技之长,而忽视学习科学理论的倾向,提出了告诫,希望他们在学习外国专门技术的同时千万"不可忽视"科学理论的学习。

蔡元培的这些见解是卓有远见的。一个现代化的强国,对于基础理论的研究和基础学科人才的培养,是不可忽视的。因为科学理论是发展各类专门学科的基础。但是,"学"与"术"是紧密相连的,"基本"与"应用"是不可分离的。如果只是重学理而轻实用,也是片面的。所以蔡元培提出"两者并进"的观点,是全面而精到的。这对于当前我国建设中国特色高水平应用科技型大学仍具有重要的指导意义。

壬子癸丑学制仍沿袭实业教育体系,只是将原初等实业学堂和中等实业学堂分别改称甲种实业学校和乙种实业学校,换了个名称而已。《实业学校令》规定,"实业学校以教授农工商业必需之知识技能为目的"。

民国学制中实业教育领域实质性的改变,是将原高等实业学堂则改为专门学校(即专科),属于高等教育而脱离实业教育体系,《专门学校令》规定:"专门学校以教授高等学术、养成专门人才为宗旨。"③类别也扩展为法政、医学、药学、农业、工业、商业、商船、美术、音乐、外国语等十种,已完全是高等教育性质而非实业教育。招生对象为中学校毕业生或经测试具备同等学力者。实业教育就被定位在中等以下层次。这实质上就是相当于目前的应用科技型大学体系,尽管不属于当时的实业教育体系即职业教育体系,把它们列入普通高等教育体系,其目的与实质是在培养高级实业专门人才的目标下进一步加强各类专门人才的学术性与专业性,与改革开放后我国职业教育不断由中等教育向高等教育专科层次乃至本科、研究生层次上移有某种意义上的共同意蕴。

《壬子癸丑学制》与清末《癸卯学制》两个学制中的实业教育均仿日本,从名称到形式颇多相似处,但在实质上是有区别的。《壬子癸丑学制》显然较前有几点进步之处,如倡导平权教育,男女平等,均有就学权利,承认女子职业学校的地位;高等实业学堂改为专门学校后也从农、工、商、船扩展到政法、医药、美术、音乐、国语等共九类;认定实业学校不以升学为目的,毕业以后亦不予升学机会,与后来职业学校目的渐趋接近。

但是,值得说明的是,民国初年教育体制改革也造成了实业教育的地位下降。一方面,普通教育的大发展削弱了对作为分流的实业教育的关注和投入。另一方面,实业教育自身的办学成效较差,办学模式与目标背离。一是盲目办学,不适应经济社会发展需要。

---

① 高平叔.蔡元培教育文选[M].北京:人民教育出版社,1980:41-42.
② 高平叔.蔡元培教育文选[M].北京:人民教育出版社,1980:135.
③ 潘懋元,刘海峰.中国近代教育史资料汇编·高等教育[M].上海:上海教育出版社,2007:471.

如当时教育界人士所批评的,实业教育"建设之初,毫无计划,地方之情形,漫不措意,所设科目,未能适合地方需要,毕业学生,学非所用,非唯不足得社会之信仰,反以滋实业教育前途之障碍"。"学生毕业出校,实业机关无练习之余地,社会经济无相当之助力,独立自营,能力不足,上进求学,程度不及,大多数厕身于小学教育界,无从发展其所学。从此以后,学生对于农业学校之信心亦日渐弱矣。"①二是教学还是"书房习气",严重脱离实际。实业教育初创之际,缺乏与实践结合较好的课程教材,特别是实习实训的必要条件和设施,教师也普遍缺乏专业技能和实践经验,民国初将实业教育纳入普通教育行政体制,更使其受普通教育办学和管理模式的制约,很难摆脱"教师教书、学生读书"的传统教学模式。实业学校学生存在严重的书房习气,工学生不实习,农学生不务农。《中华职业教育社宣言书》中也指出:"实业学校因存在严重脱离实际情况,毕业生只懂书本学理,不能务实操作,因而也不受实业界欢迎,失业者占绝大多数,或就业而用非所学例如毕业于纺织学校却做小学图画教员,毕业于农业学校却做机关助理等。"②黄炎培指出,"当时实业学校仅多购一种教科书,教师照本宣科,学生一读了之,根本没有实习设备,学生也不进行实习"③。由于实业教育的不切实用,毕业生不为社会欢迎,实业学校毕业即失业的现象也相当普遍,以致当时有人戏称"实业学校"为"失业学校"。

由此可以看出,当时的实业教育所面临的困境,已到非改革不可的地步了。这种情形对今天我国职业教育也具有一定的警示意义。

(二)从实业教育向职业教育的转型

中国近代职业技术教育的兴起具有不同于其他国家的发展特点,它是从相当于中等技术教育的领域切入的。在这个过程中又经历了不同称谓概念的演进:早期是个案兴办一些专业技术学堂,到清末癸卯学制颁布时统称实业教育,成为国家教育体系的构成部分;在1922年学制中又更名为职业教育。从实业教育到职业教育,并非单纯的概念变换,而是有重要的实质性内涵意义的变化。

清末兴办近代新式教育主要是仿效日本学制,包括实业教育的称谓,欧美早期多称技术教育,例如英法两国19世纪后期都设立了技术教育委员会,最早的法国的巴黎理工学校等一批大学校自不必言,英国于1889年颁布《技术教育法》(Technical Instruction Act),德国设有多科技术学校(Polytechnische Schule)。1824年,美国也创办了英语国家最早的理工学院——伦塞勒理工学院(Rensselaer Polytechnic Institute)。1869年,德国颁布《强迫职业补习教育法》,成为职业教育概念的先声。被誉为德国职业教育之父的凯兴斯泰纳(Georg Kerchensteiner)信奉歌德的名言:"真正的教育只有通过职业教育才能完成。"④日本在使用实业教育的官方称谓的同时也使用职业教育的概念。19世纪90年代的日本文部大臣井上毅强调:"要想发展国家的富力,必须首先改革和发展实业;而欲改

---

① 朱有瓛.中国近代学制史料(第三辑)下册[M].上海:华东师范大学出版社,1999:228.
② 中华职业教育社.中华职业教育社宣言书[J].教育与职业.1917(10):1.
③ 黄炎培.黄炎培教育文集(卷1)[M].北京:中国文史出版社,1994:96.
④ 凯兴斯泰纳.凯兴斯泰纳教育论著选[M].郑惠卿,译.北京:人民出版社,1993:19.

革和发展实业,则必须振兴职业教育。"①中国清末兴学时虽然以实业教育为正式称谓,同时也有人提到职业教育。1902年,山西农林学堂开办,总办姚文栋在1904年撰写的《添聘普通教习详文》中指出:"论教育原理,与国民最有关系者,一为普通教育,一为职业教育,二者相承而不相背。"②认为与民众直接相关的就是普通教育和职业教育,也是整个教育的两大基本类别。

崇尚实用是近代教育推进的基本思路和行为准则,到民国初年,进而形成实用主义教育观,伴随杜威的实用主义教育理论传入中国,更是产生了巨大的社会影响,支配着这一期间的教育改革。实用主义教育思潮的兴起,成为提倡职业教育的先导。从清末民初的实业教育向职业教育转化,并非简单的概念替换,而是有着理论和实践的双重意义,甚至可以视为中国职业教育发展史上从近代向现代过渡的关键时节。

如果将当时实施的实业教育与教育家们所提倡的职业教育相比,其主要区别其实应该是在出发点或目标的定位上,即实业教育着眼于振兴实业、富国裕民,所以实业教育的目的是发展各类实业,是以国家和社会需求为本位的。而职业教育立足于民众生计,首先服务于解决个人就业谋生问题,是以个人需求为本位的。尽管二者并非对立,但出发点的不同应该是职业教育与实业教育的本质区别所在。

中华职业教育社社章中对职业教育目的的规定:"为个人谋生之准备,为个人服务社会之准备,为国家及世界增进生产力之准备。"③中华职业教育社的机关刊物《教育与职业》创刊号的封面上,选择了一幅饭碗、筷子和勺的儿童画,其要表达的含义是再清楚不过的。把解决个人生计问题放在突出地位,以"就业"和"饭碗"相标榜,确实对广大平民阶层及其子弟产生巨大吸引力,有利于新的职业教育观念的树立和推进。

职业教育者注意到了兼顾个人与社会、兼顾个人的定向培养和全面发展。就业与升学的关系,当前就业与今后发展的关系,具体到普通文化和专业学习、专业理论与操作技能学习的关系,这也是职业教育的提倡者所争执的问题。

值得指出的是,在当时的学制设计中,实业教育与普通教育是截然分开的两类教育形式,尽管普通学校也可以办实业教育,但只是在同一学校分别办理,以节省办学成本而已,而职业教育则可以也应该渗透到普通教育之中,这也是职业教育的提倡者所主张的。

以上这些不同的主张与争论在今天仍然具有极其重要的思考与借鉴价值,值得我们重新研究并加以对待。

民国初期,中国的教育界开始着眼于构建新的职业教育体系,并积极研究国际上不同国家的职业教育思想和制度。一些教育杂志和出版物,如《教育杂志》、《教育世界》和《教育与职业》,发表了世界各国职业教育的研究文章,同时出版业也大量推出了职业教育的理论著作,翻译并介绍了来自英国、德国、美国等国家的职业教育教材。

黄炎培是当时职业教育领域的杰出思想家之一,他将世界发达国家的职业教育制度

---

① 编纂委员会.井上毅传[M].东京:国学院大学图书馆,1975:463.
② 姚文栋.添聘普通教习详文[M]//俞启定,和震,楼世洲.中国职业教育发展史.北京:高等教育出版社,2012:79.
③ 俞启定,和震,楼世洲.中国职业教育发展史[M]北京:高等教育出版社,2012:90.

归纳为两种类型：一种是德国和日本的模式，另一种是英国和美国的模式。德国和日本式职业教育是将职业教育作为独立系统，与普通教育并行存在，通常在学制中是旁系的。学生可以选择接受职业教育，而不必继续普通中学的学业。而英国和美国式职业教育则是将职业教育融入普通教育体系，将其列为正系的一部分。学生在普通中学中可以接受职业教育，而不必专门到职业学校就读。

根据中国的历史和现状，黄炎培主张采用英美式职业教育制度，但也倡导借鉴德国和日本的经验。他提出了一种分流的思想，即小学后对学生进行分流，一部分继续接受普通教育，另一部分接受职业教育，培养他们适应不同职业领域的能力。这种分流可以在普通中学中进行，也可以在专门的中等农工商学校接受教育。这一思想试图将美国和德国的职业教育制度相结合，创造出适合中国国情的综合型职业教育体系，为学生提供更多职业选择和发展机会，以适应当时的社会和经济需求。这一思想对中国职业教育的发展产生了积极影响。

蔡元培针对当时的中小学毕业生不能升学又缺乏谋生技能的窘况，提出："为中学生筹济，当注重职业教育。"他还提出具体方案：一是改良普通教育，酌加农、工、商诸科；二是开办各种类型职业学校；三是对现有的实业学校进行改造，"打破尊士陋习，教员能共同操作，学生能忍苦耐劳"[1]。基本框架思路与黄炎培类同，也是既要改造旧实业学校又要在普通学校加入职业教育的内容。这个构想在当时发挥了主导作用。

总的来看，在接受职业教育的途径方面，可以通过专门的职业学校进行，也可以通过在普通学校渗透职业教育来实现，多数人的主张更倾向于后者，但也不排斥前者，开展职业教育"两条腿走路"的主张对后来新学制构建职业教育体制起到关键影响作用。

1915年4月，在天津召开的第一届成立大会上，全国教育会联合会向教育部提交实业学校改革方案，提出将实业学校逐渐向职业教育转型。[2]

（三）"壬戌学制"——职业教育体制的确立

1922年1月，北京政府颁布新学制，通称"壬戌学制"，以职业教育制度取代了实业教育制度，从而确立了职业教育在学制中的地位。

1.新学制的基本内容

1922年学制提出了作为指导原则的"七项标准"，即：适应社会进化之需要；发挥平民教育精神；谋个性之发展；注意国民经济力；注意生活教育；使教育易于普及；多留地方伸缩余地。这些原则的总体特色就是平民化、大众化，关注的重心低，全都是在基础教育和职业教育层次强调普及教育、生活教育，注意个性的发展，措施要有伸缩性和变通性，使之易于可行。

《壬戌学制》关于大学教育制度的说明和规定主要如下：

（1）确定单科性大学。大学校设数科，或一科，均可。其单设一科者称某科大学校，如医科大学校、法科大学校之类。（2）大学校修业年限四年至六年。医科大学校及法科大学校修业年限至少五年，师范大学校修业限四年。（3）大学校用选科制。（4）因学科及地方

---

[1] 蔡元培.蔡元培育论著选[M].北京：人民教育出版社，1991：63-64.
[2] 俞启定，和震，楼世洲.中国职业教育发展史[M].北京：高等教育出版社，2012：78-82.

特别情形,得设专门学校,招收高级中学毕业生,修业年限三年以上,年限与大学校相同。(5)大学校及专门学校得附设专修科,修业年限不等。(6)将过去沿用的实业学堂、实业学校一律改为职业学校。原在高等教育等级上的实业教育仍为专门学校。① 这个"新学制",把大学校的预科予以取消。

《壬戌学制》是模仿美国的"六·三·三"学制。新学制中职业教育终于形成一个完整的制度体系,取得了法律上的地位,它基本上沿用到1949年中华人民共和国成立前夕。

2.关于《国立大学校条例》的主要内容

1924年2月,教育部公布了《国立大学校条例》20条,宣布废止过去的《大学令》(1912)和《大学规程》(1913),重新制定大学教育中的有关制度和规定,其主要内容如下:

(1)"国立大学校以教授高深学术,养成硕学闳材,应国家需要为在宗旨。"(2)国立大学校分科为文、理、法、医、农、工、商等科。国立大学校得设数科或单设一科。各科分设各学系。(3)国立大学校招收高级中学毕业生,或其有同等资格者。修业年限为四至六年。课程得用选科制。学生修业完半,试验及格者,投以毕业证,称某科学士。(4)国立大学校设大学院,招收大学毕业生及具有同等程度者,研究有成绩者,给予学位。(5)国立大学校应设各种专修科及学校推广部。(6)国立大学校设校长一人,由教育总长聘任。设正教授、教授,由校长聘任。②

《壬戌学制》关于大学教育的规定和《国立大学校条例》有以下几个明显的特点:第一,设立评议会、教授会等组织,使学校的组织机构更加完备,教授可以参与治校。第二,大学设立数科或单设一科,相当于后来的多科性大学或专门学院。第三,实行选科制,课程设置较为灵活。

《壬戌学制》颁布以后,大学的数量有了较大的增加。从1922年的19所,发展到1927年的52所。大学发展较快的原因主要有两点:一是当时没有明确具体规定设立学校的标准,私人设立学校比较容易,因此出现了许多私立大学;二是当时对"大学"与"专门学校"的区别不十分明确,因此在要求提高"高等师范学校"和"专门学校"的程度与大学相等的情况下,当时许多专门学校和高等师范学校都纷纷改为大学。例如,1923年北京工业专门学校,改为工业大学;北京医学专门学校,改为医科大学;北京农业专门学校,改为农业大学;北京高师及北京女高师,改为北京师范大学等等。③ 结果,大学数量增加了,而专门学校的数量减少了,这对中高级应用科技型专门人才的培养是不利的,这对今天的行业特色型院校向多科性与综合性大学发展的倾向也是一种历史的警示。

1922年学制主要是学习美国学制,其主体就是"六三三"分段的学校系统。新学制正式将职业教育的概念取代原来的实业教育,学制较为简明,将职业教育融合到普通教育体系中,是新学制最为突出的一个特点,也是学制策划者追求的职业教育的理想方式。使学生既可升学,又可学到一定的专门技能以便就业,给予学生更多的选择余地,避免过早的分流定向。这样的体制消除了职业教育只是从普通教育引申出的旁支的弊端,有利于提

---

① 李蔺田,王萍.中国职业技术教育史[M].北京:高等教育出版社,1994:127-128.
② 曲士培.中国大学教育发展史[M].北京:北京大学出版社,2006:276-277.
③ 曲士培.中国大学教育发展史[M].北京:北京大学出版社,2006:277-278.

高职业教育的地位和社会吸引力。另外,对办学者来说,普教职教合一而办,也有利于使双方取长补短,从而推进整个教育事业的改进。这对今天的普高与中职 4∶6 或 5∶5 分流政策是否可行应该说也是一种历史借鉴。1922 年学制标志着中国近代以来的学制体系建设的基本完成。可以说,它是中国教育从近代迈入现代的里程碑。

二、国民政府执政时期的职业教育

国民政府执政时期基本上沿袭 1922 年学制的框架,同时也做了一些调整。20 世纪 30 年代,国民党政府在这一时期先后公布了几部教育法规。例如,1929 年,公布了《大学组织法》《大学规程》和《专科学校组织法》。1931 年,公布了《专科学校规程》等。

现将其主要内容综述如下:

1.关于大学教育机关的设置

根据《大学组织法》和《大学规程》的规定,高等教育机关分大学、独立学院、专科学校三种。具体规定如下:大学分文、理、法、教育、农、工、商、医八学院;须具备三学院以上者,方得称为大学;且三学院必须设有理学院或农、工、医学院之一。不满三学院者称为独立学院。修业年限,除医学院为五年外,其余均为四年。大学各学院得附设专修科。教员分教授、副教授、讲师、助教四种。专科学校分工、农、商、医、艺术、音乐、体育等类。修业年限为 2～3 年。

2.关于课程设置

在《大学规程》第 8 条中规定:"大学院及独立学院各科除党义、国文、体育、军事训练及第一、二外国文为共同必修科目外,须为未分系之一年级设置基本科目。各学院或各科之科目分配及课程标准另定之。"

3.采用学分制管理

《大学规程》第 9 条规定:"大学各学院各科课程得采学分制,但学生每学年所修学分须有限制,不得提早毕业。"1931 年 1 月,教育部颁布《学分制划分办法》,通令各校一律采用学年兼学分制,并规定大学学生应修学分最低标准,除医学院外,四年须修满 132 学分始准毕业。其学分计算标准亦有规定:凡须课外自修之科目,以每周上课一小时满一学期者为一学分,实习及无须课外自修之科目,以两小时为一学分。[①]

20 世纪 30 年代是教育立法的高峰期。此间国民政府颁布了《小学法》《中学法》《师范学校法》《职业学校法》《大学法》《专科学校法》等一系列法令,在职业教育领域除《职业学校法》外,还有《职业学校规程》《职业补习学校规程》的部颁法规,还有一系列具体的规章,对职业指导、职业补习教育、职业学校实习、与建设机关关系、资金及职业教育推行程序等都有具体规定,有些法规还是由教育部会同农林、经济部联合颁行形成比较完善的职教法规构建。但是并没有一项总的职业教育法规,这也体现出民国时期并没有将职业教育视为一个体系,只是教育的一个类型而已。从国民政府时期的教育体系来看,职业教育已经作为教育的一种基本类型,但由于种种主客观原因,并未形成系统完整的职业教育体系。

---

① 陈东原.第二次中国教育年鉴[Z].上海:商务印书馆,1948:7.

三、革命根据地与解放区的应用科技型大学教育

中国共产党在革命根据地开始兴办教育事业,20世纪30年代在革命根据地就设立了红军大学、苏维埃大学、马克思主义大学。此外,还设立了中央农业专门学校、无线电学校、护士和医务学校、高尔基戏剧学校等,这些院校坚持理论与实践相结合,为革命根据地培养了所需要的各类专门人才。

抗日战争时期,解放区先后成立了十几所各种新型的高等学校,如抗日军政大学及其分校、陕北公学、鲁迅艺术文学院、中国女子大学、华北联合大学、医科大学、延安大学、民族学院等。

1941年12月17日,中共中央作出了《关于延安干部学校的决定》①。该决定首先指出:过去干部学校的基本缺点,"在于理论与实际、所学与所用的脱节,存在着主观主义与教条主义的严重的毛病"。同时指出:"必须强调学习马列主义的理论的目的是使学生能够正确地应用这种理论去解决中国革命的实际问题。"因此,理论与实践、所学所用的一致,就应该是教育工作的基本原则。抗大、延大、鲁艺、自然科学院为培养党与非党的各种高级与中级的专门的政治、文化、科学及技术人才的学校。决定还要求以上各校的课程、教材和教学方法必须与各校的培养目标相适应。上述这些规定十分重要,它不仅使当时整顿各校的工作有所遵循,而且为后来各校的发展指明了方向,提出了更高的标准和要求。

《决定》针对过去对专门课程的学习不够重视的缺点,作出了具体的规定:"凡带专门性质的学校(例如军事的、政治法律的、财政经济的、自然科学的、文艺的、师范教育的、医学的等等)应以学习有关该项专门工作的理论与实际的课程为主。文化课、政治课与专门课的比例应依各校情况决定之。一般说来,专门课应占50%(不须补习文化之学校,则专门课应占80%),文化课应占30%,政治课应占20%。坚决纠正过去以政治课压倒其他一切课目的不正常现象。"按照这项规定,各校都要根据自己的性质和任务,以学习专门课程为主,加速培养各种急需的专门人才。

《决定》要求:"在教学方法中,应坚决采取启发的、研究的、实验的方式,以发展学生在学习中的自动性与创造性,而坚决废止注入的、强迫的、空洞的方式。"采取这种新的教学方法是提高教学质量的重要环节。它要求学校不仅要组织好课堂教学,而且要安排好各种实习和调查活动。在课堂上不仅要有教师的讲授,而且要有质疑辩论和答疑。这样,一方面可以使学生在学习的过程中,养成独立思考和钻研问题的习惯;另一方面,使学生从处理事务的过程中,学得分析、比较和综合的经验,提高致用的能力。与此相反,那种填鸭式的教学方法,不顾学生的学习积极性和接受能力,只是向学生灌输知识,要求死记硬背,是不会收到好的效果的,当然要坚决废止。

1943年4月至1944年5月,鲁迅艺术文学院、自然科学院、民族学院、新文字干部学校和行政学院并入延安大学,使该校成为一所大规模的综合性的大学。下设三个学院11

---

① 中共中央政治局.关于延安干部学校的决定(1941-12-17)[N].解放日报,1941-12-20(1).

个系,各系内又按照专业性质分班或分组,以分别培养各种专门人才。人才培养坚持学用一致、理论与实践相统一,教育与生产劳动相结合,校内学习与实习并重。延安大学是当时解放区的新型大学之一,它是一所具有代表性的综合大学。

总体来看,解放区高等教育中具有不同于国统区高校的几个显著特点:一是注重理论联系实际;二是贯彻少而精的原则;三是坚持教育与生产劳动相结合。

解放区的革命教育实践及其宝贵经验,对新中国成立以后的教育改革产生了较大促进作用,对我们今天的职业高等教育与建设高水平应用科技大学仍然具有较大的现实意义和借鉴价值。

第三节 新中国成立后应用科技型大学的形成、改革与发展

1949年10月1日,中华人民共和国成立。党和政府开始对原有学校采取先接管、接收和接办,然后逐步加以改造的方针政策,先后接管了旧中国的公立学校;接收了外国津贴的学校,收回了教育主权;接办了私立学校,改为公立。同时,对于接管的学校进行社会主义的初步改造。

在20世纪50年代开始了高等学校的院系调整,形成了一批行业特色型的高等学校,标志着新中国第一批应用科技型大学的初步建立。

一、高等学校的院系调整与行业特色型大学的形成

1953年10月11日,政务院颁布《关于修订高等学校领导关系的决定》。该决定规定:综合性大学由中央高等教育部直接管理;与几个业务部门有关的多科性高等工业学校,由中央高等教育部直接管理,高教部如认为必要,得与中央有关部门协商委托其管理;为某一业务部门或主要为某一部门培养干部的单科高等学校,如单科性高等工业学校、高等师范学校、医学院、农林学院、畜牧兽医学院、财经学院、政法学院、艺术学院、体育学院等,可以委托中央有关部门直接管理;中央高教部及中央有关部门认为直接管理尚有困难,得委托所在大区或省市人民政府管理。

新中国初期,我国的高等教育,为了适应社会主义改造和建设的需要,主要是通过学习苏联高等教育经验,建立社会主义高等教育体系。1952—1953年,全国院系调整的重点是整顿和加强综合大学,发展专门学院,首先是工业学院和师范学院。高等学校的类型,基本上仿效苏联高等学校的类型,分为综合大学(设文、理两个学科)及专门学院两种,为适应国家对专门人才的急需,保留了一些专科学校;按照学习苏联先进经验与中国实际结合的方针所进行的教学改革,从教育思想、教育方针、教学内容、教学制度到教学方法,都进行了全面的改革。在教学方面改变了原有系科、重新设置专业,改变原有课程、制订教学计划、制订教学大纲、增加教学环节、充实教学过程,改变原有组织、成立教研组,加强

教学与研究管理、学习苏联教育经验,改革原有的高等教育。[1]

(一)调整前高等教育结构的状况

1952年至1957年,全国高等学校实行了有计划、分步骤的院系调整。调整前高等教育的格局是:全国共有高等学校211所,其中,普通大学(在文、理、工、农、医、财经、政法、艺术教育等学科门类中,至少拥有3个学科门类的学院或学系)49所;独立学院(拥有1个或2个学科门类的学系)91所;专科学校(一般是1个学科或2个学科)71所。

(二)高等学校院系调整的原则与实施

1952年教育部根据"以培养工业建设人才和师资为重点,发展专门学院,整顿和加强综合大学"的方针,在全国范围内进行了高等学校的院系调整工作。[2] 调整重点是整顿与加强综合大学,发展专门学院,首先是工业学院。调整的思路是仿效苏联高等学校的类型调整我国高等教育类型结构,分为综合大学(设文理学科)和专门学院(按工、农、医、师范、财经、政法、艺术、语言、体育等学科分别设置)两种。为了适应国家对专门人才的急需,保留一些专科学校。

1952年院系调整,按照教育部关于高等学校的调整方案(实际调整中有所变化)这次调整共涉及近140所高等学校,占当时高校总数的近70%。调整后,全国共有201所高等学校,其中,综合大学及普通大学21所,工业院校43所,师范院校8所,农林院校28所,医药院校32所,财经院校13所,政法院校3所,艺术、语言、体育及少数民族院校28所。在调整中如燕京大学、津沽大学、东吴大学等30余所院校被取消。还有14所普通大学及一些政法、财经学院尚未作全面调整。

这次调整的重点除了"整顿和加强综合大学"与"加强师范院校的建设"之外,还有一个重点就是"以培养工业建设人才和师资为重点,发展专门学院"。高等工科院校调整的力度最大。这次调整的工科院校有19所,新建工科院校11所。调整后的工科院校主要分为两种类型:一种是"多科性工业高等学校"如清华大学、天津大学、交通大学、浙江大学等;一种是"高等工业专门学院"如北京地质学院、中国矿业学院、华东水利学院等。多科性工业大学通过调整,改变和规范了学校性质,突出了工科学系和专业的设置。例如清华大学在调整中先后调出了农学院、文学院、理学院和法学院,调入了天津大学、厦门大学、西北工学院的航空系、石油专业等。设置了机械制造、动力机械、土木工程、建筑、电机工程、无线电工程和石油工程等8个系,22个专业。清华大学由延续28年并已形成自己特点的多院制综合大学的体制,转变为一所多科性工业大学。浙江大学再调整中文学院、理学院的部分专业组成浙江师范专科学校,数学、物理、化学、生物、人类学系调入复旦大学,地理学系调至华东师范大学,理学院的药学系并入上海医学院,农学院单独成立浙江农学院。浙江大学"由解放时的一所拥有7个学院24个系、10个研究所的综合大学被调整为多科性工业大学,设有电机,机械、化工、土木4个工程学系,10个本科专业,10个专修科

---

[1] 郝维谦,龙正中,张晋峰.中华人民共和国高等教育史[M].北京:新世界出版社,2011:81-82.
[2] 教育部.关于1952年全国高等学校院系调整的计划[Z].1953-05-29.

专业"①。通过调整,多科性工业大学的工科专业相对得到了加强,工科人才的培养规模和能力大大增加。但是,原有学校中的理科被调出,影响了工科的发展后劲。

高等工科专门学院的调整与设置,主要是依据当时我国经济建设对专门人才的急需,借鉴苏联发展高等教育为经济建设快速培养对口人才的经验。高等工业专门学院的设置类型主要有地质、矿业、冶金、机械、电力、化工、纺织、轻工、建筑、水利、铁道、海运、河运、航空等类学校。各校按行业部门设置相关的专业,如水利学院设置陆地水文、海洋水文、水工建筑、港工建筑、农田水利等专业。

此次调整还加强了农林、医药、财经院校的建设。1951年我国有农业院校15所,1952年增加到25所;1951年我国没有专门的林业院校,1952年新增加到3所。1951年我国有医药高等院校27所,调整后我国医药院校增加至32所。财经院校除上海财政经济学院属于调整院校,1952年调整主要是新建3所财经院校,分别是中央财经学院、山东财经学院和东北财经学院。1952年调整方案还涉及政法、体育、音乐、戏剧、美术等院校。

鉴于大规模的、有计划的经济建设已经开始,为使高等学校院系分布进一步趋于合理,人力物力的使用更为集中,各类专门人才的培养目标更为明确。1953年高等教育部又提出了对高等学校调整的方案。这次院系调整依然是学习苏联经验,向苏联模式靠拢。

自1952年至1957年年底止,前后历时六年的高等学校调整工作基本结束。1957年全国共有高等学校229所,其中综合大学17所、工业院校44所、师范院校58所、医药院校37所、农林院校31所、语言院校8所、财经院校5所、政法院校5所、体育院校6所、艺术院校17所,其他院校1所。② 基本上实现了整顿与加强综合大学,发展专门学院特别是工业学院与师范学院的调整目的。高等学校在地区分布上的问题也有所改变。高等教育的宏观结构和高等学校的内部结构趋于系统化、科学化,并且在调整中不断适应国家建设发展的需要。通过调整,文科、政法、财经各专业所占比重急剧下降,而工科、师范科各专业所占比重上升。基本上改变了旧中国高等教育重文轻工、师范缺乏的状况,顺应了高等教育"要很好地配合国民经济发展的需要,特别是要配合工业建设的需要"的要求。③ 综合性大学与多科性工业大学后来逐渐发展成为我国的"985工程"的研究型大学,而高等工业专门学院则主要是以培养行业高级专门人才为主,形成了新世纪所谓的"行业特色型大学",这些实际上就是当今意义上的应用科技型大学。

(三)教学改革的内容

学习苏联经验进行教学改革,主要是指以苏联高等教育的教学模式为蓝本,改革旧的教学,建立新的符合我国社会主义建设时期要求的教学模式。其教学改革的内容主要有:进一步明确高等学校的教学任务,及各类高等学校的具体培养目标;改变原有系科,重新设置专业;实施计划教学,制订教学计划和教学大纲;采用苏联教材和教学参考书;学习苏联教学法,开展教学研究;加强实践性教学环节;建立基层教学组织和聘请苏联专家讲学等。

---

① 编写组.浙江大学校史[M].杭州:浙江大学出版社,1996:324.
② 《中国教育年鉴》编辑部.中国教育年鉴(1949—1981)[M].北京:中国大百科全书出版社,1984:965.
③ 《中国教育年鉴》编辑部.中国教育年鉴(1949—1981)[M].北京:中国大百科全书出版社,1984:239.

1952年起中国高等教育按照苏联高等教育的教学模式开展教学改革,其内容"全面""系统",其主要内容有以下几个方面:[1]

1.改变原有系科,重新设置专业

全国高等学校原设系科,未分专业。苏联高等学校则是按专业培养专门人才。专业是培养规格的一种具体表现形式,反映了专门人才的业务范围和工作方向,与英、美高等学校的系科相比,业务范围要狭窄。1952年,我国基本上采用了苏联高等学校的专业目录,开始按专业培养专门人才。1953年,全国高等学校设置专业215种,1957年扩大到323种。其中文科26种,理科21种,工科183种,农科18种,林科9种,医药科7种,师范2种,财经12种,政法2种,体育2种,艺术22种。

2.制订全国统一的专业教学计划

制订全国统一的教学计划是教学改革中的首要工作,是保证教学质量的重要步骤之一。1952年10月,高教部要求各高等学校根据教育部文件所提原则,参照苏联相同专业的教学计划,自行拟定各该院校所设置的本科与专修科各专业的教学计划(草案),在1952年新生教学中试行。

1954年8月,高教部正式发出在全国高等工业学校执行统一的教学计划的通知,并随文下发了经高教部批准的110多个本科和专修科各专业的教学计划。高教部的通知强调"教学计划是教学工作的大法","学校在执行高等教育部批准的统一的教学计划时,不得任意变动"。通知规定:"统一的教学计划自1954—1955年新生班次开始执行。"

1952年至1955年的三年中,以苏联高等学校的教学计划为"蓝本",将其五年的教学内容和安排,精简和压缩在四年内,制订我国各专业的本科专业教学计划。高等教育部先后组织制订和颁发本科及专修科教学计划193种,其中工科119种(本科89种、专修科30种)、理科11种、农科19种、医科5种、文科5种、政法2种、财经12种、师范20种。专业教学计划所规定的内容包括培养目标、修业年限、总学时、周学时、课程设置门数、考试考查门数、课程设计和作业个数、毕业设计时间、考试时间、开学日期、寒暑假等,详细而又具体。教学计划规定的培养目标为:"培养忠于人民事业的、健全体魄的、具有一定科学技术基础的光学仪器制造工程师。"[2]

统一的教学计划是按苏联五年制教学计划压缩而成的,课程数偏多,教学时数偏高,因此,造成学生学习负担过重。1955年5月,国务院确定:高等工业学校的学制由四年制逐步改为五年制。高教部下发文件提出:必须对教学计划进行适当精简,减少课程数和每周上课时数。同时,组织制定五年制工科各专业教学计划。1957年4月。高等教育部发出通知,将全国统一教学计划和教学大纲都改为指导性文件,由学校参照部订教学计划、教学大纲的基本原则,自行制订。同年6月,高教部在《关于改变制定教学计划、教学大纲办法的通知》中明确:"从下学年起,各类专业各个年级现行统一教学计划一律改为参考性文件。"[3]

---

[1] 郝维谦,龙正中,张晋峰.中华人民共和国高等教育史[M].北京:新世界出版社,2011:102-114.
[2] 郝维谦,龙正中,张晋峰.中华人民共和国高等教育史[M].北京:新世界出版社,2011:103-104.
[3] 何东昌.中华人民共和国重要教育文献(1949—1975)[M].海口:海南出版社,1998:762.

3.制订与教学计划配套的、统一的教学大纲

按照苏联的教育经验,教学大纲是教师进行课程教学的主要依据,是规定学生关于各科课程应获得的知识、技能和技巧范围的文件。1953年,高等教育部按照这种经验,组织制订各门课程的统一教学大纲。全国高等工业学校行政会议提出:"采用苏联教学大纲和教材应在不破坏科学系统性的原则下,结合我国实际情况,加以适当精简,并作必要的补充。"[①]1954年年底,高教部颁发综合大学各课程教学大纲拟订方案,提出:"应贯彻科学技术知识与政治思想教育相结合,理论与实际,苏联先进经验与中国具体情况相结合的基本精神。"[②]

教学大纲具体规定了各门课程的性质、任务、讲授内容及其深度和广度,规定了各章节的学时分配,规定了实验的次数、内容和要求,规定了教科书、教学参考书及其他参考资料。教学大纲随教学计划变化,进行了修改。截至1955年6月,高等教育部组织制订并颁发的统一教学大纲有348种,其中工科教学大纲210种,农科教学大纲44种,医科教学大纲57种,理科、文科教学大纲16种,师范教学大纲21种。

4.翻译借用苏联教材,逐步自编统一教材

高等教育部把引进和翻译苏联教材作为教学改革的重点之一。1952年,高教部直接组织各校教师合作翻译教材190种。1953年秋,高教部开始组织翻译专业课及专门化课程的教材。到1954年年底,翻译出版我国高等学校采用的苏联教材共558种,其中工科118个专业902门课程338种。农科19个专业276门课程58种,理科13个专业298门课程129种,政法、财经、医药、卫生及其各科共有33种。经过高等教育部、各高校及出版单位等方面的积极努力,到1956年,全国先后翻译出版苏联高等学校教材1393种。

1956年1月,高教部下发了《高等学校教材编写暂行办法》,指出要在学习苏联高等学校教材基础上,结合中国实际情况,编写切合我国高等学校用的教材,以保证教学需要,提高教学质量。从此,高等学校教材工作的重点由翻译苏联教材转向我国高校自编教材。

5.增加教学环节,加强教学管理

学习苏联经验,由原来的讲授、实验、实习、考试等几个教学环节,增加成为讲课、答疑、课堂讨论、习题课、实验、实习、课程设计(学年论文)、考查、考试、毕业论文(设计)与答辩等多个环节,使教学过程更加系统和完整。讲课是教学的主要环节。课堂讨论与习题课是培养学生运用理论解决实际问题能力的重要环节,有利于发挥学生的主观能动性,帮助他们消化和巩固所学知识。毕业论文(设计)与答辩,是新增加的一项内容,用来考查学生综合运用所学知识和技能解决实际问题的能力。

学习苏联加强教学环节建设,一个突出特点就是重视实践性教学环节。1953年,政务院就高等学校学生生产实习作出了专门决定,指出:高等学校的生产实习是使学生的理论知识密切联系实际并使学用一致的重要方法之一。要求各学校和企业机关,明确认识高等学校学生进行生产实习对培养国家建设人才的重要意义。学校必须设专管机构专管人员负责生产实习。生产实习要严格按教学要求进行。教育管理机关、企事业部门要认

---

① 郝维谦,龙正中,张晋峰.中华人民共和国高等教育史[M].北京:新世界出版社,2011:104.
② 郝维谦,龙正中,张晋峰.中华人民共和国高等教育史[M].北京:新世界出版社,2011:104.

真配合进行落实。在实习安排上,首先是增加了实习时间。如工科学生在校学习四年,需参加认识实习、生产实习、毕业实习等三四次,一般共占20周左右时间。经济类学生要参加统计实习、经济实习和教育实习等。其次,增加了实习内容,明确了教学要求和考查标准。更重要的是,巩固了实习学生的学习成果,增强了业务技能,适应了国家对人才急需的要求,毕业后走上工作岗位就可以迅速地发挥作用。重视实践环节是培养应用科技型专门人才的一个重要特点,然而改革开放后,随着我国逐渐学习美国加强通识教育与理论教学,而逐渐忽视了实践环节的人才培养,致使学生动手实践能力的不足,从而导致了人才培养质量的下降。这也是我国重新提出地方高校转型发展为应用技术型/应用科技型大学的一个重要原因。

6.建立基层教学组织,加强教学工作的管理

民国时期高等学校行政管理和教学管理只设校系或院系两级,原来各系教师按课程分配进行教学,管理松散。教学改革中,学习苏联做法将一门或几门性质相近课程的授课教师组织在一起,组成教学研究指导组或室。教学研究指导组在学系指导下,负责实施教学计划,选用或编写教材,研究改进教学方法等。这一组织形式后来统一称为教学研究室。教研组(室)是保证教学改革顺利进行的基层组织,举凡教学计划的贯彻,教学大纲的拟订与执行,教材的编写,教学方法的改进,学生学习方法的指导以及教师政治思想与业务水平的提高,新师资的培养,科学研究工作的组织与领导等,都应通过教研组的集体工作来进行。这种严格的基层教学组织的建立,有力地加强了教师管理和教学管理,推动了教学改革工作。

教研组(室)每学期制定学期工作计划。学期工作计划的内容包括教研组(室)内教学工作及工作组织、教学方法工作、教学大纲工作等。教学是教研组(室)的中心工作。教研组(室)的建立有力地加强了教学管理,提高了教学质量。首先,加强了教学工作的计划性。教学改革中采用的是苏联的教学计划和教学大纲。苏联教学计划和教学大纲的特点是计划性强。教研组(室)组织教师落实教学计划,并经常开展教学计划情况的检查与研究,改变了旧大学遗留的教学工作松散的状态,建立起一套严密、严谨的教学规范。同时,加强了教学大纲和教学法的落实。教研组(室)经常组织教学大纲和教学法的研究和改进,召开师生座谈会,建立教师与学生课代表联系制度,请学生一起参加研究、讨论教学法,极大地调动了教与学两方面积极性。

实践证明,教研组(室)十分有效地组织了教学管理和教师管理,对于促进高等教育事业的发展,起到了重要作用。然而,随着我国进入高等教育大众化阶段,大学的规模急剧增加,大学的系纷纷升格改名为二级学院,而原来的教研组与教研室也逐渐被以专业为基本单位的系所代替,教研教改的功能也转变成了教学管理的功能。近年来,为扭转我国高校重科研忽视教学的情形,许多学者重提高校要重视微观教学研究、重建教研室的建议,也有许多高校开始重新建立教研室,以充分发挥教研室教学研究的功能与作用。

学习苏联教育经验,为新中国社会主义高等教育体系提供了重要的参照依据。但由于实践中过于强调"全面""系统"地学习苏联高等教育经验,因而在一定程度上,存在着没有真正从中国的实际出发,盲目、机械采用苏联高等教育一整套的制度和做法的问题,造成了一定的失误。这些失误包括苏联高等教育自身存在的缺点和我国学习苏联经验过程

中存在的问题。苏联高等教育有许多长处,也有一些短处和弱点。它最大的缺点是统得太死。如强调高度的集中统一,地方特殊性照顾很少,高等学校主动权太少,不利于学校因地因校发展和办出特色;没有多学科的综合大学,专门学院的学科过于单一,不利于新学科新科技的交叉发展;人才培养只注意一种模式,过于呆板划一,实行的是统一专业设置、统一教学计划、统一教学大纲、统一教材,并且划一教学过程,统一教学管理。这种"大一统"的培养模式,不但妨碍学生学习主动性、创造性的发挥,而且非常不利于因材施教,培养学生的个性发展。学术思想也比较僵化,不利于探索争鸣,等等。苏联高等教育的这些缺点,不加分析地原样照搬,在相当长的时间里或多或少地对我国高等教育产生了不良的影响。① 这对我们今天学习与借鉴欧美国家的应用科技型大学的办学经验仍然具有重要的警示意义。

总而言之,20世纪50年代的院系调整奠定了新中国的高等教育格局,形成了"综合性大学—多科性大学—单科性专门学院"的三大体系,其中综合性大学与多科性大学逐渐向以基础理论研究与理论学术型人才培养为主的方向转变,而单科性专门学院就构成了我国应用科技型人才培养的主体部分。到90年代末,随着我国特色行业性大学管理权的变更与办学规模的扩大,有些高校走向研究型大学,而大部分专门学院虽然大都升格为大学,但还是以培养行业产业企业所需要的应用科技型人才为主。只不过,由于它们办学历史长、办学基础好,从而成为我国应用科技型大学的中上端部分,而大量新建的本科院校则成为应用科技型大学的主体基座。

二、改革开放后我国应用科技型高等教育的恢复、改革与发展

(一)20世纪80年代我国应用型高等教育的恢复与改革

十一届三中全会,党和政府开始把工作重心转移到经济建设上来,而经济建设急需大批应用科技型人才,由此在"文化大革命"期间被破坏的职业教育开始逐渐恢复与发展。由于我国受计划经济体制和教育规模的制约,高等学校的类别长期局限于综合性学术型大学与各类行业专科专门院校,人才培养的规格主要偏重于基础理论研究和行业专门性专业人才,面向地方的,尤其是基层的应用型人才缺乏。为解决地方应用型人才匮乏和高等教育资源严重短缺的问题,原国家教委于1980年开始陆续批准成立职业大学,金陵职业大学、合肥职业大学、江汉大学、成都大学等13所院校成为我国首批职业大学。这些职业大学以"收费、走读、不包分配"为主要特点,率先打出了高等职业教育的旗帜。② 1984年,(原)江汉大学与金陵职业大学等6所学校共同发起召开了"全国短期职业大学第一次校际协作会"。与会人员对职业大学的性质、规格、办学指导思想、培养目标等进行了探讨,一致认为职业大学是普通高等教育的专科层次,应为地方培养德、智、体全面发展的高级应用型人才。③

---

① 郝维谦,龙正中,张晋峰.中华人民共和国高等教育史[M].北京:新世界出版社,2011:125.
② 刘彦军.我国应用型高等教育的发展历程与展望[J].高等工程教育,2018(5):102-109.
③ 佚名.全国短期职业大学第一次校际协作会议纪要[J].江汉大学学报,1984(2):5-7.

1985年5月27日,中共中央《关于教育体制改革的决定》提出,教育体制改革的根本目的是"提高民族素质,多出人才、出好人才"。该决定指出,教育必须为社会主义建设服务,社会主义建设必须依靠教育。面向现代化、面向世界、面向未来,为90年代以至21世纪初叶我国经济和社会的发展,大规模地准备新的能够坚持社会主义方向的各级各类合格人才。决定为80年代末90年代初的我国多层次多类型的高等教育改革指明了方向。

80年代中后期,随着我国改革开放和经济建设对高层次技术技能人才的需求,一些职业大学和专科院校开始认识到要为企业和地方经济发展培养所需要的应用型人才。

1985年,上海工程技术大学在上海交通大学机电分校和华东纺织工学院分院的基础上成立。成立之初,该校纺织学院开展为期4年的产学合作教育试点,采用每学年三学期制(校内理论教育2个学期,校外工厂工作教育1个学期)。该校还积极探索和开展了多种形式的产学和产学研合作教育,与联邦德国一所高等工业学校合作,按德国工程教育模式试办本科实验班,后来又与上海汽车工业总公司联合兴办汽车工程学院等。此外,该校还实施了按系招生、分段教学、模块化教学、加强实验实习、毕业设计真题真做等教育教学改革措施。[①] 1987年,南通纺织工学院提出应进一步明确不同类型本科高校的地位和作用,认为大多数本科高校应培养工程应用型人才,并进行了实践探索。[②] 除上述高校外,(原)上海大学、(原)广州大学、金陵职业大学、无锡职业大学、合肥联合大学、厦门鹭江职业大学等高校也开展了培养应用型人才的探索。

(二)20世纪90年代的高等教育改革与应用科技型教育的发展

真正普遍认识到应用型教育的重要性,并把它提升到本科层次,还是到了20世纪90年代末21世纪初。20世纪90年代开始,一些职业大学也开始拥有本科专业,部分专科高校升本或合并升本,开始对应用型本科教育和建设应用型大学进行初步探索。[③] 据不完全统计,1985年《中央关于改革教育体制的决定》颁布后,宁波大学、五邑大学等20余所具有鲜明应用型本科教育特征的新兴城市大学陆续在沿海地区及内陆中心城市创建。1992年,杭州应用工程技术学院作为中德政府合作培养应用型人才试点高校,学制由三年延长至四年(一年用于开展生产实习),纳入本科批次招生,毕业发本科毕业证,该校认为此种本科应称为"应用型本科"。[④] 这可以说是标志着我国改革开放后应用型本科办学探索的一个新起点。

1993年,中共中央、国务院发布的《中国教育改革和发展纲要》中就明确提出,高等教育发展的目标、战略之一是"重点发展应用学科"。1996年《职业教育法》与1998年《高等教育法》的颁布进一步明确了高等职业教育和高等职业院校的法律地位,部分本科院校,如同济大学、天津大学和哈尔滨工业大学等以工科见长的高校在培养职业教育师资的同时,也开展了四年制应用技术本科层次人才培养的试点工作。[⑤] 1998年,湘潭工学院在

---

① 姜保年.依托工业企业坚持教学改革办出学校特色[J].上海高教研究,1989(3):40-43.
② 汤淳渊.提高工科本科教育质量之我见[J].江苏高教,1987(6):39-41.
③ 刘彦军.我国应用型高等教育的发展历程与展望[J].高等工程教育,2018(5):102-109.
④ 蔡敏之.工科院校加强生产实践教学环节的探索[J].高教与经济,1995(3):45-46,61.
⑤ 孙长远,齐珍.论应用技术大学的发展历程及现实选择[J].职教论坛,2016(4):49-53.

90年代教学改革的基础上,提出应该瞄准社会需要,以"应用型工科大学"为办学定位,以"立足行业,面向社会"为服务面向定位,以"培养综合素质好、受基层欢迎的工程技术人才"为突出办学特色的发展战略。① 这是我国改革开放后应用型大学办学探索的又一个典型代表。

1999年,中共中央、国务院在《关于深化教育改革全面推进素质教育的决定》中指出:"高等职业教育是高等教育的重要组成部分。要大力发展高等职业教育,培养一大批具有必要的理论知识和较强实践能力,生产、建设、管理、服务第一线和农村急需的专门人才。现有的职业大学、独立设置的成人高校和部分高等专科学校要通过改革、改组和改制,逐步调整为职业技术学院(或职业学院)。支持本科高等学校举办或与企业合作举办职业技术学院(或职业学院)。"此后,高职院校正式成为我国高等职业教育的主体院校,高等职业教育成为高校扩招的主力军,招生规模连年增长,并且本科院校办高等职业教育也有了国家政策的制度性说明和指导。我国目前的应用型本科绝大多数是这一时期举办而后逐渐升本的,因此,这类院校先天就有着职业高等教育的基因和种子。2001年教育部在《关于做好普通高等学校本科学科专业结构调整工作的若干原则意见》中针对在当时高等学校学科专业建设中存在的"国家未来发展急需的高新技术类专业人才、高层次经营管理人才供给不足;面向地方经济建设的应用性人才培养薄弱"等主要问题,再次强调要"大力发展与地方经济建设紧密结合的应用型专业。……积极设置主要面向地方支柱产业、高新技术产业、服务业的应用型学科专业,为地方经济建设输送各类应用型人才"。在国家政策的引导下,一些研究型大学的部分学科专业转向本科应用型,各类技术型专科院校转向高等职业型,而"文革"以后新建大学和专科院校升格为本科或为地方服务的高等院校则大多是应用型或高等职业型。从1999年到2006年的短短7年间全国新建本科院校200余所,占当时全国高校总数的三分之一,这缓解了高等教育供给不足的问题。② 由此,我国初步形成了"具有职业教育基因的本科高校"与"本科内部高职学院"的本科职业教育双重办学并存的新格局。③

作为城市大学较早开始培养应用型人才探索的是北京联合大学。1993年,北京联合大学提出要建立新的办学模式即直接服务首都经济和社会发展,建立教学、科研和生产一体化运行机制,培养应用型人才。④ 2003年,该校确定了"发展应用性教育,培养应用型人才,建设应用性大学"的办学定位和"争创一流"的办学目标。⑤ 为此,该校开展了系列实践探索,一是遴选专业开展应用型试点,二是构建应用型学科专业体系,三是改革人才培养方案,四是开展教育教学改革,五是开展产学研合作。⑥ 该校的办学实践探索在全国

---

① 肖国安.准确定位,突出特色:应用型工科大学办学思考[J].高等工程教育研究,1998(1):31-34.
② 李泽彧,陈杰斌.关于我国新建本科院校研究动态的探讨:基于1999—2006年"中国知网"的统计与分析[J].教育研究,2008(3):95-99.
③ 庄西真.我国本科层次职业教育的前世今生:一个历史制度主义视角的分析[J].教育研究与实验,2021(2):57-62.
④ 李煌果.从首都实际需要出发办出北京联合大学的特色[J].北京联合大学学报,1993(2):1-7.
⑤ 张妙弟.关于北京联合大学办学思路的新探索[J].北京联合大学学报(自然科学版),2003(4):25-27.
⑥ 柳贡慧.应用型大学建设发展之实践[J].北京联合大学学报(人文社会科学版),2008(2):109-113.

新建本科院校中产生了较大的影响。2000年,一批20世纪90年代后期被教育部遴选确定为"全国示范性高等工程专科重点建设学校"合并升本,如南京机械高等专科学校(原隶属国家机械部)和南京电力高等专科学校(原隶属国家电力部)合并升格组建南京工程学院。该校成立后,学校确定了建设"特色鲜明的多科性、开放型、高水平应用型工程大学"的办学定位与办学目标。[①]

除上面的中共中央、国务院的重要改革文件,以下几个会议及改革文件对我国高等教育向应用性方向的改革产生了重要落实与推动作用。

1. 全国高等理科教育工作与《关于深化改革高等理科教育的意见》出台

1990年7月25日至30日,国家教委在兰州召开全国高等理科教育工作座谈会。会议总结了高等理科教育的历史经验,分析了面临的新形势,明确了高等理科教育的重要地位和作用,提出了深化改革的目标、方针和任务。会后,国家教委于1990年10月11日发布《关于深化改革高等理科教育的意见》。

《关于深化改革高等理科教育的意见》指出,高等理科教育是以数学和自然科学的基础性学科为主要内容的专门教育,它不仅担负着培养、输送基础性研究和教学人才的重任,而且还要为高技术的研究与开发,工、农、医等应用科学技术研究与开发,乃至哲学和部分人文、社会科学的研究,培养、输送更多的理科人才。高等理科教育还是其他各科高等教育的重要基础,对提高全民族的文化科学水平和文明程度担负着重要的使命。该意见主要提出:扩大高等理科教育服务方向,把多数理科毕业生培养成为适应实际应用部门需要的、具有良好科学素养的应用型人才,促进理科人才流向厂矿企业和其他应用部门是今后一个时期高等教育改革的重点。高等理科本科教育培养目标是:适应我国社会主义建设实际需要,德智体全面发展,具有良好科学素养,受到基础研究或应用研究初步训练的专门人才。业务规格大致分两种:一种是主要从事基础性科学研究和教学工作的基础性科学研究人才,这是少量的;另一种是主要从事各种应用性工作的应用理科人才,这是多数。为落实培养目标的要求,主动适应社会需要的变化,必须重新修订全国普通高校理科本科基本专业目录,制定理科本科各专业的业务培养规格,进一步修订教学计划。[②] 从该意见可以看出,改变理科注重培养基础性研究人才的传统,向注重培养应用性的理科人才转变以适应社会需要已成为理科教育改革的重点。这次会议也标志着从国家层面开始正式提出我国大学要着重培养学术型人才与应用型人才两种类型人才的目标要求,为以后高校类型分化奠定了基础。

2. 《关于加快改革和积极发展高等教育的意见》与重点发展应用学科原则的提出

1993年1月,国务院转发了《关于加快改革和积极发展高等教育的意见》,其中提出了"稳定基础学科的规模,适当发展新兴和边缘学科,重点发展应用学科"的原则。

改革开放后,从80年代的开始加强应用性学科专业设置到90年代的重点发展应用学科的政策演变就可以看出,应用型本科人才在我国社会主义现代化建设中处于越来越

---

① 郑晋鸣.学以致用服务社会:南京工程学院创新发展纪实[N].光明日报,2000-08-22(A03);郑晋鸣,金怡.在合并中发展在融合中提升[N].光明日报,2008-01-06(1).
② 郝维谦,龙正中,张晋峰.中华人民共和国高等教育史[M].北京:新世界出版社,2011:472-473.

重要的地位。

1993年2月,党中央、国务院正式公布了《中国教育改革和发展纲要》,其中提出,必须坚持教育为社会主义现代化建设服务,与生产劳动相结合,自觉地服从经济建设这个中心,促进社会的全面进步。必须从国情出发,根据统一性和多样性相结合的原则,实行多种形式办学,培养多种规格人才,走出符合我国各地区实际的发展教育的路子。在《中国教育改革和发展纲要》的指引下,20世纪90年代,高教战线在深化教育体制改革的同时,大大深化了教育教学改革的步伐,实施了一系列重大举措,取得了可喜的成就:

(1)修订专业目录,调整专业结构

1993年7月,国家教委正式印发了修订后的《普通高等学校本科专业目录》,并开始实施。专业目录实施后,对引导高等学校拓宽专业口径,增强适应性,加强专业建设和管理,提高办学水平和人才培养质量,起了积极作用。到1997年,全国普通高等学校实际设置的本科专业又扩展到624种。

为了从根本上改变专业划分过细过窄的状况,增设一些新兴学科、边缘学科和交叉学科专业,同时也与正在进行的高等教育面向21世纪教学内容和课程体系改革计划相配合,1998年7月,教育部公布了新修订的《普通高等学校本科专业目录》。与原目录相比较,增设了管理学门类,二级类也作了较大的调整,专业种数由原来的504种减到249种,调减幅度为50.6%。新专业目录还覆盖了原目录以外的专业74种。经过这次修订,进一步实现了拓宽专业口径、减少专业种数的目标。此后,教育部印发了《关于普通高等学校修订本科专业教学计划的原则意见》。作为配套措施,规范指导新专业目录下发后教学计划的调整和修订工作。

(2)实施面向21世纪教学内容和课程体系改革计划

在高等教育的改革中,教学改革是核心。在教学改革中,教学内容和课程体系改革是重点。在面对世纪之交的时候,世界上许多国家都在进行面向21世纪高等教育改革的探索和研究,纷纷采取措施,加快改革步伐,建立适应21世纪经济、社会发展需要的教学内容和课程体系。

1994年6月,国家教委发出《关于加强普通高等学校教学工作的意见》,其中提出,我国高等教育的教学内容体系虽经十几年的不断改革,但仍然远远不能适应当代科学技术和社会的飞跃发展。因此,必须面向21世纪,在专业结构、课程体系、教学内容等方面进行系统的改革,实施面向21世纪教学内容改革计划(即后来的"面向21世纪教学内容和课程体系改革计划")。

"面向21世纪教学内容和课程体系改革计划"的内容是国家教委组织全国高校和广大教育工作者开展对转变教育思想、改变教学内容和教学方法的系统的研究,研究的主要课题有:21世纪对人才知识、能力、素质的要求,转变教育思想和教育观念;调整专业结构、专业目录和专业设置;改革各专业的培养目标和人才培养规格,改革人才培养模式;改革主要专业的教学计划和课程结构;改革课程内容,编写出版一批高质量的"面向21世纪课程教材";改革教学方法和手段等。总体目标是改革教育思想和教育观念,改革人才培养模式,实现教学内容、课程体系、教学方法和手段的现代化。1995年3月,国家教委又启动了"面向21世纪高等工程教育教学内容与课程体系改革计划"。

(3)加强教育和劳动生产结合

教育和劳动生产相结合,是马克思主义教育思想的基本原理,也是我国教育方针的重要内容,是培养全面发展的人才的根本途径。现代经济和技术的迅速发展,对教育提出了更高的要求,教育与生产劳动相结合在内容上、方法上也有了新发展。

①为了使"整个教育事业必须同国民经济发展的要求相适应",高校普遍拓宽了专业口径,调整了专业结构。

②面向经济建设主战场发挥学校科技优势直接为当地经济发展服务,在服务过程中育人。

③进行教学改革加强实践教学环节。各高校普遍加强了教学设备建设,更新实验室的仪器设备。加强了校办实习工厂和校内实习基地的建设,同时,通过校企合作建立起对口稳定的教学实习基地,大部分学生在实习基地可以承担实际的技术任务。校企合作培养了一批有实践经验的带领学生实习的教师队伍,并总结出加强大学生教学实习的新途径、新方法。

④开展大学生社会实践活动。自1993年共青团中央发起"青年志愿者行动"以来,每年暑假期间都有数万(后来发展到数十万)大学生参加"活动",到农村和贫困地区参加"扫盲和科技文化服务行动",直接为农民服务、为农村的脱贫致富服务,在"活动"中大学生既受到了实际工作的锻炼,又提高了思想觉悟。①

3.《高等教育法》与高等教育的法制化、制度化建设

1998年8月29日,第九届全国人大常委会第四次会议表决通过了《中华人民共和国高等教育法》(以下简称《高等教育法》)。

(1)关于高等教育的任务

《高等教育法》第五条规定:"高等教育的任务是培养具有创新精神和实践能力的高级专门人才,发展科学技术文化,促进社会主义现代化建设。"这一法律规定表明,高等教育任务的核心是培养高级专门人才,并且,这种高级专门人才要具有创新精神和实践能力,才能发展科学技术文化,才能促进社会主义现代化建设。

(2)关于高等教育基本制度

《高等教育法》第二章第十六条规定:高等学历教育分为专科教育、本科教育和研究生教育,并规定了专科教育、本科教育、硕士研究生教育和博士研究生教育相应的学业标准,即学生应具备的基础理论、专业知识、基本技能、工作能力。大学、独立设置的学院主要实施本科及本科以上教育。高等专科学校实施专科教育。第二十二条规定:国家实行学位制度,并规定:学位分为学士、硕士和博士。

(3)关于高等学校的设置标准和设立

《高等教育法》第三章对高等学校的设置标准和设立作了规定。规定各层次高等学校的设置标准,是高等学校进行科学管理、保证教育质量的重要前提。大学还必须设有三个以上国家规定的学科门类为主要学科。关于高等学校的设立,第二十六条规定,应当根据设立高等学校的"层次、类型、所设学科类别、规模、教学和科学研究水平,使用相应的名称"。

---

① 郝维谦,龙正中,张晋峰.中华人民共和国高等教育史[M].北京:新世界出版社,2011:563-565.

4.《面向21世纪教育行动振兴计划》与高等教育管理体制改革

1999年1月,国务院正式批转了《面向21世纪教育行动振兴计划》。该计划提出要积极发展高等职业教育。除对现有高等专科学校、职业大学和独立设置的成人高校进行改革、改组和改制,并选择部分符合条件的中专改办发展成高等职业教育外,部分本科院校可以设立高等职业技术学院。挑选30所现有学校建设示范性职业技术学院。发展非学历高等职业教育,逐步建立普通高等教育与职业技术教育之间相互贯通的立交桥,允许职业技术院校的毕业生经过考试接受高一级学历教育。高等职业教育必须面向地区经济建设和社会发展,适应就业市场的需要,培养生产、服务、管理第一线需要的实用型人才。

1998年1月,高等教育管理体制改革经验交流会在扬州召开。这次会议在总结经验的基础上凝练出"共建、调整、合作、合并"的八字方针。1998年,全国有161所高校实现了管理体制调整。1999年,全国有51所高校实现了管理体制调整。2000年,由铁道部等49个部门(单位)管理的258所行业院校(包括97所成人高校)实现了管理体制调整,统一划归教育部或各省市管理。到2001年年底,共有483所普通高校、215所成人高校参与,合并调整为278所普通高校、27所成人高校。通过合并调整,改变了我国过去单科性高校过多、缺少真正意义的综合大学的状况,促使一批有条件的高校变得更加综合、科学研究向综合化方向发展、人才培养知识面进一步拓宽、办学质量和效益提高。以后,还不断有一些高校在双方自愿的基础上,经过批准,进行了合并调整。这样在改革开放后的二十余年中,我国已经逐步由相对封闭到形成全面开放的高等教育体系。在管理体制改革方面,初步形成了中央和省级政府两级管理、以省级政府统筹管理为主的格局。

5.大力推进产学合作教育,建立国家大学生教学实习与社会实践基地

产学合作教育是产学研结合在人才培养中的具体体现。这种教育模式利用学校和社会两种教育环境,合理安排理论课程学习、实习实训和社会实践,以使学生更好地达到"掌握知识、了解社会、培养能力、提高素质"的目的。随着教学改革的逐步深化,越来越多的学校开始主动探索新形势下开展产学合作教育的途径和方法。

截至1999年,中国已有超过200所高等教育机构系统性地实施产学合作教育项目,其中28所高校加入了教育部主导的"九五"产学合作教育试点项目。在这一时期,大多数参与的学校建立了由校方和企业共同参与的产学合作教育指导委员会,保障了试点项目的顺利推进。产学合作教育涵盖了专科、本科到研究生各个教育层次,并且覆盖了多个学科领域,尤其以工程、农业科学和经济学教育为主。同时,产学合作教育的模式也展现出多样性,包括工学交替模式、预分配的3+1+1模式、中后期结合模式、结合实际任务的教育模式、培养工程硕士模式和继续工程教育模式等。这些举措不仅得到了地方教育行政部门的高度重视,也成为高校广泛关注的焦点,标志着产学合作教育在中国的快速发展和深化。

但从当时的情况来看,产学合作还存在一些问题。首先,由于部分企业主要考虑经济收益,尚未形成有效的校企双方互利合作机制,这导致企业对于参与产学合作教育的积极性不高。其次,对于高等教育机构而言,与企业合作往往意味着需要投入更多的时间、经费和资源,而在经费支援有限的情况下,持续开展此类教育活动显得尤为困难。此外,缺乏国家和地方层面对产学合作教育的政策支持也是一大障碍。因此,参与试点的高校普

遍建议,国家和地方政府应尽快出台相关政策,以鼓励和促进产学合作教育的健康发展,从而更好地满足社会和经济发展的需求。

为进一步推动大学生教学实习和社会实践工作的深入开展,教育部决定从2000年开始,在全国遴选若干个技术先进、管理科学、具有优秀的企业文化,并能积极支持大学生教学实习和社会实践的国家重点工程和大型企业,命名为"国家大学生教学实习和社会实践基地"。中国长江三峡工程开发总公司和中国第一汽车集团公司历来重视人才培养工作,创造了良好的教学实习条件和后勤服务条件。因此,它们被教育部首批命名为"国家大学生教学实习和社会实践基地"。对这一举措,高校普遍认为,这是教育部为学校办的一件实事。同时,希望进一步扩大基地的数量,更好地支持大学生教学实习和社会实践。

6.大力发展高等职业教育,推进高职高专教育改革

到1998年,我国承担高等职业教育的学校除职业大学和职业技术学院外,还包括高等专科学校、成人高等学校、民办高等学校、普通高校中的职业技术学院和五年一贯制进行高职教育的中等专业学校等七类共350所院校。其中,还包括当年新批准设立的21所职业技术学院。

根据上述情况,当时确定了发展高等职业教育的重点是以内涵发展为主,实行"三多一改"的发展方针:(1)多层次:主要通过高等专科学校、职业大学、职业技术学院、成人高等学校、民办高校以及部分办学条件较好的中专学校改制承办高等职业教育,部分本科院校特别是综合大学,可以设立高等职业技术学院;(2)多模式:对于学历高等职业教育以高中后二至三年高等职业教育为主,同时,要积极探索初中后五年制高等职业教育的办学模式,专业设置可以"宽""窄"并存,可以学历教育与非学历教育并举;(3)多渠道:除公办学校举办高等职业教育外,逐步实行"学校面向生源市场自主办学、学生不转户、自谋职业"的办学机制,鼓励兴办民办高等职业教育;(4)一改:就是要以教学改革为工作重点,面向地区经济社会发展和就业市场的实际需要,努力培养生产、服务、管理第一线需要的实用型人才,真正办出特色。

1999年11月7日至10日,教育部在北京召开第一次全国高职高专教育工作会议。教育部部长陈至立在报告中强调,要高度重视高职高专教育在高等教育中的重要地位,要结合高职高专教育特点,全面推进素质教育;要不断提高教学质量,各类教育应有不同的质量要求;要加强教学基础设施建设,以各种途径来改善高职高专教育的教学基础;要坚持办出特色,没有特色就没有质量。高等专科学校、高等职业学校和成人高校应在特色中体现质量;高等专科学校、高等职业学校和成人高校应与社会紧密联系,使它充满生机与活力。会上,沈阳电力高等专科学校、深圳职业技术学院、上海第二工业大学等11所院校交流了学校在教学改革和建设方面的经验。这些高职高专在新世纪大都升格为新建本科院校,成为目前我国建设应用科技型大学的主体部分。

三、新世纪我国高等教育改革与应用科技型教育的发展

新世纪以来,随着我国开始建设小康社会和高等教育进入大众化发展阶段,党和政府越来越重视高等教育与高等职业教育,并采取了一系列举措切实推进高等教育与高等职

业教育的改革与发展。

（一）高等职业教育的改革与发展

自 21 世纪初以来，我国政府高度重视职业教育的改革与发展，将其作为国家经济和社会发展的重要基础。2002 年和 2005 年，国务院分别印发了《关于大力推进职业教育改革与发展的决定》和《关于大力发展职业教育的决定》，这两个政策文件强调了职业教育在提高国家竞争力、促进经济社会可持续发展，以及调整经济结构中的核心作用。政府提出了建立和完善适应社会主义市场经济体制的现代职业教育体系，强调校企合作、工学结合的培养模式，以及以就业为导向的教育目标。此外，2004 年国务院批转的《2003—2007 年教育振兴行动计划》进一步明确了职业教育在构建现代化教育体系中的重要角色，旨在通过职业教育促进人口压力向人力资源优势的转变，满足新型工业化道路和区域经济发展的需求。

2002 年 8 月 24 日，国务院印发《关于大力推进职业教育改革与发展的决定》，进一步推动了高等职业教育的跨世纪大发展。该决定强调，职业教育是"我国教育体系的重要组成部分，是国民经济和社会发展的重要基础"。"推进职业教育的改革与发展是实施科教兴国战略、促进经济和社会可持续发展、提高国际竞争力的重要途径，是调整经济结构、提高劳动者素质、加快人力资源开发的必然要求，是拓宽就业渠道、促进劳动就业和再就业的重要举措"。决定规定，"高等专科学校和成人高等学校要逐步统一规范为 XX 职业技术学院"。

2004 年 3 月，国务院批转教育部《2003—2007 年教育振兴行动计划》，提出要"构建中国特色社会主义现代化教育体系，为建立全民学习、终身学习的学习型社会奠定基础；培养数以亿计的高素质劳动者、数以千万计的专门人才和一大批拔尖创新人才，把巨大的人口压力转化为丰富的人力资源优势"；"积极发展各类高等教育，大力发展职业教育和成人教育，形成体系完备、布局合理、发展均衡的现代国民教育体系和终身教育体系"的目标任务。行动计划还提出，要大力发展职业教育，加强高等职业技术学院的建设，广泛开展岗位技能培训。要适应走新型工业化道路的要求，根据区域经济发展和劳动力市场的实际需要，促进产学紧密结合，共同建立技能型紧缺人才培养培训基地，加快培养大批现代化建设急需的技能型人才及软件产业实用型人才，特别是各级各类高技能人才。

2005 年 10 月 28 日，国务院印发《关于大力发展职业教育的决定》，强调："落实科学发展观，把发展职业教育作为经济社会发展的重要基础和教育工作的战略重点。"同时，明确了职业教育改革发展的目标是："进一步建立和完善适应社会主义市场经济体制，满足人民群众终身学习需要，与市场需求和劳动就业紧密结合，校企合作、工学结合，结构合理、形式多样、灵活开放、自主发展、有中国特色的现代职业教育体系。"决定要求，到 2010 年，高等职业教育招生规模占高等教育招生规模的一半以上。职业教育要坚持"以服务为宗旨、以就业为导向"的办学方针，"以就业为导向，深化职业教育教学改革"，要"积极开展订单培养"，"根据市场和社会需要，不断更新教学内容，改进教学方法"；"大力推进精品专业、精品课程和教材建设"；在职业教育中，要加强"学生的实践能力和职业技能的培养"，高度重视实践和实训环节教学；要"大力推行工学结合、校企合作的培养模式"；要"加强基础能力建设,努力提高职业院校的办学水平和质量";要"积极推进体制改革和创新,增强职业教育发展活力"。

这些政策的实施,不仅标志着中国职业教育进入了一个全新的发展阶段,也反映了国家对于培养高素质专门人才,尤其是高技术技能型人才的重视。通过推动职业教育的改革与发展,中国旨在建立一个结构合理、形式多样、灵活开放的职业教育体系,以适应经济社会发展的需求,从而为国家的长远发展提供坚实的技术技能型人才支持和智力保障。

(二)行业特色型大学的改革与发展

1.行业特色型大学的内涵

关于行业特色型大学具体内涵,一般认为,所谓行业特色型大学又称行业特色型院校,指原先归属行业部委、在高教体制改革中划归教育部或地方管理的行业背景显著、学科特色突出,围绕行业需求,为特定行业培养高素质专门人才的大学或学院。[1] 行业特色型大学主要包括地质、海洋、矿业、石油、钢铁、化工、铁路、纺织、邮电、农林等类型的本科高校。

行业特色型大学有以下特点[2]:一是由原行业部门管理和指导,后来划转至地方或教育部等部委管理;二是其学科专业主要围绕行业产业链设置;三是其人才培养和科学研究主要服务于行业。本研究侧重划转到教育部等原部委管理的行业特色大学。

2.行业特色型大学的发展历史

关于我国行业特色型大学发展脉络,一般认为随着新中国成立初期院系调整、20世纪90年代末高校管理体制改革等重大变革,行业特色型大学经历了形成、发展、完善、转型等过程。

关于行业特色型大学在我国的发展源头主要有两种较有代表性的观点。第一种观点认为行业特色型大学源头在20世纪初期。"清末时期,清政府兴办了许多具有实业性质的学堂,包括当时最早成立的福州船政学堂、电报学堂以及蚕桑学堂等。这些都是针对某个行业而设立的学堂,已具备行业特色型院校的雏形。""行业特色型大学在我国,一般是指20世纪初以来,为适应实业兴国和国家走工业化发展道路的需要而创建的大学,因此,具有特定的历史意义。""我国行业特色型大学最早出现在路、矿行业,至今已有一个多世纪的历史。"[3]第二种观点认为我国行业特色型大学源于20世纪50年代部门办学。"新中国建国初,为适应社会主义工业化建设的需要,在对高等学校进行院系调整过程中,中央政府各部门陆续举办、重组了一批高等院校,涉及农业、林业、水利、地质、矿产、石油、电力、通信、化工、建筑、交通等行业,也包括一批与文化、艺术、体育、财经、政法等社会事业紧密相关的高校。"[4]

我国行业特色型大学发轫于清末民初的一批专科学校,初步形成于新中国成立初期院系调整后的部门办学。如前所述,洋务运动后,我国出现一批特色公私立大学、专科学

---

[1] 潘懋元,车如山.特色型大学在高等教育中的地位与作用[J].大学教育科学,2008(2):11-14.
[2] 曹翼飞.行业特色型大学发展历史及研究现状[J].高等工程教育研究,2020(6):98-104.
[3] 曹翼飞.行业特色型大学发展历史及研究现状[J].高等工程教育研究,2020(6):98-104.
[4] 钟秉林,王晓辉,孙进,等.行业特色型大学发展的国际比较及启示[J].高等工程教育研究,2011(4):4-9,81.

校,培养了不少各类人才。1912年,国民政府《专门学校令》指出"专门学校以教授高等学术、养成专门人才为宗旨"。新中国成立前夕,各解放区高等学校通过接管、整顿和初步改造,到1949年,全国共有205所高等院校。这些院校由于办学规模较小,且区域布局、学科、专业和层次结构严重不合理,教育水平与国民经济发展严重不适应,人才培养无法满足社会需求。这种情况下,加之全面学习苏联的时代背景,20世纪50年代,我国计划经济条件下开展行业办学,把综合性大学变为单科性大学,服务于特定行业,由此初步形成一批行业大学。经过大规模"院系调整",全国高等院校数量从205所减少到182所。办学层次和类型包括综合性大学14所,高等工业院校38所,高等师范院校31所,高等农林院校29所,高等医科院校29所,高等财经院校6所,高等政法院校4所,高等语言院校8所,艺术院校15所,体育院校4所,少数民族院校3所及北京气象专科学校1所。院系调整后高校管理突出"条块分割"。这种管理体制为专业人才培养创造了积极条件,中央有关部门认为其结束了院系庞杂纷乱、设置分布不合理状态,走上了适应国家建设需要培养专业专门人才的道路。

20世纪90年代,随着社会主义市场经济体制确立,行业经济开始向区域经济转变,"条块分割"高校管理体制成为改革重点。

1994年6月,全国教育工作会议在北京召开。会议讨论了《关于〈中国教育改革和发展纲要〉的实施意见》,其中关于教育发展目标,明确了各级各类教育结构调整的总体构想,提出大力发展职业教育和成人教育,适当发展高等专科教育,努力提高本科教育的质量和水平。实施意见提出逐步改变高等学校条块分割、"小而全"的状况,优化高等教育的结构与布局,提高办学效益。(1)部门所属学校的管理体制要分别不同情况,采取中央部门办、中央和地方政府联合办、地方政府办、企业集团参与管理、学校之间的联合或合并等不同办法,进行改革。1994年进行试点,1997年条件成熟的学校进入新体制运行,2000年基本形成以省级政府为主、办学与管理的条块结合的新体制的框架。(2)实行全国和地方分层统筹规划促进国家教委所属院校、中央业务部门所属院校、地方所属院校之间以及地区院校之间的联合,鼓励普通高等学校和成人高等学校之间的联合与协作,合理调整高等教育布局。(3)改革封闭办学的状况,提倡校与校之间的合作。之后,我国在20世纪50年代经过"院系调整"之后建立起来的大批行业特色型专门院校开始划归地方政府管理,从此使行业特色型大学走上了追求多科性、综合性的另一条改革与发展道路,也致使这些行业特色型院校培养行业特色型人才的数量与质量得到了弱化。

1994—1996年国家教委连续三年分别在上海、南昌、北戴河召开三次高校管理体制改革座谈会,基本达成改革共识:淡化和改革学校单一隶属关系,加强省级人民政府统筹,变"条块分割"为"条块有机结合",提出"共建""合作""合并""协作"和"划转"五种改革形式。1998年,国务院印发《关于调整撤并部门所属学校管理体制改革的决定》,对原机械工业部、煤炭工业部、冶金工业部、化学工业部、国内贸易部、中国轻工总会、中国纺织总会、国家建筑材料工业局、中国有色金属工业总公司等9个行业管理部门所属的93所普通高等学校、72所成人高等学校及46所中等专业学校和技工学校管理体制进行调整。1999年,国务院办公厅转发教育部等《关于调整五个军工总公司所属学校管理体制的实施意见》,对原兵器、航空、航天、船舶、核工业等五大军工总公司所属学校进行调整。当年,国务院印发《关于进一步调整国务院部门(单位)所属学校管理体制和布局结构的决定》,明确提出除教育部及外交部、国防科工委、国家民委、公安部、安全部、海关总署、民航总局、体育总局、侨办、中科院、地震局等部门和单位继续管理其所属学校外,国务院部门和单位不再直接管理学校,同时提出按"共建、调整、合作、合并"方针,少数普通高等学校划归教育部管理或由教育部负责调整,其他普通高等学校由地方统筹管理。据统计,1998—2001年高校管理体制改革中,全国共有252所普通行业特色高校实现管理体制划转,其中本科院校163所,36所划转教育部管理(原划转38所,中南工业大学合并至中南大学,吉林工业大学合并至吉林大学,故剩余36所,2003年华北电力大学划入教育部,增加为37所),127所划转地方管理。有关高校从行业部门、单位剥离划转后,虽然这些高校与母体部门仍有千丝万缕联系,但客观上看,此次高校管理体制改革消解了行业高校办学体系。[①]

自2019年1月,国务院发布《国家职业教育改革实施方案》(国发〔2019〕4号)以来,全国部分省市的独立学院与民办高职升格本科或新建本科院校过程中,出现了许多新型行业特色型大学又称行业特色新型大学,如位于河北三河燕郊的华北科技学院和防灾科技学院两所院校即将合并筹办为"应急管理大学"。应急管理大学是近年来新建大学浪潮中很有行业特色的一个代表。近年来,许多新建或筹建大学都是像应急管理大学这样的行业特色型大学,如康复大学、核工业大学、中法航空大学等。这些行业类大学,涉及航空航天、医药、海洋、康复康养、电影艺术、能源、应急管理等众多学科领域。截至2021年底,至少有35所一批行业特色型大学正在兴起。这批新型行业特色型大学不同于传统的行业特色型大学,他们属于职业技术大学的范畴,重点培养行业技术技能型实用人才。

2019年2月,中共中央、国务院印发《中国教育现代化2035》,重申完善行业多方共建机制,重点发展行业特色型大学。2021年12月,教育部召开新闻发布会,传出将全面启动省部共建2.0,推动省部共建工作向纵深发展。[②] 行业院校省部共建一直是省部共建的重要组成类型[③]。

如前所述,我国行业特色型大学经历了多个发展阶段和转型过程。行业特色型大学的发展历史体现了时代特色,深刻烙下了不同发展时期的政策烙印;体现了服务发展,行业特色型大学紧跟国家发展步伐,以服务经济社会发展为己任,积极适应社会需求;体现了遵循教育规律,行业特色型大学坚持深化综合改革,在办学模式不断探索实践中日趋发展壮大。

行业特色型大学构成了中国特色高水平应用科技型大学体系的重要组成部分,对我国地方高校转型发展与建设高水平应用科技型大学起着重要的引领与示范作用。

(三)高等教育强国建设的改革与发展

在我国高等教育基本完成了体制改革,进入跨世纪大发展的时候,高等教育改革的重点开始集中到提高教学质量和人才培养质量上来。我国高等教育要尽快进入以提高教育

---

① 曹翼飞.行业特色型大学发展历史及研究现状[J].高等工程教育研究,2020(6):98-104.
② 陈彬.省部共建的"升级"猜想[N].中国科学报,2022-01-25(4).
③ 李爱民,郭有成.我国共建高校分类及其发展研究[J].高等工程教育研究,2017(1):69-74.

质量为核心的大提高阶段,以建设高等教育强国为我国高等教育事业进一步改革与发展的目标。

1.建设人力资源强国目标与建设高等教育强国

2007年10月,党的十七大报告中以"优先发展教育,建设人力资源强国"为题,鲜明地提出建设人力资源强国的新目标,并突出了教育事业特别是高等教育事业在国家建设人力资源强国新的目标中的作用。提出建设人力资源强国的新目标后,我国高等教育的改革与发展如何与之相适应、应该提出一个什么样的目标的问题摆在了眼前。

2007年12月,教育部召开直属高校工作咨询委员会第十八次全体会议。国务委员陈至立在会议报告中旗帜鲜明地提出,贯彻落实党的十七大精神,建设人力资源强国,就必须建设高等教育强国。她强调要重点做好高等教育的布局、层次、类型和学科结构优化工作,高等职业教育、本科教育和研究生教育协调发展,形成各类高校相互促进、各具特色、健康发展的格局。①

2008年6月11日,"遵循科学发展,建设高等教育强国"重大研究项目组在国家教育行政学院召开开题报告会。项目分为十三个研究版块,力求全面准确地回答"为什么要建设高等教育强国"的重大命题,力求科学地揭示"什么是高等教育强国"的核心内涵,力求全面分析"怎样建设高等教育强国"的改革要求。特别是为推进"怎样建设高等教育强国"命题的研究,预设了"教育理念的创新""高等教育的扩大开放""高等教育体制、机制改革与创新""高等教育结构优化""高等教育质量与水平的提升""建设高水平大学""做强地方本科院校""做强省级高等教育"等九个专题,作为建设高等教育强国路径研究项目。一批来自教育研究机构和一些高水平大学、地方本科院校、高等职业学院的领导、教育研究人员和教学、管理人员通过申报参与了相关研究课题的研究工作。2009年10月,由中国高等教育学会与浙江省人民政府联合主办的"2009年高等教育国际论坛"上,"建设高等教育强国"问题成为主题。厦门大学潘懋元先生主持了"做强地方本科与高等教育强国"课题。此后,"做强地方本科"的理论研究与实践探索成为我国地方高校改革发展为应用型高校的共识。

对"建设高等教育强国"问题的研究,带动了高等教育研究工作新一轮的热潮。"985工程""211工程"建设学校纷纷研究各自学校在建设高等教育强国中的定位、如何把学校建成一流大学或高水平大学等问题,地方新建本科院校和高等职业学院也纷纷研究如何把自身做强,更好地服务于地方经济社会发展等问题。经济、社会发展较快的省市在积极研究建设高等教育强省(市)的问题,其他省区也在研究如何使本地区高等教育的发展适应区域经济社会发展需要的问题。公办高校在加紧研究如何深化改革、提高教育质量等问题,民办高校也在研究如何在建设高等教育强国的形势下加快民办高等教育的改革与发展,科学定位,内涵发展,打出自己的品牌,提升教学质量和教育水平等问题。研究和讨论,促进了广大高等教育工作者教育思想、教育理念的转变和提升,从而推动了以提高教育质量为核心的高等教育改革与发展。建设高等教育强国运动推动了我国大部分地方高校尤其是新建本科院校向应用型高校办学定位转变的进程。

---

① 陈至立.认真学习贯彻党的十七大精神,以提高质量为核心,加快从高等教育大国向高等教育强国迈进的步伐[J].中国高等教育,2008(1):4-9.

2.《国家中长期教育改革和发展规划纲要》的制定与高校分类定位、科学发展

2009年1月5日,时任总理温家宝在国家科技教育领导小组会议上作了题为《百年大计,教育为本》的重要讲话。温家宝在讲话中指出:高校办得好坏,不在规模大小,关键是要办出特色,形成自己的办学理念和风格。要对学科布局、专业设置、教学方法进行改革,引导高等学校适应就业市场和经济社会发展需求,调整专业和课程设置。要借鉴国外先进经验,结合我国实际创造性地加以运用,加强高水平大学建设,建成若干国际一流大学,为国家培养更多的高质量、多样化的创新型人才。[①]温家宝的讲话整体规划了我国教育基本实现现代化的蓝图和改革与发展路径,旨在全面推动我国加快从教育大国向教育强国、从人力资源大国向人力资源强国迈进,为中华民族伟大复兴和人类文明进步作出更大贡献。

2010年7月,中共中央、国务院颁发《国家中长期教育改革和发展规划纲要(2010—2020年)》。这标志着我国教育坚持科学发展,全面提高教育质量,由教育大国向教育强国迈进、由人力资源大国向人力资源强国迈进正式拉开了序幕。第五条是"优化结构办出特色"。其中强调,优化学科专业、类型、层次结构,促进多学科交叉融合。重点扩大应用型、复合型、技能型人才培养规模,加快专业学位研究生教育。优化区域布局结构。要促进高校办出特色,建立高校分类体系,实行分类管理;引导高校合理定位,克服同质化倾向,形成各自的办学理念和风格,在不同层次、不同领域办出特色,争创一流。

在我国高等教育进入到大众化发展阶段后,由于需求的变化,高等教育的层次、类型开始进一步多样化,不仅高等职业教育迅速发展壮大,而且本科教育也发生分化,研究生教育中大力发展专业学位的呼声也越来越高。在这种形势下,各类高校要进一步科学定位,在不同层次和类型上逐步办出特色。总之,要继续坚持多种类型多种形式发展高等教育,培养适合现代化建设需要的多种规格人才,真正走出符合我国国情和各地区实际的发展高等教育事业的路子。

(四)中国特色高水平应用科技型大学的正式提出

2013年1月,教育部启动地方本科高校转型发展和应用技术大学改革试点战略研究工作,探索地方高校转型发展的方向和路径及现代职业教育体系建设问题,全国有13个省(自治区、直辖市)的33所地方本科院校和多个科研院所参与项目研究工作。在此次研究工作中,地方本科高校转型发展的方向逐渐明确,以转型发展为战略切入点,建设现代职业教育体系、推动高等教育结构战略性调整的发展蓝图也逐渐明确。

2013年6月,为引导地方本科高校向应用技术类型高校转型发展,加快现代职业教育体系建设,促进高等教育结构调整和高校分类管理,35所以应用技术类型高校为办学定位的地方本科高校成立应用技术大学(学院)联盟。至此,地方本科高校转型发展和现代职业教育体系建设由自发走向自觉,由零散走向组织化。

2013年11月,十八届三中全会公报提出:"要加快现代职业教育体系建设,深化产教融合、校企合作,培养高素质劳动者和技能型人才。"[②]

---

① 温家宝.百年大计,教育为本[N].中国教育报,2009-01-05(01).
② 中共中央.中国共产党第十八届中央委员会第三次全体会议公报(2013-11-12)[EB/OL].[2022-07-16].http://cpc.people.com.cn/n/2013/1112/c64094-23519137.html.

2014年2月,李克强在国务院常务会上部署加快发展现代职业教育,提出"引导一批普通本科高校向应用技术类型高校建设转型"。4月,由教育部领导倡议,由应用技术大学(学院)联盟、中国国际教育交流协会主办的产教融合发展战略国际论坛在驻马店市召开。会议以产教融合发展为主题,探讨"地方本科高校转型发展"和"中国特色应用技术大学建设"之路。6月,国务院正式印发《关于加快发展现代职业教育的决定》,全面部署加快发展现代职业教育,强调要引导普通本科高等学校转型发展。建立高等学校分类体系,实行分类管理,加快建立分类设置、评价、指导、拨款制度。招生、投入等政策措施向应用技术类型高等学校倾斜。[1]

随后,教育部等六部门印发《现代职业教育体系建设规划(2014—2020年)》,明确了应用技术大学(学院)的地位:"应用技术类型高等学校是高等教育体系的重要组成部分,与其他普通本科学校具有平等地位。"指出要"推进高等学校分类管理。建立高等学校分类体系,探索对研究类型高校、应用技术类型高校、高等职业学校等不同类型的高等学校实行分类设置、评价、指导、评估、拨款制度。鼓励举办应用技术类型高校,将其建设成为直接服务区域经济社会发展,以举办本科职业教育为重点,融职业教育、高等教育和继续教育于一体的新型大学"。"引导一批本科高等学校转型发展。支持定位于服务行业和地方经济社会发展的本科高等学校实行综合改革,向应用技术类型高校转型发展。鼓励独立学院转设为独立设置的学校时定位为应用技术类型高校。鼓励本科高等学校与示范性高等职业学校通过合作办学、联合培养等方式培养高层次应用技术人才"。并提出"积极推进以部分地方本科高等学校为重点的转型发展试点,支持一批本科高等学校转型发展为应用技术类型高等学校,形成一批支持产业转型升级、加速先进技术转化应用、对区域发展有重大支撑作用的高水平应用技术人才培养专业集群"[2]。至此,地方本科高校转型发展的大方向最终以政府和教育部门文件的形式确定,并将应用技术大学定位为本科层次职业教育,并兼有普通高等教育和继续教育职能的新型大学。

可以说,2014年是中国高等职业教育史上具有划时代意义的一年,这一年出台一系列文件政策,对地方高校转型发展与建设应用技术型大学和职业教育本科具有史无前例的里程碑意义,标志着由"中职—高职—职业本科—专业学位研究生"所构成的富有中国特色、世界水平的高等职业教育体系构建与改革正式拉开了序幕。2013年4月,教育部印发的《现代职业教育体系建设规划(征求意见稿)》指出,"在有条件的地区试办应用技术大学(学院),实施本科阶段职业教育,并与专业硕士研究生教育相衔接"。[3] 党的十八大在深刻分析国情世情的基础上,面对新的形势和挑战,提出了"加快发展现代职业教育"。

---

[1] 国务院.国务院关于加快发展现代职业教育的决定(国发〔2014〕19号)[EB/OL].[2022-07-15]. http://www.gov.cn/zhengce/content/2014-06/22/content_8901.htm.

[2] 教育部等六部门关于印发《现代职业教育体系建设规划(2014—2020年)》的通知(教发〔2014〕6号)[EB/OL].(2014-06-17)[2022-07-16]. http://old.moe.gov.cn/publicfiles/business/htmlfiles/moe/moe_630/201406/170737.html.

[3] 教育部等六部门.关于印发《现代职业教育体系建设规划(2014—2020年)》的通知(教发〔2014〕6号)[EB/OL].(2014-06-23)[2022-07-15]. http://www.moe.gov.cn/srcsite/A03/moe_1892/moe_630/201406/t20140623_170737.html.

2015年6月,国务院印发《中国制造2025》,进一步提出要健全多层次人才培养体系:加强制造业人才发展统筹规划和分类指导,组织实施制造业人才培养计划,加大专业技术人才、经营管理人才和技能人才的培养力度,完善从研发、转化、生产到管理的人才培养体系。引导一批普通本科高等学校向应用技术类高等学校转型,建立一批实训基地,开展现代学徒制试点示范,形成一支门类齐全、技艺精湛的技术技能人才队伍。鼓励企业与学校合作,培养制造业急需的科研人员、技术技能人才与复合型人才,深化相关领域工程博士、硕士专业学位研究生招生和培养模式改革,积极推进产学研结合。①《中国制造2025》对加快应用技术型大学转型发展与卓越工程师人才培养和专业学位研究生招生与培养模式改革都起到了推动作用。

2019年1月,国务院发布《国家职业教育改革实施方案》(国发〔2019〕4号),进一步明确了"职业教育与普通教育是两种不同教育类型,具有同等重要地位"②。从此,"两种类型,同等重要"正式成为政府部门、理论界与实践界的理论共识与政策指导。方案指出,"现代职业教育体系框架全面建成"。随着我国进入新的发展阶段,产业升级和经济结构调整不断加快,各行各业对技术技能人才的需求越来越紧迫,职业教育重要地位和作用越来越凸显。没有职业教育现代化就没有教育现代化。方案强调要完善高层次应用型人才培养体系。发展以职业需求为导向、以实践能力培养为重点、以产学研用结合为途径的专业学位研究生培养模式,加强专业学位硕士研究生培养。推动具备条件的普通本科高校向应用型转变,鼓励有条件的普通高校开办应用技术类型专业或课程。开展本科层次职业教育试点。③

2019年2月,中共中央、国务院印发了《中国教育现代化2035》,进一步提出要注重提升一流人才培养与创新能力:"分类建设一批世界一流高等学校,建立完善的高等学校分类发展政策体系,引导高等学校科学定位、特色发展。持续推动地方本科高等学校转型发展。……加大应用型、复合型、技术技能型人才培养比重。"④这样,建设世界一流高水平应用科技型大学的目标就同"双一流"建设一起纳入了国家的教育改革与发展战略。

2018年底,全国新升格的15所民办本科高校被确定为首批本科层次职业教育(简称本科职教,又称高职本科)改革试点学校。2019年12月,又有6所院校被确定为第二批本科职教试点学校。虽然早在2012年国内就有本科职教的实践办学,但是并非通过独立建制的本科职教院校举办。2020—2021年,随着全国独立学院的合并或转设为职业技术本科院校,职业教育本科院校数量与规模在全国得到了快速发展。

2021年3月,教育部为贯彻《国家职业教育改革实施方案》,加强职业教育国家教学

---

① 国务院关于印发《中国制造2025》的通知(国发〔2015〕28号)[EB/OL](2015-05-08)[2022-07-12]. http://www.gov.cn/zhengce/content/2015-05/19/content_9784.htm.
② 国务院.国务院关于印发国家职业教育改革实施方案的通知(国发〔2019〕4号)[EB/OL].(2015-02-13)[2022-07-12].http://www.gov.cn/zhengce/content/2019-02/13/content_5365341.htm.
③ 国务院.国务院关于印发国家职业教育改革实施方案的通知(国发〔2019〕4号)[EB/OL].(2019-02-13)[2022-07-12].http://www.gov.cn/zhengce/content/2019-02/13/content_5365341.htm.
④ 中国教育现代化2035[EB/OL].(2019-02-23)[2022-07-15].http://www.gov.cn/xinwen/2019-02/23/content_5367987.htm.

标准体系建设,落实职业教育专业动态更新要求,推动专业升级和数字化改造,组织对职业教育专业目录进行了全面修(制)订,形成了《职业教育专业目录(2021年)》,该目录按照"十四五"国家经济社会发展和2035年远景目标对职业教育的要求,在科学分析产业、职业、岗位、专业关系基础上,对接现代产业体系,服务产业基础高级化、产业链现代化,统一采用专业大类、专业类、专业三级分类,一体化设计中等职业教育、高等职业教育专科、高等职业教育本科不同层次专业,共设置19个专业大类、97个专业类、1349个专业,其中中职专业358个、高职专科专业744个、高职本科专业247个。[1] 新增了大量的"工程""技术""设计"类专业,改名的专业也更注重了工程与技术的应用性,如"导航工程""采矿工程""风景园林""机械电子工程""车辆工程""外语类"等原有专业改名为"导航工程技术""采矿工程技术""风景园林工程""机械电子工程技术""汽车工程技术""应用外语类"等等。

这样,从地方本科高校转型发展为应用科技型大学,到部分高职院校升格为职业技术本科大学,两条构建现代职业高等教育本科的路径同时在中国这片广袤的大地上展开,两轨并行,分类发展,共同构建形成了富有中国特色的现代职业高等教育新体系。

目前面临的严峻问题是,虽然富有中国特色的现代高等职业教育体系已经形成,但还处于起步发展阶段,离中国特色的高水平高质量的高等职业教育体系还有很大的距离。因此,要建设富有中国特色高水平的职业高等教育体系就必须建设好富有中国特色高水平的应用科技型大学的办学质量,走差别化、特色化、中国化的高水平应用科技型大学发展之路。

(五)中国特色应用科技型大学教育理论体系理论探讨与初步形成

中国特色应用科技型大学教育的理论是在充分总结改革开放后我国关于应用型、应用技术型等理论探讨的基础上,根据我国地方高校转型发展与建设应用科技型大学的实际而提出的。

改革开放后,国际上先进的制造技术进入我国企业的生产领域,为了适应社会现代化生产的人才需求,一些高等专科学校,特别是高等工程专科学校提出了"高等技术应用型人才"的培养目标,如同职业大学一样,积极开展相应的教育教学改革,培养高等技术应用型人才成为地方大学、高等工程专科学校以及广大专科学校的主要任务。

伴随着高等教育的改革与开放,在20世纪80年代就开始了关于应用性人才培养的探讨,如:1987年,首都钢铁公司职工大学提出要从企业改革和发展需要出发培养应用型人才,[2] 1988年,童从奇等人对应用型人才的培养规格及其实施机制进行了初步探讨。[3] 1991年,徐继铉还提出了要加强应用性教育理论的研究以深化教育改革。[4] "应用技术

---

[1] 教育部关于印发《职业教育专业目录(2021年)》的通知(教职成〔2021〕2号)[EB/OL].(2021-03-19)[2022-07-15].http://www.moe.gov.cn/srcsite/A07/moe_953/202103/t20210319_521135.html
[2] 首都钢铁公司职工大学.从企业改革和发展需要出发培养应用型人才[J].北京成人教育,1987(12):17-19.
[3] 童从奇,褚佐谊,钱建平.应用型人才的培养规格及其实施机制[J].高等建筑教育,1988(4):29-32.
[4] 徐继铉.加强应用性教育理论的研究深化教育改革[J].辽宁高等教育研究,1991(S2):91-94.

人才"作为一个名词与"应用型"一样已在学界开始使用,主要用于描述高职、专科院校和工程技术专业的人才培养目标问题。[①] 也有学者,如王雪生、王旭从本科教育转型的角度,提出工科本科教育应着重培养应用型工程技术人才,但他们把应用型工程技术人才视作不同于当时工科本科培养的三种类型的人才——高级工程技术人才、高级技术科学人才、高级管理工程人才相对立的第四种类型人才而提出的。[②] 当时提出的"应用技术人才"背景和内涵与现今使用中蕴含的"本科层次"的"应用技术型人才"的含义不尽相同。

20世纪90年代末到新世纪初,我国开始了大规模的高校扩招,高等教育规模急剧增加,我国高等教育进入了大众化阶段。大众化阶段的高等教育的办学目标、办学理念、办学结构、办学模式、办学特色、办学评价等都应不同于精英化阶段的高等教育。为此,在90年代,我国就有学人提出了"应用性人才""应用性教育""应用型人才""技术性人才""技术型教育"等改革主张。大家逐步认识到只有对不同类型的高校进行分层分类培养,才能不断满足日益多样化的人才层次需求。2010年以后,应用技术型人才、应用技术型高校、应用技术型大学等概念才越来越多地被学者们所关注。

2001年5月,教育部组织部分院校在长春进行"应用型本科人才培养模式研讨",会上有人提出一种见解:应用型本科教育作为一个教育概念,在我国提出的时间不长。这次会议适时地提出了我国要发展应用型本科教育的倡导,从此国内开始对应用型本科教育从实践与理论上进行了逐步深入的探索与研究的新阶段。随后,2002年7月,南京工程学院承办"教育部高教司应用型本科人才培养模式研讨会",29所工程应用型本科高校参会。会上,南京工程学院与长春工程学院、湖南工程学院等高校共同发起成立"全国工程应用型本科教育协作组",协作组负责研究应用型人才培养相关问题,交流经验、开展合作和交流活动等。[③] 2007年,协作组发展成为"全国高等学校教学研究会应用型本科院校专门委员会",参加成立大会的应用型本科院校有100多所。[④] 这标志着应用型本科在我国已成为地方本科院校尤其是新建本科院校改革与发展的一种共同理念与共同行动。

对于那些向本科高校转型的专科院校而言,上海应用技术学院徐福缘等人(2003)[⑤]认为,上海应用技术学院应当坚持应用技术型人才培养的科学定位,这是"应用技术型人才"作为一个概念最早被提出。任淑淳、杨俊和(2004)认为,对于其他一些非"211"工程的普通地方本科高校,它们应当将办学目标定位在培养具有一技之长的高素质应用技术型人才上,因为只有不同类型的高校进行分层培养,才能不断满足日益多样化的人才层次需求。[⑥] 2001年,有人提将应用型本科教育简要地概括为"培养高层次应用型人才的本科

---

① 张家齐.建立职业型高级应用技术人才的结构模型[J].水利电力高教研究,1986(1):104-105.
② 王雪生,王旭.工科本科应着重培养应用型工程技术人才[J].高等工程教育研究,1987(12):47-48.
③ 教育部高教司.应用型本科人才培养模式研讨会纪要[J].南京工程学院学报,2002(3):88.
④ 全国高等学校教学研究会应用型本科院校专门委员会成立[J].中国大学教学,2007(9):99.
⑤ 徐福缘,任淑淳,瞿志豪,等.实现专科向本科快速转变的基本实践与理念[J].科学学与科学技术管理,2004(6):142-144.
⑥ 任淑淳,杨俊和.应用技术型本科人才培养研究[J].教育发展研究,2004(12):95-97.

教育"[①]。2002年,有学者进一步对应用型本科的内涵作了界定,提出"应用型本科教育'专才'教育,是一种'培养实操层面专业技术型人才的教育',是'工程师'的摇篮。应用型本科不是三年制高职高专的加强版,更在应用性上区别于普通本科。与专科层次的教育相比,它强调在基础教育基础上的后续发展;与普通本科相比,应用性和技能性是其最鲜明的特色"[②]。2002年,在教育部高教司支持下,由南京工程学院牵头,成立了新建本科高校协作组,提出要"实施应用型本科教育,培养应用型本科人才、创办应用型本科高校"。这样,应用技术型人才就由高等专科院校扩展到新建本科院校层面的理论共识与实践改革。

随着我国高等教育大众化的纵深发展,高等教育的质量问题日益突出,"多样化的质量观"成为我国高等教育理论界和实践界的共识。随之,高等教育的分类与评估问题也成为高等教育理论界与实践界的一个突出的特点问题。随着对高校分类办学、分类定位与分类评估的深入思考与研究,学界借鉴欧美国家和我国台湾地区的应用型高等教育改革实践经验,逐渐提出了"应用型人才""应用型人才""应用性教育""应用型本科""技术型本科""技术性人才""工程技术型""职业技术型""技术技能型"人才与教育等这些区别于研究型人才、精英型人才、学术性大学、研究型大学的理论与实践的改革主张。其中,影响较大的是潘懋元先生的相关著述,潘懋元先生在20世纪初就提出了大众化阶段多元化的高等教育质量观,成为大家所普遍认可的共识;潘懋元先生又先后主持了关于应用型人才培养与地方本科院校改革的两项国家级课题研究,对国内应用型本科的理论研究尤其是新建地方本科的改革实践产生了较为广泛的影响与推动作用。

总之,新世纪以来,我国许多地方高校尤其是新建本科院校都在转型发展和探索自身特色发展之路方面做了许多有益的改革探索,如北京联合大学的建设应用型大学之路改革实践探索、上海电机学院的技术本科教育实践探索、厦门理工学院的"亲产业大学"的办学实践探索、合肥学院的中德应用型合作教育办学、常熟理工学院的行业学院改革等。全国性的相关组织也先后成立,如:全国工程应用型本科教育协作组(2000);中国高等职业技术教育研究会应用性本科教育工作委员会成立(2006);全国高等学校教学研究会应用型本科院校专门委员会成立(2007);全国新建本科院校联席会议(2008);安徽省成立"应用型本科高校联盟"(2009);全国"十五"副省级城市大学联盟(2009);全国部分新建理工类本科院校联盟(2010);全国应用技术大学(学院)联盟(2013)等等。这些组织机构或平台都会针对应用型本科教育的理论研讨、课题合作、教材编著、交换生培养、合作机制等定期召开年会或者学术研讨会,增进彼此之间的了解,加强彼此间的交流与合作,实现资源共享,是高层次应用型本科人才培养中重要的平台。

相关国家政策的正式出台始于2010年7月的《国家中长期教育改革和发展规划纲要(2010—2020年)》,纲要提出要"适应国家和区域经济社会发展需要,建立动态调整机制,不断优化高等教育结构","重点扩大应用型、复合型、技能型人才培养规模","建立高校分

---

① 马树彬.应用型本科教育:地方本科院校在21世纪的新任务[J].常州工学院学报,2001,14(1):85-88.
② 何成辉,苏群.应用型本科院校学生能力培养途径的探讨[J].中国高教研究,2002(3):71-72.

类体系,实行分类管理"。"优化高等教育结构"释放出了地方本科高校转型发展的信息,"重点扩大应用型、复合型、技能型人才培养规模"为地方本科高校的人才培养指明了方向,"分类管理"为地方本科高校尤其是新建本科院校的科学定位和中国特色应用型高校的提出提供了制度保障。

这样,"应用型"教育及其应用型人才培养的实践改革与理论研究在我国就逐步开展并逐渐发展了起来,对后来的应用技术型教育及应用技术大学的改革奠定了理论与实践的基础。

关于应用技术/应用技术型的概念,学者萧成勇认为,应用技术型人才由于"应用技术"而得名,所谓应用技术,通常是指与国计民生的生产和生活密切相关的科技活动,即在科技发明、研制开发,以及应用此类技术于产品制造或工程实施、维护和服务等生产和生活领域,或者说,就是从项目设计、产品研制,到工程实施、生产制造和社会生活服务的整个技术活动过程。而应用技术型人才就是在这样的全过程中,起着骨干作用的各行各业和各级各类的科技工作者。[1]随后,也有其他学者对"应用技术型人才"作过相关界定,但截至目前,国内有关"应用技术型人才"的概念尚未统一。关于目前我国政策所导向的"应用技术型人才",不少国内学者认为,其核心内涵接近于西方的"gray collar worker",即"灰领"的概念。所谓"灰领",指的是介于白领和普通蓝领之间的一类职业群体,这一群体应具有良好的专业理论素养,同时又具备较强的实际工作技能。换句话说,他们并不是简单地处在白领和蓝领中间,而是一种介于普通技术工人和一般管理人员之间的专门性、技术性、实用性的高素质应用型人才。[2]

随着国内对德国以及荷兰和我国台湾地区应用技术类型大学的译介,尤其是2014年国务院及教育部相关政策文件的出台,应用技术型人才、应用技术型高校、应用技术型大学(学院)等概念才越来越多地被地方高校的领导和研究者们所关注,在全国地方高校尤其是新建本科院校中掀起了转型发展为应用技术大学(学院)的高潮,并各自根据所处区域特点、办学历史、办学条件不断总结经验,进行办学定位的调整与办学特色的凝练,聚焦应用技术型人才培养,不断深化改革,加大内涵建设,走产教融合与服务地方社会经济需求之路。

综上所述,直到2014年,地方本科高校转型发展的基本方向和基本政策框架最终以政府和教育部门文件的形式确定,并将应用技术类型大学(学院)定位为本科层次职业教育,兼有普通高等教育和继续教育职能的新型大学(学院)。这样,《关于加快现代化职业教育的决定》的颁布最终标志着应用技术型大学在我国正式生根发芽,成为一种重要的高等教育类型。

但是,时隔五年后,2019年1月24日,国务院发布《关于印发国家职业教育改革实施方案的通知》。方案提出,"到2022年,一大批普通本科高等学校向应用型转变。……完善高层次应用型人才培养体系。……推动具备条件的普通本科高校向应用型转变,鼓励

---

[1] 萧成勇.透视应用技术型人才培养及其价值观问题[J].教育发展研究,2005(12):68-73.
[2] 陈沛然,秦小丽.关于应用技术型人才研究的评述[J].教育探索,2015(5):53-56.

有条件的普通高校开办应用技术类型专业或课程。开展本科层次职业教育试点"①。这样,应用技术类型不再是"学校"层面,而且包括"专业或课程",并且提出"开展本科层次职业教育试点"这一新的政策与举措。

2019年2月,中共中央、国务院印发了《中国教育现代化2035》。《中国教育现代化2035》重点部署了面向教育现代化的十大战略任务,强调要"持续推动地方本科高等学校转型发展",并把"应用型""复合型""技术技能型"作为三种人才类型并列提出。②

2019年5月至2021年10月,教育部批复34所本科层次职业学校开展本科层次职业教育试点,15所独立学院与相关公办高职学校合并转设为本科层次职业学校举办本科层次职业教育,湖南、江西、浙江、山东、福建等一些学校也在推进相关工作。这样,随着全国独立学院的合并或转设为职业技术本科院校,职业教育本科院校数量与规模在全国即将得到快速发展。

伴随着我国高等教育改革发展和理论研究的深化,人们逐渐认识到应用技术型涵盖范围过窄,既不能准确涵盖行业特色型院校以及它们中占优势的工程类学科专业的内涵,更不能涵盖传统地方老本科院校的定位发展,还不能清晰地涵盖新建本科院校、独立学院中大量的人文社科类学科专业的内涵。这往往给人们的错觉是重点转型发展600余所新建本科院校以及它们中的工程技术类的专业。因此,许多人主张重提"应用型"这个较为宽泛的概念,可以涵盖所有新建本科院校的所有学科与专业的办学定位与人才培养定位。

笔者之所以提出应用科技型与应用科技型大学以代替应用型/应用技术型、应用型大学/应用技术型大学就是因为应用型概念外延过宽,涵盖了包括高职专科层次的人才类型和院校,而应用技术型概念外延又过窄又容易引起各种误解,以为就是工科类学科专业和理工类院校。

如前所述,应用科技型大学(universities of applied sciences & technologies)名称虽然是借鉴欧洲特别是德国"应用科学大学"(universities of applied sciences)而来,但它却是一种内涵更为丰富、外延更为广泛的一种类型大学。它是一种以培养应用科技型人才为核心,以应用科技型研究为支撑,直接为区域/地方社会经济与文化发展提供应用科技型服务的本科层次及以上的一种类型的高等院校。应用科技型大学的主要特征是培养应用科技型人才,以本科教育为主,辅以一定比例的学术型与专业型硕士、博士教育。根据学科专业特点及服务面向可分为应用科学型(工程型)、应用科技型(工程技术型)、应用技术型(技术型)、职业技术型本科院校等多元化、特色化、差别化类型。

---

① 国务院.关于印发国家职业教育改革实施方案的通知(国发〔2019〕4号)[EB/OL].(2019-02-13)[2020-07-26].http://www.gov.cn/zhengce/content/2019-02/13/content_5365341.htm.
② 中共中央、国务院印发《中国教育现代化2035》[EB/OL].(2019-02-23)[2020-07-26].http://www.moe.gov.cn/jyb_xwfb/s6052/moe_838/201902/t20190223_370857.html.

第四节 我国台湾地区技职教育与应用科技型大学的历史发展

台湾高等技术与职业教育(简称"技职教育")自1949年发展至今已70余年,曾孕育出无数优质应用科技型专业人才,为台湾创造"经济奇迹"贡献了力量。高等技术与职业教育的发展从20世纪50年代设立专科学校,到70年代设立第一所技术学院,再到90年代技术学院与专科学校升格改制,培养层次逐渐提升,规模不断扩大。目前,台湾地区已经建立起了包含专科(副学士)、本科(学士)、研究生(硕士、博士)的较为完善的技职教育体系并实现了与普通高等教育的横向互通。其多元化的入学方式、弹性的学制及以实践实务为导向的培养方式为大陆职业高等教育及应用科技型大学的转型发展与改革建设提供了重要的借鉴与参考价值。

一、台湾技职教育的历史发展

台湾职业教育萌芽于20世纪50年代,之后随着经济结构调整不断转型升级,1969年专科学校规模占高等教育总规模的一半以上。70年代开始发展本科层次的职业技术教育,1974年建成第一所技术学院——台湾工业技术学院,招收专科学校及职业学校的毕业生,随后开设硕士班、博士班,完善高等职业教育体系。80年代,台湾高等教育发展迈入大众化阶段,1988年高等教育毛入学率达到15.95%,升学压力不断增加,在此背景下,台湾开始推动专科学校与技术学院改制,科技大学开始建立。高等技术与职业教育呈现上移化发展趋势,高等技职院校从1991年的76所(技术学院3所、专科73所)增加到2016年的87所(科技大学59所、技术学院15所、专科学校13所)。

目前,台湾已建成了职业教育与普通教育的双轨制,职业教育体制较为完善,从中学的技艺学程到研究所的博士班,职业教育与普通教育间灵活转换,学生可根据自己的需求转换轨道。台湾高等教育现已步入普及化阶段,为台湾经济建设提供了丰富的人力资源。[①]

(一)20世纪70—80年代的技职教育改革

20世纪70年代,世界范围内的能源危机给台湾地区的经济带来负面影响。面临经济停滞的困境,台湾当局开始实施新的经济发展战略,着手发展重工业,加强技术密集型产业。产业结构的调整与工业升级目标的确立,对高级技术人才的需求大量增加。为此,台湾技职教育改革实行了以下主要举措:将9年基础教育延长至12年,以提高民众基础文化素质;减缓职业学校发展,逐步将普通高中与职校在校生比例由3∶7调整至4∶6;

---

① 王威丹.台湾高等职业教育发展研究[D].郑州:郑州大学,2017:5.

鉴于 20 世纪 60 年代专科学校设置过多,办学质量有下降趋势,进入 20 世纪 70 年代开始整顿专科教育,以质的提升取代量的扩张,走内涵式发展方向,并在 1976 年颁布了"专科教育法",使专科教育逐步走向法制化、规范化;开始着手发展本科层次技职教育,1970 年召开的台湾第五次教育会议明确提出"技术教育应有更多的弹性,并建立系统,直至与大学平行"的教育革新原则,确定技职教育机构包括职业学校、专科学校及技术学院,开始构筑技职教育体系。1973 年"专科职业教育司"改为"技术职业教育司",管理专科学校和技术学院事宜。自此,台湾技职教育行政管理自成体系。1974 年,成立第一所技术学院即台湾工业技术学院(即现在的台湾科技大学),招收专科毕业生;1979 年,开始设置研究所,举办硕士研究生班,开始构筑台湾技职教育体系。

20 世纪 80 年代,台湾地区的经济重点逐渐转向了电子信息产业。为了应对这一产业结构的变化,台湾进行了一系列技职教育改革,以满足科技和信息时代的需求,推动技术和职业教育的发展。首先,台湾调整了专业设置,特别强调了资讯教育,以培养与科技和信息领域相关的专业人才。此外,他们采用了群集课程观,重新规划了课程,使群集教育课程与单位行业课程并行,以更好地满足不同学生的需求。台湾还积极推动能力本位教学实验,注重培养学生的实际技能和能力,以适应不断变化的职业环境。1986 年,技术学院开始设立博士研究生班,这标志着台湾应用科技型大学在博士学位培养方面的重大进展。此外,1988 年,部分高级职业学校被改制为专科院校,以提升技职教育的质量和水平,强调内涵式发展。评鉴制度的实施有助于确保教育质量,并鼓励私立专科及技术学院的兴办,以多样化技职教育。台湾还加强了对弱势族群的技术和职业教育,以促进社会的公平和包容性发展。这些改革举措使台湾的技职教育体系更加灵活,适应性更强,为台湾经济的迅速发展提供了重要的人才支持。

(二)20 世纪 90 年代技职教育改革

20 世纪 90 年代,台湾地区经济发展逐渐迈入成熟阶段,随着劳动力密集工业与技术密集工业发展,劳动力密集工业逐步外移,资本及技术密集工业逐步扎根,加上充足的高科技人力,台湾地区工业于 1990 年代初期已完成阶段的调整,使台湾地区成为世界第三大信息生产地区,由原本的资本接受者转为重要的对外投资者。为应对自由化、国际化的来临,90 年代开始将发展重点着眼于十大新兴工业[①]与掌握八项关键性技术[②]。以全面加速产业升级与转型为主要方向,而为解决劳动市场的基层技术人才供给过剩与中、高级技术人力不足的问题,台湾地区除推动经济发展建设外,开始扩大规划与执行人力发展与培训计划。

与经济发展要求相适应,台湾地区技职教育进行了下列主要变革:增扩高等技职教育,提升教育品质(质量),将绩优专科学校改制为技术学院并附设专科部,将部分技术学院更名为科技大学,并增设与人文社科相关的学院,辅导科技大学朝综合大学发展,技职

---

① 十大新兴工业系指通讯工业、信息工业、消费性工业、半导体工业、精密机械与自动化工业、航天工业、高级材料工业、特用化学品与制药工业、医疗保健工业、污染防治工业。
② 八项关键性技术:光电技术、软件技术、工业自动化技术、材料应用技术、高级感测技术、生物技术、资源开发技术、能源节约技术。

教育真正成为台湾地区教育的第二条通道,技职教育体系内学生升学进修渠道更为畅通;公布"师资培养法",强调技职师资的实践能力,加强教师在职进修,提高教师综合素质;1990年实施高职学校学年学分制,弹性调整高职学生就业年限;进一步调整普通高中与职技校在校生比例至5∶5;落实职业证照制度,加强建教合作,增进技职校院与企业间的学习伙伴关系,加强学生实作经验;面向21世纪人才需求改进技职教育课程,强调技职教育人文、通识课程,加强学生外语和咨讯运用能力;建立终身教育体制,推动技职回流教育制度,放宽入学方式及修业年限,并使技职院校转型兼具社区学院或社区大学功能;调整技职课程,增加校订课程,酌增一般科目课程学分以提高学生基本能力和职业道德,配合技职教育升学渠道畅通,规划机制教育体系一贯课程,加强各级各类技职教育课程的衔接和统整;采取优惠政策继续鼓励私人兴办技职教育院校,如逐年提高对私立学校的奖励补助。

1998年,通过《教育改革总咨议报告书》中的《教育改革十二项行动方案》,以促进技职教育发展,提升教学质量与人才水平为目标,1998年7月至2003年6月推动实施5年期的质性方案,其中《促进技职教育多元化与精致化方案》提出了四大重点,其中影响高等技职教育发展的重要策略简述如下:[①]

(1)建立技职教育一贯体系及弹性学制:制定"技术及职业校院法";研议辅导绩优专科学校、职业学校改制为小区学院;辅导绩优技术学院增设人文系所,改名科技大学;辅导办学绩优专科学校改制技术学院并附设专科部;继续受理大学申请设置二年制技术院系;继续办理初中技艺教育并推动第十年技艺教育;研议技术校院设置四年一贯制的硕士学程,以及以取得证照为主的学士后一年制技术学程。

(2)提升技职教育质量:规划跨世纪技职体系一贯课程,发展学校特色;辅导技术学院增设人文系所,加强学生通识教育基础;辅导高等技职校院设置教育系所或教育学程,充实职业类科师资;修正公布以技术报告送审的办法,建立多元化技职师资晋用审查体系;鼓励校际合作,推动远距教学。

(3)落实职业证照制度:修正《自学进修学力鉴定考试办法》;鼓励并扩大办理技职学校师生取得证照;修正公布各级学校入学同等学力资格认定,增列取得技术士证者加具年资的同等学力资格;协调相关单位研商提升职业证照在任用、续薪、升迁等方面的规定。

(三)新世纪台湾技职教育改革

进入21世纪后,台湾地区提出了建设绿色硅岛的目标,向绿色台湾、活力台湾、速度台湾、优质台湾、魅力台湾五个新方向发展。提出了2002—2007年台湾地区重点发展计划,以"全球接轨,在地行动"为基本发展策略,以"以人为本,永续发展"为核心价值,落实十大重点投资计划,分别为文化倡议产业发展、国际创新研发基地、产业高值化、观光客倍增、数位台湾、营运总部、全岛运输骨干整建、水与绿建设、新乡社区营造等。

为适应台湾经济发展新目标,2000年台湾地区发表了技职教育的相关文件,提出了追求卓越技职教育的十六条具体措施:(1)建立技职教育完整体系;(2)适度增扩高等技职

---

① 陈玟晔.战后台湾技职教育发展与变革[D].上海:华东师范大学,2013:26.

教育;(3)灵活弹性调整技职系科;(4)开辟多元技职入学管道;(5)实施两季招生落实实习;(6)加强推动综合高中教育;(7)发展改进中学技艺教育;(8)加强学生基本通识教育;(9)增进学生资讯应用能力;(10)扩展学生创造思考能力;(11)强化学生技能鉴定工作;(12)提升教师专业实务能力;(13)推动技职教育伙伴关系;(14)加强弱势族群技职教育;(15)建立高等技职回流教育;(16)提升技职教育经营品质。以此期望能持续推动技职教育改进与发展,这些技职教育改革措施在进入 21 世纪以来的一段时期得到了不同程度的贯彻,从而,新世纪的技职教育改革有了概念性的策略方向。

台湾地区技职教育学制演变流程如图 2-4-1 所示：

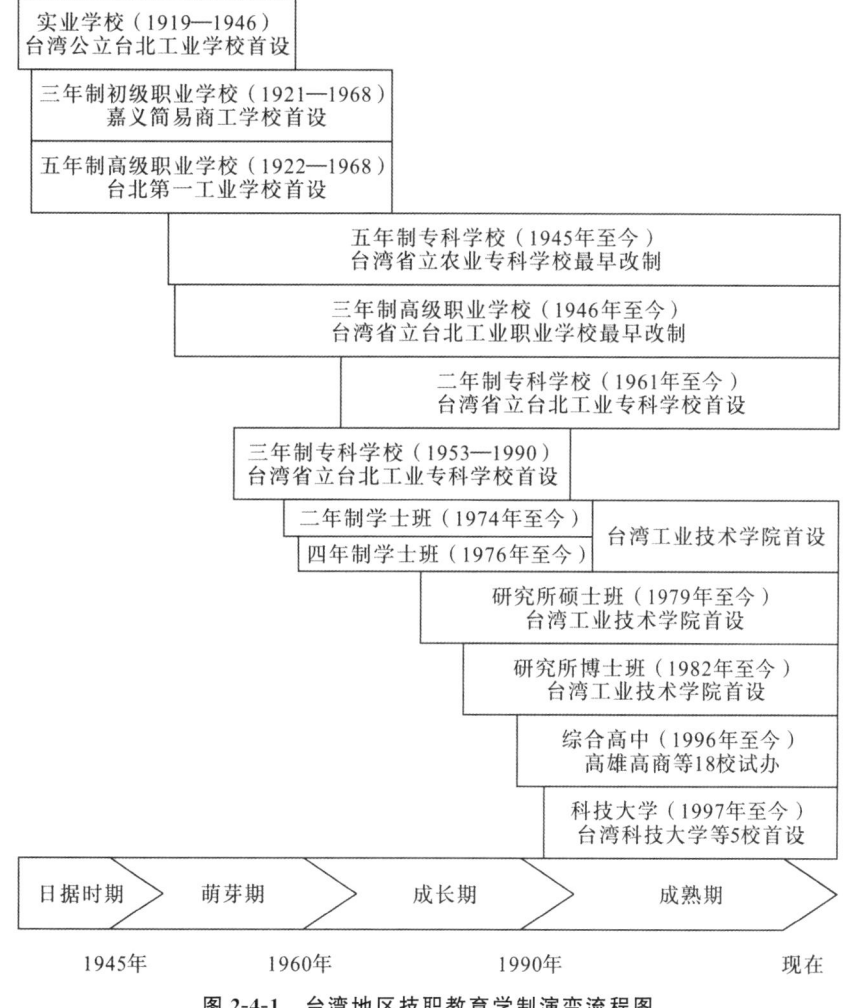

实业学校（1919—1946）
台湾公立台北工业学校首设

三年制初级职业学校（1921—1968）
嘉义简易商工学校首设

五年制高级职业学校（1922—1968）
台北第一工业学校首设

五年制专科学校（1945年至今）
台湾省立农业专科学校最早改制

三年制高级职业学校（1946年至今）
台湾省立台北工业职业学校最早改制

二年制专科学校（1961年至今）
台湾省立台北工业专科学校首设

三年制专科学校（1953—1990）
台湾省立台北工业专科学校首设

二年制学士班（1974年至今）
四年制学士班（1976年至今）
台湾工业技术学院首设

研究所硕士班（1979年至今）
台湾工业技术学院首设

研究所博士班（1982年至今）
台湾工业技术学院首设

综合高中（1996年至今）
高雄高商等18校试办

科技大学（1997年至今）
台湾科技大学等5校首设

日据时期 → 萌芽期 → 成长期 → 成熟期
1945年　　1960年　　1990年　　现在

图 2-4-1　台湾地区技职教育学制演变流程图

台湾在 20 世纪后半叶用了不到 40 年的时间就建立起了较为完整系统的技术及职业教育体系架构;建立起涵盖科技大学、技术学院、专科学校、职业学校、综合高中及中学技艺班之一贯体系,未来将朝向学制弹性化、入学方式多元化、课程多样化等方向发展。九年义务教育结束后,学生可升入普通高中或高级职业学校。普通高中毕业生主要升入学术性四年制大学;高级职业学校的毕业生可依据其成绩升入四年制技术学院或科技大学和二年制的专科;"四技"毕业生可报考技职教育类的硕士研究生,具有技职教育硕士学位者,可报考技职教育类博士研究生,形成了具有自己特色、体系完整、层次分明的技职教育体系,如图2-4-2所示:

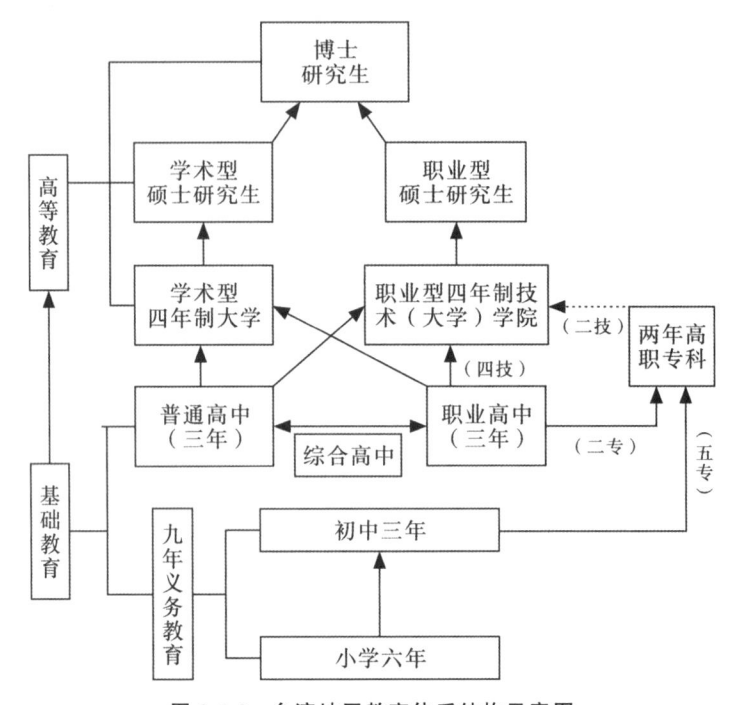

图 2-4-2 台湾地区教育体系结构示意图

资料来源:王义智,傅恩淮.台湾技职教育之学制与体系[M]//杨金土,高林.台湾技职教育的过去、现在与未来.北京:清华大学出版社,2007:27.

二、台湾地区技职教育发展的重要推动因素

纵观台湾地区近几十年发展历程,可清晰地看到其经济起飞得益于其体系完善的中高等技职教育。

(一)经济发展

台湾地区技职教育改革始终与社会经济发展紧密相连,技职教育是台湾经济建设发展的命脉,成功扮演了经济建设成长发动机的角色,同时经济发展又始终是推动技职教育变革的重要因素之一。不同经济发展阶段对技职教育培养的人才规格、层次有不同要求,从而带动技职教育发展。

1.推动职教体系不断完善

在20世纪50至60年代,台湾地区的经济结构以农业为主,因此对劳动密集型基层技术人才有着大量需求。为满足这一需求,台湾将原有的实业学校改为三三制的初级和高级职业学校,以培养初级技术人才,满足基层技术人力的需求。然而,随着20世纪60至70年代台湾地区经济的恢复和发展,经济结构逐渐从农业为主向轻工业为主的劳动密

集型出口加工业转变,台湾开始面对国际市场竞争。这导致了对技术水平和综合素质更高的从业人员的需求。为了满足这一需求,台湾启动了一系列教育改革,将教育重心从普通教育转向技职教育,并大力发展中、高级技职教育,特别关注工业类科的设置。随着20世纪70年代中期经济调整和升级的开始,台湾地区的经济结构转向技术资本密集型产业,高级技术人才的需求逐渐增加,而一般技术人力需求相对减少。因此,台湾继续对技职教育进行改革,减少一般技术人员的培养,开始兴办技术学院,并设立了研究所,培养硕士研究生。到了20世纪80年代,台湾还开始培养博士研究生,使技职教育层次逐渐提高,体系逐步完善。20世纪90年代以后,台湾经济全面升级和转型,技职教育改革进一步深化。高等技职教育规模扩大,技职教育品质提升,技术学院和科技大学规模不断扩大,技职教育体系更加完善,成为台湾地区教育的第二条通道。可以说,台湾的经济和产业科技的快速提升在推动技职教育的升级和体系完善方面起到了重要作用。

2.推动技职教育专业设置和课程内容改革

台湾技职教育专业设置和课程内容,从1952年起,约每10年就有一次大的修改。20世纪60年代以前,台湾地区经济以农业为主,技职教育主要培养从事农业和农产品加工的熟练劳动者,相应的课程参考美国中等农职经验,实行农业综合课本,加强实用技能训练和专业知识讲授;60年代以后,配合台湾经济转向以工业为主,在1962年着手修订职业学校课程设置及标准,1972年再次修订课程;配合1979年颁布的"科学技术发展方案",对工职类课程进行修订,推行"群集课程"以扩大就业和专业机动性;进入20世纪90年代,为适应"工业升级"的要求,台湾地区公布了高职课程小组研究报告。

3.为技职教育发展提供经费保证

台湾地区在大力发展经济的同时,非常注重对技职教育的投入,多渠道筹措教育经费。几十年来,台湾地区在教育投资的绝对量和相对量不断上升,包括对技职教育的投入。以"法律"形式规定了各级主管部门预算中教育经费应占的百分比。经济发展使私人兴办技职教育盛行,台湾职技校院私立学校比重较大。

经济发展为技职教育办学条件改善、师资培育,尤其为需要大量资金投入的技职教育实践教学开展提供了经费保障。20世纪80年代以前,台湾技职教育实践设备经历了沿用日据设备时期、世行贷款时期。进入20世纪80年代,随着经济快速发展,开始有能力支撑庞大的设备经费,台湾地区先后两次以汰旧换新项目方式编列了经费,大幅度补助各校院购置各种设备,对促进机制教育发展和提升教育品质有很大帮助。到20世纪90年代初期,台湾地区经济飞速增长,教育经费预算得到规定保障,相关规定如:"教育、科学、文化之经费,不得少于台湾地区预算总额的15%。"技职教育经费得到大幅提升,使台湾地区技职教育发展迎来了黄金时期。到20世纪90年代末期,台湾地区经济开始走下坡路,导致教育经费逐年萎缩,技职教育也必须依靠自筹经费来发展。

(二)主管部门决策及相关规定保障

台湾地区的技职教育发展受益于主管部门的决策和相关规定的保障,这些因素对技职教育的进步产生了重要影响。

1.相关规定的制定和修订

台湾地区建立了较为广泛齐全的技职教育规定体系,包括"专科学校法""职业学校法""成人教育工作纲要"等。这些规定为技职教育提供了基础和规范,确保了教育质量和体系的稳定性。此外,针对私立学校和私立职业教育的发展,也有相应的规定,以确保教育的多样性和质量。

2.学制和入学方式的改革

台湾地区通过一系列有力的改革,推动了技职教育的发展。这包括允许专科学校改制为技术学院,为技职教育提供了更多发展机会。此外,技术学院进一步改制为科技大学,提高了技职教育的层次。多元入学改革也是一项重要举措,废止了传统的联考制度,实施了考招分离制度,为学生提供更多的选择和入学机会。

3.政策调整

台湾地区根据社会经济的发展需求,不断制定政策或对原有政策进行调整,以适应不断变化的环境。这种灵活性有助于技职教育与产业需求保持一致,为学生提供更好的职业发展机会。

总的来说,相关规定的制定和改革、决策层面的政策调整以及教育机构的改革措施都为台湾地区技职教育的发展提供了坚实的法制和政策基础,促进了教育质量的提高和学校体系的完善。

(三)开放办学观念,开展广泛的交流合作

台湾技职教育开放办学由来已久,世界范围内教育改革对台湾技职教育发展影响深刻,特别是在引入先进教育观念、教育模式以及师资水平提升等方面发挥了重要作用,并且受美国影响较大。

1.师资方面

20世纪50年代,美国宾夕法尼亚州州立大学与台湾师范大学合作培育技职教育师资;20世纪70年代,美国威斯康星大学与台湾师范大学合作培育技职教育研究所之师资等皆为开放合作、提升师资综合水平的成功案例。英国1998年教育改革报告书"迎向改变的挑战"、美国2002年"不让一个孩子落伍"法案和澳大利亚"21世纪的教师"中均强调了教师质量提升的重要性,台湾技职教育师资培育深受其影响。

2.课程方面

课程改革受美国课程发展影响最为突出,20世纪70年代,台湾技职教育改革借鉴了美国以群集为主的课程规划模式,对工职类课程改革取得了极大成功。近年随着全球教育改革中培养学生终身学习能力成为世界各国课程改革的焦点,出现了"新能力本位"课程,台湾技职教育改革开始强调:一般课程除了学术能力的培养外,也应重视与未来工作所需能力培养的衔接与融入。

(四)高等教育大众化与普及化

高等教育大众化和普及化是世界高等教育发展的潮流和趋势。在台湾地区,高等教育的大众化和普及化带动了台湾技职教育的快速转型与升级,技术学院和科技大学得到大力发展,成为台湾地区技职教育的主体和重要组成部分。

(五)私立学校的兴起

在台湾地区技职教育体系中,私立学校占很大比重,目前台湾地区技职院校中私立学

校学生所占比例超过80%。台湾早期的私立学校多由教会主导,20世纪60年代台湾财团兴起,台湾地区订立了私立学校奖助金办法,鼓励私立职校发展,自20世纪80年代开始鼓励私人兴办专科及技术学院以来,私人兴办技职教育成为风潮,私立学校的加入使院校间竞争加剧,提升了技职教育品质,推动了技职教育发展,对台湾技职教育发展贡献很大。[1]

三、台湾技职教育与应用科技型大学的内涵与特色

台湾把技术及职业教育(technology and vocational education)简称为"技职教育"。技职教育的具体内涵如下:

技职教育:技术及职业教育的简称,为一门建构学生自我概念、了解个人职业兴趣,以培养进入专业领域所应具备能力,以及充实技术能力与持续提升专业素养的就业前准备及继续教育。[2]

高等技职教育:根据台湾地区教育事务主管部门全球咨询网技术及职业教育司的界定,台湾技职教育包括中等和高等两个层次。实施技职教育的院校被称为技职校院,主要包括技术型高级中等学校、普通型高级中等学校附设专业群科、综合性高级中等学校专门学程、专科学校、技术学院及科技大学。高等技职教育主要实施专科及以上教育,包括专科学校、技术学院、科技大学和大学所附设的专科学校,统称为技专校院。专科学校主要承担专科层次的技术及职业教育,依修业年限分为二专和五专,毕业后取得副学士学位。技术学院和科技大学主要承担本科及研究生层次的技术和职业教育,以培养高级专业及实务人才为宗旨。研究中所指的高等技职教育主要指承担台湾高等技术及职业教育的专科学校、技术学院及科技大学。[3]

(一)技职教育

各国和地区因历史、经济发展或教育环境差异,技职教育也有不同的名词与代表意义。第一次工业革命前,欧美国家主要采用手工教育(manual arts education)一词。随着工业的发展与社会的改革,衍生为工艺教育(industrial arts education)、工业教育(industrial education),后职业教育(vocational education)一词才产生,而1962年联合国教育、科学及文化组织(UNESCO)为解决中等教育人口迅速增长与产业人力需求问题,提出了《技术及职业教育建议案》,"技术及职业教育(technical and vocational education)"这个名词首次出现在教育界,并于1974年提出《技术及职业教育修正建议案》时引起各界关注,逐渐成为各国共享名词。

联合国教科文组织1984年制订《技术及职业教育术语》(Terminology of Technical

---

[1] 王义智,傅恩淮.台湾技职教育之特点[M]//杨金土,高林.台湾技职教育的过去、现在与未来.北京:清华大学出版社,2007:32.
[2] 技术及职业教育季刊编辑小组.技职教育之定义[EB/OL].(2011-02-28)[2012-22-20].http://tve.ie.ntnu.edu.tw/tvej/uploads/paper-list/0101/10-100-101.pdf.
[3] 孙青.90年代以来台湾职业技术教育发展研究[D].保定:河北大学,2004:5

and Vocational Education),清楚厘清与定义"技术教育"(technical education)与"职业教育"(vocational education),使教育目标更加明确。

1.职业教育(vocational education)

职业教育以就业为教育目的,教学内容注重培养及传授某种职业所需的技能、知识、工作习惯及工作态度等。这种教育在以前通常认为不包括从事需要大学或更高学历的职业的准备;用以培养个人在公认的职业及新的职业中从事技能或技术型的工人、技术员,或者培养个人更进一步就读技术类课程的一种教育。《技术及职业教育术语》(Terminology of Technical and Vocational Education)中则认为职业教育以培养"技能型人才"(skilled personnel)为目标,学习内容"着重于实践训练"[①]。

总而言之,传统上认为,职业教育即为以培养就业技能为主,适用于中等教育,以技术技能与实务知识为指导的教育;职业教育强调实践操作技能的熟练程度,对于理论知识的掌握以"够用、必须"为原则,不做过深、过宽的理论要求,操作实务技能为其能力结构的主要成分。

但是,随着第三次科学技术革命与工业革命的到来,机器大生产与自动化生产越来越需要高层次的技术人员,因此,现代大职业教育理论认为,职业教育不仅包括初等与中等教育层次,还包括本科与研究生教育层次的职业技术教育。

2.技术教育(technical education)

技术教育一词使用不如职业教育频繁,它是区别于中学阶段和大专阶段职业教育的术语,不少国家将中学阶段称为职业教育,而大专阶段称为技术教育。技术教育既为一门培养个人从事技术行业或就业技术升级的教育,也是为专门训练技术员的职业准备教育,主要使学生能从事半专业性的工作,例如技术员、工程师助理和半生产专门人员[②],课程内容以操作技术与科学应用知识两者相提并论,"将科学及工程的原理与法则实际应用于设计、检验或生产工作上"[③]。

《技术及职业教育术语》将技术教育定义为,以培养"技术员"(technician)和"技术师"(technologist)等技术型人才为目标,学习内容着重专业技术理论知识,包括普通教育、理论的科学和技术学科的学习,以及相应的技能训练。[④]

国外技术教育通常是指中等教育以上,本科教育以下,指导个人获得技术信息和自然科学与工业技术法则知识,并能成功应用现代设计、分配和服务的教育,其适用职类十分广泛。[⑤]

台湾地区学者陈昭雄提出技术教育的任务是在工程师指导和配合下,作为工程师与技术工沟通的桥梁,从事设计、制造、维护、检验、管制等专业技术的工作。[⑥]

---

① UNESCO.Terminology of technical and vocational education[Z].UNESCO,1984.
② ROBERT R W.Vocational and practical arts education[M].NewYork:Harper&Row,1971:1-16.
③ 杨朝祥.技术职业教育辞典[M].台北:三民书局,1984:189.
④ UNESCO.Terminology of technical and vocational education[Z].UNESCO,1984.
⑤ VERMA D.Administration of technical vocational education:principles and methods[M].New Delhi:Sterling Publisher,1990:27.
⑥ 陈昭雄.工业职业技术教育[M].台北:三民书局,1985:2-5.

综上所述,我们认为技术教育是结合普通教育、理论科学,并提升技术学科、技术技能的教育,定位于职业高等教育;技术教育强调掌握一定的实践操作能力外,其知识基础更加深厚,学习应用科学知识、数学等,具有系统、完整的理论知识体系、严密的逻辑,思辨与运用理论实务技能是其能力结构的主要成分。①

(二)台湾技职教育

台湾地区"技术及职业教育"一词正式出现在台湾地区教育界,主要源自1973年台湾地区教育事务主管部门将"专科职业教育司(Department of Technical and Vocation Education)"改名为"技术及职业教育司(Department of Technological and Vocational Education)",开始其英文名称虽与联合国教科文组织有不同,但内涵却以联合国教科文组织为主要参考依据。台湾地区技职教育为一门建构学生自我概念、了解个人职业兴趣,以培养进入专业领域所应具备能力,以及充实技术能力与持续提升专业素养的就业前准备及继续教育。② 台湾地区技职教育包含高等技职教育、中等技职教育等两大主轴,学制上涵盖高级职业学校、专科学校、技术学院、科技大学等,③专门培养产业所需的技术人力,高级应用科技型的教育包括学校的就业准备教育与就业后的在职进修教育。④

1.技职教育目标

技职教育为在普通教育之外,研习科技与有关科学,以习得与经济、社会、生活各职业有关的实用技能、态度、理解与知识的教育历程,其目标在于提高教育与工作需求的媒合,发展终身学习与训练,创造工作与教育更紧密的结合与发展。⑤

台湾地区技职教育以追求务实致用为主要目标,传授青年专业智能与技能,培养职业道德,培养健全的实用专门技术人员,并奠定专业研究或专门智能的基础,成为长期培育技术人才的教育系统。在技职教育体系上,教育政策更明确定义高级职业学校、专科、技术学院及科技大学分别培养基层技术人才、中层技术人才与高阶层技术人才,且依据各教育阶段各职类订定教育目标与课程基准,这一教育目标不论社会变迁、经济发展及科技进步的需求,皆符合双轨教育体系的人力需求。

(1)专科学校

台湾"专科学校法"第一条与"技术及职业教育法规选辑"中规定,专科学校以传授应用科学与技术,养成实用专业人才为宗旨,同时注重人文素养,培养学生敬业、勤奋、合作等职业道德,建立学生服务社会与人群的信念。

(2)技术学院与科技大学

技术学院与科技大学的法源主要依循"专科学校法"与"大学法",教育重点目标如下:

---

① 陈玟晔.战后台湾技职教育发展与变革[D].上海:华东师范大学,2013:15.
② 技术及职业教育季刊编辑小组.技职教育之定义[EB/OL].(2012-11-20)[2022-12-16].http://tve.ie.ntnu.edu.tw/tvej/uploads/paper-list/0101/10-100-101.pdf.2011-02-28/2012-11-20.
③ 江文雄.技术及职业教育概论[M].台北:师大书苑,1999:7-8.
④ 冯丹白.技术及职业教育的范畴[J].技术及职业教育双月刊,1990(试刊号).
⑤ UNESCO.Vocational education:The come-back? the newsletter of UNESCO'S education sector[Z].UNESCO,2005:13.

①在理论与实务并重及兼具科技与人文的原则下,传授应用科学技术,以养成各产业中高级技术、经营与服务人才;

②强化教师实务教学能力,拓展教师产业实务经验,提升教学质量;

③引进产业资源协同教学,共同培育实务能力及就业能力的优质专业人才;

④落实学生校外实习课程,取得职场专业技能与经验;

⑤建立技专校院特色发展领域,培育具有台湾地区特色且深富国际竞争性产业所需人才;

⑥建立技专校院特色评鉴机制,凸显技职教育特色,并引导改进方向;

⑦拓展产学紧密结合培育模式,提升学生就业竞争优势;

⑧强化实务能力,落实证照制度,以提升专业技能层级。

2.技职教育功能

技职教育以就业为导向,随着社会经济发展,兼具终身教育的功能,不再局限在职业教育为终身教育的概念。联合国教科文组织将技职教育定位于职业生活教育、职业准备教育、继续教育等三个范畴,并具备认识、启发、准备、继续学习等功能。张天津则提出技职教育具备培养人力资源,促进国家经济建设与发展、个人自我实现与解决社会就业问题等四大功能。① 杨朝祥认为技职教育具有个人、社会、经济功能,对于个人而言,可获得专业知识与技能,以便能继续升学或就业;对社会而言,使学生获得专业知识与就业技能,毕业后具备一技之长并可寻获工作,可降低社会问题;对经济而言,培育经济发展所需人才,使经济发展更快速且流畅②。除了上述三方面功能外,技职教育对人类文明延续亦具有重要功能。

总体来看,台湾地区技职教育功能分述如下:

(1)职业培训和就业导向:技职教育致力于培养学生具备实际技能和职业素养,为他们提供就业所需的专业知识和技能。通过实训和实习,学生可以直接接触实际工作环境,为将来顺利就业做好准备。

(2)衔接产业需求:技职教育密切关注产业的发展趋势和需求,及时调整教学内容和课程设置,确保培养出符合市场需求的技术人才。通过与企业和行业合作,技职教育可以提供实践经验和行业认可的教育方案。

(3)提升劳动力素质:技职教育注重实践能力和职业素养的培养,提高学生的劳动力素质。学生通过技能培训和实际操作,具备了解决实际问题和适应工作环境的能力,为他们在职场中取得成功打下基础。

(4)推动产业升级:技职教育不仅培养技术工人和操作人员,还致力于推动产业的升级和创新。通过与企业合作,技职教育可以培养出具备创新思维和技术能力的人才,促进产业的技术创新和竞争力提升。

(5)实现社会流动:技职教育为不同背景和条件的学生提供了实现社会流动和职业发展的机会。学生可以根据自身兴趣和能力选择适合的技职专业,并通过学习和实践不断

---

① 张天津.技术职业教育行政与视导[M].台北:三民书局,1983:7-10.
② 杨朝祥.技术职业教育理论与实务[M].台北:三民书局,1985:47-76.

提升自己的职业能力,从而改善自身和家庭的经济状况。

总而言之,台湾地区的技职教育在培养实际技能、提供就业机会、促进产业发展和社会流动等方面发挥着重要的功能。它为学生提供了多样化的职业选择和发展路径,对个人、社会和经济的可持续发展都具有积极的影响。

四、台湾技职教育发展的主要问题

台湾技职教育由战后1945年开始萌芽,一路发展历经成熟,到21世纪初期处于动荡,在其变革与发展的过程中存在许多问题:

(一)升格改制,过分激进

升格改制资格大量放宽之际,技职学校均倾向升格改制,原本台湾地区所拥有的人力分工体系遭到破坏,厂商找不到所需的人才,对产业升级产生不利的影响。技职教育早期在社会适应与社会改造等两价值观之间较倾向适应端,以贴近业界对人才质量的需求。然而,90年代以来,技职学校不断地升格改制,使台湾地区专科学校学生大幅减少而技术学院与科技大学学生大幅增加,造成人才质与量供需产生结构性失调,一方面技职教育结构与经济及产业结构无法谋合,直接造成教育资源浪费、学生就业困难;另一方面,与产业界所需的实务倾向无法配合,产业界对实务人才求才若渴,形成"毕业生找不到合适工作、企业界找不到合适人才"的问题,以致后续须付出更多时间再进行技职教育定位与调整。这一情形从近年来我国大陆高校毕业生求职难来看也是类似问题,值得认真研究。

(二)定位模糊,区隔不易

技职教育从本质来说,旨在培养企业界所需的技术人力及高级应用科技人员,是以学习者能立即从事实务活动为主的职业教育;而在传统上,技职教育则被定义为非学术性,与特定职业具有直接关系的教育。

早期台湾地区技职教育确实以养成实务性且毕业可立即就业的人才为目标,然近年来,随着高等技职教育不断地升格改制与大幅扩充,升学比例越来越高,使得畅通升学渠道成为重要的目标,而原来以辅导就业为导向的功能骤然削弱,技职体系的特色亦变得更加模糊化,未能与普通教育明确区隔,技职教育的角色逐渐由"工作训练(job training)"转为"职涯发展(career development)"和"工作训练"的双重角色。

技职教育角色的转变与升学教育导向,不仅使职校课程无法彰显技职教育的特色,更促使技职教育与普通教育的区隔日益模糊,造成科技大学与普通大学定位不清的窘境。

(三)技职院校,招生困难

早期因配合经济发展计划,大力发展高级职业教育,然而随着经济增长,高等教育需求上升,再者受到传统观念影响,家长依旧倾向让子女就读普通高级中学。2002年,李远哲发表"台湾地区技术人才培育应转向高学历,技职体系教育必须全面检讨,让高级职业学校成为历史名词,改为综合高中",[1]此举更加深了职校招生的困难,以往普通高级中学

---

[1] 何美瑶.台湾的技职教育[J].学校行政,2005(1):129-144.

与高级职业学校数量比例呈现均等状态,而由 2000 年起,两者差距逐渐拉大,至 2005 年普通高级中学校数是已为高级职业学校的两倍多;而学生人数部分,截至 2000 年,就读高级职业学校人数仍呈现较高趋势,但从 2002 年开始就读高级职业学校或职业类科一者却逐年减少,造成了技专校院招生困难加剧。

(四)教育资源,分配不均

台湾地区教育事务主管部门对于技职教育的公共投资明显不足,因技职校院补助经费短缺,造成技职校院享用的教育资源远远不如普通教育,许多国家和地区的技职学生人均单位成本高于普通教育,并认为 1.5∶1 为最适宜比例,但以台湾地区高级职业学校与高级中学生均单位成本来说,长期以来,高级职业学校生均单位成本远远低于高级中学的学生。根据统计资料,2006 年高级中学与高级职业学校的学生分配教育经费比为 10.56∶5.17。一般来说,技职校院以培养实务操作能力为主,需要更多教学设施和设备的大量投资,与同类其他学校相比其教育成本理应更高,但高级职业学校所获得的教育经费补助却仅为普通高级中学的 50%,产生教育资源分配不均的现象。

值得注意的是,台湾地区的技职教育体系中,私立职校和大专院校的学生人数占总人数的六成和八成,这一比例高于普通教育体系。然而,私立技职学校的学生需要支付近两倍于公立学校学生的学杂费,却未能享受到与公立学校学生应有的资源和待遇相当的教育。学生个人的教育成本也比公立大学院校的学生高。另外,技职学生中来自社会经济地位较低家庭的比例相对较高,但私立学校所获得的公共预算较少。这导致了来自社会经济地位较低家庭的技职学生需要支付更高的学杂费。然而,他们并不一定能够获得与其支付费用相符的高质量教育。这种现象与社会正义和公平的原则不相符。

(五)分流筛选,素质差距

多元教育目的在于让学生能够适才适所,有适合其个性与智能发展的教育机会,但无论在中等技职教育或是高等技职教育,技职校院的学生来源大都为分流筛选以后的结果。

在台湾地区的社会价值观中,家长对于子女教育的选择大多以普通高级中学及普通大学路径为优先考虑,当无法如愿时,再选择技职教育体系,公立学校系统又优先于私立学校系统;而由早期升学考试排定日程排定亦可发现,高级中学联考先于五专联招,最后才是高级职业学校与私校招生等,大学联考又先于技专校院联招;此外,学校对于学生生涯辅导,亦是将不适应学术取向学习的学生,辅导往职业教育发展。

初中后分流的教育制度,加上社会对于教育选择的排序、考试制度的筛选、学校学生比例的设定,职业学校所招收到的学生自然而然以考试成绩中段以后的学生为多数,甚至在职业学校体系中,公立高级职业学校优于私立高级职业学校的排序,也明显地区分出学生素质的差异。再者,由于多元入学政策,目前高级中学的学生可用学科能力测验成绩申请就读技专校院,而职校生却无法以技专校院统一入学测验成绩进入普通大学,高级中学的学生进入技专校院,专业技能不如一般职校毕业生,职校生在校学习以实务为主,进入普通大学读书,则基础学科能力又不如高级中学毕业生,造成教学与学习困扰。

相对于学术教育,技职教育学生升学的机会较少。在升学途径和机制上存在一定的不平等,技职教育学生面临着较大的升学难题,缺乏进入高等教育的渠道和机会。

(六)偏重研究，缺乏实务

为解决技职学生的升学问题，1996年起，台湾地区教育事务主管部门不断将专科改制为技术学院、科技大学，造成实务与研究课程规划不均等现象，而由于专科学校升格改制为技术学院与科技大学，加上学生升学的比例愈来愈高，技职教育逐渐转向以升学导向为主，技能为辅的教育方向，因此技职校院课程无法彰显技职教育的特色。再者，目前教育评鉴督导为普通大学教授所担任居多，教育督导以师资研究成果为评鉴标准，导致技职校院将重心放在教师研究上，教师亦将授课重心转往研究取向，而缺乏实务训练的实习课程。

在高级职业学校部分，由于教育改革及大专院校的转型导向，越来越多的职校为了生存，也只得投其所好，将课程规划偏向以升学为主。早期高级职业学校偏重实务课程，将实习课程由原本十几堂减少为三堂课，大幅减少实务操作技能。此外，由于大部分高级职业学校已辅导转型为综合高中，采用一年级为职业试探期，二年级再进行分类，使得实务课程大幅缩减，而因一年级普通教育与技职教育科目须同时学习，使得职业教育科目授课内容锐减许多。这样的结果下，促使技职教育面临两难，在学、术间无法取得均衡点。

(七)实务师资，仍显不足

技职教育主要目标在于培育各类技术人才，其中心任务为发展各层次职业技能的学习与实务训练，其中，师资就具有极其重要的作用；"有怎样的师资就会有怎样的课程"，工业发达国家和地区向来借重具有业界实务经验的师资以落实技职教育，但台湾地区技职教育师资中心却不够重视这个方面，近年来技职学校在急于升学及升格改制的转型中，更加忽略这种需求，而技职教育师资审查制度亦不能确实反映技职教育注重实务技术的性质，早有学者点出缺乏实务经验的教师，不仅难以胜任以实务为主的课程教学，更将误导技职教育的发展方向[1]。

在高等技职教育部分，自1996年以来，台湾地区教育事务主管部门积极推动技专校院改制升格政策，使专科学校转变为以技术学院或科技大学为主的技职体系。技职学校在升格改制中，为达台湾地区教育事务主管部门所要求的专任讲师级师资低于三分之一，绝大多数技专校院教师的聘任资格，多以具博士学位者为优先考虑，极少或甚至是没有来自业界的师资，因而具实务产业工作经验的教师比例明显偏低，然缺少拥有实务技术经验的教师的技职教育体系，易造成技职教育内涵与产业需求间的落差。

在此波升格制度风潮中，亦刺激了台湾地区博士班教育的需求，产生大量师资同构型高，以及部分所学与授课不尽相符的情形，而高等技职学校师资绝大部分来自普通大学研究所，普通大学研究所较缺乏职业教育需要的实践教师及相关设备，且通常一毕业即进入技职高校担任教学工作，缺乏业界的实务经验，故其研究所毕业生到大专职校任教，往往缺乏开展职业教育的实践能力，所培养出来的各类职业人才，也将难以符合产业界所需的标准。此外，目前教师晋升制度仍局限在发表研究论文，致使技职教师轻忽实务能力的追求，如此循环，将直接影响技职体系毕业生的竞争力，对于重实务能力的技职教育发展将

---

[1] 张一蕃.专科及高等技职教育[J].教改通讯，1996(16)：31-32.

造成莫大冲击。

(八)次等教育，观念遍存

台湾地区的技职教育地位相对较低，被普遍看作是一种"次选项"。这导致学生和家长更倾向于选择传统的学术教育路径。社会认可度不足就会影响学生对技职教育的兴趣和选择。台湾长期以来注重升学，特别关注初中后的分流教育，技职教育往往被视为次等教育。早期的技职教育主要培养技术型人才，学生转入大学的机会较低，社会普遍将技职教育与低级工作画等号，这导致家长更倾向于选择传统高中和大学路径。此外，私立技职学校在台湾比例较高，学费较贵，这也成为技职教育的一项挑战。因此，技职教育往往被看作是最后的选择。

尽管技职教育在台湾地区规模庞大，成为教育的一大体系，但在形象和实质上，它却被视为非主流教育。技职教育通常被描述为普通教育与技职教育分流下的"第二条教育通道"。许多数据和报道都表明，技职教育在台湾地区相对被忽视。四技二专或高级职业学校的议题往往没有引起太多关注。社会大众普遍认为技职教育所招收的学生较次级，长期以来，技职教育受到了社会负面价值观的影响，这使得原本旨在适应个性发展的技职教育常常被误解为次等教育，从而限制了其发展。

(九)教育与产业脱节

技职教育与实际产业需求之间存在一定的脱节。研究发现，一些技职教育课程的设置和内容未能及时跟随产业的发展变化，导致学生所学的知识和技能与实际用工市场所需存在一定的差距。技职教育长期以来为配合经济建设发展，培养产业需求的技术型专业人才，然近年来技职教育在不断转型与改革，然在改革的过程当中，许多学校忽视了社会与产业对于基层产业人力的需求，工业类与高级职业学校与技专校院为求稳定学生来源，依据学生兴趣与服务市场导向，大量设立餐饮、美容等相关科系，造成工业类与商业、餐饮、美容等服务产业的科系严重失衡；根据调查，以往工业类与其他类别(商业、餐饮业等)比率为7：3，目前已经转变为3：7，且以升学导向为主，致使了工业类基层技术人力供需失衡。

再者，高等教育扩张速度过快，尤其是在商、文、法、社会科学领域的高教人力增幅最大，服务业供给人数过剩，不仅导致人才质量遭受质疑，更使得产业人才供需严重失衡，引起台湾地区高等教育学历通膨化现象，技职教育体系"大学化"的趋势，科技大学正规体制毕业生较不愿进入半技术的就业市场，以致劳动市场出现供需失衡的现象，不仅导致企业找不到人才，也将导致学生面临的失业问题加剧。①

五、台湾技职教育的发展趋势分析

(一)改革学制，改进入学方式方法，提供多元入学通道

(1)台湾当局通过修改"职业学校法"、"专科学校法"、"高级中学法"及"补习教育法"，

---

① 陈玟晔.战后台湾技职教育发展与变革[D].上海：华东师范大学，2013：124-126.

使学生入学方式多元化；除了考试入学外，也可通过甄试、甄审的过程入学。这种多元化入学方式，可适应不同文化背景的学生。技职学校入学方式已多元化，未来在招生方式及入学条件方面将有更多元的做法。职业学校的修业方式及修业年限也再予放宽，开放日间部、夜间部、不同学制及校际相互选课，并实行春、秋二季招生，使技职学校学生得以采取"随时进出"及"零存整付"的方式完成学业或继续进修。

（2）调整技职校院弹性学制，畅通学生进修渠道。近年来，为畅通技职院校学生进修渠道，积极推动三专改制。1996年已设立高雄技术学院、高雄餐饮管理专科学校、云林技术学院、屏东商专，在澎湖设立海事管理专科学校，私立则有朝阳技术学院、环球商专；同时，屏东技术学院、台北技术学院、台北护理学院等陆续完成改制招生，以兼顾学生生涯发展，扭转以往技职教育为终结教育、次等教育的色彩。

（3）专科改制技术学院，并附设专科部。为了提升专业人才素质，增进技职教育品质，同时引导大学多元化及实务化发展，鼓励私人捐资设校，结合地方产业需要，培育社会所需技术人才；同时积极辅导绩优专科学校改制为技术学院，并且保留附设专科部。

（4）技术学院改制为科技大学。为适应科技整合及科技人才培育需要，辅导技术学院增设人文等相关学系，仿效日本技术科学大学名称改制为科技大学，向以科技为主的综合性大学发展。

（5）大学附设二年制技术院系或学程。1996学年度起，即在一般大学设置二年制技术院系课程，以提供一般专科生更多发展机会。在大学院校设置二年制技术系或附设技术学院，以培养所有二专和五专毕业生职业及团队合作的能力。

（6）辅导绩优高职学校，增设专科部或改制社区学院。为使技职教育学制弹性化，以适应产业结构及社会发展，建立技职教育一贯制体系，使绩优高职学校增设专科部或改制社区学院。

（二）技职教育体系在高层次有与普通教育体系融合的趋势

近年来，随着台湾地区大力发展高等技职教育政策的实施，技术学院和科技大学规模大幅扩增及技职教育体系不断完善，普通高等教育和高等技职教育体系间升学管道拓宽与畅通，使得教育对象向普及化、课程向多元化、学制向弹性化发展，进一步使技职教育在高层次与普通高等教育的区分逐渐模糊，在研究所以上层次的技职教育上更为明显，这些使得高层次技职教育逐渐向普通高等教育靠拢，重叠趋势明显。高层次技职教育与普通高等教育定位功能逐渐趋同，也是受世界范围内高等教育长远合流发展共同趋势的影响。

对此，有学者认为，未来一般学术型大学与高等技职学校无截然区分的必要，一般大学院校中除有学术性之研究型大学外，也可有强调实务性之大学存在，高等技职学校除了注重实务教学外，同样也可进行实务问题之学术性理论的研究与探讨，高等技职院校应定位为实务应用型大学，与一般学术型大学做好适度分工。

也有学者认为，过去伴随台湾岛内产业发展，技职校院由高职、专科发展到技术学院、科技大学，将来，仍应配合经济和产业发展持续努力，并协助传统工业找出新生命。发展高等技职教育的校院当前要务则是，在高等教育的学术研究、基础学术、应用专业和产业务实四大任务领域，在学校发展光谱中，普通大学与技专校院应仔细思考自己发展的重点方向。

台湾技职校院面临转型的重要契机,新形势下技职教育要发展,需要技专校院与一般大学、高中与高职、大学与高中、技专校院与高职间建立合作关系,搭建沟通交流平台,以达到共生多赢,迎来"共生和解"新时期。未来各层次共生的重点将主要体现在课程与教学方面的改革上。除了学校与学校间的合作,"共生和解"也将在学校与产业间的合作上体现。

(三)技职教育向国际化方向发展

台湾技职校院以往办学重点多以培养本地人才为目标。随着全球化时代的到来,面对交流日益频繁的态势,校际交流更加密切,学生就业市场与海外市场更多的互动,对技职教育国际化改革提出要求。其中,现代企业越来越注重沟通交流、谈判技能、国际法知识、全球供应链资源整合等,因此其相关能力养成将成为技专校院未来发展努力的方向之一。

(四)产学合作向制度化方向发展

在21世纪初推动产学合作取得成效的基础上,产学合作将会向制度化方向发展,解决的核心将是大学法人化,需要台湾政策推动。大学法人化将会使校院有更多的权力自主,卸掉束缚,不必受教育行政部门太多限制。这样,校院可以自己决定资源运用,可以更好与业界合作,充分运用业界资源。2005年5月台湾地区举办"推动台湾产业全球竞争力——产、官、学携手共创未来大论坛与技专校院创新研发大会",产学合作制度化建设得到各方人士的推介。未来,通过以大学法人化为核心的改革,台湾技职教育官产学研在制度上的合作将会给校院、社会带来利益。

(五)继续向精致化方向发展

针对台湾地区技职教育现状,台湾地区教育事务主管部门采取的各项方针和措施将助力技职教育向高品质、精致化方向发展。随着院校与专业评鉴工作的开展和不断完善、技专校院多元化入学方式的改革、一贯课程改革、产学合作的制度化发展等,台湾技职教育将继续向精致化方向发展。

(六)高等技术进修教育将得到大力发展

除了重视专业人才职前培养的学历教育外,技职教育针对在职人员的技术培训、进修功能将得到大力发展,从而成为构筑社会终身学习教育体系的重要部分。[①]

综上所述,通过对我国台湾地区技职高等教育及其应用科技型大学的发展历史、现状、存在问题及其发展趋势的探究,为我国大陆的地方高校转型发展与建设中国特色高水平应用科技型大学新体系提供了丰富的可供借鉴与学习的经验,也提供了应该汲取的许多教训与失误供我们参考。

---

① 梁燕.台湾技职教育发展综述[M]//杨金土,高林.台湾技职教育的过去、现在与未来.北京:清华大学出版社,2007:3-12.

第三章　世界应用科技型大学的历史发展

应用科技型大学不是在 20 世纪中后期凭空出现的。它是世界各国在适应本国社会经济与文化对人才需要的基础上而逐步产生的，它也是在世界各国高等教育制度相互学习、相互借鉴、取长补短、相互融合的基础上改革与发展起来的。因此，它有一个较为长期的产生、发展、演化、变革与完善的历史。

本章主要选取世界有代表性的欧美国家（法、英、德、美）来探究各国应用科技型大学的产生、变革与发展的历史，以期从中找出其产生与发展的基本经验与教训，洋为中用，为改革与建设我国新时代中国特色的应用科技型大学新体系提供历史与国际经验与参考。

第一节　法国应用科技型大学的历史发展

在许多人看来，所谓世界上典型的应用科技型大学只有在德国以及荷兰、瑞士等国存在，也值得大家去研究，而法国并不存在典型的"应用科技型大学"。其实，这是一种误解，实际上，世界各国的应用科技型院校大都是发源于法国而被德国、美国、英国、俄国、日本等世界各国直接或间接所模仿、学习或借鉴而逐渐形成富有本国特色的应用科技型院校。可以说，法国 16—18 世纪的专门学院/大学校是世界应用科技型大学的滥觞。因此，探讨法国的应用科技型院校的产生、变革与发展的历史就具有更为重要的历史意义。

法国的高等教育在西方国家中有比较悠久的历史，第一所高等教育学府巴黎大学索邦神学院是 1257 年创办的。巴黎大学被称作欧洲大学之母，曾对欧洲各国的大学产生了积极的影响。12—13 世纪是法国大学形成和建立的时期，经过 13—15 世纪较快的发展，法国大学逐渐确立了文、法、神、医四科学院式的办学模式。15 世纪以后，在教会的严格控制之下，法国大学逐渐走向保守和衰败。为此，文艺复兴开始，法国高等教育体制改革的问题就逐渐受到人们的关注。17—18 世纪，一批新型教育和研究机构应时代之需而先后建立，后来它们成为法国传统的高等教育机构，构成法国高等教育体系中独特的一支。总之，在几个世纪中，法国的高等教育几经变革，逐步形成了灵活多样、规格齐全、讲究实效、具有本国特点的高等教育体系。

一、17—18世纪法国应用科技型高等教育——专门学院与大学校的建立

1789年法国资产阶级革命爆发不久,资产阶级国民议会于1793年通过《关于公共教育组织法》(又称"达鲁法案")。根据此法案,资产阶级政权关闭了当时22所大学(university),同时,从维护和巩固新政权的利益出发,在改造部分旧机构的基础上,在法国各地创建了一系列专门学院(écoles spéciales)。

(一)专门学院(écoles spéciales)

在法国,高等专科学校(专门学院)又被称作"大学校"(les grandes écoles),意为大学中的大学。最早开办的高等专科学校是军事学校。路易十五(1710—1774)继位后,为挽救"国威",争夺海外殖民地,多次对外宣战,由于急需军事人才,便于1720年首先办起了炮兵学校。拿破仑和大革命中的一些著名将领都毕业于此。后来又开办了军事工程学校(1749年)、造船学校(1765年)和骑兵学校(1773年)。军事学校创办之后,一些规模较小、便于管理、集中传授职业知识的民用型高等专科学校,如桥梁公路学校(1747年)、巴黎矿业学校(1783年)等也随之出现。[①]

1789年,法国爆发的资产阶级大革命有力地冲击了旧大学,对高等教育的办学传统进行了彻底的冲刷和改造。此后,法国高等教育就沿着兴建高等专科学校的路线发展,对现存的部分多科性学校(école polytechnique)和若干与军事有关的学校等加以改造,此外还设置了某些专门研究机构。中央公共土木事业学校(1795年更名为巴黎理工学校)、卫生学校、军官学校、高等师范学校、工艺学院都是在1794年以后创立的;东洋语学校、维度学校(设有天文学讲座)、音乐学院都是在1795年创立的。国民公会在巴黎及其他地区设立了十几所高等专科学校。这个时期建立的高等专科学校中,部分至今仍闻名于世,如巴黎理工学校、巴黎高师等。

1793年,资产阶级国民议会在法国大革命期间,倡议设置了多个专门学院,详见表3-1-1。以下是其中一些重要的专门学院:

国民音乐学院(Conservatoire de Musique):成立于1795年,旨在培养音乐家和音乐教育家。

国立档案学院(École des Archives Nationales):成立于1794年,负责培训档案学家和博物馆专业人员。

美术学院(École des Beaux-Arts):成立于1795年,提供绘画、雕塑、建筑等艺术领域的教育,培养艺术家和建筑师。

师范学院(École normale):成立于1794年,是一所为培养教师而设立的学院,提供教育学和教学方法的培训。

国立工艺学院(École nationale des arts et métiers):成立于1794年,致力于培养工

[①] 贺国庆,王保星,朱文富,等.外国高等教育史[M].北京:人民教育出版社,2006:95-96.

程师和技术专家,专注于实用技术和制造业。

国立农业学院(École nationale supérieure agronomique):成立于1794年,提供农业科学和农艺技术的培训,旨在促进农业生产和改进农业技术。

表 3-1-1　1793 年资产阶级国民议会倡议设置的各种专门学院

学院类型	主要课程设置
数学、物理	纯数学、应用数学、天文学、化学、物理学等
伦理、政治	一般伦理、文法、历史、地理、统计学、政治经济学、立法、外交
文学	东方语言学、希腊文学、拉丁文学、近代文学
机械	机械学、应用化学、制图
军事	基础战术、战略战术、军事行政
农业	农业、林业、葡萄园艺、面包制造
兽医	资料不详
医学	生理解剖、外科、内科
制图	绘图、数学、建筑、雕刻、装饰、解剖、古代艺术
音乐	简谱、各种乐器的演奏方法

从表 3-1-1 可以看出资产阶级国民议会倡议设置的一些重要专门学院及其类型与课程设置。这些学院的设立反映了当时资产阶级议会试图推动法国社会的教育改革和知识普及的努力。

专门学院是按照"传授一门科学(une science)、一门技术(une art)或一门专业(une profession)"的方针设置的高等教育机构,基本上是根据一两门主要学科或专业设立,围绕该学科或专业设立相关实用科目。不同于中世纪大学,由文学、神学、法学或医学等不同学部(faculty)构成。据史料记载,国民会议曾在法国各地倡议设立了十几所专门学院,这些专门学院后来统称为"大学校"(les grandes écoles)。不同类型的专门学院分别由政府不同部门管辖,通过严格的教学计划,培养特定的专门人才。初期新政府设立的学院多是军事、机械、农业、医学等院校,课程也多为近代新兴实用性学科。

(二)综合理工学院(école polytechnique)

值得特别说明的是,除了上述各种专门学院以外,新兴资产阶级政权还于1794年创立了综合理工学院(也称巴黎理工学校/学院)。综合理工学院的前身是工兵学院和土木学院。这两所学院成立于法国资产阶级大革命前,主要传授有关军事技术和民用桥梁、公路建设等方面的知识。1794 年 9 月 28 日,资产阶级国民会议通过法案决定将其改造为"中央公务员学校",直接隶属于资产阶级政府管辖,开设系统的科学与技术课程,培养近代科学与技术人才。综合理工学院学制三年,入学考试严格,课程结构严格而规范,课程主要是由数学和物理学两大类组成,在此之下再分别设置不同的科目。综合理工学院不仅是单纯的工科院校,而且还首次在课程中引进近代科学内容,并将科学理论作为学习实用技术知识的基础和实践前提,强调理论学习与教学实践相结合。例如,在着重实用科目的同时,还将解析几何学,特别是牛顿的力学理论,转变为学院中可以教授的学习内容和课程,成为学习实用几何学的理论基础。自综合理工学院开始以画法几何学(制图)和近代科学(主要是牛顿力学)为基础的近代工科教育开始形成,近代科学首次以一种正规和系统的课程形式在高等教育机构中得到传授和学习。① 正是在这个意义上,综合理工学院成为近代科学和技术学院的样板,影响了德国、美国、俄国等国的应用科技型院校的创立。

高等专科学校/大学校是法国精英教育的产物,是法国高等教育一个颇具特色的重要组成部分。它的开办不仅标志着法国近代工程技术教育的开始,还打破了几百年来大学一统天下的局面。这类新型的正规高等学校,既有国立的,也有私立的,有着严格的入学选拔和毕业考试,学生质量高,适应性强,以重科技、重实践、重应用的教学使人耳目一新,为上升时期的资产阶级培养了大批人才,深受社会的欢迎,并为其他国家所效仿。从此,法国高等教育开始了独具特色的高等专科学校与大学并存且相互竞争、相互补充的历史。至大革命爆发,法国共发展高等专科学校72所,广泛分布于军事、工程、水利、采矿、医学、文学和音乐等学科领域。

大学校为法国日后的发展培养了大批人才。如巴黎理工学院是一所为共和国培养精英人才的示范校,这所学校的创办者和首批教师都是当时十分著名的专家学者,他们为资产阶级共和国和第一帝国培养了一批批文武全才。拿破仑曾亲自授予理工学校一面锦旗,上书:"为了祖国的科学和荣誉!"再如巴黎师范学校,当初是为实施"学校革命化"、迅速培养国家急需的教育和科学干部而创办的。1808年的《帝国大学组织令》将其培养目标改为国立中学师资,1845年被定名为巴黎高等师范学校,成为法国专家和学者的又一摇篮。此外,旧制度遗留下来的四所学校:巴黎矿业学校、巴黎路桥学校、巴黎炮兵学校和军工学校也重新恢复了活力。

高等专科学校/大学校与中世纪大学不同,在课程设置上,它不像中世纪大学那样仅依照培养的职业设置课程,而是按照不同学科分别设置,课程设置时完全按照国家建设和发展需要,分别由中央政府各个部门负责。在组织形式上,它不像传统大学那样把文学院作为进入医、法、神三个学院的预备阶段。此外,高等专科学校既无内部学科层次高低之分,亦不存在各学院间的横向学术联系和合作。大革命时期的专门学校主要有:数学、物理学校,开设纯数学、应用数学、天文学、化学和物理等课程;伦理、政治学校,开设一般伦理、文法、历史、地理、统计学、政治经济学和法律等课程;机械学校,开设机械学、应用化学和制图等课程;军事学校,开设基础战术、战略技术和军事行政等课程。此外,还有文学、农业、音乐、医学、制图等其他高等专科学校。总体而言,高等专科学校多为军事、机械、农业、医学等院校,注重实用技术教育,课程设置也多为近代新兴学科,即使是属于人文和社会科学教育类的文学、音乐等专门学校,也摆脱了宗教和传统的束缚,倾向于实用学科。可以说是世界应用科技型大学的最早起源、滥觞与范本,对美国、英国、俄国、日本、中国等国的应用科技型高等教育的建立与发展产生了较大的影响。

根据1793年《公共教育组织法》(也称《多努法》),法国高等教育体制大致包括两大组成部分:一是以培养专门技术人才为目标的各类专门学校和像巴黎理工学校这样的高等

---

① 黄福涛.外国高等教育史[M].上海:上海教育出版社,2003:126-127.

教育机构;二是侧重于学术研究、以自然历史博物馆为代表的研究及机构。在法国资产阶级新政府创设的科学研究机构中,自然历史博物馆是其中最为著名的。自然历史博物馆侧重理论研究,课题以农业、医学等为主,设置11个教授职位,分别为:矿物学,普通化学,化学工艺,植物学,农业,园艺,果树和灌木林,四足动物、鲸目动物和鸟禽自然史,爬行动物和鱼类自然史,昆虫、寄生虫和微生物自然史,人体解剖、动物解剖,地质学;没有文法、修辞、自然哲学等构成中世纪大学核心的内容。这从另一个侧面反映了当时政府不重视或排斥人文和社会学科的特点。[①]

19世纪法国的高等教育是在拿破仑积极推进的改革中开始的。拿破仑时期的高等教育改革顺应经济发展的需要,重视高等专科学校的发展,确立了高等专科学校在法国高等教育中的地位。19世纪初,经济的发展,需要大批的工程、技术人员,拿破仑对内对外实行的强权政治也需要有各部门各领域的杰出人才为其服务。由于高等专科学校向来都是把培养社会政治、经济和科技精英视为己任,正是可以满足这些需求的机构,因此,不仅法国的工业界纷纷热衷于创立工程师学校等高等专科学校,拿破仑及大资产阶级也十分重视和青睐高等专科学校,统治阶级中的绝大多数都倾向于通过高等专科学校培养振兴科技和经济的社会精英人才。在1808年的《大学组织法》中,不仅确认了旧制和大革命时期开办的高等专科学校,而且还鼓励其发展,将高等教育发展的重心从大学转移到高等专科学校。

1800年,拿破仑将原大路易学院改组成四所军事学院,成功地创办了被称为法国"西点军校"的特种军事学校。根据1808年颁布的一项法令,拿破仑政府恢复了巴黎高等师范学校(1795年创建)。这些高等专科学校都有强调实用的特点。除了上述高等专科学校,拿破仑时期还有大革命时期就已经存在的各种专门学校、综合理工学校,以及为满足当时战争需要而新设置的矿业学校、桥梁和道路学校等。总之,拿破仑时期高等专科学校/大学校在原有的基础上获得了更大的发展,在数量上较以前有所增加。

当时的高等专科学校/大学校的主要任务是教学,很少涉及科研。科研任务主要由各种专门的研究机构来承担。这些研究机构和高等专科学校恰恰相反,基本上不从事教学活动,主要从事纯粹的或实用的科学研究以及其他与科研有关的活动。如法兰西学院、高等学术实用学院、自然历史博物馆等。但需要指出的是,法国高等专科学校过于功利主义和注重实用的特点虽在本时期取得了较好的服务社会的效应,但从长远看来,似乎并不利于法国科学技术的发展。19世纪法国几乎丧失了在欧洲科学技术方面的优势,与高等专科学校不注重科研有一定的关系。

19世纪70年代后,随着科学技术的发展、民主运动的兴起和欧洲第二次工业革命的到来,法国按照社会需要组建了各种层次、类型不同的工科学院,将高等教育的发展基本纳入工业化轨道,与此同时加强高等教育与区域和地方工商业发展的横向联系,逐步进入高等教育的社会化和地方化过程。新型工科学院与医学院、法学院、专门学院或综合理工学院不同,它们直接培养和造就工业人才,往往由企业家和地方当局联合主办。

1814—1914年,在工业革命的推动下,高等专科学校/大学校经历了大发展的时期,

---

① 贺国庆,王保星,朱文富,等.外国高等教育史[M].北京:人民教育出版社,2006:99.

无论在数量、种类还是地域方面，都较前有很大发展。1826—1914 年，高等专科学校数量从 7 所上升到 85 所。在这 85 所高等专科学校中，工程师学校 69 所，商业学校 14 所，其他 2 所。在学科上，随着近代科学的发展，新学科不断涌现，与经济、管理、技术学科等课程受到学校重视。在地域上，外省的高等专科学校打破了巴黎地区高等专科学校的垄断地位；在办学形式上，高等专科学校不再只由国家创办，各个行会所属的学校和私立学校纷纷创立，尤以商会所属的商业学校更为著名。总之，在这个历史时期，由于工业革命引起的生产力和科学技术的飞跃进步，高等专科学校面临时代的挑战，努力地去适应社会的需要，从而走上了多样化发展的道路。①

19 世纪后期，法国工业化的发展导致不少新型工科学院出现。这些工科学院同样属于高等教育系统中培养专门人才的机构，但是它们又与拿破仑时期建立的医学部、法学部或大革命初期建立的综合理工学院不同，工科学院直接培养和造就工业人才，即培养那种运用科学和技术知识通过特定的机械、化学或电学生产过程，直接创造物质利益的"工程师阶层"。这些机构大多数由企业家和地方当局联合创办、维持和管理。学院的课程设置大致相同。以物理化学工业学院为例，该学院学制一般为 3 年，前 18 个月学习内容为普通物理学和化学，另外每天约有三分之一的时间做试验，后一年半，化学专业学生学习有机化学、无机化学、物理化学、矿物学以及物理学在化学上的应用。实验和研究技术也是必修课程。物理学专业学习机械学、热力学、电学、电解、电磁和矿物学。毕业前每天约有 70% 的时间做实验，此外还要花 3 至 6 个月时间参加实习，以获取实际操作技能。②

上述新型工科学院尽管与综合理工学院一样都把培养工程技术人才作为主要目标，然而两类学院却有着明显的差异。简单而言，综合理工学院完全是以国家和政府附属教育机构的面貌出现，学生不仅多来自达官贵人家庭，而且学生毕业后也基本上步入仕途，控制政府各重要部门；19 世纪末期出现的新型工科学院则纯粹是法国科学发展尤其是工业化的直接产物，它的特点在于，从培养目标到课程开设完全是从工业发展需要出发，学生社会构成也多出自中、下阶层，而且工厂和企业是该类学院毕业生的主要出路和就业渠道。

综合理工学院成为后来欧洲各国，如瑞士、荷兰、奥地利和德国等国家科学和技术学院的原型，甚至影响了英国城市学院与美国西点军校、劳伦斯理工学院的创建，它与巴黎高等师范学校共同构成法国近代高等教育的最初框架。实际上，不仅综合理工学院，此后陆续设置的其他各类学院，如物理和工业化学学院、高等商业学院等，都极其重视课程内容的实用性，并且同国家利益紧密相连。

从以上分析可以看出，法国近代高等教育的基本特征可以归纳为以下几方面：从纵向来看，各种高等教育机构和研究机构分别由相应的政府部门或其他行政机构实行自上而下的直接管理；从横向来看，不仅教学机构与研究机构相互独立、各司其职，几乎不存在行政或学术上的交往，而且各种教学机构内部以及研究机构内部也极少进行学术交流。这

---

① 贺国庆,王保星,朱文富,等.外国高等教育史[M].北京:人民教育出版社,2006:179-187.
② FOX R, WEISZ G. The organization of science and technology in France 1808—1914 [M]. Cambridge:Cambridge University Press,1980:204.

种教学与研究相互独立与分离,以专门人才为培养目标,中央各部门分别直接管辖各自的教学与研究机构的高等教育体制,直到 19 世纪末仍是法国高等教育的基本特色和发展主流。19 世纪中期以后,在德国研究型大学的影响下,教学和科研相互分离的状况虽然有所改观,但是拿破仑时代建立的高等教育基本构造并没有发生实质性变化,其对法国高等教育的影响几乎一直延续到 20 世纪上半叶。[①] 这种带有浓厚国家主义和功利主义色彩的近代高等教育体制不仅与支配欧洲达几百年的中世纪大学有着本质差异,而且还区别于英、德等国,成为一种独特的近代高等教育模式,影响了包括俄国、苏联、中国、日本等其他国家高等教育近代化的过程。

二、20 世纪法国高等教育的职业化——大学技术学院(IUT)、大学专业学院(IUP)与专业学士学位(L.P)的出现

20 世纪前半期的世界,经受着变革与动荡的剧烈冲击。发生于 19 世纪末 20 世纪初的科技、工业革命,两次世界大战,资本主义由自由竞争进入垄断阶段,以及俄国十月革命的胜利等,无一不深刻影响着世界各国的文化教育。

1919 年 7 月 25 日,法国颁布了《技术工业、商业教育组织法》(又称"阿斯提埃法")。"阿斯提埃法"是为适应当时法国工业生产发展需要,加强对学徒进行技术培训而制订的。阿斯提埃法确定了技术教育由国家组织的原则,改变了此前由私人办学的状况。该法案不仅促进了学校职业技术教育,也为后来技术教育发展奠定了法律基础,因而被称为法国"技术教育宪章"。到第二次世界大战爆发前夕,法国已基本形成了以工商实用学校和高等专门学校为主的中、高等职业技术教育体系。

第二次世界大战以前,法国高等教育已经形成了大学与大学校(各类高等专业学院的通称)并行的双轨制教育体系,即"一个国家,两种大学的格局"。这两类高等学校由于各自产生的历史和社会背景不同,因而它们的办学方向和培养目标也各不相同。如前所述,大学主要从事理论教学和科学研究,培养教师和学者;大学校则侧重实用性教学,培养工程师等各种实用型人才。创办于法国大革命以前"旧制度"时代末期的大学校,是战前法国高等职业教育的主要场所,并逐渐演变成法国精英教育的摇篮。二战结束时,全国的大学校仅有 90 所,且办学规模小,在校学生一般只有几百人。二战以前,大学校主要从事实用性教学,与企业界有着传统的联系,除个别外,它们基本上不从事科学研究,尤其是基础理论研究方面。

二次大战后,法国各大学在加强基础研究的同时,也把应用研究提上了议事日程。有些大学,如南锡和格勒诺布尔等大学甚至以应用研究为自己的主要职能。1957 年 10 月,法国在南部重要城市格勒诺布尔召开重要会议,中心议题是讨论如何加强大学与企业的合作。讨论结果认为:长期以来,在法国只有工程师学校与经济界和企业界保持着传统的合作关系,而大学长期以"纯学术的殿堂"自居,不屑与企业联系。然而科学和社会的发展

---

① JACQUES V. Histoire des universites en France[M]. Paris: Bibliotheque Histoirque Privat, 1986: 263.

要求大学不仅应当将基础研究同教学密切结合起来,还应从事整个应用研究。同时,产业部门也非常希望大学承担一些任务。会议明确了高等学校同产业部门的合作是国际高等教育发展的必然趋势。

(一)大学技术学院(IUT)

从1920年开始,法国准许建立一批新型的应用科技型学院,从而为60年代创建大学技术学院准备了条件。二战后到1968年的二十多年间,法国的高等教育也作了一些微观上的调整和改革。其中最显著的特点是发展应用科学学院、各种类型的工程师高等学校和短期技术大学,并进行了一些教学结构的调整。1966年,高等教育进行了两项比较大的改革:一是重新组织大学教学结构,把大学教育分为基础教育(大学理科或文科学业文凭)、专业教育(学士和硕士)和科学研究(博士)三个相互联系又相互独立的部分。二是创办两年制的大学技术学院(IUT)。[①]

20世纪50年代,法国开始了一系列高等教育职业化的进程。首先在条件较好的技术高中建立了高级技师班。随后在1966年成立了大学技术学院,颁发大学技术文凭,同时在高级技师班中颁发高级技师文凭,这两种高等教育课程可以说是法国高等教育职业化的重要标志。大学技术学院的建立还可以理解为,培养一种中级技术人员,其水平介于传统意义上中等职业教育提供的蓝领工人和工程师之间。因为这种技术人员恰好就是当时法国劳动力市场最紧缺的,大学技术文凭就是对这一需求的回应。[②]

1966年,创办大学技术学院是高等教育改革的一件大事,是政府为推进科技教育而进行的一项富有革新精神的措施。大学技术学院的职责是为经济发展提供短期内就可见效的技术教育,后来它成为法国主要短期高等教育机构。这种两年制的技术学院招收普通类和技术类高中毕业生,培养高级技员,主要为满足经济发展需要的技术人员。大学技术学院的建立使法国高等教育结构更趋合理,职业技术教育体系更加完善。它填补了工程师和技术员之间一个层次的空白;同时,有助于减轻由于中等教育发展迅速对大学造成的压力,调整学科人数比例,增加理工类学生人数,改善学生就业机会。与美国社区学院相比,法国的大学技术学院在技术性和专门性上更胜一筹。在法国人看来,大学技术学院是高等教育与工艺技术相结合、大学与效率相结合的一种短期而有实效的高等职业技术教育形式。自创办以来,大学技术学院是法国高等教育中发展最快的一部分。

到80年代末,大学技术学院就发展到80所,包括300多个系和20多门专业,学生是成立时的40倍。大学技术学院虽然学制两年,但其教育水平与质量已经超过美国的副学士的社区学院和中国的专科层次高职学院,相当于德国、荷兰、丹麦等国的应用科技型大学与英国的多科技术学院的办学水平与质量。

1981年5月,密特朗总统签署了国会通过的新的《高等教育法》(即《萨瓦里法》)(Savary Act)。新法令确认了1968年《高等教育方向指导法》的"自治""参与""多科性"三项原则,规定了高等教育的总体目标:开放、教学改革和职业化,旨在通过加强方向指导和

[①] 贺国庆,王保星,朱文富,等.外国高等教育史[M].北京:人民教育出版社,2006:463-464.
[②] 吴秋晨,徐国庆.高等教育改革视角下法国职业本科发展历程研究[J].中国职业技术教育,2022(12):75-81.

教学的职业化,解决学习过程中淘汰率高和学生毕业后找不到工作的两大难题。1984年的《萨瓦里法》规定高等教育机构的性质是"公立的科学、文化和职业教育"的独立实体等。

高等教育是否参与职业教育,是《萨瓦里法》制定过程中争论最为激烈的焦点之一。这一争论有其深刻的社会背景。社会党上台后,将解决就业问题放在社会改革中的优先位置,并为此制订和实施了一系列措施,包括要求高等教育参与这一工作。正如萨瓦里在论述高等教育职业化时指出的那样,高等学校的教学和研究应该更广泛地面向经济、社会和文化的现实,帮助政府同失业作斗争,振兴法国。但是,在现有的教育制度中,学校的教育教学与就业之间缺乏强有力的逻辑关系,现在大学培养的学生与市场和企业的要求存在较大的差距。集权的体制未能成功地将大学的培养与就业联系起来。萨瓦里同时还指出,当然,人们不能要求大学的教育培养与社会上的专业完全一致。但是,我们的大学教育必须考虑职业部门的变化,尽量避免因职业化把学生引向那些狭窄的、前途未卜的专业资格。萨瓦里强调指出,作为一个优秀的专业人员应该受到良好的通才教育,这有利于他们个性品质的培养,有利于为青年继承我们的文化和技术敞开大门;同时,按照他们各自的能力、兴趣和社会需要,为青年更好地选择专业方向和进入劳动力市场就业进行方向指导是完全必要的。这是高等教育职业化的真谛。[①] 无疑,高等教育是不是职业教育的争论也是我国新世纪以来学术界的重要争论之一。

(二)大学专业学院(IUP)

为了进一步改变大学传统的教育模式和培养目标,满足市场对工程技术人才的需求,增加青年就业机会,加强大学同企业界的联系,同时增强大学自身的竞争能力,20世纪90年代,法国大学系统还兴办了一种长期高等职业教育机构——大学专业学院(institut universitaire professionnel,IUP),学制3年,招收读完大学1年级的学生,或取得短期高等教育学业文凭、具有一定实践经验者。IUP的入学要求比较严格,可以在不同的年级入学。最低要求是bac+1,也就是读完大学一年级后才可以申请入学。也有一些IUP专业只接收bac+2的学生,比如DEUG、DUT和BTS的毕业生,可以直接进入IUP的第二年。有些专业报名的人非常多,比如金融、银行与管理。IUP是公立大学的一个学院,所以学费也是按照公立学校的收费标准。IUP的入学一定是要参加入学考试的。大学专业学院设在各地大学内,教学内容和培养方式由学院和有关经济部门(包括企业)共同确定,教学亦由双方人员(大学教师和部门专业人员)联合实施。3年间,学生到企业实习不少于6个月,并依据教学情况,先后颁发大学职业学业文凭、大学专业学院学士文凭和大学专业学院硕士文凭。IUP中的文凭制度比较特别,由于是大学一年级以后入学,所以,在IUP中学完第一年就可以得到DEUG文凭、在IUP中学完第二年就可以获得Licence文凭、在IUP中学完第三年就可以获得两个文凭,即Maîtrise和Ingénieur Maître。两个文凭Maîtrise和Ingénieur Maître的不同之处是:Maîtrise文凭委员会由大学教师组成,主要审核学生是否在理论水平上符合国家对Maîtrise的要求,而实习等专业课程被放在

---

① 黄福涛.外国高等教育史[M].上海:上海教育出版社,2003:375.

次要的位置。其目的是保证学生今后有足够的理论水平继续第三阶段的学习。Ingénieur Maître 其文凭委员会由50%的大学教师和50%的企业家组成,主要审核学生职业技能,更加重视三年以来的实习情况、外语能力以及所学的专业知识。这3种文凭与大学第一、一阶段的3种文凭等值但其应用性较强,有利于学生就业。另外,大学专业学院3年级还设置一种"工程师—技师资格证书"。大学希望通过颁发这一层次较高、应用性较强,并能接近大学校工程师文凭的资格证书,提高大学在就业方面的竞争力。

IUP 至今已经发展了 300 多个专业,共计 5 万多学生在读,成为就业市场上最受宠爱的文凭之一。IUP 培养学生成为某一个领域的专门人才,其专业涉及理工、管理等众多行业。IUP 每年课程在 700 小时左右,要比其他传统的专业多 40%,而且三年内至少要实习 6 个月。教学内容除了专业课程外,还十分重视外语能力和企业关系等职业基本技能,学生要学习第二外语。最后一年毕业时要完成所有的考试科目、一篇毕业论文和实习报告。

开办大学专业学院须经大学专业学院全国委员会批准。该委员会由企业界(全法雇主委员会)负责人和大学界人士共同组成。大学专业学院的开办被视为是法国大学界与企业界在开展职业教育方面的首次合作,得到了各方面的重视和支持。大学专业学院陆续开设了法律、经济、电子技术、商业管理、信息与通信、新材料、工业技术、生命科学、应用化学,以及人文与社会科学等多种学科领域内的专业。专业设置方面强调其适切性和应用性。毕业生要求掌握两门外语,尤其是欧盟国家使用的语言,为能在更大范围就业创造有利条件。大学专业学院创办后发展较快,仅几年时间就从 23 所(1991 年)发展到 130 所(1995 年),在校学生增加到 1.5 万多人。为使大学专业学院的文凭具有大学工程师文凭的价值,并得到社会和企业界的认可,大学专业学院将保持一定的发展速度,到 21 世纪初在校学生人数保持在 25 万左右。IUP 的毕业生非常容易找到理想的工作,而且工资水平比传统的 bac+4 要高。很多 IUP 由于专业性极强,甚至可以说在法国独一无二,使得有些企业上门招人。在众多 IUP 的专业中,金融银行及工业专业尤其受到青睐,而其他的一些专业如旅游、环境、影视等专业深受学生的喜爱。

大学专业学院的创办是继 1984 年大学教育系统职业化改革后又一次新的尝试,对于改变长期以来大学"单一的理论教育"、"大学教育不适应企业的实际需要",脱离社会经济发展的状况,具有重要的促进作用。[①]

(三)专业学士学位(licence professionalnelle, L.P.)

1999 年,法国又创建了专业学士学位。专业学士学位是高等教育职业化发展的一个重要节点,标志着在本科层次建立了职业教育。专业学士学位主要由大学技术学院提供,比高级技师文凭和大学技术文凭级别更高。它主要面向高级技师文凭或者大学技术文凭的获得者,即在两年制高等教育课程后,再进行第三年学习。专业学士学位包含了大量企业实习,持续时间在 12—16 周。通过在课程设计方面与潜在雇主建立密切的合作伙伴关系,专业学士学位能够回应行业对高水平职业培训的需求。从 1999 年创建以来,越来

---

① 黄福涛.外国高等教育史[M].上海:上海教育出版社,2003:377.

多的高等教育学生选择专业学士学位,在2004年有17159人取得了专业学士学位,到2008年则增加到37665人。

从法国职业高等教育发展来看,法国高等教育是先出现了专科层次的职业课程,后来出现的是研究生层次的职业课程,而直至1999年才有了本科层次的职业课程。法国职业本科发展是高等教育职业化和高等教育大众化共同作用的结果。法国的职业本科相当于德国的双元制大学、日本的专门职大学与我国的职教本科,不同于德国的应用科学大学、日本的技术大学,属于广泛意义上的应用科技型大学。

20世纪90年代后,法国高等教育职业化进一步发展,大学专业学院文凭、国家专业技术文凭和专业学士学位相继出现,如大学技术学院(IUT)(1966)、大学技术文凭(DUT)(1966)、国立高等工程学院(ENSI)(1970)、计算机管理硕士(MIAG)(1973)、专业研究生文凭(DESS)(1974)、科学技术硕士(MST)(1975)、管理科学硕士(MSG)(1975)、大学科学和技术文凭(DEUST)(1984)、大学教师培训学院(IUFM)(1989)、大学专业学院(IUP)(1991)、国家专业技术文凭(DNTS)(1994)、专业学士学位(LP)(1999)等[①]。

1989年7月,密特朗总统签署并正式颁布实施《教育方向法》。这是指导整个教育事业发展与改革的国家法律。该法第一条明确规定:"教育是国家的头等大事",教育应更好地"适应国家、欧洲和世界的经济、技术、社会与文化的发展"。在高等教育方面,方向法强调所有高等教育机构的准则,做到"适应性、创造性、教学内容的迅速变化及职业教育与普通文化教育之间的平衡"。

1991年,法国政府制定了20世纪末高等教育发展规划,即《2000年大学纲要》,纲要提出要使整个高等教育机构适应经济的需要,重点发展各种高等教育机构中的各级职业教育;高等教育要积极参与地区发展,从而为国家整体发展规划服务等目标要求。

1996年6月,法国教育制度未来全国咨询委员会提交了旨在促进学校教育现代化的报告。报告提出要大力促进高等学校与科研机构和企业的合作;借鉴德国经验,重新评价与加强工艺技术教育,注重发挥企业的作用,使职业教育文凭具有多种价值;以及企业应通过合同形式接受更多的工读交替的学生实习等建议。

从整个20世纪法国高等教育的变革可以看出,法国高等教育越来越注重与社会经济与发展的密切联系,并强调要更加适应法国社会经济与发展的需要。

三、当代法国高等教育体系——"一个国家,两种体系"

(一)大学体系

2015年,法国共有73所大学,规模不一。按照学科来分,法律政治、经济管理、人文社会以及基础科学学科的学生人数较多。主要传授所谓的"高深学问"(higher learning),培养不同学科的专家。

大学体系的学制为"3+2+3",即学士3年、硕士2年和博士3年。其中硕士的2年

[①] 吴秋晨,徐国庆.高等教育改革视角下法国职业本科发展历程研究[J].中国职业技术教育,2022(12):75-81.

又分别称为 M1 和 M2,第 1 年之后,学生会获得 M1 对应的毕业证书。①

(二)大学校体系

大学校是法国一种独特的高等教育机构,不但在法国高等教育方面占有显赫的地位,而且在国际教育界也享有较高的声誉。大学校具有悠久的历史,它们的主要目标是培养工程技术人员及其他各类专门人才。目前,法国共有公立和私立大学校 470 余所。

大学校是法国高等教育的重要组成部分,包括工程、商业、管理、农业、高等师范等院校。在现有的 470 多所大学校里,工科院校占有较大比例,其中不乏名牌学校,以培养高质量的工程师著称,因而大学校往往被统称为工程师学校。

大学校的类型很多,可分四大类:工科、农科、师范科以及法科、商科、经济管理。

(1)工科。亦称工程师学院,全国约有 134 所是大学校中声誉最为著称的学校,主要培养各类工业工程师。在 134 所工程师学院中,私立为 36 所,公立为 98 所。其中归国民教育部领导的 102 所,由国防部领导的 14 所,其余的分属于工业部,环境部,邮电部等。每年约发放 11000 张工程师文凭。公认的最著名的工程师学院有:巴黎综合理工学院、国立巴黎高等矿业学院、巴黎中央工艺制造学院、国立桥梁道路学院、国立高等通讯学院、高等电力学院、杜鲁兹航空学院、国家应用科学学院和贡比涅工艺大学等。

(2)农科,共有 23 所,全部归农业部领导。主要培养兽医、农艺师及农田水利、食品加工等方面的工程师。每年约发放各类农科工程师文凭 500 张。较有名的农科大学校有:巴黎农业学院、杜鲁兹高等农业学院、汉纳高等农业学院、蒙波利埃高等农业学院、国立高等农业食品加工学院等。

(3)师范科,又称高等师范教育,全国共五所。在法国,由于高等师范学院的招生方法、教学安排同其他专业学院大致相同,故人们习惯把高等师范学院也划入专业学院之列。每年招生 700 名左右,目标是培养中学文科、理科、技术科高级教师和中学证书教师。

(4)法科、商科、经济管理,全国共有这类学校 140 所左右,主要是培养律师、法官、商业与经济管理方面各种专门人才。其中名望较高的有:高等商业学院、欧洲商业管理学院、巴黎高等商业学院、巴黎政治学院、汲尔多国立法官学院等。这类学院每年共发放 6000~7000 张不同专业的文凭。②

在两个多世纪里,大学校形成了自己鲜明的办学特色。大学校的学制主要分为两种:一种是招收大学校预备班结业的学生,学习 3 年;另一种是直接招收持有高中毕业会考证书的高中毕业生,学习 4~5 年。无论哪种学校一律不授学位,只颁发证书如工程师证书、建筑师证书、农艺师证书等。20 世纪 70 年代以后,大学校开始授权授予工程师博士学位,改变了过去不授学位的传统。这样一来,大学校系统同样形成了包括大学校预备班(类似专科)和博士文凭在内的三个水平层次。

大学校预备班是进入大学校的主要途径。这是一种设在重点高中内、属高等教育(中学后教育)范畴的教学机构。学制 2 年,与大学第一阶段同属一个教育水平层次。预备班

---

① 陈家庆,韩占生,郭亨平.法国的高等工程教育及其发展趋势[J].高等工程教育研究,2008(4):7-32.
② 张保庆,高如峰.今日法国教育[M].武汉:武汉大学出版社,1986:147-148.

招收高中毕业生,不设入学考试,有严格的选拔。选拔标准主要是参考高中最后 2 年的学业成绩和任课教师的评语,一般说来,能够进入预备班的大多是学习成绩好的优等生。各类大学校都有与之相应的预备班,如理科类、文科类、商科类等。但是各类学科预备班,其教学主要学习基础课程,并采用"大运动量训练"方法。预备班要求十分严格,实行淘汰制,学生只能重读一次。2 年结业后参加各类大学校入学的"竞试"(concours)。这是一种难度大、淘汰率高、竞争性强的考试。

通过预备班招生的大学校,学制一般 3 年,颁发的工程师证书与大学第二阶段的硕士文凭属同一水平层次。但是,实际上工程师证书在劳动力市场上的价值要高于大学硕士文凭。取得工程师证书者可直接以工程师资格就业,亦可进入大学第三阶段攻读工程博士或其他相关学科的博士学位。按照规定,攻读博士学位之前,应用 1 年时间取得深入学习文凭,然后用 2 年时间完成博士论文,经过答辩后,取得第三阶段博士文凭。

(三)短期高等教育系统——大学技术学院

法国短期高等教育系统主要包括大学技术学院和高级技术员班,学制 2 年,实施高等职业教育,与大学第一阶段同属一个水平层次。短期高等职业教育的总体目标是通过 2 年(或 3 年)的职业知识和技能培训,为生产、服务、研究和开发等行业、部门培养高级技术员和高级技工。

大学技术学院和高级技术员班属于同一个教育水平层次,然而,由于它们各自的具体培养目标不同,其专业设置、教学方式等也各有特点,见表 3-1-2。

表 3-1-2　法国高级技术员与大学技术学院的比较

特征	高级技术员	大学技术学院
成立时间	20 世纪 50 年代中期	1966 年
学制	不固定,通常在高中内	2 年制
招生对象	高中毕业生(会考文凭,主要技术高中①)	高中毕业生(会考文凭)
专业设置	第一、第二、第三产业等 150 多个专业	第二、第三产业等 20 多个专业
教学方式	强调应用性和灵活性,实际操作和实践能力培养	强化教育,理论学习+实习
实习要求	强调实际操作,重视实践经验	需要在企业实习 8~10 周,提交实习报告
毕业证书	高级技术员证书	大学技术文凭(DUT)
毕业后选择	直接就业或也可通过其他渠道进入大学第二阶段或相关学科的大学校(一年级)继续学习	继续注册第二阶段或就业
学生规模	20 多万人(20 世纪 90 年代中期)	10 万余人(全国 90 多所学院)
教育目标	培养高级技工,强调实际技能培养	培养技术骨干,结合大学与技术教育

---

① 法国高中包括普通高中、技术高中和职业高中三种,每种高中都设置各类学科,如技术高中有:科学与第三产业技术类、科学与工业技术类、科学与实验室技术类、医学与社会科学类。

如前所述,大学技术学院是 1966 年高教改革的产物之一,是法国高等教育制度上的一种创新,它可以通过引进比较灵活的淘汰机制使旧的大学结构得以"解冻"。大学技术学院学制 2 年,招收取得高中毕业会考文凭的高中生,为企业培养技术骨干。设立在大学内,是大学所属的一个特殊"培训与研究单位",授权单独发毕业文凭——大学技术文凭,该文凭与大学第一阶段文凭属同一教育水平层次。获得大学技术文凭,可继续注册第二阶段,也可以 3 级技术资格就业。① 与高级技术员班不同的是,大学技术学院专业设置口径较宽,仅有涉及第二、三产业的 20 多个专业,如工程技术、企业管理和新技术等;教学过程实行强化教育,除理论学习外,学生还要到企业实习 8~10 周,并提交由实习单位负责人审查的实习报告,作为毕业的重要依据;专业人员参与教学指导,实际操作训练分小组进行,做到知识传授与职业培训相结合。自 1966 年创办以来,大学技术学院一直保持着发展态势,全国现已增加到 90 多所,在校学生达 10 万余人。它被视为高等教育与技术教育结合、大学与效益结合的一种短期而有实效的教育机构。

综上所述,随着战后法国经济的恢复发展,产业结构变化对专门人才需求的增加和变化,高等教育水平结构发生了较大的变化,出现了多样化的发展趋势,不仅学校类型增加,而且教育层次也增多,形成了三级水平的高等教育体系,这就是:大学第一阶段、大学校预备班、大学技术学院和高级技术员班为第 1 级;大学第二阶段和大学校为第 2 级;大学第三阶段和大学校博士生培养为第 3 级。每级高等教育都颁发相应的文凭或学位,代表不同的教育程度。同时,在同一级教育中也可授予不同的文凭,如,大学第二阶段分别授予相互衔接的学士文凭和硕士文凭,而第三阶段第 1 年又并列设置两个属同一层次、但作用不同的文凭(深入学习文凭和高级专业学业文凭)等。这种纵向衔接、横向联通的多样化教育结构改变了战前大学和大学校较为单一的教育层次。另一方面,各种文凭和学位的功能也更加灵活多样,几乎每种文凭都可以作为进入下一个学习阶段或直接就业的准入资格。

四、法国大学校的办学特色

"大学校"主要包括工程师学校、行政管理学校和高等商业学校等,是培养高级工程技术人员及其他各类专门人才的高等教育机构。多数大学校直属法国教育部领导,少数属其他中央各部和地方领导,高等商业学校属工商会领导。大学校的专业领域基本为应用学科,包括工科、农科、师范、法律、商业和经济管理等。大学校体制具有鲜明特色,在办学定位、招生方式、学生规模、学科设置、培养过程、就业情况等方面与法国的综合性大学有较大差异(见表 3-1-3)。

---

① 法国设有 6 级就业资格:博士、硕士、学士学位和工程师证书就业,为 1、2 级资格,大学技术文凭、高级技术员证书为 3 级,各种高中毕业会考文凭为 4 级,职业教育证书和职业能力证书(初中毕业)为 5 级,义务教育结业文凭为 6 级。

表 3-1-3　法国大学校与综合性大学的比较

特　征	综合性大学	大学校
办学定位	大众化教育;培养社会各行业专门人才与学术型人才	精英化教育;培养工程师、经济师、职业经理人、政府官员等行业精英和领袖
招生	开放式,高中会考证书注册入学,无预科	2年预科,高难度层层选拔入学
社会阶层	大众化教育,人人可以入学	精英化教育,社会底层家庭子女比例较少
规模	在校生约150万人,占大学总数的70%。学校总量少,单校规模大,平均在1.5万人以上	在校生12万～13万人,占大学生总数的5%～7%左右,学校数量多,单校规模小,一般不超过1000人,最多只有3000人
管理体制	政府宏观控制与大学自治	政府部门直属管理
学科	综合性	应用性学科,单科性或多科性
生师比与培养成本	生师比高,生均投入低;生均经费10770欧元/年	生师比低,一般在1∶3～1∶7之间,投入高;生均经费15080欧元/年
就业	就业率不高	高就业率,委以重任

(一)法国"大学校"的基本特点

1.高水平、精英式的办学定位

(1)卓越办学定位:法国的"大学校"一直以来都坚守着高水平、精英式的教育定位。它们培养了法国高级工程师、企业领袖、政府公务员和其他高级专业人才,为法国社会和产业界提供了杰出的人才资源。

(2)精英式教育:这些学校将教育比作一条高标准的生产流水线,从学生的选拔到教学过程,一直到毕业生的输出,都遵循"一流"和"精英"的标准。这种教育模式致力于确保学生获得最高质量的教育。

(3)高投入教育:法国的"大学校"在教育方面投入了大量资源,确保学生获得最好的教育。例如,法国高等矿业学校每年的办学经费达到约9000万欧元,其中四分之一用于教学,这显示了学校对高质量教育的承诺。

(4)工程师文凭认证:大部分法国的"大学校"都通过了工程师职衔委员会(CTI)的工程师文凭授予资格认证。CTI是法国的法定机构,负责认证学校是否有资格颁发工程师学位文凭。这个认证成为法国工程师人才培养质量的标志,强调了这些学校在培养高水平工程师方面的专业性和质量。

总之,法国的"大学校"以其高水平的教育和精英教育定位在法国和国际上享有盛誉。它们是培养高级专门人才和领袖的摇篮,为法国的社会、经济和科技发展作出了重要贡献。

2.重预科、严选拔的招考制度

"大学校"的选拔和录取制度独特而严格。(1)预科教育选拔。预科班既是法国工程师教育的入口,又是工程师培养不可分割的一部分。学制为两年,一般在高中内开设,不颁发任何文凭。预科班的特点是严格的入学筛选、高水平师资、高生师比、高难度课业、经常性的考试——"竞试"。此外,一些"大学校"对预备班还有严格的年龄限制,学生只有一次重读机会。预科学校是为进入法国精英院校的优秀高中毕业生设置的高等教育第一阶段,显现出法国高等教育双轨制的特色,即大学是高中毕业会考后自由申报,80%的高中毕业生可到大学学习;而15%到20%的最优秀的高中毕业生选择进入预科学校学习两年,然后经过严格的考试,才能进入工程师等"大学校"。可以说,预科学习是法国工程师教育的基础和必要条件。(2)淘汰率非常高。获得理科高中会考文凭并获优秀评语的学生,在通过高中学历档案审查之后,才能进入预科班,这样的学生只占高中毕业生的10%左右。在预科班,经过2年艰苦学习后还要参加高标准、高难度的"大学校"入学考试(多场联考,笔试和口试,每场考试2~6个小时不等),根据考试成绩排名进入不同档次的大学校。以巴黎高等矿业学校为例,2009年报考人数有4000多人,进入复试者1000人,最后仅录取考试成绩前90名的学生。通过这种高选拔、高淘汰的入学制度,"大学校"保障了生源质量,为入学后的培养奠定了扎实的基础。

法国的大学校与综合性大学最大的区别在于其严格的招生制度,主要有以下三种招生方式:

(1)高难度的招生考试:大多数大学校采用这种传统的招生方式。招生考试通常在每年的五月至七月举行,分为笔试和口试。每门课程都有独立的笔试,考试时间一般在3~4小时,除外语考试外,其他科目都需要更长时间。笔试成绩合格的学生才能参加口试,有些学校会进行两次口试。每所学校的考试评分方式都不相同,通常按一定比例将笔试和口试的成绩综合评定,学生如果达到录取线就可以被录取。一些学校采用的策略是先通过笔试录取多于原定招生额的学生,然后通过口试淘汰一部分,这使得大学校的淘汰率非常高,尤其是一些著名学校,例如巴黎综合理工学校和国立巴黎高等矿业学院,其淘汰率通常超过80%。

(2)审查学习成绩的方式:少数大学校采用这种方式,其中包括一些国家应用科学学院和贡比涅工艺大学。这些学校将预科两年和本科三年整合为一个学制,但分为两个阶段进行教学。在第一阶段的两年学习结束后,如果学生成绩不符合标准,就会被除名,这一阶段的除名率约为四分之一。合格的学生可以升入第二阶段,再学习三年,通过结业考试后可以获得文凭工程师证书。这些学校在招生时会成立招生委员会,逐个审查报名学生的学历和高中时的学习成绩,最终挑选出最优秀的学生录取。虽然这些学校不组织入学考试,但其淘汰率并不低,与专业学院组织入学考试的淘汰率相当。

(3)以同等学力转入的方式:为了促进大学校与其他高等院校之间的人才交流,政府曾规定持有综合性大学学士文凭的优秀学生可以通过原学校推荐和接受学校同意,转入一些大学校的二年级学习;持有短期技术学院毕业文凭的学生,如已从事实际技术工作三年以上,也可以进入一些工程师学院的二年级学习,攻读文凭工程师证书。此外,一些刚刚取得短期技术学院毕业文凭和大学基础学习证书的学生也可以按照一定的程序转入一些大学校的一年级学习。虽然这些学校吸收的人数较少,最多占整个专业学院学生的20%,但它们仍然要通过学历审查和由接受学校组织的考试来确定录取资格。

综合来看,法国的大学校采用博专相结合的教学方法,注重综合性和多学科教育。学生在预科班的2至3年中建立了坚实的数理化基础,随后在大学校接受专业理论和技术培训,强调动手技能的培养,同时也传授社会科学等其他领域的知识,以培养多面性的知识结构。这种培养方式使毕业生具备强大的适应能力,能够根据劳动力市场的需求,实现不同技术领域之间的转换。[①]

3.强基础、重实践的培养模式

在法国,工程师是一种通用人才(généraliste),其培养由四大要素构成:

(1)基础科学。这既是进行严谨分析的保证,也是能够长期适应职业变革要求的保证。

(2)工程科学。这既是有效性的保证,也是年轻工程师能够短期适应职业的保证。

(3)对于企业文化与经济、社会、人文、伦理和哲学环境的理解。

(4)国际交流与文化。

"大学校"的基本学制为三年,但实际上为五年(10 学期),即两年预备班教育和三年"大学校"的专业教育。其特点:①强基础。前两年的预科教育重在使学生打下扎实的数理化理论知识基础,锻炼抽象思维和逻辑思维能力。进入大学校后,前 3 个学期依然以基础课程学习为主。可见,在总共 10 个学期的工程师培养中,有 2/3 以上的时间是在打基础。②重实践。注重培养学生的适应性,以适应知识技术创新、产业结构的迅速更新换代和不同岗位的需求。一般来说,学生要参加三种企业实习:第一种是观察性的,是对企业状况的了解;第二种是主动实践性的,学生实习的身份可以是高级技术员;第三种实习基本接近于未来工作,即为毕业实习,亦称之为工程师实习。三种实习的全部时间不少于 10 个月,约占三年学业时间的三分之一,其中毕业实习的平均时间为 18 周,均在企业中进行。

4.理论密切联系实际,重视对学生动手能力的培养

法国的大学校注重与工业、企业和社会各界的亲密合作,以确保他们的教育体系与实际需求保持紧密关联。首先,它使学校更好地了解市场的需求,有助于调整他们的课程和研究方向,以培养更具竞争力的工程师,他们毕业后可以迅速适应并贡献于工作环境。其次,学校与工业和社会代表的协作促进了跨领域的知识交流,有助于解决复杂的问题,推动创新。有丰富实践经验、水平较高的工程技术人员、专家或企业领导担任的兼职教师参与,他们为学生提供了宝贵的实际经验和案例,有助于他们更好地理解理论知识如何应用于实际情境。此外,法国的大学校注重培养学生的实际问题解决能力,通过实际案例、实习和实验课程的相互交叉,注重让学生自己思考,自己组织,自己动手和实现,以培养创新和批判性思维能力。这种紧密的工业、企业和社会联系有助于法国大学校培养具备坚实理论基础、实际技能和综合素养的工程师,他们能够在职业生涯中取得成功。

5.全方位、深融合的社会合作

法国的"大学校"具有多元化的管理体制,它们通常由不同的部门或组织领导,包括教育部、工商会以及其他中央和地方政府机构,属于行业特色型院校。例如,一些大学校归属于法国国防部、装备部、交通与住宅部、工业部等。这种多元管理结构反映了法国高等教育领域的复杂性和多样性。

"大学校"与社会,特别是企业界之间的联系非常紧密,体现在多个层面:

---

① 张保庆,高如峰.今日法国教育[M].武汉:武汉大学出版社,1986:149-156.

(1)企业参与学校管理:学校的管理委员会通常包括约三分之一的企业高级管理人员,他们参与学校战略规划和课程设计的决策。

(2)企业赞助教授职位:企业可以资助学校设立教授职位,并派遣专业人士到学校担任教职,同时学校也聘请政治家、企业领袖等为教授。

(3)实验室合作:许多国家实验室或其分支机构设立在"大学校"内,研究员兼任教师,从而实现科研和教学的深度融合。

(4)赠送设备:企业向学校提供可用于教学的生产设备或捐赠设备。

(5)学习税:学校获得企业提供的培训税。国家规定企业要支付"学习税",其税率占工资总额的1.1%。这笔税金可以上缴地方政府,也可以直接支持学校的教学与科研。

(6)实习生项目:企业接收学校学生作为实习生,这是学校和企业合作的主要形式之一。

(7)科研合同:学校与企业签订科研合同,或进行技术转让,为企业提供科研支持。

(8)继续教育:学校提供面向企业在职员工的继续教育项目,以满足不断发展的专业需求。

校企之间这种多层面的密切联系有助于学校适应社会和工业界的需求,同时也为学生提供了更好的实践机会和就业前景。这种协作模式促进了知识传递、技术创新和实际问题解决,使法国的"大学校"在高等教育领域发挥了关键作用。

6.高就业、高成就的毕业生质量

学生从"大学校"毕业后即授予法国工程师资格和硕士文凭,无论就业率还是日后职场的成就均令人瞩目。80%的毕业生在毕业前三个月就已签订工作单位,毕业生起薪一般都远高于综合大学毕业生。大学校的毕业生大都成为法国各行业的领导精英。目前,在法国100家能左右法国国民经济的大型企业中,2/3的领导人都是"大学校"的毕业生,政府中的许多高级行政官员也都毕业于"大学校"。

二百多年来,法国的大学校先后为社会各界输送了三十余万工程师、科研人员、专家及行政管理干部。在漫长的岁月里,大学校以其培养人才的质量,以它为经济发展所作出的贡献,以及它在教学与科研方面的独特风格,赢得了尊敬,提高了威望,彻底改变了在历史上一个相当长的时间内,因人们视文理科大学为正统而鄙视高等专业教育的局面,使大学校一跃而成为法国当代高等教育中的一个骄子。这些,虽已被国内外所公认,但对它的某些方面,例如通过预科招生,科研力量较薄弱,以及教学方向越来越博的做法,在教育界也引起了一些异议和批评。由于这类学校主流方面无可辩驳的成就,1968年和1984年两次重大高教改革,原则上讲均没有触动大学校。

(二)"大学校"办学的改革("变")与坚守("不变")

1.法国的"大学校"自建立以来,坚持了一些办学理念和模式,这些原则反映了它们的办学特色和优势:

(1)小而精的办学方向:尽管法国的高等教育在某些时期经历了大规模扩展,但"大学校"保持了较小的办学规模。这有助于保持高质量的教育,注重精英培养,而不是追求大规模普及。这种小班教学和个性化指导有助于学生更深入地学习和发展。

(2)与社会和企业的紧密联系:"大学校"一直与社会和企业保持密切联系,这种合作关系是它们成功的关键之一。通过企业参与学校管理、企业赞助教职、实习机会以及科研合作,"大学校"确保学生获得实际应用和实践经验,使他们更好地适应职场需求。

(3)注重基础学科建设:尽管"大学校"在学科扩展和转型方面没有采取大规模措施,但它们坚持注重基础学科的建设。这些学校在物理学、化学、经济学等基础学科方面表现出色,保持了卓越的学科实力。

2.尽管"大学校"坚守了这些办学原则,但也面临一些挑战和问题:

(1)过分强调竞争文化:高强度的学习和竞争文化在"大学校"中普遍存在。这可能导致学生过度焦虑和背负较大压力,影响他们的学习和健康。

(2)工程专业的泛化:一些"大学校"毕业生选择进入与工程专业无关的领域,如银行和金融业。这可能与市场需求有关,但也可能导致工程专业的泛化和职业领域的扩散。

(3)不利于研究型人才培养:虽然"大学校"注重实践能力的培养,但缺乏研究型人才的培养机制。较低的博士奖学金可能影响学生选择从事研究型职业的意愿。

总的来说,尽管"大学校"面临一些挑战,但它们的坚持原则和与社会、企业的联系仍然使它们在法国高等教育领域发挥着极重要的作用,为培养多领域的高素质精英人才作出了贡献。一言以蔽之,大学校三百余年的办学特征就是"变"与"不变"的辩证统一。

综上所述,法国独特的大学校与大学技术学院、大学职业学院、专业学士学位制度的培养制度与特色的成功经验值得我国在建设中国特色高水平应用型职业高等教育新体系过程中予以认真借鉴,也避免其历史发展的不足与问题。

第二节 德国应用科技型大学的历史发展

众所周知,我国地方本科院校向应用技术大学的转型发展,其主要学习与借鉴的就是德国的应用科学大学办学实践经验。德国应用科学大学的办学模式可谓是世界众多国家职业本科高等教育办学的范例或标杆,对世界各国的职业高等教育产生了广泛的影响。德国的应用科技大学与研究型大学形成了其高等教育二元制的结构体系,有效地支撑和促进了战后德国经济的飞速发展,被称为"德国工业起飞的秘密武器"。因此,探究德国应用科技型大学的产生与变革、发展的经验与教训,对我国建设中国特色高水平的应用科技型大学新体系就具有非常重要的意义。

一、德国大学的产生与大学改革运动

德国最早的高等学校是成立于1349年的布拉格大学,稍后是维也纳大学(1365年)、海德堡大学(1386年)、科隆大学(1388年)、埃尔福特大学(1392年)、威尔兹堡大学(1402年)、莱比锡大学(1409年)、罗斯托克大学(1419年)。由于布拉格大学、维也纳大学已不在德国境内,人们习惯于把海德堡大学看作德国境内第一所古老大学。

(一)哈勒大学的创立

1694年,德国创办了新大学——哈勒大学。该大学所提出的"学术自由"和"自由的研究与教学"原则对当时及以后的新人文主义大学改革及柏林大学的创立都产生了重要的影响。哈勒大学及后来创办的哥廷根大学(1737年)和埃尔朗根大学(1783年)推动德国大学进入了一个新的发展阶段,史称"德国新大学运动"。

哈勒大学、哥廷根大学获得政府的资助,尊重自由的学术风气,引入现代科学和哲学,注重研究和教授的价值,形成了诸多现代大学的特征。德国著名教育家鲍尔生称哈勒大学"不仅是德国的而且是欧洲第一所具有现代意义的大学"[1]。校长托马西乌斯(C.Thomasius)反对"大学的许多知识是无用的、卖弄学问的,并隐伏在过时的教学方法和一种废弃的语言之下"。他废弃了中世纪大学传下来的经院主义课程,使哲学脱离神学而独立。他亲自讲授哲学、德语演说、法理学和自然法则学等课程。他最先采用德语讲课,打破了拉丁语在大学讲课中的垄断地位。他在讲课中强调实际知识和现实生活,重视对生活有用的科学的运用,使大学教育更接近于现实生活。因此,托马西乌斯不但是"哈勒大学的第一位教师"和新大学运动学术的奠基人,而且也是德国应用型高等教育的启蒙者和倡导者。

在托马西乌斯以及德国启蒙运动的代言人、哲学家沃尔弗(C.Wolff)和神学家弗兰克(A.H.Francke)三人的努力下,哈勒大学成为学术自由的第一个发祥地。哈勒大学采纳了现代哲学和科学,成为进行创造性科学研究的最早基地甚至成为欧洲大陆最严格的研究机构和专业学习的高等教育机构。

1737年,哥廷根大学正式创办。哥廷根大学对神学院、哲学院和法学院的课程做了较大的改进。主要创办者、第一任董事长闵希豪生(G.A.Münchhausen)尤其注重历史、语言和数学。哲学院除开设传统的入门课——逻辑学、形而上学和伦理学外,还开设了"经验心理学"、自然法、政治、物理学、自然史、纯数学和应用数学(包括测量、军事和民用建筑等)、历史及其"辅助学科",如地理、古文书学、科学、艺术、古代语及现代语。著名诗人海涅(C.G.Heyne)还创办了著名的语言学研究所。哥廷根大学十分重视法学教育,它的法学是哥廷根大学课程的支柱。为了帮助各种教学计划的实施,哥廷根提供了大量优良的物质条件,包括藏书丰富的图书馆、装备优良的科学实验室、天文台、解剖示范室、植物园、古物博物馆、大学医院等。由于具有这些优越的条件,哥廷根的学生能更多地进行独立阅读,其教授所进行的有独创性的研究明显多于其他大学的教授。格斯纳举办的哲学习明纳(seminar)成为德国高等教育史上第一个习明纳。[2] 可以说,哥廷根大学开创了德国大学向应用科技型大学办学方向改革与发展的新模式。

(二)柏林大学的创立

1809年,德国柏林大学成立。柏林大学的创办标志着现代大学制度的重要转变,柏林大学以洪堡的办学思想为主导,强调了"学术自由"和"教学与科研相统一"的现代大学

---

[1] 弗·鲍尔生.德国教育史[M].滕大春,滕大生,译.北京:人民教育出版社,1986:79.
[2] 贺国庆,王保星,朱文富,等.外国高等教育史[M].北京:人民教育出版社,2006:108-109.

原则,这些理念深刻影响了世界高等教育的现代化进程。其主要特征:

(1)学院组织形式:由哲学、法学、医学和神学四个学院组成。这种学院组织形式是当时新人文主义大学改革的代表,强调了学科的多元性和交叉性,为学术研究和教学提供了更广泛的领域。

(2)学术自由和独立研究:洪堡的教育思想强调通过学习和研究客观纯粹科学来实现个体的主观教养。他认为,学术自由和独立研究是实现这一目标的关键。这一理念在柏林大学和其他德国大学中得到了广泛应用。

(3)教学与研究相结合:洪堡强调教学和研究应相互结合,学者应同时从事教学和研究活动。这一理念成为德国大学改革的核心原则,也深刻影响了美国等研究型大学的形成与发展,为高等教育的现代化奠定了基础。

(4)高等教育的社会角色:尽管洪堡的办学理念强调高等学府首先是纯科学研究和教学的场所,但也认为职业准备是次要目标。

总的来说,以洪堡的教育思想为核心的柏林大学,影响了德国大学制度长达一个多世纪,也对世界范围内尤其是美国研究型大学的兴起和发展产生了深远的影响。虽然原始的洪堡模式在某些方面已不适应现代教育需求,但其强调学术自由、独立研究和教研一体化的理念仍然具有重要意义。

二、技术学院的建立与工业大学的兴起——德国应用科技型高等教育的起源

19世纪中期之后,为了满足德国工业化的发展需要,在研究型大学之外,一些工科大学和专门学院迅速发展。

(一)工科大学

德国工科大学(Technische Universitat)的发展历史可以追溯到18世纪德国境内各城邦建立的各种专门学院和高等工业学校等。从水平参差不齐的专门学院和工业学校升格发展为工科大学经过了约一个世纪,其发展过程大致分为前后两个阶段。前一阶段是专门学院和各种高等工业学校等机构产生、发展和努力争取升格为大学阶段;从1860年至20世纪30年代,是上述机构正式升格为"工科大学",逐步取得一系列资格和权力的阶段。

18世纪中期以后,德国境内已经设立了不少专门学院。当时,这些学院多为各城邦政府直接设立和管理,办学方针、教学内容和人才培养等与各城邦经济与军事发展直接相联系。比较著名的专门学院有萨克森王国矿山学院(1766)、柏林工艺学院(1699)等。这些学校一般培养地方高级技术管理人才或技术官僚(矿山、冶金和建筑等),课程设置十分强调应用。这个时期建立的工科大学和专门学院是受法国专门学院和大学校的影响而创立的,可以说是德国应用科技型大学的滥觞。

18世纪末期之后,各种名目不一的高等技术教育机构如雨后春笋般大量涌现,其中大部分机构后来升格为工科大学,见表3-2-1。

表 3-2-1　18 世纪末期 19 世纪前半期德国出现的部分技术学院

年份	技术学院
1799	建筑学院(柏林)
1782	技术学校(柏林),于 1821 年改为工学院
1825	多科技术学校
1827	多科技术中央学校
1828	技术学校,后改为多科技术学校
1829	多科技术学院
1836	高等工业学校,后改为多科技术学校

19 世纪 60 年代以后,18 世纪成立的各种专门学院和 19 世纪出现的上述教育机构逐渐联合形成较为紧密的组织。1864 年,各地技术学校的校长与德国技师协会共同起草了旨在发展综合技术学校/多科技术学校的声明,这个声明题为"有关多科技术学校组织基本原则"草案。该草案首次提出,多科技术学校不仅为国家培养技术官僚,还必须服务于个人或私有企业,此外,培养工科教育方面的师资队伍等问题也被纳入草案之中。可以说,英国的多科技术学院并不是世界上最早的,无论是从名称还是从办学宗旨来看,这种类型的高校可以说最早发源于这一时期德国的多科技术学校。

自此之后,各地多科技术学校又经多次协商,并就升格为工科大学后的入学标准课程设置、考试形式、管理形式等问题基本取得一致的意见。19 世纪 70 年代以后,各地多科技术学校相继升格为工科大学。在这一过程中,工科大学尤其在课程设置方面仍保留着多科技术学校的某些特征。例如,以往学校的课程分为两部分,一部分为传授基本人文和伦理知识的一般教育,另一部分为传授特殊知识(建筑、土木、机械、化学、冶金、采矿等)的特殊技术教育。工科大学将前一部分改为"普通系或基础文化系",而将后一部分按照不同学科分别设为不同的系。[1]

值得强调的是,工科大学不仅传授技术课程,它们也和研究型大学一样,设置有关自然科学方面的内容,并设置许多研究所。这些研究所不仅从事有关自然科学理论的研究,同时更注重应用技术方面的研究。1860 年特别是 1870 年之后,在某些注重实际应用的技术科学领域,如化学、化工、农业技术和食品加工等,工科大学内所设的研究所不仅发展速度迅速,而且数量也多于大学,反映了工科大学的研究以技术科学为中心的特点。到 20 世纪初期,工科大学通过成立自然科学和技术研究所,不再局限于人文教育或技术教育,实现了教学与科研的一体化。

（二）专门学院

19 世纪中期到第一次世界大战之前,除了部分专门学院和高等技术学校升格为工科大学外,德国还出现了不少专门学院。这些专门学院多与商业或其他经济部门有关,一般

---

[1] 王立人,顾建民,庄华洁,等.国际视野中的本科应用型人才培养[M].杭州:浙江大学出版社,2008:107-149.

由地方工商协会或商业团体资助兴办,毕业生多在经济和管理部门担任管理要职。此外,18世纪德国各地建立的许多专门学校随着规模的扩大或办学条件的改善,一部分或升格为单科大学或工科大学,或合并到其他大学之中。下表3-2-2是部分专门学校升格成为单科大学、最终合并于大学的有关资料。

表 3-2-2 19世纪德国部分专门学院升格为大学情况

学院建立时间	专门学院升格大学时间
1807	林业专门学校→林业大学(1809)→合并于慕尼黑大学(1910)
1790	兽医学校→兽医大学(1887)→合并于柏林大学(1921)
1847	农业学院→农业大学(1919)→合并于波恩大学(1934)
1821	林业专门学校→林业大学(1922)→合并于哥廷根大学(1939)
1821	兽医学校→兽医大学(1890)
1811	林业学院→林业大学(1904)→合并于都灵工科大学(1928)

资料来源:山本尤訳.大学制度の社会史[M].东京:法政大学出版局,1988:207-211.

除了以上商业和经济学院、农业和林业学院以及兽医学院等三类专门学院以外,这一时期的专门学院还包括18世纪建立的矿山、冶金学院,19世纪新建的哲学、神学等专门学院,这些专门学院与研究型大学和工科大学等,共同构成德国近代高等教育制度体系。

技术学院的前身大多创办于1819年—1870年,其中著名的学校是:卡尔斯鲁厄(1825)、达姆施塔特(1829)、慕尼黑(1827)、德累斯顿(1828)、斯图加特(1829)、汉诺威(1831)、亚琛(1870)。在1819年之前,奥地利之外的德意志各邦仅有几所这种类型的学校,如弗莱堡和克莱斯塔尔的矿业学校,不伦瑞克和柏林的小型工艺学校。奥地利在创办技术学院方面领先一步,1819年前,布拉格、维也纳和格拉茨的技术学校相当有名,它们都是参照法国专门学校的模式开办的。

19世纪60年代前,技术学校相当于中等学校,主要是对青少年进行实际的科学训练和职业训练。从60年代开始,技术学校升格为技术学院或技术大学,逐渐摆脱纯粹的"职业"中心的性质,而从事更加注重理论水平的应用科学教育;同时,它的师生逐渐向正规大学的师生看齐。到19世纪,德国所有的大邦,如普鲁士、萨克森、符腾堡、巴登,以及小邦如黑森-达姆施塔特、不伦瑞克,共有九所技术学院,其中普鲁士就有三所,分别为亚琛、柏林和汉诺威技术学院。

1860年以后,德国开始把各种不同类型的技术学校办成为同一水平的工科大学。后来,专门学院多数升格为工业大学。这一时期的工科大学就是严格意义上的应用科技型大学,只是后来这些大学逐渐发展为研究型大学。至此,工业大学、单科大学和传统的综合大学构成了德国高等教育的主体。应该说,德国的应用科技型大学并不是发源于20世纪60年代而是19世纪60年代。

在19世纪70年代,技术学院与工业的合作取得了相当的成功,而工业与大学的联系却极少。大学流行的观点反映了洪堡"研究没有目的"的理想,为直接的工业利益而解决具体的科学问题在大学是不被提倡的。此时,大学不仅抵制技术学院地位的提高,也拒绝接受技术教育作为学术训练的补充。然而大学最终还是丧失了对高等教育的垄断地位,技术学院逐渐获得了更多的大学特征。特别是在19世纪90年代,由于得到德皇威廉二世的庇护,对技术学院的支持进一步增强。1892年威廉二世发布命令,要求技术学院的教授应该具有与大学教授同样的地位,并允许他们身着相似的大学教师制服。1898年,威廉将普鲁士三所技术学院的校长请到上议院就座,而从前这是大学校长的特权。1900年,经过对技术学院地位的长时间的公开讨论,这些机构终于争取到授予工程学博士学位的权力。继普鲁士之后,各州相继效仿。无疑,这是技术学院取得与传统大学平等地位的重要标志之一。[①]

1.柏林工科大学的建立

在1810到1820年间,身兼普鲁士工业政策、行政、教育最高职务的博依特,对柏林已有的四所比较高级的技术教育机构的教育质量极不满意,决心创办新型的工业学校。于是,1821年办起技术学校。这就是博依特设想的地方工业学校的中央工业学校。这所学校于1827年改称为工业专门学校,1866年改称为工业学院,1879年和柏林建筑学院合并,升格为柏林工科大学。从其名称的变化可以看出它的发展过程分为三个阶段:

(1)第一阶段(1821—1850):是博依特任校长的时期。1827年改称为工业专门学校,这标志着这所学校已由中等手工业学校升格为高等专门学校。据博依特1822年的报告,其培养目标是培养私营工业经营上的有才干的技术员、熟练手工业者工厂主、地方工业学校教师。入学条件:年龄为十二岁到十六岁;修业年限为两年(自1827年改为三年)。开设的科目是中等教育程度的数理科目和若干技术科目。

(2)第二阶段(1850—1860):是哈依德商工大臣、德鲁肯·米勒任校长的时期。这是米勒领导下所进行的第一次改革,使这所学校向高等学术机构发展。据1850年6月5日传阅文件,培养目标是在私营工业中培养有开设和经营工厂能力的高级技师。入学条件年龄为十二岁到二十七岁,持有地方工业学校或实科学校或高级中学的毕业证书,具有一年以上实际就业经验者。修业年限三年,最初一年半学习公共课,后一年半分为机械科、化学科、建筑科三个专业课程,以机械科为例,其开设的科目:前一年半的公共课有纯粹数学,物理、化学、用具画、静物画、理论力学、应用力学、矿物学、建筑学、建材学;第二学年下学期机械专业科目有:机械学理论、机械材料学、机械部件学、土木建筑用机械学、机械结构论;第三学年的科目有:(1)机械学(续)、动力机学、设计演习,(2)铁路学、钢铁建造物论,(3)机械工业论,(4)作业车间实习。从培养目标和入学条件看,它正在向高等学术机构过渡。

(3)第三阶段(1860—1879):升格工科大学阶段。根据1860年8月23日的规定,该校又向高等学术机构前进了一步,如增设和充实教学科目,采用自由学习方法,废止点名等。1866年改称为工业学院,1871年正式承认它为工科大学。下设机械、冶金、化学、造船四个系。1879年与建筑学院合并,升格为柏林工科大学。

1821年时,柏林技术学校的学生仅有十三人,是中等手工业学校。然而,在不到半个世纪的时间,已发展成为驰名世界的工科大学。到十九世纪末,学生已有三千多人,发展

[①] 贺国庆,王保星,朱文富,等.外国高等教育史[M].北京:人民教育出版社,2006:168-169.

成为一所实力雄厚的工科大学。①

2.汉诺威工科大学的建立

十九世纪初,在反抗拿破仑的解放战争后,汉诺威的经济陷入困境。为了摆脱困境,曾采取关税保护政策和发放产业补助政策,但是,并未从根本上解决问题。为从根本上解决问题,不仅采取发放产业补助费政策,还应积极为发展产业培养人才,1829年设立"工业委员会",并决心设立比较高级的技术教育机构。

汉诺威工科大学建立于1831年,当时称为"高等工业学校",1847年改称为"综合技术学校",1880年升格为工科大学。该校的创办与发展的推动者是卡曼休(Karl Karmarsch)。他自1831年(该校建立)到1875年(该校升格为工科大学的五年前)任这所学校的校长,长达44年。

汉诺威高等工业学校于1831年5月开学,当时学生有64人,1833年增加到150人,1851年发展到214人,这一数字并不算多,但对于以农业和林业为主的保守小王国汉诺威来说,却是件令人惊异的事。这所学校不采用学科制,而是根据学生选修决定专业领域。学校只规定一个标准的修业年限,包括一年的预备课程在内。化学工程学科为三年、机械工程学科为四年、建筑工程学科为五年、技师科为六年。教员数:1831年10人,1856年14人,1875年28人。1843年,卡曼休仿照博依特的"普鲁士工业奖励协会"(1821年设立)创设"汉诺威王国工业协会",他任副会长,并让该校教员一律参加这一协会。通过这一组织形式,加强了学校同经济界的密切联系,决心把这所学校办成一流的工科学校。1847年由高等工业学校改称为综合技术学校。自1853年起,卡曼休编辑的《汉诺威王国工业协会报告》开始刊行,持续二十三年之久(直到卡曼休退职一年后为止),它是第一流的技术杂志,博得相当高的声誉。汉诺威综合技术学校在学术上已具有工科大学的水平。于是,在1880年,即卡曼休退职后的第五年,该校升格为工科大学。②

3.德国工科大学的性质与特点

德国工科大学在1820到1830年是从中等教育程度的学校起步,从1860年开始逐渐升格为工科大学的。也就是说,从1860年起才逐渐获得校长选举权、教官候补者提案权、教学和学习的自由权等,具备了大学的条件。以普鲁士的柏林、汉诺威、亚琛三所工科大学为例,它们都于1899年获得了学位的授予权,这标志着这三所学校已成为名副其实的工科大学。

德国工科大学不同于法国的巴黎理工学校/大学校,它从表面上学习法国的近代化工科大学——大学校的经验,而未抓住其实质。并且,它是从中等教育程度的工科学校起步,逐渐发展成为质与量都适应德国帝国主义时代的工科大学。

1820到1830年相继成立的工科大学的前身,都是有意无意效仿1794年创建的巴黎理工学校。不只德国如此,美国最早的伦塞勒理工学院与西点军校以及俄国、日本的高等

---

① 日本世界教育史研究会.六国技术教育史[M].李永连,赵秀琴,李秀英,译.北京:教育科学出版社,1984:231-232.
② 日本世界教育史研究会.六国技术教育史[M].李永连,赵秀琴,李秀英,译.北京:教育科学出版社,1984:232-234.

专门院校也都是效仿法国的大学校,所以说,法国的大学校可谓是世界高等专门学院与工业大学即应用科技型大学之母。对于这样一个典范,不能不效仿。然而,由于应学之处颇多,并未学到实处。只模仿一些外表,让学生穿制服,把学校规则改为军队式的等等。而对于其本质性的东西——巴黎理工学校等大学校的高水平的科学技术教育与精英教育则未学到手。所以,它的引进只不过是降低到中等教育水平的引进。可见,德国工科大学的前身同以巴黎理工学校为代表的大学校有着本质的区别。

德国工科大学基本上是由中等教育程度的工科学校逐渐发展成的。在这一发展过程中,培养出不少有才干的产业人才。回顾这一升格、发展时期,正是德国帝国主义形成的时期。法国大学校部分毕业生的分类顺序是科学家、数学家、哲学家,而德国工科大学毕业生的分类顺序则是科学家、技术员、企业家。显然,后一种更适合于帝国主义时代的需要。

1871年,法国败给了以西门子、克虏伯发明制造的钢炮武装起来的普鲁士军队。一个很重要的原因就在于,德国增设大学,在大学之间培植有益的竞争心理,对大学教授和博士很尊敬并给予荣誉,设立宽敞的实验室,并具有精良的实验仪器。而法国则只顾革命,沉醉于理想政体的无益争论之中,对高等教育的设施也只是给以偶尔的注意,忽视了高等教育机构的建设与工业发展实际应用的需求。

19世纪前半叶是法国大学校的全盛时期,而19世纪后半叶也就是帝国主义时代,是德国工科大学显露锋芒的时期。1898年时德国九所工科大学的在校生已超过万人。据德国工程学协会会长彼得报告,1898年德国最有名的工业公司的105个事业所共有3281名技师,其中1124人为技术学院毕业生,占34％。1913年,德国机械输出额已超过英美,居世界首位,并赢得了"机械之国"的美誉。显然,这是与工业大学和技术学院的作用是分不开的。若回想一下德国工科大学毕业生的质与量,可以说它已培育出适合帝国主义时代需要的大批优秀产业人才。

三、德国应用科学大学的兴起与发展

在20世纪60年代末、70年代初,在高等教育大众化、科学社会化条件下,工业化国家开始大力发展应用型本科教育,推动了高等教育大众化和普及化的进程,从而促进了经济、科技和社会的发展。德国应用科学大学(FH)就是在这种大背景下发展起来的,经过30多年的发展,已经成为德国第二大高校类型,形成了较完善、成熟的应用科技型本科人才的培养体系。

20世纪60年代末,在新的政治、经济、人口形势下,为了适应高等教育人数不断增加的趋势,确保高等教育机会的均等性,同时为了适应知识社会对多样化人才的需求,出现了总合大学(又译为统合大学)(Gesamthochschulen)和应用科学大学两种新型的高等教育机构。前者的核心方案是把综合大学、师范学院、应用科学大学等各种不同类型的高等教育机构合并或联合在一起,成立新型的总合大学,但是该计划在实践中未取得成功;后者是为了适应社会对高级专门人才的需求而成立,从工程师学校和高等专业学校发展而来,并在教育实践中取得了极大的成功。随着新型高等教育机构的成立及原有综合大学的扩招,20世纪60—80年代,德国从精英高等教育实现了向大众化教育转变的过程。

直到20世纪60年代,联邦德国境内的大学仍保留着所谓的"洪堡传统"。洪堡在19世纪初提出的"大学自治""学术自由""教学与研究相结合"的办学主张,使德国高等教育进一步摆脱了教会和封建统治的控制,是德国高等教育发展史上一次意义重大的改革。然而到20世纪60年代,联邦德国经济高速发展,科学技术突飞猛进。现代资本主义社会对教育的需求发生了巨大变化,不仅仅需要受过中等教育的熟练的技术工人,而且对具有高等教育水平的科技人员、管理人员的需求量日增。洪堡式的大学已不适应社会发展的需要。突出表现为:一些大学过分强调学术自由,大学的授课内容往往由主讲教授的个人爱好而定;主要是哲学、医学、法学、神学等传统专业,缺少现代社会所急需的自然科学、经济学、社会学等专业;教学内容与社会需求脱节;大学原有的讲座体制也不利于各门学科共同合作研究。另外,传统式大学强调英才教育,招生数量较少,仅限于培养少数尖子人才,这不仅与社会的需求发生矛盾,而且不能满足越来越多青年上大学的愿望。特别是60年代以后为数众多的工人子弟要求上大学,使得高等教育与广大工人之间的矛盾更加突出。在60年代中期,占人口总数45%的工人,其子女在大学生中仅为5.7%。[1]

从60年代末开始,德国优先发展新兴工业,电子工业、计算机工业等相继出现。新兴工业的出现要求迅速培养掌握新工艺和新技术的各种科技人才。然而,由于受洪堡高等教育思想的深刻影响,联邦德国大学奉行教学与科研一体化的宗旨,把高等学校首先看作是纯科学、无目的研究和教学的场所,职业准备处于次要地位。大学是少数社会精英集中的地方,只考虑到比例很少的学生。这在社会政治、经济生活发生了巨大变革的60—70年代,根本无法培养适应现代经济生活的各级各类专门人才。

20世纪60年代,在德国爆发了一场"教育讨论"。1964年,教育改革家格奥尔格·皮希特在其轰动一时的系列文章《德国的教育灾难》中提出警告说:"教育危急就意味着经济危急。如果我们缺少受良好教育的后备力量,迄今为止的经济腾飞就会很快结束。"[2]人们日益认识到:要保持德国经济在国际竞争中的竞争力,需要更多的高素质的能快速、有效地解决实际问题的应用型专业人才。德国传统的高等学校由于过于偏重"纯科学、无目的的研究和教学"已经无法满足工业社会对高素质应用科技型专业人才的需求。而且,越来越多的年轻人也希望能在高等学校中接受更好的专业教育和训练,不是从事单纯的科学研究。事实上,真正的科学家和科学研究人员在从业人员中毕竟只占了很小的比例。这样,通过关于高等学校结构与学科结构等问题的争论,各种改革方案随之出现。例如,在高校组织上,有人主张把过于庞大的传统大学的院系组织划分为较小的教学科研单位;在课程结构上,有人主张长课程与短课程并举;在高等学校整个结构上,要求解决好不同教育机构之间互相沟通的问题;等等。这与我国在新世纪提出地方高校转型发展为应用科技型大学具有同等的产业需求与时代要求。

60年代初,德国在受过高等教育的人数方面远远落后于当时的美国、日本。德国的高等教育已经无法满足社会对高素质多样化人才的需求。

---

[1] 贺国庆,王保星,朱文富,等.外国高等教育史[M].北京:人民教育出版社,2006:532.
[2] HANSGERT P,GERHILD F.Das Hochschulsystem in Deutschland[C].Bonn:Bundesministerium fuer Bildung und Wissenschaft,1994:6.

1957年,联邦德国成立学术评议会,着手准备高等教育改革。1960年,提出《关于学术组织扩充的建议——第一部:学术的大学》,其中提到面对大学生数量急剧增长的倾向,要大力发展现有大学,扩大现有高等学校规模,同时建立新型大学,以减轻现有大学的压力。1962年,提出《关于新大学形态的设想》,其中提出建立强化某一方面重点或具有新的专业领域的典范大学的设想。

这些提案虽没有得到全面实施,但为进入70年代以后的改革作了准备。新型的高等学校在这一形势下逐渐建立和发展了起来。60年代以后新建的大学在专业设置和内部结构上都不同于老式大学。其类型主要是:高等专科学院(应用科学大学)、综合高等学校(总合大学)、函授大学等。

总合大学从60年代中期开始在北莱茵-威斯特法伦、黑森和巴伐利亚州建立。这种新型大学的特点是招生和课程设置是双层次的。它不但招收完全中学的毕业生,同时也招收中专毕业生。来自两类不同中学的大学生在一起学习两年内容广泛的大学基础课程。然后,或者选择偏重于实践的课程学习一年,即可毕业获得就业机会。目前为这类大学生开设的专业有建筑、城乡规划、化学、物理、数学、安全技术、机械制造和设计、电工学、社会学、工程学、经济学等,这些都是社会需求较大的专业。也可以选择偏重于理论的课程学习两年,通过中间考试进入大学高级阶段,以培养高级理论、科研人才。综合高等学校的优点是:入学资格和学习期限灵活,为中等专业学校毕业生提供了机会;内容丰富的基础课程保证了学习期限较短的大学毕业生的基础知识水平;满足了社会对急需专业的需求量。总合大学被认为是一种大学结构的改革,具有很强的适应性。并且被1976年联邦德国颁布的《高等教育总法》视为德国高等教育未来发展的最佳模式。然而,总合大学在实施过程中困难重重,很难兼顾学术性和非学术性的功能。不仅发展缓慢,而且最终走向传统大学办学的老路。1975年,联邦德国共有11所综合高等学校/总合大学,到1990年则只剩下1所。[①] 这说明,要想在一种大学之内涵盖所有类型人才培养的设想是无法实现的,只能是不切实际的空想。这对我国高等教育的结构改革具有一定的警示意义。

与此同时,原有的中等专科学校和工程师学校培养的人才,层次偏低,既不能满足国内劳动力市场的需要,更不利于国际上人才交流和欧共体人才资格的认可。为了发展高等教育事业,联邦政府对大学教学进行了改革,目的是要把为今后职业活动作准备的原则作为大学的学习目的摆在比较重要的地位。改革大学教学是为了克服传统大学重知识、重理论而忽视实践和实际需求的弱点。1976年1月26日,联邦政府正式颁布了《高等教育总法》。这是联邦德国高等教育中首部统一的、适用于各州的纲领性法律。总法规定高等学校的任务是通过科研、教学和学习,培植和发展科学及艺术,并为大学生从事需要运用科学知识和方法或艺术创造能力的职业作准备。高等学校的教学目的是为学生的职业生涯做好准备。为此应在不同年级向学生传授相应的必需的知识、能力和方法,使其能胜任科学工作和艺术工作。高等学校的科研任务是开发知识,使教学和学习具有科学的基础并适应科学的新发展。科研课题在完成规定任务的情况下,可以涉及一切科学领域和

---

① 李其龙,孙祖复.战后德国教育研究[M].南昌:江西教育出版社,1995:179.

科学知识的实际应用,包括新科学应用所产生的效果。总法更强调了教育要适应经济的需要和就业的需要。①

为此,70年代,德国新建、扩建了不少大学,同时作为一种新型高校,也成立了一系列的应用科学大学——高等专科学院(FH)。与德国综合大学、职业学院不同,德国应用科学大学(FH)培养的是应用科技型高级专门人才,属于特色鲜明的应用科技型人才培养。

德国应用科学大学成立于20世纪60年代末70年代初。为尽快解决掌握新技术和新工艺的高、中级科技人员短缺的问题,联邦德国教育界和经济界人士一致认为,为提高原有的培养实用型人才的学校档次和培养要求,创办高等专科学校是最佳选择方案。1968年10月31日,各州州长签订了一个共同建立高等专科学院(FH)即应用科学大学的协议。此后,按照各地需要设置专业,培养第一线工程师的非学术性的应用科学大学(FH)在联邦德国各地相继建立。大多数的应用科学大学是在1969年至1971年之间建立的,前身是一些高级专业学院(例如:工程师学校,高级经济专业学校)。1976年《高等教育总法》颁布实施后,高等专科学校获得与其他高等学校同等的地位,得到进一步发展。自成立以来,在其30多年的历史中,经历了快速发展的过程,这已经成为"德国不同类型的高校体系中一个独特的和不可抗拒的要素"②。从此,应用科学大学(FH)开始了繁荣发展时期,并以其特有的实践性、较短的学制、严格的学习组织与综合大学及其同类高校一起构成了德国高等教育新体系,并对世界职业高等教育体系的建立与发展产生了较广泛的影响。

应用科学大学被公认为德国教育制度的第三阶段,即高等教育阶段的重要组成部分。从法律上它享有大学应有的各项权利。自1971年起,各高等专科学校的校长有权利参加"西德大学校长会议"这一组织。1976年《高等教育总法》把高等专科学校提高到与大学及大学类高校同一层次上,为高等专科学校的发展提供了有力的政策法律保障。1976年的联邦德国高等教育总法把应用科学大学提高到与综合大学及其同类高校同一层次上。③ 德国科学委员会在1981年就曾经提出:"不同的高校类型既不应该构成等级,也不应该相同。"④1985年重新修订的《高等教育总法》更是明确地将高等专科学校提高到与大学同等的地位之上,即"不同类型,但是等值"。原来制约着应用科学大学发展的一些因素,如应用科学大学教授与综合大学教授之间工资级别上的差别(应用科学大学只有C2和C3教授,没有C4教授),应用科学大学毕业生与大学毕业生担任公务员时工资级别上的差别(在国家机构中,大学毕业生可以担任高级职务,原则上应用科学大学毕业生只能担任较高级职务),随着2001年高校教师法的修订(改革了教授工资级别,应用科学大学

---

① 贺国庆,王保星,朱文富,等.外国高等教育史[M].北京:人民教育出版社,2006:536,538.
② Wissenschaftsrat.Empfehlungen zur entwicklung der Fachhochschulen in den 90er Jahren[R].Koeln:Wissenschaftsrat,1991.
③ Deutscher Akademischer Austuschdienst. Studium in Deutschland-informationen fuer aus laender ueber das studium an deutschen Fachhochschule[M]. Bielefeld: Bertelsmann verlag GmbH & Co. KG,2003:9.
④ Wissenschaftsrat.Empfehlungen zur entwicklung der Fachhochschulen in den 90er Jahren[R].Koeln:Wissenschaftsrat,1991.

教授与综合大学教授的工资级别原则上等同)[①]及新一轮的学位和硕士学位制度改革迎刃而解(综合大学和应用科学大学都可以授予学士和硕士学位)。然而,在现实中,大学及应用科学大学在声望、教师工资级别、科研机会、博士授予权及毕业生工资待遇等方面仍然存在着差别。

应用科学大学为满足社会对人才多样性的需求而设,其主要任务是以密切结合实践的方式向学生传授在科学研究的基础上获得的知识,为学生做好就业前的业务知识和技能方面的准备。应用科学大学的科学性主要表现在授课者的学术水平和开设课程的质量上,而不在于像普通大学那样师生共同进行科学研究。应用科学大学中设立的各专业,其完成任务的关键是在于能否及时用科学研究的新成果进行教学,同时及时根据社会生产和市场信息修改教学方案。另外,还应注意防止教学理论化的倾向影响到教学实习的地位。

1999年7月19日,欧洲29个国家签署《波洛尼亚宣言》。根据宣言精神,德国应用科学大学开展了相应的教学改革,如学制缩短、学位多级化、课程模块化、学分计算更科学等。虽然进行了一些改革,但德国应用科学大学还是一如既往地保持了应用型教育的特色。除此以外,应用科学大学也在不断增加创新型的、可以采用其他学习形式来攻读的本科专业。

总而言之,在过去的30多年中,德国应用科学大学得到了长足的发展,并成为德国高等教育体系中不可缺少的支柱之一。

四、德国高等教育的体系与类型

(一)德国高等学校种类

2016年,德国共有427所高校,分布在16个联邦州,注册学生总人数约290万。其中综合性大学(Universitt,包括理工大学、总合大学)107所,应用科学大学(Fachhochschule)217所,艺术、音乐院校52所,其他类型高校51所,参见下表3-2-3[②]:

表3-2-3 德国高等学校类型

类型		数量
高等学校总数		427
研究型大学与综合性大学		107
应用科技型高校	应用科学大学	217
	行政管理应用科学大学	29
	师范类高校	6
	神学类高校	16
	艺术类高校	52

---

① Bundesministerium für Bildung und Forschung. Die Fachhochschulen in Deutschland[R]. Bonn,Berlin:Bundesministerium für Bildung und Forschung,2004:4.
② HENDRIK L.德国应用科学大学体制对中国也是一种成功模式?[J].应用型高等教育研究,2016(1):65-75.

根据本书对应用科技型大学的定义，师范学院、神学院和艺术学院等专门院校应该划拨到应用科学大学一类，那么，德国应用科学大学的数量将达到 300 余所。德国主要包括以下 7 种高校类型，分别是：研究型大学、综合大学、应用科学大学、行政管理学院、师范学院、神学院、艺术学院等。其中，综合大学中包含研究型的工业大学及其同类院校；总合大学囊括了综合大学和应用科学大学两种类型，甚至包括艺术学院；师范学院只在巴登-符腾堡州是独立设置的高等学校，在其他州均设在综合大学或总合大学中；神学院是教会或国家举办的哲学-神学和神学高等学校；艺术学院是形象艺术、造型、音乐、表演艺术、媒体影视类高等学校；应用科学大学则在工程、经济、社会事业、造型和信息技术等领域提供应用型高等教育；行政管理学院则属于行政机构内部举办的以培养较高级非技术类后备干部为目的的高等院校。

1.综合性大学和应用科学大学

综合性大学（研究型大学）和应用科学大学尽管不是唯一的，但却是与其他类型有着明显距离的最重要的高等学校类型。与那些最早于 14 世纪时期创建的第一批综合性大学（如 1386 年创建的海德堡大学）相比，德国应用科学大学是一种相对较为年轻的高等学校形式。现今在德国，应用科学大学的数量约为综合性大学的两倍，这说明德国应用科学大学作为独立的高校类型已在德国高校体系里成功地建立起来了。

为了更好地理解综合大学与应用科学大学这两种高校类型，特将这两种不同的高校类型进行比较，着重阐述他们在教育思想、学校规模、专业设置、高校任务、教学、科研、学制、学位、入学条件、师资队伍及教授聘用条件等各方面表现出来的区别和差异，见表 3-2-4：

表 3-2-4　综合性大学与应用科学大学这两种高校类型比较

项　目	综合性大学	应用科学大学
教育思想	"洪堡教育思想"；强调"纯科学，无目的地研究和教学"。科学理论型培养模式	始终将科学知识和科学方法的实际应用放在第一位；科学应用型培养模式
学校规模	高校数量少，规模大；校均在校生人数约为 13656 名	高校数量多，规模小；校均在校生人数约为 2763 名
专业设置	涵盖了所有学科	专业设置要狭窄。目前，主要专业类型：工程技术、经济学、社会教育、造型/设计、信息技术和农学专业；没有医学类、师范类和体育类的专业
高校任务	①科研；②教学；③科学后备力量的培养；④继续教育；⑤社会服务；教学与科研并重	教学与科研相比，教学占据着优先地位
教授教学工作量	每周为 8 课时	每周为 16~18 课时

续表

项 目	综合性大学	应用科学大学
教学	共同的目标："教学应该使学生对某一职业工作领域做好准备,根据某一专业向学生传授必需的知识、能力和方法,使其具有从事科学或艺术工作的能力"	
	教学内容更偏重学科的系统性和理论的抽象性,更注重原理的推导和分析,注重学生研究能力的培养	教学内容具有鲜明的实践导向,偏重与实践密切相关的专业知识、方法和技能,强调科学知识和方法在实际工作中的应用。所以应用科学大学的教学具有鲜明的应用型特征
	课堂教学以讲授为主,形式比较单一,听课人数明显增多;课堂教学的特点是讨论式教学,一般在较小的学生群体中进行。这种形式保证了课堂教学过程中教师和学生之间的相互交流	课堂教学还融合了提问、练习、实例和演示实验等多种形式。实践学期是应用科学大学教学活动中最具特色的部分,也是教学活动的一个重要组成部分。实践学期在学校以外的企业或其他工作领域中进行的,目的在于通过实践学期加深学生对工作岗位的了解,培养学生运用科学知识与方法解决实际问题的能力
科研	"纯基础研究"和"应用型基础研究"	面向经济界和社会提出的具体问题,主要是"应用型研究"
学制	4~6年不等,一般为5年;一年授课时间一般为28周	一般为4年;一年授课时间一般为36周
入学条件	"一般高校入学资格"或"与专业相关的高校入学资格"①或具有同等学力	"一般高校入学资格""与专业相关的高校入学资格""应用科学大学入学资格"②或具有同等学力。没有接受过职业培训的申请人一般还要进行预实习,才能进入应用科学大学学习
师资及教授聘用条件	共同的聘用条件是:①高校毕业;②具有教学才能,一般通过教学经验或者培训加以证明;③具有从事科学工作的特殊能力,一般通过博士学位加以证明,或具有从事艺术工作的特殊能力	
	根据工资级别,教授可以分为三类:C2,C3,C4。C4教授是教授级别中最高的,只有综合大学及同类高校才有C4教授	另外要求"在科学知识和方法的应用或开发方面具有至少5年的职业实践经验,其中至少3年在高校以外的领域里工作,作出特殊的成绩"

2.行政管理应用科学大学

行政管理应用科学大学,又被称为公共行政与司法行政应用科学大学,均为各联邦州的内部高校,其任务是培养将来从事高级行政管理事务的公务员后备力量。学生在学习期间与政府之间可撤销公务员劳动关系并领取预备公务员工资。在过去几十年里,各联邦州越来越多地发生转变,将这些后备力量的培养任务外部化,即转到国立应用科学大学去,这除了有教育政策方面的考虑外,首先还是出于财政预算政策的原因。

3.师范类高校

师范类高等学校在德国属于从属角色,除了巴登-符腾堡州以外,它们均已纳入已有

---

① "一般高校入学资格"和"与专业相关的高校入学资格"分别可以在完全中学和专业完全中学取得。
② "应用科学大学入学资格"可以在专业高级中学或其他一些职业培训机构取得,比如,高级专业学校、技术员培训学校、师傅培训学校等。

的综合性大学里。在巴登-符腾堡州,师范高等学校主要开设培养各类教师和涉及校外教育科学的专业。

4.神学类高校

天主教和基督教教堂的神职后备力量主要由国立综合性大学的神学系培养,而教会高等学校的教育则聚焦于社会工作和社会教育领域。

5.艺术类高校

艺术类高等学校致力于呵护音乐、美术、造型艺术领域的所有艺术,创造新的艺术形式和表现方式,以及传播艺术知识和传授艺术技能,并为学生今后从事文化与艺术领域的职业,以及需要具备特别艺术技能的艺术教育职业做准备。在履行这些任务的范畴内,艺术类高等学校也开展研究。①

(二)应用科学大学

1.内涵

如前所述,"应用科学大学"英文名称为"universities of applied sciences",这个词源于德国为消除国际社会对德国应用科学大学的误解而设计的英文翻译,并于1998年通过决议正式使用,荷兰、芬兰、挪威、奥地利等欧盟国家也都开始使用该英文名称作为其各自国家同等类型高校的国际名称。

关于应用科学大学的内涵,德国《下萨克森州高校法》中规定:应用科学大学通过教与学、继续教育及与实践紧密联系的研发服务于应用性的科学或艺术。②

2.应用科学大学(Fachhochschule)概念的演变

"Fachhochschule"最初是指"高等技术专业学校""高等农业经济专业学校""高等经济与贸易专业学校"以及"艺术、音乐、矿山和森林高等专业学院"等。也就是说,"Fachhochschule"原本是对那些学科特色型教育机构的总称,并且那时这个称谓下的教育机构在学术层次上较之于以前的中等专业学校(Fachschule),如中等工程学校(Ingenieurschulen),更接近于综合性大学。当1971年在德国成立第一批现今意义上的同样名为"Fachhochschute"的应用科学大学的时候,最初的那些被称为"Fachhochschule"的学科特色型的高等学校已经大部分不是被转变成为综合性大学,就是被赋予了与综合性大学同等的权利和地位,或是被纳入了已有综合性大学,成为其中的一个系部。人们之所以在1968年决定对这一类型的高校起名为"高等专业学校"(Fachhochschule),主要是因为其前身也同样具有学科特色性,即首先是在工程和经济领域。由于德国"Fachhochschule"的专业设置在过去几十年里扩展得非常迅速,比如出现了诸如"卫生健康及护理"等专业,因此,"Fachhochschule"的概念就显得太狭隘并不合时宜了。基于此,德国联邦州的高校法便以"高等学校"(Hochschule)这个上位概念,或者"应用科学大学"(Hochschule fur angewandte Wissenschaften)这个名称取代了"高等专业学校"(Fachhochschule)这一概

---

① 王立人,顾建民,庄华洁,等.国际视野中的本科应用型人才培养[M].杭州:浙江大学出版社,2008:108-113.
② HENDRIK L.德国应用科学大学体制对中国也是一种成功模式?[J].应用型高等教育研究,2016(1):65-75.

念。很多这一类型的学校为了突出自己的办学定位和特色取名为"经济与技术应用科学大学"(Hochschule fair Wirtschaft and Technik),如柏林经济与技术高等学校(Hochschule fur Wirtschaft and Technik Berlin),"经济与环境应用科学大学"(Hochschule fur Wirtschaft and Umwelt),如纽特林根-盖斯林根经济与环境高等学校,"技术应用科学大学"(Technische Hochschule),如科隆技术高等学校,"经济与法律应用科学大学"(Hochschule fur Wirtschaft and Recht),如柏林经济与法律高等学校等。后来几乎所有的德国此类高校都统一被冠以英文名称"university of applied sciences",即"应用科学大学"。而英文"high school"(高级中学)的称谓则完全不适合于此,因为从教育层级上来看那是一种第二级的教育机构,而应用科学大学则属于第三级的教育机构。

3.应用科学大学与职业学校以及双元制职业教育的区别

应用科学大学以极强的与实践高度融合性、与经济紧密相连性及应用导向性为其最明显的特色。然而,人们不得将其与在德国同样特别成功的职业教育(职业培训)体制混为一谈。最为重要的区别就是应用科学大学教育的学术性:应用科学大学的学生如要通过硕士学位考试,则须通过能够独立开展学术工作、能够以其具备的科学知识解决问题来证明其能力;而在职业教育领域,应当通过井然有序的训练进程的实施向学生传授那些将来可以直接过渡到实际工作环境所必需的技能、知识、能力(职业行为能力)。双元制职业教育是一种把企业职业培训环节与职业学校学习环节紧密结合起来的一种职业教育体制,受培训者(学徒)要同企业签订协议,每月从企业获取薪酬,并通过毕业考试来证明其是否具备职业行为能力。受培训者(学徒)若顺利通过考试则可获得一个证书,但不能获取任何学术性头衔(学位)。德国一些联邦州高教法也规定,如《德国下萨克森州高校法》就规定:如果大学申请者顺利完成三年职业教育,又能够证明其在所学职业领域有三年的就业经历,则可因其所受的此等职业预备教育(Berufliche Vorbildung)获得大学资格("3+3"模式)。

4.应用科学大学与职业学院的区别

应用科学大学不仅不同于职业培训体系(Berufsausbildungs system),也和职业学院(Berufsakademien)有区别。与此相关的规定在德国各联邦州大不相同,在一部分联邦州甚至完全没有职业学院。下萨克森的职业学院不具备高等学校地位,然而归属于第三级教育领域。职业学院一般是非国立性质的教育机构,它们开展至少为期三年的相关科学知识的教育以及以实践为导向的职业教育。这种形式的教育由两个部分组成,一个是学生在企业或者类似机构接受实践培训,另外一个部分是学生在与企业合作的职业学院进行与实践培训步调吻合的学习(双元教育)。在符合一定条件的情况下,职业学院可以设置一些教学专业,这些专业的学生毕业时可获得附加专业方向的学士学位。前提是,所开设的专业须经过独立的高校专业认证机构的审核认证。在达到其他认证条件的同时,必须满足一项师资力量的基本条件,也就是说,至少有60%的教师要具备应用科学大学教授资格。

德国职业学院是德国第三级教育领域中最年轻、最独特的一个组成要素。它于20世纪70年代首先出现在巴登-符腾堡州(以下简称为巴符州),此后在柏林、萨克森州、下萨克森州和石荷州也相继出现以"职业学院(BA)"命名的教育机构。职业学院(BA)是德国教育体系中的一种特殊形式,这种特殊性一方面表现在职业学院(BA)只在几个州存在,而且培养模式及毕业资格认可也不尽相同;另一方面也表现在这种教育机构很难清楚地划分到原有教育体系中的任何一类中去。从法律地位来看,它既不是第二级教育领域中的职业学校,也不是第三级教育领域中的高等学校,而是高校以外的第三级教育领域中的教育机构。

作为高校以外的第三级教育领域中的教育机构,职业学院(BA)的核心思想是将德国"双元制"中等职业教育引入到第三级教育领域,教学组织过程中的主要特点是学院的理论教学和企业的实践教学交替进行。因此,职业学院(BA)融合了"双元制"职业教育和高等教育两者的某些特征。首先,职业学院(BA)是"职业教育"场所,这一点从教学场所的双元学院和培训单位的交替进行,到培养目标所具有的明显的职业取向以及专业设置所具有的鲜明的职业岗位特征等都可以看出来。其次,职业学院(BA)是属于第三级教育领域中的一个教育机构,其教学内容在具有明显的"实践性"特征的同时,也具有一定的"科学性";从人才培养规格上来看,也具有类似于高等学校的特征,这一点可以从3年后授予的毕业资格看出来;从培养层次上来说,以技术类专业为例,相对于技术工人、师傅和技术员,职业学院(BA)培养的文凭工程师显然是更高层次上的技术人才。因此,职业学院(BA)其实是高等职业教育机构,相当于5B人才,与我国的高等职业学院类似。[①]

2009年,在巴登-符腾堡州,国立职业学院转变为巴登-符腾堡双元制应用科学大学,校址位于州府斯图加特市。

综上所述,根据《国际高等教育标准分类法》,德国的综合大学、应用科学大学、职业学院相当于5A1、5A2、5B类高校,分别培养学术性研究型人才、应用科技型专门人才和职业技术实用型人才。

德国应用科学大学自创立以来便以令人瞩目的方式日益发展壮大,它作为一种拥有和综合性大学同等地位的高校类型树立了以实践应用为导向的自己的特色。应用科学大学在未来仍会继续不断成长——不仅在数量上,而且也会在质量上。应用科学大学通过与经济界密切合作,继续为企业培养实践性强的高素质专业人才。对应用科学大学毕业生的高需求和毕业生的高就业率证明,这种持续的以满足实际需求为导向的高等教育的确是一种成功的办学模式。

我国正处于社会主义现代化建设和实现"两个一百年"奋斗目标的关键时期,社会主义现代化建设亟须数以千万计的高层次应用科技型人才,因此,在我国建设中国特色高质量应用科技型大学新体系的关键时期,积极借鉴和汲取德国应用科学大学改革与发展的经验就具有非常重要的现实意义。

---

① 王立人,顾建民,庄华洁,等.国际视野中的本科应用型人才培养[M].杭州:浙江大学出版社,2008:113-114.

第三节 英国应用科技型大学的历史发展

英国的高等教育起源于中世纪。在英格兰,牛津大学(1167年)与剑桥大学(1209年)自12世纪创立一直到现在,可谓是独领风骚800余年,影响了世界大学的发展,成为英语世界最古老的大学。在苏格兰,在15、16世纪先后建起了圣安德鲁斯大学(1412)、格拉斯哥大学(1451)、阿伯丁大学(1495)、爱丁堡大学(1583)四所大学,它们办学模式不同于牛津剑桥的绅士主义,注重自然科学与实验,别具一格,自成传统。在19世纪以前,英国的高等教育基本上限制在这几所大学之内。虽然它们为教会和政府培养了大批卓越的人才,但它们还不是真正意义上的应用科技型大学。英国应用科技型大学是从19世纪的城市大学运动开始的。

一、工业革命与应用科技类课程的产生

牛津大学和剑桥大学在中世纪(12至17世纪),一直是古典人文主义教育。其课程几乎没有什么重大变化,文科课程是"七艺":"三艺"(Trivium)——文法、逻辑和修辞。三艺之后便是"四艺"(Quadrivium)——算术、天文、几何和音乐。1571年,按照爱德华国王给剑桥大学的法规进行了课程设置的改革。这种课程设置"把知识范围划分为四个领域(每个领域涉及存在的某个阶段):形而上学(研究总体)、物理学(研究质)、数学(研究量)、宇宙学(研究世界地理)。这样一种明确的划分使剑桥的教师和大量的其他遵循传统的教师,在数学和科学中新发现层出不穷的条件下不必对旧课程作重新考虑"[1]。

自16世纪以来,社会的变革也导致大学开设了一些新的讲座:如解剖学、植物学、天文学、地质学、阿拉伯语、几何和古代史等。17—18世纪,牛津和剑桥由于陷入政治宗教的斗争而处于停滞不前的状态,不能反映工业变革时代的新的国家需要,它们"仍然迟迟不改它们对旧统治者的忠诚,它们在基调、价值取向和结构上都一如既往……它们落在时代的后面,变得越来越偏狭,越来越古板,越来越不合时宜"[2]。

18世纪以棉纺机、织布机、蒸汽机的发明及运用以及运河、公路、铁路交通的发展为标志的工业革命开辟了英国现代化的新时代,同时也掀开了人类历史的新篇章。工业革命是17世纪中叶以来政治变革的结果,也是科学技术革命和手工工场发展的产物。尽管牛顿等少数人曾经在大学内从事过科学研究与教学,但工业革命所凭借的技术基础并不起源于大学。事实上,到19世纪初牛津和剑桥大学从职能到结构,从课程到招生跟12—13世纪刚诞生时没有什么根本性的变化。工业革命导致高等教育领域发生了深刻的变

---

[1] 张泰金.英国高等教育:历史·现状[M].上海:上海外语教育出版社,1995:160.
[2] SHELDON R.The revolution of the dons[M].London:Faber and Faber Ltd,1968:18.

革,但高等教育对工业革命的贡献微乎其微,它与工业革命之间只有极为松散的联系。

18世纪,苏格兰的三所大学对科学的兴趣与关注却远比牛津和剑桥浓厚与重视。1789年,杰斐逊(Thomas Jefferson)曾提到,在科学方面,"世界上没有一个地方可以和爱丁堡相匹敌"①。18世纪50年代,自然科学已经在阿伯丁大学确立了地位,而格拉斯哥大学和爱丁堡大学成为主要的医学中心。医学发展的同时也引发了对化学、地质学和其他科学的研究。18世纪的启蒙运动更是激发了人们将科学应用到渔业、农业、交通业和工业上去的兴趣,苏格兰的大学顺应时势,改革课程设置,增添更现代更实用的课程,并与制造业建立了联系,这与依然稳坐象牙塔中的牛津和剑桥形成了强烈的反差。大学中的公开讲座主要是针对工业中存在的问题,而格拉斯哥的公开讲座更是吸引了当地的工厂主。他们的毕业生也都在工商业界获得了成功。如格拉斯哥大学培养出了许多有影响的人物,其中最著名的就有古典政治经济学的代表人物亚当·斯密(Adam Smith)和蒸汽机的发明者瓦特(James Watt)。

尽管如此,但当时传播科学与应用知识的主要还是异教学院、各种学会、科学俱乐部和巡回科学讲演团,而非在大学之中;许多科学原理不是产生于大学而是产生在咖啡屋中。技术革新者除自动织布机的发明者卡特赖特受过大学教育外,大多是工匠出身,没接受过多少正规教育。可以说,大学对18世纪英国工商业的发展几乎毫无贡献。

中世纪大学被经院哲学所统治,在宗教的束缚之下,从教育内容到教育目的无不渗透着宗教的精神。自文艺复兴以来,神学的绝对统治打开了一个缺口,人们的思想逐渐从神学的桎梏中解放出来,思想的解放加上科学的发展反映在高等教育上就是高校课程出现了微弱世俗化的倾向。一些先进的思想家在一定程度上推动了大学课程的改革。

17至18世纪英国大学从课程方面进行了较大的改革。培根的唯物主义哲学以及人们对大学的批评对大学教学内容的改变有一定的推动,最明显的是大学开始设立自然科学讲座,使学科范围有所扩大。对大学陈腐的教育提出批评的人中有英国著名的诗人和政论家弥尔顿(John Milton),他在《论教育》(*On Education*)(1644)一书中对大学进行了猛烈的批评,认为大学埋头于抽象的古典科目的学习,忽视关于人和事物的具体知识的学习。因此,他将与自然现象和过程有关的许多内容引入课程,他认为忽视自然科学和外语的学习,英国就不可能在科学上取得进步。弥尔顿重视自然科学教育的思想到17世纪后期开始在大学课程中有所反映。

1707年,毕业于剑桥大学的格林(Robert Green)在《修学计划》一书中提出建议:剑桥大学除开设拉丁语、希腊语、古代史和一些宗教课程外,还应开设广泛的新的科学课程。他对课程作了如下设计:第一年下半年开设年代学、地理学和地图研究;第二年上半年开设逻辑学、几何学入门,下半年开设算术、代数、微粒论哲学;第三年上半年开设实验哲学和矿物化学、植物学和动物学、解剖学(动物解剖学、植物和蔬菜解剖学、矿物解剖学),下半年开设光学、屈光学、测光学、颜色学、圆锥曲线和曲线性质;第四年上半年开设力学哲学、静力学、流体静力学、流动率和逆动率、微积分、无限级数、无限算数,下半年开设天文

---

① STEPHENS W B.Education in Britain 1750—1914[M].London:Macmillan Press Ltd.,1998:64.

学(球状的、假设的、实用的和物理的天文学)、对数和三角学。[①] 这些课程中很多是波义耳、哈雷、牛顿等人所从事的研究,这表明新的自然科学对剑桥大学的教学内容已发生了影响。在拓展教学领域方面,剑桥大学三一学院院长的本特利(Richard Bentley)在任期间(1700—1742)把剑桥变成了英格兰自然科学的研究中心。1704年,剑桥设立普拉闵(Plumian)天文学教授职位,建立了天文台、化学实验室。他还自费帮助牛顿出版修订了的第二版《原理》。由于他的鼓励,剑桥形成了牛顿数学学派。1726年聘请布雷德利(Richard Bradley)成为剑桥第一位植物学教授,1728年伍德沃德(John Woodward)成为地理学教授,在其著作《散论地球自然史》中提出了地壳分层说。[②] 在18世纪上半叶,剑桥大学先后设立了化学、天文、实验哲学(物理学)、解剖学、植物学、地质学、几何学等教席。1668年,牛津大学的雷恩等人曾计划在伦敦建立一所科学学院,计划虽未实现,但当初的设计方案影响了十年后牛津大学阿什莫尔(Ashmolean)博物馆的建立,它是英国古代艺术、考古学和博物学公共博物馆。自1675年建立以来,一百五十余年间一直是牛津大学的科学研究中心。18世纪,在外界的捐助下,牛津大学先后设立了植物学、化学、实验哲学、临床医学、解剖学、诗歌、盎格鲁-撒克逊语言等教席,还建立了自然图书馆及天文台。[③]

17—18世纪,近代自然科学逐渐进入英国大学的课堂,这说明一种新的自然科学的学术源流已经冲击古典主义的教育传统,神学开始失去了它的"灵光",大学课程开始逐渐世俗化。但是由于当时近代科学体系还处于初创阶段,许多新的学问还未达到系统化的程度,因而这些内容的教学未能在大学占据主流地位,从严格意义上说,有些科技类讲座并不是大学课程的组成部分,但这足以预示一个新时代的来临。

二、新大学运动与应用科技型大学的产生

18世纪的工业革命促进了英国政治、经济、科学和文化的发展,使英国到19世纪中叶成为世界上最先进和最强大的工业国。英国工业革命后,工商业发展迅速,迫切需要科学和技术知识,急需大量应用科技型的工程技术人才、管理人才和经营性人才。受英国社会重人文轻技术传统的影响,英国高等教育强调学术教育,以基础研究为主,偏重理论人才的培养,忽视应用研究,对应用人才培养不够重视。社会经济发展所急需的应用科技型人才的培养靠传统的几所大学是远远不能满足需要的。于是从19世纪20年代后开始,英国掀起了兴办近代新大学运动,在一些工业城市陆续办起了一批非教派、不寄宿、收费低、重实业、传播现代应用科技的城市学院。

伦敦大学以及一系列城市学院的建立,改变了传统的高等教育的概念,开创了英国高等教育的新纪元。伴随着新大学运动,英国的应用科技高等教育开始兴起,大学推广运动

---

① 夏之莲.外国教育发展史料选粹(上)[M].北京:北京师范大学出版社,1999:314-315.
② ELISABETH L G. A concise history of Cambridge[M].Cambridge:Cambridge University Press,1996:36,94.
③ ARAMYTAGE W H G.Four hundred years of English education[M].Cambridge:Cambridge University Press,1964:35,63.

逐渐展开。在高等教育的改革中,一直贯穿着维护传统的古典主义教育与提倡科学的功利主义教育的激烈论争。

长期以来,牛津和剑桥与法国巴黎大学一样被看作"理想学问和宗教教育的研习之所"[①],完美地继承了中世纪大学的传统,即注重通过自由教育(liberal education)来发展人的道德和心智。"它们培养的是掌握教会和国家命脉的少数'精英',传授的是一成不变的'永恒知识',而具体传授这些知识的教员在教学方面具有'绝对权威'……大学教师们能够炮制并传授一种终结了的文化。他们被教会和国家委以这项任务,并被授予足够的自治权来按照自己的方式完成这项任务。"[②]大学教育的目的与任何谋生的职业无关,其深刻的意义只在于培养有别于他人的文化标记,使心灵得以自由的人文品质。这样的心灵训练在牛津通过古典课程来进行,在剑桥则把数学放在第一位,把古典课程放在第二位。

苏格兰的大学和英格兰传统大学之间、哲学与数学之间的争论,说明辩论已深入到教育内容。许多人对牛津、剑桥还提出了许多批评,归纳起来有下列 11 个方面[③]:(1)学习内容没有实用价值;(2)强迫参加宗教活动,浪费时间,压抑精神;(3)无理的宗教要求:牛津入学时要宗教考试及格,剑桥学完后宗教考试不及格不给毕业证书;(4)蔑视、敌视理科课程;(5)排斥不信英格兰国教的教授、学者;(6)没有严格的考试制度;(7)教授不起作用,倒是水平低的书院辅导教师(tutor)、辅导员(coach)在学业上发挥了重要作用;(8)书院选举院士,只限某些家族、某些地区出生的人,歧视异己;(9)人员庞杂,开支浩大;(10)学校仍受教会控制,只有神职人员才能当教师(master),学校成为宣传、继承宗教的基地;(11)大学为富人垄断,穷人已被赶出大学。

1809 年,功利主义代表人物艾奇沃斯(R.L.Edgeworth)发表了《论职业教育》(*Essays on Professional Education*)一书,对当时的大学教育进行了抨击,提出知识的价值必须最终由其用途来决定的观点,由此揭开了教育论战的序幕。原牛津大学新学院(New College)的院士(fellow)西尼·史密斯(S.Smith)利用辉格党人和激进改革者的宣传工具《爱丁堡评论》(*Edinburgh Review*)对传统的英格兰大学教育发起了攻击。他指出,"大学这个词应该意味着什么?应该是教授任何一门自由的,同时对人类也是有用的科学之所"[④]。资本主义的发展需要大学追求实用之学,需要大学向社会开放,为社会经济发展培养人才。

这场大辩论的最大收获就是最终促成了伦敦大学的创办,同时,传统大学在批评声中也作了突破性的改革,使自己赶上了时代,保持了自己的地位。

在大学恪守中世纪大学传统的时候,牛津剑桥的象牙塔之外正发生着剧烈的社会变革,工业革命的进一步发展日益凸显出教育在国家政治经济生活中的作用,促使人们重新定义大学的目的。

---

① MARTH M G. Cambridge before Darvin: the ideal of a liberal education,1800—1886 [M]. Cambridge:Cambridge university press,1980:39,70.
② REEVES M,NIBLETT W R.The European university from medieval times[M].Travistock:Travistock Publications,1969:82.
③ 张泰金.英国高等教育历史·现状[M].上海:上海外语教育出版社,1995:23.
④ BARNARD H C.A history of English education from 1760[M].London:University of London Press Ltd.,1961:83.

19世纪英国高等教育领域发生了革命性的变化,以伦敦大学的创建为开端的新大学运动彻底打破了牛津和剑桥独霸高等教育的局面。

(一)伦敦大学的建立

1827,伦敦大学委员会《关于大学性质和目标的声明书》正式发表。该声明书对伦敦大学之不同于牛津、剑桥作了详细论述:"牛津、剑桥两大学成立以来,英格兰在人口、财富方面已发生了重大变化,这就有必要建立一所新的大学。这是个迫切的需要。伦敦则是建立这样一所大学最有利的地点。"[1]1828年伦敦大学在伦敦市高尔街创办。伦敦大学招生不分教派,毕业也没有宗教测验,神学被排除在课程之外,马修·阿诺德称其是"高尔街上没有上帝的学校"[2]。伦敦大学是一所崭新的大学,它针对社会、经济发展的需要设置课程,主张理论联系实际,主要传授现代学术和自然科学。它的课程设置比较广泛,包括语言、数学、物理学、心理学和道德哲学、法律、历史、政治经济学、医学等。医学从建校伊始就是一门重要的学科,把内科与外科结合起来,学校还有一所开办于1834年的附属医院。学校主张把教育与职业结合,与实用科学联系起来,试图设置更加专业性的课程,如矿物学、工程学、设计和教育等。妇女第一次走进了大学的大门。学费低廉,一年的费用为25~30镑,只相当于牛津和剑桥的十分之一。学校只是教学的中心而非住宿的中心,学生走读,而且教学语言是英语而非拉丁语。这个建在垃圾堆旧址上的学校由于适应了社会需要,收费低廉,摆脱了宗教的束缚,因此发展非常迅速,到1830年学生就超过了500人,其中大部分是医学科的学生。

伦敦大学强调教育与地方工商业发展的联系。例如,19世纪后期,伦敦大学国王学院中开设的化学课程内容不仅涉及染色、酿酒玻璃制造等方面的内容,而且部分教授还亲自参与地方化学工厂的建造、技术指导和业务管理等事务。伦敦大学学院的亚历山大·肯尼迪爵士不仅首次开设了工程学方面的课程,而且还极其注重它在工业上的广泛应用。此后,其他各类学院纷纷开设这门课程,教授有关海运、蒸汽机、空气动力、汽车、飞机制造等实用性极强的内容。到第一次世界大战为止,伦敦大学以及以伦敦大学为模式建立的各类技术性工科院校已与英国的工业发展形成伙伴关系。例如伦敦大学学院的工程学教授亚历山大·肯尼迪声称,他的学生中有90%的毕业生都成为工程师或与工程有关的高级技术人员。[3] 并且,许多大企业公司甚至私人纷纷捐款资助伦敦大学办学。例如,19世纪末,许多企业家出资在伦敦大学建立与电子工程、电机工程以及工程学有关的讲座、实验室和研究所。伦敦大学在教育领域无疑是引发了一场革命,它的革命性一方面表现在无神学、无上帝的课程设置上,更重要的是它是英格兰第一所不限制学生宗教信仰,招生不必通过宗教考试的学校。

为抵制伦敦大学的非宗教性,1829年,国王学院(King's College)创办,1831年正式

---

[1] 张泰金.英国高等教育历史·现状[M].上海:上海外语教育出版社,1995:25.
[2] BARNARD H C.A history of English education from 1760[M].London:University of London Press Ltd.,1961:83.
[3] MICHAEL S. The universities and British industry,1850—1920[M].London:Routledge and Kegan Paul Ltd.,1972:113.

招生,它按照就近和剑桥大学的传统办学。它包括高级部和低级部两部分,高级部教授"宗教和道德、古典文学、数学、自然和实验哲学、化学、自然史、逻辑、英语文学和写作、商业原理、普通历史。此外还有现代外语的教学,有些科目与特定的职业有关,如内科、外科、法学等"①。低级部招收走读的学生,是高级部的预科。与伦敦大学一样,在国王学院中学习医学的学生占了大多数。在新型的理学和工学部中更是开设了大量有关近代自然科学和技术工科方面的课程(见表3-3-1),反映了伦敦大学面向社会、培养专业实用人才的特征。阿什比认为,"伦敦大学的建立标志着科学革命最终开始进入英国高等教育之中"②。

表3-3-1　1826—1926年伦敦大学学院设置的课程内容

学部	法学	理学	工学	医学
主要课程	比较和国际法、罗马法、法理学、宪法和历史、英国法、商业和宪法、印度法、商业法及其历史	应用数学和机械学、应用统计学、纯数学、自然哲学、物理地理、地质学和矿物学、化学、植物学、动物学和比较解剖学、病理化学、运动解剖学	应用数学和机械学、纯物理学、纯数学、民用和机械工程学、电机工程学、市政工程学、卫生学和公共健康化学、地质学和矿物学	植物学、比较解剖学和动物学、化学、物理学、物理学和生物化学、解剖学、病理化学、药物学、医学史、卫生学、外科学、临床医学、临床牙外科、药剂学

伦敦大学与国王学院虽是竞争对手,但除了宗教上的对立,两校有许多共同之处。它们的课程设置都比较广,学生来自不同社会背景的家庭,课程设置以及学生成分的多样导致学生职业选择的多样。1836年,伦敦大学改称伦敦大学学院(University College of London),与国王学院一样独立办学,但均无学位授予的资格。新成立的伦敦大学凌驾于学院之上,对两所学院的毕业生进行考试并拥有授予文学、法律和医学学位的权利。1900年,伦敦大学本部也开始招生,形成了"校本部"(internal)和"校外部"(external)两大块,构成了大学的实体。但只有校本部才负责招生、上课、科研等活动,而"校外部"只负责学位考试和教学质量监督。在这种模式下,英格兰各地先后在15年内办起了80所大学学院(university college),形成了大学教育大发展的局面。

值得一提的是伦敦大学学院的"工程学实验室"。著名的机械工程学教授肯尼迪(A.W.B.Kennedy)从1874年开始在那儿工作,并创立了一套完整的通过工程学实验室来从事教学的体系。在"肯尼迪模式"问世之前的15年里,英国的工程学教学主要是在大教室里进行的。肯尼迪把实验室变成了工程教育的工具。在他看来实验室"有三个主要目的:第一,让学生取得日后可能用得着的实验工作的一些实际经验;第二,教他如何进行实验;第三,提供从事创造性研究的机会和工具,从而为增进知识作出贡献"。肯尼迪还谈到实验室的功能:"一旦把一个好学生放入实验室,你就能够激发他从事研究的热情;一旦把一个好教师放入实验室,你就可以确保他永远虚心好学。"③肯尼迪所创造的实验室模式先

---

① BARNARD H C.A history of English education from 1760[M].London:University of London Press Ltd.,1961:85.
② ASHBY E.Technology and academics[M].Macmillan,1936:59.
③ EMMERSON G S.Engineering education:a social history[M].Chicago:The University of Chicago Press,1973:102.

后被伯明翰大学、布里斯托尔大学、谢菲尔德大学、曼彻斯特大学、利物浦大学、利兹大学和爱丁堡大学模仿,甚至还受到了欧洲大陆、美洲以及澳大利亚的一些大学的效仿。实验室对培养应用科技型人才的重要功能与作用仍然值得我们今天加以认真借鉴与高度重视。

至今,伦敦大学仍为它的历史感到骄傲。它宣称自己是:第一个拥有化学、物理和生理学实验室的大学;第一个把英语和英国文学看作值得认真研究的不列颠的大学;第一个教授工程学的大学;第一个招收女生攻读学位的大学(1878年);第一个授妇女教授教衔的大学;第一个任命妇女当校长的英联邦大学等。

伦敦大学的大学学院管理模式、非寄宿制的学生管理以及对神学教育的摒弃,在高等教育领域引起了一场深刻的革命,随之而来的是19世纪中后期英国城市学院(civic colleges)的兴起。

(二)城市学院的兴起

19世纪后半叶开始,欧洲资本主义进入了垄断阶段,由于各国在军事、经济和文化等方面竞争日趋激烈,高等教育被纳入工业化轨道,通过高等教育培养为国家和工商业发展服务的应用科技型高级专门人才成为这一时期欧洲各国高等教育改革的基本目标。作为当时最大的殖民宗主国——"日不落帝国"的英国更是如此。19世纪70年代之后,英国高等教育发生了革命性变化,出现了城市学院,亦称城市大学(civic universities)。

城市学院的兴起除了伦敦大学的示范作用以外,还有深刻的社会背景。19世纪中叶,英国的工业革命早已完成,钢铁、煤矿、纺织业、机器制造业已领先实现了机械化,全国建成了铁路网。内燃机的发明使城市人口进一步集中,到1851年英格兰和威尔士的城市人口占总人口的比例已高达50%。但此时美国和德国等资本主义国家也迅速崛起,世界资本主义的竞争加剧,这对英国高等教育提出了新的劳动力供给的要求,因此新型高等教育机构的出现成为一种客观的需要。因此,从19世纪50年代起,城市学院如雨后春笋在英格兰和威尔士涌现,见表3-3-2:

表3-3-2　19世纪英国城市学院成立情况

机构名称	成立时间(年)	所在地	地区
欧文斯学院	1851	曼彻斯特	英格兰
哈特利学院	1862	南安普敦	
皇家阿尔伯特纪念学院	1865	埃克斯特	
纽卡斯尔自然科学学院	1871	纽卡斯尔	
约克郡科学学院	1874	利兹	
布里斯托大学学院	1876	布里斯托	
弗思学院	1879	谢菲尔德	
梅森科学学院	1880	伯明翰	
诺丁汉大学学院	1881	诺丁汉	
利物浦大学学院	1881	利物浦	
雷丁大学学院	1893	雷丁	

续表

机构名称	成立时间(年)	所在地	地区
兰佩特学院	1822	兰佩特	威尔士
阿伯里斯威斯学院	1872	阿伯里斯威斯	
卡迪夫学院	1883	卡迪夫	
班戈学院	1884	班戈	

总体来看,这些城市学院具有以下基本特征:

第一,它们都坐落在人口稠密的工业城市,从一开始就跟地方工业有着千丝万缕的联系;招收的学生大多是中下层劳动人民的子女;它们一般不采用寄宿制。这些城市学院没有一所是政府创办的,它们或由富商投资,或由公众捐办,主要为地方工商业发展培养专门技术人才。不同于牛津和剑桥古典大学,这些学院培养的目标不再是牧师和政界官员,而是企业经理、设计师、工业技术开发人员及推销员。这些学院最初都没有学位授予权,学生只能攻读伦敦大学的校外学位,20世纪后这些学院才逐渐升格为"城市大学"。布里斯托首任院长、经济学家阿尔弗雷德·马歇尔(Alfred Marshall)在学院开学就职演说中指出:"他们决心建造一所学院让男女学生在中学毕业后继续学习科学、语言、历史和文学,尤其学习用于工艺和制造的实用科学。"[1]与中世纪传统大学不同,城市学院主要提供职业教育,培养实用型人才,直接为所在城市工商业发展服务。这些学院有这样的一些共同的特点:绝大多数城市学院或大学都没有取得与传统大学或伦敦大学同等的学位授予权,大多数学院或大学只能发放职业资格证书。学生接受二三年的训练和教育后,只能获得毕业文凭或是某一行业、专业的资格证书,这些文凭和证书在19世纪末期之后往往不为传统大学认可,说明城市学院或大学并没有获得与牛津、剑桥等传统大学同等的学术地位。

第二,绝大多数城市学院或大学开设的课程几乎都是工程、机械、造船、采矿、酿造和冶金等方面的职业教育课程。19世纪末20世纪初则增设了有关电子工程、电解化学、物理化学、生物化学等基础课程内容。[2] 它们的课程比较现代化,涉及面比较宽。正是因为城市学院以当地的重要工业支柱产业为依托,并致力于服务于后者,重视工业和应用科学的研究和教学。"这些新型的大学学院从最初起就有一个优先的目标,即发展那些被认为能够给当地工业直接带来益处的学科。"[3]各城市大学的课程设置带有浓厚的地方色彩,基本上着眼于各地工商业发展的需求,因而成为促进地方工商业发展,推广和应用实用技术的机构。例如,曼彻斯特的欧文斯学院以化学著称,是英国大学中最早设置有机化学教授职位的大学;纽卡松学院的工程教育闻名遐迩,该校开设了一般工程学、机械工程学、民用工程学、建筑工程、电子工程和船舶工程等系列科目;谢菲尔德的费思学院则以教授采

---

[1] BARNARD H C.A history of English education from 1760[M].London:University of London Press Ltd.,1961:198.

[2] GORDON R,MICHAEL S.Scientific studies and scientific manpower in the English civic universities 1870—1914[J]. Science studies,1974,4(1):41-63.

[3] 殷企平.英国高等科技教育[M].杭州:杭州大学出版社,1995:25.

矿方面的内容为主,后来成为全英格兰采矿教育的中心;伯明翰的梅森学院除了开设采矿方面的课程之外,还设置大量有关冶金方面的课程,该学院成立的酿造系别具特色,深受当地人的欢迎。绝大多数城市学院都偏重工业和科学领域,而且大都成了所在城市的工业研究中心。如利兹学院成为纺织业研究中心,谢菲尔德学院成为钢铁业研究中心,伯明翰学院成为酿酒业研究中心,利物浦学院和纽卡斯尔学院成为航海业研究中心,伦敦学院成为机电业研究中心。这些大学对当时工艺的改进和产品的开发起了很大的作用。润滑法、煤矿抽水机、钒钢、镀铬皮革、煤气取暖器、火花塞、电台调谐、乳酪肥皂、啤酒、四冲程发动机等工艺和产品的开发和改进,都由于城市学院或大学的科研而取得了很大成效。[①]正如人们所分析的那样:"到19世纪90年代,这些地方学院已经建立起给人以深刻印象的一批适应所在地区工业需要的专业。"[②]与19世纪初期创建的其他新型高等教育相比,城市大学与工商业发展之间的联系更为紧密更为广泛,它完全与地方经济发展融为一体。

第三,与培养目标及课程设置相适应,城市大学的绝大多数毕业生都进入工业部门从事与技术开发和应用有关的职业。相比之下,从1850年至1899年进入工商业就职的剑桥大学毕业生仅占5%左右,大部分毕业生仍然从事与教会有关的工作。[③]

可以说,19世纪末建立的这些城市学院已经完全具备了现代应用科技型大学的基本特征,极大地促进了英国资本主义工商业的发展,对英国的高等教育发展产生了深远的影响。

从英国高等教育发展历史来看,19世纪伦敦大学和城市学院的兴起开创了英国高等教育的新纪元,并标志着英国应用科技型大学的产生。伦敦大学和城市学院的兴起改变了英国高等教育的传统结构,既满足了中产阶级对高等教育的需求,也发挥了高等教育促进科技和生产进步的作用。它们大多坐落在工业中心,注重工程与科技教育。随着这些城市学院逐渐升格为城市大学,它们的系科也在不断地丰富和完善,增设经济学和商业、工程和冶金、纺织和皮革加工、印染和酿酒、农业和园艺等专业。它们的走读制以及相对低廉的收费使大学教育头一次不再是上层社会的专利品。它们的目标并不仅仅是培养技术人员,正如1900年利物浦大学获得皇家特许状后发表的办学说明书中所体现的那样:"我们理想中的中部大学在致力于培养应用科学家的同时,一直是一所传播普通文化的学校。它不是技术学校;在大学建立前伯明翰已经拥有最出色的技术学校了。它是培养大企业家之所,而非培养普通成员和士兵的场所。"[④]城市学院在发展过程中一方面与技术学院的距离越来越远,后来有部分城市学院改名为城市大学并发展成今天的研究型大学;另一方面,它并未触动牛津大学和剑桥大学的崇高地位,因此在20世纪初英国高等教育

---

① 徐辉.高等教育发展的新阶段[M].杭州:杭州大学出版社,1990:44.
② ROVLOW E. Structural change in English higher education,1870—1920[M]//DETLEF K,MÜLLER F R,SIMON B.The rise of the modern educational system:structural change and social reproduction 1870—1920[C].Cambridge:Cambridge University Press,1987:170.
③ MICHAEL S.The universities and British industry,1850—1920[M].London:Routledge and Kegan Paul Ltd.,1972:53-54.
④ DETLEF K,MULLER F R,BRIAN S.The rise of the modern educational system:structural change and social reproduction[M].Cambridge:Cambridge University Press,1987:164.

中的严格的等级结构开始形成。

　　这个时期,剑桥大学也开始逐渐加强了应用科学。但总的来说,这段时期英国传统大学的贡献主要集中在理科方面,而工科方面的成绩主要是由城市大学作出的。这是因为城市大学注重有工业发展意义的革新研究等特点,还因为城市大学在第一次世界大战之前就为工业输送了大量应用科技型人才。

　　值得注意的是,尽管城市学院或城市大学开始都是面向地方工商业发展开设大量有关科学和技术方面的课程。但是,其出现和存在不构成对传统大学的挑战,更谈不上对其存在的否定,城市大学只是弥补传统大学中科学和技术等课程方面的不足,因此,为了提高本身的学术水平及在社会上的声誉,尤其是取得与传统大学同样的学位授予权,各地城市大学也逐渐在课程中引进有关社会和人文方面的课程。到20世纪初,不少城市大学已开设了更为广泛的课程内容,而且越来越多的学生既修习有关科学和技术方面的实用课程,也学习类似于传统大学中开设的古典人文主义教育方面的内容。因此,就某种意义上而言,从19世纪中期尤其是末期开始,英国高等教育的发展不仅表现为类型多样化和规模扩大化,即在传统大学之外,形成大批新型的高等教育机构,如伦敦大学、城市大学、技术学院和师范学院等,而且还表现为各类形式不一的高等教育机构趋于追求共同的教育价值观,即传统大学中逐渐增设部分有关科学和技术的课程,城市大学等其他形式的新型高等教育机构中又以牛津和剑桥大学作为发展的方向,在课程中引进人文主义教育的内容。这些城市大学为了向伦敦大学申请学位,不得不在课程上向伦敦大学看齐,而伦敦大学授予的学位不能不受传统大学模式的影响,因而为当地工商业服务的需要逐渐淡化,人文主义和"自由教育"的倾向逐渐增强。正如某些学者所指出的,到20世纪初,城市大学"完全脱离了当初重视高等技术培训的使命而趋于追求具备传统大学的职能"[①]。可见,在传统大学与新型高等教育机构之间既存在着差异,又拥有某些共同的价值观。

(三)技术学院和城市学院的出现

　　由于英国政府各项政策以及立法的影响,再加上思想家们的倡导,科技教育得到人们的普遍认可。19世纪末技术学院以及城市学院的建立标志着英国科技教育逐渐向高等教育领域延伸。

　　技术学院的建立是与伦敦同业促进会分不开的。1880年伦敦同业公会创办了伦敦同业公会技术教育促进会,在全国开展了各行业的技术合格证书考试。它通过建立夜校制度,使师傅带徒弟的培训转向正规的科技教育。1883年技术教育促进会在芬斯贝利开办了英国第一所技术学院(technical college),目的是建立一所"为工匠和准备在工业领域谋求中等职位的人提供教学的模范职业学校"[②]。学院不仅开设诸如数学、理科、绘图等基础科目,还有很多应用科目,如建筑、工程、设计等。学院既有日间课程也有夜间课程。学院确实发挥了榜样的作用,很快,北部英格兰的工业城市出现了类似的学院。很多学院

---

① MICHAEL S.The universities and British industry,1850—1920[M]. London:Routledge and Kegan Paul Ltd.,1972:81.
② BARNARD H C.A history of English education from 1760[M].London:University Of London Press Ltd.,1961:178.

脱胎于原来的技工讲习所,它们大多得到了当地制造业的资助。1884年,伦敦同业公会在南肯辛顿又建立了一所大型的中心技术学院,专业设置以工程学为主。该院后与皇家学科学院、皇家矿业学院合并成立了帝国理工学院(Imperial College of Science and Technology)。从严格意义上讲,这些技术学院都是接受初级技术学校毕业生的继续教育机构,但是它们中间有不少学院开设了具有或近似高等教育性质的课程。比如,在1882年开办的布雷德福德技术学院从成立之初就具备了近似大学的教学内容。这些技术学院在不同程度上都为高等技术教育的发展作出了贡献,而且它们当中有不少在第二次世界大战以后升格发展成了工科大学和多科技术学院。这些技术学院有一个共同特点就是它们都采用了工读交替制课程方式——"三明治课程"(sandwich courses),以适应所在地区工业界的需求。这一课程形式后来成为工科大学,尤其是多科技术学院的鲜明特点之一。

在技术领域还出现了多科技术学院(polytechnics)。1880年伦敦富商霍格(Q.Hogg)在伦敦摄政街(Regent Street)创办了一所多科技术学院。[①] 学院收费低廉,入学者多是工人,课程与伦敦同业公会技术教育促进会开设的课程相关。学校获得了很大的成功。后来又有多所多科技术学院在伦敦诞生。1883年颁布的《城市教区慈善事业法》(City Parochial Charities Act)促进了这类学校的发展。该法使这些学校获得了大量的捐助,而且还设立了专门的机构督导这些学校。多科技术学院虽然还不是高等教育机构,但后来逐渐开设了高等技术教育方面的课程,有许多学生攻读伦敦大学的校外学位,而有些学院最终也获得了伦敦大学附属学院的地位,对20世纪60年代的多科技术学院的兴起与发展产生了影响。

应该说,英国应用科技型本科教育的真正兴起是19世纪城市学院/城市大学的出现。这些学校出现在19世纪50年代后,在发展过程中不同程度地受到德国多科技术学院模式的影响。德国的多科技术学院是高等教育机构,它们是德国承担高等技术教育的唯一力量;它们不但为发展工业和整个经济服务,而且为国家政府部门输送人才。

城市学院大多是地方筹办,针对地方经济发展与企业生产的具体需要设置专业科目,培养地方所需要的各种人才。这些学校早期的一些教授大多在德国受过教育,他们将德国大学注重研究的风气带到城市学院中。如卡尔·舒勒姆(Carl Schoulemmer)在曼彻斯特建立了全国第一个有机化学系等。注重科研的结果是曼彻斯特大学培养出了很多出类拔萃的人才。其他的城市学院和大学也非常重视科研,如伯明翰大学的前身梅森学院,利兹大学的前身约克郡学院等。约克郡学院很早就开设了民用工程学、机械工程学、矿业学、纺织工业学、印染化学、皮革制造和农业学。这些学校还同地方工业和科学团体建立了密切的联系,逐渐成了地方工业研究的重要中心。

城市学院和城市大学的发展不仅改变了英国高等教育的面貌,而且对牛津大学和剑桥大学在科技教育方面构成了压力,最终使得科技教育堂而皇之地进入了牛津和剑桥大学。如果从牛津和剑桥两所大学的课程变化来看,从16至19世纪中期,剑桥大学理、工科等有关近代自然科学课程所占比例不足40%,而更多的是为训练心智或思维的数学、神学、历史、语文等人文和社会科学方面的自由教育内容。19世纪80年代起,医学部开

[①] STEPHENS W B.Education in Britain,1750—1914[M].New York:St. Martin's Press,1998:182.

始大量开设有关近代自然科学方面的内容,如从 1878 年至 1914 年,剑桥大学医学部高级讲师开设的课程包括植物学、动物形态学、外科学、农业化学、化学生理学、卫生学、动物学、冶金学等;另外,讲师级开设的有关近代自然科学方面的课程约占所有科目的 50% 以上,其中大多数内容也是植物学、动物学病理学、生理学、外科学等课程。不仅剑桥大学如此,另一所宗教气息更为浓厚的牛津大学也于 1904 年开设了工程、采矿、教育、探测和林学等课程。到 19 世纪后期,以牛津和剑桥大学为代表的传统大学也像其他新型高等教育机构一样,逐步开设适应工商业发展的课程,如造船、化学工程、电子工程等。不仅如此,在德国研究型大学影响下,传统大学也开始从事物理学、生物学细胞学、免疫学、遗传学等方面的科学研究。

当然,近代科学技术内容进入传统大学的过程,并非一帆风顺。例如,1912 年当牛津大学准备筹建工学实验室(engineering laboratory)时,就遭到许多大学教授的反对,这些人认为:"在牛津大学,工程学必须永远而且应该成为低一级的课程。国家未来的大部分工程师不可能也不希望在此培养。"① 不过,由于社会的需求以及政府的鼓励,20 世纪初期,不仅近代科学技术内容逐渐进入传统大学的课程之中,开展自然科学研究也成为两所大学的重要使命。

通过上述各种改革措施,到 1800 年,牛津和剑桥两所大学基本具备了近代大学的特征,成为英国教育和科学技术研究中心,不仅为国家培养神职人员和官僚,而且培养学校教师和各种专业人才。有学者评价道:"1890 年之前,虽然有许多潜在的变化,(传统)大学仍然属于有闲的绅士和为了培养绅士,到了 20 世纪 20 年代大学不再是培养年轻绅士的机构,而是成为近现代工业和社会的中心发电站。"② 到第二次世界大战前,两所传统大学不仅成为英国科学研究的中心,而且培养了大批世界一流的科技人才。

这个时期的英国高等教育是等级分明的二元制高等教育制度,英国近代高等教育结构包括两大类型和三个层次。这些不同类型和层次的机构各自有明确的办学目的、职能分工和特定的教育对象。以牛津和剑桥大学为代表的传统大学,主要通过自由教育课程,着眼于发展受教育者的心智和能力,培养社会精英阶层。这类院校掌握颁发学位的特权,享有很高的学术地位与社会声望,构成英国近代高等教育制度中的最高层次。与欧洲其他国家相比,传统大学在学术地位和社会影响等方面仍然高居于 19 世纪中期以后出现的新大学特别是非大学机构之上从而导致英国近代高等教育结构带有鲜明的等级特征。"到第一次世界大战,具有不同层次的教育制度形成,以适应于社会不同层次的需要。"③阿什比也指出,英国近代大学形成了两种传统,一种是陶冶人格贵族式的精英教育,另一种是适合专门的产业和中产阶级发展需要的实用主义教育。④ 即牛津和剑桥等传统大学

---

① KONRAD H J.The Transformation of higher learning 1800—1930[M].Stuttgart:Klett-Cotta,1982:301.
② KONRAD H J.The Transformation of higher learning 1800—1930[M].Stuttgart:Klett-Cotta,1982:218.
③ ANDERSON R D. Universities and elites in Britain since 1800[M].London:The Economic History Society, 1992:20-21.
④ ASHBY E.Report of the committee of a Yorkshire College of Science[R].Leeds,1982.

以及伦敦大学位于这种体制的顶端,城市大学居中,技术和师范学院等处于最底层。

三、20世纪前半期英国的应用科技型高等教育的发展

20世纪上半叶英国的高等教育经历了一些重要的变化,这些变化主要表现在三个方面:一是独立大学运动导致大学的数量和学生人数有了较快增长。二是国家与大学的关系发生了重大变化。1919年,政府成立了大学拨款委员会(University Grants Committee),开始通过拨款的手段干预高等教育,此委员会在长达69年的时间中对英国的高等教育产生了广泛深刻的影响。三是高等科技教育的发展,两次世界大战不仅使政府认识到发展高等科技教育的必要性,同时大学与工业界也开始建立联系,使高等科技教育获得了前所未有的发展空间。

(一)独立大学运动——"红砖大学"的出现

20世纪初,英国大学处于扩张性发展时期,其间诞生的大学或是由一些机构改组而来,或是脱胎于原来的城市学院。这些大学由于其建筑采用不同于牛津和剑桥的红砖而被称为"红砖大学"(redbrick university),实际上这些大学与牛津和剑桥的区别不仅表现在建筑物的颜色和式样上,更重要的是它们的办学理念迥然不同。它们立足地方,为英国的经济发展作出了独特的贡献。

红砖大学的出现有着深刻的社会背景。人口的增加以及中等教育的扩展向高等教育提出了新的要求。同时经过半个世纪的和平发展,各主要资本主义国家的经济有了巨大的增长,科技也有了明显的进步,美国和德国在很多方面已经超过了英国。人们认识到要想使大英帝国强盛,就必须创建新型大学造就新型应用科技型人才。一个普遍的共识是新的企业要立足于当地的工业需要,大学要为工业发展培养人才,但人才培养决不能走牛津和剑桥的老路,传统的培养方法必须让位于更专门的科学教育。

在建立城市大学方面,伯明翰市走在了前面。伯明翰在19世纪中期建立了约西亚·梅森学院,这所学院虽然为伯明翰的经济发展作出了贡献,但一直没有独立授予学位的权力。伯明翰的市民非常希望拥有自己的城市大学为中部地区培养能够创建和管理资本主义工商业的人才。1900年,张伯伦(J.Chamberlain)为伯明翰的约西亚·梅森学院赢得了皇家特许状,使其获得了独立大学的地位。[①] 这所大学建立之初便以科学和工程教学为主,并且在英国的大学中第一个设立了商学院。伯明翰大学的建立使该市的酿造、采矿、有色金属冶炼和商业得到迅速的发展。1903—1904年,成立于19世纪80年代的维多利亚大学遂分裂为三所大学:利物浦大学、利兹大学和曼彻斯特大学。1905年,谢菲尔德大学也获得了皇家特许状,它的前身是谢菲尔德医学校、弗思学院(Firth College)和谢菲尔德技术学校。大学成立之初有全日制学生114人,分别攻读文学、纯科学、医学和应用科学学位。学校的非学位课程极为广泛,除了一般性的学术科目,还有诸如奶牛饲养、铁路经济、采矿、刀具磨制等。一战期间很多专业都被军火制造、医疗器械设计及制作、翻译及

---

① PETER G, RICHARD A, DENNIS D. Education and policy in England in the twentieth century [M]. London: The Woburn Press, 1991: 230.

政治学等取代。应用科学院也分成了工程和冶金两部分。1909年,布里斯托的大学学院也获得了独立大学地位。1926年,雷丁的城市学院也获得了皇家特许状,人口在30万以上的城市都有了自己的大学。这些独立大学的出现,极大地鼓舞了一些比较小的中心城市,如莱斯特、诺丁汉、南安普敦、埃克塞特、雷丁等,它们想方设法将自己的城市学院升格为大学(见表3-3-3)。

表3-3-3 城市学院升格城市大学时间表

机构名称	成立时间	升格名称	升格大学时间
梅森科学学院	1880	伯明翰大学	1900
欧文斯学院	1851	曼彻斯特大学	1903
利物浦大学学院	1881	利物浦大学	1903
弗思学院	1879	谢菲尔德大学	1905
约克郡科学学院	1874	利兹大学	1904
布里斯托大学学院	1876	布里斯托大学	1909
雷丁大学学院	1893	雷丁大学	1926

与19世纪60年代的大学扩张相比,20世纪初的独立大学运动具有自身的特色。如这些红砖大学都脱胎于原来的城市学院,并在原有的基础上升格而来;在帮助学生攻读伦敦大学校外学位的过程中,它们提高了自身的学术水平;在与地方经济的互动中,它们更是找准了立足地方、服务全国的办学方向。伯明翰大学以电子及机械工程、采矿、经济学、商业、生物化学、音乐及美术著称;利物浦大学的建筑、商业、热带医学闻名于世;雷丁与剑桥和伦敦大学的一个韦学院(Wye College)拥有全国最好的农学院;曼彻斯特大学也反映出该市机械加工和纺织业的特点。这些大学与当地经济的密切联系使其与牛津和剑桥形成了鲜明的对比。在19世纪下半叶对于牛津和剑桥,甚至伦敦大学和杜伦大学而言,大学和工业之间的联系是无足轻重的。这些红砖大学基本上都遵循了这样一个发展模式:先是通过私人的赞助建成一个地区性的学院或技术学院,然后兼并当地的医学院或任何开设高等文科课程的大学附属机构,最后在市政府支持下形成一个大学学院,最终升格为独立的大学。这些红砖大学最后都成为英国极负盛名的大学,如伯明翰大学,心脏起搏器和人造心脏阀门是在这里开发的;维生素C是在这里合成的;地球的重量是在这里核算的;人工血液的主要成分是在这里合成的。利物浦大学从建校至今已有8位诺贝尔奖奖金的获得者。

19世纪末20世纪初的独立大学运动开创了英国高等教育史上的一个新时代,它不仅使受教育者对象扩大了,受教育者的成分也发生了变化,中产阶级甚至工人阶级的子弟得以进入大学,打破了上层社会垄断高等教育的局面。它有别于牛津和剑桥的办学方向和培养目标,使高等教育走出了"象牙之塔",在为地方的经济发展提供服务的同时,它也获得了无限的生命力,标志着英国应用科技型大学走向成熟。

(二)为工商业培养人才——城市大学与工业界的初次接触

20世纪上半叶,由于两次世界大战的影响,英国的应用科技高等教育获得了前所未有的推动力,大学不但开设科学技术教育课程,还同工业界建立了联系。虽然这种联系更多的是在国家利益的基础上,但也反映出大学功能随着社会的发展在不断地完善。

英国传统的大学崇尚自由教育,它们是培养律师、牧师、绅士、医生、国家行政管理人才的摇篮。在20世纪以前,大学一向轻视科技教育,更谈不上与工商业界发生联系。20世纪后,随着大英帝国的光芒逐渐黯淡,大学与工商业的关系发生了变化。这种变化是从红砖大学开始的,继而传统大学也开始改变原有的作风。

20世纪初,红砖大学的最大特点就是以现代技术和工业为重点开设相关课程,职业性教育是这些新大学教学活动的中心。这些被称为红砖大学的学校大多脱胎于19世纪中后期建立的城市学院。城市学院由于大多由地方捐资兴办,因而与各大城市的生活密切相关。为了适应当地工业发展的需要和吸引工业界的支持,几乎所有的城市学院都明确表示它们创办和存在的目的是为发展当地工业服务。正如谢菲尔德大学的弗思学院所表明的:"在一座工业重镇创办一所学院的第一个目标,就是要紧扣当地人民的生活;它的教育应该从他们的日常工作出发,教授有助于他们工作的那些知识。"[1]红砖大学继承了城市学院为地方经济发展服务的特点。利物浦大学以建筑、商业、热带医学闻名,曼彻斯特大学也反映出该市机械加工和纺织业的特点。由于这些大学培养的学生专业对口,学生毕业后很受大企业的欢迎。尽管从1907年起英国经济转入萧条,但大学生就业未受影响。

(三)为国家服务——两次世界大战中及战后应用科技高等教育的发展

两次世界大战虽然给英国人民带来了巨大的灾难,但却给英国应用科技型高等教育带来了大发展的良好契机。战争的惨痛教训使人们对高等科技教育的重要性有了共同的认识,战争使大学、工程技术学院、工业界联合起来全力为战争服务,从而使科技教育与研究得到了空前发展,这种发展的势头一直持续到战后。工业时期那种以经验、感觉和实用为标志的"科学"已经不再适用于信息社会;后者的生存必须建立在严谨的科学研究及其成果的高层次应用的基础之上。而这种高层次的研究和应用则离不开受过高层次科技教育的专业人才。此外,战后英国人民要求民主、平等和社会正义的政治热情空前高涨。教育机会均等被认为是实现民主和社会正义的基本手段。《1944年教育法》第八条中规定:"根据学生不同的年龄、能力和倾向以及他们可能在学校的时间的长短而提供合乎他们需要的各种类型的教学和训练,包括提供合乎学生各种个人需要的实用科目的教学。"[2]这就为高等教育类型的多样化打下了基础,也为战后英国应用科技型高等教育的发展创造了条件。

值得提出的是,两次世界大战中英国的高等科技教育也得到了一定的发展。在战争氛围的刺激和政府政策的指导下,英国的高等科技教育有了一定的发展,各大学设置的工科类专业越来越多,如航空工艺学、建筑、城市规划、酿造、水泥工艺学、酪农工艺学、燃料工艺学、玻璃工艺学、产业关系、皮革、冶金、造船、石油工艺学、工艺光学、纺织等。[3] 这些

---

[1] 王承绪,徐辉.战后英国教育研究[M].南昌:江西教育出版社,1992:265.
[2] 邓特.英国教育[M].杭州大学教育系,译.杭州:浙江教育出版社,1987:93.
[3] 日本世界教育史研究会.六国技术教育史[M].李永连,赵秀琴,李秀英,译.北京:教育科学出版社,1984:114.

专业培养的毕业生在一战后纷纷进入工业界,并促进了二战期间的科技发明与发展。

1.《珀西报告》

珀西委员会成立于1944年,委员会的主席为珀西勋爵(Lord E.Percy)。其目的是"考虑工业界要求的基础上,研究英格兰和威尔士发展高等技术教育的需求,以及大学和技术学院在这一领域各自应作出的贡献,并在这一领域维持大学与技术学院之间的适当合作途径,提出建议及其他需要考虑的问题"①。珀西勋爵一直关注应用科技型高等教育,在30年代就曾著书论述大学与技术学院的关系,指出技术学院除授予学生求职谋生的知识技能外,还应提升自身学术水平,提供与大学相同的博雅教育课程。这种前瞻性的见解在30年代很难找到知音,但在1945年的《珀西报告》中得到了进一步的阐发。

1945年,以珀西勋爵为主席的特别委员会发表了题为《高等技术教育》(Higher Technological Education)的报告,简称《珀西报告》。《珀西报告》着眼于建立一个以大学为核心的完整的技术专业教育体系,对推动英国应用科技型高等教育产生了深远的影响。它指出英国技术教育的最大缺陷在于未能培养满足足够的能将科学研究的成果应用于实际的应用科技型人才。而英国工业要想在国际市场上具有竞争力,必须对原有的只由地方负责的技术教育进行改革。"工业所需要的是一个能随机应变的技术教育组织。目前国家在这方面提供的教育缺乏重点。不仅大学和技术学院相互之间缺乏配合,而且各个大学和技术学院也都各自为政。各个院校都和工业界是保持单独的联系,但是这种联系很少是足够的。工业家很难掌握众多形形色色院校的实际情况,也很难把自己的需要告诉它们。"报告建议:选择若干所技术学院,把它们办成能够开设相当于大学学位水平的全日制技术课程的高等教育中心。"这些学院的一个重要的职能是提供工科专业的研究生课程","有自己的管理机构","由于它们的功能是为整个国家——而不仅仅是地区——服务,它们应该受到国家财政部的特殊资助","教师工资和工作条件应该跟大学教师的待遇相似"。另外,学生达到一定的资格才能够入学,而且学校的学术计划应由地方和中央一起来制定。报告一再强调此类学院应该颁发一定的学术证书(学位或文凭),并同意由新成立的全国技术教育委员会(National Council of Technology)负责。大学也好,技术学院也好,凡是培养工程师的课程都要包括实习。"所有这些课程必须被看作在校学习和工作实践互相结合的课程,所占时间至少五年或六年,工作实践和在校学习同样要经过周密的计划。整个计划应该由有关院校和工业单位合作制订。"所有工科学生都要学习有关工业组织和管理原则的课程。工业界应该同意让高级职员脱产开设高级课程的讲座。一些工科科目最好的教师是正在从事实践的专家。②

《珀西报告》的大部分建议后来都得到了英政府的采纳。其中,让部分技术学院在课程水准、管理机构和教师待遇方面"升格"的思路实际上是为后来的"高级技术学院"的崛起打下了基础,指明了战后英国应用科技型高等教育的发展方向。

2.《巴洛报告》

1945年英国政府成立了以阿伦·巴洛爵士(Sir Barlow A.)为主席的特别委员会,研

---

① 徐辉,郑继伟.英国教育史[M].长春:吉林人民出版社,1993:323.
② Percy Committee.Higher technological education[R].London:His Majesty's Stationary Office,1945.

究今后十年内用来指导科学人力和资源的使用和开发的政策。1946年委员会发表了《科学人力》,通称《巴洛报告》。

《巴洛报告》除支持《珀西报告》关于开展高等科技教育、设立提供全日制课程的高层次技术学院、加强大学技术系科的教学与科研等建议外,还提议最好在有大学的城市创办一些技术学院(institutes of technology)来从事高水平的工作,以此来说明培养更多更好的科学家和技术专家并不会以牺牲人文学科为代价。但是它更注重理科的发展,所以有人称其为"理科领域里的《珀西报告》"。《巴洛报告》得到英政府与教育界的一致认可。

3.《技术教育白皮书》

1956年2月,英国政府发布《技术教育白皮书》。白皮书指出,虽然从1938年以来,英国大学中理工科学生的人数已经增长了一倍,但是英国的技术教育仍然落后于美国、西欧和苏联。因此,白皮书呼吁进一步加强技术教育,主要建议:(1)发展高级水平的技术教育,通过扩大工读交替课程,增加全日制学额,创办高级技术学院,并将某些地区学院改为高级技术学院;(2)指出技术教育不可过分狭窄和过分职业化,应培养男女学生具有广泛的适应能力,造就多才多艺的人才;(3)建议培养三类技术人才,即技术专家(具有进入专业协会所要求的资格和经历,一般应持有高级国家证书)、技术员(经专门训练,参加过实践工作,并具有数学和科学方面的良好知识基础)、熟练工人(使工业部门的熟练劳动力占总数的1/3)。使高级与中、初级技术教育分化加快,形成四个层次的技术教育结构:最高层为高级技术学院,专门提供高级技术教育;第二层为大区学院,基本上开设全日制和工读交替的高级课程;第三层为区域学院,提供中级水平的技术教育;最低层为地方学院,提供初级水平的技术教育。其中包括发展一项为期五年的技术学院发展计划,扩大就学人数,专门为全日制工读交替制(sandwich course)的学生设立一种新的全国性的技术文凭,扩大国家技术奖学金的范围等。

三大报告(《珀西报告》《巴洛报告》《技术教育白皮书》)有力地推动了英国战后高等科技教育的发展。此后随着60年代《罗宾斯报告》的出台,英国终于为应用科技型高等教育的发展铺平了道路。

四、20世纪后半期:《罗宾斯报告》与多科技术学院的创建与发展

20世纪下半叶英国高等教育经历了一系列重大的变革,从1963年的《罗宾斯报告》到1997年的《迪尔英报告》的三十余年的时间里,英国的高等教育已经完成了从贵族教育向平民教育、从精英教育向大众教育的转型。高等教育结构日益多元,系统日益开放,形成了鲜明的国际化特征。

(一)20世纪50—60年代:英国高等教育的大调整

1.高级技术学院升格为大学

二战后至罗宾斯报告发表前夕,战前附属于伦敦大学的一些学院终于获得皇家特许状,得到了新的地位,成为名副其实的大学,其中有不少是由战前的大学学院升格而成的。属于这种类型大学的有:诺丁汉大学(1948年)、南安普敦大学(1952年)、赫尔大学(1954年)、埃克塞特大学(1955年)和莱斯特大学(1957年)。此外,1950年成立的北斯塔福德

郡大学学院也于1962年升格成为基尔大学。这些学院的升格不仅表明大学的数量有了增加,而且表明高等教育的规格也有了提高。英国教育学者在分析50年代大学的发展时,认为这些学院获得大学地位是该国大学发展史上与1900年前后学院升格为大学相媲美的事件。

1956年发表《技术教育白皮书》,白皮书要求把一部分技术学院升格为高级技术学院(colleges of advanced technology)。此后先后有11所技术学院升格为高级技术学院。他们提供全日制和工读交替制的课程,开设大量学士学位及研究生课程,并且从事科研工作。英国政府在其"305号通函"(Circular 305)中把当时英国所有的技术学院分成了四大类:地方学院(local colleges)、地区学院(area colleges)、大区学院(regional colleges)和高级技术学院(colleges of advanced technology)。

地方学院开设部分时间制的初级课程。地区学院主要提供中级水平的技术教育,教学形式可以是全日制、部分时间制,也可以采用工读交替制(三明治课程),为学生攻读普通国家证书资格和伦敦市同业工会技术学院证书资格提供必要的准备。大区学院(regional colleges),主要提供高级技术课程,毕业时可授予高级国家文凭。主要采用全日制或工读交替制。这类学院全国约有20~30所。而高级技术学院的主要任务是"仅在高层次提供广泛而大量的课程(全日制、半日制和工读交替制课程概不例外),并且包括研究生教育和科研工作"①。这些高级技术学院是从事高等技术教育的最高层次的机构,负责开设包括研究生层次的高级水平的技术教育课程,并进行科学研究工作。教育形式也是以全日制和工读交替制为主。学生在毕业时可申请技术文凭(diploma of technology)。在成立后的数年间,高级技术学院全日制高级水平的学生人数便从1956—1957学年的4700人增至1962—1963学年的10300人。1966年以后,"大区学院"变成了高校性质的"多科技术学院"。

1963年《罗宾斯报告》发表之后,根据报告的建议,这10所高级技术学院中8所先后获得皇家特许状升格为大学,2所成为大学学院。它们是伯明翰的阿斯顿(Aston,1966)、巴斯(Bath,1966)、布拉德福德(Bradford,1966)、布鲁奈尔(Brunel,1966)、伦敦城市(City of London,1966)、拉夫堡(Loughborough University of Technology,1966)、索尔福德(Salford,1967)、萨里(Surrey,1966)、威尔士大学理工学院(University of Wales Institute of Science and Technology,1967)、爱丁堡的海里奥特-瓦特(Heriot-Watt,1966)。

一个促进高级技术学院发展的重要因素是国家技术文凭委员会(National Council for Technological Awards)的作用。在1955年以前,所有技术学院的学位课程都要围绕着伦敦大学的校外考试进行;它们的学位也是由伦敦大学颁发的。1955年,国家技术文凭委员会成立,其宗旨是作为一个独立的自我管理机构,设立并颁发全国通用的高级技术文凭。凡是完成该委员会批准的课程的技术学院的学员,都能得到文凭。这样就给了高级技术学院更多的发展空间:只要经过该委员会的批准,这些学院就可以开设并发展他们自己的技术文凭课程(dip.tech courses)。事实上,在《罗宾斯报告》以前,"技术文凭的标

---

① PETER V.Higher education development:the technological universities 1956—1976[M].London:Faber,1978:18.

准相当于英国大学里的荣誉学位"。① 在《罗宾斯报告》之后,国家技术文凭委员会被全国学位授予委员会所取代。

值得注意的是,政府将高级技术学院升格为大学的主要目的是借此吸引更多高质量的新生,提高英国高级工程师和技术专家的培养水平。与其他大学不同的是,这些大学被称为技术大学(technological universities),亦译为工科大学。它们强调知识的应用,强调为社会服务。这些大学在未升格之前就有工读交替的"三明治"学制,它把学校的理论学习与企业的实践结合在一起。升格为大学后,它们依然保留了这一特色,使人才培养更能切合社会经济发展的实际。此外,这些技术/工科大学并没有将课程局限在科学技术领域,而是增设了社会科学的一些专业,如社会学、语言学、历史、英语、地方与城市研究、心理学等。到70年代这些大学又不断拓展学科领域,使其在拥有一般大学共有的专业的同时,不失自己作为技术/工科大学的特色。

技术/工科大学有什么特点呢?它们和其他类型的大学有什么差别?要回答这一问题,我们最好先来分析一下不同类型大学的职能。大学的职能主要是围绕知识的活动而形成。这种活动大致有四个方面:知识的保存、知识的传播、知识的扩展和知识的应用。英国学者彼得·威纳伯勒斯(Peter Venerbles)曾经用图表来显示英国各类大学在这四方面活动的情况,即它们对不同职能所重视的程度②(见表3-3-4);如该表所示,技术/工科大学在"知识的应用"这一方面的倾斜性要超过其他类型的大学。美国著名学者克拉克·科尔(Clark Ker)在描述"美国模式的大学"时把它们称作"广大公众的服务站"③。事实上,就"社会服务站"这一意义而言,技术大学颇似"美国模式的大学"。毋庸置疑,技术/工科大学的出现标志着英国应用科技型高等教育的发展上了一个新的台阶——"知识的应用"堂而皇之地成了一些大学的首要职能。

表3-3-4 四种知识在不同大学所占比重

活动类型	中世纪/古典/原型大学	城市大学	现代大学	技术/工科大学
保存:即做学问	×××	××	×	×
传播:即教学和发表论著	×××	×××	×××	×××
扩展:即基础研究	×			
应用:即课题/应用研究		××	×	×××
职业教育和培训	××	×××	×	×××
对社会的参与和义务	×		××	××

注:×表示占一些比重;××表示占相当的比重;×××表示占很大的比重。它们并不表示严格的1∶2∶3的比例关系。

---

① PETER V.Higher education development:the technological universities 1956—1976[M].London:Faber,1978:21.

② PETER V.Higher education development:the technological universities 1956—1976[M].London:Faber,1978:63.

③ CLARK K.The uses of the university[M].Harvard:Harvard University Press,1982:5.

2.新新大学/平板玻璃大学的建立

新新大学特指60年代由国家创办的大学,之所以称为"新新大学"是为了区别于19世纪末20世纪初由城市学院所升格的一批"新大学"——"城市大学",如雷丁大学、利兹大学等。由于这些大学的建筑材料中大量使用了现代平板玻璃,所以又称"平板玻璃大学"(plate glass university),它们的现代建筑设计,在钢或混凝土结构中广泛使用平板玻璃,与以维多利亚建筑风格为主的6所红砖大学(伯明翰大学、利物浦大学、布里斯托大学、曼彻斯特大学、利兹大学、谢菲尔德大学)和更古老的8所古典大学(英格兰的牛津大学、剑桥大学、杜伦大学;苏格兰的圣安德鲁斯大学、爱丁堡大学、格拉斯哥大学、阿伯丁大学;爱尔兰的都柏林圣三一大学)形成鲜明对照。这些大学大多是根据《罗宾斯报告》建议,由大学拨款委员会批准设立的。这些大学共计十所:苏塞克斯大学(Susex,1961)、基尔大学(Keele,1962)、约克大学(York,1963)、东英吉利大学(East Amglia,1963)、埃塞克斯大学(Essex,1964)、沃里克大学(Warwick,1965)、肯特大学(Kent,1965)、兰卡斯特大学(Lancaster,1964)、斯特林大学(Stirling,1967)、阿尔斯特大学(Ulster,1968)等。

新新大学一开始就获得了皇家特许状,赋予了独立的学位授予权。这样国家的资助和独立的学位授予权使这些新新大学从一开始就拥有了一个得天独厚的条件,即在改革创新时比旧大学拥有更多的自由和实力,可以自主地决定专业和课程设置。新新大学最显著的特点就是针对英国大学教育过早和过分专门化的问题,对教学体制和课程设置进行了重大改革。在教学体制方面,为加强大学文理科之间的交流,顺应科学的发展趋势,在教学管理体制方面进行大胆的改革和创新,不设严格按专业划分的系科和学部而实行跨学科的学院学群制。以苏塞克斯大学、东英吉利大学、埃塞克斯大学和阿尔斯特大学等为代表的学院学群结构制(The school of studies structure);以约克大学、兰卡斯特大学和肯特大学等为代表的新大学则采用了经过改革的学院制(modified collegiate system)。这两类大学的教学组织结构有所不同,但在办学模式方面均有所改革。从大学的地理位置来看,与以往大学多设在较大的城镇不同,新大学的校园多位于城市或小城镇的郊区的开阔地带,离市中心较远,环境优美。这些大学不仅有完善的教学建筑,而且有设施齐备的整洁的宿舍楼,图书馆、实验室、教室、活动室、体育场馆以及学生宿舍都相对集中在一起。新新大学继承了古典大学的住宿制和导师制,强调师生互动及学校环境对学生身心的熏陶。

虽然,新新大学不像技术大学和后来的多科技术学院那样旗帜鲜明地突出应用科技类教育,但是它们的产生和发展跟高等科技教育的实施仍然有着千丝万缕的关系。他们招收的学生中有相当大的部分是理工科学生,这也就是扩大了应用科技型教育的规模。新新大学仍保留了高级技术学院时期的工读交替的"三明治"学制,使理论与企业实践相结合,吸引了众多企业参与高等教育,为企业与高校人才双向流动架设了桥梁。新新大学增设了社会学、语言学、英语、历史、地方与城市研究,心理学等新专业,吸引了更多高质量的新生。这批新新大学还根据自身条件不断扩宽课程领域,生物化学、基础数学、应用数学、物理学、经济学、商业会计、管理学等课程在10所大学中都已开设,另有一些大学还开设了工程、生物学、政治、哲学、法语、德语、俄语、法律、行政管理、教育学等专业。从高等教育专业和课程设置来看,以往那种重文理、轻科技的现象在一定程度上得到了扭转。总之,这些升格的新新大学既开设了一般大学所共有的专业,尤其是过去缺失的人文科学,又保留了原来技术学院的特色,成为英国高等教育中一支不可忽视的力量。

值得指出的是,"新新大学"有一个重要特点是,它们从建校的第一天起就被赋予"社区服务站"的功能。大学拨款委员会在组建新大学时曾经对它们提出下面的要求:"我们深深地感到,如果一个大学要充分发挥它的效用,它就应该成为它所在社区的一部分。大学不但要从它所处的环境中有所收获,而且还要有所贡献。不能把大学放在真空中规划,不然就有把它们办成与世隔绝的封闭型实体的危险……一旦大学在某一地区建立起来,它就应该在许多方面对当地的生活起到激励作用。"[①]确实,"新大学"为它们所在的社区都作出了贡献。就科技领域来说,这种贡献表现在开办各种直接为当地服务的研究所、接受科研课题、提供科技咨询以及与工业建立合作关系等方面。例如,东英吉利大学建立了食物研究所、渔业实验室和土壤研究所等,直接为当地社区服务,又如沃里克大学,那里的工程学院、商业研究学院和经济学院都和地方政府以及工业建立起了合作研究项目;研究课题包括控制工程学和城市交通管理等等。在其他"新大学"中也不乏相似的课题和项目。

这些高级技术学院升格为大学和新新大学(平板玻璃大学),逐渐加强科学研究,办学模式逐渐向牛津剑桥看齐,他们后来逐渐发展成为研究型大学,这是大学学术漂移的一个体现。

(二)高等教育双重制的确立与多科技术学院的兴起

1.《罗宾斯报告》与高等教育双重制的提出

60年代英国高等教育另一重要的变化是高等教育体制的调整,通过确立高等教育的"双重制"(the binary system),英国较好地调整了精英型高等教育和大众型高等教育的矛盾。

60年代中期,当高级技术学院升格为大学后,地区学院逐渐成为公共高等教育领域中的主力,由于许多学院先后与艺术学院、商业学院等合并,结果其身份和性质越来越不明确,它们必须适应不断增加的学习高级课程的要求。因此有人提议将这些学院合并。同时,大学拨款委员会也认为随着适龄人口的增多,大学无法接纳如此多的学生。因此如何以最小的成本来实现最大的扩充,成为英国高等教育发展中的重要问题。英国政府意识到在将高级技术学院升格后,有必要尽快组建相应的学校,以弥补工程技术教育领域和继续教育领域的不足。

1961年2月,英国首相任命罗宾斯勋爵组成专门的委员会,考察英国全日制高等教育模式,并从国家需要和资源条件考虑出发,提出高等教育长期发展所依据的原则,尤其是从这些原则出发,提出原有模式是否需要变革,是否需要创办新院校,以及现有各类院校的发展规划和协调体制是否需要作任何修改的建议[②]。委员会考察了法国、联邦德国、荷兰、瑞典、美国和苏联等国的高等教育,对英国的高等教育机构进行了详细的调

---

① The University Grants Commission.University Development(1957—1962)[R].London:HMSO,1964:97.
② STEWART W A C.Higher education in postwar Britain[J].London:Palgrave Macmillan,1989:97.

查和分析。1963年,委员会发表了长达335页的《罗宾斯报告》(Robbins REPORT)和6本总数近2000页的附件,阐述了英国高等教育的主要目的、办学原则,提出了178条建议。

《罗宾斯报告》提出英国高等教育目的主要有以下四点:(1)传授工作技能,增强人们的生存竞争力;(2)发展一般智力,不仅要培养专家,还要提高人的素质;(3)增加学问知识;(4)提高全民文化与修养。高等教育的主要办学原则是:(1)所有具备入学能力和资格并希望接受高等教育的青年都应该获得接受高等教育的机会;(2)承认个人成就,使成绩相当的人受到同等奖励;(3)各类高校在功能、地位上要有所差别;(4)学生有权按成绩或需要转学;(5)学校机构设置应有利于发展;(6)学校要保证教学质量。

《罗宾斯报告》充分肯定了三大报告(《珀西报告》《巴洛报告》《技术教育白皮书》)所带来的成绩,但是它也指出了英国在高等科技教育方面仍然落后于其他西方国家,而在高等技术教育方面更是如此。《罗宾斯报告》提出一个主要办法是鼓励更多的女性从事应用科学的学习。《罗宾斯报告》的许多建议——包括创办工科大学的建议——都很快为英国政府所采纳。报告无疑对英国的高等科技教育和应用科技型大学的发展起到巨大的推动作用。正如有的学者所说:"尽管到1964年底,甚至在罗宾斯公布其开创新纪元式的报告1年之后,还出现了一些令人不安的发展,但在整个高等教育领域一场有计划的连续的大规模扩展之风已经刮起,所向披靡。"①《罗宾斯报告》发表后,英国高等教育进入了一个迅速扩充的时期。从《珀西报告》到《罗宾斯报告》,英国政府从政策上为高等科技教育和应用科技型本科教育的迅速发展铺平了道路。这些政策所产生的影响一直持续到20世纪90年代。

1965年4月27日,教育科学大臣克罗斯兰(A.Crosland)在伦敦伍尔维奇多科技学院(Woolwich Polytechnic)的演讲中首次代表官方提出了建立新型多科技学院、实现高等教育双重制的设想。20个月后,克罗斯兰再一次在兰卡斯特大学的讲演中重申了同样的观点,即高等教育分为由大学构成的"自治部门"(autonomous sector)和由大学以外的各种学院构成的"公共部门"(public sector)的非大学两部分。克罗斯兰从四个方面阐述了确立高等教育双重制(binary system)的理由:(1)大学对于物质需求难以立即作出反应,因此需要设立一个单独的系统;(2)以阶梯概念为基础的高等教育制度不可避免地要压制和降低非大学(高等院校)系统的士气和标准;(3)社会有必要控制高等教育系统中的某些组成部分,使其更好地反映社会需要,地方政府应与高等教育维持一种合理的利害关系;(4)忽视贬低非大学的专业和技术教育系统将导致英国的落后。而多科技学院不仅较能适应工业的需求,而且较能适应国家的需求;学生的要求可以得到更多的照顾,跟当地社区的联系更加密切。由于多科技学院课型比较灵活、部分时间制和夜校学生较多等特点,它们在提供高等教育方面的花费也较低。克罗斯兰还明确地提出了要以德、法、苏等国的工科类院校为模式。他明确提出要以德国与法国的大学校、多科技学院和苏联的列宁格勒多科技学院(Leningrad Poly)为模式建立新型多科技学院。他说:"为什么我们不应该针对这样的发展呢?针对一个以职业为方向的非大学部分,授予学士学

---

① BRIAN S.Education and social order 1940—1990[M].London:Lawrence and Wishart,1991:246.

位,有适当分量的与大学的学习机会相当的研究生学习机会,并且给予第一流的专业训练。"[1]当初,城市大学借用德国多科技术学院模式时并没有完全照搬后者"独自为政"的做法,而是办起了"大学内的多科技术学院";而20世纪60年代兴起的英国多科技术学院在"独立"的意义上却比城市大学更接近德国模式。不过,英国的双重制跟德国大学和多科技术学院"二雄对峙"的那种模式仍然不同:英国多科技术学院除前面提到的部分时间制和夜校学生较多、跟地方工业联系较密切以及学费较低等特点之外,最大的特点是受地方政府管理,因而在资金以及教师的社会地位等方面不如英国大学;德国多科技术学院不但在资金方面得到国家的有力支持,而且其教员的社会地位也和大学教员的地位不相上下。由此可以看出,英国多科技术学院是在积极借鉴德国、法国和苏联的相关应用科技型院校的基础上而创建的,它不是凭空产生的。

1966年,工党政府发表了《关于多科技术学院和其他学院的计划》(A Plan for Polytechnics and Other Colleges)的政府白皮书,确认了双重制的构想。随后90多所学院被先后合并为30所多科技术学院,70年代英国高等教育中的双重制正式形成。

处在高等教育体系中的两大部分在双重制确立后各有各的职能,具体而言它们之间的区别表现在六个方面:(1)大学是"自治"机构,对自身的内部事务享有充分的自主权;多科技术学院和其他地方学院受地方教育当局领导,并接受"皇家督学团"的质量监督。(2)大学拥有独立的学位授予权;多科技术学院等无权授予学位,学生只能攻读全国学位授予委员会的学位或伦敦大学的校外学位。(3)大学经费由政府通过大学拨款委员会拨发;多科技术学院和其他学院的经费则来自地方当局。(4)大学以全日制为主;多科技术学院等则实行全日制、工读交替制和部分时间制等学制,尤以部分时间制为主。(5)大学技术都是综合性的,系科较齐全;多科技术学院等以技术和师资培训为主,重点放在职业培训方面。(6)大学面向全国,教学和科研并重;多科技术学院等面向本地区,以教学为主。

如前所述,1956年前后英国各类技术学院间存在一定的等级结构。当高级技术学院于1963年升格为工科大学以后,原来居于"第二等级"的大区学院自然而然地升入了"第一等级"。就是这些大区学院在1966年白皮书以后成了新型的多科技术学院的主体。当然,前者往往是和其他各种类型的小学院——如工艺学院、商业学院和教师进修学院等——合并成现在的多科技术学院的。英国的第一所新型多科技术学院于1969年1月正式成立,最后一所于1973年9月成立,"大约有90所原来独立的院校组成了现在的30所多科技术学院"。[2]

"双重制"从它诞生的第一天起就引起了无休无止的争论。几十年来,人们一直提出这样的问题:为什么要让多科技术学院独立门户?为什么不把它们办成大学?皮特·斯科特指出:"在这种最初的形式中,二元政策既是激进的,又是保守的。……二元政策在这样的意义上是保守的,即它表明了这样一种企图:要保持60年代初在整个高等教育系统内存在于大学、教育学院和继续教育之间的平衡。……二元政策可以被看作是在罗宾斯

---

[1] 王一兵.八十年代发达国家教育改革的动向和趋势述评[M].北京:人民教育出版社,1994:96.
[2] PETER V.Higher education development:the technological universities 1956—1976[M].London:Faber,1978:228.

所煽动的大学扩张主义面前要保持现状的一种成功的努力。"①事实上,早在60年代,不少多科技术学院已经具备或基本具备办成大学的条件了。正如埃略克·伊·鲁滨逊(Eric E.Robinson)所说的那样:"按照国际上通用的标准,许多被提名为多科技术学院的院校在绝大部分方面已经是大学了。毫无疑问,1966年白皮书提名的所有多科技术学院本来都会很快地成为大学——因为它们都将广泛地从事科研和教学活动,而这些活动的学术程度都超过了那些年满18岁,并且已经完成了中等教育阶段学业者的程度。"②

2."双重制"产生的原因

为什么不顺理成章地把它们办成大学呢?当然,前面已经提到了克罗斯兰德为"双重制"所作的说明,但是"双重制"的产生至少还有另外三个深刻的历史原因:

(1)目前对高等教育职业性、专业性和工业训练方面课程的需求与日俱增,无论是全日制学士学位、全日制准学士学位,还是部分时间制高级水平等方面均是如此,大学不可能充分满足这一要求,因此需要建立一个单独的系统,使它在高等教育体系中享有独立的地位。

(2)"大学"一词在英国历来有其特殊的意义。一个学校必须符合如下标准才能有"大学"的称号:①接受大学拨款委员会的资助和监督;②教学活动几乎局限于学位课程和全日制学生(至少在初级学位阶段是如此);③具有颁发本校学位的皇家特许状;④在法律上是一个独立的实体;⑤最高级的学术职称被界定为"教授"。显然,当时新成立的多科技术学院无一具备以上条件。

(3)在英国历史上,一旦某个学校升格为"大学",它就会很快放弃或排除非全日制学生,以及证书课程等灵活多变的教学形式。仅以曼彻斯特为例,欧文斯学院原来设有许多面向部分时间制学生的证书课程和夜校课程,可是当它升格为曼彻斯特大学以后,它立即把这门课程"移交"给了随后崛起的曼彻斯特技术学院(Manchester Technical College)。后者不久也取得了"大学"的地位,它以"曼彻斯特理工学院"(Manchester College of Science & Technology)的名义成为曼彻斯特大学的部分。接着,它也把许多与大学地位"不相称"的课程和学生丢弃了。随后出现的是萨尔福特皇家技术学院(Royal Technical College,Salford)。和它的"前任"一样,它在成为"皇家高级技术学院"并获得大学特许状以后,也迫不及待地丢弃了许多"低级"课程。

然而,非全日制课程和非学位课程是不是一定和高等学府的地位不相称呢?从世界各国的历史来看,这些课程是高等教育不可缺少的一部分。就英国当时的情况而言,这些课程至少有两大好处:(1)它们有助于满足日益增长的高等教育"消费者"的需求——能以较低的代价来满足较多的需求者;(2)这些课程和工业、商业以及其他社会行业的关系比较直接,因而有助于推动社会经济和科学技术的发展。正是出于这些原因,英国政府不希望多科技术学院重走以前诸多"新大学""新新大学"的老路。1966年白皮书明确指出,多

---

① 迈克尔·夏托克.高等教育的结构和管理[M].王义端,译.上海:华东师范大学出版社,1987:191.
② ERIC E.The new polytechnics[M]. London:Cornmarket,1968:35.

科技学院"不再是大学的候补者,而是跟它们平起平坐的院校"。[1]

3. 多科技术学院的主要特色

多科技术学院有几个主要特色值得我们仔细探讨,具体而言:

(1)多科技术学院的出现,使英国高等教育改变了长期以来重人文学科和理论研究、轻应用科学和工程技术的状况,加强了科学、技术和工程在高等教育中的比重,为解决地方经济发展中的实际问题和培养实用型科技人员作出了重大贡献。在英国,自19世纪以来,大学除了教学之外还进行各种科学研究。英国许多具有世界领先水平的基础科学研究成果都是由大学的科研人员完成的。大学的重要任务是创造知识。多科技术学院以教学为主,虽也进行科学研究,多不像大学那样强调进行基础科学研究,而是将重点放在应用研究和产品开发上。从系科和课程设置上看,大学多是综合性的,具有完整的学科体系;而多科技术学院虽强调多学科,但偏重提供大学所忽略的技术性和实用性的学科。曼彻斯特多科技术学院院长亚历山大·史密斯爵士(Sir Alexander Smith)在1974年发表的题为《多学科,多技能》的小册子中,对"多科技术"(polytechnic)一词作了解释。他认为含义广泛,可以从这些学院的多样性课程中反映出来,并构成有别于大学的特色。

(2)理工科学生所占的比例相当高。据统计,1973年英国多科技术学院各科学生的比例:工科22%,纯科学、应用科学和数学12%,辅助医学科目3%,社会学、管理学和商业学33%,教育学4.5%,音乐、戏剧和视觉艺术10%,其他职业培训课程11%,其他艺术4.5%。[2] 1973年多科技术学院理工科学生的比例共占学生总数的34%。这个比例在1979年又上升到了36%。此外,管理学、商业学和医学都在不同程度上带有应用科技教育的性质。如果我们把它们也考虑在内,多科技术学院注重科技教育的倾斜性就非常明显了。

(3)多科技术学院不仅提供各种学位课程,而且还鼓励学生选修形式多样的证书课程:国家证书(National Diploma or Certificate)、高等国家证书(Higher National Diploma or Certificate)以及学院证书(College Certificate or Diploma)等。这种灵活的课程实际上是为灵活地实施高等科技教育提供了条件。多科技术学院课型灵活多样,学生种类也多种多样:既有全日制课程,也有工读交替制课程,还有夜校、脱产短训班以及其他各种类型的部分时间制课程。表3-3-5反映1975年英国所有多科技术学院不同课程类型的招生情况:

表3-3-5 多科技术学院招生情况(1975年11月)

课程(数目=30)	男生人数	女生人数	总人数	纵向百分比
全日制	38726	27190	65916	37.1
工读交替制	25746	4368	30114	16.9
脱产培训(一组白天)	35762	6160	41922	23.6

---

[1] PETER V.Higher education development:the technological universities 1956—1976[M].London:Faber,1978:247.
[2] STEWART W A C.Higher education in postwar Britain[M].London:Macmillan,1989:203.

续表

课程（数目=30）	男生 人数	女生 人数	总人数	纵向百分比
其他白天内的部分时间制课程	4526	2796	7322	4.1
夜间课程	23054	7603	30657	17.2
全日制短训班	1482	388	1870	1.1
总数	129296	48505	177801	100.0

资料来源：PETER V. Higher education development: the technological universities 1956—1976[M].London:Faber,1978:228.

如上表所示，虽然全日制课程和工读交替制课程的学生成了多科技术学院的主流（54%），但是部分时间制课程的学生人数仍高达46%。"三明治"课程主要面向理工科方面应用性强的专业，其中学位课程学制为四年，高等教育文凭课程①学制为两年，均有一年时间用于工作实践。这种理论联系实际的"三明治"课程深受企业界欢迎，修习这类课程的毕业生也往往容易就业。另一方面，不仅开设各种学位课程，而且鼓励学生选修形式多样的证书课程。在哈特菲尔德多科技术学院，除了开设多种学位课程外，还设立了各种非学位课程或准学位课程（sub-degree courses）。那些原先攻读学位课程的学生，如果觉得学习压力大或其他各种原因，可以随时转入准学位课程。同样，原先攻读准学位课程的学生，只要具备条件也可转入学位课程。这种灵活的转轨机制是哈特菲尔德的主要特色之一。

（4）采用模块单元制课程（modular course）模式。所谓模块单元制，是指把一门课程分成几个符合标准长度、内容相对独立的模块单元，学生必须学完几个单元并通过正规考试才能获得学分，再依据学分接受考核评定后才可授予学位或证书。模块单元制的特点：是允许学生自由选课，他们可根据实际选择学专业、毕业文凭，甚至可以跨专业、跨学科选学单元课程，这样有利于拓宽学生的知识面和发挥自身特长。模块单元制课程是对传统大学单科学位模式的一种挑战，它以满足企业界和学生需要为基础，具有很大的灵活性，体现了跨学科的课程理念。到20世纪80年代末已有25所多科技术学院引入了单元制课程。

（5）课程设置侧重应用科学和职业技术培训。多科技术学院的课程设置在社会学、行政管理学和商业会计学方面的比重超过了其他大学。如多科技术学院在社会学、行政管理学和商业会计学方面的招生人数占了招生总人数的36.9%，而工科大学和其他大学的相应比例分别只有16.9%和22.3%。60年代和70年代的英国已经进入高科技社会（"信息社会"），而高科技社会的一个重要特点就是需要大量的、高层次的现代组织管理人才、组织第三产业（包括商业、服务业）的专家，以及懂得如何使现代社会适应高科技发展的人才。多科技术学院正是在这方面显示了它适应社会需求的特色。例如，哈特菲尔德多科学院涉及的学科领域包括应用生物学、应用化学、应用物理学、商业学、会计学、计算机科

---

① 这里指"高等教育文凭"，在多科技术学院学完两年课程且成绩合格者，可授予高等教育文凭。这是低于学士学位一级的文凭。

学、航空工程学、电机工程学、机械工程学、土木工程学、产业工程学、控制工程学、天文学、管理学、心理学、数学、英语和社会工作等。在教师聘任方面注重实际应用经验，教师绝大部分是从具有实际经验的工程技术人员和管理人员中聘请。许多学院还与厂矿企业和技术部门建立良好关系，经常聘请有经验的技术人员和管理人员做兼职教师来开设讲座和新兴课程。多科技术学院的课程设置一般分为三年制和四年制。相当于其他国家短期大学开设的课程，培养一般的专业人员和技术人员。第一年学习基础知识和基础理论，第二年学习职业技术课程和参加生产实践训练，学生毕业时不授予学位，而是获得高级职业技术证书。四年制程采用工读交替的"三明治"方式，即学生在企业和学校交替接受教育与培训，考试合格者可获得全国学位授予委员会颁发的学士学位或荣誉学士学位，一些条件较好的多科技术学院还设有研究生学位课程。

（6）多科技术学院实行开放招生的政策，向各种类型的学生提供入学机会，满足了社会各阶层接受高等教育的愿望，扩大了劳动者子女的入学机会。多科技术学院在促进英国高等教育民主化和大众化进程中发挥了重要作用。"正是由于多科技术学院脱离地方当局的控制，并对当时的准市场机制迅速作出回应，从而导致了英国高等教育的扩充。而大学的增长率较低，仅仅高于继续教育部门，继续教育是增长率最低的部门。"[①]

总之，多科技术学院有效地促进了当地社会和经济的发展。作为地方性的高等教育机构的多科技术学院和其他学院，立足学校所在地方的社会和经济发展，根据当地的社会需要来开设各种专业，与当地的企业开展各种形式的合作，包括咨询、产品开发、技术服务和合同转让。英国著名高等教育学者斯科特在对多科技术学院与60年代创办的新大学之间的区别进行分析时，他就明确指出，从地理位置上看，多科技术学院与经济的关系更为密切。例如，英格兰地区的多科技术学院有三分之二是建立在中北部的工业区和伦敦市内。当时威尔士地区唯一一所多科技术学院也是建立在南威尔士的中心地带，与工业的关系同样十分密切。他指出："它们的主要作用是经济上的，是为了培养有技能的劳动力。它们与工业一起成长。"[②]

但到了后期，多科技术学院发生了一些变化，如全日制学生越来越多，部分时间制学生逐渐减少；社会科学和人文学科不断发展，科学与技术学科明显萎缩；科研力量不断增强，教师工作重心转移；为争取独立学位授予权，学术水平逐步提高等。以上变化使得多科技术学院越来越像大学，这种趋向大学的"学术漂移"导致了多科技术学院的终结。伯顿·克拉克指出，"在英国，有计划和无计划的分化在过去几十年中已经减少，其原因是许多类型的院校冲破了原来等级森严的高等教育结构，纷纷朝大学地位靠拢，尤其是向具有牛津大学和剑桥大学特色的标准靠拢。技术学院特别容易发生职能变化；一旦成熟，它们就会努力争取获得大学的地位。在努力把自己办成大学的同时，它们撤销了原来的服务，把原来属于办学对象的学生类型中的大多数拒之门外。例如，半工半读的学生以及不修

---

① GARETH P.Policy-Participation trajectories in English higher education[J]. Higher education quarterly,2006,60(4):395.
② PETER S.The meanings of mass higher education[M].Buckingham:SRHE and Open University Press,1995:57.

学位、只拿文凭或证书的学生都遭到了排斥"①。"多科技术学院在保持它们自己的学术个性方面不是很成功,通过仿效和渐变的过程,它们的课程已更接近大学的课程了,并像大学一样大量招收社会科学、以社会科学为基础的半专业和文科学生,而对于它们所据以建立的理工科学生则招得很少,从而丢弃了它们的非学位性工作。"②荷兰学者范富格特(Van Vught)认为,"多科技术学院是以一种比较复杂的眼光来看待它们在高教系统中的作用,通过'在学术上的倾斜'过程,努力变得更加平等,和根据有些人所说,缩小和大学的差别"。③

正如人们所分析的那样,多科技术学院虽不是一种全新的机构,但这种学院所蕴含的理念却是全新的。他们在发展过程中不可避免地遇到了这样一些问题:职业性与非职业性,博雅教育与专业教育,窄与博,等等。早在1969年,就有人从多科技术(polytechnic)这一"多"与"技术"的组合词来对这种新的高等教育机构功能进行剖析,担心这种学院可能无法完成其既定使命,变得过于强调"技术"(technic),而忽略"多"(poly)。④ 然而,从近三十年的办学情况看,多科技术学院后来的发展却表明它们所缺乏的不是体现多学科的综合性,而是忽略技术学科。因为多科技术学院为了表明其学术地位,在办学方面不断向大学看齐,所设置的专业和学科越来越朝综合化的方向发展,在许多学院,学习社会和人文学科的学生比例甚至比大学还要大。这表明社会对高等教育的传统认识仍是非常牢固的。因此,随着时间的推移,到了80年代,多科技术学院与大学的区别变得越来越不明显,它们在教育层次、学术水平、专业和课程设置、教学与科研等方面与大学越来越相似。当然,这也从一个侧面反映出多科技术学院整体水平的不断提高。到了这时,多科技术学院的名称便失去原先人们所赋予它的意义了。这样,对多科技术学院和其他学院的地位进行调整,也就是对整个高等教育体制进行改革便在所难免了。1987年多科技术学院脱离地方教育当局的管理,1992年它们获得了大学地位并被赋予"大学"名称。

总之,多科技术学院属于综合性的高等教育部门,适合全日制、工读交替制及部分时间制学生的需要,为他们提供各种类型和各级水平的高等教育。多科技术学院在20世纪70年代得到迅速发展,到80年代末无论在地位还是规模上均可与大学匹敌。多科技术学院和CNAA⑤的发展已成为国家扩充计划的重要因素。多科技术学院的特点可用"灵活多样"来概括。正是这一特点赋予了它们以强大的生命力。在过去的二十多年中,这些

---

① 伯顿·克拉克.高等教育系统:学术组织的跨国研究[M].王承绪,徐辉,殷企平,等译.杭州:杭州大学出版社,1994:247.
② 伯顿·克拉克.高等教育系统:学术组织的跨国研究[M].王承绪,徐辉,殷企平,等译.杭州:杭州大学出版社,1994:140-141.
③ 弗兰斯·F.范富格特.国际高等教育政策比较研究[M].王承绪,译.杭州:浙江教育出版社,2001:368.
④ HAROLD S. Education as history: interpreting 19th and 20th century education[M]. London: Methuen,1983:212.
⑤ 英国于1964年成立了全国学位授予委员会(CNAA),负责大学以外高校,主要是多科技术学院和其他学院的学位授予事务。CNAA成为英国第一个高等教育保障组织,但它只对职业学院、继续教育学院等进行质量审查、监督、控制,大学依旧享有自治的特权,由此英国形成了由"自治"的大学和"公共控制"的非大学两部分构成的二元高等教育体制。

学院都得到了迅速的发展。仅以牛津多科技学院为例,在1970年到1980年这段时间内,"系科数目翻一番;全日制学生人数几乎翻了两番;国家技术文凭委员会批准的全日制课程和部分时间制课程的数目从零增加到了五十以上……申请入学的人数呈直线上升趋势"①。

4.多科技学院及其"双重制"的不足

关于多科技学院及其"双重制"自诞生之初就不断有人进行批评,其中英国著名学者皮特·斯科特对此进行了有代表性的总结,他认为英国高等教育双重制有五个方面的缺点:

(1)注意力集中在非大学部分,忽视大学系统。总的说来,20世纪60年代是大学发展的十年,而七八十年代则是多科技学院和其他学院发展的20年。在1958—1968年,大学全日制学生增加10%以上,而在1968—1978年只增加了3%。非大学部分的情况正好相反。在七八十年代大学是静止或缓慢发展的高等教育部分,而多科技学院和其他学院则成为扩展任务的主要工具,这几乎是教育和科学部的非正式政策。

(2)双重制使大学在60年代中期与改革脱钩,由于存在另一类高等教育,人们用一种全新但更加保守的眼光看待大学发展,因此,双重制政策和多科技学院的建立间接地鼓励了大学谨小慎微的保守主义。"如果二元政策的各个目标(即多样性、综合性、适合性、社会控制和责任、社会公平和社会灵活性)仍然有效,那么,在80年代,再把达到这些目标的努力限制在多科技学院和其他学院的范围内,就不能令人满足了。也许应该期望某些大学或所有大学为实现这些目标作出比它们自1965年以来所作出的更重要的贡献。"②

(3)双重制把所有注意力吸引到大学和多科技学院这两种高等教育形式之间的区别和相互依赖关系上,使人们忽视了非大学部分内不同规模的高等学校之间,以及高等教育和继续教育之间这些同等重要的关系,这些关系对于非学位和部分时间制课程的前途十分重要。

(4)高级课程过于集中在大型多科技学院,导致非大学部分的统一开始破裂,在多科技学院内部产生了高度多样化的情形。"正如把二元政策的目标推广到大学部分可能是必需的那样,改革二元结构本身以反映非大学部分内正在发展的多样性也是必需的。"③

(5)双重制的行政管理方式不能有效地克服由学科或专业、学校所产生的离心力。例如,多科技学院只有18.9%的教师拥有博士学位,而大学教师的比例是42.9%。大学教师40%的时间用于科研,37%用于教学;而多科技学院教师只有18%的时间用于科研,教学时间则占43%。多科技学院的讲师教学时间较长,平均每周16.7小时,而大学讲师则为15.3小时。多科技学院50%的讲师从未发表过1篇论文,只有2%的讲师发表

---

① ELAINE H.Oxford Polytechnic:genesis to maturity 1865—1980,with a decennial review[M]. Oxford:Oxford Polytechnic,1980:47-48.
② 迈克尔·夏托克.高等教育的结构和管理[M].王义端,译.上海:华东师范大学出版社,1987:211.
③ 迈克尔·夏托克.高等教育的结构和管理[M].王义端,译.上海:华东师范大学出版社,1987:213.

了 20 篇以上的论文;在大学教师中相应的比例是 12%和 26%。多科技学院讲师中几乎有 25%的人对教学很有兴趣,而大学教师中相应的比例只有 6%。

(6)从培养目标来看,大学培养学术型、专业型人才,而多科技学院培养技术技能型、实用型人才,这种在学术性和职业性方面的地位差异,使得多科技学院和其他学院在与大学系统的竞争中处于不利地位,不利于更好地发挥高等教育的效率。有些学者认为,双重制是一种反常的尝试,它企图抑制多科技学院和其他学院的雄心,是一种保存大学传统英才主义的手段。"双重制政策的主要教育原理在于'它把大学学术教育和公共部分学院的职业教育分为令人质疑的两部分'。"[1]双重制虽然提供了一种较为合理的行政管理框架,但它作为关于高等教育系统未来方向的规范性隐喻或政治表述却是不成功的。

(三)双重制终结

双重制高等教育的建立极大地促进了多科技学院的发展,多科技学院的课程设置除应用学科外,逐渐增设了数学、物理、化学、生物等学术性专业,其学生数量迅速增加。多科技学院在校生规模已超过大学。它们的增速几乎相同,大学的部分时间制学生和多科技学院的学生比例都有明显增加。不少多科技学院在校生规模已达到当时大学的平均水平(4000 人左右)。1983 年英国大学授予的学士学位数占高校学位总数的 69%,而多科技学院授予的学士学位数占 23%。到 1989 年大学授予的学士学位数比例下降为 59%,而多科技学院授予的学士学位数上升为 31%。[2] 随着时间的推移,多科技学院的教学质量也有明显提高。

1985 年 5 月政府发布的高等教育绿皮书《20 世纪 90 年代英国高等教育的发展》提出:"政府并不打算推行某种统一的高等教育模式,相反,希望高等教育更具有生气与灵活性。目前的高等教育结构是错综复杂的,但只要每所院校的实践与其办学宗旨相一致,则各种类型的高等院校都能作出其重要的贡献。尽管现有的大学是纯学术精华的主要维护者和创造性科学研究的主要源地,但它们并非整个高等教育的范例。多科性大专学院与其他类型的高等院校,在培养人们从事各种实际活动的能力方面负有特殊的责任。很多高等院校特别擅长于提供非全日制课程和文凭课程。在某些情况下,这些院校的毕业生在质量与适应性方面都优于大学本科毕业生。"[3]

然而,1987 年 4 月,政府发布的高等教育白皮书,标志着英国高等教育体制改革的政策转向。该白皮书总结了多科技学院在高等教育发展中的贡献,提出了高等教育结构改革的设想,即多科技学院等主要地方院校脱离地方政府。理由如下:(1)在任务方面,多科技学院不仅在地区和地方,甚至在全国都发挥着重要作用,它们全国范围内招生,满足全国用人单位的需要。多科技学院开设了除医学以外的所有课程,在校生人数超过了大学。由地方政府资助的其他学院对高等教育所作的卓越贡献也得到了认可。(2)在规划方面,由于地方教育当局独自对多科技学院和其他学院进行规划与资助,既不合

---

[1] TONY B.British higher education[M].London:Allen & Unwin Ltd,1987:58.
[2] 于富增.国际高等教育发展与改革比较[M].北京:北京师范大学出版社,1999:183-184.
[3] 吕达,周满生.当代外国教育改革著名文献(英国卷·第一册)[M].北京:人民教育出版社,2004:27.

乎需要,也不再适宜。目前全国性的规划不能令人满意,应对分散办学进行合理化改革,把力量集中于师资和设备好的院校。若使多科技术学院和其他学院满足工商业发展的需要,要求中央政府提供更有效的领导,并对它们取得的成就给予奖励。多科技术学院应从地方的束缚中解脱出来,在某些职业和技术领域发挥示范作用。(3)在行政管理方面,地方当局与它们管辖的多科技术学院和其他学院之间的关系妨碍了学校管理工作,以及学校与工商界建立更加合乎需要和更为密切的合作关系。很多地方当局对它们管辖的院校管理过于烦琐,管理方式落后。不少多科技术学院和其他学院的董事、院长及高级行政人员由于受到地方当局的干预,不能有效地履行自己的管理职责。鉴于以上原因,英国政府打算把多科技术学院和规模较大的院校(拥有 350 名以上攻读高级课程的全日制学生)从地方教育当局管辖中脱离出来,成为接受中央政府补助的独立学院。那些少于 350 名全日制学生的院校可由自己确定是否脱离地方政府,那些主要从事非高等继续教育的学院将仍然由地方政府管辖。

高等教育白皮书规定,脱离地方当局的多科技术学院和其他学院将具有与大学同等的法人地位,拥有自己的土地、房产与设备,可以自聘教职员等。中央政府通过成立"多科技术学院与其他学院基金委员会"(Polytechnics and Colleges Funding Council)为它们提供拨款,教育和科学国务大臣对基金委员会的工作负有全面指导责任,并对方向性问题有保留权。至此,多科技术学院得以脱离地方政府的控制,获得法人地位,并接受中央政府的拨款。除了学位授予权仍受全国学位授予委员会审查以及各自的拨款机构不同之外,多科技术学院与大学在管理体制方面已基本上没有区别。

1988 年 7 月,英国政府颁布了《教育改革法》,以立法形式将 1987 年高等教育白皮书中有关高等教育体制改革的内容确定。1989 年 4 月 1 日,"大学基金委员会"和"多科技术学院与其他学院基金委员会"正式取代了"大学拨款委员会"和"全国地方当局高等教育咨询委员会"。多科技术学院和规模较大的其他学院脱离地方教育当局,成为独立的高等教育法人团体,这意味着高等教育双重制的基础开始动摇。正如 1990 年 5 月 11 日《泰晤士报高等教育副刊》(Times Higher Education Supplement)发表社论《双重制的终结》指出:"双重制将摇摇晃晃地走几年;但是双重制的政策已经死亡了。一个统一的、目前部门界线宣告废止的高等教育系统,不会很快建立起来。但是,我们这个分裂的高等教育系统的基本假设,现在不可能维持了;双重制的理论基础已经被事实侵蚀殆尽了。"[①]

1991 年 5 月,政府发布了《高等教育的框架》白皮书。鉴于双重制已成为高等教育进一步发展的障碍,政府建议废除双重制,建立单一的高等教育框架。这个新框架的主要特征是:(1)建立大学、多科技术学院和高等教育学院的统一拨款机构;(2)在英格兰、苏格兰和威尔士分别成立高等教育基金委员会,负责分配国家提供的教学和科研经费;(3)扩大规模较大的高等院校的学位授予权,结束全国学位授予委员会的工作;(4)愿意采用大学名称的多科技术学院可以改称"大学",并制定相应的标准,符合这些标准的其他规模较大的高等院校也可更名;(5)由各高等院校自身建立一个"全英质量审计机构"(National Agency of Quality Audit),对全国高等院校进行质量监督及外部检查;(6)在各基金委员

---

① 王一兵.八十年代发达国家教育改革的动向和趋势述评[M].北京:人民教育出版社,1994:101.

会内部设立"质量评定机构"(Agency of Quality Assessment),对受资助院校的质量进行评估和指导;(7)各基金委员会合作,以维持共同的质量评定方法。白皮书的建议并没有马上付诸实施,但受到人们的广泛欢迎。

1992年3月,英国政府颁布了《继续教育和高等教育法》。法案规定提供高等教育的任何机构有资格授予任何学位、文凭、证书或其他学衔与荣誉称号。高等教育法人团体可以使用"大学"名称,解散全国学位授予委员会。这一法案标志着英格兰和威尔士高等教育一个特殊时代的结束,成为英国高等教育体制结构发展的分水岭。双重制已失去它存在的逻辑,它的终结将导致英国高等教育的改造。"'二元制'高等教育体制的瓦解一方面促进了大学拓宽渠道以追求超越传统的发展,从而释放出更多的创造力,另一方面也促成了一个更具竞争性的市场环境,从而既给大学带来了相当大的压力,也给决策者提出了新的任务。"[1]

由于高等教育结构的重组,以1992年为分水岭,英国大学数量有了明显的增长。1992年以后,34所多科技术学院[2]以及部分其他学院改称为"大学",至此统一的一元制高等教育结构取代了运行20多年的双重制。这种新结构应满足三个条件:(1)它必须使原来双重制政策的基本目标更容易实现;(2)它能够消除双重制政策的某些缺点;(3)它必须发挥一种振奋精神的隐喻作用,这种隐喻有助于确定高等教育的方向和目标。一元制结构是在高等教育不扩展或缓慢地扩展,高等教育公共经费下降或静止不变情况下形成的。因此,这场变革被称作英国高等教育史上从未有过的结构改革,是场静悄悄的革命。"如果说双重制并未完全废除,但已发生很大的变化,74所左右的大学拥有90%的学生,另外143所各类学院拥有剩余10%的生源。但是,多科技术学院获得了大学地位,它们已经发生的变化和将要发生的变化以及将来会有什么样的变化,并不明朗。"[3]

从实际情况来看,许多升格后的多科技术学院仍然保持了自己原有的特色继续发挥自己传统的优势。正如英国教育和科学国务大臣约翰·帕登(John Patten)指出:"一种一元的框架并不意味着每一所大学都做相同的事情。与此完全相反,它使每一所大学可以有相同的机会集中发展它们的专长领域。"[4]多科技术学院虽然在名称上已不复存在,但它曾经作为颇有特色的应用科技型地方高等教育机构享誉世界。

由上可知,英国高等教育结构经历了从分到合的过程。原来高等教育几乎是大学的代名词,高等教育结构比较单一。20世纪五六十年代,随着高级技术学院、教育学院、多科技术学院的建立,英国高等教育分成"自治部门"和"公共部门"两部分。1992年以后多科技术学院和部分其他学院升格为大学,高等教育双重制又转变为一元制。然而合并后的英国高等教育体制又具有多元化的特征,即一元制里包含多元制,或一元制下的多元模式。"在它们各自的类别里,大学和多科技术学院被想象成基本相似,实际上它们的多样

---

[1] 郑富芝,范文曜.高等教育发展政策国别报告[M].北京:教育科学出版社,2002:124.
[2] 1989—1991年,又先后成立了四所多科技术学院,分别是Humberside(1989)、Bournemouth(1990)、Anglia(1991)和West London(1991)。
[3] 弗兰斯·F.范富格特.国际高等教育政策比较研究[M].王承绪,译.杭州:浙江教育出版社,2001:368.
[4] 徐小洲.当代欧美高教结构改革研究[M].呼和浩特:内蒙古大学出版社,1997:171.

性被遮藏了。高等教育结构似乎比事实上更为单一。双重制的废除,不管它是否鼓励了未来的趋同现象,却使英国高等教育已经存在的多元化更加突出。"①这确实有些自相矛盾。"实际上,英国高等教育长期以来一直呈现统一性与多样性并存的特点,这种特点不会因高等教育体制的统一而削弱或消失,相反,将会继续存在下去,并呈现出与以往不同的特点。……在将来,多样性主要不是通过人为,而是通过市场调节来加以维持。"②高等教育的竞争导致多样化和同一性。"一方面,由于高等教育部门内部的院校在市场竞争中取得的成果不同,同时由于地位较低的高等院校和高等教育部门在同其他院校竞争时为了在市场上获得优势所运用的'边际差别'的结果不同,就使这些院校变得越来越多样化了。另一方面,高等院校的相互竞争,以及地位较低的院校对地位较高的院校的模仿,整个高等教育系统的差别又趋向于缩小,向着名牌大学的特点和风格发展。"③以多科技术学院为主体的非大学部分一直努力趋向与大学相同的质量和标准,而许多历史悠久的大学在市场竞争压力下又呈现出"多科技术的"特征,英国人对"大学"一词的理解扩大了。正是这种"学术漂移"和"职业漂移"导致了英国高等教育体制的变迁。④

综上所述,随着1992年多科技术学院升格为"大学"以后,英国的高等教育结构就形成了"一元体制下的多元结构",即大学由古老传统大学(牛津、剑桥、爱丁堡、格拉斯哥等)、伦敦大学学院、红砖大学、平板玻璃大学、"92后大学"等组成。但它们却在办学定位、办学模式、办学水平、办学质量、大学治理等方面形成了不同的特点,可以说是体现了英国高等教育的多元化特色。

五、关于英国高等教育多样化特色变革的思考

高等教育经过大发展之后,人们开始理性地思考高等教育的未来,即什么样的高等教育才能更好地适应社会需求和更有效率,那种传统的单一制高等教育显然不能符合要求,而必须建立一种多样化的高等教育体制,才能发挥高等教育的社会效益。皮特·斯科特认为,传统大学不再是高等教育系统中唯一或处于支配地位的院校模式,这是高等教育系统在形态和结构方面发生的最显著变化。许多新型高等教育机构的创建,对传统大学的行为和价值观都产生了影响,并为高等教育增添了多样性。伯顿·克拉克指出:"一般说来,政府不喜欢一般院校和新院校模仿老牌尖子大学的风格和做法。政府所需要的是国家高等教育体系的更多样化,更适合职业需要的学科,新的更有效的教学模式,新的更民主的管理方式,以及新的入学渠道。"⑤"多样化结构有助于变化的原则,甚至更适合于高

---

① PETER S. The meaning of mass higher education [M]. Buckingham: SRHE and Open University Press,1995:43.
② 许明.英国高等教育发展研究[M].沈阳:辽宁师范大学出版社,1998:267-268.
③ 伯顿·克拉克.高等教育新论:多学科的观点[M].王承绪,徐辉,郑继伟,等译.杭州:浙江教育出版社,2001:145.
④ 易红郡.战后英国高等教育政策研究[M].长沙:湖南师范大学出版社,2012:124.
⑤ 伯顿·克拉克.高等教育新论:多学科的观点[M].王承绪,徐辉,郑继伟,等译.杭州:浙江教育出版社,2001:145.

校之间的分工。传统的体制使整个高等教育系统变得僵硬。作为单一形式的大学负担过重,传统的教学活动耗去了它的大部分资源和精力,使它无暇旁顾。……结构单一的体制在适应变化的过程中屡遭失败,因而失去了它们的合理性。"①

美国著名高等教育管理学家 R.伯恩鲍姆(R. Birnbaum)从生物学角度阐释了多样化的重要性,认为分化能保护系统本身的稳定性,必须保持物种的多样化,以保证系统所依靠的专门化功能,并防止如果一个关键性元素被废除所造成的系统崩溃。斯塔德特曼(V. Stadtman)认为高等教育多样化的优点可归结为以下几点:增加了学习者可选择的范围;尽管个体之间有差异,但实际上使每个人都能接受高等教育;使教育和每个学生的需要、目标、学习风格、速度与能力相称;使高等院校能选择它们自己的使命,并把它们的活动局限于那些与其定位、资源、教学与学生水平等相符的范围内;对一个社会的压力作出反应(该社会本身就是以复杂性和多样性为特征);成为学院和大学自由与自治的前提,因为高等院校之间越是不同,对于中央政府而言,想把它们变为灌输而不是教育的机构就越困难。② 伯顿·克拉克认为,多样化结构比单一结构能更好地协调高等教育各项基本任务和准则之间的冲突;创建和维持各种不同类型的高等教育能使各高校都具有自己的特色;高等院校的适度分层可使它们获得相应的地位,并被视为质量控制的一种形式。他说:"在任何一个大国,高等学校和学科的交叉点的领域在数量上和类型上将是越来越不可穷尽。系统的恒久的吸引力和希望寓于系统的多样性之中。"③范富格特等学者也指出:"多样性的问题之所以重要有若干理由,其中一个理由是尽可能完善高等教育应答社会需求的愿望。政府对高等教育的政策的变化有一个鲜明的意图,就是建立对社会需求和经济上优先考虑的事项有较大的灵活性、适应性和应答性的高等教育系统。复杂的社会和分化的经济市场显示出种类繁多的需求,这些需求恐怕是单独一种类型的高等教育机构所不能满足的,所以需要多样化。比较多样化的高等教育系统,能够更好地回应各种各样的需求。"④

综上所述,多样化是世界高等教育体系发展的趋势,它伴随着高等教育扩招而来,扩招导致了对多元化学术系统的需求,即不同层次的机构服务于不同的需求和群体。多样化意味着更广泛的选择,如选择成为哪类学校,设计哪种课程,去哪里学习和学什么,雇佣哪种毕业生,资助哪种高等教育等。同样地,校长和学者、学生和雇主、国家和其他资助者都面临着选择。正如英国学者约翰·泰勒(Jhon Taylor)指出:"高等教育多样化意味着许多不同的事情。在某种层面上,多样化是指一系列强有力的社会和政治价值观,包括社会包容性、反精英主义、对民众意见的回应、更多的学生选择和教学参与模式。这或许可

---

① 伯顿·克拉克.高等教育系统:学术组织的跨国研究[M].王承绪,徐辉,殷企平,等译.杭州:杭州大学出版社,1994:216.
② 罗杰·金.全球化时代的大学[M].赵卫平,译.杭州:浙江大学出版社,2008:199-200.
③ 迈克尔·夏托克.高等教育的结构和管理[M].王义端,译.上海:华东师范大学出版社,1987:43.
④ 弗兰斯·F.范富格特.国际高等教育政策比较研究[M].王承绪,译.杭州:浙江教育出版社,2001:398-399.

以被看作多样化思想的一个观点。"①到20世纪90年代中期,英国以拥有74所大学和143所其他院校而感到自豪。90%左右的本科生和所有的研究生都在大学里,大学系统不论是课程还是学校的使命和文化,都比过去任何时候更加多样化。

总括起来,英国高等教育多样化具体表现在如下几方面:

1.学生来源

阿特巴赫等学者指出:"很多迹象都显示,世界各地的高等教育体系越来越服务于更多的多元化的学生。总的来说,这种发展给那些看到了高等教育对个人成果和专业成果的重要积极影响的人以鼓励和希望。"②英国进入高等教育大众化后,学生结构开始发生变化,学生多样性越来越明显,在受教育背景、语言能力、职业经历、年龄和其他特性等方面出现较大差异。1999年,英国大学和学院招生服务处选取了1994—1998年进入高校攻读学位或高等教育文凭的学生作为研究对象,从年龄、性别、社会阶层、种族来源、入学资格及学习科目等方面考查本科生结构变化。研究表明,随着高等教育参与率的不断扩大,来自少数民族和低收入阶层的大学生比例逐步提高。据统计,1998—1999年度少数族裔大学生比例为14.7%,2005—2006年度上升到18.3%。同时女生和成年大学生人数增长很快,2004—2005年度女大学生占46%,明显高于男生的37%;2004—2005年度成人大学生比例高达60%,他们大多是社会中下层管理者、技术人员、中介人士、技工和个体户等,年薪在1万~3万英镑之间。他们通过攻读升学课程获得入学资格,学习科目注重实际,密切结合社会和市场需求。

2.教育结构

高等教育结构多元化一般是指在保持传统大学地位的同时,建立其他各种不同类型、入学机会和要求的高等教育机构。多元化的出现是为了适应高等教育扩招、教育民主化和社会经济发展的需要。"最初提出大学的多样性是出于宗教环境的多样性,大学要与学生和教职员各自的宗教活动相称;而高等院校的多样化最终被看成是反映了一个不断变化和多元文化的社会的更广泛的社会需求。不同的大学类型有着特殊的多种职能,一方面它是一种工具,能对一种正在变化的经济和社会作出反应;另一方面它也可以在整个大学体制的发展中维持其稳定性。学生有更多的自由去选择最适合他们的一种大学的文化和使命。"③也有学者认为,竞争性市场和高等院校多样化之间有一种强有力的联系,高等院校越是多样化,公众的选择越能得到满足,社会也就越受益。因此,当每一所大学被迫集中它的优势时,政府倾向于把模拟的竞争看作增加系统内多样化的手段。为满足经济发展对多方面人才的需要和扩大高等教育入学机会,战后英国政府致力于推动高等教育体制的多元化改革。至20世纪90年代,英国高等教育结构已形成了包括古典大学、近代大学、多科技术学院、高等教育学院、继续教育学院、开放大学和私立大学的多元化、多层

---

① JOHON T.Institutional diversity in UK higher education:policy and outcomes since the end of the binary divide[J]. Higher education quarterly,2003,57(3):267.
② 菲利普·阿特巴赫,利斯·瑞丝伯格,劳拉·拉莫利.全球高等教育趋势:追踪学术革命轨迹[M].姜有国,喻恺,张蕾,校.上海:上海交通大学出版社,2010:86-87.
③ 罗杰·金.全球化时代的大学[M].赵卫平,译.杭州:浙江大学出版社,2008:198.

次和多规格的体制。不同的院校之间在地位和资源方面差别很大,这种声望等级制度促进了英国高等教育体制的多样化。马丁特罗认为,所有高等教育系统都是分等级的,高等教育本身是一个分等级的院校系统,这些院校正式或非正式地在地位和声誉、财富和权力以及各种各样的影响方面分成等级。1992年双重制废除后,在高等教育一元制模式下,英国高等教育结构又有新的分化,其多元化模式更为突出,不少学者把它称为"一元体制下的多元模式"。"这种模式揭示出英国高等教育体系发展历程中所存在的趋同和多样化这一对矛盾体;趋同主要是水平低的学校向水平高的学校模仿的结果,多样化是不同学校之间竞争所用的'边际差别'的结果,二者都是竞争手段,也是英国高校的生存之道。"[①]

3.经费渠道

如前所述,英国高等教育经费筹措是一种以政府为主导的多元化模式,英国政府对高等教育机构的资助采取"直接资助"和"间接资助"双重模式,具体资助任务由高等教育基金委员会和各科学研究委员会共同承担。高等教育基金委员会的经费绝大部分属于"直接资助",它依据教学、科研及相关活动情况进行分类计算,再一揽子拨付。各科学研究委员会及其他政府部门的经费属于"间接资助",需要大学与其他科研机构申请并通过竞争方式获得。由于高等教育基金委员会和各科学研究委员会的可分配经费均来自国家财政,因此公共资金是英国高等教育经费筹措的主渠道。伯顿·克拉克指出:"必须采取一定的措施来稳定系统中的每个部分——在拨款、奖励和理论宣传方面皆应如此。协调者应该明确地反对趋同的潮流,鼓励富有特色的资助方式和权力模式,以求各种不同的作用都得到稳定。……因为资助的多种来源和监督的多种渠道是多元化的最有力保证。"[②]英国高等教育机构还充分利用自身优势不断拓宽其他经费来源,如学生学费、慈善机构、产业部门、个人捐赠、海外招生、经营性业务等。经费渠道多元化体现了社会对高等教育的支持,它已成为英国高等教育机构筹措资金的普遍模式,有效地缓解和改变了英国高等教育经费不足的局面。

4.教育使命

迈克尔·夏托克认为,"在大众化高等教育体系中非常重要的是大学应该有多重使命,大学应该发挥自己的所长,以自己最能成功的方面去和对手竞争。不应该,也不可能寻求相同的成功,不管是教学、科研、还是在更广阔的社会和经济方面"[③]。尽管英国大学的重要任务仍然是科研和教学,但它实际上又是一个多元化和多产出的组织,在现代社会扮演多重角色,尤其是在促进知识经济和社会包容性方面发挥了举足轻重的作用。正如布伦南等人指出:"事实上,英国的高等教育可能正从一个以学校地位和作用正式分割但在学术实践、文化和标准方面具有显著的同一性为标志的系统发展到一个没有正式的分割,但在实践、文化、标准方面存在越来越明显和实际差异的系统。几所大学看来正在尝试成为精英科研和研究生教育中心,留下其他院校成为面向传统中学毕业生的大众化的

---

① 黄建如.比较高等教育:国际高等教育体系变革比较研究[M].北京:社会科学文献出版社,2008:75.
② 伯顿·克拉克.高等教育系统:学术组织的跨国研究[M].王承绪,徐辉,殷企平,等译.杭州:杭州大学出版社,1994:309.
③ 迈克尔·夏托克.成功大学的管理之道[M].范怡红,译.北京:北京大学出版社,2008:5.

教学型院校,而另一些院校则集中在城市中的成年和非传统的学生。"[1]伯顿·克拉克认为,"在各高等学校和各种类型学校中实行分工是愈加必要了,这种分工使各个不同的单位都能全心全意地致力于各种不同的任务。许多层次的专业训练,各种不同类型的和培养各种学生的普通教育,从最基础的研究到应用性很强的研究等种种不同的科研任务——这一切可以由各种不同的承办机构来担当,这些机构的分类是通过有计划的或计划外的发展,或有计划的发展和计划外的发展两者的结合而形成的"[2]。

总之,多样化已成为英国高等教育政策的重要特征,它维持了英国高等教育的稳定性并保护了整个高等教育系统的平衡。多样化高等教育系统稳定性的关键,在于不同类型院校的作用和任务的合法性。2000年8月英格兰高等教育基金委员会发表了题为《高等教育多样化》(Diversity in Higher Education)的政策文本,声称多样化是高等教育最吸引人的特征。"一个多样化的高等教育部门,应满足它所服务的对象如学生、雇主、高等教育服务购买者及广大社区的各种需要和愿望。随着高等教育参与面的不断扩大,以及对高等教育如何为国家经济、社会和文化发展作出贡献的理解,这些需要和愿望正逐渐变得多样化,尤其是在学生的期望、能力和环境方面最为突出。在这种意义上,高等教育供给的多样化本身不是一个终结。不管是现在还是将来,它意味着能确保更好地满足资金持有者的需要和愿望。多样化在帮助提高这种适应程度方面是有价值的。为了与环境变化保持一致,它应不断发展和拓展,并形成和提高自身的愿望及期望值。"[3]这份文件被认为是双重制结束后英国高等教育走向多样化的战略蓝图。伯顿·克拉克指出:"一般说来,无论是门类和层次,还是部门和等级,单一结构倾向于阻止自发的变革,而多元结构则促进变革。各国高等教育系统都面临着日趋复杂的形势,因而都有向多样化结构发展的倾向。"[4]美国学者弗莱克斯纳认为,"这种多样性有其优点——对英国人这样一个多少是在黑暗中摸索前进的民族来说,尤其如此。因为人类社会极其复杂,人类的能力和愿望极其多样。致力于高等教育的任何一类大学都不能期望具有全面的代表性和完全的适宜性。因此,差异性就可用来产生某种接近于全面的代表性、接近于完全的适宜性的事物。……与其由一种大学囊括所有这些差异,还不如由不同的机构来整合相关的差异更合适一些"[5]。

总而言之,英国应用科技型大学尤其是多科技术学院产生发展与变革的历史是值得我们认真加以研究并予以借鉴,尤其是多科技术学院办学模式、办学特色及其学术漂移的经验与教训都是目前我们建设中国特色高水平应用科技型大学过程中引以为鉴并引以为戒的。

---

[1] 弗兰斯·F.范富格特.国际高等教育政策比较研究[M].王承绪,译.杭州:浙江教育出版社,2001:391-392.
[2] 迈克尔·夏托克.高等教育的结构和管理[M].王义端,译.上海:华东师范大学出版社,1987:33.
[3] JOHON T.Institutional diversity in UK higher education:policy and outcomes since the end of the binary divide[J].Higher education quarterly,2003(3):269.
[4] 伯顿·克拉克.高等教育系统:学术组织的跨国研究[M].王承绪,徐辉,殷企平,等译.杭州:杭州大学出版社,1994:219.
[5] 亚伯拉罕·弗莱克斯纳.现代大学论:美英德大学研究[M].徐辉,陈晓菲,译.杭州:浙江教育出版社,2001:202.

第四节　美国应用科技型大学的历史发展

众所周知,一提到应用科技型大学,就会不约而同地想到德国,想到荷兰、芬兰、丹麦,想到英国,甚至想到中国台湾。人们一般不会认为美国也有应用科技型大学,因为一说到美国,就会马上脱口而出的是哈耶普(哈佛、耶鲁、普林斯顿)、麻省理工、加州理工等世界一流的研究型大学。难道美国就只有世界一流研究型大学? 如果是,那美国所需要的大批应用科技型人才来自哪里? 由谁来培养? 难道都是来自欧洲、来自他国技术移民? 显然,答案是否定的。这是因为,美国的高等教育体系不同于欧洲特征明显的大学与非大学部门的二元结构系统。美国是当今世界高等教育体系最为发达的国家,既有许多举世瞩目的世界一流大学,又有大量各具特色的高等院校系统。研究型大学、文理学院、专业学院、州立大学、社区学院都具有各自鲜明的特色,在美国高等教育中占有极其重要的地位。正如美国著名教育史学者约翰·塞林所言:"高等院校的多样性尤其需要对各种各样的院校类型予以特别的关注。每一种类型的院校都有其自身的历史和目标。"[①]研究型大学尤其是私立研究型大学以其人才汇聚、规模宏大、资金雄厚、成果丰硕、国际化程度高等为特色;文理学院专注于博雅教育,延续英国牛津剑桥的绅士教育传统,以本科为主体兼有少量的硕士研究生教育;专业学院和州立大学面向职业、面向实践,致力于培养应用科技型专业人才。它们各有所取,各有所长,共同为美国社会培养了大量各行业所需要的多样化人才。

美国的高等教育系统在适应美国社会政治、经济、文化的需要和教育传统过程中,经过了三百多年的产生、发展和成熟后,形成了自己独特的多元化的高等教育体系,其中一个显著特征就是独特的应用科技型大学系统。美国应用科技型大学系统的产生、变革、发展与形成截然不同于欧洲国家,有其独特的历史发展特点与道路,因此,值得我们认真加以探究借鉴。

一、美国早期的学院

美国的高等教育,作为一种独立的机构,可以追溯到哈佛学院的创立。美国的高等教育起源于私立学院。美国在1776年独立以前是英国的殖民地,最早的移民来自英国,移民中90%以上是基督徒。因此,这就决定了美国的大学一开始就是以英国教会私立高等院校的传统为其模式。殖民时期的学院就是仿照英国牛津和剑桥的模式建立起来的。

殖民地九大学院是以五百年前欧洲的教育模式为基础建立起来的。早期殖民时期的学院都是教会的教士们发起建立的。从1636年至1769年,在134年的时间内,殖民地共

[①] 约翰·塞林.美国高等教育史:第2版[M].孙益,林伟,刘冬青,译.北京:北京大学出版社,2014:3.

创建了9所学院:哈佛学院(1636,哈佛大学)、威廉玛丽学院(1693)、耶鲁学院(1701,耶鲁大学)、费城学院(1755,宾夕法尼亚大学)、新泽西学院(1746,普林斯顿大学)、国王学院(1754,哥伦比亚大学)、罗德岛学院(1764,布朗大学)、女王学院(1766,新泽西州立大学)、达特茅斯学院(1769)。

早期的学院主要是以人文古典教育为主要教育内容来培养有学识的从事教会活动的神职人员和为政府服务的公职人员。因此,这类学校还不是应用科技型的学院教育。当时的大多数行业,包括手工业和贸易,也包括农业和商业,都是可以通过模仿或做学徒的方式来学习。刚出现的职业——律师和医生——也采用类似的方式来学习。当时的职业教育只有在两个领域特别明显:牧师和公职人员。

美国真正应用科技型本科教育是从19世纪的工程技术院校和赠地学院、州立大学的建立开始并逐步形成了一个独特的美国应用科技型大学教育体系。

二、美国应用科技型大学教育的产生

到19世纪60年代,美国已经建立了500多所学院。这些学院一般仍基本沿袭殖民地时期学院的古典课程教育模式。但是工农业生产和社会其他部门的发展已需要更多的专门实用型技术人才,这些原来以古典课程为核心的学院虽然也增加了实用的科目和专业,但仍远远不能满足社会急速增长的人力需求。因此,从1824年开始,就出现了独立设置的专门技术院校。有些被称为学院的学校或许实际上是一所专科学校、技术学校、专业学校、专业培训中心、工作室、研究组或是一群师从开业者的学徒。[①] 然而,正是这些多样的学校形式预示了现代中学后教育的各种形式,除了文理学院、综合性大学和研究型大学以外,还包括了技术学校、成人学习中心、初级学院和社区学院、专业学院、研究中心、研究院等其他形式。

19世纪是美国高等教育发展的关键时期。工程技术院校、州立大学、赠地学院、研究型大学、初级学院的出现与发展,在完善美国高等教育结构的同时,形成了独具特色的美国应用科技型高等教育制度体系。

(一)工程技术院校的兴建

美国工程技术教育始于十九世纪初叶,其目的在于促进"科学为日常生活的需要服务"。确实,它整个历史是与国家培养科学和技术人才的需要分不开的。美国工程技术教育是从借鉴外国的经验和结合本国的特点发展起来的,这在许多方面反映了美国工程技术教育的特点。大学的组织计划和大部分的教学传统可以追溯到英国古老的大学,它们在美国早期的工艺学院有一定的影响。可是最早的工程学科课程表是以仿效法国大学校为蓝本而安排的;早期工场和手工艺教学的方法是以俄国学校教育为基础;而强调科研及科研的方法以及学位教育的模式则来源自德国。由此说明了美国高等教育体系是根据本国的实际需要积极借鉴英国、法国、俄国、德国等世界高等教育先进国家不同特色而博采

---

① 亚瑟·科恩.美国高等教育通史[M].李子江,译.北京:北京大学出版社,2010:21,53.

众长、自主创新逐渐形成的。

到了19世纪上半期,大量科学成果已转化成技术,技术又进而应用于生产。在这种情况下,欧、美产生了一种新型的高等院校,即工程技术型学院。在法国,早在1794年就于巴黎设立了多科技术学校(大学校)。欧洲的柏林、维也纳、布拉格、慕尼黑等大都市均在19世纪初至20年代建立了工程技术院校。美国建国后,工农业生产的发展需要大量的工程、技术人员,工程技术院校的设立也自然提到议事日程上。欧洲尤其是法国的工程技术型院校(大学校)为美国提供了榜样。殖民地晚期建立的学院已在课程中增加了科学和技术的科目,如数、理、化、生物等科目及一些实验教学,但仅是在传统课程内增加"新学"成分而已。创建于1802年的西点军校虽然有许多技术课,但也不是一所专门的技术学校。美国第一所专门的工程技术学院是伦塞勒多科技术学院(Rensselaer Polytechnic Institute)(又译为"伦塞勒理工学院")。1824年,由纽约的一位大土地所有者伦塞勒(Stephen V. Rensselaer)出资创建该学院。伦塞勒创建这所学院的初衷是想培养农业技术教育的教师。

该校首任校长阿莫斯·伊顿(Amos Eaton)较早应用了实验室教学方法,并且开设了夜间课和分校。1835年,该校增设了民用工程专业,不久即授予美国首批民用工程专业的学士学位,1849年,伦塞勒学院增设了建筑、采矿、地形测量工程等实用专业,进一步扩大了技术教育的范围。1849年,该校重新按照第一流的法国大学校的方向筹办,特别是受法国综合理工学校和中央高等工艺制造学校教学计划的影响。直到1861年,该校才正式命名为伦塞勒多科技术学院,它的目标变为:"训练建筑师、土木工程师、机械制造与管理工程师、水利工程师、石油工程师、冶金工程师等,并训练那些高级的制造业操作的管理人员。为了成功地进行这种操作,必须对其各个制造过程中所涉及的科学原理,进行一丝不苟的研究。"课程朝着实现新目标的方向发展,兼有同时学习人文学科、数学、自然科学和技术学科的特点。当时这种形式的课程计划在全国是崭新的,后来变成了公认的标准,但是已经表现出今天美国工程学科课程的雏形,其目的是不论学生未来专业是什么,要为培养应用科技型人才作出贡献。可以说,伦塞勒多科技术学院是美国第一所工程技术型院校。

到了19世纪中期,原有的文理学院(liberal arts colleges)也纷纷建立了工程系或相应的学校。例如,联合学院(Union College)于1845年建立了民用工程系;哈佛大学于1847年建立了劳伦斯科学院(Lawrence Scientific School);达特茅斯学院于1852年建立了钱德勒科学学院(Chandler Scientific School);布朗大学也于同年建立了一个实科专业系。1855年,宾夕法尼亚大学建立了一个矿物、工艺与制造系。1862年,美国大约有十二所工程技术院校,这些院校包括:美国西点军校、诺威奇大学、劳伦斯科学院、联合学院(它于1845年设立土木工程系),美国海军学校(它从1845年建立起即开出蒸汽工程的课程,并于1866年内战结束迁回安那波里斯时设立单独的工程系)、在达特默思的钱德勒理学院(1851)、耶鲁大学的谢菲尔德理学院(建于1847年,但直至1852年方设置工程学科课程)、密歇根大学(1852)、宾夕法尼亚州立综合工艺学院(它建于1853年,正式开出最早的机械工程和矿冶工程的课程,1854年授予美国第一个机械工程学位,1857年授予美国第一个矿冶工程学位)、纽约大学和布鲁克林综合工艺学院(1854),还有库柏联盟工程学院

(1857)、劳伦斯理学院于1817年建于哈佛。麻省理工学院成立于1861年。至此为止,工程技术教育的发展虽是逐渐的,但它的发展方向是明确的。1866年前的三十一年里,只有大约三百名工程师毕业。当时多数从业人员仍然通过工作经验学习工程,而大学毕业生则易于在道路和桥梁建筑中谋得职位。但这些学院对工科甚至理科并不是太重视。工程学科被认为是一种技艺,不被认为是高尚学者所追求的对象。19世纪中叶,在哈佛大学和耶鲁大学主修工科或理科的学生,没有主修艺术的自认为高人一等的学生的同等地位。主修工科和理科的入学标准是较低的,课程要求也不那么严格,在这些范围的要求只需三年毕业,而一个艺术学士的程度要花四年。甚至进餐的设施也是隔开的。①

这些实用技术专业、系和专门的工程技术类学院的设立,还只是19世纪下半期声势更为浩大的工科技术教育运动的先声。1862年莫里尔法通过后,农业、机械技术教育在赠地学院才得到前所未有的广泛发展。

(二)州立大学运动的兴起

18世纪末,欧洲启蒙运动中的人本主义、理性主义和经验主义思想要求利用科学为人类现实的利益服务。美国当时由各种教派所举办的古典式学院离这一时代的要求甚远,他们的课程范围狭窄,偏重于古典文科教育,满足不了新兴的美国社会、经济发展的需要。国家的扩张和经济增长对高等教育提出了更多的要求和期望,高等教育应该要为新出现的职业培养人才。教会院校中传授的古典知识已经日渐落伍,以新兴的自然科学知识取代难以适应美国国家发展与社会建设的旧知识,成为高等教育改革所必须完成的任务。

1819年,杰斐逊创办的弗吉尼亚大学是美国历史上第一所真正的州立大学②,也是美国第一所应用科技型大学。弗吉尼亚大学将办学目标确定为:向学生提供超出一般学院的高水平教育,允许学生在课程学习中表现出一定的职业性并享受选课的权利。1825年,弗吉尼亚大学创办时所确定的课程体系,超出了当时一般学院的课程范围。他提出一种颇为宽广的科学课程计划,包括"植物学、化学、动物学、解剖学、外科学、医学、自然哲学、农业、数学、天文学、地质、地理、政治学、商学、历史、伦理学、法律、艺术、美术等"③。他把弗吉尼亚大学分成8个学院——古代语文、现代语言、数学、自然哲学、自然历史、解剖学和医学、伦理学、法律,不设神学讲座。杰弗逊非常看重地质测量和农业科学,这两门学科在弗吉尼亚大学得到了重视。其次,弗吉尼亚大学公开表明该大学的性质是一所公立高等教育机构,而不是私立或准公立高等教育机构。再次,在教育价值取向上,弗吉尼亚大学致力于世俗社会的教育价值取向的实现,是"宽广与自由的和现代的大学",而不是服务于教派的利益,并为穷苦学生提供免费名额和奖学金。其办学理念全面体现了19世纪最初数十年间在启蒙运动的影响下美国高等教育领域所呈现的一些"革命性"观念。"总的来说,学院的发展和传播都是以典型的美国模式:没有任何限制,不断探索创新,以

---

① 王廷芳.美国高等教育史[M].福州:福建教育出版社,1995:97-98.
② BRUBACHER J S, RUDY W.Higher education in transition:a history of American colleges and universities[M].New York:Harper & Row,1976:147.
③ 王廷芳.美国高等教育史[M].福州:福建教育出版社,1995:107.

及时不时受到欧洲的影响。"①杰斐逊创办新式州立大学的思想从欧洲尤其是法国大学教育实践中获得了一些有益的理论启示。他自己曾经宣称:"我随时都在注意、熟悉其他国家的最好的学院组织,以及开明人士对于在这种机构应当占有一定地位的科学学科的观点。"②

弗吉尼亚大学以其对州立大学教育理念的追求,在美国高等教育发展史上产生了意义深远的影响。这种影响在当时就超越了地域的界限,直接促进了美国南部和西部州立大学的创办与发展,许多大学都仿效弗吉尼亚大学,尤其是弗吉尼亚大学对应用科学学科与专业的注重为许多大学所模仿,标志着美国高等教育发展史上一个新时期的到来。这个时期,专门职业教育(professional education)和技术教育(technical education)开始进入了美国高等学校,传统上需要高深教育即特殊训练的职业从学徒制逐渐转变为正规的专业学校教育。州立大学的课程不断向多样化、职业化的方向发展。整个时期,课程在不断分化,显得有些支离破碎,并且还在不断地趋向专业化、职业化。在课程设置上,弗吉尼亚大学表现出了不同于其他大学之处。开设的课程门类:古典语言、现代语言、数学、自然哲学、自然史、解剖学与医学、道德哲学与法学。相应地,还设立了八个学科的教授职位。学生在学习中享有一定程度的选修自由。这个时期,州立大学的许多课程主要是为那些将来从事工程学、农业、机械和制造业以及所有进入实用性学科学习的人设计的。这不仅为专业学习和专业学院的发展打下了基础,而且为所有的专业教育或职业训练以及培养各种业余爱好奠定了基础,形成了一种为任何人提供能够学习任何科目的课程体系③。一些院校先是开设法学、医学讲座,后来建立起医学院和法学院。

美国联邦政府向准备筹建州立大学的各州下拨了大量的公共用地,这促进了西部州立大学的发展,形成了创办州立大学的热潮,如明尼苏达州立大学、密歇根大学等。美国政府以土地资助作为州立大学创办的手段,不仅直接促成一批州立大学的诞生,而且还在实际上孕育着一种新的教育观念。这种新的教育观念就是由政府建立起以免费和面向全体民众为特征的公立教育体系,这一教育体系从市镇学校一直延续到州立大学。美国西部建立的这批州立大学以实际行动践履了美国历史上一种崭新的高等教育理念——实施一种由公众支持、州政府控制管理的公立高等教育。较东部古典学院来说,这类大学的教育目标在于满足当地地区发展的需要,在于不断对新的教育发展趋势作出反应。密歇根大学成为西部州立大学的榜样。④ 作为西部州立大学的典范——密歇根大学建立了13个学科:普通科学、文学、数学、自然历史、自然哲学、天文学、化学、医学、经济学、伦理学、军事科学、历史学、智力科学等。

到19世纪上半期,这一时期的大学课程改革呈现出新的特点:一是科学、技术科目从古典课程体系中分化独立出来,成为独立的与古典课程平行的专业;二是课程包括的专业

---

① 亚瑟·科恩.美国高等教育通史[M].李子江,译.北京:北京大学出版社,2010:58.
② 贺国庆.德国和美国大学发达史[M].北京:人民教育出版社,1998:95.
③ 亚瑟·科恩.美国高等教育通史[M].李子江,译.北京:北京大学出版社,2010:68.
④ BRUBACHER J S,RUDY W.Higher education in transition:a history of American colleges and universities[M].New York:Harper & Row,1976:155-156.

越来越多,课程范围加宽;三是开始出现选修的制度;四是在部分院校,已出现了科学学科的学士学位,甚至理科硕士学位。1827年,联合学院(Union College)设置了与古典课程平行的科学专业。1845年该校又增设民用工程专业、1856年又增加应用化学专业。1850年建立的罗切斯特大学(University of Rochester)不仅在古典课程之外设置了平行的科学课程,而且大胆地为科学课程设立了文科学士和理科学士学位。南北战争前,美国西部的多数州立大学也陆续设置了与古典课程平行独立的科学、技术课程,并建立了"部分课程"制度。[1]

州立大学开创了美国大学专业教育的先河。专业教育中的教师教育、家政教育、法学教育在州立大学中最先出现。1894年,教师教育最先出现在马萨诸塞州列克星敦(Lexinton)建立的州立师范学校。19世纪70年代早期,家政教育首先出现在爱荷华、得克萨斯、伊利诺伊等州的赠地学院中。美国第一个法律学院位于康涅狄格州的利奇菲尔德(Litchfield);而第一个持续至今的法学教学则始于1816年马里兰大学的法律系。

值得指出的是,许多领域的专业教育虽然并非由州立大学开创,但却是由州立大学发展壮大。如土木工程教育始于1817年在西点创建的美国军事学院即西点军校,1820—1821学年埃尔登·帕特瑞杰(Alden Partridge)在诺威治(Norwich)大学中开设了土木工程的讲座,而土木工程的教学则始于1828年的伦塞勒理工学院,但其大规模的发展则是在《莫雷尔法案》颁布之后的赠地学院之中。1865年麻省理工学院创办了建筑学院,开拓了不局限于土木工程的建筑学专业教育之先河。之后,其他州立大学很快跟进,伊利诺伊大学于1868年、康奈尔大学于1871年分别创办了建筑学院。《莫雷尔法案》颁布后不久,美国大学的工程学院就从6所发展到160所。1881年,宾夕法尼亚大学建立的沃尔顿财政和商业学院(Wharton School of Finance and Commerce)是现代意义上美国最古老的商业学院。加利福尼亚大学和芝加哥大学于1898年,达特茅斯学院和纽约大学于1900年,哈佛大学、西北大学和匹兹堡州立大学于1908年先后跟进,这些紧随的大学中相当一部分是州立大学。

不仅专业教育,专业学位的颁授也与州立大学密不可分,在这一点上州立大学远比私立大学更积极、更主动,因为专业学位课程更符合州立大学服务于本州和本社区人民需要的目标。19世纪50年代,科学学士学位由伊利诺伊大学、北卡罗来纳大学和纽约大学颁授;1861年,农学学士学位由宾夕法尼亚农业高中(Farmer's High School of Pennsylvania)颁授;19世纪70年代,为女性准备的家政学士学位由艾奥瓦州、伊利诺伊州、得克萨斯州的赠地学院颁授;1873年,音乐学士学位由密歇根州的阿德瑞安学院(Adrian College)颁授;1877年,为教师准备的教学学士学位由艾奥瓦州颁授;1877年,教育学学士学位由密苏里州颁授。[2] 这些专业学位不再将古典课程作为获得学位的必需条件。

正规的专业教育使高等教育真正进入美国人的生活,早期学院改革者未能成功实现的使学院与美国经济生活相联系的理想,在州立大学运动中得以实现。州立大学运动、平

---

[1] 王廷芳.美国高等教育史[M].福州:福建教育出版社,1995:113,118,119.
[2] RUDOLPH F.Curriculum: a history of the American undergraduate course of study since 1636 [M].San Francisco:Jossey-Bass Publisher,1978:138.

等主义和工业社会使工作中所学与大学中所学没有了界限,大学与大学之外的世界也没有了界限,大学通过专业教育真正实现了应用知识服务于人民、服务于社会的职能。

(三)赠地学院运动

南北战争结束后,美国社会步入一个新的历史关键时期。工业化、城市化成为社会发展的主旋律,以赠地学院运动的兴起为标志的应用科技型高等教育的发展便是为适应工业化与城市化这个社会发展主旋律而展开的。内战后,深受工业革命浪潮冲击的美国社会发生了根本性的变化,美国基本上实现了工业化和城市化,实现了以一个乡村为中心、以农业为主导性产业的农业国向以城市为中心、工业在国民经济中所占比重超过农业的工业强国的转变。

19世纪后半期,以皮尔斯(Pierce C)、詹姆士(James W)、杜威(Dewey J)等为代表的实用主义哲学,标志着美国本土文化意识价值观的形成。实用主义哲学的主要目的在于为人们理解和改造现实世界提供方法论指导,强调理论研究与知识探索必须服务于社会发展与个人现实生活的需要。

19世纪中叶,源于欧洲大陆的科学教育思潮传入美国,对美国教育产生了积极的作用。赫胥黎把科学理解为自然科学、道德、政治、社会生活伦理及历史知识的总和。科学教育的目的在于引导学生掌握运用科学的方法,使学生在接触自然与事务的过程中得出有关科学结论。欧洲大陆的科学教育思潮以其对南北战争后美国社会以及教育发展需要的适应而在美国产生了深远的影响。美国著名教育史学家克雷明(Cremin L.A.)把19世纪后半期美国教育改革的发轫归结为接受斯宾塞生活主义教育观的影响,他说:"如果这场变革有个开端的话,那它肯定始于斯宾塞的影响。"①

1.《莫里尔法》与赠地学院运动

早在1841年,帕特里奇就曾向国会提交了一份备忘录,呼吁政府捐赠土地给各州,用于建立科学、农业、工程及商业学校。1857年,莫里尔向国会提交一项议案,吁请政府捐赠土地给各州设立学院,开展农业及工艺教育:"各州至少设一所由联邦政府捐赠、支持并维护的学院,主要目的在于教授与农业有关的学科,但不排除其他科学或古典科目的学习及军事训练的实施。各州立法可以个别规定课程,以便在生活的各种追求及专业活动中提高农工阶层的文雅程度及实用教育水平。"②直至1861年12月16日,莫里尔再次提交的法案获得参众两院的通过,并在1862年由林肯总统签署颁布实施。

《莫里尔法》(Morrill Act)主要内容:联邦政府在每州至少资助一所学院从事农业及工艺教育;依据1860年规定分配的名额,每州凡有国会议员一人可获赠三万英亩的公地或相等的土地期票;出售公地所获资金的10%可用于购买校址用地,其余则设立为捐赠基金,其利息不得低于5%;出售公地所获得的捐赠基金如果五年内未能使用,将全部退还给联邦政府。1890年,联邦政府通过第二个莫里尔法案,法案规定:最初拨给赠地学院1.5万美元,以后每年增加到2.5万美元,并允许创办"隔离但平等"的黑人学院。

---

① 劳伦斯·阿瑟·克雷明.学校的变革[M].单中惠,马晓斌,译.上海:上海教育出版社,1994:102.
② EDDY E D.Colleges for our land and time,the land-grant idea in American education[M].New York: Harper & Brothers,1957:31.

犹如19世纪上半叶在当时的27个州建立了25所州立大学的州立大学运动一样,1862年后掀起的赠地学院运动在当时的大部分州蓬勃开展起来,建立了69所赠地农工学院,资助一些大学推行农业和机械工艺教育,促进了美国高等教育的世俗化、科技化、实用化、大众化、民主化。同时,这一时期建立起的赠地农工学院又不乏水平与特色,康奈尔大学与威斯康星大学的课程计划与实践引起了美国乃至世界高等教育思想与职能的彻底变革。赠地学院运动对美国高等教育的发展以及社会经济影响是深远的。赠地学院直接以实施农业和机械工艺教育和为地方经济、文化发展服务为目标,与美国当时的科技革命、产业革命和经济腾飞相呼应,实现了美国高等教育职能向为社会经济发展提供直接的服务方向延伸,标志着美国应用科技型院校体系的正式形成。

美国著名的高等教育专家考利(Cowley W.H.)曾指出:"莫里尔法案的最有意义之处在于它在资助创建农业、机械或其他实用学科的高等院校时,并没有规定这些院校不教授其他自然科学或古典学科,从而导致了美国高等教育院校中最有影响的学校——综合大学的产生。"[1]随着这些赠地学院向高水平的私立大学看齐,它们的办学水平不断提高,出现了"学术漂移",有些赠地学院和州立大学不断发展成为著名的研究型大学,这些大学主要有:加利福尼亚大学、伊利诺伊大学、明尼苏达大学、密歇根大学、康奈尔大学、威斯康星大学、麻省理工学院等等。其主要原因正如美国高等教育专家梅茨格(Metzger)所指出的:"莫里尔法案的最有意义之处不在于赠地学院与研究生院同时存在,而在于它们共存于同一学院,从而导致了德国式研究型大学的产生。"[2]

《莫里尔法》的这些规定,为赠地学院的创办与发展提供了法律保障和经济基础。在教育内容上,赠地学院以农业教育与工艺机械教育为核心。就农业教育来说,赠地学院主要向学生讲授农业科学知识、农业生产技术。一些赠地学院还附设"示范农场",致力于农业耕作研究与实验、农作物品种改良、农作物肥料应用等技术的探索与实验工作。工业教育主要表现为赠地学院把工程与技术教育作为教学重点。赠地学院还设置了铸造厂、熔铁炉及机械工场,使学生把理论学习与实践较好地结合起来。到1870年,不少赠地学院还向学生提供土木工程类科目的教育。1880年,电机工程类科目的教育也开始在赠地学院中实施。此外,按照《莫里尔法》的规定,赠地学院还实施军事训练,开展家政教育。1890年,第二《莫里尔法》的主要目的在于向旨在实施农业与工艺教育的学院提供更全面的资助。

1914年,《史密斯-利弗法》(Smith-Lever Act)颁布实施,其主要目的在于加强各州的农业技术推广教育,促进赠地学院与美国农业委员会在农业技术推广方面的合作。为此,该法规定:各州赠地学院须结合当地生产与社会发展实际;与农业委员会全面合作,采取可行措施发展农业和家政技术推广工作;推广教育工作包括向那些未进入赠地学院学习的人们传授农业知识,并向他们实地演示农业生产的先进经验与科学技术;为实施农业推广技术教育计划及出版传播相关信息资料,每年由国库固定拨款48万美元,每年向每州

---

[1] BRUBACHER J S, RUDY W. Higher education in transition: a history of American colleges and universities[M]. New York: Harper & Row, 1976: 354.
[2] 王廷芳. 美国高等教育史[M]. 福州: 福建教育出版社, 1995: 134-135.

拨款一万美元。联邦政府向各州提供的资助须获得各州政府提供的相应的配套资金。[①]

2.赠地学院的发展理念——康奈尔计划与威斯康星理念

(1)康奈尔计划(Cornell Plan)

1868年,康奈尔大学是由美国近代著名教育家怀特利用联邦政府提供的赠地,加上实业家康奈尔所提供的50万美元创办的一所大学。为了把康奈尔大学办成一所独具特色的大学,怀特提出了自己的办学理想:其一,康奈尔大学的所有学科及课程享有同等地位,在实际生活中发挥着同样的作用;其二,康奈尔大学的学生须参加手工劳动,在帮助学生获得一定程度自立的同时,引导他们获得有价值的教育经验;其三,在所有知识领域中,无论出于纯理论研究目的还是出于将科学知识运用于生产实际的考虑,都必须加强科学研究;其四,教育的真正目的及全部意义在于造就全面发展的个人。

为实现这一教育理想,康奈尔大学推广实施了一项崭新的教育计划——"康奈尔计划"(Cornell Plan)。具体内容包括:开设通用课程;在课程计划中,所有类型的课程享有同等重要的地位,也即应用学科取得了与传统古典学科相同的地位;加强科学研究工作,探索基础理论及实用知识;借助于对商业、市政管理及人际关系事务的研究,向社会提供必要的服务;大学校门向社会各阶层开放,新生招收无种族及性别的限制。为向社会提供及时实用的服务,康奈尔大学设立了特殊科学与艺术学院,学院下设农业、制造艺术与市政工程、商业与贸易、矿业、医药与治疗、法律、教育、公共法学服务、政治科学与历史九个系,开展各个专业的教育。此外,康奈尔大学还设立了科学、文学与艺术学院,向学生提供无任何职业倾向的普通教育。具体实施途径是向学生讲授五门课程:古典课程、德语、法语、自然科学以及选修课程。康奈尔大学的一位毕业生伍尔沃斯(Woolworth)曾评论道:"康奈尔大学在课程设置上与美国社会的开放性取得了惊人的平衡;它将单一的真理扩展成人民大众普遍接受的真理,将有限的几项职业扩充成为中产阶级所从事的展现个人价值的无数项职业。"[②]

康奈尔大学的成功之处在于在高等教育民主化及实用化方面作出的努力及取得的成就上。1872年开始招收女生,实行男女同校。在高等教育实用化方面,康奈尔大学以其成熟的社会服务意识,全面开设实用化的课程,开发一些传统学科的实用价值。康奈尔大学认为,随着美国社会经济的飞速发展,新知识、新技术不断涌现,新的职业类型也从传统的行业中不断分离出来,职业分工趋于精细化。在这种情况下,仅仅依靠传统的学徒或职业培训体系已经难以满足职业发展的需要。康奈尔大学则应主动承担起这一任务,以职业教育与培训作为课程设置的坚实基础。为了满足基于新知识和新技术的新职业对正规教育的需求,康奈尔大学提供了更为广泛职业服务的本科生课程,并将这种职业教育放在一个坚实的课程基础之上。所有这一切都模糊了学院与大学之间的区别,并将知识创新与知识应用结合在一起,这是自哈佛学院创建以来美国一种新型的高等教育模式。"康奈尔大学展示了如何将职业准备作为本科生课程设置的指导性目的,并取得了公众的普遍

---

① 贺国庆,王保星,朱文富,等.外国高等教育史[M].北京:人民教育出版社,2006:230-233.

② RUDOLPH F.Curriculum:a history of the American undergraduate course of study since 1636[M].San Francisco:Jossey-Bass,1979:119.

性认可。这不仅是1862年《莫里尔法》所蕴含的教育哲学的完整体现,也使得学院课程彻底摆脱了古典主义的控制与束缚,朝着符合职业主义者愿望的方向发展。"[①]本科教育应是专业教育与通识教育相结合的观点在康奈尔大学获得了普遍认可。无论如何,康奈尔大学最终成为一所非宗教的男女同校的高等教育机构。在这所大学中,科学、人文与实用课程处于平等的地位,欢迎职业变为专业,填平了专业和职业之间的鸿沟,不存在所谓的二等学科与二等学生,实用教育与自由教育相统一,科学研究受到恰当的鼓励,康奈尔大学成为美国式大学的典范。州立大学与私立大学相结合的康奈尔大学的成功,标志着州立大学在服务职能之外的成功。康奈尔大学凭借专业教育与自由教育、知识创新与知识应用、实用学科与基础研究的结合,意味着州立大学同样可以在教学和科研方面表现卓越,也同样可以成为美国高等教育的领头羊。

(2)威斯康星理念(Wisconsin Idea)

除了康奈尔计划外,将赠地学院及美国州立大学服务社会、促进地方经济发展这一教育理想发挥到极致的还有"威斯康星理念"(Wisconsin Idea)。

1848年,威斯康星大学初建。《莫里尔法》实施后,州政府决定把依《莫里尔法》所获资金分配给威斯康星大学。威斯康星大学在发展中逐步意识到,大学发展必须与社会进步紧密联系起来;大学只有在服务于社会需要的基础上,自身才有可能走向兴盛,此即为威斯康星理念的雏形。威斯康星理念在范·海斯(C.R.Van Hise)任校长(1904—1918)期间最终定型,并对美国高等教育发展产生了显著的影响。

威斯康星理念的内涵主要包括以下几点:

①大学必须参与州的各项事务。大学应积极参与所在州的每一项事务,将全州作为自己的教学场所。范·海斯在1904年就职演说中围绕"大学为州服务"这一主题,提出威斯康星大学的首要任务在于为州服务,必须从事各种类型的学术研究工作,而不论这种研究的现实价值是否能立即表现出来。大学必须向全州公民及其子女提供学习语言、文学、历史、政治、经济学、纯科学、农业学、工程学、建筑学、雕塑、绘画或音乐的机会。大学必须凭其在人文学科、自然学科、社会学科及实用艺术方面所推行的富有成效的教学及培训活动,把一大批具有献身精神及创业热情,且致力于社会发展与进步事业的优秀公民输送到社会中去。

②大学与州政府密切合作。大学欲成功地参与州的各项事务并提供必要的智力及知识扶助,必须与州政府建立起良好的合作伙伴关系。威斯康星大学与州政府的密切合作得益于具有进步主义思想观念的州长拉夫勒特与威斯康星大学校长范·海斯之间的亲密的私人关系,以及他们共同为本州进步主义社会改革运动而努力的信念。拉夫勒特在范·海斯就职演说时即敏锐地观察到,威斯康星大学"继续领导并反映了全州的进步主义思想",并"为全州人民拓宽了文化的范畴"[②]。

③大学必须"学术自由"。在办学实践及为社会提供服务的过程中,威斯康星大学还

---

① RUDOLPH F.Curriculum:a history of the American undergraduate course of study since 1636 [M].San Francisco:Jossey-Bass,1979:128.
② 劳伦斯·阿瑟·克雷明.学校的变革[M].单中惠,马晓斌,译.上海:上海教育出版社,1994:179-180.

致力于校内"学术自由"氛围的营造。

④大学必须"学习自由",即学生选择学习课程的自由,决定何时学及如何学的自由。在威斯康星大学,学生的学习自由在相当程度上得到保证。范·海斯和他的同事们坚信:"州立的每一个青年都能选择语言、文学、历史、政治、经济学、纯科学、农业学、工程学、建筑学、雕塑、绘画或音乐。它们将在州立大学里找到充分的机会去学习所选择的学科,直到成为其中的创造者。这样的机会完全是公平的,因为每个学生都有在州立大学找到适合他需要的高深学术生活的平等权利。任何更狭隘的观点都是站不住脚的。"①

值得提出的是,"威斯康星理念"的推进是逐步的而不是一蹴而就的。服务理念推动了大学的发展,而大学的发展反过来又促进了服务理念的明确和发展。应用学科在威斯康星大学的发展历程可清晰地反映服务理念在威斯康星大学的推进过程。1854—1874年,法学以及包括农业和工程的应用学科不断增多,但这些学科仍然是附属的。1887—1892年,一度附属于文科的法学以及农业工程学科发展成为独立的学院,大学分为文学和科学学院、工程学院、农业学院和法学院,应用性学科得到增强。1892—1904年,工程和农业的应用性课程迅速发展为大学课程的真正部分,商科课程成为应用文科的一部分并迅速组织化,应用学科的实验室和建筑得以兴建。

对于应用性学科如何进入大学,范·海斯校长有精辟的见解:"西部人不满足于纯知识的扩展,他们需要应用知识学院。法学院最早意识到这一点,因法学院面对的是与每个人密切相关的法学。更为重要的是,法学院中的法学是最早建立的学科,并一直持续发展,从未遭到反对和中断。科学进入大学、科学进入州的结果是应用科学的快速发展,其中重要的是农业科学、工程学和医学的发展。西部则走得更远,要求语言学、数学、政治经济学、历史学也服务于人类社会,产生了美国第一门具有影响力的商业课程。正是认识到了追求应用知识所获得的理性力量和它在国家发展中的重要性,西部州立大学才能与东部大学至少保持并行。"②

在强调应用型学科的同时,威斯康星大学并没有放松学术性。1874—1887年,威斯康星大学开始实施研究生教育。从以上威斯康星大学注重应用性学科与课程的改革实践来看,威斯康星大学标志着美国应用科技型大学的完全形成。

威斯康星理念对美国高等教育的发展产生了积极的影响。著名高等教育史专家布鲁贝克与鲁迪对范·海斯的教育改革及在改革中定型的威斯康星理念给予高度评价:"范·海斯在威斯康星大学的改革取得令人瞩目的成功,其他各州纷纷效仿。服务的观念成为他们恪守的核心准则,为美国民主的发展提供服务成为美国高等教育民主化的一条新途径。"③从理论上说,威斯康星理念的诞生使得美国承继于欧洲大陆的大学模式彻底摆脱了象牙塔的束缚,得以直面美国现实社会生活,使服务成为继教学、科研之后的高等教育

---

① HAWKINGS H.The Emerging university and industrial American[M].Lexington:D.C.Heath and Company,1970:32.

② HAWKINGS H.The Emerging university and industrial American[M].Lexington:D.C.Heath and Company,1970:23-24.

③ BRUBACHER J S,RUDY W.Higher education in transition:a history of American colleges and universities:1636—1956[M].New York:Harper & Row Publisher,1958:168.

所承担的第三项职能。1908 年,艾略特也不得不认可威斯康星大学是州立大学的领导者,成功地运用了进步主义[①]。进步主义成为传播"威斯康星理念"的推动者,将"威斯康星理念"传播到整个美国。1902 年,芝加哥大学开始强调为年轻人在公共服务职业上的准备而开展教育。同年,伍德罗·威尔逊(Woodrow Wilson)在普林斯顿大学发表了题目为"为国家服务的普林斯顿"的演讲。从 19 世纪 90 年代开始,哥伦比亚大学、芝加哥大学、布朗大学、印第安纳大学和伊利诺伊大学都先后开设了扩展课程,以便更好地为公众服务,从而扩大了大学的影响。

(3)赠地学院运动的历史意义

赠地学院运动的兴起,在美国高等教育发展史上具有不可忽视的意义:

①赠地学院运动的兴起,在事实上确立了农业、工艺学科和与之相关的应用科学研究在高等学校中的地位,使得美国高等教育在继承殖民地时期高等教育实用化的基础上,进入一个具有里程碑意义的发展新阶段。自此,服务成为高等学校的教学内容与美国高等学校继教学、科研之外的又一项职能。

②赠地学院的创办与发展加速了美国高等教育的民主化进程,促进了美国高等教育面向大众,而不再是少数特权阶层的垄断领域。高等学校的大门向广大的产业阶层开放。

③赠地学院的创办,从实践上打破了美国联邦政府不过问高等教育的传统,高等学校与联邦政府的关系进入了一个崭新的历史时期。

④赠地学院的创办与发展,还从客观上促进了美国高等教育学术事业的发展。[②] 可以说,伦塞勒理工学院与西点军校等工程技术型院校建立,以及以弗吉尼亚大学、康奈尔大学、威斯康星大学等为代表的州立大学和赠地学院的创立,标志着美国应用科技型大学体系的正式形成。

密歇根大学校长安吉尔认为,只有服务的思想才能激活伟大的美国大学,才能将美国大学带入美国生活的主流。[③] 1906 年里曼·阿伯特(Lyman A.)认为,了解美国大学的最好办法是将其与英国和德国的大学原型进行比较。英国大学被文化所环绕,是绅士贵族的产物;德国大学没有那么多的文化,但充满学术,是博学的,是学者的产物;美国大学既不强调学术,也不强调文化,而强调服务,强调为年轻的美国人的生动生活服务。阿伯特认为,学术在英国大学中被认为是"自我发展的方式和方法",在德国大学中被认为是"它自己本身",在美国大学中则被认为是"服务的工具"——为活跃的人服务的工具。[④] 而州立大学与赠地学院则恰恰就是这种美国式大学的典型,人们一提起美国式大学就不得不联想到州立大学——一种美国高等教育的最新模式。

六十五所赠地学院或大学的建设和发展,有力地加强了各州公立高等院校建设,改变了传统私立大学(学院)几乎一统天下的格局。赠地院校的发展也形成了大多数州公立高

---

① RUDOLPH F.The American college and university:a history[M].Athens:The University of Georgia Press,1990:363.
② 贺国庆,王保星,朱文富,等.外国高等教育史[M].北京:人民教育出版社,2006:235-237.
③ RUDOLPH F.The American college and university:a history[M].Athens:The University of Georgia Press,1990:359.
④ 黄宇红.美国州立大学的发展历程[M].北京:北京航空航天大学出版社,2013:55.

等院校新的并保持到现在的格局体系,现在的州立大学的范围是包括赠地学院在内的公立大学体系。现在,美国大多数州一般有两所公立研究型大学:一所是赠地院校发展起来的、设置有农业畜牧和机械等实用学科的州立大学,一所是相对传统的以法律和医学等专业教育为重点的州大学。如科罗拉多州,有科罗拉多州立大学,其农业、畜牧兽医等专业较强;科罗拉多大学,不设置农业等专业,而其法律、医学和物理等专业实力较强。顺便指出,我们所理解的集理、工、农、医、文、史、哲、法等于一身的学科齐全的综合大学,在美国很少见到。像密苏里大学哥伦比亚校区和密歇根州立大学等这样的学科齐全的大学,在美国凤毛麟角。况且,上述提到的两所学科齐全的综合大学都有特殊的历史或现实缘由。如密苏里州当年没有利用赠地捐助建立新校而是加强已有院校的建设,所以该州只有州大学——密苏里大学,而没有密苏里州立大学。至于密歇根州立大学的医学等专业也是后来强加的,相当薄弱。而且,社会现实也不允许发展学科齐全大学的倾向。如对密歇根州来讲,在州立大学一所学校设置农业类专业已能满足社会的需要,没有必要在密歇根大学再设置类似的专业。实质上,尽量少地建立学科过分齐全的大学,有利于避免学科设置雷同,有利于各大学办出自己的特色,形成学科或专业优势。美国综合性大学实际上并不综合,也是多样化的,这也是美国高等教育多样化的最重要体现。[①] 州立大学的繁荣使知识的应用价值在美国大学中得到承认,使服务职能成为美国大学的主要职能之一。

综括而言,在19世纪后半期到20世纪初期的75年间,高等教育发生了巨大变化。美国建立了各种新型的学院,包括专业学院、初级学院以及满足不同兴趣、能力和种族学生的学院。这期间,许多学院转升为大学,大学成立之初的最重要的特征是重视研究,但也从而在大学中建立了本科生学院、专业学院、研究生院,并提供广泛的服务项目。19世纪后期,那些致力于专业化发展的高等教育专业组织发展十分迅速。大学仍然进行法律、医学和神学这些一直备受尊重职业的专业教育,但是同时也成立了商业学、新闻学、工程学、建筑学、药剂学、牙医学、农学、矿业学和林业学、图书馆学、教育学、哲学以及社会学等各个学院。入职工作前要经过专业训练的观念越来越深入人心,这主要受到以下三个方面因素影响:(1)每个群体都希望看到自己所从事的职业经过了长期的专业训练;(2)知识的发展促使自身不断向实践转化;(3)成立了专门进行学徒训练的学校。斯坦福大学第一任校长戴维·乔丹这样总结了学院所发挥的作用:"我们无论怎样强调目前学院在职业训练方面的价值都不为过。不管你准备从事什么职业,不接受学院的职业训练并不能为您节省时间和金钱。"[②] 州立学院作为另外一种成功的学院形式,有时也呈现出综合性大学的特征。随着各种专业或准专业组织要求候选人必须接受博士学位以下的专业训练,州立学院迅速发展壮大。19世纪后30年间所建立的大约100所公立师范学校,大多数转变成能够授予学士甚至是硕士学位的州立学院,培养立志成为教师的青年人。这些综合性学院开设了许多专业教育课程,包括护士、会计、商业、贸易和技术,此外还开设了家政学,以及一些农业领域的专门课程,如农场管理、畜牧业和农作物生产等。[③]

---

① 乔玉全.21世纪美国高等教育[M].北京:高等教育出版社,2000:11.
② 亚瑟·科恩.美国高等教育通史[M].李子江,译.北京:北京大学出版社,2010:98.
③ 亚瑟·科恩.美国高等教育通史[M].李子江,译.北京:北京大学出版社,2010:105.

研究型大学的主要任务在于：发现、整理知识，进行高深学问的研究，促进知识的实际应用，以及为学生将来的职业提供准备。19世纪四五十年代，自然科学在哈佛和耶鲁的科学学院中站稳了脚跟。1865年建立的麻省理工学院，是一所与其他学院不同的致力于科学研究的学院。在这所学院，以专业训练为主要任务的自然科学教育与以研究为基础的研究生教育相互促进，从理论上讲，这就是现代大学的标志。大学并不仅仅是拥有一些专业学院，大学最高的荣誉是独创性的研究，大学是学者和学术的家园。这个时期，有些州立大学和赠地学院也发展成为研究型大学。到1900年，美国大学协会（AAU）成立，研究型大学已经成为美国高等教育机构的一个特殊的组成部分。

州立大学与赠地学院从创建伊始，就确立了为所在州的全体人民服务的宗旨。因服务于所在州的宗旨，州立大学更加强调知识的应用，或者说应用性知识。南北战争后，美国进入工业化社会的脚步不断加快，社会对教育的需求发生了根本性的改变，教育不仅仅是修身养性的绅士教育，也越来越多地成为人们为现实生活作准备的实用教育。人们进入大学的目的更多的是为了今后赚更多的钱，获得更美好的生活，在工业化社会，人必须受过良好的教育才有可能在社会上更好地生存和发展。力图在高等教育领域获得一席之地的州立大学，必须竭力满足当时美国社会和个人的需求。这意味着州立大学必须放下架子，发展应用性学科，传授应用性知识，只有这样才有可能获得整个社会的认可。同时，州立大学要想在整个高等教育体系中获得地位，就必须与美国传统的大学或学院进行竞争，与传统的大学或学院有所区别才有可能在这场竞争中获得生存的空间。应用性学科成为州立大学获得生存和发展的突破口，因此在传统的大学或学院中，应用性学科的发展还相对较弱，与州立大学相比并无优势可言，州立大学完全有可能在应用性学科上与传统的大学或学院一争高低。正是基于此，州立大学才特别强调知识的应用，强调应用性学科在州立大学中至关重要的地位。

值得说明的是，州立大学对知识应用和应用性学科的强调，并不妨碍其对知识创新和学术性学科的追求。原因在于州立大学作为美国大学运动中的一员，不可能脱离美国大学运动的强调研究与知识创新的主线。如果一所大学未拥有知识创新和研究的职能，就不可能称为大学。并且，州立大学从一开始就不甘心沦落为在传统学院或大学之后的二流大学，希望成为与传统学院或大学一样的一流大学，甚至超越后者。而拥有知识创新和研究的职能是一流大学必须具备的条件，这就必然成为州立大学追逐的方向。另外，作为州立大学领导者的大学校长们，其中很多本身就是很优秀的学者，并且深受德国大学的影响，如怀特、范·海斯等，他们都希望州立大学能够在学术上有所作为。

加利福尼亚大学校长本杰明·艾德·威厄勒（B.I.Wheeler）很好地表达了这一理念："大学是一个懂得学科之间、科学真理之间、人与人之间不存在贵族的地方。"[①]州立大学的繁荣和《莫雷尔法案》的推行，不仅使公立高等教育机构致力于为农业、工业、政治和专业服务，也使私立大学开始向"将知识应用到社会需要中"的理念致敬。1895年，哈珀校长观察道："在过去的25年间，大学发展的最显著的特征是，大学的教育逐渐适应我们所

---

① BRUBACHER J S,RUDY W.Higher education in transition:a history of American colleges and universities:1636—1956[M].New Brunswick:Transaction Publisher,1997:170.

生活时代的实际需要。"①所有大学都认可州立大学所强调的服务职能,此时美国的大学不分私立,不分是否开展学术研究,都承担起服务社会的责任,服务职能成为美国式大学的一个主要特征。美国公私立大学对服务职能强调的一个直接影响就是大学中能够满足服务职能的应用学科和工程学科明显增加,而学生对应用学科和专业教育需求的迫切性,又进一步增强了这种趋势。最终能满足服务职能和学生需求的应用学科及专业教育在大学中获得了快速发展。如密歇根大学,学习工程的学生数量快速增长,促使其1895年创建了独立的工程学院。州立大学确立的服务理念最终成为美国式大学的标志之一,更成为州立大学自身最重要的特征。正如1932年明尼苏达大学的校长考夫曼(Coffman)在总结州立大学的基本特质时所言,"州立大学认为,用知识开展服务没有什么不严肃的,在任何时候都要提高每一个阶层和团体的知识水平,增加每一个阶层受教育的机会"②。

3.州立大学的"学术漂移"——纯科学与应用科学相结合的学术研究

受法国启蒙运动和德国大学强调学术性的影响,州立大学不仅致力于服务社会的、宽泛的应用性课程,而且将追赶欧洲纯知识前沿的学术研究也作为自己的追求目标。州立大学没有割裂两者,而是将其融合为一体。在这方面,州立大学还是取得了相当大的成功。强调服务职能的州立大学似乎更希望大学发展应用科学,如范·海斯在1904年的就职演讲上所说,由于研究生院的高昂花费,他"一直认为,州立大学在发展研究生院方面没有必要走得太远,没有什么错误比这一点对州立大学的发展更有害了"。州立大学"应教授服务于大学外部事务的课程,因为受过大学教育的人直接或间接地控制着国家的命运"。③

但实际上并非如此,没有一所大学的纯科学与应用科学是绝对分离的,州立大学也不例外。为了取得社会的认可,并在与私立研究型大学的竞争中获胜,纯科学的研究同样被州立大学所重视,甚至更重视。范·海斯曾说过:"达到大学高度的最终和最高的检验标准是其拥有和培养的创造性人才,不仅在科学上,而且在艺术、文学、伦理、政治和宗教上。"④

范·海斯在1904年就任威斯康星大学校长的就职演讲中充分说明了州立大学中纯科学与应用科学的关系:"虽然教授在大学外的服务是重要的,但其最伟大的服务是在实验室中进行的创造发明,及其培养新型学者的工作。也许今天我们感觉不到这些创造发明的进步,但明天它们可能就有实际作用。用电的发明这一例子可以说明,今天我们不能明确的事物,明天就可能有用。"⑤在州立大学中,知识的创新和应用得以统一,研究和服

---

① 黄宇红.美国州立大学的发展历程[M].北京:北京航空航天大学出版社,2013:70.
② BRUBACHER J S,RUDY W.Higher education in transition:a history of American colleges and universities:1636—1956[M].New Brunswick:Transaction Publisher,1997:171-172.
③ HAWKINGS H.The emerging university and industrial American[M]. Lexington:D. C. Heath and Company,1970:23-34.
④ HISE C R V.Inaugural address[M]//HAWKINGS H.The emerging university and industrial American[M]. Lexington:D. C. Heath and Company,1970:23-34.
⑤ HISE C R V.Inaugural address[M]//HAWKINGS H.The emerging university and industrial American[M]. Lexington:D. C. Heath and Company,1970:23-34.

务的职能得以统一。

州立大学的努力实现了密歇根大学校长詹姆斯·B.安吉尔(Angel J. B.)的愿望:"首先,我努力使每一个公民都认为,他是这所大学的股票持有者,使其对帮助大学更好地服务自己和邻居的子女感到真正有兴趣。其次,我努力使本州所有的学校和教师都明白,他们同大学一样是统一系统的一部分,努力使本州所有学校的每一位学生都意识到,大学之门对其是敞开的。"①正如堪萨斯大学的校长在19世纪90年代为赢得纳税人对大学的支持时所言:"应该让人人都知道在州立大学里,每一个美国青少年都可以接受专业训练而成为化学家、博物学家、昆虫学家、电工、机械师、律师、音乐师、药剂师和艺术家,或接受更广泛和更全面的文化教育。对学习者进行全方位的培养可使其在任何智力活动中都比那些未受教育的人提早10年获得成功。"②

4.美国工程技术教育模式的变革与发展

莫雷尔法案通过后的十年期间,美国的工程技术教育发展的著名大事包括1864年在哥伦比亚大学设立矿冶学院,该校为以后十五年间发展的大多数矿冶院校提供了模式;具有车间训练的特殊教学形式的渥斯特·弗里学院建于1868年,该校学生作为熟练工人来经营一间生产商品的小型制造厂;达特默思学院附设的塞耶土木工程学校建于1867年,是按职业学校的模式建立的,那里的课程进程是在达特默思学院学习三年基础课程,然后在塞耶学校学习专业课程两年(类似医科和法律专业那样);康奈尔大学的建立也树立了这样一个概念,即机械工艺的教育应当是"在一切方面与那些所谓高尚职业相比较都应当是平等的";1871年在史蒂文斯理工学院由罗伯特·H.瑟斯顿开办了据信是全美的第一间实验室,供工程教学之用;1874年密歇根大学设立讲授测量学的第一个夏令营;还建立了许多后来成为美国中西部的大型州立大学的院校——如爱荷华州立大学(1858年批准成立,1869年开始上课)、内布拉斯加大学(1869年批准成立,1871年开始上课)、俄亥俄州立大学(1870年批准成立,1873年开始上课)、普渡大学(1874年)及其他一些院校。

在这一时期,工程技术教育出现了两种分化:一种是学科的分化,另一种是院校的分化。

(1)学科的分化:不同性质课程计划的出现

在此时期内,工程学科开始划分不同的重要学科。1821年,帕特里奇学院提出了第一个不同于军事工程学的独具特色的土木工程课程计划;1828年,伦斯罗学院也开始跟着学习,于1835年授予首届的土木工程学位;机械工程学是由宾夕法尼亚州立工艺学院于1854年首次讲授;1863年在耶鲁大学开始讲授、麻省理工学院于1865年讲授、渥斯特·弗里学院于1868年讲授,还有1871年在史蒂文斯理工学院也讲授土木工程,这是一所明确为机械工程师的专业教育而建立的学校;美国海军于19世纪70年代进入精简阶段,这成为发展机械工程课程的绝好良机,为利用受过教育和有经验的海军工程人员,政

---

① BRUBACHER J S,RUDY W.Higher education in transition:a history of American colleges and universities:1636—1956[M].New Brunswick:Transaction Publisher,1997:160.
② 劳伦斯·A.克雷明.美国教育史(3):城市化时期的历程(1876—1980)[M].朱旭东,译.北京:北京师范大学出版社,2002:269-270.

府立法分配这些人员到民间学院和大学的教学岗位上去,以提高"蒸气工程和钢铁造船业方面的知识水平"。1879年通过授权的法案,在以后17年内任命了49个职位到33个院校中去。

学科的划分继续进行。1857年,在宾夕法尼亚技术学院引入矿冶工程学;1864年,哥伦比亚大学创办矿冶系。此后,电力工程学又由科学向技术发展而脱离物理系另成专业,而不是像早期工程教育分科时向相反方向发展。首先,于1882年引入麻省理工学院,然后于1883年引入康奈尔大学和若干其他学校。第一个电力工程系于1886年在密苏里大学设立。在前十年已开始兴旺起来并正在发展中的电力工业和这门学科的声望,使马萨诸塞州的参议员乔治·荷尔在1886年评论说:"全国每一个技术院校都已经设立或正在准备设立电力工程系。"①

19世纪后期,美国首先因为海上运输,其次又因为汽车的需要,使石油的消费及生产率大大提高,因而迫切需要懂得化工工艺过程的工程师,更大的刺激是在第一次世界大战期间对于炸药和化学制品的巨大需要。化学工程类似电力工程,它是从科学的基础发展起来而不是从技术基础发展起来的。1888年,化学工程在麻省理工学院通过系统的演讲介绍到各院校,并且在1895年成为伊利诺伊大学的一个课程计划。

(2)院校分化:强调理论与强调实践的两种不同途径

在这个时期,机械工程师的教育有两条不同的发展途径,这就导致创办不同类型的工程院校:一种类型包括史蒂文斯学院、麻省理工学院等,它们在高等数学、研究和一般科学方面,强调更多的理论概念,此类院校在向学术性研究型大学发展;第二种类型包括渥斯特·弗里学院、罗斯工艺学院,还有佐治亚技术学院(即现在佐治亚理工学院),着重实际的车间操作,培养有能力的机械师和车间领班,这类院校则向应用科技型大学发展。这两种类型之间的争论在1880年代达到极激烈的程度,而到1900年之后就趋于缓和。

他们设置各自的课程之后,在短短的时间内全国性的工程协会纷纷成立,美国土木工程师学会建于1852年,随后相继成立了美国矿冶工程师协会(1871年)、美国机械工程师协会(1880年)、美国电气工程师协会(1884年)和美国化学工程师协会(1908年)。这反映了职业与工程院校之间的关系日益发展,但也显示出专业团体对于专业教育过去不曾承担领导和责任。

第一次世界大战前,美国高等教育沿着两个方向发展:一是向德国学习,建立以科学研究和研究生教育为主要任务的研究型大学;二是通过赠地法案,建立农工大学(或州立大学),为国家经济社会发展服务,向大众开放,从而也开始了精英高等教育向大众高等教育过渡的时代,形成了小型传统文理学院、研究型大学、应用科技型大学三条并行独立又相互交叉的相对比较完整的美国近代高等教育制度体系。

---

① 劳伦斯·P.格雷森.美国工程教育简史[J].陈慧芳,译.清华大学教育研究通讯,1981(3):53-61.

三、应用科技型大学的改革与发展——第一次世界大战后美国州立大学的发展

在第二次世界大战以前的工业化时期,是美国大学的转型阶段。高等教育培养应用科技型专业人才,促进了各个职业的专业化进程。在19世纪前15年,传统的职业,如法律、医学、神学和工程学等职业进入学院课程,并且由于高等教育的帮助得到了不断发展。很多其他专门职业也开始专业化,原因之一就是从事这些职业必须经过长时间的学校教育训练,同时必须接受过相关专业的研究生教育才能获得公众的认可。全国的专业协会都与从事专业培训的学校有联系。[1] 职业学校非常关注州认证委员会,认证过程通常与颁发毕业证书联系在一起。到19世纪末,有1/3的州要求医师在开业之前必须获得认证的医学学校的学位。随着药剂师、护士、实验室技师以及医学助手等成为高等教育的专业,大学的各种医学专业招生非常火爆。

高等教育在促进其他职业赢得社会的认可方面也发挥了重要作用。1976年,布莱德斯坦(Bledstein)在追测专业主义文化的进程时指出:各种群体开始要求他们的从业人员接受专业理论教育,包括从知名的大学获得学位。经济学家、图书管理员、牙医、心理学家以及至少100个其他职业团体都开始要求在进入职业或学徒生涯之前,必须学习专业领域的知识。[2] 随着大学毕业生开始进入政府机构,甚至连公共管理也开始了专业化。高等教育成为人们向上奋斗的必备条件,而且随着新职业群体的不断专业化,学院与职业群体之间的关系越来越紧密。专业教育以及随之而来的大量职业群体的专业化,无疑是这一时期高等教育的主要贡献。大学尤其是州立大学肩负起了这个职能,这是大学服务社会的一种方式,因为国家需要培养医生、牧师、教师和实验师等高层次专业性人才。职业教育与大学的学科专业化趋势是一致的,因为专业人才的培养离不开对本专业基础理论知识的了解。它帮助高等教育脱离宗教束缚,因此促进了高等教育的世俗化。它也增进了大学与校友之间的联系,例如:医生可以做大学的临床医学兼职教授。由于大学为不同的学科专家、技术专家以及大学辅助人员制定了不同的课程体系,以前那种认为大学主要进行自由教育,学生毕业参加工作以后再学习专业技能的观念有所削弱。高等教育成为专业实践的必备条件,而且专门职业也依赖于高等教育。

在大学转型时期,大学在帮助学生进入社会方面发挥了更加积极的作用。由于越来越多的年轻人进入大学学习,大学把他们培养成为高层次专业人才,从而把他们分配到相应的职位,这些职位是他们不接受大学教育绝对不可能获得的。同时,大学教育延迟了大量青年人进入劳动力市场的时间。学位开始有了特殊的象征意义:工程学学士包括土木工程、机械工程、电气工程、化学工程、金属冶金以及其他分支专业。这一时期,初级学院培养年轻人成为商贸方面的人才以及一般工作人员,大学既为国家培养受过教育的人才,同时也间接地促进了个人主义文化的发展。

---

[1] 亚瑟·科恩.美国高等教育通史[M].李子江,译.北京:北京大学出版社,2010:151.
[2] 黄宇红.美国州立大学的发展历程[M].北京:北京航空航天大学出版社,2013:79-80.

在这个时期,大学仍然重视古典文学课程,同时专业课程和职业课程也得到了发展。只有获得了大学所颁发的文科毕业生学位证书,才能从事相关行业的工作。上大学就是为了接受教育。一直以来,大学主要致力于培养学生的行为习惯、文化修养、人道主义情感。学生的任务是掌握知识,了解社会的需要,成为有教养的人,同时学会养家糊口的本领,这种本领在以前是由父母或祖父母教给他们的。研究生院和专业学院的专业课程主要培养学生掌握某些职业所需要的技能和礼仪。高等教育对学生最重要的影响仍然是理智和道德方面的教育,不仅要提高学生的文化知识水平,而且要塑造学生的人格。19世纪20年代以来的教育家、心理学家和社会学家所进行的研究表明,高等教育必须培养全面发展的人——在迷茫中仍然保持灵活性,只有这种人才能应对不同的社会环境。这正是文科课程和通识教育课程的主要任务。

大学与学院开始凭借自己的权利成为经济发动机。由于大学招生人数和预算的增长,慈善捐赠和州政府拨款也不断增长,每所大学都成为一个财政发动机。来自州政府财政和远处的捐赠者所捐赠给学院的资金都作为当地社区的消费。员工支付租金和买房子,学院购买材料和服务。虽然任何一所机构出现以来就从社区以外吸引资金,学院则有所不同,因为它们带来的不仅仅是资金,还有要求更高工资的人们的批评和建议。这一时期的高等教育也招致了一些批评。学院过分强调职业课程,忽视文科课程。学院招收了大量的年轻人进入学院学习,但是只有少数人适合接受高等教育。学院从纯粹的研究转向应用性研究。同时,学院认证标准使所有的学院趋同。这个时期也出现了一些对大学和学院的批评意见,因为他们找不到这样一个地方,在这里集研究型大学、农学院、社区学院和很多其他类型的学院于一所大学之中。大学入学人数的急剧增长,多元化的教育目的,专业教育以及更广泛的社会参与等问题,并不是他们所能解决的。如果大学只有单一的目标,即仅仅注重纯学术研究,或传承文化,开展专业教育,应用知识解决社会问题等等其中任何一个目标而不是同时立足于所有的目标,那么问题将简单得多。[①]

20世纪二三十年代,受美国经济大萧条的影响,州立大学在本科生的人数和经费上受到了很大影响,但最终也获得了很大的进步和发展。与高等教育的其他领域相比,美国工程教育在20世纪最初十年普及达到顶峰,1890年到1910年学习工程的学生人数已由10000人增长到30000人。第二个十年中,农业教育和商业院校教育急速发展,这种发展抑制了工程教育的扩展,但可能对工程教育反而会有好处。

在这个时期,大学尤其是州立大学又发生了一些新的变化:

(一)学科与专业种类的不断扩大

农业教育、工程教育、师范教育、家庭经济学、森林学、兽医学、社会科学、经济和商业都成为州立大学教学中最重要的部分。如在20世纪20年代的前几年,北卡罗来纳大学的工程学院、商学院、音乐系和新闻系都有了快速发展,而这时期其在社会科学上的发展更是令人惊叹。学科和专业的拓展与提升,为北卡罗来纳大学赢得了声誉,1922年,北卡罗来纳大学成为"美国大学联合会"的第25名成员,早于麻省理工学院和杜克大学,是美

---

① 亚瑟·科恩.美国高等教育通史[M].李子江,译.北京:北京大学出版社,2010:152-156.

国南部第二所加入"美国大学联合会"的大学。

(二)课程内容不断扩展

农业教育除了包括农艺学、畜牧学和园艺学等明显与农业直接相关的课程外,还包括化学和生物学等支撑农业的基础科学课程,并附加英语、军事学和其他一些专业课程;工程教育与农业教育一样范围广泛,除了几个工程领域的专业课程外,还包括数学、物理学和化学等必修课程;家庭经济学的教学虽然没有农业教育那么广泛,但也包括几个专业领域的课程和支撑专业必需的基础课程。

(三)学历学位层次不断提升与科研水平不断提高

大学本科课程设置具有双重的目的,培养一部分毕业生能立刻参加工作,而另一部分毕业生则可进行研究生学习。州立大学开始着力发展研究生教育,不仅普遍能授予硕士学位,而且一部分大学能授予博士学位。几乎所有的州立大学都能授予农业教育的硕士学位,大约1/3的州立大学在一个或多个农业教育领域能授予博士学位。大多数州立大学都能授予家庭经济学的硕士学位,其硕士学位越来越倾向于研究性题目,并为倾向于成为研究人员的学生设立课程,授予学术性的而不是强调专业技能的博士学位。少数大学能授予家庭经济学的博士学位。大多数州立大学能授予工程学的硕士学位,不过与农学和家庭经济学相比,工程学更加强调专业技能;约1/4的州立大学能授予工程学的博士学位。因此,从美国州立大学的发展历史来看,应用科技型大学由本科到硕士再到博士学位层次的不断提升是其客观发展的规律之一,并不能简单地归结为"学术漂移"的结果。

科研也开始成为州立大学的普遍追求。例如,自从进入20世纪,加利福尼亚大学对教师的评价发生了根本性的改变:一流的教授不是书斋里的饱学之士,也不是课堂上的海归教师,而是能够从事科学研究并卓有成就之人。加利福尼亚大学开始要求教授从事科研工作,于1915年建立了美国大学中最早的教师研究基金,对教师的科研进行资助。由此,科研的追求导致了部分州立大学走向了研究型大学的发展之路。

(四)多方面的资金支持

州立大学在美国"黄金时代"的所作所为推动了其后的发展。这种发展不仅体现在数量上,如注入资金、学生数和教师数的增加,也体现在质量上,如教学内容的拓宽、教学范围的扩大和科研水平的提高。到1930年,15所美国最大的大学中就包括加利福尼亚大学、明尼苏达大学、伊利诺伊大学、俄亥俄州立大学等著名的州立大学,其学生数相当多。州立大学在美国大学繁荣中占据主导地位。不仅在学生总数上,在专业教育的发展方面州立大学也相当不错,这不仅体现在不同专业领域内州立大学自身的发展上,也体现在州立大学与私立大学之间的比较上。州立大学在有些领域(如工程学、商学)已超过私立大学,有些领域(如法学、师范教育)虽然与私立大学仍有所差距,但差距在减小。与私立大学相比,州立大学的研究并不逊色,甚至略胜一筹(如在医学和农业领域),而且州立大学研究资金的获得途径与私立大学有所不同,州立大学的预算拨款普遍较多,特殊资金相对较少,说明政府仍然是州立大学研究的主要赞助者。

(五)工程教育的变革

随着工程教育的发展,在这段时间中所授予的工科学位的名目也繁多,这可能是试图把毕业生训练成能立刻就业的一种结果。1904年工程教育促进协会的一个委员会曾公布各院校授予过 90 种不同的工科学位,其中有 68 种学位是大学本科生的学位(但实际上仅有 47 种是真正颁发的),而其余的 22 种则是研究生的学位(其中也只有 12 种是真正颁发的)。根据 83 所院校的资料,共授予了 2393 个学士学位和 84 个研究生学位,授予学位的主要学科有:土木工程(641)、机械工程(635)、机电工程(414)、采矿工程(231)及一般工程(409)。

自从通过莫雷尔法案以来,高校就存在着一种压力,即要求培养出来的学生,一经毕业就可满足工业的需要,要求工程教育将其专业的培养目标与整个社会联系起来。这一压力导致了工程教育的专门化,同时也带来了对工程教育的一系列定期评议,这种做法延续至今。

美国卷入战争使人们对工程教育的态度发生了变化。工程师在工业指导和管理方面所取得的显著成就,工程科学对于生产技术的突出贡献,以及工程师们在战争活动中所占据的显著地位,导致人们愈加重视工程的管理及其经济范畴。强调工程管理方面而不强调技术方面的课程表广泛得到采用,在所有课程表中对经济学所给予的地位增高了,而且在工程教育中更普遍开设商业经营方面的选修课。二战后,一个引人注目的趋向,就是不要求大学生进行专门化学习,放弃了为把四年制教学计划扩大成为既全面而又专门化的训练所作的努力,而倾向于将教学计划简化,并特别强调全面训练。为了培养能全面担负起技术、管理和行政等职责的工程师,工程院校制订了全面类型的通才教育式的课程表,这种课程表可用于为数较多的专业,它们为特定的工业或职业打下自然科学、人文科学与社会关系等方面的基础,而不是打下实用技术的基础。这类课程表体现了专业的功能,这一点与农业、商业、新闻或教育的课程表相类似,不过它们比别的课程表更加强调毕业生的专业职责。即使有一些工程院校是像法律与医学的标准那样,以培养能达到专业注册,以能在他们主要攻读的专业范围内实际开业为目的,然而为数不多。①

四、二战后美国应用科技型大学的改革与提升——州立大学的重塑

二战后到 20 世纪 80 年代,美国高等教育发生了根本性的变化。这一时期被称为美国高等教育的"黄金时代"。主要表现在高等教育规模(高等学校的数量、学生数量、新建校舍数量和高校收入)的扩张与增加,美国进入了大众化阶段。推动美国高等教育大众化的主要力量是知识和人口的激增、经济和技术的巨大进步、意识形态冲突的加剧以及美国人对更多、更好教育的无可比拟的需求,尤其是 1944 年颁布的《退伍军人权利法案》,使大量年轻的退伍军人涌进了大学校园,高等教育达到空前繁荣。

二战后,美国的高等教育得到了广泛的支持,其特征便是"3P's",即兴盛(prosperity)、声望(prestige)和普及(popularity)。美国高等教育的改变以两种相对的方式呈现出来。一方面,高等教育的基础不断扩大,从而更接近于大众高等教育。另一方面,美国学院和大

---

① 劳伦斯·P.格雷森.美国工程教育简史(续)[J].陈慧芳,译.教育研究通讯,1981(4):50-61.

学不断增添从本科到专业学院和博士项目这样的高等学术选拔性项目,这种趋势把金字塔的顶端推向更高。[①]

高等教育大众化给一直为本地区公众服务为基石的州立大学带来了前所未有的挑战。二战前,只有州立大学(含赠地大学)将为本地区或本社区的公众服务作为大学的主要任务和目标。而二战后,社区学院和州立学院则承担了以往州立大学的文凭和非文凭教育职能,以往不太参与公众服务的私立大学也开始为了得到州和联邦的资助主动承担起公共教育的职能,州立大学所独揽的地区与社区公共服务职能被其他类型的院校不断分化和瓦解,州立大学在职能和定位上面临着前所未有的挑战。因而,州立大学从主要服务于本地区且注重本科教育的大学,转向服务于全美国甚至全世界且本科教育、研究生教育和专业教育综合并重的大学,课程也开始向多学科、多设置转变。为了吸引优秀的学生和教师,州立大学开始将提高学术水平和增强研究职能作为主要任务。专业设置更加符合学生的需求,开始开设更加符合学生和社会现实需求的专业和课程。这个时期,一些州立大学演变成为州立研究型大学。一些州形成了州立旗舰大学系统—州立大学(学院)系统—社区(初级)学院系统的三级州立高等教育体系,如加州大学系统、纽约州大学系统、北卡罗来纳大学系统等。州立旗舰大学系统主要是研究型大学,目标是在教学、研究和服务方面创造卓越;州立大学(学院)系统主要是教学型、应用科技型大学,主要职能是培养本科生和部分研究生;社区(初级)学院系统主要是为社区居民提供广泛的高等教育,并承办成人继续教育。各系统之间通过学分互认建立了相互贯通的联络体系。

70年代开始,人们预测接受高等教育的人口将明显减少,高等教育将出现供大于求的"买方市场",高等院校的竞争趋向激烈。进入80年代,特别是90年代,高等院校的外部环境和条件发生了较大变化。联邦政府用于高等教育的经费明显减少。营利性高等院校以及其他类财产学院不断建立和发展。由于以计算机技术为核心的信息技术及其在高等教育中的应用,不同办学教学方式不断涌现,虚拟大学也开始逐步建立发展。大学经费来源渠道以及获得方式更为多样化和复杂化。资源的供给与需求的矛盾趋向尖锐,而且资源的获得主要通过平等竞争来实现。如联邦或州公用经费不再为州立大学院校所独享,私立大学与州立大学共享公用经费已成为一个政策取向。大学学费和其他费用也逐步由政府向学生个人和学生家庭转移,并且学生及其家庭在择校和择专业等方面,更多地考虑成本与效益、教育投入是否物有所值、上大学的便捷、就业前景等实际问题,实际上形成美国高等教育主要不是大学挑选学生,而是学生在挑选学校的局面。

更为值得注意的一个动向,大学与社会各界特别是工业界的联系变得更为直接和密切。传统上,大学一般主要倾向于围绕自己的学科或专业建设办大学,自我为中心,外界需要较为次之。然而,自从20世纪60年代开始,大学要围绕社会需要办学,要充分考虑学生的就业需求及其在社会的地位问题。这一倾向不断得到强化,高等教育已越来越直接为社会现代化和经济发展服务,不但提供具有高水平的人力资源,而且直接提供科研成果和社会服务。实际上,大学成为一个振兴和发展经济、保持世界市场竞争力的基础和有效手段。由此,社会特别是工业界不仅给大学提出了新的发展机遇,也提出了深刻的挑

[①] 约翰·塞林.美国高等教育史:第二版[M].孙益,林伟,刘冬青,译.北京:北京大学出版社,2014:244.

战。要求大学作出努力,进行深刻变革。如社会越来越需要从事科学技术工作的人员。为此,大学就不得不压缩文理学科的人才培养,而加强工程技术等专业的人才培养和学科建设。从 60 年代以后,美国大学出现了专业化与职业化趋向,即传统文理学科实际上受到削弱,实用的就业能力强的工程类等专业或学科得到长足的发展。大学与工业界的关系越来越密切,不仅为他们培养实用人才,而且一改大学传统上只以基础学术性研究为本的科研趋向,而日益重视应用研究或市场需要和经济发展前景好的研究项目。

在这个时期,历史上首次真正的国际竞争也开始出现在高等教育领域。一方面,社会经济发展为高等教育提供了改革和发展机遇,另一方面,传统支持高等教育的资源相比之下在减少,新兴大学的不断涌现,导致高等教育竞争的局面加剧。世界范围内大学院校开始尝试大学转型实验,对大学的任务和功能重新认识和改组,大学功能的转变趋向多样化和复杂化,创新创业型大学的出现就是一个例证。[1]

大学增强社会适应意识和能力,寻求有效的自我发展的手段和途径,已成为当代高等教育的核心问题。如何适应全球范围的高等院校之间日趋激烈的竞争,改革管理体制和运行机制,学会适应科学技术进步所创造的历史机遇和新的技术基础,是高等教育面临的具有挑战性的重大问题。为此,首先要重新界定高等教育的地位和作用,明确大学的任务以及与社会各界特别是与经济界的关系。高等院校要想在激烈竞争和变迁的环境中生存和发展,就要积极地调整战略以适应日益增加的多样性的市场需求,找到自己的位置,扬长避短,有所创新,发挥优势。其次,要在密切联系社会经济结构需要的前提下,更加关注学生的需要,重新组织大学的课程和教学体系以及传递方式,更新教育教学内容、方法和手段,提供便捷、经济、有效和多样的教学和学习模式。另外,尽管大学的学科和专业及以此为基础的大学构建的系科仍在发展,但交叉学科或学科综合构建的发展已冲破各自为战的壁垒,其代表着高等教育未来的方向。其中,最重要的方面是各高等院校明确自己的办学指导思想和任务,找准和占领自己的市场,发挥自己的特长和优势,有所为有所不为。

与 60 年代相比,70 年代的美国大学生具有更为明显的职业化倾向。越来越多的大学本科生把进行职业准备作为大学的首要目标。为了适应学生的需求及其他环境因素的变化,美国高等学校在 70 年代兴起了"职业教育运动"。这场运动带来的影响主要表现在:①大量学生从基础性的文理科教育计划转入职业性、专业预科性和专业性的教育计划。②许多文理学院增设了一个或更多的职业、专业系科。③专门的职业技术院校与"学术性"院校中带有职业倾向性的教育计划之间界限已经变得更为模糊,职业技术课程得到了学院和大学的接纳。[2]

进入 80 年代以后,学生生源也发生了很大变化,传统学生与非传统学生混合,黑人学生、女性学生、成人学生以及国际生不断增多。学生构成和价值观的改变,势必影响州立大学的目标、课程、研究和学生生活等方方面面。这个时期,大学尤其是州立大学开始调整长期形成的注重实用研究的传统,开始将实用研究和基础研究并进、本科教育与研究生教育并重,并将研究引入到本科生教育。将研究引入到本科生教育起始于 1969 年麻省理

---

① 乔玉全.21 世纪美国高等教育[M].北京:高等教育出版社,2000:30.
② 黄福涛.外国高等教育史[M].上海:上海教育出版社,2003:347.

工学院校长保罗·格雷(Paul Gray)和负责本科生教学的院长玛格丽特·麦克·维柯(M.M.Vicar)创设的"本科生研究机会计划"(undergraduate research opportunities program)。80年代后,美国大学尤其是研究型大学中本科生科研活动的范围和规模都得到了很大发展,制度体系也得到不断完善。

无论州立大学如何改变,其"服务"理念一直都没有改变,即大学校园不是局限于一个或多个地方的一群建筑,而是属于整个州和整个州人民的一种服务场所。100多年来,服务职能使州立大学与州、社会之间建立了紧密而灵活的联系。20世纪80年代后,美国社会一直在变化,使得州立大学也相应地发生了变化。首先,州立大学的服务对象和服务范围不再局限于本州和本地区且毕业后服务于本州和本地区的学生,而拓展到全美国甚至全世界且未来职业定向更加丰富和复杂的学生。其次,州立大学的服务模式更加多元化,既有服务于工农业的传统模式,也有产学研结合的新模式。其中,最典型的就是大学科技园的创建和繁荣,如宾夕法尼亚大学科技园就是极有特色的瑰丽之花。[①]

二战以后,美国的州立大学、城市大学和综合性大学中的一些专业学院提供了大量的教师教育、农业教育、商务、工程、护理以及贸易和技术等方面的课程,开展了广泛的中学后的技术和职业教育课程,15%的学院还能够提供博士教育课程。这些院校,不断进行课程改革。每次课程改革都是为了使课程更实用、更现代,同时也为了满足不同学生群体的需要以及实现高等教育的目的。人格和个性的培养、专业和职业技能的训练都是课程的重要内容。绝大多数学院都能够提供各个专业领域的广泛的课程目录供学生自由选择。大学所提供的不同课程种类达到数千种。对学生来说,它们能在大学找到他们想学习的任何课程。对于教师来说,他们想教的任何东西都能在大学的课程体系中占有一席之地。课程数量不断增加,导致了专业课程和选修课程的发展。近60%的学生主修职业教育或职前教育课程,主修社会科学的学生占11%,生物科学的占7%,艺术的占6%,人文的占5%,物理科学占4%,其他领域的总共约占8%。一般来说,学生把他们的时间几乎平均分配在主修领域和选修领域以及学校所要求的必修课程门类或领域。课程的整体性以及人文主义精神已消失殆尽,职业与工程技术教育类等实用性课程则不断增加,高等教育不断朝着世俗化和社会服务的方向发展。正如有人评论的那样:"这意味着作为教育机构的学院或大学同这个社会中的商业、政府、审议机构或国防部等其他机构的区别更加模糊。"[②]大学的类型(研究型、州立综合型和社区学院、寄宿制与走读制、文理学院和专业性院校、男女分校和男女同校、宗教性和世俗性)如此多种多样,大学的课程如此多样化,以至于由康奈尔大学的校训"让任何人都能在这里学到自己想学的科目"在这全美3000多所大学及其分校中引申出的"让任何人在任何地方都能学到自己想学的任何科目"的理想得以实现。高等教育致力于基础研究和应用研究、普通教育、高中补习教育、专业教育、技术教育、职业教育、职业培训和个性教育。到20世纪末,经过几个世纪的发展,自殖民地时期建立起来的高等教育系统已经进入了一个前所未有的多样性、复杂性、综合性阶段。它由一系列的院校组成,这些院校之间相互交流,存在一定的松散联系。每个院校都具有

---

① 黄宇红.美国州立大学的发展历程[M].北京:北京航空航天大学出版社,2013:131-132.
② 亚瑟·科恩.美国高等教育通史[M].李子江,译.北京:北京大学出版社,2010:202-203,257.

自己独特的课程标准、课程体系、师生关系和入学标准,这一切看起来与其他院校没多大差别。实际上,高等教育已经成为一个全国性的系统。高等教育更多的是一个涉及各个方面的社会系统,并且彼此之间是相互联系的。高等教育具有自己的规章制度和共同的信念,以及对于学生、教师和公众的期望。

20世纪80年代以后,美国大学的学系控制了本科课程,使其越来越分化。越来越多的职业要求应聘者必须具有硕士学位或博士学位。大学完全服务于政府和经济发展的需要。科学和技术的作用如此重要,以至于人文学科研究在大学课程中所占的比例越来越小,学科不断分化与重构,与此同时,研究生教育与专业教育获得了广泛的社会支持与进一步的发展。专业院校保持了较高的录取标准。因为研究生教育和专业教育在很大程度上依靠实习、见习和临床研究,所以比普通本科教育更难扩大规模。高等教育朝着多样化、标准化的方向发展。高等教育提供职业教育和专业教育,而这以前通常是由学徒训练机构来提供的。

二战以后,工程技术教育也进入一个发展的新时代。美国已经开始变更优先考虑防卫而更多地趋向国家的人民和社会等问题。美国已经送人登上月球,而目前不再为征服宇宙空间与苏联竞争。联邦政府对防卫和宇宙空间活动的拨款已经减少,为应用科学和工艺学直到国内难题,诸如房屋、运输、保健、教育、污染、控制和能源等,则增加了经费。这很清楚地说明新的工科毕业生需要更多关心的不只是技术的发展,而且是那些发展在社会上的影响。未来的工程师将不得不处理重要的但并非技术性的约束条件,这种约束来自法律、社会、经济、美学和人类等方面的考虑,并将不得不考虑工艺与社会和自然环境的相互作用。因此,如果考虑到工程的技术方面与社会方面、自然方面、文化方面及政治方面的相互影响,更应当比任何时候把工程看成对社会的一种服务。

以H.P.哈蒙德为主席的工程教育促进协会委员会经过调查发现,虽然在各种院校里广泛地讲授工程学科,但工程课程计划在全国却千篇一律。他们建议各个课程计划之间应有更多的变化,更趋多样化,以达到能培养出在技术、管理和行政上均能广泛地负起责任的工程师的目的。他们还建议工程课程表应当沿着科学技术和人文科学及社会科学两条路径齐头并进地发展。1955年美国工程教育学会的一个委员会在格林特主持之下出版了一个《工程教育评价报告》。该报告提出把工程课程划分若干基本部分的方针,这些基本部分应包括人文科学和社会科学、数学和基础科学、工程科学、工程专业课程和选修课程;该报告认为,大学本科生的课程表应该服务于双重的目的,即培养一些学生进行研究生学习,而另一些学生则能立刻就业工作。工程课程表在四年制教学计划限度内既要提供广泛的通识教育,又要进行极其复杂并不断更新的专业技术教育。这时期的工程教学计划将自然科学、社会科学、人文科学和通信技术合并到数学、工程科学和分析的强有力的核心中去,并试图使这些智力训练和知识领域与现实的和现代的社会问题结合起来。一方面,强调基础课和接受第一年的一致的公共课程,使学生能掌握在不同的职业中有关的基础技术知识。另一方面,有一种扩大所有学科的工程教学计划内容的趋势,包括在经济、管理和人文学科、统计学和电子计算机程序编制等方面的训练。

为了达到既要宽广又能专业化的目标,总的趋向是发展适应性强的四年制大学本科的教学计划,继之以一年或一年以上的研究生学习。确实,研究生教学的发展是在这时期的最有意义的趋向。此时期后期,研究生人数增长的速度超过了大学人数的增长。

1968年,在美国工程教育学会的赞助下完成的《工程教育的培养目标》的报告是最新的一次定期进行的专业评价报告。该报告提出下列几点:在今后几十年中社会对卓越工程人才的需求将以一种在美国或在其他地方从未见过的规模增长;未来的工程师将被要求参加解决与日俱增的复杂的社会问题;未来的工程师将需要较强的技术能力以便能够处理复杂的问题。

工程院校愈来愈认识到将来的工程师必须深刻认识到自己的工作的社会后果,更应紧密地配合社会学家、经济学家、工业家、心理学家、医生、政治家甚至神学家一起工作。在联邦政府财政资助和私人基金的帮助下,许多大学正在修订教学计划,有的定为四年制计划,其他则制订硕士学位水平的计划,以使学生熟悉政治和社会的作用和价值、公共系统组织、经济学、社会科学、法律、公共保健、乡村的和城市的和国际的发展、公民福利、商业管理、环境设计和公共方针政策等。这些计划往往涉及大学许多部分的科系,并经常包括与问题对口的跨学科的课程。然而所有这些计划都是为了致力于使学生更明确一个工程师对社会所负的责任,并为了扩大其眼界以期他们将来的工作能注意到与人类有关系的各方面。

尽管在近百年来发生了很多变化,目前也正提出各种改革,但就某种意义而言,工程学科的课程表依然保持了相对的稳定性。最主要的特征是今天的工程课程表与一百年前的一样,即学校的教学计划特点之一是建立在自然科学和数学的原理及应用的基础上,并结合学习一些人文科学和社会科学,这种工程院校教学计划的意图是为了对内容广泛的专业实习进行预备和补充,而不企图代替它。工程院校训练的设想是给工程生涯提供一种比较一般化的准备,而学徒实习则给工程生涯提供比较具体的准备。近百年来无数细节上的变化没有改变这些特征。

工程课程表试图在科学原理和工程方法上奠定一个牢固的基础,同时提供文化艺术的初步知识,以便使学生的个人生活内容丰富,并使他适于在社会上谋求受人尊敬的地位。课程表目前不规定全面的职业训练,即使过去曾是如此。无论他们最初目的怎样,大多数的工科毕业生实际只受到一般教育需要的训练。因此,这种课程表应被评价为一种学院训练,目的在于更宽广的一般用途,试图为专业生涯打好更宽广的而不是专门的基础。工程教育的目前趋势是强调大学本科校内学习的一般性教育,而不强调技术教育的价值,再继之以一年或更多年限的研究生学习作为专业训练,再通过一个人的职业生涯不时地补充继续的教育。[①]

目前,我国高等教育尤其是工程教育的改革工程、项目、计划名目繁多,时刻都在不断改革与变化,使高校与教师处于改革茫然与疲于应付之中。美国工程教育尤其是工程课表的结构特点对我国工程教育尤其是应用科技型人才培养提供了一个很好的借鉴意义。

---

① 劳伦斯·P.格雷森.美国工程教育简史(续)[J].陈慧芳,译.教育研究通讯,1981(4):50-61.

五、美国应用科技型高等教育的基本特征

美国应用科技型高等教育发展的历史表明,高等教育的发展必须与国民经济发展相一致,必须为经济建设服务,高等教育的层次、类别和专业设置必须与社会的经济结构、产业结构、技术结构和人才结构相互适应。美国总统杜鲁门所指派的高等教育委员会在其1947年《美国民主社会的高等教育》的报告中强调:"美国应当树立最高的奋斗目标,使中学、大学、研究生院或高等专业学校都能为全国人民各按其才能和兴趣去充分享受,而且不被无法克服的经济困难所阻碍。"

美国应用科技型大学走过近300年的历史,逐渐形成了其自身迥然不同的特征:

(一)多样化是美国高等教育及其应用科技型高等教育的基本特征

美国高等教育结构的最大特点就是多样性、多元化和灵活性。在其近两百年的发展过程中,形成了多种体制、多种层次、多种规格的结构。

到目前为止,美国有高等学校近5000所,可分为以下几大类型[①]:

第一类是授予博士学位的大学,有300余所,这类大学培养高级科技、科研人才,是学术型、研究型大学,教学十分注重基础训练和独立工作能力的培养,学生所学的专业面宽,知识领域宽广。

第二类是以本科教育为主的四年制文理学院和综合大学。综合大学中包括许多性质不同的内设专业学院,如文理学院、理工学院、工商管理学院、家政学院、新闻学院、林学院、兽医学院、建筑学院、矿业学院等,其中以文理学院居于基础与核心地位。这类大学大部分是由州立大学和赠地学院发展而来。一般招收高中毕业生,修业四年,毕业授予学士学位。其中大部分学院和州立大学可授予硕士学位。这类大学的培养目标是一般科技、学术和专业人才,即应用科技型人才,因此,这类大学是美国应用科技型大学的主体部分,这类大学近2000所。

(1)州立大学:这类是为各州培养工农生产建设等各类应用科技型人才的学校,一般能授予硕士学位甚至博士学位。

(2)文理学院:性质多种多样,学制四年,它们最主要的特点是提供文理科教学,并进行职业训练。大部分能提供高质量的教育教学。

(3)教育学院:是以培训中小学师资和职员为重点的学校。目前,80%以上的四年制大学都设有教育学院或教育系。

(4)专业学院:包括提供一种或多种特殊领域的课程的学校,它不属于文理学院或大学。这类学校也包括联邦资助的为学术服务的专科理工学院、培训牧师的神学院及艺术学院等。

(5)高级学院:全国约有25所这类学院,为已经学完大学前两年课程的学生提供进修学术性单科课程,有的也提供研究生课程。

---

① 中央教育科学研究所比较教育研究室.六国高等教育结构[M].贵阳:贵州人民出版社,1988:3-7.

第三类是二年制或三年制的社区学院和初级学院及技术专科学校,培养职业技术技能型人才,毕业生可授予副学士学位。

第四类是非正规的"开放大学""无墙大学""虚拟大学"等。这些学校提供很多面向社会的校外学位课程和学分课程以适应不同职业、不同年龄的人的不同需求。

由此可以看出,美国的应用科技型人才培养主要是在以下三种类型的高校中:

1.美国的综合性大学(主要是州立大学)中的本科生院和专业学院

美国除了博士授予的研究型大学之外,其余综合性大学主要是州立大学(包括由赠地学院发展而来的州立大学)。州立大学是世界教育史上一个独特的产物,是美国教育的最独有、最有趣的产物,也是美国特有的政治、文化和经济发展的产物。州立大学是最能体现美国特色的应用科技型大学的一个教育类型。从世界范畴而言,高等教育分为公立和私立,公立一般都分为国家、州或省、市或地区三个层面,而唯独美国公立高等教育体系中不存在国家这一层面,州立大学成为美国公立高等教育体系中的最高层,这种独特性是与美国特有的政治、文化和经济发展密切相关,为美国的政治、经济和社会文化发展作出了重大贡献。

美国的综合性大学(州立大学)中的本科生院和专业学院包括:工程学院、建筑学院、工商管理学院、法学院、新闻传播学院、教育学院、医药学院、社区卫生学院、牙科学院、林业学院、农业学院、矿业学院等等。这类大学大部分是州立大学,由以前的赠地学院、州立学院发展而来,一般招收高中毕业生,修业4年,毕业后授予学士学位,部分也能授予硕士、博士学位。这类大学的培养目标是一般性应用研究型学术人才和应用科技型专门人才。

2.四年制的文理学院和专门学院

四年制学院性质多种多样,他们最主要的特点就是提供文理科教学,并进行专业与职业训练。文理学院大多是私立学院,大都能提供小班化的高质量教学。师范学院和教育学院是以培养中小学师资和职员为重点的专业学校。其他大部分专业学院(理工学院、工程学院、建筑学院、工商管理学院、法学院、新闻传播学院、教育学院、医药学院、社区卫生学院、牙科学院、林业学院、农业学院、矿业学院、神学院、艺术学院等等)提供一种或多种专门及特殊领域课程,它们不属于文理学院或大学,它们就相当于欧洲的专门培养应用科技型人才的应用科技型大学或学院。

3.两年或三年制的社区学院、初级学院及技术专科学校

这是第三类培养应用科技型人才的高校,具有多样化、综合化、普及化、大众化、职业化、实践性、应用型的特点。社区学院提供社会各领域所需要的职业技术教育,为工、农、商服务行业培养职业技术型人才,毕业生授予副学士学位,有些毕业生进入大学学习三四年本科生课程。也有部分社区学院能提供四年制本科课程,毕业后授予学士学位。所以,这类高校也是培养应用科技型人才的主体院校之一。

在美国三百余年的发展变革过程中,美国高等教育发展的一个显著特点就是紧紧抓住了应用科技型专业教育这一纽带,冲破了欧洲宗主国——英国(牛津剑桥)古典文科教育体系。美国是以注重实效著称于世。它是按照市场的经济规律、商品的利润法则和生产实效改革教育的。从18世纪中期开始直到19世纪末,医学、农学、化学、自然哲学、现

代语言等"实用"学科比重逐步增加,应用科学和工程类的专业教育开始发展,应用科学类院校增加,美国社会重实用的传统在大学学科设置、专业设置和课程结构中得到充分发展。"社会有效性"成了大学价值的尺度,从新兴的赠地学院、州立学院、州立大学到历史长久的综合性大学、研究型大学,都纷纷开设对社会"有用"的应用型学科与专业,从商业管理到各类工程,从公共医疗卫生学到农业化学,从体育到各科教学法,都在大学中确立了自己的专业地位。美国大学可谓是任何人想学什么专业,就有人教什么专业;社会需要什么专业,就开设什么专业的学校。在一定意义上说,美国"勒住了高等教育这个以前游离于经济发展需求的马缰",开创了高等教育的社会服务新职能,形成了美国独特的大学理念——教学、科研和社会服务的机构。①

(二)与州的紧密联系和为州全方位服务的理念是美国应用科技型大学——州立大学持续发展的不竭动力

"州立大学"顾名思义就是由州创建和支持的大学。州立大学从诞生伊始就与州建立了天然的联系。这种天然的联系既是州与州立大学的彼此选择,也是州立大学获得发展的外部关键因素。州立大学是基于创建国家大学失败以及原有的私立大学无法满足州和全州人民的教育需求而产生的,州成为州立大学的出资者和管理者,而州立大学从诞生之时就意识到自己不是私立大学,而是州和全州人民的高等教育机构,为州和全州人民服务是自己义不容辞的责任和义务。

在州立大学的发展过程中,州往往成为其日常经费的支持者、危急时刻的解救者,这不仅能保证州立大学稳定地发展和壮大,而且可避免州立大学因经费不足而破产。如威斯康星大学建立后,州政府每年都从财政预算中拨出一部分款项作为其运转经费,与私立大学相比,威斯康星大学拥有相对稳定的资金来源以开展教学和研究。州政府是州立大学发展关键时期的引导者和推动者,州政府对大学提出希冀和期望,为其设立目标,并通过拨款、项目管理等手段引导大学完成州设立的目标。州对州立大学的支持并不是无条件的和免费的,正是州立大学出色的服务,以及为州和当地带来的直接和间接的收益,才使其能够获得州的支持。正如华盛顿大学校长威廉·P.伯丁的一句名言所说:大学是州的重要财富,值得州政府全力以赴地对其投入。

服务地方是服务理念的基石,服务大众和服务社会是州立大学的根基。无论美国社会如何变化,州立大学的服务理念从未有任何改变,而服务于大学所在的地方又是州立大学服务理念的根本。州立大学之所以能够产生和发展,根本原因就在于其将高等教育的服务对象扩展到以往不可能受高等教育的阶层,全体美国人因其相对低廉的学费、实用的课程和所提供的美好未来而受益匪浅。正是州立大学的服务理念才使其得到美国人的认可,也使其能有别于私立大学而在高等教育体系中立足并获得发展。在州立大学诞生之前,美国高等教育是精英的,培养的是牧师、律师、政治家和医生等精英阶层,与普通民众无关。而州立大学使大学第一次以平民的姿态出现在世人面前,大学不仅是培养精英的地方,也是培养贩夫走卒之所,农民和工人的子女都能在此受高等教育。正如密歇根大学

---

① 中央教育科学研究所比较教育研究室.六国高等教育结构[M].贵阳:贵州人民出版社,1988:16.

校长詹姆斯·B.安吉尔所认为的,高等教育不再是奢侈品,而是必需品,应该被所有的人拥有,所有的人都应当有机会完全发挥出自己的才能和展现出自己的个性。服务大众、服务社会的基本理念虽然一直为州立大学所支持和推崇,但其服务对象、服务目标和服务模式却随着时代的变化而变化。美国州立大学的服务对象从主要为本州和本地区的居民,扩展为全美国甚至全世界的人。

因服务对象的改变,州立大学的服务目标也从主要满足当地居民在当地就业的需求,转向服务于更加多元化和不确定的目标。州立大学在发展初期,主要服务于本州和本地区居民,服务目标是相对较确定的,即满足本州和本地区的主要支柱产业和居民的需求,如威斯康星大学的农业和畜牧业研究就是为了服务于该州的农业和畜牧业。而在第二次世界大战后,随着服务对象的完全改变,州立大学在坚持原有传统服务的基础上,增加了许多与本州和本地区发展无关的服务目标,开始面向联邦甚至面向世界,如积极参与到大科学的研究过程中,积极开拓国际教育等。服务模式的改变更加清晰地证明了这一点。州立大学的第一种服务模式是以赠地学院和"威斯康星理念"为代表的,即服务范围主要是州立大学所在的州和地区,服务领域主要是所在州和地区的农业和工业等,能解决农业和工业中实际问题的应用科学研究是服务的主要手段。第二种服务模式是在第二次世界大战期间形成的,州立大学的服务范围扩大到联邦,服务领域扩大到所有的生产和知识领域,基础研究和应用研究同时成为服务的手段,与工商业界及联邦的合作成为服务的途径。第三种服务模式是在20世纪80年代后形成的以知识经济为基础的服务模式,州立大学的服务范围已经超越所在州和美国,扩展到了全世界,以往的服务模式在州立大学中得以延续,新的服务模式也在不断拓展,最重要的就是大学直接参与到了科研成果转化为生产力的活动中。无论服务范围如何扩大,服务模式如何改变,服务于当地始终是州立大学服务理念的根本立足点。这不仅因为州立大学是由州建立和支持的,州的经费支持对其具有至关重要的作用,而且因为州立大学从其诞生之日,就担负着为本州和本地区人民提供高等教育机会的责任,是美国高等教育民主化的标志。也正因为如此,州立大学才会受到公众的认可。州立大学虽然已走出所在的地区和州,但如果脱离立足于本地这一点,其为联邦和全球服务的目标就无法实现。无论州立大学的服务功能如何随时代的变化而变化,其实质一直未变。正如范·海斯所言:"我将永不满足,直到这个国家的每一个家庭都能受到大学教育的福泽,这就是我对州立大学的信念。"

(三)追求学术卓越是美国应用科技型大学——州立大学成功的内在推动力

创新知识、传播知识势必成为大学的根本任务和内在推动力。州立大学虽然是为了满足美国社会的需求而产生的,从其创建伊始就肩负着服务公众、服务社会的重任,但是大学的内在性质决定着创新知识和传播知识同样为州立大学所追求,追求卓越尤其是学术上的卓越成为州立大学发展的内在推动力。

一所大学在高等教育体系中的地位是由其学术研究的成果所决定的。此时的州立大学首先选择了私立学院或大学不太重视或发展水平相对较低的应用研究进行突破,如在农业、工业、商业等领域开展应用研究。这种在应用研究上的突破不仅使州立大学赢得了服务社会的声望,也为其奠定了研究的基础。如威斯康星大学的服务理念强调对农业和畜牧业的应用研究,康奈尔大学所设立的9个专业系——农业、机械工艺、民用工程、商业和贸易、矿业、医学和临床、法律、教育、公共服务(包含法学、政治学、历史学),都是实用性较强的学科。州立大学对知识应用和应用性学科的强调,并不妨碍其对知识创新和学术性学科的追求,基础研究成为州立大学的另一条研究主线。首先,州立大学要达到大学尤其是优秀大学的水准,就必然要强调研究在大学中的地位和作用。如果一所大学不具有知识创新和研究的职能,在纯科学领域没有地位的话,就不可能称为"大学",因而州立大学必然强调知识创新和研究的职能。其次,州立大学从诞生伊始就不甘心沦落为在传统学院和大学之后的二流大学,希望成为与传统学院和大学一样的一流大学,甚至超越后者,而具有知识创新和研究的职能是一流大学所必须具备的条件,必然成为州立大学追逐的方向。最后,州立大学在应用科学研究领域取得一定成绩,并积累了教师、学生和仪器设备等各种资源之后,就有可能在基础科学研究领域取得进步和发展。

第二次世界大战期间及之后,联邦对于一所大学的资助尤其是科研资助不再区分其私立和公立的身份,而是根据其科学研究的水平来决定是否给予资助;第二次世界大战形成的科学合作模式导致大学之间的合作也不再以公私立为界限,而是以科研水准和能否完成科研项目为标准。以上两种变化一方面为州立大学提供了更加广阔的活动空间,使州立大学的科研不再局限于州的范畴,不再局限于为本州服务的实用性科学;另一方面对州立大学来说也是一种挑战,因为联邦甚至州的科研资助对州立大学不再有任何的倾斜和保护,州立大学和其他所有大学处于同等的竞争地位,科研实力成为唯一有效的竞争条件,这就迫使州立大学必须在科学研究上有所突破,追求卓越。对研究的强调,尤其是对学术上卓越的追求成为州立大学的必然目标,也是应用科技型大学"学术漂移"的一种体现。

20世纪80年代后,知识经济的出现及学生来源的改变等多方面因素,使州立大学越来越意识到学术研究的重要性,州立大学开始利用自身已有的服务传统和高水平的科研发展研究生教育,积极吸引更多的优秀学生接受研究生教育和专业教育,拓展研究的领域,提高研究的水准,并直接将科学研究的成果应用到生产中。追求卓越和强调研究在州立大学的发展过程中显得越来越重要,高水准的研究成为州立大学,尤其是研究型州立大学的目标,推动着州立大学从地方性大学向全国性大学,甚至世界性大学发展。

(四)多元化的人才培养模式是美国应用科技型大学的教育特色

美国应用科技型本科人才的培养模式可以分成三大类:整体培养模式、高年级分流培养模式以及合作培养模式。

(1)整体培养模式:本科应用科技型人才的整体培养通常为4或5年全日制教育计划,新生录取时即确定专业学习方向、课程和实习计划。整体培养模式的设置一般包括通识课程、专业必修课、实习计划或者合作教育计划等四部分,而且培养计划的管理主体是高校。

(2)高年级分流培养模式:该模式通常要求学生修完一定必修课之后,在高年级(通常为二、三年级)再选择申请专业学士学位,美国本科教育的一大特征是新生录取时不一定确定专业,多数高校以学生选修的课程特征最终确定学士学位的类别和专业。因此,针对一些竞争较为激烈的专业学士学位,有的本科或专业学院在高年级又安排了一次申请过程。比如佛罗里达国际大学规定本校或者转校学生在一年级和二年级完成必修工商管理课程并获得一定平均成绩的基础上,可以在三年级申请本校工商管理学院的会计学士学位。[①] 高年级会计学士学位的课程包括 30 个学分的商业核心课程;27 个学分的会计、税收和商业法课程,以及 3 个学分的高级商业选修课。詹姆斯麦迪逊大学商学院也要求学生完成 45 个学分必修课之后才能正式申请攻读工商管理学士学位。

(3)合作培养模式:该模式是高校和一个或多个机构合作共同培养学生的模式。塔夫茨大学(Tufts University)、波士顿的美术博物馆学院(School of the Museum of Fine Arts)和波士顿美术博物馆(Boston Museum of Fine arts)合作举办的美术学士学位是典型的合作培养模式。它是一个独特的将艺术实践教育与通识教育相结合的专业学士学位,目的是培养了解人文、社会科学、文化和技术等多学科知识的从事艺术工作和教学的艺术家。[②] 攻读这一学位的学生同时注册于塔夫茨大学和美术博物馆学院,课程设置由塔夫茨大学管理,实践计划在美术博物馆学院美术导师的指导下在波士顿美术博物馆进行。该学位的课程由 84 个艺术实践学分和 14 门学术课组成。毕业生的美术学士学位由塔夫茨大学颁发。这三个机构合作举办的美术学术学位是专业学士学位中合作培养模式的典型案例。

上述分析表明这三大模式的分类标准分别是培养计划的结构(本科 4 年或 5 年一体化或者高低年级分段化),以及培养计划的管理主体(高校或其他合作单位)。将专业实践经验作为获得学位的必要条件是所有应用科技型人才培养模式的一个共同之处。不同高校和不同专业学士学位对专业实践活动的时间、学分和方式的规定有较大的差异。实践活动安排的时间可以是整个培养计划的早期(第一学年)、中期或者晚期。实践活动可以安排在学期当中或者假期里。实践活动的学分要求最少可能是 4 个学分(1 门课),最多可能为 84 个学分。实践活动的方式包括合作教育计划、三明治式工读交替计划、分散式的全日制(假期中)或兼职实习计划等。合作培养与合作教育计划的一个主要区别在于实践单位的职能。合作教育计划中高校在整个计划的设计和管理中处于主导地位,实践单位的职能局限于关于实践计划制定的咨询、学生的指导和评价等。合作培养模式中与高校合作培养学生的机构的职能更加广泛和独立,通常直接参与和负责制定实践计划,以及管理学生。

美国应用科技型本科人才培养具有多方面特点,其最为突出和显著的特色是以下三个方面:

(1)通用技能和专业技能培养并重。除了与专业相关的实践和技能之外,几乎所有本科应用科技型人才培养计划都强调通用技能的培养,包括沟通和交流技能、公开演讲能力、独立学习能力、创新精神、合作和团队工作能力、领导能力等。因为美国高校和企业都意识到,作为较高层次的管理或专业人才除了需要掌握本专业的知识和技能之外,还必须

[①] FIU.College of Business Administration:Bachelor of Accounting[EB/OL].(2006-01-09)[2021-03-07].http://business.fiu.edu/landon/bachelor_of_acg.cfm.
[②] School of the Museum of Fine Arts. Programs & Faculty:Undergraduate Programs:BFA[EB/OL].(2012-06-01)[2021-03-07].http://smfa.edu/Programs_Faculty/Undergraduate_Degree_Programs/BFA.asp.

具备更加广泛的单位内部和外部综合沟通、协调、管理和领导能力,这样才能高效率地完成工作。

(2)多样性。这也是美国整个高等教育的显著特征。如前所述,美国本科应用科技型人才培养模式不仅在总体上可以分成三大类型模式,而且各培养模式的共同必要组成部分的形式和内容也多种多样。比如,关于实践活动这一各类本科应用科技型人才培养模式中核心组成部分的具体时间、学分要求和方式,各高校和各专业都有不同的要求和规定。

(3)灵活性。这是与多样性特点相伴相生的。首先,三大类本科应用科技型人才培养模式并存于同一所美国高校是常见现象。模式只是一个抽象的分类框架,美国高校通常并不拘泥于任何一种特定的模式,而是由学院或专业自由选择最适合自身的培养方案。即使某一专业或学院采取了一种固定的培养模式,也不影响他们根据具体情况吸收其他模式的长处。由于受外界条件影响很大,美国本科应用科技型人才培养模式中的实践计划和要求通常随着经济和就业情况的变化而调整,并非一成不变。比如,东北大学的合作教育计划中部分计算机工程专业的集中全日制半年实习活动的要求和安排,就因为美国 90 年代末计算机行业就业环境的趋坏,而一度调整为分散型的兼职实习计划。[①]

综上所述,富有美国独特特色的应用科技型高等教育(应用科技型大学)产生、改革与发展的历史及其鲜明特点是非常值得我国建设高水平应用科技型大学所认真加以研究与借鉴的。

第五节 世界应用科技型大学的基本规律与基本特征

通过对欧美几个主要国家应用科技型大学产生、变革与发展历史的探讨,可以得出关于应用科技型大学一些规律性的东西,洋为中用,以资借鉴。

一、应用科技型大学的产生、变革与发展都是与本国政治、经济与社会文化的发展需要,尤其是经济发展对人才类型与规格的需求紧密相连的

根据高等教育的外部关系规律,高等教育的变革与发展都是与其所处的外部政治经济与文化特点相适应的。世界各国的应用科技型大学的历史都证明了这一点,法国大学校与大学技术学院、英国新大学运动与多科技术学院运动、美国的州立大学运动与赠地学

---

① 王立人,顾建民,庄华洁,等.国际视野中的本科应用型人才培养[M].杭州:浙江大学出版社,2008:25-28.

院运动、德国的工业大学与应用科学大学的产生与变革都是为了呼应本国社会经济发展对高级工程技术型、工程型、技术型、技术技能型等多元化专门性人才的需求而诞生的。俄国、日本以及欧洲其他国家的应用科技型大学也都是如此。

二、多元化是世界应用科技型大学的基本形态

虽然世界高等教育体系可分为学术型高等教育体系与职业型高等教育体系,而职业型高等教育体系则根据不同的国情又分为各种不同的类型与层次。如在德国,职业型高等教育又有总合大学、应用科学大学、双元制大学、职业学院等不同形态;在英国则是在多科技术学院升格为大学之后的一元多层次多类型的状态,除了牛津、剑桥、格拉斯哥、爱丁堡等古典大学之外,后来还形成城市大学、新大学运动(红砖大学)、新新大学(玻璃墙大学)、"92后大学"(多科技术学院)、地区继续教育学院等应用科技型大学的多元形态,它们中的学科与专业表现为学术型、研究型与工程型、技术型等应用科技型相互混杂、相互交叉、相互模糊与过渡的繁多形态;美国更是高校数量多、类型多元多样、规模大小不一、学科与专业繁多混杂,既有典型的世界一流研究型大学,也有典型的专业类、行业类等特色鲜明的应用科技型院校与社区学院,更有大部分高校内部学术性研究型与职业应用型相互交叉、共存、混合在一所高校内部的综合性大学,并没有像欧洲大陆那样把高等教育体系划分为学术型与职业型两军对垒的"二元制"结构。不论是英国、法国、德国、美国这些传统高等教育强国,还是瑞士、芬兰、荷兰等这些全球竞争力强国,都遵循高等教育为经济发展服务的规律,在国家工业化和现代化进程中,及时呼应各自国家经济发展对应用科技型人才层次和规格的需求而改革本国的职业型高等教育,建立应用科技型大学。

总而言之,每个国家的职业高等教育类型是根据其自身的教育传统、政治体制、经济发展需要等逐渐形成的,绝不是一种形态、一个模式、一条道路。

三、应用科技型大学的建立、发展确立了其与学术型、研究型大学"不同类型,同等重要"的职业型高等教育体系,丰富与完善了国家高等教育体系

应用科技型大学的建立和发展确立了职业技术教育在整个高等教育体系中的地位。应用科技型大学明确地把技术技能的传授引入大学,在满足个体教育需求和促进经济发展的过程中,得到了各国教育立法的确认和制度保障。从国家制度层面设计来说,欧洲把应用科技型大学定位在"不同类型但是等值"的高等学校,与研究型大学同等地位。

德国《高等教育法》明确规定:"不同的高校形式作为不同类型的高校体系中等值的要素而相互存在。"荷兰1986年《高等职业教育法案》确立了应用科技型大学与大学教育同等的法律地位。1995年芬兰议会通过《多科技术学院法》,以法律形式确立了与普通大学并行的应用科技型大学的地位。1995年瑞士联邦议会颁发了《瑞士应用科技大学联邦法》。德国、荷兰、芬兰、奥地利等国的应用科技型大学不仅可以颁发学士学位,而且还可以颁发硕士学位,德国的应用科学大学甚至还可以与研究型大学联合培养博士,也已有几

所应用科学大学独立招收培养博士,使学生可以顺利地接受更高层次的专业教育。应用科技型大学中本科—硕士—博士教育层次的出现,不仅是对应用科技型人才专业水平的规范和认可,也表明职业技术教育的高层次发展。

在国家工业化和现代化进程中,欧美国家大都及时按照经济结构和经济发展对人才层次和规格的需求,在高等教育的层次、科类、管理体制结构上进行调整,形成高等教育结构与经济结构的匹配和良性互动。以培养应用科技型人才的应用科技型大学得到社会各界的高度重视和认可,成为高等教育结构中不可或缺的一部分。在科类结构上,形成了高等教育的"双元"结构体系,即综合性大学和应用科技型大学;在层次结构上,各国以不同的方式确立并提升了应用技术大学的地位,赋予应用科技型大学学士、硕士乃至博士学位授予权,形成了与普通高等教育并列的应用科技型人才培养的现代高等职业技术教育体系;在能级结构上,各国的高等教育结构更有力地支撑了经济结构的调整和产业升级,极大地促进了经济发展,增强了国家的竞争力;在管理体制结构上,形成了更为灵活的教育体制,学生选择更为自由,两轨之间变得更具有贯通性,在满足个体需要的同时也更好地适应了社会经济发展的需求。

四、服务地方、服务行业、服务产业是世界应用科技型大学办学定位的基本特征

应用科技型大学的产生与变革发展都是为了服务于本国尤其是本地区行业、产业发展对应用科技型人才的急切需求。18、19世纪随着工业革命和资本主义工商业的发展对工业技术人才的需求,应用科技型院校逐渐在欧美国家中产生并发展,如美国的州立大学与赠地学院运动、英国的城市大学与新大学运动、法国的大学校改革、德国的工业大学与工业学院以及多科技术学院、俄国的专门大学等。美国的州立大学曾提出"州的边界就是大学的边界"的响亮口号,作为其办学治校的理念。当二次世界大战后,随着世界经济进入了高速增长和新的科技革命到来所带来的对高层次应用科技型人才的大量需求,又加以战后人口剧增所导致的适龄入学青年人口的不断增加与世界政治民主化进程的加速,欧美各国从20世纪60年代至80年代纷纷实施高等教育改革政策与措施,新建、升格或合并与组建了大批应用科技型大学,因而欧美各国普遍进入了高等教育大众化阶段。德国的高等专业学院/应用科学大学、英国的《罗宾斯报告》与多科技术学院运动等就是这个时期的产物。他们的共同特征都是为了呼应服务行业、服务产业、服务地区社会经济发展对高层次应用科技型人才的需求而产生的。

应用科技型大学是国家经济转型升级发展的重要人才支撑。应用科技型大学的建立和发展为实体经济发展提供了应用科技型人才保障。一个国家稳定的竞争力需要大力发展实体经济,而实体经济的发展与教育体系能否培养相适应的人才具有十分密切的关系。瑞士、芬兰、荷兰、德国应用科学大学在校生占高等教育在校生的比例也比较高,分别为:34%、46%、65%、29%,有效地支撑了实体经济的发展。据统计,德国三分之二的工程师、三分之二的企业经济师、二分之一计算机工程师都是应用技术大学的毕业生,他们在产品开发和技术创新方面发挥着重要作用,为促进德国的技术和技能积累、提升国家创新能力

和国际竞争能力、保持德国高技术产品出口大国的地位作出了历史性贡献。[①]

欧洲各国应用科技大学的学生培养目标比较明确，都是为了培养具备良好理论知识和文化基础、同时又具有专业技能和实践能力的高层次应用型人才，突出应用性和实践性，直接面向社会经济生活，为社会经济发展服务。例如，德国应用科学大学培养的人才成为企业高层次技术人员、一线管理人员、社会服务领域专业从业人员的重要来源；瑞士应用科技大学则主要培训未来的专业技术人才、管理者和艺术家；爱尔兰理工学院直接面向经济生活，培养社会经济建设急需的实用型、技术型、创造型人才，从技术员到高级工程师都是在其培养目标之列。

专业设置重视符合社会经济发展需求，具有显著的应用性特色和职业导向。例如，芬兰应用科技大学注重学科专业设置与区域/地方产业结构对接，人才培养与社会、经济和就业市场需求对接，设置了8个学科领域。奥地利应用科技大学的学科和专业设置紧紧围绕国家需要，学科设置涉及经济和商业管理、旅游、工程科学、计算机科学和信息技术、传媒设计、卫生和福利、新闻业和军事服务等领域。德国应用科学大学的专业设置集中在农林/食品营养、工程学、经济/经济法、社会服务、行政管理与司法服务、计算机技术、卫生护理、设计、通信传媒等领域。[②]

应用科技型大学在专业设置的共同点充分体现了服务地方、服务行业、服务产业发展的特点：

（1）坚持以市场需求为导向，以职业岗位群为依据设置专业。以市场需求为导向就是坚持面向区域经济建设，面向生产、建设、管理服务一线设置专业。以职业岗位群为依据就是针对一定职业来设置专业，体现较宽的覆盖面。如德国应用科学大学的专业设置具有明显的应用性和地方特色，以适应地方社会和经济发展的需要。

（2）根据区域社会经济发展的需要调整专业结构，为地方培养复合型、应用科技型人才。应用科技型大学院校根据当地的产业、资源、经济及社会发展特点，跟踪行业、职业或技术发展需要，关注区域支柱产业、高新技术产业对应用科技型专业方向需求的变化，及时增设市场急需的应用型专业，减少当地社会需求下降的专业，以更好地服务于当地经济建设和社会发展。

（3）应用科技型院校在专业设置上具有很强的针对性，侧重于社会需要的工程技术专业，以及经济、法律、管理等应用性专业。例如，德国应用科学大学的专业设置以往集中在工程、经济以及社会事业三大领域，现在扩展至自然科学的应用专业以及信息技术、法律、管理类专业和语言、文化、保健、护理等领域，并且出现大量跨学科的复合型专业，如经济工程、经济数学、生物工程等。即使如此，应用科学大学的专业设置仍然较好地保持了其较强的应用性和实践性。

简而言之，应用科技型本科教育专业设置应注重面向市场、强化应用、培育特色、错位发展。

应用科技型大学的建立和发展有力地支撑了国家产业结构的调整。产业结构变化必

[①] 中国教育科学研究院课题组.欧洲应用技术大学国别研究报告[R].2013-12-10.
[②] 中国教育科学研究院课题组.欧洲应用技术大学国别研究报告[R].2013-12-10.

然引起就业结构的变化,而就业结构的变化又必然促进高等教育专业结构的调整。在产业结构调整上,欧美发达国家经历了三次产业调整后,形成了第三产业占比最高、第二产业居中、第一产业占比最低的基本格局,从20世纪70年代开始,第三产业占比逐渐扩大。欧美发达国家三产结构和比例的变化,向教育结构提出了培养更多高端服务类、技术技能及创新型人才的需求,而应用技术大学的人才培养在其中发挥了重要作用。以德国应用科学大学为例,其办学理念是"为职业实践而进行科学教育,而不是带有某些理论的职业教育",以"通过对学生进行必要的基础理论教育和充分的职业训练,使其成为在某一领域具有独立从事职业活动能力的中高级技术人才"为培养目标,针对地方产业发展需求的学科和专业设置、校企紧密合作的办学模式和注重实践的教学方法、高质量复合型的师资队伍建设,形成了独树一帜的高等应用科技型人才培养体系。德国应用科学大学注册的学生中,近50%在工程科学领域,近38%在法律、经济和社会科学领域。[①]

五、追求学术卓越是应用科技型大学变革与发展的不竭动力与永恒使命

从一百多年世界应用科技型大学产生、变革与发展的历史来看,"学术漂移"——不断追求学术研究的卓越是应用科技型大学变革与发展的不竭动力与永恒使命。如美国的麻省理工学院最初是培养工程技术人才的专门学院到发展为今天世界顶尖的研究型大学、创业型大学等;19世纪德国工业大学与职业学院产生到发展为学术性的综合性、研究型大学,如柏林工业大学等,20世纪60年代又从工业学校等升格建立为应用科学大学,不断地加强学术性研究,增设硕士、博士培养层次,也在不断追求与提升学术研究的卓越;再就是英国的城市大学后来不断增强学术研究,逐渐发展为学术性研究型大学,60年代的十大技术学院升格为大学,以及34所多科技学院在1992年升格为"大学",开始招收硕士、博士、博士后等。

以上这些国家的应用科技型大学的变革与发展历史充分说明,"职业漂移"是研究型大学的基本趋势,而"学术漂移"则是应用科技型大学发展与变革的基本规律之一。可以说,"职业漂移"与"学术漂移"是现代大学变革与发展的二元张力,正是这种张力才能不断推动着现代大学的多元化发展,这也正是高等教育内外部关系规律的体现。应用科技型大学并不是不要学科建设,不要科学研究,不要学术水平与办学层次的不断提升,而是在立足于应用科技型人才培养与科学研究与社会服务的前提下,不断提升本身的学术水平与办学层次。

六、政府的政策与法律是应用科技型大学科学发展的有力保障

从世界各国的应用科技大学的产生与发展来看,都是本国政府通过调研报告、政策报

---

① 应用技术大学(学院)联盟,地方高校转型发展研究中心.地方本科院校转型发展实践与政策研究报告[R].2013-11.

告(《白皮书》《绿皮书》等)或提案、议案、法令、法律法规、条例等形式来推动和保障应用科技大学的法律地位、经济保障与校企合作、产教融合等。英国、德国自不必说,就连较小的国家芬兰也是在1995年通过《应用科技大学法》,确立了应用科技大学与普通大学的并行地位及其相关法律保障制度等。

要充分发挥政府的统筹协调作用。应用科技型大学教育旨在培养适应生产、服务、管理第一线需要的应用科技型人才,所以与经济社会联系更加紧密。这就需要政府在学校与社会的联系中当好促进者、协调者、规则制定者的角色。上述国家和地区在发展应用科技型大学教育中所取得的成就,与各自政府的大力推动和有效保障是分不开的。举要而言,二战后,英国政府意识到人才培养脱离现实对于经济社会发展的不利影响,明确提出了"一切高等教育机关均应采取同产业界、商业界协作的措施"的要求,制定了相应法规,并建立了职业资格证书制度。为了激发高等教育界面向生产实际开展科学研究的积极性,促进产业界的科技进步和管理水平的提高,英国政府组建了全国性的教学公司,组织和协调高校同企业之间的合作。英国的工科院校率先积极行动起来,把高等教育与生产劳动、科学研究结合视为必须遵循的方针。企业界也响应政府的号召尽力为学校培养应用科技型人才提供帮助。

为了加强应用科技型培养,德国通过完善法规和政策,规定企业、学校、个人协同完成实践教学的任务和义务,使产学合作制度化,为应用科学大学教育计划的顺利实施提供保障。应用科学大学的办学之所以特色鲜明、卓有成效,离不开学校准确定位,重视培养学生的实际动手能力和解决问题能力,离不开企业为学生无偿提供实习和实训机会,并把它作为"企业行为"来看待,也离不开政府在立法和政策上对这种企业行为的支持。

为了培养企业需要的人才,日本大力推行"官产学协作"。政府鼓励企业界人士参与高校的相关工作,促进产学合作。日本从1981年开始实行《下一代产业基础技术研究开发制度》,中心内容是保证官、产、学各方面力量相互协作和充分发挥各自优势。为此,由通产省牵头,设立了由有关部门负责人组成的"推进总部",负责审议、决定和协调基本计划和执行计划,加强信息交流,推动研究工作的展开。日本高等教育界人士认为,企业界人士参与高等学校的教学和管理工作,是造就企业适用人才的有效措施之一。

欧洲应用科技型大学的办学经费大多来源于政府机构。荷兰应用科技大学办学经费包括政府拨款、学生学费及其他合同收入(包括教学合同、科研合同等)。其中,政府拨款是最主要的经费来源。教学合同主要包括公司教学合同(如MBA)、短期课程及终身学习等。科研合同主要是指为产业、非营利组织、政府及其他公共组织进行的研究。2005年,荷兰应用科技大学的经费收入仅为研究型大学的一半,除了政府拨款是最主要来源,学费收入也占了较大份额,教学合同收入与研究型大学没有显著差异,但在科研合同收入方面远为不足。芬兰应用科技大学,无论是公立还是私立,经费主要来自中央和地方政府,其中中央政府投入占主导,达到57%,地方占43%,此外还有一部分来自提供继续教育服务和从事研发获得的收入。中央政府拨款分为三部分:生均经费、项目经费和业绩奖励经费。自1995年创办以来,政府和地方对应用科技大学的投入不断增加,经费投入呈现稳步增长趋势,从 1995 年的 1.45 亿欧元增加到 2010 年的 8.96 亿欧元。[①]

七、应用科技型大学在师资队伍建设上大都要求必要的职业工作经验与年限

应用科技型大学在师资队伍建设上大都注重以"双师型"和"专职兼职结合"为特征的师资队伍建设,要求必要的职业工作经验与年限。应用科技型大学教育需要建立一支与之相应的高素质的师资队伍。相比之下,应用科技型大学院校的师资队伍有两大特点:一是重视引进和培养双师型教师,二是拥有较多的兼职教师。这些特点都是与应用科技型大学教育的性质和定位相适应的,也是培养应用科技型所不可或缺的。

欧美国家的应用科技型大学院校,在聘任教师时不仅要求教师有较高的专业素养、宽广的知识结构和科技开发与应用能力,而且还要求教师具有广泛的社会联系、丰富的实践经验和较强的动手能力。此外,这些院校还十分重视从企事业单位的高级技术人员中选聘具有丰富实践经验的兼职教师。例如,应聘德国应用科学大学的专任教师不仅要获得博士学位,还要 5 年以上的实际工作经验,其中 3 年须是高等学校之外的工作经验。为了保证教师与企业的密切联系,德国有些联邦州还规定,应用科学大学的教授每 4 年可以申请 6 个月的学术休假,到校外的对口单位从事实际工作或实用研究,以了解实际工作中的最新问题和动态,更新和扩充知识。这样将最新的生产技术理论和知识引入教学,增强应用科技大学与社会和产业界的联系,避免教学中理论与实际相脱离的问题。

八、多元化的招生制度是世界应用科技型大学的基本特征之一

欧洲应用科技大学的统一特点是学生来源多样化,招生兼顾职业教育和普通教育两类学生,为职业教育和普通教育的贯通开辟了道路。如,德国应用科学大学的生源包括综合文理高中毕业生、职业高中毕业生和其他职业学校毕业并补修完相关课程的学生;奥地利应用科技大学的生源包括高中毕业生、学徒和中等职业学校毕业生;荷兰应用科技大学对所有拥有普通中等教育、中等职业教育和大学预备教育文凭及任何同等资格的学生开放,该开放式入学的唯一限制就是入学限制条款,条款适用于部分学习项目,主要是与医疗、旅游、记者和社会司法等相关的职业;芬兰应用科技大学不仅招收普通高中毕业生,也招收职业高中毕业生,在大学的头两年教育中,教学计划有针对性地弥补两类生源知识基础和结构上的差异,普高生源适当加强专业基础课学习,而职高生源则适当加强文化课学习。

欧洲应用科技型大学在招生上一般都要求学生具有相关的实践经验,它们的录取形式和要求也更加多样化。比较而言,德国和日本的应用科技型大学在这方面更具特色。

---

① 中国教育科学研究院课题组.欧洲应用技术大学国别研究报告[R].2013-12-10.

九、实践教学是应用科技型大学人才培养的最显著特征

对于培养应用科技型人才来说,实践环节是培养和提高学生实践能力、创新精神和综合能力的有效手段,所以在各国应用科技型院校的人才培养方案中,都有独立或相对独立的实践教学体系。它既有明确的指导思想,又经过系统的整体设计,旨在强化学生的实习、实训等实践性教学环节,使学生得到系统的技术和技能训练,增强学生的实践动手能力。

在统筹安排实践教学上,欧美国家一般都为实践教学安排了较多的时间,所以实践教学比重较大。在实践教学要求方面,应用科技型大学除了通常的验证性实验和认识性实习外,还特别强调学生在生产现场或实习、实训场所进行实践操作,重视培养学生处理现场各种实际技术问题的能力。此外,实践教学形式和方式多种多样,包括实验教学、实践学期、项目教学、毕业设计和交流学习等。

欧洲应用科技大学的人才培养注重学生的多样化需求,重视培养学生理论联系实际的能力,因此其培养模式通常采用理论学习与实践实习并重的方式,其学制设置、专业设置、课程设置、师资配备和毕业考核等方面都紧扣这一目的。为了培养应用科技型人才,应用科技型院校在教学方式、方法上更加强调应用性、实践性、综合性和团队合作。

世界各国的应用科技型大学都高度重视实践教学,建立完整的实践教学体系。第一,为突出应用与实践能力的培养,确保实践教学的比例,建立以能力为本位,突出学生动手能力、解决实际问题能力、知识转化能力、团队合作能力为目标的完整实践教学体系。第二,构建实践教学体系,根据教学计划规定的培养目标和人才规格,设置教学内容和课程体系,把属于实践教学的具体环节按有序原则连接起来,并根据实践教学自身的纵向连续性理论教学的横向相关性,编制实践教学进程,确定实践教学各个环节的具体安排。第三,通过对能力的分析,分别确定各专业两大教学体系即理论和实践教学体系,并使两大教学体系并行、融合、交叉,并把应用能力的培养作为交叉点和教学重点。如上所述,在理论教学与实践训练的安排上有英国的交替式、美国的渗透式、丹麦的交融式等。

十、大力加强高校与地方、企业的深度合作

应用科技型大学培养更多地受到社会需求的制约,无论是专业设置和课程建设,还是条件装备和师资队伍,都必须依靠地方和企业的合作和支持。

应用科技型大学教育必须走校企紧密联系的道路。本科应用科技型人才培养不应该也不可能单独由学校完成,而应当打破围墙,与企业、行业、社会联姻,把整个社会作为应用科技型培养的大舞台。这样,不但可以使应用科技型培养与区域经济发展和产业结构调整相适应,能按照行业和企业对人才规格的要求来培养学生,而且可以为应用科技型的培养提供大量教育资源。德国的"双元制"、美国的"合作教育"、英国的"工读交替制"都是校企合作的典型形式。应用科技型大学都非常注重与工商界发展互惠的伙伴关系。通过专业培训、产品开发和顾问服务等方面的合作,使大学成为工商界的战略伙伴。它不仅为

企业培训了高级专业人才,支持了企业的发展,同时增强了自身的科技创新能力和持续发展的能力,加速了高层次创新人才的培养。

高校只有加强与地方的合作才能获得地方的各种支持。应用科技型院校大都接受地方教育当局的管理,其办学经费主要由地方当局提供,因此,应用科技型院校只有重视适应地方需要,才能与地方区域发展共生共荣。应用科技型院校的人才培养主要面向本地区,主要根据地方需要招收学生,为地方经济和社会发展直接提供服务,为地方经济发展培养职业适应性强的应用科技型人才。如丰桥技术科学大学与丰桥市等地方政府之间签订协议,在人才培养、资源共享、产业振兴、文化教育、终身教育、城市建设等方面进行合作;长冈技术科学大学面向社会,实行开放办学,适应社会青年接受继续教育和再教育的要求,试行推荐入学制度,积极招收在企事业单位工作的原高等专门学校和大学毕业生。

应用科技型大学院校大都重视通过各种形式吸纳企业界和社会人士参与学校教学和管理,借以密切学校与社会和企业的联系,收集用人单位的反馈信息,补充双师型教师,完善培养方案,拓展实习、训练渠道,培养社会欢迎的各类应用科技型人才。[1]

应用科技型大学在教育理念和培养模式方面对传统高等教育的教学模式进行了革新和挑战。针对应用科技型人才的培养目标,这些大学通常与本地企业建立合作伙伴关系,实施"双元制"人才培养模式,特别侧重于教学过程的实践性。通常情况下,大型企业设立实习实训生产岗位和企业培训中心,而中小型企业则提供培训机会,以确保人才培养由学校和企业共同承担。在这一模式下,学校负责理论知识的传授,而企业则主导实践性教学。学生的实际表现和教学成绩通常由企业进行评价和考核。实践性教学包括实习学期、实验教学以及毕业设计等要素。在进行实习之前,学生通常需要与相关企业签署实习合同,直接参与企业的项目或课题。通常,最后一个学期的实习与毕业设计或毕业论文相结合,以解决实际企业问题作为研究课题。

"他山之石,可以攻玉。"世界各国应用科技型大学产生、变革与发展的历史及其经验与教训是值得我国在建设中国特色高水平应用科技型大学新体系的过程中加以认真总结与加以借鉴的。

---

[1] 应用技术大学(学院)联盟,地方高校转型发展研究中心.地方本科院校转型发展实践与政策研究报告[R].2013-11.

第四章

应用科技型大学的办学定位

高等学校在办学与治校的发展过程中,要根据自身在全球高等教育系统、国家高等教育系统、区域高等教育系统中的位置,按照高等教育的核心任务、职能与功能积极呼应人类社会、国家与区域社会政治、经济与文化等社会发展对自身所提出的社会需要,科学地确定自身的办学定位,制定科学可行的发展战略与发展规划,走优势与特色发展之路,为社会各方面发展提供最强大的智力支撑与文化贡献。

应用科技大学在发展过程中,首先要做好自身发展的定位与发展规划。大学犹如航船,大学定位犹如航海罗盘和指南针,发展规划犹如行驶路线。只有做好自身发展的定位与发展规划,沿着预定的目标前进,才能在行进的过程中不偏离预定的发展目标和行驶航线,最终到达理想的终点和目标。

大学定位与发展规划是二元统一的,大学定位是制定大学发展规划的目标和前提,发展规划是大学定位的具体化和路线图。因此,大学定位更具有统领意义。

第一节 应用科技型大学定位的基本内涵与基本逻辑

一、大学定位的基本内涵

定位作为一个汉语语词,意思是指:确定方位,确定或指出的地方,确定场所或界限(如通过勘察),最早出自《韩非子·扬权》:"审名以定位,明分以辨类。"南朝梁刘勰在其《文心雕龙·原道》也有定位之言:"仰观吐曜,俯察含章,高卑定位,故两仪既生矣。"宋朝曾巩《请令长贰自举属官札子》:"陛下隆至道,开大明,配天地,立人极,循名定位,以董正治官,千载以来,盛德之事也。"此外,定位还有一定的规矩或范围的意思,也还有用仪器等对物体所在的位置进行测量后确定的位置及次序的意思。

"定位"一词作为西方语词(orient),最早来源于生物学,是指微生物在宿主内的一定生态环境或解剖位置落脚或存活的状态。后引申到航海学、航空学、天文学、经济学以及其他领域。

《现代汉语词典》中对"定位"有三种解释:一是用仪器对物体所在的位置进行测量;二是经测量后确定的位置;三是把事物放在适当的地位并作出某种评价。[1] 国际营销大师艾·里斯(Al. Rise)和杰克·特劳特(Jack Trout)提出的"定位理论"对"定位"作出新的界定,认为定位就是如何让某种事物在潜在客户的心智中留下与众不同的印象。[2]

基于以上对定位的认识,"定位"的内涵可以包含以下几个方面:(1)定位的目的是使被定位的事物更好地发挥价值或获得更好的发展;(2)定位有两个前提:一是认识事物的性质,二是确定事物周围的环境;(3)把事物放在适当的位置并对其作出评价,即确定该事物对周围环境的作用;(4)定位不仅包括对现状的认识,更重要的是对未来的展望与愿景。

学界关于"高校定位"有不同的视角,有观点认为要参照高等学校类型和层次的划分标准,来比较、分析、明确高校在整个高等教育系统及同行中的位置;也有观点认为要从社会、高等教育和学校内部三个不同层面的系统与视角上来进行分析。[3] 实际上,"高校定位"是高校对自身未来要建设一所什么样的高校的回答,为学校在目标对象的心目中建立和确定一个合适的位置与形象,是在自身改革与发展中形成的,是一种发展目标与发展战略定位。不同办学基础、办学条件、办学类型的大学自然有适合各自发展特点的不同的大学定位与发展规划。

二、应用科技型大学定位的基本内涵

应用科技型大学的定位,就是指应用科技型大学基于地方经济社会发展需要和学生需求,结合自己的办学历史、传统和各方面条件,按照国家社会经济与教育文化发展的中长期发展规划与战略,参照高等学校类型和层次划分标准,来确定自身在社会大系统中和在高等教育系统所处的合适位置,明确一定时期内学校的目标、办学类型和层次,以及在高校的三大职能——人才培养、科学研究和服务面向等方面作出的价值追求、战略选择与发展路径。

2021年,中国有高等院校2738所,本科院校有1270所,除去国家重点建设的"双一流"高校132所,其余1000余所高校均属于广泛意义上的应用科技型大学(含34所本科层次职业学校)。如前所述,应用科技型大学也不是一个模式、一个标准、一个范式,它是一个多元化的体系。因此,应用科技型大学的分类与定位问题也是一个十分重要而又复杂的战略问题。

应用科技型大学(universities of applied sciences & technologies)是一种以培养应用科技型人才为核心,以应用科技型研究为支撑,直接为区域/地方社会经济与文化发展提供应用科技型服务的本科层次及以上的一种类型的高等院校。它区别于以培养学术型人才为核心,以基础研究为支撑,以广泛的社会、国家和人类服务为目的的研究型大学;也区别于以培养一线实战型职业技术技能型人才为主要目标,直接为社区和中小微企业发展服务的职业技术型院校。所以,应用科技型大学的主要特征是培养应用科技型人才,以本

---

[1] 中国社会科学院语言研究所词典编辑室.现代汉语词典(第7版)[M].北京:商务印书馆,2016:309.
[2] 艾·里斯,杰克·特劳特.定位:有史以来对美国营销影响最大的观念[M].谢伟山,苑爱冬,译.北京:机械工业出版社,2011:3.
[3] 王莹.应用技术大学定位研究[D].上海:华东师范大学,2016:4.

科教育为主,辅以一定比例的学术型与专业型硕士、博士教育;研究型大学的主要特征是培养研究型、学术型人才,以本科生与研究生教育教学并重,以学术型硕士、博士为主,辅以专业型硕士、博士教育;而职业技术型院校的主要特征则是培养一线实战型职业技术技能型人才,以专科层次为主,辅以职业本科、职业硕士、职业博士层次教育。

应用科技型大学特别注重为区域/地方经济和社会发展服务,根据其学科专业特点及服务情况还可以划分为应用科学型(工程型)、应用科技型(工程技术型)、应用技术型(技术型)、职业技术型本科院校等不同的亚类型。应用科技型大学的显著特征就是面向产业/行业/职业、依托学科、注重专业、通过实践、突出应用、本科教育为主兼以专业学位研究生教育。应用科技型大学侧重培养从理论到实践的人才,即培养理论应用(将客观规律运用于相关领域,进行工程与技术设计、规划、决策、施工、评估,或对行政事业单位进行组织、管理等)人才。这种人才的主要特点是学以致用,具有一定的理论联系实际,以及较强的解决实践问题的能力。正如欧洲应用科技型大学办学定位是以实践为导向,将科学理论知识应用到实际问题。如《荷兰高等教育与科学研究法》规定应用科技大学(Hogescholen)应"促进理论知识的迁移与技能的培养,并使之与专业实践紧密结合"。

应用科技型大学又可以根据各自高校的学科与专业的聚焦与定位分为以工程类学科专业为主的工程型大学、以技术类学科专业为主的技术型大学、兼有工程与技术类学科专业的工程技术型大学、以人文与社会科学类学科专业为主的应用文理型大学、具有产业行业特色的单科性应用科技型大学、具有多科性的应用科技型大学等。从广义上讲,民办高校升本所设立的"职业技术大学"(即本科层次职业教育)相当于德国特色的具有"双元制"特色的职业技术型大学(又称"双元制大学")和日本的"专门职大学"[1],它们也应包括在应用科技型大学体系范畴[应用科学型(工程型)→应用科技型(工程技术型)→应用技术型(技术型)→职业技术型]之内,属于从"科学→工程→技术→技能"的技术技能一端。

目前,我国应用科技型大学的办学基础与国外相比具有办学起点低、办学历史短、办学基础差、办学条件不一、办学形式多、办学特色不够明显等特点。从办学形式上来看,有公办院校、民办院校、独立学院转制学校、混合所有制院校、行业特色型院校等,多种形式举办,公办院校与民办院校并存,但以公办院校为主。从开展本科教育的时间来看,有在1999年以前就已经开始举办本科层次的高等教育,也有在2000年至2009年之间升本的院校与2010年后升本的院校,但大多是在2000年后才升格为本科院校,其中由大专、中专合并升本的院校与单独升本或新建的院校并存,以合并升本的院校为主。从办学层次来看,本科、硕士、博士研究生层次的教育并存,但仍以本科层次的教育为主。从地域分布上来看,中西部地区分布较广,地域层次性明显;从城市分布来看,直辖市、省会城市、中心城市、地级城市、县级城市均有,但以分布于地市级城市地方院校为主;在学科专业定位上以工科为主,多学科协调发展。从毕业生就业结果来看,毕业生大都在本地就业,体现了区域性的特征,也体现了地方高校地方就业服务地方的特征。

因此,应用科技型大学的定位与发展规划应立足于自身的发展实际,面对自身发展的

---

[1] 陆素菊.本科职业教育的日本道路:专门职大学制度的创立及其实践课题[J].外国教育研究,2021(1):3-14.

问题与困境,按照应用科技型大学的本质特征和地方社会经济与文化发展的需求,制定出自身科学发展的大学定位与战略发展规划。

三、应用科技型大学进行科学定位与制定战略发展规划的基本逻辑

应用科技型大学进行科学定位与制定战略发展规划,应遵从高等教育的内外部关系规律。高等教育的内外部关系规律也就是应用科技型大学进行科学定位与制定战略发展规划基本逻辑,即外部逻辑与内部逻辑。

(一)外部逻辑——全球化与世界政治、经济与科技、文化的挑战

自18、19世纪以来,随着西方国家工业化进程和资本主义国家殖民主义战略的扩展,整个世界已经由相互分离、相互隔绝日益演变为一个发达国家侵占、侵略落后国家,划分势力范围和殖民统治的全球态势。尤其是进入20世纪,随着第二次世界大战的结束,全球虽然进入了冷战时期,但新殖民主义的态势并没有从根本上得到改变,西方发达国家的"中心"与亚非拉发展中国家和地区的"边缘"地位关系仍在持续。西方国家以强大的政治势力、经济势力、文化霸权和人才优势对发展中国家和地区产生了极大辐射与影响。世界已演变为全球各个国家地区之间密切相互联系的不均衡发展的地球村,一个国家或地区的事件将会迅速对全球其他国家和地区产生影响,2020年突如其来、席卷全球的新冠肺炎疫情对全球人类的影响足以说明一切。

近年来,以美国为首的西方国家不断对中国的政治、经济、科技、文化进行"政治战""贸易战""科技战""文化战""人才战"和"教育战",压制和限制中国的社会主义现代化强国的建设。这些迫使中国由"世界制造大国"向"世界智造强国"尽快转变,对中国的创新型、高素质的基础研究型与应用科技型的世界一流人才培养与供给提出了巨大的挑战。

高等教育的全球化、市场化对我国的高等教育提出了新的挑战。值得特别指出的是,高等教育的数字化、智能化、信息化对高等教育的改革更是来势迅猛。我们现在已经进入了一个数字化时代,5G时代已经到来,6G时代即将来临。数字化网络取代了传统的媒介,成为信息的主要载体,比如我们现在经常谈的大数据、云计算、区块链。数字化时代的一个突出特点是信息无处不在,无时不在。这就要求我们的大学教学从传授范式向学习范式转变。[①] 事实上,随着现代信息技术与教育教学的深度融合,大规模的在线课程(MOOC)、翻转课堂、人工智能等颠覆了传统的大学教育模式,甚至产生了虚拟大学。这是驱动当代大学改进的另一个重要因素。

(二)内部逻辑

1.自身基础与办学传统

任何事物的发展都是在其历史发展基础上进一步确定自身发展目标与战略,做好自身的发展定位。一所高校同样如此,切忌盲目攀高求大求全。地方高校尤其是新建本科

---

① 周光礼.中国大学的战略与规划:理论框架与行动框架[J].大学教育科学,2020(2):10-18.

院校,由于建校的历史长短不一,所处地方的社会经济与文化环境迥异,综合办学实力与办学特色差别较大,因而,在全国同类型高校中所处的位置不同,如处于西部的新疆昌吉学院、宁夏理工学院、贵阳学院、大理大学等就不同于东部的上海电机学院、宁波工程学院、厦门理工学院和东莞理工学院等。因此,每一所应用科技型高校只能是立足于自身的发展基础,明确办学定位,制定切实可行而又科学合理的发展战略和规划。

2.应用科技型人才培养

人才培养是高等学校的核心活动与基本任务。不同类型的大学在其人才培养任务和目标上具有不同的定位,这决定了它们的教育理念、课程设置、教学过程以及评价体系等方面的差异。研究型大学和应用科技型大学都有重要的角色,各自专注于不同类型的人才培养,以满足社会和产业的多样化需求。

研究型大学主要注重培养学术型人才,他们通常被期望在学术研究领域取得杰出成就,为学术知识的拓展和创新作出贡献。这类大学强调理论研究、研究方法、批判性思维和学术创新等方面的教育。

应用科技型大学则着眼于培养应用科技型人才,他们的目标是能够将学习到的知识和技能应用于实际工作和解决实际问题。这类大学侧重于为各行各业培养具备实践技术技能的人才,包括工程师、技术专家、研发人员、管理人员、服务提供者以及艺术家等。他们的课程和培训通常强调实践性、职业准备和产业需求。

应用科技大学的本质与核心就是培养高层次应用科技型专门人才。因此,培养应用科技型专门人才就是应用科技型大学的基本逻辑和基本规律。应用科技型大学的一切活动都是围绕此项任务而展开。

3.应用科技型的科技创新与开发应用

科学研究虽然不是高等学校的本质,但却是现代大学的重要任务与基本社会职能之一。高等学校是围绕着高深知识的创新、传授、传播与开发、应用而展开的。因此,高深知识的创新、传播与开发、应用即科学研究就成为现代大学的重要活动与重要职能。应用科技型大学不同于以基础科学研究为主要任务的研究型大学,它是以应用科技型的科技创新与开发应用为主要任务的科学研究活动,它的科研性质是应用性科研活动,它主要是把科学原理、科学理论转化为科技专利、科技产品,为企业和社会各行业解决生产、管理与服务中的实际问题。

4.为地方社会经济与文化发展服务

自高等教育进入19世纪以来,社会服务就成为现代大学的一项基本职能和重要任务。18世纪中叶,产生于美国的"赠地学院"和"威斯康星理念"就成为服务型大学的标志。"州的边界就是大学的边界",服务地方区域社会经济与文化发展,为地方区域社会经济与文化的发展培养高层次多样化的人才,提高社区居民的教育水平和职业生活技能,丰富社区居民的文化生活,就成为州立大学、赠地学院以及社区学院的主要任务。德国的应用科学大学、英国的多科技术学院等也与本州、本地区的社会经济与文化生活联系紧密,对本州、本地区的社会经济和文化发展作出了重要贡献。因此,作为我国地方大学主体的应用科技大学,要把如何更好地服务本地区社会经济与文化的发展作为学校办学定位的重要内容和主要任务之一。

应用科技型大学在发展过程中都需要按照国际国内以及地方社会经济与文化发展的新形势,综合考虑社会发展需求、相关学校状况,以及自身办学历史和条件等各方面因素进行定位,制定科学的战略发展规划,以形成自身的特色和优势。能够满足需要的定位就是最合适、最科学的定位,尤其是在近年来新冠疫情连年突发不断,国际局势多变,国内经济下滑,地方财政压力不断增大,财政支出越来越困难以及未来我国将面临老龄化与少子化并存的情况下,这对应用科技型大学的办学定位与发展战略的确定及时实现带来新的挑战。

第二节 应用科技型大学定位存在的主要问题与主要内容

目前,我国应用科技型大学在办学定位方面还存在着许多问题,只有按照应用科技型大学办学定位的本质要求与基本逻辑,直面实际问题,从本校的实际出发,才能制定出科学合理的办学定位和发展战略与规划。

一、当前应用科技型大学定位存在的主要问题

目前,通过调研,发现应用科技型大学在办学实践中仍然存在以下问题。

(一)办学类型和层次定位不准

受我国传统观念的影响,一些应用科技型大学在办学类型和层次定位上仍盲目追求高、大、全,盲目追求院校升级、升格。如不少高校将办学类型定位为综合性大学,并提出了积极发展研究生教育的层次定位;也有许多高校尽管其将办学类型定位为应用型大学,但其办学模式上仍然是按照研究型大学的办学路径来走。显然,自2014年国务院关于地方高校转型发展的系列政策出台以来,大部分高校已经将自己的学校定位为"应用型""应用技术型""应用科技型"等,但在办学实践中,追求学科专业与学位学历层次提升的"高大全"倾向仍然是目前大部分地方高校和新建本科院校的通病。许多高校把备受诟病与非议的各种"大学排行榜"作为自身办学治校的指挥棒,一切围绕着排行榜的各种指标来追求,致使许多高校走向了歧路。

我国的应用科技型大学大多是由专科学校升格为本科院校而来,普遍存在办学历史短、基础薄弱、办学经验缺乏等先天不足,将很难跟进重点综合性、研究型大学追求学术的步伐。盲目地向传统研究型大学、综合性大学靠拢不仅会造成办学目标、办学类型和办学层次趋同,失去自身的办学特色和优势,而且还会导致应用科技大学的自身发展陷入困境,失去地方政府与产业界的大力支持。

(二)办学目标定位过高

目前,我国已进入普及化高等教育阶段。随着高等教育大众化、普及化的发展,必然

出现高等学校办学的多样化。所谓多样化,是指在层次(专科、本科、研究生)、类型(单科、多科、综合性)、能级(研究型、研究教学型、本科教学型、职业技术型)、科类(文、理、工、农、医、财经、政法、师范等)、形式(全日制、夜校、函授、广播电视、远程教育)及举办形式(国办、公办、民办、中外、混合制)等方面的多样化。在这种多元化、多样化背景下,每个学校是否能够找准自己的位置,并制定相应的发展目标,对学校发展具有重要意义。在这个问题上,应用科技大学目前普遍存在办学目标不清的现象。许多高校不顾自己的办学实际,纷纷提出争创"一流大学"的跨越式发展目标,"国内一流""世界水平""高水平"成为众多应用科技大学的奋斗目标。如云南某高校于 2011 年升本,其以创建"中国一流应用型大学"为办学目标。

诚然,任何高校都不愿落后,提出争创一流大学的战略目标是可以理解,尤其是在我国高等教育大发展时期,如果能抓住机遇,超越对手,争取到有利的发展地位,也是可以实现的。但不管哪种类型、何种层次,"一流大学"永远只是极少数,即便是争创"一流",也是要争创同类型高校中市域、省域、区域、国内等不同层次的"一流",而不是向研究型大学、综合性大学、"双一流"高校看齐。并且,"一流"的提法虽然能够鼓舞人心,但最终难以检验,从而可能使发展目标和价值受到限制。如有些高校提出"综合实力居于全省同类院校前列"或者在某些学科专业、人才培养、科研与社会服务等特色优势方面"位居省内、国内同类型高校前列"等,目标的设定具有参照性与可行性,值得其他高校加以借鉴。

(三)学科专业与人才培养定位不准

由于受到"重学术,轻应用""重理论,轻实践"等传统人才观念的影响,一些应用科技型大学对其人才培养缺乏合理定位,未能根据地方的各方面需求来设置和调整学科专业,而是盲目高、大、全,照搬研究型大学的人才培养模式,设置与研究型大学相似的学科和专业,立足于培养高层次的学术型人才。这样不仅导致应用技术大学的人才培养与社会需求相脱节,人才结构性短缺,而且还会导致在培养本科生、专科生上有专长和特色的地方院校,纷纷放弃自己的阵地和特色。如东北某应用科技型大学是由两所交通类与工程类专科学校合并升级而成,在交通和工程类学科中具有明显优势,但其在后续发展中并未继续保持这种学科特色,而是向大而全发展,开设了 62 个本科专业,涉及理、工、管、文、法、经、艺等多个学科门类。许多学科专业在本市的其他研究型大学都有开设,并且本地区的产业对相关专业的需求量并不大。

应用科技大学具有服务于地方社会经济的发展的使命,应用科技大学培养的是适应地方社会需求的应用科技型工程技术与管理人才,他们的知识、能力、素质结构应具有鲜明地方性、应用性、技术性、实践性的特点。这类院校应该更注重培养学生将理论转换为工程与技术、将工程与技术转换为生产力和产品的能力,以满足社会经济发展对高素质、高层次工程技术人才的需求。

(四)服务面向定位过宽过大

服务面向是指高校在开展人才培养、科学研究和社会服务时所涵盖的地理区域或行业范围。应用科技大学的主要职能就是为区域/地方经济社会发展培养高层次的应用科技型人才。然而目前,由于应用科技大学往往被动适应区域/地方社会经济、文化和科技发展需要,与区域/地方政府及相关企业缺少互动,未能充分发挥其区域/地方性服务职能。有些应用科技大学甚至提出要为全国乃至世界提供服务的目标。如天津某高校定位于"立足天津、面向全国,走向世界";云南某高校定位于"立足云南、服务全国、面向东南亚"等。[①] 显然,这种定位不准的服务面向不仅会导致毕业生就业难,而且由于其服务面向范围过大,指导性不强,可能导致应用科技大学的发展陷入瓶颈。

(五)科学研究仍然存在着向研究型大学看齐的同质化倾向

目前,仍然还存在着不同类型、不同层次高校科研活动同质化现象,新建本科院校与地方高校沿袭、模仿研究型大学科研路径与取向的情形还程度不等地普遍存在。目前,地方本科高校面临着一系列挑战,包括师资力量的不足、缺乏基础研究平台以及部分教师将科研活动仅限于满足职称评定的目的,导致研究面较窄、研究质量不高;并且,教师的学术研究常常不能适应学生的需求。一些地方本科高校过分注重上级考评、升格大学、争夺硕士和博士学位点等目标,盲目推动学科建设和科学研究向重点大学看齐。此外,地方领导和高校领导为了政绩和受大学排行榜影响也加剧了"五唯"(唯论文、唯学位、唯职称、唯学历、唯奖项)之风愈演愈烈。

不可否认,地方本科院校作为转型发展应用科技型大学的主体,也拥有一些独特的优势。这些学校的学科多为应用型学科,专业设置更贴近区域经济和社会需求,提供先进的专业实验和实训平台,鼓励学生充分参与实践性训练,培养了学生的实际操作能力。此外,应用科技型大学与企业建立了更多更紧密的联系,使得校企之间的人才流动更加畅通,更容易得到当地政府、企业和社会的支持。因此,应用科技型大学在学科建设和科研工作中应避免盲目攀高,而应侧重于技术创新的下游——应用开发研究、技术转移、推广和服务工作,特别是在有明确实际应用目标的技术开发和支持中小微企业的"二次创业"短平快技术创新项目中寻找科研生长点。

以上这些带有普遍性的问题值得应用科技型大学积极面对,冷静思考,立足于本校发展实际,制定出科学合理的发展战略规划。

二、应用科技型大学科学定位的主要内容

一所大学的办学定位可以从许多不同的层面进行,但一般是按照应用科技型大学的本质特征要求,立足于本校实际,从办学方向、办学目标、办学层次、办学特色、人才培养类型、学科与专业、科学研究、社会服务等方面进行科学定位。

(一)办学方向定位

办学方向定位是指高校在创办或发展过程中,根据创办者的意愿或者外部社会需要与自身发展的愿景,确定未来发展的方向。在世界高等教育发展过程中,教会创办的大学往往服务于教会的需要,研究、传授、宣传教会的教义,为教会培养传教的牧师,如中世纪的巴黎大学、牛津大学、剑桥大学等都是如此。封建帝王或资产阶级统治者创办的大学也

[①] 王莹.应用技术大学定位研究[D].上海:华东师范大学,2016:4.

都是为了更好地维护封建统治或资产阶级的统治并培养大批的高层次专门人才而服务的。

我国应用科技型大学是社会主义的应用科技大学,它的办学方向是坚持社会主义的办学方向,把坚持四项基本原则和坚持教育为最广大人民的根本利益服务、坚持扎根中国大地办教育作为办学治校的根本方向和行动指南。必须始终坚持把"立德树人"作为应用科技型大学建设的"本色"。地方应用型高校必须把"立德树人"作为新时代中国特色社会主义应用科技型大学的立身之本。对于应用科技大学而言,体现在要将"立德树人"的根本任务与高水平创新型应用科技型人才培养的目标要求相结合,以培养具有理想信念和家国情怀、扎根基层、勇担责任的高水平应用技术人才为目标,将人文精神与明德修养、工程师文化与职业素养、优秀传统文化与现代文明涵养等有效地融入人才培养的全过程之中,这也是扎根中国大地办大学在应用科技大学身上的体现。[1]

总而言之,"立德树人"要根据应用科技型大学与研究型大学各自不同的人才培养目标具体化为"立什么德,树什么人",既要体现高校共同性的要求,更要体现高校类型与自身特色化、个性化的要求,不能笼统地谈"立德树人",以免流于空泛化、口号化。

(二)办学目标定位

办学目标定位是指办学者在创办或改革与发展的过程中确定本校的中长期或最终的发展目标。一是指某一区域范围内的目标,如省(市)内一流、区内一流、国内一流或洲内一流、国际一流等;二是指成为某种类型的大学,如研究型大学、应用科技型大学、职业技术型大学、工程型大学、特色行业型大学、创业型大学、服务型大学等等。

近年来,随着我国高等教育的深化改革尤其是"双一流"建设和"双万计划""双高计划"等改革政策的推行,以及世界大学/中国大学排名榜的推波助澜,几乎每一所高校都把省内一流、国内一流,甚至是国际一流的目标定位写到了本校的发展规划里,挂在了醒目的大楼上,如果不能实事求是地分析自身的办学基础,不能很好地服务地方社会经济与文化发展的需要,这种种"一流"充其量是种种豪言壮语或梦语臆言。伯顿·克拉克曾经断言,"实施高等教育的最差的办法就是把所有的鸡蛋都往一个篮子里装——高等教育最忌讳单一的模式"。[2] 例如,一方面认为应用科技型人才的培养,应该是面向岗位、工种、企业、行业,乃至产业,以就业为导向,面对真实工作环境,搞实习实训实践或校企合作教育,与职界、企业合作或合作培养,强调实际操作的实践动手能力和职业素质的充分全面提升等;另一方面,却因为自己是本科,就跳不出传统普通教育的范畴,非要视"应用科技型大学"与学术性研究型大学为同等办学模式。还有,一方面把德国的应用科学大学、英国的多科技术学院、美国的"赠地学院"等,作为印证"应用科技型大学"的例子和经验,另一方面却淡化这些学院或大学的职业教育基本定位或为职业、企业、行业和产业服务的主导方向。[3]

---

[1] 陈浩森,刘宇陆,王瑛.高水平应用技术大学建设的目标定位与路径选择[J].中国职业技术教育,2020(3):81-84.
[2] 伯顿·克拉克.高等教育系统:学术组织的跨国研究[M].王承绪,徐辉,殷企平,等译.杭州:杭州大学出版社,1994:307.
[3] 单鹰."应用型大学"的定位需要挑明自身的职业教育范畴[J].当代教育论坛,2007(1):113-116.

应用科技大学是与传统普通大学并行、相补充的,它是以专业教育为主导,强调实践型与应用型的一种教育类型,是高等教育体系的必要组成部分,也是职业教育体系的关键环节,肩负着培养高层次应用科技型人才,开展应用研发创新,应用科技型人才培养与就业,服务区域/地方社会经济与文化发展及终身学习等多重使命。它在满足个体个性化教育需求和促进社会经济发展的过程中,获得了欧美各国政府的高度重视和法律政策与制度保障。如德国《高等教育法》明确规定,应用科学大学与传统大学不同类型,但是等值。英国政府于1966年出台的《关于多科技术学院与其他学院的计划》白皮书赋予多科技术学院与传统大学"不同但等值"的地位。欧洲的应用科技型大学主要开展本科和硕士研究生两个层次的教育。并且随着社会的发展需要,一些应用科技型大学已被允许采用同研究型大学联合的方式,共同培养博士研究生,也有个别应用科学大学有了博士学位授予资格。而我国台湾的应用科技大学/技术大学更是具备了从本科到博士研究生一体化、完备的应用科技型人才培养体系。

(三)办学层次定位

高等教育相对于基础教育,是高层次的教育,但其本身又是分层次的,可以分为专科(副学士)—本科(学士)—硕士(职业/专业硕士、学术型硕士)—博士(专业博士、学术型博士)—博士后。一所高校可以有全部层次的教育,也可以有1～2个层次的教育。作为应用科技型大学其主体层次应以本科层次的教育为主,根据自身发展的历史、传统、特色及外部社会经济与文化建设对其人才结构的需要,适时适当地发展一定比例的研究生教育。但其研究生教育应主要是以发展职业/专业学位硕士研究生为主,少数办学条件较好、师资力量雄厚的高校可适当发展少量学术型硕士研究生教育乃至专业博士学位和学术型博士学位教育。作为应用科技大学切不可一味盲目地走传统研究型大学发展之路,盲目地追求学术型研究生教育。高等教育层次结构的合理性主要有"两个衡量标准,即高等教育对外适应性和对内衔接性,前者是指高等学校培养的各种层次和规格的人才要适应经济结构和社会发展的需要,后者是指各层次人才比例适当,以利于高等教育内部由较低一级向较高一级及时输送人才"[①]。高等教育系统的分层必然会影响到某一类型高校在教育系统中的层次定位,并且高校的层次定位不像高等教育层次一样具有稳定性,它的可变性比较强,容易受外界的干预和影响。我国高校当前的管理方式是政府主导下的金字塔式的分层管理。"政府通过给高校分层,有目的地使高校按照一定的标准形成一个层次合理、结构合理的高等教育系统。然后再通过政策调节的一些手段,给不同层次的高校以不同的职能,使不同层次的高校各司其职、各安其位,并建立一个稳定的、缓慢的、有序的层际流动制度。"[②]

我国《高等教育法》第十六条规定:"高等教育(学历部分)分为专科教育、本科教育和研究生教育三个层次。"不同层次的教育有不同的基本要求。主要体现在:第一,人才培养的基本规格要求和质量标准要达到我国《高等教育法》第十六条第二款的规定,本科学生的基本规格和质量标准为"掌握本学科、专业必需的基本理论、基本知识,掌握本专业必要

---

① 杨德广.高等教育学概论[M].上海:华东师范大学出版社,2010:84.
② 张阳.分层抑或分类:大学定位的研究与实践[J].煤炭高等教育,2010(6):1-4.

的基本技能、方法和相关知识,具有从事本专业实际工作和研究工作的初步能力"。第二,在学术要求标准上,学生在完成其学业,并经考核合格后,一般授予"学士"学位证书。第三,在教育理念上,应满足本科教育的三个核心理念,"即本科教育是一种学术教育,本科教育是一种专业性教育,本科教育是一种基础性教育"。① 明确应用科技型大学是一种学术性、专业性、基础性与职业性的教育理念非常重要,不然就会很容易把应用科技型教育降低为职业训练、职业培训性质的低水平的教育。

学术性指的是高等教育具有研究、探索各种"高深学问",传递高级知识与文化和造就高层次人才的特征或性质。从本科教育的角度看,其"学术性"强调的是"学术基础"。对应用科技型大学而言,并不要求以"学术"为主要教育目的,更重要的是要使培养的科技型、技术型人才在智能结构方面比专科人才有更宽的、相关的专业知识面,并能综合运用这些知识解决实际的、复杂的现场技术问题;同时,具有一定的技术创新和研究能力。

专业性主要是就人才培养的性质而言。它根据一定的社会职业分工和人才规格需求,将人类关于某一专业/职业领域的相关知识系统地传授给学生,让学生具有这方面的基本理论、基本知识、基本技术、基本技能。

基础性是相对于高等教育系统中研究生教育层次而言的,主要是指向受教育者传授一般的基础理论知识,为进一步的发展奠定基础。这种一般性的基础理论知识不是高等教育以下教育所传授的"常识"或一般的科学文化知识,而是指高等教育层面上的具有一定理论性、全面性和系统性的自然、社会和人文科学基础理论知识。

(四)办学特色定位

特色,即指高等学校的办学特色。办学特色是指结合自身的实际情况和外部环境在教学科研、人才培养和管理等方面所表现出来的并为社会所承认的与众不同的独特优质风貌。主要表现在办学理念与办学思想的独到性,办学风格与治校方式的独特性,学科与专业的适合性,人才培养模式与培养质量的优异性,教学方法与教学手段的科学性等方面。办学特色所表现的形式是多样化的,只有根据自身的实际情况,把握住特色的内在的实质性东西,准确定位才能促进学校的发展。②

比较优势战略,即立足自身特色办学,特色发展。高等学校要在竞争激烈的高等教育系统中赢得一席之地,就要以其富有鲜明特色的高水平人才培养和科研成果及社会服务作为竞争生存与发展的条件。特色就是大学的品牌,质量就是大学的生命线。高等学校"作为一个学习型社会组织与其他组织机构共同存在于社会大系统之中,高等学校系统是社会大系统的一个子系统,每一所高校又是高等学校系统的一个组成部分"③。大学特色的形成,也是高等教育系统内外部因素相互作用的结果。作为区域/地方性大学,应用科技大学往往与研究型大学、高职高专等多种多个院校共存于一个区域/地方内,因此,如果应用科技型大学不能充分发挥自身的优势,打造自身的鲜明特色,提高应用科技型人才的培养质量与科技开发与应用水平,发挥其独特的社会服务职能,就会在区域高等院校群体

---

① 杨志坚.中国本科教育培养目标研究(之一)[J].辽宁教育研究,2004(6):10-15.
② 顾承卫,杨小明,甘永涛.关于大学定位的研究综述[J].赣南师范学院学报,2006(4):38-41.
③ 刘献君.论高等学校定位[J].高等教育研究,2003(1):24-28.

中失去其应用的价值。应用科技型大学的特色可以体现在办学理念、办学目标、人才培养类型与质量、学科与专业特色、科技开发与应用、社会服务等等方面,但应充分在自身已有办学条件、办学优势与特色、外部社会环境需求和未来发展目标前景上进行特色定位,切不可盲目地追求高大上。

要形成独特的差异化办学特色。应用科技型大学要抓住自身特色,突出解决社会现实问题的实务能力,将面向真实生活与实践导向的应用科技型特色贯穿于教学、研究和区域经济服务等方面,将就业导向、职业导向和社会需求作为评价标准,为社会培养专业性应用科技型人才。对于我国新建本科院校而言,经过多年积淀,目前有部分院校已形成特有的发展模式,例如黄淮学院致力于"产教融合与城市发展",促进中原区域经济发展;常熟理工学院通过建立行业学院,满足地方行业企业人才需要;合肥学院中德合作办学已有30多年历史,通过开设"经济工程专业"等新型专业培养应用科技型人才,这些院校特色是发展的独特优势,应当继续保持。[1]

(五)人才培养类型定位

大学的主要任务就是培养高层次专门人才,只不过是不同类型的大学培养不同类型的人才。研究型大学主要是培养社会各专门领域的学术型人才与精英领导型人才。而应用科技型大学则主要是培养社会各行各业中面向实践的应用科技(工程型、技术型、研发型、管理型、服务型、艺术型等)人才。不同的人才类型定位决定了其不同的人才培养体系(理念、课程、过程、模式与评价体系等)。

人才培养目标可以视为一种教育理念,规定着教育活动的性质和方向,贯穿于整个教育活动始终,是教育活动的出发点和归宿点。具体的人才培养目标是由特定的社会领域(如教育领域、医药领域、化工领域等)和特定的社会层次(如研究专家、高级管理人员、普通技术人员等)的需要所决定的,也因教育机构的级别(初等、中等、高等学校)而不同。因此,即使同为本科层次的教育,由于其要满足社会不同领域、不同行业发展的需求,其人才培养目标定位亦不同。

近年来,在研究人才分类的过程中,教育界基本形成共识的人才分类方法是,以人类活动的过程和目的作为人才分类的标准,将人才大体分为两类:一是发现和研究客观规律的人才,称之为学术型人才,如物理学家、史学家、数学家等,他们主要任务是从事基础理论研究和知识创新;二是应用客观规律为社会谋取直接利益的人才,称之为应用型或应用科技型人才,如工程师、研发师、会计师、医师、律师、技术师、技工等,他们的主要任务是在一定理论指导下,将知识应用于实践。而应用科技型人才,还可以根据各自的工作内容、工作任务以及职务定位进一步划分为工程型人才、技术型人才、管理型人才和技能型人才。

一般认为,工程型人才主要搞设计、规划、决策以及新技术的研究和开发,在第二产业中,主要承担设计开发任务,在第三产业中,主要是决策层、管理层中负责全面决策、规划和整体管理的人才。技术型人才主要从事技术应用和现场实施工作,在第二产业中,主

---

[1] 陶东梅.德国应用科学大学战略定位研究[J].教育学术月刊,2020(4):89-96.

要是从事生产、建造、安装、设备维修的技术人员,在生产一线负责将设计图纸转化为物质形态产品和装备过程的技术管理和指导工作,在第三产业中,主要处于负责某一部门或综合部门的实际管理工作的管理层和高层次实务型工作操作层。而技能型人才则是在生产岗位上直接从事操作的人员,是企业中具体设备的操作工或流水线上的操作员。学术、工程、技术和技能这四类人才的划分依据实质是人才的知能结构,是比较科学的划分方法。

根据人才带理论,人才的划分并不总是清晰的。现代科学技术的发展日趋复杂化和综合化,导致社会职业群类在分工日益专门化的基础上又进一步加强了合作,相关职业群类之间的工作领域也存在着大量交叉重叠,因此,相邻的两类人才知能结构的变化实际也是从量变到质变的转化过程。鉴于此,技术型人才在人才频谱中实际是处于工程型与技能型之间的一段区域,在这一区域与工程型和技能型都存在一定程度的过渡带。因此,技术型人才本身也就存在着高、中、低不同的层次。

应用科技型大学作为一种高等教育类型,是随着技术的升级发展应运而生的产物,其主要职能就是培养经济社会发展需要的高层次工程技术与管理(应用科技型)人才。应用科技型工程技术与管理人才是应用科技型大学的人才培养目标定位。这个目标的达成必须满足两方面的要求:一是从大学的层次看,其人才培养必须达到本科层次高等教育的学业要求;二是所培养的人才必须是工程型、技术型、管理型等应用型,要具备较强的工程设计能力、技术实践能力与运营管理能力。具体而言,应用科技型大学的培养目标定位在:适应经济社会发展需要的本科层次的高素质应用科技型工程技术与管理人才("工程师""技术师""律师""工艺师""研发师""设计师""管理师"等)。

在我国,应用科技大学是产业转型升级和产业技术进步的历史必然,引导部分地方本科院校由学术型人才培养为主向应用科技型人才培养为主转变,是应用科技大学建设的关键,是现实的要求也是理性的抉择。在人才培养定位上,应用科技大学要以地方经济发展、产业和企业需求为导向,科学制定应用科技型人才的培养目标,注重培养学生"将理论转化为技术、将技术转换为生产力和产品"的能力,[1]以满足经济社会发展对高层次、高素质应用科技型工程技术与管理人才的需求。

培养人才是大学的本质和核心,因此,做好应用科技型大学的人才培养类型、目标及其规格定位是应用科技型大学定位的核心,具有极其重要的地位。

(六)学科与专业定位

学校的办学目标定位与人才培养类型定位决定了学校的学科与专业定位。学科与专业的设置是服务于人才培养与科学研究的需要。研究型大学主要是设置一些基础科学学科(群)和复合交叉性学术类专业(群),而应用科技型大学则主要是设置一些应用科学类、应用技术类、职业实践类的学科与专业(链/群)。

应用科技型大学在重点学科和机构平台建设中,要按照学科建设"非均衡"发展战略,聚集当地主导产业技术需求和当地特殊的自然资源条件,集中力量建设当地富有地域特

---

[1] 应用技术大学(学院)联盟,地方高校转型发展研究中心.地方本科院校转型发展实践与政策研究报告[R].2016-03-10.

色的优势学科和专业集群,促进学科专业交叉融合,实现专业集群与区域主导产业和产业集群的紧密对接,提升专业集群服务经济社会发展的贡献度和学科竞争力。

应用科技型大学的专业和课程设置必须突出应用性与实践性。围绕地方经济发展和社会发展的需要,在人才的知识结构和实践能力体系方面有所突破,形成特色和品牌,不盲目追求高、大、全,及时增设市场急需的应用型专业,以更好地服务于当地经济建设和社会发展,更要密切关注学科发展的前沿动态,设置多学科复合型专业,以适应社会对高素质应用科技型人才的需要。

应用科技型大学专业人才培养计划的构建,应集中体现应用科技型创新人才培养规格要求。学科专业结构既决定人才培养规格,也直接影响办学的特色与质量。应用科技型大学应根据自己的独特优势,发展一些重点学科,建设好特色学科并使之成为优势学科。在优势学科上培养一批有特色、高素质的应用型创新人才,产生一批社会需求的科技成果,从而形成自己的特色。因此,特色优势学科的建设是应用科技型大学形成自己特色的基本出发点。培养应用科技型创新人才不能沿袭传统的课程体系,而需要构建充分反映社会需求,满足地方、行业对人才要求的应用科技型课程体系。构建应用科技型课程体系必须注重基础理论教学,拓宽学生的专业知识面,同时也要高度重视实践性教学环节,加强基础理论教学与实践应用的相互融合,通过实践项目提高学生解决实际问题的能力。但要防止因突出应用而使专业设置缺乏学科支撑,进而导致发展后劲不足。①

(七)科学研究定位

科学研究是现代大学的一项基本职能和重要任务,也是促进人才培养,提高人才培养质量的重要途径。但不同类型大学的办学目标定位与人才培养定位决定了不同大学的科学研究性质和类型不同。研究型大学的科学研究一般是以原创性基础研究与重大科技攻关为主,以解决自然界、人类社会与人们生活中的重大前沿问题为主要任务,学术性、基础性、原创性、发现性、重大性是其基本特征。而应用科技型大学中的科学研究则是以基础科学理论与原理的应用、开发与转化为主,应用性、开发性、发明性、实践性、中小性是其基本特征。

科技创新既是高校提高人才培养质量的关键、自身发展的主要动力和源泉,也是提高教师队伍整体素质和学术水平的主要手段,科研成果是学校发展的核心竞争力。应用科技型大学作为我国高等教育的有机组成部分,加强科研工作,提高科研水平也是其应有之义。但由于办学定位的不同,应用科技型大学所强调的科学研究与学术型、研究型大学相比,又有其独特性。

1.科研目的:反哺人才培养

从整个社会系统来看,高校与其他社会机构,如纯粹的研究院所、企业等的重要区别在于高校承担着高层次专门人才的培养任务,人才培养是高校的根本职责。大学的科学研究、社会服务等职能实质上都是大学发展过程中产生的衍生职能,这种衍生职能必须围绕人才培养的中心工作展开,其功能在于提高专门人才培养的质量和效益。基于这种认

---

① 潘懋元.应用型人才培养的理论与实践[M].厦门:厦门大学出版社,2011:59-68.

识,对应用科技型大学而言,需清晰地明确,科学研究的目的在于支撑人才培养,科研要对人才培养质量的提升具有直接的推动作用。

从应用科技大学教学内容的更新来看,科学研究是使技术领域最新成果及时反映到教学内容的基本保证。大学不同于中小学,其教学内容流动性大,差异性强,客观上要求将专业领域内最新的研究成果不断充实到教学内容当中。而要做到这点,基本条件就是要引导并鼓励教师开展科学研究,并不断将新的技术发展成果及观点充实到课堂当中。从应用科技型大学的培养目标——应用科技型工程技术与管理人才发展的角度看,在校期间其主要任务不仅仅是单纯地掌握固有的书本知识,更重要的是发展智能,培养宝贵的工程技术与管理创新精神,而这种新知识和创新精神的获得,往往首先来源于教师在科学研究领域的开拓与创新。因此,要培养出高质量的应用科技型工程技术与管理人才,没有教师的科研是无法保障的。对应用科技型大学而言,需处理好高校几大职能之间的关系,要根据社会需求、生源状况及办学条件,努力提高人才培养质量,科学研究和社会服务职能要围绕应用科技型工程技术与管理人才培养这个中心工作来推进,重点放在对应用科技型工程技术与管理人才培养的支撑上。

2.科研方向:重在科技应用与工程技术开发

在知识信息化社会,科研发展水平是衡量一所学校水平的重要标志,因此提高科研发展水平是高校的重要任务。然而,长期以来我国"重科学轻技术"的学术文化造成科学与技术发展的不平衡,出现科技发展的"短板效应"。[①] 无论从应用科技型大学的职能和还是从发展的需求角度看,积极从事科学研究都是其重要使命,但是,在研究方向上,应用科技型大学又有不同于其他类型大学的特点,应用科技型大学科研的重点在应用研究领域。其目的在于解决产业行业企业面临的实际问题,以创造和研制新产品、新技术、新方法、新流程为目标。

应用科技型大学科研方向定位——面向应用,重在技术。其原因在于:一是满足应用科技型工程技术与管理人才培养的需要,应用科技型大学的科学研究要与学校人才培养的主体保持一致,要有助于提升应用科技型工程技术与管理人才的培养质量;二是从院校分工来看,不同层次的高校在学术贡献上应有所不同,各有侧重,研究型大学重在开展"顶天"的基础研究,应用科技大学重在承担"立地"的、满足地方经济社会发展需求的应用研究,聚焦国家重大发展战略,面向行业企业生产实际,重点开展技术应用与科技开发研究。这也与应用科技型大学崇尚实用的办学理念相适应。需要指出的是,基础研究和应用研究只是人们在分析社会科技进步时,根据两类科学研究与社会实践及物质生产需要之间的联系是直接联系还是间接联系而进行的划分,两者之间并无高低贵贱之分。虽然随着科学技术的发展,基础研究和应用研究的关系也越来越密切,以是否直接应用为目的来划分两类研究也越来越困难,但毕竟两类研究承担的任务、追求的目标各异,因此,对承担不同研究任务的大学之间进行适当的划分不仅必要,也很合理。由于研究型大学基础学科齐全,集聚了大批知名学者和专家,理应在探讨普遍知识和规律的道路上有所贡献,即在

---

① 应用技术大学(学院)联盟,地方高校转型发展研究中心.地方本科院校转型发展实践与政策研究报告[R].2016-03-10.

基础研究领域作出重大贡献。而应用科技型大学是顺应高新技术产业发展应运而生的院校,为产业发展提供优秀的人力资源和智力支持是其义不容辞的责任,且由于其科学研究基础并不雄厚,学科也比较单一,因而,在科学研究分工上,理应将重点放在为地方经济社会发展服务的应用领域,着力在技术应用、技术创新方面有所建树,特别是要承担起高水平大学涉猎较少而各企业又难以承担的行业共性技术的研究,即应用技术的基础研究工作。可以在有限资源条件下,实现有选择的卓越。[①]

3.科研路径:产学研用协同创新

应用科技大学是我国现代化建设过程中产业转型升级和技术进步的产物。满足经济社会发展需要,服务国家技术技能创新战略,直接融入区域/地方产业发展是其改革发展的动力源泉,也是应用科技大学对社会承担的职能。作为社会系统的一部分,应用科技大学必须面向行业企业,与产业界开展深度合作,才能更有效地激发在应用科技型工程技术与管理人才培养、技术应用研究、社会服务等方面的办学活力,从而获得更丰富的办学资源。因此,面向社会办学,深度开展产学研用合作是应用科技大学发展科学研究的基本路径。

首先,应用科技大学服务于行业企业发展需求,并不是被动的,作为大学,要在服务社会当中起到知识与技术的引领作用。因此,在与行业组织、企业、政府密切合作的过程中,应用科技大学应承担起互动中心的角色,要发挥高校人才资源优势,主动以高质量的科技开发、科技服务为企业排忧解难,解决产品研发与技术攻关难题,与企业积极合作、互利共赢。其次,基于应用科技大学人才培养的基本职责,在研究解决行业企业生产过程中的技术难题时,应用技术大学要关注问题解决过程中所产生的新知识,一方面反馈于教学,另一方面进一步拓展新的学科生长点。再次,为深化产学研合作,应用科技大学要积极探索与企业、行业、区域协同创新模式,形成产学研用相结合,人才培养、项目研发、基地建设和社会服务相互促进、良性互动、快速发展的新机制。

4.科研条件:统一兼顾,多方筹措

应用科技型大学在科研方面应当紧密结合学校的重点学科和科研基地建设,并与教学实践、实验室设施建设等方面进行统筹考虑,以确保科研资源的充分有效利用,同时为教育和实验教学提供必要的基础设施。尤其是在经费有限的情况下,需要避免过度投入高成本的科研设备,以满足个别科研人员或团队的短期需求,而忽视了教学的需要。

应用科技型大学应着眼于学科建设、科研基础设施的建设和科研团队的培养,应主动面向地方主导产业和企业的实际需求,明确企业在技术创新中的主导地位,避免单纯从科学技术发展或论文中寻找研究问题的趋势,而是应以企业的实际问题为导向,将其转化为研究问题,可通过企业资助、校企合作申报资助项目、共同研发等方式来解决。需要强调的是,应用科技型大学应特别重视与中小企业的合作,因为这些企业通常需要适用型技术解决方案,而应用科技型大学所开发的技术通常更符合它们的需求。因此,应用科技型大学要积极参与中小企业的技术创新,为其提供支持,并在技术市场中占有一席之地。

---

① 刘智英.大众化视域下新建本科院校的战略抉择[J].中国高教研究,2012(2):74-77.

(八)社会服务定位

社会服务也是现代大学的一项基本职能。自从美国赠地学院和州立大学产生以来,以"州的边界就是大学的边界"和威斯康星理念为代表的大学为本地区的社会经济与文化服务的理念成为现代大学的核心理念与三大职能之一。但是,不同的大学社会服务的区域范围不同,作为世界一流大学主体的研究型大学,主要是以其世界一流的精英型领导人才、世界一流的基础研究成果和重大科研攻关成果服务于全国乃至全人类。应用科技大学作为立足于区域/地方的高等院校,则主要是通过培养高水平的应用科技型人才和高水平的应用研究与科技开发研究成果服务于本地区社会经济与文化的发展和人民生活水平提高的需要。

在世界高等教育发展史上,应用科技型大学之所以在19世纪迅速崛起,是因为适应了地方经济社会发展对人才的强烈需求。因此,服务地方社会经济与文化发展需求应该是应用科技型大学根本的办学理念。虽然这一理念已得到认可,但也经历了一个漫长而复杂的过程。

在我国,应用科技型大学基本上都是地方院校,其生存与发展都与地方经济社会的发展有着千丝万缕的联系,为地方服务是这些大学的生存根基和发展源泉。由于发展的资源、动力、活力和空间主要来自地方,积极主动地为地方发展服务、促进地方经济社会繁荣就成了应用科技型大学的一项重要使命。应用科技型大学要以需求适切性而不是学术水平来衡量教育质量是地方院校与追赶世界一流的院校在教育评价指标上的重大差别。因此,应用科技型大学在确定自己的办学定位时,要切实结合地方性特点,确定自身对地方经济社会发展所作出的贡献和发挥的作用。基于此,应用科技型大学院校在服务面向上要定位于:基于地方科技与经济发展实际需求,面向企业技术生产一线,紧靠政府和行业办学,坚持为区域/地方经济和社会发展服务。

应用科技大学与区域发展之间是依存、互动的关系。应用科技大学为区域经济社会发展服务的途径也是多种多样,而最主要的则是为地方经济与社会发展提供所需的人才、智力支持。

1.人才培养:区域社会发展的人力资源

满足地方人才需求是应用科技型大学的主要任务。应用科技大学应密切关注地方产业结构和人才市场需求变化,积极调整学科专业结构,从而为地方经济社会发展提供适切的人才。因此,应用科技型大学要努力做到:专业设置与地方主导产业对接;人才培养目标与行业需求对接;人才培养规格与工作岗位要求对接;企业参与制定人才培养方案,强化技术理论、注重技术应用、突出实践教学;人才培养过程体现校企合作、工学交替。[①] 学校的专业设置与人才培养方案要与当地经济社会发展紧密结合,着力体现服务区域经济社会发展的理念,在服务地方的过程中形成自己的人才培养特色。同时,也要积极组织学生参加各种形式的为地方发展服务的活动。

---

① 应用技术大学(学院)联盟.地方高校转型发展研究中心.地方本科院校转型发展实践与政策研究报告[R].2016-03-10.

2.科技服务:区域社会发展的智力支撑

科学研究是应用科技型大学服务地方的重要内容。由于地方经济增长的速度与质量主要取决于科学技术的更新与升级,因此,地方政府、企业对应用科技型大学参与地方经济建设期望值最高的领域往往是科学技术领域。[①] 应用科技型大学作为地方经济社会发展的智囊,在地方技术创新体系中发挥着基础和支撑作用。因此,在科研领域,应用科技型大学服务区域发展应做到:科学研究以解决地方生产实际问题的应用技术研究为主;通过科技服务、校企合作、技术推广、联合攻关等渠道直接为地方经济建设作出贡献;开展多种形式的信息、咨询服务,为地方提供决策、管理和技术等方面的咨询;着力开展大学生科技创新活动,着重培养学生运用理论知识开展技术实践,并将技术转化为产品和现实生产力的能力。

3.文化创新:区域社会发展的精神源泉

人才与智力支持是应用科技型大学对地方发展作出的最大贡献。但作为文化发展与传播的重要载体,应用科技型大学在文化建设方面对区域发展也起着非常重要的作用。主要体现在:文化传承,每个地方或地区都有自己优秀的文化传统,传承这些文化并不断发扬光大,是应用科技型大学不可推卸的责任;文化辐射,每个地区在城乡之间、社区之间往往都有着高低落差,则弥补这种落差的责任常常是其他社会机构难以承担的,作为地方大学的应用科技型大学却可以以其深邃的文化内涵和强烈的文化穿透力成为该地区文化辐射的源头;文化交流,地方大学往往坐落在区域交通比较便捷的中心城市,通过教师讲学、学生志愿者活动、大学生科技下乡活动等方式承担着地方文化交流的责任;文化创新,每个地方往往都拥有适合本地特色的地域文化,而这种文化往往又是零散的,应用技术大学能够通过专业人才对其进行挖掘、整理、发展、提升。努力挖掘、传承并发展地方优秀文化,并使培养的学生能够理解并发展本地文化,对推动地方文化的繁荣将起到积极作用。应用科技型大学的定位决定了它的使命主要是服务地方和区域发展。在重点学科建设、科研团队组建以及科研方向的选择和发展过程中,应用科技型大学需要特别强调考虑地方性和区域性。应用科技型大学应该紧密与当地的产业经济、社会需求、文化特色等相结合,以培育其科研特色、优势和科研生长点。

应用科技型大学遵循服务地方的原则,坚持以地方经济建设和社会发展为主的服务方向,根据地方经济和产业结构的特征与需求建设学科和设置专业,成为地方的人才培养中心、科技创新中心和智力服务中心。这是区域和行业经济发展对应用科技型大学的客观要求,也是学校自身赖以生存和发展的根本所在。

总之,应用科技型大学不是层次的高低,而是类型的不同。往往一提"应用",就感觉比"科学""研究"低一个层次。所以一些新建的地方本科院校想提高知名度,就努力向学术型、研究型大学看齐。不少学校甚至不惜丢弃专业特色而去追求"高层次"。一些高校应用性专业的教师,缺少行业企业的工作经历,更缺少参与大型项目技术研发的经历,产学研合作不深入,因而培养的人才应用性不强。还有不少新建本科院校,由于处于"品牌

---

① 和飞.地方大学办学理念研究[M].北京:高等教育出版社,2005:138.

弱势",录取的大都是分数段靠后的学生,教师抱怨生源质量不佳,学生对学习信心不足。[①] 因此,国家应从宏观上进行分类指导,促进高等教育的多样化发展;应用科技型本科教育符合"教育发展必须与社会经济发展相适应"的规律,各校在制订发展战略时,要立足于各自层次和类型争创一流,切忌随大流与急功近利。

[①] 潘懋元.探索本科教育人才培养新模式:"应用型本科教育学术研讨会"综述[J].教育发展研究,2007(7-8):126-127.

第五章 应用科技型大学的学科建设、专业建设与课程建设

学科、专业、课程是大学的基本要素。教师、学生、基建、财务等都是围绕着学科、专业、课程的不同组织与活动而展开的。因此,学科建设、专业建设、课程建设是高等学校内涵式发展的三大建设,对高等学校的办学质量与办学水平具有非常重要的意义。本章主要研究应用科技型大学的学科建设与专业建设及二者之间的相互关系。

第一节 应用科技型大学的学科建设

学科是高等学校的龙头,学科建设水平决定着高等学校的学术水平,也决定着一所高校专业建设和课程建设的水平和质量。应用科技型大学不同于研究型大学,其学科建设具有显著的特殊性。应用科技型大学的学科建设不应简单地模仿研究型大学的学科建设之路,应立足于自身的特殊性,探索适合自身特点的学科发展的特色之路。

一、学科与学科建设

1.学科

关于学科的内涵及定义,学术界有着几种不同的认识,现把几种主要的观点概述如下:

(1)教学科目说

学科是科学知识分门别类的基本单位,它主要是科学研究的范畴,也是学校的教学科目。在中国古代主要是"六艺"(礼、乐、射、御、书、数),在欧洲的古希腊与古罗马主要是"三艺""四艺";在中世纪大学主要是"四科"——神学、文学、法学、医学。后来,随着学科的不断分化、综合、交叉、综合,形成了现在种类繁多的学科门类、一级学科、二级学科、三级学科与交叉学科等,从而在不同层级学科的基础上也形成了不同的专业与课程。因此,学科是专业与课程的基础,没有学科也就没有专业与课程。

《现代汉语词典》对学科的界定包括三点:①按照学问的性质而划分的门类,如自然科学中的物理学、化学;②学校教学的科目,如语文、数学;③军事训练或体育训练中的各种

知识性的科目(区别于"术科")。① 其中一个基本意思就是指学校教学的科目。微观层面,学科的含义最接近英文的"subject"。《牛津高阶英汉双解词典》(第8版)对"subject'"的解释是:"an area of knowledge studied in a school,college,etc.学科;科目;课程";对"discipline"的解释中也包括" an area of knowledge, a subject that people study or are taught,especially in a universit;知识领域;(尤指大学的)学科,科目"的含义。②

(2)"知识体系说"

《教育大辞典》把学科解释为"一定科学领域"(如人文学科、数学学科等)或"一门科学的分支"(如自然科学部门的生物学、化学、物理学,社会科学部门的经济学、史学、教育学等)。③ "学问(知识)门类"指分门分科的知识体系,"科学分支"仅指分门分科的科学知识。狭义的科学仅指自然科学,是通过观察、实验获得的解释或描述自然世界规律的知识体系;广义的科学泛指人们关于自然、社会和思维的知识体系。广义的"科学分支"与"学问(知识)门类"在科学和教育领域基本上是通用的,既可以指科研部门和大学所研究的知识类或科学分支,也可以指教育部门传播的知识门类或科学分支。无论如何理解学科,学科都毫无疑问地指"知识体系"。

很多学者都从知识体系的角度对学科进行界定:学科是指一定科学领域的认识过程及其知识门类,是既对应于又从属于某门科学的相对独立的研究活动及其方法体系和知识体系,是特定科学领域内的事实和概念系统,是具有相同或类似知识的集合体,是按一定原则和方法建构成的具有内在联系和彼此相关的有组织的活动及其成果载体的知识体。学科是由专业人员以独有的领域为对象,按照专门的术语和方法建立起来的概念一致、体系严密、结论可靠的专门化知识体系。

知识体系的学科概念最接近英文"discipline"的含义。从词源学上看,不同的语言文化环境中有不同的词语对应中文的"学科"一词。拉丁文、德文、法文、英文中,"学科"对应的词分别是"disciplina""disziplin""discipline""discipline"。但是"discipline"具有多重而又相关的含义,包括学科、学术领域、课程、纪律、严格的训练、规范准则、戒律、约束以至熏陶。汉语里没有相对应的词语能包含它的丰富含义。沙姆韦(D.R.Shumway)和梅瑟达维多(E.Messet-Davidow)在《学科规训制度导论》(Disciplinarity:An Introduction)一文中认为:"学科"的字源探究显示出它种种意义的历史衍延,多于能够为它立下的确实定义。该词"源自一印欧字根……希腊文的教学词'didasko'(教)和拉丁文'disco'(学)均同。古拉丁文'disciplina'本身已兼有知识(知识体系)及权力(孩童纪律、军纪)之义"。④ 乔叟时代的英文"discipline"指各门知识,尤其是医学、法律和神学这些新兴大学里的"高等部门"。据《牛津英语字典》,"discipline"(学科/规训)为门徒和学者所属,而"教义"(doctrine)则为博士和教师所有。结果"学科/规训"跟实习或练习有关,而"教义"则属抽象理论。有了这个分别,就能理解何以会选取"学科"来描述基于经验方法和诉诸客观性

---

① 中国社会科学院语言研究所词典编辑室.现代汉语词典(第7版)[M].北京:商务印书馆,2016:1488.
② 霍恩比·A.S.牛津高阶英汉双解词典(第8版)[M].北京:商务印书馆,2014:579,2080.
③ 顾明远.教育大辞典(增订合编本·下)[M].上海:上海教育出版社,1998:1800.
④ 华勒斯坦.学科·知识·权力[M].刘健芝,译.北京:生活·读书·新知三联书店,1999:46.

的新学科。称一个研究范围为一门"学科",即指它并非只是依赖教条而立,其权威性并非源自一人或一派,而是基于普遍接受的方法和真理。也就是说,基于普遍接受的方法和真理的研究范围或领域就成了一个学科。

法国学者莫兰(Edgar Morin)指出:学科是科学知识领域内的一个组成部分,其在科学范围内确定自己的研究领域和特长,迎合科学各方面的需要。尽管科学涵盖百科,但每一个学科由于有自己特定的边界,有自己的学术用语、研究方法和理论,因而都是独立的。德国学者黑克豪森(Hechhausen)运用经验和事实分析的方法来考察学科,认为它是对同类问题所进行的专门的科学研究,以便实现知识的新旧更替、知识的一体化以及理论的系统化与再系统化。法国学者布瓦索(Boisot)运用结构和形式分析的方法来考察学科,认为它是一个结构,是一个由可观察或已形式化并且受方法和程序制约的客体与作为客体间相互作用具体化的现象以及按照一组原理表述或阐释并预测现象作用方式的定律等三种成分组合成的集合体。① 英国学者赫斯特(Hirst P.)认为,任何一种充分发展的学科皆具有如下特征:(1)具有在性质上属于该学科特有的某些中心概念;(2)具有蕴含逻辑结构的有关概念关系网;(3)具有一些隶属于该学科的独特的表达方式;(4)具有用来探讨经验和考验其独特的表达方式的特殊技术和技巧。②

1992年11月1日批准、1993年7月1日实施的《中华人民共和国国家标准学科分类与代码表》(GB/T 13745-92)对"学科"和"学科群"作了界定:学科是以一定共性的客体为研究对象而形成的相对独立的知识体系或分支学科;学科群是具有某一共同属性的一组学科,每个学科群包含了若干个分支学科。③

因此,作为知识分类体系的学科有两层含义:第一层指学科提供一定的逻辑得以保存已有的实践知识,第二层指学科依据一定的逻辑结构来规范知识增长的分类体系。学科即一定知识范畴的逻辑体系,具有系统性和整体性。④

(3)"学术组织(制度)说"

学科还有其延伸意,指把传播和发展同类知识的群体联结起来所建制成的一定的学术组织。中世纪拉丁语中的"faculty"(学部)原意就指某一学科领域。从13世纪中期开始,学部一词的外延扩大,指的是按某一学科设置的教学研究单位。可见,自中世纪开始,学科就既指某一知识领域,又指外延扩大了的学术组织。⑤

伯顿·克拉克认为,"学科明显是一种联结化学家与化学家、心理学家与心理学家、历史学家与历史学家的专门化组织方式。它按学科,即通过知识领域实现专门化"。⑥ 当我们说某人属于某学科时,此时的学科概念便延伸为由专门化知识群体结成的学界的或学术的组织,也称科学共同体(scientific community)。托马斯·库恩指出:"科学共同体是

---

① 杨天平.学科概念的沿演与指谓[J].大学教育科学,2004(1):13-15.
② 顾明远.教育大辞典(增订合编本·下)[M].上海:上海教育出版社,1998:1800.
③ 丁雅.学科分类研究与应用[M].北京:中国标准出版社,1994:38.
④ 宣勇,凌健."学科"考辨[J].高等教育研究,2006(4):18-23.
⑤ 万力维.学科:原指、延指、隐指[J].现代大学教育,2005(2):16-19.
⑥ 伯顿·R.克拉克.高等教育系统:学术组织的跨国研究[M].王承绪,徐辉,殷企平,等译.杭州:杭州大学出版社,1994:34.

由一些学有专长的实际工作者所组成的。他们由他们所受教育和训练中的共同因素结合在一起,他们自认为也被认为专门探索一些共同的目标,也包括培养自己的接班人。"[1]

学者汪晖从学科与个体以及社会的关系出发,对学科进行阐释:第一,学科不是囿于一所大学的社会形式;第二,学科甚至也不是囿于一个民族国家的教育和研究制度的社会形式;第三,学科首先是一个以具有正当资格的研究者为中心的研究社群。各个体为了利于相互交流和他们的研究工作设立一定程度的权威标准,组成了一个社群。换言之,学者作为学科工作者从事"分门划界"(boundary-work)的区分活动,这种活动内在地要求发展清晰客观的论据。学科专门化包含了排他性的原则或所有权的原则,即任何外人都无权进入这个专门领地。这里不仅包含科学与非科学的分界,而且也包含不同学科之间权力关系的不断的斗争和重新界定。[2]

学科的分门别类方式是和现代社会建制直接相关的,它把社会的多样性和复杂性加以条理化,并用合理化知识的形式把它们转化成为学科的对象。控制稳定的对象及其对客观化方法的信赖(调查、证明、规范性判断、监控等)是学科规训机制和社会控制系统的共同特征。

综上所述,学科制度是知识生产和知识创新的基础。在学科制度结构的建构过程中,作为社会行动者的研究者和学科培养制度(学生)、学科评价制度(出版物)以及学科基金制度(研究基金)四者之间,构成密切关联的知识生产和知识创新的动态网络,同时它也是学术符号资本的生产和再生产的动态网络,其中研究者处于核心地位。学科制度必然与宏大的社会制度发生联系。因此,如何在宏大的社会结构和过程的背景下,建构既与外界环境有良性的互动,又能保证学科制度自身的自主性、权威和尊严的良好的学科制度,就成为值得关注的基本问题。[3]

从历史的观点来看,作为一种制度和结构,学科是作为大学制度的一个组成部分而形成和发展起来的,学科及其制度基本上以大学为存在的根据。而从大学结构的角度来考虑,学科系统构成了大学制度的主干。考察现代大学的发展史可以看到,学科首先是大学这个大厦的基础和框架,大学的其他结构、制度成分是围绕学科的制度化而形成的:首先有一个学科,然后才有一个专业,有一个系,有一个学院,即"学科—专业—系—学院—学部(学群)"。现代大学专业、系和学院的分化应是学科发展的结果,而不是相反。

我国高等院校的教学与科研建设中出现了一种引申和扩延的学科概念图式。它将学科作为知识体系的本体含义推展至划分和组合学术活动的基本方式,包括学科方向、学术梯队、人才培养、科学研究和基础设施等,并指向了以创造和发展知识为其内在职责的专门化的组织系统。[4] 所谓专门化的组织体系是围绕着学科作为相对独立的标准化的科学知识体系的核心意义而展开的,与英国贝尔纳关于科学是一种社会建制的思想相呼应,有异曲同工之处。它把作为知识系统的学科概念拓深并拓展至发展知识和创造知识的专门组织系统。

在高等学校中,学科主要是作为研究生的专业招生目录与基本培养单位而存在,本科

---

[1] 托马斯·S.库恩.必要的张力[M].纪树立,范岱年,罗慧生,译.福州:福建人民出版社,1981:292.
[2] 汪晖.死火重温[M].北京:人民文学出版社,2000:242-243.
[3] 孟宪范.学科制度建设研讨会综述[J].开放时代,2002(2):134-143.
[4] 杨天平.学科概念的沿演与指谓[J].大学教育科学,2004(1):13-15.

与专科则主要是以专业作为招生目录与基本培养单位。这就体现了硕士与博士研究生主要是为了学习知识、研究知识、创新知识与应用知识的主要目的与功能。学科的主要要素是学科化的知识体系、学科化的专业人员、学科组织、学科平台、学科基地、学科经费、学科制度等。一般来说,一个成熟的学科要具备较为系统的学科知识体系,较为成熟的学科研究范式与方法体系,标志性的学科代表性人物(学科大师、学科领军型人才)以及学科带头人、学术带头人、学术骨干等以及有影响力的学科期刊,形成本学科的学派、学会或学者共同体,产生对科学、对人类有较大的影响力、有较大的贡献的成果等。

总而言之,学科是一个历史的范畴,它既是时代精神孕育的结果,又总是处于过渡和发展的状态,这说明它是一个发展的、动态的概念。知识的保存、传播和生产贯穿于学科发展的始终,围绕知识的保存、传播和生产,衍生了学科组织和学科制度。其中,知识体系是核心,组织体系是基础,制度规范是保障。同时学科又是一个社会的范畴,作为社会大系统中的子系统,不可避免地受到社会系统中各种因素的影响,社会需求和价值取向成为主导因素,在一定程度上直接或间接地左右着学科的发展。此外,学科也是一个矛盾的统一体,在个体独立和群体关联的矛盾中寻求动态有序与自然恒稳的统一,在封闭性与开放性的矛盾中实现科学发展的内在逻辑和社会需求的统一,在理论性和实践性的矛盾中昭示社会价值、经济价值和科学价值的统一。①

2.学科建设

学科建设是高等学校内涵建设的主要内容之一。它主要是指高校围绕学科的基本要素(知识、人员、平台、基地、经费、成果等)所进行的建构与筑造活动。具体到高校活动,主要是指学科方向的选择与凝练、学术人员的招聘与培养激励、学科平台与基地的构筑与提升、学科经费的筹措与效益、学术成果的产出与辐射等。

学科建设一般被誉为学校建设的龙头,对整个高等学校的内涵建设与学术水平起着直接决定作用。因此,高等学校无不把学科建设当作头等重要的大事。尤其是在"双一流"建设的过程中,"一流学科"的建设与结果就是"一流大学"建设成否的最重要的指标。但是,不同类型层次的高校在发展过程中,学科建设的侧重点与方向应有所不同,不应盲目地照搬研究型大学的学科建设之路,更不应该把"双一流"建设的路径与模式套用到应用科技型大学上来,应用科技型大学有其独特的本质特征与发展路径。

(1)从国外的学科建设的实践与经验来看,主要有以下几种情况:

①在学科设置上,国外著名研究型大学根据不同时代科技发展和人才培养的需要,不断增设新的学科门类,促进学科设置由单科向多科发展。学科门类众多是当今世界各国著名研究型大学学科布局的一个突出特点。但从世界各国著名研究型大学学科建设发展的历史来看,没有一所研究型大学在开始的时候学科设置所涉及的领域就比较广泛。恰恰相反,几乎每一所研究型大学在开始的时候学科设置都比较单一或学科门类很少,随后根据不同时代科技发展和人才培养的需要,通过不断增设新的学科门类,才形成了理工文管等多学科并存的局面。

②在学科结构上,国外著名研究型大学注重构建以文理学科为基础,以医工经管等应

---

① 翟亚军.大学学科建设模式研究[D].合肥:中国科学技术大学,2007:3.

用科技型学科为主干的多学科相互交叉、促进、融合的学科体系。国外著名研究型大学的学科结构一般具有以下几个特点：一是文理基础性学科雄厚，基础性研究水平高；二是以强大的医工经管等应用科技型学科为主干；三是综合性、交叉性、边缘性学科特别多。因此，在学科建设实践中，一定不能把基础性学科与应用性学科截然分开，因为离开了基础性学科，应用性学科就缺乏基础和发展潜力；反之，离开了应用性学科，基础性学科就缺乏生机和活力。这是高水平大学学科建设所遵循的一条基本规律。

③在发展战略上，国外著名研究型大学以突出重点、形成特色为指导思想，反对平均发展和机械模仿。

④在管理体制上，遵循学科发展既高度分化又高度综合的规律，建立了科层组织与矩阵结构相结合的管理体制。当代科学发展的一个重要趋势就是学科既高度分化，又在高度分化的基础上高度综合，目前以高度综合为主。世界各国著名研究型大学的学科建设在管理体制上基本上都顺应了这一趋势。一方面，继续保持按学科分化要求建立起来的院系科层式学科建制的传统，以促进学科的进一步分化；另一方面，又根据学科综合化发展的趋势建立了大量的各种形式的跨学科的研究中心或组织，以促进不同学科的交叉融合。实践证明，交叉学科与跨学科是研究型大学学科发展的最大生长点和突破点。

⑤在学科建设的组织层面上，一流大学的学科组织在坚持传统与面向现代化的同时，学科组织的国际化倾向也十分明显。学科组织中学术人员的国际交流与互动早已成为各国的共同做法，与此同时，各国之间联合设置科研机构、共同举办各种教学研讨班、联合组织科研小组的现象愈来愈多。

⑥在学科队伍建设上，国外著名研究型大学高度重视"人才高原"的形成，依靠汇聚一流名师提升学校的科研水平。国外学科建设的成功经验表明：学科建设的根基在"学科队伍建设"。只有建设一支一流水平的学科队伍，才能建成一流水平的学科和大学。一流水平的学科队伍，不仅表现为其学科带头人具有一流水平的学术造诣和学术声望，而且还表现为这些学科带头人所扎根的基础——作为学科队伍主体的人才群体，即"人才高原"应具有一定的海拔。在学科队伍建设中，不仅要重视学科带头人的选拔和培养，更要注重学科队伍整体的建设和其素质的提高。只有构建起海拔较高的"人才高原"，才可能使学科的发展达到世界科学的巅峰。

⑦在学科功能上，国外著名研究型大学坚持教学、科研和社会服务密切结合，走人才培养、科学研究、社会服务一体化的道路。[①]

（2）国外学科建设的模式。

有研究者根据国外大学的学科建设实践，将学科建设归纳为四种模式[②]：

①平衡发展模式与重点突破模式。大学学科的竞争性特征是任何大学都不能回避的问题，由于资源的局限，学科之间的竞争日益突出，是一碗水端平，平衡发展各学科，还是有所侧重，鼓励支持一些学科先发展起来，不同的大学给出了不同的回答。

[①] 程永波,罗云.启迪与借鉴：关于国外著名研究型大学学科建设实践的研究[J].黑龙江高教研究,2006(3):35-37.
[②] 翟亚军,王战军.理念与模式：关于世界一流大学学科建设的解读[J].清华大学教育研究,2009(1):20.

②教学至上模式、科研重于教学模式与教学科研并重模式。教学和科研作为大学的两大职能,既有合作又有冲突。是科研重于教学,还是教学重于科研,抑或教学与科研齐头并进?世界一流大学的实践证明,三种模式并无高低优劣之分。

③有限发展模式与全面发展模式。普林斯顿大学从一个乡村学馆发展成为美国顶尖大学之一,很重要的一个因素就是坚持自己的道路,不赶时髦,不盲从权威,在各种情势下保持清醒的头脑。20 世纪 60 年代,普林斯顿大学面临社会呼吁其建立法学院和商学院的巨大压力,其进行了顽强抵制。今天,普林斯顿大学仍然没有医学院、教育学院、法学院和商学院,但是这丝毫没有影响其世界一流大学的地位。芝加哥大学则始终秉承全面发展的理念,从建校开始就按照哈珀校长的理想,朝着一个由神学、法学、医学、工程、美术、教育和音乐等专门学院组成的综合性大学的方向发展。

④协同发展模式。麻省理工学院(MIT)是一所重视科学、技术和管理的一流大学,它在宇宙科学、原子科学、航天技术、生物工程等领域的科学研究不仅在美国居于领先地位,而且引领着世界潮流。虽如此,但它并不忽视人文学科的发展,不过这种发展也不是漫无边际的,而是"培植与工程、科学直接相关的学科",充分发挥理工科潜力的同时也为理工科的发展提供支持,使其语言学、心理学携手并进,经济学与工业管理学紧密结合,政治学和电子学密切相关。特殊的发展背景,造就了 MIT 与众不同的人文学科内涵,成就了其人文学科不输于其他学校的领先地位,而人文学科的发展,也使得 MIT 的理工学科有了更广阔的发展空间。

二、我国应用科技型大学学科建设中主要问题与认识误区

目前,我国地方高校尤其是新建本科院校在转型发展过程中,由于起步晚、起点低、办学条件差等原因,在应用科技型大学的学科建设中还存在着一些问题和认识误区。要想顺利转型,科学发展,就必须积极面对这些问题,纠正这些误区,走出一条富有中国特色富有高校自身特色的学科建设之路。

(一)主要问题

1.办学定位不明确,缺乏科学的总体规划

办学定位是根据社会需求、学校所处内外环境、自身条件及发展潜力所确定的人才培养规格、社会服务重点、发展目标方向,解决的是"培养什么样的人才"的问题。目前,部分应用科技型院校在重点学科建设中盲目求新、求热的现象严重。一味追求增设新的、热门的学科专业,忙于抄袭甚至赶超研究型大学,热衷于提高自身"层次",但由于缺乏科学的、符合自身定位的总体规划,忽视了应用科技型院校学科自身的发展规律,脱离了本校的优势,建立的学科缺乏相关优势学科支撑,且"势单力薄"。许多应用科技型大学尚未明确自身的定位,一种情况是在教育实践中徘徊在研究型大学("985"工程大学、"双一流"高校)和应用科技型大学之间,还未真正确立应用科技型大学的定位;另一种情况是虽然在学校的各种文件中确立了应用科技型大学的办学定位,但还停留在口号文件上,在实际的办学治校过程中,在学科方向、专业设置、课程设置、课程评价、学科平台等方面还是沿用传统的办学路径与模式,对应用科技型大学的内外部环境、办学理念、办学模式、办学条件尚不

十分清晰,没有找到适合自身特点的学科建设的发展方向和具体的发展路径。上述两种情况阻碍了应用科技型大学的发展和办学水平的提高。

2. 管理体制机制相对落后

从宏观管理体制来说,大多数应用科技型大学是省属院校、市属院校或民办院校的管理体制,省级教育行政管理部门与应用科技型大学之间的管理权限划分不明确,高等学校的办学自主权相对较弱,管理权限也不明确。从内部管理体制来看,相当一部分应用科技型大学是在我国高校大规模扩招过程中由专科学校升格或与中专院校合并升格本科而成的,本身就缺少本科院校管理经验,又习惯沿用旧的管理模式,或模仿、套用研究型大学的管理模式,即便原来就是老本科院校也存在着应用科技型大学如何形成符合自身发展特点的管理体制问题。总之,应用科技型大学面临着探索、建立一种新的高等教育外部管理体制和内部管理方式变革的任务。

3. 师资力量相对薄弱

应用科技型大学的师资队伍相对薄弱,不仅表现在师资水平不如高水平研究型大学,关键还在于存在着严重的结构性问题,如"双师型"师资队伍的严重匮乏问题。应用科技型大学人才培养和科技创新要求都是围绕着"应用科技型"进行的,这就要求师资队伍在培养应用科技型人才和促进技术创新方面应当具有优势。然而,我国应用科技型大学的师资都是研究型大学培养出来的,师资队伍主要由学术型教师构成,了解企业、熟悉生产第一线、擅长技术开发和技术创新的"双师型"教师很少,这种状况严重阻碍了应用科技型大学办学目标的实现。因此,学科建设的关键和核心是队伍的建设。

此外,在部分应用科技型大学,学科带头人队伍存在比较严重的"青黄不接"局面,主要表现在两个方面。一是学科带头人数量不足。个别学科的梯队组成存在着临时拼凑现象,无稳定的梯队。二是学科带头人年龄老化。学科梯队中缺少40~50岁年龄段的骨干教师,这造成了年龄结构"断层"现象,不少学科无中青年学科带头人,急需补充中青年骨干教师。

4. 办学经费相对不足

办学经费不足是应用科技型大学发展的重要瓶颈之一。应用科技型大学的人才培养要求比研究型大学安排更多的实践、实习和实训,应用科技型大学的科技创新要求聚焦经济社会发展中的实际问题,要求进行工程技术与管理创新,这就需要更多的经费投入。然而,国家在教育经费投入和科技创新投入方面,更多关注的是研究型大学和基础性研究,应用科技型大学除了地方下拨的一般性教育经费外,其余需要通过市场配置。鉴于我国目前企业创新动力不足,应用科技型大学在市场竞争中,难以获得足够的经费支持,特色发展道路受阻。

5. 学科专业建设滞后

应用科技型大学的学科专业建设水平总体不高,且学科专业雷同,与地方经济社会发展需求结合不够紧密。

(1) 学科研究方向存在"老、同、随、散"的问题。"老"是指研究方向陈旧,与本学科领域国际国内研究现状和趋势脱节,缺乏新意和前沿性。"同"是指不同单位学科研究方向的内容雷同,缺乏各自的特色与优势。"随"是指有的研究方向带有较大的随意性,变化快,缺乏相对稳定性,难以形成这一研究方向的优势。"散"是指有些确立的研究方向没有很好地形成学科点,即全体人员一致的主攻目标,致使研究力量分散。应该清醒地看到,应用型院校学科建设不应盲目地与研究型大学攀比。

(2)学科专业重复设置,特色高度趋同。由于在专业设置和建设上过分追求市场需求,而非学科特色和优势,使专业设置重复,资源浪费严重。对于学科专业重复的问题,需要看到一方面它有利于学科本身的建设,另一方面还要关注学科同质发展是否存在没有从理性出发、未合理利用学习资源使学科交叉融合的问题。许多行业特色型高校在追求更多资源实现综合性发展的同时,导致同质化产生,从而逐渐失去自身固有的特色和优势。

(3)过度、盲目追求多学科发展。学科建设是一项长期工作,需投入大量的精力,必须以学校的发展目标为主,出于学术和理性目的,有重点、有选择地支持部分专业发展。行业特色型大学与原主管部门分离之后,学科拓展在方向和目标上具有一定的盲目性,无目标、无方向,跟着热点走,致使自身的特色淡化。办学规模的扩张导致传统学科专业的泛化。学科分布相对集中,发展不均衡,人文学科发展缓慢并成为短板。加之应用科技型大学传统学科与新兴学科、交叉学科比例失调,学科整体水平难以提高。

实际上,在同类学科领域,应用科技型大学很难赶超研究型大学。此外,应用科技型大学学科专业建设缺乏带头人和稳定的学科团队。应用科技型大学学科专业建设的目标与研究型大学的目标不同,其擅长应用科技型人才培养和工程技术与管理创新,而解决工程技术与管理领域实际问题的学科团队和学科带头人非常缺乏。同时,培养应用科技型人才和开展工程技术与管理创新的实验实训实践基地不足,理论课程和实践课程的比率和教学内容,都难以适应应用科技型人才培养的要求。许多应用科技型大学现有的实验实训设施主要是基础研究中的验证性实验设施,能够解决实际问题的综合性的实验设施相对较少。围绕应用科技型大学的办学定位,强化学科专业建设,形成学科专业特色,是当前应用科技型大学内涵建设的一项重要任务。

6.学科建设与专业建设脱节

在实践过程中,学科建设同教学结合不紧密,与专业关系不清晰。应用科技型大学的建校历史短,学科建设与专业建设的工作相当繁重与艰巨。但在部分应用科技型大学中,学科建设与专业建设这两个问题容易混淆,或把"学科专业"作为一体,学科与专业不分;或是同教学结合不紧密,与专业关系不清晰。这就造成了学科与专业的重复建设,人力、物力、财力等资源的浪费。

7.缺乏有效评价体系

目前,我国尚未建立起针对应用科技型大学办学绩效的科学的评价体系。一方面,应用科技型大学缺少内部的自我绩效评价体系;另一方面,国家教育行政管理部门也缺乏针对应用科技型大学的评价制度。我国的高等教育评估体系以政府行政性评估为主导,社会参与流于形式。对于应用科技型大学而言,其发展更多地需要来自行业的支持,然而现有高等教育评价体系缺乏行业部门参与,对促进应用科技型大学的学科发展甚为不利。评价标准单一,现有的评价体系过分强调学科建设的综合性和数量规模,这使得应用科技型大学在评价体系中处于不利地位,从而导致应用科技型大学学科专业体系发展过程困难重重。应用科技型大学的功能在于培养应用科技型人才,在于服务地区经济社会发展,有效的教育评价体系有助于引导应用科技型大学更好、更准确地把握办学定位,聚焦应用科技型人才培养以满足地区社会经济发展的需求。因此,分类定位、分类评价、分类管理的高校管理体系的建立与完善任重道远。①

8.应用科技型大学尤其是原行业特色型院校行业面向性强,但发展环境封闭

学科内涵发展的依据不完全是行业发展的实际诉求,这种状况会带来学科体系发展环境封闭、与热点问题和学术主流脱节、学术影响力不足、研究方向单一、缺乏学术影响力等问题。目前单一学科内部的单项发展依旧是大部分行业特色型高校学科建设的主要趋势,资源无法达到共享,不同科研平台缺乏充分交流,科研仪器设备权属界定过于明确,导致每个学科各自为政,造成科研资源和教学资源的极大浪费。② 基于依托行业办学的历程,培养人才强调的重点是职业素养和对口行业技能,科学研究的定位是解决行业应用问题,对产业技术进行升级改造。当前学科的综合实力需要继续提高。大学评价体系的缺陷,对行业特色学科的建设造成了不利的影响。这种模式缺乏可持续发展和原始创新能力,导致学科研究基础薄弱,师资队伍建设困难,投入经费不足,缺乏人才培养的科学文化素养教育和通识教育。另外,结构聚合性明显,新学科培育滞后。特色学科发展衍生出学科新体系和新内容,资源和优势集中于少数特色学科,学科建设的长远性和整体性的缺乏,导致基础学科发展滞后,其他学科发展受到限制,部分交叉学科和通用学科无法充分发展,新兴学科难以快速起步,缺乏学科文化的多样性。应用科技型大学在社会可持续发展和建设创新型国家的背景下,需要把握机遇,积极探索发展交叉学科和新兴学科。但交叉学科、新兴学科发展难成气候的主要原因在于基础薄弱、人才缺乏和学科单一。③

9.学科建设"见树不见林",忽视学科群体优势

各个学科的发展有其相对独立的一面,但又不是彼此孤立的。当今科技发展的趋势,不仅需要同一门类的学科之间打破障碍,进行交流与结合,而且需要不同门类的学科进行跨学科的交叉、渗透与融合,以求在其结合点上派生出新的学科分支,从而促进学科的发展。学科建设不能停留在彼此相对隔离的一个个学科"单打一"的水平上,而应按照学科自身的发展规律和学科的具体情况,在建设好各个学科的基础上,大力加强学科之间的交流与联合,形成学科的群体优势,只有这样才能发挥高等学校的综合实力。④

我国应用科技型大学办学历史短,办学实力相对较弱,如何实现应用科技型大学的办学定位目标,把握应用科技型大学的办学规律,尚在探索之中,存在上述问题在所难免。但是,随着我国高等教育大众化的普及,以及社会经济发展对应用型人才需求的不断增长,应用科技型大学面临着良好的发展机遇。同时,近年来国家陆续出台了系列相关文件政策都对应用科技型本科教育进行了相关部署,未来应用科技型大学的办学模式将日趋成熟。

---

① 王世杰.应用型大学学科建设的理论与实践[M].合肥:中国科学技术大学出版社,2019:21-22.
② 赵宇,朱伶俐.对行业特色高校学科群建设的思考[J].科技信息,2010(14):56.
③ 山红红.行业特色型大学学科建设的思考与实践[J].中国高等教育,2013(Z3):13-15.
④ 孙建京.应用型大学重点学科内涵探讨[J].北京联合大学学报(自然科学版),2005(3):9.

(二)认识误区

我国高校在学科建设实践中存在着一些误区。这些误区有的已经或正在纠正,有的还在影响着我们的创建实践,主要有以下几个方面:

一是认为学科门类齐全就是学科布局合理。这种认识表现在学科建设实践中就是在学科布局上贪多求全,盲目追求学科设置的多门类、齐全性。学科方向上追求名称动听,缺乏对实际条件的审视,忽视学科自身的系统性和社会的真正需求,存在"老(研究方向非学术前沿)、同(研究方向没有特色)、随(研究方向不稳定)、散(研究方向不集中)"问题。在学科基地建设中,各个院、系和教研室都追求小而全,致使有限的资金分散,造成设备重复购置现象较为严重、利用率低。从传统模式多年运行的后果来看,各高校学科专业设置由"小而专"变为"大而全",争着办综合性大学,盲目追求全面优势,扩展弱势学科,致使各高校专业趋同,形成缺乏特色、"千人一面"的局面。

二是认为学科带头人的学术水平等于学科发展水平。这种认识在学科建设实践中的表现是:只重视高水平学科带头人的引进,不重视或轻视学科带头人的培养、学科梯队的形成、学科基础设施的改善、学科氛围的营造和学科环境的构建。相比于国外著名高校学科建设之路,就是缺乏对"人才高原"的建设。在队伍建设上混淆学科带头人、学术带头人与学科负责人的概念,学科队伍人才缺乏,学科梯队结构不合理,学术队伍间存在内耗,"老人统治"严重,队伍建设后劲不足。

三是认为科学研究水平等于学科发展水平。这种观点认为,学科的发展是通过知识创新、知识发现实现的,科学研究是知识创新、知识发现的主要手段,因此科学研究的水平也就决定了学科的发展水平。但以科学研究代替学科发展是一种短视的行为,不利于学科的可持续发展。[1]

四是认为有钱就能搞好学科建设。这种观点把我国高校学科发展水平不高的原因简单归咎于资金投入不足,以为只要有了足够的经费投入,学科建设就能得到较好的发展。经费管理中顾个人、失集体;多无偿、少有偿;有奖金、无罚金;热规定、冷监控。

五是学科组织结构不适应学科建设的新需要,合作效率低下,人才资源浪费。

六是学科共同体没有形成,教师单打独斗现象严重,尤其是科研评价制度导致教师科研团队较难形成,团队作战充其量是教师与其研究生的合作或领导与青年教师之间的合作。单打独斗就很难出现大的学科研究成果。[2]

应用科技型大学的学科建设必须积极面对以上这些主要问题,纠正存在的误区,按照应用科技型大学的办学定位、本质特征与特殊性,立足自身实际,创造性地进行学科建设。

三、应用科技型大学学科建设的特殊性

学科发展的核心是知识的发现和创新,向社会提供科研成果;专业的核心是培养人才,满足社会对不同类型人才的需求。学科和专业的关系在于:学科是基于知识形成的知

---

[1] 罗云.警惕我国重点大学学科建设中的若干误区[J].现代大学教育,2004(4):55-58.
[2] 黄争舸,叶松.大学学科建设问题分析[J].高等农业教育,2004(9):16-18.

识体系及其组织制度体系,专业则是面向职业就业的学科体系及其组织制度体系,也可以说学科是专业的基础,专业则是学科的应用。

应用科技型大学的办学定位与办学目标不同于研究型大学,学科建设有其自身的特殊性。其学科建设应以应用科技型人才培养、应用科技型研究与开发、应用科技型社会服务为主要活动的目标而展开。

(一)知识活动以应用性知识为主

研究型大学的知识活动是围绕着原创性基础知识而展开的教学、研究与科技开发活动,以科学知识的重大创新,科技的重大发现、发明与开发应用为主要目标;而应用科技型大学的知识活动则是围绕着应用性知识而展开的教学、研究与科技开发活动,以基础知识的应用和扩展、科技发明专利、科技社会服务为主要目标。

(二)人才培养以应用科技型人才为主要目标

研究型大学的人才培养目标主要是培养知识基础宽厚、多学科交叉、领导能力与创造能力强的各行业领域的精英型人才;而应用科技型大学的人才培养目标则主要是培养专业基础扎实,多学科知识了解,职业岗位转换性高,技术应用能力、管理能力与创新能力强的各产业行业领域的应用科技型人才。

(三)学科建设应服务于专业建设

在高校中,学科建设与专业建设的关系如何处理?谁为重点?这在不同类型层次的高校中是不同的。一般来讲,本科教育注重专业建设,研究生教育注重学科建设。但是,在研究型大学应以学科建设为龙头,带动专业建设与课程建设;而在应用科技型大学中,学科建设应主要服务于专业建设,服务于应用科技型人才培养。因此,应用科技型大学的学科建设要一切围绕着应用科技型人才培养的专业建设与课程建设服务,据此来进行学科建设的发展规划与人才引进、平台和基地建设。

(四)科学研究应以应用基础研究与应用研究和科技开发为主

科学研究是学科建设的一个重要内容。应用科技型大学的科学研究与研究型大学不同,研究型大学以基础研究为主,而应用科技型大学应以应用基础研究、应用研究和应用性科技开发为主。在破除"五唯"上,应用科技型大学更应破除"SCI"崇拜症的唯论文不良倾向,把高校教师和研究人员的主要研究活动转到服务地区与地方社会经济发展与文化生活的改善与提高上来。

(五)社会服务应以服务区域/地方的社会经济与文化发展的需要为主

应用科技型大学的学科建设目的主要有以下三个方面:一是促进高校学科的发展水平和科学创造与技术创新与发明;二是促进专业建设和课程建设,提升人才培养质量;三是服务于区域/地方社会经济与文化生活发展的需要。应用科技型大学学科建设的社会服务不同于研究型大学学科建设的社会服务:研究型大学的学科建设主要是服务于国家和人类重大问题的需求,以解决世界、国家和大区域范围内的重大问题为主要目标;而应用科技型大学则主要是以解决所在区域/地方的社会经济与文化生活发展中遇到的问题为主要目标。

四、应用科技型大学学科建设的基本方略

(一)立足自身实际,做好学科规划

应用科技型大学的学科建设是一个较为庞大而又复杂的系统工程,需要学校制定好本校学科建设与发展的中长期规划。中长期发展规划要通过校内外的广泛调研,明晰以下主要方面的内容:

(1)学校在目前学科建设方面的主要举措、问题和经验有哪些?对新的学科发展规划有什么设想与期盼?

(2)学校的办学基础、办学优势和办学特色有哪些?学科基础、学科优势和学科特色有哪些?

(3)学校学科建设应坚持什么指导思想?如何确立学校学科建设的目标?

(4)目前学校学科(重点学科、优势学科、特色学科、主干学科、支撑学科、交叉学科)的学科布局与结构是否合理?学科布局与结构调整中的主要瓶颈是什么?学校职能部门负责人和二级学院负责人有哪些针对性的建议?

(5)学校确立重点发展学科与特色学科应遵循什么原则?如何确立?

(6)学校在重点学科与特色学科建设中组织结构和资源配置是否合理?还有哪些需要改进的地方?

(7)学校职能部门如何在学科建设中提高管理和服务水平?

在全面采集信息和深入访谈考察的基础上,可以多次召开研讨会,对学科建设与发展的优势与劣势、机遇与挑战、指导思想与基本原则、总体目标与具体任务、主要措施等问题,逐项进行分析,提出初步意见,在此基础上,形成规划初稿。学科建设与发展规划初稿形成之后,在听取各种意见与建议的基础上对规划进行修改,形成规划的讨论稿。规划讨论稿的主要内容包括:分析学校发展的优势、机遇、困难与挑战。通过SWOT分析,对学校发展形成比较客观的认识。

高校的学科建设规划要明确学科建设的指导思想与基本原则。指导思想是战略规划的灵魂,能够起到凝聚人心、指导行动、推进发展的作用。应结合大学的教育思想、观念、办学方针、发展思路等进行综合概括和反复凝练,形成学科建设的指导思想。在此基础上,制定出学科建设的基本原则。随后确立学科建设的总体目标,总体目标要根据学校的发展定位和内外环境的变化来确定,并且要有具体的实现时间和确定的内涵。在确定学科建设的总体目标后,再将其分解成能逐步实现的具体任务,使规划具有较强的层次性和可操作性。目标的实现要靠具体措施来保证。一个战略规划的成功实施与实现,战略措施是关键。为使措施具有较强的现实指导性,可以采取行动方案的方式。[①]

(二)厘清学科层次,构建学科体系

大学是由多个学科或学科群构成的学科集合体,这个学科集合体就是学科体系,也即

---

① 刘献君,张俊超.高校学科建设规划的制订:HS大学案例分析[J].大学(学术版),2009(12):65-67.

学科体系是由多个学科形成的整体,它奠定了学校今后的发展潜力,其结构是高校进行高质量人才培养、科研与社会服务的关键因素。

学科体系并不是指某个具体学科(如物理、化学)本身的体系,而是指一个单位的学科建设体系。从学科建设的角度看,一个学校的学科体系,主要由基础学科、主干学科、支撑学科以及交叉学科四个部分构成。它们是相互联系、相互制约又相互促进、相辅相成的学科整体。

(1)基础学科。基础学科包括基础理论学科、应用基础理论学科。这是学科建设的基础部分,是非常重要的。对一个学校而言,究竟哪些学科属于基础学科,是与学校的性质、类型密切相关的。譬如,对一个理工科院校来讲,一是要加强应用基础理论学科的建设,而不是纯理论的基础学科;二是不为基础而基础,而是为了更好地发展学校的主干学科,这也是与综合性、研究型大学的不同之处。综合性、研究型大学的基础学科,更多的是纯理论的基础学科,而应用数学、力学等学科是理工科院校的基础学科。

(2)主干学科。主干学科是指与行业发展高度关联,对行业发展贡献率较高的学科体系。这是由学校的性质和类型决定的,不同类型的学校有各自不同的主干学科,一般是学校的特色和优势学科,或者叫"拳头学科"。如国家级、省部级重点学科,设有国家级、省部级重点实验室或工程研究中心、研究基地的学科。主干学科一般也是培养本科生或研究生较多的学科。有研究者认为主干学科专业体系庞大,对行业发展贡献度也存在差异,可进一步细分为核心、优势和支撑三个层次。核心学科是指对行业发展最重要的、处于中心地位的、不可或缺的、行业关联度最高、行业贡献率最大、行业就业率在80%以上的学科专业。其主要发展方向是专业性、差异化和深度化。优势学科是指与行业发展直接相关的、具有行业明显优势的、行业关联度高、行业贡献率较大,具有明显行业表征、行业就业率在50%以上的学科。其主要发展方向是全方位、立体化和特色化。支撑学科是指对行业发展发挥支撑促进作用的、行业关联度较高、行业贡献率较大、行业表征不太明显但是行业发展所必需的、行业就业率在20%以上的学科。其主要发展方向是多样化、综合化和协同化。

(3)支撑学科。顾名思义,它是起支撑作用的学科,这也是与学校的性质、类别有关的。过去一些单科学校的学科建设上不去,在很大程度上是由于学科过于单一,其主干学科得不到相关学科的支撑造成的。

(4)交叉学科。就是由前面所讲的三类学科,通过交叉、融合和相互渗透而形成的新兴学科,它往往是从某个学科新的生长点上发展起来的。在当今科学技术飞速发展的态势下,一定要注意对此类学科的发现与扶植,这是一个学校学科建设的生命力和竞争力的重要方面。

学科体系是将知识分类体系化形成学科后,多学科相互影响、交叉融汇形成的。学科体系必须结合学校内部各方面的支持和外部环境的引导,对大学的人才培养、科学研究、社会服务、文化传承与创新四大功能起决定作用。应用型大学必须从总体上进行宏观把握,合理分配有限的资源,使大学的四大功能产出最大化。应用型大学的学科不仅包含基础学科、特色学科,还有相关学科和其他学科,要厘清各个学科间的关系。

高等学校应该研究自然界、人类社会与人类自身中一切未知的问题。但是,这并不意味着一所具体的大学要设置所有的学科。任何大学都没有设置齐全的学科,也不会更不可能包打天下,研究所有的问题。它只能根据自身的传统、基础和外部的社会需要来设置必要的学科,研究可能解决的问题。应用科技型大学更是不同于研究型大学,更不可能研究自然界、人类社会中的重大前沿性问题,它不以基础研究为主,而是以应用基础研究和应用科技型研究与开发为主,因此,它的学科设置与学科方向只能侧重于以应用基础性知识为核心的应用科技型人才培养、应用科技型研究与开发、应用科技型的社会服务。

(三)突出重点学科,凝练学科方向

学科方向的选择与确立是学科建设的首要问题。学科方向的选择与确立一般要遵循三个原则:一是继承,二是发展,三是交叉。"继承"就是尊重客观事实,肯定原有优势,突出自身特色。"发展"就是瞄准学科前沿,依据科学技术发展趋势、国民经济或区域经济发展需要,培育新的子方向和新兴学科。"交叉"就是将现有知识有机重组,学科有机渗透,提升优势学科,创建交叉学科。学术研究方向是在学科方向基本确立之后,依据本学科学术前沿、发展动态、国民经济或区域经济发展需要、自身条件等而确立的既稳定又发展、既差异又联系的若干个研究方向的组合。它也是学科建设中必须予以认真思索、充分讨论的重要问题。[①]

1.突出重点学科

重点学科是指由国家和地方政府确认的在同类学科中具有明显优势的学科。在目前或相当一段时期内,在资源短缺、财政资金紧张的条件下,学校只有通过重点学科建设才能合理地配置资源,以重点学科的发展带动整体学科建设的发展。在这个过程中,为保证"好钢用在刀刃"上,设定和确立重点学科对于某一学科的建设和发展具有至关重要的作用。

应用科技型大学重点学科建设的目的是:促进我国高等学校的学科建设,进一步提高我国应用科技型大学教学科研的能力,形成一批立足国内特别是本地区,培养高层次专门人才、解决经济建设和社会发展重大问题的基地。根据目前国家和本地区经济建设、社会发展、科技进步的需要,对应用科技型高校的学科建设方向进行引导和示范,使应用科技型大学的学科建设进一步适应现代化建设的需要。优化高等教育资源配置,集中国家和地方有限财力,通过重点建设,逐步在国内形成布局合理、各具特色和优势的应用型重点学科体系,巩固和扩大高等学校在应用型人才培养、科学研究方面的综合优势。加强应用科技型大学的学科建设,逐步形成结构合理的学科体系和一批接近或达到国内先进水平的学科。应用科技型大学的重点学科总体水平应处于国内同类院校相关学科前列。

重点学科必须有明确的研究方向。学科研究方向是学科的龙头,研究方向的确立是学科建设的重要环节,它将约束或带动学科建设的其他各项工作的开展。研究方向选择的关键是要有助于形成自己的学科特色和优势。依据自身的特点与实力确定合适的研究方向,是培养高质量人才和作出高水平成果的保证,也是学校学术水平和办学特色的一个集中体现。研究方向的选择可以通过公开论证、调查分析、学术交流等途径了解本学科领

---

① 伍百洲,秦大同.论学科建设的内涵、策略与措施[J].重庆大学学报(社会科学版),2004(2):134-137.

域国际国内的研究现状与趋势,从而评估本学科点的水平与所处的地位,找准本学科点在国内同类院校中的准确位置。校级以上的重点学科应形成3个以上相对稳定、特色突出、优势明显的主要研究方向。应用科技型大学重点学科的研究方向对推动应用性学科发展,培养应用科技型人才,促进国家和地区经济、社会、文化发展和建设具有重要意义,对应用科技型大学的学科发展有示范作用。

(1)精准定位发展方向。应用科技型大学承担着为区域经济发展服务的重要使命,与地方的关系是"鱼水关系"。应用科技型大学的特色和优势来源于地方,发展的基础和方向依托于地方,存在的价值体现在对地方发展的实际贡献上。应用科技型大学建设一流大学和一流学科,必须根植所在区域、面向地方经济社会发展需要。学校发展应置于地方经济社会的整体发展中进行考量,紧扣"地方性、应用型、有特色"的发展方向和建设目标。关键是坚持两个"紧密结合":紧密结合地方优势资源,紧密结合地方经济发展需要。

(2)精准服务地方需求。应用科技型大学也应在为地方做好精准服务的基础上力争"双一流"。一是要突出应用研究。围绕地方经济社会发展的各种现实问题,结合与地方经济发展构建相适应的学科方向,建立产、学、研、用联动的一体化平台;二是要拓宽服务内容,为政府提供有效咨询,解决企业发展难题,提供科技创新的"动力源";三是落实地方实际需求,"将研究成果落地,送科技服务到家"。将人才、技术、文化多方统筹,落实到地,使高校成为技术创新基地和研发成果转化平台,既为地方企业解决技术难题,又促进高校科技成果转化,实现资源共享、优势互补。

重点学科在高校中具有示范、带头及带动作用,它理应放在学科建设的突出位置。一要充分发挥其作用,为国家和地方发展服务,从而取得国家和地方更大的支持。二要加大学校投入,并促其承担重大科研项目,产生重大科研成果,培养更多突出人才,经过多年努力,向国内一流和世界一流迈进。

2.强化优势学科

优势学科是指在过去的发展中具有较好的基础并在同类学科中具有一定优势的学科(重点学科是优势学科,但优势学科不一定是重点学科)。虽然,有些优势学科并不是重点学科,但它由于具有较好的基础,并具有一定的知名度,而且符合国家和地方发展需要,符合提高学校整体学科实力的需要,因此,对其进行强化具有一定的战略意义。确定学校优势学科的前提是准确定位,即准确把握国内外学科当前发展状况以及今后发展的趋势。

优势学科是学校长期办学实践的积淀,与学校的办学条件、发展历史密切相关,是学校地位、水平的集中体现;优势学科建设是学校发展的生机与活力所在;优势就是竞争力,优势就是实力;优势学科建设是学校快速发展的基础,优势学科的建设与发展对交叉新兴学科的建设与发展起到积极促进和带动作用。每一所高等学校,都有一些教学、科研基础较好的专业学科,它代表着学校的水平,标志着学校的办学特色和优势。学校要发挥自己的优势,办出特色,把学校知名度提高上去,就需要不断地对专业学科进行调整、更新、改造,以不断保持专业学科优势和特色,进而以优势和特色学科带动相关专业的发展。香港理工大学的应用型大学特点明显,其特色专业包括医疗服务管理、酒店与旅游管理、设计学、物理治疗、视光学等,专业设置以应用为特色,呈现出差异化竞争态势。

优势专业已经成为发展成熟的专业,随着科技不断创新、社会不断发展、经济不断提升,保持优势专业的优势以及拓展新兴专业成为特色专业建设过程中的一大挑战。加强优势专业建设要依托三大优势。一是传统优势:应在长期办学形成的传统中形成自己的特色,即在原有专业基础上不断地脱胎换骨,形成自己的应用性特色,切忌盲目攀高,贪大求全。二是职业优势:深入分析本校在为什么职业群培养人才,紧紧瞄准该职业领域今后发展对人才的需求,调整自己的专业或专业方向,以提高应用性。三是区域优势:深入分析本地经济与社会发展对人才的需求,调整自己的专业或专业方向,以加强应用性。[1] 学校需要集中财力、人力等资源进行专业建设,重点落实在规划体系设计、师资队伍培育及环境建设上。同时要处理好优势专业与新兴专业的关系、专业内在发展与学科交叉的关系、体系创新与优势专业建设的关系、专业建设数量与质量的关系。应用型专业建设应以学生就业为导向,既要适应已有学科发展的需要,更要考虑市场以及社会的需求,将应用性、可操作性强的内容融入专业教学内容中;同时又要配合可预见的未来人才的要求,将一些具备发展前景、前瞻性的专业内容加入其中,以适应培育未来社会、经济发展所需人才的需要。[2]

3.发展新兴学科和交叉学科

新兴学科是指随着社会发展和科学技术发展于近期蓬勃兴起的学科,如信息科学与技术、新材料科学与技术、新能源科学与技术等。交叉学科是指因知识有机重组、学科有机渗透而产生的综合性学科,如生命科学与技术、生物医学工程、生物农业工程、环保科学与技术等。新兴学科和交叉学科是当今世界研究的热点,具有实用性强和扩散性快的特点,因此,受到国内外研究机构和高等学校的普遍重视。但是,发展新兴学科和交叉学科要视具体情况而定,不能贪多,不能好高骛远,同样要走特色化发展道路。

学科是知识发展的产物,知识的发展方向也是学科的发展方向。根据知识的发展态势,大学学科建设也呈现出两个基本走向:一是学科的不断分化与细化,形成很多分支学科;二是学科不断交叉与融合,从而产生具有综合化特点的新学科。研究型大学承担了大部分的学科分化任务。学科的交叉与融合主要是在应用型大学中完成的。应用科技型大学的建校时间短、学科基础弱,在传统学科上很难与老牌大学相抗衡,但是,这类高校又具有包袱少、应用性强的优势,因而可以根据自己的实际情况另辟蹊径,采取错位发展的战略思路。应用型本科院校要在知识的应用中实现学科的交叉与综合,形成新的学科方向与学科优势。[3]

2018年,习近平总书记在北京大学考察时指出,"要下大气力组建交叉学科群"。2020年8月,全国研究生教育会议提出要建立"交叉学科"门类。2021年11月,国务院学位委员会发布关于印发《交叉学科设置与管理办法(试行)》的通知。为何要单独设立"交叉学科"门类?这是因为随着新一轮科技革命和产业变革加速演进,要实现重要科学问题

---

[1] 徐英俊.应用型大学的特点及发展路径[J].大学(研究与评价),2007(3):66.
[2] 李小牧.创新专业学科建设思路,打造独具首都特色的应用型大学[J].中国大学教学,2007(11):61-63.
[3] 姜森芳,肖爱.我国应用型本科院校学科建设模式的反思与体制创新[J].江苏高教,2007(11):61-63.

和关键核心技术的革命性突破,学科之间的深度交叉融合势不可挡。设置"交叉学科"门类,在学科专业目录上进行直接体现,可以增强学术界、行业企业、社会公众对交叉学科的认同度,为交叉学科提供更好的发展通道和平台。

交叉学科是多个学科相互渗透、融合形成的新学科,具有不同于现有一级学科范畴的概念、理论和方法体系,已成为学科、知识发展的新领域。[①] 交叉学科是一个容易产生新的科学和重大突破的学科,某个领域新理论、新发明、新工程技术的产生或出现,往往有很多是在学科的边缘或交叉点上。图灵奖获得者、清华大学教授姚期智曾表示,多学科交叉融合是信息技术发展的关键。可见,交叉学科对促进科学发展具有举足轻重的作用。推进交叉学科发展,搭建交叉学科发展特区、交叉学科中心等国家级平台,重点还是要聚焦关键领域核心技术,培养一批关键领域核心技术高层次人才,更好地解决"卡脖子"问题,以及进一步强化国家科技创新力。

我国正处于新一轮的经济转型升级过程中,发展物联网、新能源、新材料、节能环保等战略性新兴产业必然要求实现"跨界"的知识技术聚合与创新,因为这些战略性新兴产业无不涵盖了多个学科,需要多种学科的人才和技术来支撑这些产业的发展。同时,应用科技型院校真正开展本科教育的时间比较短,长线或老化学科比较多,实力较弱,学科发展起步晚,存在"学科小且面窄、人员少且不精、组织松散凝聚性差"等特点,使得应用科技型院校处于本科高校生态群落的最边缘,受到多个圈层的挤压,资源获取能力与资源附着能力较差,在竞争中必然不具优势;同时,这种非均衡性竞争会导致高校资源分配的"马太效应"或"极化现象"。因此,应用科技型院校的学科建设必须回归"应用性"与"区域性",抓住产业集群化与科技需求综合化的现实需求,通过学科交叉构筑学科平台、争取学科资源,在学科建设上形成比较优势。

应用科技型大学的生存空间在于对社会的适用性,因而必须通过学科交叉来实现人才知识与能力的复合性,以应对现实问题的复杂性与综合性。特别需要对传统专业进行多学科改造,实现学科交叉及产生新的学科或专业,最近几年一些颇受学生与用人单位欢迎的"新工科"就是在传统工科的基础上,融入现代信息学科、艺术学科等多种学科的结果,如动画、数字媒体技术、信息工程等专业就通过多学科交叉融合较好地满足了社会需求。

交叉新兴学科建设与发展必定成为学校学科发展的新的增长点,成为学校学科建设与发展的重要内容之一。科技发展在专业学科细分的同时,又呈现出综合发展的态势,许多适应时代发展的新兴学科都产生于学科交叉和边缘学科中,培养具有交叉性专业学科知识的人才符合时代发展的需要。交叉新兴专业学科发展的有效途径一般为:在特色专业学科内孕育交叉新兴专业学科,进行有效培植;移植特色专业学科的学术骨干进行新兴交叉专业学科建设;建立跨专业学科的交叉研究中心,尽早形成新专业学科的生长点;研究中心在院系中交叉,其中教师可以来自不同院系;博士点、硕士点可在院系中交叉运转,通过举办跨专业学科的研讨班,推动不同专业学科教师间的合作。

---

① 国务院学位委员会.交叉学科设置与管理办法(试行)[EB/OL].(2021-12-06)[2022-02-13].https://www.eol.cn/zhengce/guizhang/202112/t20211206_2183822.shtml.

(四)把握内外需求,优化学科布局

学科生态链主要反映在学科布局的生态结构上,从外部来看,学科结构要与地方经济社会发展相吻合;从内部来看,基础学科与应用学科、主干学科与支撑学科、优势学科与边缘学科之间存在着生态结构;从系统层面来看,学科组织是以知识联结和资源获取为动力而逐渐形成的学科群落形式,而非独立生存。显然,准确的学科生态定位,不仅有利于学科组织之间的滋养与共生,还有利于新兴学科生长点的培育。

随着科学技术和社会经济的快速发展,专业学科迅猛发展,近 50 年来涌现出信息科学、生命科学等高新技术学科和数字传媒科学等文理交叉学科,但是在人才市场热门专业和低办学成本的双重驱动下,也有许多高校不顾自身成本,盲目争上热门专业,造成部分学科专业规模严重失控的情况。专业学科发展有其自身的规律,我们不可违背规律,应最大限度地将学科性与职业性相融合。专业学科越来越需要社会化,时代赋予学校更加艰巨的重任,不仅要承担教书育人的重任,承担科学研究的重任,承担为社会服务的重任,更要求学校推动产业的发展,为地区的经济建设和社会发展贡献才智。高校的发展要顺应学科发展的趋势,完善大学功能,提高人才培养质量,提升科研实力,服务社会,这些都需要交叉新兴学科的建设与发展,这是高校发展的必然。

跟踪前沿服务需求,准确定位学科发展领域。应用科技型大学发展必须与国家重大战略和需求同呼吸共命运,始终站在行业领域科技创新和人才培养的前沿,因此要始终把服务国家重大战略需求、行业发展需求和聚焦国际国内学科发展前沿作为学科建设的重要依据。结合学校优势学科特色和行业发展需求,进一步凝练出具有重大突破可能的基础性、前瞻性的学科战略发展方向,集中力量建设一批国际一流的学科,构建顶尖学科、高原学科、新兴学科、基础学科协同发展的良好学科生态,不断产出一流的科研成果和前沿技术,持续提升学校核心竞争力。

1.形成学科建设的分层次支持体系

建立以协同创新平台为载体、以产学研合作为模式的不同类型、不同层次的人才培养体系,推动应用科技型大学的转型发展。(1)对于重点学科,实施"学科倾斜"战略,加大支持力度,重点巩固、发展其原有的强势学术竞争力,不断增强市场竞争力。(2)对于优势学科,实施"学科提升"战略,积极支持、鼓励其发扬优势和特色,提高优势学科专业对行业的影响力及社会的认可度。优势特色学科专业是高校在长期的发展过程中被社会公认的、独特的优秀学科专业。建设优势和特色学科专业,是培养行业高层次创新人才的根本途径,是应用型大学长远发展的重要保障。高校在学科专业建设过程中,应加强学科专业之间的融合,突出学科专业的优势和特色,明确优势和特色学科专业的方向,形成具有前沿性的人才培养体系。(3)强化学科之间的渗透和融合,可以通过绩效评价支持其发展,促进学科专业的良性循环。(4)行业的快速发展必然衍生出一批新的学科专业,这些学科专业产生于生产实践服务、于行业发展。与传统的优势特色学科专业相比,新建学科实力普遍很弱,很难在短期内提升学科整体实力,汇聚优秀人才。对于这些对行业贡献较大但是基础较为薄弱的新兴学科专业,应该有针对性地给予扶持,促进新兴学科专业的成长,推动高校创新发展。

行业发展对于合作共建应用科技型大学各学科专业的人才需求是不同的,应予以区

分。针对行业企业人才需求量大的核心学科专业,且该学科专业人才贡献率高,学科专业本身行业特征鲜明,专业性强,应重点建设,着力发展,以保证对于行业的基本人才供给;针对与行业发展直接相关,具有明显优势,行业企业人才需求量较大,人才贡献率较高的优势学科专业,应积极建设,推动其持续稳定发展;针对在行业发展中发挥支撑促进作用,与行业关联度较高的,虽然行业表征不太明显,但是行业发展必不可少的支撑学科专业,应有所侧重支持发展,从而形成多层次应用型大学行业人才培养途径。

2.扶持行业共建院校学科

当前面临的困境启示我们,应用科技型大学要形成双服务的办学理念,应既立足于行业又面向地方社会发展,探索行业主管部门、地方政府、企业与不同应用型大学如何共建学科专业的问题。

行业主干学科专业作为我国学科专业体系的一部分,既具有学科专业的共性,也具有特殊性。合作共建的应用科技型大学其主干学科专业与行业结合十分密切,关联度非常高,其人才培养方向、条件、标准具有特殊性,少数专业具有行业唯一性,只能通过合作共建高校来开展人才培养工作。因此,应加大对行业共建院校主干学科专业的支持力度。可以通过引入行业贡献率指标对支持的项目、平台和条件建设等进行科学评价,在科学评价的基础上有针对性地对合作共建高校的主干学科专业进行支持,并且可以依据行业贡献率决定支持力度。应用型大学只有与社会经济发展紧密结合才能得到地方政府及行业企业的共同支持,实现内外战略双赢。

(五)学术人员、学科团队的引进、培养与激励,学术共同体的形成

应用科技型大学的学术人员与教师招聘、引进、培养、激励与考核等标准与政策、制度等应符合应用科技型大学学科建设的需要,它不同于研究型大学主要面向全球招聘学科领军型人才和世界一流大学毕业的博士、博后与青年学者。应用科技型大学的学科建设主要是进行应用科技型人才培养和应用基础研究、科技开发、区域社会经济与文法建设的社会服务等,除引进少量高精尖的基础研究型人才外,主要是要引进能够从事培养应用科技型人才和从事应用基础研究、科技开发、区域社会经济与文法建设的社会服务等的领军性人才、学科带头人、学术带头人、青年学者和三分之一左右的产业、行业、企业的工程师、高技术高技能型人才、双师型人才等。对他们的考核不应简单地套用研究型大学的考核标准,更不能走"五唯"的路线。

学术梯队建设是学科建设的核心。以人为本、以学科带头人为纲是新一轮重点学科建设的特点之一。创建高水平学科,首要的是要有一支高水平的学术梯队,它直接关系到学科建设的成功。也可以说,建设一个重点学科,就是建设一支拥有高水平的学科带头人和学术骨干的队伍。这就要求做好两个层面的工作:一是要着力于学科带头人的识别和培养,二是要构建学科带头人带领下的研究团队。

学术梯队建设是保持学术方向相对稳定和承前启后的需要,也是保持学科建设持久发展的需要。科研团队建设是争取大课题和出大成果的需要,也是学科建设上台阶、上水平的需要。加强学术梯队和科研团队建设必须遵循学术带头人负责制与科研课题负责制相结合、相对稳定与合理流动相结合、提倡合作与允许自由个体存在相结合的原则,充分发挥集团战(大课题大成果)与麻雀战(个体积极性高)的优势,努力克服集团战(不易实

现)与麻雀战(难成气候)的缺点,并采取以下措施:

(1)确立研究方向和学术带头人。

(2)以学术方向为旗帜,以学术带头人为核心,采用招聘引进、自由组合、组织协调等多种形式,形成学术梯队和科研团队。

(3)明确学术带头人职责。学术带头人的主要职责是把握学术方向,培养梯队成员,组织梯队或团队成员开展学术研究、学术探讨和学术交流等。

(4)以利益为激励手段,在考核、评职称、津贴发放、奖励等各种利益调节中鼓励学术梯队和科研团队的形成。如在考核时,可以把个体考核与团队、小组考核相结合。在评职称时,可以对团队、小组成员予以适当的政策倾斜。在津贴发放时,对组建学术梯队或科研团队成效明显的学术带头人给予高级别的岗位津贴,并适当给予梯队培养或团队管理补贴等。

强化高层次人才的引领作用,大力引进重点建设学科、特色专业的领军人才和科研团队;落实国外学者引进计划,鼓励教师积极参加国内外学术交流会议;聘请有国际影响力的专家到学校讲学、合作开展科研,实施"国际合作与交流项目推进计划";加快完善学术激励机制;制定"双师型"人才引进政策,从生产企业聘请具有丰富工作经验的骨干技术力量来校兼职或者专职担任专业课教师,邀请技术专家开设专业讲座等,拓宽学生视野,为实现优质就业做准备。

学科梯队的构建要注重保持学科队伍相对的稳定性以及梯队结构(包括年龄结构、知识结构、职称结构、能力结构等)的不断优化,这是学科优势积累的基础。学科梯队一旦建立,应当保持相对长时间内的稳定,因为"十年树木,百年树人"。所以,管理部门要加强对学科梯队的监控和评估,一旦出现某一方面的断层,就要采取有效措施(如人才引进和重点培养等)予以弥补。同时,还要处理好重点与一般的关系、培养与选拔的关系等,真正实现学术梯队的优化组合。[①]

(六)优质学科平台与基地的构筑与提升

学科平台的搭建主要指两个方面:一方面是指物质平台建设,包括科研基地建设、环境条件建设、设备平台建设、实验室建设和图书资料配套等,是一系列建设中的基础工作,是围绕学科方向搭建的物质条件平台,为学科及专业方向发展提供重要的物质基础保障;另一方面是指学科机构平台、项目研发平台及实验平台等的建设,如在某一学科领域建立专门的科研机构,可对该学科各个方面起到有效的支持作用,同时为更好地服务地方经济、促进科技成果转化、实现应用价值提供了一个交流平台。例如,有的学校在科研机构建设方面设置了制药工程研究所、生物工程研究所和测控技术研究所,其中制药工程研究所被评为校级研究所。这些研究所的主要职能是规划研究领域和主攻方向;承担科研工作;检查指导科研项目的组织实施工作;整合科技人力资源;承担相关学术活动等组织工作,为学科建设提供强有力的教育和研究支撑。[②]

要进一步构筑优质学科平台,强化战略导向和目标引导,不断提升自身科研能力和服

---

① 张亚群.高等学校学科建设中的关系链接[J].江苏高教,2005(5):90-92.
② 刘美,叶晓.浅谈应用型大学的学科建设[J].中国电力教育,2009(10):42.

务社会、行业的能力,扩大学科影响力。要积极制订实施重大科学计划,围绕国家、行业和区域发展重大科学需求和关键共性技术问题,积极组织承担国家重点研发计划、国家重大科技专项等重大科研任务,积极引领学科研究前沿。要完善高水平科技成果奖励机制,大力开展基础性研究和前瞻性研究,不断提升学科的科技创新能力,多出原创性成果。建立健全技术转移转化机制,将学科创造的科技成果尽快转化为产业优势,提升学校对经济社会发展和行业进步的贡献率和综合影响力。以整合学科资源为突破口,加快完善已有学科平台资源的共享运行机制,为科技创新提供强有力的支撑。

学科建设不是空对空的建设,而是把人财物汇聚在一定的学科平台与学科基地上所开展的学科研究与建设活动。学科平台与基地一般体现为学士、硕士、博士学位授予点,博士后流动站等学位点平台,还包括国家、省、市、校级及各种科研、人才工程、计划、项目等平台与基地,如"211"工程、"985"工程、"双一流"学科与高校、国家特支项目、国家服务特殊需求计划项目、西部高校计划项目、卓越工程师(医师、教师等)教育培养计划、拔尖创新人才基地、重点学科、重点实验室,等等。在中国,有了这些平台和基地就等于有了合法性的优势资源,人财物都会慢慢聚集到这些平台与基地上来。

应用科技型大学在学科平台与基地的建设上,立足培养高水平的应用科技型人才,基础较好、有条件的高校应积极争取专业学位硕士点、专业学位博士点的申报与建设。在国家、省、市各种平台与基地申报中应积极争取,但毕竟限于办学层次、办学基础等条件,无法与"双一流"高校竞争。因此,应用科技型大学应立足自身办学定位,走差异化的办学之路,不与"双一流"等研究型大学竞争学术型硕士、博士学位点,发挥自身优势,走专业学位硕士、博士点的特色之路。

(七)多方筹措学科经费,切实提高经费效益

不言而喻,学科建设需要投入较大的经费。应用科技型大学不同于研究型大学,研究型大学的学科建设经费来源多元化。一是来自国家财政和所在地方财政的拨款;二是来自国家和所在省市的各种专项经费;三是来自各类科研项目与校企合作项目;四是来自校友捐赠和各种社会捐赠。因此,研究型大学的学科建设经费相对来说是较为充足的。但是,应用科技型大学的财政主要来自地方财政,省属院校来自省级财政,地市属院校来自地市财政。由于全国各省市尤其是各地市的经济发展状况差距较大,财政拨款校际差距也较大,尤其是中西部地区高校和东部山区或以农业为主的地区地方经济财政收入较少,自然高等教育的生均拨款和学科建设经费等也相应地较少。

在此情况下,不同地区的应用科技型大学在学科建设经费的筹措与使用上要做好以下三点:

(1)应立足地方实际,广开财路,积极与本地区的中小微企业进行校企合作,充分利用好企业已有的各种实验室、工厂等条件作为高校的校外学科平台与基地,积极争取企业的各种资助。

(2)要积极与海内外的高校开展合作,利用海内外高校的学科优势来发展自身的学科,减少投入,快速发展。

(3)要积极争取社会各界的社会捐赠,拓宽学科建设经费的渠道。

值得注意的是,在许多地方高校尤其是经济较为发达地区的地方高校,由于有较为充

足的地方专项拨款,建设了各种实验室、实训室等,并购置了大量的实验仪器、实训器材等,但由于论证不充分或管理不善、使用不当,致使大量的实验室、实训室等闲置、浪费,从而导致学科建设经费效益低下。这应该引起高校各方的高度注意,切实提高学科建设经费的规划、论证与使用效益。

(八)强化学术成果产出,提升学术成果辐射

学科建设的目标是产生一定效益的学科建设成果,这种成果一般称为学术成果。如前所述,研究型大学与应用科技型大学学科建设的方向、目的、平台、条件等有所不同,因此,在学术成果的产出上自然也不同。应用科技型大学的学术成果一般分为应用基础研究类、应用开发类、技术应用类和社会服务类。自然而然,其辐射的对象、范围和效益也随之不同。应用科技型大学在其学术成果产出最大化的同时,也应使之产出和辐射的效益最大化。不能把产出的学术成果束之高阁或流于数据的统计与报告,而应积极把学术成果应用到高校的教育教学与人才培养上来,以科研反哺教学,以教学促进科研,达到科研与教学共生共长。同时,更要注意把学术成果应用和辐射到所在区域社会经济与文化建设中去,提高高校服务地方社会经济与文化建设的能力与水平,在服务地方中提升高校自身的办学能力与办学水平。以下几个高校与科研机构的做法值得借鉴:

北京联合大学为突出应用科技型大学学科对专业的支撑和科研对教学的支撑作用,通过教改项目的形式专门立项支持拥有自主知识产权的科研成果转化为教学资源的研究与实践,如转化为教学案例、综合性实验、学术报告或讲座、学生创新创业项目等。鼓励教师将最新的科研成果转化引入到日常教学中,及时更新教学内容,介绍新知识和科学研究方法,不断提升教师的教学研究、课程研究、教学方法研究等教育教学研究水平,促进课堂教学、教学内容和教学方法改革,使学生在大学期间获取与社会经济发展相适应的专业能力和终身学习能力,形成"教学带动科研,科研促进教学"的良性循环,从根源上提高人才培养质量。[①]

广东省三所公办省属本科高校,分别采用科技金融服务、科技咨询服务以及知识产权服务三种模式为行业企业提供科技服务,而且都是基于人文社科学科专业进行对接,形成各自的特色,取得了较好的效果,其经验值得转型高校借鉴。

(1)广东金融学院科技金融重点实验室成立于2012年3月,由广东省科技厅与广东金融学院共建,是广东省科技金融重点研究基地、广东省决策咨询研究基地。该实验室以该校具有学科优势的金融学科为支撑,以基础研究为本、应用研究为主,重点解决科技金融理论与实践、科技企业价值评估与风险管理、知识产权定价与融资、科技金融评价与监管以及动态投融资对接等方面的问题。

(2)广东工业大学大数据战略研究院成立于2014年5月,是华南地区首家大数据管理专业研究机构。该研究院由该校党委书记牵头,以"探索数据科学,传播数据文化,服务社会大众"为宗旨,以广东工业大学管理学院建设为主,并整合了经贸学院、计算机学院等多个学院的优秀师资和创新资源,共同开展大数据战略理论与实践的跨学科研究。目前

---

① 王世杰.应用型大学学科建设的理论与实践[M].合肥:中国科学技术大学出版社,2019:154.

主要的业务模式是承接广东省经济和信息化委员会等政府部门对中小企业高层管理人员的大数据培训,以及为中小企业提供战略咨询,其中培养内容包括国内外大数据政策分析与解读、企业大数据能力构建与培育、大数据商业模式创新及典型案例分析等。

(3)广东技能型人才知识产权实训基地成立于2016年10月,由广东省知识产权局与广东技术师范学院签约共建。双方围绕广东省创新驱动和知识产权事业发展的总体目标,积极推动知识产权研究培训工作机制改革和创新,以社会急需的知识产权实务型人才培养为重点,共建广东省技能型人才知识产权实训基地,为广东省加快建设引领型知识产权强省、创建职业教育试点省提供知识产权人才保障和智力支持。基地由该校法学与知识产权学院牵头建设,并整合了图书馆、电子与信息学院、计算机科学学院在知识产权信息处理方面的优势,成立至今,围绕知识产权应用型人才培养、广东技能型人才知识产权培训班、专利审查员培训班、知识产权贯标建设、知识产权创造运用、知识产权服务平台建设、图书馆专利信息服务及系统建设七个方面开展工作,短期内就取得了较丰硕的成果。[1]

五、注重应用科技型大学的学科群建设

学科建设具有三方面的含义:一是指单个学科的建设;二是指学校整体学科的建设;三是指在高校单个学科与学校整体学科建设之间还存在着一种非常重要而又常常被忽视的学科群的建设。

(一)学科群的内涵

学科群就是学科与学科之间内在联系较为紧密的多个学科之间所构成的群落。学科的发展从最早的"三艺""四艺"逐渐分化与综合成现在学科林立的状况。我们通常按照学科门类——一级学科—二级学科—三级学科……来划分学科。自然,按照这样的逐级分化关系,也可以确定学科与学科之间的纵向关系。另外,从横向上看,不同学科门类与层级的学科之间也具有一定的联系,并形成一定的跨学科、交叉学科、综合学科。由此来说,任何一个学科都不是独立存在的,学科的发展往往依托联系较为紧密的多学科之间的相互促进、相互共生与相互融合,从而形成一个个相对独立的学科群落,正如森林中所自然形成的多类型的不同生态群落一样。

在一个学科群落中,不同学科之间的地位、作用、关系是不同的。一般来说,一个学科群中有以下几种分支学科:母体学科、子学科、基础学科、核心学科、主干学科、支撑学科、前沿学科、传统学科、初始学科、优势学科、弱势学科、重点学科、一般学科、特色学科、普通学科、复合学科、跨学科与交叉学科,等等。在一个学科群中,这些不同的学科对学科群的协调健康发展分别起着不同的作用,具有不同的地位。因此,在学科群的建设中,应该根据学科群发展的目标要求与不同学科的发展实际,提出不同的发展目标,分配不同的学科资源条件,切不可平均等量发展。

---

[1] 赵剑冬,戴青云.服务区域经济发展助推应用型大学转型升级[J].中国高校科技,2018(1/2):125.

高等学校往往是众多学科群的集合,综合性高校、多科性高校自不必说,即便是单科性的高校也往往是由多种学科群以及由此所支撑起的众多不同学科组成的,如行业性特色高校:铁道院校、煤矿院校、地质院校、邮电院校、审计院校、财经院校、体育院校、师范院校、艺术院校、海洋院校等,其主干学科群尽管可能是一两个,但要支撑这一两个主干学科群的健康发展就必须还要有其他文理工艺等学科或学科群,否则就会使其主干学科群走向片面发展,甚至是畸形发展。因此,在学科群的建设中,要注意既要重点发展本校定位与特色目标要求的骨干学科群、优势学科群和特色学科群,也要注意发展作为支撑性的其他学科群,促使高校自身学科群落的和谐发展、快速发展与科学发展。

(二)学科群的出现

在20世纪中期,科学技术发展出现里程碑性的突破,爱因斯坦、欧本海默、费米等著名科学家在科学理论研究层面实现重大突破,为人类带来核能技术(原子弹、氢弹)和宇航技术(卫星、宇宙飞船)。从20世纪后半叶开始,随着社会的发展、人类的进步,电子计算机的发明和人造卫星的上天,人类社会跨入信息革命和知识经济时代,掀起了第三次发展浪潮。在这种社会大背景下,学科发展也出现新的趋势和特征。

第一,单一学科知识已经无法完美地解决一些重大自然和社会问题。随着人类对自然和社会认识的深化,物质世界和人类世界的复杂性得以真实地显现。人类在各个方面都取得了巨大的成就:经济迅速增长、科技快速发展、社会快速进步……但伴随而来的自然资源浪费、能源枯竭、环境污染、极端气候的经常出现以及社会生活中的食品安全问题、道德诚信缺失……这一切都让人类在以为可以主宰自己命运、为所欲为的时候,更加缺乏安全感和幸福感。为解决人类社会中种种复杂问题,人文科学、社会科学、自然科学、技术科学必然相互渗透、相互结合,从而导致"各传统(专业)学科间的界限也越来越模糊,各(专业)学科的概念、原理、方法的相互移植、借鉴越来越频繁。与此同时,分工却越来越细,研究课题越来越专门科学化。在每一个狭小的专业方面或领域内要取得任何进展,几乎毫无例外地要以宽广厚实的知识群作为后盾"[1]。

第二,为了适应人类社会经济的快速发展和科技的不断进步,传统经典学科之间的界限被不断打破,学科的边界被重新划分,一些交叉学科和多学科的研究领域开始大量出现,并逐渐确立了学科的合法性。"在1850至1945年间,用以给社会科学知识活动归类的名称一直都在不断地减少,最后只剩下寥寥几个公认的学科名称。然而,1945年以后却出现了一个反向的曲线运动,新名称层出不穷,并且都获得了适当的制度性基础……"[2]

第三,从人类社会发展的大背景来看,学科群的出现顺应了社会的整体发展趋势,从学科内在的发展趋势和逻辑来看,学科群是学科发展新阶段的必然产物。最早的学科群诞生于20世纪70年代的日本筑波大学。1973年,日本国会通过《筑波大学法案》,以东京教育大学为基础扩建成立筑波大学。筑波大学是日本一所综合性高等学府,但它没有采用日本传统大学的学部、学科制,而是在继承东京教育大学优良传统的基础上,对本身

---

[1] 徐东.论学科向学科群演化的必然规律[J].现代大学教育,2004(6):10-14.
[2] 华勒斯坦.学科·知识·权力[M].刘健芝,译.北京:生活·读书·新知三联书店,1999:51.

的教育组织和研究组织进行了彻底的革新,大胆突破日本大学传统模式,摒弃学部制和讲座制,打破学科之间的坚实壁垒,加强学科间的相互联系,实行了跨学科教学和研究。筑波大学首次明确提出"学科群"的概念,建立新的教学组织形式(包括群、学类、专攻领域、学系等研究组织形式),旨在为学生提供广阔的视野及开展跨学科的科学研究。筑波大学以此种独特的学科制度闻名于世,在短短的30多年里就发展成为日本乃至世界一流的高等学府,其独特的教学与研究组织形式引起了世界高等教育界的广泛关注,"学科群"制度的显著优势也得到了高等教育界的广泛认同。

美国斯坦福大学电子学科群与硅谷的同步崛起则实现了学科群与社会的良好协作,并被美国国家科学基地负责人誉为"未来科研的一种组合模式",探索了一条高校优势学科群与社会经济协同发展的成功道路,也创造了一种形成高校优势学科群的重要模式。斯坦福大学从国家战略的高度来考虑大学发展问题,将该校的电子工程专业的发展与所在地区的工业园区及整个硅谷的发展同步,正是这种高校与国家需要的充分结合,既促进了硅谷的崛起,也促使斯坦福大学步入世界一流大学之列。电子学科群的教学和科研成果可以应用到硅谷企业的发展上,同时,这种发展又为该校电子学科群提供了更好的科研和教学条件,包括办学经费、实习基地建设与实验室建设等。这使斯坦福大学电子学科群与硅谷企业形成了协调发展、相互促进的良性互动循环。美国斯坦福大学电子学科群的形成与发展与硅谷的崛起密不可分,可以说,没有斯坦福大学的电子学科群,就没有硅谷的产生;而硅谷的产生与发展,也促进了该校电子优势学科群的发展。斯坦福大学在电子学科群快速发展并最终成为具有世界一流水平学科群的同时,也成就了美国硅谷的神话,使之在客观上成为美国高新技术的摇篮,成为美国高科技人才和信息产业人才的集中地、美国青年心驰神往的圣地。

(三)学科群的建设

由于学科群对科学研究、人才培养和社会服务的独特价值,国内外许多知名大学纷纷探索学科群建设,为高等学校的学科建设带来了勃勃生机。在我国,20世纪90年代,随着"211工程"的实施,许多高校开始实践学科群建设工作,不少一流大学兴起了学科群建设的高潮,并对我国高教理论界产生了强烈影响。学科群建设成为我国高校发展的新动向,成为带有探索性、方向性的发展趋势,对学科建设理论发展具有创新性的意义。

在我国,一些新型大学在专业设置方面也开始了学科群的探索。1994年,俞长高在《一流理工大学学科群的特征与建设》一文中,结合当时国家正在着手实施的"211工程"建设,提出了学科群建设,同时结合理工大学的特点,对建设一流理工大学学科群的特征与建设思路进行了分析与思考。[①] 尔后,研究学科群建设的文章如雨后春笋般出现,从不同的角度进行了多方面的研究。

为适应社会现实需求和学科发展趋势,传统学科建设必然要进行转型,学科群必然成为其中一个重要的突破口。学科是大学的基本要素,大学是以学科为基础建构起来的学术组织,学科是大学履行人才培养、科学研究、社会服务、文化传承与创新职能的重要载

---

① 俞长高.一流大学学科群的特征与建设[J].学位与研究生教育(上),1994(2):7-9.

体。这都对高校学科建设提出了多维的要求,即高校要进行学科群建设,以新兴学科引领或促进高校体制机制改革,用新的学科增长点及其业绩提升学科群的整体实力。同时,通过跨学科平台开展多学科研究,不仅有利于高校优化学科结构、提高科研实力、培养复合型创新人才,更为关键的是,可以形成有效的核心竞争力,为社会的发展与进步提供强有力的支持。

对于应用科技型大学而言,能否培养适应行业发展需要的高素质专门人才在很大程度上取决于高校学科专业的结构是否合理,是否和社会经济发展相适应。应用科技型大学转型的关键在于如何权衡传统优势学科与拓展、建设应用科技型学科的关系。应用科技型大学想要实现整个学科水平的提高,就要发挥其特色和优势,实行"捆绑式"的优势学科群共同发展。应用科技型大学构建与相邻相关学科的学科群,将优势与非优势相结合,理科与工科、文理与经管学科、基础与应用学科相结合,不断探索新的学科增长点。在保持特色前提下,推进"有所为、有所不为,有所先为、有所后为"的模式,使应用科技型大学学科发挥辐射与带动作用。因此,亟待在培育行业新兴学科专业的基础上,进一步加强高层次、高技能、高素质的人才队伍建设,提升行业人才素质、改善人才结构。

第二节　应用科技型大学的专业建设

应用科技型大学的主要任务是培养高质量的应用科技型人才,兼顾面向地方社会经济与文化建设的应用性科学研究与科技开发服务。因此,以应用科技型人才培养为核心的专业建设就是其重点与根本。

专业建设是应用科技型人才培养的主要依托和基本载体,学科建设要为专业建设服务,尤其是学科方向、学科队伍与学科基地、学科平台等学科条件的建设,它们主要还是围绕着专业建设来进行。应用科技型大学的学科建设,应实施学科"非均衡发展"战略,鼓励和支持优势学科优先发展,推进学科内涵发展,以带动相关专业的内涵发展;而对于专业建设则要实施专业"均衡"发展策略,不能只抓几个重点专业,不能以牺牲多数专业的学生发展来保证少数重点专业学生的培养。应注重全体学生的全面和谐发展,在专业达标、均衡发展的基础上重点打造一批品牌特色专业。

在应用科技型大学的发展中,学科建设主要服务于专业建设,服务于高水平高质量应用科技型人才的培养,因此,专业建设具有核心的地位。

一、专业、专业建设的内涵

(一)专业

专业是高校里一个极其重要的概念,是构成高校活动的基本要素。专业(profession)一词最早是从拉丁语演化而来的,原始意思是公开地表达自己的观点或信仰。它的含义并不是固定的,随着时代的变迁而改变。如果从汉语语义学中的含义来理解,专业指的是

"专门从事某种学业或职业"和"专门的学问"[①]。

如果从社会学意义来理解,专业被看成一个富有历史、文化含义而又变化的概念,主要指部分知识含量极高的特殊职业。有学者总结、概括出判定一个充分成熟专业的六条标准,即一个充分成熟专业必须:(1)是一个正式的全日制职业;(2)拥有专业组织和伦理法规;(3)拥有一个包含着深奥知识和技能的科学知识体系,以及传授/获得这些知识和技能的完善的教育和训练机制;(4)具有极大的社会效益和经济效益(鉴于高度关注和力求达成客户利益和社会效益);(5)获得国家特许的市场保护(鉴于高度的社会认可);(6)具有高度自治的特点。[②] 从社会学意义上而言,这些界定是比较全面的,既包含了专业的来源,也包含了专业的知识特征和其他附属特征。

但从教育学意义上来说,这些界定过于笼统,针对性不强。《辞海》对专业的定义是:"在教育上,指高等学校或中等专业学校根据社会分工需要而划分的学业类别。"[③]这一定义只指出了专业与社会分工的关系,忽略了专业与学科知识的关系。《教育大辞典》认为,"专业"译自俄文,指"中国、苏联等国高等教育培养学生的各个专门领域。大体相当于《国际教育标准分类》的课程计划(program)或美国高等学校的主修"[④]。《现代汉语词典》对专业的定义是"高等学校的一个系里或中等专业学校里,根据科学分工或生产部门的分工把学业分成的门类"[⑤]。这些表述主要是针对高等教育领域中专业的含义而来的,也与前面在社会学意义上对专业定义中的一部分内容即"拥有一个包含着深奥知识和技能的科学知识体系,以及传授/获得这些知识和技能的完善的教育和训练机制"相对应。

在高等教育领域,高等教育研究学者对专业的定义又与辞书里的定义稍有不同。有的学者认为,专业主要指的是高等教育学意义上的专业——高等学校中的专业即依据确定的培养目标设置于高等学校(及其相应的教育机构)的基本教育单位或教育基本组织形式。[⑥] 有的学者认为,专业是指高校中根据学科分类和社会职业分工需要分门别类进行高深专门知识教与学活动的基本单位。[⑦] 专门从事高等教育研究的学者认为专业是培养人才的一种基本单位,而辞书则认为专业是一种学业门类。那么,专业的本质到底是什么呢?有学者认为专业只是课程的一种组织形式。[⑧] 也有学者认为,目前我国专业的含义与英语"Major"的含义不一样,建议对专业的定义进行适当修改:专业,就是课程的一种组织形式,学生学完全部课程,就可以形成一定的知识与能力结构,获得该专业的毕业证书。[⑨]《国际教育标准分类》称为课程计划(program),美国高等学校称为主修(major)。

---

① 汉语大词典编辑委员会.汉语大词典(标准本)[M].北京:汉语大词典出版社,1990:1276.
② 赵康.专业、专业属性及判断成熟专业的六条标准:一个社会学角度的分析[J].社会学研究,2000(5):31-37.
③ 辞海编辑委员会.辞海(第七版·缩印本)[M].上海:上海辞书出版社,2022:3017.
④ 顾明远.教育大辞典(增订合编本·下)[M].上海:上海教育出版社,1998:2127.
⑤ 中国社会科学院语言研究所词典编辑室.现代汉语词典(第7版)[Z].北京:商务印书馆,2016:1719.
⑥ 周川.专业散论[J].高等教育研究,1992(1):79.
⑦ 薛天祥.高等教育学[M].桂林:广西师范大学出版社,2001:27.
⑧ 潘懋元,王伟廉.高等教育学[M].福州:福建教育出版社,1995:128.
⑨ 卢晓东,陈孝戴.高等学校"专业"内涵研究[J].教育研究,2002(7):52.

在英国,专业一般称为"course",从这里就可以看出,专业就是课程的系列组合。还有人从知识与学科、课程、院系组织、学生等4个维度对作为大学知识组织化形式的专业进行全面分析,认为:"大学专业作为学生进入大学本科学习的一个重要过程,是镶嵌在知识、学科、课程和院系的建制中。它可以是一种灵活的方式,如通过学生的选课形成自己的专业,不必固定于某个具体的院系;但也可能是一种非常固化的模式,譬如目前中国大学的专业就是大学中的基本教学单位,学科、教学计划以及相关资源都是与专业相对应的。更重要的是,专业不仅是学生在大学本科教育中最主要的智识(intellectual)体验,更是与大学所颁授的学历和文凭相关,是对学生未来工作和生活的一种准备与积累。"[1]

实际上,我国高等教育中普遍存在的"专业"概念是20世纪50年代初院系调整时学习苏联的产物。1952年,当时担任教育部顾问的苏联专家福民在北京、天津院系调整座谈会上专门阐述了苏联的单科大学,特别是单科工业大学的特征及专业设置的理论。他认为,"培养各种专门人才的基本问题是划分专业的问题。学生应该按专业来学习。为了这个目的,苏联高等教育部编定全国统一的专业表"[2]。当时的教育部副部长曾昭抡在官方的权威杂志《人民教育》上专门发表《高等学校的"专业"设置问题》[3]一文,解释高校"专业"的含义和设置"专业"的原因。文章认为,"'专业'就是一项专门职业或一种专长。按照苏联高等教育制度,'专业'是培养高级专门人才的目标;高等学校的教学设施以专业为基础,系不过是学校里面的行政单位。政府培养人才的办法,是按照国家建设需要,确定专业的设置,并以专业为基础作有计划的招生。每种专业,各有一套具体的教学计划,按照这种经过慎重考虑的教学计划去学习,学生毕业后,即可成为那一门的专家,立即可以担任起工程师或其他相当的职务"。对于专业设置的意义,文章指出,"中国的经济,即将走上计划化。计划性的经济,必须有计划性的教育与之相配合,使建设所需干部,在质与量上得到及时供应,方能及时完成。教育要有计划性,唯一的办法,是吸取苏联经验,彻底改革不合理的旧制度,建立新的制度;而在此种改革中,确定'专业'的设置,是非常重要的一个环节"。文章并指出设置专业的重要意义:"这次院系调整的一个重要任务,在于有步骤地确定每个高等学校所设的'专业',使各校皆有明确的任务,集中力量培养某几项国家建设需要的专才……这是我国教育史上一件划时代的大事,高等教育的一种空前大改革。"文章还结合专业的设置情况,指出新、旧两种教学管理制度的区别:"旧制度中院系的设置,是自上而下,先办起一所大学,内设若干院,每院下设若干系,如有必要,再将一系分成若干组。在新制度中,首先考虑的不是设系问题而是设置专业问题。政府按照国家经济、文教、政法等各方面建设的需要,决定全国应该设立的专业,然后结合各高等学校的师资、设备条件,在每校设置一定的专业。专业确定以后,几个性质相近的

---

[1] 陈霜叶,卢乃桂.大学知识的组织化形式:大学本科专业及其设置的四个分析维度[J].北京大学教育评论,2006(4):26.

[2] 胡建华.现代中国大学制度的原点:50年代初期的大学改革[M].南京:南京师范大学出版社,2001:177.

[3] 曾昭抡.高等学校的"专业"设置问题[J].人民教育,1952(9):6-9.

专业,可以结合成为一系;同时一系也可以成为一个专业。"[1]学生考入大学后直接进入专业学习,学习期间一般不予调换专业。学生所在专业的教学活动是执行既有的教学大纲与专业教学计划。这对理解我国高等院校的专业设置与专业建设问题提供了一个很好的历史参照。

到今天为止,专业仍然是我国高校中最基本、最重要的一个单位。一般来说,专业有三大构成要素:专业培养目标、专业课程体系、专业中的人(教师、学生)。各专业的培养目标具体地规定了各专业所要培养的专门人才,其内容包括基本理论和专业知识、专业能力以及身体方面的特殊要求和职业道德等。课程既根据培养目标设置,同时又将培养目标具体化,把培养目标落实到具体的教学内容和教学环节之中,从而对专门人才的培养产生着现实的定向和规范作用。若干门相关联的课程组合成课程体系。任何专业的课程体系都大体分为三个层次:基础课—专业基础课—专业课(专业核心课与专业方向课)。专业中的人,主要包括教育者和受教育者,前者是熟练掌握某门课程的内容并按照特定的专业目标传授这些内容的人,是专业目标和课程内容的已知者和传播者;后者是学习某专业中的课程以使自己达到专业目标要求的人,是未知者和学习者。[2] 而从英国和美国的经验来看,专业只是课程的一种组织形式,专业的设置与调整由学校自己决定。

综上所述,所谓"学业门类"是从专业的学术属性来说的,"培养单位"是从专业的完成形式来说的,"课程的组织形式"是从专业的主要构成来说的。因此,对专业的界定可做进一步完善,即专业是建立在学科分类和职业分工基础上的一种学业门类,其中的主要构成内容是课程。至于专业是实体或非实体可根据不同国家的具体情况来确定,也就是说实体还是非实体之分并不是最重要的。

(二)专业教育的历史发展

如上所述,在国外,本科专业在英文中有较多不同的表述,如 major、profession、specialty、course、program 等。在本科教育中,不同国家有各自的说法。譬如在英国的大学,本科一般三年,指称专业一般用 course。而在德国,专业的英文表述比较多样,course、major、major、subject 都有采用。总体而言,当前比较流行也符合我国多数学者表述习惯的是 major 一词。本着循名责实的原则,我们首先梳理一下大学中 major 的由来,然后就之与其他概念的异同略作澄清。佩顿(P.Payton)认为,最先提出 major 概念的是美国霍普金斯大学,在它 1877—1878 学年的注册要求中,第一次有了 major 和 minor 的表述。霍普金斯大学要求学生在设置的 6 个学系中必须选择 2 个学系的课程作为主修课程,其他学系的科目可作为辅修课程。但是,当时这种说法并不固定,如 major 和 minor 常被 main studies、subsidiary 或 subordinate studies 等词替代。佩顿认为,虽然 major 这一表述如今在英语国家极为流行,但它的渊源在欧洲。中世纪大学中很早就有关于语言学习的拉丁文"major"和"minor"的提法,而最直接的来源是 19 世纪德国的大学,因为秉持专深研究取向,学生撰写论文必须相对聚焦特定领域。尽管德国的大学长期没有设置学士学位,但它的研究型或哲学硕士和博士学位论文写作要求的专门性,使学生的学习不得不

---

[1] 曾昭抡.高等学校的"专业"设置问题[J].人民教育,1952(9):6-9.
[2] 周川."专业"散论[J].高等教育研究,1992(1):80-81.

收敛并聚焦特定领域,这种专深探究与学习取向为美国高校本科专业的设立提供了启发。聚焦特定领域,意味着要有专长,即 specialty,但 specialty 与 major 并不等同,前者是后者追求的目的或结果。若再往前追溯,在特定领域拥有专长其来有自,欧洲中世纪大学中便有之,如中世纪大学文学院之上的法学院、医学院和神学院,都有一定专门化倾向。这些专业学院建制至今绵延不绝,在传统大学中依旧存续,尤其法科和医科早已成为综合性大学中历史最悠久的高层次专业,即人们公认的 profession。但中世纪大学与现代大学不可同日而语,中世纪大学不存在现代意义的本科概念,当今大多数国家高校中的医学院、法学院、商学院及公共卫生学院多为研究生层次的专业学院,因此 specialty 与 profession 的内涵也不尽相同。后者更具高深和专门意味,在今天多指要经长期学术训练与专业实践才能从事的高门槛专门职业,而前者涉及面相对宽泛,可覆盖如今高度分化的中学后本科乃至更低层次的教育,考虑到各国的学制差异很大,本书我们权且把综合性大学里高中后至硕士前这一学段统称为本科或相当于本科的层次。简单地回溯历史即会发现,今天的本科专业教育,即注重专长训练的中学后教育,其实历史并不悠久,最初创立它的甚至不是最典型的传统综合性大学。直至 19 世纪末,欧洲大多数传统大学,如英国的牛津大学、剑桥大学等,在学科分门别类格局逐渐形成的背景下,其本科层次教育依旧不同程度体现着传统博雅教育或整合教育的理念,只不过相对于中世纪大学,它们的培养过程更突出人文素养与科学精神的训练,宗教意味趋于淡化。在 19 世纪末,德国大学学生的注册与学习还主要在哲学、医学、法学和神学四个学部(faculty),这与中世纪大学相似,不同之处在于各学部的地位不再有明显的差别,相对而言甚至哲学学部的地位有所提升。通常在德国大学的哲学学部,学生对特定领域的专注在很大程度上表现为对相关学科、科目乃至课程的偏好。在英国授予学士学位的文科院系中,相当长时间内"还保留着中世纪传统的遗风",真正的专长训练和科学教育往往是"在高深学问的中期或后期集中学习的",它其实已经延伸到硕士乃至博士层次。无可否认,19 世纪也的确为大学各学科逐渐趋于分化与专门化的时代。为争取学科的合法性并赢得讲座地位,欧美综合性大学众多分科性的院系逐渐成形,并且相互之间在本科或相当于本科层次出现了围绕生源和其他资源的竞争。由此,立足学科门类的准专业化训练体系也通过相关课程组合与考试要求得以确立。例如德国大学的哲学学部,有哲学、文献学、历史、数学、科学、政治科学、经济学、森林学、农学、药学、地理学等不同讲座与主修科目。严格地讲,这种相当于本科层次的准专业教育与外部社会职业分工没有多少关联,尽管它的文凭与资历在德法等国被视为从事教师、公务员等职业的重要依凭,也是接受更高层次教育(如成为学术接班人的博士生教育)的基本资格要求,但它体现的是学科逻辑,或者不妨说它相当于学科教育。这种由特定学科衍生的本科专业在今天的高校中依旧盛行,尤其是基础研究领域,如物理、化学、生物、历史、地理、经济学和政治学等。但是,即使有相同的称谓,如学科和专业意义上的物理,两者也不能等量齐观。

从历史的角度来看,与职业高度相关的本科层次专长训练在欧洲大多初发于传统综合性大学之外。1794 年法国大革命之后,随着传统综合性大学的取消并以专业学院取而代之,法国的大学校开始蓬勃发展,其中包括巴黎理工学院、巴黎高师、巴黎矿山学院等。这些大学校尽管也注重学术训练,但更强调应用性与职业化。19 世纪中叶以后,英国的红砖大学为满足城市和地方工商业的需求，开创了一种不拘泥传统学问机制的专业化培训体系。这个体系旨在解决工商业实践中的问题，涵盖了应用科学与技能培训。在这一时期，出现了一系列直接与工商业、民用建筑、化学工业和经济贸易等领域相关的专业。法国的大学校专门化培养模式对西欧、俄罗斯和美国的高等教育产生了重要影响。这种模式催生了许多应用科技型院校，例如美国的西点军校和理工院校，以及俄国和中国的行业特色院校。这也促使众多应用科技型工程和技术类专业进入大学体系。总的来说，这些历史发展表明，应用科技型教育和职业化培训在一些国家起初是在传统综合性大学之外兴起的，强调实际应用和职业需求，为产业和社会提供了高素质的专业人才。这一模式在全球范围内影响深远，塑造了不同国家的高等教育格局。

进入20世纪后，随着各国高等教育的普及和民主化进程迅速发展，高等教育的入学比例显著提高。这导致大学本科层次的专业设置与社会产业结构、职业分工以及劳动力市场需求之间的联系变得日益紧密。在这一过程中，传统的自由教育主导格局开始受到冲击，同时也逐渐超越了专业和学科之间的划分，以及专业完全受制于学科逻辑的限制。然而，本科教育一直处于一种尴尬的位置。与职业和技术类院校相比，本科教育更强调理论性，但相对弱化实践性。而与研究生教育层次相比，本科教育在专业化（professionalization）程度上明显较低。它强调与社会职业分工结构相契合的应用性，但与大学天然的学科取向和学术品质的追求之间存在明显差距。因此，人们对本科教育的内涵、外延以及其在现实中的定位一直存在疑虑和挑战。这个问题从始至终都是备受争议的。尽管在高等教育领域有不同的观点和理解，但如何将本科教育与社会需求和学术标准相协调，仍然是一个复杂而重要的问题。早在19世纪初伯明翰大学初创时，围绕各个应用型专业的设置就存在不少争议，人们认为它所推崇的工业文化与学术文化不相容，不仅如此，在面向产业需求时，无论课程内容的遴选还是不同课程的组合，恐怕都很难满足产业界复杂多样的"有用性"标准。其实即使在今天，上述有关学术性与应用性的争议依旧存在，在传统综合性大学中争论更为激烈，甚至对本科教育应为专业教育还是准专业教育，人们也各执一词，难以形成共识。

在20世纪50年代，鉴于这种复杂性，美国斯坦福大学教授考雷（W.H.Cowley）给予本科教育的专业训练以三种定位：[①]

(1)无任何职业考虑的类别，如历史、经济学、化学等，仅为知识而求知的学科专业化。

(2)为进一步深造而获得高层次专门职业（如律师、医生以及学术工作）作准备的类别。

(3)为直接就业作准备的类别，如工程、家政、商业、体育等。

考雷的简单分类方法实际上是一种根据学生的兴趣和未来职业规划提出的专业化策略。尽管它可能有一定的实用主义倾向，但至少为我们更广泛地理解当前本科专业的背景提供了启示，可以将其广泛解释为基于学生的兴趣和未来职业需求，由学校设计和构建的一系列教育项目和方案。在这种理解下，"program"（项目）是一个包容性的概念，可以包括主修专业（major），也可以包括辅修专业（minor），甚至可能包括其他各种类型的培训项目。这种方法强调了个性化和学生导向的本科教育，允许学生更好地定制他们的学习

[①] 阎光才.本科专业与本科教育"通"和"专"定位的迷局[J].高等教育研究，2021(6):69-79.

路径,以满足他们的兴趣和职业目标。总之,这种基于学生兴趣和职业规划的专业化策略,虽然可能带有实用主义的色彩,但为本科教育提供了一种更灵活、更个性化的方法,有助于培养具有特定领域知识和专长的学生。这种方法也强调了教育的目标是更好地满足学生的需求,并使他们更好地准备面对未来的职业挑战。

二、学科与专业、学科建设与专业建设的区别与联系

(一)学科与专业

学科与专业既具有不同的方面,也有其相互的密切联系。

1.学科与专业的区别

(1)概念内涵不同。如前所述,学科是指对知识的分类,而专业则是指课程的一种组织形式。

(2)目标不同。学科的核心是知识的发现和创新,学科的基本特征是学术性,学科以本学科研究的成果为目标,学科发展成果是学科发展的一种社会产出形式,包括科研论文、学术著作、技术革新、专利发明、咨政报告以及成果转化等,也包括通过硕士、博士授权学科建设,培养高层次创新型人才。专业则以为社会培养各级各类专门人才为己任,适应社会对不同层次人才的需求,专业发展成果则体现为培养出高素质的高级专门人才,如金融、会计、计算机专业人才等。

(3)构成要素不同。一个独立成熟的学科标志是:特定的研究对象、完备的学科体系结构以及成熟的方法论体系,其中学科体系构成学科的主体部分。而专业则以人才培养目标、规格、课程体系、教师和学生等为基本要素,其中人才培养规格是人才培养目标的具体化,包括受教育者应达到的专业素质、能力素质和人格素质等。它是大学依据社会需求而设定的某类专业人才的质量标准,也是制定专业培养方案、设计课程体系和教学内容的基本依据。人才培养规格由于受到社会需求、区域发展、办学条件水平的影响而具有多样性的特点,这也形成了不同高校人才培养的差异性以及特色和优势。

(4)划分原则不同。学科的划分,遵循知识体系自身的发展逻辑,因而形成树状分支结构。而专业,是按照社会对不同领域和岗位的专门人才的需求来设置的,不同领域专门人才所从事的实际工作,需要什么样的知识结构,专业就组织相关的学科来满足。专业以学科为依托(基础),有时某个专业需要若干个学科支撑。

(5)学科与专业的发展动力不同。学科发展的动力表现为多元性,有解决社会政治、经济和科学技术发展中现实问题的需要,也有进行基础性知识创新和科学研究的需要,还有学者出于对学科或知识的兴趣和敏感性而进行自由研究的需要。专业发展的动力则主要表现为社会对高级专门人才的需求,专业设置与专业结构、培养类型与培养层次、课程体系与教学内容,以及招生规模与毕业生就业等都要依据经济社会和科学文化发展的人力资源需求而确定,并适时进行动态调整。[①]

---

① 钟秉林,李志河.试析本科院校学科建设与专业建设[J].中国高等教育,2015(22):19-23.

(6)从发展变化而言,学科具有相对的稳定性,而专业则是相对易于变化的。学科是科学研究发展成熟或较为成熟的产物,"称一个研究范围为一门'学科',即是说它并非只是依赖教条而立,其权威并非源自一人或一派,而是基于普遍接受的方法和真理"①。学科的发展具有相对的稳定性,即便是一些交叉学科、边缘学科等也都有自己相对稳定的研究领域。而专业则随着社会产业结构的调整和人才需求的变化而变化,新的专业不断涌现,而老的专业不断被更新或淘汰等。

2.学科与专业的联系

(1)学科与专业是一种交叉的关系。例如,化学学科与化学专业,两者是一种交叉关系,要从事化学专业工作必须掌握大量的化学学科理论,但同时还要掌握其他学科的理论,如工程学科、计算机、外语、管理学等;化学学科又可以分出很多分支,如化学工程、化学工艺、生物化工、应用化学等,而这些学科分支知识并不是每个化学专业都必须具备的,所以说化学专业是由适用于这一专业需要的若干学科中的部分内容构成,而不是若干学科中的全部内容构成。因此,专业可以看作是对学科知识的切块和组织。对各种学科知识根据一定的要求进行切块和组织,即构成一定的专业,满足社会对人才的需要。

(2)学科与专业是一种相互依存、相互发展的关系。学科是专业发展的基础,专业是学科承担人才培养的基地。专业的发展离不开学科水平的提高,如前所述,任何一个专业都有其构成这一专业知识的主干学科作为自己的支撑。专业要以学科为依托,科学技术发展到何种程度,教育也发展到何种程度,人才培养的质量,取决于学科水平。同时,也只有学科的分化和综合达到一定高度,才有相应的高新技术专业出现。

(3)学科和专业的联系主要是以课程为中介来实现的(图5-2-1)。一方面,学科知识是构成课程的元素,学科为课程源源不断地提供构建材料,课程是按教育学规律对学科知识的传播、改造和拓展,同时,学科也要根据课程要求加强学科研究方向;另一方面,专业可以理解为课程的组合形式,即课程是构成专业的要素,课程支撑着专业,同时,基于社会需求,根据专业知识结构要求来编制课程,学科的人才培养功能是以课程为依托实现的。

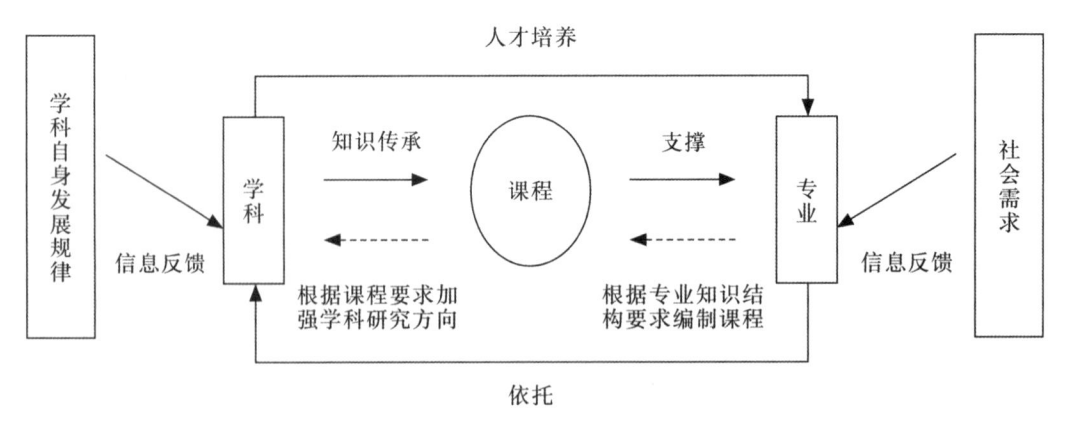

图 5-2-1 学科、专业、课程三者关系

---

① 华勒斯坦.学科·知识·权力[M].刘健芝,译.北京:生活·读书·新知三联书店,1997:3.

(二)学科建设、专业建设的区别与联系

1.学科建设与专业建设的主要内容

如前所述,"学科建设"是一个含义比较广泛的概念。学科建设主要是指通过理论体系的构建,使其制度化,然后通过学科设置、学科建制等过程,从而建立起该学科的训练制度和研究制度。就一所大学而言,学科建设可分为三个层面。

(1)宏观学校层面:主要涉及学科定位、学科规划、学科设置、学位点设置、学科门类、学科结构与体系、交叉学科、学科群的构建与形成等一些宏观问题,其目的在于形成一些有影响力的学科群或一流学科,优化学校学科结构和学科布局。

(2)中观层面:主要就一级学科的建设而言,主要是指学科群的建设。学科建设主要是指通过学科群的建设,即通过学科划分、学科设置、学科建制,使得一级学科下面的分支学科不断增多,社会建制不断扩大,研究经费更加充足,对问题的认识进一步加深。

(3)微观层面:就单一的二级学科建设而言,主要是通过学科方向的凝练,学科带头人的遴选与培养,学科基地的建设等提高学科建设水平。在高等学校,二级学科是一个基本的学术单元,是最基层的学术组织,学科建设必须扎实地立足该层面,才能提升学科建设的水平。

学科建设的上述几个层面是密切相关、互为影响的,我们通常讲的学科建设,往往是在不同的情景下,强调某个层面,事实上,每一所高校的学科建设无不由以上几个层面有机组合而成。

专业建设也可分为宏观和微观建设两个层面。

(1)就学校层面而言,专业建设主要考虑专业设置、专业布局、专业结构的调整优化、重点专业的建设与扶持等宏观层面问题。

(2)就具体某一专业而言,主要包括社会发展需求的追踪,制定专业培养目标与规格,制定专业教学计划,进行课程建设、教材建设、实训基地建设、教学方法革新等内容,以提高教学质量为目标。

2.学科建设与专业建设的区别

就目前与高等教育有关的学科分类标准,《博士、硕士学位和培养研究生的学科专业目录》与《普通高等学校本科专业目录》看,我们通常谈论的大学专业与二级学科对应于一个层面,而我们通常提及的学科建设,往往也指二级学科的建设,因此,下面探讨专业建设与学科建设的联系和区别,主要是从二级学科意义上探讨的。

(1)目标与建设侧重点不同。专业建设侧重于教学,以提高教学质量为中心,出发点和归宿是人才培养。而学科建设侧重于科学研究,以出高层次、前沿性的科学研究成果,在一定科学和知识领域形成有特色和优势的学术为目标。

(2)内涵要素不同。专业建设的主要内容是专业人才培养目标制定,教学计划调整,课程开发,教材建设,实验室建设,实习基地建设,师资队伍建设,教学方法手段革新等,其中课程建设、师资队伍建设、教学条件建设是重点。而学科建设的主要内容是研究方向的确定,研究基地的建设,学科梯队的建设,学科组织建制的建设等。

(3)建设成果的评价标准不同。专业建设也涉及科研水平、师资力量,但更着重于学生质量,以培养出的学生是否能满足社会需求,是否受欢迎来判断专业建设的成效。如高水平的专业一般应具有以下特征:培养目标明确、具体,人才培养方案科学合理,人才培养

过程规范、完善,师资队伍素质好、水平高,教学条件好,教学手段先进,毕业生就业率高,社会声誉好。而学科建设的成果标志是高质量的科研成果,如国际级、省部级成果的科研课题情况,进入 SCI、SSCI、EI、ISP、CSSCI 等国际论文检索系统,国家权威刊物,核心刊物的数量,高层次的科研、教学成果奖等。学科水平的衡准标志往往也按学科的级别、培养人才的级别来衡量。

3.学科建设与专业建设的联系

(1)学科建设是专业建设的基础。学科是专业发展的基础,专业是学科承担人才培养的基地,一所大学的人才培养质量,取决于这所大学的学科水平。学科建设为专业建设提供的基础包括:高水平的师资队伍、教学与研究的基地、包含学科发展最新成果的课程教学内容等。[1]

(2)课程建设是学科与专业建设的连接点。学科建设促进了学科的发展,提高了教师的科研水平,从而能够使某一学科产生新理论、新方法,将这些新的内容充实到教材、课程体系中,整合至人才培养过程内,就能有力地促进专业建设。同时,在专业建设过程中,也常常会对与学科内容密切相关的课程内容提出新的要求,从而在一定程度上对学科建设起到拉动作用。

(3)在实际的学科建设和专业建设中,都涉及队伍建设、基地建设、条件建设、制度建设,虽然它们各自有不同的要求,但在资源配置上,很多情况下可以考虑通用、共享。

学科建设与专业建设的联系与区别如表 5-2-1 所示。

表 5-2-1　学科建设与专业建设的联系与区别

关联性		学科建设	专业建设
联系		专业建设依托于学科建设。学科建设凝练学科方向、探索学术前沿,为课程设置、教材编制、教学改革等专业建设起到引领和支撑作用。专业建设对学科建设具有导向作用,专业是学科的选择和组合,对学科水平的提高具有促进作用。学科为人才培养提供的是教室、基地和课程;专业是按照社会的职业需求,依托相关学科来设置。	
区别	设置理念不同	学科设置按知识体系进行。	专业设置按社会对不同领域和岗位的专门人才的需要来进行。
	建设内容不同	学科定位、学科规划、学科方向、学术团队、学术成果、学科基地、学科管理运行制度以及人才培养等。	专业定位、专业规划、师资队伍、人才培养、专业培养目标和规格、专业口径、专业教学计划、课程体系、教材体系、教研教改、实训实习基地等。
	价值取向不同	侧重知识的发现和创新(科学研究),理论知识活动性强。学科建设水平是一所高校综合实力水平的总体体现。	侧重教育教学(人才培养),实践活动性强。专业建设水平是一所高校人才培养实力与水平的综合体现。
	评价指标不同	主要是学科特色、学科队伍与学科资源、研究生人才培养质量、科学研究成果、学科评估以及社会服务与学科声誉等指标。	主要是专业特色、师资队伍("双师型"教师)、培养模式、教学资源、本科教学工程、专业认证、教学成果奖、教学质量保障、培养效果与就业质量、校友质量、专业声誉等。

---

[1] 吕红军.应用型本科高校学科建设的策略思考[J].宁波大学学报(教育科学版),2020(1):80-84.

综上所述,学科建设不能替代专业建设,专业建设同样也不能替代学科建设,为使学校有限的办学资源得到充分利用,在具体的建设过程中,既要充分考虑二者的区别和特点,因地制宜,重点突破,又要考虑二者的联系,统筹规划,整体前进。这样才能使学科建设、专业建设得到科学合理的整合,实现协调发展。

三、专业建设的主要内容

专业不同于学科,学科是知识分化、综合、交叉发展与分类管理的产物,而专业则是人才培养与社会分工相结合的产物。高校的核心是培养高层次专门人才,专门人才不是各行业、各领域中的通才、全才,而是在一定社会分工中一定领域、产业、行业、职业中的具有较高层次知识基础、专业能力、专业素养的专业人才。因此,高校中的专业对应于社会分工发展中对专门人才的要求。因此,高校中的专业定位、专业设置、专业发展等既要符合科学知识发展的规律,又要符合社会分工发展的需要,还要符合人才成长与人才培养规律的特点。

人才培养是高等学校的主要目的和本质核心,因此,专业建设也就成为高等学校基本建设的核心。专业建设就是围绕着专业的定位、规划、发展、评价所展开的一系列建设活动及其过程。

专业建设一般包括专业定位、专业规划、专业设置、专业发展、专业评价(专业评估与专业认证)等几个方面的内容。

(一)专业定位

专业定位就是指高校在设置、调整与改革发展过程中对其专业方向、专业结构、专业重点、专业特色等目标与性质的确定。没有明确的专业定位,就会使高校在其发展与改革过程中专业设置、专业调整、专业布局与专业评估走向盲目性、随意性和跟风式的发展,偏离应用科技型大学的办学方向。

应用科技型高校的专业定位与研究型大学的专业定位是有着本质不同的。研究型大学的专业设置主要是学科型的专业,它主要是按照学科、复合学科、交叉学科与多学科来设置专业,以培养学科型、学术型、研究型的专业人才,如哲学、文学、语言学、历史、经济学、金融学、物理学、化学、生物学、纳米技术、生物工程、计算机科学与技术、建筑学、物理哲学、自然哲学、物理化学、生物化学、大脑神经生理学、政治哲学与社会学等。而应用科技型大学的专业设置则主要是应用型的专业,它主要是按照学科与行业、产业、职业结合紧密的理论与实践性较强的应用性原则来设置专业,以培养产业型、职业型、应用型的专业人才,如机械科学与工程、车辆工程、计算机科学与工程技术、材料科学与工程、物联网工程、光电工程、建筑工程、财务管理、金融工程、物流工程与管理、商业管理、翻译、外语与商贸管理、服装设计与工程等。

德国应用科学大学的专业设置主要集中在应用性比较强,也比较容易就业的学科或专业领域,例如工程科学、经济学/经济法、社会福利与社会教育、行政管理和法律维护、计算机科学、塑造/设计、信息通信、健康/护理等。① 应用性可以说是应用科学大学专业设置的一个重要特点,也是其区别于综合性大学的一个根本标志。德国综合性大学的学科专业设置更多的是遵循学科发展的逻辑,重在培养学术型后备人才,其特点在于按照学科内部的发展逻辑设置专业,教学和科研也都十分重视推动学科的进一步发展。应用科学大学重在培养高层次应用型人才,即能够应用科学知识和方法解决实际问题的人才。与此相应地,应用科学大学的专业设置也是以有待于解决的实际问题和行业发展对人才能力结构的需求为导向的。因此应用科学大学很少设立纯粹的、基础性的自然科学(如物理学、化学)或社会科学(如社会学)。它们或者完全不设此类专业,如果设立的话,更多的也是设立应用性自然科学或社会科学,例如科隆应用科学大学(Cologne University of Applied Science)设有应用社会科学学院,开设社会工作管理、幼儿和家庭教育学、社会法律咨询等学士或硕士专业,最近又新成立了应用自然科学学院,开设技术化学和药剂学化学两个学士专业,并且计划开设物理技术和生物医学技术两个专业。

德国应用科学大学立足服务所在地区的社会经济发展,在专业设置上注重与当地的经济和产业结构接轨。例如布朗施维格/沃芬比特尔应用科学大学(Hochschule Braunschweig/Wolfenbüttel)的一个校区地处德国大众汽车公司总部沃尔夫斯堡,该校在这里专门设立了车辆技术学院,重点培养该地区需要的车辆制造行业的工程师。应用科学大学的专业设置不仅重视与地区经济和产业结构接轨,而且十分善于利用地区经济和产业结构的优势和特色,并将其转化为学校在学科和专业上的优势和特色。例如,不来梅应用科学大学(Hochschule Bremen)利用这一地区设有空中客车公司生产厂的优势,设立航空和航天科技研究机构,并且和汉莎航空公司一起开设了双元制的"航空系统科技与管理"专业。② 另外,它还利用地处不来梅港的优势,将船舶制造、航海科技等专业发展为全国领先的专业。其他一些应用科学大学也将所在地区经济和产业的优势和特色转化成了专业发展上的优势和特色。例如,埃斯林恩应用科学大学(Hochschule Esslingen)地处斯图加特地区,这里有奔驰和保时捷等汽车企业及大量的汽车零部件供应商,相应地,这所学校的机械制造和电子科技专业的水平在全国名列前茅。莱因美茵应用科学大学(Hochschule RheinMain)地处德国著名的葡萄园种植区,利用这种得天独厚的优势,开设全国独一无二的葡萄种植、国际葡萄经济以及园艺学等相关专业。这种办学策略既有利于学校的学科专业建设,凸显学校的办学特色,也有利于有针对性地培养地区经济发展所需要的专门人才,还有利于学生的就业。③

(二)专业规划

专业规划是高校对专业设置、专业调整、专业布局、专业发展的中长期谋划活动。由于应用科技型大学大都是由原高职高专合并与升格的本科院校和行业特色型院校所组成

---

① KMK(Hrsg.). Das Bildungswesen in der Bundesrepublik Deutschland(2008)[R].Bonn:KMK,2009:169.
② ANDREA F, VOKER M G, CHRISTOPH S.Innovations faktor kooperation[R].Berlin:Stifterverband für die deutsche Wissenschaft, 2007:37.
③ 孙进.德国应用科学大学专业设置的特点与启示[J].清华大学教育研究,2011(4):98-103.

的,因此,在其发展与改革过程中需要根据高校自身发展的条件变化、区域/地方与行业产业发展的新变化以及区域高校结构的变化进行专业设置、专业布局的动态调整与谋划。专业规划一般是高校中长期规划的重要组成部分,因此,专业规划的制定与高校中长期规划同步进行。

应用科技型大学在制定中长期的发展规划时,要遵循以下几个原则:

1.应用型专业为主的原则

在其专业设置与调整中,始终以培养应用科技型人才为主要目标,立足于设置应用型专业链群为主的原则,切不可盲目向研究型大学、综合型大学看齐。

2.区域/地方人才结构需要的原则

应用科技型大学的专业链群要紧密与区域/地方的产业链群相呼应。只有符合地方社会经济与文化发展需求的专业才会得到相关政府部门和产业企业的大力支持与合作,才能使高校专业链群得到持续快速的发展;否则就会成为无本之木、无源之水。为此,就需要做好区域/地方社会经济与文化尤其是产业发展对未来中长期人才结构需求的调研和企业人才需求规格与素质的调研,据此来设置与调整高校专业设置。

3.差异化与特色化发展原则

高等教育是个有机的生态群落,尤其是在高等教育较为发达的地区和城市。在一个较大的区域/地方内或在一个较大的城市中,存在着各种类型和不同层次的高等院校,往往是研究型大学与行业特色型大学、传统本科院校与新建本科院校、理工科技类与人文社科类、公办与民办、国家部属与省市公立等并存于一个区域或一个城市。因此,作为应用科技型院校要根据所在区域高校的不同类型与层次及其特色进行差异化发展,做到"人无我有,人有我优,人优我特,人特我强"专业链群与应用科技型人才培养。

4.动态调整的原则

高校的专业设置不是一劳永逸的事情,高校专业的产生、发展、调整是与外部社会需求、科学技术发展与高校办学定位与办学条件等因素密切相关的。应用科技型大学应根据外部社会需求、产业发展、科学技术发展和自身办学定位与条件的变化适时动态地不断优化和调整自身的专业链群,尤其是对落后不合时宜的专业、就业不好的专业、办学条件与办学特色较差的专业等要及时地压缩、合并、转设甚至撤销,以避免高校自身人财物等办学资源的浪费,更重要的是减少人才培养的浪费。

(三)专业设置

专业设置与专业布局是应用科技型大学专业建设的首要步骤与关键环节。因为这关系着应用科技型大学要培养什么人才、人才培养是否符合区域/地方社会经济发展需要的大问题。应用科技型大学的专业设置不同于全国性的重点院校,它的专业设置既要根据自身学科专业设置的历史传承与条件,更要紧密呼应所在区域/地方社会经济与文化发展对人才类型的迫切需求,其核心是专业结构的设置、调整与布局要与区域/地方的行业结构与产业结构发展相呼应。应用科技型大学的专业设置与专业布局要注重以下几个方面:

1.学校自身的专业设置现状与学科人员队伍的实际

应用科技型大学大都是新世纪由高职高专升格后的新建本科院校和传统行业特色型院校所组成。作为应用科技型高校数量主体的新建本科院校,其专业设置要立足已有的学科专业，尤其是符合地方社会经济与文化发展需求的富有特色的专业，在其高职高专专业办学条件与特色基础上，按照本科专业的新要求进行提升、优化与发展，切不可抛掉已有的特色专业、优势专业，追求热门专业的布局，另起炉灶，白手起家，模仿研究型大学的专业设置与专业布局。同样，作为传统行业特色型院校在高水平应用科技型专业建设中更应该立足已有的学科专业特色与优势，紧扣行业产业的发展需求，调整与优化专业设置与布局，切不可向综合型大学看齐，追求高大全的学科专业设置。近些年来，国内许多新建本科院校和行业特色型院校在其发展改革中，盲目地追逐研究型大学和综合型大学大而全的学科专业设置，追求市场热门专业而停办、弱化原本就已经发展得很好的优势专业、特色专业，从而导致高校趋同化和同质化的现状，这方面的教训值得深思。

2.呼应区域/地方社会经济与文化发展的需要

高校的核心任务是培养社会所需要的高层次专门人才，而应用科技型大学的核心任务则是培养区域/地方社会经济建设与文化发展所需要的高层次应用科技型人才。因此，人才培养目标类型决定了其专业设置与专业布局应紧密围绕着所在区域/地方社会经济建设与文化发展的中长期发展所需要的社会结构、产业结构和文化结构的高层次人才结构需要，其最核心的是专业结构要与区域/地方的经济结构与产业结构、技术结构相呼应。否则，培养出来的人才不能为当地社会经济与文化发展所需要，就会导致毕业生就业难或就业岗位与自身所学不一致，导致人才资源浪费。近年来，出现了一方面工厂、企业找不到合适人才的招工难，另一方面数以百万计的大学生就业难的"两难困局"。

地方性是应用科技型本科院校的区域特征。地方举办、地方投资、地方生源、地方就业、立足地方，这就决定了这些地方本科院校的办学发展必须依赖地方、面向地方、服务地方，为地方的社会经济文化建设培养急需的合格人才。应用技术型大学的学科专业设置、布局与调整优化应紧紧围绕地方经济建设的需要，学校学科专业结构与地方产业结构紧密互动，以产业结构调整驱动专业改革，建立动态的学科专业结构调整优化机制，整合相近或相同学科专业（方向），集中教学资源，形成学校专业（链）群与地方产业（链）群的紧密对接及互动的良性机制。一般来说，一个地市级城市只有一所地方本科大学，因此，地方本科应用技术大学应建构呼应本地支柱产业结构的学科专业结构。在某些较大城市或发达地区，本科院校就不止一所，甚至研究型大学、部属大学、省属大学、地市属大学与民办本科（包括独立学院）同时存在于一个城市。作为地方应用技术型大学就不应、也不必、更不可能呼应对接当地所有的产业结构来发展"大而全"的学科专业结构，而应该在充分分析区域/地方产业结构人才类型、层次需求的基础上，比较分析区域/地方内不同层次、不同类型高校学科专业的优势、劣势与品牌、特色，做好自身发展的 SWOT 分析，走差异化的发展道路，做大、做强、做好拥有自身独特优势和发展前景的品牌、特色学科与专业，以培养区别于其他高校的高素质应用科技型人才。

目前，在应用科技型大学的实践探索方面，上海电机学院、厦门理工学院、常熟理工学院、重庆科技学院、合肥学院等地方本科院校走在了国内同类型高校的前列，成为应用技术型大学实践改革的先行者。这些高校需要考虑的已经不是转型的问题，而是如何深化改革、打造特色、提升办学质量，进一步探索应用科技型大学的办学之路。它们在构建与地方社会经济结构紧密呼应互动的学科专业结构方面都有其值得借鉴的做法和经验。比如,2010年,厦门理工学院借鉴台湾科技大学实践经验,确定了"建设海西一流新产业大学"的办学定位与战略目标。在学科专业设置与调整优化布局上,按照国务院海西经济区发展战略和美丽厦门发展规划等战略要求,紧紧围绕厦门发展以先进制造业、高端服务业和战略性新兴产业为核心的"精品经济",努力打造信息消费、旅游会展、航运物流、软件信息服务与文化创意、特色金融、光电、生物医药等13条千亿产值的产业链,打造"休闲之城""艺术之城""智慧城市"的"美丽厦门"和加快自贸区建设的厦门特区城市发展定位及其对高层次应用技术型人才的数量、类型与规格等结构需求来动态调整本科专业结构布局,逐步形成了"特色的工科、精致的理科、应用的文科"学科专业定位,基本构建了"强工程、大文化"的学科专业战略布局。

值得警醒的是,应用科技型大学,不是地方经济发展的"应声虫",不能简单地追逐政府的口号与政策,而应该理性地分析地方社会经济当前乃至未来20年、50年甚至100年后的社会经济结构与人才需求结构和规格的发展趋势来构建学校的学科专业结构。那种机械地根据招生报考率、就业率以及地方政府的政策甚或领导人的口头指示就调整学科专业结构的做法,在理论上是不正确的,在实践上是有害的。"大学不是风向标,不能流行什么就迎合什么。大学应不断满足社会的需要,而不是它的欲望。"[①]大学不能牺牲自身的内在逻辑而成为某些外部政治、宗教、经济等社会组织的附庸和奴婢。

3.专业设置重视跨学科性,注重培养复合型人才

跨学科性是应用科技型大学又一个标志性的办学特色。作为一种具有普遍性的办学原则,它不仅体现在专业设置方面,而且表现在教学、科研和社会服务等方方面面。例如德国明斯特应用科学大学(Münster University of Applied Sciences)在其愿景中,跨学科性被明确定位为一项指导原则。该大学强调现代社会问题的复杂性,这些问题通常不容易被局限在某一特定专业领域或学科范畴中解决。为了提供全面而有效的问题解决方案,必须采用各种不同学科领域的方法,以便对问题有更深入的理解。因此,教学和科研中的跨学科合作变得愈加关键,同时也需要培养一种建立在这一基础之上的大学文化。除了明斯特应用科学大学之外,德国许多应用科学大学都明确地将跨学科性视为自己学校的特色和指导愿景,例如柏林技术和经济高校(Hochschule für Technik and Wirtschaft Berlin)将跨学科合作当作自己的一个办学原则。柏林阿里斯·萨鲁蒙应用科学大学(Alice-Salomon-Hochschule Berlin)则直接将自己的学校称作是一个"跨学科的高校",足见其对跨学科性的重视。

跨学科性是现代社会对高等教育的必然要求。应用科技型大学之所以格外强调跨学科性,是因为它们在注重解决实际问题的同时,强调合作与思考跨学科问题的重要性。随着知识经济的不断发展,涌现出越来越多的交叉学科领域,这进一步强调了培养具备跨学科知识和技术技能的复合型人才的紧迫性。因此,许多应用科技型大学纷纷设立了具备跨学科特点的专业,如经济工程、经济数学、生物技术和医疗教育学等。表5-2-2列出了汉诺威应用科学大学(Fachhochschule Hannover)的专业设置情况。我们从中不难看出上面提到的学科设置的两个特点,即应用性和跨学科性。

---

① 亚伯拉罕·弗莱克斯纳.现代大学论:英美德大学研究[M].杭州:浙江教育出版社,2001:3.

表 5-2-2 汉诺威应用科学大学的专业设置

学 院	本科专业	硕士专业
电子信息技术学院	电子技术、信息技术、机械电子技术、通信技术、技术编辑学、电子技术经济工程师、电子经济工程	传感技术与自动化技术、技术编辑学
机械制造与生物工艺技术学院	机械制造、设计技术(双元制)、机械制造中的技术数据处理、机械制造经济工程师、机械电子技术(双元制)、工艺能源与环境技术、生产技术(双元制)、技术营销(双元制)、食品包装技术、再生原材料技术、乳品食品技术	机械制造开发、乳品经济与包装经济、楼宇可持续性能源设计、再生原材料与可更新能源、过程技术与生产管理、机械制造中的价值创造管理
媒体、信息与设计学院	信息管理、室内建筑设计、新闻学、沟通设计、医疗信息管理、服装设计、产品设计、公共关系、活动管理、舞台设计与服装	设计与媒体、电视新闻学、信息管理与知识管理再教育、沟通管理
经济与信息技术学院	应用信息技术、企业经济学、银行与保险学、国际商业研究、经济信息学、银行与保险学(双元制)	应用信息学、企业发展
医疗护理、保健与社会学院	医疗教育学、医疗教育学(在职)、宗教教育学与护理、护理学(双元制)、社会工作(双元制)	护理业与保健业的教育科学与管理、儿童与青年医疗工作、社会工作

4.专业设置凸显特色性,注重专业之间的互补与协调

应用科技大学重视通过专业设置来凸显自身的办学特色,而且其专业设置上的特色表现出多元化特征。虽然应用科技大学都很重视凸显专业设置的特色性,但不同的应用科技大学却要选择不同的特色化办学策略。有的应用科技大学可将地区经济和产业结构的特色转化为本校专业设置上的特色,而有的学校专业设置上的特色则归因于自己独特的发展历史和办学传统。例如,德国柏林阿里斯·萨鲁蒙应用科学大学是德国历史最为悠久的以社会工作为重点的高校,所开设的专业有社会工作、健康和护理管理、精神治疗学等本科专业和临床社会工作、跨文化社会工作(与莫斯科人文大学合办)、护理科学等。这所高校的前身是成立于 19 世纪的社会妇女学校,1971 年与其他学校(如天主教艾琳娜韦伯学院)合并,改建为"社会工作和社会教育高等专业学院"。至今这所高校都保持着社会工作这一传统特色,也是德国到目前为止唯一一所以社会工作为专业重点的高等学校。德国南部巴登-符腾堡州的鹿特丹林业经济应用科学大学也是一所以特色专业著称的学校。这里开设的专业有林业经济、生物能源、水资源管理三个本科专业和一个可持续性能源技能硕士专业。该校在 1995 年以前是属于政府内部的行政性学校,负责为巴登-符腾堡州、萨兰州和莱茵兰-普法尔茨州培养在林业行业工作的公职人员。1995 年,学校被改制为普通招生的高校。不过,基于以前的办学特色和传统,学校在专业设置上一直保持在林业经济这一领域,并由此形成了自己的特色。[①] 位于勃兰登堡州的埃波斯瓦德可持续发展高校也属于此类"小而精"的特色型高校,其特色被称为"绿色",教学和科研都紧紧围绕着

---

① 孙进.德国应用科学大学专业设置的特点与启示[J].清华大学教育研究,2011(4):98-103.

自然保护、环境保护和可再生能源这类主题。

如果说学科门类相对较少，且学校规模不大（在校生都不超过 4000 人）的大学比较容易体现学科专业特色，那么，那些大规模的、多学科的应用科技大学的专业设置的特色如何体现呢？在这一方面，德国不来梅应用科学大学提供了一个值得分析的范例。不来梅应用科学大学现今开设 66 个学士和硕士专业，有 8000 多名在校学生。在一种富有前瞻性的特色化发展战略的指导下，这所学校从 20 世纪 80 年代便开始推行国际化办学策略。迄今为止，国际性已经体现在这所学校的方方面面。不来梅应用科学大学有三分之二的专业要求学生到国外完成外国学期。这所学校和世界上包括中国在内的 270 多所学校建立了伙伴关系。如果说，国际的学生交流是一种常见的国际化策略，那么不来梅应用科学大学与众不同的地方在于，国际性已经渗入这所高校设置的多数专业。例如，不来梅应用科学大学设置的 66 个专业中，明确标明是"国际专业"的数量为 29 个（占全部专业数 44%）。事实上，在那些不带有"国际"字眼的专业中也一样有国际化的维度。因此，国际性可以算是不来梅应用科学大学的一大办学特色。与此相适应，这所学校将自己称为"一所欧洲的国际性高校"。这不是一个自夸的口号，而是以课程类型、课程内容和与国际高校的合作伙伴关系等形式得到的制度化的现实。

除了以上提到的一些专业设置上的特色外，应用科技型大学也应重视开设一些还没有被其他学校开设过的新专业。其中，有些专业在世界范围内是独一无二的，有些则是在全国范围内或是在本省市、本地区范围内独一无二的。不过，这并不是盲目地设立新专业，而是注重与现有的学科专业相互协调和互补。指导原则是利用现有的优势学科发展相关的优势学科，从而形成优势学科群。例如德国维尔道应用科学大学（Technische Hochschule Wildau）的后勤学专业在全国居于前列，考虑到所在地区的机场处于发展和扩建之中，于是该校有针对性地开设了航空后勤学和机场管理专业。

最后，还有一类学校因为规模比较大，不能选择"小而精"的特色化战略，反而可以依靠自身规模优势，走向"大而全"的特色化发展道路，强调那些小型特色学校所不具备的多样性。以德国为例，科隆应用科学大学是德国最大的应用科学大学，拥有超过 16000 名学生，开设了 70 多个不同专业。而慕尼黑应用科学大学则是德国第二大、巴伐利亚州最大的应用科学大学，拥有约 14500 名学生，提供 60 多个专业。这两所大学的特点在于广泛的学科覆盖面和高质量的教育。因此，可以说它们在追求"多样性"特色化发展道路上取得了成功。

（四）专业发展

专业发展就是指所设立的专业能够得到良性的健康的发展。专业发展的核心就是专业内涵的提升，就是专业师资、课程、专业办学条件（教室、实验室、工训室、图书资料室等）、实习基地等要素内涵的提升与发展。许多新建本科院校由于办学基础与办学条件不足，在其发展中快速新上了许多本科专业。这些新办专业大都由于缺乏专业师资、实验室等导致所需开设的专业课程开不齐、开不足、上不好，导致教学质量严重缩水。这一点在许多中西部新建本科院校和民办本科院校存在较为严重，即便是在东部发达地区或城市的新建本科院校也存有此类现象。因此，专业设置的科学论证、专业条件的建设尤其是高水平师资（双师型）的引进与培养在专业内涵建设中就是十分重要的事情。

(五)专业评价

专业建设的最后一个环节就是对专业建设的过程性和终结性的评估与判断。这种评估与判断包括专业评估与专业认证两个方面。专业评估既包括学士学位专业授予权的评估,又包括本科专业的常规性评估。这种评估往往是水平评估,评估结果一般可分为优秀、良好、合格和不合格几个等级,等级为不合格的专业要限期整改,限期整改后再不合格的要停办。

专业认证是目前国际国内对专业质量达到一定国际或国家、行业标准的一种认证过程。它最早源于20世纪30年代的美国工程教育专业认证,后来逐步扩展到世界大多数国家,成为工程教育本科专业的一种专业评估范式。国际上本科高校专业认证一般参照《华盛顿协议》[①]框架进行,高职院校一般参照《悉尼协议》框架进行,此外还有《首尔协议》《堪培拉协议》等针对计算机、建筑、艺术等不同专门专业领域的国际性认证。我国的专业认证一般是教育部高等学校评估中心组织实施的工程教育认证、住建部组织实施的建筑领域的本科专业认证和台湾地区的中华工程教育学会(IEET)[②]组织实施的工程教育认证,由专门的职业或行业协会(联合会)、专业学会会同该领域的教育专家和相关行业企业专家一起进行。我国工程教育认证主要倡导三个基本理念:

(1)学生中心理念。强调以学生为中心,围绕培养目标和全体学生毕业要求的达成进行资源配置和教学安排,并将学生和用人单位满意度作为专业评价的重要参考依据。

(2)产出导向理念。强调专业性教学设计和教学实施,以学生接受教育后所得的学习成果为导向,并对照毕业生核心能力和要求,评价专业教育的有效性。

(3)持续改进理念。强调专业必须建立有效的质量监控和持续改进机制,能持续跟踪改进并用于推动专业人才培养质量不断提升。

一般通过专业认证的专业就达到了国际标准或国家标准,是合格的本科专业,所培养的人才质量就会得到国际或国家的高度认可。

建立与完善应用科技型专业质量标准。加强专业建设,还应尽快建立应用技术型专业质量标准,启动校内专业评估,完善专业教学质量保障体系,做好国家、国际性的工程类专业认证工作,以点带面,推动专业建设的常态化、规范化、特色化、品牌化建设。当前,教育部的各类教学指导委员会的委员大都由来自国内研究型大学的学科专家组成,因此,制定的专业质量标准自觉不自觉地适合于研究型大学或研究型大学专业的评估。因此,教育行政部门、应用科技大学联盟或高校自身应根据应用科技型大学的本质要求、办学目标和定位来制定适合应用科技型大学的专业质量标准体系。

---

① 《华盛顿协议》是一项工程教育本科专业认证的国际互认协议,1989年由美国、英国、加拿大、爱尔兰、澳大利亚、新西兰6个国家的工程专业团体发起成立,旨在建立共同认可的工程教育认证体系,实现各国工程教育水准的实质等效,促进工程教育质量的共同提高,为工程师资格国际互认奠定基础。

② IEET(Institute of Engineering Education Taiwan 的简称),即中华工程教育学会,成立于2003年,并于2007年成功晋升国际工程教育认证协议-华盛顿协议(Washington Accord,WA)正式会员,是台湾地区三大专业评鉴机构之一,主要规划和执行符合国际标准的工程教育(ECA)、资讯教育(CAC)、技术教育(TAC)及建筑教育(AAC)的认证;认证执行委员会委员包括学术界的资深教授、产业界十年以上的资深工程师以及行政管理者等。

三、专业建设更要重视加强专业群的建设

专业群建设往往是当前我国高校比较容易忽视的一个问题。笔者曾于2014年提出在地方高校转型发展与建设应用技术型大学中要注重加强专业群的建设。[①] 2015年10月,教育部、财政部和发改委联合颁发的《关于引导部分地方普通本科高校向应用型转变的指导意见》指出,我国高校人才培养的方向为建立对接产业链和创新链的专业体系,打造具有特色的专业群。这为高校专业群和产业群的对接指明了方向。

专业群是指由若干个相近、相关的专业或专业方向共同组成的具有科学合理稳定结构的专业集群,是面向产业集群或与区域/地方产业链对接的技术技能人才培养综合体系。专业群的组建要科学确定组群逻辑,符合产业需求和专业建设规律,有利于推动教育链、人才链和产业链、创新链的有机衔接。产业群是在一定区域/地方内具有关联性的企业、生产商、原料供应商、金融机构以及其他服务机构聚集起来,形成一个互相关联、互相带动的产业聚集区域。产业群的发展壮大及其核心竞争力的构建,为高校专业集群的发展提供了广阔的前景。反之,高校专业集群为产业集群提供了智力支持和人才保证。由此可见,产业群和专业群是互相融合、互相支撑的关系,只有提高二者的匹配程度,才能产生协同演化的效果。因此,分析专业群和产业群的匹配性,研究提高专业集群与产业集群匹配程度的动力因素与发展路径,以及高校应当如何发挥规划、引导、支持和监督方面的职能,对于推进高校专业建设改革和优化教育资源配置具有重要意义。

新建地方本科院校往往顾及了发展应用性的专业,却忽略了从专业群可持续发展的整体角度来谋划、调整和布局,从而阻碍了资源共享与学生专业群体的相互影响、和谐发展。研究型大学的专业群,往往由一级、二级、三级学科衍生,是基于学术型、研究型人才培养和知识创新而构建的。高职院校的专业群,往往直接对接地方的产业职业群构建,专业间不一定有密切的互动共生联系。应用科技型大学的专业群,应该是既立足呼应与对接地方产业职业群结构,又要考虑专业的可持续发展,应由学科引领与产业职业群呼应对接而构成的专业集群。应用科技型大学专业群应是一个由基础性主导专业和由此衍生出来的、与之相共生的几个应用性专业而构成的专业集群,形成每一个专业群内在的"母子"血肉依附共生关系。强调以应用技术型的专业为主体,并不是要求所有的专业都是应用技术型,每个专业群应有一个基础学科性的母体专业作支撑。这样,才会促进专业(链)群可持续发展,成为真正的专业集群,实现资源共享与学生专业群体的相互影响、和谐发展。

在专业群的建设过程中,要注重加强基于达成专业群的内涵建设。专业群建设要达成三个方面的内在要求:一是要调研、分析与符合专业需求。分析产业链关键环节、关键要素对所对应专业提出的人才培养需求、服务面向需求。参照专业评估、工程教育专业认证、国际认证标准和"卓越"标准、行业专业认证标准,联合产业行业企业完善专业群内各专业建设标准。二是要达到产业链群共性要求。分析产业链群对专业链群内部各专业的共性要求,根据"共性要求"建设面向产业链群的相关课程链群。三是达到相互关联要求。

---

① 董立平.地方高校转型发展与建设应用技术大学[J].教育研究,2014(8):64-71.

分析并适应产业链群各关键环节、关键要素之间相互关联（包括相互衔接、协作、渗透、交叉融合等）的关系，在此基础上，服务专业链群内部各专业之间相互关联的要求。

重组专业链群的应用型课程体系是专业链群建设的一个重要内容。课程是专业建设的核心，课程体系构建是专业建设的关键，专业集群建设要通过基于各群内专业的课程群来落实。课程体系构建中，须组建专业集群内相关专业共建课程模块，构建集群内各专业共享的实验、实训、实践、实习基地与平台资源，实现专业集群内师资调配使用的相互贯通与相互支撑。必须把握工作岗位、课程性质和授课对象三者之间的关系。课程设置既要考虑工作岗位群和国家职业资格的相关标准，又要考虑帮助学生职业生涯和持续发展的需要，提高学生专业迁移能力。通过"平台＋模块"进行核心课程群设计，以"平台"保证专业集群基本规格和全面发展共性要求，以"模块"实现不同专业（方向）人才的分流培养，实现不同专业的知识和能力培养目标。

例如，常熟理工学院根据新的社会需求和学校新的发展阶段特点，结合2009年本科合格评估专家意见，"适应地区经济社会发展，优化布局结构，充分发挥自身优势，合理利用资源""调整专业布局，形成相互支撑、优势突出的专业群"，常熟理工学院站在新的历史起点，在"十二五"规划中明确"机械、电子电气、信息、生物、材料、管理等应用学科专业群"六大重点发展领域。依据专业建设规划，学校按照群落状建设、选择性做强、结构性提高、交叉点生长的专业建设原则，继续深化专业群建设。首先，"群落状建设"。将应用型专业集群作为学校"十二五"以来专业结构调整的重要依据，充分考虑新老专业与专业群的融合程度进行专业增设、改造、调整与退出。其次，"选择性做强"。学校对专业进行分类建设。对于社会经济发展急需、于专业群落起到重要支撑作用的核心专业进行特色培育，形成一批自动化、新能源科学与工程、机械工程、计算机科学与技术、材料科学与工程等省内外具有一定影响力的优势专业。再次，"结构性提高"。通过核心专业辐射带动，专业群落结构整体质量得以提升。2012年，五大应用技术专业群以专业（类）形式分别获批立项能源动力类、自动化类、计算机类、生物工程类、机械工程5个江苏省"十二五"重点专业建设项目，专业集群效益开始凸显。最后，"交叉点生长"。根据社会经济发展需要和群落自身发展优势，专业群内及群间生长出新的专业增长点，新布局了新能源科学与工程、机器人工程、物联网工程、生物制药、功能材料、电子商务等新业态专业。

历经多年的深化发展，常熟理工学院的专业群落出现新的变化：一是由粗放向细分方向发展，这是专业群数量和群内专业数变化的充分体现。以需求为导向，专业群通过新增专业、调整部分专业发展方向填平补齐产业链新需求，部分关联度不高的老专业逐步淘汰出群，专业群服务的产业链、创新链环节和层次更加清晰。如，机电工程专业群分化成机械制造和自动控制两部分，两者同时对接先进装备制造产业的不同环节，机械制造专业群主要以机械工程学科为基础对接苏南地区电梯、汽车等装备制造业前端的产品设计与制造环节。自动控制专业群主要以控制科学与工程学科为基础对接苏南现代制造业自动化测试控制的智能仪器、电气集成系统、工业机器人等设计开发制造环节。二是专业群间网络状结构更加明显。管理工程专业群分化出生产性和生活性两部分。特别是生产性部分的管理工程专业群发展在其自身群落得以丰富完整的同时，使得其他应用专业群对接的产业链自然延伸。如，机械制造专业群与生产性的管理工程专业群融合，构建了服务汽车整车及零部件研发、设计、生产、销售、商贸、物流、售后服务等产业链环节的群落生态。新生的跨群专业使得专业群之间联系更加紧密。新能源科学与工程专业,一方面既作为光电工程专业群的新发展方向使其从传统的电子信息拓展了光伏等新能源领域,光电工程专业群对接的产业链得到自然延伸;另一方面,以储能电池为核心应用新能源汽车领域,使得光电工程和机械制造两大专业群纵横交错,通过设置"太阳能及风力发电""新能源汽车"等课程模块方式服务两大专业集群。至"十三五"初期,常熟理工学院重点建设的6大应用专业群分化为8个,通过增设跨群专业、群与群连接的方式使得服务产业链的深度和长度得以延伸,常熟理工学院服务区域/地方产业集群的专业集群结构体系逐渐完善。需要特别指出的是,常熟理工学院以区域经济社会发展需要为导向,践行专业集群服务区域/地方产业集群,并不意味学校专业设置完全覆盖区域所有产业集群的完整产业链与创新链,而是充分考虑区域/地方内同类院校专业集群建设和自身发展优势的情况下,根据区域重点产业集群的特定产业链、创新链具体环节布局相应的专业集群,推进优势资源集聚,充分体现差异化发展特色。[1]

四、正确处理学科建设与专业建设的关系

学科建设与专业建设之间既存在事实上的资源与发展冲突,又存在内在的依附性、统一性与协同性。本科院校在内涵建设过程中,应该从顶层设计、资源配置和协同创新等方面处理好学科建设与专业建设之间的关系。

(一)加强系统研究和顶层设计,推进学科与专业一体化建设

高等学校要转变教育思想观念,树立先进的教育观和科学的发展观,在明晰办学理念、发展目标和发展战略与策略的基础上,对学科建设与专业建设进行整体规划。根据经济社会发展需求变化和科技文化发展的新趋势,适时调整和优化学科结构与专业结构,不断强化学科与专业的优势与特色;将学科与专业的组织领导、规划建设、管理体制机制以及评估与激励机制相结合,将人才培养、科学研究以及社会服务与文化传承创新相结合,着力推进学科与专业的一体化建设。

对于应用科技型大学而言,当前尤其需要进一步明晰学科与专业的内涵,厘清学科建设与专业发展之间的辩证关系,科学制定学校的学科建设和专业建设规划,促进应用科技型学科与专业的发展。要在学生的知识、能力、素质结构设计和社会与市场特定需求定位等方面加强系统研究,细化专业人才培养规格和质量标准,以应用科技型知识体系为支撑,不断提高专业建设与发展水平,努力提高应用科技型人才培养质量。在设计人才培养方案时,处理好通识教育与专业教育、理论教学与实践教学、夯实拓宽学科专业基础与加强职业能力技能训练之间的关系,优化课程体系,更新教学内容,创新学习方式,努力改善教学效率和学习效果。加强产学研合作办学和产教融合育人,在培养学生实践能力、提高学生就业和创业能力、养成学生职业发展潜力等方面进行多样化的探索,努力培养满足社

---

[1] 张晞,顾永安.地方本科高校专业集群布局与建设的探索与思考:基于常熟理工学院的案例分析[J].中国职业技术教育,2018(11):27-34.

会和用人单位需求的合格的专业人才。

(二)合理配置教育资源,促进学科建设和专业建设水平提升

无论是学科建设还是专业发展,都需要合理配置人力、财力、物力资源,并完善资源调配机制。一方面,本科院校应坚守以质量为核心的原则,遵循资源配置的均衡原则,协调学科建设与专业发展的关系,促进二者良性互动。在学科建设方面,需关注知识体系的系统性、前沿性和实用性,同时强调不同学科之间的相互支持、交叉合作和渗透,发挥学科群的综合作用,不断提升学科建设水平。在专业发展方面,除了关注人才培养目标和规格的设计,还需优化课程设置、强化师资队伍建设和促进学科专业间的跨学科融合,建立协调有序的知识传递机制,为高水平人才培养提供支持平台。另一方面,要坚持结构优化,应用资源配置的非均衡原则,有针对性地支持和发展符合社会需求且与学校特色相契合的特色学科专业和重点学科领域,并积极培养新兴学科专业。

对于应用科技型大学而言,当前尤其需要面向社会和市场需求,根据学校确定的人才培养目标和规格,将理论研究、技术创新、工程研发和人才培养有机结合,以社会及产业的需求和应用科技型人才培养所需的学科基础为导向,促进应用科技型学科的建设与发展。高度重视学科建设对专业发展的支撑作用,加大专业建设和师资队伍建设的投入,促进应用科技型专业发展和水平提升,培养高素质的具有职业发展潜力的专业人才。完善资源配置监督考评机制,实行绩效目标管理,建立学科专业负责人制度,形成合理调配、优先使用、共享共用的教育资源配置机制,不断提高资源利用效率,逐渐形成学科专业的特色与优势。

(三)深化综合改革,完善学科专业协同发展机制

学科与专业的内涵决定了本科院校的学科建设与专业建设是一项系统工程,应用科技型大学要以体制机制创新为切入点,不断深化综合改革,切实抓好内涵建设。要建立学科专业结构调整机制,完善专业准入、调整和退出机制,以构建科学的学科专业体系。打破学校内部各种壁垒,促进学科和专业资源的整合和合理配置,包括建立专业预警、学术参与和管理监控机制。改革教师聘任和考核机制,鼓励教师将研究资源转化为高质量教学资源,提高他们的教学科研能力,并积极参与人才培养和教学改革。加强与其他高校、企业、政府和社会组织的合作,建立利益共享和风险共担机制,推动政产学研合作和产教融合育人。通过体制机制和组织模式创新,实现互补优势,提高学科专业建设水平和人才培养质量。

要建立保障机制,确保学科与专业协同发展。首先,要建立学科反哺专业机制,鼓励学术带头人参与专业建设,共享研究基地,并将研究成果转化为新课程。其次,要建立资源保障机制,平衡人力、财力和物资资源,提高资源利用效率。最后,要建立评价与激励机制,双重评价教师,制定绩效评价体系,激励教师积极参与学科与专业建设。这些措施将促进学科与专业的一体化发展。

对于应用科技型大学而言,当前尤其需要依据教育法律法规和学校章程,深化学校内部管理体制机制改革。建立资源配置利益协调机制,加强教育教学质量监控和保障体系建设,发挥有限的教育教学资源的使用效益。加强教师队伍建设,采取有效的政策措施,

完善激励约束机制,优化教师队伍结构,提高教师的综合素质、专业水平、教学科研能力和实践能力;重视管理干部队伍建设,加强干部和管理人员的培养培训,提高他们的服务意识和业务素质。根据经济社会发展需求和文化科技发展趋势,优化学校内部治理结构,以学科或社会及产业需求为原则,调整院系设置、科研院所设置和学科专业结构;以精干高效和提高管理效能为原则,调整学校内部职能部门设置,为应用科技型学科专业发展和应用科技型人才培养提供组织架构和制度保证。

第三节 专业认证与专业综合改革的实践探索
——以厦门理工学院为个案

党的十九大对高等教育提出了"实现高等教育内涵式发展"的总体要求与战略目标。高等教育内涵式发展的基本单位是专业。专业是高校人才培养的载体,是高校推进教育教学改革、提高教育教学质量的立足点,其建设水平和绩效决定着高校的人才培养质量和特色。只有把每一个专业的内涵建设好,每一个专业的人才培养质量才会得到根本提高,整所高校的内涵建设与人才培养质量才会得到整体提高,整个国家的高等教育内涵建设与高等教育质量才会得到根本提高。因此,进行专业综合改革,加强专业内涵建设,创新人才培养模式,大力提升专业人才培养水平,就成为高等学校内涵建设与深化改革的关键点与重要目标。

2011年7月,教育部、财政部出台《关于"十二五"期间实施"高等学校本科教学质量与教学改革工程"的意见》(教高〔2011〕6号),提出了在"十二五"期间启动实施"专业综合改革试点"项目。2011年12月,教育部高教司下发《关于启动实施"本科教学工程""专业综合改革试点"项目工作的通知》(教高司函〔2011〕226号)[1],正式启动本科专业综合改革试点工作。但是,自项目启动以来,全国试点高校普遍存在着"重申报,轻建设;重宣传,轻行动;重目标,轻过程"的问题,致使改革的力度不大,改革的幅度不够深入,改革的效果不够明显。其根本原因就在于没有找到一个有效的突破口和改革路径。因此,找到一个有效的能够切实推进专业综合改革的突破口就是专业综合改革成功的关键所在。

一、专业认证的内涵及其意义

高等教育认证(accreditation)是一种资格认定,是保障和改进高等教育质量的考察高等院校或专业的"外部质量评估过程"。其中的专门职业性专业认证(specialized/professional programmatic accreditation,简称专业认证)是由专业性(professional)认证机构针

---

[1] 教育部高教司.关于启动实施"本科教学工程""专业综合改革试点"项目工作的通知(教高司函〔2011〕226号)[EB/OL].(2011-12-16)[2021-18-05].http://www.moe.gov.cn/srcsite/A08/s7056/201107/t20110701_125202.html.

对高等教育机构开设的职业性专业教育(professional education)实施的专门性(specialized)认证。即主要关注那些被公认为进入某特定专业或职业做准备的教育计划(区别于普通的文理教育专业)的质量,是由专门职业协会会同该专业领域的教育工作者一起进行的认证活动。专业认证主要对专业学生培养目标、质量、师资队伍、课程设置、实验设备、教学管理、各种教学文件及原始资料等方面进行评估。专业认证最早起源于美国,之后英国、加拿大、澳大利亚、墨西哥等高校也开始陆续引入专业认证制度。可以说,专业认证已经在专业性高等教育领域得到了广泛采用。工程教育专业认证,是指政府指定认可的认证机构或社会团体对高等学校工科专业的认证工作,"高等工程教育专业认证制度是在工程专业教育领域对其教育质量进行评价而制定出来的规则、程序以及规范,旨在使工程教育达到一定质量标准"。我国自2006年开始试行工程教育专业认证,教育部于2006年3月正式成立工程教育专业认证专家委员会及其秘书处和本科专业认证试点工作组。我国的工程教育专业认证工作正式启动。2016年我国正式加入国际工程教育《华盛顿协议》组织,标志着工程教育质量认证体系实现了国际实质等效,工程专业质量标准达到国际认可,成为我国高等教育的一项重大突破。作为《华盛顿协议》正式成员,中国工程教育认证的结果已得到其他18个成员认可。

开展工程教育认证的目标是:推动中国工程教育的质量保障体系持续完善,推进中国工程教育改革,进一步提高工程教育质量;建立与工程师制度相衔接的工程教育认证体系,促进教育界与企业界的联系,增强工程教育人才培养对产业发展的适应性;促进中国工程教育的国际互认。[①] 我国每年有120余万工科专业本科毕业生。通过认证的毕业生在《华盛顿协议》相关国家和地区申请工程师执业资格或申请研究生学位时,将享有当地毕业生同等待遇,为中国工科学生走向世界提供了国际统一的"通行证"。同时,认证结果在行业及企业内有较高的权威性,在部分行业工程师资格考试或能力评价中享有不同程度的减免和优惠。从国际工程联盟(International Engineering Alliance,IEA)工程教育与工程师互认体系看,只有建立与注册工程师制度相衔接的工程教育认证体系促进国际互认,才能提升我国工程技术人员国际竞争力。工程教育认证体系与注册工程师制度相衔接的核心——其培养目标,参照注册工程师资质能力的要求,才能逐渐与国际"工程师互认"内涵实质等效,也有利于我国今后国际"工程教育互认"与"工程师互认"之间的衔接。

专业建设是高校本科教学的基础性、持续性、引领性工作,涉及人才培养目标与定位、课程体系优化与重构、人才培养体系设计与实施、人才培养模式改革、师资队伍建设、质量监控与保障体系建设、评价体系建设等重要的本科教学工作。在以提高质量为核心,推动高等教育内涵式发展的过程中,专业建设的内涵式发展起着决定性的作用。"以学生为中心""目标导向""持续改进"是工程教育专业认证的基本理念,这些反映了当前国际工程教育发展趋势的先进理念,对于工科专业建设的内涵式发展具有很好的推进作用。[②] 专业认证正是很好地推进与实施"专业综合改革试点"项目的一个关键枢纽与突破口,能够有效地实现"本

[①] 中国工程教育专业认证协会.工程教育认证标准[Z].(2022-07-15)[2022-08-16].https://www.ceeaa.org.cn/gcjyzyrzxh/rzcxjbz/gcjyrzbz/index.html.

[②] 中国工程教育认证协会.工程教育认证办法(2017年5月修订稿)[Z].2017-05-26.

科质量与教学工程"中"专业综合改革项目"所提出的"在充分发挥高校的积极性主动性创造性,结合办学定位、学科特色和服务面向等,明确专业培养目标和建设重点,优化人才培养方案。按照准确定位、注重内涵、突出优势、强化特色的原则,通过自主设计建设方案,推进培养模式、教学团队、课程教材、教学方式、教学管理等专业发展重要环节的综合改革,促进人才培养水平的整体提升,形成一批教育观念先进、改革成效显著、特色更加鲜明的专业点,引领示范本校其他专业或同类型高校相关专业的改革建设"[①]的目标。

二、厦门理工学院专业认证改革进程

厦门理工学院是福建省属公立本科大学,实行省市共建、以市为主的管理体制。2007年5月通过学士学位授权单位及专业评估;2011年10月成为国家首批"服务国家特殊需求专业硕士学位研究生教育试点高校";2012年6月顺利通过教育部本科教学合格评估;2017年顺利通过教育部本科审核评估;2021年,现有全日制在校生21600余人(含研究生、留学生)。

学校秉持"以学生为本,为产业服务"的办学理念,确立了"开放式、应用型、地方性、国际化、亲产业"的办学定位,构建"以就业需求和素质养成为导向的实践性、创新型人才培养体系",遵循"明理精工,与时偕行"的校训,建设亲产业、开放式、国际化的高水平应用技术大学。现有64个本科专业,72个单独招生的专业方向,定位于"特色的工科、精致的理科、应用的文科",紧密对接厦门/福建的支柱产业和新兴产业,形成了"先进制造业、现代服务业、电子信息、文化传播、数字创意、城市建设与环境"等8条专业链,涵盖了工、理、经、文、管、艺等学科,逐步形成"强工程、大文化"的学科专业战略布局。

在全面推进专业综合改革试点项目的实践探索中,厦门理工学院紧紧抓住专业认证这一切实推进专业综合改革的牛鼻子,把专业认证与专业综合改革放到"全面深化学校综合改革"和实现"建设高水平应用技术大学"的战略目标中来统一部署,以点带面,全面有序地推进了全校的专业综合改革,提升了专业内涵建设,推进了学校的全面综合改革,切实提高了应用技术型人才培养质量。截至2021年底,全校64个本科专业,有46个专业通过了学校专业评估,有5个专业通过教育部工程专业认证,2个专业通过住建部专业认证,6个专业通过了台湾中华工程教育学会的IEET认证(见表5-3-1)。

表5-3-1 厦门理工学院专业认证通过一览表

认证专业	首次招生	通过专业认证时间	认证类型	认证结果	备注
车辆工程	2006	2016.11.30	工程教育认证	通过	ISEC、卓越计划、闽台(3+1、4+0)
机械设计制造及其自动化	2003	2017.06.18	工程教育认证	通过	卓越计划、闽台(3+1、4+0)

---

① 陈平.专业认证理念推进工科专业建设内涵式发展[J].中国大学教学,2014(1):42-47.

续表

认证专业	首次招生	通过专业认证时间	认证类型	认证结果	备注
计算机科学与技术	2011	2016.04.25	工程教育认证	通过	卓越计划、闽台(3+1)
土木工程	2006	2016.05.20	住建部认证	通过	普通班
建筑学	2007	2018.06.01	住建部认证	通过	普通班
电气工程及其自动化	2006	2017.04.15	工程教育认证	通过	普通班
电子信息工程	2003	2021.11.09	工程教育认证	通过现场考察	卓越计划
材料成型及控制工程	2005	2016.08.01	IEET认证	通过	卓越计划、闽台(3+1、4+0)
光电信息科学与工程	2011	2016.08.01	IEET认证	通过	卓越计划
软件工程	2009	2017.10.25	IEET认证	通过	普通班
环境工程	2007	2017.10.25	IEET认证	通过	普通班
通信工程	2007	2019.12.18	IEET认证	通过	普通班
电子封装技术	2010	2019.12.18	IEET认证	通过	普通班

加强本科专业建设规划,优化专业建设格局。自2010年开始,对全校64个本科专业进行校内分类评估与考核,按照"强工程,厚经管,大文化"的学科专业建设思路,根据厦门市及海西产业结构群(链)专业人才结构的需求规划出了七大专业群(链)建设格局,每一专业群(链)中根据不同专业在专业群中的性质、地位、实力、特色等又划分出了重点专业、优势专业、特色专业、支撑专业。为切实加大专业建设力度,推进深化专业综合改革进程,以工程类专业认证为突破口,率先进行教育部、住建部及台湾中华工程教育学会的专业认证,以点带面,引领与辐射全校所有本科专业,切实全面提高本科专业内涵建设,全面提高本科人才培养质量。

学校要求所有本科专业严格按照相关专业认证(评估)标准的要求进行专业改革与专业建设。条件成熟的申报学校校内评估,通过学校专业评估的才能申报相应权威机构的专业认证或评估。专业认证标准由通用标准和专业补充标准两部分构成。在学校自评并撰写自评报告的基础上,专家委员会还要到校实地考察、访谈以审核自评报告,并进行评价,得出认证通过与否的结论。

三、厦门理工学院专业认证与专业综合改革的主要关键点

学校在专业认证总体实施方案中要求,全校所有认证专业都要严格按照教育部中国工程教育认证协会、住建部专业评估委员会、台湾中华工程教育学会等所颁布的相应的认证标准与规范以及教育部所颁布的《普通高等学校本科专业类教学质量国家标准》进行专业认证、专业建设与专业综合改革工作。

认证标准是专业认证的基本评价标准，它是国际实质等同的专业达标指标。认证标准的基本内容就是要有合理的培养目标，明确的出口要求，完备的内容覆盖，足够的条件支撑，可靠的实施效果。现行认证标准由通用标准和专业补充标准两部分构成。通用标准规定了专业在学生、培养目标、毕业要求、持续改进、课程体系、师资队伍和支持条件 7 个方面的要求；专业补充标准规定相应专业领域在上述一个或多个方面的特殊要求和补充。理解标准的关键：每项要求背后是对毕业要求达成的支撑。理解标准，掌握尺度。非量化的标准项，数据化的证据。正确理解标准的"刚性"与各专业自身特色的"柔性"，创造性地进行专业综合改革实践创新。认证标准在内容设计上以学生为中心，以培养目标和毕业要求为导向，通过足够的师资队伍和完备的支持条件保证各类课程教学的有效实施，并通过完善的内、外部质量控制机制进行持续改进，最终保证学生培养质量满足要求。各指标项的逻辑关系如图 5-3-1 所示。

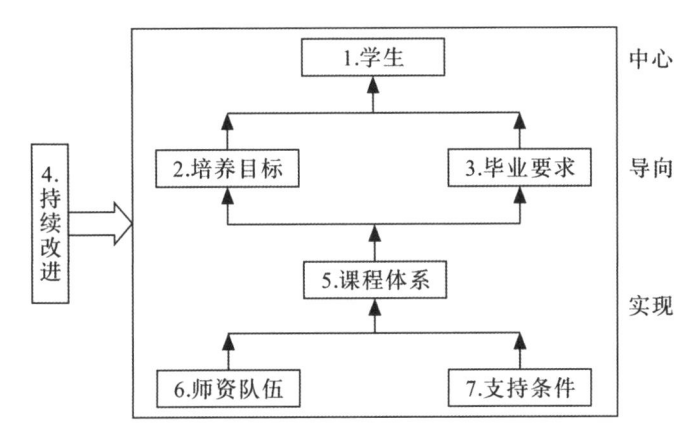

图 5-3-1　认证标准各指标项的逻辑关系图
资料来源：中国工程教育专业认证协会秘书处培训资料

（一）对照专业认证标准，确定培养目标、毕业要求，并重构和优化课程体系

工程教育认证标准要求"有公开的、符合学校定位的、适应社会经济发展需要的培养目标"。学校统一要求所有本科专业，都要根据学校的办学定位、厦门产业结构人才需求特点及本专业的专业认证标准、专业性质、专业特色来确定专业定位、专业特色与专业培养目标、毕业要求。

1.培养目标

培养目标（educational objectives）是对该专业毕业生在毕业后 5 年左右能够达到的职业和专业成就的总体描述。而毕业要求（graduate attributes）则是对学生毕业时应该掌握的知识和能力的具体描述，包括学生通过本专业学习所掌握的知识、技能和素养。修订后的 2022 版，进一步明确毕业要求支撑培养目标，二者只反映层次关系。传统上，国内各校培养方案中的培养目标实际为学生毕业时的培养定位，而非毕业生在毕业后 5 年左右能够达到的职业和专业成就的总体描述。

按照认证的要求，同时考虑到我国工程教育现状和专业培养方案的表述习惯，培养目标一般应该包括培养定位和职业能力两个方面，即在培养目标表述中应该说明毕业生就业的专业领域、职业特征以及应该具备的职业能力。专业领域和职业特征反映专业人才培养定位；职业能力是对从业者工作能力的概括要求，职业能力与专业的毕业要求具有对应关系。具体的培养目标要参照工程师资质能力要求，对学生毕业5年左右、用人单位及第三方调查，分析专业对所属行业/企业的适应性与前瞻性，形成相当于注册工程师资质的能力描述。培养定位（学生毕业后5年左右）要包含：能力特征概述；主要工作领域；人才定位。具体培养目标相当于工程师资质能力描述，是一个可分解若干具体点、精练的相当于注册工程师水平的技术/非技术类能力要求的宏观描述。描述培养目标与毕业要求均需围绕解决"复杂工程问题"，但技术/非技术类能力要求的层次不同。以前，各专业培养方案在描述定位与内涵问题时，往往存在着培养目标是毕业要求的概述，两者无层次感；培养目标重技能轻人文；培养目标没有脱离毕业时培养定位思维；缺乏参照系与行业实际结合等问题。

培养目标的制定受到内外部需求以及条件（包括社会和学校、用人单位和学生自身等）的影响，表述一般相对宏观和概括，兼具导向性和标准性，能够指导专业教学工作，同时可以实现宏观的衡量和评价。培养目标合理性评价是修订和完善培养目标的需要，重点关注培养目标与内外部需求的吻合度，包括全球化和工程技术发展趋势，国家和地区发展变化，行业和用人单位发展变化，学校定位和专业教育发展变化，学生和家长的期望等，专业可以面向各个相关利益方开展多种形式的调研（问卷、走访等），并对调研结果进行分析研究，形成评价结果。根据专业的服务面向和毕业生的就业去向，尤其要加强对相关行业企业的调研，重视用人单位的意见。培养目标合理性评价结果是修订培养目标的主要依据。

厦门理工学院在2012级、2014级、2016级、2018级本科专业培养方案制定的指导性意见中要求全校所有本科专业要按照"三三三制"（每个本科专业要充分调研三所国内、三所海外同类型高校专业的培养方案，深入调研三家大中型企业人才培养的需求特点）来制（修）订专业培养方案。培养方案要给出本专业培养目标的完整文字表述，说明毕业生就业的专业领域、职业特征、职业定位以及应该具备的职业能力。要分别阐述说明专业培养目标与学校定位、专业人才培养定位、社会经济发展需要的关系，还要说明培养目标公开的渠道，以及学生、教师和社会了解和认知情况。提交到学校的专业调研报告中要提供相关的支撑材料：专业培养目标制定和论证文件记录、学校定位和专业人才培养定位的相关文件、专业人才培养与社会经济发展需求分析等。按照"四年一大修，两年一小调整"原则，要求全校所有专业对所制定的本科专业培养方案既要保持稳定性、严肃性，又要根据区域/地方产业结构、科学技术发展的新要求和本专业的办学条件变化对培养方案适时地予以调整。要定期评价培养目标的合理性并根据评价结果对培养目标进行修订，评价与修订过程有行业或企业专家参与。在培养方案尤其是培养目标与毕业要求的调整中，要重点理清以下几个方面：培养目标合理性评价的制度和措施；培养目标合理性评价的主要内容；评价内容和方法，包括基础信息的种类、收集方法、收集对象和处理方法，以及评价结果的形成过程等；最近一次的评价情况和评价结果；当前执行的培养目标修订制度，包括修订周期、修订程序、参与人员以及主要执行人；最近一次修订情况，包括修订的时间、内容和依据等,应说明培养目标合理性评价结果在修订过程中发挥的作用等;行业企业专家参与培养目标修订的有关规定,以及在最近一次修订工作中行业企业专家发挥的作用。还需要提供相应的支撑材料:培养目标合理性评价制度文件、近3年进行的培养目标合理性评价原始材料、培养方案修订制度、近3年培养方案修订原始材料等。例如,电气工程及其自动化专业分电力系统及其自动化、电气及其控制两个方向,立足电气行业,依托广泛的校企合作企业,着力培养学生的工程意识、工程素质和工程实践能力,培养创新能力强、适应企业发展需要的电气工程师。专业培养目标与厦门理工学院的定位和发展要求相符,主要表现在以下几个方面:(1)电气工程及其自动化专业是学校具有悠久历史、传统行业优势和稳步发展态势的专业,具有适应面广、需求大而稳定的特点,是电气工程学科的主干专业,在国家工业化、自动化和国防工业现代化建设中起着重要作用。(2)专业按照学校建设高水平应用技术型大学的总体定位,围绕学生全面素质提高和创新精神与实践能力培养的要求,形成全方位多层次的培养学生创新意识与动手能力的格局,通过不断深化国际化交流,不断拓宽学生国际视野。专业在人才培养方面起点高,师资强,要求严,为培养符合学校培养目标的人才提供了良好的平台。(3)专业以"明理精工,与时偕行"的校训、"以学生为本,为产业服务"的办学理念为核心,在教育教学的各个环节和各种学生指导活动中,注重学生综合素质、人文精神、科学素养的培养,结合专业自身发展的悠久历史和深厚的文化底蕴,通过文化传承和发展建设,激励一代代学子不断进取,成为能力强、素质高的应用技术型人才。

2.毕业要求

毕业要求不同于培养目标,培养目标是学生毕业后在职场工作实践5年左右要达成的目标要求,而毕业要求则是学生毕业时要达到的具体的人才培养规格要求。简单地说,毕业要求说的是出口要求,指学生在毕业时应该具备的知识、能力、素质;而培养目标是学生经过一段时间工程实践之后,预期能够达到的职业和专业成就。毕业要求为培养目标的达成提供基础,与学生毕业后一定时间(5年左右)的工程实践经验共同作用,保证培养目标的达成。从人才培养方案设计的角度看,确定培养目标是设计的起点,培养目标决定毕业要求,制定明确培养目标并清晰表述,对专业的人才培养工作具有重要的导向作用。

工程教育认证要求,"专业必须有明确、公开、可衡量的毕业要求,毕业要求应能支撑培养目标的达成"。专业制定的毕业要求应完全覆盖中国工程教育认证通用标准中所列的12项基本要求内容,[1]每个专业又不必照搬这12条要求,仅需在自己提出的毕业要求中完全覆盖这些要求。认证标准毕业要求项是对学生学习产出的一般要求,毕业要求的实质等效是《华盛顿协议》实质等效的核心。我国认证标准的毕业要求是参照《华盛顿协议》相关要求制定的,反映对工程专业毕业生知识、能力、素质的要求。专业制定的毕业要求覆盖认证标准,是指在内容的深度和广度上不低于认证标准的要求,并不要求专业的毕业要求与认证标准逐条对应,更不要求直接照搬照抄认证标准的内容。只要能够实现对

---

[1] 中国工程教育专业认证协会.工程教育认证标准[Z].(2022-07-15)[2022-08-16].https://www.ceeaa.org.cn/gcjyzyrzxh/rzcxjbz/gcjyrzbz/index.html.

标准的覆盖,专业可以采用与标准相近的表述方式,也可以采用完全不同的表述方式。要保证对认证标准要求的覆盖,首先应做到对认证标准内容的正确理解。一方面,专业应明确认证标准中技术、非技术能力等要求的内涵,实现宽度上的覆盖;另一方面,专业应明确,认证标准中12条毕业要求通过适当的表述,尤其是通过对特定动词的使用,将毕业生应具备的内在知识、能力、素质转变为可观测、可衡量、可评价的行为表现,这些外显的行为表现反映了毕业生具备能力的程度。因此,专业在制订毕业要求时,要注意动词的使用,以保证在标准深度上的覆盖。培养学生使之能够:掌握深入的工程技术基本原理,并能用于工程实践。

学校要求所有本科专业应按照专业认证的规范化要求制订每个专业的毕业要求,并需要说明以下几个方面的情况:给出本专业毕业要求的完整文字表述;毕业要求对培养目标的支撑分析;学生和教师了解毕业要求的渠道及认知情况;专业毕业要求与认证标准的关系,覆盖情况分析;分解各项毕业要求的指标点,明确毕业要求的内涵。另外,还需要提供的支撑材料:与毕业要求制订有关的文件、规定等,以及分析和制订过程的记录;专业毕业要求公开渠道和方式(网址、印刷材料等)。

3.课程体系

课程体系是实现培养目标与毕业要求的载体,是学生知识、能力、情感发展、综合素质发展的依托平台。为了使课程体系能够有效地支撑培养目标和毕业要求的实现,就必须对工程专业原有的课程体系进行改革重组与优化。在各种课程体系结构中,最适合工程人才培养的课程体系是模块化结构。其关键在于课程体系是如何支撑毕业要求的实现。在课程体系构建中各专业要注意处理好专业必修课程的先修关系。同时,还要注意加强课程体系与毕业要求的关联度。工程教育认证基于以产出为导向的教育理念,课程的设置如何体现学习产出是课程体系的关键环节,通过给出各课程与毕业要求的关联度可以清晰地评估课程体系对毕业要求的达成支撑情况。基于表格课程和教学环节对毕业要求及指标点的支撑关系和权重系数,制定了专业的课程体系与毕业要求之间的关联度矩阵。横向为各门课程,纵向为毕业要求,经过分析和论证课程教学内容、方法和效果,给出各课程与毕业要求的关联度,由高(H,关联度≥0.3)、中(M,0.2≤关联度<0.3)和低(L,关联度<0.2)来表示(重复支撑某一毕业要求多个指标点的课程相应提高其关联度)。每门课程在教学大纲中制定课程教学目标与毕业要求对应表,课程设置和课程教学内容直接反映了课程对毕业要求达成的贡献,通过评价课程设置的合理性来衡量教学活动能否支撑预期的毕业要求。通过合适的课程目标、达成途径和评价依据来达成课程支撑的相应指标点,从而评价课程设置的合理性。借助该表可以清晰地判断专业设置的课程合理度,毕业要求与课程支撑分布是否均匀,预期的毕业要求都能通过相应的教学环节来支撑实现,学生毕业时能达到各项能力要求。

注重做好课程体系设计与修订。学校要求各专业在工程教育认证工作推进的基础上,根据学科类专业的认证要求,重点修订人才培养方案。各专业比较了国内外多所高校,并联合与本专业相关的企业单位进行了专业论证,制定了专业发展规划与建设目标。重新确定人才培养目标与培养规格,提出知识、能力、素质协调发展,重基础、宽口径、强应用的专业人才培养方案。按课程设置板块化、专业课程模块化、课程内容综合化、教学手段现代化的基本思路构建新的课程体系。建立了各门课程各主要教学环节的质量标准与新的教学质量监控系统,使新一轮人才培养方案在理论教学、实践教学和大学生个性化培养等方面实现了明显的突破。各学院成立了重点建设专业指导小组和校内外专家顾问小组,在课程体系设计与修订中,坚持调研与改革实践不断线。

4.课程大纲

课程体系是由一门一门的具体课程有机构成的,每一门课程都是毕业要求中知识点、能力点与情意点的落实与实现的基本单位。因此,课程大纲的制定就具有非常重要的基础作用。课程教学大纲是达到认证毕业要求最根本、最基础性的工作,是任课教师与管理者理解培养目标与毕业要求水平与程度的重要标志之一。根据工程教育认证的精神,对专业的课程教学大纲进行了重新修订,重点体现在对毕业要求的支撑关系、对毕业要求达成的教学设计和达成度评估方法等方面。

课程教学大纲的制定以相关毕业要求指标点的达成为目标,根据毕业要求与课程的关联矩阵,分析先修课程、并行课程后续课程的要求,确定课程的教学目标和教学内容,认真设计课程的教学基本要求、教学方法、考核及成绩评定、评分规则、教材及参考书目等,将相关指标点与教学目标和考核环节相关联。课程负责人及任课教师据此制订课程教学大纲,选用教材或编写教学讲义,完成课程教学方案设计,制定出课程实施计划,计算课程的毕业要求指标点的达成度,实施成果导向的课程教学内容、教学方法以及考核方式等课程教学改革。课程教学大纲由课程建设负责人组织课程组教师经过充分讨论,由经验丰富的课程教师执笔制订,课程建设小组讨论定稿后由学院教学指导委员会论证审核,课程组根据反馈意见认真修订,专业负责人批准;确保各环节负起相应责任,拟稿人、核稿人、审批人不为同一人,如专业负责人为拟稿人或核稿人,批准人为分管教学副院长。

学校要求所有专业都要积极邀请企业行业专家参与课程体系设计。如,车辆工程专业在制订和修改课程体系时,专门充分调研业界企业专家的意见。根据企业行业专家反馈意见,进一步加强了学生综合实践能力训练,引导本科生参与到指导教师与各科研单位的合作项目中,引导学生开展系统设计和创新性试验,通过加强与本科生导师的交流,引导学生全面发展。

厦门理工学院注重对学生知识掌握和实际能力的综合考核与评价,引导学生自觉增强学习能力和探索精神。一般采取多环节考查的考核方式,比如考勤、课堂纪律、回答和讨论问题、小作业、大作业、实践活动、期中考试以及期末考试等,避免"一张考卷定成绩"的做法。毕业要求达成度评价的数据来源主要包括大小作业、论文、报告、图纸、期中考试、期末考试、课程设计、毕业设计等相关考核文档。

5.独立实践教学体系

对于专业类课程,根据厦门理工学院办学特色、本专业发展特点和要求,以及根据企业及其他用人单位的人才需求,设置专业模块,并针对每个模块设置了专业模块课、专业任选课及专业限选课,对每种类型的模块课设定了选课要求及学分要求,并设置了国内外知名专家、学者短课,除了突出专业特色外,更满足了学生培养的不同要求,为学生毕业后的就业需求打下坚实基础。所有工程类专业都已达到了认证标准要求3中"工程实践与毕业设计(论文)(至少占总学分的20%),应设置完善的实践教学体系,应与企业合作,开展实习、实训,培养学生的动手能力与创新能力。毕业设计(论文)选题要结合本专业的工程实际问题,培养学生的工程意识、协作精神以及综合应用所学知识解决实际问题的能力。对毕业设计(论文)的指导和考核应有企业或行业专家参与"的基本要求,根据各专业特点构建起了实践教学体系。

各专业课程体系中构建了一套完整的实践能力培养环节,包括工程训练、实验课程、课程设计、生产实习、认识实习、科技创新活动、毕业设计(论文)等。各实践环节均有规范的教学文件,包括教学大纲和教学管理规定/规范、实验指导书、课程设计指导书、实习指导书和实习计划、创新实训项目管理条例等。这些环节为学生提供实习、实训和参与工程实践的机会,使学生在实验技能、工程意识和创新能力等方面得到一定的锻炼。同时,本专业开展了多种科技创新实践及学科竞赛等活动以及各种社会实践活动,保证了本专业培养高素质创新人才的目标的实现。

重视实践教学是厦门理工学院的优良传统。以实践应用能力培养为核心,建立了"目标层次分明、课程模块多样、条件保障有力、考核评价合理",与理论教学既有机结合又相对独立的实践教学体系,见图5-3-2:

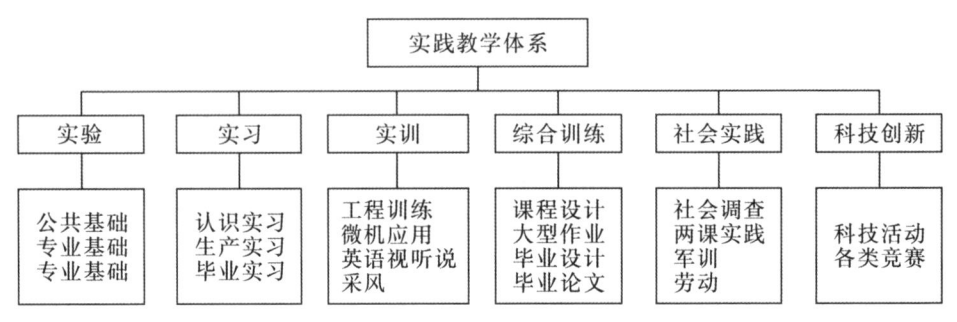

图 5-3-2　厦门理工学院实践教学体系结构图

(二)师资队伍

建设一支数量充足、结构合理、素质较高的专业师资队伍是培养满足培养目标和毕业要求的高水平应用技术人才的关键。厦门理工学院一直坚持以人为本,牢固树立人才是第一资源的观念,高度重视教师队伍建设。学校要求所有本科专业贯彻落实认证标准要求,各专业在办学过程中十分重视师资队伍建设。经过多年的专业师资建设,都已基本形成一支年龄结构、知识结构、学历结构、职称结构合理的高水平师资队伍。学校推行人才激励、人才培养、人才引进等政策,吸引和稳定合格教师,提高教师队伍质量。学校推行人才培养、人才引进和人才激励的人才强效机制,制定了《厦门理工学院学科带头人、学术带头人及优秀学术骨干遴选及管理办法》《厦门理工学院"新世纪优秀人才支持计划"实施办法》,为本专业的师资队伍建设提供保障。在学校人才建设的环境和制度支持下,在提高和稳定合格教师队伍的同时,各学院各专业建立起以教学名师、知名教授、教学带头人、教学优秀团队、教学科研骨干为核心的高水平教师队伍,形成了"642"结构的专任教师队伍[具有工程背景或企业工作经历占44.5%、海外留学经历占21.6%、博士(后)占63.51%],为本专业的本科教学提供优质师资保障。

实施人才激励政策,形成积极的竞争机制。实施分类聘岗制度。实行教师队伍分类管理和聘任制度,建立教学为主和教学科研并重型的教师队伍,建立两类教师的准入制度。实行岗位责任制,在职称评聘和岗位聘任中,均以教师的教学绩效和学术水平为依据。实施评优制度教学奖励是对优秀教师的精神鼓励和支持,促进优秀教师起到模范带头的积极作用,对加强教师队伍建设具有特殊的意义。学校实施多种评优制度,收效良好。如教师名师奖评、教学优秀奖、青年教师教学基本功竞赛、教学新秀奖和教学能手奖。

为了加强学校与企业的合作,发挥企业在人才培养中的积极作用,学院还聘请了一批企业兼职教师,给企业兼职教师发放聘书,使其指导实践教学以及开展学术讲座等,对提升学生学习效果起到良好的促进作用。

(三)持续改进

学校及二级学院都建立了教学过程质量监控机制。各主要教学环节都有明确的质量要求,通过教学环节、过程监控和质量评价促进毕业要求的达成;定期进行课程体系设置和教学质量的评价。

为保证总体培养目标的实现,本专业在课程教学、实验教学、实习教学、课程设计、毕业设计等主要教学环节进行了严格的过程管理与质量监控。加强质量监控体系的架构。学校建立了覆盖课堂教学、教材选用、课程考试、实验教学、实习教学、毕业设计等教学过程中全部关键节点的监控体系,通过教学评估与检查制度、教学督导制度、学生教学信息员制度、教师互评制度、学生评教制度,对教学各环节进行监控、反馈和改进。教学质量监控体系基本运行模式见图 5-3-3:

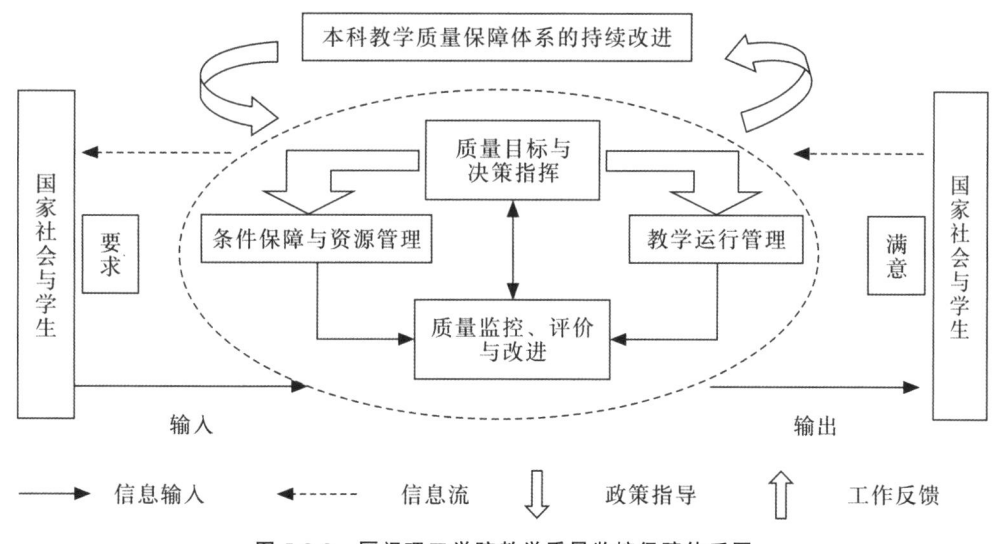

图 5-3-3 厦门理工学院教学质量监控保障体系图

与质量监控体系相对应,学校还有一套较系统的质量监控措施。

除此之外,学校在学生的招生与培养以及办学支持条件方面也都加大了改革力度,全方位地优化育人环境,全面提升应用技术型人才的培养质量与就业质量。

通过高等学校工程教育专业认证(评估)标准,学校工程类专业经过多年建设,不断发展和完善,已形成了自己的办学理念和办学特色,课程体系与课程建设趋于科学,人才培养模式不断优化,办学条件不断改善,教学水平和质量不断提高,师资队伍不断壮大,目前都已达到了评估标准的要求,通过了相关专业认证。但由于办学时间较短等因素,还存在一些不足之处,针对这些问题与不足,还应进行相应的整改、提升与完善。如,部分专业办学历史较短,办学经验不足,需进一步全面加强专业内涵建设。部分专业的培养方案、培养目标、毕业要求与课程体系的科学构建还需进一步加强与完善。在师资队伍方面,几乎所有专业普遍青年教师多,教学经验不够丰富;工程背景的教师偏少;部分专业教师本科教学跨度大,教学门数多;资深的、引领的老教师作用不明显;教研教改项目少、精品课程少;国际化程度还不高等。办学条件还需进一步提升与完善;还需进一步加强教风学风建设,确保教学质量。

四、结语

专业认证,尤其是已经在我国实行多年的工程教育专业认证是一套较为完备的人才培养体系及办学理念。在建设高等教育强国与加强高等教育内涵建设的过程中,我们应很好地总结经验,纠正不足,不断实践创新,不断提高应用技术大学的办学水平,不断提高应用科技型人才培养质量。应进一步转变教育教学理念,全面推进专业建设与专业综合改革。专业认证是以目标产出为导向,将持续改进融入培养目标、毕业要求、课程体系、师资队伍、支持条件等各个方面,以学生培养为中心,全面推进与深化专业建设与专业综合改革的实践创新活动,它快速、有效地提高了专业内涵建设水平。同时,专业认证可以有效地帮助我们发现问题,分析问题,解决问题,进而提高人才培养质量。

专业认证有力地推进专业建设与专业综合改革,参加专业认证只是开始,专业建设与专业综合改革永远在路上!

第四节 应用科技型大学的课程建设

课程是高等学校的心脏,课程建设与学科建设、专业建设是高等学校内涵建设与质量提升的三大基本建设,学科建设、专业建设最终要落实到课程建设上才能真正实现其目标。因此,课程建设是高等学校内涵建设与质量提升的根本和核心,做好课程建设是建设高水平应用科技型大学的根本所在。

一、课程的内涵及其基本特征

(一)课程的内涵

课程,简而言之,就是课业及其进程。"课"就是课业,即教学内容;"程"就是进程,教学过程。"课程"一词在我国始见于唐宋期间。唐朝孔颖达为《诗经·小雅·巧言》中"奕奕寝庙,君子作之"句作疏:"维护课程,必君子监之,乃依法制。"但这里课程的含义与我们今天所用之意相去甚远。宋代朱熹在《朱子全书·论学》中多次提及课程,如"宽着期限,紧着课程""小立课程,大作功夫"等。虽然他对这里的"课程"没有明确界定,但含义是很清楚的,即指功课及其进程。这里的"课程"仅仅指学习内容的安排次序和规定,没有涉及教学方面的要求,因此称为"学程"更为准确。到了近代,由于班级授课制的施行,赫尔巴特学派"五段教学法"的引入,人们开始关注教学的程序及设计,于是课程的含义从"学程"变成了"教程"。1949 年后,由于凯洛夫教育学的影响,到 20 世纪 80 年代中期以前,"课程"一词很少出现。

在西方英语世界里,课程(curriculum)一词最早见于英国教育家斯宾塞(H.Spencer)《什么知识最有价值?》(1859)一文中。它是从拉丁语"currere"一词派生出来的,意为"跑道"(race-course)。根据这个词源,最常见的课程定义是"学习的进程"(course of study),简称学程。这一解释在各种英文词典中很普遍,英国牛津字典、美国韦伯字典、《国际教育字典》都是这样解释的。但这种解释在当今的课程文献中受到越来越多的质疑。"currere"一词的名词形式意为"跑道",由此课程就是为不同学生设计的不同轨道,从而引出了一种传统的课程体系;而"currere"的动词形式是指"奔跑",这样理解课程的着眼点就会放在个体认识的独特性和经验的自我建构上,就会得出一种完全不同的课程理解和实践。

古德莱德(Goodlad,1979)和凯珀(Kuiper,1993)详细说明了理解和现实课程的不同形式:(1)理想的课程(ideal curriculum);(2)书面的课程(written curriculum);(3)解释的课程(interpreted curriculum);(4)实施的课程(executed curriculum);(5)评价的课程。

迄今为止,人们对课程作了不同学科、不同视角、不同哲学流派的认识,有古典主义、人文主义、科学主义、要素主义、经验主义、活动主义、生活主义、过程主义、结构主义、体验主义、批判主义、后现代主义,等等。在课程实践中,就有了知识课程、能力课程、古典课程、科学课程、实践课程、活动课程、体验课程、发展课程、素养课程、实验课程与实操课程、通识课程与专业课程、核心课程与拓展课程、必修课程与选修课程、形式课程与实质课程、结构课程与范例课程、课内课程与课外课程、显性课程与隐性课程、教师课程与学生课程、国家课程与地方课程、校本课程等的不同课程分类与改革主张。这对我们深化应用科技型大学的课程定义、课程的作用、课程的实施与评价都有着启发和借鉴意义。

(二)应用科技型大学课程的基本特征

课程不是目的,课程的目的是培养一定层次、目标与规格的人才。应用科技大学的课程不同于研究型大学的课程,其本质特征是知识理论课程与实践应用科技课程的有机结合,其课程目标是达成高水平应用科技型人才的培养。所以,应用科技型课程与研究型大学、高职高专院校的课程有着不同的内涵、本质与特征。

应用科技型大学的课程不同于研究型大学的课程,它具有以下几个基本特征:

(1)课程目标的定向性:课程目标是培养特定专业/职业领域的高层次应用科技型人才而不是适应多种专业/职业领域的通识型与通用型人才,以专业技术技能养成为本位而不是以掌握知识宽博与深厚为本位。

(2)课程内容的职业导向性:课程目标具有宽基础、够应用、重实践、强技术的职业课程特征,而不是厚基础、重学术、强学术、宽泛性的学术型课程特征。专业能力是专业知识、智力技能与动作技能相结合的专业技术能力。课程体系遵循够用实践、优化衔接、定向选择、模块整合和合理排序的原则。

(3)课程模式的多样性:课程实施模式具有课堂、讲座、讨论、设计、制作、体验、实习实训、社会实践等多元化特征。

应用科技型本科教育的课程观应该是一种整合性的课程观,吸取了知识本位课程观和技能本位课程观的长处,做到理论与实践相结合,既能依托学科,又能面向应用,我们称之为以实践应用为导向的课程观。

实践应用导向的课程观是基于工作需求的,强调工程技术与管理活动作为核心,涵盖工程技术与管理学科和实践内容的课程设置。这种课程观要同时满足本科教育的基础性和阶段性要求,以及应用科技型人才在一线工作的需求。前者关注理论知识的掌握和认知能力的培养,后者注重工作中所需的知识和实践技能,这两者的融合是培养应用科技型人才的关键。因此,工程技术与管理学科课程内容的选择应基于实际生产或服务需求,强调成熟的应用技术和管理知识,注重知识的应用而减少推导过程,重视通过实践活动培养学生的能力。在课程实施方面,主要以工程技术与管理活动为主线,采用启发式和行动导向的教学法,注重学生的主动学习。在课程评价方面,应采用多元化的评价方式,包括书面考试、工作样本等多种考核方式,评价者可以包括任课教师、企业代表等多方面,以确保评估的全面性。

总的来说,与学科中心课程观相比,应用科技型本科教育以工程技术与管理学科知识为基础,注重培养实践应用能力。与技能本位的课程观相比,应用科技型本科教育更强调学科知识对实践应用能力的支持,侧重智力技能的培养。因此,实践应用导向的课程观综合了理论知识传授和技能培养,通过实践过程将它们融合在一起,最终使学生内化为工程技术应用与管理能力。这种综合性的课程观旨在为应用科技型人才的培养提供更全面的教育体验。

二、应用科技型大学课程建设的要素

课程建设是指高校为了实现培养人才的目标而对课程进行的规划、建设活动。课程包括课程理念、课程目标、课程主体、课程开发、课程实施、课程评价、课程保障等几个要素。应用科技型大学课程建设就是围绕着这几个要素所展开的一系列的建设活动与过程。

(一)课程理念

课程理念是指在一特定的教育理念的指导下,课程的开发和实施主体所形成的有关课程的思想和观念。这一理念反映了教育者对于如何设计、传授和评估课程的看法,以及他们在教育过程中所重视的价值观和原则。课程理念对于课程的内容、结构、教学方法以及评估方式等方面都有重要的指导作用,它在一定程度上决定了课程的定位和建设。不同的政治观念、哲学观念和文化观念就会产生不同的教育观念,从而产生不同的课程观念,即课程理念。例如,古希腊斯巴达的军体主义教育理念和雅典的文雅教育理念是截然不同的,古罗马的演说家的教育理念与中世纪的基督教教育理念,以及后来的文艺复兴时期人文主义教育、骑士主义教育、绅士教育、自然自由主义、实科教育、科学教育、民主主义教育等教育理念亦不相同。

我国的社会主义教育理念及课程理念是以马克思主义为指导的新时代有中国特色的社会主义教育理念与课程理念。它是在继承、批判与吸收人类文明与先进教育理念的基础上,在中国特色社会主义现代化建设与人的全面自由发展要求上的融合与创新。它坚持社会发展、国家发展与人的发展的和谐统一,它是德智体美劳全面自由和谐发展的高度统一。

应用科技型大学的课程理念是建立在现代教育理念与应用科技型人才培养目标理念的基础之上的。它不同于研究型大学以培养学术型、研究型人才为培养目标和职业技术型院校以培养职业技术技能型人才为培养目标的课程理念。应用科技型大学的理念既具有现代高等教育理念的共同性,又具有其特殊性。其共同性特征就是为社会主义现代化建设培养德智体美劳全面发展的高层次专门人才,其特殊性就是培养高素质的应用科技型专门人才。

(二)课程目标

最早提出"课程目标"的学者是美国的博比特。他在其被誉为"课程论诞生的标志"的《课程》一书中说道:"人类生活无论怎样的不同,均包含着特定活动的表现。为生活作准备的教育,就是明确而适当地为这些特定活动作准备。这些活动无论社会阶层有何不同,量有多大、差异有多大,都是可以发掘出来的。这只需要我们置身于事务的世界,并发掘出这些事务所包含的特别成分,它们就将显示出人们需要的能力、态度、习惯、鉴赏和知识的形式。这些就是课程的目标(the objective of the curriculum)。"[①]可见,博比特提出的课程目标,指的是那些学生需要掌握和形成的能力、态度、习惯、鉴赏和知识的形式。

应用科技型大学的课程目标应立足其外部社会对应用科技型人才的需求和个性化发展教育理念,以其独特的课程理念和人才培养目标来确定课程目标。

课程目标可划分为总的专业课程体系目标和每一门课程与环节目标。课程体系是为了达成专业人才培养目标而制定的本科四年或五年所有课程与环节的有机体系。每一门课程与环节在整个课程体系中都占有不同的地位和作用,其设置的学分、内容、课时和考核要求都是不应随意变动的,其课程目标对实现专业人才培养目标具有不可或缺的重要性。

狭义的课程目标一般是通过课程教学大纲的制订与落实来实现的。课程目标是有层次的,课程设计要求把课程目标分解成两个层次:第一层次是笼统的、宽泛的总体目标;第二层次是具体的、细化的次要目标,次要目标还可以继续分解成若干层次。课程目标的划分与确定要做到层次化、具体化、可操作化、作业化和可考核化。课程目标(教学目标)又可分为课程总体目标、单元教学目标和课时教学目标三个层次。

课程目标具有激励功能、导向功能和标准功能。其中,标准功能是课程与教学的基本

---

① BOBBIT J F.The curriculum[M].Boston:Houghton Mifflin Company,1918:42.

功能,激励功能和导向功能则是标准功能的衍生和引申。标准功能就是对课程与教学目标对课程检查、评估产生的标准功能,是对学生学业成就进行测量和评价的基本标准体系,它规定了教学应该达到的要求和水准,它也是对教师教学表现评价、课程质量评价的标准。

在西方的课程组织和设计中,传统上将课程目标分为三个主要方面,即"事实、技能和态度"。这种传统分类体系将课程目标划分为以下三部分:

事实(knowledge):这部分是客观事物、现象、关系、属性以及规律性的总称。事实体现在各种资料、观点、概念中,它们代表了已知的信息和知识。

技能(skills):技能指的是个体通过练习和实践形成的智慧动作方式和肢体动作方式的复杂系统。这包括了能够进行实际操作的能力,例如阅读、写作、书写、表演、演示、操作、加工、制作、语言沟通、批判性思考等。

态度(attitudes):态度涵盖了个体对于某一现象或事物的评价和行为倾向。这一方面包括了个体对各种刺激来源的倾向和感受,如喜好、兴趣、需要、价值观、创新精神等。

尽管这种传统分类方式相对简单,容易被课程开发人员接受,但它也存在一些弊端,例如过于笼统,难以具体操作,逻辑层次不够清晰。然而,许多新的目标分类理论都是从这种传统分类方式发展而来的,为课程设计提供了有用的参考。

罗恩特里(Rowntree,D.)将教育领域中的目标分为三大类:求生技巧的目标、方法目标、内容目标[①]。布鲁姆等人受到行为主义和认知心理学的影响,将教育目标分为认知、情感和动作技能三个领域。每一个领域内,又细分为若干层次,这些层次具有阶梯关系,即较高层次目标包含且源自较低层次目标。每一层次又规定了一般(具体)目标。

1.认知领域教育目标

1956年,芝加哥大学布卢姆(B.S.Bloom)等人把认知领域的教育目标,从低级到高级共分为识记、领会、运用、分析、综合、评价六个层次,见表5-4-1。

表5-4-1 布鲁姆认知领域分类表

层次	一般目标	特殊学习结果、行为动词
识记	知道名词、特殊事实、规则、倾向和顺序、分类和项目、标准、方法和顺序、原则或通则、理论和结构等	界定、命名、说出、指出、描述、区别、辨别等
领会	转换信息的形式、解释关系、从已有资料插入	解释、倒置、预测、整合、推断
运用	运用原则	使用、解决、建立、准备、示范
分析	分析组织和关系	区别、描写、绘图、分辨、推断、解释
综合	产生新的安排	设计、组织、重组、组合、修改、创造
评价	依据外在标准判断、依据证据判断	评估、比较、对比、区别、批评、检查

2.情感领域教育目标

1964年,克拉斯沃尔(Krathwohl D.R.)依据价值内化的程度分为接受或注意、反应、

---

① 黄政杰.课程设计[M].台北:台湾东华书局,1991:196.

价值评价、价值观的组织、品格形成五级,见表5-4-2。

表5-4-2 克拉斯沃尔情感领域分类表

层次	一般目标	特殊学习结果、行动动词
接受或注意	对明显特征的觉知、显示愿意接受、显示能够注意	描述、指出、选择、示范
反应	接受规则和责任的需要性、选择被他人接受的反应方式、显示反应后的满足感	示范、说出、表现
价值评价	能设定假设或立场、显示在价值上的偏好、显示对价值的遵行	解释、判断、示范、申辩
价值观的组织	了解不同价值观的关系、发展一个价值系统	解释、申辩、判断
品格形成	配合价值理念的一致行为	表现、实践、示范

3.动作技能领域教育目标

1972年,辛普森(E.J.Simpson)的动作技能分类相对比较有代表性。他把动作技能领域的教育目标分为知觉、准备、有指导的反应、机械动作、复杂的外显反应、适应、创作七级。动作技能的各个层次,也均有各自的一般目标,这些目标可以用一些特殊的学习结果和行动的动词加以表示,见表5-4-3。

表5-4-3 辛普森动作技能分类表

层次	一般目标	特殊学习结果、行动动词
知觉(注意)	注意到明显的线索、知道线索和行动的关系	选择、检查、指出、区别、示范
准备(心向)	显示行动前的心理准备、显示行动前的身体准备、显示行动前的情绪准备	开始、执行、自愿、表现、示范
有指导的反应	模仿反应、练习反应	表现、示范、操控
机械动作	习惯性地从事工作	表现、示范、操控
复杂的外显反应	自信的和有效率的行动	表现、示范、操控
适应	表现配合状态调整的能力	改变、修改
创作	创造新的行为	创造、组合、建立、修改

4.加涅的学习结果分类理论

美国心理学家加涅(R.M.Gagné)是认知心理学的调和折中者,主要从事学习心理学的研究,他认为并非所有的学习均相近,从而把学习区分为不同层次,最早提出了学习的八个层次理论,以代表不同种类的认知能力。为了能够使学习层次的原则在教学上加以应用,加涅提出了五种学习结果,教师可以根据学习结果的表示设计最佳的学习条件。五种学习结果分别为:"态度(attitudes)""动作技能(motor skills)""言语信息(verbal information)""智力技能(intellectual skills)""认知策略(cognitive strategies)"[1]。

---

[1] GAGNÉ R M.The conditions of learning and theory of instruction[M].Chicago:Holt,Rinehart & Winston,1985:46-60

(1)态度。加涅认为态度是通过学习形成的影响个体行为选择的内部状态。态度有三类：第一类态度可被看作是期望达到的教育目标，如希望儿童和蔼待人、为他人处境着想等；第二类态度包括对某类活动的积极偏爱，如听音乐、阅读等；第三类是有关公民身份的态度，如爱国、愿意承担公民义务等。

(2)动作技能。加涅认为，动作技能实际上有两种成分：一是如何描述进行动作的规则，即动作的程序；二是因练习与反馈逐渐变得精确和连贯的实际肌肉运动，因此动作技能是一种习得能力，如能写字母、做体操、跑步等。

(3)言语信息。作为一种学习结果，言语信息是指学习者通过学习以后，能记忆诸如事物的名称、符号、地点、时间、定义、对事物的具体描述等具体的事实，能够在需要时将这些事实表述出来。信息在知识体系中是最基本的"建材"或"词汇"。这是进一步学习的先决条件，是培养智力技能的基础。

(4)智力技能。智力技能，是指学习者通过学习获得了使用符号与环境相互作用的能力。例如，使用语汇和数字这两种最基本的符号，进行阅读、写作和计算。言语信息是回答"是什么"的知识，而智力技能则与知道"怎么办"有关。它对学生能力的要求主要是理解、运用概念和规则的能力，进行逻辑推理的能力。智力技能由简单到复杂，由低级到高级又可分为辨别、概念、规则、高级规则四个亚类。

"辨别"是区分两个不同的刺激。学会辨别是形成概念的基础，因为只有辨别事物间的特征，才能发现事物的共性。"概念"就是根据某些共同的属性将事物和观点进行分类。例如，把蝙蝠识别为哺乳动物；在一组词汇中，将同义词、反义词归类。概念的学习是规则学习的基础，概念一般以词或符号来表示，"规则"以言语命题或句子来表达，揭示两个或更多的概念之间的关系。加涅所谓的规则可以是一条定律、一条原理或一条已确定的程序。"高级规则"是由一些相对简单的规则所组成的复杂规则，适合解决不同内容范围的问题或是更复杂的问题，因而具有更广泛的应用性，对人的思维能力要求更高。作为一种学习结果，高级规则是学习者在解决问题过程中的思维产物。加涅说："学习者在试图解决一个问题时，可能把属于不同内容范围的两条或更多的规则结合在一起组成一条能解决问题的高级规则。"[①]

(5)认知策略。加涅认为，认知策略的学习结果与解决问题学习层次有关，是学习者借以调节他们自己的注意、学习、记忆和思维等内部过程的技能。学习者的认知策略指挥他自己对环境中的刺激物予以一定的注意，对学习的事物进行选择和编码，对学习习得进行检索。作为认知策略学习的结果，学习者能根据过去所习得的规则，经过内在思维过程而创造新的或更高层次的规则，提出解决问题的方案。总之，认知策略是学习者操纵管理自己学习过程的方式，是学生学会如何学习的核心成分。

5.梶田叡一

梶田叡一是日本著名的教育家，他认为各国社会文化背景不同，教育传统不同，不能都照搬布卢姆等人提出的欧美式教育目标分类理论。他借鉴布卢姆的理论，提出了具有

[①] GAGNÉ R M.The conditions of learning and theory of instruction[M].Chicago：Holt, Rinehart & Winston,1985：54.

东方色彩的教育目标分类理论,他的指导思想和研究成果对我国开展教育目标分类理论研究很有启发。他提出学校教育至少要包含三种类型的教育目标:达成目标、提高目标和体验目标(见表5-4-4)。

表 5-4-4　梶田叡一三种教育目标类型[①]

	目标类型	达成目标	提高目标	体验目标
领域	认知领域	知识、理解等	逻辑思维能力、创造性等	发现等
	情感领域	兴趣、爱好等	态度、价值观等	感触、感动等
	动作技能领域	技能、技术等	熟练等	技术成就等

(1)所谓达成目标,是指通过一系列指导,期待在学习者身上发生明显的变化;要求学生掌握规定的、具体的知识和能力。

(2)所谓提高目标,是要求学生向一定目标提高和发展或期待学生在某一方面有所提高或深化。如逻辑思维能力、鉴赏力、社会性、价值观等综合性的高级目标。

(3)所谓体验目标,是通过学生的某种行为变化,了解学生所产生的某种切身体验。不以学生表现出某种行为变化为直接目的,而是期待学生自身产生某种特定内容的体验。

这三类目标都包含认知、情感、动作技能领域的一系列目标,并有具体达到的要求。

梶田叡一针对日本学校重视知识记忆和理解,而忽视对学生兴趣爱好的培养的现状,提出了"开、示、悟、入"的教育学观点。"开"意为开阔视野,唤起兴趣,耕耘心田;"示"意为传授知识,让学生掌握要点;"悟"意为学生将已学到的知识进行应用和实践;"入"意为学生用学到的知识进行自我探索、追求,从而形成自己的人生观。

6.我国关于课程与教学目标分类体系的探索

长期以来,我国教育界重视和突出基础知识和基本技能,形成了"双基"教育模式,从而形成了"双基"教学目标体系。这一体系在20世纪80年代以来的教育教学改革中,受到各方面的批判,这种批判凭借扬弃性的精神和追求,催生出了"三基教学",即基础知识、基本技能和基本能力教学。后来,人们开始重视儿童健康个性的形成和发展。在教学研究中,这一切引发我们思考和研究我国教学目标的建构问题,进而提出了"三基一个性"的教学目标体系的构建设想。

掌握知识、形成技能、发展能力与健康发展个性,四者之间是一种密切相关的有机联系。知识与技能相辅相成、互相促进。知识是形成技能的基础,它指导着技能的形成,使技能变得准确和精练。而技能的形成,也会加深和巩固对知识的理解,并为新知识的学习提供条件和手段。能力的发展与知识、技能的掌握和发展也是相互作用、相互促进的。能力的发展是在掌握和运用知识技能的过程中完成的。同时,能力水平又制约着知识掌握的程度和技能形成的速度。知识、技能、能力又与个性密切相关,一个人的知识、技能、能力对气质、性格的形成和变化的影响非常大,而在某种程度上,对动机、兴趣、理想和信念的发展、形成乃至变化,具有决定性意义;而个性的差异,则对一个人的知识掌握、接纳感

---

① 钟启泉.现代课程论[M].上海:上海教育出版社,1989:311.

形成和能力发展的种类、速度以及品质,在一定意义上具有决定作用。[1]

以上中外关于课程与教育教学目标的理论为我们建构应用科技型大学的课程与教学目标提供了重要的参照点与理论基础。

三、我国应用科技型大学本科教育课程的主要问题

目前,我国应用科技型大学主要由前身为高职高专院校的新建本科院校和早期成立的地方本科院校来承担。这些院校大都还在探索符合自身办学定位的课程模式,未能在高等教育界形成特色鲜明、得到公认的应用科技型大学本科教育的课程模式。其往往因课程模式的定位不准,盲目向学术性本科院校靠拢,多采用以学科知识为中心的课程模式,致使应用科技型本科教育的课程模式出现了"学问化""知识化""理论化"的倾向。主要表现在以下几个方面:

(一)理论知识过重,实践环节不足,偏离了对学生实践应用能力的培养

许多应用科技型院校在课程设置上存在一个共同的问题,即过于强调传授理论知识,特别是陈述性知识,而对实践教学环节的关注不足。他们着重强调学生"知道什么",却没有充分融入生产实践,培养学生解决实际问题的实际应用能力。在理论教学方面,有时会包括过多的基础理论内容,超出了从事技术工作所需的技术原理及其应用的理论范围。这种趋势有时会使应用科技型大学本科教育与学术型、研究型大学本科教育之间的区别变得模糊,也影响了应用科技型大学本科教育的应用性和实践性特点。

(二)以学科知识体系构建课程,忽视课程理论知识与职业工作要求之间的联系

在调研中发现,许多应用科技型大学在本科教育中采用的课程设置方式通常还是以学科的逻辑结构为基础,重视知识的系统性和完整性,却忽视了与实际应用相关的职业能力要求,缺乏教育与产业以及知识与工作任务之间的紧密联系。这种学科中心模式通常以相关学科为核心,按照单一学科分段的方式设置课程,注重理论知识的系统性、完整性和严密性,以帮助学生建立较为全面的知识体系。然而,这种模式往往存在重理论轻实际应用的倾向,可能导致理论与实践的脱节。尽管学科中心模式能够为学生提供学科理论基础,却无法提供关键的工作过程性知识和基本的职业经验,课程内容与工作实际的联系不够紧密,从而造成学生学习的盲目性,不利于学生实践应用能力的培养。

(三)先理论后实践的课程排列顺序造成了理论与实践的脱节

目前,应用科技型大学本科教育课程的理论课程和实践课程没有得到较好的整合,而是各成体系,相互独立,基本上都是先上理论课程,再上实践课程,由于学生没有感性认识,容易造成理论知识的空泛,无法使学生真正掌握知识,再通过实践过程将其内化为能力。

另外,与工作密切相关的实践课程多安排在高年级,造成实践周期太短,不利于实践能力的培养。课程作为人才培养的基本元素,是实现应用科技型人才培养目标的基本保

---

[1] 黄甫全,王嘉毅.课程与教学论[M].北京:高等教育出版社,2003:249-251

证,教师参与课程建设的程度直接关系到人才培养质量。调查显示,41.07%的教师表示学校照搬研究型大学的教材,65.01%的教师表示教材没有真正对接产业发展需求;47.76%的学生认为所学的专业知识与社会需求脱节。只有17.22%的教师表示所讲授的课程较多融入了职业资格标准、产业行业标准;从学生调查来看,41.86%的学生表示"引入了一点",13.38%的学生表示"没有引入"。在调查"所在学校能否自主选择专业和课程"时,49.65%的学生表示"选择权很小",还有11.13%的学生表示"不能选择",这表明学生的选择权较小,应用科技型大学提供的课程模块偏于单一。[1]

(四)学科、专业与课程的设置与建设地方社会经济与文化发展需要相脱节

应用科技型大学本科教育是为地方经济与文化发展服务的,紧密围绕着社会经济与文化发展的需要来培养人才。应用科技型大学本科教育的学科、专业与课程的关系完全不同于学术性、研究型大学本科教育。对于学术性、研究型大学本科教育而言,学科是原动力,专业与课程是为学科承担人才培养的职能而设置的,学科不仅先于专业与课程,也高于专业与课程;对于应用科技型大学本科教育而言,专业与课程设置主要是为了满足社会和地方对某类人才的需求,不再以学科发展为主要依据,相反地,学科由对专业与课程的主导作用转变成对专业的支撑作用。从本质上说,应用科技型大学本科教育是一种以专业与课程(人才培养)为导向的教育。[2]

社会经济的发展决定着应用领域的变迁,应用科技型大学必须根据实际应用领域的需求来制定专业设置和课程内容。首先,应根据专业的设定确定相应的专业培养目标和规格要求,然后根据这些目标和规格要求,在各种学科门类中选择主干学科,构建培养人才所需的课程知识体系。可以说,应用科技型本科教育以专业为核心,学科则处于辅助地位,专业培养目标决定了需要选择哪些学科和内容。此外,与应用科技型大学本科教育相对应的学科主要包括工程技术与管理类学科。这些学科是通过总结和归纳工程技术与管理活动中所需的知识而产生的,这些知识是在特定的工作现场进行工程技术与管理活动所必需的。因此,首先根据应用领域的需求来设定专业和确定专业培养目标,然后才能最终确定需要哪些学科知识来构建相关的工程技术与管理学科理论基础。从这个角度来看,工程技术与管理学科知识也是根据专业培养目标的需求来选择和组织的,它对专业培养起到了支持和基础的作用。

总之,对于应用科技型大学本科教育而言,应用是龙头,专业是龙身,学科是支撑,应用的发展带动了专业的发展;而研究型大学则是学科是龙头,专业是龙身,应用是支撑,以知识创新来带动专业发展,促进人才培养。

四、应用科技型大学课程建设的主要内容

所谓应用科技型大学的课程建设就是根据应用科技型大学的办学定位、人才培养定

---

[1] 阚明坤.教师转型:应用型本科院校高质量发展的关键[J].中国高等教育,2022(23):12-14.
[2] 高林.应用性本科教育导论[M].北京:科学出版社,2006:70-72.

位、学科与专业定位,立足本专业实际和课程特点,按照课程建设的基本要素(课程目标—课程实施—课程保障—课程评价)开展有计划、有步骤的系统建设活动,以完成应用科技型大学人才培养目标和人才培养规格的要求。

(一)课程目标的制定

应用科技型大学是实践应用导向的教育,要传授给学生实践知识与技能,培养学生开展应用研究与开发的能力,而课程目标是培养目标在教学领域的具体化。应用科技型大学的课程与教学目标的制订需要综合古今中外关于人才培养目标和课程目标的相关理论,根据应用科技型大学人才培养目标的需要,结合每一门课程与环节的规律特点确定每一组模块、每一门课程与每一章节、每一节课课堂教学的课程与教学目标。

课程教学目标主要体现在每一门课程的教学大纲之中。教学大纲是为了实现本门课程目标所制定的关于教学目标、教学内容、教学进度、教学方法、考核方式方法等的纲要性文件。教学大纲的制订与修订需要根据国家或教育行政部门、行业协会等制定的课程质量标准、专业评估或认证标准、行业质量标准等为指导,不能随意提高或降低质量标准。教学大纲的制订要由教研室或课程组按照国家教学质量标准、应用型人才培养目标、课程目标和专业认证(工程教育认证)标准、行业质量标准等为指导,在充分调研海内外同类型高校相同或相近课程教学大纲以及区域/地方产业行业企业所需人才规格的基础上进行论证并制(修)订本门课程的教学大纲,切忌照搬照用别的高校或老师多年的教学大纲的"拿来主义"。

课程目标凸显知识与专业并重。应用科技型大学课程目标的设置,一方面以职业协会的建议和职业实践要求为导向;另一方面与工业企业所使用的最新技术保持密切的接触。德国科隆应用科学大学(FH Köln)电子工程专业的本科课程目标规定:"本专业旨在全面培养学生的综合能力,传授职业实践中所需的电子工程科学知识以及自动化、电子能源、信息技术或者光学技术。"该校的企业经济学本科课程目标则是:"旨在培养学生处理企业经济领域相关任务的综合能力,基本胜任企业领导层的角色,并将成功企业的日常工作实践融入丰富的职业技能训练中。"[①]可见德国应用科学大学把基础知识的传授与专业技能的训练放在同等重要的地位。

应用科技型大学的课程目标在设置时要密切联系社会,反映社会需求,主要表现在密切结合企业需要和技术革新要求设置课程目标。应用科技型大学作为应用科技型教育,其培养的毕业生要能直接胜任企业岗位工作,因此在课程目标设置之初就让企业参与到课程目标编制的过程中,让企业对岗位进行分析,把岗位所需的知识与技能按主题归纳出来并组成学习模块、确定课程目标,切实让课程目标在设置之初就能反映企业的实际诉求;在课程目标确定后,企业还要参与到课程目标的调整中,保证课程目标能够一直反映企业需求。除考虑企业需求外,为保证课程目标的实效性,在课程目标设置时应用科技型大学还要考虑技术革新的要求,根据技术发展及时调整课程目标。

应用科技型大学在设置课程目标时,既考虑到培养学生的实践知识与能力,又注重培

---

① 任平.德国应用科学大学课程设置的特征:以柏林技术与经济应用科学大学为例[J].教育学术月刊,2020(4):97-104.

养学生的应用研发能力。所以在课程目标中除了有培养通用能力、一般职业能力与技能的要求外,还要积极吸收上述有关现代评价理论精神,做到具体化、可操作化、可验证化,诸如"能运用创新方法解决××问题""能够用科学术语、按照规范格式撰写××报告""能够独立进行××实验"等具体化的能力培养要求。对于课程目标一般有两种表述方式:一是以要求学生达到的知识、技能、态度来进行描述,这种目标指导下的课程注重内容的完整性、系统性,教学过程以"教"为中心,传递知识是主要的教学任务,通常表述为"掌握××基本概念、原理""熟悉××的使用/操作方法""明白××的工作原理"等;另一种是以学生最终能达到的职业能力要求进行表述,这种目标指导下的课程注重内容的实践性,教学过程以"学"为中心,学生能力培养是其主要教学任务,通常用一些比较具体的词语进行表述,如"运用××原理解决××问题""处理××故障""操作××设备"等。

因此,应用科技型大学作为培养应用科技型人才的教育,其课程目标应该明确学习本模块后学生实际上应该会做什么,同时作为课程评价的一个依据,课程目标越具体、越可测那么评价起来就越精确、越客观,因此应用科技型大学的课程目标在表述时力求使目标可观察、可测量,且为了培养学生的实践动手能力,在课程目标的表述时较少使用"了解、知道、掌握、明白"这种模糊不清的词语,而是使用"解决、处理、导出、计算、运用"这种可以直接评价和量化的词语,如"能够用高斯算法解线性方程组""能够用矢量计算解决微积分问题""能够计算简单电路中的电压、电流与电阻"等。

(二)课程内容——教学大纲与教材的编写与选用

教学大纲的落实需要编写或选择与其相应的教材、教学参考书和阅读书目。高等院校不同于中小学基础教育的一个显著特点就是除了思政类课程之外,一般没有统一的教材。虽然,部分院校、部分学科、部分课程也有联合编写的规划教材、联合用书等,但这些规划教材、联合用书并没有法定的权威性、统一性和强制性,只是为了汇聚各高校名师优质资源编写出尽可能优质的教学参考书而已,各校或教师个人完全可以根据本校实际与个人教学需要选用或自编、自写、自印教学参考用书或教学参考资料。近年来,也有部分应用科技型大学联盟联合编写了符合应用科技型人才培养特点的教材,这些教材不同于部编规划教材或研究型大学的教材,而是根据应用科技型院校学生的实际和人才培养目标,注重基础知识、基本原理和基本能力的掌握与形成,注重知识的应用性和实践的操作性,以"够用、必须、应用"为基本要求,在国内应用科技型院校和新建本科院校中有一定的示范效应和借鉴启发意义。

从德国应用科学大学的课程来看,它们的课程主要由必修、选修两种形式组成,且各高校会根据不同专业的特点以及不同人才培养方式就模块设置作出相应的调整。以柏林经济与技术应用科学大学为例,常见的课程模块多达7种:必修课程模块、专业选修模块、深度课程模块、普适性补充课程模块、外语学习模块、岗位能力模块、专业实习模块。科隆应用科学大学电气工程自动化本科阶段的课程同样包含10种不同的课程模块。多样性的课程模块是德国应用科学大学课程体系的一大特色,其课程具有丰富性、独立性、系统性、专业性、标准性特点[①]:(1)丰富的模块为学生未来职业发展提供了更多可供选择的空间。比如企业经济学专业包含的深度课程模块,拥有9个方向,每个方向都有四门专业课程。学生可以自由选择科目的开设时间与学习顺序,具有很强的灵活性与自主性。(2)模块课程大多以主题形式出现,有效避免了与学生必修课程之间的重复与冲突,且虽然模块本身具有很强的独立性,但与其他模块之间仍具有较强的逻辑关联。学生可以通过模块的学习,有效掌握模块领域内的知识与技能,符合应用科学大学技能型人才的培养目标。(3)每一个特定模块都有一定的目标要求,学生在模块课程中,不仅可以掌握课程要求的核心知识,而且可以获得职业发展所需的职业技能。深度学习模块有针对性地训练了学生专业所需的职业技能,外语模块有效培养学生利用外语进行商务谈判与交际的能力,普识性补充模块进一步拓展了专业知识的范围,研究方法类课程为有志于从事应用技术研究的学生提供了更多方法支持。(4)为保障课程实施的质量,模块课程均采用标准化设计理念,通过编制相应的模块手册,向学生和授课教师清晰地展现课程的基本结构与教学要求,包含课程代码、课程工作量、学分、开设学期、授课时间、教学形式、教学规模、考核形式(试卷考试、论文考试、展示报告)等内容。模块手册不仅指出了课程的运作机制,还着重提出了该课程的学习目标,从知识、技能、实践能力三个维度对学生提出了具体要求。

(三)课程主体的建设

课程建设是高校的主体——人的建设活动,课程建设的主体是教师(课程设计、实施、评价)和课程相关利益的人(课程规划者、课程管理者、用人单位等),但课程建设的主要主体还是教师和教师集体(教研室、教研组、课程组),教师是课程的决策者和执行者。因此,在课程建设中,加强师资队伍及其教学团队的建设对应用科技型大学来说就显得至关重要。

1.加大师资队伍的引进力度

应用科技型大学不同于研究型大学和其他部委属院校,这些院校大都位于国家的直辖市、省会城市和中心城市,具有良好的区位优势、地理优势、科研与教学平台优势、声誉及待遇优势等,很容易从海内外大量的求职者当中选拔优秀的人才来校任教。而大部分应用科技型院校是位于我国中西部地区的地方高校、新建本科院校,其中有相当部分还是民办本科院校,因此,招收与引进优秀的师资无论是在区位地理、小孩入学、学校声誉、教学与科研平台、工资待遇等方面都不具备竞争优势。为此,位于东部沿海发达城市和地区的应用科技型大学应充分利用自己的多方优势,从海内外知名高校和大中型企业引进素质优良、教学经验丰富的优秀师资和具备多年企业经验的工程技术人员;而位于中西部地区的应用科技型院校则要破除自身的体制障碍、制度机制障碍,采用灵活多样的聘用形式,一方面尽可能提供优良的待遇与条件,通过待遇引入、感情留人、平台育人等多种手段引进青年博士来校任教,另一方面则尽可能从海内外高水平院校聘用优秀的退休教师和大中型企业引进优良的工程技术人员。尤其是那些原籍是本地而在外地工作的退休师资和工程技术人员,动员他们回家乡做贡献。这样,他们既能把积累几十年的教育教学经验为本地高校做贡献,又能带来他们在海内外高校和企业的丰富资源,达到对本校教师"传

[①] 任平.德国应用科学大学课程设置的特征:以柏林技术与经济应用科学大学为例[J].教育学术月刊,2020(4):97-104.

帮带"和与外地高校企业联合办学的"借鸡生蛋、借船出海"的积极作用,加快中西部地区应用科技院校的快速发展。

2.加大对本校师资的培养力度

目前,在"双一流"建设工程的推动下,几乎所有高校都开始注重引进优质师资,注重引进各种"帽子"的人才。但是,在实践中,这些高校往往忽视本校教职工的培训、培养、提升与激励,导致本校师资水平停滞不前和新的人才引进后不能充分发挥应有的作用。各类人才引进后要注重为其提供良好的教学与科研平台条件,要充分发挥他们学科带头人、学术带头人和专业带头人的作用,对学科建设、专业建设和课程建设起到引领作用。对青年教师更要关心、爱护,帮助解决家庭、生活和工作上的各种困难,对青年教师的教学与学术发展要积极引导与帮助,充分发挥学科带头人、学术带头人和专业负责人、课程负责人的"传帮带"作用,创造各种条件鼓励青年教师到企业中挂职、兼职,增加企业实践经验,帮助企业解决各种技术与管理上的难题,把企业中的先进技术技能与管理实践制度和方式方法充实到专业课程中来,提高课程理论与企业行业实践应用的融合,加强与企业的深度合作。

3.转变对教师的评价机制

目前,在全国大多数高校,教师评价仍然以"五唯"(唯论文、唯帽子、唯职称、唯学历、唯奖项)为主要评价标准,学校中重科研、轻教学的现象还比较普遍。应用科技型大学在建立新的教师评价机制中,要把重科研、重项目、重论文、重奖项、重帽子等转变为重教学、重课程、重教研教改、重人才培养、重校企合作、重质量提升,切实解放教师,把教师的精力和时间投入课程开发、教学研究和人才培养上来。

(四)课程开发

课程开发(curriculum development)又称课程研制或课程编制,它是课程主体在一定的教育理念(教育观)、课程理念(课程观)、教学理念(教学观)指导下,为了实现专业人才培养目标,按照课程目标的要求所开展的课程的研究、制定与开发活动。它一般包括制定教学大纲、教学计划、教学内容(知识点、能力点、情意点)以及相应配套的教材、教学参考书、习题册、实验室、实训室、实习基地等教学资料与教学条件的准备工作。

关于课程开发的模式可划分为:目标模式、过程模式、实践模式、折中模式、批判模式、人本模式等。也可根据知识、能力、人格的侧重点划分为以下几种模式:"学科本位"模式、"能力本位"模式和"人格本位"(或称素质本位)模式。学科本位的课程观强调知识的系统性和完整性,能力本位课程观强调能力中心,人格本位课程观认为高等职业教育所培养的学生不仅具有必需的知识和技能,还必须具有健康的职业心理、终身学习的意识、自主创业积极生存的能力。各种各样的课程观都是在特定的环境中形成的,有各种特定的功能,也需要特有的实施条件。在课程开发的实践中,实际上也不是单一课程观的使用,而是多种课程观的使用,片面地否认或抬高哪种课程观,都是不妥的。应用科技型院校的课程观应该吸取"能力本位"课程观中客观分析法的长处,吸取"学科本位"课程观中强调系统阐述的优势,以及"人格本位"课程观中人格价值取向的合理内核,从而形成多元整合的应用科技型大学课程观。

应用科技型大学如何选择课程模式? 应用科技型大学的培养定位要从多样化高水平

应用科技型人才出发，根据不同的学科专业特点和人才培养目标来选择合适的课程模式。中外关于职业高等教育的课程改革探索与实践值得我们学习、借鉴与创新。

教材建设遵循"编""选"并重原则。在课程开发过程中，教材的编选是应用科技型大学遇到的一个困难和挑战。研究型大学通常可以选择来自世界一流或知名大学的教材，但应用科技型大学则需要根据自身的特点和教育目标，以及学生的需求，编写或选择适合的教材。例如，德国的应用科学大学通常没有固定的教材，而是根据行业企业的技术需求、专业教材中的理论知识和最新研究成果来确定课程内容。这种方法使课程内容保持了动态性。在我国，一些地方本科院校的教师往往直接引用参考书目的内容，导致课程内容滞后和过于理论化。为了解决这个问题，教师需要与课程专家和行业企业专家合作，共同商讨课程内容。他们应该确保课程内容能够反映行业和企业的需求，并密切关注行业发展的动态和最新科研成果，以便及时更新课程内容。这样可以确保教材和课程内容与实际工作需求保持一致，更好地满足学生的培养需求。

应用科技型大学的教材建设应本着"编""选"并重的原则，适当处理好这二者之间的关系，做到"扬长避短，借优补弱"，既不可过分选用与人才培养目标不适应的优秀教材，也不可为了片面追求"自编率"，而过多使用一些低水平的职称式的拼凑型教材。具体来讲，应用科技型大学的教材建设应采取以下途径：

1.重视选用优秀教材

应用科技型大学在教材建设方面通常面临一系列挑战，包括起步较晚、编写力量有限、教材更新机制不健全等问题。因此，教材选用成为关键。为解决这一问题，高校可以建立信息平台，以帮助教师选择优秀的教材。这个信息平台可以包括两个主要部分。（1）样书库：这里可以收集本校历年使用的教材，海内外同类型知名高校和著名出版社编写出版的教材，以及同类型高校同一专业相同课程所采用的教材等。这些实物样书可以为教师提供广泛的选择范围，帮助他们找到最适合自己教学需求的教材。（2）资料信息库：这里可以收集教材征订目录、教材评估和点评文章、教材研究和建设的学术交流会议资料等。这些资料可以为教师提供有关教材的详细信息和评价，帮助他们作出明智的选择。通过建立这些信息平台，地方高校可以提高教材的使用率、选优率以及教材的更新速度，从而提高教育教学质量。

2.联合编写知行融合一体教材

目前我国高校教材的出版建设仍存在着较多不足，教材编写过分强调知识系统的逻辑性，能反映学科体系基本原理的教材多，以训练、培养学生实践应用能力、创新意识和探索精神为教学目标的教材少。因此，应用科技型大学有必要编写适用于应用科技型人才培养的知行融合的一体化教材。教材编写是一项系统工程，必须集各人之所学。随着学科发展的相互交叉和渗透的发展趋势，更是将以往教材编写的个体户模式转变为现代优质教学资源的团队研发模式。与研究型大学相比，应用科技型大学的人力、物力资源等条件本身就存在"先天不足"，因此，充分发挥教学团队作用则显得更加重要。教材编写团队的成员不应局限于本校的教授、专家、学者，而应扩展到其他地方高校的教授、专家、学者。特别是在凭借一所高校的力量难以完成编写知行融合一体化教材任务的情况之下，联合多所高校共同完成编写任务则是明智之举。在这方面，许多地方高校已经开始迈出探索的步伐。如安徽省皖西学院数学系针对目前使用的同济大学编写的数学教材难以适应大众化阶段应用科技型大学人才培养现状,皖西学院数学系依托安徽省地方高校联盟平台,联合安徽省一些地方高校数学系骨干教师以及中国科学技术大学出版社,共同开展调研、交流,并于2009年8月召开应用型本科数学类课程教材建设研讨会,商讨如何编写适用于应用科技型人才培养类型的应用型教材。[1]

3.与业界合作编写实践教材

应用科技型大学以培养应用科技型人才为定位,实践教学占有重要地位。但应用科技型人才培养需要的实践性教材却非常短缺,不能满足人才培养的需要。只有与现代生产实践、职业工作实践相结合才能编出实践性比较强的教材。所以,应该采取措施鼓励高校教师与有关工程技术人员、工厂企业的高层管理人员合作编书。教材本身具有商品特性,这为校企合作编写实践教材奠定了互惠互利的良好基础。如北京联合大学出版的几本业内很有影响力的教材就是由该校教师与北京全聚德集团有限公司、黎昌餐饮集团、北京饭店和香港丰琪食品有限公司等饮食行业高级技师共同合作编写的。这种由校企合作编写的教材,图文并茂,及时反映了业界最新技术动态,满足了应用科技型人才培养的需求。[2]

(五)课程实施

课程实施是将开发与编制好的课程付诸实践的过程,是实现课程开发主体预期的课程理想,达到预期的课程目的,实现预期教育结果的手段。课程实施是通过教与学的活动将编制好的课程付诸实践。课程实践的焦点是在课程实施实践中发生改革的程度和影响课程实施的那些因素。富兰(Fullan M.)在1977年认为,课程实施是指任何课程革新的实际使用状态,或者说是革新在实际运作中所包括的一切。[3] 也有人认为,"课程实质上就是实践形态的教育","课程实质上就是教学"[4]。还有学者认为,"教学过程是对课程计划的实施过程"[5]。

课程实施就是将课程计划付诸实践的过程,其最主要也最常见的途径就是课程教学。在我国高校长期以学科课程为中心的模式下,课程实施仅被看成理论知识的传授过程,通常采用讲授式的教学方法,在这一过程中,理论知识绝大部分是与实践情境相分离的。这种课程实施模式在一定程度上加深了学生对理论知识的理解和记忆,提高了学生掌握知识的效率,但同时也极大地限制了学生知识迁移能力和实践能力的发展。因此,在课程实施中尽量加强学科课程和实践课程的同步和叠加,使学生在真实情境中检验已有认知结构,在系统知识学习中重新建构新知识的意义。在这种交互式的课程实施模式下,学生的知识迁移能力、发现问题解决问题的能力以及多元思维能力等多种素质都能得到综合性的训练和强化。因此,应用科技型大学要变革课程实施的基本范式,实现学科课程模式与实践课程模式的叠加。

---

[1] 潘懋元.应用型人才培养的理论与实践[M].厦门:厦门大学出版社,2011:108-109.
[2] 白光义.高等教育大众化阶段的教材建设[J].北京教育(高教),2006(7-8):77-80.
[3] 黄甫全,王嘉毅.课程与教学论[M].北京:高等教育出版社,2003:326.
[4] 黄甫全.大课程论初探:兼论课程(论)与教学(论)的关系[J].课程·教材·教法,2000(5):1-7.
[5] 黄政杰.多元社会课程取向[M].台北:台湾师大书苑有限公司,1995:131.

课程实施过程中会受到许多因素的影响,许多专家对此做过深入研究。20世纪80年代,富兰就提出了影响课程实施的因素,其分为四大类十五个因素:[1]第一类是与课程改革本身性质相关的因素,包括课程改革的需要与相关性,课程改革本身的清晰程度、复杂性以及课程方案(材料等)的质量与实用性;第二类是学校社区一级的因素,包括以往这个地区的改革尝试、对课程的采用过程、地方管理的支持、教师进修与参与、时间限制与信息系统(评价)、董事会和社区团体的支持;第三类是学校一级的因素,包括校长的行动、教师之间的关系、教师的特点与取向;第四类是外部环境因素,包括政府角色、外部协助等。根据中外的相关研究,我们可以把课程实施的影响因素归纳为文化背景、实施的主体、实施的客体(对象)、实施的管理、实施的环境和实施的理念等六个方面。

课程实施的取向是指对课程实施过程本质的不同认识以及支配这些认识的相应的价值观。在课程实施过程中,由于持不同的教育价值观,相应地会对课程实施有不同的认识,并会以不同的态度和方式参与课程实施。课程实施存在三种基本取向,即忠实取向、相互调适取向和课程创生取向。

(1)忠实取向(faithful orientation):视课程实施为忠实地执行课程方案的过程。忠实取向强调的是"教师即课程",其课程实施适用于某些特定的课程情境,特别适用于课程内容极为复杂、困难且不容易掌握精熟的新课程方案,或是学生的理解有赖于配合课程内容的特定安排,因此,课程实施的顺序有必要在事前加以规定。然而,课程的规范说明与行政命令规定可以规范课程科目知识的最小范围与最低标准,但无法硬性限制师生的最大选择范围与最高成就标准,更不应该限制师生对学习方法的选择。

(2)相互调适取向(mutual adaption orientation):把课程实施视为课程设计人员与课程实施者双方同意进行修正、调整与适应,以确保课程实施之成效的过程。相互调适取向强调课程实施不是单向的传递、接受,而是双向的互动、调整与改变。课程方案有必要因应学校与专业教育的实际情况而加以弹性调整。相互调适取向强调的是"师生适应即课程"。相互调适取向考虑了具体实践情境,如社区条件、学校情境、师生特点等对课程实施的影响,反映了师生的主动性,课程实施的复杂性、不确定性和过程性。与忠实取向相比,更符合课程实施的实际情况。对体验式、表演式与实验实习实训类课程有较大的针对性指导价值。

(3)课程创生取向(enactment orientation):把课程实施视为师生在具体的课堂情境中共同合作、共同创造新的教育过程与经验的过程。真正的课程并不是在实施之前就固定下来的,它是情境化、人格化的。课程实施本质上是在具体的课堂情境中"创生"新的教育经验的过程。既有的课程方案不过是一种供这种经验创生过程选择的工具而已。课程创生取向强调"课程是实践"。课程不是被传递的教材或课表,不是理所当然的命令与教条,而是需要加以质疑、批判、验证、改写和创造、生成的假设。

课程创生取向强调教师是决定新课程成败的关键角色。高等院校专业评估标准和专业认证标准、《普通高等学校本科专业类教学质量国家标准》的颁布和各专业课程大纲的

---

[1] MARSHC J. Planning, management and ideology: key concepts for understanding curriculum [M]. London & Bristol: The Falmer Press, 1977: 158.

制订,不过是课程改革的第一步。课程改革是教师的再学习过程。课程开发意味着教师的专业发展,没有教师的发展就没有课程的开发。课程知识不是由专家、学者发展出来传递给教师,再由教师传递给学生的。专家和教师设计的课程仅仅是一种暂时性的假设,教师要在课堂教学中加以实验,与学生交互作用,与同事和学生讨论对话,经由这种过程建构的结果才是知识。教师和学生是在观察、实验、分析、对话和争论中建构知识的。因此,教师必须改变角色,做一个学习者、反思者。做到每一个教师都成为课程设计者,每一间教室都成为课程实验室,每一所学校都成为教育社区。

上述三种取向在对课程知识的产生、对课程变革的假设、对研究方法以及教师角色的理解等方面均有着很大差异,它们从不同侧面揭示了课程实施的本质,各有其存在的价值。从忠实取向到相互调适取向,再到课程创生取向,意味着课程变革从追求"技术理性"到追求"实践理性",再到追求"解放理性",体现了现代课程变革的发展方向,进一步拓展了研究课程实施本质的思路,启发人们从不同层次,立足不同角度,在不同水平上研究课程实施。

应用科技型大学的教师应当以"创生"作为课程实施的价值取向,树立自觉的"课程意识",认识到自己是课程的开发者、课程资源的整合者和课程实施的主导者。在课程实施的过程中充分体现教师自身的价值观、兴趣、个性特征、教学才能、教学经验。

在课程实施的过程中,要注意课程需要的适切性、课程目标与意义的清晰性以及课程实施的复杂性,以提高课程实施的质量与效益。课程实施是教师根据实际情况对课程目标、内容和方法进行不断调适的过程,它同时也是一个再创造的过程,教师是自己课程的决策者,也是一个将现有教学材料转变为课堂具体教学计划的设计者与开发者。课程实施的实质是教育新文化的创造过程,包括重构与创造的过程。

课程实施不仅仅是教师教的过程,更是学生学的过程。现代教育课程改革的一个重要理念和目标是改变课程实施过于强调接受学习、死记硬背、机械训练的现状,倡导学生主动参与、乐于探究、勤于动手,培养学生收集和处理信息的能力、获取新知识的能力、分析和解决问题的能力,以及交流合作与批判创新创造的能力。因此,新的课程改革的实施就是要求变革学生的学习方式,即要转变在一些课堂中存在的单一、被动与封闭的学习方式,提倡和发展多样化的学习方式,特别是要提倡自主、探究、合作、实践、创新的学习方式,让学生成为学习的主人,使学生的主体意识、能动性和创造性不断得到发展,培养学生的创新精神和实践能力。

课程实施要以学生为中心,注重学生的学习结果和学习能力的培养。在课程实施过程中,授课地点不应局限于教室中,还可以在工厂、操场,甚至商场等任何合适的地点来授课;在课堂中不要求学生正襟危坐,学生的座位很灵活,可以是马蹄形、团扇形等多种形式,学生可以面对面,但不能背对面,这是因为教师认为课堂是"教师与学生"加上"学生与学生",课堂活动中学生与学生之间也要相互联系;在课程形式中采用讲座、研讨、练习、实验、实习等多种形式来组织教学,同时实行小班化教学,学生人数控制在 20~30 人,这样老师可以关注到每一位学生及其学习的效果。

德国应用科学大学的理论性课程与实践性课程相互融合,交叉进行,最大限度将学生学习的理论知识与实践练习相互结合,着重培养学生综合运用知识的能力,凸显应用科技型人才培养目标的导向。此类大学课程体系主要包括以下几种常见的实施方式：研讨讲座；实践练习；研讨讲座＋实践练习式综合教学；实验室实习/电脑练习。

（1）研讨讲座。这个模式包括专业研讨会和一般讲座，一般是由教师结合具体案例，讲授本课程的一些基本概念和理论，帮助学生掌握该门课程的基本知识与原理。不同于综合大学面向大规模本科生的常识性授课，应用技术类大学的研讨讲座规模更小，互动性更强，实用性明显，注重理论与实践之间的互通，学生常依照教师的安排，以小组为单位搜集材料与数据，并进行主题的发表与展示。

（2）实践练习。实践练习关注所学专业的实际问题，主要采用项目教学法（projektarbeit）。以商科课程为例，教师设定具体的项目，学生按照个人兴趣自由分组，模拟企业项目推广、运营的全过程，如团队组织、项目设计、宣传、运营、资金筹备、宣传开销、实施路径、效果评估等。对于企业项目的选择，既可以由学生自行选择，也可以模拟企业真实遇到的问题，由课程指导教师和企业市场部的专业人员与学生就项目设计、开发、宣传以及运作定期进行沟通，从而真正积累宝贵的实践经验。

（3）研讨讲座式实践练习。这样一种混合教学是由以上提到的两种教学模式相互组合而成的。此种模式以研讨讲座作为起始，旨在传授基本知识与技能，再通过实践任务的分组练习加深对理论知识的理解，最后由教师就实践练习中的具体问题，进行讲解与答疑，帮助学生把实践知识转化为个体综合能力。

（4）实验室实习/电脑练习。应用科学大学的一些理工类专业，在教学过程中会在专业实验室、电脑教室内进行实验教学。例如，机电、信息、生物技术和自动化专业等。这些实验室一部分由行业机构内的一家或多家企业在学校内出资设立；另一部分则是通过校企合作，直接在企业内部设立研究中心——实验教学基地，由企业和应用科学大学共同参与管理。例如，马德格堡应用科学大学与西门子电器自动化公司设立的西门子电器自动化研究实验室。实验室实习对于技术专业课程的实施意义重大，通常贯穿整个课程学习，占据25％的课时比例，能够有效锻炼学生的实际操作能力。例如：德国汉诺威应用科学大学电子技术专业就与汉诺威Roma机械公司共同合作，将电子技术、电子技术练习、电子技术实验三门课程安排在企业中进行教学。[①]

在课程实施过程中，专业技术人员要参与进来。不同于研究型大学关注普识性知识与学科知识的系统传授，应用科学大学极为重视培养学生解决实际问题的能力。在德国，专业技术人员作为应用科学大学师资系统的重要组成部分，成为专业课程具体的实施者。项目教学、方案教学、工程实习、实验教学以及专业技术实习成为课程实施的主要方式。无论是兼职导师还是拥有教职的正式导师，大学对于他们的实践经历都有明确的要求。一般来说，具有博士学位，并在大型知名企业、公司拥有5年以上工作经验的高级人才，才有机会被聘为教授。除正式教授以外，应用科学大学对于兼职教师与实践导师也有特殊要求。他们大多数供职于知名企业，担任高管、市场部经理、高级工程师、研发人员等职位，通过介绍最新专业技术、企业的真实案例、产品的营销方案，并把当前企业公司的技术

---

① 任平.德国应用科学大学课程设置的特征：以柏林技术与经济应用科学大学为例[J].教育学术月刊，2020(4)：97-104.

发展情况、面临的市场挑战以及新产品研发的动向传授给学生,指导学生的实践练习与专业实习。① 学生以小组为单位参与各种实践项目,如工业设计、程序设计、产品开发、营销方案设计等。专业技术人员参与具体课程实施,可以有效保证学生及时把握当前本专业、本领域发展的最新动态,并提供有针对性的技术指导,使教学直接服务于生产需要,最大限度地满足社会对应用科技型人才的需求。

(六)课程评价

课程评价是课程实施过程中的最后一个环节,它是对课程设计、课程开发、课程实施效果的评定与判断,对持续改进课程实施质量起着非常重要的作用。英国课程专家凯利认为,课程评价是评估任何一种特定的教育活动的价值和效果的过程。

1.课程评价中存在的主要问题

目前,应用科技型院校课程评价的问题主要表现在单一与封闭上,一定程度上影响了课程质量。其具体表现在以下几个方面:

(1)评价目的一元化,为奖惩而评价

课程评价是实现和发挥课程质量监控体系功能的重要手段。无论是对课程实施结果的终极性评价,还是对课程实施过程的形成性评价,都离不开经常性的评价工作,评价结果的可靠性与决策的正确性和控制的有效性密切相关。甚至可以这样说,对评价的评价无论怎样评价都不为过。但同时我们也应该清醒地认识到,"评价最重要的意图不是为了证明(prove),而是为了改进(improve)"②。从泰勒(R. W. Tyler)的"八年研究"、斯塔弗尔比姆(Stufflebeam,D.L.)的 CIPP 评价模式,到瑞斯的"反对者导向"(adversary model)评价模式,西方各国尤其是美国的评价发展史,为我们确立丰富的评价思想和构建具体的评价模式提供了有益的借鉴。

目前,应用科技型大学课程评价目的过于单一,往往还停留在"为奖惩提供依据"的理解水平上,基本没有"发展性评价"的理念与实践。这种以为"奖勤罚懒"可以调动教师和学生积极性的朴素思想,其心理学依据是华生的行为主义理论,管理学依据是麦格雷尔的X理论,而用心理学和管理学在今天的发展水平来审视,显然已不适应当代科学与教育发展的需要。

(2)评价标准一元化,重视"专业知识"的评价,忽视"专业技术与职业技能"和"专业素养与职业素质"的评价

相对于技术技能和素质的评价而言,应用科技型大学课程评价更侧重对知识的评价,因为在知识、能力和态度中,唯有知识最具测量的信度和效度,评价的标准和方法也比较成熟。而对技术技能和素质的评价一方面缺乏统一的标准,另一方面评价的方法也更复杂、更难操作。所以目前应用科技型大学课程的评价大多侧重于知识领域。因此,要真正构建符合应用科技型大学课程目标的"专业知识""专业技术与职业技能""专业素养与职业素质"三位一体的综合评价体系还需要一个长期的过程。

---

① 孙进.培养高层次应用型人才:德国应用科学大学独具特色的人才培养模式[J].世界教育信息,2012(12):23-26.
② 瞿葆奎,陈玉琨,赵永年.教育学文集:教育评价[M].北京:人民教育出版社,1989:268.

(3)评价主体一元化,教师是课程评价的主体

评价活动和评价过程对学生和企业来说基本是封闭的,他们很少有参与课程评价的机会。虽然,大多数应用科技型院校都开展了学生对教师教学效果的评教活动,而且学校也会组织用人单位对毕业生的评价活动,但由于校方往往对学生评价的理性程度存疑,企业的评价也由于反馈周期过长,其时效性很难得到保证。因此,学生和企业的评价只作为对课程与教学改革的参考,基本上不影响教师对课程评价的绝对话语权,学生和企业对课程评价的影响还很微弱。

正如艾斯纳(E.W.Eisner)所言:"评价者拥有绝对的主体地位,被评价者则成了被控制的客体,这实际上颠倒了本来的主客关系,从根本上有悖于教育的精神。"[①]在教学过程中,学生对教师有着最全面的接触和最深切的了解,从这一点来说,学生评教要比教师自评、教师同行评价和领导评价具有无可比拟的优势,应该说学生评教的信度和效度都是相对可靠的。当然,在国内不少高校现实的评教过程中,由于存在各种操作性的问题,如学生在查阅考试成绩前进行网络评教等,这就导致了一些学生急于查阅成绩而并没有认真地进行评教。这需要进一步改进学生评教的方法与机制,以进一步提升学生评教的客观性与科学性。

(4)评价方法一元化,重视量化和终极性评价忽视质化和过程性评价

当前,基于"凡是存在的东西都有数量,凡有数量的东西都可测量"的科学主义的量化倾向在应用科技型大学课程评价中还显得非常突出。其往往以学生的课业成绩作为课程评价的主要标准。只要学生的考试成绩理想就是这门课程的质量高,教师也往往追求最后的课程考试结果,而忽视平时的过程性评价,以及对日常教学过程的纠偏作用。因此学生的上课出勤率、平时的课后辅导答疑、课堂问答、小测验等课程评价手段都受到不同程度的削弱,学生在整个课程学习期间的学习态度和行为表现等基本上落在课程评价视野之外。

教师通常采用的课程评价就是在课程修完或学期结束时,进行一次书面知识考试,以等第制或百分制赋予学生一个成绩。这种终极性评价难以考查学生对专业知识和技能全面掌握的程度,更无法反映学生的综合能力素质表现。但是由于过程性评价需要对每个学生在课程学习期间的各个阶段进行及时的评价,工作量往往大得多,这也是过程性评价难以真正全面实施的主要原因。可是过程性评价往往受到学生的欢迎,他们认为这种评估方法客观、合理,能够调动学习的主动性、积极性;能够发挥自己的潜能、个性和创造性;能够对自己的学习目标树立信心。

评价者从各种观察中获得的主观印象,也可作为评价的材料。所以,他们更多采取对实际情形的文字描述,而不是数据分析。

形成性评价是指为改进现行课程计划所从事的评价活动。它是一种过程评价,目的是要提供证据以便确定如何修订课程计划,而不是评定课程计划的优良程度。也就是说,它要求在课程设计的各个阶段不断地收集信息,以便在实施前加以修正。

总结性评价也称终结性评价,是在课程计划实施之后关于其效果的评价。它是一种

---

① EISNER E W.The educational imagination[M].NewYork:The Falmer Press,1994:10,12.

事后评价,目的是要获得对所编制出来的课程质量有一个"整体"的看法。它通常是在课程计划完成后,并在一定范围内实施后进行的。它的焦点放在整个课程计划的有效性上,以便就这项课程计划是否有效作出结论。

无论是形成性评价还是总结性评价,都不是指某些特定的评价方法,而是指它们在课程编制过程中的作用。一般来说,形成性评价关注的是课程问题的起因,总结性评价关注的是课程问题的程度;形成性评价的结果主要是为课程编制改进课程所用,总结性评价的结果主要是为课程决策者提供制定政策的依据;形成性评价关注课程计划的改进,总结性评价关注的是评定课程计划的整体效果。尽管总结性评价通常是在课程计划结束之后进行的,但它也可以在课程编制过程的各个阶段结束时进行。

2.课程评价改革

应用科技型大学应改革考核评价方式,实施多元评价方式改革:既重视学生在评价中的个性化反映方式,又倡导让学生在评价中学会合作;要以质性评价整合与取代量化评价,强调评价问题的真实性与情境性;评价不仅重视学生解决问题的结论,而且重视得出结论的过程;不断完善评价方式,重视采用灵活多样、具有开放性的质性评价方法。

(1)制定指导性考试大纲。

为保证课程评价质量,首先要有明确的考试大纲作为指导性文件,因此我国应用科技型大学开展课程评价改革的第一步就是制定详细具体的考试大纲。在考试大纲中要对每一课程的考核方式、考核内容、考核要求、考核标准进行详细说明,比如,对于采用实验形式进行考核的课程,首先要明确实验目的,其次规定其实验流程,再次对每一阶段教师与学生的任务进行说明,最后说明评价标准。对于那些通过书面报告进行考核的课程,要特别对书面报告的内容和格式进行规定,要求在报告中明确工作任务、目的、流程、方法、存在问题、解决对策等。

(2)引入"过程评价+结果评价"的考核模式。

考核学生学习的全过程,最终课程总成绩是过程考核成绩和结果考核成绩的加权平均值。过程性评价为若干次的平时考核,包括随堂作业、小组调查报告、专题论文、学习心得等;结果性评价主要指课程结束后进行的结果考核,包括理论考核与实践考核,理论考核一般为笔试,分为开闭卷;实践考核形式多样,实验、专题汇报、学术报告、学术讨论都可成为有效的实践考核形式。

(3)引入企业考核评价机制。

应用科技型大学是为企业培养所需人才,只有企业认可的毕业生才是合格的毕业生,所以在评价过程中,尤其是对那些操作性强、与实际岗位工作相似的学习任务进行评价时,引入企业评价非常重要。这就需要应用型本科在选择评价主体时,多让一些一线技术卓越、经验丰富的工程师、技术人员成为评价主体;在评价标准中引入企业评价标准,严格按照企业标准对学生学习结果进行评价。

3.德国应用科学大学的课程考核及评定

在巴登符腾堡双元制应用科学大学,基础知识的学习、教学活动的组织与考核的几处都是遵照每个课程模块制订的教学计划与考试计划来实行的。每个课程模块结束时举行考试,并给出考试成绩。在特殊情况下,它会由多个考核成绩组成。每个模块描述中都会标明该模块的考试形式、数量及考试分数的区间。

每个模块都会有模块考试。如果模块考试不是由一个或多个不计分的考试组成,而是只有一次考试的情况,并给出一个考试分数,则该分数作为该模块的分数。如果模块考试是由多个给分考试组成,则模块分数取所有成绩的平均值。如果模块描述中没有其他规定,则一律通过考试成绩来计算模块分数。模块分数有不同分数级,分值精确到第一小数位。不涉及给分的考核成绩均为"通过",给分考试中成绩为"及格"以上,则视为通过模块考试。

德国应用科学大学课程评定用"1、2、3、4、5"表示不同的等级,欧洲学分转换系统的评定用"A、B、C、D、E"表示不同的等级。因此,德国应用科学大学引入了相对成绩等级体系,即学生除获得按照德国成绩体系评定的成绩之外,还可以同时获得该成绩的相对等级证明。相对成绩等级共设五级,是将该学生的成绩与本年度及上两个年度总的平均成绩相比较,成绩最好的10%评定为A级,A级以下的25%评定为B级,B级以下的30%评定为C级,C级以下的25%评定为D级,最后的10%评定为E级。

巴登符腾堡州双元制应用科学大学考试条例分为基本条例、工程领域考试条例、经济领域考试条例和实训考核条例四部分,例如,在工程领域考试条例中规定的考试类型与考核形式有以下11项:(1)笔试;(2)口试;(3)工程设计;(4)程序设计;(5)专业论文写作;(6)实习情况与反馈;(7)项目设计;(8)家庭作业;(9)专题报告;(10)实验报告;(11)学士论文。[①]

五、应用科技型大学的课程群建设

(一)课程群与课程群建设的内涵

课程群是指专业课程体系的某一类别的课程集合,如基础课程群、专业课程群或专业方向课程群等,它以专业作为划分群与群的根据。课程群是从属于某个学科、相互之间有着合理分工、能满足同一专业或不同专业教学要求的系统化的课程群体。

课程群建设不同于狭义的课程建设与课程体系建设。课程体系建设以整个课程体系为对象,其主要工作是调整课程模块比例;课程建设是以某一课程为对象,为提高教学效果而进行的课程实施手段和教学方法的改进;课程群建设则是以课程群为对象,对课程群的相关课程内容进行整合。

课程体系建设是根据社会需要、学生需要和学科发展需要,基于宏观层面,针对国家教育目的和学校办学目标,提高教育质量进行的建设。如:针对素质教育提出"厚基础,宽口径"的课程体系构建模式,对基础课专业基础课和专业课设置比例和要求进行研究;为加强高校人文素质教育,对人文类课程体系的构建进行研究;为加强个性培养、提高学生自主学习的积极性,对必修课和选修课的课程体系进行研究。课程体系建设主要针对课程的结构、比例、模块等进行宏观的指导,明确教材教学计划、教学大纲等,虽然可以较好地促进教学质量的提高,实现国家的教育目的、学校的培养目标,对确定课程建设的原则、方法、目标等具有重要的指导意义,但难以实现学校特色专业建设与特色课程建设。

---

① 邓泽民,董慧超.德国应用科学大学研究[M].北京:科学出版社,2017:44-55.

课程群建设属于中、微观层面的课程建设,是针对某一受教育对象,将相关的课程组合在一起进行整合,删除重复过时内容,增加增强人才的竞争能力和提高人才培养素质的新内容,以提高教学效率;通过对原课程群的整合,产生新的课程群,具有新的人才培养目标,实现课程建设的规模效益,具有很强的操作性和实用性。

课程群建设是课程体系建设在高校培养目标层面的具体化,是体现学校人才培养特色、向学校提供优秀课程资源、建设特色专业的基石。它可以有效克服课程建设中过于强调某一门课程内容的系统性与完整性,缺乏对与其相关课程的横向与纵向关系研究,造成课程间内容重复过多、课程内容过时及课程设计与课程实施脱节等弊端,因而是提高课程实施效果的重要举措。[①]

课程群建设是课程建设的重要内容之一,对人才培养具有重要的作用。课程群建设是课程建设的继续和深入发展,它把学校这项正常的建设工作带上了一个新台阶。课程群建设的规模效应不仅在于节约了学校的课程建设成本,提高了建设效率,而且通过建立一个课程群组织,将学术管理与组织管理结合起来,收到学术与组织管理的双重效果,为进一步改善教风、学风起到了积极作用。只有对此有了充分的认识,才能真正从思想上重视这项工作。

(二)课程群建设的主要内容

课程群建设包含的内容很多,主要是围绕课程群的主要要素与环节来进行:[②]

1.师资队伍建设

师资队伍是课程群建设的主要内容,因此能否形成一支能力强、素质高的教师队伍是衡量课程建设成果的首要标准。师资队伍建设主要包括以下几方面的内容:组织上,要形成以课程群建设主持人为总负责人,以各课程主讲教师为骨干,团结和带领课程群内全体教师,围绕教学、科研两项中心工作开展课程群建设各项活动的组织形式;结构上,要充分考虑到教师队伍的稳定与发展,使教师队伍的年龄结构、职称结构、学历结构趋于平衡,形成以中青年教师为主体、研究生学历(博、硕士研究生)教师为主体、高中级职称教师为主体,具有较高学术水平和发展潜力的教师队伍;在教师队伍建设规划上,保持教师队伍的合理流动,加强梯队建设,保证教师队伍的不断档、不脱档,加强骨干教师的选拔与培养,重视年轻教师的业务进修、生产实践锻炼和科研能力训练;制度上,强化教师的教学与科研意识,尤其是加强对教师的教学管理与监督,培养课程群内学术自由的氛围,加强教师之间的学术及教学经验交流,形成固定的交流制度。在相互听课、集体备课等方面,既要留足教师的个人空间,又要加强统一管理,确保教学质量特色鲜明、成绩突出。

2.教材建设

教材是教学改革成果的集中体现,一本好的教材就如同一位优秀的教师。因此,教育部近二十年来对教材建设非常重视,并在全国高校范围内组织编写了一批批国家规划教材,为提高各高校的教学质量起到了重要作用。课程群建设的成果也必须反映到教材建设上,应该建设富有特色的系列教材,其中既包括编写国家级优秀教材,也包括编写具有自身特色的

---

① 郭必裕.课程群建设与课程体系建设的对比分析[J].现代教育科学,2005(4):114-116.
② 范守信.试析高校课程群建设[J].扬州大学学报(高教研究版),2003(3):25-27.

本土教材。教材建设的内容主要包括教材研究和教材编写。教材研究不仅有利于教师更加透彻、灵活地掌握教学内容,博采众家之长,提高教师的教学水平和学术研究水平,而且也为教师编写教材打下了良好基础。教材编写既是教师教学及学术研究的一次总结,也是一次教学及学术水平的提高。高水平的课程群建设应该编写出一套高质量的教材,而其他课程群建设则应在选用优秀教材的基础上,着重进行本土优秀教材或教学参考资料的编写。

3.实验教学的建设与改革

实验室建设是课程群建设的重要基础建设,实验教学改革是课程群建设与改革的主要组成部分之一。许多课程包括文科课程正在走出纯理论教学的模式而引入实验教学,比如模拟法庭、模拟股市等,这对帮助学生巩固所学的理论知识、提高动手能力,为学生提供初期的科研训练机会有着不可替代的作用。由于我们的教学过程长期存在着重理论、轻实践的问题,加之各高校教学经费普遍比较紧张以及扩招等原因,不少高校在实验教学方面存在着实验课开出率低、实验质量不高、验证性及重复性实验较多等问题。课程群建设为实验教学的改革提供了一个难得的机会,一方面,课程群把诸多同学科的课程集中到了一起,给实验内容的整合提供了方便;另一方面教学资源在统一建设中也可以统一协调组织,这使教学资源的共享和合理配置成为可能。因此,建立开放的实验室,大力整合实验内容,增加综合性、设计性和创造性实验应是实验教学改革着重考虑的问题。

4.课程内容和课程体系改革

课程群建设不同于课程建设的另一个重要标志是课程内容和课程体系的改革。单门课程的建设一般只需考虑自身的系统性和内部结构的调整以及内容的组织形式。而课程群建设一方面要处理好群内课程之间的相互关系,避免相互间的重复、界限不清等问题;另一方面还要照顾到专业需求,根据专业特点,形成层次分明、界限清晰、彼此照应、各具特色的系列课程。因此,课程群建设在内容与体系改革方面的成果主要从以下两个方面衡量:一是有无先进的改革指导思想,课程内容和课程体系的改革既要立足学科,又要照顾到专业;既要考虑到教师,更要考虑到学生;二是改革的成果,其中又包括直接成果,即课程内容的增删、新旧课程体系的比较等,又包括间接成果,即学生对改革后的课程内容、课程体系的反映,以及采用新课程内容和课程体系之后学生学习发生的变化。

5.教学方法与教学手段改革

教学方法和教学手段是教学的形式因素,过去一直未受到应有的重视,随着教育教学思想的改革,科学技术尤其是现代教育技术的发展,教学方法和教学手段的改革愈来愈引起人们的关注。灌输式教学与启发式、研究性教学绝不仅仅是简单的形式差异;传统的教学手段与现代化的多媒体教学手段的区别,同样也不能归结为物质形式的不同。每门课程都有自己的特点,也都有适合本门课程教学的方法与手段,教师之间在选择教学方法和教学手段时也都有所差异。对课程群教学方法和教学手段的检查,既要考察课程群内各课程在教学方法和教学手段上的共通性和学科特色,又要考察每门课程、每位教师在教学方法和教学手段上的个性,同时还要考虑作为一个集体在教学方法和教学手段改革上的研究、交流与整体发展情况。

6.考核方式及内容的改革

课程群建设的最终目标是培养高质量的大学生。要检查学生的学习成果,其社会贡献和社会评价非常重要。但在校期间对学生学习效果的检查最主要的还是来自考试。如果所有的考试都采用传统的形式,一张试卷定高下,显然不能判断出学生真实的学习成果,因此进行考核方式和内容的改革也成为引导学生学习、提高教师教学效果的重要措施。考核方式恰当与否,主要看考核效果是否真正反映了学生学习的真实情况,是否全面考核了学生的知识、能力和素质,是否有利于培养学生的良好学习态度,是否做到了公平公正。

7.课程群建设目标要体现产教融合,凸显职业岗位适配性

应用科技型大学的课程群建设要注重从职业岗位的需要出发,在注重学科与专业组合的科学性与合理性的同时,确保设置的课程群与产业链群紧密衔接。当企业技术、服务模式发生变革时,课程群建设就要及时淘汰与岗位弱相关的课程,加入新的课程。在具体实施过程中,一般由校企专家团队组织课程教学研讨会,根据地方产业发展趋势确定职业岗位的核心技能和辅助技能。课程群除了保留传统课程外,还需加入一些诸如新媒体营销、跨境电子商务、大数据分析等新兴课程。

应用科技型大学的课程群建设要着重深化产教融合,促进教育链、人才链与产业链、创新链有机衔接,以行业标准培养在校生,坚持产业需求导向与教育目标导向相统一,提升学生的职业能力与综合素质。构建校内实践教学基地与校外实习实训基地相联动的实践教学平台,促进校企合作育人、协同发展。例如,在产业学院课程群建设过程中,要重点突出职业实践课程建设,设置基础技能、核心技能、拓展技能和顶岗实习四个实践课程模块,构建"课内实训—专项课程实训—产业学院人才孵化中心实践—企业顶岗实习"四位一体的人才培养模式,打造"课内与课外、校内与校外、实训与实战、仿真与全真"于一体的实践教学体系,为区域经济发展培养高素质技术技能人才,推进职业教育需求端与供给侧有效对接。

课程群体系建设要实现校企之间的资源共享和优势互补。学校负责提供教学师资、实习学生和实训场地等,企业负责提供项目资本和设施设备等。校企协同育人、共建共享,共同探讨人才培养方案和课程群体系建设。例如,成立由行业企业领导、专家以及学校领导、骨干教师、职教名师组成的课程建设指导委员会,并制定相关的规章制度。企业专家定期参加校内课程建设研讨会和教研活动,针对课程教学内容和教学方案提出整改意见;校内教师定期到企业实践,了解行业企业和产业发展动态,完善教学内容,突出教学内容的针对性。[①]

8.注重课程体系设计,忽视课程实施

课程群实施是把课程群计划付诸实践的过程,它是达到预期的课程群目标的基本途径。课程群设计得越好,实施起来就越容易,效果也越好。课程群实施过程的实质是要缩小现有的实际做法与课程群设计者所提出的做法之间的差距。如果让课程群实施者清楚了解新课程群设计者的意图和课程群目标,参与课程群设计的部分工作,共同讨论达到课程群目标的各种手段,课程群实施起来遇到的阻力就会小一些。研究表明,教师在一定程度上参与课程规划和设计工作,不仅有助于取得预期的课程群设计的结果,而且也会促进课程群实施的进程。

---

① 姚君.高职产业学院课程群建设探析[J].教育与职业,2021(14):77-80.

第六章

应用科技型大学人才培养目标、培养规格与培养方案

人才培养是大学的基本活动与本质特征。人才培养目标及其人才培养规格的制定与实现是大学活动的最终目的与归宿。因此,厘清应用科技型大学人才培养目标的基本理论,科学确定其人才培养目标、人才培养规格与制定培养方案,具有十分重要的意义与作用。

第一节 应用科技型大学的人才培养目标

人才培养目标是大学创立与改革发展的主要目的与核心定位。每一所高校创立的主要目的都是培养一定目标的高层次人才;反之,不是为了培养人才的专门机构不是学校,不是为了培养高层次人才的专门机构就不是高等学校,更不是大学;凡是学校、凡是大学,就都是为了培养高层次专门人才而设立的。那种纯粹为了科学研究目的设立的专门机构不是大学而是科学院/所。因此,人才培养目标是统领一所高校所有活动的核心与主要目的,高校的一切活动都是围绕着人才培养而展开的。

一、人才培养目标的内涵

人才培养目标不同于人才培养目的。目的是最终性的培养达成标的和结果,它是概括性的活动终极方向。而目标是特定层次、特定阶段、特定过程、特定标准的标的,它是具体性的活动方向和想要达到的境地或标准。一般来说,目的是不变的,而目标则随着时间、地点和外界条件的改变而相应地加以调整与改变。

《教育大辞典》中定义:教育目的是指"培养人的总目标。关系到把受教育者培养成什么样的社会角色和具有什么样素质的根本性质问题。是教育实践活动的出发点",而教育目标虽也有教育目的之意,但往往是指"各级各类学校、各专业的具体培养要求。在教育

总目标指导下,根据各级各类学校、各专业所担负的任务和学生年龄、文化知识水平而提出"[1]。

高等学校的人才培养目的就是为社会培养高层次的统治、管理与建设人才,是为一定的社会政治、经济和文化生活目的而服务的;而高等学校的人才培养目标则是根据不同层次类型的高等学校及其不同学科专业为不同时期不同阶段不同社会政治、经济和文化建设的需要培养特定规格与标准的人才。中世纪大学主要是为培养服务于中世纪社会所需要的教会人才和政治管理人才以及医学、法律人才所服务的,它主要培养教会精英、政治精英与管理精英。随着资本主义的发展,中世纪大学也逐步改变其人才培养目标,开始为资本主义的企业和广大社会各阶层培养高层次人才。

社会主义大学是为社会主义现代化建设培养高层次专门人才,为高等教育强国服务。但我国社会主义大学是一个庞大的高等教育体系,既有精英性研究型大学与综合性大学,也有特色行业型大学、专门职业型院校,还有各种各类地方院校和高职高专院校;有博士大学、硕士大学,也有本科为主与专科为主的院校;有国家举办的各类部属院校和大量省属、市属院校,也有民办、中外合作办学和混合所有制等各类院校。因此,这些种类繁多的院校其培养目标是各不相同的,在确定其办学目标和人才培养目标时不应"一刀切",应根据其实际情况予以确定与调整、改革。

二、人才培养目标的确定

人才培养目标是把人塑造成什么样的人的一种预期和规定,体现着一系列思想观念,它规定着教育活动的性质和方向,且贯穿于整个教育活动过程的始终,是教育活动的出发点和归宿。

应用科技型大学一直以来具有明显的应用性和实践性特征。无论是教学和学习,还是继续教育和研发活动,都在应用科技型大学中具有很强的应用与实践导向性。应用科技型大学、行业企业、国家机构和所在地区其他社会参与者之间的密切对话与合作是应用科技型院校的本质要求。实务界往往会把遇到的实际问题交给应用科技型大学研究,在研究具体问题的过程中通常会产生出新知识。理想情况下,应用研究的结果能够在实践中得到采用,这样便有助于生产过程或产品的创新。应用科技型院校不仅要求学生要具备坚实的理论基础,更要求他们掌握转化理论知识的能力,即把知识能够应用于陌生的、新的情境之中。应用能力不仅包括转化(转化能力),还特别包括开发具有创造力和创新性方法的能力(创新能力),而这些能力往往又以不断的尝试(尝试能力)、较强的受挫能力为前提,此外还包括在跨学科和跨文化团队中工作的能力(社会能力)。实践应用的特征是它与现实之间有十分密切的联系。应用科技型大学以应用科技型为办学理念,最关键的是旨在培养毕业生具备他们今后工作中所需的能力,以便他们能够智慧地解决在自己

---

[1] 顾明远.教育大辞典(增订合编本·上)[M].上海:上海教育出版社,1998:764-765.

的工作和环境中出现的实际问题,也就是说能以高效、可持续性、节约资源的方式解决问题。[1]

简而言之,应用科技型大学是培养应用科技型人才为主要目标的大学,应用科技型大学的人才培养目标是在科学理论基础上,培养学生具有以实践应用为导向、结合实际解决问题的能力。应用科技型人才是将科学原理转化为工程原理、技术原理与管理原理进而再转化成产品成果的人才,主要从事与社会生产生活紧密相关且能产生经济、文化与管理效益的工作。应用科技型人才可分为工程型人才、工程技术型人才、技术型人才和技术技能型人才四种类型。

(一)应用科技型人才培养的基本特点

1.应知+应会

(1)"应知"是指应用科技型人才应掌握基础理论知识与应用背景知识,且掌握的广度和深度比技能型人才要高,如应具有更广阔的工程背景知识和人文与社会科学知识。

(2)"应会"是对实践能力的要求,要求动手能力强,实际工作能力强,即应用理论知识解决实际工作问题。

2.专业+专长

(1)"专业"是指应用科技型人才应掌握所学专业基础知识,如职业或生产第一线的应用研究、技术开发、产品试制、技术指导和技术管理等专业基础知识。

(2)"专长"是指有专门应用能力,具有把自己所学专业知识应用于实际生产与管理工作的专门能力。

3.特色+特长

(1)"特色"指的是高校在长期的教育与研究实践中积淀形成的,与其他学校相比具有独特卓越的特质和风貌。这些特质和风貌包括办学模式、研究方向、学科专业特色、人才培养模式、校园文化、社会服务与社会影响力等方面。应用科技型大学的特色能够凸显学校的独特性,增加其在特定领域的竞争力,并吸引学生和研究人员选择该校。特色对于本院校优化人才培养过程,提高教学质量,降低人才培养成本等方面产生积极的作用,并为学校带来一定的社会声望。

(2)"特长"是指学生在某一行业上有独特的能力,这种能力的培养是和学生本身的天赋和素质紧密结合的,是发挥其"长"的体现,是学校培养人才"量体裁衣""个性发展"的结果。[2]

(二)中外学者关于应用科技型人才培养目标的探讨

英、美等国学者对工程型人才、技术型人才和技能型人才的论述值得我们借鉴。美国工厂企业的技术人员系列中,有工程师、技术师、技术员三类,普渡大学莱波劳德(W.K. Leblod)教授对这些职务的内涵是这样阐述的:"工程师是产品、生产过程和工程系统的开

---

[1] HENDRIK L.试论"中国能力"课程在德国应用科学大学的推行[J].应用型高等教育研究,2019(3):81-87.
[2] 胡璋剑.应用科技型人才培养新论[M].北京:中国社会科学出版社,2009:49-50.

发者和设计者,应用数学和基本理论来解决工程技术问题是他们的典型工作。""技术师是一个典型的工程实践者,他们关心工程原理如何应用于实践;如何组织好生产人员去从事生产准备工作和现场操作;他们专注于维护和改良生产设备、生产过程、加工方法和加工程序。""技术员经常在工程师和技术师的指导下工作或者贯彻他们的技术方案,他们是实践人员,因而必须了解工作原理和试验程序,并具有较强的动手能力。"在英国,通常把工程技术人员分为三种:特许工程师、技术工程师和工程技术员。英国工程委员会对它们的内涵阐述如下:"特许工程师在技术人员的群体中提供改革和创造的信息,他们是工程技术人员群体的领导者,有的要进入最高管理岗位。技术工程师将特许工程师的意图转化为实际工作。他们是工程技术人员群体活动的计划者,负责作出日常的工作安排,对日常的技术问题要找出切实的解决办法,有的技术工程师要进入管理和监督岗位。工程技术员在工程技术人员群体中是参加实际工作的,他们在测量仪器、工具和设备方面具有详细知识和操作技能。他们对技工和操作工的工作有监督责任,并保证工作正常运转。"[1]而德国的应用科学大学则主要培养擅长解决现场技术问题的"桥梁式"工程师和善于经营管理的"运筹型"经济师等应用型人才。

严雪怡认为,本科层次的技术教育主要培养人才的技术设计、技术应用和技术管理能力及一定的技术创新能力。关于其职能,联合国教科文组织的一个文件认为,包括管理(生产人员的组织协调)、技术(了解工程师意图后,进行试验、调查、制图,作出生产、计划、执行等安排)、商业(了解劳动和产品价格和市场趋势)、会计(做费用分析,进度记录)、安全(一定工作范围内保障生命和健康的安全预防,并承担责任)等五个方面。[2]

(三)应用科技型人才培养目标定位的依据

应用科技型人才培养目标要按照社会尤其是区域/地方社会经济与文化建设的需求,立足本校实际和学生来源特点进行科学的定位。

社会需求是导向。社会经济发展不仅需要一定的学术性研究型人才,更需要大量的从事实际工作的应用科技型人才;不仅需要大量的技能型应用人才,还需要一大批具有创造性的高层次工程技术型与管理型应用人才。科学技术和生产技术的新变化要求我们在培养大量的技能型应用人才的同时,急需培养大量的有理论有技术的高素质应用科技型人才。学校生存与发展的基础在于能培养出适应社会发展需要的人才。为培养社会需要的人才,增强人才培养的适应性,学校要进行人才需求的调研与预测,包括调研社会对高等教育的需求,预测社会对专业人才规格的要求,以此作为人才培养目标定位的重要依据。

学校实际是基础。不同类型的高校办学实力有很大差别,即使是同一类型的高校,在办学特色、学科建设、师资力量、设施条件、管理水平等诸多方面也各不相同。高校在确定自身人才培养目标定位时,要充分考察校情,突出优势,发挥特色,切忌好高骛远。新建地方高校本科教育的历史较短,因学科建设、师资力量、生源层次、管理模式、教学水平、办学

---

[1] 杨金土,孟广平,严雪怡,等.对发展高等职业教育几个重要问题的基本认识[J].教育研究,1995(6):8-9.
[2] 严雪怡.为什么必须区分技能型人才和技术型人才[J].机械职业教育,2010(10):3-5.

传统等各方面存在不足,难以培养出高层次、高水平的研究型人才。但是,地方高校在应用科技型人才培养上积累了一定的经验,培养面向生产、建设、管理、服务第一线的高素质应用科技型人才,不仅适应我国未来社会经济发展的内在要求,也是学校客观实际的明智选择,更是发挥学校培养应用科技型人才的办学传统和自身优势的必由之路。特别是近年来一些大学纷纷向理论型、研究型大学靠拢,不愿培养应用科技型人才之时,地方本科院校在培养应用科技型人才的广阔舞台上将大有用武之地,大有发展前景。

生源条件是根本。不同类型高校的生源条件有着很大差异。在现行教育体制下,高校招生按照高考成绩分批次进行,"双一流"高校、地方本科与民办本科、高职高专学生在考分上的差距是很大的。但需要明确的是,不同录取批次的考生只是知识结构不同和能力侧重点不同,并不代表素质高低,更不会代表未来学生的发展潜力。高校确定人才培养目标时需要充分重视生源条件的差异,明确人才培养的职业去向与未来发展前景。

三、人才培养目标的层次与类型

美国课程理论家蔡斯认为,课程目标有三个层次:课程的总体目标——教育目的(aim)、学科的(领域的)课程目标(goal)以及课程目标(objective)。由此可知,高等学校课程体系目标是一个体系,可以分为宏观、中观和微观三个层次。宏观层次主要体现为学校的培养目标,即从课程体系中反映出学生的素质、能力和知识;中观层次体现于不同学科专业的培养方案中,既要体现学校培养目标的总体要求,又要反映不同学科专业培养的特殊要求;微观层次主要指每门课程中所体现的人才培养目标要求。

人才培养目标是一个体系,由不同层次的培养目标组成。但不同的学者对人才培养目标体系作出了不同的层次划分。杨志坚把本科教育培养目标划分为三个层次,即国家层次、学校层次和专业层次。高林把本科教育培养目标划分为三个层面,即法定层面、部定层面和校定层面。也可以把高等学校培养目标体系分为四个层次:高等学校培养目标、高等学校层次培养目标、高等学校科类培养目标和高等学校专业培养目标。而我国台湾地区应用科技型大学本科教育的人才培养目标则分为三级:第一级是"法定"层面目标,即"以传授、研究发展应用科学及实用技术,培养具有职业道德与文化素养的各级专门技术人才,服务社会,促进发展为宗旨,以培育高级技术人才为目标";第二级是台湾教育主管部门确定的类群层面目标,即将技职教育重新划分为7大类17个群,制定了"技职体系课程纲要",推广技职一贯课程规划,在技职一贯课程规划中对各类群按不同层级的学校规定了类群培养目标;第三级是专业层面的目标,它规定了专业人才培养活动面向实际应用的具体培养目标,即以培养高级技术人才为目标,被称为"工业技术师",其主要工作内容为"相当于大学本科毕业水平,解决生产制造过程中所发生的技术问题,保证生产的正常进行,也可负责实际较复杂的生产工艺设备和工艺流程"。[①]

下面我们从国家层面、学校层面与专业层面三个角度来构建应用科技型大学人才培养目标体系。

---

① 李晓军.本科技术教育人才比较的研究[D].上海:华东师范大学,2009:5.

(一)国家人才培养目标

国家人才培养目标是指一个国家为了实现高等教育对其政治、经济与文化等社会发展的需求而提出的对某一层次类型高等院校人才培养的总的目标要求。如我国《高等教育法》中规定："本科教育应当使学生比较系统地掌握本学科、专业必需的基础理论、基本知识，掌握本专业必要的基本技能、方法和相关知识，具有从事本专业实际工作和研究工作的初步能力。"[1]

国家层面的人才培养目标，是国家从宏观层面对高等学校人才培养目标的基本规定，在我国主要通过《中华人民共和国高等教育法》(以下简称《高等教育法》)来规定。《高等教育法》首先对我国高等教育的总体培养目标作了明确规定："高等教育必须贯彻国家的教育方针，为社会主义现代化建设服务、为人民服务，与生产劳动和社会实践相结合，使受教育者成为德、智、体、美等方面全面发展的社会主义建设者和接班人。高等教育的任务是培养具有社会责任感、创新精神和实践能力的高级专门人才，发展科学技术文化，促进社会主义现代化建设。"[2]这就说明，不管是什么类型的高等教育，也不管是什么层次的高等教育，只要举办高等教育，它所培养的人才就必须达到以上最基本的标准。这是高等教育在人才培养目标方面的共性要求。

《高等教育法》对人才培养目标的共性要求有两点：(1)"高级专门人才"是我国高等学校人才培养目标的基本定位，其核心是"高"和"专"。所谓"高"，是指高等教育在整个教育体系中的高等性以及学生所学知识与技术的高深性；所谓"专"，是指按学科行业分类教学的专门性以及学生所具有知识与能力结构的专业性。(2)"社会责任感"是对当前大学生公民道德与社会奉献精神的标准要求，是对当代大学生社会责任感淡薄，一味追求个人利益的"精致的利己主义者"的否定。高校毕业生应成为社会主义现代化的建设者和奉献者，而不是个人利益的追求者、索取者和享受者。(3)创新是知识经济时代对人才的共性要求，是新时期国民必备的基本素质，而加强实践能力培养是世界高等教育的趋势，也是我国高等学校人才培养急需加强的重要内容。因此，"具有社会责任感、创新精神和实践能力"不仅反映了时代发展对高级专门人才能力与素质的新要求，也使得我国高等学校人才培养具有一定的时代性和前瞻性。

《高等教育法》对不同层次的高等教育的人才培养目标做了明确规定。高等学历教育分为专科教育、本科教育和研究生教育。

高等学历教育应当符合下列学业标准：(1)专科教育应当使学生掌握本专业必备的基础理论、专门知识，具有从事本专业实际工作的基本技能和初步能力；(2)本科教育应当使学生比较系统地掌握本学科、专业必需的基础理论、基本知识，掌握本专业必要的基本技能、方法和相关知识，具有从事本专业实际工作和研究工作的初步能力；(3)硕士研究生教育应当使学生掌握本学科坚实的基础理论、系统的专业知识，掌握相应的技能、方法和相

---

[1] 中华人民共和国高等教育法[EB/OL].(2015-12-28)[2022-02-12].http://www.gov.cn/zhengce/2015-12/28/content_5029896.htm.

[2] 中华人民共和国高等教育法[EB/OL].(2015-12-28)[2022-02-12].http://www.gov.cn/zhengce/2015-12/28/content_5029896.htm.

关知识,具有从事本专业实际工作和科学研究工作的能力;(4)博士研究生教育应当使学生掌握本学科坚实宽广的基础理论、系统深入的专业知识、相应的技能和方法,具有独立从事本学科创造性科学研究工作和实际工作的能力。[1] 这说明专科层次、本科层次与研究生层次高等教育的人才培养目标有本质性差异,见表 6-1-1。

但《高等教育法》并没有对不同类型本科教育的人才培养目标作出具体规定。这说明,《高等教育法》对高等学校人才培养目标的总体规定,以及对本科教育培养目标的基本规定,是不同类型本科层次人才培养都应该遵循和达到的基本要求,不管是学术型大学、研究型大学本科人才,还是应用科技型本科、职业技术型本科人才。所以,从这一点来说,应用科技型本科人才首先应该是具有创新精神和实践能力的高级专门人才,能够比较系统地掌握本学科、专业必需的基础理论、基本知识,掌握本专业必要的基本技能、方法和相关知识,具有从事本专业实际工作和研究工作的初步能力。

表 6-1-1 《高等教育法》对不同层次学业标准(人才培养目标)的规定

	博士	硕士	学术型本科	应用科技型本科	高职高专
共同点	具有创新精神和实践能力的高级专门人才				
不同点	掌握本学科坚实宽广的基础理论、系统深入的专业知识、相应的技能和方法,具有独立从事本学科创造性科学研究工作和实际工作的能力	掌握本学科坚实的基础理论、系统的专业知识,掌握相应的技能、方法和相关知识,具有从事本专业实际工作和科学研究工作的能力	比较系统地掌握本学科、专业必需的基础理论、基本知识,掌握本专业必要的基本技能、方法和相关知识,具有从事本专业实际工作和研究工作的初步能力	比较系统地掌握本学科、专业必需的基础理论、基本知识,掌握本专业必要的基本技能、方法和相关知识,具有从事本专业实际工作和研究工作的初步能力	专科教育应当使学生掌握本专业必备的基础理论、专门知识,具有从事本专业实际工作的基本技能和初步能力

(二)高校人才培养目标

高校人才培养目标主要是指某一类型层次的高校对其自身人才培养方向与规格、特色的定位。它是在遵循国家层面人才培养目标一般性规定的前提下,不同类型和不同层次的高校根据学校自身的办学定位、办学特色、办学条件,而对学校所要培养人才的比较具体的规定。应用科技型大学不同于研究型大学、综合性大学、"双一流"高校的人才培养目标定位,也不同于高职高专类院校的人才培养目标定位。即便同是应用科技型院校,由于自身的区域位置、办学基础、办学历史、办学传统、办学条件、服务面向、学科与专业结构等不同,其人才培养的目标定位也不同。一所高校的人才培养目标定位是由其办学定位所决定的,是统领本校主体学科与专业人才培养目标定位的指针与总纲,决定着全校主体学科与专业人才培养目标的制定与调整。

研究型大学以培养学术型人才和精英领袖型人才为主要目标。如北京大学的人才培养目标是"为国家和民族培养具有国际视野、在各行业起引领作用、具有创新精神和实践

---

[1] 中华人民共和国高等教育法[EB/OL].(2015-12-28)[2022-02-12]. www.moe.gov.cn/s78/A02/zfs__left/s5911/moe_619/201512/t20151228_226196.html.

能力的高素质人才"。中国人民大学以"国民表率、社会栋梁"为人才培养目标。浙江大学强调知识、能力、素质（KAQ）并重，宽、专、交相结合，倡导自主化、高效化、研究化、国际化学习，着力培养通晓国际政治、经济、文化、科学，能把握国际大势的各行各业领导人才。厦门大学主要培养"具有宽厚基础的文、理、财经、政法、管理、工程技术、医学、艺术等学科的各类专门人才。学生毕业后可从事本学科专业的理论和应用研究、教学及相关部门的实际工作"。

应用科技型大学以培养应用科技型人才为主要目标。现在很多地方本科院校将人才培养目标定位于"高素质应用科技型人才"或"应用工程型人才""应用技术型人才""应用型人才"等，如北京工商大学提出培养"复合性应用型人才"，首都经济贸易大学提出培养"高级应用型工程技术与管理人才"，上海电力学院提出培养"高等工程技术人才"，上海应用技术学院提出培养"一线工程师"，辽宁科技学院提出培养"工程技术应用型和高级技能型人才"，浙江科技学院提出培养"具有国际化背景的高层次应用科技型人才"，广西财经学院提出培养"具有实践能力、创造能力、就业能力和创业能力的应用型人才"。[①] 厦门理工学院提出"学校各专业人才培养定位落实学校办学定位及人才培养目标，对标《普通高等学校本科专业类教学质量国家标准》，突出'应用型、创新性、国际视野'，以 OBE（outcome-based education，学生学习成效导向的教育）思想为指导，以专业应用能力为核心，融'知识、能力、素质和职业素养'为一体的应用技术型人才培养模式，严密设计知识、能力和素质实现矩阵和教学体系，培养集知识应用、实践动手、岗位职业、创新创业等四种核心能力于一体的应用型创新型高级专门人才"。

应用科技型大学的培养目标不同于高职院校，高职院校以培养技能型人才为主要目标。如深圳职业技术学院的培养目标是"培养生产、建设、管理、服务一线的高素质技术应用科技型人才"；顺德职业技术学院的培养目标是"为区域经济和社会发展培养生产、建设、服务、管理一线需要的，'踏实做事、诚信做人、人格健全'的高素质高技能人才"；江苏无锡职业技术学院的培养目标是"培养高级技术应用型人才"；大连职业技术学院的培养目标是"培养高技能应用型人才"；厦门城市职业学院的培养目标是"培养高素质职业技术技能型人才"。

应该说，通过 2003 年启动的五年一轮的普通本科高等学校本科教学水平评估、合格评估和审核评估工作和各高校制定"十五"至"十四五"发展规划，多数院校对自身的办学定位（包括人才培养定位）有了更清楚的认识，定位更加准确、更切合实际。但仍然有不少院校存在人才培养定位偏高、攀高、求大、求全、趋同的现象。另外，虽然很多高校已经明确定位于培养某一类人才，但对于这一类人才的内涵是什么，如何与学校的办学特色、专业设置、课程体系紧密结合并加以落实，仍是目前多数高校面临的主要困惑与主要难题。如现在很多普通地方本科院校都明确定位于培养高素质应用科技型人才，但对于应用科技型人才与学术型人才、技能型人才的本质区别并不清楚，从而出现人才培养模式与课程体系与学术型本科趋同的现象。

---

① 潘懋元.应用型人才培养的理论与实践[M].厦门：厦门大学出版社，2011：46.

(三)专业人才培养目标

专业人才培养目标是指高校中某一个专业人才培养的具体规格与特色要求,它一般是在专业人才培养方案中体现出来,是指引与统领本专业人才培养全过程的最终目的性要求。同一专业在不同层次与类型的高校中,其人才培养目标也是不同的,如研究型大学的数学、物理学、计算机科学与技术、土木工程等就与应用科技型大学中的同一本科专业人才培养目标不同,前者注重基础性、理论性、学术性、研究性、创造性,而后者则注重宽泛性、应用性、实践性、技术性、服务性、创新性等,从而决定了其课程设置的广度、深度与评价度亦不同。这一点通过表 6-1-2 可以看出。

表 6-1-2 不同类型院校的专业培养目标

专业	院校	培养目标
资源环境与城乡规划管理	北京大学	培养基础厚、理论深、方法新、外语好、综合能力强、知识结构全面、应用能力强、适应面广,既能从事基础科学研究,又能参与实际规划设计的资源环境管理与自然地理学综合型人才。
	北京联合大学	培养德、智、体、美全面发展的,面向首都及地方社会发展和经济建设事业第一线,具有城市与区域调研能力、空间分析能力、制图识图能力和城乡规划管理综合能力,能在资源、环境、城乡规划、土地利用与房地产等领域从事管理、规划、评估和咨询工作的应用型高级专门人才。
	宝鸡文理学院	培养德、智、体全面发展,具有资源环境与城乡规划管理的基本理论、基本知识和基本技能,能在科研机构、高等学校、企事业单位和行政管理部门从事科研、教学、资源开发利用与规划、管理等工作的高级专门人才。
历史学	北京师范大学	培养具备较高的教学科研能力和综合素质,在历史学及相关领域从事教学科研的人才,以及胜任新闻出版、党政机关等部门工作的高素质管理人员。
	北京联合大学	培养德、智、体、美全面发展的,面向首都及地方社会发展和经济建设事业第一线,具有文化旅游导游能力、文化旅游产品策划能力、文化旅游产品营销能力或文物保护能力、文物鉴定能力、文物经营与管理能力,能在博物馆和文化旅游领域从事文物保护与管理、文化旅游策划与营销工作的应用型高级专门人才。
	西安文理学院	培养具有历史理论素养和系统基础知识,掌握一定历史研究基本技能,富于创新精神、有进一步培养潜能,能在国家机关、文教、旅游等部门从事实际工作的应用型、复合型人才。
档案学	中国人民大学	培养从事档案信息资源管理、档案行政管理工作,以及办公信息系统规划、维护、技术开发工作的专门人才。
	苏州大学	培养文件信息处理、档案管理、文秘工作和办公事务管理等方面的专门人才。
	北京联合大学	培养德、智、体、美全面发展的,面向首都及地方社会发展和经济建设事业第一线,具有实际文档管理能力、档案信息开发服务能力、档案工作组织与规划能力,能在政府部门、企事业单位等领域从事文件档案管理、综合信息服务、秘书等项工作的应用型高级专门人才。

续表

专业	院校	培养目标
机械工程及自动化	北京工业大学	以先进制造技术为主线,致力于通过机电一体化、生产自动化、智能化、网络制造、制造信息集成、虚拟现实制造技术、数控技术和现代机械设计理论等综合知识培养和训练,造就一批具有新型数控化装备创新设计、开发和应用研究能力的高级工程技术人才。
	北京理工大学	培养适应社会主义现代化建设需要,德智体美等全面发展,基础扎实、理工结合、素质全面、工程实践能力和创造能力强的研究发展型人才。在机械工程及自动化领域从事机电一体化产品的设计制造技术、数字化技术等方面的研究,以及机电产品生产系统和生产过程的设计、规划、控制、监测和运营管理等技术工作。
	北京联合大学	培养具备机械设计、制造、自动化基础知识与应用能力,能在工业生产第一线从事机械工程及自动化领域内的设计制造、科技开发、应用研究、运行管理和经营销售等方面工作的高级技术人才。

资料来源:潘懋元.应用型人才培养的理论与实践[M].厦门:厦门大学出版社,2011:47-48.

通过研究德国应用科学大学的人才培养目标,我们可以看出其鲜明的特色,如德国巴登符腾堡双元制应用科学大学卡尔斯鲁厄校区机电一体化专业就把人才培养目标分为总体目标、理论教学目标、企业实践培训目标以及学年目标等四部分,具体而言:①

1.总体目标

(1)毕业生能够独立思考问题,用理智的判断力去评价经济与社会中的个体行为;能够明确职业领域中出现的问题,积极地配合团队共同解决难题。

(2)毕业生掌握深厚的专业知识、学习方法,理解跨专业知识间的联系,具备将理论知识转化到实践中的能力。

(3)毕业生能够快速地适应新的工作环境、新的工作任务、新的团队、新的企业文化,将自己很好地融入其中。

(4)毕业生能够独立适应不断变化的环境。

(5)毕业生能够为一个多元化的全球化职业世界做好充分的准备。

(6)通过与实践的紧密联系,毕业生能够更加深刻地理解学习的过程。

2.理论教学目标

机电一体化专业理论教学注重自然科学基础知识与机械工程、电子技术与信息技术三大专业领域知识的习得。机电一体化专业通过将各课程模块灵活地联结组合,促进学生各领域专业能力的形成。

3.企业实践培训目标

企业培训的目标除了培养学生技能与知识的形成外,还应注重"企业"这一概念在学生整个学习生涯中的形成。通过积极地参与团队合作,形成强烈的个人责任感,学生的专业能力、方法能力与社会能力也在相互融合的过程中形成,最终促进学生个人本身的全面发展。

通过一系列复杂任务的团队协作,在不同的工作小组、组织的项目任务中促进学生专

---

① 邓泽民,董慧超.德国应用科学大学研究[M].北京:科学出版社,2017:59-60.

业能力与跨专业能力的形成；①沟通协作能力、团队能力；②问题解决能力、创新能力；③专业报告、专业论文的写作能力；④学习能力、工作能力与专业演讲能力。

企业培训应立足为学生提供足够宽的专业知识面与跨专业知识面，在双元制大学的框架下，将理论知识在企业环境中得到最优的发展与转化。

4.学年目标

(1)第一学年：掌握基础知识与技能。①建立培训企业组织架构。②掌握手工操作与机械操作的基本技能(包含工作安全)。③产品制造、产品设计、工作准备。④可继续深化的内容，如机械制图、工程制图、电子技术、企业特色。

(2)第二学年：通过导入工程任务实践。①能够与团队合作完成项目任务。②在以下选定的领域中培养能力，如产品开发、设计、测试，产品制造，质量保障和控制技术。③掌握专业演讲与展示、专业写作的关键要领。④具备外语沟通、阅读能力。⑤掌握外语、演讲技巧、修辞学的基础知识。

(3)第三学年：在所在培训部门能够独立解决机电一体化的某项专业任务。一名机电一体化专业学生在第五学期将被安排到培训企业的技术部门。项目任务要求学生在规定的时间内与其他相关部门协调沟通，合作完成工程技术任务。

该校把理论教学目标与企业实践培训目标以及学年培养目标制定得非常详细具体，值得我们认真总结与借鉴。

(四)高等教育培养目标层次的关系

高等教育培养目标的三个层次——国家高等教育培养目标、高等学校培养目标和专业培养目标，层次越高，目标越抽象，层次越低，目标越具体。这三个层面的培养目标均与课程体系目标相互关联。

应用科技型大学培养目标的研究定位应集中在高等教育的中观学校层面和微观专业层面。高等学校的培养目标是在国家高等教育培养目标的基础上具体细化到各个专业领域的。课程体系目标则是由高等学校的培养目标演化而来的。培养目标指的是将受教育者培养成社会所需的人才的基本要求，包括素质、能力和知识三个方面的要求。这些培养目标应该随着不同历史时期的需求和社会的发展而不断调整和变化。为实现这些培养目标，需要一个与之相适应的课程体系，这个课程体系应该全面反映培养目标的要求，并构建一个科学系统的教育体系。因此，高等学校的培养目标是课程体系设计的核心，它不仅是课程选择、组织和评价的基础，也是最终培养合格人才的根本目标。总之，高等学校培养目标是高等学校课程体系设计之纲，是课程选择与组织以及课程评价与优化的根本依据和最终目的。

综上所述，应用科技型大学人才培养目标是一个有层次的体系，既要遵循《高等教育法》和相关专业教学指导委员会的基本要求，又要符合学校整体人才培养定位和体现学校与本学院、本专业特色。国家的人才培养目标决定着学校的人才培养目标定位，而学校的人才培养目标则又决定着本校所有专业的人才培养目标定位，专业的培养目标又可再进一步细化到理论课教学目标、实践课与实践环节教学目标以及年度、学期教学目标等。但这种决定关系又不是线性、单向、机械的，而是专业人才培养目标与学校、国家以及外部政治、经济、科技、文化发展的实际和国内外同类型高校同类型专业的人才培养定位相互影响、相互促进的多维双向互动关系。例如，很多高校在制（修）订专业人才培养方案时都会调研本地区未来产业企业发展对人才规格的需求以及参照与借鉴海内外同类型高校同类型专业的人才培养目标与课程体系设置等。

第二节 应用科技型大学人才培养规格

人才培养规格是人才培养目标的细化与具体化，是指本科专业人才在校培养过程中要达到的知识、能力、素养、情意等方面具体化的规定性要求。它是衡量与评估专业人才培养质量的基本标准。一般来讲，培养目标是指毕业生经过工作实践五年后要达成的标准要求，而培养规格则是在校生毕业时就要达成的规定与标准要求。

一、人才培养规格的内涵

人才培养规格是高校对所培养出的专业人才质量标准的具体规定与要求，指受教育者应达到的综合素质标准与要求，它是学校教育教学工作的立足点和重要依据。高等学校人才培养规格是高等学校各专业培养目标的细化和具体化，是学校对毕业生培养质量标准要求的规范，是学校制定教学计划和课程教学大纲，组织教学、检查和评估教育质量的依据，它解决了各专业人才培养的方向问题。各专业人才培养规格就是按照国家政策和人才市场导向制定符合各专业教育培养目标的综合素质要求，是对各专业人才培养的方向和所要达到的目标的概括性描述和经过规定年限的学习，各专业人才在知识、能力方面要达到的基本要求。

教育质量标准可以分为两个层次，一个是一般的基本质量要求，另一个是具体的人才合格标准。

第一层次所指的是国家对本科专业人才培养规格的统一性要求。国家对本科人才培养规格的统一性要求是：

(1)热爱社会主义祖国，拥护中国共产党领导，掌握马列主义、毛泽东思想和邓小平理论的基本原理；愿为社会主义现代化建设服务，为人民服务，有为国家富强、民族昌盛而奋斗的志向和责任感；具有敬业爱岗、艰苦奋斗、热爱劳动、遵纪守法、团结合作的品质；具有良好的思想品德、社会公德和职业道德。

(2)具有一定的人文社会科学和自然科学基本理论知识以及现代计算机与信息通用技术技能，掌握本专业的基础知识、基本理论、基本技能，具有独立获得知识、提出问题、分析问题和解决问题的基本能力及开拓创新的精神，具有一定的从事本专业业务工作的能力和适应相邻专业业务工作的基本能力和素质。

(3)具有一定的体育和军事基本知识，掌握科学锻炼身体的基本技能，养成良好的体育锻炼和卫生习惯，受到必要的军事训练，达到国家规定的大学生体育和军事训练合格标准,具备健全的心理和健康的体魄,能够履行建设祖国和保卫祖国的神圣义务。

第二层次所指的是高等学校适应社会对人才规格的多样性需要而设计的各种人才培养规格。

因此,人才培养规格有两个特性,即统一性和多样性。人才培养规格具有多样性的特点,其多样性主要由社会需求的多样性、区域经济的特殊性、办学条件的差异性、个人专长的倾向性等方面所决定。

二、人才培养规格的要素

关于人才培养规格的构成要素,有各种不同的认识与主张。对人才培养规格构成因素的划分,有二要素法、三要素法和四要素法三种。

(1)二要素法:人才培养规格的构成要素包括专业知识结构和能力结构。

(2)三要素法:人才培养规格的构成要素包括复合知识结构、综合能力结构、人格素质结构。

(3)四要素法:人才培养规格的构成要素分为知识、能力、素质和价值。

虽然高等教育大众化导致高等教育向多层次、多类型方向发展,但是作为高等教育的一个层次——本科教育,在人才培养规格上还是有其统一性的一面的。在高等教育多样化的情况下,为保证人才培养质量,各国都在寻求不同类型本科教育培养规格的共性标准。

三、国内外关于人才培养规格的规定与研究

(一)企业与雇主的要求

世界合作教育协会曾经委托加拿大卡理布大学学院(University College of the Cariboo)的詹妮弗·杨(Jennifer Youn)教授主持了一项针对澳大利亚、加拿大、荷兰、南非、英国和美国等国家雇主的国际比较研究。调研结果表明,企业看重学生能力和素质的十一项要求排列依次是:团队精神、学习能力、积极性、口头表达能力、适应能力、人际交往能力、操作机器的能力、动手能力、健康状况、手眼协调和组织领导能力。[①]

美国学者斯提芬·托茨(Steven E.Tozer)在企业调研的基础上总结了企业期待对未来雇员能力和素质的十一项要求:阅读和理解的能力,写作和口述的沟通能力,问题解决和决策的能力,技术能力,灵活应变能力,发展性学习能力,进取态度、动机和自律,团队协作与人际交往,创造和创新能力,良好的工作习惯,自我反思的能力等。[②]

---

① JENNIFER Y.Comparative international study of cooperative education employers:the value of employing co-op students[R].10th World conference on cooperative education,Cape Technikon,Cape Town Sough Africa,1997.

② TOZERS E. School and society: historical and contemporary perspectives[M].Illinois:McGraw-Hill Humanities,1993:342.

以上这些都体现了国外企业对学生"关键能力"越来越重视的发展趋势。

(二)国外高校的要求

2005年,欧洲高等教育区卑尔根会议通过的欧洲高等教育区的学术资格框架对学士学位的学习产出作出了明确的规定:

(1)已经具有在普通中等教育之上的某一个领域内的知识和智力能力。其典型的水准包括学生所学领域高级教科书中的某些前沿知识。

(2)能以专业的方法在工作或职业中应用其知识和智力能力,典型的表现是在其学习领域内据理争辩,从事设计和解决问题。

(3)能收集和解释相关数据(通常是在其学习领域内),以作出正确判断,包括关于社会、科学或伦理问题的见解。

(4)能与专家和非专业听众交流信息、思想、问题以及解决办法。

(5)已经具有高度自主的持续进修所必需的学习技能。

2007年9月,日本文部省为了保证本科教育和学士学位的质量,希望通过制定学生在本科毕业前必须达到的基本要求,为所有本科课程必须达到的最低学习成果提供政策参考,提出了"学士力"的概念。

"学士力"指的是所有本科专业学生在获得学士学位之前必须具备的能力。具体内容包括:

(1)知识与理解:①对多元文化与差异文化知识的理解;②对人类文化、社会与自然知识的理解。

(2)应用的技能:①交际能力与技能,运用日语和特定外语,做到读、写、听、说四会;②数量的技能,对于自然或社会现象,能够运用象征或符号等,进行分析、理解与表现;③信息能力,正确判断多种信息,有效运用这些信息;④具备逻辑思考能力,对信息或知识能够进行多视角、逻辑性的分析与表现;⑤解决问题的能力,具备收集、分析、整理有关发现问题和解决问题的信息以及解决问题的能力。

(3)态度与志向性:①自我管理能力;②团队精神、领导力;③伦理观;④作为市民应具备的社会责任;⑤终身学习能力。

(4)综合的学习经验与创造思考力:能够综合地运用已获得的知识与技能等,在自我发现的新课题中运用这些知识与技能,并解决问题。

(三)国际学科与专业认证标准要求

应用科技型本科属于大学本科教育的一种类型,因此,在本科人才培养规格共同基准下,其人才培养规格具有不同于学术型、研究型本科的特征。由于应用科技型人才要面向某一职业或者专业,因此在其人才培养规格方面的规定,不同专业具有其各自不同的具体标准要求。在这方面,美国、英国及欧洲等大都是通过专业认证机构的专业认证标准来明确应用科技型专业人才培养规格的,也就是说,它通过专业认证对面向某一职业的专业教育和毕业生能力进行了明确和详细的规定。

1.美国标准

20世纪90年代末,美国工程认定委员会制定了新的工科标准2000(engineering criteria 2000），新标准还对所有的工科学生明确提出必须达到的 11 种基础能力。它们包括：①(1)应用数学、科学和工程知识的能力；(2)设计和进行实验以及分析和解释数据的能力；(3)设计系统、组件或过程以满足期望的需求；(4)在多学科团队中发挥作用的能力；(5)识别、制定和解决工程问题的能力；(6)对专业和道德责任的理解；(7)有效沟通的能力；(8)了解工程解决方案在全球和社会背景下的影响所必需的广泛教育；(9)认识到终身学习的必要性和参与终身学习的能力；(10)对当代问题的了解；(11)使用工程实践所需的技术、技能和现代工程工具的能力。

2.英国标准

1996 年，英国政府的咨询机构高等教育调查委员会（National Committee of Inquiry into Higher Education）在其报告中明确要求英国大学毕业生必须达到以下三方面的要求：(1)关键技能（key skills）：交际能力（communication）、数量的能力（numeracy）、运用信息技术（use of information technology）、掌握学习方法（learning how to learn）。(2)认知技能（cognitive skills）：理解方法论的能力（understanding of methodology）、批判的分析能力（ability in critical analysis）等。(3)专业技能（specific skills）：实验技能、各学科专业能力等。英国工程理事会（ECUK）将注册工程师分为工程技术员（engineering technician, EngTech）、技术工程师（incorporated engineer, IEng）和特许工程师（chartered engineer, CEng）三种类型，并分别制定了具体的专业能力标准。②

2023 年，英国通过 QAA 颁布《学科基准声明》（Subject Benchmark Statements）来进一步明确各个专业的人才培养规格。《学科基准声明》对相当于应用科技型本科的普通（非荣誉）学士学位的规格规定如下：(1)掌握并批判性地理解他们所学领域中成熟的原理，以及这些原理的建立和发展途径；(2)具有应用他们初学范围之外的基本概念和原理的能力，包括在受雇就业情况下，运用这些原理的能力；(3)掌握本门学科主要的探索方法，批判性地评价在他们所学领域内解决问题的不同方法的适合性；(4)理解他们所学知识的局限性，并以此知识为本所作分析和解释的影响。③

3.欧洲标准

欧洲工程师协会联盟（FEANI）是第二次世界大战后欧洲成立的第一个工程师联盟，其成员国目前已经扩展到 31 个欧洲国家。1992—1993 年，FEANI 创设了"欧洲工程师"（EUR Ing.）这样一个在其成员国得到认可的专业资格，并提出了欧洲工程师必须具备的12 条能力标准：(1)理解工程职业，通过恪守相应的专业行为准则承担服务社会、专业和环境的责任；(2)全面掌握基于数学和与其学科相应的自然科学学科组合的工程原理；(3)掌握所在工程领域综合的工程实践知识，以及材料、元部件、软件的性能、反应、制作和应

---

① 工程与技术认证委员会(ABET).美国工程专业认证标准(2000)[Z].(1998-01-06)[2022-09-12].http://www.abet.org/

② ENGINEERING COUNCEL.The UK standard for professional engineering competence and commitment(UK-SPEC)(Fourth edition)[Z].(2020-08-22)[2023-05-16].https://www.engc.org.uk/media/4338/uk-spec-v14-updated-hierarchy-and-rfr-june-2023.pdf

③ QAA.Subject benchmark statements[Z].(2023-03-12)[2023-06-16].https://www.qaa.ac.uk/the-quality-code/subject-benchmark-statements.

用;(4)能够运用恰当的理论和实践方法去分析并解决工程问题;(5)掌握与其专业领域相关的现有技术和新兴技术应用的知识;(6)具备工程经济分析、质量保证、可维修性分析和应用技术信息和统计资料的能力;(7)能够在多学科项目中与他人合作共事;(8)能够在管理、技术、财务和人事等事务中体现领导力;(9)具有交流沟通技能,并有责任通过连续职业发展(CPD)保持专业胜任力;(10)掌握与其专业领域相关的标准和规制;(11)具有持续技术改革的意识,并培养在工程专业领域追求创新和创造的态度;(12)流利掌握数门欧洲语言,方便在欧洲各地工作时交流。[1]

从欧美各国来看,应用科技型大学人才培养的具体规格受各国高等教育系统内外因素的影响而各有特点。例如,美国的应用科技型本科人才培养相对注重通识教育。美国高校大都提供丰富多样的人文和社会科学领域的课程,人文和社会科学的课程学分要求一般高于其他国家,以促进学生的全面协调教育。日本应用科技型本科院校人才培养目标中的显著特点是突出实践和创新能力的培养。随着知识经济的兴起和日本科技创新立国发展战略的确立,也由于日本教育传统的局限,日本对大学生实践与创新能力的培养要求相当迫切,在大力资助基础研究的同时,积极推动产学合作努力,改变以往"以死记硬背为中心的、缺乏主见与创造性能力的、没有个性的模式化人才培养模式",强调把"创造性"当作个人在"今后急剧变化的社会里的生存能力的重要内容"。为落实科技创新立国战略,培养具有高品质、创造性的职业技术人才,许多大学都在努力改变二战后形成的企业主导下的应用科技型人才培养模式,通过产学合作,改进教学内容和教学方法,注重专业复合,强化对学生实践和实际工作能力的培养。而英国应用科技型大学培养目标受"博雅教育"传统的影响,不仅围绕学生职业发展,还注重培养学生具有宽厚的知识基础,提高学生的综合素质和学习能力。

综上所述,在其他国家政府机构、学会、协会在质量保证指导下纷纷制定应用科技型本科人才培养规格与标准的形势下,我国应用科技型大学可在借鉴这些国际经验基础上,加以明确应用科技型人才培养规格。

四、我国人才培养规格规定的现状

(一)《高等教育法》的原则性规定

长期以来,我国尚没有对本科人才培养规格的阐述比较权威的政策文本,各校在制定各专业的培养规格时主要依据《高等教育法》中培养目标的规定——"本科教育应当使学生比较系统地掌握本学科、专业必需的基础理论、基本知识,掌握本专业必要的基本技能、方法和相关知识,具有从事本专业实际工作和研究工作的初步能力",结合各专业的具体情况和对培养目标的分解加以阐述。殊不知,《高等教育法》关于本科教育培养目标的原则性规定,由于运用"比较""初步"等限定含糊的语言,致使在实际质量监控过程中,实施者无法操作。因此,许多地方本科院校的人才培养规格的阐述比较笼统、含混不清。

---

[1] FEANI.Guide to the FEANI register (Eur. Ing.) (3rd edition)[Z].(2000-03-18)[2023-05-12]. https://www.eesc.europa.eu/sites/default/files/resources/docs/003-private-act.pdf.

(二)教学质量国家标准的具体制定

2013年4月起,教育部委托92个专业类教学指导委员会启动了教学质量国家标准的研制工作,前后历时五年。2018年,教育部公布了《普通高等学校本科专业类教学质量国家标准》(以下简称《教学质量国家标准》)。《教学质量国家标准》涵盖了普通高等学校本科专业目录中全部92个本科专业类,包括全部587个本科专业,涉及全国高校56000多个专业布点。

1.《教学质量国家标准》基本原则

《教学质量国家标准》紧紧把握世界高等教育发展的最先进理念,把握了三大基本原则,即体现"三个突出":

(1)突出学生中心。《教学质量国家标准》注重激发学生的学习兴趣和潜能,创新形式、改革教法、强化实践,推动本科教学从"教得好"向"学得好"转变。

(2)突出产出导向。要主动对接经济社会发展需求,科学合理地设置人才培养目标,完善人才培养方案,优化课程设置,更新教学内容,即"五个度",切实提高人才培养的目标达成程度、社会适应度、条件保障度、质量保障有效度和结果满意度。

(3)突出持续改进。强调教学工作要建立学校质量保障体系,要把常态监测和定期评估有机结合起来,及时评估、及时反馈、持续改进,推动人才培养质量不断提升。

2.《教学质量国家标准》基本特点

《教学质量国家标准》反映了中国特色、时代特征和学科特点,也是专业类人才培养的基本要求,是设置本科专业、指导专业建设、评价专业教学质量的基本依据,体现了定性与定量相结合、弹性与刚性相结合、静态与动态相结合、结果与过程相结合,为专业的教学改革和自主设计留有空间,鼓励专业特色发展,促进学科交叉与应用。并且注重相关标准的衔接,既考虑与本科教学工作评估标准、学位授予基本要求等衔接,又体现与国际实质等效的工程教育专业认证标准相衔接。它既对各专业类提出统一要求、保障基本质量,又为专业人才培养的特色留有足够拓展空间,形象地说就是"保底不封顶";既对各专业类提出教学基本要求,也就是"兜底线、保合格",同时又对提升质量提出前瞻性要求,也就是"追求卓越"。

3.《教学质量国家标准》的主要内容

《教学质量国家标准》首次颁布的92个专业类中,都有对社会主义核心价值观教育、思想政治教育的内容要求,专业教育与思想政治教育有机结合,人才培养不仅要培养合格的建设者,更要培养可靠的接班人,必须德才兼备、德学双修。其主要包括八个方面的内容:(1)概述。每个专业类都明确了该专业类的内涵、学科基础、人才培养方向等。(2)适用专业范围。明确该标准适用的专业。(3)培养目标。明确该专业类的培养目标,对各高校制定相应专业培养目标提出原则性要求。(4)培养规格。明确该专业类专业的学制、授予学位、参考总学分、总学时,提出思想政治教育、业务知识能力等人才培养基本要求。(5)师资队伍。对该专业类师资队伍数量和结构、教师学科专业背景和水平、教师教学发展条件等提出具体要求。(6)教学条件。明确该专业类基本办学条件、基本信息资源、教学经费投入,包括实验室、实验教学仪器设备、实践基地、图书资料资源、教材及参考书、教学经费等量化要求。(7)质量保障要求。明确该专业类教学过程质量监控机制、毕业生跟踪反馈机制、专业的持续改进机制等方面的要求。(8)附录。列出该专业类知识体系和核心课程建议,并对有关量化标准进行定义。①

五、应用科技型大学人才培养规格的确定

应用科技型大学应该按照《高等教育法》、《教学质量国家标准》、《工程教育认证标准》、国际上相关专业认证标准或评估标准以及国际协会的相关标准等,根据所在地区社会经济与文化发展和产业/行业/企业发展的要求、自身办学条件及专业属性,确定符合本校的人才培养类型定位,进一步细化符合自身人才培养定位的专业培养目标与人才培养规格。

合理的人才培养规格的制定既要在人才培养目标的基础上进行合理的推理、演绎,同时也要以大量的调研材料为支撑,以确保论证的合理性和有效性。对于应用型本科来讲,由于其培养面向就业市场的某一职业或行业,更需要以用人单位的需求作为参考。调研的对象可以涉及学生家长、校友、相关行业的专家等。根据调研反馈信息修正在人才培养目标基础上演绎的人才培养规格。在调查问卷的制定方面,欧盟正在制定的专业能力标准中的用人单位的调查值得我们借鉴。该问卷调查对象为毕业生和雇主,涉及一般能力和专业能力两部分,以供高校参考。然而,对于不同类型、不同层次、不同服务面向的高等学校来讲,其人才培养的规格是不同的,不同的专业培养人才的质量标准也是不同的。

应用科技大学是为职业工作实践而进行的科学与工程技术教育。按照为职业实践培养人才的原则,注重对经济与社会发展变化的研究,从培养人才为未来从事的职业与岗位需要出发来确定专业培养目标。相比于研究型大学、综合性大学,应用科技型大学培养的是职业性强、侧重职业实际应用的高级工程技术、社会管理与服务型人才,是能把理论知识转化为实际应用技术的"桥梁式"的职业型专业人才,毕业生的工作岗位大多是大中小型企业与社会服务业的工程技术骨干或管理者。应用科技型大学要立足于培养在实际部门工作中所需要的人才,要求学生达到三个目标:一是能够借助科学方法,解决来自生产和生活实际的具体问题;二是能够完成新的科研和技术开发与应用项目;三是在应用理论、科研方法的技术性中引进、优化和监控新方法、新工艺的使用。

应用科技型大学人才培养规格的共性要求,是指不管什么专业,也不论具有什么专业特色,只要定位于培养应用科技型大学人才,就应该具备的知识、能力与素质要求。所谓人才培养的过程就是促进学生积极学习的过程。人才培养的过程就是激发学生学习的过程,从而获得学习经验的结果。所谓"学习"(learning),就是指通过经验,在行为、技能、能力、态度、性格、兴趣、知识、理解等方面产生持续变化的过程。②

(一)应用科技型大学人才的知识要求

在知识、能力、素质三个基本要素中,知识要素是基础性要素,它从根本上影响着能力

---

① 教育部.介绍《普通高等学校本科专业类教学质量国家标准》有关情况[EB/OL].(2018-01-30)[2021-03-12].http://www.gov.cn/xinwen/2018-01/30/content_5262462.htm#1.
② 钟启泉.概念重建与我国课程创新:与《认真对待"轻视知识"的教育思潮》作者商榷[J].北京大学教育评论,2005(1):48-57.

要素和素质要素。能力是知识外化的表现，素质则是知识内化的结果。本科教育的过程，实际上就是教育者通过一系列的具体课程将知识传授给学生，并经学生主动构建形成一定的知识结构的过程。知识的广度和深度从根本上影响着知识的结构形式。知识结构不同，能力结构和素质结构也不同。

应用科技型大学人才应掌握以下几方面的知识。所谓"知识"，总是包含了实践知识与理论知识两个方面，亦即谢夫勒(I. Scheffler)说的"知道是什么"(knowing what)和"知道如何做"(knowing how)两个方面。[①] 正如布卢姆(B.S.Bloom)的"教育目标分类学"、斯蒂金斯(R. Stiggins)的"学力目标"(achievement targets)分类所表明的，这里所谓的"知识"，包含了"知识""理解""推理""技能""完成作品""态度倾向"等要素。

(1)工具性知识。这是任何高级专门人才都应具备的知识，但不需要对每一种工具性知识都精通，只需要能够运用一般的工具性知识来认识和解决专业问题。①外语知识：具有一定的本专业外文书籍和文献资料的阅读能力，能使用外文进行一般性交流。②计算机知识：能够熟练地掌握本专业需要的各类计算机技术的相关知识，能够熟练地运用计算机来解决专业问题。③信息技术应用和文献检索知识：能够熟练掌握用互联网进行各种信息收集和利用的方法，具备一定的综合文献资料的能力。④方法论知识：能够较好地掌握归纳、演绎、推理、总结、研究等方面的方法论知识，并将其运用到工作实践中去。

(2)人文社会科学与自然科学知识。应用科技型大学人才作为高级专门人才，必须了解和掌握人类、社会和自然发展及其规律的基本知识与基本理论。①人文社会科学知识：了解哲学、政治学、历史学、法学、社会学、心理学等人文社会科学方面的基本知识。②自然科学知识：了解数学、物理、化学、生命科学等自然科学方面的最新发展趋势。

(3)专业知识。专业知识是应用科技型大学人才应该重点掌握的知识，包括两方面：①专业基础知识，也称为学科基础知识。应用科技型大学人才作为本科层次的人才，必须掌握本学科的基础知识与基本理论，这样才能有较宽的知识面。目前《教学质量国家标准》对各专业的主要课程/核心课程都作了明确规定，在专业教学指导委员会没有分类指导的情况下，应用科技型大学人才培养没有必要完全按照《教学质量国家标准》来开设所有的课程，可以选择一些与专业培养方向比较接近的、有用的课程；也可以把几门课程进行整合，成为一门综合性课程；也可以开设所有的课程，但在学分学时安排上应该有所降低，达到系统了解就行。②专业方向知识。专业方向知识是直接面向职业或岗位的知识，是应用科技型大学人才知识体系的核心。专业方向知识包括理论知识与实践知识两部分。应用科技型大学人才培养一定要理论知识与实践知识并重，尤其要加强掌握工作过程性知识和工作经验性知识。让学生在学习专业知识的过程中了解将要从事的工作流程与过程。

(4)相关学科专业知识。由于应用科技型大学人才是直接面向职业的人才，具有较强的解决专业实践问题的能力，而社会实践中的问题是复杂多样的，单纯依靠一门学科的知识是无法解决的，必须将多种相关学科融会贯通，因此，应用科技型大学人才除了要系统掌握本学科专业的基本理论和基本知识，也要了解相关学科专业的基本理论和基本知识。

---

① 佐藤学.学习共同体[M].东京：东京大学出版会，1999：92-93.

(二)应用科技型大学人才的能力要求

在知识、能力与素质三要素中,能力要素是核心要素。从教育的角度看,能力是知识追求的目标。学习者并不是为知识而学习知识,学习知识的根本目的是获得能力和提升能力。知识是死的,能力是活的。一个有能力的人可以在一定的知识基础上进一步获得知识和创新知识,并在这一过程中促进其综合素质的全面提升。能力水平是评估人才价值的主要尺度。

能力结构是指由个体具有的全部能力要素所组成的多序列、多要素的动态综合体。[①]

1.知识

知识是人类认识客观事物和客观规律的积累,经验是知识的初级形态,知识发展完备后就形成了系统的科学理论,主要包括科学文化知识、专业知识和相关学科知识等。知识是获取能力和素质的基础和前提条件,较强的能力和极高的素质必须建立在丰富的知识基础之上。应用型本科教育的知识应以应用性为主要特征,通过有用知识的学习和应用来不断深化学习的深度,拓展知识的广度,才能逐渐建立系统完整的知识结构。

2.能力

关于能力的定义较为繁杂,先从两个方面对其进行解释。①能力与人的活动相联系,并体现在活动的整个过程中;②能力是获取成功的必要条件,也就是说能力是个人顺利完成某项活动所必备的心理特征,但并非唯一因素,还需要其他因素的辅助。在不同的教育发展阶段,我国对应用型本科人才的培养有着不同的规格内涵要求。1998年《中华人民共和国高等教育法》明确指出"高等教育的任务是培养具有创新精神和实践能力的高级专门人才",这一阶段主要突出了对人才创新精神和实践能力的培养。2003年《中共中央、国务院关于进一步加强人才工作的决定》指出"以能力建设为核心,重点培养实践能力、学习能力,着力提高人的创新能力。坚持学习与实践相结合,促进人才在实践中不断增长知识、提升能力",再次强调了人才培养的实践能力、创新能力,同时也开始注重对人才学习能力的培养。2007年教育部颁布的《关于进一步深化本科教学改革全面提高教学质量的若干意见》提出"要深化教育改革,提高教育质量,着力培养有理想、有道德、有文化、有纪律的大学生,努力提高大学生的学习能力、创新能力、实践能力、交流能力和社会适应能力"。这一阶段对人才培养的内容和要求更为丰富和多元。

欧洲高等教育转换框架认为:能力指知识、态度、理解力、技能和才能等的动态组合,包括各学科要求具备的专业能力(subject specific)和一般能力(generic)两部分,发展专业能力是高等教育学位课程开发的基础。目前,在对相关学科学术人员和职业部门大量实证调研的基础上,转换框架基于学术和专业要求制定并颁布了护理学、商业、教育等九大学科的专业能力标准。

3.应用科技型人才能力结构

根据不同时期我国对人才能力规格的不同要求和应用科技型人才的特征,笔者将应用科技型人才应具备的基本能力归结为三点,即实践应用能力、学习能力和创新能力。

[①] 付徽,秦书生.拔尖人才的能力结构探析[J].科学与管理,2007(1):55-57.

(1)实践应用能力。实践应用能力主要体现在实验教学和专业实践过程中,因而有的学者又将其称为"实验能力"和"专业能力"。应用科技型本科高校的实验教学除了传授基本的实验理论知识外,更重要的是要锻炼学生的动手操作能力、观察能力和信息的收集整理能力,同时还能在一定程度上培养学生的知识转化能力、分析解决问题能力以及创新创造设计能力。专业能力则是指学生能够利用所学专业知识来解决行业专业领域实际问题的能力,如师范类专业的教育教学能力、工程类专业的设计制作能力与工程实施能力等。应用科技型人才的核心能力是实践应用能力,如何培养和提升学生的这一能力是目前应用科技型本科院校人才培养过程中亟须解决的问题。

(2)终身学习能力。现代社会是一个飞速发展与不断变革的社会,大部分人的一生中要不断变化职业岗位,不断适应社会对新的职业新的岗位的要求。因此,作为受社会发展和行业变化冲击较大的应用科技型本科院校,其在应用科技型人才培养过程中,也要充分考虑对学生可持续发展的自主学习能力与终身学习能力的培养。为了顺应社会和行业的要求,应用科技型人才必须具备自主学习的能力。终身学习能力被称为是21世纪人才所应具备的首要能力和最重要的能力。因此,在应用科技型本科高校的教学活动中,无论是理论或实践教学,还是课内或课外教学,都要注意对学生自主学习能力和终身学习能力的培养。

(3)创新能力。创新是一个民族进步的灵魂,是一个国家兴旺发达的不竭动力。科技的迅速发展促使社会中工作岗位的技术含量也在不断提高,同样,社会和企业对人才的创新意识和创新能力也提出了更高的要求。当前,应用型本科高校对人才创新能力的培养主要表现在对其创新精神和创新思维的培育上,但从目前大学生整体创新精神和创新思维的锻炼情况来看,效果并不十分令人满意。因此,在应用科技型人才的培养过程中仍然要加强对学生创新精神的激发和创新思维的锻炼以及创新能力的培养。

4.应用科技型大学人才实践应用能力分析

应用科技型大学实践应用能力体现专业培养目标时,可分解为专业能力(从业能力)和关键能力。

(1)专业能力(从业能力):是指受教育者从事一项职业所必备的能力,它是在专业领域内从事生产、管理、服务等职业活动所需要的能力。它是职业活动与任务得以进行与顺利完成的基本条件,是从业者赖以生存的本领。在整个能力结构中,专业能力处于核心地位。专业能力是职业劳动者的基础生存能力与核心本领,合理的知识结构及专业的应用性、针对性是对专业能力的基本要求。

专业能力包括专业基本技能和专业核心应用能力两部分。专业基本技能是指完成专业工作应具备或掌握的基础性的专门技术技能;专业核心应用能力是指综合运用专业知识,完成专业工作任务所特有的最主要的综合能力;专业基本技能是专业核心应用能力的重要支撑。每一个专业都要明确所培养人才应具备哪些专业应用能力,然后根据每一项专业应用能力来设置相应的课程。

例如,应用科技型院校新闻学专业人才应具备的专业基本技能包括:①媒体写作技能;②摄影摄像技能;③新媒体技术技能;④调查统计与社会活动技能;⑤文化创意策划技能。应具备的专业核心应用能力包括:①新闻采访写作能力;②广播电视编导能力;③新媒体综合编辑能力;④媒介行动策划能力;⑤新闻传播综合实践能力。

（2）关键能力:又称一般能力、通识能力、社会能力、跨职业能力、可迁移能力,它指的是具体的专业能力以外的能力,与纯粹的专门的职业技术技能和知识无直接的关系,它超出了专业技能和知识的范畴。如果职业工作者具备了这样一种能力,并成为自身的基本素质,那么当职业发生变更或劳动组织发生变化时,他就能够在变化的环境中重新获取职业者未来新的职业技术技能与知识。这种能力在职业者未来的发展中起着关键性的作用,是职业者的综合职业能力。关键能力是社会能力与方法能力的进一步发展与升华。

1992年,澳大利亚教育审议会提出了"关键能力"的概念内涵,即有效参与正在出现的工作形式及工作组织所必需的能力。关键能力是一般的,所强调的并不是某种具体的专业和职业技能,而是对不同职业的适应能力,即使职业发生变更,劳动者的这些能力依然起作用。这种能力被称为跨职业能力或可迁移能力。

1992年,美国博耶委员会在其《博耶报告》中对关键能力的组成要素作了如下概括:[1]①收集、分析、组织意见和信息的能力;②表达意见和信息的能力,指使用一系列交流形式来有效地交流意见和信息的能力;③计划和组织活动的能力,指计划、组织和自我管理,它包括较独立地完成一项任务的能力,确保对过程和结果的有效交流、报告和记录;④与他人合作及在团体中工作的能力;⑤应用数学思维和技巧的能力;⑥解决问题的能力;⑦利用技术的能力,具体指利用技术过程、体系、设备和材料的能力以及把知识和技能迁移到新情境中的能力。此后,又有不同的学者对关键能力的组成要素提出了不同的观点。

2006年,北京联合大学高林曾提出应用型本科人才应具备的关键能力:[2]①运用所学知识解决实际问题的能力,包括能不能"学以致用",以及有没有"学以致用"的意识等;②表达和沟通能力,包括与人的沟通能力、文字表述能力、语言表达能力和在经济发展国际环境下的外语应用和表达能力;③团队合作能力,主要指分工协作和主动配合能力;④组织协调能力,包括在团队中的组织能力、优化资源能力和组织团队按时完成任务的能力;⑤创新能力。

学者邓泽民等人认为,关键能力源于基本职业能力而高于基本职业能力,是基本职业能力的纵向延伸与提升,主要表现在专业适应力、方法能力和社会能力三个方面。[3] ①专业适应力:主要体现在职业与工种、岗位的变换与适应能力,对新技术的接受能力,质量意识,时间意识,安全意识,经济意识,提出合理化建议的能力等,这是对具体的专业能力的抽象化与灵活运用。②方法能力:是指从事职业活动所拥有的工作方法与学习方法的能力,独立学习新知识、新技术的方法,解决问题的思维方式等,主要体现在分析与综合、逻辑与抽象思维、联想与创造力、决策、信息的获取、全局与系统思维、评价与传递、时间意识、终身学习意识与能力等。注重方法的逻辑性、合理性和科学的思维模式是对方法能力

---

[1] BOYER E L. Scholarship Reconsidered: Priorities for the Professoriate[R].(1990-05-17)[2023-05-12].Princeton,NJ: The Carnegie Foundation for the Advancement of Teaching. https://www.scirp.org/reference/ReferencesPapers.aspx? ReferenceID=1976605.
[2] 高林.应用性本科教育导论[M].北京:科学出版社,2006:54.
[3] 邓泽民,董慧超.德国应用科学大学研究[M].北京:科学出版社,2017:39.

的基本要求。③社会能力（又称通识能力、一般能力）：是指从事职业活动所具备的社会能力、人际交往、公共关系、环境意识、职业道德等内容。它包括组织协调能力、交往合作能力、适应转换能力、批评与自我批评能力、口头与书面表达能力、心理承受能力、成就欲、自信心和社会责任感、义务感、道德感、人类命运共同体精神等。社会能力不但是生存能力，还是职业者的发展能力，是现代社会中必须具备的基本素质。积极的人生态度，适应社会和对社会、对人类的规范性行为是对社会能力的基本要求。

一般认为，关键能力的"关键"在于职业工作者能够独立思考、独立工作，勇于承担社会责任和具有奉献精神，善于进行交流合作，从而能积极应对变化多端的未来世界，不断或重新获得新的职业知识和技能的终身学习能力，这对职业工作者未来的发展具有特别重要的意义。特别是当职业发生变更，或者当劳动组织发生变化时，劳动者不会茫然不知所措，而是能够在变化了的环境中获得新的职业能力。关键能力最重要的是独立计划、独立实施、独立控制、独立评价与持续学习的能力。

思维方式是创造力形成的基础，灵活深刻的思维风格同时又是创新型科技人才的重要素质特征。但在我国高等学校各类人才培养过程中，思维方式是一个容易被忽视又不易被测量的内容。相关研究表明，发散思维、逻辑思维、灵感思维、逆向思维、联想思维、类比思维、直觉思维等思维方式在各类科技创新活动中均有较为重要的价值。因而在创新型科技人才的专业培养规格中引入对学生多元思维方式的培养要求，并将其切实贯穿于具体的培养活动之中，对于学生创新思维方式的养成无疑具有积极的促进意义。但不同的学科对创新思维的需求也会有所差异，因而在培养规格设计中关于思维方式养成的具体要求可以根据学科或专业加以研究和区别，找到各自思维方式培养的侧重点。

从人才成长阶段来看，本科教育阶段是各类应用科技型人才专业能力形成的奠基时期，这一阶段创新能力的培养直接影响着未来应用科技职业生涯的发展。对学生综合能力的培养不仅要包括智力操作能力的训练（如，观察能力、分析能力、推理能力、注意力、理解力和经验迁移能力等），还应包括一些关键的实际行动能力（如，实际操作技能、团队合作能力和持续学习能力等）。

从学理上来看，科学与应用、知识与能力的关系实际上就是"学"与"术"的关系。正如蔡元培所言："学与术可分为二个名词，学为学理，术为应用。各国大学中所有科目，如工商，如法律，如医学，非但研究学理，并且讲究适用，都是术。纯粹的科学与哲学，就是学。学必借术以应用，术必以学为基本，两者并进始可。"[1]因此，应用科技型大学的人才培养目标、培养规格及其课程体系要按照应用科技型人才的培养要求处理好科学与应用、知识与能力、"学"与"术"的关系。

（三）应用科技型大学人才的素质要求

我们一直强调"立德树人"。其实，"立德树人"的最终体现就是形成良好的素质。素质是把从外在获得的知识、技能内化于人的身心，升华形成稳定的品质与素养。高素质不仅可以使知识和能力更好地发挥作用，还可以促进知识和能力的进一步扩展和增强。素

---

[1] 蔡元培.蔡元培全集：第四卷[M].高平叔，编.北京：中华书局，1984：42

质要求是一个综合性概念,既包括思想道德素质和文化素质,又包括专业素质;既包括身体素质,又包括心理素质以及良好人格的养成。在日本,素质一般称为"教养",素质教育称为"教养教育"。

1.基本素质

基本素质指的是学生或个体应该具备一系列重要品质和素养,包括:

(1)良好的公民道德:学生应当具备良好的道德和伦理观念,能够诚实、守纪律、尊重他人,积极参与社会和公民活动。

(2)合格的思想政治素养:学生应具备良好的政治意识和思考能力,了解国家政治体制和政策,具备批判性思维,能够积极参与政治活动,对社会和国家问题有深刻理解。

(3)良好的身心素质:学生应保持身体健康,具备基本的体育和身体素质,以便应对工作与生活中的各种挑战。

(4)基本的人文、科学素养:学生应具备广泛的知识基础,包括人文学科和科学领域的知识。这有助于他们更好地理解世界,培养综合素养。

以上这些一般素质有助于个体成为更全面的人,能够积极参与社会、政治和文化生活,同时也有助于个体的自我发展和提升。

2.职业素质

职业素质又称职业伦理,它是指具有高度的职业责任心、严谨的工作作风和踏实的工作态度,有明确的职业岗位工作规范、安全规范以及一丝不苟地完成本职工作的意识和能力;具有强烈的进取精神、认真刻苦钻研业务的素质;具有团队精神、善于合作和协同工作的素质。

3.个性品格(人格)

个性品格方面中,人格因素是极其重要的一个核心内容。人格因素包括道德和心理两个方面的非智力因素,在一定的条件下,非智力因素直接决定了智力因素的发展。良好的非智力因素可以强化智力活动,触发个体的创造性思维。相反,消极的非智力因素则会抑制创造力的发挥。人格的缺陷可能会使创造力受到摧残,而理想人格则是创造力的催化剂。因而,在制定高等学校科技人才培养规格时要将对学生个性品格方面的要求(如,好奇心、求知欲、独立自主包容的胸襟、科学人文关怀精神、质疑性和变革性等)加入进来,引导学生形成积极向上的价值观和态度,形成有助于科技创新的内在动机。

关于高等工程与技术教育的素质,美国国家工程研究院在其2004年的《2020工程教育前景展望》报告中提出了未来工程师的素质可分为基本素质、关键素质与顶端素质:基本素质(essential attributes)是联系工程过去、现在和未来的持久性素质(enduring attributes);关键素质(key attributes)是支撑2020年及其后的工程专业成功的素质;顶端素质,是渴望、追求的素质(attributes to aspire)。《2020工程教育前景展望》报告认为,未来工程师应然素质的三个层次要素分别如下:[①]

基本素质层次的要素主要有七个,即掌握数学和科学的基本原理,掌握专业核心知

---

① NAE.The engineer of 2020: visions of engineering in the new century[R].(2004-06-14)[2022-08-12].https://engineering.columbia.edu/files/engineering/The_Engineer_of_2020.pdf.

识,认知更广的技术背景,具备发现和设计的能力,较好的交流能力,较强的分析能力和技术的实践灵巧力。

关键素质层次的要素有九个,即很强的分析能力,实践的灵巧力,创造力,良好的交流能力,精通商务和管理的原理,领导力,高道德标准和专业主义精神,富有激情、敏捷性、适应性和灵活性,终身学习的品质。

顶端素质层次的要素有九个,即利莲式的灵巧力,摩尔式的解决问题的能力,爱因斯坦式的科学洞察力,毕加索式的创造力,怀特兄弟式的决心,盖茨式的领导力,罗斯福夫人式的良知,路德式的远见,小朋友的好奇和怀疑。

基本素质是过去、现在和未来工程师都具备的素质,不包含对未来工程师新的要求,故隐含报告中;关键素质是未来工程师维系工程专业成功的素质,是未来工程师适应未来复杂和多变的工程环境而应备的素质,也是未来工程师或缺的素质;顶端素质是未来工程师应该不懈地去追求的素质,是一种理想化的素质目标,是很难实现的素质。

该报告对我们构建中国特色高水平的应用科技型大学人才培养目标具有重要的参考意义。

六、应用科技型大学制订人才培养规格基本原则

(一)人才培养规格应当突出应用科技型院校属于地方大学的地域特征

应用科技型大学有两个基本特征,一是地方性,二是应用性。

就地方性而言,人才培养规格的设计应当充分考虑本地区区域经济的特殊性,充分考虑本地区经济与社会发展的需要。比如,由于南方地区与北方地区自然条件的巨大差异,南方地方高校农学类专业与北方地方高校农学类专业在人才培养规格的知识结构方面,就应当有很大的不同;比如,由于西部地区与东部地区经济发展水平的巨大差异,西部地方高校与东部地方高校的同一个专业,在人才培养规格方面也会各有侧重,东部地区对外开放程度高,所以东部地区高校对学生的外语能力就有较高的要求,西部地区对外开放程度较低而且毕业生大都走向基层走向农村,所以西部地方高校对学生的外语能力就不可能提出太高的要求。

就应用性而言,应用科技型大学也具有多学科以及校企合作的综合优势,具备培养各种复合应用型人才的教学条件,也具备向学生提供选择人文科学、自然科学、思维科学拓宽知识面的学习条件,因此,在人才培养规格设计时,应当充分发挥应用科技型大学多学科的与校企合作的优势,使不同专业之间优势互补以及专业与产业之间深度合作,培养复合应用型人才,拓宽知识面。

(二)培养规格应当突出21世纪的时代特征

21世纪的人才培养需要着重强调两个核心要素:一是培养创新能力,二是激发创新精神。为了培养学生的创新精神与创新能力,就必须要求学生在知识结构方面,具备现代科学技术文化知识与技能。比如工科类专业的学生需要在知识和技能方面注重计算机科学知识和应用能力,包括计算机制图和计算机辅助设计等技能,以适应现代工程和技术领

域的需求;工商管理类专业的学生应具备电子商务的综合应用能力,以适应数字时代商业的发展趋势,包括在线销售、数字营销和电子支付等方面的知识和技能;农学类专业的学生需要重点培养生物技术和生物工程方面的知识应用能力等。

总之,创新能力和创新精神的培养需要建立在现代科学技术文化知识和技能的基础之上,不同专业领域可以根据自身特点来强化相关知识和能力,以更好地应对未来的挑战和机遇。

(三)处理好知识、能力、素质三者协调发展的关系

人才培养规格优化目标之一是知识、能力、素质三者协调发展,对于不同的专业,其具体内涵就会有所不同。比如,对于基础学术型人才,其知识结构不但要求"基础扎实、知识面宽",而且还要求有一定的深度,即知识要深厚一些,而对应用科技型人才,则要求其应用能力、实践能力要更强一些。又比如,在素质结构方面,为人民服务的精神是对各种人才的普遍要求,而对于艰苦专业则应当提到更高层次的要求,即应当有奉献精神,比如,农学类、地质探矿类专业要求"特别讲敬业,特别能吃苦,特别肯干活,特别讲奉献,特别耐磨炼";具有良好的职业伦理道德是对各种人才的普遍要求,而对于医学专业则应当提到更高层次的要求,即应当有救死扶伤的高尚职业道德。

(四)处理好人才培养的统一性要求与多样性需要的关系

国家对本科教育人才培养规格的统一性要求,是为了保证人才培养质量而规定的基本质量标准,它与高等学校人才培养规格多样性并不矛盾。高等学校人才培养规格多样性,是在统一性基础上的多样性。但是,人才培养规格多样性,并不是人才培养规格的随意性,而是要根据社会需要的人才类型以及本地区、本校的实际情况,进行科学的、合理的、精心的设计,包括对人才的知识结构、能力结构、素质结构以及三者的整体结构进行科学的、合理的、精心的设计。而且,还要留下充分的时间与空间,创造各种条件,让学生能够在统一性要求下,设计自己的知识结构、能力结构、素质结构。

七、应用科技型大学人才培养规格的具体要求

应用科技型大学人才在知识、能力与素质方面有一些共性要求,但由于专业与专业之间培养目标不同,其知识、能力与素质方面的要求必然不同。另外,同一个专业在不同类型院校的培养目标不同,也导致专业培养规格不同。因此,对应用科技型大学人才培养规格的讨论,必定要落实到具体的专业当中。对于专业与专业之间培养规格的差异,人们比较容易理解,因为专业性质不一样,要求肯定不一样。但在人才培养实践中,不同院校对同一专业具体培养规格的差异并没有清晰的认识,很容易出现形式化与雷同问题。

目前,只有少数专业教学指导委员会对专业培养规格进行了分类指导。以自动化专业为例,自动化专业教学指导委员会对"研究主导型""工程研究应用型""应用技术主导型"的具体培养规格有了明确的、不同的要求,见表6-2-1。不仅如此,自动化专业教学指导委员会还从知识、能力与素质结构三个方面对三类不同专业的具体要求程度进行了细化,见表6-2-2。如以专业知识要求为例,三类专业要求掌握的专业知识的范围与程度是不同的。

表 6-2-1　教学指导委员会对不同类型自动化专业培养规格的规定

研究主导型	工程研究应用型	应用技术主导型
以通识为主的本科专业教育。主要为培养具有从事高水平自动科学技术研究、开发和应用的复合型人才奠定基础。 本专业培养的学生应具有扎实宽广的自然科学基础知识，扎实的管理科学、人文社会科学知识和良好的外语综合能力，具有电工电子技术、电气技术、信息处理、计算机和网络技术等宽广领域的工程技术基础和扎实的专业知识。 人才培养应在知识、能力和素质诸方面协调发展，尤其是要体现人才培养的厚基础、宽口径、创新性和复合型。	以通识与专业并重的本科专业教育。主要培养具有工程技术研究、开发和应用能力的自动化专业人才。 本专业培养的学生应具有扎实的自然科学基础知识，较好的管理科学、人文社会科学知识和外语综合能力；具有电工电子技术、电气技术、自动检测技术、控制理论与控制工程、信息处理、计算机和网络技术等较宽广领域的工程技术基础和较扎实的专业知识及其应用能力。 人才培养应在知识、能力和素质诸方面协调发展，尤其是要体现人才培养的宽口径、复合型、创新性和应用型。	以专业为主、兼顾通识的本科专业教育。培养具有解决自动化技术应用领域中实际问题能力的专门人才。 本专业培养的学生应具有扎实的自然科学基础知识，较扎实的控制理论基础，较好的管理科学基础、人文社会科学基础和外语应用能力，具备电工技术、电子技术、控制工程、自动检测与仪表、信息处理、计算机与网络技术等较宽广领域的工程技术知识和应用专业知识的能力。 人才培养应在知识、能力和素质诸方面协调发展，尤其是要体现人才培养的应用型、复合型和技能型。

资料来源：教育部高等学校自动化专业教学指导分委员会.高等学校本科自动化指导性专业规范（试行）[M].北京：高等教育出版社，2007：6.

表 6-2-2　不同类型自动化专业的专业知识要求

专业知识	研究主导型	工程研究应用型	应用技术主导型
专业基础知识	牢固掌握控制理论，系统掌握计算机技术，电子、电气技术及信息技术等核心知识。基础扎实。	系统掌握控制理论、自动化仪表、电机与拖动基础等主干学科知识，理论基础比较扎实，动手能力强。具备从事工矿企事业单位中的相关工作的能力。	比较熟练地掌握控制理论，计算机技术，电子、电气技术，信息技术等核心知识。基础较扎实。动手能力强。
专业方向知识	比较熟练掌握过程控制或运动控制等专业知识。至少掌握一个专业方向（控制理论与控制工程，模式识别与智能系统，检测技术与自动化装置，系统工程，导航制导与控制）的基本知识。了解专业发展方向。	比较熟练掌握过程控制或运动控制等专业知识。至少掌握一个应用行业的自动化基本知识。熟悉所学专业方向的前沿技术。	比较熟练地掌握过程控制或运动控制等专业知识。至少熟悉一个应用行业的自动化基本知识和发展趋势。

资料来源：教育部高等学校自动化专业教学指导分委员会.高等学校本科自动化指导性专业规范（试行）[M].北京：高等教育出版社，2007：12.

在办学实践中，不同类型院校根据所在院校及专业的培养目标，也积极探索并制订了比较符合实际的、有特色的、切实可行的、具体的培养规格。如北京联合大学和中国人民大学，前者定位于培养应用科技型大学人才，后者定位于培养"国民表率、社会栋梁"的学术型本科人才。同样的历史学专业，在两所不同的大学，对知识、能力与素质的要求是不一样的。在知识要求方面，北京联合大学只要求学生掌握历史学科的基本理论和基础知识，中国人民大学要求系统掌握古今中外历史基础理论与知识；北京联合大学还要求学生掌握博物馆学和旅游管理学方面的基本知识,中国人民大学则要求学生有广博的社会科学知识和优良的文史哲素质。这说明,北京联合大学考虑到学生就业的需要,要求学生掌握跨学科的基础知识;而中国人民大学则更强调学生厚实的历史学基础和良好的文史哲底蕴。在能力要求方面,北京联合大学更强调学生的专业应用能力,中国人民大学则强调学生的通用能力。在素质要求方面,北京联合大学更强调学生的职业素养,中国人民大学则更强调学生的政治素养。

表6-2-3　历史学专业在不同院校中的培养规格

专业	培养规格	北京联合大学	中国人民大学
历史学	知识要求	掌握历史学科的基本理论和基础知识,有一定的人文社会科学和自然科学的基本理论知识和素养。具有历史学、博物馆学、旅游管理学专业基本知识、基本理论。	具有较为广博的社会科学和一定的自然科学知识,优良的文史哲素质,系统掌握古今中外历史基础理论与知识。
	能力要求	(1)专业基本技能要求: ①历史文献阅读与检索技能;②文物古迹的调查与资料整理技能;③史料的分析技能;④史迹的解说技能。 (2)专业核心应用能力要求: ①文化旅游导游能力(文博旅游方向);②文化旅游产品策划能力(文博旅游方向);③文化旅游产品营销能力(文博旅游方向);④文物保护能力(文物博物馆方向);⑤文物鉴定能力(文物博物馆方向);⑥文物经营与管理能力(文物博物馆方向)。	具备较强的理论思维和分析问题、解决问题及语言文字表达的能力;熟练掌握一门外国语及计算机操作技能。
	素质要求	掌握马克思主义、毛泽东思想和邓小平理论及"三个代表"重要思想的基本原理。要求学生自觉遵守爱国守法、明礼诚信、团结互助、勤俭自强、敬业奉献的基本道德规范;应对北京历史文化具有高度的热情,以传播北京历史文化为己任;具有面向大众、服务首都的主人翁责任感;具有较好的亲和力、团队合作精神,面向第一线的吃苦精神。	在政治上应坚持四项基本原则,牢固树立"三个代表"重要思想意识,有志于为国家社会主义建设事业作贡献;在体育方面必须达到"学生体质健康标准",拥有强健的体魄。

资料来源:潘懋元.应用型人才培养的理论与实践[M].厦门:厦门大学出版社,2011:55.

八、应用文科、应用理科人才培养目标与规格

应用科技型大学的人才培养目标各个学科专业既具有共性的要求,又具有不同学科专业的特殊性要求。工科类专业的人才培养目标与规格可参照教育部"卓越工程师教育培养计划"的通用标准与学校标准、行业标准以及教育部、住建部等发布的《工程教育专业认证标准》《建筑类专业评估标准》等来制定。

在教育教学改革的实践中,人们对文科、理科的认识较为模糊。"中国习惯上把一切科类与专业划分为'文''理'两个大类,前者主要指的是以人文社会现象为研究对象的学科和专业,它们探讨的是人与人,以及人与社会的关系。后者主要是以客观自然世界及其

现象为研究对象的各种学科和专业,它们探讨的主要是自然界的问题与规律。"①

应用性学科,主要是指应用性学科方向,即各学科中理论应用于实践的学术分支领域。应用文科、应用理科与应用工科专业,是指按照社会经济发展实际需要设置的,以培养适应生产、建设、管理及服务实际工作需要的应用科技型人才为目标的文科、理科与工科专业。同样是文科、理科或工科学科与专业,但由于人才培养方向不同——有的是培养学术型人才,有的是培养应用科技型人才,其培养目标与规格也不同。工科一直被人们认为是应用性最强的学科,而文科和理科通常被认为是基础学科。一般认为,应用性学科主要包括工学、农学、医学、经济学、管理学、法学和教育学,基础学科主要包括理学、历史学、哲学和文学(事实上,中国现阶段的文学中有相当一部分专业也属于应用文科),其二者的区别在于,前者更多地关注学科与社会发展进步的联系,而后者更多地关注学科自身理论和知识的发展进步。在不同的社会发展阶段,社会对于高等教育培养人才的规格和种类有着不同的要求。中国正处于经济转型和产业结构的升级过程中,对从事发现和研究客观规律的学术型人才需求量不大,急需的是运用科学原理为社会谋取直接利益的应用型人才。因此,在教育规模总体上进一步扩大的过程中,应适当控制以学术、教学、研究为导向的学科型专业的规模,将高校扩招的重点放在工、农、经管等应用学科的新型专业上,瞄准高新技术、围绕新兴产业进行学科(专业)的改革和调整。

实际上,随着社会经济的发展以及高校逐步从社会的边缘走向社会的中心,很多新的文科与理科专业不断增加,这些新增的文理科专业一般都是应用型或应用科技型专业,而且一些传统基础型的文理专业的内涵也在发生变化。如历史学专业最初主要是培养从事历史学教育与研究的人才,但现在却扩展到文化旅游、博物馆等行业,其培养目标明显指向应用性。因此,发展应用型/应用科技型学科专业,包括三层含义:一是增加工、农、经管等传统的应用型学科专业;二是开设新的应用型/应用科技型学科专业;三是赋予传统的基础型学科专业以应用型/应用科技型内涵。越是发达的地区,应用学科专业人数所占比例越高。因此,随着社会对应用科技型人才需求的增加,包括对应用文科、应用理科人才需求的大量增加,我们有必要打破对传统的文科理科人才培养目标与规格的界定,对应用文科、应用理科人才培养目标与规格进行重新诠释。

对于应用工科人才的培养目标,人们有比较统一的看法和明确的界定,一般都称之为工程师或现场工程师。如上海工程技术大学的定位是"把学校打造成为名副其实的优秀工程师的摇篮"。北京联合大学对一些工科类专业的人才培养目标定位也是工程师。如自动化专业的目标定位是培养现场工程师、市场工程师、技术支持工程师、维修维护工程师;建筑环境与设备专业的目标定位是培养现场工程师、智能楼宇现场运行维护工程师、建筑工程类企业施工组织与管理工程师;机械工程专业的目标定位是培养现场工程师、生产主管、生产总监。② 参照应用工科人才培养目标的界定方法,对应用文科、应用理科人才培养目标也进行了界定。

---

① 谢维和,文雯,李乐夫.中国高等教育大众化进程中的结构分析:1998—2004年的实证研究[M].北京:教育科学出版社,2007:58.
② 高林.应用性本科教育导论[M].北京:科学出版社,2006:50.

应用文科本科教育是为学生毕业后成为管理工程师、服务工程师做准备,管理工程师、服务工程师是一类既具有良好专业知识基础又具有较强动手能力和服务意识、管理技术技能的管理与服务应用型人才,能够在经济发展、城乡建设和社会生活服务一线运用专业知识提供专业服务,解决实际问题。管理工程师、服务工程师包括的具体职业、岗位种类非常多,如管理人员(师)、项目咨询师、市场营销师、报关员、社会工作者等。因此,应用文科本科人才的培养目标可总体定位于:管理工程师(manager engineer)、服务工程师(service engineer),属于管理与服务应用型人才。应用文科本科学生毕业后经过一段时间的工作实践锻炼,很多人可以成长为项目经理、职业经理人,即职业化的经营管理人才。

应用理科本科教育是为学生毕业后成为现场技术专员/技术师做准备,一线技术专员/技术师是一类既具有良好科学素养又具有一定专业操作技术和市场、信息分析能力的复合应用型人才,能够理论联系实际对生产、服务、管理一线出现的专业技术问题进行分析和解决。因此,应用理科本科人才类型的培养目标可总体定位于:现场技术专员(on-site technological specialist)或称现场技术师(on-site technician/technologist),属于复合应用型人才。[1]

综上所述,人才培养目标与规格是构建人才培养模式的前提与基础。应用科技型大学人才培养模式的创新首先要从人才培养目标与规格上加以清晰的界定,人才培养模式其他要素的改革都要以人才培养目标与规格为核心。现在很多地方本科院校都在提倡应用科技型大学人才培养模式,但如果对什么是应用科技型大学人才,应用科技型人才与学术型人才在具体要求上有哪些差异都不清楚,就难免会走入歧途。因此,科学地界定应用科技型人才培养目标与培养规格是开展应用科技型大学人才培养模式改革的前提,应引起高度重视并认真加以深入系统研究。

第三节 应用科技型大学人才培养方案制定

国家和学校人才培养目标要通过一系列的专业人才培养目标及其培养规格的达成来实现,因此,专业人才培养目标及其培养规格的达成是最终实现国家与高校人才培养目标任务的关键,而专业人才培养目标及其培养规格的达成则要靠科学的课程体系的制定与每一门课程与环节的达成才能最终实现,而课程体系的科学构建就是专业人才培养方案的形成过程。因此,培养方案的制定对实现人才培养目标及其培养规格具有重要的作用。

---

[1] 张宝秀,张景秋.应用理科、应用文科本科人才培养目标及其实现路径[J].中国高教研究,2008(5):51-53.

一、专业人才培养方案的内涵与制定

专业培养方案是学校依据国家对高等学校人才培养的有关要求,按专业对本科生培养作出整体设计和规划安排的教学指导性文件,是学校关于本科生培养的总体设计蓝图和实施方案,是安排教育教学过程、开展教学管理活动与教学质量监控评价的教学规范性纲领文件,涉及人才培养的指导思想、基本原则、培养目标、课程体系和教学安排等,是一所高校教学思想和办学理念的集中体现,是实现人才培养目标的首要环节。

(一)培养方案的制定步骤

从人才培养目标到课程内容及其体系,是一个复杂的过程,需要各学科专业领域的专家、工程师、教育专家、教学管理人员等共同商讨和研究。一般来说,这一过程可分为三个基本步骤:

(1)细化培养目标:确定需要向学生传授哪些知识、培养学生哪些技能、使他们获得哪些经验。这都是确定课程内容和体系的基础,是从目标到课程内容和体系的首要环节。

(2)课程内容的选择:选择那些能够为学生提供培养目标所规定的知识、技能和经验的课程。这是把知识、技能、经验转化到课程内容和体系的具体过程,是目标和课程两者结合的重要一步。

(3)确定课程的组织结构,优化专业课程体系:设计课程的组织框架,明确各组成部分之间的关系。这是根据培养目标要求,明确各类课程在整个课程体系结构中的位置和重要性的关键一步。

(二)培养方案的构成要素

专业培养方案一般包括:培养定位、培养目标、培养标准(通用标准、行业标准与学校标准)、培养规格、课程体系(课程地图)、课程内容、教学方式与方法、培养标准矩阵(知识点、能力点、情意点与课程内容、教学环节、教学方式对应度矩阵)、实践教学与企业培养方案、教学计划、师资队伍、教学与课程考核评价体系、质量保障体系等要素。

(三)制订本科专业培养方案的指导思想与基本原则

1.指导思想

应用科技型大学的本科专业培养方案应以科学发展观为指导,执行党和国家的教育方针,认真贯彻国家和本校教育教学改革的系列文件精神,立足地方、服务产业、面向未来,构建以就业需求和素质养成为导向的实践型、创新型的应用科技型人才培养体系,培养区域/地方社会经济和社会发展一线所需的具有现代工程技术能力、人文和科学素养兼备、综合素质高、实践能力强、具有创新创业精神和国际化视野的高级应用科技型专门人才。

2.基本原则

(1)专业定位与学校定位相统一的原则

应用科技型大学校内各专业培养方案的制(修)订要根据各自的专业定位来进行,专业定位要与学校中长期建设与发展规划中所提出的学校定位和人才培养定位相统一,力戒简单地套用研究型大学或其他高校的专业培养方案。不同类型、不同层次、不同行业的应用科技型人才的培养定位、目标、规格不同,并且也将随着社会经济与文化发展的进步而不断提高和变化。因此,高校及其二级学院与系、教研室要深入研究自身专业特点、办学水平和人才培养需求、人才培养质量的内涵和特点,制订体现改革发展精神、学校办学定位和社会对人才培养规格要求的培养方案,形成自身鲜明的专业特色。要按照课程设置为专业服务的思想,以有利于服务产业行业企业的应用科技型人才培养目标的实现为原则,重点加强培养目标定位、规格要求定位和课程体系的研究及优化设计。

(2)充分发挥自身的人才培养特色

一所高校的人才培养特色是该校在长期的办学过程中逐渐形成的在人才培养方面所独有的、优于其他院校的,并为社会所认可的优良特性,是该校人才培养质量高低的一个主要标志。人才培养特色具有独特性、有限性、稳定性和发展性等特征,任何一所院校的人才培养特色只能在人才培养的某些方面或人才培养过程的若干个环节上形成优势。具体而言,人才培养特色可以源于教育教学理念、人才培养方式、教育教学资源、教师与管理队伍、校企合作形式、教学与学生管理、大学文化氛围、人才培养环境等诸多方面。人才培养特色可以表现在学校层面,即为学校所有专业所共享;也可以表现在专业层面,即为该专业所独有。人才培养特色最终反映在学生的知识、能力、技能、素质等方面的培养成果上。

按照上述人才培养特色的性质和特点,高校在充分发挥自身的人才培养特色方面要做好三方面工作。①明确特色。要在人才培养的各个方面与其他高校,尤其是与同类型院校进行分析比较,对人才市场当前与未来的需求进行分析,再从本校长期办学实践的丰富积累中提炼出本专业在人才培养方面的潜在的或显现的特色。②研究特色。结合参与专业现有的人才培养条件,研究如何最大限度地运用好校内外的各项政策措施,以使得专业人才培养特色得以巩固和加强。③加强特色。在学校政策措施的支持下,通过认真研究制定专业培养方案,使参与专业的人才培养特色在专业培养方案中得到具体体现和充实,进而在人才培养过程中得到切实的加强和进一步的发挥。

(3)注重人才培养的行业企业合作

应用科技型人才的培养需要产教融合与校企深度合作,因此,人才培养方案就需要与行业企业联合制定。这是因为:

①行业企业部门最了解应用科技型人才培养方向、目标与规格。行业企业部门最了解本行业的技术前沿、本行业的发展趋势以及本行业系统的用人需求,因而,行业企业部门最清楚本行业应用科技型人才培养的要求和规格。为此,行业部门要负责行业内人才联合培养实施工作的研究、规划、指导和评价,制定本行业内主体专业领域的行业标准,负责参与高校专业培养方案的论证。

②企业与高校合作是工程人才培养达到培养标准要求的重要保证。尤其是参与"卓越计划"项目专业,它的要求是企业要全过程参与卓越工程技术与管理人员的培养,这不仅能够充分发挥企业的作用,与高校优势互补,而且能够更好更具体地落实和实现培养标

准,培养出企业需要的优秀工程人才。[①]

高校在选择专业领域和制定专业培养方案时必须注重本校人才培养所具有的行业企业背景。一方面,坚实的行业企业背景能够使参与高校准确地把握该行业对相关专业领域人才的具体需求,从而制定好培养目标和培养标准;另一方面,坚实的行业企业背景使得参与高校能够选择具有良好合作基础的优秀企业共同参与专业培养方案的制定和实现。

(4)增强学生就业竞争力与可持续发展能力相统一的原则

应用科技型大学校内各专业教学工作指导委员会要采取合作办学、共建实践教学基地、聘请企业导师、专业顾问等产学研有机结合的方式,在认真研究本地方区域内相关产业升级换代、行业发展态势,以及跟踪调查毕业生情况的基础上,合理定位专业培养目标,通过科学设计课程体系、灵活设置专业方向,优化主辅修、第二专业、双学位以及卓越工程师教育培养计划等"六卓越计划"、校企合作项目、海外交流项目制(修)订与实施专业培养方案,增强学生就业的竞争力。

培养方案还要处理好学生"成人"与"成才"的关系,通过夯实学科专业基础,为学生提供跨学科专业选修和参与课外文化与学术活动等机会,以增强学生可持续发展的适应性。

(5)理论教学体系与实践教学体系相协调的原则

专业培养方案要以"求新、求精、求特"的思想,构建与科技进步和区域/地方经济社会发展相适应的,纵向结构合理、横向结构协调的课程体系,使学生在掌握本专业基本理论、技能和方法的同时,提高学习能力、工程实践能力、沟通能力和创新能力,保证学生的知识、能力、素质得到协调发展。要严格控制理论教学时数和课堂讲授周课时数,通过优化教学内容、改革教学方法和建设网络教学平台,加大选修模块课程的开设比例,为学生提供更多的自主学习时间和空间,促进学生学习能力和个性的发展。

要进一步优化实践教学体系,应用科技型大学校内各专业构建与理论教学并行、相对独立的实践教学模块体系。要进一步加强专业能力训练与工程实践训练,切实加强实验、实习、实践和毕业设计(论文)等实践教学环节;应用科技型大学校内各专业要根据人才培养的目标和要求,在保持各自专业特色的基础上,重新梳理实验教学内容,合理调整实验项目设置,精选经典内容,根据专业特点,适当减少演示性、验证性试验,增加综合性、设计性实验;要强化课程设计和毕业设计(论文)环节,课程设计的内容要选取有一定的工程或社会实际背景,体现应用性、先进性、综合性、创新性的课题,毕业设计(论文)要重视学生全面能力和工程意识的培养,鼓励学生创新实践。同时,要继续加强工程训练中心建设与实验室开放、大学生科研训练项目和科技实践基地建设,鼓励学生进入实验室,积极参加各类实践训练。培养学生的实践动手能力、分析问题和解决问题能力。不同于研究型大学的实践教学要求,应用科技型大学对列入教学计划的各实践教学环节累计学分的原则性要求是:人文社科类专业占总学分的30±5%,理工类专业占总学分的35±5%,艺术类专业占总学分的45±5%。凡进入人才培养方案的实践教学内容,要明确教学目标、管理规范和考核要求,增强实践教学的实效性。

---

① 林建.卓越工程师培养:工程教育系统性改革研究[M].北京:清华大学出版社,2013:130-131.

(6)程序规范原则

要以规范的制订及审批程序,保证专业培养方案的科学性和可行性。专业培养方案的论证必须充分调研海外与国内同类型高校相同或相近专业的培养方案以及调研本专业相密切的大中型行业(企业)对专业人才培养规格与目标的要求。如厦门理工学院自2012年以来,在制定专业培养方案的过程中坚持遵照"三三三制"原则,即要对海外三所与大陆三所同类型相同相近专业的专业培养方案进行比较借鉴,调研国内三家大中型相关行业(企业)对专业人才培养规格的需求。在充分调研的基础上,总结往年培养方案的执行情况与问题,召开培养方案专题论证会。要切实充分发挥教研室集体的智慧与力量,要比较借鉴海内外同等类型高校相同或相近专业培养方案的特点,学习相关院校办学经验,更要重视到相关行业企业调研人才培养规格需求,勇于探索和创新既适合产业发展需求又符合自身办学定位与条件的人才培养体系。

坚持专业规范与专业特色相结合原则。要按照行业要求和国家本科专业教学质量标准与国际国内专业认证标准,对已出台质量标准、专业认证标准或专业教学规范的,培养方案要满足专业认证标准或专业教学规范,或参照同一大类专业教学规范的基本要求设立课程,同时要充分体现学校的办学特色。优势学科专业要在课程体系、专业方向设置上,紧跟行业发展形势,进一步强化专业优势、突出专业特色。专业培养目标和规格要求以及专业类课程体系的构建,由专业负责人具体组织有关人员研讨确定。

二级教学单位(院、系、教研室)应通过讲座、调查和研讨会等形式,广泛征求意见,使专业培养方案的制订及修订工作成为教师和教学管理人员更新教育教学观念、明确培养目标、投身教学建设与改革的助推器。专业培养方案须报教学单位教学工作指导分委员会审议、校教学工作指导委员会审批。专业培养方案一经审批,应严格执行,并保持相对稳定,不得随意变更,课程设置与学分变更须有教学单位分教学工作指导委员会三分之二的论证表决通过并亲笔签名方可提交变更审批手续。应用科技型大学校内各专业培养方案及其配套教学文件要及时向学生发布并要在本教学单位的网站上予以公布,以便学生自主学习、主动参与教学活动并接受校内外的查阅与质询。

(四)学制、学期与学时、学分的安排

1.学制、学期

我国的本科专业一般为学制四年,个别专业可以五年,如医学、建筑学等。欧洲国家本科专业一般为三年,美国则为四年。由于各国大都实行弹性学分制,有些学生可能需要6~9年才能毕业,而我国各个学校规定的最长期限也不一致,有些是6年,有些是7年不等。弹性学分学制有利于学生的个性化培养。

关于学年学期制,世界各国各校都不一致,有二学期制、三学期制、四学期制等,如英国牛津大学、剑桥大学都是三学期制,每一学期都是8周。现在国内高校正在探索实行"长短三学期制",如中山大学、厦门大学、厦门理工学院等。夏季短学期课程安排:一年级新生以军事训练为主,辅之以小学分、高水平通识教育课程、专题讲座或独立设置的实验课;高年级主要安排课程设计、实习实训、综合实验、校企合作、竞赛集训、交流讲座等实践教学环节,主辅修、双专业、双学位、重修课程,以及跨年级、跨专业开设的全校性公选课。在短学期,一般低年级以课堂教学为主,高年级以实践教学环节为主,但都必须安排3~5

个学分的教学任务。这种增加一个暑假短学期的制度,有利于海内外高校交流、学生实习实训,也有利于学生个性化成长等,但也在管理上带来一些问题。

各校应根据自身所处的区域、气候、国际化程度和风俗人情等综合安排适合自身校情的学期制,不必套用其他高校的做法。学年学期制的安排最根本的目的是要有利于人才培养的质量与效益。

2.学时、学分

我国本科高校的学时、学分普遍比欧美国家的学时多、学分高。欧美国家本科一般总学分在120到140之间,而我国的本科总学分一般都在160以上,大多是在170到190之间,个别高校个别专业甚至在220左右。学时多、学分高就会造成教师与学生大部分时间在上课,而很少有时间阅读、做作业和参加课外活动等。这就会造成我国大学生是以知识记忆型为主,而缺少创新型、实践型的个性化、多样化人才。尤其是极其不利于应用科技型大学培养以实践动手能力为主的应用科技型人才培养目标的达成。因此,精简课时,减少学分,是当前我国大学尤其是应用科技型大学教育教学改革的一个紧迫任务。

二、课程体系的设计、优化与构建

专业培养方案的制(修)订过程就是专业课程体系的进一步优化与科学化的过程。专业课程体系是各专业根据国家有关专业与课程标准、规范以及学校人才培养定位与目标而设计和构建的,是由既相对独立又相互关联的一组课程所构成的有机整体。它是按学生的认知规律、能力培养规律和素质形成规律科学地组合在一起形成的富有专业特色的课程系统。教学内容和课程结构体系要瞄准人才培养目标,通过现代化教育技术手段精减课时,科学合理地整合课程,构建合理的知识结构,其核心是各门课程间的优化组合。如何构建科学、合理的专业课程结构体系是一个新的课题,值得应用科技型大学深入研究和探讨。要实现人才培养的目标,制定科学的专业培养方案,就必须做好专业课程体系的优化与构建。只有科学的课程体系,才能高效率地实现人才培养目标,提高应用科技型人才的培养质量。因此,课程体系的设计与构建是大学人才培养目标实现的一项关键任务。

课程体系是课程编制科学化最基本的问题,因为它是课程编制的出发点和落脚点,课程内容的选择、课程形式的采取、课程类型的斟酌、课程实施的举措、课程评价的基准,都有赖于课程体系目标的确定。课程体系目标的确定是课程体系形成的一个核心环节。确定课程目标,首先要明确课程与教育目的、培养目标的衔接关系,以便确保这些要求在课程中得到体现;其次要在对学生的特点、社会的需求、学科的发展等各个方面进行深入研究的基础上,才有可能确定行之有效的课程目标。

一流应用科技型大学需要开发与建设一流水准应用科技型课程。开设一门应用科技型新课程至少需要考虑以下九个问题:①应用科技型大学的使命与定位是什么;②实现应用科技型大学的使命与定位需要确定什么样的人才培养定位;③应用科技型大学的人才培养定位什么知识最有价值;④专业定位与专业目标是什么,它与应用科技型大学的使命与定位是什么关系,专业目标如何支撑大学使命与定位;⑤这些课程在专业中的位置,即构建科学优化的专业课程体系;⑥每一门课程的教学目标是什么,它如何与专业定位与专业目标相一致;⑦每堂课的学习目标是什么;⑧如何设计合适的学习活动以实现课堂学习目标;⑨如何考核学习成效。

应用科技型大学课程建设的一个核心就是以专业为基础的课程体系改革。在课程建设中,一个不可避免的问题是如何优化设计一个科学的专业课程体系。回答这个问题,可以引入密歇根大学的"课程矩阵"概念或者工程教育专业认证以及"卓越工程师教育培养计划"所倡导的"课程体系矩阵表"思想。根据"课程矩阵"或"课程体系矩阵表"的思想,可把一个专业的目标分解为一系列的子目标(知识点、能力点、情意点)并把它们作为一个维度,把这个专业所有的课程作为另一个维度,通过两个维度的关联考察各门课程与目标体系的相关性。

通过"课程矩阵"或"课程体系矩阵表"分析可以发现四种情况:一是课程重复,即几门课程同时指向一个专业子目标,这时需要考虑课程合并;二是无关课程,即某些课程与专业目标没有任何相关性,这样的课程需要剔除;三是目标虚置,即有些专业目标没有任何课程支撑,这就需要开设新的课程来支持这些目标;[①]四是通过哪些具体的教学方式方法来实现课程目标。通过课程矩阵的排布与检测,我们达到优化并构建起科学的专业课程体系。因此,课程体系的构建要注意学科专业的交叉性和综合性、知识信息的有效性和稳定性、课程内容的逻辑性和系统性、学科发展的继承性和前沿性、理论课程的系统性与实践课程的操作性等。

课程体系一般分为通识教育课程(公共基础课为主)与专业类课程(专业基础课、专业核心课、专业选修课)两大部分。

(一)通识教育课程(公共基础课)

通识教育课程(公共基础课)包括思想政治理论课、外语、体育、中国传统文化、计算机文化基础、高等数学、大学物理(实验)、工程化学和国防教育课等,由全校统一安排。其中,思想政治理论课、外语、体育、计算机文化基础、国防教育和大学生职业发展与就业指导等课程为本科各专业学生必修课。高等数学、中国传统文化、大学物理(实验)等类课程,由设课单位和开课单位根据实现本专业人才培养目标的需要,共商教学内容和教学要求,该类课程应安排"先导单元",帮助学生提高学习本门课程的认识和兴趣。

(二)专业类课程

专业类课程是实施专业教育、实现专业培养目标的主渠道。各专业应围绕专业培养目标和业务培养要求构建课程体系,主要课程、主要实践性教学环节和主要专业实验,参照教育部《普通高等学校本科专业目录介绍》的要求执行,严禁"因人设课、因人换课、人走停课"。要提倡实行"小课型、短课时"课程,按照"亲产业大学"应用型人才培养的目标,精简教学内容、改进教学方法,引领学生有效开展课余自主学习。每门课程的学分一般不超过3学分。

专业基础课和专业课的设置,应注重结合教育部相应专业教学指导委员会制定的专

---

① 周光礼."双一流"建设中的学术突破:论大学学科、专业、课程一体化建设[J].教育研究,2016(5):72-76.

业规范和本校人才培养目标的定位,努力营造本校的专业特色,使学生掌握专业理论、技能和方法,提高专业核心能力,能够从事本专业业务工作和适应相邻专业业务工作。各专业第一学期应开设"专业导论"课程,该课程与"职业生涯与发展规划"相结合,指导学生尽早适应大学学习、了解职业发展前景、规划四年学涯进程,增强专业学习热情。第一学年应适当安排1~2门的专业基础课,为学生专业定向打下基础。为适应区域/地方社会经济与文化建设需要,要围绕培养目标组织开展形式多样的专业外语教学(含科技外语、双语课程)。每个专业要有至少3门的双语或全英语授课的专业课程,计算机类、财务金融类、管理类专业要有至少5门的双语或全英语授课的专业课程。中外合作办学的专业课要力争全英文授课,选用全版或改写的外文教材。

限制性选修课的设置应注意加深和拓宽学生的学科专业知识,满足学生个性发展需求和提高学生的就业竞争力。设置专业方向的专业,限制性选修课程按照就业岗位群和相关职业资格证书考试设置课程组,学生可从2~3个课程组中选修一个方向,限制性选修课为专业方向的必选课,不得用任选课替补;不设专业方向的专业,限制性选修课程的学分数量一般为应选学分的2~3倍。一般安排在第三学年春季学期至第四学年秋季学期选修。

(三)公共选修课程

为培养文理交融、人文与科学素养兼具的高素质应用科技型人才,学生必须跨学科专业选修至少8学分的公共选修课程,公选课学分不得以专业选修课学分替补。公共选修课程分为自然科学类、人文社科类(含"地方介绍")、经济管理类、艺术类、计算机技术及其他实用技术类、开放性实验等六类。另外,学校应增加研究生入学考试、公务员考试、"村官"选拔考试、职(执)业资格证书考试类等相关培训课程,供毕业生选修。

(四)独立设置实践教学

独立设置实践教学包括思想政治理论课教学实践、军训、独立设置的实验课程、课程设计、生产实习、工程训练、毕业实习、毕业设计(论文)等。独立设置实践教学安排,工学专业要不少于40周,理学和经管类专业不少于38周,文学艺术类专业不少于36周。"卓越计划"班按照卓越计划的教学安排,四年累计不少于一年的时间在企业实践。物理、微机原理、电工和电子等课程的实验部分应单独设课,并鼓励其他有条件的课程独立设置实验课;集中实践教学达到12学时的课程应独立设课。各专业的毕业实习时间一般为4~6周。毕业设计(论文)的教学时间安排,工学类专业不少于10周,其他专业不少于8周。独立设置实践教学可有一部分安排在暑期的短学期,要长学期与短学期有机地安排,不宜全部安排在短学期。工程训练环节的教学安排要提前与学校工程训练中心协调。

应用科技型大学的学校工程训练中心教育,要实现由单一金工实习向大工程综合训练的转型。高校应成立工程训练专家指导委员会,委员会要由校内和业界专家组成,全面负责工程训练中心的建设和运行。要将大工程意识贯穿始终,以"打破学科界限,强调基本技能,分层综合训练,鼓励创新实践,充分体现大工程思想"为建设指导思想,以工程实际的场景为训练环境,注重培养学生的工程素质和基本工程技能,注重培养学生工程意识、贯穿大工程思想,构建由工程技术认知训练、工程技能训练和综合创新训练组成的三层次工程训练体系和全面开放的运行机制,按照学生所在专业的不同,分成机类、近机类、电类、近电类和其他类等模块,确定不同的训练目标,制订不同的训练计划,满足学校工、理、文、经、管、艺等学科门类不同层次学生的工程训练需要。

(五)创新实践与创业教育环节

各专业应积极组织学生参加学术讲座、大学生创新实践计划项目、小论文、小发明、学科竞赛和教师科研项目等创新实践;同时通过学校组织开展大学生创业教育,引导学生参加创业体验与创业孵化,提高学生的职业素养、就业能力和创业意识。创新实践与创业教育环节3学分(必选),该环节由"创新创业中心(园区)"机构组织教学单位共同实施并认定。创新实践与创业教育环节学分不能以其他学分替代。

(六)课外教育与社会实践

课外教育与社会实践是培养学生成人、成才的重要阵地。各专业负责人要根据专业定位和各教学单位实际需要与可能,主动召集本单位政工干部协商,统筹安排思想教育、文体活动、学术与科技活动、社会志愿活动等计划,使学生在丰富多彩、积极向上的课余及寒暑假活动中提升综合素质。

(七)模块化课程体系

课程体系的结构是由各课程要素及其相互关系决定的,课程体系的不同价值取向将影响着课程体系的结构,而不同的课程体系结构具有不同的性质和功能,从而产生不同的人才培养效果。因此,分析和研究课程体系的结构对于获得期望的高质量的人才培养效果至关重要。

通常,课程体系是由通识课程与专业课程、理论课程与实践课程、必修课程与选修课程、课堂教学与课外活动等四对课程要素及其关系构成,这些课程要素之间的比例关系形成了课程体系的主体结构框架。不同层次和类型的高校,由于各自的服务面向、办学理念、办学特色、人才培养定位以及课程体系价值取向等不同,采取了不同方式来协调课程体系中各课程要素之间的关系,因而形成了不同的课程体系结构。

典型的课程体系结构有"层次化课程体系"和"模块化课程体系"两类。三层楼式的层次化课程体系(基础课、专业基础课、专业课)曾经对我国高校人才培养产生了重大的影响。这种课程体系的缺点是:仅从满足行业专业的需要而不是学生的全面发展的需要设计课程体系,重专业知识、轻基础知识和人文社科知识,导致学生知识面狭窄、非专业能力欠缺、人文修养薄弱、综合素质较差。

1.层次化课程体系结构

层次化课程体系源于苏联,它是以培养专门人才为目的,以专业知识为主线,由基础课、专业基础课和专业课三部分依次构成的课程体系结构,形象地说就是"三层楼"式课程体系。我国高校从20世纪50年代初起,持续到80年代中期,都采用此种课程体系结构,它对这30余年高等教育的发展产生了重要影响。

这种课程体系的优点:(1)课程体系内部各课程之间的纵向逻辑关系强,符合学科发展规律、由浅入深的认知规律和循序渐进的教学原则,有利于学生在较短的时间内较为系统深入地掌握胜任本专业工作所需的专业知识。(2)采用这种课程体系的教育,学生能够在较窄的专业领域内进行深度学习,达到较高的专业水平,适合社会分工过细的行业和专业,有利于学生毕业后在较短时间内胜任本专业内高级岗位的工作。(3)在急需大批高级专门人才的严格计划经济年代,能够在短时间内培养出知识面窄、专业水平精深的大量高级专门人才,对当时经济建设和社会发展起到了积极的推动作用,有其存在的合理性。

这种课程体系也有相应的缺点:(1)从专业教育的需要来设计和构建课程体系,导致课程范围十分狭窄,跨学科专业的课程、人文社科课程等严重不足,使得学生知识面过于狭窄,不能满足现代社会对高层次人才在知识、能力和素质上的要求。(2)课程体系内所设的课程几乎都是必修课程,学生基本不能够自由选课,使得学生个性需要难以得到满足,不利于因材施教,难以满足经济社会发展对多样化人才的需求。

2.模块化课程体系结构

模块化课程体系是参照计算机软件系统模块化设计和编制的思路而设计的课程体系结构。它是由若干个完整的课程模块构成的课程体系形式。每一个模块又由若干门课程组成,这些课程一般分为必修课和选修课两类,也有的分为必修课、限选课和任选课三类,少数模块可以或者为必修课或者为选修课。

模块化课程体系的主要优点:(1)具有很强的适应性和灵活性。课程体系由若干模块组成,各模块之间有着明确的逻辑关系,每个模块具有各自的功能,模块之间相对独立,这样就能够对一个或几个模块进行调整或修改而不影响其他模块和整个课程体系各模块间的关系,很好地适应经济社会发展对课程体系动态变化的需求。(2)能够突破学科专业领域的界限,灵活地设计和组织具有不同功能的课程模块,从而构建具有不同价值取向的课程体系,以满足学生的全面发展和个性发展需要。因此,它在最大程度上克服了层次化课程体系的不足。(3)课程模块中的每个模块一般由若干门课程组成,规模小、目标明确、容易操作和实施,不仅有利于学生安排时间、选择感兴趣和需要的模块学习,提高了学生学习的积极性和完成模块课程学习的信心,而且有利于进行模块实施效果的评价和模块课程的调整。

这种课程体系的不足:容易因过于追求学生的"全面发展"和"个性发展",成为各种各类课程的"大拼盘"和"万花筒",而失去课程体系应有的功用、价值与特色。

3."平台＋模块"的课程体系结构

课程体系的第三种表现形式是"平台＋模块"课程体系。在这种课程体系中,必修课程是由几个相互关联、逐层提升的平台构成的,而选修课程是由多个相互独立的专业方向模块和跨学科选修课程模块组成的。平台中的课程是学生必须掌握的共同知识,一般包括公共基础、学科基础和专业基础等方面,反映了人才培养的基本规格和全面发展的共性要求。模块中的课程则是可以由学生根据自己的兴趣、爱好和特长自由选修的专业层面的课程,体现了人才培养的多元化和学生个性发展的要求。由此可见,"平台＋模块"课程体系实际上是分别按照对学生的共性和个性要求进行设计和构建的一种模块化课程体系。

"平台＋模块"课程体系中,学生的必修课程一般是由公共基础平台、学科基础平台、专业基础平台三个层次不同但又相互联系、逐层递进的平台构成的。学生的选修课程是由多个相互独立且知识完整的专业方向模块和选修课程模块组成的。一般情况下，平台是根据不同学生的共性发展和学科特点要求设置的，由学科、专业共同的知识课程组成，体现了基础课程教育和共性教育，反映了人才培养的基本规格和要求。

"平台＋模块"课程体系的特点：(1)课程体系中的"平台"包含的是同一学科各专业学生的必修课程，平台的模块课程分别包含了通识教育、学科教育和专业教育的基础知识和基本能力要求，体现了人才培养的基本规格和全面发展的共性要求，能够为高层次人才培养奠定坚实的基础。(2)课程体系中的"模块"为学生提供了各种可能的专业方向和兴趣爱好的选择，使得学生在共同的平台基础上，根据个人的兴趣、特长和志向，在教师的指导下，选择专业方向和其他选修课程，满足个性化需要，实现人才培养多样化的社会需求。

由此可见，"平台＋模块"课程体系结构对各种类型、不同需求的学生具有很强的适应性和灵活性。在采用模块化课程体系结构进行面向卓越人才培养的课程体系设计和构建时，要注重课程体系的价值性、权变性、系统性和多样性。因此，模块化课程体系的结构形式可以多样，模块数量和大小没有约定俗成的限制，可以根据实际需要灵活确定，而且容易对各个课程模块进行调整和完善，因而适合各种不同类型课程体系的构建，尤其适用于有多个目标、多项功能要求的复杂课程体系的构建。可以说，模块化课程体系是一种能够较好地协调和满足卓越人才培养课程体系价值的课程体系结构。[1]

目前，国际知名大学通常的做法是将层次性的课程结构与模块化的课程结构有机统一起来设计"平台＋模块"的课程体系结构，以充分发挥二者的优点，避免二者的不足，从而最大限度地提高课程体系结构的科学性与有效性，从而最大限度地提高人才培养质量。值得强调的是，要鼓励不同学科和不同专业课程体系的个性化、差异化与特色化，避免课程体系结构的同质化，即简单地移植或套用其他高校同类专业的课程体系结构。

（八）其他

在制定本科专业培养方案时，应参照教育部《普通高等学校本科专业目录》《教学质量国家标准》《工程教育专业认证标准》等文件中关于主要课程设置的要求，细致分析培养目标，重新梳理知识点、能力点和情意点，优化课程体系，使课程体系符合培养目标，使培养目标符合社会需求。培养方案中课程设置不能只着眼于当前师资现状，要考虑前瞻性。课程内容和设置要服从应用科技型大学的应用科技型人才培养目标要求，有利于知识结构、课程体系的优化和学生能力素质的培养。

在制定本科培养方案时，要注重课程精简与实用的原则，着重加强课程整合与模块化课程建设工作。如拉夫堡大学的工程科学课（Engineering Science）就包括了传统意义上的理论力学、材料力学、热力学、流体力学和传热学的主要内容，并以工程需要的方式整合在一起。而制造设计课不仅包括了机械制图、计算机辅助设计及加工、设计材料等方面的内容，更涉及产品设计理论、知识产权和设计专利、市场和经济学等相关外延学科的知识，真正从实际工程需要出发编排各种知识，使课堂与工程完全衔接。

---

[1] 林建.卓越工程师培养：工程教育系统性改革研究[M].北京：清华大学出版社，2013：166-168.

各专业培养方案所列课程,要统一编码、规范名称、明确归属。学校开设的任何一门课程均应编写课程代码。按教育部规定或社会约定俗成规范课程名称,内容相同的课程名称必须统一,教学内容、课时要求不同的课程独立命名。全校公共基础课和跨专业基础课实行归口管理,规范设课,统一开设要求。在调研中发现,国内许多高校同一门课程在各个不同学院中自行开设,如"管理学"课程,商学院、管理学院、工科类学院、文化产业学院、法学院等都各自用自己的教师开设,导致课程质量标准不一,考试难度不一,师资力量浪费等。各类实习、实践课程名称要规范明确。如"机械设计基础课程设计""工程测量实习"等,不能简单命名为"课程设计""专业实习""认识实习"等。

各专业培养方案应注意适当调整毕业学年秋季学期的课程设置,教学安排应充分考虑毕业班学生的实际需要(如考研复习,报考公务员,就业等),理论课程尽量在第12周前结束,第12周后一般安排实践教学。

学校以专业方向单独招生的应单独制定专业培养方案;同一专业下设的各专业方向制定同一个专业培养方案,专业方向课体现在专业方向限选课组中并表明具体专业方向的必选组;专升本、辅修专业的培养方案按照本意见进行制订;特殊试点项目如"卓越工程师教育计划""中外合作项目""海外合作项目""校企合作项目"等专业培养方案按其教务处审批的相应培养方案执行。在专科阶段未修的部分本科公共基础课程,是否补修由各专业与开课单位商定。[①]

总而言之,培养方案的制定是一个系统工程,涉及教学理念、教师、学生、办学条件、管理机制等方方面面。必须统筹规划,统一部署,科学调研,上下联动,内外结合,才能制定出科学的人才培养方案。

三、案例:德国应用科学大学的课程体系

德国应用科学大学的课程体系一般是在教学大纲的基础上,各自制定其具体的教学计划。在课程设计上,实验室练习课(labor-uebung)和专业实习(das fachbezogene praktikum)环节的比例较大,要求毕业设计及毕业论文必须能够解决某一生产实际问题。

德国巴登符腾堡双元制应用科学大学双元制模式的课程设计以职业需求为核心。理论课程设计是以职业活动为中心选择课程内容的,理论课覆盖了专业所需的所有理论,知识面广,深浅适度,综合性强,有利于培养学生的综合分析问题和解决问题的能力。而所有的课程都按照学期进行细分,无论哪一个学期的课程,始终以实践动手为主。课程类型分为核心模块、普通模块、本地模块三大板块类型。核心模块是所有专业学生必须完成的模块,普通模块是所有校区学生按照其专业方向必须完成的模块,本地模块是学生根据所在校区的不同必须完成的模块。课程的选择都是经由教学经验丰富的业内专家综合编排的,更注重直接性的职业经验。学校汇总的很多教授都是在企业中任职的,所以学生们可以更直接、更真实地学习到实践经验。

---

① 徐斌.创新型工程人才本科课程体系的构建研究[D].天津:天津大学,2010:11.

(一)德国埃尔福特应用科学大学建筑专业的培养方案

下面介绍一下埃尔福特应用科学大学建筑专业,职业分析和教学计划分别见表6-3-1和表6-3-2。

表6-3-1　埃尔福特应用科学大学建筑专业职业分析

工程师做什么	科研	服务	规划
从事的职业方向	制图	探测	项目预算
	管理	评估	
任务领域	设备规划设计、现场建造、试运行、市场监控、废物处理		
毕业生的一些岗位	工程建造房地产设计公司		
入学条件	灵活性、团队意识、好奇心、沟通能力、对自然科学和技术的兴趣		

表6-3-2　埃尔福特应用科学大学建筑专业教学计划

学期	主要课程	要求
一	数学、物理、建筑学、科学论文写作	完成科学报告,培养团队合作和沟通能力
二	信息学、数学、外语、物理、手绘绘图	入学即测试信息学(word等)能力,没有掌握要补课
三	供暖技术、电子技术、绘图、电气技术、热力学技术、设备仪器管道技术	
四	给排水、建筑法、经济学、电气技术2、供暖技术2、制冷空调	选修课
五	18周实践课程	自己找公司、研究所进行,学生拿到题目后要回学校认证,看题目是否符合学校项目设计要求 一月课程实践,开设制冷空调技术和选修课
六	项目预算、项目管理、给排水2、控制调整技术、环境技术	
七	学术论文和答辩	能源和设备管理、供暖项目设计

资料来源:邓泽民,董慧超.德国应用科学大学研究[M].北京:科学出版社,2017:42-43.

由此可以看出,埃尔福特应用科学大学建筑专业的课程结构就是以工作过程为导向进行设置的,在课程结构上摒弃了学科结构系统化,有利于学生实践能力的培养。

教学组织方面,每周排课20~24学时,同时还有20~24学时要求学生独立学习、完成作业。教学中,50%用于讲课,其余时间由教师布置课题和项目,学生分组或独立完成,教师和高年级学生可以给予指导。项目课程考试不是笔试,需用PowerPoint向全班讲述项目完成的过程。应用科学大学对实训要求严格,数理化都要有实训课程。教学可以和企业结合,用实际项目训练学生。

专业设置方面,一些专业必须按政府要求设置,其他专业则由学校自主设置,该校的铁路专业就是和德意志铁路合作，由德意志铁路拨付经费，政府不支付费用。①

（二）德国莱比锡应用科学大学"三位板块式"学术与实践培养体系

德国莱比锡应用科学大学"三位板块式"学术与实践培养过程表具有其自身不同的特色。如表 6-3-3：

表 6-3-3　莱比锡应用科学大学"三位板块式"学术与实践培养过程

学年	时间	内容
第一学年	10 月初—第二年 7 月底（其中 3 周：2 月第四周—3 月前两周）	Studium：大学学习（Ausbidung：建筑企业＋培训中心）
暑假	第一年 6 月中旬—9 月底	Ausbidung：建筑企业＋培训中心
第二学年	10 月初—第三年 7 月底	Ausbidung：建筑企业＋培训中心
暑假	第二年 8 月初—9 月底	Ausbidung：建筑企业＋培训中心
第三学年	第三学年 10 月初—第四年 7 月第三周（其中 3 周：2 月第四周—3 月前两周）（其中 6 月第三周）	Studium 大学学习（Ausbidung：建筑企业＋培训中心）（Abschlusspruefung Ausbidung：职业培训毕业考试）
第四学年	7 月后三周—8 月底	Achelorarbeit：毕业设计
	5 月后两周—7 月第一周	Praxis Project：顶岗实习
	10 月初—第五年 5 月前两周（其中 3 周：2 月第四周—3 月前两周）	Studium：大学学习（Vorlesungs FreieZeit 企业实习）

资料来源：邓泽民，董慧超.德国应用科学大学研究[M].北京：科学出版社，2017：43-44.

莱比锡应用科学大学的录取条件必须是高中毕业生及建筑企业合同培养生（两者必须同时满足）。

学生在学习过程中，理论教学由教授上课，实验、实习、实验室学习、练习课和理论细化课由实验室教师或讲师讲授和指导，每个专业都有实验室供学生自由做项目，学生拿到任务单自己完成并写出实验报告，每个学生要选择一个专业方向细化课程。教学实施过程中如果学生提出免修，要和教授面谈，并提供以前学习证明、学习的内容、分数等材料，由教授写出评语后可免修。在其他学科中断学习后可以转专业，但要从头学起，如需课程免修，按前述程序办理，而不是仅凭课程名称一致就可免修。从其他学校相同专业转来的学生，教授要对两个学校的教学计划和教学内容进行对比，选择一个比较好的路径进行培养。②

（三）德国应用科学大学的课程体系与课程方案的主要特色

德国应用科学大学的课程体系与课程方案的主要特色是来自实践、面向应用、开放协作、立足本地、面向全球；不是理论联系实际，而是实际联系理论；不是学科统领办学，而是实践和应用引领学科建设；不求知识的全面而求能力的综合。具体而言：

---

① 李学雷.寻求借鉴德国职业教育的切入点：德国职业教育考察报告[J].世界教育信息，2012(8)：52-57.
② 邓泽民，董慧超.德国应用科学大学研究[M].北京：科学出版社，2017：43-44.

1. 重实践

应用科学大学开设大量实践性课程,即使是理论性课程的学习也注重将其与实际应用相结合,特别侧重培养学生运用理论知识解决实际问题的能力。这类实践性课程通常采用项目化教学方式,其中项目作业至关重要。项目作业以一学期为期,通常由5～8名学生组成小组协作完成。项目选题可以由教师指导,学生自主选择,或由学校合作企业提出。在许多情况下,企业提出项目题目,以解决其生产实践中的具体问题,并为学生提供专业人员与教师的指导,以确保项目成功完成。

由于德国应用科学大学没有限定教材,所以在课程内容的选择上,往往根据行业企业需要的技术和该专业所包含的理论知识来确定,在众多的理论知识的选择上,学校教师会根据实际需要而选择真正有用的内容充实到课程中去,同时,结合本专业最新的研究成果,为学生提供最新的技术发展趋势,所以说,德国应用科学大学的课程处于不断调整的状态。德国应用科学大学即便是理论课也同样凸显出实践性的特点,巴登符腾堡双元制应用科学大学的每一模块基本包含理论课与实践练习课,如电工测量技术Ⅰ包含电子技术基础Ⅰ、测量技术Ⅰ、电子技术实践练习,材料学模块包含应用材料技术与材料学实践练习。学生学习理论知识,不是为了验证这一理论,而是如何应用这一理论。

德国应用科学大学还开设大量的实践性课程,与理论课程的开设比例大致为3∶7,甚至接近2∶3。实践课程一般包含项目课、实习课、专业写作、毕业论文(设计)等多科课程,在项目和实习的过程中培养学生未来职业中需要具备的职业能力,毕竟能力的培养是需要通过具体的工作才能锻炼出来。例如巴登符腾堡双元制应用科学大学的课程结构中有三个实习模块,实行理论与实践交替学习的方式,基本上是每三个月轮换一次,学生在企业中的时间长达84周,而在校接受理论学习的时间为73周。项目课程的选题可以由教授指导完成,也可由学生自主选择,很多项目选题是由学校的合作企业提出的,例如慕尼黑应用科学大学工业设计专业的项目课程有7个选题,分别为研究与实验项目、广告项目、编辑设计项目、数字媒体项目、生活世界项目、技术创新项目、运输项目和设计管理项目,学生选择其中一项参加,通过项目学生能够对企业的结构和活动的开展情况有一定程度的熟悉,再通过项目中的经验教训以培养在实际工作中解决问题的能力。

莱茵瓦尔应用科学大学机电系统工程专业除了与理论课相匹配的实践练习课和实验课外,还有两个项目课程和一个完整实习学期。以项目课程为例,项目1的课程内容为:由3～5个学生组成一个小组(特殊情况下可单独),在给定的问题下,用他们到现在为止所学到的知识给出解决方案。在这一过程中,学生需独立组织工作内容并合理分工,同时还要独立解决团队成员中出现的冲突与矛盾,最后将方案呈现给大家。项目2的课程内容深度有所增加,学生团队需要为特定任务提供解决方案,为此,学生需要具备创建功能规范文档和计算项目成本等一些必要的能力,并向客户展示他们自己的设计理念,并能够捍卫这些理念,对客户给予的建议和批评作出建设性的反应,并进一步发展他们的理念成为一个可销售的产品,他们确定实施和产品成本,并能够估计市场潜力。学生联系供应商并决定购买材料和组件,除了与内容相关的处理,学生还要掌握记录和呈现结果的方法,从而与潜在客户进行互动。通过两个完整的项目,学生能够明白一个项目都需要做哪些工作,以及团队的重要性,学生学习的不再是孤零零的各个理论,而是将理论糅合为一个个方案,再通过一个完整的实习学期,在企业中真正获得未来工作中需要的各项职业能力。[①]

2.模块化

在德国职业教育课程框架内,模块概念最先在职前培训中使用。德国部长会议把模块界定为:把课程的学习内容划分为教学单位,把教材的知识领域概括为主题和时间上趋于完善、自成一体、带学分、可检测、具有限定内容的教学单位,即模块。模块教学形式可以灵活多样,如讲座、练习、实习等。一个模块可以是单个学期或单个学年培训的内容,也可以持续数个学期。模块包括学习量和所给予的学分,以不同的结构成分或学习单元为基础,这些构成成分即学习单元,可以按各个不同岗位的规范要求划分。这样的模块才可以完成职业教育与教学大纲的要求。以德国罗伊特林根应用科学大学中ESB(Europe School of Business)商学院的国际商务专业模块课程为例(表6-3-4)。

表6-3-4 德国罗伊特林根应用科学大学ESB商学院的国际商务专业模块课程安排

学期	课　　程
第一学期	企业管理模块(内含两门课程)、微观经济学模块、商务方法1模块(内含两门课程)、商法模块、商务沟通1模块(内含两门课程)
第二学期	商务方法2模块(内含两门课程)、市场营销模块、管理方法模块(内含两门课程)、商务沟通2模块(内含三门课程)
第三学期	宏观经济学模块、研究方法及应用模块(内含两门课程)、金融与会计模块(内含两门课程)、人力资源管理模块(内含三门课程)、商务沟通3模块(内含两门课程)
第四学期	实习1(内含实习座谈会)
第五学期	通识学习模块(内含跨学科和商业伦理课程)、专业模块(五个专业)方向中选一个,每个含五个研讨课程
第六学期	国外学习
第七学期	实习2、毕业论文

资料来源:德国罗伊特林根应用科学大学课程手册。

从表6-3-4可以看出,ESB商学院国际商务专业模块课程的综合化程度比较高,该校从大一至大四的所有课程都是以模块课程的方式呈现的,而大部分模块课程都是由两门甚至两门以上的课程组合而成的,每一个模块由一位教授负责协调、统筹。例如,工商管理模块就是由管理学原理和(基础)会计两门课共同构成的。模块课程把理论授课与该学科课程对应的实践部分有机结合在一个模块内部,大大提高了理论与实践结合的紧密程度,也有利于提高学生的理论应用能力。

3.多元化

课程设置多元化,代根多夫应用技术大学在课程设置方面,倡导以未来市场的需求和工业界的发展趋势为导向,按照学生的职业生涯成长规律,打造凸显技术、兼顾管理的课程体系。以该学校的机械制造专业为例,在课程体系中,除了技术专业课外,还普遍以必

[①] 董慧超.德国应用科学大学课程研究[D].秦皇岛:河北科技师范学院,2017:6.

修课及限定选修课的形式设置了一系列非技术类课程,如质量和项目管理、企业管理、统计学、经济核算、能源/排放交易、管理和市场营销、安全技术等。其目的是一个优秀的工程师,除了掌握必要的专业理论外,还应该具备经营管理、市场销售等方面的能力。[1]

4.学分制

ECTS 是欧洲国家大学之间的学分转换系统(European Credit Transfer System, ECTS),也称欧洲学分互认体系,简称 ECTS。ECTS 重点在学分转换,它由欧洲委员会研发和推行。联合国欧洲高等教育中心(UNESCO European Centre for Higher Education)采用的是世界范围内发展最早,也是欧洲唯一的经过试验证明比较成功的高等教育学分体系。2010 年,建立欧洲高等教育区,通过采用学分制度,实现学位制度的灵活性,承认以往在欧洲不同大学所获得的学分,允许学生在任何时间、以不同背景入校,提高学位和学历,促进学生、教师的流动。欧洲实行 ECTS 后,学生流动的质与量都得到了很大的提高。这些交流大大促进了欧洲高等学校和学科之间的教学、科研合作,促进了欧盟教育、就业市场的一体化和人员的流通。以代根多夫应用科学大学机械工程专业 ECTS 学分管理为例,ECTS 按照学生的课业负荷量给每门课程分配学时,并将课程学时与该课程学分相匹配。授课、学习和评价的方法对学生课业负荷量都有影响。学习的课程由专业相关的课程模块组成。每个模块包括一门或几门课程,一个模块一般 2~10 ECTS,一个 ECTS 分配一定的学习时间,根据学生学习的课业负荷量来定。1 ECTS 一般对应 30 个学时,每学期的学分应达到 30 ECTS,如果两个学期后尚未达到 30 ECTS 学分,学生需要寻求学业辅导。进行实习学期前,至少要达到 90 ECTS。机械工程专业学士毕业总学分 210 ECTS,完成 180 ECTS 学分可以毕业,若没有修够 180 ECTS 学分,则需要延迟毕业,可以继续学习,直到修完学分要求为止。这种学分管理制度可以真正使学生学到相应的专业知识。[2]

学分分配以学生为中心,学分的分配体现出以学生为中心的教育理念。这里的学分是一个可以量化的概念,即学分和学习负荷量(学习时间)之间是线性关系,学生承担的学习负荷量与其想要取得的学习成绩所要求的学习负荷量大致相当,每一学分大约需要 30 个小时的学习时间。学分并不是简单地通过考试就可以得到,它还包括自学、讲座、演讲、做报告、研讨会、实习、个人或实验室工作、考试、论文或其他评估方式。[3] 多样化的学习方式保证了学习的质量。学生可按照自己的学习计划,灵活地安排学习任务,教师并不会过于干涉学生的学习计划,给予学生充分的学习自主权。[4]

他山之石,可以攻玉。德国以及欧美国家应用科技型大学的课程设置及其培养方案的特色值得我国应用科技型院校根据各自学校的实际情况加以参考与借鉴。

---

[1] 刘其兵.德国应用型本科人才培养的特征和启示:以代根多夫应用技术大学为例[J].滁州职业技术学院学报,2013(1):19-21.
[2] 邓泽民,董慧超.德国应用科学大学研究[M].北京:科学出版社,2017:42-43,57-58.
[3] 安东尼·约翰·维克斯.欧洲学分互认体系:一个转换与累积体系[J].开放教育研究,2012(2):33-35.
[4] 董慧超.德国应用科学大学课程研究[D].秦皇岛:河北科技师范学院,2017:6.

第七章 应用科技型大学人才培养模式

人才培养目标与培养规格是确定"培养什么样的人"的问题,而人才培养模式主要是"如何培养人"的问题。"如何培养人"包括培养内容、培养过程、培养途径、考核评价、保障措施等过程性与方式性要素,而且每一个要素又包括一系列相关的具体内容。

应用科技型大学本科人才由于在指导思想、培养定位、培养目标、培养规格与培养过程、培养方式等方面不同于研究型大学的特殊性,决定了其在人才培养模式其他要素与环节的特殊性,从而形成了其独特的人才培养模式。项目教学与现代学徒制是应用科技型大学不同于研究型大学人才培养的有效方式。

第一节 应用科技型大学人才培养模式的内涵、类型与基本特征

一、人才培养模式的内涵

关于模式的含义,《现代汉语词典》对"模式"解释为"某种事物的标准形式或使人可以照着做的标准模式"。[①]《辞海》对"模式"的解释是"一般可以作为范本、模本的样式"。[②] 通俗地说,模式为人们在特定领域的活动提供了一种范式——概念框架和共同规范,同时又制约着人们在该领域中的各种理论和实践活动。

"培养模式"一词在教育理论与教育实践中经常使用,但由于教育的复杂现象以及教育实践中人才培养模式的多样化,人们对"培养模式"的认识及其内涵界定还不统一。

(一)人才培养模式的提出

"人才培养模式"这一专有名词,是我国高等教育教学改革的产物。它产生于20世纪80年代后期,发育与发展于90年代中期。1983年,文育林在其《改革人才培养模式,按学科设置专业》一文中最早提出"人才培养模式"这一概念,该书内容是如何改革高等工程教

[①] 中国社会科学院语言研究所词典编辑室.现代汉语词典(第7版)[M].北京:商务印书馆,2016:919.
[②] 辞海编辑委员会.辞海(第七版·缩印本)[Z].上海:上海辞书出版社,2022:1580.

育的人才培养模式。之后,也有一些高校和实践工作者继续讨论医学及经济学等各类人才的培养模式及其改革。1993年,刘明浚在《大学教育环境论要》中首次对这一概念作出明确界定,提出人才培养模式是指"在一定办学条件下,为实现一定的教育目标而选择或构思的教育教学样式"。[①] 1996年3月,"改革人才培养模式"作为我国教育教学改革的重要内容载入我国国民经济和社会发展纲要,从而把人才培养模式改革推向教学改革的中心,"人才培养模式"这一名词第一次出现在国家重要的法规性文件中,并由此开始成为我国高等教育教学改革的重点。1998年,教育部《关于深化教学改革,培养适应21世纪需要的高质量人才的意见》对"人才培养模式"定义为:"学校为学生构建的知识、能力、素质结构,以及实现这种结构的方式,它从根本上规定了人才特征并集中地体现了教育思想和教育观念。"意见强调:构建适应21世纪政治、经济、文化发展需要的人才培养模式是当前深化教育教学改革的关键,高等学校要"贯彻教育方针,按照培养基础扎实、知识面宽、能力强、素质高的高级专门人才的总体要求,逐步构建起注重素质教育,融传授知识、培养能力与提高素质于一体,富有时代特征的多样化的人才培养模式"[②]。

(二)关于人才培养模式内涵的探讨

关于人才培养模式的内涵,有许多不同的表述。

龚怡祖在《论大学人才培养模式》一书中指出:"模式是位于经验与理论之间、目标与实践之间的那种知识系统。培养模式是以某种教育思想、教育理论为依托建立起来的既简约又完整的范型,可供学校教育工作者在人才培养活动中据以有序地实际操作,能够实现培养目标。它集中体现了人才培养的合目的性、计划实施性、过程控制性、质量保障性等一整套方法论体系;是教育理论与教育实践得以发生联系和相互转化的桥梁与媒介。"[③]

陈祖福认为:"所谓人才培养模式,……是指为受教育者构建什么样的知识、能力、素质结构,以及怎样实现这种结构的方式。"[④]

1998年3月,周远清在武汉召开的第一次全国普通高等学校教学工作会议上的主题报告中从另一个角度对"人才培养模式"作了如下的表述:"所谓人才培养模式,实际上是人才的培养目标、培养规格和基本培养方式,它决定着高等学校所培养人才的根本特征,集中体现了高等教育的教育思想和教育观念。"[⑤]

还有人认为,所谓人才培养模式,是指在一定的教育理论与教育思想指导下,按照特定的培养目标和人才培养规格,以相对稳定的教学内容和课程体系、管理制度和评估方式,实施人才教育的过程的总和,它由培养目标、培养制度、培养过程、培养评价四个方面

---

① 刘明浚.大学教育环境论要[M].北京:航空工业出版社,1993:188.
② 教育部.关于印发《关于深化教学改革,培养适应21世纪需要的高质量人才的意见》等文件的通知 教高〔1998〕2号[EB/OL].(1998-04-10)[2021-10-12].http://www.moe.gov.cn/srcsite/A08/s7056/199804/t19980410_162625.html.
③ 龚怡祖.论大学人才培养模式[M].南京:江苏教育出版社,1999:16.
④ 陈祖福.迎接时代的挑战更新教育思想和观念[J].中国高教研究,1997(3):5.
⑤ 张士献,李永平.本科应用型人才培养模式改革研究综述[J].高教论坛,2010(10):5-8.

组成。培养目标是人才培养模式的根本,是人才培养模式其余要素的基石和指导;人才培养制度是人才培养模式的关键,人才培养制度由基本制度、组合制度和日常教学评价构成;人才培养过程是人才培养的核心;人才培养评价是人才培养模式的运行机制,对培养目标、制度和过程实时监控,并最终为前几种因素的优化提供基础。①

学术界中虽然不同的学者表述不同,但对人才培养模式的内涵认识基本上是一致的,普遍认为人才培养模式的内涵包括两方面:"培养什么样的人"和"如何培养人"。"培养什么样的人"涉及指导思想、培养定位、培养目标和培养规格四个要素;"如何培养人"则包括培养内容、培养过程、培养途径、考核评价、保障措施等要素,而且每一个要素又包括一系列相关的具体内容。人才培养模式是目的要素、内容要素、过程要素、方法要素、结果要素的统一体。恩格斯说:"在社会历史领域内进行活动的,全是具有意识的、经过熟虑或凭激情行动的、追求某种目的的人;任何事情的发生都不是没有自觉的意图,没有预期的目的的。"②

(三)人才培养模式的理论基础

人才培养模式就其理论基础来说,可以从价值论与结构-功能论两个维度进行分析。

1.价值论

从价值论来看,是认识论哲学与政治论哲学的不同取向。学术性研究型大学的价值论基础是"认识论"哲学,是精英培养论;而应用科技型大学的价值论基础则是"政治论"哲学,③是社会人才需要培养论。

2.结构-功能论

从结构-功能理论来看,社会结构及其各组成部分都有各自独特的功能,社会结构之间功能的整合、均衡与稳定发展,构成了社会有机体的良性运行与发展。当前,我国社会结构及其经济结构、产业结构、技术结构正处于大变革、大调整时期,迫切需要多层次、多类型的高素质人才。然而,我国社会主义现代化建设的一个突出的主要矛盾是我国高等教育人才培养结构与经济结构、产业结构之间供给侧的矛盾,二者之间产生了错位。这成为制约我国经济发展方式转变、人才强国战略和创新驱动发展战略深度实施的瓶颈。

(四)人才培养模式的层次

人才培养模式要反映一定的教育思想、教育理念,是理想人才的培养之道,是理论的具体化;同时又具有可操作性,是人才培养的标准样式,但它又不是具体的技术技巧或实践经验的简单总结。它是一个诸多要素组成的复合体,又是一个诸多环节相互交织的动态组织。其中涉及培养目标、专业设置、培养内容(课程体系)、培养方式、培养条件、培养质量及其教育评价等多个要素,以及制定目标、培养过程实施、评价、改进培养等多个环节。人才培养模式是有层次的。

---

① 魏所康.培养模式论:学生创新精神培养与人才培养模式改革[M].南京:东南大学出版社,2004:23.
② 恩格斯.路德维希·费尔巴哈和德国古典哲学的终结[M]//马克思恩格斯全集(第21卷).北京:人民出版社,1972:341.
③ 约翰·S.布鲁贝克.高等教育哲学[M].王承绪,郑继伟,张维平,等译.杭州:浙江教育出版社,2001:13-14.

最高层次是主导整个高等教育系统的模式,如素质教育模式、通才教育模式、专才教育模式;第二级的人才培养模式是各高校所倡导、践行的培养模式;第三层次则是某专业独特的培养模式。我们主要探讨第二层次即高校层面的人才培养模式。

综上所述,所谓人才培养模式,就是在一定的教育思想和教育理论指导下,为实现一定的培养目标,在培养过程中所采取的某种培养学生掌握系统的知识、能力、素质的结构框架和运行组织方式。其包括人才培养目标、培养制度、课程结构和课程内容、教学方法和教学组织形式、教学评价、校园文化诸要素。

人才培养模式应是人才培养目标、培养规格、培养过程和培养方式方法及其培养结果评价的统一体,培养目标是确定培养规格和选择基本培养方式的出发点和归宿,培养规格是培养目标的具体形式,培养方式方法则是达成培养目标和培养规格的具体途径与手段,培养结果评价是对人才培养目标及其过程、方式方法是否优化、科学并达成度的考量与测评。人才培养模式决定着高等学校所培养人才的根本特征,集中体现了高等教育的教育思想和教育观念。但高等教育的人才培养没有统一的模式而具有多元多样化的特征,就大学组织系统来说,不同的大学类型,由于其办学定位与人才培养定位及目标不同,其人才培养模式也具有各自不同的特点和运行方式。

二、我国高等教育人才培养模式历史发展及其变革

纵观我国近代高等教育一百多年的发展历程,我国高校的人才培养模式基本上是在专才培养模式、通才培养模式与通专结合培养模式之间改革与转换。每一阶段的人才培养模式都要受多种因素的制约,包括社会发展需要、社会经济发展水平、科技发展水平和高等教育自身发展水平,政治经济体制及高等教育体制,高等教育思想观念等。

(一)近代专才培养模式

我国的近代高等教育始于1862年京师同文馆的建立,此后清政府在洋务运动中陆续兴办了20余所洋务学堂。这些洋学堂秉持"中体西用"的培养原则,满足于实用知识的传授,造就实用型外交与军事人才。1898年,维新派创办了京师大学堂,要求在普通教育基础上进行专门教育的人才培养,试图把学生培养成有社会实践能力的"新式"实用型人才。因此,清末各大学的人才培养活动都是循着"中学为体,西学为用"的方针,基本上都是专才培养模式。

(二)民国时期通专结合培养模式

民国初期,辛亥革命后,资产阶级教育思想得以逐步贯彻。尤其是蔡元培深受柏林大学办学模式的影响,试图将教学与科研相结合,造就学术型人才。他力主"学"与"术"分途,尝试把法、商、工等实用学科分离出去,致力于培养具有完全人格的文、理科学术人才,使培养的人具有融会贯通的能力。蔡元培的思想在北京大学影响深远。

与此同时,南开大学校长张伯苓则实施了不同的人才培养模式。他认为南开大学培养的人才,既应具备学术理论才能,还应具有实践工作能力。按照"理以救国,文以治国,商以富国"的思路,设文、理、商三科。这一时期的其他一些名牌大学大多坚持通才与专才

结合、学术性与职业性兼取的人才培养模式。

国民政府时期至中华人民共和国成立前这一阶段,我国大学基本上实施通专结合、通识为本的人才培养模式。如清华大学的梅贻琦校长提出"通识为本、专识为末"的观点,要求学生兼具自然、社会、人文三方面知识,同时又关注学生今后的就业与出路。浙江大学的竺可桢校长主张通才教育与技术教育并重而偏于前者,造就"公忠坚毅、能担当大任、主持风气、转移国运的领导人才"。与此同时,在共产党领导的根据地和解放区也是坚持"理论与实际并重"的原则,主要根据革命战争的需要培养政治、军事、文教和专业技术人才。

(三)新中国成立后到改革开放前实施专才教育模式

新中国成立后到改革开放前这一时期,我国大学主要是学习苏联教育模式,实施专才教育。院校调整与改革的一个重要内容和目的就是把"抽象""广博"的欧美高等教育模式逐步改变成具体的、专业的苏联式高等学校体系。随着专门学院和专科学校的改革与发展,专业划分越来越细,民国时期引入的通才教育思想已完全被专才教育思想所代替。

(四)改革开放后多元培养模式

改革开放以后,随着社会经济发展对人才需求的多样化、高等教育规模的扩大、高等教育类型的增多、人们接受教育需求的多元化,我国打破了原有的单一的专才人才培养模式,人才培养模式开始走向多元化时代。不同的大学采取不同的人才培养模式,同一所大学不同的院系也可以采取不同的人才培养模式。正如《关于深化教学改革,培养适应21世纪需要的高质量人才的意见》所指出的:"我国社会职业技术岗位分工的不同,行业和地区之间存在的发展不平衡性,以及高等学校办学基础、办学条件的差异,决定了人才需求的多层次、多类型、多规格,决定了不同学校承担着不同的人才培养任务。因此,要求高等学校根据国家的教育方针和政策,根据社会的实际需求和自身条件,确定办学层次和类型,自主确立人才培养模式,努力培养出受社会欢迎、有特色、高质量的人才,创出学校的声誉和特色。"[①]进入21世纪,我国高校的人才培养模式基本上可以分三种类型:以通识教育为主的学术型人才培养模式、通识教育与专业教育相结合的应用型人才培养模式、以专业教育为主的技能型人才培养模式。

进入新世纪以来,我国地方本科院校尤其是新建本科院校在探索向应用型/应用科技型高校转型发展过程中,结合自身的办学定位与人才培养定位开始探索应用型/应用科技型人才培养模式的改革与实践。如重庆文理学院等应用科技型本科院校实施的是通识教育与专业教育相结合的应用科技型人才培养模式。重庆文理学院提出"融业务培养与素质教育为一体,融通识教育与专业教育为一体,融课内与课外为一体,融理论教学与实践教学为一体,融知识传授与能力培养于一体,文理通融,因材施教"的人才培养理念。宝鸡文理学院实施"普通教育与专业教育相结合、人文教育与科学教育相结合、理论教学与实践训练相结合、培养能力与发展个性相统一"的人才培养模式。临沂大学实施"应用型人

---

① 教育部.关于印发《关于深化教学改革,培养适应21世纪需要的高质量人才的意见》等文件的通知 教高〔1998〕2号[EB/OL].(1998-04-10)[2021-10-12].http://www.moe.gov.cn/srcsite/A08/s7056/199804/t19980410_162625.html.

才国际化"培养模式:大学一年级完成通识教育,重视特长教育;大学二、三年级集中进行专业课程的教学;大学四年级围绕"出口"开设各类课程及社会考证课程。[1]

三、人才培养模式的类型

根据高校人才培养目的、培养方式方法、培养过程与培养质量等,可以划分为不同类型的人才培养方式。

(一)从教育目的(人才培养目的)划分

1.精英人才与大众人才培养方式

(1)精英人才培养方式:是指以传统学术型大学、研究型大学为代表的注重培养学生的基础科学知识、通识知识能力为核心的各专业领域拔尖创新型领导人才教育教学方式,教学方式以小班化、导师制、研究式教学为主。

(2)大众化人才培养方式:是指20世纪60年代,欧美国家高等教育进入大众化阶段以来,为培养适应社会经济与文化发展需要的应用型、职业型技术技能人才,改革传统的精英教育模式从而出现的一种面向职业实践应用与实践能力培养的多元化多样化人才培养方式。如英国的"三明治"、德国的"双元制"、美国的"CDIO"等模式。

2.通才教育模式与专才教育模式

所谓通才,通常指学识广博、具有多种才能之人。而从人才学、教育学的角度,则称横向型人才(all-round person),即知识面较广、发展较全面、活动领域较宽的人才。所谓专才,即指"只着意于某一专业甚至一个小专业的某一方面的深入研究,知识面较窄的人才"[2]。

跟通才教育、专才教育最相关的一对教育范畴是通识教育与专业教育,它们之间既有联系又有区别。通识教育(general education)是指高校全体学生所应接受的非专业性教育,旨在养成他们能够积极参与社会生活,富有社会责任感,成为全面发展的人,所必须具备的广泛的非功利性的基本知识、技能和态度。[3] 通识教育源于古希腊的自由教育(liberal arts education),又称文雅教育、博雅教育。亚里士多德主张"自由人教育",他的对话式、散步式、讨论式多学科教育,被称为吕克昂式逍遥学派。伴随工业革命,由英国教育家纽曼倡导的博雅教育,主张培养博学多才、行为优雅的人。后由英国马修·阿诺德多方倡导的现代大学"通识教育"影响广泛,备受关注,逐步受到世界知名大学的认同。例如,较早开展自由教育的耶鲁大学倡导学生选修人文艺术课程;哈佛大学则在通识课中极力打造通识核心课程,在教育计划中倡导文理交叉;芝加哥大学校长赫钦斯倡导"古典名著课程计划"。我国的台湾大学、台湾辅仁大学、香港中文大学等,在通识教育中,也试图增加学生知识的广度与深度,拓宽学生视野,使学生兼备人文素养与科学素养,把学生培养成"全面发展的人"。

---

[1] 潘懋元.应用型人才培养的理论与实践[M].厦门:厦门大学出版社,2011:59-68.
[2] 陈岱孙."通才"与"专才"[J].高教战线,1984(8):20-21.
[3] 李曼丽.通识教育[M].北京:清华大学出版社,1999:8-9.

专业教育（professional education）往往亦称专门教育，是使受教育者成为专业人才的教育。早在1945年，哈佛大学发表的《自由社会中的通识教育》报告中便提出：大学中的教育可分为通识教育与专业教育两部分，前者主要关注学生作为一个有责任感的人和公民的生活需要，后者则给予学生某种职业能力训练。

由上可知，通才教育与专才教育，不仅是一种价值层面的教育理念，更是一种实实在在的培养目标和培养模式；通识教育与专业教育，则更多地体现为一种理念及其指导下的课程设置。并且，前者之间主要是矛盾关系，后者之间主要是并列关系，即使有矛盾，也是统一多于对立。通识教育是相对于专业教育而言的，它是对高等教育专业化导致的人的片面发展的一种矫正，大学本科教育应该是专业教育与通识教育相结合的教育。通才教育可以依托专业教育，专才教育则通常排斥通识教育。1912年民国政府当局颁布《专门学校令》和《大学令》，规定二者的培养目标分别是"教授高等学术，养成专门人才""教授高深学术，养成硕学闳材"[①]，通才教育与专才教育思想显而易见。

（二）从教育内容、知识组织的方式以及教学主体的发挥程度划分

学术定向模式与职业定向模式，刚性模式与弹性模式（统选必修制与选科制、选课制、学分制等），师本模式与生本模式，知识掌握模式与能力培养模式，传统接受模式与探究发现模式、问题解决模式，体验学习模式，文本模式与实践模式、体验模式，线下模式与线上模式、混合模式，教学做合一模式，产学研模式，等等。

（三）从人才培养模式的各个环节划分

1. 专业设置模式

专业设置模式，是根据经济社会发展对人才的不同需求而设置的。有教育部颁布的专业目录的专业设置模式，有学校根据部颁专业目录构建的专业设置模式。国家的专业设置模式主要有按学科对象划分的专业设置，但也有部分按工程对象或业务对象划分的应用科学技术类专业设置。学校的专业设置模式，是以部颁专业目录为依据，对专业面向进行适当的调整，按部颁专业口径设置专业，有合并若干个相近专业设置为宽口径专业（包括部颁的引导性目录中的专业），有在部颁专业名称后加专业方向的窄口径专业或交叉型专业，如食品科学与工程（制糖工程）、市场营销（电子商务）等。专业设置模式与学校的办学类型、办学定位、办学面向、人才定位紧密相关。

2012年9月，为贯彻落实教育规划纲要提出的要适应国家和区域经济社会发展需要，建立动态调整机制，不断优化学科专业结构的要求，教育部对1998年印发的普通高等学校本科专业目录和1999年印发的专业设置规定进行了修订，形成了《普通高等学校本科专业目录（2012年）》和《普通高等学校本科专业设置管理规定》。《普通高等学校本科专业目录（2012年）》共计12个学科门类，专业类92个，专业506种；分为基本专业（352种）和特设专业（154种），并确定了62种专业为国家控制布点专业。2021年3月，教育部组织开展2020年度普通高等学校本科专业设置和调整工作，并对普通高等学校本科专业目录进行

[①] 中国第二历史档案馆.中华民国史档案资料汇编：第3辑"教育"[C].南京：江苏古籍出版社，1991：107.

更新,公布了新列入普通高等学校本科专业目录的37个新专业名单。

2021年3月,教育部组织对职业教育专业目录进行了全面修(制)订,形成了《职业教育专业目录(2021年)》。目录按照"十四五"国家经济社会发展和2035年远景目标对职业教育的要求,在科学分析产业、职业、岗位、专业关系基础上,对接现代产业体系,服务产业基础高级化、产业链现代化,统一采用专业大类、专业类、专业三级分类,一体化设计中等职业教育、高等职业教育专科、高等职业教育本科不同层次专业,共设置19个专业大类、97个专业类、1349个专业,其中中职专业358个、高职专科专业744个、高职本科专业247个。

应用科技型大学可以根据自身的办学定位与人才培养定位,不同的学科可以从普通本科专业目录与职教本科专业目录中进行有针对性的选择来设置新专业,也可以根据地方经济发展与产业发展的需求自行设置新专业,以报教育部备案。

2.培养目标模式

培养目标模式是对培养目标与培养规格的分类。有两种分类方法:一种是按人才的学科知识结构,比如说,有"一型模式"(通才型)、"|型模式"(专才型)、"丁型模式"(通专结合型)、"×型模式"(复合交叉型)。另一种是按人才的知识、能力、素质结构分类,如"KAQ型"(知识、能力、素质结构优化),理科类专业的研究型(基础型)、能力型(技术型)、应用型,工科类专业的工程科学型、应用开发型、实施技术型、经营管理型,等等。

3.培养过程模式

按时间的进程,培养过程模式有"2+2模式""3+1模式""3+0.5+0.5模式""3+2模式""4+0模式"等;按实施行为,则有服务型模式、创造型模式等。服务型模式是一种建立在人本主义哲学理念基础上,在人才培养过程中贯穿为学生服务、以人为本的思想,使学生获得全面发展的同时,其个性也得到充分发展的模式。这一模式在教学上特别注重个别化教学与开放性教学。创造型模式是一种建立在知识经济日益勃兴的现实基础上,以培养具有创新精神和创造能力为目标,在人才培养过程中营造有利于创新意识、创新精神、创新能力的培养与发展的良好教学环境的模式。这一模式特别注重开放创新实验室、开设创造实践课,让学生参加创新设计、科学研究与技术开发。一种过程模式,往往又由若干种教育模式和教学模式组成,以实现教育过程和教学过程的环节、程序和方式。

4.课程体系模式

课程体系模式以课程结构为着眼点加以构建,主要有:

(1)楼层式:在结构上,按照公共基础课、专业基础课、专业课、专业方向课的顺序分层组合课程,有三层、四层等多层结构形式。特点是:以学科本位为主线,以理论教学为主,反映各门课程在课程体系的地位及衔接关系,但占据的面积窄。

(2)平台式:在结构上,按二级专业或大类专业和公共基础平台、学科基础课平台、学科方向及特色课程平台的顺序组合课程,有二、三、四等多级结构形式。特点是:以学科本位为主线,以理论教学为主,平台覆盖面积宽,专业口径宽。

(3)模块式:在结构上,按学科门类、一级学科、二级学科分类,或按业务工作需要的专业技能分类,组成各种学科知识模块和各种专业技能,然后按模块之间的相互关系组成专业的课程体系。特点是:课程组合灵活性、弹性化,以学生知识学习、能力培养为主线。

(4)平台＋模块式：在结构上，按专业知识、能力和素质分为三个大平台，再按学科专业实际情况分若干个方向性课程模块。特点是综合平台和模块的优点，注重知识、能力和素质的全面培养，注重学生的个性发展和社会适应能力。

(5)"一体化"结构式：在结构上，按通识教育、学科基础、专业方向分为三大平台。每一个平台由若干理论与实践课程模块组成，并将素质教育融入学科专业知识专业能力体系之中。特点是：融传授知识、培养能力和提高素质为一体，以通识教育为基础，将素质教育融入人才培养的全过程，课程结构的灵活性强、综合性高。

5.培养制度模式

培养制度模式有"H型模式"(合作办学)、"Y型模式"(有两种解释：一种是对个人而言，在修完基础课后，再修读两个专业的主辅修制、双学历制、双学位制；另一种是对班级而言，低年级修读共同的基础课，高年级分流培养的制度)，等等。

6.教学管理模式

(1)学分制模式(完全学分制与有限学分制)，学年制模式，学年学分混合制，主辅修专业制，双学位模式。

(2)按大类招生分段培养模式，联合培养模式(国内高校联合、中外高校联合、产学合作/校企联合、海内外游学)，学徒制模式，"双元制"模式，"三明治"模式等。[①]

总而言之，随着社会对多元化人才需求的增加以及现代信息技术与教学手段的发展，不同国家、不同地区、不同类型的高校及其不同学科专业不同课程对人才培养的模式改革日益呈现多样化多元化的特征。这是由应用科技型大学多元化办学体系与人才培养体系所决定的。

四、应用科技型大学人才培养模式的主要特征

应用科技型大学人才培养模式，是指以应用科技型大学人才培养为目标，以专业教育为主，将通识教育与专业教育相结合，以地方社会经济与文化建设需求为主导建设学科专业，以学科为基础、专业为载体、应用为导向构建课程体系，以产学研用结合为主要培养途径，以实践为导向应用教学方法，以实践能力为取向进行教学评价，注重理论与实践相结合的"双师型"队伍建设，形成多校合作、校企合作与国际化办学特色。

(一)培养目标：实践应用为本

从培养定位来看，研究型大学定位于学术型、研究型人才的培养，强调教给学生进行科学研究的方法，为以后科学研究奠定基础。应用科技大学定位于"为职业实践进行专业教育"，一方面以培养创新型的应用科技型人才为目标，另一方面以产业需求为导向，培养符合产业需求的工程技术与管理人才。

应用科技型大学人才的培养目标包括两个关键点："本科"是其基本要求，"实践应用"是其核心体现。

---

① 胡璋剑.应用型人才培养新论[M].北京：中国社会科学出版社，2009：36-38.

"本科"是其基本要求,体现了其不同于中职中专与高职高专的"高等"的特点。应用科技型大学人才作为本科层次的应用科技型人才,首先应达到本科教育对人才的最基本的要求。《中华人民共和国学位条例》第四条规定:高等学校本科毕业生要获得学士学位,必须较好地掌握本门学科的基础理论、专门知识和基本技能。因此,作为一个本科层次的人才,不管是学术型的,还是应用型的,都应该掌握该学科的基本理论、基本知识和基本技能,这是对应用科技型大学人才的最基本的要求。

"实践应用"是其核心,体现了其"专业"与"职业"的特点。应用科技型大学人才与学术型本科人才的本质区别在于,应用科技型大学人才具有较强的专业实践与知识应用能力,能够直接适应社会相应的职业与岗位的需求。应用科技型大学人才培养目标的确定要注重高等教育的"基础"性,更要强调其"专业"与"职业"要求的"实践"与"应用"性。

(二)学科与专业:地方社会需求主导

应用科技型大学不同于研究型大学,研究型大学或我国的"双一流"大学要根据国家的重大战略需求和人类未来发展的重大前景来定位,而应用科技型大学大都是地方大学或行业特色型院校,其学科与专业规划与定位应紧紧围绕地方社会经济与文化发展需求和产业行业发展需求来进行定位与规划。"大学的定位离开大学所办的专业和学科就无法定位,一个学校的特色跟它的学校的学科定位相关,专业和学科建设要以地方经济和社会发展需要为前提。中小型高校的定位更应该跟地方经济、政治文化密切结合,这个地方需要什么,我们办什么专业,这样就会有特色。"[1]应用科技型大学人才培养模式以地方社会经济与文化发展需求为主导建设学科专业,包括三层含义:一是侧重发展应用科技型学科方向;二是根据地方与产业行业社会需求来设置专业;三是根据地方与产业行业社会需求来调整专业方向。

(1)侧重发展应用科技型学科方向。通常情况下,应用科技型学科更多指的是应用科技型学科方向,这些方向代表了各学科中将理论知识应用于实际实践的学术分支领域。这些学科方向侧重于将理论知识转化为解决实际问题和应用于实际领域的实践技能,强调在特定行业或领域中培养学生的实际能力和专业技能,以满足实际应用的需求,通常与工程、技术、医学、商业和其他实际应用领域有关。应用科技型学科方向有助于培养学生成为能够在实际工作环境中成功应用他们所学知识的专业人才。一个学科有多个业务方向,一所学校不可能去建设所有的学科方向,因而,学科建设中首要的任务是选择和调整学科方向。应用科技型大学人才培养模式,在选择和调整学科方向时无疑应侧重选择应用科技型学科方向。厦门理工学院在国内最早提出了学科链(群)、专业链(群)紧密呼应与对接海西/厦门市的产业链(群)的改革探索,从最初六大"学科—专业—产业链(群)"的构建到目前十大"学科—专业—产业链(群)"的完善,紧密呼应了海西/厦门当前与未来产业发展的社会需求。还有上海工程技术大学也提出把学科链、专业链对接产业链,学校依据上海优先发展先进制造业和现代服务业对人才需求的变化,先后设置了对接先进制造业的"载运工具运用工程(汽车)""机械制造与自动化""热能工程""材料加工工程""应用

---

[1] 唐景莉,陶媛.中小型高校:特色是制胜之宝[N].中国教育报,2005-07-20.

化学""航空运输工程"等学科;围绕现代服务业重点建设了"社会保障""物流管理""艺术设计""服装设计与工程"等学科。①

(2)根据区域/地方社会需求来设置专业。一般来说,专业设置的依据有两个,一是学科分类,二是社会需求。由于应用科技型大学人才对社会的直接适应性要强,因此,在专业设置方面应该主要依据社会需求。社会需求有近期、中期与长期之分,也有全国与区域/地方之分。由于人才培养是一个长期的过程,一般需要4年,因此,高校在进行专业设置时应该更多地考虑社会的中长期人才需求。应用科技型大学人才主要是由地方本科院校来培养,地方本科院校主要是为地方经济与文化社会发展服务。因此,高校在专业设置时主要应该考虑区域经济与文化社会发展对人才的需求。如东莞理工学院的专业设置与东莞市的主导行业与新兴行业以及粤港澳大湾区的建设规划有着极为密切的关系。

(3)根据地方或行业社会需求调整专业方向。由于专业设置在我国受到教育行政部门的严格控制,为了紧跟社会需求的变化,可通过专业方向的调整来实现这一目的。如兰州商学院以商科为主体,构建了"商文""商法""商工"结合的专业群。

应用科技大学要重视通过有针对性地开设一些至今为止还没有被其他学校开设过的特色专业来突出自己的独具性与特色性。这样的专业包括在本市、本省或国内甚至是世界范围内独一无二的学科专业。这种独具性的形成主要得益于应用科技大学在学科专业设置方面的关注,它们致力于与地区的经济和产业结构保持一致,善于将地区经济和产业结构的优势和特色转化为学校学科专业的优势和特色。例如,德国的布朗施维格/沃芬比特尔应用科学大学(Hochschule Braunschweigl Wolfenbuttel)的一个校区地处德国大众汽车公司总部所在地沃尔夫斯堡。该校在这里专门设立了车辆技术学院,重点培养该地区需要的车辆制造行业的工程师。还有莱茵美茵应用科学大学(Hochschule Rhein Main)地处德国著名的葡萄种植区。该校利用这一得天独厚的优势,开设了全国独一无二的葡萄种植和国际葡萄经济等专业。这一办学策略不仅有助于学校的学科专业建设和凸显学校的办学特色,还有助于有针对性地培养满足地区经济发展需求的专业人才。福建省武夷学院的茶学专业也是国内独具特色的学科专业,在省内外赢得了较高的办学特色与声誉。

(三)课程体系:依托学科、面向应用

"依托学科、面向应用"的课程体系开发,是在给予学生足够的学科基础知识,尤其是跨学科的基础知识的同时,强调培养学生的专业实践应用能力,使学生既能直接就业,又不缺乏发展后劲。其中"依托学科"是应用科技型大学课程体系与高职高专课程体系的根本区别,"面向应用"是应用科技型大学课程体系与学术型本科课程体系的根本区别。

所谓"依托学科",是指以学科为支撑构建应用科技型大学教育教学课程体系。由于应用科技型大学人才所从事工作的性质要求具有较宽实的理论知识基础,具备较强的工作能力和一定的可持续发展的潜力,能够适应生产技术快速发展和产业升级的要求,在不断变化的环境中完成工作任务,这就要求应用科技型大学教育的课程具有一定的系统性、

---

① 陈礼达.打造优秀工程师的摇篮:访上海工程技术大学校长汪泓教授[N].中国高校科技与产业化,2006-07-30.

完整性,达到本科水平。但值得警醒的是,目前要纠正一些应用科技型大学院校过分强调高等教育职业化,在目标上追求功用性知识和技术技能的获得,在课程设置上强调开设一些更切合市场需求的科目,而对于学科基础课程则减而又减,认为这些课程知识过于学术化、理论化,在市场上无交换价值,是不切实际的、无用的思想。这种课程设计思想完全是职业本位的,造成培养的学生知识面窄、知识结构不完整、知识基础不牢固、发展后劲不足、职业适应变化能力差,把高等教育变成了职业培训机构。

另外,由于社会问题越来越复杂,这些复杂问题依靠单一的学科知识是不能解决的,一个本科专业是需要多个学科来做依托与支撑的。因此,应用科技型大学专业不应该仅依托某一个单一的学科,而要依托多个相关的学科,使学生具备跨学科的基础知识,培养复合型应用科技型人才。因此,跨学科性(interdisciplinary)是应用科技型大学一个重要的办学特色。如前所述,德国的许多应用科学大学将跨学科性列为其办学定位的指导原则之一。应用科技型大学以应用为导向,强调解决实际问题,这要求跨学科合作和思考。因此,跨学科性在应用科技型大学中应引起高度重视。同时,随着知识经济的崛起,交叉学科行业逐渐增多,需要具备跨学科知识和技能的复合型人才。为满足这需求,应用科技型大学要像德国应用科学大学那样建立跨学科或交叉学科专业,例如经济工程、经济数学、生物技术、医疗教育学等。这些举措有助于培养应对多领域挑战的专业人才,推动社会的知识经济发展。此外,为了增强大学对外界的社会服务能力,应用科技型大学还要成立跨学科能力中心,[1]作为一种平台将整个学校的科研人员和资源整合起来,向企业和事业单位提供全面系统的问题解决方案。

所谓"面向应用",是指在给予学生足够的学科知识基础上,要把专业实践应用能力作为专业课程设计的起点,将专业实践应用能力的特征指标转换成课程体系、内容。具体包括三方面:

(1)围绕专业实践应用能力设置理论课与实践课。无论是理论课,还是实践课,都能够从某个方面,在某种程度上,对某个专业实践应用能力的培养起支撑作用。

(2)围绕专业实践应用能力选择课程内容。在课程设置确定以后,对某一门课程具体应该讲授哪些内容,也应该结合专业的具体需求和有助于专业实践应用能力的培养。

(3)围绕专业实践应用能力改革教学方法与考核方式。同样的课程,由于教学方法与考核方式不同,其效果是大不一样的。在应用科技型大学人才的培养过程当中,掌握多少知识并不重要,重要的是培养学生获取知识与应用知识的能力,因此在教学方法上往往采用启发式教学法,在考核方式上也以能力考核为主。

"应用导向"原则应当贯穿教育教学的各个环节。具体来说,对于各个专业、各类课程,在课程教学目标上,都要追求知识结构的实践应用性而非知识体系的完整性;在教学内容处理上,都应着眼理论与实践的关联性而非学术研究的深奥性;在教与学关系的处理上,都应重视学生问题解决能力的成长发展性而非实务技能的僵化传授性。应用科技型人才的培养并非不要理论,而是用理论的光辉照亮学生思考的旷野;重视应用科技型技术技能的训练,不是与高职中职竞逐实务技能的操作性、熟练性,而是训练学生面临实际问

---

[1] 孙进.德国应用科学大学的办学特色:类型特色与院校特色分析[J].比较教育研究,2011(10):66-70.

题时思维的宽阔性和解决方案的创新性。一门基础性的课程,可能让学生学会了思考;一门实务性的课程,可能并没有让学生学会如何因地制宜、灵活使用。

"应用导向"的实质是坚持"问题导向"与"思维导向",中心是让学生学会思考,落脚点是使学生能够运用理论解决实际问题。从这个意义上说,应用科技型人才培养并非只有在实践环节和工作现场才能实现,学校中的课堂教学、理论分析、方案讨论,都是成为思维能力训练和应用能力培养的重要环节。地方高校中的基础课程、与产业需求关系较远的人文课程,更要重视问题导向和思维训练。案例分析、角色扮演、模拟沙盘、虚拟仿真等教学形式之所以能够取得良好效果,关键是突出了学生的主体地位,让学生的思维受到充分训练。

围绕"应用导向",应用科技型大学要注重推动专业设置与产业需求对接,课程内容与职业标准对接,产学结合,校企对接,避免"学非所用,用非所学",达到"学以致用"。[①]

(四)教学过程:注重实践

从教学理念来看,传统研究型大学强调学术自由,重点在于如何启发学生进行独立学习与思考,大学所提供的教学通过科研不断更新,永远处于科研领域的最前沿。应用科技型大学教学则重点讲授存在什么样的系统和方法,它们是从哪里来的,它们的优点和缺点是什么,在实践中如何使用它们,什么时候可以被使用,什么时候不可以被使用。

应用科技型大学在教学方面最大的特点是注重实践与行动导向。

(1)注重实践:与理论教学相比,实践教学在应用科技型大学的教育体系中具有更大的比重。这包括实验教学、实践学期、项目教学、毕业论文和学术考察等要素。在德国应用科学大学,实践学期是一个教学中不可或缺的部分。在学习期间,学生通常必须在企业或其他组织机构中完成至少一个实践学期,而学校通常要求这些校外机构提供的实践教育与学校内的理论教育能够有机结合,以确保学生综合发展。这一强调实践的教育方式有助于学生将理论知识应用到实际情境中,并为他们未来的职业生涯做好充分准备。另外,应用科学大学的学生一般选择在企业中完成其毕业论文或毕业设计。通常情况下,应用科技型大学的学生完成毕业论文或毕业设计的比例在70%以上,有些学校甚至在90%以上。其次,教学内容方面,应用科技型大学注重实际应用导向,即使在理论教学中也强调将科学知识和方法应用于解决实际问题。他们的教学重点不是仅仅传授系统的学科知识,而更加注重传授与职业和行业实践密切相关的专业知识和技能。这有助于学生在毕业后应对职业生涯中的实际挑战。这一特点得到了学生们及其家长和社会的认可。在一项调查中发现,德国应用科学大学的"教学内容具有实践性"被97%的学生视为重要或非常重要。最后,在教学方法上,应用科技型大学的教学除了课堂讲授的形式外,还要注重行动导向。人才培养目标和课程目标的改革必然导致教学方法的改革,改革教学方法是实现课程目标和激励学生学习积极性的重要举措。应用科技型大学教育注重专业实践应用能力的培养,强调理论与实践的紧密结合,强调学生在学习与实践中掌握理论与培养应用能力。传统的"教师讲、学生听"的授课方法已经无法适应应用科技型大学人才的培养要求,在教学方法上必须进行改革和创新。教学方法作为"师生为实现教学目标而采取的

---

① 马庆栋.应用技术型人才的内涵与地方高校转型发展[J].职教论坛,2015(4):35-39.

手段和行为方式的总和",包含很多种类。每一种教学方法都有其优势和特长,原则上应该根据每一个教学环节的具体教学目标来选择合适的教学方法。但就针对应用科技型大学人才的培养目标而言,行动导向的教学方法应该成为主要的教学方法。

(2)行动导向:所谓行动导向教学,实质上是在学校整个教学过程中,创造一种学与教、学生与教师互动的社会交往情境,它致力于通过学生的学习活动构建知识,形成能力,使受教育者既能适应相应职业岗位的要求,又能将这种构建知识的能力运用于其他职业,进而达到学用一致目的的教学方法。行动导向教学一般采用跨学科的综合课程模式,不强调知识的学科系统性,重视"案例"和"解决实际问题"以及学生的自我管理式学习。教师的任务是为学习者提供咨询、帮助,并与其一道对学习过程和结果进行评估。行动导向教学是基于行动导向教学模式的一种教学手段,常用的教学组织形式有项目教学法、模拟教学法、引导式教学法、案例教学法、角色扮演法等。行动导向的教学方法有利于学生创造能力、独立工作能力、协调能力、应变能力、承受挫折的能力以及综合应用能力的形成。

(五)培养途径:校企合作与产学研用结合

应用科技型大学人才强调专业实践应用能力的培养和对社会的直接适应性,这就要求在人才培养方面要突破传统大学以校内课堂知识传授为主的单一培养方式,采取更加多样化的培养途径。校企合作与产学研合作以及双证书教育由于与社会保持密切联系,而成为应用科技型大学人才培养的重要途径。

校企合作是高校与企业联合培养人才的机制,产学研合作是将学习与生产、工作相结合的人才培养途径,双证书教育是指高等院校的毕业生在毕业离校走上社会的时候,不仅要获得高等教育的相关学历证书,而且还要获得劳动和社会保障部或其他权威机构颁发的职业资格证书或技术技能证书。目前,国际上有代表性的校企合作、产学研合作与双证书教育的类型有:德国"双元制"模式、美国的产学结合教育、英国"工读交替"的"三明治"模式、我国台湾地区的"建教合作"与"校校企"模式等。不同的模式有不同的特点,学校应该充分借鉴不同模式的优势,并根据学校的办学条件,开发出真正适用的应用科技型大学人才培养途径。

德国威尔道应用科学大学(Technische Hochschule Wildau)是德国勃兰登堡州最大的公立应用科技大学。该校学生的实践除了部分在校内实验室实施外,主要是通过校企合作完成,学校对学生及教授实践方面有严格、明确的要求。学生必须进行2个学期的企业实习,教授必须有多年的企业工作经历,或有自己的公司,即名副其实的"双师型"教师,这样既便于给学生提供实习机会又便于实践教学的实施。此外,学校还会从社会和产业部门聘任一批学有专长、实践经验丰富的专家学者和工程技术人员作为兼职教师。通过这些具体措施,鼓励学生和教授在企业实习,进行紧密的校企合作。

(六)教学评价:实践能力取向

确立能力取向的教学评价理念,从单纯的知识评价向以能力评价为主的多元化评价内涵的转变,不仅是高等教育大众化形势下多元化教学的客观需要,更是应用科技型大学人才教学目标的应有内涵。

一是高等教育大众化的客观需要。一方面,为满足多样化入学者的个性化发展要求以及适应社会经济发展多规格人才需求,高校的质量标准必然更加丰富与多样;另一方面,培养目标多样化、教学模式多元化、教学过程个性化,很难用同质性的学术化人才标准来教育评价大众化时代的学生,必须承认人的个性差异性,接纳多元化的发展观,建立起以能力评价为主的多元化教学评价指标体系,充分体现"分类指导""分类评价"的原则。

二是应用科技型大学人才培养目标的应有内涵。学术型本科人才的教学评价标准可以采用学科教学模式下的知识本位评价观,但对于应用科技型大学人才而言,强调学科专业基础知识的掌握,更突出专业实践应用能力的培养,则应该采用实践能力取向的评价观。实践能力取向的评价观重视理论和实践的结合,注重考核学生的知识应用能力、解决实际问题能力以及实际动手能力;既要重视学生专业能力的评价,也要重视社会适应能力、自我发展能力、人际交往能力的评价。[①]

三是在应用科技型大学人才中注重能力取向的教学评价方式

(1)评价形式的多样化。要根据课程的内容、特点以及教学目标来决定评价的方式、方法和形式,着眼于科学全面地评价学生的综合素质和能力。评价形式不再局限于期末考试、闭卷考试,还包括作业、课堂问答、课程论文、实际操作、小组答辩、调查报告、读书报告、口试、上机测试等多种形式。同时,科研训练、学科竞赛、科技文化活动的成绩和表现也应该纳入学生能力评价的范围之中。对于实践性比较强的课程,如实验、实习等,则应将学生实际操作与理论考试结合起来,这样才能提高学生运用知识解决实际问题的能力。

(2)考试类型的多样化。考试的题目除了传统的封闭式题目外,还要尝试选择一些没有标准答案的开放性试题,鼓励学生自由想象,培养学生的创造能力。

(3)评价制度的多样化。改变过去"一次考试定终分"的状况,加强平时成绩在总成绩中的比重,把过程性评价与终结性评价结合起来,将考核贯穿课程教学的全过程。

要根据培养目标和培养规格,建立科学合理的、具有弹性化的教育教学评价制度。评价内容和标准要体现全面性,不仅评价学习者在知识、技能、智力和能力等认知因素方面的发展,而且还要评价情感、意志、个性、人格等非认知因素方面的状况;教育评价方法要体现多样性,把定性与定量、自评与他评、结果与过程、诊断性与终结性等各种评价方法结合起来;评价主体要体现多样化,即教学者、学习者、管理者都参与到评价活动中来;评价要具有发展性,评价不仅仅为了鉴别和选拔,更重要的是促进学习者的发展;要重视学生对评价活动的参与,突出学生的主体地位,有利于学生不断地对自己的学习行为进行自我反思、调控、完善和修正,从而不断提高教育教学的质量和效率。[②]

(七)教师队伍:双师(双能双技)素质

教师是高校人才培养的主力军。应用科技大学的教授和学术性研究型的综合性大学侧重点始终是不同的。应用科技型大学的教师强调具有宽广的实践经验,往往具有在大型企业、公司、社会组织或者政府部门担任过领导职务的经验。他们有长期的实践经验,能够更好地将理论变成实践教学。欧洲应用科技型大学并没有所谓的"双师型"教师,实

---

① 钱国英.高等教育转型与应用型本科人才培养[M].杭州:浙江大学出版社,2007:159-160.
② 柯文进.现代大学制度下大学人才培养模式研究[J].北京教育,2007(7/8):16-17.

际上,当他们进入应用科技大学,其身份就是教师,不做基础性研究,侧重进行成果转化研究和技术改造研究。这样的师资队伍能够恪守应用科技大学的办学定位——"为职业实践而进行科学教育",能够保证应用科技大学的办学特色和质量。[①]

应用科技型大学人才的培养,需要有一批适合应用科技型大学教育的"双师型"教师。"双师型"教师是指既具备扎实的基础理论知识和较高的教学水平及一定的科研能力,又具有较强的专业实践能力和丰富的实际工作经验的教师。"双师型"教师不仅具有宽厚的行业基础理论知识和实践能力,还须具备将行业职业知识及实践能力融合于教育教学过程的能力。

"双师型"教师除了要求具备教师的基本能力和素质外,在能力和素养方面还有特殊要求:

(1)"双师型"教师除熟悉并遵守职业道德外,还要清楚其制定过程、具体内容及其在行业中的地位、作用等,并通过言传身教,培养学生良好的行业职业道德,自觉按照行业职业道德办事。

(2)"双师型"教师必须了解用人单位或部门对本专业能力的要求,注重学生行业职业知识的传授和实践技能、综合应用能力的培养。

(3)"双师型"教师要懂得企业行业管理规律,具备指导学生参与管理的能力。

(4)"双师型"教师要善于接受新信息、新知识、新观念,不断提高自己,主动适应变化的新形势。

(5)"双师型"教师要树立市场观、质量观、效益观、产业观,自觉按照竞争规律、价值规律办事,具有一定的交往协调能力。[②]

上述几方面是应用科技型大学人才培养模式在培养目标、培养内容、培养过程、培养途径、培养保障等各个方面的具体特征,除此之外还有一些其他的显性特征,如学生管理、质量标准与保障、管理队伍、校园文化等方面也有其特殊性。应用科技型大学人才培养模式的特征不只体现在某一个方面,而是通过各个方面体现出来。上述几方面也只是应用科技型大学人才培养模式与学术型本科人才培养模式相比而具有的共性特征,具体到某所高校的应用科技型大学人才培养模式,还有其具体的特征。[③]

人才培养模式有模式可循,但无固定统一的模式照搬。应用科技型院校应该根据自身的办学传统、办学特色、办学定位与人才培养定位以及所在地方的社会经济与文化建设对应用科技型人才的具体类型、规格、结构与数量的需求,积极借鉴海内外先进模式与经验来改革与形成富有自身特色的高质量人才培养模式。在国内的地方高校转型发展与建设应用科技型大学的改革过程中,国内不少高校探索出了富有本校特色的人才培养模式的典型案例,值得其他高校借鉴。如上海电机学院以人才培养定位的特殊性为突破点,赣南师范大学以人才培养的外部支撑为突破点,上海工程技术大学以人才培养的途径和方

[①] 迪尔特·欧拉,王宝玺.什么是欧洲应用科技大学:瑞士圣加仑大学迪尔特·欧拉教授访谈录[J].高校教育管理,2015(4):1-5.
[②] 蔡雪峰."双师型"教师在应用型本科教育中的作用及培养途径[J].中国大学教学,2005(6):55-56.
[③] 潘懋元.应用型人才培养的理论与实践[M].厦门:厦门大学出版社,2011:59-68.

式改革为突破点,带动人才培养模式其他要素的相应变革,从而创新了不同的应用科技型本科人才培养模式。

第二节 项目教学:应用科技型大学人才培养有效模式

在欧美国家,基于问题解决的教学、基于研究的教学与基于项目的教学是较为流行的培养学生创新与实践能力的三大人才培养模式。而基于问题解决的教学与基于研究的教学通常在研究型大学较为普遍采用,而基于项目的教学则通常在应用科技型大学较为普遍,并且基于项目的教学模式本身也是在基于问题与基于研究的基础之上而开展的一种教学模式。因此,应用科技型大学人才培养模式除了德国的"双元制"、英国的"三明治"等带有国别特色的模式之外,项目教学成为一种海内外应用科技型人才培养的常见有效方式。

一、项目教学内涵

项目教学(project teaching)与以教师为主导按固定教学内容组织课程的课堂教学相对,它是以学生为主体在完成具体项目的过程中实施相关教学内容,达到教学目的的一种教学模式。

项目教学的特点在于将一个相对独立的实际项目从信息收集、方案设计、组织与实施到绩效评价,构建成一个动态的学习系统。在教师(包括校内和企业导师)的指导和协助下,学生按照规定的教学阶段自主完成项目。教学内容随着项目的实施过程有目的地进行,以确保所有学生能够在最终完成项目(包括典型产品、设计或服务)的同时,逐渐理解和掌握完成项目每一环节或节点的基本要求、重点和难点,从而高效培养应用科技型人才的目标得以实现。因此,可以简洁地定义项目教学为一种教学模式,以典型产品、设计或服务为媒介,使学生学会完成整个工作过程的教学模式。

二、项目教学的提出及其改革实践

项目课程可追溯到17和18世纪,与自然科学家的实验,法学家的案例研究,军事参谋的沙堆——桌子练习(sand-table exercise)属于同一类型的课程模式,只是项目课程在内容上不是经验的、解释的或战略研究,而是建造物体如设计房屋、修建运动场或者制造机器。[①]

---

① KNOLL M.The project method:its vocational education origin and international development[J]. Journal of industrial teacher education,1997(34):3.

作为一种教学模式,项目教学萌生于欧洲的劳作教育思想,最早的雏形是18世纪欧洲的工读教育和19世纪美国的合作教育,经过发展到20世纪中后期逐渐趋于完善,并成为一种重要的理论思潮。杜威(John Dewey)首先提出教育为生活服务的思想。杜威的思想在教育实践中是通过项目方法来实现的。美国学者戴尔(Edgar Dale)研究学生在完成教学活动2周以后的学习效果发现,学习者单一的阅读能够实现10%的预期教学目标、听讲为30%、观看图片为30%、听看影像为50%、参与讨论或作讲演为70%。而围绕真实经历(real experience)和真实事物(real thing)的"做"则能实现90%的预期教学目标。建构主义的学习理论认为,积极(active)、参与(participatory)、互动(interactive)的学习过程所取得的学习效果要远胜于被动、单一的讲授过程。① 这就是著名的戴尔"经验锥形理论"。同时,建构主义在教学论上反对以"如何教"为核心,强调学习的建构过程即"如何学"的问题。换言之,反对以教师为中心,主张以学生为中心。项目教学的学习过程具有积极、参与、互动、以学生为中心的特征。

由于项目教学理念和模式最初产生于美国的职业教育,后在德国职业教育中得到发展,因此一直被视为职业教育,尤其是工科高等职业教育的"专利",在其他普通高等教育领域中,项目教学并没有引起足够的重视与关注。而对于极为强调培养学生实践能力的高等商科教育而言,项目教学仅仅在MBA教育中有所涉及,在本科层次教学中应用十分有限。

2003年7月,德国联邦职教所制定以行动为导向的项目教学法,它具有以下特点:把整个学习过程分解为一个个具体的工程或事件,设计出一个个项目教学方案,按行动回路设计教学思路,不仅传授给学生理论知识和操作技能,更重要的是培养他们的职业能力,这里的能力已不仅是知识能力或者专业能力,而是涵盖了如何解决问题的能力:方法能力、接纳新知识的学习能力以及与人协作和进行项目动作(包括项目洽谈、报价、合同拟定、合同签署、生产组织、售后服务)的社会能力等几个方面。

正是因为项目教学在提高学生实践能力方面的独特作用,我国的高等职业教育非常重视项目教学。2006年,教育部就明确提出了"项目导向"的人才培养方式,奠定了其作为一项重要的高等职业教育模式的地位。项目教学的特殊作用,促使其在应用科技型教育教学模式体系中的地位也不断得到加强。但是项目教学在实践中的认识和应用也暴露出一些问题。

一是将项目教学简单等同于"工学结合"。一些院校在具体开展项目教学时,把"项目"简单理解为一个到企业实习的机会,完成了实习也就完成了项目。显然,这种低度的认识,对项目教学的普及、实施客观上产生了障碍。

二是将项目教学当作教学内容乃至目的。有些院校也在有限地推行项目教学,但主要是将项目教学嵌入某一类教学过程,作为课程本身建设的重要内容。专门编制教学大纲,按照教材内容选择和规划项目等,使项目教学演变成案例教学、实验教学。这其实是对项目教学作为一种高效率的应用科技型教育教学模式的教学手段本质认识程式化的表

---

① ALOK K V,DANIEL D,SUE M.Engaging students in STEM careers with project-based learning-marine tech project[J].Technology and engineering teacher,2011(9):26.

现,颠倒了项目教学主体关系,割裂了作为一种学习系统的内在联系。

三、项目教学对应用科技型人才培养的作用

在中国高等教育大众化、普及化的背景下,"项目教学"的实施,对应用科技型人才培养具有重要作用。

(一)项目教学促进课程改革

课程改革在教学改革中扮演着核心角色,而教学方式和方法则是课程改革的关键焦点。传统的教育模式强调系统性的知识传授,通过考试来评估学生对知识的掌握程度,实践与理论的结合通常仅限于一些举例或者是由教师事先处理后再传授给学生的案例。与之不同,项目教学是一种革新性的教育方法,它颠覆了传统的课程设置方式,具有以下特点。

(1)实践性教学:项目教学强调知识的实践性,通过实际项目的设计和实施来掌握和应用系统知识。学生在实际项目中亲身经历,从而更深刻地理解和运用所学内容。

(2)理论与实践的统一:项目教学实现了理论与实践的高度统一。学生不仅学习理论知识,还将其直接应用于实际项目中,从而加深了对知识的理解和记忆,提高了实际应用能力。

(3)激发兴趣:项目教学激发了学生的兴趣。学生在实际项目中面对真实问题,他们感到这是一个充满挑战和机遇的学习过程,从而更积极地参与其中。

(4)提高创新能力:项目教学为学生提供了更大的创新空间。通过参与项目的整个生命周期,学生可以提出创新性的解决方案,并在实践中验证其可行性,从而培养了创新思维和实践能力。

综上所述,项目教学将教育从传统的知识传授模式转变为实践性教学模式,促进了理论与实践的融合,激发了学生的学习兴趣,提高了他们的创新能力,使教学更加贴近实际需求,为学生的综合发展提供了更多机会和支持。

(二)项目教学成为建立实践教学体系的有效途径

培养应用科技型人才面临的主要挑战之一是如何构建既重视理论又注重实践教学的教育体系。目前,大多数高校试图建立实践教学体系的方式包括开设开放性实验、设计性实验、综合性实验以及设立学科创新平台等,同时鼓励学生积极参与学科竞赛、校企合作和校外实习基地等实践活动。然而,这些方法在文科和社会科学、经济管理等领域的专业中,通常缺乏足够的实效。与这些传统方法不同,项目教学提供了一种新的途径在课堂教学中实现"学思结合"和"知行统一"的实践教学。项目教学的特点是将学生直接投入真实项目中,让他们在解决实际问题的过程中应用所学知识。这种方法有助于学生更深入地理解和掌握课程内容,培养他们的实际问题解决能力,并激发他们的学习兴趣。因此,项目教学为应用科技型人才培养提供了一种新的教育模式,可以弥补传统实践教学方法在某些领域的不足,使学生在课堂中更好地实践"学以致用"的理念,从而更好地满足现代社会对综合能力和实际应用能力的需求。

(三)项目教学有力夯实应用科技型人才培养模式的教学基础

应用科技型大学的本科学生或者研究生从入学团队设计项目到课程团队项目再到最后的毕业设计团队、毕业设计项目,项目教学遵循循序渐进的教育学原理,由简单到复杂、由初级到高级,从真题假做最终过渡到真题真做。整个课程体系是以项目教学为核心的。围绕这一核心,讲座、工作坊、案例研究、文献研究、实验方法等各种教学形式都为项目教学做好铺垫。最复杂、最高级的项目融合学与用、动脑与动手、个人与团队、科学与管理等多种要素,构成其最大的教学特色。项目教学作为毕业设计(graduation project)取代了传统毕业生教育的毕业论文(graduation thesis)。从企业参与学校教育的方式来说,我们国家的一个优秀传统是实习制度。然而,我国大学生在实践教育方面也出现了些问题。例如,学生在实习过程中逐渐变相成为廉价的"学生工"。[①] 还有很多校企合作培养人才流于建设基地、聘请企业导师等形式,缺少具体的教学过程,收效甚微。

(四)项目教学能够有效回应现代工程活动与产业活动的新要求

随着科学技术与工程实践活动的变革与发展,现代工程活动与产业活动呈现了一些新特点,对现代工程教育也提出了新的要求。

(1)跨学科性。现代工程活动和产业活动很少按照单一学科的逻辑来组织,而往往从问题出发组织多学科、跨学科协作。最具挑战的工作并非学科和知识上的创新,而是发现和解决工程问题。

(2)多技能性。现代工程活动和产业活动除了要求科学、技术等"硬技能"以外,还需要项目管理、预算管理、有效交流、团队协作、科技伦理意识等"软技能"。

(3)复杂性。与实验室研究和传统课程相比,工程活动和产业活动的背景要复杂得多。例如,企业对时间、成本、绩效的限制比大学学术环境中要高得多。再比如,学术研究一般有确定性的假设、条件等,而工程实践活动面临很多的不确定性,需要从业者根据经验作出判断。此外,工程实践的问题解决方式往往没有唯一确切的答案,而是开放式的,与工程师的判断和决策相关。

(4)团队性。即对应于跨学科性、多技能性和复杂性的要求,真实的工程活动和产业活动很少由某一个体来完成,而是由跨学科团队协作完成。

世界工程教育除了在早期阶段围绕学科和内容组织教学以外,自20世纪80年代开始则是更多地围绕工程问题组织跨学科教学。除了要培养学生掌握一定的学科基础知识以外,更应该培养学生应用知识提出和解决复杂工程问题的能力。除了要培养学生在科学、技术、工程等方面的硬技能以外,更要培养责任、伦理、交流、管理等软技能。除了要培养学生个体能力以外,更要培养学生在跨学科团队中的领导、协作能力。

传统的基于讲授的教学模式逐渐难以适应工程活动和工程教育的上述需求。以讲授为基础的课程所能实现的教学目标非常单一,往往是对某单一学科的系统教学,知识、技能等都较为狭隘。因此,在传统的教学方法上,要增加"软技能"就增设与其相关的人文社会科学课程,要增加某一新兴学科的知识就增设该学科的课程。其结果要么是增加高等

---

① 白皓."学生工"还是"真实习"职校生实习触动了社会哪根敏感神经[N].中国青年报,2012-06-04.

工程教育的课程门类、数量或增加总的学时数,要么就是压缩已有的课程。由此造成知识、技能在广度和深度之间的矛盾,在学制和质量之间的矛盾。所以,在工程教育向跨学科性、多技能性、复杂性和团队性转变的过程中,教学活动面临一个共同的操作性难题——有机整合(integration 或 an integrated approach)问题。有机整合需要达到的效果是:能够培养具有跨学科学习能力、具有团队合作能力、善于解决复杂问题的多技能型、复合型人才;不需要增加学时数、课程数或者延长学制,即在尽可能多的课程中达到多种教学目标。[1] 美国凯克研究院认为,培养科学与管理两方面复合的生命科学领袖主要应把数学、物理、化学、生物等传统基础科学在教学中整合,把计算生物学、生物工程学、系统生物学等生物科学三大基础性学科整合,把科学与管理整合,把个人技能与团队技能整合。[2]

实现这种有机整合的一个有效载体就是真实性的产业项目。项目是工程活动、产业实践的一种主要形式,产业工程师的职业活动几乎无不与项目相联系。[3] 而所谓项目的"真实性"(authenticity),主要是指教育反映和取材于真实世界(real world)、真实工作场所(real workplace)。以项目为基础的教学过程就是以工程项目来导向(orientate)和组织(organize)教学活动的过程,就是把企业真实项目拿来由学生真做、企业真用(真题真做真用)。真题真做真用,保证了教学项目同工程项目具有完全一致的跨学科性、多机能性、复杂性和团队性,解决了复合型人才培养与有限学制之间的矛盾。从真实性出发,商业教育以商业活动的基本单元——案例为基础组织案例教学,工程教育以工程活动的基本单元——项目为基础组织项目教学。因此,项目教学是回应现代工程与产业活动新特点与适应现代工程教育新要求的一种有效方式。

(五)项目教学有利于对人才培养体制产生积极影响

在传统的研究型大学中,依托实验室、导师指导下的学术研究在自然科学与工程领域研究生的培养过程中占有很重的分量。以导师制、学徒制、实验室研究为典型的研究型大学体制有诸多优点,同时容易产生的一个缺陷是导致学生为导师打工。研究型大学的环境很容易导致导师的科研项目利益主导学生的教育,使学生的培养过于狭隘。

与传统研究型大学不同,应用科技型大学项目教学不以科学新发现为目标。更为重要的是,真实世界的项目解构了原有的"教师—学生"的二元教学结构,形成了教师、学生、雇主充分互动的新结构。项目教学企业和学生在项目中的参与性、主动性要比在大学实验室中高得多。师生之间的关系主要不是体现为传统研究型大学中的师徒关系;项目教学制度之下,大学教师的角色是学生完成真实企业项目的辅导者,而不是直接的项目合同负责人。同企业签订项目合同的是研究院而非教师。项目的执行依靠学生团队。学生的

---

[1] National Research Council. Science professionals: master's education for a competitive world[M]. Washington, D.C.: The National Academies Press, 2008:29,38.

[2] JANE G, TIRRELL T, DEWEY G.The professional master of bioscience program at Keck Graduate Institute[J].Best practices in biotechnology education,2009(18):317-319.

[3] JULIE E M, DAVID F T. Engineering education is problem-based or project-based learning the answer? [J].Australasian journal of engineering education,2003(1):6.

角色不再是大学教师开展科研的人力资源,而是企业员工。学生从为导师科研项目服务转变为为企业研发项目服务。从企业和学生的角度来看,恰好是因为企业长期通过真实项目同学生团队合作,因此企业能够有效地观察和培养未来的人力资源,从而在人力资源和研发方面为企业节省了大量成本,与此同时还提高了学生求职效率和就业质量。

综上所述,项目教学的意义不仅在教学论层面,更体现在人才培养体制层面。通过项目教学,学术性实验室研究、学生导师制等要素被弱化,代之以面向产业的应用性研究和以人才培养为中心,并实现了院校、学生、企业三方的深度合作和共赢。项目教学也改变了高等工程教育机构的评价与激励机制,弱化了论文和发表的因素。

当然,项目教学的管理和沟通成本很高。管理方面,要避免丧失教育原则使学生完全沦为企业的劳动力。沟通方面,主要是吸引企业参与项目教学。此外,项目教学确实也存在其他体制问题,需要精心的教学设计。例如,真实性工程项目的发生不一定同教学时间、学制相吻合。例如新型药品的开发可能延续数年甚至几十年,那么该项目就同本科四年学制相矛盾。

四、以"基于项目的学习"为中心的教学模式

所谓"基于项目的学习"是一种教育方法,其核心理念是将教育从传统的"教师将知识传授给学生"的模式转变为"让学生自己去发现和创造知识"的方式。这种教学方法以真实问题作为学习的依托,将课程学习与项目研究相结合,让学生在项目实践的过程中积极主动地学习并构建知识,从而培养他们的创造性思维和灵活运用知识的能力。如表7-2-1所示,美国戈登奖的大多数获奖项目都是以"基于项目的学习"为中心的教学模式,具体表现为以学生为中心、注重学生体验、问题导向学习、全过程式学习。

表 7-2-1 美国戈登奖具有"基于项目的学习"的获奖项目基本特征

获奖项目	基本特征	关键词
DEC	把体验式学习融入本科课程中	体验式学习、融入课程
EPICS	由教师牵头的工程设计团队为社区提供解决方案,学生全程参与项目实施	社区服务、全程参与、项目实施
学习工厂	把现实世界的设计、制造、生产等业务融合到课程之中	现实情景、融入课程、设计和制造
ITLP	创办综合实验室,通过开放、互动的实验空间让学生参与项目实施	综合性、学生体验、项目实施
STVP	与企业合作,让工程项目进入课堂,把工程实践和课堂教学联系起来,让学生通过创新来解决重大问题	校企合作、融入课堂课程、解决问题
CDIO模式	"构思-设计-实施-操作"模式,把工程课程融入问题解决的实际操作和作业中,让学生全程参与产品的整个周期	产品周期、课程融入、学生全程参与、问题解决
工程设计项目	设立工程实验室,创立项目设计的指导方法和新生项目操作实验室的组织程序,把设计和制造原型带到课堂中	工程设计、融入课堂

续表

获奖项目	基本特征	关键词
以学生为中心	在教学中引入真实工程项目,并由企业赞助 50000 美元支持一年的项目研究;由老师带领学生小组共同完成整个项目	教学融入、真实问题、学生小组、全程参与
GELP	由学生组成的团队共同完成一项挑战性的项目	学生团队、问题导向
WPI PLAN	建设基于项目的课程;学生与赞助商共同合作完成项目	融入课程、问题导向

通过此表,可以看出美国戈登奖获奖项目基本特征:

(1)以学生为中心。以学生为中心就是以学生的学习和成长为核心,推动教学从"教"向"学"转变,实现从"以教师为中心,指导学生获得知识"向"以学生为中心,指导学生运用知识"的转变。例如,"DEC"与"ITLP"获奖项目让学生在完成项目的过程中主动学习与项目有关的知识,学生是整个项目的实施主体,在作为指导的教师和作为顾问的外部赞助商的支持下,学生与雇主合作完成专题研究项目,由于在这一过程中学生充分认识到知识和技能的重要性,从而最大限度地激发学生的学习动力,使其主动获取资源和知识。[1]

(2)注重学生体验。体验式学习是具有鲜明实践性特点的培养工程人才的重要教学模式,即通过创设与教学内容相关的情境,以真实工程项目为依托,通过真实体验、反思观察、抽象概括和行动应用四个环节让学生理解知识,从而实现教学目标。例如,作为体验式学习的典型,"DEC"与"ITLP"、"工程设计项目"把实验室的项目设计、制作和生产融入课堂教学;"学习工厂"则把现实世界的设计、制造和生产融合到工程课程之中,由教师带领学生团队进行 400 小时的项目实践,为公司、医院等解决实际问题,从而培养世界一流工程师。[2] 总之,体验式学习实现了让学生在融入项目的课程学习中运用具体形象理解抽象理论、运用情感体验激发学习动机、在教师指导下探索解决方案的目的,体现了以学生为中心、以项目为驱动、以学生体验为过程、以能力提高为导向的特点。

(3)问题导向的学习。问题导向的学习强调把课程学习放置在真实、复杂、有意义的工程项目中,让学生在解决真实问题的过程中学习科学知识、提升自主学习能力、培养运用知识和解决问题的技能。例如,"GELP"和"CDIO模式"让学生在解决问题的过程中完成工程课程学习,"工程设计项目"把真实的、开放式、结构不良的问题贯穿整个大学学习生涯。[3] 因此,问题导向的学习使得学生在解决问题的过程中主动获取知识,并注重知识的整体性和有机整合,从而保证了知识学习的综合性和解决问题的灵活性。

(4)面向工程实践的全过程式学习。当代高等工程教育改革的核心是"回归工程实

---

[1] 卓泽林,杨体荣.美国顶尖理工大学创新创业人才培养机制探究:以伍斯特理工学院工程教育培养为例[J].现代教育管理,2016(4):109-113.

[2] GORDON B M.Learning factory[EB/OL].(2017-08-06)[2020-04-18].http://www.aplu.org/projects-and-in-itiatives/economic-development-and-community-engagement/innovation-and-economic-prosperity-universities-designation-and-awards-program/IEP_Library/penn-state-bernard-m-gordon-learning-factory/file.

[3] 李茂国,朱伟.面向工程过程的课程体系研究[J].高等工程教育研究,2014(4):1-5.

践",这必然要求课程体系反映工程的真实过程,即以工程产品的生命周期为教育背景构建基于完整工程过程的课程体系。面向工程实践的课程体系构建和全过程式学习,主要是指以产品的生命周期为工程教育环境,通过设置相互嵌套、相互关联和相互支撑的课程体系和集成化的教学过程,把专业知识的衔接性与工程项目的过程性相互关联起来,达到使学生整合知识、发现工程创新点、提高创业能力、从学校到职场顺利过渡的目的。例如,"DEC"要求学生在创新工作室中把构想设计成模型,再根据模型利用工作室的设备创造出产品;也有的项目要求学生为其研究的产品开发商业化途径,完成从产品到商品的转化;"CDIO模式"则将工程过程理念引入课程体系构建中,形成了"构思—设计—实施—操作"模式,其中,"构思"包括准确定位客户需求,制定项目实施计划;"设计"的重点是运用图纸和算法描述将要实施的计划;"实施"是指将设计转化为产品;"操作"是使用实施的项目产品来实现预期的价值。"CDIO模式"以产品构思、设计、成形、运行和维护的生命周期为载体,通过构建与整个工程项目始终相联系的课程体系,让学生主动学习与工程实践运行过程相关的一系列知识,体现了面向工程实践的全过程学习特点。[1]

自20世纪90年代初"回归工程实践""大工程观"提出以来,人才培养模式改革作为国际高等工程教育改革的核心,其重点是制定科学、合理、明确的人才培养目标以及在这一目标指导下的一系列人才培养保障机制,形成制度化、规范化、特色化的人才培养模式,体现了以创新性工程技术型人才为培养目标、以跨学科教育为培养方式、以"基于项目的学习"为教学模式的特征,代表了目前国际工程人才培养的主流模式。与之相比,我国高等工程教育目前还存在着一些问题,如人才培养目标前瞻性不足,特色不明显;课程体系和内容陈旧,综合性课程较少;重视书本知识和理论教学,忽视实践训练环节和工程实践能力;培养的人才国际竞争能力、领导管理能力、学科知识交叉融合能力、创新创业能力不足;伦理道德教育、社会责任感教育比较薄弱等。[2] 国际高等工程教育改革实践为我国高等工程教育改革、"新工科"建设和应用科技型人才培养提供了重要借鉴。

目前,我国高校虽日益重视学生实践能力的培养,但仍然存在产学研结合程度不高、课程教学与真实生产相脱节、学生参与实践机会少且以模拟性为主等问题。"基于项目的学习"特点充分说明其课程设置、教学内容、学习方式都是与真实生产过程相匹配的。因此,我们要积极转变人才培养方式,通过院系、学科、校企之间的协同,设置跨学科课程体系,更新课程教学内容,创新教学方式方法,推动从模拟性、虚假性教学向生产性、真实性教学转型,推行实践性学习、行动学习、问题导向学习等学习方式[3],最终实现课程教学与真实企业生产的有效对接,进而提高应用科技型人才的培养质量。

---

[1] 李明忠,任林芳,焦运红.美国高等工程教育改革的主要特征:以戈登奖获奖项目为例[J].高等教育研究,2018(1):90-97.
[2] 教育部高等教育教学评估中心.第一份《中国工程教育质量报告》"问世"[EB/OL].(2017-07-12)[2021-04-14]. http://www.moe.edu.cn/publicfiles/business/htmlfiles/moe/s5987/201411/178168.html.
[3] 赵文平.德国工程教育"学习工厂"模式评介[J].比较教育研究,2017(6):28-34.

五、如何推广项目教学

海内外的实践证明,项目教学是实现应用科技型职业高等教育模式以及与企业实践业务无缝对接的载体和有效途径,在我国应用科技型大学大力推进应用科技型人才培养模式的过程中,它作为一种先进的、成功的教学载体,其推广对提高我国高等教育的质量具有强大功效。

(一)消除对项目教学认识上的误区

项目教学的核心理念是通过实践来学习,然而在我国的应用科技型教育教学模式中,实践教学的理念尚未充分确立。长期以来,受到传统的应试教育思想的影响,人们普遍认为理论教学更具学术性,而实践教学则被视为理论教学的一个补充或附加环节。在学校教育中,衡量教育质量的主要标志通常是学生对理论知识的掌握程度。这种思维方式根深蒂固,使得项目教学等强调实践和应用的教育方法在我国的应用受到了限制。此外,项目教学的概念和体系在我国尚未完全建立起来。一些高校在工科项目教学的基础上,将其机械地引入其他应用型教育领域,导致项目教学演变成了模拟教学、实验教学,甚至变成了毕业实习。这进一步弱化了项目教学的本质,即通过学生参与实际项目来培养他们的综合能力和实际问题解决能力。因此,项目教学的理念在我国尚未完全根深蒂固,其教学体系也需要进一步研究和建立。要改变这一现状,需要教育界共同努力,推动实践教育理念的深入传播,培养学生的实际应用能力,以更好地满足社会对全面发展的人才的需求。

应用科技型大学教育教学模式的特点要求学生尽可能早、尽可能多地了解真实的工商业活动。在对经营管理有了真切的感受之后,对理论知识的学习才会有针对性和目的性,对知识的理解才能更深入,真正实现知识向技能的转化。以项目为核心设计包括课程在内的教学体系,符合应用科技型教育教学模式规律。因此,作为一种载体,项目教学应该成为应用科技型教育教学模式改革的方向。

(二)改革教师来源,完善教师组成结构

目前,我国应用科技型大学中的教师具有较高的学历和职称,并拥有较丰富的教学经验,但缺乏工商业从业经验,更缺乏企业任职经历,客观上对应用科技型教育教学模式的实现力不从心。而具有相关项目运作经验、拥有丰富的企业资源的教师队伍,是保证项目教学成功的关键因素,也是实施项目教学的主体力量。因此,除了通过制度设计鼓励教师自我调整,完全可以借助开放的教学体系,由一些工商业界人士来专职负责项目教学工作,形成"内外结合"的新型教师队伍。

(三)优化项目教学运行管理机制

应用科技型教育教学模式下的项目教学需要建立良好的项目教学运行管理机制。为此,通过组织性的保障如建立"专业委员会提出项目、教学内容"的选项制度、"专任导师+专业导师"内外结合的师资队伍、"全时跟踪,阶段总结,集中授课"的过程管理和"项目匿名评审"的绩效考评相结合等教学管理制度,以及相应的教师考核体系,使项目教学的效

果达到预期目标。

（四）调整评价体系，促进项目教学的社会关注与支持

项目教学的许多教学工作是在校外完成的。为了实现实施效果，需要不遗余力地争取各种社会资源，积极获得来自政府部门、企业及社会各界的支持，更重要的是社会有系统的、相应的考评指标体系。否则，在目前我国高等教育单一评价体系环境的约束下，项目教学的开展难有作为。

（五）充分发挥开发主体及其角色与作用

项目课程开发离不开教育部门的组织、支持和课程专家的指导，而直接承担开发任务的主体应当是企业专家与教师，应用科技型院校与职业技术型院校教师尤其要在其中发挥核心作用。只有在他们的紧密合作下，才可能开发出高质量的项目课程。

1. 企业专家的角色与作用

为了确保项目课程内容定位的准确，必须有企业专家深度参与。关键是企业专家该如何参与，在哪些环节他们可能发挥重要作用。目前存在过度迷信企业专家的倾向。有些应用科技型院校与职业技术型院校在课程设置、课程标准编写、项目设计等环节，均反复征求企业专家意见，结果不仅没有获得有价值的意见，反而使得自己无所适从，课程体系杂乱无章。其实，企业专家只是企业的专家，他们所熟悉的只是工作过程本身，对教育原理，尤其是项目课程开发这个高度专业化的领域其实是非常陌生的，他们所拥有的教育知识或来源于其受教育经历，或日常所见所闻，并不具备专业水平。

因此，在项目课程开发中对如何发挥企业专家的作用，应当有客观、深入的技术性分析。事实上，企业专家能发挥重要作用的只有两个环节，即工作任务与职业能力分析，以及教材编写。工作任务与职业能力分析阶段，企业专家的角色是提供工作过程中所要完成的任务，及完成这些任务所需要的职业能力的意见；教材编写阶段，企业专家的角色是就一些具体问题，如操作过程是否规范，所选设备和技术是否符合企业实际等提供意见。而这两个环节企业专家作用的发挥，均需要有教师预先设计的问题框架为条件。

2. 教师的角色与作用

教师在项目课程开发中扮演着关键角色。企业专家虽然不可或缺，但通常难以承担课程开发的主要任务，因为他们缺乏课程开发的理论和方法，而且文本编写工作较为烦琐。相反，本科院校教师受职业习惯的影响，难以深入了解职业教育的规律。而应用科技型院校与职业技术型院校则具备长期的职业教育经验和文化积淀，使得他们能够更好地理解学生学习需求，并开发出适合职业教育实际的课程。虽然这些院校的任务是培养企业所需的人才，但他们仍然是独立发展的主体，具有自己的历史、文化和未来愿景。因此，将教师排斥在课程开发之外或使其处于被动地位是不明智的。教师在课程改革中发挥着重要作用，应充分发挥他们的知识和经验，以确保项目课程的成功。

建立起基于学校的校企合作课程开发机制，即企业在工作任务与职业能力分析和教材编写中系统阐明其对人才培养的要求，学校则基于这些要求以课程形式设计具体的教育过程，其中包括人才培养方案、课程标准、教材等文本的编制。教师是一个富有巨大创新潜力的群体，许多教师的教学方法非常有创意；而项目课程开发中的项目设计是个弹性

大、极富创新的环节,只有充分发挥教师的主体作用,项目课程开发才可能真正取得成功。①

总而言之,要积极借鉴国外项目教学的经验,立足本校办学实际和人才培养定位,把科学教育与实践教育相融合的复合式教育,以团队为基础、项目为核心的教学方法和教学体制,真实世界工作学习的经历,跨学科教育等融汇到项目教学之中。以项目为载体实现新型专业教育,同时也形成一种以项目为基本特征的新型人才培养体制。

第三节 现代学徒制:应用科技型大学校企合作培养人才的有效方式

现代学徒制在英、法、德、美、澳等欧美国家已具有几十年的发展历史,并且是在一种校企合作与工学交替培养应用科技型人才的较为成熟的有效方式,对部分应用科技型大学和职业技术院校的人才培养具有重要的作用和借鉴价值。

一、基本内涵

1.传统学徒制

学徒制是职业教育的最早形态。② 它的历史可以追溯到青铜器时代。作为技能教育的一种形式,它起源于欧洲中世纪,如法国学徒制的历史可以追溯到9—13世纪的"行会学徒制",这种方式一直延续到1971年行会制度的瓦解。从19世纪中叶起,法国开始以国家法令形式干预学徒制,尤以1919年的《阿斯蒂埃法案》为标志。直到1971年,法国颁布了《吉沙德法案》,其又被称为《学徒制法案》,该法案确定了现代学徒制作为法国职业教育体系组成的法律地位。

学徒是一个渴望学习手艺、技术或者专业的人。学徒是学徒制中唯一重要的组成部分。学徒制培训向工作场所的青年人提供机会,帮助他们获得成功,养成良好的工作态度,学习一系列行业所规定的现有的、可获得的工作岗位技能,同时获得收入。③

传统学徒制(traditional apprenticeship)是一种古老的职业训练方法,是指在职业活动中,通过师傅的传帮带,使艺徒获得职业技术和技能,主要是在师傅或专家的指导下掌握所学手艺或工艺的背景知识和取得实际工作的经验。即在学习与日常生活中,在一定的工作场所(环境)通过观察、模仿师傅的技艺,在实践中自然习得技能,受用终身。学徒

---

① 徐国庆.职业教育项目课程的内涵、原理与开发[J].职业技术教育,2008(19):5-11.
② JOHN L S. Overview of career and technical education[M].Orland Pkwy:American Technical Publisher, Inc.,2008:27.
③ 杰弗里·A.康托.美国21世纪学徒制:培养一流劳动力的奥秘[M].孙玉直,译.北京:中国劳动社会保障出版社,2016:9.

制曾经是人们学习的最普遍的方式,从语言、绘画、雕刻、复杂的社会交往技能到某一专业领域的知识与技能都可以通过类似学徒制的方式进行非正式的学习获得。

一般认为,制度化的学徒制出现在中世纪,它是手工业行会组织的一个重要组成部分。而工业革命对学徒制造成了致命的冲击,机器部分代替了人的劳动,原有学徒制所培养的人才满足不了机器大工业生产对人才的需求,职业学校的兴起取代了原有的学徒制。但在"二战"后,随着企业对劳动者的劳动技能和素质要求越来越高,同时各国也在汲取德国"双元制"在人才培养方面取得的成功经验,纷纷实施"学徒制",并根据自身情况对学徒制进行改革和创新。

2.现代学徒制

现代学徒制(modern apprenticeship)从字面理解是"现代"与"学徒制"两个词的组合,但实质上,它是一种现代职业教育制度,是企业工作本位职业培训与学校本位学历教育的紧密结合,是产与教的深度融合,其核心要素与基本特征是校企一体化双元育人;学徒具有双重身份,工学交替,岗位成才。[1]

现代学徒制是通过学校、企业深度合作,教师、师傅联合传授,对学生以技能培养为主的现代人才培养模式。与普通大专班和以往的订单班、冠名班的人才培养模式不同,现代学徒制更加注重技能的传承,由校企共同主导人才培养,设立规范化的企业课程标准、考核方案等,体现了校企合作的深度融合。

现代学徒制初步将我国的教育制度和劳动用工制度相结合,形成了以校企一体化育人为核心的中国特色学徒制基本内涵,即:双元育人、双重身份、交互训教、工学交替,岗位培养、在岗成才。[2] 现代学徒制是由企业和学校共同推进的一项育人模式,其教育对象既可以是学生,也可以是企业员工。对他们而言,就学即就业,一部分时间在企业生产,一部分时间又在学校学习。因此,学生和员工都可以从企业领取相应的工资。但是,作为一种教育新模式,在推广中需要企业和学校专门制定相应的人事政策进行支持。我国最早的现代学徒制是从中职与高职院校开始试点的。2015年,教育部决定遴选165家单位(包括17个试点地区、8家试点企业、100所试点高职院校、27所试点中职学校和13家行业试点牵头单位)作为首批现代学徒制试点单位和行业试点牵头单位。

工学交替计划或学徒制在奥地利和德国被称为"双元制"。最基本的是企业提供的培训与职业教育与培训学校或其他教育与培训机构提供的培训结合起来。在这个计划中,学员花费大量时间在企业接受培训。相同地,在"交替"阶段他们在职业学校或其他教育与培训机构中获得普识教育和职业教育,并且通常辅以一些实操技能和关键能力的学习。在奥地利和德国企业中,每20名员工中就有一名学徒,而欧洲其他国家的学徒工比例要比奥地利和德国低得多。

在欧盟国家,工学交替与学徒制这两个术语经常被交替使用。这两种模式的特点就是高强度、高频率的一体化或真实工作情境。欧洲职业培训发展中心把工学交替培训定义为"教育机构或培训中心与工作场所相结合的教育培训"。工学交替计划可以按周、按

---

[1] 赵鹏飞.现代学徒制人才培养的实践与认识[J].中国职业技术教育,2014(21):150-154.
[2] 赵鹏飞,刘武军,罗涛,等.现代学徒制中国实践、国际比较与未来展望[J].职教论坛,2021(12):6-11.

月、按年实施。根据国家和实际情况,学徒工可以与雇主签订合同和/或领取劳动报酬。此外,学徒制作为工学交替具体的学习形式之一,可被定义为"在工作场所和教育机构或培训中心进行的系统性的、长期的交替培训"。与工学交替的其他学习模式相比,学徒制有其特点,比如学徒制模式需要学徒在工作场所花费大量的时间以获得更多的培训。雇主和学徒签订合同,学徒按照合同规定从雇主那里获得工资或者津贴。此外,雇主必须按照特定的职业向学徒提供相应的培训,社会伙伴负责企业本位的学徒培训质量。[①]

根据现代学徒制的人才培养方式和实施手段的不同,西方经济发达国家现代学徒制实现形式概括起来主要有四个典型代表。

(1)英国的"三明治"模式。英国早在1993年就制定了现代学徒制度计划。[②] 1995年,英国现代学徒制在全国54个行业中普及推广。在国家主导下,学校或培训机构自行制订教学计划,以"学习—实践—学习"的工读交替的产教结合模式实施教学计划。即学生一段时间在校学习,一段时间到工厂实习,工读交替进行。这一模式像一块肉夹在两片面包之中,类似于"三明治",由此而得名。英国的学徒制与德国相比,学校与培训机构的作用得到充分的利用。

(2)澳大利亚模式,实际上是始于20世纪70年代的一种新型现代学徒制度,简称新学徒制。[③] 1998年成为澳大利亚国家的一种教育制度。主要特征是国家统一制定规范的教学标准或培训标准,企业或行业增设特色内容,企业与学校共同完成教学任务。这样就能形成国家、地方和企业标准的有机衔接,从而突破德国双元制人才培养标准的企业本位。学员80%的时间是在工作现场进行的工作本位学习,只有20%的时间是在技术与继续教育学院(TAFE)进行的学校本位学习。课程的设置注重专业性和实用性并重,教学内容是教学工作和课堂教学相结合。

(3)瑞士的"三元制",即学徒培训制度由企业、职业学校和行业培训中心共同合作,企业提出培训或教学的内容要求,行业与学校制定标准,学校、企业共同实施教学,行业监督质量。学生每周1~2天在职业学校接受通识教育和专业基础理论知识教育;每周3~4天在企业实习;每学期1~2周在行业培训中心学习专业的跨行业课程,以补充企业实践和职业学校学习内容的不足。与德国的双元制相比,行业也直接参与了人才培养的过程,使学徒由单一的企业走向行业。

(4)美国的"合作教育"模式,是目前世界上较为流行的工学结合模式。它是把课堂学习与通过相关领域中生产性的工作经验学习结合起来的一种结构性教育策略,其核心是从职业岗位的需要出发,确定能力目标,而能力目标由若干个子目标(子能力目标)构成,可由若干个企业承担。学徒工作的领域与其学业或职业目标是相关的,但不一定是一一对应关系。学徒可来自不同的企业,其培养方式是,学徒可根据子能力目标的不同,选择到能承担该子能力目标的育人企业学习。这种模式与德国相比,不但具有校企双元育人

---

① 欧盟委员会.欧洲现代学徒制[M].孙玉直,译.北京:中国劳动社会保障出版社,2016:7-9.
② 徐瑾劼.英国现代学徒制和澳大利亚新学徒制比较[J].云南师范大学学报(自然科学版),2007(3):74-77.
③ 郭晓丽.澳大利亚新学徒制及给我国的启示[J].长江大学学报(社会科学版),2010(2):337-338.

和学徒的双重身份的典型特征,而且学徒有更为宽广的学习与从业选择空间。在合作教育模式中,学徒、教育机构和企业之间是一种伙伴关系,参与的各方有自己特定的责任。

总之,现代学徒制均为西方经济发达国家职业教育的主导模式,其工学结合的实现形式具有较大的灵活性,但都遵守德国学徒制的"双重"身份、"双元"育人、产教融合,并以培养学生岗位能力为根本原则,因此,调动企业主动参与职业教育,融入人才培养全过程的积极性是实施现代学徒制的基础和前提条件,而国家的法律政策支持是根本保证。[①]

3.现代学徒制新内涵——"高等性"与"职业性"相统一

现代学徒制是传统学徒制融入了学校教育因素的一种职业教育,是现代高等职业教育校企合作不断深化的一种新形式,顶岗实习、订单培养、现代学徒制三者是递进关系。

作为高等教育类型之一的职业高等教育,其本质和特征是"跨界的教育",这是基于对职业高等教育功能定位的深刻认识和对人才培养目标内涵的深刻理解。应用科技型院校作为现代职业教育新体系的重要组成部分,其内涵发展主要体现在"高等性"与"职业性"两个属性上。学徒制以职业实践为中心组织教学内容,充分凸显了高职教育的"职业性",较好地实现了教育的外在价值。但职业高等教育不应是传统职业教育意义上的"应职教育"。近些年,应用科技型院校在办学实践中过多强调社会需求,过分强调职业岗位对人的需求,而忽视了学生自我发展、自我完善的需求;较多关注了教育的外在价值,而忽视了教育的内在价值,一定程度上造成职业教育的畸形发展。这些高职教育的偏差在应用科技型院校的职业教育中应加以避免。

在实现职业高等教育"职业性"的同时,我们必须关注职业高等教育的"高等性",应在凸显职业高等教育"职业性"而实现教育外在价值的同时不失其"高等性"与学术性,从而实现教育的内在价值。因此,必须赋予现代学徒制新的内涵,其核心思想是回归教育本质,以人为本,重视人的全面发展和可持续发展,兼顾社会需求和人的自我发展的需求,这是职业高等教育的内在价值所在。

现代学徒制作为工学结合人才培养模式的深化,其内在的逻辑体系和运作流程蕴含着丰富的职业教育思想,具有深刻的教育价值。这种"工"与"学"的交替、将工作与学习相融合的教育模式的建构和发展,是新形势下高职教育本质特征赋予现代学徒制的新内涵。

现代学徒制的另一个重要方面是学校培养序列,它包括三个层次,即中等职业教育、专科高职教育和应用科技型本科教育、研究生教育。这三个层次的职业教育都是现代学徒制所需要的,不过由于它们所对应的学徒制的层次不同,其人才培养的目标也不同。

目前,在我国学校职业教育体系中,较为完善的是中等职业教育和专科高职教育。虽然国家已要求新升本科院校把办学定位转向职教本科、应用科技型本科教育乃至专业学位研究生教育,但这种类型的高等教育基本上还处于概念阶段,还没有比较成功的转型案例。虽然转型发展是一个非常复杂的过程,但是我国完整的现代学徒制的构建仍然离不开应用科技型本科教育。要获得精湛技术的学徒培养是一种过程更长、组织更为严密、内容更为复杂的学徒制,其目标是培养掌握了精湛技术的技术技能人才,以满足企业对高技能人才的需求。这个阶段的学徒制需要与中职和专科高职相结合。而要实现技术创新的

[①] 赵鹏飞,陈秀虎."现代学徒制"的实践与思考[J].中国职业技术教育,2013(12):38-44.

学徒培养则是更高层次的学徒制,其目标是使技术技能人才获得创新能力。这种层次的学徒制一般需要与专科高职和应用技术型本科相结合,但那些更为复杂的实现技术创新的学徒培养,则由企业在内部实施。[①] 因此,现代学徒制由中职到高职再到职教本科、应用科技型大学本科与专业学位研究生教育层次的不断提升,就是为了培养这种高层次创新型的专业技术技能型与应用科技型人才。

二、现代学徒制提出及其改革实践

20世纪60年代末,德国最终以法令形式确认了双元制的职业教育地位,而双元制被认为是以校企合作为基础的现代学徒制。20世纪90年代后,西方各国也纷纷效仿德国改革学徒制,如英国1993年的现代学徒制改革、澳大利亚1996年的新学徒制改革等。"现代学徒制"一词随之成为当代世界学徒制改革的标签。

现代学徒制作为一种教育理念与教育理论研究,在学术界早已开始研究,并在我国的一些中职与高职院校中进行自发的改革探索与实践,但是作为国家的一项教育改革政策,则是从2011年开始的。

2011年6月,全国职业教育改革创新国家试点推进会强调:"学徒制肯定是产业升级的一种人才培养模式,是提升企业核心竞争力、发展现代产业的人才培养模式。"

2014年2月,李克强总理主持召开国务院常务会议,确定了加快发展现代职业教育的任务措施,提出"开展校企联合招生、联合培养的现代学徒制试点"。2014年6月,国务院颁发的《关于加快发展现代职业教育的决定》,对"开展校企联合招生、联合培养的现代学徒制试点,完善支持政策,推进校企一体化育人"作出具体要求,标志着现代学徒制已经成为国家人力资源开发的重要战略。2014年8月,教育部印发《关于开展现代学徒制试点工作的意见》,制订了工作方案。

2015年7月,人力资源和社会保障部、财政部联合印发了《关于开展企业新型学徒制试点工作的通知》,对以企业为主导开展的学徒制进行了安排。发改委、教育部、人社部联合国家开发银行印发了《老工业基地产业转型技术技能人才双元培育改革试点方案》,核心内容也是校企合作育人。2015年8月,教育部遴选165家单位作为首批现代学徒制试点单位和行业试点牵头单位。

2017年8月,教育部公布遴选的第二批203个单位开展试点,称为现代学徒制试点。2017年12月,国务院办公厅颁发《关于深化产教融合的若干意见》,提出要"推进产教协同育人。……深化全日制职业学校办学体制改革,在技术性、实践性较强的专业,全面推行现代学徒制和企业新型学徒制,推动学校招生与企业招工相衔接,校企育人'双重主体',学生学徒'双重身份',学校、企业和学生三方权利义务关系明晰。实践性教学课时不少于总课时的50%"。

2019年6月,教育部印发《关于全面推进现代学徒制工作的通知》(教职成厅函

[①] 徐国庆.我国职业教育现代学徒制构建中的关键问题[J].华东师范大学学报(教育科学版),2017(1):30-38.

〔2019〕12号），提出了"深化产教融合、校企合作，健全德技并修、工学结合的育人机制和多方参与的质量评价机制，深入推进教师、教材、教法改革，总结现代学徒制试点成功经验和典型案例，在国家重大战略和区域支柱产业等相关专业，全面推广政府引导、行业参与、社会支持、企业和职业学校双主体育人的中国特色现代学徒制"的目标要求。

2019年2月，国务院印发的《国家职业教育改革实施方案》，提出"坚持知行合一、工学结合。借鉴'双元制'等模式，总结现代学徒制和企业新型学徒制试点经验，校企共同研究制定人才培养方案，及时将新技术、新工艺、新规范纳入教学标准和教学内容，强化学生实习实训"。

2020年10月，中共中央、国务院印发《深化新时代教育评价改革总体方案》，明确提出要探索"具有中国特色的高层次学徒制"。

综上所述，现代学徒制在我国历经了"政策酝酿—试点改革—全面推广"逐步全面深入的发展阶段。自2014年以来，逐步有计划、有步骤地全面推进现代学徒制改革，并把它作为建设富有中国特色高水平现代教育新体系的一个重要内容。

三、现代学徒制对应用科技型人才培养的重要作用

建立现代学徒制是职业教育系统积极响应当前经济社会发展要求的举措，有效推动了职业教育与劳动就业体系相互关联发展。它有助于畅通并拓宽技术技能人才培养和成长渠道，有策略性地推进现代职业教育体系的建设。此外，它是深化产业与教育融合、校企合作，实现工学结合和知行合一的有效途径。最重要的是，现代学徒制是全面实施素质教育的关键组成部分，将提高职业技能与职业精神的培养高度融合，助力学生培养社会责任感、创新精神以及实践能力。

应用科技型创新人才的独特之处在于"应用"元素与"创新"元素的融合，反映在认识论层面即"理论"与"实践"的融合式创新。具体而言，应用科技型创新人才具有企业实践与学校学习的融合式创新、理论知识与实践问题的融合式创新、显性知识与隐性知识的融合式创新、以工程知识为载体的多要素融合式创新等特征。[①] 现代学徒制结合了传统学徒培训与现代学校教育思想，强调学校与企业合作。传统校企合作存在设计和执行问题，特别是在培养创新人才方面缺乏理论支撑。现代学徒制需要更全面的范式构建，重新思考学校和企业的角色定位，以更好地培养应用科技型创新人才。

现代学徒制充分践行了"理论与实践一体化"教学理念，将理论与实践教学相互交织。在德国，学徒在企业接受技能培训的时间与在学校脱产学习的时间比例为7∶3。他们在企业获得实际技能训练，然后在学校进行专业和文化知识学习，实现了学校和企业之间的协作。在英国，学徒在企业和培训机构接受技能和理论培训，通常每周1天在培训机构学习，4天在企业工作。这种交替的工学培训方式与培养应用科技型创新人才的特点非常契合。然而，学校教学模式和管理制度目前妨碍了工学交替，原因在于企业工作的不确定性与学校连续性教学任务之间的冲突。通过现代学徒制，学校和企业可以制定创新人才

---

① 李政，徐国庆.现代学徒制：应用型创新人才培养的有效范式[J].江苏高教，2016(4):137-142.

培养计划,更灵活地安排理论和实践教学,有助于培养具备综合知识和问题解决能力的人才。在这种教学模式中,学生在企业中由经验丰富的导师引导学习实践知识,并与他们深入讨论实际问题,形成实践和理论的过渡。随后,他们进入学校学习基本理论知识,将在企业中遇到的问题带入课堂进行探讨,形成理论和实践的第一次碰撞。接下来,学生在学习过程中综合应用多要素的知识,解决问题,形成完整的知识理论和解决方案,促进不同形式的知识交流。最后,他们将理论解决方案和课堂学习应用于实际生产,形成实践和理论的第二次碰撞,促进知识创新的进程。这是现代学徒制培养应用科技型创新人才的内在机制。

(一)学生、学校、企业的共同约定——构建校企合作平台

现代学徒制代表了对传统学徒制和学校教育制度的重新整合,其核心特征是学生和学徒身份之间的交替性。这体现在以下方面:

(1)招工即招生:现代学徒制首先解决了学生作为员工的身份问题。学生在参与学习的同时也扮演员工的角色,实际融入企业工作环境,获得实践经验。

(2)校企共同负责培养:学校和企业共同负责学生的培养计划。他们一起制定培养方案,实施人才培养,各自发挥专业特长,分工合作,共同承担培养责任。这种协作方式使得学生接受更全面的培养。

(3)突破机制和体制瓶颈:实施现代学徒制需要突破传统教育机制和体制上的障碍。这可能涉及改革学校和企业之间的合作模式,创新教育资源共享方式,以及促进校企合作向更深层次发展。

总之,现代学徒制通过将学校和企业的教育资源相互整合,实现了学生在学习和实践中的交替角色,提供了一种更贴合实际职业要求的教育模式。然而,其成功实施需要创新合作方式,突破传统体制和机制上的限制,以确保学生得到充分培养和发展。

(二)课程体系的重构、课程内容的重组——重建学习载体

现代学徒制要实现高技能人才培养,各专业必须通过充分的市场调研确定人才培养规格和专业培养目标,制订专业培养方案,重构课程体系和确定课程标准,遵循学生的认知规律及职业成长规律,真正形成融合学生人文素养、专业知识、职业技能、职业态度和职业素养的培养体系,其中包含通过校内实训、校外实训和顶岗实习递进式的系统的专业实践教学体系。

(三)"工"与"学"的交替——变革教学组织和管理模式

要依据培养过程中学生发展的共性和个性需求选择教学组织方式,实行校企共同参与的"柔性化"的教学管理模式,校企共同实施课程管理、共同评价课程实施效果和评估高技能人才培养绩效,为现代学徒制培养高技能人才提供管理上的支撑。

(四)集聚教学团队的目标

职业高等教育的本质特征决定了应用科技型院校教学团队的特殊性。专兼结合教学团队的建设是应用科技型院校提升自身核心竞争力的首要任务,专兼结合教学团队的建设水平也是提高高技能人才培养质量的关键要素,专任专业教师也要努力提升自身的双师素质。

(五)可持续发展的价值取向

在现代学徒制的框架下,学生具备了一系列独特的优势,包括对产业文化、行业文化和企业文化的领悟能力,对职业规范的理解,对职业风范的把握,以及创新创业意识的激发。这些特质使得他们在职业发展中具备竞争力。为促进学生的成长和发展,现代学徒制建立了以目标考核和发展性评价为核心的学习评价机制。这种机制注重学生的人文素养、沟通能力、职业素养和文化自觉等方面的评价,强调学生可持续发展的知识结构、能力结构和学习品质。这些评价方法通用于校企之间,全面涵盖了现代学徒制实施过程中的各个学习和实践环节。

综上所述,现代学徒制有利于促进行业、企业参与职业教育人才培养全过程,实现专业设置与产业需求对接,课程内容与职业标准对接,教学过程与生产过程对接,毕业证书与职业资格证书对接,职业教育与终身学习对接,提高人才培养质量和针对性。

四、如何推进与实施现代学徒制

(一)深化工学结合人才培养模式改革

工学结合人才培养模式改革是现代学徒制试点的核心内容。应用科技型大学要选择适合开展现代学徒制培养的专业,与合作企业根据技术技能人才成长规律和工作岗位的实际需要,共同研制人才培养方案、开发课程和教材、设计实施教学、组织考核评价、开展教学研究等。校企应签订合作协议,应用科技型院校承担系统的专业知识学习和技能训练;企业通过师傅带徒形式,依据培养方案进行岗位技能训练,真正实现校企一体化育人。

(1)培养模式改革。坚持德技并修、工学结合、知行合一,按照企业生产和学徒工作生活实际,实施弹性学习时间和学分制管理,育训结合、工学交替、在岗培养,积极探索三天在企业、两天在学校的"3+2"培养模式,着力培养学生的专业精神、职业精神和工匠精神,提升学生的职业道德、职业技能和就业创业能力。

(2)按照专业设置与产业需求对接、课程内容与职业标准对接、教学过程与生产过程对接的要求,校企共同研制高水平的现代学徒制专业教学标准、课程标准、实训条件建设标准等相关标准,做好落地实施工作。在开展现代学徒制的专业率先实施"学历证书+若干职业技能等级证书"制度探索。

(3)要注重确定全面的知识、技能和能力标准。学徒制的核心问题是学员所要发展的知识、技能和能力的质量。高质量的学徒制是工作本位学习与学校本位学习的结合,工作本位学习涉及多方面的能力,再结合学校本位学习,可使学员发展涵盖整个专业领域的能力,并对所属职业领域有一个全面的了解。未来的技术和工艺变化多端,新旧技术交替,为了使人们能够适应这些变化,发展学员的这些专业能力是十分必要的。社会各方积极参与制订标准是一个很重要的质量影响因素,这在双元制体系中也得到了充分发展。对于较小规模的工作本位学习活动的认证标准和学习成果描述需要加以考虑。他们设定了通过工作本位学习活动所获得的知识、技能和能力范围。范围应该足够广泛,以使学员能够全面了解所从事的职业,从而不但顺利实现就业的角色转变,也能从容应对未来的变革。另外,学员不但需要牢固掌握本专业的基本技能,也需要发展本专业的专项技能。[1] 埃文斯(Evans,2002)描述了劳动者技能金字塔的三层结构:第一层,一系列的基础技能和就业技能,即所在领域的所有劳动者都应该具有的基础知识和能力以及天性本能(例如解决问题的能力和团队合作的能力);第二层,一系列的专业技能,包括此产业群里所有劳动者的普遍知识和能力;第三层,特定职业工作分类的具体专业技能。[2]

威斯康星技术学院体系(Wisconsin Technical College System,WTCS)长期对威斯康星州企业提供服务来支持学徒制。威斯康星技术学院体系开发了职业资格证书和相关的学位专业以满足各类学徒制专业需要,这些专业不仅能满足学徒制要求的教育部分,同时向劳动者教授相应技能,以促使其终身学习,也允许学徒制工人获得大学学位。在纽约,帝国州立学院(Empire State College)也具有提供类似教育机会的悠久历史。[3]

(二)加强专兼结合师资队伍建设

加强专兼结合的师资队伍建设是推动现代学徒制试点工作的关键任务。为实现校企共建,教学任务应由学校教师和企业师傅(企业导师)共同承担,形成校企双导师制。在促进校企密切合作的同时,需要突破教师编制和用工制度的束缚。可通过探索建立教师流动编制或设立兼职教师岗位的方式,加强学校与企业之间的人员互聘共用、双向挂职锻炼,以及横向联合技术研发和专业建设的力度。

合作企业在师资队伍建设中发挥关键作用,应选择优秀高技能人才担任师傅,并明确企业导师的责任和待遇。企业导师承担的教学任务应纳入考核,并为其提供带徒津贴。高校方面,需要将企业实践和技术服务作为指导教师的一项重要考核依据,并纳入晋升专业技术职务的评价体系。

在团队建设方面,双导师团队制度的推广是必要的。学校和企业可分别设立兼职教师岗位和学徒指导岗位,完善相关选拔、培养、考核、激励等办法。通过加大人员互聘共用、双向挂职锻炼以及横向联合技术研发和专业建设的力度,打造专兼结合的双导师团队,为现代学徒制的成功实施提供有力支持。

(三)建立高层次学位学徒制,摆正职业教育与学术(普通)教育的关系

英国、法国等国家开展学位学徒制以满足经济发展和产业结构变化对人才的需求。学位学徒制主要有以下特点:一是为经济发展与产业转型提供了高忠诚度、低成本的人才;二是实现了企业与学校在更高层次的产教融合;三是摆正了职业教育和学术教育之间的关系,实现了职业教育与学术教育的相互融合;四是极大增强了学徒制的吸引力;五是将职业资格证书和学位文凭证书融通,从而在制度上保证了职普融通。如,2015年英国推出的"学位学徒制"分为本科(对应职业资格六级)和硕士(对应职业资格七级)两个层次,吸引了包括伦敦城市大学、考文垂大学等在内的87所大学和包括空客、劳斯莱斯等在

---

[1] 欧盟委员会.欧洲现代学徒制[M].孙玉直,译.北京:中国劳动社会保障出版社,2016:27-28.
[2] 杰弗里·A.康托.美国21世纪学徒制:培养一流劳动力的奥秘[M].孙玉直,译.北京:中国劳动社会保障出版社,2016:160.
[3] 杰弗里·A.康托.美国21世纪学徒制:培养一流劳动力的奥秘[M].孙玉直,译.北京:中国劳动社会保障出版社,2016:15.

内的68家企业开展了高等学徒制和学位学徒制,目前剑桥大学也开始加入其中。[①]

(四)形成与现代学徒制相适应的教学管理与运行机制

科学合理的教学管理与运行机制是现代学徒制工作的重要保障。

(1)高校与合作企业根据现代学徒制的特点,共同建立教学运行与质量监控体系,共同加强过程管理。指导合作企业制定专门的学徒管理办法,保证学徒基本权益;根据教学需要,合理安排学徒岗位,分配工作任务。应用科技型院校要根据学徒培养、工学交替的特点,实行弹性学制或学分制,创新和完善教学管理与运行机制,探索全日制学历教育的多种实现形式。高校和合作企业共同实施考核评价,将学徒岗位工作任务完成情况纳入考核范围。[②]

(2)提供多样化的工作本位学习的机会。在学徒制与工学交替学习模式下,学员大部分时间在工作场所接受培训,工作场所为培训者提供了全方位的学习机会,以拓展技能、积累知识和提高能力,从而使他们成为合格的、全面发展的职业人。但是,过于细化或者具体的企业事务性工作限制了学员转换工作和发展的机会。学员需要被置于新的工作情境和任务中,工作本位学习模式提供的教学情境应该能够发展学员广泛的知识、技能和能力(包括关键能力)。企业特别是中小企业可以通过联合成立"培训联盟"的形式为学员提供全方位的学习情境和任务,学员在不同的企业中接受学徒制教育,能够学到不同的技术和工艺流程。在信息技术或创意产业等经济领域,可以不按传统的学徒制方式在工作场所进行培训,可以通过"师带徒"的方式进行精细培训。工学交替的创新性模式可以克服不足,例如对学员采用问题导向的、布置创造性和创新性任务的方式进行培训。

(3)清晰界定工作本位学习的成果和目标。所有岗位培训期,甚至是一个较短的培训期,学员和雇主双方都应该有明确的教学目的、确定的学习成果和具体的学习目标。在某些情况下,学员参加的岗位培训时间较短,例如几个星期,这个时候工作任务通常都很简短,并不是被当作有着清晰目标和计划任务的学习过程加以设计,学员在岗培训期限内,真正学习和技能发展的机会有限。将工作本位学习和学校本位学习有机结合起来,是学徒制成功的关键。严格地说,学员容易接受成果导向的课程,雇主也容易把握学员期望获得什么样的知识、技能和能力。这就需要准确理解其评价方法,以及知道如何对岗位培训进行评价(过程评价/终结性评价)。[③]

(4)健全与现代学徒制相适应的教学管理与运行机制。校企协同制订现代学徒制专业人才培养方案,并由学校与二级学院学术委员会审定。校企共同分担人才培养成本,完善教学运行与质量监控体系,规范人才培养全过程。

(五)构建以学徒标准、学习内容、学习效果为核心的全过程质量监督与管理体系

(1)建立起行业协会主导、多方参与制定高质量现代学徒制标准的机制。行业协会作

---

① 赵鹏飞,刘武军,罗涛,等.现代学徒制中国实践、国际比较与未来展望[J].职教论坛,2021(12):6-11.
② 教育部.关于开展现代学徒制试点工作的意见(教职成〔2014〕9号)[EB/OL].(2014-08-27)[2020-05-12].http://www.moe.gov.cn/srcsite/A07/s7055/201408/t20140827_174583.html.
③ 欧盟委员会.欧洲现代学徒制[M].孙玉直,译.北京:中国劳动社会保障出版社,2016:28-29.

为"知识中心"成为学徒项目的重要实施机构,在制定学徒制标准促进和实施技能开发方面发挥着基础性作用,甚至有些国家如荷兰的行业协会在学徒制培训法规制定方面也发挥着重要作用。行业协会通过强调教育培训内容的高质量以及标准本身的规范性和统一性,确保学徒制培养质量。

健全学徒制标准体系,一是要根据学徒培养岗位和职业发展路径,从岗位职业能力分析入手,构建模块化专业课程体系,研制专业教学标准,在此基础上建立健全以专业教学标准为核心,涵盖课程标准、学徒考核评价标准、校企双导师标准等的标准体系,并根据产业发展需求,构建三年一周期的标准动态优化机制。二是要以标准为引领,校企共同开发基于岗位工作内容、融入国家职业标准的专业教学内容和教材,并建立行业企业导师库。

(2)建立起以岗位技能需求为核心的高质量学习和培训系统。各国都极为重视学徒制项目学习和培训内容的高质量,以确保学员不仅能满足现实岗位需要,也能够满足未来岗位迁移和发展需要,即在现有岗位职业技能基础上,通过广泛、横向和可转移的技能培训,增强学徒适应岗位迁移和市场变化的能力。比如瑞士通过行业(产业)培训中心提供基础知识和跨行业课程培训,以补充企业实践和职业学校学习内容的不足。澳大利亚也进一步强化了能力本位,不仅对学徒有明确的能力要求,也支持对公司培训师和教师的专业能力开发并改善其工作条件,从而确保教师队伍的高质量。教师不仅要达到"培训与鉴定"培训包所规定的能力要求,还必须达到职业教师的专业能力要求,并由雇主对教师的实践效果进行严格的考核与评估。

(3)形成多方参与的学徒制质量监督管理体系。诸多国家都设有三方机构或双方机构来制定、实施、监督学徒培养。比如,德国制定新的国家战略以支持学徒制发展,其"双元制"进一步强化了以企业为主导开展校企合作育人,建立了德国联邦、州、地区三级学徒制管理模式和以行业协会为核心的监督管理机制,确保学徒培养质量。

(4)加强教学资源建设。充分利用生产性实习实训基地、技能大师工作室、工程技术研究中心、协同创新中心等,发挥校企双方的场所、设备、人员优势,共同开发一批新型活页式、工作手册式教材并配套信息化资源,及时吸纳新技术、新工艺、新规范和典型生产案例,形成共建共享的教学资源体系。

(六)完善法律法规体系,加大现代学徒制工作政策支持

教育行政部门与应用科技型院校要推动政府出台扶持政策,加大投入力度,通过财政资助、政府购买等奖励措施,引导企业和应用科技型院校积极开展现代学徒制试点。并按照国家有关规定,保障学生权益,保证合理报酬,落实学徒的责任保险、工伤保险,确保学生安全。大力推进"双证融通",对经过考核达到要求的毕业生,发放相应的学历证书和职业资格证书。美国、澳大利亚和欧盟国家在现代学徒制实践与改革方面的一些经验与做法,值得我国应用科技型大学与职教本科院校在构建现代学徒制新体系方面加以借鉴。

发达国家极为重视法规政策的支持作用,并为学徒制建立系统的、清晰的法律政策体系,为学徒制的实施提供了明确的法律政策保障。各国法律政策有以下特点:一是建立了国家层面、地方层面等多层面学徒制相关法案;二是学徒制相关法案覆盖学徒制人才培养各个环节,有效推动了学徒制的开展;三是学徒制相关法案操作性强,明确了各参与主体的权责利。如,英国 2009 年颁布《学徒制、技能、儿童和学习法案》,标志着英国现代学徒制的组织管理有了法律依据。2017年4月开始征收学徒税,作为支付学徒培训和评估活动的重要经费保障。美国也出台了类似的法案,将学徒制纳入联邦政府的职责范畴。而且,发达国家普遍出台政策,支持参与学徒制的公司,尤其是各种类型的中小型企业,也会支持为学徒制项目提供合格的培训师或导师的公司。另外,一些国家还通过确保学徒获得足够的劳动报酬和社会保护,激发其参与学徒制的动力。[1]

因此,要探索制定各省(市)级层面的学徒制专项管理条例,建立学徒制管理制度框架体系,成立省级层面的学徒制管理中心,做实省级层面的学徒制专委会机构,推动形成学徒制立法。深化产教融合,保障学徒的工资、社保、休假等基本权益。推进职普融通,探索职业教育与普通高等教育的学分积累、认定、转化机制,增强社会认知和认同。优化学徒制供给层级结构,探索本科及以上学历的高层次学徒制。

应用科技型大学的学徒制人才培养模式改革应实现"三个转变":由传统学徒制向现代学徒制转变,由西方现代学徒制向中国特色现代学徒制转变,由中国特色现代学徒制向中国特色高层次高水平的现代学徒制转变,使现代学徒制在中国大地上生根、发芽、成长乃至一步步走向成熟。在这个过程中,要立足国情、融通中外,不断构建中国特色职业高等教育话语体系与理论体系,在"扎根中国大地办教育"的基础上为世界职业教育作出重大贡献。以中国特色高层次高水平现代学徒制为本质特征的职业高等教育来引领"中国制造"迈向"中国智造",培养更多大国能工巧匠,使每个人都有人生出彩的机会,为促进就业创业创新、推动经济高质量发展提供强有力的人才保障。

第四节 应用科技型大学人才培养模式国际案例
——德国应用科学大学的人才培养模式

欧洲尤其是德国应用科学大学在其人才培养模式的改革实践过程中,逐渐形成了富有本国特色与学校特色的人才培养模式与典型案例。这些模式与案例对广大应用科技型院校在改革与探索富有本校特色的应用科技型人才培养模式中具有一定的示范、借鉴意义和参考价值。

德国传统上把大学定位于学术型人才的培养,功能和目标相对单一,专业设置以基础性学科为主,且学制较长,获得大学文凭至少需要五年时间,无法满足新增的社会需求。而德国应用科学大学人才培养的最显著特色则是突出的实践性和应用性导向。实践型和应用型人才培养是德国应用科学大学人才培养的突出特色,也是其核心的比较优势,这体现在新生录取、专业设置、课程设置、教学方式、实习安排、师资配备和考核、国际化办学等多个方面。

---

[1] 赵鹏飞,刘武军,罗涛,等.现代学徒制中国实践、国际比较与未来展望[J].职教论坛,2021(12):6-11.

一、招生主要面向具有职业教育背景或实习经验的学生

应用科学大学以培养高层次应用型人才为目标,在人才培养的第一个环节即招生环节上便十分注重招收具有实践经验的学生。应用科学大学招收的学生需要具有"高等专业学院入学资格"[①]。这是一种专门针对应用科学大学的入学资格,学生通常是在职业高中、专科高中[②]或职业专科学校等职业教育学校获得这一资格。除了接受学校的理论教育之外,学生往往还需要完成1年(在有些联邦州是半年)的职业实习才能获得这一资格。除了这一专门的入学资格之外,持有"普通高校入学资格"或"绑定专业的高校入学资格"[③]的学生也可申请进入应用科学大学学习。不过,不少专业都要求这类申请者在入学之前先在相关职业领域完成一次学前实习或者专业实习。因为有这样的录取前提,所以应用科学大学所招收的学生已经普遍具有所学领域的实践经验,有不少应用科学大学的申请者甚至在上大学之前已经完成了双元制职业培训,获得了相应的就业资格。[④] 这些学生在相关专业领域所积累的实践经验及其在实践中所遇到的问题,无论是对其个人的学习还是对提高应用科学大学教学的实践性,都具有推动和促进作用。

二、培养目标以高层次高质量应用科技型人才为主

德国应用科学大学主要是培养行业性质的应用科技型人才,培养的人才具有很强的实践倾向,而且能灵活调整以适应就业市场的变化。1968年组建应用科学大学的协定中有明确规定:应用技术大学应对学生进行一种建立在传统理论知识基础上的教育,使学生通过国家规定的毕业考试,能够从事独立的职业活动。应用技术大学主要培养具有各种专门职业技术的高级应用型工程师,如从事产品开发、质量检验、核算、设计、生产、装配、维修、保养、营销等工作,其毕业生职业定位为大中型企业技术骨干或小型企业管理者及技术骨干。[⑤] 可以说,应用科学大学的人才培养模式是以学生未来就业岗位的需要为导向,并根据经济与社会的发展变化以及企业的实际需求确定学生培养目标。1998年之后,应用科学大学更加明确地提出培养高层次应用科技型人才——除了学士之外,还培养应用科技型硕士,甚至和综合性大学联合培养博士,但无论是培养学士、硕士还是博士,应用技术大学的人才培养都以实践应用为取向。

作为SRH大学联盟的成员院校之一,海德堡应用科学大学与SRH集团具有共同的

---

① 凭"普通高校入学资格"可以申请在德国任何一所高校的任何一个专业学习。
② 专科高中学制一般为两年(其中一年为专业实践教育),主要接收实科中学的毕业生,已经参加过双元制职业培训的实科中学毕业生可以免去一年的专业实践教育。
③ 凭"绑定专业的高校入学资格"可以申请在所有高校中的特定专业(如物理学)中学习,适合偏科的特长生选择。
④ BMBF(Hrsg).Die Fachhochschulen in Deutschland[R]. Bonn:BMBF,2004:11.
⑤ 姜朝晖.德国应用科学大学人才培养模式探析:以海德堡应用技术大学为例[J].世界教育信息,2014(20):31-34.

使命：为年轻人提供国家认可的学位，以使其在未来的求职市场中谋得一席之地；培养学生的个性和独立自主的能力；利用自身优势为社会提供以应用为导向的研究。海德堡应用科学大学始终遵循这样一种理念——培养个性自由、具有主见、责任心强、拥有国际化精神和进取心的应用型人才。具体到各个院系，也都体现了这样一种致力于培养应用科技型人才的特点。例如，商学院的培养目标是培养了解商业入门知识及相关理论、懂得商业操作的一线人才；应用心理学院的培养目标是培养能够运用心理学相关知识处理文化、社会、经济、生活事务的应用型人才；信息学院的培养目标是培养软件行业和公共服务行业的应用型人才。

德国乌尔姆应用科技大学非常重视学生工程能力的培养。一般而言，本科专业学制为3.5年，第一年为数学、物理、专业基础课程；第二年及以后，进行专业课的学习，最后半年做毕业论文。非常有特色的是，学生在第三年要有半年的时间在企业实习。此外，该高校还和"乌尔姆商会"以及"Robert Bosch乌尔姆技术学校"等机构和学校合作，开设了二合一学习过程。该过程允许学生在四年半的时间内获得两个资质：技工和工学学士。这需要学生和企业事先联系，并能够在企业进行实践训练；而企业则需要承担学生所有的学费。提供上述称为"乌尔姆模式"的系部包括：机械和自动化工程系、电子工程和信息技术系、产品工程和工业管理系、工业工程系。学生在企业实习半年的做法，能够很好地让学生提前进入角色，获得工程能力的培养。但是在现在高校学生人数巨大、大学生就业困难的背景下，找到相当数量的合作企业接收实习学生还是比较困难的，而且在管理方面也存在相当的难度。

三、专业设置聚焦于应用性专业和学科

强调应用性是应用科学大学学科专业设置的重要特色，也是其与综合性大学的显著区别。相比之下，德国的综合性大学在学科专业设置上更为广泛，其特点在于按照学科内部的发展逻辑来设置专业，注重教学和科研，培养未来的学术领袖和研究者。而应用科学大学的专业设置则更加注重将学科知识与实际应用联系起来，旨在培养能够在职业领域中直接应用知识的应用科技型专业人才。这使得应用科学大学在满足行业需求、培养职业能力方面具有独特的优势。德国应用科学大学的专业设置主要集中在工程与社会科学等应用性比较强也比较容易就业的学科或专业领域，例如：工程科学、经济学/经济法、行政管理与司法服务、计算机技术、农林/食品营养、工程学、经济/经济法、通信传媒、塑造/设计、卫生/健康/护理、社会服务/社会福利与社会教育等。[①]

应用科学大学的主要任务是培养高层次的应用科技型人才，这些人才具备应用科学知识和方法解决实际问题的能力。因此，应用科学大学的专业设置通常以解决实际问题和满足行业需求为导向。这进而导致了他们在专业设置方面很少设立纯粹的基础性自然科学（如物理学、化学）或社会科学（如社会学）专业，有些甚至完全不提供这类专业。相

---

① KMK(Hrsg).Das Bildungswesen in der Bundesrepublik Deutschland(2010—2011)[R]. Bonn：KMK，2010：145.

反,应用科学大学更关注那些直接关系到职业领域和实际应用的专业,例如工程学、信息技术、医疗科学、商业管理和应用数学等。这些专业更侧重于培养学生具备实际问题解决能力的技能,以满足工业界和市场的需求。总而言之,应用科学大学的专业设置反映了其关注应用性和实际问题解决的使命,以培养应用科学知识的实际应用能力为中心。例如,海德堡应用科学大学无论是专业设置还是课程设计都非常注重实际应用。在专业设置方面,全校6个学院下设18个学士学位专业、13个硕士学位专业,这些专业基本上都是应用型专业。这样的专业设置与应用技术大学明确的人才培养目标相一致,并与综合性大学注重基础性和学术性的专业设置形成良好的互补。希望学习基础性知识或从事学术研究的学生通常选择进入综合性大学学习,而那些希望从事某类具体专业性工作的学生则可以选择专业对口的应用科学大学。这样一种专业设置也在很大程度上保障了毕业生的就业竞争力。对于德国人而言,应用科学大学和综合性大学只有学校定位和专业设置的不同,并不存在地位高下或生源质量的显著差别。

德国乌尔姆应用科技大学根据国家经济发展的情况设置了电类相关专业,如:工程类、计算机科学、数字媒体等;特别地,基于当前的国际能源问题,开设了国际能源经济专业。在专业课程设置方面,学校特别重视学科交叉。例如,国际能源经济专业涉及三大学科能源、计算机科学和经济,这是因为能源经济本身就是一个国际化、多学科的综合问题。而这个专业不仅具有前述基本的学生培养过程,还有一个特殊的环节:在第四学期,要求学生到国外合作大学进行为期一个学期的学习,以培养学生的国际竞争力和文化融合背景。由于这个专业涉及了三大学科,因此,课程设置是颇费脑筋的事情。但是,从该专业的课程设置来看,其非常重视基础课程。例如,在计算机科学方面,该专业设置了商务信息系统、物理和电子工程、数据库、控制、仿真等课程。从课程设置可以看出,该专业把计算机作为工具,重点放在对计算机的基础应用方面,并通过课程设计来加强对计算机应用能力的培养,如电动汽车仿真、电子市场仿真等。此外,学生每学期的课程一般是六门,这和我国高校的课程设置有很大不同。我国高校给学生设计的课业较多,学生缺乏课外时间;而乌尔姆应用科技大学的课业较少,能够给学生充分的时间进行课外学习。[1]

四、教学以实践为导向,突出实践教学环节

应用科学大学在教学方面最大的特点是注重实践,主要表现在三个方面。

第一,与理论教学相比,实践教学环节所占的比重比较大,包括实验教学、实践学期、项目教学、毕业论文和学术考察等。其中,实践学期是应用科学大学教学的一个重要组成部分。学习期间,学生必须在企业或其他组织机构中完成至少一个实践学期,而且学校通常要求这些校外机构所提供的实践教学和学校所提供的理论教学能够有机地结合起来。另外,应用科学大学的学生一般选择在企业中完成其毕业论文。通常来说,在企业中完成毕业论文的学生比例为60%~70%,在有些学校,这一比例甚至在90%以上。

---

[1] 陈宇峰,向郑涛,张涛,等.德国乌尔姆应用科技大学人才培养模式对地方高校电类专业人才培养的启示[J].科教导刊,2017(11):7-8.

第二,就教学内容而言,应用科学大学强调实践导向,这一特点贯穿于其理论教学中。学校侧重教授如何将科学知识和方法应用于实际问题的解决,更加注重传授与职业和行业实践密切相关的专业知识。与纯粹的理论学科不同,应用科学大学的教育目标在于培养学生具备实际问题解决的能力。这意味着教学内容更加实际,注重如何将理论知识应用于职业领域,以满足实际需求。这有助于学生在毕业后能够直接应用所学的知识和技能,顺利进入职业领域并为其作出贡献。总之,应用科学大学在教学内容上强调实践导向,注重将科学知识与实际问题解决相结合,以满足职业和行业实践的需求。这反映了其强调实际应用的教育理念。

第三,在教学方法上,应用科学大学的教学除了使用课堂讲授法之外,还结合使用实地教学和案例教学等多种有助于培养学生实践动手能力的教学方法。[①] 如乌尔姆应用科学大学的教学形式比较多样,理论教学的形式有课堂教学、习题练习、讨论研讨等;实践教学的形式主要包括实验教学、实习学期、项目教学、毕业设计和学术旅行等;考试形式也很多样,根据课程的特点,除了考试/测验之外,还有书面报告、课外作业、实践记录、实验结果、口头汇报等,从多方面考查学生学习的状况,并且也能从考试中得到相应的能力培养和锻炼。在"车联网导论"课程教学中,在提纲挈领式的教学后,让学生通过自主选题、分组讨论、课堂汇报、大作业等过程完成课程内容的学习,并对各个过程进行考核,综合培养了学生在自主学习、文献检索、文字表达、口头表述、PPT演示、团队合作等方面的能力,取得了较好的效果。

德国乌尔姆科技大学的机械实验室令许多参观的人惊讶,尤其非常令人震撼的是该校对综合课设的重视。综合课设是结合多门课程知识的课程设计。学生被分组完成综合课设,而且课设效果需要通过笔试进行考核。甚至一个综合课设由几届学生持续多年实施,每届学生都有自己新的想法,而且是在前一届学生的基础上继续深化实施。通过几年的综合课设,课设结果相当富有技术含量,令人叹服。此外,实验室的布设也让人耳目一新。该校实验室充分利用了实验室空间,按照功能区划对实验室设备进行了合理摆放;不仅如此,还利用了加层设计,利用实验室的高度优势,开辟了新的空间。这些都让人深有感触。一方面,让人感叹于该校对实验室空间的严谨规划,从立体的角度充分利用实验室空间;另一方面,让人感叹于该校对实验室功能的合理区划,技术相近的实验安排在一个功能区或者实验室,使得学生在实验室的实验能够有效衔接。

德国应用科学大学主要通过校企合作、产学研一体化、跨学科培养、国际联合培养等方式培养学生。同时,随着知识经济和社会发展对复合型人才的要求,学校还进行跨学科和跨专业人才培养。在具体的教学方法方面,除了课堂讲授法之外,应用技术大学还使用实地教学法、案例教学法等方式培养学生的动手操作能力以及分析和解决问题的能力。例如,海德堡应用科学大学形成了著名的"海德堡学习模式"(Heidelberg study modes),即强调理论的应用,将理论知识和实践知识有机结合,如使用案例法、管理练习等。具体的教学方式有:小班教学、个别交流、商业应用项目、国际实习等。值得一提的是,海德堡应用科学大学的学生一入学就能受益于学校遍布全球的商业伙伴——海德堡应用科学大

---

① 孙进.德国应用科学大学的办学特色:类型特色和院校特色分析[J].比较教育研究,2011(10):67.

学与许多大型企业建立了合作关系,如 SAP、IBM、西门子、奥迪、奔驰等,最大程度地为学生提供实习机会。此外,学校还与一些中型公司开展项目研究的合作。培养方式的创新提升了学校的教学质量。据统计,海德堡应用科学大学 90% 的学生能够顺利完成学业,85% 的学生能够最终找到自己喜欢的工作。这主要归因于两点:一是"海德堡学习模式"的实施;二是学校的人才培养方式实现了理论和实践的结合。

五、课程设置和授课方式强调实践性

德国的应用科学大学在教育过程中强调实践性,不仅开设大量实践性课程,而且在理论性课程中也注重将理论与实际联系起来,特别强调学生能够应用理论知识解决实际问题的能力。例如,很多应用科学大学采用项目化教学方式,其中学生被要求在学习期间完成至少一个项目作业。这一项目通常需要一个学期的时间来完成,由 5~8 名学生组成项目小组协同合作。项目选题可以由教师提供指导,也可以由学生自主选择,同时很多时候是由学校的合作企业提出的。企业通常通过这种方式来解决实际生产实践中的具体问题,并会为学生提供专业人员与教师的指导,以确保项目任务的顺利完成。这种项目化教学模式有助于学生将理论知识应用于实际情境中,培养解决实际问题的能力,同时也促进了学校与企业之间的合作。

与理论教学相比,实践教学在德国应用科学大学本科人才培养中占有更大的比例。实践教学包括实习学期、项目教学、毕业论文、学术考察等。其中,实习学期特别受到重视,即每位学生在学习期间都必须在企业或相应组织进行一个学期的实践操作,这一过程需要将实践操作与理论知识相结合。此外,德国应用科学大学非常重视学生的毕业论文,60%~70% 的学生的毕业论文都是在企业实践过程中完成的,有些学校的这一比例甚至高达 90%。此外,在教学内容上,应用技术大学主要以实践知识为主,即便是理论知识,也侧重于应用层面。这一知识结构被绝大部分学生所认可,相关数据显示,在"对应用型大学教学内容是否具有实践性"的调查中,97% 的学生持认同态度。

在课程设置方面,海德堡应用科学大学开设有选修课和必修课,所有的必修课都是英语教学,绝大部分的选修课也是用英语教授。学校还针对国际学生学习德语的需求开设了相关语言课程,以促进学生全面发展,了解德国主流文化。学校每年都会举办一个"国际周"(international weeks)活动,在活动期间,学校会邀请国内外学生就某一有关社会文化的主题展开讨论。丰富的课程安排有利于学生在交流中得到成长,与此同时,还能培养学生的实践能力、人际交往能力并开拓学生的国际视野。

六、实习、毕业设计与实践应用密切结合

应用科学大学的培养方案包括一至两个学期的"实践学期"/"实习学期",学生在此期间需要进入企业或其他工作单位进行实习,积累实际工作经验。这种实习不仅仅是表面上的体验,而是真正深入并与所学专业密切相关的生产和经营实践。学生在实习期间参与实际工作,获得实践经验,很多时候还会明确未来毕业设计的主题。

为了保证企业的实践教学与大学的理论教学有机结合,学校与企业通常会进行专门的沟通和协调。许多学校设立了专门的办公室,以帮助学生联系实习岗位,确保实习与学校的培养计划相互衔接。这种实践性的学习体验不仅为学生提供了实际工作经验,还促进了学校和企业之间的密切合作,确保培养的学生具备实际应用能力和知识。这种校企合作的方式对于培养具备职业素养的毕业生非常有益。

近年来,部分应用科学大学还开设了"双元制"专业,在这些专业中,申请者首先要经过企业的筛选,获得企业提供的培训合同和资助,方可能被大学录取。双元制专业的理论教学部分在大学完成,实践教学部分则在企业完成,分别为期3个月,轮流进行。

德国应用科学大学有60%~70%的学生选择在实习企业中完成自己的毕业设计或毕业论文,选题通常就是该企业中的一项具体工作或一个具体问题的解决方案,具有非常强的实践性。在完成毕业设计的过程中,除得到大学方面相关教授的指导之外,学生还会得到企业相关领域专家、技术人员的辅导。而在毕业设计或毕业论文的评价过程中,是否有助于解决实际问题也成为一项重要的评定标准。

七、师资配备注重实际工作经验

高水平的"双师型"教师是培养应用科技型学生的一项重要保障。从德国应用科学大学的师资结构来看,应用科学大学里除全职教授之外还有许多来自经济界、企业和其他社会机构的校外特聘讲师。例如,柏林经济与法律高等专业学院有156名全职教授和495名兼职校外特聘讲师。[1] 校外特聘讲师能将实践中的新知识、新技术和新问题融入学校的教学,这有助于培养学生的创新能力和实践能力。此外,这类教师不是学校的固定教员,而是处在不断的变动之中,他们的流动保证了学校教师总是能够将最新的实践知识带入课堂。

从教授的聘任要求来看,应用科学大学的教授不但必须具有博士学位,而且要有5年以上的实际工作经验,其中有3年以上的工作经验还必须是在学校之外的企业或其他机构获得的。富有实践经验的校外特聘讲师和教授不仅为学生带来了实践性的知识,还能够帮助学生寻找实习和毕业设计岗位,为学生应用能力的发展创造便利条件。

德国应用科学大学对教师的实践性工作经验有特殊要求。除了拥有博士学位,应用技术大学教授还必须拥有相关领域不少于五年的实践工作经历,并且其中至少有三年是学术性机构之外的工作。除了常任的全职教授,德国应用科学大学还大量聘任来自企业界或其他社会单位的具有丰富实践经验的特聘教师来校兼职授课,在很多学校,兼职特聘教师的数量甚至远远多于全职教授的数量。

八、重视校企合作,让企业全面参与学校的教学、科研和管理

校企合作在应用科学大学中被视为实现培养高层次应用科技型人才目标的关键要

---

[1] HWR. Daten and Fakten[EB/OL].(2012-10-17)[2020-12-16]. http://www.hwr-berlin.de/hwr-Berlin/portrait/daten-fakten/.

素。这种合作不仅涵盖实践性教学,还包括应用性科研,企业积极参与其中。应用科学大学在校企合作方面的主要做法有:

(1)提供实习和毕业设计岗位:企业向学生提供实习和毕业设计机会,使学生能够在实际工作环境中应用所学知识,积累实践经验。

(2)联合科研和研究合作:企业委托大学进行科研项目或与大学开展联合研究,促进科技创新和知识转化。

(3)培训伙伴关系:企业充当大学双元制专业的培训伙伴,参与教育项目的设计和实施,确保培养的人才符合实际需求。

(4)师资建设:企业可以提供兼职教师,支持大学的师资队伍建设,也可以设立基金教席以资助学术研究。

(5)设立实验室和研究机构:企业资助大学设立实验室或研究机构,为学术研究和创新提供资源支持。

(6)参与管理与决策:企业积极参与高校的管理与决策,共同制定战略和政策,确保校企合作的顺利进行。

(7)不同参与主体在校企合作中各自扮演重要角色:教师可以与企业进行联合研究和咨询,学生通过实习和实践项目参与校企合作,学校通过整合科研资源和服务能力提供支持,政府则可以制定政策和提供支持来促进校企合作的发展。校企合作的不同参与主体形成了一种相互促进的局面。教师与企业的联系与合作为学生的实习和毕业设计带来了便利,而从学生的实习、学期项目和毕业设计中,往往会衍生出进一步的校企合作项目。校企合作不仅有助于高层次应用型人才的培养,而且为毕业生就业创造了便利条件。

总之,校企合作是实现高水平应用科技型人才培养目标的有效途径,涵盖多个层面的合作方式,有助于学校与企业之间的相互支持和共同发展。

九、基于国际化发展战略而形成的院校特色

德国的一些应用科学大学形成了独特的办学特色,这种特色的形成通常是有目的、有意识的发展战略的结果。其中,国际化办学成为许多应用科学大学的重要特点之一,它们积极与国外同类型高校合作,致力于培养国际化人才。以不来梅应用科学大学(Hochschule Bremen)为例,它是国际化办学的代表性案例之一。该大学提供了66个学士和硕士专业,拥有8000多名在校学生。自20世纪80年代以来,该学校一直致力于推行国际化办学策略。迄今为止,大约三分之二的专业要求学生在国外完成一段时间的学习。为实现这一目标,不来梅应用科学大学与全球超过270所学校建立了伙伴关系,其中包括中国的学校。这种国际化办学策略使得学生能够在国际环境中积累丰富的学术和文化经验,提高他们的全球视野和跨文化交流能力。这也为学校的国际声誉和学术交流提供了坚实的基础,体现了德国应用科学大学在国际教育领域的重要地位。

如果说,国际学生交流是一种常见的国际化形式,那么,不来梅应用科学大学的与众不同之处在于,其国际性还体现在该校所开设专业的内容和形式等方面。在所开设的66个专业中,明确标明是"国际专业"的专业数量为29个(占全部专业数的44%),如环境工

程国际专业、航空系统科技和管理国际专业。此外,还有 8 个专业(占全部专业数的 12%)具有明显的国际性内容,如欧洲金融与会计、东亚管理、全球管理硕士专业、国际旅游业管理硕士专业、欧洲和世界政治等。如果再考虑到 2 个明显与国际相关的专业,即航海经济管理(航海学)和航空管理,不来梅应用科学大学提供了总共 39 个具有国际维度的专业(约占全部专业数的 60%)。因此,不来梅应用科学大学自称是"一所欧洲的国际性高校",并将此视为其主要的办学特色。[①]

众所周知,以德国应用科学大学为代表的欧洲应用科技型大学的办学模式与人才培养模式成为世界公认的成功方式。它们的人才培养模式特色值得我国应用科技型大学人才培养模式改革与探索认真总结与借鉴,以构建富有中国特色高水平应用科技型大学人才培养模式。

---

① 孙进.德国应用科学大学的办学特色:类型特色与院校特色分析[J].比较教育研究,2011(10):66-70.

第八章

应用科技型大学的学生招录与教师发展

学生与教师是高校办学的基本要素和基本主体。正是由于学生与教师的存在,才形成了教育共同体与学术共同体。最初,正是有了一批要求知识传播与探索的学生和学者(教师),才产生了中世纪大学。因此,没有学生与教师,也就无所谓大学。高水平的应用技术大学就必须有高水平的学生生源与高水平的师资队伍作为首要条件。因此,学生的招生、录取工作与教师的发展就成为高水平应用技术型大学建设的重要保障。

第一节 应用科技型大学的招生与录取

招生与录取工作是应用科技型大学的入口和首要环节。生源质量的高低直接关系到高水平应用科技型大学建设成功与否,因此,做好应用科技型大学的招生与录取工作就显得尤为重要。

应用科技大学的招生应该不同于研究型大学的招生,但是,在我国目前的招生制度中,一般是统一通过高考来选拔与录取学生的。按照高考成绩自然就很容易按照高考各科目的笔试成绩来录取,虽然艺术体育类特长生有专业成绩的测试,但对大多数高校的大多数专业来说还是主要按照高考的笔试成绩及学生填报的志愿从高分到低分录取。2021年11月,潘懋元先生在第二届潘懋元教育思想研讨会上的讲话中曾发问:"高考有利于培养个性化创新创业人才吗?"[1]无疑,"潘懋元之问"振聋发聩,发人深思。潘懋元先生认为:"全国统一的大规模选拔性招生考试的突出问题主要表现为两个不适应:一是没有适应学生的个性特征;二是没有适应各高校各专业的办学特色。"[2]无疑,这种招生制度不利于普及化阶段我国应用科技型大学的生源选拔与人才培养,因为应用科技型大学主要是培养知识基础较为宽泛扎实、动手实践能力较强的高水平的应用科技型人才,它不同于研究型大学的主要培养理论性、研究性、学术型的高水平人才。相比较而言,现行的高考招

---

[1] 潘懋元."潘懋元之问":高考有利于培养个性化创新创业人才吗?[J].河北师范大学学报(教育科学版),2022(2):1-2.
[2] 潘懋元.从选拔性考试到适应性选才:高等教育普及化阶段试行"套餐式"招生模式的设想[J].高等教育研究,2021(9):1-4.

生录取制度比较适合于研究型大学的人才选拔。

由于应用科技型大学的培养目标与培养方式不同于研究型大学,因此,在选拔合格生源与录取制度上应采取多元考试与招生录取制度,以有利于选拔多元化的高素质应用科技型大学生源。

一、改革高考命题与招生制度

高考是改革开放后最有效率、最具公平性的高等院校招生与录取制度,对选拔高校的优秀人才具有重要的历史意义和现实意义。无疑,它仍然是我国高等院校招生与录取的基本方式之一。但是,尽管高考在我国高等院校的招生与录取制度中发挥了不可替代的巨大历史作用,但在其四十余年的实践中也还存在着不够公平、不够有效、不够科学的问题。如命题内容偏重于死记硬背,以知识点的测试为主,忽略了学生动手实践能力和创新创意能力以及实际道德品行与社会志愿活动的考察,尤其是学生多方面特长与个性特征没有进行有效的全面测度;考试难度追求偏难,考试方式以笔试为主要甚至单一的方式,考题有利于城市学生的生活经验而不利于农村、山区和中西部地区以及少数民族子女的生活经验,虽然各省市可以自主命题但考试内容的统一化、一刀切情形仍然存在。因此,现行的高考内容与考试制度充其量是对学生知识掌握程度与智力活动水平高低的区分,不利于应用科技型大学人才生源的选拔与培养。

高考既是对考生中学基础知识和基本能力掌握情况的全面考察,又是对不同类型层次高等院校学科专业对中学毕业生不同入学要求的测验与选拔,因此,它不同于高中会考对高中阶段所学科目基础知识和基本能力的全面考核,高考更重要的是对不同类型层次院校学科专业学生在基础知识、基本能力、创新能力、个性特长、情意特征等方面合格度、匹配度、区分度和发展潜力度等方面的有针对性的测试与选拔。因此,不能采取"一考定终身""一张试卷测试全体"的"一刀切"的考试方式,应针对不同类型层次院校的不同学科专业要求有针对性地命题,并采用灵活多元的考试、考查(考察)与测试方法。对应用科技型大学应更加注重实践动手能力与技能的测试,尤其是不同学科专业的智力、特长与性向、志趣的不同要求等,更应有针对性地加以测试与考查(考察)。

我国的高考应根据不同类型层次的院校设置不同的高考试题,研究型大学应注重提高考试试题的难度、区分度和通识基础知识与创新创造能力,并注重各种各类奇才、怪才、特异特长学生的破格录取,为国家和人类社会培养各行业领域的精英型、领导型人才。应用科技型大学应注重高中基础知识的宽泛性、基础性,注重对考生实践动手能力和操作技能的考查;高职高专院校的考试在其高中会考和获得毕业证书基础上,应在其志趣、爱好、个性特征和实践技能与动手能力的基础上根据专业的基本要求招录或注册制录取。

二、实行大类招生+专业划线录取的招考方式

大类招生已经成为我国研究型大学("985"工程大学、"双一流"高校)主要的招录方式,由于还是全国或全省统一的命题考试方式,因此,大类招生只是在一定程度上解决了

学生专业基础、专业志趣的问题，并没有从根本上解决高校学科专业与学生知识、能力、特长、志趣高符合度、匹配度、满意度的问题，并且大类招生并没有扩展到应用科技型高校。应用科技型院校也同样迫切需要大类招生，以解决存在着的同样问题。

我国现行的"3+X"或"3+2X"等虽然在一定程度上满足了理工类与人文社科类的学科要求，除了外语、艺体类等特殊学科专业外，并没有对大多数学生在某一学科与专业方面有深厚基础、特长爱好、独特智能、特殊禀赋等方面的专门测试，例如学生的文学创作、历史考古、数学计算、制作发明、化学实验、生物探究、天文探测、社会志愿、操作技能等方面。这样，目前的高考还是用一套试卷来测试与区分大多数学生的知识基础和智力水平，并不能全面测试学生的德、智、体、美、技、个性等特征。这既不能全面考查学生，为不同层次类型特征的高校学科专业招到最合适、最具有培养价值的学生，又不能最大限度地开发学生的潜力，满足学生的专业志愿度，导致人才资源的浪费。

在应用科技型大学的招生中，应在目前"3+X"或"3+2X"的基础上实行"3+X+Y"或"3+2X+Y"高考方式，按照学科专业大类的要求，增加学科专业大类专业特长"Y"的考试、考查（察）成绩，以利于高校招到合适的学生，提高学生学科专业志愿度和兴趣爱好满足度。在此基础上，按照学生报考的志愿和录取学生的分数线得以确定不同类型不同层次高校不同学科专业大类或专业的分数线，变以前按照学校划线为按照学科或专业大类划线。这样有利于高校学科专业的规划与动态调整，以淘汰办学条件不高、办学特色不明显、办学质量较差、学生就业度不高、市场发展前景不好、社会满意度较差的专业。

为了更好地契合学生个性发展的需求，潘懋元先生提出的初步设想是实行"套餐式"招生录取方式。这种招生录取方式就是高校根据各个学科、专业设计并提供不同类型的套餐，学生根据自身的个性特征、能力基础选择适合自己的套餐。这也是高等教育普及化阶段发达国家的经验。例如，在法国，高中毕业会考是高校录取学生最重要的依据，毕业会考共设有12组考试科目和若干选考科目，学生通过了相应科目的考试即可在相应高校申请入学。在日本，全国第一次共通高考科目共设有5类19科，由学生自选若干科目应试。"套餐式"招生录取方式与之类似，但更加强调高校各专业与学生的双向适应。高校根据不同专业的特色和要求提供多样化的套餐供学生选择，套餐的设计应基于中学的教育教学内容，考试科目应是与中学对接的高校专业所需的基础知识与相关知识的科目。例如，经济学专业的套餐，主考科目为数学，相关科目可以是英语；土木工程专业的套餐，主考科目为物理，相关科目可以是数学和美术，等等。潘懋元先生认为，"套餐式"招生录取方式可由高校自主命题或不同高校联合命题，也可由中介考试机构根据不同高校的教育目标和培养规格进行命题。同一门科目根据不同高校专业的特殊需求，可设计难度和重点不一的考题。例如，语文科可以有难度不一的语文Ⅰ、语文Ⅱ，数学科可以有数学Ⅰ、数学Ⅱ，等等。这样，通过实行"套餐式"招生录取方式，高校各专业可根据自身的办学定位和发展特色，对所需人才的知识、能力和素养提出有针对性的要求。上大学选专业是青年的义务，可以不依据高考成绩，而是基于自己的能力基础、兴趣爱好和个性专长，以完成自身的义务,有利于实现主动学习,最终实现高校各专业与学生的双向自主选择。[①]潘懋元先生的这一设想,无疑为我国当期高考招生与考试制度的改革提供了富有创造性的指导建议。

三、对中职、中专和职业高中的学生要实行单独的"高考"和优秀生推荐升学制度

现行的中等职业教育体系规模庞大,一般占各地市比重为30%~50%,成为我国培养广大中低层次的职业技术工人和管理人员的主力军。随着我国社会主义经济建设和科技发展的需要,工程、企业和社会服务业更新换代升级加快,中职、中专和职业高中的规模不应再增加,应根据各省市经济发展的实际需要,把重点发展中职、中专和职业高中的规模适当压缩至30%~40%,重点做好提高现有中等职业技术教育的质量水平,同时,要加快建立中等职业教育体系与高等职业教育体系的衔接,打通中等职业教育应届毕业生的升学"断头路",建立中等职业教育学校毕业生和往届毕业生顺利升入高等职业院校和应用科技型院校的发展通道。这样,既有利于中等职业教育的快速发展,又有利于高等职业院校和应用科技型院校招收到实践操作能力强、职业素养高的学生,以带动和影响普高生源的应用科技素质的快速提高。

高职院校和应用科技型院校要加速制定从现有中职、中专、职业高中应届毕业生和有一定工作经历的高中、中职、中专或同等学力者扩大招生比例的发展规划,逐步扩大这些有一定职业技术技能或工作经验的生源比例。对他们要实行新的单独"职业高考"制度,不能用统一的应届生高考试题来考查与录取。要从高校对学科专业基础知识和中职、中专、职业高中等的实际情况出发,重点考查他们的基础知识结构和职业技能水平,不能陷入"知识智力型"高考的陷阱。对优秀毕业生要给予较大比例的免试推荐入学的制度。

四、实行高职院校免试入学的"注册制"招生录取制度改革

随着我国越来越重视职业教育尤其是高等职业教育在我国社会主义经济建设与高等教育强国中的地位,我国高职高专教育规模不断扩大。然而,我国民办高职却面临着多年来报考生源严重不足,在校生日益减少甚至萎缩,尤其是我国未来将面临"少子化"与"老龄化"并存的严峻形势。由此所带来的民办高校办学经费日益减少,办学条件日益恶化,民办高职的办学之路越走越艰难。面对全国范围内的民办高职的困境,改革现有的高职高专的招生与录取体制就势在必行。

为了解决高职院校的生源不足问题,也是为了充分满足广大具有中等教育学历学生接受进一步高等教育的迫切愿望,应对高职院校实行面试入学的"注册制"招生与录取改革制度。凡是具备中等教育学力或学历又有接受高等职业教育愿望者,应免予参加高考,

---

[①] 潘懋元.从选拔性考试到适应性选才:高等教育普及化阶段试行"套餐式"招生模式的设想[J].高等教育研究,2021(9):1-4.

通过"注册制"方式予以录取培养。对在高职高专院校学习优秀的学生,给予较大比例的指标推荐并录取到应用科技型院校接受本科,甚至专业学位研究生的教育。

五、改革应用科技型大学招收企业员工与复员军人定向培养的制度

面对科学技术飞速发展、新的工种与技术不断更新换代的新形势,企业需要不断对在职员工进行新知识、新技术、新技能的培养与提高,因此,应用科技型院校应积极面向区域社会经济的主战场,满足企业人才培训提高的新需要,采取多种形式与制度,改革高校课程体系,与企业深度合作,从企业中招收在职员工进行有针对性的定向培训与培养。

面对近年来大批复员军人再就业的新形势、新要求,借鉴20世纪50年代美国"退伍军人法案"的实践经验,从我国实际出发,扩大招收复员军人进入高校进行非学历职业培训与专业学历培养。虽然,近年来全国部分高校已有这方面的改革,但许多院校还流于形式,许多复员军人报到后并不能和普通大学生一样在校学习,纪律松散,管理不严格,政府各个部门都放松管理,流于形式,走过场,没有达到培训培养的目的。在这方面,高校应采取严格的纪律约束,淘汰不遵守纪律和学习成绩不合格的学生,真正起到为复员军人进行高等职业教育培训培养的作用。

六、德国及其他国家应用科技型大学的招生与录取制度特色

德国应用科学大学的招生与录取做法,有其一定的特色,值得重点总结与介绍。

(一)学生来源

德国应用科学大学学生来源可分为五类:

(1)文理中学11、12(或13)年级学生。文理中学5～10年级为初中,11～13年级为高中(2011年后统一改为11、12年级,相当于我国高二、高三)。高中阶段注重培养学生接受高等教育必备的自主学习能力、分析研究能力、抽象概括能力和批判性思考能力。学生毕业后大多进入综合性大学学习,少部分进入应用科学大学学习。

(2)职业/专业中学毕业生。职业/专业中学学制3年,开设职业技术教育相关课程。学生可自主选择附加专业课程,在掌握一定专业/职业技能的同时,充实专业知识,选择自己未来的职业方向。毕业后既可申请进入应用科学大学学习,也可进入其他类型高校,前者多于后者。

(3)专业高级中学毕业生。专业高级中学学制1～2年,入学者包括实科中学毕业生、文理中学5～10年级学生、具有2年职业培训经历(包括职业/专业中学在校学生)或拥有持续5年以上工作经验者。专业高级中学提供强化的专业实践和专业理论教育,毕业生具备申请升入应用科学大学的资格。

(4)高级职业专科学校毕业生。德国高级职业专科学校(也称全日制中等职业学校)为2年学制,为学生将来从事某一职业实施教育准备。学生毕业后既可就业,也可申请进入应用科学大学继续学习。

(5)专科学院毕业生。德国专科学院学制 1~3 年,招收文理中学 5~10 年级结业生或获得职业教育毕业证书并有一定工作经验的人员,毕业后可获得应用科学大学的入学资格,少数学生也可进入普通大学学习。①

(二)入学要求

《联邦德国高等学校总法》规定,根据基本法第 116 条要求,只要表明具备入学的必要知识水平,每一个德国人都有权利进入他所选择的高等学校学习。

1.入学资格

在德国,中学毕业生满足以下三项入学要求的任意一项,即有资格进入应用科学大学就读。一是普通高中毕业,取得适用于所有类型高校的"普通高校入学资格";二是职业高中毕业,取得适用于大学或应用科学大学某个特定专业的"高校专业入学资格";三是职业高中毕业,或者其他类型的职业学校毕业并补修完相关课程,取得"应用科学大学入学资格"。也就是说,在制度设计上,应用科学大学的入学通道几乎能够与所有类型的中等教育机构进行衔接。这样的制度安排,一方面大大扩充了应用科学大学的学生来源,保证了中等教育不同轨道中的学生都有机会进入应用科学大学学习;另一方面也通过对关键资质进行设定,保证了应用科学大学学生所具备的基本知识技能达到统一的水平。需要特别提及的是,德国中等教育和高等教育之间、普通教育和职业教育之间课程设置的标准化和一体化,保证了这样的入学制度安排能够顺利实施。② 如德国卡尔斯鲁厄应用科学大学招收具有三种入学资格的学生,即"一般高校入学资格"、"与专业相关的高校入学资格"与"应用科技大学入学资格"。③

2.职业培训或企业实习经验

除对入学资格有要求外,德国的应用科学大学还特别强调实践经验或企业实习经验。如鉴于卡尔斯鲁厄应用科学大学对新生的另一个要求就是实践经验,其要求新入学的学生每个人必须在入学前有过实践经验(接受过职业培训或参加过企业实习),所以对于那些没有实践经验的申请入学者,要求他们在入学前去企业进行大概为期 2 个月的预实习(实习岗位与所申报专业相近),就电气工程与自动化技术专业新生而言,他们在预实习中要对电气工程领域内材料的加工程序和基本工作知识有个初步了解,为入学后的学习做准备。对于因特殊情况无法在开学前进行预实习的学生,可以在入学后进行预实习,但是必须在第二学期结束前完成。④

在入学要求中强调实践经验,一方面能够保证学生在对工作环境、工作性质、能力要求等有较为直观认识的前提下进行学习,有利于提高学习认知和学习效率;另一方面也便

---

① 王义智,李大卫,董刚,等.中外职业技术教育[M].天津:天津大学出版社,2011:111-112.
② 段来根.德国应用科学大学发展模式的启示[J].常州信息职业技术学院学报,2014(4):5-7.
③ (1)一般高校入学资格:获得此资格的学生可以申请在所在学校所有专业就读;(2)与专业相关的高校入学资格:获得此资格的学生只能申请相关专业就读;(3)应用科技大学(FH)入学资格:获得此资格的学生只能进入应用科技大学就读。
④ 张冰洁.德国卡尔斯鲁厄应用科技大学课程体系研究:以电气工程与自动化技术专业为例[D].石家庄:河北师范大学,2016:5.

于学生在实习阶段提前了解自己是否适合该专业的学习,避免入学后因发觉不适而造成教育资源浪费。

3.良好的德语水平

除了入学资格和实践经验外,德国应用科学大学还要求新生具有良好的德语水平,这就需要新生提供德语水平证明。

德国应用科学大学的新生要有相应的入学资格、实践经验、良好德语,三者缺一不可。这样既能保证应用科学大学的新生具有一定的普通教育文化基础,保证高等教育的质量,又能保证新生具有一定的实践能力,缩短学习适应期,为培养既有一定理论知识又具有较强实践能力的应用型人才奠定了良好基础。

4.专业要求

为了保证专业的教学质量,各个专业都有一定的专业要求,如卡尔斯鲁厄应用科技科学大学电气工程与自动化技术专业对新生还有两项特殊要求:(1)对技术类的课程感兴趣;(2)对于数学、德语、英语、物理或电气工程这些课程,申请者的课程成绩平均分 GPA (grade point average)要达到良好及以上。[①]

世界各国应用科技型大学教育是在科技水平迅速提高和高等教育大众化背景下各国着力发展的一种教育类型。它具有更加显著的大众化和普及化特征,主要致力于面向大众培养适应社会需要的应用科技型人才,从而影响其招生取向。表 8-1-1 简要总结了几个主要国家的生源与招生录取情况。

表 8-1-1　美、英、德、日国家应用科技型大学院校的生源和录取要求

国家	主要的学生来源	录取方式与条件
美国	主要是高中毕业生和社区学院的毕业生。	学校根据学生的申请进行自主选择,依据学生的高中成绩单、班级排名、标准化考试(比如 SAT 或 ACT)成绩以及推荐信等学业能力的证明。
英国	学生来源多样化,职高、普高、其他社会成员均可。	主要根据 A-level 考试成绩、在校生课程成绩及综合表现、推荐信等。
德国	(1)专业高级中学或高级专业学校毕业生;(2)完全中学或专业完全中学的毕业生。	具有"应用科学大学入学资格";具有"一般高校入学资格"和"与专业相关的高校入学资格"。
日本	主要是高中毕业生和低一级的职业学校的学生。	推荐入学、对话型 AO 考试以及全国统考与学校自办考试相结合等形式,录取时看重综合素质及独立解决问题的能力,而非单纯的书本知识。

应用科技型大学通常要求学生具备相关的实践经验,因此它们的招生形式和要求更加多样化。这是因为这些大学注重培养学生的实际问题解决能力,实践经验对于达到这一目标至关重要。因此,招生要求可能包括学生在特定领域的实际工作经验、实习经验、项目参与经验等。此外,一些应用科技型大学还可能考虑学生的综合素质和个人技能,而

---

① 张冰洁.德国卡尔斯鲁厄应用科技大学课程体系研究:以电气工程与自动化技术专业为例[D].石家庄:河北师范大学,2016:5.

不仅仅是学术成绩。这种多样化的招生形式有助于确保招收到具备实际应用潜力的学生，并为他们提供更好的教育和培训。相比之下，除德国外，日本的应用科技型大学在这方面也有其特色。日本应用科技型大学虽也招收普通高中毕业生，但更注重招收专科毕业生学生，让其再学习两年以获得本科文凭和学位。例如，根据日本国立学校设置法的修改稿，1976年新设丰桥技术科学大学和长岗技术科学大学，其80％以上的学生是从高等专门学校毕业的三年级编入生。至2000年，有33所高等专门学校设有专攻科，以便高专生取得准学士和学士学位资格。[①]

德国及其他国家的应用科技型大学的招生与录取制度值得我国应用科技大学的招生与录取制度改革加以认真总结与借鉴。

第二节 应用科技型大学的教师发展

教师与学生是一所大学产生与发展的核心要素，没有教师也就无所谓学生；反之，没有学生也就无所谓教师，充其量是研究高深知识的学者、研究者而已。教师素质的高低直接影响甚至决定着学生素质培养质量的高低，从而决定着一所大学人才培养质量和办学质量的高低。德国基民盟/基社盟（CDU/CSU）议会党团副主席迈克尔·克雷奇默尔（Michael Kretschmer）认为，"没有高质量的教师就不存在高质量的学校。……高水平的教师是高水平大学得以立于不败之地的必要条件之一，老师们必须同时具备优秀的学历条件和丰富的实践经验，才能更好地进行课堂教学，使他们的学生从中获益"。[②]

在我国地方高校转型发展的改革过程中，建设高素质的应用科技型师资队伍对培养高水平的应用科技型人才具有至关重要的作用。正如国际21世纪教育委员会主席雅克·德洛尔（Jacques Delors）所言："没有教师的协助及其积极参与，任何改革都不能成功。"[③]因此，教师发展问题是一所应用科技型大学至关重要的关键问题，师资建设是高校基本建设的重中之重。

一、应用科技型大学师资队伍的现状与存在问题

目前，我国参与转型建设为应用科技型大学的大多是进入新世纪以来由高职、专科院校或由高职、大专院校合并中专、中技学校升格为新建本科院校以及民办高职升格为本科高职院校，其中有相当数量的所在地市的师范专科院校、职业大学和行业特色专科院校

---

① 夏建国.技术本科教学的理论与实践[D].上海：华东师范大学，2007：4.
② 逯长春.德国教师教育政策新动向："卓越教师教育计划"：推行与展望[J].教师教育研究，2013(7)：92-96.
③ 国际21世纪教育委员会.教育—财富蕴藏其中[M].联合国教科文组织总部中文科，译.北京：教育科学出版社，1996：15.

等。截至2018年,全国普通本科院校1243所,其中新建本科院校702所,占56.47%,新建本科院校已实实在在地占据了我国高等教育的"半壁江山"。因此,我国应用科技型院校由于办学区域、办学历史、办学基础、办学经费、办学条件、办学特色、学科结构等差异较大,在师资队伍方面呈现出各不相同的特点与问题。高校自身应根据自己的不同特点和优势进行有针对性的师资队伍建设,促进教师专业发展。

(一)应用科技型院校师资队伍具有结构不合理、数量普遍不足的特点

应用科技型院校的师资在年龄上具有低学历年龄大经验丰富与高学历年龄小经验不足的特点。由于大多是专科院校升格为新建本科院校,一部分教师是原有的教师,他们大多是大学本科学历,部分教师后来又在职攻读了硕士学位,极少数能够在职攻读博士学位,由于他们长期在本校工作,因此,教学经验丰富,但科研与学术水平普遍偏低,甚至很少能发表高水平论文。即便是拥有教授职称的老教师,由于以前教授职称对论文、课题等学术成果要求不高,因此,也大都没有较高的科研水平和科研成果,因此,他们大多是忠于职守、尽职尽责的教学型教师,习惯于传统的课堂教学、知识教学、书本教学。但由于年龄较大、家庭负担较重、身体健康度不高、精力不够充沛,许多已过五十的老教师大都处于得过且过的状态。另一部分教师,是升本以后近些年来从海内外引进的大批青年博士。他们大都是从海内外知名高校、科研机构毕业的青年博士,具有年纪轻、学历高、知识新、视野开阔、思维活跃、学术水平高,另外家庭负担较轻,身体健康、干劲十足、精力充沛。但是,年轻既是优势也是劣势,其不足在于他们习惯于把研究型大学的教学模式移植到应用科技型院校的教学上来,又大都没有企业工厂的工作经历,因此,实践动手能力较低,尤其是专业实践操作技术技能和企业工厂管理实践经验十分欠缺。在新建本科院校尤其是民办本科院校中,具有学历学位且年龄又在35岁至50岁之间的中年教师占比较小。民办院校还存在自有专任教师中青年领军人才不足的问题。据专门调研37所地方应用科技型大学高校的整体情况来看,其中共有在编教师中具有教授职称的约占教师总数的8.2%;具有副教授职称的约占教师总数的26.49%;具有讲师职称和助教职称的,合计约占教师总数的62.08%;无职称的教师人数约占3.24%。相关数据显示,新建本科院校师资队伍中,从年龄结构上来看,主要以中青年教师为主,35岁及以下专任教师占比偏高,呈现出明显年轻化、低职称倾向。从学历结构来看,具有博士学位的教师数量比例偏低,与双一流建设高校差距明显。在另一调研院校中,民办院校的二级学院院长、学科带头人和专业负责人,大多为外聘其他高校在职或者退休的知名教授、学者,自有专任教师中青年领军人才不足。无论是在年龄结构还是在职称结构上都存在着"两头大,中间小"的"葫芦形"结构特点,而在学历学位结构和理论课教师与"双师型"教师结构上又存在着"底盘大头颅尖小"的特点,并且在民办高校又普遍存在着兼职教师、退休教师占比过大的问题。因此,目前,应用科技型大学的师资结构具有年龄、学历、经验等结构上不合理、不平衡的状况,这在中西部地区高校尤为明显。

应用科技型大学的教师数量普遍不足,生师比例高,影响了高等教育质量的提升。有学者统计,从37所地方应用科技型本科高校的整体情况来看,生师比为19.61,公办院校的平均生师比为19.38,民办院校的则为20.43;东部和西部的生师比均为19.21,中部地区院校则为20.53;综合类和文科类院校的生师比均为19.67,理工类院校的则为19.48。其

中,生师比达到普通高等学校基本办学条件合格标准的院校只有9所,约占总院校的24.32%;生师比最高的院校达到了25.78,最低的则有14.99,这说明不同地方应用科技型大学之间的教师数量存在较大的差距。[1] 教学基本状态数据平台统计,2016年全国普通本科院校教职工1750614人,专任教师1134030人,2017年全国普通本科院校教职工1772342人,专任教师1150467人,相比上一年有稳步增长。2017年,全国普通高校校均专任教师规模在820人左右。各类型高校校均专任教师规模大致稳定,但不同类型高校间差异较大,一流大学建设高校校均专任教师2560人,一流学科建设高校为1559人,一般本科高校979人,新建本科高校590人,独立学院331人。全国1222所高校教学状态数据显示,2017年各高校平均生师比为19.91,其中一般本科高校为19.56,参与合格评估的新建本科高校的生师比为19,由此可见,生师比整体偏高。按地区分类,在东中西部指标对比上,依然符合东中部教师队伍建设优于西部的特征。东部地区的"数量与结构"指标合格率最优,达到75%,比中部地区高出8个百分点,比西部地区高出14个百分点。这说明在改善教师数量和结构上,东部地区由于经济发达,拥有得天独厚的条件。区域经济发展的差异,在一定程度上影响所在区域新建本科院校师资队伍建设的数量结构。而欧美国家一流大学的师生比普遍在1∶1～1∶9,像我国普遍超过1∶16的很少。可见,应用科技型院校(一般本科院校、新建本科院校、独立学院)校均教师数量与一流大学相比差距较大,与世界一流大学的差距更大。

教师学历是反映新建本科院校教师队伍水平的一个重要指标。长期以来,新建本科院校与独立学院的教师学历普遍不高,随着院校的发展,近年引进大量高学历人才。统计数据显示,各类高校全职专任教师中具有硕士和博士学位的教师数量持续增长,结构也不断优化。但是不同类型高校之间教师的学历水平存在差异,新建本科院校与独立学院的专任教师队伍学历提升仍有很大空间。

从职称结构来看,2017年全国高校专任教师中具有高级职称(含正高和副高)的比例为49%。新建本科院校的专任教师中,具有高级职称的比例为37%。与此相对比,一流大学建设高校的比例为73%;一流学科建设高校的比例为61%;独立学院的比例为34%;一般本科高校的比例为50%。[2] 这些数据反映了不同类型院校在高级职称教师比例方面的差异,一流大学建设高校和一流学科建设高校相对较高,而新建本科院校和独立学院则较低。

(二)应用科技型院校的师资具有地缘、学缘、师缘结构不合理的特点

由于应用科技型大学大多是地市级高校,是区域/地方高校,因此,在师资引进过程中来源于本省本市户籍和所处本省市研究型大学的毕业生居多。只是因为近年来,除艺体类学科之外,高校普遍把博士学历作为最低门槛,这种教师来源于本地域的情形才有所改变。这样就造成了许多高校师资队伍和干部队伍的同质化、地域化、圈子化、排外化的不良影响。再加之,许多省只有一两所国家研究型大学,这样博士毕业生又在本地化的基础上加上了学院结构、师缘结构同质化、单一化的弊端,影响了高校师资结构多元化、异质

---

[1] 董晓红.地方应用型高校实践教学体系研究[M].北京:经济科学出版社,2020:210-211.
[2] 本书编委会.全国普通高校本科教育教学质量报告(2017年度)[M].北京:高等教育出版社,2019:6.

化、优良化、竞争性、公平性的良性发展。例如,山东省的应用科技型院校的博士毕业生大都毕业于山东大学、中国海洋大学、山东师范大学等,湖南省的应用科技型大学大都来源于湖南大学、中南大学等,福建省的应用科技型大学的教师大都来源于厦门大学、福州大学、福建师范大学等。笔者在调研湖南一所行业特色型大学时发现,某学院的19名教授的简介中,有17名籍贯是湖南省,而另外2名教授原籍虽不是湖南,但也是在湖南读书毕业后来校工作的。这种情形,在全国大部分地区和高校都不同程度地存在,只是近年来才逐渐有所改变。

(三)应用科技型院校"双师型"教师比例偏低

目前,在地方高校与新建本科院校向应用科技型大学转型发展的改革过程中,几乎所有高校遇到的最大的困境和问题就是专任教师中"双师型"教师严重不足。由于我们的师资引进基本上都是来源于高校毕业生,因此,所引进的高校师资绝大多数没有工厂企业的工作经历和实践经验,除了在高校实验室中的实验技能之外,工厂企业的专业实践操作技术技能几乎为零。因此,这对我们培养高素质的应用科技型人才的目标达成有很大的阻碍。

相关数据显示,双师双能型教师的比例虽然在逐年上升,但总体比例仍然偏低。按照应用科技型人才培养对双师双能型教师队伍的需求来看,显然无法满足需求。从具有工程背景教师数量及比例看,2017年各高校专任教师中具有工程背景的教师占比为10.74%,其中一般本科高校占比为8.57%。2017年,各高校专任教师中具有行业背景的教师平均比例为16.59%。其中,一流大学建设高校中,具有行业背景的教师占比为26.56%;一流学科建设高校中,具有行业背景的教师占比为14.61%;一般本科高校中,具有行业背景的教师占比为16.01%。[①] 这表明,在不同类型的高校中,具有行业背景的教师比例存在一定差异,一流大学建设高校具有更高的比例,一流学科建设高校相对较低,而一般本科高校的比例接近平均水平。具有行业背景的教师可以为学生提供实际经验和实际应用方面的指导,有助于教师培养更具职业素养的毕业生。

合格评估参评学校的相关数据也显示,"双师型"教师比例偏低,虽然大多数学校都意识到"双师型"教师的重要性,但是落实到位的不多。一是缺乏"双师型"教师的评定标准;二是针对"双师型"教师的配套政策缺失,尤其是在职称晋升和职业发展方面未能得到体现;三是"双师型"教师教学团队少,未能更好地开展教学改革,激励措施也不明显,培养途径还需完善。另外,应用科技型人才培养强调实践育人,实践教学是应用科技型人才培养的重要环节,而实验教学又是实践教学的重要组成部分,但参评院校还存在对实验教学重视不够,实验室整体层次不高,实验技术人员偏少,院系实验技术人员数量和结构均不合理等问题。

目前,应用科技型本科院校教师整体结构中"理论型"教师居多,具备"双师型"素养的教师比例偏少,实践教学师资队伍相对缺乏。并且,地方本科院校尤其是新建本科院校中实验人员普遍学历层次偏低,实践能力不足。由于受重学轻术错误观念的影响,认为实验

---

① 本书编委会.全国普通高校本科教育教学质量报告(2017年度)[M].北京:高等教育出版社,2019:6

教学是理论教学的辅助工作,实验教师队伍处在一个不被重视的地位,实验技术人员被看作是服务于教学的辅助人员,导致高学历的人不愿意去实验室工作。有学者对浙江省34所高校的1393名实验室人员的调查显示:本科高校实验教师以中青年、本科学历和中级职称为主,地位不高;人员编制偏少,压力大,离职意向高;待遇偏低,培训机会少,科研能力弱。[1] 这种状况制约着实验室建设水平的提高。随着教育改革的深入,校企合作、产教融合等教学模式在应用科技型人才培养中越来越受到重视,但是现有的实验教师却因实践能力不足而很难在其中发挥积极作用。学生创新创业活动,设计性、研究性实验等对实验教师提出了新的挑战。

(四)应用科技型院校高水平的学科带头人和专业带头人严重匮乏,并且高水平师资流动性强,流失较严重

在我国,由于应用科技型院校大多是由新建本科院校、民办本科院校、特色行业院校和独立学院等组成的,这些院校的办学历史不长,准确地说是升格本科以后的时间不长,少则三五年,多则20年。因此,不但这些院校的整体师资队伍结构不够合理、教育教学素质与专业学术水平不高,而且还缺乏高水平的学科带头人、学术带头人和专业负责人。虽然,在升格本科以后,逐渐从海内外引进了一些教授,在学科建设和专业建设方面起到了一定的引领作用。但是,除了北上广深和东部沿海城市由于区位地理优势和丰厚的引进待遇条件等能够引入较多素质较高的优秀人才之外,我国大部分地区的高校限于区位、学校层次和经济待遇等条件并不能够引进比较满足学校学科建设与专业建设发展的高层次高水准的优秀人才。尤其是,新建本科院校每年都会新办3~5个新专业,引进师资的力度跟不上新办专业发展的速度,这样就更凸显出师资队伍和优秀学科带头人与专业带头人的严重匮乏。在调研中发现,某东部沿海 X 学院,新上一个"港口航道与工程"本科专业时,从西部 H 大学只引进了一名教授。实际上,开办新专业的前两年是一名教授在办一个新专业,专业课程的开设都是其他相近的专业教师来兼任,可谓是一边办专业一边引进新的专业教师,到第一届学生毕业时,四年中共引进了4名专业师资。5名教师显然并不能够满足该专业课程的教学要求,更不用说实验室、实训室和图书资料的建设。这种情况在全国不少高校尤其是民办高校中都不同程度地普遍存在。

高层次人才流失情况严重,许多高校近年来不断加大人才引进与培养工作力度,但高层次人才队伍极不稳定,中西部地区、非中心城市、民办高校尤为突出,"孔雀东南飞"现象愈演愈烈,"挖人大战"并不仅仅存在于我国的"双一流"高校之间,也存在于东中西部的地方本科院校之间,这严重影响学校教学改革与建设的持续稳定。如福建某学院在2018年以前,高级职称的教师中有56.6%是从我国的东北、西北、西南地区的高校中引进或招聘而来。又如广东某学院中年骨干教师流失严重,近3年共流失161人,年均54人,流失率呈逐年递增(8.41%,8.81%,9.02%)趋势。[2]

---

[1] 李成,朱海燕.高校实验技术人员专业发展状况与对策探讨:基于浙江省高校的调查分析[J].实验室研究与探索,2013(8):442-444.

[2] 陶龙泽.基于合格评估看新建本科院校的教师队伍发展[J].赤峰学院学报(哲学社会科学版),2019(3):123-127.

(五)专业发展任务繁重,常常出现顾此失彼现象

新建本科院校正处在专业建设、学科调整和升级的时期,持续扩招的压力,使本来短缺的教育资源更是雪上加霜,教师专业发展任务相当繁重,这突出地表现在教师沉重的教学工作上。据调查,新建本科院校有些教师一学期要完成四门课程的教学任务,其中包括两门新授课;有的教师每周课时超过20节,个别教师甚至30多节,几乎每天(包括周末)都在上课。繁重的教学任务已经使教师疲于奔命,同时要迎接各种各样的教学检查,多数教师还面临自身学历、学位层次的提升,需要进行各种考试和答辩,学历合格的教师又多是新入职的年轻教师,面临着更为重要的教学挑战,甚至是专业生存的危机。在这样的境况中,即便那些有强烈专业发展意愿,能全面理解专业发展内涵的教师,也不能很好地处理专业发展中的有关问题,往往顾此失彼,专业发展步履维艰。

(六)应用科技型院校的教学团队松散,没有形成良好的教学共同体和教师文化

对应用科技型大学的发展来说,以教学为主体是其发展的核心,因此,组建应用科技型教学团队,形成良好的教学共同体与教师文化非常重要。当前,很多应用科技型大学重点引进和培养学科带头人和学术带头人,将大量精力投入这方面并广为宣传,这无可厚非,但仅仅注重学科带头人和学术带头人的引进和培养是不够的,因为缺乏团队的带头人是无法有效发挥自身具有的能量的。院系在打造应用科技型特色的教学团队方面力度不够:首先,形成教学团队的意识不强;其次,缺乏对应用科技型大学教师教学发展重要性的认识。国家级教学团队"通过建立团队合作的机制,改革教学内容和方法,开发教学资源,促进教学研讨和教学经验交流,推进教学工作的传、帮、带和老中青相结合,提高教师的教学水平",是目前层次最高的促进高校教师教学水平提高的途径,它体现了以教师整体发展的方式促进高校教学水平的提升。国家级教学团队的创设和评审可以在促进高校重视教学以及高校教学队伍建设方面提供示范性经验,从评审的结果可以获知目前不同类型院校在高层次教学团队建设方面的努力与进展。

对应用科技型大学来说,必须倾力投入,注重教师人才梯队的建设,打造各层级包括国家级、省级和学校的特色型教学团队,充分形成教师重视教学、发展特色教学的氛围,不断促进教师以教学为主的发展,形成专业发展的教学共同体,最终形成良好的教学文化。

(七)应用科技型院校教师的应用科技型科研特点不够明显,服务地方社会经济与文化建设的能力与贡献不足

目前,应用科技型院校教师的科学研究还是沿着学术型大学、研究型大学、综合性大学的科研路径在走。通过撰写各类核心期刊论文,申报校级—省市级—部委级—国家级课题,以高级别论文数、课题数、经费量、获奖级别数量等唯论文、唯项目、唯奖项、唯帽子、唯分数等传统科研路径来开展科研,高校也据此进行职称评定、科研业绩奖罚、各类人才帽子评选,甚至这也是评优选拔、干部提拔的重要依据。虽然,也开展了破除"五唯",改革高等教育评价制度的工作,但是大部分高校还是停留在以会议贯彻会议、以文件贯彻文件的口号式、文件式的改革上,并没有真正出台相关评价制度的文件,彻底扭转"五唯"的情形。这一方面是高校各级领导不知道如果不"五唯",到底该用什么衡量与评价老师的科

研绩效;另一方面,是各级教育行政部门还是要给高校下达各种年度和五年考核的数量指标;再一方面,就是各种名目繁多、五花八门的大学排行榜还是用这些数量化的指标对高校加以排名,扰乱了各级政府的领导者、高校的领导与管理者以及社会利益群体的视线,导致高校不得不对这些数量化的指标进行不择手段的追逐和猎取。

应用科技型院校教师的科学研究不应简单地模仿、照搬综合性、研究型大学科学研究模式与路径,而应该按照应用科技型大学的本质要求,走应用科技型科研和科技开发与应用的路子,根据区域/地方社会经济与文化建设的需求有针对性地开展科研活动与社会服务活动,以提升自身的科研能力和对区域/地方社会经济与文化建设的贡献度。

二、应用科技型大学教师发展的特殊性

应用科技型大学伴随着高等教育大众化的发展需要应运而生,在经历了高校扩招以来的大发展后,学校规模普遍膨胀。与此同时,随着我国高校生源的曲线下滑,应用科技型大学必须重新审视自身的生存环境,积极地改革调整,寻找新的发展支撑点。由于应用科技型大学在办学定位、生源质量、师资状况以及所处发展环境方面与传统大学存在明显差异,这种建设还有其特殊的含义。

(一)办学定位的差异性与特殊性,决定了教师发展目标的特殊性

应用科技型大学不是原来师专、高职、成高的简单升级与拓展,不能照搬传统大学的模式,需要不断探索新的发展道路、新的办学模式。应用科技型大学大都是地方高校或行业特色型院校,立足地方、突出应用、服务产业、服务行业的大学定位是应用科技型大学的普遍选择。地方性特征,一方面决定了学校的学科、专业布局要适应地方经济建设的需要,另一方面还要求学校的人才培养、科学研究工作都要不断凸显地方特色;应用与服务性特征,一方面要求其比其他类型院校教师拥有更加深厚的实践教学能力以及行业、专业背景,另一方面要求教师服务地方经济发展的能力以及服务社会促进学生个性发展的理念与思想意识更强,这在应用科技型大学教师发展机构建设目标上要充分体现出来。

应用科技型大学与社会形成双向参与机制是构建"应用科技型教师发展"平台的重要氛围,教师发展"应用科技型"水平的提升是实现应用科技型人才培养目标的重要保障。

(二)生源质量的多元性与差异性,决定了教师发展的特殊性

高等教育进入大众化尤其是进入普及化阶段以来,高等教育规模的不断扩张让来自不同社会背景的适龄青年有机会进入高校学习,接受高等教育。从整个接受高等教育的学生群体来分析,多元化可谓是重要的特征之一。多元化的高等教育对象,也使得高校面临更多实践中需要解决的问题,同样也让承担教学的教师面临现实的挑战。如今,多元化已不仅仅成为整个接受高等教育的对象所具有的特征,它也成为不同类型高校所共同面临的学生群体的重要特征。应用科技型大学作为拥有在校学生数量最多的一类高校,它面对的学生群体具有更加复杂性和多元化的特征。

应用科技型大学"既是高等教育自我发展需要的产物,也是社会发展需要直接刺激的

结果,是高等教育自我选择和社会选择双向和双重作用的结晶"[①]。应用科技型大学与传统大学生源质量的差异,不仅体现在高考分数上,还体现在学生学习习惯、学习态度、人文素养、价值取向等诸多方面。生源质量的多元性与差异性决定了人才培养目标以及教师能力培养要求的差异性。应用科技型大学面向一线生产、管理岗位,培养应用科技型专门人才的培养目标,要求学生在具备足够的专业理论知识的基础上,具备扎实的生产、管理实际工作技能,良好的职业操守和较强的职业迁移能力,这与研究型或技能型人才培养目标存在着显著差别。因此应用科技型大学专业教师不仅要具备良好的专业知识传授能力,更要具有扎实的动手实践操作能力,不仅要占据专业发展的理论前沿,还要洞悉与把握行业发展的趋势与脉络,能够为学生的职业发展做好指导与服务。同时与传统大学相比,应用科技型大学教师面对着更大的学生管理压力,培养学生良好的学习习惯、学习态度与正确的价值观、人生观是专业教师的常规性工作,这些与生源质量相对较高的传统大学的教师发展机构建设要求具有很大的不同。

基于多元化的学生群体所具有的特征,教师面对的是每一个现实的、需要发展应用性能力的个体。在应用科技型大学教育过程中,教师与学生之间需要形成良好的合作与沟通,便于更好地实施应用科技型教学,在实践中提高学生的应用性能力。应用科技型大学教师发展的实质目标是更好地促进学生学习、提高学生专业应用能力,因而教师发展要切实以多元化的学生群体作为考量对象,选择能够多方面促进不同学生学习的专业发展方式与途径。

(三)师资状况的差异性,决定了教师发展机构建设任务的特殊性

一流的大学离不开一流的师资,教师素质是高校发展的决定性因素。高等教育大众化的快速发展,客观上促进了应用科技型大学的快速发展,但由于应用科技型大学思想准备不足、资源条件不到位,影响了其发展质量和发展水平,从而不利于其长远发展,其中师资状况是最为紧迫和核心的问题。

应用科技型大学的历史成因和所处发展时期均具有特殊性,而且为满足快速扩大的教学发展需要,应用科技型大学不得已降低了教师上讲台的门槛。原专科层次保留下来的教师担当了教学主力,一批长期受传统精英教育思想影响的退休返聘教师和刚刚走出校门、未受过相关训练的大学毕业生占据了学校专任教师较大比重,即使这样,有些学校自有专任教师数量仍显不足,大量的教师外聘和违反常规的合班教学是发展期应用科技型大学的无奈之举。教师数量、质量、结构、比例与合格本科建设要求相差较远,与传统大学相比处于明显劣势。随着生源紧缩趋势愈加明显,各类高校都将面临生存压力,生源竞争将是高校面临的最严峻问题。而今后考生及家长对高校的选择,实质上是对学校教师综合质量的选择与判断,教师发展问题已经十分现实地摆在各高校面前,这为应用科技型大学教师发展机构建设提出了明确的现实任务。

(四)发展环境的差异性,决定了教师发展机构建设资源的特殊性

应用科技型大学由于成立时间较短,办学资源、发展能力相对较弱,尤其是其科研能

[①] 李泉鹰.高等教育选择问题探究[D].厦门:厦门大学,2008:92.

力、服务社会能力以及毕业生质量尚未得到社会普遍认可。因此,应用科技型大学的社会认同度不高,造成了应用科技型大学在社会资源配置(如高水平师资引进、高层次访学机会、师资发展经费等)方面难以与传统大学同台竞技。

此外,应用科技型大学无论是培养应用科技型人才,还是进行应用性科学研究,都离不开行业、企业以及政府的大力支持,但由于利益关注错位以及合作机制不完善,社会资源参与的广泛性仍不尽如人意。同时,教师发展的外部渠道单一,当前我国高校教师主要是通过政府主导的教师发展机构或访学来进行业务提升的,这条途径存在专门性低、针对性差、内容单一、时间安排缺乏灵活性等缺点,而且资源相对稀缺,对全体高校教师发展来讲无疑是杯水车薪。面对日益加深的来自国内外优秀高等教育机构的外部竞争压力,应用科技型大学必须找寻出一条学校特色发展和教师个性发展相统一的发展之路。

(五)应用科技型人才培养对教师素质与发展的特殊要求

作为集高等教育、职业教育、继续教育于一体的新型大学,应用科技型大学既不同于以培养学术型人才为目标的传统本科院校,也有别于以培养技能型人才为任务的高职院校。应用科技型大学重在培养生产管理一线所需的、具有扎实技术理论基础、较强实践应用能力的高层次应用科技型人才,同时肩负着开展应用技术研发、服务就业和区域发展等多重使命。应用科技型大学这种特殊的办学定位和人才培养目标必然要求教师具备与之相适应的专业素质。

应用科技型人才这种"基础宽厚、理实并重、学以致用"的培养定位,对教师的知识结构和能力有着特殊的要求:

(1)专业知识和实践经验:教师需要拥有扎实的专业理论知识,能够回答学科专业中涉及的问题,并具备丰富的行业和企业一线工作经验,了解相关职业领域的工作过程,能够将学科专业知识与实际工作经验有机融合,解决生产实践中的问题。

(2)教育科学知识:除了专业知识,教师还需要具备教育科学领域的知识,特别是职业教育学、职业心理学以及职业教学论等方面的知识。他们应该了解学生的心理特点,掌握科学的教学方法,能够将企业中的新知识、新技术和管理经验融入教学中,创造性地传授给学生。

(3)教学能力:教师需要具备良好的教学能力,不仅能够传授专业理论,还能够指导学生进行专业实践,设计适合学生学习的工作情境,将理论教学与实际工作相结合。

(4)科研能力:教师应具备一定的科研能力,包括理论研究和应用研究。他们可以参与开发新产品、设计新工艺、采用新方法、应用新技术,将理论转化为实际应用,为产业提供技术支持。

(5)社会服务能力:教师需要具备服务意识和通用能力,能够与企业和社会进行合作,开展科技创新、技术转移、成果转化、技能培训、技术咨询等服务,支持地方经济发展和产业升级。

总之,教师在应用科技型人才培养中需要综合运用专业知识、教育科学知识以及教学、科研和社会服务等多方面的能力,为学生提供全面的教育和培养。

除此之外,应用科技型大学在教学范式上还具有其不同于传统本科教学的特殊性(见表8-2-1),这种教学范式的特殊性也对应用科技型大学的教师提出了新的要求。

表 8-2-1　新旧教学范式对照表

项目	传统本科教学范式	应用科技型教学范式
知识	由教师向学生传授	传授和通过实践获得
学生	接受教师知识灌输的被动容器	将知识运用于实践
学习方式	记忆	关联
教师的目标	将学生进行分门别类	培养学生分析问题、解决问题的能力
学生的成才与目标	学生取得毕业证书	学生理论与实践能力、提高适应能力、就业的需求和可持续发展
环境	竞争性个人行为	教室内外、现场合作学习
关系	师生关系具有限定性	师生之间协作关系
评估	课程教学结束时给学生定级	教学过程中的持续性评估
理解	逻辑性—科学性	宽广性—渗透性
认识论	归纳主义:事实与记忆	结构主义:理解与运用
教学技术	练习和实践;课本替代物	解决问题;交流,合作,表达
教学假设	任何学科专家都会教学	教学是复杂的,需要一定的培训

资料来源:L.迪·芬克.创造有意义的学习经历[M].胡美馨,刘颖,译.杭州:浙江大学出版社,2006:14.

对上述新旧教学范式对照分析得知,应用技术大学教学有如下特点:(1)知识获得的方式:由传统的教师向学生传授到教师传授和通过实践获得。(2)学生的自主性:由被动接受教师灌输的知识到将所学知识运用于实践。(3)学生学习的方式:由纯粹的记忆性学习到关联性学习方式的转换。(4)教学目标:由将学生进行分门别类到培养学生分析问题、解决问题的能力。(5)学生的成长及目标:由学生取得单一的毕业证书到学生理论与实践能力、提高适应、就业的需求和可持续发展。(6)教学环境:由单纯的个人行为竞争到教室内外、现场合作学习的模式。(7)师生关系:由具有限定性到师生之间的合作学习。(8)评估的标准:由课程结束后给学生定级到教学过程中持续性地评估。(9)学生对于知识的理解:由逻辑性、科学性到宽广性到渗透性。(10)认识论:由归纳主义的事实与记忆到结构主义的理解与运用。(11)知识的技术使用:由练习和实践,课本代替物到解决问题,交流,合作,表达。(12)教学假设:由任何学科专家都会教学到复杂教学需要一定的培训。[①]

从新旧教学范式的比较可以看出,应用科技型大学教学需作出改革以回应社会对高等教育教学的不同要求。这种转变显然对应用科技型大学教学具有重要的启示意义。毫无疑问,在应用技术大学教学范式的转换过程中,教师在其中处于关键性的位置,决定了教学"应用科技型"的特点,教师的专业素质决定了教学范式及其人才培养类型的质量高低。

在职业素养方面,应用科技型大学培养的人才是知识、能力、身心和谐发展的高层次

[①] 刘红鸽.云南省应用技术大学(学院)教师发展研究[D].昆明:云南师范大学,2017:3.

专门人才,而非仅拥有专业技术技能的单向度的工具人、技术人、技能人。知识与技能对于应用科技型人才固然不可缺少,但实事求是的科学态度、脚踏实地的工作作风、乐于奉献的职业精神对大学生未来的职业发展更为重要。因此,应用科技型大学教师不仅要具备普通高校教师应具有的"学为人师、行为世范"的师德修养,而且必须具备相关行业特殊的职业素养,具有追求卓越、勇于创新、善于创业的精神品质,对制造一丝不苟、对质量精益求精、对产业专注坚持的工匠精神,具有关切环境、关怀生命的仁爱之心,勇于承担社会责任。

三、应用科技型大学教师发展的改革建议

教师队伍的建设一直以来都是应用科技型大学内涵式发展的核心环节,师资水平的高低决定了应用科技型人才培养的总体质量,因此,加强应用科技型师资队伍的建设是提高应用科技型人才培养质量的根本保障。尽管十八大以来,应用科技型大学教师队伍建设取得了显著的进展,如师资队伍在数量、结构、能力水平等方面都得到了极大的改善,但与一流应用科技型大学建设的要求相比,仍存在很大的差距。

当前应用科技型大学整体处于转型发展的关键时期,教师整体发展水平离高水平应用科技型人才培养的要求存在一定差距,且院校之间差异显著。

(一)建立应用科技型教师准入标准,提升"双师型"教师比例

应用科技型大学的办学定位不同于传统大学的办学定位,要培养出高水平的应用科技型人才就必须有一批高水平的应用科技型师资队伍,也即有一批高水平的"双师型"师资队伍。但在目前专任教师中具有相关行业企业背景的教师明显短缺,具有工程背景的教师占专任教师比例平均只有16.59%。各高校质量报告也进一步显示,对于双师双能型教师队伍的建设,部分高校还只停留在意识阶段,相关政策措施力度不够。因此,我国地方高校在转型过程中,要将积极学习与借鉴欧洲国家尤其是德国应用科学大学教师准入制度,必须在学历学位、业界从业年限与业绩、教学能力、应用科研型能力、师德规范、敬业精神等方面全面考核,没有一定企业从业经历的硕士博士青年不能登上专业课程的课堂与指导学生。[①] 德国的《高等教育总法》规定,申请成为应用科技大学的教授必须满足以下两个基本条件:一是必须获得博士学位(艺术类专业除外)。这是为了确保他们具备高等教育领域的深刻学术背景。二是至少要有5年实际工作经验(其中3年在高等教育机构之外)。这有助于确保他们具备实际应用和职业经验,可以为学生提供与实际问题解决相关的指导。此外,根据规定,应用科技大学的教授在任教期间每四年可以享受一次为期半年的"研究休假"。在这段时间内,他们可以到校外的相关单位从事实际工作或实用研究,以了解最新的实际工作问题和动态,更新和扩充知识。这有助于将最新的生产技术、理论和知识引入教学,增强应用科技大学与社会和产业界的联系,避免教学中理论与实际脱节。这一制度有助于保持教师的实践能力和知识更新速度,以满足职业领域的需求。

世界不同国家和地区在师资队伍建设上都要求有一定的业界工作经历与年限,但它

---

① 夏俐.新建本科院校教师发展报告[M]//陈万灵,郑春生.高等教育蓝皮书:中国高等教育发展报告(2019).北京:社会科学文献出版社,2020:89-108.

们也有一定的制度差异,这主要表现在教师选聘要求的差异上,表 8-2-2 对它们各自选聘教师的特色要求作了简要归纳。

表 8-2-2　不同国家和地区应用科技型大学院校教师选聘的要求与特色

美国	要求教师具有博士学位,选择教师时注重三个方面的素质:教育和学术成就、教学兴趣和专业领域丰富的实践经验。
英国	大多数教师是从富有生产经验和管理经验、能亲自动手操作和进行实验的工程技术人员和管理人员中聘请,一些学院的教师队伍以兼职教师为主。
德国	应用科学大学教授的聘任条件是:(1)高校毕业;(2)具有教学才能;(3)具有从事科学工作的特殊能力,一般通过博士学位加以证明,或具有从事艺术工作的特殊能力;(4)在科学知识和方法的应用或开发方面具有至少五年的职业实践经验,其中至少 3 年在高校以外的领域里工作,作出特殊的成绩。教师队伍主要由三类人员组成:教授承担特殊教学任务的教师和兼职教师。教授应在本专业从事至少 5 年(其中 3 年在高等学校外)的实际工作。
日本	主要从刚毕业的博士中招聘,在实际招聘过程中,有实践经验的教师应聘者占有很大优势,一些本科应用科技型大学大量聘任经验丰富的公立大学退休教师。
中国香港	香港各高校都制定了严格的教师招聘制度及教师评审制度。目前香港高校新教师均面向国际采用合约制聘用。香港高校对教师的评价主要看四点:一看教师的学术成就;二看教师的教学水平;三看教师的社会服务;四看教师对学校、学院所作的贡献。

为了增强"双师型"教师队伍,要积极制定与完善从企业聘请一定比例的兼职教师制度。地方高校向应用科技型大学转型的特点要求其必须建立一支具有丰富实践经验的师资队伍。

纵观发达国家职业教育的成功办学经验,聘用大量的兼职教师是其不容忽视的优势。来自企业和相关部门的兼职教师占到了全体教师总数的一半以上,在实践教学的知识更新和技能结构的技术反应上发挥了重要作用,使该部分国家的教师队伍始终保持在比较前沿、先进的水平上。在德国的应用科学大学中,专职教授占到 40% 的比例,而兼职教师则占到 60%。兼职教师主要来自各个企业,他们是专业技术工程师、研发人员和管理人员,他们通过技术讲座的形式向学生介绍企业的技术发展情况、新产品研发趋势、市场需求等。这样就充分利用了来自工业界的实际经验和专业知识,使学生能够更好地了解行业实践和实际问题。通过与来自企业的专业人员互动,学生可以获得实际问题解决的见解,并将学术知识与实际应用相结合;这也有助于确保学生毕业后具备与职业领域相关的知识和技能,提高他们的职业竞争力。这还有助于加强应用科学大学与工业界之间的联系,促进知识和技术的交流,有助于解决实际问题和推动产业发展。兼职教师的参与可以丰富教学内容,使学生获益匪浅。在英国和澳大利亚,外聘教师和专职教师的比例已经超过了 1∶1。以上国家教师队伍都表现出专兼结合、以兼为主的特点。我国在进行地方应用科技型大学高校师资队伍建设过程中可以借鉴发达国家的相关经验,不断调整师资队伍的结构和层次,优化师资队伍素质,建立真正适应应用科技型大学发展需要的师资队伍。[①]

---

① 董晓红.地方应用型高校实践教学体系研究[M].北京:经济科学出版社,2020:153-157.

(二)持续提升师资数量,优化师资队伍结构

教师的转型发展是一个复杂的系统工程,涉及方方面面。破解当前教师转型之困,必须积极调动教师、学校和社会各方面因素,从理念引领、平台推动、制度保障等方面采取有针对性的推进策略。

应用科技型大学教师从事的科研主要是应用科学的研究与开发。应用科技型大学的师资队伍建设应立足于应用科学与应用技术的教育教学特殊性要求来开展。

作为一种新型大学体系,应用科技型大学在教育理念、培养目标、培养模式方面和传统本科高校有着显著的区别。面对新要求,只有提高认识,转变观念,更新理念,打牢转型的思想基础,使教师在思想观念、理念建构上率先实现转型,才能将教师转型发展落到实处。

(1)提高教师对学校转型发展的认同。学校的转型,不是简单地更名或"挂牌",更不是自我降格,而是学校办学思想的重新调整和人才培养理念的深刻变革。面对学校转型发展的新形势和新挑战,观望回避只会错失良机,贻误发展,唯有转变思想,顺势而为,方能走出困境,迎来转机。学校应通过报告会、研讨会、经验交流会等各种形式,加大宣传力度,澄清模糊认识,凝聚思想共识,营造良好氛围和舆论基础,提高教师对学校转型重大现实意义的认识,以及学校转型对个人发展重要性的认识,帮助教师消除对应用科技型大学的认识误区及对应用科技型人才培养的偏见,引导教师以"有为才有位"的积极心态,主动迎接挑战,化危机为契机,自觉走上转型之路。

(2)深化应用科技型人才培养理念。人才培养类型是应用科技型大学教师发展的逻辑起点。从培养目标来看,地方高校转型的实质是从培养学术型人才向培养应用科技型人才的转型。学校要通过系统培训、专题研讨和借鉴交流等方式,帮助教师深刻理解应用科技型高等教育的跨界特性和应用科技型大学的本质内涵,深刻领悟应用科技型人才与学术型人才、技能型人才的本质区别,克服对传统学术型精英教育的留恋,摆脱"重学轻术""重道轻技"等传统观念的羁绊,重构体现时代精神和社会发展要求的教学观、人才观、质量观和学术观,努力将应用科技型人才培养理念和产教融合、校企合作办学理念内化于心、外化于行,为应用科技型人才培养注入源头活水。

技能往往通过对动作的重复练习和熟练操作而获得提高。[①] 技能训练是一种长期的伴随个体终身的活动,绝非短暂的大学四年可以完成。因此,应用科技大学只有将精力、时间、资源等倾注于对技术的研发、创新与传授上,才能培养出更具潜力的符合未来社会需要的高精尖人才。所以,应用科技型大学需要的是具有技术性专业理念的教师,这就要求他们必须注重技术学习,把宝贵时间大量用在对理论知识、实践经验的集中学习上,注重培养自身的技术能力,而非一味强调技能训练,将大量时间用于进车间、进工地等实践操作上,本末倒置,错位于提高自身的技能水平。

(3)强化教师自主发展的意识。影响教师转型发展的因素是多方面的,除了外力因素外,教师自主发展意识也是影响其转型目标的重要因素。利伯曼(Lieberman)曾指出:"有效的教师专业发展建立在需求、反思和参与者需求驱使的尝试上。"[②]学校要加强顶层

---

① 姜大源.职业教育:技术与技能辨[J].中国职业技术教育,2008(12):34.
② 宋广文,魏淑华.论教师专业发展[J].教育研究,2005(7):71-74.

设计,充分发挥教师的主体作用,引导教师根据学校转型发展和应用科技型人才培养的特殊要求,认真反思自己的专业发展现状,进一步明确个人专业发展的目标和方向,主动将个人发展与学校发展融为一体,不断完善知识结构,提升专业能力,升华教育理念,以实现学校内涵发展、特色发展的同时获得自身的发展。①

(三)充分发挥"教师(教学)发展中心"职能,为教师入职培训、更新教育教学理念、教学基本功提升与教师终身发展提供良好的平台

自2012年以来,全国几乎所有的高校都相继建立了"教师(教学)发展中心"这样的机构。有些挂靠于教务处,有些则挂靠于人事处,有些则是独立设置的正处级单位。应该说,这些年来全国各高校的教师(教学)发展中心在转变教学理念、提升教师教学水平、推进教师发展、提高教学质量方面做了许多工作。但是,近年来,许多高校开始慢慢忽视、弱化教师(教学)发展中心机构的作用,有些高校甚至把它合并到人事处、教务处或评价部门的相应科室,形同虚设,可有可无。因此,应进一步规范与强化教师(教学)发展中心作为高校常设机构职能,理顺中心与其他职能部门的关系,明确中心的使命和职责,把指导教师教学和学生学习的工作统一到中心的主要工作中去,同时加强制度建设,大力开展教学研究,将大学课程理念、理论、实践、评价等统筹研究,并为教师和学生提供专业的教学咨询和指导,逐步提高教师专业化发展水平。积极聘请与吸收由心理学家、课程专家、教育技术专家、教育经验丰富的教师和相关管理职员构成的团队,"以提高教师教学能力为关键,加大教师培训力度,创新教师培训模式,引导高等学校建立适合本校特色的教师教学发展中心,积极开展教师培训、教学改革、研讨交流、质量评估、咨询服务等各项工作,提高本校中青年教师教学能力,满足教师个性化专业化发展和人才培养特色的需要",②为高校教师教学基本能力的提升与可持续发展提供一个良好平台与机构保障。

1.做好入职新教师的入职培训

由于高校新入职教师大都毕业于海内外的非师范类高校与研究机构,大都没有接受过正规系统的教育教学基本功的训练。因此,新入职教师的岗前培训就显得非常重要。要积极借鉴先进高效的新教师培训经验,从教育教学理论、高校教师职业道德规范与准则、如何备课上课与辅导学生、现代教学设备使用、翻转课堂等方面进行严格培训。并且,要充分发挥老教师的"传帮带"作用,新入职教师要有1～2个学期作为经验丰富的老教师的助教进行听课、试讲、作业批改和辅导。只有具备了课堂教学的基本功之后才能独立开课,凡是达不到合格要求的,一律不能上岗开课。不适合从事课堂教学工作的新入职教师,可以转岗从事专职研究、教辅或行政管理工作。

2.进行理论学习研讨

对全校所有教师要持续不断地进行现代教育教学理论与应用科技型人才培养理论的学习与研讨。理念是行动的先导,好的课堂背后隐藏着并体现着好的理念。没有先进的

---

① 周卫东.新建本科院校教师转型发展的推进策略[J].教育评论,2018(2):107-111.
② 教育部,财政部.关于"十二五"期间实施"高等学校本科教学质量与教学改革工程"的意见(教高[2011]6号)[EB/OL].(2011-07-27)[2019-03-22].http://www.moe.gov.cn/jyb_xwfb/xw_fbh/moe_2606/s5155/s5817/s5818/201107/t20110727_122663.html.

教育教学理念,就没有真正的教育教学改革,也就没有真正科学有效的课堂教学的实质性变化。我们要积极学习、借鉴与吸收、继承中外各种先进的教育教学理论,既要取其精华、去其糟粕,又要融会贯通、推陈出新。既要系统学习与积极借鉴和吸收国外先进的教育教学理论,又要积极学习与继承中华传统教育理论。只有继承我国优秀的文化教育传统精神,学习与掌握系统扎实的现代教育教学理论,才能在当前教育教学网络信息泛滥与教育教学改革名目花样繁多的浪潮冲击中,明辨是非,站稳脚跟,坚守大学精神,坚守育人之道,建设富有中国特色的应用科技型人才培养体系。

3.加强职业道德教育

要加强全体高校教师的职业道德规范教育,培养广大教师具有献身于教书育人事业的天职精神。明确大学教师与一般公民道德规范之间的联系与区别。教师是人类灵魂的工程师,是社会的良心与灯塔。学高为师、行为世范,以生为本、爱生如子,教书育人,循循善诱,教学相长,诲人不倦,无私奉献,敬业乐业,这些都是高校教师的天职。一个教师如果没有爱心,没有无私奉献的精神,是做不好教师的。

4.深化"双师型"教师校本培养制度

把"双师"型师资队伍建设纳入学校教育发展的总体规划中,并从制度导向上激励教师主动向"双师型"教师发展。2014年,教育部提出"通过试点推动、示范引领,引导和推动部分地方本科高校向应用科技型大学转型发展",并将"加强'双师双能型'教师队伍建设"作为转型发展的主要任务之一,要求"逐步使大多数教师既具有较高的理论水平又具有较强的实践能力,使'双师双能型'教师占专任教师的比例逐步达到50%以上"。"双师型"教师校本培养既要尊重教师的个体差异,也要重视教师团队的作用。一是"双师型"教师差别化校本培养。"双师型"教师队伍是由多样化的教师个体组成,学校应结合教师专业特点、素质结构多样化的特点,为教师提供多样化、多层级的培养方式,满足不同专业、不同发展水平教师的发展需要。如以专项技能培训满足新教师实践教学基本需要;以实践锻炼、企业工作丰富教师实践经验,提升青年教师实践能力;以合作项目开发提升骨干教师科研创新实践能力,扩大服务社会知名度。二是"双师型"教师团队化校本培养。"双师型"教师队伍建设是教师团队的建设,学校应充分发挥专业团队作用,充分发挥各专业的"双师"型名师及重点培养对象的辐射作用。学校要以专业为单位,建立"双师型"教师发展团队,即培养一人,带动一个团队,辐射一个专业。通过专业"双师型"教师团队的发展实现学校的"双师型"教师队伍建设目标。三是完善"双师型"教师激励制度。"双师型"教师是理论知识和实践能力都有较高水平或造诣的教师群体,承担着比一般教师更为繁重的工作任务。因此,不同等级"双师型"教师在晋升职称、晋级工作、酬金、学习进修等方面享受有差别的优厚待遇。特别是绩效考核和职称评聘制度,应重视教师实践教学成果的考核和"双师型"教师的等级认定结果,将其纳入教师考核和职称评聘的重要指标,将"双师型"教师激励制度落在实处。

为培养"双师型"教师,还要积极鼓励教师到企事业单位去兼职、挂职。教师兼职可以对学校、教师、学生、业界的理论与实践结合以及建立各界联动网络起到一定的推动作用,形成多方共赢的局面。

第一,教师兼职是维护和扩大其与实务界联系以及促进科学技术转让的绝佳方式。

尤其是大学教师通过在企业兼职能够与工业界和经济界保持密切联系,从而亲自伴随并塑造创新过程。通过兼职工作,往往会产生需要研究的下一轮问题,从而推动教师自己的研究活动。此外,教师可以把新获得的实践经验直接融入教学。因此,兼职工作能够非常有效地使高校的教学和实践之间产生协同效应,使应用科学大学教师在进入高校多年后仍然可以实施紧密结合实践的教学,并因此让学生在选定的职业领域做好准备。

第二,教师兼职有利于应用科学大学发展,特别是那些有公共效应的兼职工作会使学校获得相当可观的声誉。例如,如果一位教师在一个高级顾问委员会或一家公司董事会或顾问委员会受聘;发表一份备受重视的学术鉴定,或者在一份全国发行的日报上发表文章,其所属大学的名称将会与教师的名字一同被刊登。此外,教师在企业兼职也往往是实现校企长期制度化合作的第一步。还有,高校允许教师兼职是吸引后继人才应聘教师岗位的重要招聘工具。对于许多应用技术大学来说,迅速找到有高素质、积极性高、符合条件的人才填补空缺的教师岗位已变得越来越困难。其中一个重要的原因就是,与在工业界和经济界工作相比,教师的薪酬完全不具有竞争力。如果没有通过兼职来增加收入的可能性,那么,恰恰是在那些具有多年行业实践经验的最佳候选人中,会有更多的人因为考虑到收入将大幅下降而根本不考虑去应聘。另外,应用科学大学赖以生存的根本就是其教师队伍在教学、科研、培训和科学成果转化等方面确实展现应用技术型特色,并把这个特色付诸实施。为此,教师们必须有坚实可靠的实务界联动网络,并且始终保持与企业界的沟通和交流。只有这样,应用科学大学才能成功完成他们担负的任务。

第三,教师兼职对学生也有较大的益处。因为与实践保持不脱节的教师在授课时往往能够清楚地解释授课内容,并在教学中援引具体实践案例,在此基础上进行学术层面的分析,从而使学生从中受益。通过兼职工作建立起的实务界联动网络可以直接惠及学生,例如德国应用科学大学一般会要求学生做毕业论文时必须有来自企业的指导,教师在此就可以给学生推荐其兼职的企业;另外,通过教师在企业的兼职,往往会接下来产生高校和企业合作的研究项目,这也同时为学生提供参与研究的机会。

第四,实务界也因教师的兼职工作获益丰厚。企业作为委托人可以通过这种方式购买解决具体问题和复杂问题所迫切需要的高质量服务。此外,从企业的角度来看,兼职教师往往也扮演企业"战略咨询人""战略开门人"的角色,因为企业得以借助他们建立与大学合作的渠道。在此基础上往往会使高校和企业在众多领域进行长期合作。[①]

总而言之,教师到企事业单位去兼职对高水平应用技术型大学的建设来说具有不可忽视的积极作用。

(四)要重塑高校教研室这一基层教学与研究组织,充分发挥其教学与研究及教师专业发展的基本组织功能

20世纪50年代,我国学习苏联,在全国高等学校普遍建立了教学研究组(后称教学研究室,简称"教研室"),确立了"校—系—教学研究指导组(教研组)"的三级组织形态。1950年颁行的《高等学校暂行规程》规定:"教学研究指导组为教学的基本组织,由一种课

---

① HENDRIK L.应用科学大学教授的兼职权:促进理论与实践结合及建立区域各界联动网络的重要工具[J].应用型高等教育研究,2018(1):24-29.

目或性质相近的几种课目之全体教师组成。"①1961年,教育部确定了教研室作为教学和人才培养的基层组织。《高校六十条》(1961)规定,"教学研究室是按照一门或者几门课程设置的教学组织"。② 其职责中明确包括"讨论、研究、制定和实施本组课程的教学计划与教学大纲;收集有关教学资料,编写教材;研讨教学过程中发生的问题,交流教学经验和切磋教学方法"。③ 在四十余年的实际运行过程中,处于教育教学第一线的教研室,其组织教学的功能得到了有效的发挥,承担起了教学过程监控,教学计划、教学大纲的制定和执行,教材、讲义的选编,课程建设,考试考查,实习实训等各个教学环节的组织工作,在教学研究活动的开展、教学改革的推进等方面更是发挥着不可或缺的独特作用,有效保证了各教学环节严格按要求组织实施。在教研室组织活动中,教师的活动不仅限于个人方式,讲课内容、教学方法由教研室成员集体讨论决定,成员之间互相听课、沟通、协商,教学成为教师的集体活动。这种教师活动形式从个体到集体的转变给中国大学制度,特别是大学教学制度带来了深刻的影响。可以说,教研室的存在及其运行对当时我国高等学校的教育教学质量保障起了非常重要的作用。

90年代后,伴随着高等教育大众化以及深受美国大学办学模式的影响,我国高校规模普遍剧增,高校的基本结构也发生了明显的变化,由原来的校—系—教研室三级组织结构演变为"校—学部/学院—系/研究所"三级结构,原来的教学研究室基本上被取消,形成了以"系"为基层单位的学科与专业层面的教学、科研与行政基层组织单位。正如潘懋元先生所指出的,"现在大学重视科研而轻视教学,大多不再设立教研室。或者把教研室改为课题组、研究中心、研究所,或者成为基层行政机构"。④ 由于系一级的功能主要是贯彻落实学校教务处、科研处、评建办等职能部门和二级学院安排的主要工作,因此,其行政与科研管理的功能日渐凸显,而其教学与研究的功能则日趋式微,导致了集体教学与研究功能的虚化、浮化与弱化。许多高校的系已经基本不再组织教师的教学集体研讨活动了,即使有些听课活动,也是迫于各种评估、检查的被动应付或填写听课记录表之类的形式上的教研活动。因此,教师教学与研究活动变成了一种孤立的个体性活动,互帮互学的教师集体智慧的作用得不到发挥,无形中形成了不同学科、专业与课程之间的教师壁垒,许多青年教师在其适应与成长的过程中得不到教师集体的指导与帮助,影响了青年教师的专业成长与专业发展,从而也影响了融教学、研究与发展于一体的教师共同体的真正形成。因此,根据各校实际情况,重建与重塑教学研究室这一基层教学与研究组织就具有非常重要的现实意义。

建立与重塑教研室,要根据各校的具体实际情况,按照有利于促进教学与研究活动的开展、有利于教师共同体集体智慧作用的发挥、有利于促进应用科技型人才培养活动的原则进行。高校应根据自身的具体情况设立多种类型多种形式的教研室,原则上是同一课

---

① 中央教育部.高等学校暂行规程[J].人民教育,1950(5):68-69.
② 蔡克勇.20世纪的中国高等教育(体制卷)[M].北京:高等教育出版社,2003:370.
③ 胡建华.现代中国大学制度的原点:50年代初期的大学改革[M].南京:南京师范大学出版社,2001:252.
④ 潘懋元.对高等教育若干问题的思考[J].西北工业大学学报(社会科学版),2018(2):26-30.

程或相近课程的课程群或同一模块的课程群设立教研室,要注重并加强实验实训实践教学团队建设,形成一支高素质的实验实训实践教学队伍。这样才有利于深化教学研究,提升教学效能,提高教学质量。这些教研室不同于"系"这一组织,它既可隶属于一个系,也可隶属于二级学院或学部,也可跨专业跨学科跨学院跨学部。甚至可在大学城区域/地方内建立同一课程群的跨学校的教研室联盟,这样可以形成同一大学城不同高校同一课程群的教研室联合体,有利于不同高校之间的课程与教学资源共享以及教学研究的深度交流与合作。因此,积极探索新时代中国特色大学教研室组织形态与运行机制,是一项紧迫的任务。

教研室要更加重视微观教学研究,"微观教学研究主要指课程、教材、教学方法,以及教师发展方面的研究"[①]。要加强人才培养方案的制定、修订与论证工作,加强专业人才培养目标、人才培养规格要求、专业知识体系、专业能力体系与专业综合素养以及相应的专业课程体系的研究,把刷绩点的水课从课程体系中剔除出去,从专业层面上淘汰与消除水课。正如怀特海所提出的两条教学基本原则:"其一,不要同时教授太多科目;其二,如果要教,就一定要教得透彻。教授大量的科目,却只是蜻蜓点水地教授一点皮毛,只会造成一些毫不相干的知识的被动接受,不能激起任何思想的火花。"[②]只有通过教研室的集体研讨才能在立足大学生最近发展区的基础上合理提升学业挑战度、增加课程难度、拓展课程深度,达到"跳一跳,摘桃子"的效果。教研室要根据本校的办学定位与人才培养定位将教学研究的重点放到学生学情的分析与研究、教学目标的科学确定、教材的集体编写与教学内容的精心选择、现代教学手段与教学方法的灵活运用、作业的科学布置与辅导答疑、考试与考核等多种学习评价效能提升、实习实训与社会实践的实效化、健全人格与专业综合素养的有效养成上来。要围绕"课堂教学"或"实践教学"这两个中心,加强教研室集体备课、说课、听课、议课、评课的"五课一体"的课堂教学研修制度和实验实训实践教学研修制度,深化课堂教学研究与实践教学研究,提升教师教学素养,提高课堂教学效能。但也要谨防大学教学研究"中学化"倾向,要根据大学教学不同于中小学教学的特点来组织教学研究活动。要充分发挥老中青三结合的传帮带作用,建设一个良好的教师学习—研修—发展的共同体,使教研室成为一个充满温情、充满温暖、温馨舒适的基层教师之家,形成一种良好的融教学文化、研究文化与教师发展文化于一体的教学基层组织文化。

(五)加强课程与教学评价的研究,建立健全科学、有效、系统的课程与教学的评价与考核机制

首先,建立应用科技型大学各种类型课型"金课"与"水课"的评价标准。"金课"与"水课"有一般性的标准。但是,如前所述,应用科技型大学教学活动的课型结构、形式与方式方法多种多样,具有很大的学科专业的特殊性和不同学年学期学段的衔接性、阶段性、连续性,切不可用统一的理论课堂讲授式教学(lecture)的标准来评价千姿百态、千变万化的大学课程教学。学校、二级学院、系部教研室、课程组等要切实研究每一种类型课程教学的特点制定相应的应用科技型大学的"金课"与"水课"的评估与认证标准,按照"金课"与

[①] 潘懋元.对高等教育若干问题的思考[J].西北工业大学学报(社会科学版),2018(2):26-30.
[②] 怀特海.教育的目的[M].庄莲平,王立中,译.上海:文汇出版社,2012:3.

"水课"的标准来进行每一个教师的课程认证。"金课"绝不仅仅是教师语言流利,口头表达清晰,课堂气氛活跃,不让学生睡着,也不仅仅意味着内容清晰,结构合理,最重要的是能够进行启发式教学,"不愤不启,不悱不发",能够引导与训练学生的批判性思维和创新性思维。"启发式的教学使学术之火长旺。几乎所有有成就的学术人员都称道创造性的教师——那些把教学作为对自己毕生的挑战而严格要求自己的导师们。"①"教授最重要的作用是促使学生以最严谨的态度对待思考,锻炼学生思维的精确度、耐心、责任心以及柔韧性。"②要明确满堂讲并不一定就是满堂灌,课堂笑声不断也不一定就是好课,也可能是教师的教学表演秀;课堂教学的时间也不是用来抄写笔记的,而是由教师带领与引导,通过探究和讨论,让学生逐渐展开思考。通过课堂师生之间的对话,并引导学生围绕某个主题或问题进行苏格拉底式的"产婆术"式的讨论,以训练思维,探究真理。"学生所期望的理想教师是:挑战学生能力并关注学生个人发展的导师,其中的重点是'导师'。"③所有优秀教师都具有自己独特的教学风格,都会形成自己独特鲜明的教学个性,都是"经师"与"人师"完美结合的"导师"。

在金课评价标准体系中,也要谨防步入"MOOC"(慕课)与智慧教室崇拜症狂热化的误区。现代教育技术无论再先进,也只是教育的技术工具和手段,它永远代替不了人与人之间面对面的那种动态思维的对话和心灵的交流或唤醒。大学本科教育是一种四年或五年浸入式的学习历程的整体体验教育。它不是电视节目可以划分为无数个节目单元予以销售;大学也不是发放网络学习证书的公司,它是人的博雅教育基础之上进行专业教育之场所。"大学一定要保持头脑清醒,不管技术如何变化,所有的教学方式或教育内容,唯有博雅教育是无法复制或者自动化。"④切不可要求所有大学的所有教室都改装成智慧教室,更不可要求所有教师的课堂教学都是圆桌分组讨论。否则,按照一个模式、一个套路、一个标准来评判课堂,就是东施效颦,仅仅是学其形而失其神;就是削足适履,就是"一刀切",就是刻舟求剑、守株待兔,陷入一种课程与教学评价的"死胡同"。如牛津剑桥大学人才培养的独有特色就是其基于住宿制与学院制基础之上的导师制。在每周一次的一对一或一对二的导师与学生的对话与指导中,通过每周一次 2 个小时左右的小论文写作与讨论,拓展学生的专业知识,训练学生的批判性思维,提升学生的综合专业素养,形成健全的人格修养。

其次,遴选一批教育理念先进、教学经验丰富、作风民主平等、乐于帮助年轻人的应用科技型大学的课程教学评价与评估认证专家队伍。近年来,伴随着学习与借鉴国外教学评估与专业认证的先进经验,全国所有高等院校都建立了专门的教学评价与督导评估机构,组织了校院二级教学评价与评估督导专家队伍,开展了大量的教育教学评价与评估督导工作,促进了各高校教学质量的规范化,提高了人才培养的质量。但是,在实践中也出

---

① E.L.波伊尔.学术水平反思:教授工作的重点领域[M]//吕达,周满生,刘立德,等.当代外国教育改革著名文献(美国卷·第三册).北京:人民教育出版社,2004:23.
② 威廉·德雷谢维奇.优秀的绵羊[M].林杰,译.北京:九州出版社,2016:74.
③ 威廉·德雷谢维奇.优秀的绵羊[M].林杰,译.北京:九州出版社,2016:163.
④ 威廉·德雷谢维奇.优秀的绵羊[M].林杰,译.北京:九州出版社,2016:172.

现了一些问题,有些学校中存在着部分青年教师与教学评价和评估督导人员发生心理上抵触、行为上冲突的现象。其主要原因在于:这些教学评价和评估督导人员大都是本校或他校退休返聘或柔性聘任的老教师,虽具有较为丰富的教学经验,但也存在着在教育教学理念上,习惯于按照传统"三中心"(教师中心、教材中心、教室中心)知识传授型教学方式来评价教学;并且大都学历较低(本科毕业),没有接受过博士阶段的科研训练,从而在他们的教学生涯中几乎没有多少研究的经历,更没有企业的工作实践经验,教学中自然也就没有研究的意识,对开放式教学、研究式教学、实验室教学、实训教学、项目式教学、小组讨论式教学、体验式教学、户外教学等非传统教学方式方法持排斥或否定态度;有些人员作风不够民主平等,以教训、指令、教导的口气方式或简单地以优良中差的结论等级来评价教师,自然出现了令人不快的意外情形,没有达到改进教学、提升教师素质与提高教学质量的效果。因此,学校、学院和教研室要从校内外遴选一批教育理念先进、教学经验丰富、作风民主平等、乐于帮助年轻人的课程教学评价与评估认证专家队伍来从事课程教学的评价考核与评估认证工作。

(六)构建富有校本特色的内外多层系统的教师评价制度,形成应用科技型大学教师立体式发展性的教学评价机制

实现新建本科院校教师的顺利转型,不仅需要教师积极努力,学校主动作为,而且必须为教师转型发展创造良好的外部条件,尤其是各级政府要充分发挥主导作用,健全相关法律法规,做好顶层设计,采取具体可行措施,在制度和政策层面积极予以扶持与推动。

1.明确应用科技型大学教师专业标准

应用科技型高等教育对教师专业素质有着特殊的要求。从专业化的视角看,应用科技型大学需要什么样的教师,新建本科院校教师应向哪些方向努力或应达到什么标准,才能适应应用科技型人才培养的需要,这是教师转型发展必须首先明确的问题。借鉴英、美等发达国家以专业标准促进教师专业发展、提高教育质量的先进经验,反思当前我国新建本科院校"双师型"教师队伍建设的实践困境,只有立足教师专业化发展这一长远目标,直面教师专业化发展这一核心问题,在国家层面加快建立融"学术""技术""师范"于一体、比目前"双师型"教师更为全面系统的教师专业标准,对合格教师应具备的专业素质作出权威性规定,对教师在职前、入职和职后不同专业发展阶段应达到的目标提出明确要求,才能为教师的转型发展指明方向。

2.完善校企深度合作的法律法规

"校企合作、产教融合"是培养应用科技型教师、提升教师专业素养的必由之路。针对现阶段校企合作浅层化、产教融合环境不佳的现状,国家和地方政府应加大力度,以"跨界"理念加快出台有利于推进校企深度合作的法律法规和实施细则,明确企业应承担的职业教育责任和应履行的培养义务,使校企合作法律化,并在资金投入、税收减免方面提供优惠,激励和支持行业企业积极参与产教融合、校企合作。如建立政产学研合作联盟,合作共建实习实训基地、创业基地、重点实验室、工程技术中心、技术研发中心、大学科技园等,为教师赴企业进行学习交流、实践锻炼、课程开发、技术研发提供保障,使教师在生产一线真实环境中感受企业文化、丰富行业知识、掌握生产技能、提高应用研发能力,促进教

师理论和实践相结合,为教学改革、专业建设、课程开发和人才培养提供服务和支持。

3.建立凸显应用的教师考核评价制度

在教师绩效考核和职称评聘方面,针对以往教师职务晋升重科研轻教学、重理论轻实践、重绩效轻发展的功利化取向和"一刀切"行为,应回归应用科技型办学定位,加大对教师参与教育教学改革、专业及课程建设、应用技术研发、服务行业企业情况的考核力度,真正把"教学的学术"与"应用的学术"放在突出的位置。如对教师的教学评价,不能简单地看其理论课程讲授情况,还要考核其实践教学改革的成效;对教师的科研评价,不能紧盯课题、论文、论著,而应注重考查其技术创新、专利发明、成果转化、标准制定等应用性研究和技术研发情况,同时把教师为地方企业提供决策咨询、与企事业单位开展横向合作、为企业提供技术服务情况纳入教师评价体系。①

评价可以分为外部评价与内部评价两种。应用科技型大学的教师外部评价可通过不同层级的合格评估、审核评估、专业认证、课程认证以及校外第三方的相关评估与评价等来对本校的不同层次不同类型的课程进行评价。评价标准要全面、客观、规范,评价方法要科学、合理、有效。

应用科技型大学的教师评价主要立足于学校内部评价。在学校内部,各类课程评价可以从不同的时间跨度来对课程实施情况进行考核评价与监控督导。既要对不同专业各自的培养方案进行整体性评价,更要关注本科课程体系尤其是实践课程教学的具体实施情况。对培养方案着重评价培养目标及整体实施情况,对课程体系则关注课程结构、课堂教学、师资配备、学生学习体验、学生实践能力等,不同层次的评价模式从宏观和微观两个方面同时反映本科教育的质量。同时,不同层次的评价模式与质量分析具有不同的评价周期,可以保证学校对课程实施情况的及时把握。

内部评价要做到部门多元,全面关注细节。可充分发挥校院二级的教学指导委员会、专业委员会、课程委员会、企业导师委员会、课程与实习审查委员会以及教务处、评估办、教学研究中心等部门的作用。不同部门评价课程分工不同,但都要注重细节,重视数据的收集与反馈。如在评估每一门课程时,都要访谈本科生教学系主任、校企相关教师、该专业的学生等,就课程目标、针对对象、课程类型、授课教师情况以及对该专业、该课程未来的愿望等话题展开有意义的对话与讨论,从而更加及时、有效地调整、改进、优化课程或教学方式。

教学评价主要包括教师"教"的评价和学生"学"的评价两个方面,但教学评价又是一个全面、系统、规范、科学、有效的过程。当前,影响教学评价的一个突出问题是学生评教的效度和信度问题。随着学生评教在国内高校的广泛应用,也出现了一些质疑声音,甚至有老师吐槽学生评教是让自己沦为"淘宝卖家"一样的服务员角色。"学生与课程、学生与教师之间的关系,已经是超市中的顾客与商品、顾客与商贩之间的关系。"②"把老师当学生管,把学生当祖宗供",成为一些老师面对教评时一句无奈的玩笑。有许多老师,为了迎

---

① 周卫东.新建本科院校教师转型发展的推进策略[J].教育评论,2018(2):107-111.
② 刘云彬.自由选择与制度选拔:大众高等教育时代的精英培养:基于北京大学的个案研究[J].北京大学教育评论,2017(10):38-74.

合学生、取悦学生,降低教学难度和考试难度,放松课堂教学纪律要求,放宽作业与考试考核的要求等,甚至把课堂变成了小剧场,教师讲课变成了表演秀。这些都只是为了能够不得罪学生,博得学生的笑声与好评,使学生能够在评教时给自己打高分,于是教学变成了教师与学生相互迎合的"共谋"。因此,如何探索出一套行之有效的学生评教体系是我们建设金课、淘汰水课的一个关键问题。

课程与教学评价还要包括教师对学生学的评价,即教师评学。教师与学生共同创造了教学活动的环境和过程。学生学习评估是测量学生获取知识、技能、发展能力的过程,是为了改进教师教学和学生学习而进行的基于过程与基于证据的过程。通过开展多种多样的学生学习评估活动的最主要目的是评价和改进教学和学习质量,通过评价学生的学习,可以发现和辨别教学活动中存在着的一些弱点和不足,进而有针对性地改进教学。授课教师要对参与课程的学生学习及时给予评价,要从平时学习参与度(包括出勤、阅读、提问、讨论等)、测验成绩(课堂检测、期末考试等)以及论文等几个方面综合评价。[①]

要正确运用课程与教学评价的结果,谨防"为管理而评价、为评价而评价"的倾向。评价是对一种预先设计的实践活动与目标达成度的量化测评与质性研判的价值判断过程。评价的目的是更好地改进与改善活动,也就是说,课程与教学评价是为了更好地改进与改善教学,提高课程与教学效益,实现有效教学,提高人才培养质量。评价只是一种手段,并不是目的。但这种手段,不是用来当作"奖罚优劣""末位淘汰制"的管理手段,要摒弃那种简单地依据"教育目标"进行数据考核的泰勒式奖惩性评价。

---

① 汪霞,嵇艳.美国研究型大学本科生课程与教学评价研究[M].南京:南京大学出版社,2018:71.

第九章 应用科技型大学的实践教学

实践教学与理论教学共同构成了应用科技型大学的教学新体系。在一定意义上,实践教学是应用科技型大学区别于研究型大学在教育教学上最富有显著性的基本特征。实践教学是高素质应用科技型人才培养成功的直接决定因素。因此,建设富有中国特色高水平的应用科技型大学的实践教学新体系就具有非常重要的理论价值与现实意义,是当前地方高校转型发展成功的关键。

第一节 应用科技型大学实践教学内涵及其体系

一、实践教学的内涵及提出

(一)实践教学的内涵

实践教学正是根据人类尤其是学生认识的本质和规律、实践的特点和作用以及教学的目的和要求而开展的有目的性的实践活动。实践教学的主体是教师(含企业导师)和学生,客体是教学内容和对象,包括自然对象、社会对象和精神对象。实践教学的主要形式有科学实验、模拟、体验、观摩、表演、考察、访问、讨论、演讲、作业(作品)、制作、练习,等等。

实践教学有狭义和广义之分。狭义的实践教学,是教学中的一个特定环节,围绕某一专题、利用一定手段组织的一次实践活动。《中国教育百科全书》把实践教学解释为:根据高等学校培养目标,按照教学计划的要求所进行的参观、实习、习题课、讨论课、设计等教学环节。[①] 广义的实践教学,应该是贯穿于整个教学过程中的、由教学主体主动参与,为传承知识、发展能力、探索创新而开展的一切实践活动,即按照实践活动特性规律组织教学就是实践教学。

实践教学强调将学习者置身于实际的知识场景中,以提高他们的能力,促使知识内化为个体经验。这是一种很有效的教育方法,特别适用于不同类型知识和技能的教育。

---

① 张念宏.中国教育百科全书[M].北京:海洋出版社,1991:537.

(1)自然知识的实践教学:这种类型的实践教学侧重于基于经验事实的真假判断。学习者需要亲自参与实验、观察自然现象,以积累实际经验,从而更好地理解和应用自然科学的原理和规律。例如,在物理、化学和生物等科目中,学生通常会进行实验来验证理论,以加深他们对自然现象的理解。

(2)社会知识的实践教学:这种类型的实践教学着重于基于社会事件的价值辨析。学习者需要参与社会活动、研究社会问题,以便理解社会科学的原则和伦理,并培养对社会事件的批判性思维。这有助于他们更好地参与社会和解决社会问题。

(3)人文知识的实践教学:这种类型的实践教学是基于一定生活场景的精神交流。它关注的是文化、语言、历史等领域的知识。学习者需要通过亲身体验文化活动、参与文学讨论、探讨历史事件等方式来更深刻地理解人文领域的知识。这有助于培养他们的审美感、文化意识和人际交往能力。

总的来说,实践教学和理论教学是两种不同的教学形式,它们的目的和重点有所不同。实践教学的主要目的是使学生获得直接经验,通过亲身参与实践活动来学习和理解知识。这种教学形式强调学生在实际情境中运用所学知识和技能,以解决实际问题。实践教学可以包括实验教学、实习实训、项目工作、案例分析等,它有助于学生培养解决实际问题的能力。而理论教学的主要目的是传授理论知识和概念,使学生获得间接经验。这种教学形式侧重向学生传递学科内部的理论框架和概念,以便他们理解基本原理和概念。理论教学通常发生在课堂上,包括讲座、研讨会、阅读和课堂讨论等。这两种教学形式在教育中都具有重要作用,实践教学有助于将理论知识应用于实际情境,增强学生的实际能力,而理论教学则提供了理论基础,帮助学生理解和分析复杂问题。很多教育机构综合使用这两种形式,以提供全面的教育体验。

(二)实践教学提出

实践教学的提出与重视是基于我国传统的高校教学中一直注重课本教材传授、理论知识教学,注重书面笔试成绩考核,导致本科毕业生眼高手低,实践动手能力较弱,毕业生到职场后还要经过职场尤其是企业的几年培训才能上手独立工作的现状。因此,实践教学长期以来是我国高校教学的薄弱环节。

1982年3月,教育部组织全国师范专科学校教学工作座谈会,会议纪要中出现了"实践环节"一词。1983年4月,教育部颁发的《关于制订职工高等工业专科学校教学计划的暂行规定》中提出了"加强实践性教学环节"的要求。之所以提出、命名、重视实践教学,就是源于对直接经验的重视,而实践教学是获得直接经验的主要途径。

其实,新中国成立以来,我国一直在强调要加强高校学生尤其是工科类学生的理论与实践相结合的实践教学。1950年,政务院会议通过的《关于实施高等学校课程改革的决定》中就明确规定,应该有计划地组织学生的实习和参观,并将这种实习和参观作为教学的重要内容。1954年,高等教育部发出《关于修订高等工业学校四年制本科及二年制专修科各专业统一教学计划的通知》,提出本科四年制的培养目标为"工程师",二年制专修科的培养目标为"高级技术员",到后面连续十年,以"工程师"为培养目标,在四年制的学习时间里,很难达到,学生负担很重。1962年,教育部发出的《直属高等工业学校本科修订教学计划的规定(草案)》第一次提出,高等工业学校的毕业生,在学业上必须完成工程师的基本训练,即具有本专业所需要的比较宽广而巩固的基础理论知识,掌握运算、实验、制图和操作等基本技能,具有一定的专业技术和组织管理生产的知识,具有解决一般工程实际问题的初步能力。1962年教育部关于直属高等工业学校本科修订教学计划的几项原则,其中包括正确贯彻理论与实际相结合的原则,要切实加强基础理论的教学,保证学生学到必要的基础理论和专业知识,同时必须重视生产劳动和实践性教学环节,加强基本技能的训练,使学生既能学到书本知识,又能获得必要的直接知识和实际锻炼。

1978年,教育部发出了《关于高等学校理工科教学工作若干问题的意见》,规定理论教学与教学实验至少应占教学时间的80%,理论课与实验课的比例为1∶1.2～1.5。1980年,重新制订的《教育部关于直属高等工业学校修订本科教学计划的规定(草案)》认为,在学制四年的条件下,"完成工程师的基本训练"要求仍然太高,因而改为"获得工程师的基本训练"。培养目标是高等工业学校应当培养德、智、体全面发展的高级工程技术人才。1980年教育部颁布了高等工业学校四年制机械类各专业试用的《金属工艺学教学大纲(草案)》(课堂教学70～80学时,教学实习6周)。其中,教学实习是教学计划中的一个重要环节,通过教学实习,使学生初步接触生产实际,为学习金属工艺学及以后从事机械制造和设计方面的工作建立一定的实践基础。1985年12月6日,国家教委召开部分高等工业学校教学改革座谈会,指出:"学校的根本任务是培养人,教学工作是学校经常的中心工作,教学改革是各项改革中最重要的改革。""主动适应社会主义现代化建设需要,是高等工程教育改革的根本方向,人才培养的社会效果,是评价高等工业学校办学水平的主要标志。"人才培养的基本规格是获得工程师的基本训练,主要要求是加强基础、拓宽专业、重视实践、培养能力。1986年,国家教委高教二司结合高等工程教育的特点,提出了培养目标——"工科本科教育培养适应社会主义建设需要的、德智体美全面发展的、获得工程师基本训练的高级工程技术人才",学生毕业后主要去工业生产第一线,从事设计、制造、运行、研究和管理等工作。[①]

1998年,教育部颁发的《高等学校教学管理要点》中明确提出:"实践教学是教学过程中的一个极其重要的教学环节,各种实践性教学环节都要制订教学大纲和计划,严格考核。"要点表明,实践教学必须在人才培养方案中得到体现,同时加强实践教学管理。2007年教育部颁发的《关于进一步深化本科教学改革全面提高教学质量的若干意见》中进一步明确要求:"列入教学计划的各实践教学环节累计学分(学时),人文社会科学类专业一般不应少于总学分(学时)的15%,理工农医类专业一般不应少于总学分(学时)的25%。"这对实践教学提出了更为具体的要求。2012年,教育部等部门颁发的《关于进一步加强高校实践育人工作的若干意见》提出,"要切实改变重理论轻实践、重知识传授轻能力培养的观念,注重学思结合,注重知行统一,注重因材施教,以强化实践教学有关要求为重点,以创新实践育人方法途径为基础,以加强实践育人基地建设为依托,以加大实践育人经费投入为保障,积极调动整合社会各方面资源,形成实践育人合力,着力构建长效机制,努力推

---

① 唐飞燕.美国佐治亚理工学院工程教育实践课程研究[D].广州:华南理工大学,2017:6.

动高校实践育人工作取得新成效、开创新局面"[①]。

2014年以后,随着地方高校转型发展,实践教学越来越成为地方高校转型发展为应用科技型大学的共识,成为高素质应用科技型人才培养的着力点与支撑点。

二、应用科技型大学实践教学体系

实践教学是一种体系,它的范围包括课内、课外、校外,专业包括本专业、多专业、通用;内容包括技能训练、科技创新、生涯规划、志愿服务、实习见习、社会体验;形式包括实验、情景模拟、课题研究、项目设计、角色尝试、实地考察;组织包括学校集体、学生社团、校外团体、教师个人、学生个人;深度包括观摩、练习、比赛;环境包括真实、虚拟等。

(一)实践教学层次

可以说,大学实践教学是一个以学科专业为平台,以课程实践教学为主体,以专业实践教学和社会实践教学为两翼构成的逻辑体系。

1.课程实践教学

课程实践教学是指根据专业人才培养方案,围绕某一具有明确知识体系的课程,旨在增进理论知识理解,提升专业技能而采取的具有实践特征的教学方式。由于实践教学涉及公共课程、专业课程以及方向探索课程模块,每一模块的具体课程都可能存在实践教学的方式,其教学时间的长短与教学形式,可以根据课程本身的性质不同而有所区别。

就其形式而言,课程实践教学主要包括:

(1)实验教学。师生依托专业实验室,结合实验教学大纲,采取带有设计性或综合性实验的教学形式。根据实践教学的本质与目的,实验教学中教师所采取的演示性实验,不作为实践教学的形式,因为这种实验以教师为中心,其目的是理解程序、记忆知识,学生动手参与较少。

(2)问题辩论。对于文科以及理工科的基础理论课程,实验教学的形式较少,教师有必要围绕某一问题,以学生为中心,通过辩论方式深化对特定问题的认识。问题辩论作为实践教学的形式,可以学生为主体,打破教师中心传统,转换教学模式,实现由无问题教学转向问题式教学,发展学生质疑问难的意识与能力。

(3)课题探究。实践教学需要在课程教师的指导下,立足专业基础,打破课堂空间限制,使课内与课外融为一体,体现大学组织的学习型特征。这就需要教师在课后作业中以小课题的方式留出自由探索与思考的空间,学生通过梳理文献、实验探索,自主完成相关课题的探讨。

(4)考察体验。针对教学中存在的重难点问题,依托校内外实践教学基地,在教师指导下,学生通过问卷调查、个人访谈、动手操作以及情景体验等方式,增进知识理解,熟悉生产技术,深化问题认识。

[①] 教育部等部门.关于进一步加强高校实践育人工作的若干意见(教思政〔2012〕1号)[EB/OL].[2019-03-22].http://www.moe.gov.cn/srcsite/A12/moe_1407/s6870/201201/t20120110_142870.html.

2.专业实践教学

专业实践教学是依托综合性的专业实践课程或问题而实施的教学形式,主要包括:

(1)专业实习。这是大学实践教学最普遍的形式,是某一专业综合性训练的稳定课型,也是大学专业实践教学的典型代表。通过专业实习使学生进一步理解该专业的社会适应范围、适应程度和适应条件,为深化专业学习、弥补专业缺陷奠定基础。

(2)综合性问题探究。这种形式区别于某一门课程中的小问题探索,突破了某一课程的垄断地位,体现了学科的多元性与交叉性,从课程模块进入学科专业领域。如毕业论文专题研究,就是综合性问题探索的最好例证。

(3)职业实践。这一教学形式通过带有职业模拟或现场实践的方式,感受相应职业所需要的专业知识与专业技能,为入职工作做好相应的准备。与专业实习不同,后者侧重专业理解与专业技能,前者侧重岗位工作,重心是增强学生的职业适应性。

3.社会实践教学

社会实践教学是指在学校与社会共同作用下,充分利用大学时段的所有空间,集中时间,在不同区域进行跨学科交流、较为宏观的问题探索以及有针对性的社会考察。其主要可分为:

(1)课外实践教学。这种形式立足于学生经常性学习与生活空间,以兴趣为基础自由组合,采取课外小组的方式,进行跨学科交流,如大学社团活动,围绕社会问题、学术问题以及生活问题进行讨论。如哈佛大学将本科生社团活动作为课程类型,从18世纪初第一个青年学子会开始,目前包括学术和职业、艺术和表演以及种族和社会问题等12大类本科生社团。[1]

(2)校外实践教学。这种形式主要包括社区参与、社会体验与问题调查。前两种主要是通过无目的游历或有目的观察,使学生深入社区内部,体验不同区域的风土人情,了解当下的社会问题与现实诉求,增进社会问题意识与责任意识,积累相应的社会实践知识,克服传统大学教学中无"现实"的现象。后者是通过带有本专业或相应职业的宏观问题,如大学生"三下乡"活动,让学生带着明确的目的,在志愿活动、科普服务、文化传播等多种服务中,调查研究,提升适应与引领区域经济社会发展的能力。[2]

(二)实践教学环节

实践教学环节是指实践教学的内容及其分类。按照实践教学内容的不同性质,实践教学环节基本教学形式大体如下:[3]

(1)实验。根据一定的教学和科研任务,运用仪器设备手段,在人为控制和干预客观对象的情况下,观察、探索事物的本质规律的一种学习研究活动。实验教学按照目的和内容性质的不同进一步细分为演示性实验、验证性实验、操作性实验、综合性实验、故障性实验、设计性实验、创新性实验。

(2)实习。学生在教师组织和指导下,根据职业定向,在校内实习场所或校外有关现

---

[1] 张家勇.哈佛大学本科生课程改革研究[M].广州:广东教育出版社,2011:247.
[2] 时伟.论大学实践教学体系[J].高等教育研究,2013(7):61-64.
[3] 熊志卿,刘迎春.应用科技型大学工程实践教学内涵解析[J].南京工程学院学报(社会科学版),2010(3):45-49.

场等真实工作环境参观或从事实际工作,以获得有关的实际知识和技能。实习是提高学生独立工作能力和养成职业心理品质的教学环节。实习按照目的和内容性质的不同进一步细分为认识实习、生产实习、社会实践。

(3)训练。有计划、有步骤地培养学生具有某种特长或技能的实践教学活动。训练按照目的和内容、性质的不同进一步细分为军事训练、工程训练。校内模拟工程环境中,按照给定或选定的工程技术条件,完成某个与专业相关的实际项目,使学生经历项目调研、设计、实施、评价等完整的工作过程、技术训练(即实训),包括应用性技术训练、模拟仿真技术训练等多种类型。

(4)课程设计。针对一门或相近几门课程,完成一个综合性设计任务的实践教学环节。

(5)毕业设计(论文)。培养学生综合运用所学基础理论、专业知识与技能,独立分析和解决问题的能力,使学生受到科学研究和工程设计的基本训练。

(6)证书培训。根据国家的职业标准,或行业(企业)的技术、技能的等级标准,培训学生相关的职业能力或技术能力,以取得职业资格证书或技术等级证书为目的的实践教学活动。

(7)科技活动与竞赛。通过组织学生参加教师科研课题、竞赛或学生自选课题等课外科技活动,培养学生综合运用相关知识、技术与技能解决实际问题的能力。

(三)实践教学环境

实践教学环境指实施实践教学任务的场所、资源配置和教学手段等,大体分成如下类型。

(1)校内实践教学基地。学校创办的、有一定规模的、能够为学生提供实习和训练环境的场所。校内实习基地由学校按照专业需求统一规划设置、管理。校内实习基地的功能主要是为相关专业的学生提供认识实习、工作实习、工程训练、技术训练等实践教学环节的运行条件,使学生对工作场景有所了解,获得实际工作锻炼。

(2)校外实习基地。相对稳定、有一定规模、能够接纳一定数量学生进行实践教学活动的校外企业或其他单位。学生在校外实践教学基地能够完成认识实习、工作实习、技术训练、社会实践、毕业实践以及项目课程等实践教学环节,获得实际工作锻炼,增进理论与实际的联系,养成良好的职业素养。

(3)实验室。为公共基础、专业基础、专业课程提供的实验、试验、训练教学场所。

(4)其他能够提供学生实践教学及科技创新活动的校内科研院所、校办企业等。

(四)实践教学模式

1.教学模式相关概念

教学模式是指基于一定的教学理念,具有稳定的结构形式和操作程序,在特定的环境中展开的动态教学过程。一个完整的教学模式应该包含以下七个组成部分。

(1)教学理念:指教学模式所依据的教学理论或教学思想。

(2)教学目的:指教学模式的功能指向,如以发展学生的综合应用能力为目的、以发展学生的研究能力为目的等。

(3)结构形式:指教学模式构成的各种要素及环节之间具有范型特征的稳定组合和相互联系。如产学研结合模式。

(4)操作程序:指教学活动的环节步骤及操作方法。
(5)实现条件:指实施教学活动的场所和手段,例如生产环境、模拟环境等。
(6)教学过程:指由若干能够实现预定教学目标的教学环节组合而成的有教师与学生的学习双边互动的活动进程。
(7)评价标准:指与某种教学模式相适应的教学质量评价标准。

2.实践教学模式分类

(1)按教育主体分类,例如美国的单元制模式(学生毕业后由所在企业的培训机构进行技术训练),德国的双元制模式(学生在学校期间,由企业承担实践教学任务),中国的校企合作模式(由学校和企业合作,共同承担学生在企业的实习)。

(2)按教育类型分类,例如研究型实践模式、应用型实践模式、技能型实践模式等。

(3)按教育环境分类,例如开放式实践模式、企业实践模式、工业中心训练模式等。

(4)按学生在实践教学中的状况分类,例如主动实践模式、被动实践模式等。

(5)按教学方法分类,例如项目实践模式、情景实践模式、模拟实践模式、综合实践模式、工程实践模式、科研实践模式等。

(6)按教学类型分类,例如实验教学模式、实习教学模式、设计教学模式等。

(五)实践教师队伍

实践教师队伍的构成包括专职教师、实验员、兼职教师、企业工程技术人员。实践教师的任务包括指导课程设计与毕业设计,指导实验、实习、课外科技活动等。由于实践教学是面向生产一线培养具有较强的专业知识应用能力、专业技术能力、动手能力和分析解决实际工程问题能力的应用科技型人才,要求教师具备足够的工程经验和很强的工程应用能力。师资队伍应当是一支同时具备教师资格和工程师资格的双师型队伍。

(六)实践教学的评价

实践教学的评价包括实践教学目标要求与人才培养目标规格的符合度、实践教学体系设计的科学性、实践教学实施的环境条件、实践教学实施过程模式、实践教学师资队伍、实践教学效果等。其核心是专业培养规格要求的综合应用能力、专业技术能力和动手能力能否通过实践教学设计,实践教学条件、实践教学实施过程能否得到保证并取得实效。

三、实践教学的理论基础与重要作用

(一)实践教学的理论基础

实践知识是缄默知识与显性知识的统一与升华。杜威认为实际经验的过程与教育之间有着紧密和必要的联系,经验的连续性与相互作用共同促进人的生长[1]。美国著名认知心理学家J.R.安德森将知识划分为陈述性知识和程序性知识,程序性知识是关于"如何做"的知识,包括如何从事并完成各种活动的技能。[2]

---

[1] 赵祥麟,王承绪.杜威教育名篇[M].北京:教育科学出版社,2006:258.
[2] J.R.安德森.认知心理学[M].杨清,张述祖,等译.长春:吉林教育出版社,1989:285

经济合作与发展组织(OECD)在《以知识为基础的经济》报告中将知识类型分为事实知识(know-what)、原理规律知识(know-why)、技能知识(know-how)、人力知识(know-who)四种,其中技能知识和人力知识属于隐含经验类知识,主要靠实践获得,在劳动力市场上更为重要。[①]

波兰尼把经验作为知识范畴进行探讨,划分了人类存在的两种知识,一种是"显性知识",一种是"缄默知识"。他认为,缄默知识事实上支配着人的整个认识活动,为人们的认识活动提供了最终的解释性框架乃至知识信念。[②] 施瓦布进一步把实践经验与知识整合在一起,明确提出"实践性知识"的概念。他指出,"实践性样式"的知识特征就是技法,是以多元观点深入思考一件事物的技法和在作出实际决策时综合多样的理论与方法的技法。[③]

正是以上关于经验、缄默知识与实践知识的理论主张,提供了强化实践教学与加强实践教学改革的理论基础。

(二)实践教学在应用科技型人才培养中的重要作用

由实践教学的定义可以看出实践教学可以使学生加深所学理论知识,锻炼学生的实际操作能力,培养学生的创新意识、创新能力,使学生熟悉实际工作场景和了解实际操作规程,对学生了解实际生产、社会工作以及工作的管理方式等具有重要意义。实践教学环节能够最大限度地满足并实现社会对具有全面素质、创新精神和实践能力的高级人才的培养要求。具体表现如下:

(1)实践教学是应用科技型大学教学工作的重要组成部分。从实践教学的内涵不难看出,实践教学在培养学生实践操作能力和创新能力方面具有特殊的意义,是应用科技型大学教学工作不可偏废的重要组成部分。应用科技型大学教育的培养目标和教学目的的实现,都不可缺少实践教学这一关键环节,这也是应用科技型大学教育的重要特点之一。

(2)实践教学是由理论过渡到实践的桥梁。学习的最终目的不在于求知,而在于致用,也就是实践。实践教学最大限度地开发学生的潜能,培养学生运用知识、创造知识的能力和投身社会实践的优秀品质,为学生进入社会创造必要条件。学生在现代工程实践中,有机会使用各种工具,如锯、锉等,进行手工制作;有机会操作各种设备,如车床、铣床、磨床、钻床等,进行切削加工;有机会将预热好的钢材进行锻造;有机会进行焊接;还有机会观看各种精湛的工艺技术表演。应该说,对这些工艺装备的观察、调整与动手操作,可以有效地提高学生的工程实践能力。值得指出的是,在某些方面,常规设备所具有的可训练性甚至高于先进技术设备。使用常规设备时,学生要调整各种操作手柄,选择各种工艺参数,有许多动手和了解设备工作原理和部件结构的机会。这就为掌握先进的数控技术奠定了基础。反之,在使用数控机床时,一旦编好了程序,人工介入很少,操作过程比较简单。尤其是编制程序,对学生来讲是比较容易的。如果工程实践演变成处处编制程序,处

[①] 经济合作与发展组织(OECD).以知识为基础的经济[M].杨宏进,薛澜,译.北京:机械工业出版社,1997:6-9.
[②] POLANYI M.The study of man[M].London:Routledge & Kegan Paul,1957:12.
[③] SCHWAS J J.The practical:a language for curriculum[J].School review,1969(2):1-23.

处是模拟和仿真,很难达到工程训练的目的。学生对机械设备、制造工艺和数控技术的理解可能会停留在较低的层次上。当遇到工程问题时,会茫然不知所措。因此,对常规技术和先进技术应该有全面了解,以便妥善做好实践教学的整体安排。时代在前进,科技在发展,我们要创造条件,将新技术、新工艺、新设备尽快纳入工程实践教学。因为这意味着工程实践教学进入一个新的领域和发展到更高的层次。①

(3) 实践教学能够培养学生的工程实践能力。工程实践能力包括对事物敏锐的观察能力,从普遍存在的客观现象中提炼出有价值问题的能力,敢于解决实际问题的动手能力,以及处理工程问题时所必备的组织管理与协调能力。② 而工程实践能力的培养不是在课堂上通过书本的讲授就能获得的,必须在工程实践过程中才能逐步获得与提升。

(4) 实践教学的深远意义还在于在大学生逐渐转化为社会人的过程中,培养大学生的理工与人文、管理等的综合素质,能促进学生个体的全面发展。在我国高等教育中,理工与人文、管理、社会科学和医学的渗透和结合是一个尚未解决好的问题。当今的制造工程完全超出了纯机械概念,发展为一个复杂而综合的系统。工程实践教学基地所拥有的许多设备,已经不是以前意义上的普通"机械"了,而是多学科综合和交叉的产物。各种先进的数控加工机床、特种加工机床就是机械、电子、计算机、自动控制、光学、声学和材料科学,甚至化学、生物与环境科学结合和交叉的产物。因此无论学生将来从事何种专业,工程实践对他们的未来发展都会起着重要作用。目前,有些工程训练中心正在接纳经济管理、医学、工艺美术和文科类学生,这是教育改革中的一种非常有益的尝试,是落实大教育观和大工程观的具体体现。在工程实践中,教师利用良好的工程背景,有计划地将教学与生产、理论与实践、德育与智育、教书与育人紧密结合,利用各种教学手段和教学环节,使学生不但知识得到积累,技能得到提高,而且在体力、心理方面均得到锻炼和考验,并从中感悟到安全、质量、责任、纪律、技术、经济、管理、环保、群体和市场的真实含义以及彼此间的相互关联。

应用科技型大学迫切需要改变传统的办学模式,积极发展不同类型不同层次高校的办学特色,特别应该在学生的综合素质和工程实践与技术应用能力上下大功夫,以适应国家和社会对应用科技型等多元化人才的需要。

四、国际常见的几种实践教学模式

(一) 德国 FH "企业主导型" 实践教学模式

德国应用科学大学目标在于对学生进行一种建立在传统理论知识基础上的教育,最后使学生通过国家规定的毕业考试,能够从事独立的职业活动。它所培养出的学生不一定要掌握系统、高深的理论知识,但必须通过必要的基础理论教育和充分的职业训练,使其成为在某一领域中具有独立从事职业活动能力的职业人才。为达到这种培养目标,德国的应用科学大学非常注重实践教学,企业的主导地位是其实践教学模式的显著特点,我

---

① 司淑梅.应用型本科教育实践教学体系研究[D].长春:东北师范大学,2006:10.
② 傅水根.创建有中国特色的工程实践教学体系[J].中国大学教学,2004(7):24-26.

们可以将德国实践教学的这种特色概括为"企业主导型"实践教学。

德国的应用科学大学与企业联系非常密切,企业在实践教学中占有重要地位,是实践教学经费的主要来源,并主导整个实践教学过程。一般的新生入学前要有大约6个月的企业内预实习,积累实践经验、感性认识以便为理论学习打下基础。进入应用科学大学主要学习阶段后,有2个完整的学期被专门安排在与今后学生职业紧密相关的企业或管理部门实习(这是培养模式的精髓),由企业负责组织实施。第一个实习学期安排在第3学期,目的是使学生在理论学习的基础上,拓宽技能和能力,对职业获得一定了解,进行初步职业尝试。第二个实习学期被安排在第7或8学期进行,要求学生到企业从事本专业工程技术人员的工作(顶岗实习),并将实习与毕业设计结合,解决企业实践中的真实课题。最后,所有实习的考核评价主要由企业负责,企业指导人员将为学生出具一份实训、实习工作鉴定,学生要完成一份详尽的来自企业的实训、实习报告。

不仅如此,即便是校内的理论课内容、实践性环节等也非常强调与企业密切关联。理论课的内容大多要联系企业案例,强调实践性和实用性;校内实训课也多采用跨学科式,以解决企业问题为导向的学习方式;专业课教学中,来自企业的兼职教师更是广泛采用"应用性项目教学法"。同时,德国应用科学大学的实践教学在以教学为主的情况下,也合作进行一些与企业实际密切关联的科研,如与企业合作解决企业新产品开发,生产工艺的改革及技术难题的攻关等,为企业实际服务,为企业提供新生科研力量。

在整个应用科学大学与企业合作的过程中,政府通过各种学校教育与企业培训规章、法规及联邦基本法等规定企业、学校、个人协同完成实践教学的具体任务和义务,使产学合作制度化,为应用科学大学教育计划的顺利实施提供保障。应用科学大学实践教学模式的成功正是得益于学校能够以高度重视学生实际动手能力和解决问题能力培养为目标,企业能够将给学生无偿提供的一些实习和实训支援作为"企业行为"来看待,政府积极地给予立法上的支持。[①]

目前,在我国许多高校,通过与企业密切合作来开展实践教学、培养学生实践能力已逐渐被重视,很多以培养应用科技型人才为主的院校都在积极探索有效的校企合作育人实践模式,寻求现代企业在技术、人才、师资、信息和教学实践等多方面的教学资源支持,建立相互之间有效的合作机制,强化学生实践能力的培养。但与德国的应用科学大学实践教学模式相比,在体制上,我们给予的政府支持力度不够;在理念上,我们的企业缺乏参与培养的责任感,认识严重不足;学校对实践教学的关注、投入不足,这些都制约了校企深层合作育人的有效开展。

(二)加拿大"能力中心的课程开发型"实践教学模式

加拿大的以能力为基础的教育(competency based education,简称"CBE")是目前国际上职业高等教育比较流行的一种教学模式,它以能力培养为中心,以胜任岗位要求为基础,其最大特点就是不从传统的"学科本位"模式出发,以完整的学科体系为出发点考虑课程开发,偏重理论知识的完整性、系统性和严密性,而是围绕着从事职业工作所需要的知

---

① 张庆久.德国应用科学大学与我国应用本科的比较研究[J].黑龙江高教研究,2004(8):32-34.

识、技能来设置学习课程,制定计划,管理教学,决定教学方法、步骤、内容及考核方式,从而保证学生具备从事某种职业的较高实践能力,使理论与实践紧密地融合在一起。

加拿大 CBE 实践教学模式分为四个阶段:职业分析形成 DACUM 图表、学习包的开发、实践教学实施与管理、实践教学评价。其中核心是职业分析形成 DACUM 图表(DACUM 是课程开发 developing a curriculum 的缩写),这是一种与企业界紧密结合、科学、准确的系统分析方法。以 DACUM 途径设计实践教学计划的具体做法是:由在某一职业长期工作、经验丰富的优秀从业人员组成一个专门委员会(DACUM 委员会),将一个职业目标进行工作职责和工作任务两个层次的分析,分别得出综合能力和专项能力,其最终成果是一张 DACUM 表(罗列出综合能力与专项能力)及说明,教学专家可根据 DACUM 表来确定教学单元或模块。这些单元具有明确的教学内涵,可将教学单元按知识和技能的内在联系排列顺序,若干个相关单元可组成一门课程。在这些课程中可确定出核心课程(或称基础课程)和职业专门课程、预备课程,再按课程间的相互关系制定出教学计划,随后确定相应的教学方法和评价模式。DACUM 是一种较规范较细致的方法,整个过程都力图保证职业能力在实践教学中的实现。[①]

我国高校,尤其是以培养应用科技型人才为主的院校,可以借鉴 CBE 的指导思想,根据自身的实际条件,以某一专业为试点,对专业的整个教学体系进行重新设计。通过充分的社会需求调研,可以确立反映社会需求的专业人才培养目标体系。根据这些培养目标,进行能力体系分析,绘制综合能力表(DACUM 表)。随后,可以借此基础开发专业课程,制定科学合理而内在逻辑清晰的专业教学计划。在教学计划的指导下,进行科学的课程教学目标设计,规划教学环节和采用合适的教学方式、方法,同时建立评价体系和质量标准,以确保培养出满足社会需求的专业人才。由此,形成以社会需求为导向的,高度重视学生实践能力的应用科技型本科人才培养的实践教学模式。

(三)英国"资格证书体系推动型"实践教学模式

在英国,整个职业教育和职业培训靠证书与考试制度而展开,其相应的实践教学更以职业资格证书推动进行。目前,英国已经建立了包括国家职业资格证书(National Vocational Qualification,NVQ)和通用国家职业资格证书(General National Vocational Qualification,GNVQ)以及普通教育在内的非常完整的、在国际教育中独一无二的证书体系,各种证书之间还建立了互换关系。完整的证书体系以及相应严格的、标准的资格认证制度,以促使培养应用科技型人才为主的高校实践教学与经济发展和生产实际紧密结合,不断适应科技发展及市场需要,改革实践教学内容和方法,确保实践教学质量。

目前,英国的以资格证书为中心的实践教学模式具有如下特点:首先以能力为基础。"国家职业资格"是一种以能力为基础的资格认定,是一项"能力说明",由主要职能、能力单元、能力要素以及操作上的具体要求和范围等构成,因此,实践教学的开展必然以能力基础为目标。其次强调在做中学。"国家职业资格"强调在做中学,实践教学也必然要求在做中学。最后建立以实际工作效果评定学习成效的考核制度。实践教学的效果评定以

[①] 石伟平.比较职业技术教育[M].上海:华东师范大学出版社,2001:294.

"国家职业资格"规定而定,国家资格证书是建立在实际工作效果评定上,不拘泥于传统的书面纸笔测验,而是一个收集证据,并判断证据是否符合操作标准的过程。[①]

英国的职业资格证书的实践教学模式是"三明治"式教学。目前,三明治教育在英国高等教育机构的发展相当广泛,英国大部分的高校都提供三明治课程供学生选择。三明治课程按照入学和教学类型可分为四种:(1)学生接受职业技术教育和工作训练的时间各为半年,交替进行。(2)接受四年制课程的学生,两年接受正式学校教育,两年接受工业训练。(3)在四年制课程中,安排学生第二年或者第三年到企业单位实习。(4)在每年的教学计划中安排9个月的学校正式教育和3个月的实习,或是先进行一年的工业训练,接着实施两年的正式教育,再配合一年的工业实习。[②]

近年来,我国一些本科院校也在积极推行"双证书"制度,要求本科毕业生不仅要通过本科教育取得学士学位证书,还要取得相应的职业资格证书。但一直以来,普通高等教育与职业资格证书体系的关注点不同,要真正在本科期间实现二者的并重,一方面要求对现有的教学模式进行改革,探索如何把职业资格鉴定和培训纳入教学计划,科学设置实践教学环节和优化课程体系,把实践能力和职业技能的培养真正贯穿于人才培养的全过程;另一方面,良好社会外部环境的支撑、导引同样至关重要,尤其是完善的职业资格证书制度体系的建立对"双证书"的推行意义重大。在此,我们应借鉴英国的"资格证书体系推动型"实践教学模式创建科学实用的中国职业资格证书体系、完善的资格考试体系,确立"国家资格框架",一方面保障职业性教育与学术性教育的平等地位,促进职业性教育与学术性教育的衔接和沟通;另一方面也从体制和制度方面为培养应用科技型人才的本科院校实践教学提供科学正确的导向。[③]

五、当前应用科技型大学实践教学存在的主要问题与困境

传统实践教学内容在长期的教育实践过程中,曾发挥了非常重要的作用,但长期以来,在"高等学校应以理论教学为主,实践教学为辅;理论教学体现了学术性,实践教学是理论教学的一个环节、一个补充"等思想观念的指导下,实践教学未能摆到应有的位置。随着社会的进步和高等教育的发展,改革传统的教育内容已是大势所趋。传统实践教学内容在教育过程中表现出如下问题[④]:

(一)实践教学体系不完善

(1)实践教学体系不完整:实践教学缺乏明确的规划和组织,导致教学环节之间缺乏连贯性和系统性。缺乏专门的实践教学规划、管理、研究和评价机制,使实验课程依附于

---

① 刘海燕.几种典型实践教学模式对应用型本科院校的启示[J].理工高教研究,2005,24(6):82.
② 刘娟,张炼.英国三明治教育发展历程及其政策举措分析[J].现代教育科学,2012(1):35-39.
③ 司淑梅.应用型本科教育实践教学体系研究[D].长春:东北师范大学,2006:10.
④ 李韶华,吴文江,韩彦军.实践教学改革与大学生综合能力的培养[J].河北师范大学学报(教育科学版),2010(12):118-121;董晓红.地方应用型本科高校实践教学体系研究[M].北京:经济科学出版社,2020:147-152;司淑梅.应用型本科教育实践教学体系研究[D].长春:东北师范大学,2006:10.

理论课程,由理论课教师随意安排实验课时和内容,而实验室和实验教师的作用相对被动。这种分散和松散的实践教学模式难以确保学生获得充分的实际操作和实践经验。

(2)实践教学培养模式不科学:目前,高校的人才培养模式主要侧重课堂上的理论知识传授,而生产实习、实验操作和实践调查等实践环节相对较少。教学评价主要关注学生对理论知识的掌握程度,而忽视了实践能力的培养。这种模式导致学生在实践创新能力和实际操作技能方面表现不佳,难以满足用人单位的需求。

(二)实践教学内容陈旧、形式简单,而且更新速度慢、周期长

大多数高校在专业设置、人才培养方案的制订、教学内容的安排以及教材选择等方面,主要采用内部解决方法,很少进行实际社会调查来了解社会和行业对人才的实际需求。这种做法容易导致课程内容过时,无法满足时代发展的要求。此外,目前很多参与实践教学的教师本身可能缺乏实际的企业工作经验,因此在教授学生时可能更注重理论而非实际操作。另一方面,高校开设的实验和实践课程往往更侧重于验证和检验理论知识,而较少提供需要学生综合运用所学知识的综合性设计实验。在高校本科教学评估中,有较高比例的要求,涉及综合性实验(实践)课程,几乎达到100%。不过,这个比例是按照每门课程来计算的,而不是考虑每个具体的实验或实践活动。因此,只要一门课程中有一个实验或实践活动满足综合性实验(实践)的要求,整个课程就被视为合格。这也解释了为什么大多数高校的实践教学课程在评估中都能达标的原因。

实践教学在中国应用科技型大学中存在一系列问题,包括学时不足、课时比例不合理以及与国外同类型高校相比的差距。在美国大学的课程计划中,实践教学通常占比30%,而中国大学的实践教学比例通常在20%左右,存在较大的差距。学生的反馈也表明,有相当比例的学生认为理论教学时间过多,实践教学时间不足。此外,中国大学在实践课程设置上也存在问题,应用科技型大学在转型过程中的课程设置与行业企业的衔接性不强,联系不够紧密。这导致学生毕业后可能缺乏与实际工作相关的经验和技能,难以满足用人单位的需求。相比之下,国外高校在实践教学方面通常具有更成熟的教学模式和更合理的课程安排。

实践教学是教育中不可或缺的组成部分,需要与理论教学相互结合,以培养学生的实际操作能力和创新思维。因此,中国应用科技型大学需要重新审视实践教学的重要性,加强实践课程设置和课时分配,以更好地满足学生和社会的需求,提高实践教学的质量。

(三)教学方法和教学手段较为落后

实践教学中的传统教学方式是"师傅带徒弟"式的。指导教师教什么,学生就学什么,学生学习中缺乏主动性,教师教学方式单一。受传统"重学轻术"观念的影响,大多数院校对实践教学没有从根本上重视起来,对实践教学方法手段的探索更是少之又少。在教学方法上,仍以单一灌输的传统教学法为主,学生的学习主动性受限。在调研中发现,有29%和35%的学生认为实践教学方法手段一般和不丰富,占到了调查总数的近2/3,这说明地方本科院校尤其是新建本科院校实践教学方式单一的现状较为普遍,有目共睹。

另外,由于客观条件的限制,很多学校的实习、实训中存在学生人数过多,教师和设备不足的现象,经常出现一个带十几个甚至二三十个"徒弟"的情况。为了统一管理,"师傅"

只好要求学生实践的内容完全一样,达到的标准也比较宽松。因此,学生在实践中很少有机会充分发挥创新性思维。部分实验的教学方法和实验手段比较落后,一些教师的实验教学改革意识、运用现代教育技术的能力和编制实验教学辅助软件的能力还不能适应教学改革的需要,能够运用现代教学技术进行实验教学的课程还相对较少。传统的实验教学程序通常是学生按规定时间进入实验室,待教师讲解后再按规定的步骤操作,进而得出实验结果,这样显然是难以发挥学生的主观能动性的,更谈不上开展创新教育和个性化教育。创新教学思想在实践教学园地上还未能全面渗透进去。

(四)实验实训器材更新缓慢,且对外开放自由度低

实验和实训设备是实践教学的基础设施,它们的现代性和完备性直接影响实践教学的质量和学生实践能力的培养效果。此外,实验和实训场所的开放程度也影响学生锻炼和实践教学的效果。据调研,实验、实训设备及时更新,基本满足需要的占比15%;设备完好,但是套数太少的占比25%;设备经常出问题,难以满足需要的占比33%;设备虽然多,但比较陈旧的占比27%。这说明应用科技型大学在实验、实训室和仪器设备的建设更新进度上比较缓慢,并且缺乏合理的维护,现有条件不能很好地满足教学的需要。这在我国的中西部地区和欠发达地区的高校尤为严重。从调研结果来看,有48%的学生认为教学需要的时候开放、25%认为申请时开放、25%认为每天开放、2%认为不开放。

由此可见,应用科技型大学的实验实训室整体开放自由度较低,除上课时间外,教师和学生进行场所使用的程序烦琐,相对较困难。而对于需要反复练习才能有效提高实践技能的训练无疑是不利的。

(五)实践教学缺乏科学合理的评估指标体系,实践教学效果一般

评估指标体系不仅可以为实践教学的开展提供方向指导和实施标准,也是对实践教学质量实现的监察和督促,影响实践教学的效果,主要表现在实习效果和毕业设计上

1.毕业实习效果一般

调研中发现,有21%的学生认为自己通过毕业实习能够上岗、实习效果不错,而30%认为本专业的实习以参观为主,42%接受现场指导但不操作,没有校外实习的学生占到了总数的7%。这说明,应用科技型大学的学生进行实习时大部分仅限于参观、考察或是简单的技能练习,实习效果并不理想。导致这一结果的原因是多方面的,近2/3的同学表示,参加毕业实习的障碍主要来自知识的欠缺和自身实践能力的不足。其他学生将原因归结为实习与学习时间的冲突以及实习单位方面的因素。

2.毕业设计(论文)流于形式,缺少与社会实践的联系

在应用科技型大学学生对毕业设计(论文)的看法调查中发现,有33%的学生认为毕业设计(论文)能提高自身的综合实践能力;对其持应付态度、认为自己能力有限和建议取消态度的学生则占到了67%。这说明,大部分学生对毕业设计(论文)不够重视,没有将其作为一项重要任务对待,故而多数持消极应付的态度。此外,通过对该部分同学的进一步了解得知,在设计(论文)的选题上,能够与社会实践相结合进行的仅占1/5左右,绝大部分学生是通过自主选择、教师指定等方式来确定设计(论文)的选题。这说明,应用科技型大学的毕业设计(论文)大多流于形式,对社会的关注度不够,与生产实际联系不够紧密。

3.实践教学考核评价体系不科学,制度不严格

(1)教学考核方法不科学。高校长期以来采用以学习成绩为主的人才培养考核评价体系,这种考核制度显然无法对千差万别的独特的创新成果和创新水平作出公正而又科学的评价,不利于学生创新意识和实践能力的培养。(2)缺乏独立的实践教学考核体系。大多数高校都没有制定专门的实践教学考核办法和考核标准,实践教学的学分一般是按1周1个学分来考核,由于考核办法简单而又不严格,有的学生常常不去单位实习,调查报告、毕业论文往往以抄袭别人的资料来应付,实践能力得不到有效提高。(3)缺乏应有的激励机制。多数高校对学生参加学术报告、小制作、小发明、小创造等各种学科竞赛活动,参加科研立项或参与教师科研课题的科研活动,参加社会实践调查活动,参加科技服务、科普宣传活动等基本上不给予相应的学分,导致了学生开展实践活动的积极性不高。

(六)实践岗位与所学专业不对口

在各种实习中,学校能够联系到的企事业单位有限。因此,学生实践岗位与所学专业不对口的现象屡见不鲜。例如,学电气控制的学生却要到工厂开车床,学车辆的学生在各个实习中从来没有见过车辆的制造和维修过程,等等。甚至,有的实习单位和学校"将学生当作廉价劳动力",硬性规定学生在专业不对口的岗位实习过长时间。高校采取什么措施建设实习基地,保证实习岗位与所学专业对口已经成为迫切需要解决的问题。

(七)实践师资队伍不适应

高校在培养实践能力的教师和实践教学方面面临一系列挑战。新建本科院校和地方高校的教师大多来自研究型大学和科研机构,虽然在学历上满足了高校的要求,但缺乏足够的实践经验。这使得他们难以胜任组织和指导实践教学的任务。此外,高校的职称评定体系仍然侧重于理论教学和学术研究,导致教师对实践教学的参与度和重视度不高。因此,许多新建本科院校的教师缺乏实践教学经验和知识,也没有足够的机会了解和研究相关的知识、方法和设备,从而难以胜任实践教学任务。

高校的教师培训计划往往侧重于理论课程的培训,而忽视了实践教学的培训。这导致承担实践教学任务的教师缺乏相关的培训和支持。应用科技型大学虽然在口号上强调实践教学的重要性,并有所改善实践教学课时比例,但对承担实践教学任务的教师队伍的素质提升仍存在不足。缺乏培训机制和计划,以及对实践教学教师的实际培训,使得应用科技型大学在培养应用科技型人才方面面临挑战。

由于实践师资的缺乏,部分课程的实验教学由理论课教师兼任,而理论课教师兼任实验教学的一个最大弊端是实验项目往往由他们自己确定,实验要求由他们自己确定,一些难度较大的、费时、费力的实验项目得不到落实,设计性、综合性、创新性实验项目考虑不多,实验室开放的要求更是难以实现。同时,实践教学人员中缺乏具备"双师型"素质的专、兼职实践教学师资力量,部分专职实践教学人员没有经历过系统的工程实践和技术应用锻炼。教师从学校到学校,从理论到理论,没有经过教师职业技能训练,缺乏科研实践,加之课务繁重,学历进修压力大,生产锻炼的时间严重缺乏,实际经验不足,动手能力不强,学生的实践学习效果不佳。

(八)实践教学设施及基地建设不健全

(1)不重视实验室建设:高校未充分关注实验室设施的建设,设备陈旧,无法满足学生

掌握新技术的需求。尤其是近年来,一些高校在扩招速度较快的情况下,办学经费不足,导致实践教学仪器设备等难以维护和更新,进一步削弱了实践教学的质量。这不可避免地导致学生在理论与实践之间存在脱节,创新素质和动手能力不足。

(2)不重视校外实践基地的建立和完善:一些高校没有建立稳定的校外实践教学基地,导致学生的社会实践多依赖自己的关系和安排。这使得实践教学基地分散,具有较大的临时性、随意性,难以为学生提供及时的指导和解决实践中出现的问题。更严重的是,由于缺乏有效的监督机制,学生不参加实践活动的情形较为突出,这不利于培养学生的自主创新意识和良好的工作作风,导致实践教学效果不佳。

(3)不注重营造实践创新的环境:一些高校的教学管理方式不够规范,难以有效控制教学质量。不同学科之间的融合度也不够紧密,学术氛围不够浓厚,缺乏自由、民主的学术氛围和宽容但又严肃的学术批评氛围,这些因素都会阻碍学生实践创新能力的培养。

基于以上种种原因,现行的实践教学体系已不能满足高等教育特别是应用科技型大学教育人才培养的要求,必须对现行的实践教学组织和管理模式进行改革与创新,必须架构具有应用科技型大学教育特色的实践教学体系。

值得注意的是,当前,有些高校甚至进一步衍生出两种比较极端的倾向:一种倾向是以理论教学代替实践教学,以理科的人才培养模式代替工科人才培养模式,完全忽视了工程人才培养应强化实践教学的规律。第二种倾向是在强调实践重要性的同时,将实践教育狭隘化,过分强调实践的独立性,用创新代替实践,在实践与理论之间形成新的障碍,不仅没有使实践教学强化,反而使实践对理论教学的渗透逐渐弱化。比如工程训练过度强调技能训练、综合训练和创新训练的独立性,过分强调创新的物质成果与获得的奖励,逐渐脱离与之配合的理论教学,不重视、不引领工程规范的掌握与工程经验的积累,这对加快工程理论知识的获取、活化与提升显然是非常不利的。据调查,上述两种倾向无论在普通院校还是重点院校都有一定的广泛性与代表性,已对工程教育质量造成影响,也已引起国内很多学者反思与关注。因此,有必要对其产生的原因和造成的危害进行深入分析,并在研究的基础上形成一些解决问题的思路与方法。

这些问题的存在及其引致的实践教学低效性,严重影响了大学生实践能力、创新精神的培养并成为影响人才培养质量问题的重要症结。这就要求我们将大学的实践育人内涵予以新的诠释与发展,以此指导、推动实践教学体系的改革。

六、构建应用科技型大学实践教学新体系

应用科技型大学实践教学新体系的构建要从应用科技型大学人才培养的目标定位入手,按照应用科技型人才培养的规律,从实践教学目标与规格—实践课程体系—课程内容—实践教学环节—教学模式与方法—实践教学评价—实践教学条件—实践教学制度等方面全面优化与构建实践教学新体系,以提升应用科技型人才培养质量。

(一)实践教学目标与规格的科学确定

根据行业产业企业对人才在知识、能力和素质方面的要求以及各专业的人才培养目标,确定应用科技型大学学生所需掌握的理论知识、专业技能和职业素养。并据此进一步

制定专业人才培养的实践教学计划,统筹各实践教学环节。能够熟练运用理论知识解决实际工作中问题的工程技术实践能力、管理实践能力才是应用科技型人才的关键培养目标。

应用科技型大学实践教学的目标在于培养学生的理论素养和实践技能,使其形成较强的创新精神以及创造性解决问题的工程技术综合实践能力,不断挖掘学生可持续发展的潜力。不同的学科专业在各自的实践教学目标上会更加具体和具有针对性。为此,要优化实践教学内容,提高教学内容的实用性。

应用科技型大学教育实践教学的内容可以通过以下六个步骤来确立:

(1)分析专业/职业岗位能力,确定实践教学目标。根据各专业的人才培养目标和人才培养的知识、能力、素质结构,确定实践教学目标,并据此制定出符合本专业人才培养目标的实践教学计划,统筹安排学生整个本科学习周期的实践教学内容。

(2)划分专业实践能力培养层次,设计实验或实训项目。根据实践教学目标,将专业实践能力具体细分为基本技能、专业技能和综合创新能力三大培养层次。其中,基本技能和专业技能的训练主要强调技能的规范性,注重对学生动手能力的锻炼以及科学工作方法和严谨工作作风的形成。综合创新能力强调对低层次训练的突破,转变感性认识和技能操作的模式,突出对学生综合解决实际技术问题、设计能力和技术创新能力的培养。

(3)根据能力培养层次的要求确定实验或实训的项目。在项目设计上,采取课程内分层训练、课程间组合搭配和多学期课程综合加强的递增式并行的结构模式,实践教学内容的多循环模式。具体到每一门实验或实训课程制定相应的教学大纲,再根据课程或专业的要求将每一门课程的实验或实训内容划分成若干个独立进行的基本训练单元,每个训练单元对应一个实验或实训项目,每个项目通过对相关技术知识的整合,要配合学科教学的要求,在标准和内容方面贯彻整合能力观的思想,通过项目化培养使学生掌握专业知识,提高他们的技术实践能力,同时保证一定的专业知识宽度,使培养的人才能够适应广泛的职业领域或职业群,而不仅仅对应某一职业岗位。因此,实践教学内容的设计,既要注重技术项目的系统开发,又要考虑综合性学科实验、实训的设置,并合理分配一定的课时比例。

(4)制定各实验或实训项目的教学文件。主要包括实验或实训项目的任务单、报告和管理卡等。其中,任务单是指学生完成某一实验或实训项目的目的、方法、步骤、所需达到的标准以及实验、实训所需的仪器、设备、工具等材料,学生在正式训练前可根据任务单进行预习。实验或实训项目报告是学生在完成实验或实训后写出的规范性报告,这是教师对学生能力进行测评的基本依据。实验或实训项目管理卡主要用于教学管理,存放于实验室中,卡片上要求注明实验或实训的目的、对象、地点、仪器设备、耗材、经费、指导教师以及安全等方面的信息。

(5)明确实验或实训项目的教学要求。实训项目教学须在仿真或真实的工作环境中进行,并要体现出"高标准、严要求、强训练、重实训"的特点,注重理论联系实际,把对学生的技能训练与职业素质培养有机结合起来,既要加强对学生专业技能的训练,又要注意结合教学内容对学生进行职业素质的培养。

(6)完善实训项目考核标准和方法。强调在实践教学课程大纲的指导下,严格按照实训项目单中规定的考核标准进行,注重对学生参与实训项目的过程考核及其综合能力的测评,从而确保实践教学的质量。[①]

例如,重庆科技学院在确定实践教学目标中注重学生能力培养,构建了"四个层次",即基础动手能力、专项技术能力、工程应用能力、专业综合能力的训练。基础动手能力训练是第一层次,指针对某一专业技术基础进行的基本技能训练。其功能是了解、认识、描述土木工程产品的功能要求。内部结构,包括认识实习、制图训练、测量实习实验等。专项技术能力训练是第二层次,指针对某一专业技术方向开展能力训练。其功能是掌握材料性能、结构建模、结构分析设计,包括建材实验、结构实验、土工实验、课程设计等。工程应用能力训练是第三层次,指针对专业结构开展工程应用能力的方面训练。其功能是掌握工程分析、设计、施工、组织和控制方法,包括结构检测、生产实习、勘测实习、课程设计等。专业综合能力训练是第四层次,一是针对某一专业领域进行综合能力训练,包括毕业实习和毕业设计等;二是引导学生参与创新性实践,提升创新意识,包括结构设计大赛、学生创新团队等科技训练计划。[②]

当然,不同的专业在具体实践教学内容的要求和规定上也会有所区别,如有的专业在学时比例上比较注重实验的综合性训练,因而对这部分的安排有一定的倾斜;有的专业则与行业技术变化保持紧密联系,对相关实验的要求较实习实训要低一些。因此,在实践教学内容的标准规定上,不同的专业要根据自身人才培养的需求和特点,在数量和结构上进行适当的调整,以实现教学资源的合理配置。

(二)实践课程体系的优化

应用科技型大学实践教学内容是应用科技型大学教育实践教学目标任务的具体化。在制订教学计划时,围绕应用科技型大学教育各专业的人才培养目标,将实践教学的具体内容按照一定的能力层次,合理安排到实验、实习、实训、课程设计、毕业设计、创新制作、社会实践等各个实践教学环节中,组织教学,就构成了应用科技型大学教育实践教学内容体系。应用科技型大学教育实践教学的内容与理论教学内容相互联系,但它并非完全依附理论教学内容,具有相对的独立性,这是由应用科技型大学教育本身的特点决定的。因此,在构建实践教学内容体系时,必须根据应用科技型大学教育的培养目标和实践教学目标的形成机制与规律,既要注意与理论教学的联系与配套,又要注意它本身的完整性和独立性。

实践教学的内容体系主要包括教学层次的划分、环节的设置、应用科技型课程开发和教学方法的探求四个部分。其中,实践教学层次划分是在遵循一定教育规律的基础上,由简到繁,由低级到高级的过程。实践环节是遵循由易到难,连续不间断的原则进行设置,主要分为实验、实训、实习、课程设计、毕业论文(设计)和社会实践等。应用科技型课程的开发是以培养学生的创新实践能力为出发点,综合考虑政府、企业和高校的需求来组织。实践教学的内容体系是整个体系的实际运行系统,对其改革优化有利于推动整个体系的

[①] 朱方来.高等职业教育实践教学体系的研究与实践[J].深圳职业技术学院学报,2002(2):73-80.
[②] 董倩,刘东燕,黄林青.卓越土木工程师实践教学体系构建[J].中国大学教学,2012(1):77-80.

良性运转。①

(三)实践教学层次的划分

根据应用科技型人才培养的要求以及实践教学的目标,遵循由易到难、由简单到复杂的教育规律,应用科技型大学转型发展中的实践教学可以分为以下三个层次:

1.基本技能培养层次

在基本技能培养层次,理工科主要要求学生掌握基本的实验规范,学会常规实验器材的使用和整理以及一些基础性实验的操作和基本实验报告的编制,同时还需熟知经典实验案例的原理、方法和操作流程。此外,还需掌握常用的计算机和外语等工具性知识,养成科学严谨的思维习惯和工作作风②。文科则更侧重于对学生思维、组织、协调、表达、决策、交往和语言掌握与运用等方面能力的培养与锻炼③。

2.专业技能培养层次

在专业技能的培养上,文理工科类专业都应要求学生能够运用所学专业知识和形成的专业思维来分析解决实际问题,注重培养学生从事相应岗位所需的实际操作能力。专业技能的培养可以采取理论学习与实践教学相结合的方式,一边进行理论学习,一边进行针对性的课程实验和专业实践的训练。这样既可以加深对理论知识的理解,使学生扎实掌握课堂教学内容,及时接受专业技能的训练,又能将理论与实践有机结合,不断提高应用科技型人才培养的质量。

3.综合应用能力培养层次

这一培养层次要求学生能够熟练地将所学专业知识和技术技能综合应用到工作实践中,主要培养的是学生胜任某一次工作岗位的综合能力。对这一层次能力的培养,理工科多以项目设计和产品开发的形式进行,文科则主要采用专业见习、教学实习和毕业论文等形式进行。

应用科技型大学进行实践教学时要充分考虑能力培养的规律,并结合本科教学的周期进行合理安排。本科一年级的主要任务是培养学生的职业意识,通过安排学生进行社会调查和企业实际参观考察后对所学专业有个初步的了解。其目的是把学生从单纯的学校学习中解放出来,增加与社会的接触,形成对职业工作的感性认识。本科二年级的任务是开展相关专业的基本技能训练,主要以校内的仿真训练为主,并牵涉少量的设计性实验和适量的基础技术训练。本科三年级的主要任务是对应用能力的提升性训练,这一阶段实验、实训的课时比例明显增加,课程的设计性和综合性也不断增强,多以专题研究的形式进行。本科四年级主要针对综合专业能力进行训练,并以毕业前集中实习和毕业论文(设计)的形式来体现。学生在毕业实习中进一步了解岗位工作的生产流程、技术操作规范,学习沟通、交流、合作、分享等人际交往技巧,通过论文写作或者方案设计进一步学会灵活运用知识,提升专业技能培养科研能力。

---

① 潘海涵,汤智.大学实践教学体系的再设计[J].中国高教研究,2012(2):104-106.
② 王秀梅.以学生为本构建全方位开放的实践教学体系[J].实验技术与管理,2013(2):1-4.
③ 齐艳娟.素质教育背景下文科大学生基本技能教育初探[J].牡丹江师范学院学报(哲学社会科学版),2007(4):111-112.

应用科技型大学人才培养中综合职业能力所包含的通用能力、专业能力和社会能力，突出"理论实践综合素质协同"的课程模式。该模式主要由学科基础平台课程、实践能力平台课程和综合素质平台课程三个部分组成。其中理论课程和实践课程渗透在每一个平台中。

学科基础平台课程主要包括学科基础课和学科专业基础课，其课程设置的依据是基础学科的发展。学科基础课是关于学科基础知识的课程，而专业基础课则是与专业相关的专业理论课程。专业基础课程的设置可以使学生为解决实际工作中的问题打下良好的理论基础。为了保证大类专业的学生毕业后可以直接面向工作，做到科类数目不变，学科基础课应该根据不同的专业所属的学科进行不同的设置。学科基础课要在课程内容和授课形式等方面凸显自身的专业特色。例如，大学英语可以依照理工科和经管类来分类安排教学。授课方式，教师可以引导学生在不同的工作场合中运用英文。

应用科技型大学在进行课程设置时要注意与研究型大学的课程设置区分开来。目前我国很多应用科技型大学的课程设置和安排基本与研究型大学的相似，虽然两类院校在课程设置的学科逻辑上是基本一致的，但相较于研究型大学，应用科技型大学要更注重对人才宽广知识面、扎实理论基础和较强实践应用能力的培养。因此，"广、浅、新、用"应成为应用科技型大学学科基础平台课程的特点。其中"广"是指知识面较为广博；"浅"是指理论讲解浅显易懂，知识够用；"新"是指课程内容的更新和教学案例的使用随着经济社会发展而不断变化更新；"用"是指知识技能的实用性，强调培养学生的实践动手能力。

实践能力平台的课程是根据企业的实际用人需要，决定学生应具备哪些能力素质，在此基础上再进一步组织实践课程。实践能力平台课程的设置可以根据未来工作的实际要求来设置，对于专业性要求较强的工作，其专业口径的设置就应该细化。相反，对专业性没有那么高要求的工作而言，其对应的专业口径就可适当放宽些。实践能力平台需要校内实训室以及校外实践基地的共同支撑。

与学科基础平台不同，实践能力平台的课程表现出"专、精、综、实"的特点。"专"是指该课程主要针对某职业能力的培养。"精"是指该平台是由理论部分和实践部分构成的。陈述性知识、经验性知识将在学科基础平台呈现。实践能力平台更加注重对某一单一技能或者理论在实践中的运用。该平台的课程和学生毕业后的工作有着紧密的联系，以实际工作中对毕业生的能力要求为出发点来开发课程。在这个过程中，学校要多与企业沟通，让企业代表参与学科实践平台课程的构建过程。"综"是指在实践能力平台中，注重对知识从基础到复杂，从书本到实践动手操作，逐步综合地掌握和应用。"实"是指实践能力的培养重在职业一线的实际运用与实践创新，力戒各种形式主义、肤浅主义的能力表现。

综合素质平台包括对学生基本职业素质和基本个人修养两方面的培养。前者主要是指职业道德修养和职业素养，后者则包括个人在政治、英语和计算机等方面的基本素质，这些素质都是当今社会一个合格的社会人所必备的。对于职业素养和职业道德修养的培养，通常以渗透式教学的形式包含在所有显性课程和隐性课程中。

在课程的具体设置方面，可以借鉴加拿大的 CBE(competency-based education) 模式，通过充分的社会需求调研，明确定义反映社会需求的专业人才培养目标体系。然后，根据这些培养目标，进行能力体系分析，绘制综合能力表(DACUM 表)。随后，基于这些基础,开发专业课程,制定科学合理、内在联系紧密的专业教学计划。在专业教学计划的指导下,进行科学设计课程的教学目标、教学环节、教学方式等,以确保整个课程体系以社会需求为导向,并强调培养学生的实践能力。这样,可以形成一种新建地方本科的课程体系,以满足社会对具备实际技能和能力的专业人才的需求。加拿大的社会背景和我国有较大的区别,不可能全盘模仿,但是我们可以从中吸取适合我国国情的部分加以利用。需要将学科基础平台和实践能力平台以及综合素质平台三种课程有机结合在一起,充分体现应用科技型大学的应用性导向。

例如,大连大学在其实践教学体系的构建探索改革中,形成了多元化实践教学体系。大连大学将包含实验、实习、课程设计、毕业设计、社会实践、创新实践等在内的各环节进行系统的设计,合理定位各环节在人才培养过程中的功能,使实践能力的训练成为一个与理论课程有机结合的体系,并贯穿于人才培养全过程。

大连大学在总结、积累已有的较为零散的实践教学改革经验基础上,借鉴兄弟院校的成功经验,重新梳理整合了学校实践教学体系,形成了以"三层次、三模块、三平台"(简称"三个三")为特征的较为完善的多元化实践教学内容体系,其结构如图9-1-1所示。该体系与理论教学体系相互协调、相辅相成,成为培养学生实践能力和创新精神的重要组成部分,其基本内涵如下:

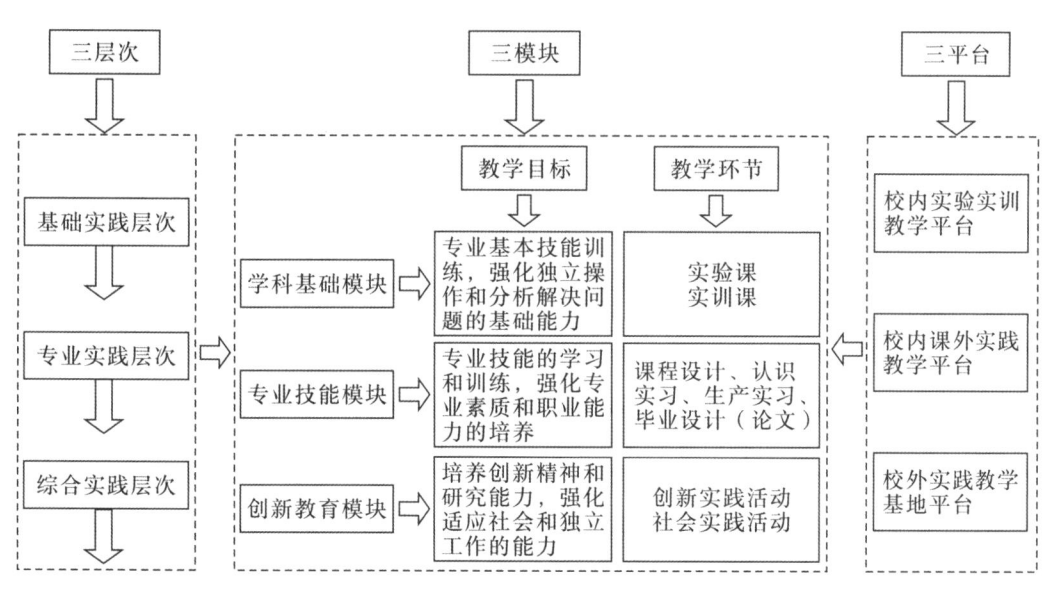

图9-1-1 多元化实践教学内容体系框图

资料来源:苑迅,郭辉,秦昌明.地方高校应用型人才培养与实践教学体系构建的探索与实践[J].实验技术与管理,2011(8):1-4,9.

三层次:根据不同教学目标将实践教学内容划分为3个层次。基础实践层次通过基础课及专业课实验实训教学,进行专业基本技能训练,强化独立操作和分析解决问题的基础能力;专业实践层次通过课程设计、认识实习、生产(或毕业)实习、毕业设计(论文)等环节,进行专业技能的学习和训练,强化专业素质和职业能力的培养;综合实践层次通过创新实践活动、社会实践活动等,进一步培养学生的创新精神和研究能力,强化适应社会和独立工作的能力。

三模块：根据不同类型将实践教学内容划分3个模块。学科基础模块包括学科基础平台课程及本专业基础课程中的实验、实训教学内容；专业技能模块主要由各专业课程相关的实验、实训、见习、实习、课程设计、社会调查、毕业设计（论文）等构成；创新教育模块是以创新学分为牵动，以大学生创新教育基金项目、大学生工作室、课外科技文化活动、社会实践活动等为载体的课外创新实践活动内容。

三平台：根据不同层次实践教学需要建设3类平台。第一平台即校内实验实训教学平台，包括各类基础课实验中心（实验室）、专业实验室、专业实训基地等；第二平台即校内课外实践教学平台，即以大学生工作室为主体的素质教育基地建设；第三平台即校外实践教学基地平台，与企事业单位建立稳定的合作关系。

构建"三个三"实践教学体系，体现了学校立足校情、培育特色、广开资源的基本思路，旨在培养出"心真情善、脑勤手强"、可与高水平大学毕业生比肩同行甚至在某些方面更胜一等的应用型人才。

该体系显著的特色在于：第一，体现了整体性与层次性的结合。该体系将3个层次水平、3个模块设置、3个平台建设融为一体，从本科人才培养定位的整体需要出发，全方位设计实践教学的整体结构，按不同模块设置教学环节，各模块之间既相对独立又相互关联，从夯实基础、强化专业、突出创新3个方面体现了整体性与系统性，同时又从各环节教学内容上体现出教学目标递进式的层次关系，符合人才培养的规律和要求。第二，凸显了"两会两能"的结合。该体系的设置使学生在理论学习的基础上，进行4年不断线的实践活动，在基本技能和专业能力得到有效培养的同时，通过综合层次的大学生工作室、创新项目研究、社会实践等以任务为牵动的实践活动，创设了学生自主、探究、协作的学习新环境，使学生获得了提出问题、获取信息、处理信息以及设计方案、解决问题的基本方法，合作精神、团队意识大为增强，"会做人、会学习、能做事、能创新"的培养目标得到充分体现。第三，注重三大课堂的结合。该体系将课内教学、课外活动、校外实践三大课堂融为一体，以课内实验实训为主体、课外科技文化活动为补充、校外实习实践活动为延伸，突破有限的时空和条件限制，有效利用各种教学资源，创设更多的教学载体，进一步丰富和完善了实践教学内容，更好地发挥实践教学在人才培养中的功能。第四，强调共性与个性的结合。以该体系为框架，各专业根据学科特点及已有基础，不断完善自己的实践教学体系，既体现出不同专业间的共同基本要求，更注重形成不同专业各自的实践教学特点。同时对学生来讲，既有本专业学习的共同要求，更注重为学生的个性发展提供平台，特别是丰富的第二课堂活动，成为学生彰显个性、展现自我、获取成就的重要途径。

（四）实践教学环节建设

应用科技型大学转型发展过程中牵涉的实践教学环节很多，本书主要介绍以下四个比较有代表性的环节建设：

1.实习、实训

实习与实训二者都是针对职业训练，并且都强调外在训练环境的真实性或仿真性，因而通常将二者并列起来。实训是一种基本的职业技能训练，其目的是让学生掌握本专业的技术和能力，一般包括模拟仿真和技术训练等。如根据市场情况建立起来的符合行业技术发展要求的仿真系统,通过对学生进行反复训练来达到使学生在真实技术情景中能够灵活应对的效果。

应用科技型大学在转型发展的过程中要不断转变传统的实习实训方式,减少观摩、浏览式的实习、实训方式,代之以具有实际操作流程的顶岗实习、实训方式。按照时间阶段的差异我们通常将实习分为认识实习、专业实习和毕业实习。

(1)认识实习:主要是在专业学习之前进行,通过参观考察实际工作环境和工作流程的方式,使学生对本专业有个大致的感性认识,以激发学生对本专业的兴趣和热情。

(2)专业实习:一般设置在学生建立起专业感性认识之后,主要是针对某项技术技能的训练。

(3)毕业实习:是在整个专业课学习之后进行,主要是针对学生综合职业能力的训练。通过毕业实习使学生切身接触到本领域的工作岗位,了解行业的最新动态,对学生综合职业素质的培养和实践技能的积累很有帮助。

应用科技型大学可以根据自身实际选择实习的时间阶段和具体实习方式,借助实习深化学生的专业技能,为学生未来走向工作岗位打下基础。

2.课程设计

课程设计是在专业课程学习之后,要求学生综合运用所学知识和技能进行特定题目的设计。应用科技型大学在进行课程设计时要凸显出应用性的特色,选题不仅要满足教学的要求,还要面向社会实际并能检验出学生真实的研究水平。在正式开始课程设计前,指导老师要就课程设计的目的、重难点、指导文件、相关资料以及考核评价标准等内容进行介绍说明,随后由学生独立完成具体的设计方案。在课程设计过程中要给学生树立"大工程"观念,让学生认识到实际工程设计的复杂性,需要多种技术工种间的协调配合,培养学生的团队合作精神。在课程设计的考核评定上,应包含平时成绩、方案设计成绩和答辩成绩等多个方面[1],杜绝抄袭现象。

3.毕业论文(设计)

"应用性"是应用科技型大学毕业论文(设计)的亮点,也是对学生独立分析问题和解决问题以及实践应用能力培养效果的检验。要求学生在进行毕业论文选题时,应尽可能地立足当前社会发展的现实需要,突出选题的真实性和前沿性。通过对实际问题的分析和解决,真正体现出其服务决策、服务社会和发展学术的现实功用。

选题的类型也应不仅局限于毕业论文的形式,还可包括调查报告和实验研究等多种类型[2],并体现学科专业特色。理工科毕业设计可以以项目为依托,选用教师科研项目、大学生科研创新项目、企业工程项目等,项目要具有可行性、实用性和创新性。通过项目化的毕业设计,不仅能使学生得到科研方法训练,还培养了学生技术应用、技术创新以及团队协作等综合实践能力。考虑到学校的应用科技型定位,毕业论文(设计)也要体现应用科技型特色,加强经费投入以完善实验室、图书馆硬软件建设,加强校企合作使学生能

---

[1] 贺玲丽,白叶飞,许国强.实践教学中课程设计方案的改革与研究[J].内蒙古农业大学学报(社会科学版),2011(5):150-151.

[2] 乔军,孟庆玲.提高本科毕业论文质量的几点思考[J].教育探索,2011(9):46-47.

够到真实的工作岗位中体验实践,从中发现感兴趣的研究方向,为毕业论文(设计)积累素材。另外,无论是在资料提供还是方法指导方面教师都要给予帮助,采取多种措施提升论文质量。

严把毕业论文(设计)质量关:(1)建立毕业论文质量管理机制。为提高毕业论文质量,许多高校建立了校院两级毕业论文(设计)质量管理机制;各学院分别进行前期动员、中期督查和后期检查,实行全程质量管理;部分大学通过"中国知网"对毕业论文进行学术不端监测。(2)严格毕业论文(设计)答辩要求。例如,东北大学,实行对毕业设计(论文)综合成绩排序后1%~3%的学生进行二次答辩,确保毕业设计(论文)质量;浙江大学组织教学督导员对6场学生毕业论文答辩进行现场旁听和检查,总体上答辩过程比较规范,其中化工系、材料系对小组答辩评定为优秀等级的论文(设计)或是否合格上有争议的论文(设计)在大组进行第二次答辩。(3)建立毕业论文(设计)激励机制。部分大学建立了毕业论文(设计)激励机制:参评省级优秀学士论文、评选校级优秀学士论文、组织与外校进行互评、对优秀毕业论文(设计)指导教师进行奖励等。[①]

4.社会实践

社会实践是应用科技型大学转型发展过程中实行实践教学的重要环节,必须将其作为提升学生实践动手能力、创新能力和综合素养的有效途径。社会实践应贯穿于本科教育的整个过程,根据难易程度和特点与学生的勤工俭学、实习锻炼和科技创新等活动结合起来安排到教育过程的各个环节,实现社会实践的常态化。社会实践要在调查、志愿服务和爱心演出等传统形式的基础上不断探索和创新,寻找能凸显应用科技型大学院校智力资源优势的新型社会实践形式,如科技攻关、技术服务、产品开发和高科技产品推广等[②]。鼓励不同学科、院系和年级的学生参与社会实践智力团队的组建,集思广益激发群体创新思维,不断提升社会实践效果。还要将社会实践纳入教学体系中,赋予其一定的学时、学分,设计具有学科特色的活动计划,保障活动计划的连贯性和整体性,分步骤、分阶段地实现学生实践技能的提升。制定完善的社会实践考评制度,加强纪律考勤、定点巡查、中期反馈等过程考核,重点考查学生思想素质、实践技能变化,注重实践效果,同时兼顾实践的社会效应。[③]

实践教学要拓展为实践教育,必须将实践教学融入人才培养系统的整体规划之中,在课内与课外、专业内与专业外、校内与校外等方面实现实践教学与理论教学的相互融合、促进。

(1)课内和课外相结合。在目前课程体系以理论课程为主的情况下,促进课内和课外相结合的实质就是要促进实践教学与理论教学的结合,在培养方案中将理论课、实践课以课内和课外一体化的形式构成相互交叉、相互融合、相互渗透的整体教育体系。

---

① 尹宁伟.中国一流大学实践教学体系建构的新趋势:基于《"985工程"大学2010年度本科教学质量报告》的文本分析[J].中国大学教学,2012(5):82-88.
② 吕富媛,吕富彪.增强大学生社会实践实效性的路径研究[J].国家教育行政学院学报,2010(3):49-52.
③ 董晓红.地方应用型本科高校实践教学体系研究[M].北京:经济科学出版社,2020:179,190.

课内和课外深度结合的形式有两种：

①理论课程实践化。理论课程的改革是实现理论教学和实践教学结合的基础。20世纪末,美国康奈尔大学、斯坦福大学、加州伯克利大学等8所大学联合进行了一个为期5年的工程教育改革计划,试图改变工程专业课程彼此分离、各自独立同时各课程抽象化且不与工程实际相关联的状况,以"综合"作为改革的核心思想,将设计在内的工程知识与社会上普遍关心的实际问题相结合进行集成;在一年级设置工程设计课,同时大力组织"综合课程",大量开发"课程模块"。理论课程的教学要改变以往就理论讲理论的教法,应遵循从实践到理论再到实践这一人类的认识规律,在理论课程中渗透实践教学的成分,设计一个完整的实践教育过程,实现学与用兼容并进,将更多的理论课程改造成综合性课程、研究性课程、PBL课程、案例分析课程、讨论课程、项目式课程等。

②课外实践课程化。将课堂教学这一组织形式扩展到学生自学活动、社会实践活动以及扩大到科学研究活动,已成为世界高等教育发展的一大趋势。在培养方案中可以将社会实践、科研活动、创业活动等进行必要的课程化改造使之成为正式课程,或者设立第二课堂学分予以承认,同时可以特设进行实践教育的"短学期"。

(2)专业内和专业外相结合。实践能力的培养显然不只是一般操作技能的培养,而是包括实践知识、实践理性、实践策略、实践智慧等在内所形成的一个有机整体,其中"实践知识是基础,解决怎么做的问题;实践理性是内核,解决做的方向问题;实践策略是实践知识转化为实践智慧的中介,受实践理性的制约,解决怎么做得更好的问题;实践智慧则起统摄作用,解决面对复杂的、新的事情,怎么创造性地去做的问题"[①]。实践教学的价值,不仅是为了让学生掌握专业实践知识,更重要的是培养他们将这些知识应用于技术、经济、管理和市场等多领域的能力。实践教学的价值在于培养学生的实践理性、实践策略和实践智慧,使他们能够在未来承担工程和其他任务时,不仅限于单一领域,而且能够综合考虑各种复杂因素和相互关联的问题。为了实现这一目标,需要将传统的专业实践教学拓展为综合性实践教学体系,其中包括专业、人文、经济、管理和环境等多领域内容,从而使学生更全面地应对未来的挑战。

(3)校内和校外相结合。大学与社会关系日益紧密,采用"校企合作教育"来促进教学与企业融合,实现"产学研用"一体化已经成为重要趋势。在这一趋势下,校内一些需要认知和操作的课程不再仅限于课堂,而是走向生产车间,借助区域或地方产业的典型产品、科研成果和技术应用成果,建立了产品认知、技术认知和企业文化认知的课程认知、实践体系,以推进校外创新实践基地建设,设立实践项目。另一方面,校外实践活动经过适当抽象,也可以转化为校内实践课程和项目。通过校企共建教学实验室、学校模拟实验室的创建以及课堂应用等方式,可以设计探究性实验项目、案例式教学和模拟工程项目。这些项目结合区域/地方产业的优势,还可以举办区域工程设计赛事,从而使学生的创新活动与社会、产业更加紧密地结合在一起。

(五)实践教学方法与教学模式的构建

应用科技型大学人才培养目标主要强调个体对实际工作的适应性和知识学习的实用

---

① 张英彦.论高校实践教学目标[J].教育研究,2006(5):46-49.

性,注重实际工作经验和技能、技术与知识的协调统一,依据"做中学"的教学理念,构建应用科技型大学教育的实践教学模式,探索适切于应用科技型大学教育的实践教学方法。

实践教学体系与理论教学体系是应用科技型大学教育发展的一体两翼,二者是相辅相成的关系。在应用科技型大学教育共同的人才培养目标下,实践教学方法和理论教学方法应该互相补充,协同并进。尽管应用科技型大学教育的实践教学方法与理论教学方法存在很大的差异,甚至也有别于传统的实践教学方法,但是它始终都是围绕"工程实践与技术能力培养"这一主题来开展的,与理论教学的结合中,把产学研的宗旨渗透到实践教学的内涵中。

近年来,随着人们对实践教学研究的不断深入,使得应用科技型大学教育实践教学的方法呈现多样化的趋势,其中行动导向教学思想的引进和创新给该领域的研究和发展带来了重大的影响。行动导向教学法是一种发源于德国的教学策略,其基本思想是由教师和学生共同确定行动产品来引导教学的组织过程,通过这一方法,学生能在主动学习和探索的过程中实现脑力劳动和体力劳动的统一。[①] 培养目标立足于学生思维方式与关键能力的培养。行动导向的教学过程包括信息收集、计划制定、方案选择、目标实施、信息反馈、成果评价等环节。这种教学模式,让学生能够在运用已有知识和技能的过程中参与到整个教学活动中,并从中学会分析问题和解决问题的思维和方法,从而达到培养关键能力和综合职业能力的目的。[②]

行动导向教学法在不断的实践和演绎过程中得到了持续的发展,其中最具代表性的主要有以下五种方法。

1.案例教学法

案例教学法主要通过创造或模拟职业活动环境,使学生在观察和分析中学习,从而领悟其中的职业经验,是一种十分有效的教学方式。案例教学法对教师课前、课中和课后的工作提出了更高的要求,需要教师提前做好教学准备、主持案例讨论和总结工作。

(1)教学准备:教学准备主要是做好案例的选择和设计。选择和设计适当的案例是保证案例教学成功的前提和基础。为此,需做到以下5点:①案例应具有针对性,案例的所有信息不必全部呈现,只需精简和提炼出与案例教学直接相关的内容即可;②案例应具有典型性,案例所反映的内容具有一定代表性和普适性,而且通过该案例能够使学生从中得到启发,进行拓展性思考;③案例应具有真实性,只有真实的案例才能给学生营造具体、生动、逼真的氛围,从而增强学生的信任感和认可度;④案例应具有一定疑难性,案例的选择要符合学生认知的规律,由简单到复杂层层递进,循序渐进地设计,因为太容易的案例无法引起学生的兴趣,而难度太大的案例则会打击学生的学习热情;⑤案例应具有差异性,针对不同年级的学生选择不同的案例。

(2)案例讨论:通过案例设疑、比较等进行开放式讨论。

(3)案例的讲解与总结:案例的讲解是案例实施的指导,案例总结是案例实施的归纳,这是整个案例教学的重点部分,通过案例中关键点和案例讨论中存在的问题和不足进行

---

① 刘邦祥,吴全全.德国职业教育行动导向的教学组织研究[J].中国职业技术教育,2007(5):51-53,55.
② 王玉芬.案例教学探析[J].教育与职业,2007(15):118-119.

说明,才能促使学生能力的不断提升。

2.项目教学法

项目教学法(project-based-learning,PBL),是通过引导学生在完成一个生产"项目"的过程中实现教学目标而进行教学活动的一种方法。① 该教学方法以"项目"的形式呈现,以"成果"为目标,由学生在教师的指导下以小组的形式来完成包括知识准备、工艺(方案)设计、项目实施到最终评价的所有环节。学生通过完成这一系列的项目任务,从而实现对相关理论知识的理解和对实践技能的掌握。

3.情景模拟法

情景模拟法是指结合专业背景与行业特色,给学生创设直观的、模拟仿真的工作场景,按实际的工作内容设计好课题案例,让学生模拟职业岗位角色,根据实际工作的操作程序实施的一种教学方法。② 情景模拟法根植于"学以致用,以用促学,以用带学"的教学理念,旨在让学生在仿真的工作环境中获得实际经验,实现"在做中学,在学中做"的教育目标。这一方法强调教育的实践应用性,通过模拟操作,学生能够亲身感受实际工作的过程,提前了解职业岗位的要求,熟悉所需的各种知识和技能。在情景模拟中,学生逐步适应职业岗位的要求,不断调整知识结构,提高专业实践能力,培养未来职业所需的素养。

成功的情景模拟教学是一门复合性的艺术。在这个过程中,教师的角色也发生了变化。教师不再仅仅是知识的传授者,而更像是学习兴趣的激发者和学习过程的支持者,引导学生积极参与富有创新性的模拟教学活动,从而促进学生综合素养的提升。

4.角色扮演法

角色扮演就是让学生通过不同的角色扮演,体验角色的内涵和心理,这种方法以"事件"或与人有关的"事实"为纽带为学生提供锻炼解决实际问题能力的机会。在角色扮演法中,教师和其他同学会根据表演者的表现给出意见反馈,使表演者能了解到自己的行为及对他人的影响。

5.基于企业的学习

基于企业的学习(industry-based-learning,IBL),是澳大利亚思维伯尔尼科技大学在1963年开始施行的一种教学形式和课程类型,其主要目的是给学生提供在企业工作的机会,使学生熟悉职场环境,并能用信息技术解决实际问题,增强其对职业的理解,有利于学生规划个人的职业生涯设计和个人发展计划。IBL采取行业、大学和学生三方合作基础上的教学形式,以学生在工作中的亲身学习和体验为主,期望通过在真实企业环境中完成相应组织和设计工作任务来实现对知识体系的掌握。在教学过程中,行业参与大学课程的设计和教学的开展,大学积极配合开展基于行业的实践教学,学生交替完成大学的课程学习和企业的工作实践。这样,在大学、行业和学生三方的积极配合下,就形成了具有实践特色的基于企业的学习。③

---

① 周跃平.项目教学法在电子专业课教学中的实践[J].考试周刊,2008(35):122,199.
② 徐静.模拟教学法的内涵阐释[J].苏州市职业大学学报,2005(1):35-36.
③ 陶秋燕.高等技术与职业教育的专业和课程:以澳大利亚为个案的研究[M].北京:科学出版社,2004:32.

不同的教学模式反映不同的教学文化,不同的教学模式服务于不同的培养要求。改变大学教学中重知轻行、知行分离的弊端固然可以从多方面着手,但是革新教学模式无疑是最重要、最直接的突破口。

(六)实施规范化管理,推动实践教学环节改革

实践教学体系通常分为课内实践教学和课外实践教学两个主要方面。课内实践教学包括实习、实训、课程设计和毕业设计等环节,旨在培养学生胜任特定岗位所需的基本能力和综合能力。而课外实践教学包括社会实践活动和科技创新活动等,主要培养学生的创新能力和综合素养,以更好地适应未来职业和社会要求。在实训项目教学活动中,关键是确保学生在类似实际职业环境的情境中进行实践。此外,实训的开展需要紧密结合理论和实践,确保学生能够将所学的理论知识应用到实际操作中。教师在实训过程中的角色是至关重要的,他们需要将学生的实践操作技能培训与职业素质培训相结合,使学生不仅具备实际操作技能,还能发展出团队协作精神、认真负责等职业素养。这种综合性的培养有助于学生更好地适应未来工作环境,提高他们在职业生涯中的成功机会。

要高度重视校外实习基点的管理。校外实习基地依托企业是得天独厚的实践环境,在应用科技型人才培养过程中起着举足轻重的作用。它拓宽了高校实践教学的领域,丰富了实践教学的内容,提高了实践教学的效果,为应用科技型大学培养具有应用技术技能和职业素质的专业人才提供了良好的物质条件。

(七)改革实践教学考核方式,实行多样化考核方式,重视过程性考核

应用科技型大学教育实践教学考核,要改变以往单一的评价标准,应将过程性考核和结果性考核等多种考核方式纳入对学生应用能力的考核,采取一种评价标准为主,多种评价方式为辅的多元化考核方式。任何一种考核方式都有自己的优势和缺陷,不可能做到面面俱到,因此要想对教学质量和学习质量进行全面的评价,就要采取多种评价方式进行综合考核,实现优势互补。[①] 如提高能力评价标准,在知识水平的基础上,对学生进行解决问题的能力、理论知识实践应用的能力、现有生产水平改进创新等能力的考核,从而全面客观地对学生学习成果作出评价。

实践教学把知识传授、能力培养、素质提高紧密地结合在一起。同理论教学相比,实践教学具有实践性、开放性、自主性、生成性等特点,是一个多角度和多层次的教学体系,有着较大的群体区别和个体差异。[②]

1.改革考核方式

实践教学的考核方法可以采取口试、答辩、闭卷考试、开卷考试、撰写论文和心得、实验操作考核和专业技能操作考核等多种形式。而在实践成绩评定方法方面,可以分为平时、测试、操作三部分,并赋予各个部分适当的成绩比例,如前两部分各占30%,操作占40%等。第一部分的成绩可以从学生的实际操作作品中获得;第二部分可以通过闭卷的方式考核实践教学中的基本原则、故障诊断等问题来获得;第三部分可以通过现场的实际

---

① 翟晶.论大众化教育背景下学生的学习质量观[J].中国电力教育,2009(6):12-13.
② 王建民,谢芳.实践教学指导[M].兰州:兰州大学出版社,2009:36.

操作情况来得到。①

对学生进行评价是一个教育的过程,同时也是学生与教师等人协商共建、互助关怀、充满民主、平等交流的过程,是最终落实到"一切为了学生发展"的过程。因此在构建实践教学评价模式时,应以多指标综合性、系统动态性、分层次整体性来进行评价,使评价渗透到每个项目、每个环节,同时还要考虑到每个学生的个性发展和个体差异。

2.改革考核标准

坚持能力考核是我国应用科技型大学教育课程评价所要改革的方向。为此,应用科技型大学需要转变以知识价值为主为以能力培养为主的考核价值取向,建立与完善更加强调与应用科技型人才培养目标相关的考核体系和标准。为此,要将知识获得与应用作为考核核心,采用一种多元考核方式,坚持以能力考核为终极目标,将重点放在考核学生的学习过程,而不仅仅是结果。

3.提高能力评价标准

鉴于传统的学习特点,学生在学习方法上过多依赖于教师的细致指导,要实现依赖性学习向自主性学习的过渡,必须在考核标准设置上,增加侧重学生探究、解决问题的程序以及对解决问题过程的考评要求。采取定性与定量相结合的方法,综合结果性考核与过程性考核,相对全面、客观、准确地评价学生的学习效果。

4.采取多种考核方式

任何一种考评形式都会有它的局限性,因此全面评价学生的学习质量不能依赖于某一种考核方式,而是要多种方式配合,扬长避短。另外,对于应用科技型人才的培养,要改革传统的考试模式,创造仿真的、真实的情景来考核学生知识应用与问题解决能力。

通过考核标准、考核方式的改革带动教学内容、教学方法和手段的改革,从而实现应用科技型大学教育评价方式的整体转型。因为作为"指挥棒",考核内容的综合化、考核标准的能力化对学生自主学习精神、创新精神和实践能力的培养都有较大的指引作用。另外在考核改革的同时,要尝试运用现代大数据科技手段和大数据思维,结合大数据的收集与运用,研究考核评价问题,对于教学评价来说,新的科技手段的运用也可能预示一场新的"革命"。②

5.完善质量监控体系,全方位监控实践教学

许多应用科技型大学已经形成了校、院两级本科教学督导体系,检查监督实践教学和毕业论文(设计)等教学工作;基本形成了对教学计划、教学大纲、课程教学设计、教案、课堂教学、作业、试卷、实验大纲、实验教学、实验报告、实习大纲、课程设计、毕业设计的全方位质量监测体系;建立了事前预防、过程监控、事后总结提高的全过程动态控制体系。③

---

① 高伯华,殷秀莉.新建高职院校实践教学现状及对策[J].牡丹江教育学院学报,2006(2):107-108.
② 翟晶.论大众化教育背景下学生的学习质量观[J].中国电力教育,2009(6):12-13.
③ 董晓红.地方应用型本科高校实践教学体系研究[M].北京:经济科学出版社,2020:198-201.

第二节 工程训练中心：培养高素质应用科技型人才的重要校内平台

高校工程训练中心是我国高等教育改革发展中出现的一个新事物。作为我国高校实施工程教育的实践性教学平台，它是一种新的实践教学模式，是具有中国特色的工程实践教育理念和教学模式的创新。目前，全国理工类高校大多数都建立了工程训练中心，工程训练中心已成为理工类高校中教学规模最大、学生受众人数最多的实践教学基地，也是国家有史以来在高校实验教学建设方面单项资金投入最大的项目。

工程训练中心对培养学生的工程创新能力与工程实践能力具有非常重要的作用，校外实习与毕业实习代替不了校内工程训练的重要作用，二者相互结合才能有效地培养高素质应用科技型人才。因此，应用科技型大学的工程训练中心建设是培养高素质应用科技型人才的一个重要的有效平台。

一、工程训练中心的历史及基本特点

我国正在迅速发展中的高校"工程训练中心"是顺应国际高等工程教育的"回归工程"趋势和培养现代工程师的客观需要，在原校办工厂与金工实习基地的基础上建设和发展起来的，具有鲜明的中国特色。

（一）我国高校工程训练中心的发展历程

1.第一阶段：探索试验阶段（1998年以前）

20世纪90年代上半叶开始，从英美工程教育界发出了"教育回归工程"和"关注工科大学生工程实践能力培养"的呼声，在全球引起积极响应。中国的东南大学和香港理工大学进行了建设校内工程实践教学基地的探索性实践，为后来的全国范围内工程训练中心的大发展提供了重要经验。

2.第二阶段：布点示范阶段（1998—2004）

基于中国的国情，我国政府和高校逐步认识到工科学生应该对典型工业产品的结构、设计、制造有一个基本的、完整的体验和认识。这种体验和认识对理解、学习和从事现代社会的任何一种高级技术工作都是必需的基础。这种基础在发展中国家高中阶段不可能自然获得，在中国的大学低年级也不可能通过校外认识实习获得，需要通过校内工程训练中心的教学获得。1998年开始，东南大学等高校与香港理工大学同步开始建设工程训练中心。1998年初，教育部开始实施《面向21世纪的教学改革项目》，同年，启动了《世界银行贷款——中国高等教育发展项目》。后者以6000万美元的额度注入26所高校本科实验教学中心的建设中，力度可谓史上空前。此举加快了我国高教改革和发展的步伐。分布于文理工医等各学科的110个建设项目中，包括了11个工程训练中心项目，作为教育部的示范布点，占了全国立项总数的10%，在26所拥有省项目的高校中占了42%。这反映了中国高教改革的重要取向,也反映了国家教育高层的战略眼光。2000年左右,通过"世界银行贷款21世纪初高等教育教学改革项目",在部分部属高校建设了11个工程训练中心。

3.第三阶段:全面快速发展阶段(2006年至今)

从2006年起,教育部在全国范围内启动了为期5年的"高等学校本科教学与质量工程"(简称"质量工程")一期、二期项目,该项目的实施对高校本科实验教学的规模发展和内涵建设都给予了强有力的引导和推动。从国家、地方到各学校,对工程训练中心建设的重视程度和经费投入力度都有显著提高。高校本科实验教学建设进入一个全面建设阶段,作为综合性工程实践教学新模式载体的工程训练中心的建设也由此进入了快速发展时期。

2006年到2010年,"国家级实验教学示范中心"的连续资助,推动了高等学校工程训练中心的快速发展,共建设国家级工程训练中心35个,省级工程训练中心140个,带动高校建设工程训练中心总数约500个。从近年来的统计数据看,国家级工程训练中心的平均面积为25000平方米,平均仪器设备值约5500万元,平均在职人员数量为80人,年平均开展教学服务63万人时数,承担政府和企业培训6万多人次。

实施质量工程项目期间,全国547所理工科院校的大多数都建立了工程训练中心。这些中心或由以前的面向机械类专业学生的金工实习基地转变而来,或是新建的中心。作为学校主要的工程实践实训基地,面向更多的理工科专业,并且大多都成为所在高校内规模最大的校级实验教学中心。这些成果标志着以培养学生实践能力为主的工程训练实验教学已由过去不被重视的教学辅助地位走入重要的本专科教学主流层面,这是中国高等工程教育发展进程中的一个重要的历史性变化。

2013年5月,教育部首次组建了工程训练教学指导委员会,首届主任由大连理工大学郭东明院士担任,其他教指委成员均由各高校的专业人士担任,任期为2013—2017年。[①]

(二)我国工程训练发展的基本特点

从以上我国高校工程培训的发展历程来看,既具有共同方面的特点又具有不同的方面。

1.共性特点

(1)"训练中心"大多从原来的校办工厂中分离出来,实现了从"工厂教学"向"教学工厂"的转换。(2)功能定位中,几乎所有"训练中心"都将教学功能作为其存在的核心要素,只是各校在训练内容体系上根据各自环境有所差异。训练内容体系上,在认知基础上,强调了动手能力和现代制造技术的训练。(3)训练内容实现从"金工实习"模式向现代工程实践训练模式转变,目标是培养大学生大工程意识,提高学生工程综合素质。(4)大都重视大学生工程创新训练。创建创新实验室,开展创新实践活动。这符合高等工程教育改

---

① 张辉,樊泽恒,孔垂谦.高校"工程训练中心"功能定位与特色追求[J].江苏高教,2007(3):68-71;宋毅,高东锋."世界制造业中心"演变对推进我国高校工程训练改革发展的启示[J].中国大学教学,2019(4):11-14;米锦欣."世界制造业中心"转移新趋势与中国的选择[J].西部论坛,2011(2):74-82.

革的突破口在于实施创新教育的精神,适应工程教育改革的发展方向。

2.不同之处

(1)功能定位各具特点,有的是纯教学单位,有的教学、科研并重,还有的是教学、科研和生产一体化的。(2)训练内容在体系和结构上有差异,有的主要针对一、二年级,有的针对整个本科阶段,有的除了本科学生还针对硕士和博士研究生。(3)体制不同。有的完全直属学校;有的行政上隶属学校,业务归属教务处;有的隶属相关学院。(4)工程训练中心思路不同。有的是直接将"实习工厂"转变为"工程训练中心",利用工厂的设备条件,改革"金工实习"内容,以此向现代工程训练方向转变;有的整合学校部分实验资源,建立包容面更广的"工程技术培训中心";有的仿照香港理工大学模式,重新建设。

二、工程训练中心的重要作用

我国的应用科技型大学一般都拥有较高比例的工科类学科专业,尤其是占相当比例的理工类学院中工科类专业比例都超过了本校专业的50%。工科类专业对学生的总体培养目标是为社会和工业界培养适合在研究、设计、开发、生产、维修保养、管理和教育等不同领域工作具有广泛的知识、技巧和适应能力的各类工程师。为了实现这个总体目标,除了开设必需的基础课、专业基础课和专业课程外,工程训练就是高等工程教育中一个重要的组成部分。

究其实质,现代工程训练是指根据高等工程教育发展的内在逻辑和高级工程技术专门人才的成长规律,在特定的工程实践环境中对学生进行机械、电子、信息及其系统等高度综合的融工程设计、制造、管理、创新等环节于一体的"全程"工程技术训练。

现代工程训练具有通识性基础工程实践教学特征,面向本科各专业学生,给大学生以工程实践的教育、工业制造的了解、工业文化的体验,是培养学生实践能力和创新意识的重要教育环节。在许多建设良好的学校里,工程训练中心都成为大学生课外科技创新实践的主要的训练和活动基地,成为大学生完成发明创造和竞赛作品制作的第一场所。工程训练中心(工业中心、实训中心)是培养学生实践能力和工程背景教育的重要载体,在高校教学中发挥着举足轻重的作用。

工程训练的前身是"金工实习",但工程训练课程与早期针对机械专业开设的金工实习有本质提高。工程训练是在金工实习基础上的全面创新,被赋予了丰富的教学内涵,创造准工业化生产环境,通过示范、示教、设计、实训、实验和综合创新制作,使学生自己动手完成一系列的工程训练项目,直接获得对现代工业生产方式和生产工艺过程的基本知识,接受生产工艺技术组织管理能力的基本训练。

与传统金工实习、认识实习、生产实习和毕业实习不同,工程训练主要存在以下几方面的特点:

(1)改变了传统的"金工实习"观念,树立"大工程"意识,在原有金属工艺学实习的基础上进行扩展和提升,建立完整的具有现代工业体系内容的教学训练基地;

(2)改变传统的讲课、实验、实习分离的做法,逐步形成学前认知、学时实践、学后综合的实训模式;

(3)打破传统的专业划分界限,按工业系统认知、传统制造技术、现代制造技术、工业系统控制技术和创新实践等多层面建立统一、完整、综合的工程训练体系;

(4)努力搭建体现现代化大工程意识的真实的工业环境,建立完善的创新训练机制,逐步把创新训练融入工程训练全过程;

(5)树立学生为主体、教师为主导的思想,构建开放型的工程训练教学管理系统。

现代工程教育内涵丰富,包括:科学理论、工程知识的教学;工程实践能力的训练;人文、社科知识的培养;综合素质、交流能力、创新能力、管理能力、工程意识、发展意识的养成;工程伦理、工程道德、责任感、现代意识的教育;有益的工程经历;等等。显然,就现代工程教育涉及内容和教育方式看,工程教育既有别于职业教育,也不等同于培养专门人才的专业教育,因为工程技术人员不可能独立于社会而单独存在。其教育方式更多属于"通识教育"。此外,工程教育的培养目标是工程师、技术师、技术员、工程学家,而不是科学家。因此,培养从事认识自然的科学家与培养改造自然的工程技术师(员)是有明显区别的。工程技术师(员)的培养在了解自然、改造自然的基础上又多了一份社会约束与责任感,多了一种对工程实践经历必不可少的需求。

工程训练是近十几年在我国发展起来的独特的工程教育方式,如前所述,最早源自高校金工实习,与工程实践概念密切相关,但又不同于工程实践。现代工程训练不仅仅服务于课程教学,并已从工程实践教学迈入工程实践教育的大领域,成为高等工程教育的重要组成部分,进入高校人才培养模式的整体视野。工程实践通常是指工程专业的学生在现场的实习,需要把自己所学专业知识用于实践,以此来巩固提高自己的知识水平和实践动手能力,力求通过实践来解决工程问题。工程实践具有明显的专业教育属性和技能训练特点,与现代工程训练有明显区别。与工程实践相比,工程训练内涵更丰富,内容更综合。不仅包括通常的现场实习,也包括了对各种工程意识的培养(责任、质量、团队、环保、市场、竞争、管理、经济、社会、法律等);对创新意识的孕育、对创新能力的训练,对有关知识、素质、能力的协调养成,以及对多学科知识相互融介和贯通的体验与训练等。经过这些年的演变,它已经从一种单一的实践教学方式,拓展成一种实践教育方式。其思想与国际工程教育体系在很大程度上是吻合的。工程训练已成为当代世界工程实践教育的具体实施形式。[①]

三、我国应用科技型大学在工程训练中存在的主要问题

虽然工程训练中心现有工作为应用科技型人才培养奠定了良好的基础,但就现状而言,工程训练中心现有工作与实践教学体系建设提出的新任务、新目标之间仍存在较大差距。反思工程训练中心在建设过程中的问题,主要有以下几方面的问题:[②]

---

① 孙康宁,傅水根,梁延德,等.浅论工程实践教育中的问题、对策及通识教育属性[J].中国大学教学,2011(9):17-20.
② 王秀梅,韩靖然.新工科背景下工程训练中心存在的问题与实践转向[J].实验技术与管理,2019(9):8-11;何理瑞.论"以学生发展为中心"的工程训练教学体系的构建[J].浙江水利水电学院学报,2021(4):78-81.

(一)训练目标不明确

在工程教育认证越来越被重视的背景下,工程训练仍以验证理论知识或掌握加工工艺为主,工程训练的教学目标与应用科技型人才培养的要求存在一定的差距,偏离工程教育的本质[1],对学生工程素养、组织管理、团队协作等方面的能力培养非常欠缺。

(二)训练项目单一

大多数高等院校的工程训练项目比较单一,基本上都是传统的车、钳、铣、铸、焊等工种,各个工种间缺乏整体项目构建。在训练中基本上以教师为中心,忽略了学生的主体性、能动性、创造性,项目内容陈旧、单一,不利于发挥学生的主动性和创造性,不利于培养学生的实践能力及开拓创新思维。

(三)教学模式简单

当前工程教育环境和教育模式正在发生快速改变,特别是"工业4.0""中国制造2025"、创新驱动发展、人工智能、虚拟现实等重大科技变革,但当前的工程训练仍然沿用传统的"实践+讲授"的教学模式,很少采用任务驱动、工程探究、项目驱动等创新手段,学生缺少大工程教育观念的熏陶,缺乏真实工程案例的融入与拓展,综合工程能力培养缺失[2]。应用型人才培养质量和社会经济发展需求脱节,简单的传统教学模式在一定程度上限制了学生的创新性和个性化发展,不利于学生综合素质的提高[3]。新工科建设强调培育创新型人才,实施个性化教学。纵观我国工程训练中心整体教学模式,与这一新要求还相距甚远。

目前,工程训练中心仍然主要采用以教为主的单一教学模式,学生的实验架构、设计构想、创新点等较难实施,这种单一的教学模式导致学生缺乏学习的积极性、自主性和创新性。同时,铣工、磨工、车工等教学训练内容至今未突破单一零件、单一工序的限制,使学生形成了固化的思维定式,限制了学生自主创新能力的开发,不能满足学生自我发展的需要。另外,大部分工程训练中心依旧采用传统集中式的教学方式,通过限定训练对象、训练人数、训练时间、训练内容等开展实践训练,使学生不能自主安排时间进入中心完成训练任务,更不能根据个人实际发展需要选择训练内容,妨碍了创新创业、个性化人才培养。

(四)创意创新训练缺乏

许多高校在工程训练课程教学过程中缺少对学生创新意识的引导,缺乏创新活力,缺少相关工程应用知识交叉融合,个性化和多元化的创新训练鲜有开展,无法应对新一轮科技革命和产业革命浪潮,无法适应产业技术创新对应用型人才的需求。

(五)教学团队问题多

工程训练课程已经成为应用科技型大学人才培养的重要资源。大多数高校的工程训

---

[1] 林健.注重卓越工程教育本质创新工程人才培养模式[J].中国高等教育,2011(6):19-21.
[2] 叶晓勤.新工科背景下工程训练中心创新人才培养探究[J].实验技术与管理,2019(12):274-277.
[3] 王秀梅,韩靖然.新工科背景下工程训练中心存在的问题与实践转向[J].实验技术与管理,2019,36(9):8-11.

练中心是从校办工厂(企业)转制而来的,部分工程训练教学团队教师年龄大、学历层次低、专业结构不合理,工程应用能力和教学素质参差不齐,教学创新能力明显不足,部分指导教师知识老化。受学校事业编制及用工模式的限制,专业型、技术型、创新型人才紧缺,团队人才结构难以优化,团队成员数量严重不足,队伍缺乏稳定性。① 师资队伍的脱节在一定程度上制约了工程训练课程在应用型人才培养中的作用。

2017年教育部发布的《新工科研究与实践项目指南》对师资队伍提出了新要求:急需一批研究型、创新型、融合型的教学团队。而工程训练中心师资水平与这一要求存在较大差距:

(1)在担任工程训练实践教学的指导教师中"工勤人员"所占比例较高。目前,工勤人员、非在编劳务人员偏多,这部分人员大多来自原来的实习工厂或外聘劳务,虽然具有比较强的机床操作能力,但在新工科建设的新形势下,其思想观念、掌握新技术的能力及教学改革的意愿不强,不能适应新形势的新要求。

(2)工程训练中心教师的高学历比例较低,具有硕士、博士学位的专职教师数量偏少。而学历的高低是衡量教师知识水平的重要标识。教师队伍的学历层次整体不高,则在一定程度上反映出工程训练中心的师资水平不高,意味着工程训练在实现"产学研"一体化以及创新创业方面能力不足。

(3)教师的知识结构较为单一。工程训练中心的前身是"金工实习",许多教师往往具有丰富的机床实践教学经验,但是,对于学科专业发展前沿的把握比较欠缺,适应新形势下的"机电结合""互联网+""大数据"等训练内容所要求的知识与能力则显不足。

(六)承接新工科建设的意识淡薄

工程训练中心是我国工程教育的重要载体,新工科人才培养仍然需要工程训练中心的积极参与。但是,事实证明,工程训练中心还没有融入全国新工科建设的大局。在2018年教育部公布认定的612个国家级新工科研究与实践项目名单中,由工程训练中心独立承接的项目不足10个,占比不足1.7%②;在其后河北、河南、湖南、江西4省公布的省级教改专项中,工程训练中心承担的项目也很少,分别只有8项、2项、7项、3项,占比分别只有1.1%、0.3%、0.6%、0.4%。可见工程训练中心仍处于新工科建设的边缘地带。

与国家推进新工科建设进展相比,工程训练中心改革相对滞后,在主动对接新工科建设上意识淡薄。目前,工程训练中心依然遵循的是传统的工科人才培养理念,以实践能力为导向,尽管具备了多学科优势、创新创业成分、多方协同育人的平台,但在教学内容和教学方式上,却未积极向复合型、创新型人才培养转变,没有及时响应新工科建设的新要求。

(七)支撑新工科建设的平台能力与硬件条件偏弱

在新形势下,新工科建设要求通过多方协同育人、多学科交叉融合、创新创业教育等实现新工科人才培养,而尚未升级的传统工程训练中心明显还不足以支撑这些内容。对

---

① 付铁,丁洪生,马树奇,等.新时期高校工程训练中心师资队伍建设探索[J].实验技术与管理,2017(12):242-244;马鹏举,佟杰,张兴华,等.工程训练课程体系的研究与实践[J].北京航空航天大学学报(社会科学版),2017(2):105-108.
② 陈新.大学生创新训练项目的实践与思考[J].实验技术与管理,2017(6):29-31.

比教育部工程教育认证标准中对平台支撑条件的要求,结合新工科建设的新要求,工程训练中心在软、硬件条件方面主要存在以下三个问题:

(1)基础设施和实验设备不能满足学生创新实践的需要。近年来,为了满足"大众创业、万众创新""互联网+""大数据"等时代要求,工程训练中心承担的教学内容和难度也不断增加。但是,工程训练中心的建设却相对滞后,以实验设备的功能为例,未能实现智能化、数字化、网络化的智能制造及创新性的个性化设计与制作。

(2)多学科交叉融合不够。大部分工程训练中心的前身是金工实习基地,这使其带有深刻的"金工""机械"的烙印,以传统金工、机械为主,而机电结合、设计与工艺结合以及理工文管之间的结合则相对较弱。

(3)校企合作推进成效不理想。虽然工程训练中心与众多企业进行了合作,但合作尚不深入,工程训练中心还没有将企业先进的资源引入自身平台;还没有有效借助企业资源优势,补齐自身建设短板。学生的训练技术水平没有跟上企业技术创新水平。近年来,随着企业技术创新的飞速发展,工程训练中心无论在条件设备,还是技术水平等方面已经落后。

四、应用科技型大学工程训练中心的定位

高等工程教育是顺应工业社会和科学技术发展的需求,以工程科学与技术科学为其主要学科基础,面向工程实际的应用,以培养"善于将科学技术转化为直接生产力的工程师为目标的"。高等工程教育培养的是未来的工程师,不论是哪种类型的工程师都是未来的工程专业人才,都要以工程实践为基础,以实践为立足的根本。

世界各国纷纷进行高等工程教育改革,其重要的核心理念是强调"工程实践性",以培养适应新世纪需求的现代工程师。一名现代工程师应该是复合型、创新型人才,应具备适应能力、发展潜力和竞争力;具备坚实的理论基础,拥有广博的知识,建立合理的知识体系,以及较强的工程实践能力。现代工程师还应具备大规模工程意识、创新思维,以及运用规范的工程语言和多种技术信息资源解决工程实际问题的能力。他们还需要具备计划、决策、组织、协调、市场预测和应变的能力。同时,他们应该具备科学、务实、严谨和研究的工作方法和态度,以及能够把握和领先现代科技发展前沿的意识和能力,并了解经济和管理,同时具备人文精神和科学精神。这些综合素质使他们能够在复杂的工程环境中表现出色。航空工程的先驱者、美国加州理工学院冯·卡门教授的名言"科学家研究已有的世界,工程师创造未有的世界",揭示了工程师的角色期望和本质要求。

(一)现代工程教育人才培养目标及规格要求

现代高等工程教育的人才培养目标:造就适应社会发展需要和业界需求的善于将科学技术转化为现实生产力的未来工程师而不是工程科学家,他们应该是在产品设计、原材料采购、生产组织、人力资源管理、质量监控、市场推广等方面具有广泛知识和实践能力且能担负起更高层面管理工作的高级工程技术专门人才。

1.现代工程师的基本素质

现代工程师应该能把人、财、物组织起来,生产出具有市场竞争力的产品。工业和社

会要求工程师在包括研究、设计、开发、生产、维修保养、管理和教学在内的许多领域具有广泛的知识、技巧和适应能力。现代工程师能熟练掌握一定范围内的工程技术,并带领相关人员从事实践活动,进而取得成果。现代工程师的内涵已经超出20世纪五六十年代设计工程师、工艺工程师的狭窄范围,向着"大工程"方向发展。今天的工程不仅包含设计、制造,同时还有关于网络、环境、法律、经济、销售、质量控制、市场、安全等方面的内容。这对现代工程师的素质提出了越来越高的要求。

一名称职的现代工程师应具备以下基本素质:①宽厚的科学(包括自然科学和人文社会科学)知识以及工程技术知识基础;②从事工程实践必需的技术、技能和使用现代工具的能力;③发现、形成和解决工程问题的综合实践能力;④较强的工程创新能力;⑤良好的工程意识,包括市场意识、质量意识、安全意识、群体意识、环境意识、社会意识、经济意识、管理意识、创新意识和法律意识;⑥自我更新知识、掌握新技能以满足长期需要的能力;⑦良好的沟通、协调能力;⑧基本的管理技巧和领导能力。[①]

工程素质是工程实际对技术人员所提出的有关工程概念和实际技术的基本要求,包括必要的基本理论和基本技术,对相关工程技术的了解,对有关基础理论和基本技术创造性的综合应用能力,从事工程工作所需要的技术创新意识,对工程技术实际工作内容的认识和了解,以及必要的市场意识等。高校为提高学生的工程素质,培养学生创新精神和实践能力,必须统筹安排工程科学教学与工程实践训练环节,突出实践性教学在学生工程素质培养中的重要地位,采用顶层设计的方法,总体构建实践性环节教学体系。在高校的工程实践教学体系中,学生工程素质培养的主要途径包括:工程理论学习,课程设计、课程实验,科技创新训练,工程训练,毕业设计。

2."工程训练中心"学生工程素质培养目标

由于"工程训练中心"的功能涵盖上述工程素质培养途径中的工程训练、毕业设计和课内外科技创新活动,因此,"工程训练中心"学生工程素质培养的目标包括:(1)培养学生对工程的认知,扩大学生工程视野和工程知识面,以及工程意识。(2)培养学生实验技能、工艺操作能力、工程设计能力。(3)培养学生获得专业知识和能力。(4)培养学生科学研究能力,包括知识综合运用能力、工程实践能力、创新意识和创造能力。

(二)应用科技型大学工程训练中心的定位

应用科技型大学工程训练中心的定位应主要根据应用科技型大学的培养目标和规格来确定。工程训练中心的"定位"是指工程训练中心根据学校发展目标、自身资源状况和发展战略等确定的发展取向和建设类型。作为应用科技型大学的实践性教学基地,工程训练中心配备了比较齐全而先进的实践教学设施与设备,具有与现代一流企业在管理水平、工艺技术水平、生产规范化水平和文明程度等方面基本相当的"模拟"工程环境,集中了一支独具特色、学科交叉且学术水平较高、工程实践经验丰富、专门从事工程训练教学的师资队伍,它可以承担各种层次的教学、科研和社会服务职能。依据各学校的实际,工程训练中心的定位有多维度、多层次的选择空间(见表9-2-1)。

---

① 吴庆宪.高等工程教育发展与高校工程训练中心功能定位[J].南京航空航天大学学报(社会科学版),2006(1):68-71.

表 9-2-1　高校工程训练中心定位空间

类别	类型
功能结构	教学型；教学、生产型；教学、科研型；教学、科研、生产型
层次结构	教学：本科生；本科生、研究生 科研：应用研究；应用与开发研究；基础研究、应用研究、开发研究 生产：批量加工；高难度零星设计与加工
服务面向结构	学校内部；学校内部、外部

资料来源：吴庆宪.高等工程教育发展与高校工程训练中心功能定位[J].南京航空航天大学学报(社会科学版)，2006(1)：68-71.

1.功能定位

工程训练中心除了最基本的必须承担教学功能外，还同时进行科研和生产活动。其中，通过工程训练教学履行培养人才职能是工程训练中心最核心的功能，这是工程训练中心一切活动的中心，是工程训练中心最主要的功能。

以教学功能为核心，工程训练中心存在四种功能定位选择。

(1)教学型：将工程训练作为工程训练中心的唯一任务，致力于通过高水平的工程实践教学达到培养高素质的未来工程师的目的。

(2)教学、生产型：在保证完成教学任务的前提下，利用工程训练中心先进的训练设施和设备，承接工业界委托的工程制造项目，从事生产性的社会服务活动，进行"真实工作"(real work)。这样的工作使学生在培训时能够接受更高的挑战，工作得更为认真，且有趣味性，并能了解工业界的实际要求。

(3)教学、科研型：在保证完成教学任务的前提下，利用工程训练中心的资源优势(人力和物力资源)，独立承担或与校内各学院、校外相关部门联合进行应用科技型的科研课题研究。

(4)教学、科研、生产型：在保证完成教学任务的前提下，同时进行科研和生产活动。[①]

各种不同的模式各有优劣：(1)纯教学型模式的优势在于一心一意搞教学，基本的教学活动能得到保障；但没有科研的支持，新的实验难以开发，教学内容难以创新，其"造血"功能较弱影响其持续发展。(2)教学科研型模式有利于新实验开发和实验内容不断更新，有利于创新活动的深入有效开展；但是如果两者关系处理不好会冲击教学这一核心功能的发挥，同时科研与教学结合点不准，会出现负面影响从而制约整体功能的发挥。(3)教学生产型模式的优势在于工程实践环境更加真实，更加有利于工程实践能力的培养，但其生产功能追逐经济效益的本性会削弱这种优势，甚至会产生本末倒置，偏离工程训练的初衷。(4)教学科研生产一体化模式具有综合优势，但相应条件要求也很高：一是师资队伍水平，二是规模层次，三是生产条件。这对于刚起步的工程训练机构来说，条件限制较多，难度较大，建设不好会得不偿失。一般来看，这一模式是"工程训练中心"建设发展成熟后选择的目标。

---

① 吴庆宪.高等工程教育发展与高校工程训练中心功能定位[J].南京航空航天大学学报(社会科学版)，2006(1)：68-71.

2.层次定位选择

工程训练中心的教学、科研和生产性社会服务功能都具有明显的层次性,工程训练中心的每一种功能都存在层次定位选择。

(1)教学层次:从事本科教学或以本科教学为主,兼顾硕士、博士研究生培养任务。高校工程训练中心主要是面向本科生的工程实践教学需要建设起来的,它主要是作为理工类本科生的工程实践教学基地和各科类学生课外科技创新基地存在的。但除承担本科生的工程训练外,工程训练中心还可以部分承担硕士、博士研究生的人才培养计划。高等工程教育培养的是应用科技型人才,不论本科生、硕士生(尤其是工程硕士)和博士生(尤其是工程博士),当他们置身工业界之后,虽然希望他们解决的技术或开发问题的难度不同,企业的期望值不同,但都存在着工程知识向工程技能转化的问题,因而都应该接受工程实践锻炼,只是训练内容各有侧重而已。面向本科生依次进行基础工程技术训练、现代工程技术训练和工程创新能力与创新精神训练;面向硕士生和博士生则主要进行以工程应用技术开发或工程技术难题的诊断与解决为目标、由工程训练中心教师与相关学科教师共同指导的实际工程项目训练。

(2)科研层次:从科研的性质角度着眼,科研可以划分为三种主要类型,即基础研究、应用研究和开发研究。根据应用科技型大学的工程训练中心性质,应用研究和开发研究应是其科研的最佳选择。工程训练中心可以鼓励教师积极从事应用研究,这既有利于提高工程训练中心教师的科研水平和工程实践能力,丰富工程训练的教学内容进而提升教学水平,也能为工程训练教学提供真实的工程项目。科研中的一些工作,例如非标试验设备或试验装置的设计和制作,如果内容和难度适当,工作量适合,完全可以作为学生工程制造项目训练的课题。同时,工科类大学的科研成果绝大部分应该转化为可以应用开发的技术,工程训练中心可以致力于科技成果的开发和科研成果向应用技术的转化,成为科技开发的基地或科技成果转化的中试工厂。这对于提高未来工程师的培养质量是大有裨益的。当然,那些具有雄厚学术实力和基础研究条件的工程训练中心,在从事应用研究和开发研究的基础上,还可以兼顾与学科、专业发展密切相关的基础研究。

(3)生产层次:承担生产性社会服务功能的工程训练中心有两种选择,一是承接生产条件许可的不同批量的各种技术含量的制造、加工任务;二是只承接与工程训练教学任务相匹配、能服务和促进人才培养质量提高的技术含量高的零星设计和加工任务。

3.服务面向定位选择

工程训练中心有两种服务面向选择,即只面向本校,或以校内为主,兼顾校外。

(1)面向本校:只满足本校教学、科研的实际需要。这种定位的工程训练中心多是教学型功能定位,与社会联系不密切。

(2)校内为主,兼顾社会需要:在高质量满足本校教学、科研需要的前提下,主动拓展服务面向,积极对外开展校外学生工程训练、在职人员工程技术继续教育培训和相关工程技术咨询、顾问服务。这既是高校服务社会、回馈社会的重要途径,也是工程训练中心赢得社会各界经费支持、增强自身造血功能、改善训练条件的必然选择。当今社会科技飞速发展,高新技术日新月异,社会各界存在着知识更新的广泛需要。工业界更需要广大员工能及时了解、学习和应用新技术以进一步提高生产率,开发有竞争力的新产品。

工程训练中心应该针对不同的社会需求,开设相应的灵活多样的继续教育课程,成为学习社会的继续教育基地。此外,工程训练中心教师在工程技术、工程实践经验、学科背景、学术信息渠道和科研合作关系等方面具有企业界无法比拟的优势,可以为企业改革发展和管理决策等提供许多技术咨询和顾问服务。

4.工程训练中心核心功能

训练中心的功能在不断扩展,各种功能都在展示自己的重要性,但训练中心的核心功能需要回归本源。(1)训练中心最核心的任务是动手、实践、训练,是在观察中实践,在实践中思考,在思考中领悟,在领悟中成长。(2)实践的功能比创新更重要,实践是创新之根,实践的品格永远高出理论的品格,创新隐含在实践之中。

综上所述,高校"工程训练中心"应当成为开发受训者工程素质的现代工程实践教学示范中心,成为开发新工程训练项目的研究中心,成为大学生开发科技作品的创新中心。

五、应用科技型大学建设高水平工程训练中心的方略

应用科技型大学要培养更多的应用科技型卓越工程师和高素质人才,这不仅是学生个人发展的需要,也是构建完整现代职业教育体系的需要,是贯彻我国创新驱动发展战略、实现经济发展方式转变和产业结构转型升级的需要,更是提升国家核心竞争力的需要。在我国,工程训练已成为工程实践教育的具体表现形式。

应用科技型大学要培养高素质应用科技型人才,就必须建设好工程训练中心、强化实践教学环节,注重学生能力的训练和品德的养成[①]。在以工程实践教学为主线的同时,要注重职业素质和职业能力的培养,积极倡导理工类学科与人文社会学科相融相通,培养学生的实践能力、工程素养、职业技能和创新思维。工程训练中心应不断充实训练内涵,不仅要有常规训练,也要有先进技术训练;不仅要有职业技能训练,也要有虚拟训练。

(一)按照高等工程教育的认知规律来组织工程训练中心的教学

工程教育的认知方法不同于理科教育的认知方法,工程教育有自己获取和应用知识的规律。其突出特点是工程认知始于实践,工程应用服务于实践,是一种从实践中来又回到实践中去的循环无穷于更高层次的探索性实践。

鉴于工程实践认知的独特性,获取工程知识的过程始于认知实习,遵循"认知实习-理论学习-实践-再学习-再实践-探索性认知实践"这一规律性,具有多层次循序渐进的特点。获取工程知识的最佳方式是理论学习与实践相结合,但实践是第一位的,实践获取知识比理论学习获取知识更快捷更可靠。

现有的实践课程还没有开发利用好,应赋予实践教学新的内涵和观念。实践教学不仅仅是一个特定的课程环节,它更应当被视为一种至今未充分发掘和充分利用的高度有价值的综合性教学方式。工程实践教育能够帮助学生更深入、更通俗易懂地认识和理解事物,具有将复杂问题具体化、形象化、简单化的独特优势。因此,实践性课程的设置不应

---

① 朱高峰.工程教育中的几个理念问题[J].高等工程教育研究,2011(1):1-5.

仅限于金工实习或工程训练等与专业相关的课程,它的范围可以涵盖专业课程、基础课程以及通识教育课程。我们应该鼓励更多的专业知识通过实践课程的方式来传授,同时积极开发各类生动多样的通识实践课程。

工程知识获取的最终目的在于工程应用和工程创新。因此,各种项目驱动,创新赛事,创新实践类课程就成为工程应用和工程创新的演练场所。当然,这种具有很好价值的演练,应尽可能避开比较单纯追求物质成果与获得的奖励,要力求避免赛事结果与赛事目标之间产生的异化,要积极引领学生从创新过程中深入进行理论学习和理论提升,从而体现出大学本科设计、研究与应用型人才培养的基本特征。[①]

(二)做好工程训练中心的建设规划

应用科技型大学各级领导要高度重视工程训练中心的建设,各相关部门要全力配合,认真做好工程训练中心的建设规划。

(1)建立一套由学校学术委员会和教学指导委员会监督指导、中心主任全面负责的工程训练管理体系和安全保障体系,统筹中心的规划与建设,实现实践教学内容、人员、设备和管理的优化组合。

(2)建立起一套面向全校学生的完整的实践教学体系。对于工程类学生,建立工程基础训练、先进技术训练、创新实践训练和综合素质训练的层次化实践教学体系;对于非工程类学生,建立工程认知训练和工程素质的教学训练。以此为基础,构建起理工与人文社会学科相融通、机械与电工电子相结合、资源共享、赛课互补、服务全校和本地区的工程训练教学体系。

(3)建立一套比较完整的实践类和近实践类的网络课程体系,将工程实践训练、职业技能训练融为一体,贯穿设计、制造、控制和生产保障四条主线,服务全校各专业的学生。[②]

(三)建设应用科技型大学"工程训练中心"的学校特色体系

应用科技型大学打造自身的"工程训练中心"特色体系,要从以下几个方面着手。

1.训练情景真实性

"工程训练中心"情景的真实性,是培养学生工程素质的关键。高校"工程训练中心"工程素质训练模式是一种有别于实验教学、工程实训的全新的工程素质训练模式。该模式的突出特点是工程训练真实性。情景的真实性主要体现在:

(1)训练内容紧扣学科技术素质和学科工程素质,所开设的训练项目紧密结合相应的学科专业工程实践能力与创新能力开发与建构,针对不同专业和不同年级学生特点,在"工程训练中心"接受真实的工程设计、工程制造、工程管理、工程创新于一体的系统训练。

(2)训练教师既具有教师素质的共性特征,又有工程训练教师的个性特征。"中心"教师既是教学的行家,又是新实验和科技工程项目开发与创新的里手,"中心"教师注重将工

---

① 孙康宁,傅水根,梁延德,等.浅论工程实践教育中的问题、对策及通识教育属性[J].中国大学教学,2011(9):17-20.
② 韦相贵,傅水根,张科研,等.工程训练中心建设与管理问题探讨[J].实验技术与管理,2016(2):30-32.

程素质培养潜移默化地贯穿于整个训练教学过程中。

(3)"中心"管理模式向准科学管理的现代企业环境逼近:科学的管理体制,健全的组织规范,严格的组织纪律,一丝不苟的科学态度和团队精神,以及文化管理等。充分体现学生在"工程训练中心"的全真在线的工程环境中得到科学精神、职业道德、综合素质等的培养与锻炼,"中心"成为学生树立"安全、质量、市场、责任、群体、环保、经济、管理、法制、创新"十大工程意识和培养科学作风的基地。

2.训练体系先进性

训练体系先进性主要体现在训练平台的一体化、开放化,训练内容的模块化、现代化、梯度化。训练体系先进性主要体现在:

(1)一体化。根据人才培养要求和工程实践流程,构建工程设计、工程制造、工程管理、工程创新等四个训练平台。每个平台内部呈现三个层次,每个层次在水平上逐级提高。各平台间在内容上是紧密对接的,在层次上是相互呼应的。在工程训练过程中不是分割而训,四个平台间无缝衔接成一个完整的训练体系,可根据受训对象及训练目标通过教学内容的安排实现四位(平台)一体的训练。无论什么层次的受训对象在接受工程训练后,都会在这四个方面受到不同程度的系统训练。

(2)开放化。随着工程技术的发展,高等教育改革的深入,训练内容随着整个高等工程教学内容体系的变化而变化。每个平台的结构是开放化的,可根据未来工程发展需要,开发新的训练项目,增减相关训练内容。

(3)模块化。由于受训对象特征差别和受训对象要求不同,其训练内容是有差异的。据此,形成多个训练模块。在层次上可分为基本工程训练模块、现代工程训练模块和创新工程模块。在类别上根据各学科人才培养需要构建内容有差异、水平有高低的不同模块。从层次和类别上通过平台和内容的整合形成多元需要的训练模块。

(4)现代化。内容现代化体现在三大层面:一是在层次上整合,对各层次工程训练的内容进行统一规划,做到既不重复,又能衔接。实现四个平台在教学内容上无缝镶嵌,同时体现出课程的基础性、前沿性和创新性。二是机、电的整合,最大限度实现机电一体化,同时强化网络化制造技术等现代制造技术的训练。三是根据工程行业的特点,增加如数字化设计制造和管理一体化等相关高新制造技术的内容。

(5)梯度化。使训练内容深度、目标指向呈现梯级。每个平台内的内容水平逐渐提高,每个模块内容也呈梯级。这符合人的认知发展规律,保证不同层次的学生得到希望得到的不同要求的工程训练。以工程创新平台为例,工程创新训练可包括单工种创意设计、结构创新、功能创新、工艺创新和综合创新等6个层次。

3.能力开发个性化

工程训练核心目标是培养学生的工程实践能力和工程创新能力。通过训练使每个学生的工程实践能力和工程创新能力得到充分发展。能力开发个性化具体体现在:

(1)基本训练根据受训对象的特征差异,设置不同的训练项目,充分开发学生个体潜能。特别是在创新训练方面,依据不同的创新目标和实现条件,设计多种创新类型对学生进行各种规格的创新训练;或中心提供相关的条件,在老师指导下让受训者自主设计并进行相关训练。

(2)在保持传统多样化教学方式的同时,运用现代教育技术大力开展网络化教育。构建网络教育环境,实现开放化、自主性训练,学生可以自主地利用时间尤其是业余时间到开放性中心里开展工程实践与创新实践活动。

(3)在训练选题上给予学生更多的自由,学生根据教学基本要求自行设计一教学产品,可充分利用"中心"资源进行工程实践与工程创新,最大限度发挥学生的主动性和创造性。

(4)利用信息管理系统实现训练全过程自动化管理,"中心"可及时收集受训对象的相关信息并进行分析,为充分调动受训者的积极性,向受训练提供"因材施训"的支撑,可有效实现个性化工程训练,使受训者能力得到最大限度的提升。

4.发展模式开放性

大学生工程素质培养是一个系统工程,涉及校内外利益相关者。"中心"发展模式开放性的特色,即与"中心"发展的利益相关者建立密切的联系与合作,进行有效的信息、物质等资源的流动,能够有效针对上述"工程训练中心"的特点,为"中心"建设发展获得不可或缺的资源,在实现与利益关系者"多赢"中促进全面、协调、可持续发展。

按照教育部工程材料及机械制造基础课程教学指导组提出的教学目标,工程训练中心应成为学习工艺知识、增强工程实践能力、提高综合素质(包括工程素质)、培养创新精神和创新能力的重要实践教学基地。①

(四)注重整合资源,搭建互联互通实践教学平台

应用科技型大学应借鉴海内外高校的成功经验,整合校内优质资源,搭建好工程训练中心这一互联互通的实践教学平台,加强学生的职业技能训练。

在优质资源的整合方面,目前高校的教学资源通常都在各院系,因此有必要将校内各院系可用于公共实践教学的实验室及相关设备、课程、人员、师资等教学资源整合到工程训练中心。资源整合后的工程训练中心将成为全校性公共实践教学平台,师资、设备等各种资源全校共享。

"互联互通"应包含两大内容:

(1)训练内容及项目互联互通。互联互通的不仅是机械制造、电工电子专业,结合学校的办学特色,还可包括计算机、汽车、陶艺,甚至还可以包括一些文科专业的实践教学。工科可以开发更具体的实践教学项目;文科中经济类专业可以建立模拟法庭、模拟证券交易现场等;其他专业可找出一些基本技术要素进行实践教学设计。② 通过训练内容及项目的互联互通,给学生提供更多选择的机会,让他们通过训练考取相应的职业资格等级证书。

(2)参与训练的学生互联互通。在国内外许多高校,工程训练已经成为培养技术技能型人才的重要手段,成为大学通识教育与工程文化相融通的重要组成部分,也成为理工科与人文社会学科交叉与融合的重要结合点。如今,工程训练不仅在合肥工业大学已成为

---

① 张辉,樊泽恒,孔垂谦.高校"工程训练中心"功能定位与特色追求[J].江苏高教,2007(3):68-71.
② 马鹏举,王亮,胡殿明.工程实践教学的现状分析与对策研究[J].高等工程教育研究,2011(1):143-147.

大学本科的必修课,大部分高校也已将工程训练作为学生的必修或选修课,只是对于不同的学科专业,学生参与训练的时间长短不同、学分不同而已。[①]

(五)有计划、分阶段、有重点地加强工程中心的师资队伍建设

师资队伍建设问题是工程训练中心所有问题的根本。学校要致力于建立一支以博士、硕士、学士为核心,以教师、工程师、实验师、技师为骨干,学历、学位、职称、年龄结构比较合理的高素质师资队伍。

高校现行的人才引进制度,大多要求引进的人才具有硕士、博士或副高级以上学历或职称,但他们未必适合担任实践教学;而具有高级工或技师资格的人员往往只有本科学历、大专学历,甚至是中专学历。要突出技能训练,师资队伍中没有一定的高级工、技师是很难有质量保证的。应用科技型高校要设法突破这一人事制度的制约,制定人才引进政策,争取政府给予这部分教师入编的特殊政策,学校在他们没有入编前给予与在编人员同等待遇。

师资队伍的稳定是重点。要想招聘到优秀人才,必须有特别优惠的政策、有较好的待遇(含编制);要留住人才、稳定队伍,必须让教师个人的价值得到体现,要解决教师特别是实践教师的职称问题,要积极为教师的个人发展创造条件,例如在保证工程训练的基础上,在设备采购时适当考虑教师开展研发工作所需的平台建设。

师资队伍建设不可能一蹴而就,要根据工程训练中心的不同发展阶段、各阶段参与工程训练的学生数、各专业人才培养方案中关于学生参加工程训练的学时数和各阶段工程训练中心的设备数量,核算出各阶段所需师资人数,进而制订好引进人才分阶段实施计划,使师资队伍的学缘结构、年龄结构、学历结构愈趋合理。

教师的专业综合素质提高可借助校外企业平台,以挂职锻炼的方式对其进行培训,提高其教学能力、工程实践能力、创新能力等。要立足新工科建设引进高水平教师。一方面,结合学校办学实际,从院系聘请教师,补齐工程训练中心新工科建设所需教师缺口。另一方面,借助中心与企业良好的合作关系,聘请企业技术人员、营销经理担任授课教师和项目实践的指导教师,定期为学生开设课程或为项目实践提供指导;引进企业家导师,为创新创业项目研究和成果孵化提供指导。

工程训练教学团队是保障应用科技型大学工程训练教学质量的核心,建设一支高水平、高素质的工程训练教学团队是工程训练教学工作的基础。工程训练教学团队由于其工作的特殊性,除了应具备较高的理论基础知识和合格的教学技能外,更应具有系统的工程知识结构、较强的工程创造能力、过硬的工程教育能力。[②] 应用科技型大学要明确工程训练教学团队建设的重要性,把优化工程训练师资团队结构、提高工程教育能力作为工程训练教学团队建设工作的重点,拓宽人事制度改革思路,改革考核评价的内容和指标,从基础理论研究成果和发表高质量论文为主,转向与工程实践相关的设计、开发成果、学生

---

① 韦相贵,傅水根,张科研,等.工程训练中心建设与管理问题探讨[J].实验技术与管理,2016(2):30-32.
② 何理瑞.应用型本科院校工程实训教学师资队伍建设探讨[J].浙江水利水电学院学报,2015,27(12):90-92.

竞赛指导成果、知识产权和专利成果，以及产学协同合作成果等为主要考核和评价指标。从加强工程训练教师的实践教学能力出发，改善工程训练教学环境，制定相关政策和措施，采取必要的激励手段，不断提高工程训练教师的实践能力，不断提高工程训练教师的素质，建立起一支"懂理论、强技能、善创新"的跨校企、跨院系、跨学科的高水平工程训练教师团队，以便更好地实施专业化的高素质应用科技型人才培养。

（六）持续优化与完善工程训练项目及内容，构建"以学生发展为中心"的工程训练教学体系

1.改革和创新教学模式，优化整合现有教学资源，拓展创新训练项目

工程训练作为综合性专业实践课程，通过改革和创新教学模式，优化整合现有教学资源，拓展创新训练项目，加强内涵建设，确立学生在工程训练中的主体地位，构建"以学生发展为中心"的工程训练教学体系。根据不同专业人才培养方案，以专业人才培养目标为依据，紧贴专业实际，从各专业就业方向、要求和特点出发，优化训练项目组合，打造特色训练项目，对训练项目内容做重大调整和改革，建立合理的、多维度、多层次工程训练教学体系。树立综合性、创新性的课程理念，基于学习产出 OBE（outcomes-based education），重构新型的工程训练教学体系，使学生形成复合型的知识结构，积极打造以提升综合能力为目标的教学体系[①]。

应用科技型大学应有自己的办学特色，训练项目和训练内容也要与时俱进，根据办学定位、培养目标、专业侧重点的不同进行合理的设计。训练内容从简单的传统金工实训扩大到 3D 打印、激光雕刻、机器人及智能制造等先进制造技术；从机械制造逐步增加电工、电子技术，增加富有学校特色的实训项目；利用工程训练中心平台设置跨专业科研探究课程；从简单的基本训练到职业技能培训，成立职业技能鉴定机构，开展相关工种的职业技能鉴定；从创新训练到满足多种学科竞赛活动，分阶段逐步增加项目和内容，在总结竞赛题目及内容的基础上，将其完善并转化为工程训练的项目。

2.创新教学模式，进行多种方式的实践方法设计，满足学生个性化需求

新工科人才培养的新要求是实现多方协同育人、多学科交叉融合、创新创业与个性化人才培养。基于此，工程训练中心教学模式改革要向"菜单式""分散式""创客式""多学科交叉融合复合型"转变[②]。

（1）"菜单式"，即允许学生根据自身能力和职业发展需要，在中心列出的训练项目菜单中，自行选择训练项目，不再对学生的训练项目做统一要求。

（2）"分散式"，即允许学生在一定时间范围内自行安排时间完成训练项目，不再对学生训练时间作统一要求。

（3）"创客式"，即产学融合。依托校外合作企业平台及资源，以实际工程问题为导向，开展创新实践项目，实行"学为导向"的教学方式，将学生的创新实践能力转化为科技项目

---

① 姚立健,倪益华,金春德,等.农林类高校多维多尺度工程训练教学体系构建与评价[J].实验技术与管理,2020,37(4):205-209.
② 付铁,郑艺,丁洪生,等.材料成型技术实践教学平台的建设与思考[J].实验技术与管理,2017(7):166-168.

成果,最终实现教育与社会发展之间的良性互动。

(4)"多学科交叉融合复合型",即发挥工程训练中心多学科优势,在教学内容上,突破单一零件加工制作,实现机与电结合、设计与工艺结合、加工与计算机结合等,并且加强理、工、文、管等多学科之间的交叉融合。此外,教学内容必须顺应时代要求,及时进行更新。

工程教学模式的改革能够实现"互联网+工程训练"的有效结合,并将工程训练中不容易现场实现的工程训练内容、安全教育内容等,通过"虚拟仿真""MOOC"的方式实现,进一步引导学生更好地开展工程实践,以满足学生个性化的学习需求。

3.拓展课程思政,加强教学内容设计

应用科技型人才除了应具备扎实的工程基础知识和专业技能,还应具备正确的道德观和价值观、良好的职业素养、强烈的社会责任感和奉献意识,所以在注重工程基础知识传授的同时还应高度重视思想政治教育的作用和影响,把职业道德、职业心态和职业意识纳入教学内容中。教师在课程思政教学中要结合工程训练课程特点,注重挖掘课程思政元素,把中国制造2025"工业4.0""创新驱动发展战略"等思政元素、思政案例,有机融入工程训练教学中,特别是利用敬业、精益、专注、创新等"工匠精神"来引导学生做到注重品质、刻苦耐劳、爱岗敬业。

此外,还要积极拓展实践资源,打破理论课与实践课的界限。先从工科开始,逐步向理科,再向文科拓展;从一、二年级逐步发展到高年级;从接纳本校学生逐步扩展到接纳兄弟院校的学生;从学生技能培训逐步拓展到企业员工培训。工程训练中心的优质资源也要实现本地区和跨地区共享,校内和校外共享,以及学校、企业和社会共享。[①]

工程训练中心要以服务地方经济发展为目标、以培养学生的职业能力为核心,高标准、严要求、快速建设好工程训练中心,这将有助于提高我国应用科技型高校办学的整体实力,有助于推进地方高校向应用科技型院校的转型发展。

第三节 香港理工大学工业中心运作模式及其特色

香港理工大学工业中心的运作模式以其培养学生的实践和创新能力的特色而闻名于世,已被世界许多国家和地区的教育主管部门和高等工科类院校所认同,其成功经验在许多方面值得我们借鉴。

香港理工大学工业中心创建于1976年6月,至今经历近50年发展。工业中心培训模式也经历了"工业中心"—"学习工厂"—"研习工厂"三次变化与转型。

---

① 韦相贵,傅水根,张科研,等.工程训练中心建设与管理问题探讨[J].实验技术与管理,2016(2):30-32.

一、"工业中心"(1976—1990年)

(一)"工业中心"的成立与发展

20世纪50和60年代是香港历史上的关键时期,在这一时期香港特区经历了一些重要的变革和挑战。这一时期,香港吸引了大量人才和资金,本地需求不断增加,同时也受到周边地区变化的影响,香港社会进入了一个崭新的时代。在这个时期,香港见证了小型家庭工厂的蓬勃发展,新兴工业也逐渐兴起。这导致了对工业技术人才,尤其是制造业人才的需求急剧增加。因此,工业专门学院在培养和提供相关人才方面的重要性逐渐提高。然而,到了70年代后期,香港的制造业开始向内地北移,香港的经济结构也逐渐由制造业向服务业和其他新兴工业转型。这意味着香港社会对人才的需求也发生了变化,不再仅限于制造业领域。因此,工业专门学院需要改革和扩大其教育培训的范围,以适应新的经济现实和社会需求。这也反映了香港在不断发展和适应变化的过程中,教育体系需要不断调整以满足不断演变的需求。

1972年香港工业专门学院升格为香港理工学院,1994年更名为香港理工大学。香港理工大学成立后的短短4年,到1976年,开办的课程由原来的24个增加到全日制课程29个,兼读制日间在职培训课程29个及夜校兼读课程90个。20世纪70年代香港工业高速发展,需要大量能处理工程实务的技术人员投身工业界。但是一般的大学课程多以理论为主,而比较忽略与实际的联系。为了保证工科大学毕业生投身工业界后不需要进行培训就能处理各种工程实务,发挥作用,必须使他们在毕业之前就有机会接触工程实际,积累一定的实际经验。有鉴于此,香港理工大学(香港理工学院)于1976年6月创办了工业中心。

香港理工大学工业中心早期的培训主要包括个别学系的培训工厂培训和安排学生到企业进行实习。工业中心的使命是:第一,提供具有实用性的技术培训;第二,提供培训以半取代或完全取代工业界的培训;第三,为学生项目工作提供设备支援;第四,担当工业界联系的角色,并为业界提供多元化的服务;第五,成立一个生产单位。工业中心强调其目的绝非大量生产,而是为学生提供一个涉猎新设备、新技术的机会。一方面引入这些新设备作为教授新技术之用,让学生加深了解生产制造的不同流程;另一方面也为业界提供技术转移的支援。

香港理工大学全日制的学生主要有两种学制:三年的学士学位制和两年的高级文凭制。高级文凭制的学生,工业训练占用一年级两个学期的部分时间和第一个暑假的大部分时间。而学士学位制的学生,工业训练则要再加上第二个暑假的部分时间。

工业中心根据各个学系的不同需要和科技的发展势态,精心设计了一系列基本训练的课程(training module),每个课程都有一个编号(QC××××)和一个介绍课程的训练内容和训练周数的大纲。在现有的74个基本训练课程中,除少数课程(如:基本电气工程、基本电子技术训练和维修、塑料技术等)为两周外,其余均为一周。各个学系均会得到上述资料和工业中心建议的训练计划。

工业中心成立初期,共有12个分组,设于3个分部之下,包括:金属切削及打磨、铸造、焊接、电镀、电机、电子、绘图、塑胶、维修、木工、建筑、模具。工业中心充分利用各工厂的设备和培训导师，适时推出了多个夜间制及日间给假部分时间调训制课程，方便业界人士就读。专业课程包括：电脑数控机床工艺专修证书课程、塑胶模具工艺专修证书课程、工程绘图及电脑辅助绘图专修证书课程、焊接工艺专修证书课程、工业自动化专修证书课程、工业安全修业证书课程、高级工业安全（建筑业）修业证书课程、高级工业安全（制造业）修业证书课程。

工业中心早期的服务对象主要是机械及轮机工程、制造及工业工程、电机工程、电子工程学系学生。随着香港理工大学的发展，学系和课程的增加，工业中心的培训服务逐渐扩大到应用物理、纺织、土木及结构工程等学系。

（二）工业中心的定位与训练内容

工业中心早期的定位是提供基本工艺培训，希望加强对个别技术和流程的认识，以弥补工业界提供工业训练的不足。因此，工业中心早期的培训理念主要针对技术的掌握，尤其对个别技术和机器的运用和操作。根据每个学系不同的学习内容，工业中心会提供适合的工艺培训单元。以金属切削为例，学生在一个星期内需要完成不同的金属切削工序练习和习作，以掌握一定程度的金属切削技巧。单元与单元之间的关系和影响并不明显，因为当时业界比较强调对个别技术的认识，培训内容和模式都是反映业界所需。工业中心基本工艺培训教材的制作非常认真，每个分组都有一套完整的培训教材，并详细列出包含的所有培训单元及培训内容、目标、方法、形式、评核等。

工业中心的工业训练包括基本训练和项目训练两项基本内容：

1. 基本训练

学生在基本训练中要学习各种设备（机床、加工机械、计算机控制的自动化系统等各种类型的生产设备，以及检验设备、仪器、仪表等）的操作，要学习各种工艺方法。学生在培训中要动手设计（指计算机辅助绘图和计算机辅助设计）和加工，完成一些培训作业，但这并非基本训练的最终目的，因为他们的培养目标是工程师，将来要任职管理阶层。对他们进行基本训练的目的是通过操作，使他们对各种设备和工艺方法有所感知，初步建立起生产设备、工艺方法和生产效率、加工质量之间相互关系的概念，以便他们在日后的工作中，能根据生产规模、成本控制等经济性方面的要求，去合理选用生产设备和加工方法。

基本训练又可划分为基本技术训练和高新技术训练。基本技术主要是指通用性强的技术，高新技术是指那些面世不久、在工业界尚未普遍使用的技术。由于工业中心注重培养大学生在科技方面的超前性，投身社会后应能发挥推动企业科技进步的作用，因此工业中心在工业训练中把基本训练当作起点，而把高新技术训练视为侧重点。事实上，工业中心在追踪高新技术方面未曾稍有松懈，经过它培训过的学员不仅动手能力较强，而且也具有创新意识。

2. 项目训练

项目训练是一项综合应用训练。目的是让学生在实际中运用已有的工程知识和前一个阶段工业训练中所获得的经验，通过群体工作来完成训练项目，使学生不仅能取得实际工作经验，也能培养协作精神、表达能力、与群体成员沟通的技巧和领导才能。

项目训练是以一个真实的工业项目或工程项目作为工业训练的课题。前者是让学生完成一个制造项目,如一种消费品,一种食品,一套装置或系统,一套复杂而精密的工具等制造项目。这些项目来源于三个方面:(1)工业界委托的开发或制造项目;(2)工业中心提出的开发或制造项目;(3)学生自己提出的开发项目。工程项目是指工业中心为建筑土木系的学生进行项目训练而承接的建筑工种。

(三)工业训练的基本特点

工业中心的工业训练具有以下特点:

1."模拟工业环境"的训练方法

工业中心的基本训练和项目训练都是在模拟的工业环境中进行的。现代工业生产是一种在特定的环境内进行的群体活动。一位工程师、管理人员或其他角色要在其间发挥作用,必须能适应这个环境,能和这个群体内的其他成员协调配合。他能敏锐地发现应该由他解决的问题,并知道自己应该如何去做。这样的素质和能力只有在一个真实的工业环境,或一个接近真实的模拟工业环境中才能进行有效的培养。在这样的环境中所进行的工业训练是工科教育的其他任何课程与教学环节都不能代替的。

2.注重学生的创新思维训练

虽然在工业训练的过程中要让学生学习一些设备的操作和许多加工技术,但这并不是最终目的。目的是让学生通过对各种加工技术和制造过程的了解,掌握各种加工方法和设备的合理运用;建立材料、工艺、加工设备、生产效率和产品质量之间相互关系的概念;培养学生寻求、接受新科技的能力。

3.授人以渔

大学教育固然要传授知识,给学生打下深厚的知识基础,授人以"鱼",但更为重要的是培养人的求知精神和自我知识更新的能力,授人以"渔"。

工业中心的教师密切留意每位学生的行为和进展,准备随时引导学生克服面对的难题,提供必要的帮助,但绝不包揽一切。他们经常鼓励学生思考,而不是马上给出答案,重点在于引导学生探索。

4.注重学生综合素质的培养与锻炼

学生素质的培养是大学教育各个环节的共同主题,不同的教育环节之间只是在侧重面和方法上有所不同。工科学生的素质主要包括两个方面,技术素质和思想素质。前者是指面对工程实际问题时的技术思路、技术实施能力和对新科技的敏锐性及接受能力。后者是指面对困难的勇气、克服困难的毅力、吃苦耐劳的精神和团队精神等。技术素质的培养与锻炼,前面已经述及。思想素质是做人和事业有成的根本,工业训练在这方面所能起到的作用已为实践所证实。

工业中心除了安排学生在中心接受培训外,中心还肩负安排学员到工业界实习,争取更多实际经验。在长时间和密集式的技术培训下,香港理工学院培训的工科毕业生大部分都拥有良好的基本技术知识,也能够通过在职时积累的经验和持续进修,在投身社会后慢慢晋升至管理人员和工程师,这对于20世纪70和80年代的香港工业发展尤为重要。

(四)香港理工大学的"工业训练"与内地高校的"金工实习""实习工厂"的比较

在20世纪八九十年代,内地的"金工实习"和香港理工学院的"工业训练"都是在校内的一个部门进行的,加之在实习内容上也有一些共同之处,一些人士常认为香港理工大学的"工业训练"和"工业中心"与内地高校的"金工实习"和"实习工厂"是相同的。

其实就当前情况而言,两者虽有某些相近之处,但并不等同。其间明显的差别在于[①]:

(1)目标不同。香港理工大学的"工业训练"是着眼于学生培养的整体目标,使学生就业后面对高新技术的飞速发展和市场的激烈竞争能求得发展;是机电结合、金属材料与非金属材料结合、设计与工艺结合、制造与计算机技术结合、加工技术与管理技术结合的综合性的工程实践训练。它不是某一门课的一个实践性教学环节。

(2)结构不同。大多数院校的"金工实习"基本上还属于技能训练,而"工业训练"分为两个部分,即基本训练和制造项目训练。而基本训练,在技术上又分为两个层次,即基本技术训练和高新技术训练,而且以后者为侧重点。更重要的是高新技术的内容不是固定不变,而是随着时代的科技进步而不断更新,不断引进新的内容。

(3)内容不同。"金工实习"内容的主体是金属材料的各种成形和加工方法,而"工业训练"除此之外还包括塑料加工、冲压、液压系统、气动控制、表面处理、电气、电子、工业自动化和工业安全技术方面的训练。

(4)师资不同。内地高校的"金工实习",虽然有教师参与指导,但多数院校直接指导学生实习的主要是"实习指导技工"。而香港理工大学的"工业训练",直接指导学生的是具有较高学历的工程师、训练主任和技术员。技工只做辅助性的准备工作,在人员结构中所占的比例也不高。

由此可见,当时工业中心培训理念是希望成立一所集不同工业技术设备于一身的培训工厂,为学生提供一个优良的培训环境,学习不同工业技术知识,为学生日后的工作打好基础,同时也缩短毕业生由大学转到工业界的接轨时间。当时的工业中心是基本工艺培训工厂,培训对象是本校学生,培训目的比较简单直接,需求的只是传授技术工艺和对不同技术设备的认识和掌握,为社会和工业界培养大量具有动手能力的技术人员,以满足当时工业发展的需要。当时培训工厂充分利用现有资源进行教学,实行的是资源为本的管理,开设的是专业证书课程和修业证书课程。[②]

二、学习工厂(1991—2000年)

(一)学习工厂建立的原因

香港的纺织业和制造业在20世纪80年代进一步调整。80年代后期,香港在物流、

[①] 顾金亮.香港理工大学的工业训练模式及启示[J].中国大学教学,2001(6):39-41.
[②] 李红路.理念创新的楷模,产学研融合的典范:记香港理工大学工业中心发展历程[J].哈尔滨职业技术学院学报,2008(2):1-3;贺天柱.香港理工大学工业中心发展对职业教育的启示[J].机械职业教育,2012(1):11-12,15.

货运、成衣、钟表、珠宝、玩具、印刷、金属、旅游和其他服务业方面发展非常迅速。香港特区政府在80年代已经预期启德机场的使用量将饱和,1987年着手研究兴建新机场。旅游业和转口贸易越来越重要,广东一带及珠三角的崛起也使香港的发展迈向一个新的纪元。自1979年起,该地区每年的生产总值平均12%速度增长;至1990年,该地区的海外出口货物总值超过100亿美元,占整个中国出口总值的21%;其中,香港在广东及珠三角的投资约占70%,可见香港对该地区经济发展的重要性。这些数字和资料清楚说明,香港传统的制造业已经转移,传统工艺技师和技术人员以往担当的重要角色已逐渐褪色,香港需要什么样的人才呢?香港必须寻找自己的发展方向。

20世纪80年代后期,香港信息技术异军突起,高新科技产业群开始形成。与此同时,香港理工大学也随着香港经济发展的转型而需要改革。为了适应人才需求转变,工业中心提出全新培训理念——"学习工厂",培训"注重工程应用,模拟现代工厂"。学习工厂为学生提供专项技术与综合培训,使学生能够具有产品设计、原材料采购、生产组织、质量监控、市场营销等多方面广泛知识和实际能力。这一时期,工业中心培训更注重专项技术及综合培训拓展,即改变原有的单一技能培训,将单一工艺技术培训融合到专项技术培训与综合培训中,通过设计实际项目,将不同工艺技巧连接起来,学生能够真正理解各个工艺流程之间的连接与配合,提高培训价值。1983年,香港理工大学正式开办了第一批学位课程,将学术和课程范畴大大拓展;新提供的课程包括设计、电脑、语言及翻译、社会工作、医疗及健康护理、酒店及旅游管理等。在短短10多年里,香港理工大学已由8个学系、提供数10个课程发展至26个学系、提供200多个课程。对内,工业中心需要为更多学习和课程提供服务。对外,工业中心要为1986年新建成的香港城市理工学院及1992年落成的香港科技大学提供工业培训服务。

20世纪90年代,科技发展迅速,而且大量应用到工业上,新行业、新流程、新技术和新产品相继出现,只靠提供基本工艺培训的场所,已不适应香港社会和经济的转变。时代的发展意味着社会对人才需求的提高。科技的进步使很多工业工序逐渐被机器取代,传统工艺技术的应用大大减少。工业界需要的人才是要对传统工艺技术仍有一定认识,但又必须具备新思维,对科技有新认识,具有多元化的知识和技能,而且最重要的是,要敢于接受新事物和新挑战。

(二)学习工厂正式建立

1992年香港理工大学新工业中心大楼的落成,也是工业中心——"学习工厂"的开始。学习工厂的重点就是为学生提供一个模拟现代工厂的"学习工厂",提供专项技术及综合训练和多媒体培训教材,使学生能设身处地吸收、应用现代科技并提高解决问题的能力;重视安全意识、与人共事沟通技巧;培养认真工作态度与创造能力;体验将科技、技能和专业知识,综合地应用于产品开发、品质改进和生产流程的改良等项目上。为学习而生产,而非为利润而生产,是学习工厂培训理念的一个重要元素。学习工厂就像一座真实的工厂,不过所生产的都是为了学习,而不是牟利。学生从生产中学到不同技术和设备知识及应用,并利用学习工厂的设备和环境把真实项目完成,从而学习到不同生产流程相互之间的关系、团队精神和人际关系。

(三)学习工厂的使命

(1)为大专院校及工业界提供工业培训,内容包括材料及设备,生产制造的组织、程序控制、产品检验和质量控制的工程知识与技能。

(2)提供工程、财政及商业对设计过程和工业生产影响的培训,使学生能对工程上法律和合约条例、满足市场需要和顾客要求的重要性有深刻的认识。

(3)提供一个贯彻工程应用,注重工业安全和专业工程师守则的模拟工业环境。

(4)向工业界提供专业咨询和制造服务,尽可能把具体的工业制造项目用作训练课题的活教材。

(5)开办着重实践的专业课程。

(6)参与应用研究和开发项目;提供技术辅助和顾问服务。

(7)成立特许或认可的培训中心,包括电脑辅助设计和制造、精密测量、先进制造技术和工业安全及健康等方面。加强在亚太区内发挥作为工业培训中心的作用。

(四)工业界和工业中心的关系

工业界和工业中心的关系是相辅相成的。工业界最具资格去告诉工业中心它究竟需要什么样的人才,这些人才需要具备什么样的素质。工业中心吸取这些意见后,应该加以配合,并提供各种专业上的意见,为业界培训精英,增强业界的竞争能力。1995年香港理工大学成立了工业中心督导委员会,并邀请工业界和学界人士担任委员会成员。工业中心除了定期向委员会报告有关中心的发展外,更会就重要策略和计划向委员会进行咨询,而委员会成员会提供许多宝贵的意见,尤其是业界的最新发展和对人才的需求,使工业中心的培训工作更能紧贴社会和业界的需要。工业中心加强和巩固与工业界的联系,主要包括以下几个方面:邀请业界定期给予工业中心意见,让工业中心了解业界需要哪些人才,即增加对业界最新发展的认识。邀请业界为工业中心提供实际工业项目机会,让教师和学生了解业界的实际工作情况和要求。邀请业界协助工业中心更新技术,加强多元化崭新领域的开发。邀请业界向工业中心捐赠先进设备和应用技术,一方面作为推动设备和技术的场所,另一方面让学生及早认识这些先进的设备和技术。邀请业界与工业中心携手合作开发和研究新产品及其应用。

工业界对工业中心的培训理念十分支持,其中部分人员曾是接受工业中心的培训和香港理工学院教育的毕业生,希望借此回报香港理工学院和工业中心。认为此举不但能培训业界所需人才,更有助于工业界开发产品的应用。工业中心将成为业界发展的支援和后盾。

到2000年,工业中心和业界合作成立了20个认可、认证和联合培训中心,获捐助培训设施及设备超过1.5亿元港币,占工业中心设施、设备总值的70%以上。业界与工业中心合作,共同开发新产品、技术和应用。这些培训设施、设备和合作不但为学生提供良好的培训环境,而且也为工业中心打下了应用科研产品开发的基础,成为日后工业中心发展的一个重要因素。

综上所述,这时的工业中心由培训工厂转向学习工厂,基础训练项目转向增值培训项目,为本校学生服务转向为本校学生和其他院校学生服务相结合,利用现有资源教学转向资源增值教学,以资源为本的管理转向以知识为本的管理。增值培训项目有香港科技大学校园烧烤场、自动糖果包装机、青衣北岸公路模型项目。应用科研项目有多功能电子秤、柴油汽车微粒过滤器、太空持嵌钳。学术课程有工业安全及健康深造课程、产品设计及分析理学士学位课程、产品创新科技高级文凭课程。这时工业中心的影响和知名度有很大提高,每年有 2000 余位访问者,主要来自学术界及专业学术团体。①

三、研习工厂(2000 年至今)

(一)研习工厂建立的时代背景

1997 年,香港正式回归中国,这是香港历史上的一大转折点。然而,同年,亚洲金融危机爆发,对香港经济产生了负面影响。

此外,科技的快速进步使全球逐渐走向一体化,互联网的兴起也加速了知识的传播,使知识不再受限于地域。香港的地理位置和传统优势在与邻近地区的产业竞争中逐渐减弱,特别是珠三角地区的崛起。因此,越来越多的香港人开始认识到,继续依赖传统支柱产业的同时,必须认真思考香港未来的发展方向。

在这一背景下,香港特区政府在 1998 年发布了一份关于香港竞争力的白皮书,提出创业和创意将成为提升社会经济生产力和竞争力的重要因素。这表明香港特区政府开始关注并推动创新和创业,以适应全球经济和科技变革的趋势,寻求新的经济增长点。

(二)研习工厂的理念与模式

进入新世纪,依靠技术革新已经无法取得崭新成绩,取而代之的是创新与创意,工业中心与时俱进,将培训重点转移至对学生创造力的培养上。自 2001 年起,工业中心先后推出多个综合创意类项目,激发学生灵感,在这过程中,不仅培养学生的"硬技术",同时培养学生的"软素质",提高学生团队精神、管理组织能力、沟通能力等综合素质。也是这一时期,工业中心的创作获得了"世界创新科技博览会金奖""全国发明金奖"等创新类奖励。

1.研习工厂的新理念

工业中心把培养创业和创意的理念进一步深化,并发展出"透过产品及流程设计,启发创意,推动发明—崭新的研习工厂"的理念,以"启迪创意,推动发明"为己任,培育学生创业与创意思维。

研习工厂是香港理工大学的一个策略发展领域,由香港理工大学的设计学院及工业中心共同组织,它的主要任务是向工业界提供全面的产品开发技术和知识,协助企业推出具有创造性的设计策略和新产品。研习工厂的发展,源自设计学院和工业中心在教学、专业服务和科研方面的长久合作。研习工厂拥有当前最先进的产品开发技术,包括计算机三维造影、虚拟真实、三维扫描、快速成型、高速切削加工、直接激光金属烧结成形、激光加工、真空浇铸、光蚀刻加工等。这些系统都和高速数据网络融为一体。研习工厂是工业界开发产品、培训人才的理想场所。面对社会的需求,除了开办一系列的大学本科、技术专

---

① 严岱年.工程教育的创新奇葩:香港理工大学工业中心[M].南京:东南大学出版社,2009:11.

科以及短期培训课程外,研习工厂还提供全方位的技术支援和咨询服务。

2.研习工厂的新模式——"综合培训学习"

工业中心在2000年开始推行一个"综合培训学习"的崭新培训模式。"综合培训学习"是以特定的项目或制成品为目标,要求学生在一个指定时间内,通过不同工序和技术,在限期前完成项目或制成品。和传统的培训比较,"综合培训学习"的目标更明确更具体,而且学生在整个学习过程中会更理解每一个工序和技术之间的相互关系,对于整个设计和制造流程有更充分和全面的掌握。

"综合培训学习"其中一个最重要的目标是培养学生的创意精神,要培养创意精神首先要鼓励学生有多元意见。工业中心导师特别在培训的设计上预留大量空间给学生,例如项目要求学生设计和制造机械玩具,导师会要求学生自行订立要设计和制造的是何种机械玩具、玩具的外形大小及颜色如何、采用何种物料、机械部分构成、如何克服机械和设计的问题,采用哪道工序、时间的分配,等等。学生从意念、设计、绘图、制造、组装以至于完成后的介绍和答辩,都要自己思考和决定。当然,在培训过程中工业中心会有不同导师提供指导或给予意见,不过导师往往只会介绍和解释不同设计、物料、工序和制造方法得出的结果及其优点和缺点,最终如何选择仍然由学生自己决定。

由于学生是以分组形式进行,他们必须学习如何分工合作、互相支持及帮助。学生应该学会观察和分析每个组员的长短并加以充分利用,至于与不合群者如何共处,更是一大挑战,毕竟与人共事也是一门非常重要的学问。

与传统培训比较,这种培训模式使学生对整个产品开发生产线的了解更加全面深入。由于科技的进步,工业界已经有不同的先进机器设备和系统去代替技术工人,除了个别仍依靠技师的精湛工艺制造的艺术品和产品工序外,大部分生产单位对于单一技术的认识和掌握的重视程度已大大降低。目前,许多工业界遇到的问题是员工缺乏综观和应变能力,而这些欠缺的素质正是综合培训学习要教授和提供的。因此,如果学生能够全面了解每一个工序和技术的长短优劣和替代的可行性,便可以提出最符合经济效益和最有效率的生产制造流程来实现设计概念。这样才可以制造出更具价值的产品,提高竞争力。工业中心希望学生能够培养的就是这样一个宏观视野和调整能力。

3.研习工厂的使命

研习工厂的使命是把工业中心发展成高素质且具成本效益的工业培训基地。满足客户的需求,提供适当的服务;逐步推广及拓展工业伙伴合作计划;配合香港工业的需要,引进先进精湛的技术;为产品及流程设计注入培育创意及创新的元素;建立一个奖励成就、热忱工作、有团队精神的环境,并为员工提供合适的、优良的个人发展机会;适当地计划资源及工作量;建立一个不断学习的企业文化和环境,使在中央管理层架构下的个别工作组能建立及维持本身的主动性及决策能力;制定不断改善以满足客户需要的承诺,开展崭新服务、市场、产品及相关活动。

研习工厂同样是企业发掘人才的渠道。真实项目培训不但提升和增加了学生的知识、技术和实际工作经验,而且把学生多方面的潜能都发挥出来。例如,近年来的真实培训项目经常成为传媒采访的对象,学生面对媒体时不但不畏惧,而且表现得落落大方,充满自信,不但给观众留下深刻的印象,甚至成为企业争相聘请的对象。过去先后有多名学生通过这些培训项目被企业发掘,在毕业后马上被聘任。

4.研习工厂的特色

研习工厂是产、学、研相结合的范例。在学习工厂时代,工业中心也有投入在教学、合办课程、应用科研生产等几方面,也取得一些成果。工业中心认为无论在培训、项目制作、顾问服务、开办课程、产品和技术开发等方面取得的经验和知识都十分宝贵,而且是相辅相成、互相影响的。例如,在培训方面得到的经验可以应用在课程教学方面;在产品和技术开发方面取得的经验同样也可以应用在培训方面。在不同方面取得的经验和其相互影响的关系,其实是可以丰富任何一种工作上的,也是工业中心多元化发展的一个最大的优势。只有通过多元化发展和应用,才能把最新的事物带回校园,经过消化、吸收、创新后再回馈社会。研习工厂的最大突破就是把大量的应用科研成果转化为实际商品和应用,对于推动香港的工业发展有很大的贡献。①

如果说"工业中心"阶段进行的是学生技能培训,"学习工厂"时期培养的是学生技术革新能力,"研习工厂"进行的就是创新能力与创新精神培养。这一阶段,学生学习的不再是某一专业技术,创新思维、创新方法成为培训的一项主要内容。这适应了社会不仅要求人才要有硬技术,更要有良好的软素质的要求。此阶段的培训内容,更注重学生思维创新的培养,而不是针对某一具体技术或技能的培养。

综上所述,这时的工业中心已从学习工厂转向研习工厂,增值培训转向创值培训,为本校学生和其他院校服务转向为区域、工业界和社会服务,资源增值转向资源创值,知识为本的管理转向创意为本的管理。创值培训项目有:自动包装生产线、智能钢控家居、全自动停车场、药物包装智能质量监控系统、基督书院校舍改善。应用科研项目有:车辆司机自助出入境检查系统、伪件检测仪、火星探索使用之岩芯取样器、自动回转式无损检测系统、汽车外观设计。学术课程有:创业及创新硕士课程、职业环境健康理学士学位课程。海内外访客每年超过5000人,包括学者、专业学术团体、工业家、企业家及政策制定者。这对内地应用科技型大学建设现代工程训练中心具有较为重要的借鉴意义。

---

① 李红路.理念创新的楷模,产学研融合的典范:记香港理工大学工业中心发展历程[J].哈尔滨职业技术学院学报,2008(2):1-3.

第十章 应用科技型大学的科学研究

人才培养(教学)、科学研究与社会服务是高等学校的三大社会职能。因此,科学研究工作是应用科技型大学的重要社会职能之一。做好应用科技型大学的科学研究工作不但对充分发挥应用科技型大学的人才培养与社会服务具有重要的促进作用,而且还具有直接推动地方社会经济与文化发展的作用。但是,应用科技型大学与研究型大学在办学定位、人才培养、科学研究、社会服务等方面具有不同的价值定位、本质特征与社会分工。因此,应用科技型大学应该紧紧围绕其自身的办学定位与本质特征来从事高质量的科学研究活动,不应走学术性研究型大学的科研之路。

第一节 应用科技型大学的科研类型与基本特征

一、科学研究的分类与功能定位

科学研究是探索自然界、人类社会、人类自身的结构及其相互关系与运行规律的活动。按照研究对象可以分为自然科学研究、社会科学研究、人文科学(又称人文学科)三大类型,按照科学研究的抽象程度又可以分为基础研究、应用研究、开发研究,按照科学研究的复杂程度又可以分为重大研究、中等研究、微小研究,按照研究对象的范围又可以分为宏观研究、中观研究、微观研究等。

科学研究工作一般由科学院所、学会和高等学校、企业等机构来承担。不同的国家由于教育文化传统、政治体制、经济体制和科研体制不同,因而承担科学研究的主要机构也具有国别的特色。但是,由于高等院校具有各种类型高层次人才和先进设备聚集的特点,由高等院校来承担国家和区域/地方的主要科学研究任务,已经成为各国的普遍特征。但又由于高等学校具有不同的办学类型和基础条件,因此,不同的高等院校承担着不同的科学研究的任务,具有各自不同的科学研究的特征。科学研究从其基础性与应用性可分为基础研究与应用研究,但一般应用研究又根据功能活动的不同进一步细分为应用研究与开发研究。

(一)基础研究

基础研究是指为获得关于现象和可观察事实的基本原理及新知识而进行的基础性、实验性和理论性工作,它不以任何专门或特定的应用或使用为目的。

基础研究的特点是:

(1)以认识现象、发现和开拓新的知识领域为目的,即通过实验分析或理论性研究对事物的物性、结构和各种关系进行分析,加深对客观事物的认识,解释现象的本质,揭示物质运动的规律,或者提出和验证各种设想、理论或定律。

(2)没有任何特定的应用或使用目的,在进行研究时对其成果看不出、说不清有什么用处,或虽肯定会有用途但并不确知达到应用目的的技术途径和方法。

(3)一般由科学家承担,他们在确定研究专题以及安排工作上有很大程度的自由。

(4)研究结果通常具有一般的或普遍的正确性,成果常表现为一般的原则、理论或规律并以论文的形式在科学期刊上发表或学术会议上交流。

因此,当研究的目的是在最广泛的意义上对现象的更充分的认识,或者是为了发现新的科学研究领域,而不考虑其直接的应用时,即视为基础研究。基础研究又可分为纯基础研究和定向基础研究。纯基础研究是自由探索式的基础研究,由科学家兴趣驱动。定向基础研究是由政府主导的、有组织的定向基础研究。自第二次世界大战以后,此类基础研究逐渐成为实现重大前沿突破的主流。通常为政府组织、集中投入,并由首席科学家带领一个团队,瞄准一个重大方向,有组织地开展研究。规模较大的还需要大量技术人员参与实验、研制和运行大型科学装置,如粒子加速器、大型真空或仿真模拟装置、大孔径天文望远镜、科学卫星等。

(二)应用研究

应用研究是指为获得新知识而进行的创造性的基础理论应用型研究,它主要是针对某一特定的实际目的或目标。

应用研究的特点:

(1)具有特定的实际目的或应用目标,为了确定基础研究成果可能的用途,或是为达到预定的目标探索应采取的新方法(原理性)或新途径。

(2)在围绕特定目的或目标进行研究的过程中获取新的知识,为解决实际问题提供科学依据。

(3)研究结果一般只影响科学技术的有限范围,并具有专门的性质,针对具体的领域、问题或情况,其成果形式以科学论文、专著、原理性模型或发明专利为主。一般可以这样说,所谓应用研究,就是将理论发展成为实际运用的形式。

(三)开发研究

开发研究是指利用应用研究的成果和已有的知识与技术,创造新技术、新方法和新产品,是一种以生产新产品或完成工程技术任务为内容而进行的研究活动。开发研究是基础理论研究和应用研究成果的进一步扩大化、工厂化、企业化和社会化。也就是说,把实验成果变成工厂产品,把实验室拓展为现代化工厂,使研究成果完全转化成能为社会生产服务、为人类生活需要的有用工具和实用物品。在这一转换过程中,一方面,放大实验成果使之企业化,满足社会的需要,实现其经济效益最大化;另一方面,在推广该成果的基础上继续开发新产品和新用途,并在这一领域寻求更多的新发现,既努力把该成果应用到极致,又要充分挖掘成果的潜力,让其竭尽所能,把该成果的所有能量都释放出来。

(四)基础研究、应用研究和开发研究区别与联系

1.基础研究、应用研究和开发研究区别

关于基础研究、应用研究和开发研究之间的区别,可从表10-1-1中看出:

表10-1-1 基础研究、应用研究和开发研究比较

类别	基础研究	应用型研究	
		应用研究	开发研究
概念定义性质	没有特定商业目的,以创新探索知识为目标的研究,称为基础研究。有特定目标,运用基础研究的方法,进行的基础研究,称为定向基础研究,或称目标基础研究。此类研究多在企业进行	运用基础研究成果和有关知识为创造新产品、新方法、新技术、新材料的技术基础所进行的研究	利用基础研究、应用研究成果和现有知识为创造新产品、新方法、新技术、新材料,以生产产品或完成工程任务而进行的技术研究活动
典型事例说明	法拉第发现电磁感应原理(发电原理);麦克斯韦提出电磁波理论	西门子制成励磁电机,可以发电,但尚不能应用;赫兹发现电磁波,制成电磁波发生装置,但无线电通信成为可能	爱迪生制成电机,建成电厂,建立电力技术体系,迎来电世界;波波夫与马可尼进行无线电通信获得成功,实现跨越大洋的无线电通信,迎来电信时代
管理原则方法	没有实际要求;没有时间限制;不急于评价;关键是带头人水平;多数情况,费用没有固定要求;一般没有保密性	有目标、计划;有时间限制,有弹性;适当时候作出评价;选题和组织工作起重要作用;费用较多,控制较松;有一定保密性	有具体明确目标,计划性强;有严格时间控制;完成后立即评价;须各方面协调配合,更须注重组织和集体的作用;费用投入一般较大,控制较严;有很强保密性
成果形式	基本原理,基本规律,基本理论;学术论文;学术专著	学术论文、专利、原理模型	专利设计、图纸、论证报告、方案、技术专有、测试产品等

2.基础研究、应用研究和开发研究的联系

基础研究是对新知识、新理论、新原理的探索,其成果不但能扩大科学理论领域,提高应用研究的基础水平,而且对于工程科学、技术科学等应用科学和生产的发展具有不可估量的作用。与应用研究的本质区别就体现在它目的的自由性。应用研究是把基础研究发现的新知识、新理论用于特定目标的研究。它是基础研究与开发研究之间的桥梁。开发研究又称技术开发,是把应用研究的成果直接用于生产实践的研究。近年来,一些发达国家把开发研究融合到产品的设计、生产、流通研究、销售研究、使用研究和回收研究等7个方面。这是当代科学研究发展的一个值得重视的新趋势。广义的应用型研究包括应用研究和开发研究这两个方面,都是基础研究的应用与开发。

应用研究的特定应用目的有两个:一是发展基础研究成果确定其可能用途,二是为达到具体的、预定的目标确定应采取的新的方法和途径。应用研究虽然也是为了获得科学

技术知识,但是,这种新知识是在开辟新的应用途径的基础上获得的,是对现有知识的扩展,为解决实际问题提供科学依据,对应用具有直接影响。基础研究获取的知识必须经过应用研究才能发展为实际运用的形式。应用研究在所有学科中都可以展开。除了医学、工程学、企业经济学和法学这些本身就属于应用科学的学科,应用研究也还在一些新兴学科,例如健康和护理科学,以及这些年来学术化的物理治疗学等学科中扮演着十分重要的角色。与基础研究相比,应用研究通常具有项目时间短的特点。[①]

早在1945年,美国国家科学院发表《科学:没有止境的前沿》(《布什报告》)。报告提出,科学研究分为基础研究和应用研究两类。基础研究是为了求知,为了丰富人类的知识,满足科学家的好奇心,基础研究或纯研究本身是不考虑实际后果的,基础科学有长远的、根本性的意义,是技术创新的源泉;而应用研究则是为了解决实际中的问题,具有一定的商业价值。OECD(世界经济合作与发展组织)将R&D活动划分为三种类型:基础研究、应用研究和试验发展。在此基础上,中国科学研究院将应用研究细分为两类,即应用基础研究和应用(技术)研究,并将应用基础研究定义为:针对具体实际目的或目标,主要为获得应用原理性新知识的独创性研究。1989年2月召开的"全国基础研究和应用基础研究工作会议"提出了"基础性研究"的概念,其内容包括基础研究和应用基础研究,并确认应用基础研究是应用研究的一部分。

2002年,世界经济合作与发展组织(OECD)发布的最新版《弗拉斯卡蒂手册(2002)》[②],对基础研究、应用研究与开发研究作出以下区别:基础研究是实验性的或理论性的工作,其主要目的是获得关于现象和可观察事实本质的新知识,而没有任何应用或使用目的;应用研究是一种为获得新知识而进行的原始调查,然而,它主要是导向特定的、实践的目标或物体;实验开发是一项系统性的工作,借鉴来自研究和实践中的经验,生产额外的知识,直接目的是创造新的产品或工艺,抑或改善现有的产品或工艺。《弗拉斯卡蒂手册(2002)》强调各领域在基础研究、应用研究和实验开发之间的边界是很难定义的,部分是因为这一概念很难去实际操作,部分是因为同样的科研项目通常包含不止一种形式的活动。随着知识生产方式的改变,通常使用的研发成果统计术语也受到挑战。

二、应用科技型大学的科研类型与基本特征

应用科技型大学是以培养应用科技型人才、开展应用科技型研究和从事应用科技型社会服务为根本任务与主要特征的一类高等学校。因此,应用科技型研究(简称应用型研究)是应用科技型大学科学研究的主要特征和基本属性。它一般不承担重大基础研究和重大应用与重大开发研究。它与研究型大学以从事重大科学基础研究与人类与国家重大科研任务、攻关重大科研课题为主要特征的科研活动不同。研究型大学面向世界、人类与

---

① HENDRIK L.试论应用研究的本质与将来的发展潜力[J].应用型高等教育研究,2020,5(2):15-21.
② 《弗拉斯卡蒂手册》是对科技活动进行测度的基础,研究与发展(R&D)活动是科技活动最基本的和核心的内容编辑手册。经济合作与发展组织(OECD)成员国从20世纪60年代开始,按照这一手册系统地开展了有关R&D活动的统计调查。

国家的未来发展与重大需求,既承担着重大科学基础研究,也承担着重大应用研究与重大开发研究。而区域/地方社会经济与文化发展的科学研究任务则主要由区域/地方内各种应用科技型大学来承担,尤其是区域/地方内中小微企业的各类科研任务、工程与技术攻关难题等。因此,基础研究、应用研究与开发研究在研究型大学与应用科技型大学表现出不同的谱系特征。研究型大学的科学研究具有学术性、基础性、重大性、间接性、普遍性、交叉性、人类与国家需求等特点,而应用科技型大学的科学研究则具有应用性、科技性、中小性、地方性、直接性、复合性、区域/地方需求等特点。

从学理上讲,应用科技型大学有着不同于普通大学的知识生产与产品研发功能定位,是具有不同社会分工的社会组织。它们处于知识结构中不同的位置,具有各自的特性。在下图 10-1-1 中,左边的 B 代表的是主要由学术性研究型大学所开展的基础性的、学科性的学术研究(主要是模式 1,波尔象限)。应用科技型大学主要位于 P 和 E 区,P 和 E 代表的是:

P=实践导向的研究(越来越接近模式 2;斯托克斯:巴斯德象限)

E=新产品和服务的实验发展(模式 2;斯托克斯:爱迪生象限)

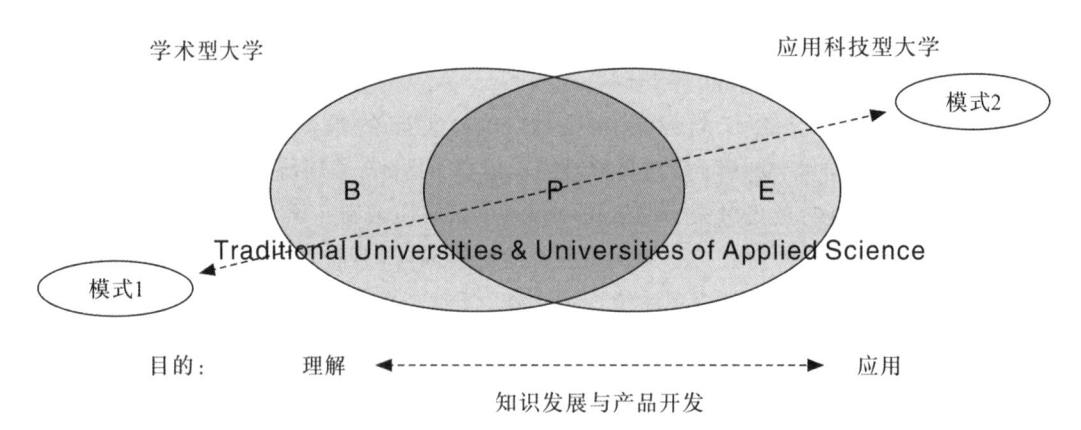

图 10-1-1 学术型大学与应用科技型大学在知识架构中的位置[①]

应用科技型大学的研究活动与研究型大学的研究活动虽没有本质上的差异,但存在类别上的不同,就如同"爱迪生研究"(Edison research)与"波尔研究"(Bohr research)之间的异同。1997 年,普林斯顿大学斯托克斯(Stokes,D.E)在《基础科学与技术创新:巴斯德象限》中则认为,在科研过程中认识世界和应用知识的目的可以并存,《布什报告》提出的"基础研究—应用研究—技术开发—商业应用"这种线性模式,过于强调了科学研究在技术开发过程中的作用,而忽略了相反方向的技术对科学研究的影响。斯托克斯认为,应该从科学与技术互动的角度来考察二者的关系,并由此提出了一个新的概念模型,即"科学研究的象限模型"。[②] 该模型是一个二维的坐标系,横轴衡量了该项研究是否面向应

[①] 中国教育科学研究院课题组.欧洲应用技术大学国别研究报告[R].(2013-12-10)[2022-01-16]. http://www.moe.gov.cn/jyb_xwfb/s5147/201312/t20131220_161019.html.

[②] 唐纳德·斯托克斯.基础科学与技术创新:巴斯德象限[M].周春彦,谷春立,译.北京:科学出版社,1999:10.

用,纵轴衡量了该研究是否面向认识世界。纯粹由好奇心驱动的基础研究属于波尔象限(Bohr's quadrant),既受好奇心驱动又面向应用的研究属于巴斯德象限(Pasteur's quadrant),纯粹面向应用的研究属于爱迪生象限(Edison's quadrant),此外还有一个面对既不考虑知识发现也不从事实际应用,只在意经验整理和技能训练的研究类型可归为皮特森象限(Peterson quadrant)。在象限之间的关系方面,斯托克斯认为纯粹基础研究与纯粹应用研究沿着各自的轨道发展,而带有应用目的的基础研究是联结上述两个轨道的枢纽。

从知识论的角度进一步分析,大学的核心是研究高级知识、高深学问,"大学者,研究高深学问之机关也"。知识分为理论知识与实践知识,科学分为纯科学(基础科学)与应用科学。基础科学(纯科学)可分为自然科学、基础社会科学和基础人文科学(又称人文学科)。应用科学又可以细分为工程科学、技术科学与应用社会科学、应用人文科学(学科)。人们在分析科学技术进步与发展时,常常把"研究—生产"这一漫长而又复杂的周期,分为以下几个基本阶段:基础研究→应用研究→试验设计工作→新技术项目的试验生产→新技术的生产→使用新技术的范围。前两个属于科学研究范围,其余的概括了新技术的创造、开发、生产和使用过程。而除了第一阶段的基础研究之外,从"应用研究→试验设计工作→新技术项目的试验生产→新技术的生产→使用新技术"这个过程都属于应用科技型大学人才培养与科学研究的范围,可以说,应用科技型大学人才培养、科学研究与社会服务的职能覆盖了现代社会的绝大多数领域。

传统研究型大学科研职能定位于以知识发现为目的的纯基础研究或以研究方法训练为目的的系统研究,横跨波尔象限和皮特森象限。科学理论研究和学术训练成为研究型大学开展"探究的学术"之必然担当,其本质是发现新知探求原理的科学工作。应用科学大学的研究职能定位为以知识应用为目的的基础研究和产品研发活动,主要包括巴斯德象限和爱迪生象限,其研究活动主要聚类于指向实际应用的研发活动,而创新在本质上则是研发成果与产业紧密结合的过程和结果。因此,研究开发创新成为应用科学大学开展"应用的学术"之应然使命,其本质是运用知识解决问题的研究工作。事实上,两类大学虽具有不同社会分工,处于知识结构不同位置,学术使命具有不同特性,但在社会研究实践中这两类机构的科学研究活动也并非彼此排斥,而且存在一定的重叠和互补。如德国应用科学大学完成的科研工作通常被称为"应用型研究"或"应用导向的科研"。它们将解决现实问题,转化科研成果作为目标。"通过解决实践问题,解决了大量的应用导向,通常还是跨学科的合作问题,获得了巨大的成功。应用科学大学主要关注经验知识或实践知识,构成了大学中的应用科学知识和企业的实践知识间的桥梁。"与之相比,德国传统大学即研究型大学的"基础研究"将学科的发展和创新、科学继承人的培养作为自身的重要目标。[①] 依据德国《高等教育框架法》第22条的规定,科研是"获得科学认知,为教学和研究奠定科学基础,推进教学和研究继续发展。高校的科研对象包括高校职能范围内的所有科学领域,也包括在实践中使用科学知识,还包括科学知识应用产生的结果……"所以,科

---

① 王世岳,陈洪捷.趋同与特色:德国应用科学大学"应用型研究"的机遇与挑战[J].清华大学教育研究,2021(1):86-95.

研是大学的共同职责与任务,具体不同类型的大学从事什么类型的研究,则由大学自身确定。

欧洲各国大学的应用研究百花齐放,与基础研究的关联也各具特色。有研究者将欧洲应用研究类型归纳为"整合研究连续体"模式、"应用研究及开发"模式、"基础研究拓展"模式、"实践导向研究"模式等类型。[①]

(一)"整合研究连续体"模式(the integrated research continuum)

该模式的特征是在科研活动开展过程中,并未对基础研究与应用研究进行严格的区分,而是形成由基础研究和应用研究共同组成的闭环体系。爱尔兰的应用科技大学大多采用此类研究模式。爱尔兰应用科技大学所开展的科研以应用研究为主,但并未否定基础研究的重要性,除了纯应用研究之外,还会根据应用研究需要开展适当的基础研究,从而通过这种方式不断提高研究者能力,并帮助研究者在不同领域实现经验的持续积累。为了实现这一目标,爱尔兰应用科技大学制定了具体的研究课题立项比例,按照相关规定,15%的研究应该是与产业紧密相关的研究,55%的研究应该是与前沿应用和战略产业发展紧密相关的研究,30%的研究则应该是基础研究(可以增进对前沿应用研究和战略研究的理解)。从研究取向来看,这种科研模式的科研定位更加关注应用研究,但也并未放弃基础研究。该模式强调应用研究与基础研究的共存和互动,其特点是既能使高校立足学术研究,又能兼顾产业研究。[②] 为了使学术研究与产业研究共同发展,立项课题或项目需要形成一个合理的比例,即一半以上的(约占55%)研究应聚焦国家战略产业相关的应用研究前沿问题;30%的研究应属于基础研究;15%的研究应与工业相关,由工业、企业资助或联合研发。

(二)"应用研究及开发"模式(applied-oriented research and development)

该模式的主要特征是,为实现科研成果向市场的应用转化,紧紧围绕产业、行业、企业等关注的热点问题、难点问题进行选题,并根据知识转化和产品开发的需要整合各方研究力量,充分利用企业研发平台展开协同攻关。对企业而言,该模式有利于帮助企业开拓新的市场,源源不断地为企业发展注入创新活力。值得注意的是,与综合性大学相比,德国应用科学大学的主要科研合作对象是中小企业,致力于为中小企业提供技术研发、工艺改造、流程创新等方面的服务。德国应用科学大学通过这种与中小企业的科研合作,可以帮助中小企业解决生产、管理、服务一线遇到的实际问题,并联合开展创新性研究,因为这些中小企业没有独立的科研部门。如此一来,可以有效架起应用科技大学与产业、行业、企业之间沟通的桥梁。德国的应用科学大学多采用此类研究模式。该模式的特点和核心是将基础研究成果转化为实践问题的创新性解决方案,从而开发出新产品。在研究过程中,

---

[①] EDUPROF.Research at universities of applied sciences in Europe:conditions,achievements and perspectives[R].Netherlands:European project:educating the new European professional in the knowledge society (EDUPROF),2009.

[②] INSTITUTES of TECHNOLOGY IRELAND (IOTI).Framework for the development of research in the institute of technology (2008—2013)[R].Ireland:TOTT,2008.

传统型大学、应用科技型大学以及企业都有明确的分工。在此模式下,研究过程被视为线性创新链条,其起点是基础研究,研究成果被用于应用研究,最终促进产品的开发。研究也往往成为培育创新和开拓市场新领域的手段。

(三)"基础研究拓展"模式(basic research expansion)

该模式的主要特征是,将基础研究看作是技术进步的先驱,强调基础研究与应用研究之间的密切联系,尤其是强调基于应用目标开展必要的基础研究,根据应用转化需要,研究范围往往横跨具有确定性特点的传统科学领域与新兴科学领域。在该模式下,知识生产不再只是为了促进科学体系的进步,更重要的是通过科研成果转化解决实践领域的现实问题,实现技术创新、工艺创新、流程创新等。与综合性大学不同的是,瑞士应用科技大学系统旨在满足中小企业的技术需求,事实证明,这一模式选择取得了很大成功:应用科技大学系统成功地建立了与综合性大学截然不同的特定形象,并在与中小企业合作之中(主要通过合同融资和补贴)找到自身的市场定位。瑞士应用科技大学是基础研究拓展模式的典型代表。

(四)"实践导向研究"模式(practice-oriented research)

该模式的主要特征是,在科研活动开展过程中,更加注重实践性研究以及新产品和服务的实验发展,研究的主要目的区别于综合性大学的基础研究,致力于通过研究改善社会生产生活实践,即将所生产的各种类型知识转化为技术产品或者服务,或者针对实践问题提出可操作性的解决方案。荷兰应用科技大学多采用此类研究模式。该研究模式强调研究要植根于专业实践,有益于专业实践的提升和创新的研究。它既可以生产知识,也可以提供可用的产品与设计,以及针对实践问题的具体解决方案。这种研究属于多学科或跨学科研究,涉及内部及外部多种组织结构。从性质上看,实践性研究属于知识生产模式2。其特点是研究参与者比较广泛,研究质量受到多方面的评估及衡量。一方面是以科学标准来评价其学术影响力;另一方面是就此类研究对教育、专业实践和社会等影响力的评估,后者是此类研究质量的关键。[①] 与传统大学知识生产模式更加强调理解世界不同的是,瑞士应用科技大学的这种科研模式更加强调基于应用情境的知识生产,同时具有跨学科、组织多样性、异质性等方面特点。通过引入更广泛的研究任务,以及开展实践导向的研究,荷兰应用科技大学有效拉近了与商业部门之间的距离,尤其是通过与产业界建立起系统的联系网络,可以更便利地跟踪产业发展趋势,使得培养的毕业生更能适应产业的最新发展要求。[②]

应用科技型大学的科研功能与其应用科技型研究的分类类型密切相关。采用"整合研究连续体"模式的应用科技大学系统重视满足知识经济的需要,同时重视区域创新。例如爱尔兰应用科技大学80%以上的研发受益于公共投资,致力于发展知识经济,同时该系统也强调通过公私合作伙伴关系为地区创新提供解决方案。采用"应用研究及开发"模式的大学系统关注区域创新和支持中小型企业的发展,致力于进一步加强本地企业与当

[①] 杨钋,井美荣.荷兰应用科技大学的发展经验及对我国的启示[J].高等教育评论,2015(1):157-169.
[②] 郝天聪.欧洲应用科技大学科研使命、典型模式及实践困境研究[J].职教论坛,2021(8):40-46.

地特定应用科技大学在研发领域的合作。例如,通过建立应用科技型大学与周围环境之间的网络,将技术、科学、商业、社会和文化的发展结合起来,由公立、民营及第三方机构为本地区面临的挑战提出解决方案,这种新型伙伴关系已经成为区域创新体系的助推器。采用"实践导向研究"模式的大学系统既重视中小企业的发展,也重视培养学生的实践能力。例如,荷兰应用科技大学的实践性研究与教育密切相关,能够对教育实践直接作出贡献,有利于教师的专业化和课程创新。实践导向研究主要服务于中小企业的发展。地区行动和关注知识创新项目引入之后,应用科技大学逐步成为地区中小企业创新网络的中心。每一所应用科技大学都设有一个或者多个知识转化中心,致力于促进与营利或者非营利组织之间的知识交换。

三、应用科技型大学科学研究的使命与功能

(一)应用科技型大学科学研究的使命

科学研究是欧洲应用科技型大学的核心使命之一。欧洲应用科技大学科研情况的调查显示,大部分高校(约占受访高校的74%)将科研作为本校的发展使命,其中40%的高校制定了详细的科研发展战略计划。[①] 无论是否制定了科研发展战略规划,此类高校都愿意积极根据国家层面的有关政策来确定适合自身发展的科研目标。同时,有些国家的非政府组织(如应用科技大学协会)也会针对应用研究提出有关建议,以供各高校在制定规划时参考。[②] 芬兰卡雷利亚应用技术大学校长彼得里·瑞沃尔博士指出:"应用技术大学的三大任务是培养专业技能人才、支持应用型研究和服务地区发展。"[③]

1985年,在现实需求的推动下,德国的高等教育框架法(HRG)提出应用科学大学应聚焦于职业实践和就业导向的研发工作。德国下萨克森州《高等院校法》第三条第4款规定:"通过教学、学习、继续教育以及结合实际的研究和研发,应用科学大学服务于应用科学或艺术。"[④]从20世纪90年代开始,德国教育部陆续出台一系列"应用科学大学应用导向研发"支持政策。直至今日,各个联邦州都已经将应用科学大学的科研任务写入了各州的高等教育法规。但是在"科研"之前,往往都加入了"应用相关"或"实践导向"的限定。

荷兰应用科学大学在培养应用科技型人才的同时也主动拓展源于实践的应用型研究职能,致力于提升国家和地区的技术创新能力,服务于国家、地方、区域的核心产业和中小企业,推动荷兰经济社会快速优质发展。荷兰高等教育系统主要包括研究型大学与应用

---

① EDUPROF.Research at universities of applied sciences in Europe:conditions,achievements and perspectives[R].Netherlands:European project:educating the new European professional in the knowledge society (EDUPROF),2009.
② 井美莹,杨钋.以应用研究指导地方本科院校科研的转型:来自欧洲应用科技大学的经验和启示[J].教育学术月刊,2016(10):30-36.
③ 刘博智.产教融合发展战略国际论坛纵论地方高校转型发展[EB/OL].(2014-04-28)[2021-12-16]. http://www.jyb.cm/world/zwyj/2014-04/t20140428.html1.
④ ACHIM L.应用科学大学实现应用型教学的基石:应用型科研与研发[J].应用型高等教育研究,2017(3):6-12.

科学大学两大类。1993年的《高等教育和研究法》(Higher Education and Research Act)规定,研究型大学的主要使命和任务是进行广泛学科领域的科学研究,而应用科学大学的主要责任是培养符合区域和产业需求的技术型人才。[1] 在1993年的高等教育法律中,对应用科学大学的"研究"功能并未给予清晰的规定,只是说明"应用科学大学的任务是提供高等专业教育(higher professional education),也可在一定程度上开展与专业教育相关的研究工作",[2]在随后的几年中,国家没有对这一研究功能进行进一步的界定,也没有拨付相应的财政款项。但随着"里斯本进程"(Lisbon 2000 agenda)的推进,国家愈加重视知识创新在社会经济发展中的作用。此时的荷兰总理,为培育提升因应知识经济的创新能力,亲自主持创建了国家创新平台(national innovation platform)。在此背景之下,鉴于应用科学大学培养应用科技型人才的办学定位,荷兰政府便把加强大学与产业、企业的合作开展源自实践的创新研究使命自然而然地交给了应用科学大学。[3]

挪威和瑞士两国的应用科技型大学的科研使命是官方正式授权的,并受到周期性的资金支持。在挪威,应用科学大学的科研要与具体的职业领域及区域问题相联系。然而,用何种方式达成目标由应用科技型大学自己决定,除了整体性的拨款,很少有针对性的资助科研的公共经费。

在瑞士,应用科技大学法案明文规定,应用科技大学应该开展与区域发展相关的研究并为区域经济服务,其科研活动应该是利用创造性的知识解决区域经济发展中的实际问题,特别是中小型企业的问题。联邦及州政府对于其科研发展有专门的针对性经费支持,它使得应用科技大学在区域科研与创新系统中扮演着独特的角色。[4]

欧洲关于应用科技型大学科研的国家政策可参见表10-1-2:

表10-1-2 欧洲关于应用科技型大学科研的国家政策

国别	关于科研的政策观点
奥地利	应用科技大学应当通过与其他课程提供者开展广泛合作,扩大创新和创业课程;应用科技大学具有开展研发工作并将其融入人才培养课程的合法授权。
芬兰	应用科技学院被赋予开展研发工作的职能,从而适应商业和产业界的需求,并且通常与地区经济的结构和发展联系在一起。
法国	大学技术学院是大学系统的一部分,因此具有与大学相同的使命,包括科研在内。
德国	从1985年起,科研就依法明确列为应用科学大学的任务;在此后的修正案中,研发已经正式成为应用科学大学的使命。

---

[1] EURO EDUCATION NET.The Netherlands higher education system[EB/OL].(2016-02-13)[2021-12-16]. http://www.euroeducaticn.net/prof/netherco.htm.
[2] COUNTRY REPORT. Higher education in the Netherlands[EB/OL].(2016-02-13)[2021-12-16]. http://www.utwente.nl/bms/cheps/puhlicaticns/puhlicaticns 2007/2007ccuntryREPORTnl.pdf.
[3] 王朋.从教育到研究:荷兰应用科学大学的职能拓展[J].外国教育研究,2018(1):33-41.
[4] 张春梅.欧洲应用科技大学科研发展研究:基于国家高等教育政策的分析[D].武汉:华中科技大学,2015.5.

续表

国别	关于科研的政策观点
荷兰	应用科技大学"知识职能"的发展包含有助于专业实践的"实践导向的研究及活动";在教师队伍中强化专业文化。
瑞士	应用科技大学被授权开展应用导向的研究以及促进知识和技术迁移。

资料来源:欧盟(EU).欧洲应用科技大学的研究:现状、成就和趋势:论创新欧洲应用科技大学协作网络[R].中国教育科学研究院课题组,译.2009:5.

爱伦·汉泽考恩(Ellen Hazelkorn)通过对25所应用科技型大学的调查,总结出应用科技型大学的科研活动主要包括以下三个方面的内容:

(1)传统学术调查(无论是基础、应用或统计性的,无论使用定量、定性、实践基础或其他方法)。

(2)专业和创作实践(包括建筑、可视化、编程和媒体艺术、咨询和相关活动等)。

(3)知识和技术转换(包括开发项目和其他形式的创新、商业化、程式化和模型化,也包括评估和其他的外部委托合约等)。[①]

(二)应用科技型大学科研活动的功能

从欧洲各国实践来看,尽管各国政府对应用科技型大学科研活动的要求、期望以及政策不尽相同,但都强调科研要充分考虑社会的就业水平和职业结构,瞄准区域社会经济发展需求,与地方政府、企业和行业共同合作,培养学生的技能及实践能力。概括欧洲应用科技型大学的科研活动,我们认为应用科技型大学的科研活动具备以下主要功能:

(1)满足知识经济的需要。知识经济发展的重要标志就是增加研发领域的公共投资并建立相应机制,以保证该投资能最大限度转化为商业价值。

(2)促进区域创新。传统学术型大学的科研往往有政治上的需求,研究大多聚焦于高科技或有关国家战略重点的领域,而应用科技大学的研究功能则立足于本地区或本行业的技术创新,研究功能与区域战略相符,发展的政治诉求在于加强地区的发展环境建设。

(3)支持区域/地方中小型企业发展。大多数中小型企业技术力量薄弱,技术创新能力不强,技术资源缺乏,需要应用科技大学在人才配备、产品研发、技术引领等方面的参与和帮助。

(4)支撑学生实践能力培养。在知识和技术日新月异的社会,应用科技型大学的毕业生必须在多学科的前提下,学习并掌握某一专业的实践技能,并且具备较强的解决问题和分析问题能力以及良好的沟通技巧。应用科技型大学的科研活动往往作为课程创新的重要途径,为学生的实践创造良好的平台,以促进学生实践能力的培养。欧洲应用科技型大学的教育职能和科学研究是不可分割的。应用科技大学强调以专业实践为导向的知识和技能,对专业工人进行知识更新和再培训,提高其解决问题的能力。在这些需求的推动下,欧洲许多应用科技型大学将研究视为专业教育适应社会需求的使命,将科研与教学紧密结合,通过创新研究将专业实践和教育联系起来。奥地利和立陶宛等国的应用科技型

[①] ELLEN H. University research management: developing research in new institutions [R]. Paris: OECD, 2005:58.

大学,更是具有将研究工作融入人才培养课程的合法授权。[①]

对于应用科技型大学开展科学研究的功能与必要性,学者基维克(Kyvik,S.)提出以下五点理由:其一,如果教师做研究可以提高教学水平;其二,如果学生参与研究将会学到更多;其三,如果能够提供好的研究条件,学院将能招聘到更好的教师;其四,教师有资格进行研究,并且应该充分利用其研究能力;其五,为解决区域问题和事务开展研究十分重要。也有学者从知识传授角度提出,教学只有通过科学研究——无论是基础研究、应用研究,还是科学成果转化型的研究——来丰富,才能使在高校的教学成为高校教学。按此逻辑,作为高等教育体系重要组成部分的应用科技大学,同样应该具备研究功能。

从本质上讲,应用科技型人才培养是应用科技型大学最基本的办学定位,其研究使命必然服从和服务于人才培养职能。因此,应用科技型大学的研究使命既着眼于知识转移、技术创新和区域发展,更着力于将研发活动融入专业教育实践。葡萄牙应用科技型高校在其办学定位中表述研究使命为"在实践和应用环境下习得新知识,促进专业和技术发展,改进专业课程体系";荷兰应用科技大学的研究使命则表述为"开展应用研究和开发嵌入应用研究的课程体系,培养全球化知识社会背景下高素质专业人才"[②]。

综上所述,研究与明晰应用科技型大学科学研究的不同类型及其科研使命、职责及功能,可以更好地推进与提升我国应用科技型大学的科研水平与科研质量。

第二节 应用科技型大学科学研究中的问题困境及其改革方略

目前,我国地方高校尤其是新建本科院校在向应用科技型大学转型发展与建设过程中,由于原有办学传统、办学基础、办学方式等存在不足和劣势,在科学研究工作方面还存在着许多问题和发展困境,需要冷静分析,积极面对这些问题与困境,按照应用科技型大学的办学要求来改革目前的科研管理,走应用科技型大学的应用型科研之路,以更好地服务于应用科技型人才培养与区域/地方的社会经济与文化建设。

一、当前我国应用科技型大学科学研究存在的主要问题与发展困境

(一)科学研究模仿、套用、沿用研究型大学的范式

由于我国地方高校长期受精英教育阶段传统大学科学研究的影响,在办学治校方式

---

① EDUPROF.Research at universities of applied sciences in Europe:conditions,achievements and perspectives[R].Netherlands:European project:educating the new European professional in the knowledge society (EDUPROF), 2009.
② 王朋,杨雪.欧洲应用科学大学的学术使命与实践探索[J].中国高校科技,2018(11):37-41.

尤其是科研方向、科研方式、科研管理、科研评估与考核等方面习惯于模仿、套用、沿用研究型大学的科学研究范式体系,还没有形成一套相对成熟、独立、系统的应用科技型大学的科学研究范式体系。在实践中,重视国家和省市的纵向课题申报,忽视与区域/地方企事业的横向课题的主动研究,能够积极主动到中小型企业中去发现问题、解决问题的较少。在科研成果评价中,重视纵向课题级别和经费数量,重视 SCI、EI、SSCI、CSSSI 等高水平论文的发表数量,而轻视企业技术攻关难题的克服和轻视服务地方社会经济与发展的成果,重视各级领导批示,忽视区域/地方的社会调研与问题研究。"五唯"(唯分数、唯升学、唯文凭、唯论文、唯帽子)现象由来已久,破除"五唯"顽疾任重道远。

长期以来,中国的地方本科高校在学校发展方面形成了一种逐渐向研究型大学模式发展的单一路径升格模式,科研学术化倾向严重。这一趋势导致不同类型、不同层次和不同背景的高校在科学研究方面呈现出同质化的发展趋势,重视基础研究,而忽视应用研究和开发研究。此外,在研究经费分配方面,各类高校之间的基础研究、应用研究和开发研究等科研活动的比例结构也呈现出趋同现象。这一问题的根本原因之一是对研究型大学发展模式的单一追求,导致其他类型高校在科研领域的特色和多样性受到限制。为改变这一趋势,有必要鼓励各类型高校根据其定位和特点,探索适合自身的科研模式,推动多元化和创新化的科研活动。此外,政府和相关机构还可以采取政策措施,以更公平地配置研究经费,以满足不同类型高校的不同需求和发展方向。这将有助于促进中国高校科研领域的多样性和特色化发展,更好地服务社会和国家的需求。

目前,不同类型和层次的高校之间存在科研活动同质化问题,不仅影响了我国研究型大学在高质量和具有国际影响力的基础原创性成果方面的产出,还降低了创新型学术人才的培养质量。特别是一些地方本科高校,面临师资力量不足和缺乏基础研究平台等挑战,难以实现稳定的学术研究方向。此外,一部分教师从事的所谓科研活动,更多是为了满足职称评定的需求,而非真正的学术研究。这些教师可能倾向于在现有的网络文献中搞研究,东拼西凑,闭门造车,甚至伪造数据,而不是积极地进行原创性研究,并且这种科研对学生的帮助也极其有限。地方本科院校的科研活动仅仅为满足上级考评、学校升格、争取硕士和博士学位授权以及教师晋升等方面的要求而盲目、被动地开展学科建设和科学研究,造成了科研资源的浪费,败坏了学术风气。

应用科技型人才需要校企合作、产教融合,而目前我国的大部分高校产教分离、校企分离的情形令人担忧。虽然,自 2014 年以来,国家大力倡导地方高校转型发展为应用科技型大学,必由之路是产教融合、校企合作、工学结合与产学研结合。但是,限于各种主客观原因,许多高校在这方面还停留在起步或徘徊阶段。这就造成了应用科技型人才与应用科技型科研不能有效地落到实处。应用科技型大学的核心任务,归根到底是瞄准地方(行业)经济社会的实际需求,培养本科和研究生层次的高素质应用技术技能人才。这就要求应用科技大学加强对大学生实践能力、实践工作经验等方面的培养,注重实践教学和"工学结合"等方面的工作。因此,模仿、套用、沿用研究型大学人才培养与科学研究范式,对应用科技型大学的转型发展来说无疑是"南辕北辙"。

(二)教师科研素质偏弱，科研团队偏少，科研能力偏弱，科研水平不高，服务地方能力不足

由于应用科技型院校大多是新建本科院校，多数教师缺乏企业实践经历，对企业新技术需求以及新技术发展趋势了解不够，直接影响了科研工作的实施。而德国应用科学大学教师均拥有博士学位和3年以上的企业工作经验，与企业建立了良好的人脉关系，具有较强的技术研发和推广能力。同时，我国地方本科尤其是新建本科院校教师队伍结构也存在较大问题。以河北某转型高校为例，表面看"生师比"能够接近教育部相关要求，但仔细分析可发现，学校管理人员、教辅人员过多，一线专任教师教学任务极其繁重，既无暇投入科研工作，也难有时间深入企业实践。[①] 此外，职称"终身制"也导致地方本科高校科研队伍弱化，部分教师获得教授职称后不再从事科研工作，尤其是许多超过50岁的教授，大都没有硕士或博士学位，而之前高级职称的评审条件较低，因此，他们获得教授职称后没有动力或没有能力再进行科研，而青年教师职称较低，没有能力（或资格）申报政府支持或企业委托的科研项目。[②]

地方高校，尤其是新建本科院校，面临一些共性挑战。这些高校的教师整体学历和学位水平相对较低，博士学位和海外学历的教师比例不高，缺乏学科领军型人才和学术带头人，因此，科研工作仍主要停留在个体研究中，缺乏真正的科研团队。这导致科研能力相对薄弱，科研成果水平较低，对区域地方的科研贡献度有限。在应用研究方面，应用科技型大学通常以自由探索为主，科研资源分散，研究方向零散，缺乏基础研究的长期积累。此外，由于缺乏重大科技攻关项目的机制，导致难以承担面向地区经济社会发展和行业企业需求的重要横向攻关课题，无法深度融合地方经济社会和产业，也影响了产学研用发展的潜力。而且，由于高校的综合创新能力相对较弱，重要科研成果相对不足，难以为学科建设和人才培养提供持续支撑。再加上高校为地方社会经济和文化发展提供服务的能力相对不足，贡献度较低，因而未能获得地方企事业各方面的广泛支持，尤其是经济方面的支持，从而造成了校企深度合作、产教融合、科教融汇以及产学研发用中企业一方的积极性较低。

(三)重科研轻教学情形普遍，科研反哺教学重视不够

教学、科研与社会服务是高等学校的三大职能，但是三者之中，教学即人才培养却是高等学校最根本的任务和本质特征，科研与社会服务不能偏离或脱离甚至是干扰、阻碍高校的人才培养活动。从世界高等教育的现状来看，由于多方面的原因，重科研轻教学的情形较为普遍，科研与教学二元分离的现象也较为严重，尤其是在研究型大学之中，这种现象更为严重。因此，扭转重科研轻教学、科研与教学二元分离的任务较为紧迫，也较为困难，对应用科技型大学而言同样如此。

目前，许多高校还普遍存在着教学与科研冲突，受时间与能力约束无法从事科研工

---

① 李欣旖,刘晶晶,闫志军,等.转型发展背景下地方本科高校科研体系建设目标研究:基于德国应用技术大学建设经验[J].河北科技师范学院学报(社会科学版),2017(3):86-90.

② 杨丹.论教授终身制及其在中国高校的应用问题[J].价值工程,2012(17):195-197.

作。有研究者对湖南省和海南省的5所应用科技型本科院校进行了调查研究,研究表明,在湖南等传统教育强省,应用科技型本科院校在学生生源、专业评估等方面竞争激烈,学校需要以教师的科研水平来提升学校的"外界形象",教师一般都承担着教学与科研的双重任务。而在海南省,20%的教师认为教学与科研存有明显的时间冲突和能力约束,认为科研是基于"教学研究"需要的教师不足5%。教学与科研冲突,受时间与能力约束。[1]。

高等学校的主要活动和任务就是高深知识的传承、创新、应用与传播。因此,高校科学研究主要是两个基本方面:一是要对外服务国家和区域社会经济与文化发展的需要,二是要对内服务于高校自身的教学与人才培养需要。从教育与研究开发的双边关系来看,应用科技大学系统面对来自外部的实践研发需求,通过开发实施需求导向的应用科技型课程培养高素质的应用科技型人才;而外部研发领域既依赖应用科技型高校培养的应用科技型人才,又为学校人才培养提供必要支撑,促进学校开展基于研究的教学(research-based teaching)。因而,科研服务于教学、服务于人才培养是高等学校科学研究的一项基本任务。在应用科技型大学中,其科研活动也同样主要服务于应用科技型人才的培养工作。因此,在教学中研究与科研反哺教学就具有十分重要的现实意义。

(四)科研基础薄弱,科研条件较差,科研建设经费不足

由于应用科技型大学大多是地方高校尤其是新建本科院校,有相当一部分是民办院校和中西部经济与文化建设相对落后的地方高校,因此,受制于办学基础、办学经费的限制,这些高校的科研基础较为薄弱,科研条件较差,尤其是实验室建设跟不上现代科技发展的速度,实验室的实验设备存在着陈旧和老化现象,有许多高校从实验室名录上来看非常齐全,但实际上存在着几个相近的学科实验室联合挂牌即一室多名、一室多挂、一室多用。许多实验室只是教学实验室,并不能从事科研之用,还有许多高校的实验室存在着常年不用、无人管理的状况。在东部经济较为发达的地方高校,虽然政府所拨实验经费专项充足,但由于科研与购买制度上的弊端,致使大量的实验专项经费不能有效购买合适的实验设备,即使是购买进来的先进实验仪器与设备也存在着大量闲置不用的情形,导致大量实验经费的无端浪费与实验仪器与设备的利用率低下。

由于我国应用科技型院校大部分都是新建本科院校,其中民办本科院校占了一定的比例。因此,办学历史短、办学基础差、科研力量不强、校友资源不多、学校声誉不高,由此导致科研项目少、科研经费少、企业资助与社会捐助不多等特点。2012年我国新建地方本科高校科研经费来自企事业单位的约占30%,校均只有300万元。据此推算,2012年新建地方本科高校的平均科研经费约为1000万元。这个数字与新建地方本科高校大多拥有上万学生和近千教师的办学规模是不相称的。[2]

---

[1] 周艳,梁美恋.应用型本科院校科研与教学关系研究:来自海南、湖南数据的统计分析[J].世纪桥,2010(9):104.

[2] 钟昆明,马宇,曾诗岚,等.试论应用技术大学科研工作的基本问题[J].重庆高教研究,2015(4):44-51.

（五）科研管理人员素质不高，科研制度与管理制度不够合理，广大教师与科研人员的积极性不足

目前，我国应用科技型大学的干部选拔机制还存在着许多不够完善的地方，管理干部尤其是科研管理干部与人员素质不高，致使科研管理部门制定与出台的各种科研管理制度不尽合理、不尽科学，学术委员会与教授治学制度还没有真正落到实处，官僚行政化管理严重，形式主义与官僚主义较为普遍。这就造成了许多高校在不同程度上存在着重上传下达轻深入调研、重制度管理轻支持服务、重任务量化考核轻成果质量贡献、重理工科学特征轻人文社会学科特性、重经费到账数量与手续烦琐轻支出实际与报销手续简化等问题，从而挫伤了广大教师和科研人员从事科学研究的积极性、主动性与创造性。

二、高水平应用科技型大学科学研究工作的改革方略

目前，我国应用科技型大学的科学研究应积极面对自身存在着的主要问题和发展困境，按照应用科技型大学的办学定位与科学研究的本质特征，积极借鉴与汲取国外尤其是欧洲应用科技型大学科学研究的经验与做法，立足我国实际和本校校情，有创造性地开展自身的科学研究活动，最大限度地满足高校自身发展的需要，满足自身应用科技型人才培养的需要，满足区域/地方社会经济与文化发展的需要。

（一）按照应用科技型大学的类型定位和本质特征，立足本校实际，做好本校科学研究工作的科研定位与科研发展战略

1.发展应用科技大学，其科研指向必然要与传统的研究型大学的科研范式区别开来，必须以第一线的生产生活需要为研究指向

与地方（区域）行业企业紧密结合培养高层次应用科技型人才是新建本科院校转型发展、应用科技型大学综合改革以及特色发展的唯一有效途径。在目前国家相关法规暂时缺失的情况下，应用科技型大学在科研工作上应与研究型大学（"双一流"高校）错位发展，充分利用区位优势，鼓励广大教师跨学科、跨专业组团下基层、下企业从事产学研合作，进一步强化应用科技型科学研究，以此作为校企合作育人的基础。地方本科院校欲达到应用科技型大学改革与建设的战略目标，就必须实现科研导向从"理论研究为主"向"应用研究为主"的转型。

2.应用科技型大学要紧跟科学技术发展趋势、国家发展需求以及区域社会发展需求，优化学科布局，突出学科建设重点，创新学科组织模式，打造高层次学科平台，带动学校发挥优势、办出特色

对于高校而言，学科建设为龙头、科学研究是支撑、人才培养是基础。强化学科建设的龙头作用，为科学研究提供方向引领、人员配置、资源优化和创新储备。没有学科方向的引领，科学研究是零散破碎、没有战斗力的，这是应用科技型大学对国家关键科学问题和行业产业等重大科研攻关问题缺少承载能力的瓶颈，所以我们的科学研究要向学科方向聚拢，形成合力。

如前所述，欧洲应用科技型大学机构使命已经被多样化地描述为"实施应用研究及研

发工作"(芬兰),"科学咨询工作及技术转换活动"(德国),或传播"为学生职业生涯做准备的理论和实践方面的科学知识"。越来越多的欧洲国家及应用科技大学都认为应用科技大学的角色是"通过将创新的想法变成商业上的成功故事来推动该地区的知识型经济发展",并且确保"科研是与该地区的先进技术产业紧密结合"。各国政府一般都已经规定了应用科技型大学科研活动的主要目的是科研应该与区域发展相关,以及科研的目的应该在于提高教学与专业实践能力等。

3.应用科技型大学的科研定位与科研发展战略应该与学校总的办学定位与发展战略相一致

应用科技型大学力戒简单地模仿、套用研究型大学的办学治校范式走研究型大学之路,而应该根据自身办学传统、办学条件紧密呼应地方社会经济与文化建设的需要,探索自身应用科技型大学的改革与发展之路。应用科技型大学的科研定位与发展战略应以应用科技型研究为主要导向,走为地方社会经济与文化发展服务和自身教育教学质量提高服务的科学研究与科技开发之路。

从欧洲应用科技型大学的科研定位与导向来看,瑞士在科研上以产业需求为导向,强调应用性研究与开发,注重与产业界开展合作应用研究和技术转让。[①] 芬兰学术型大学的"科学研究"英文标注为 research 或 academic,而芬兰应用科技大学的"科学研究"英文标注一般为"research development and innovation"。实际上,芬兰应用科技大学的科研有一个变化过程,1995 年的《多科性技术学院法》并没有赋予多科性技术学院"科学研究"使命,2003 年修订后的《应用技术大学法》则要求所有应用技术/科技大学必须参与 R&D(技术研发),2014 年修订后的《应用技术大学法》则要求所有应用技术/科技大学在参与"R&D"基础上再增加"innovation"功能,所有应用科技大学必须和教育与文化部签订包括 RDI 活动在内的"绩效协议",并把每年的绩效评估结果(而不是单一依靠在校生数量)作为来年中央和地方政府对应用科技大学拨款数额的重要依据,该项改革极大地激发了各个应用科技大学技术研发与创新的积极性。[②] 荷兰应用科学大学的研究活动主要有两大目标:一是研究活动的教育功能目标,即通过对接专业实践提升人才培养质量;二是研究活动的创新功能目标,即通过与产业和地区的合作,开展设计、开发等源自实践的应用研究。[③] 荷兰应用科学大学的研究工作的特色可以归纳为如下三点:(1)科研的动力源自专业实践的自身需求;(2)科研与师资队伍的专业化以及教育的创新和质量的提升是相互关联的;(3)科研活动致力于解决实践问题。这就构成了应用科学大学研究功能的独特品性。[④] 荷兰应用科学大学的科研范式与科研特色值得我国应用科技型大学科研工作改革加以认真学习与借鉴。

---

① 赵晶晶.瑞士应用技术大学与社会发展的互动研究[J].大学(学术版),2013(9);
② 夏霖,刘海峰,谭贞.芬兰应用技术大学 RDI 科研范式及其启示[J].高教探索,2019(4):86-90.
③ 王朋.从教育到研究:荷兰应用科学大学的职能拓展[J].外国教育研究,2018(1):33-41.
④ KYVIK S, LEPORI B. The research mission of higher education institutions outside the university sector[M].Springer Netherlands,2010:207.

4.注意地域区位分布,植根地方

在地域区位分布特点上,德国的应用科学大学与我国的应用科技型大学具有同样的特点,德国106所综合大学通常集中在大城市和大都市地区,而将近250所应用科学大学通常除有总部外,还在其他地点,包括边远地区设有分点。在此意义上,应用科学大学具有植根地方和与所在区域中小型企业保持长期密切合作的特点。正是这种与地方各界的联动使其成为区域创新生态系统的关键参与者、引擎和驱动力。与地方各界的紧密合作也使应用科学大学近些年来发展出不同寻常的转化能力,即作为桥梁建设者在社会、经济、政治和文化各个领域展开互通对话,向它们传递科学知识,并发起有益的创新活动。因此,特别是应用科学大学注定要通过以转化为目标的应用研究为其所在区域带来直接的经济价值,并做连接科学和所在地区企业之间的纽带。[1]

我国的应用科技型大学可以依托自身的办学积淀、行业背景、区域特色与优势产业、中小企业、小微企业等开展技术集聚与创新,成为区域(行业)的技术中心。这种技术中心分为4种情况:

(1)具有区位优势的应用科技大学,比如在某一地区属于"唯一"的应用科技大学。它们应该成为区域特色与优势产业的技术支持和研发服务中心,成为区域特色、优势产业技术进步的引擎;它们还应该成为具有民族特色、区域特色的传统技艺的聚集、保护、传承与改进中心,充分挖掘传统技艺的实用价值、欣赏价值、历史文化价值和经济价值,让其重新焕发青春。

(2)行业背景比较深厚的应用科技大学,首先应该力争成为行业共性技术的聚集和培训中心;其次才是成为行业核心技术研发创新中心。

(3)针对我国中小企业和小微企业技术研发能力薄弱的现状,应用科技大学可以充当它们的技术支撑中心。

(4)应用科技型大学可以效仿德国模式组建中介性技术中心,以此联系政府、行业、企业和其他研究机构,提供技术需求的市场调研、技术研发与应用、市场开拓、人才培养等一体化服务。对于人文社科实力较强的应用科技大学,可依据中共中央办公厅、国务院办公厅印发的《关于加强中国特色新型智库建设的意见》,努力建成支持地方经济社会发展和产业振兴的新型智库。

应用科技型大学在重点学科和机构平台建设中,要按照学科建设"非均衡"发展战略,聚集当地主导产业技术需求和当地特殊的自然资源条件,集中力量建设当地富有地域特色的优势学科和专业集群,促进学科专业交叉融合,实现专业集群与区域主导产业和产业集群的紧密对接,提升专业集群服务经济社会发展的贡献度和学科竞争力。欧洲国家的应用科技型大学之所以能够迅速发展并得到政府高度重视和支持,根本原因在于它们的学科和专业设置与当地产业实际高度契合,以当地产业集群为基础进行学科专业建设。在瑞士,不同州和地区根据各自的资源和地缘优势形成了不同的产业集群,如钟表、纺织机械、医药等。应用科技型大学根据地方需求自主设置学科和专业,而不仅仅根据知识的一般属性进行划分。这种做法有效地解决了当地产业集群所面临的应用技术难题,并为

---

[1] HENDRIK L.试论应用研究的本质与将来的发展潜力[J].应用型高等教育研究,2020(2):15-21.

产业集群的发展提供了广泛的职业技术、人才支持。这得到了当地政府和产业、企业的广泛支持。在美国,州立大学与州的紧密关系被视为至关重要。州立大学被视为服务州的机构,因此与州之间有着特殊的关系和责任。例如,威斯康星大学在促进威斯康星州的畜牧业和乳制品制造业发展中发挥了重要作用,被誉为威斯康星州的"牛奶厂"。这种州立大学与地方产业的深度互动有助于促进当地经济的发展和繁荣。这些国家的成功经验表明,将高校的学科和专业设置与地区产业需求紧密结合,有助于高校为当地经济发展提供支持,解决产业技术难题,培养适应当地产业的技术人才,获得政府和产业界的广泛支持。这种高校与地方产业的紧密联系也为学校的可持续发展和繁荣创造了有利条件。

5.积极探索新的符合应用科技型大学科研定位的评价标准体系

在科研评价与考核标准上,坚决破除"五唯"(唯分数、唯升学、唯文凭、唯论文、唯帽子)这个顽瘴痼疾,走出"五唯"这个怪圈,以科学研究与科技开发是否真正做到这几个标准为衡量科研质量的试金石:(1)是否切实能够提升本校教师的教育教学水平与人才培养质量?(2)是否能够切实解决产业行业企业的技术与管理难题?(3)能否真正服务区域/地方社会经济与文化发展需要?

真需要、真问题、真研究、真提升,这是我国应用科技型大学科研工作的改革之道与发展方向。要突出应用,着力成果转化。教育部、国家发展改革委和财政部《关于引导部分地方普通本科高校向应用型转变的指导意见》明确指出,建立适应应用型高校的科学研究质量标准,将先进技术转移、创新和转化应用作为科研评价的主要方面。地方高校有其得天独厚的优势——拥有丰富的地方校友资源。可以充分利用这一优势,与地方校友开展校企、校地合作,明确产权和股份结构以及双方责任,共建科研实验室、产品和技术研发中心、科技服务中心和技术创新基地等研发机构,开展科技咨询、联合攻关、技术研发、产品试验、成果转化等一系列科技研发活动,尤其是成果转化工作,地方本科高校应出台政策,鼓励教师开展应用性研究,积极组织申报专利,搭建平台,帮助教师向行业企业宣传和推广发明专利、科学技术,规范合作双方产权、股份结构以及双方责任,真正发挥学校知识技术创新载体的作用。

6.应用科技型院校的科研要突出应用型研究的差异化发展

德国应用科学大学尤其重视个性化展示,突出诸如"绿色研究""为未来城市服务""汽车技术与服务"等区域特色。富尔达应用科学大学主任表示,"我们不怕大学,我们有自己擅长的领域而且相当强。你看大学都在忙于模型,我们则更贴近实际,为民众生活服务"。除了坚持特色研究外,应用科技大学也要积极扩展其研究领域。研究型大学在"双一流"建设下研究功能重新定位,在区域服务功能上留下空缺,应用科技大学在此方面可有效进行填补。如德国魏恩施蒂芬应用科学大学的农业和啤酒酿造专业正体现了这一趋势。该校某系主任R教授谈道,早期这两个专业属于与之毗邻的工业大学,但工业大学为追求"诺贝尔奖"级别的研究,功能定位从"农业"转移到"生物技术"这样的基础研究领域,于是将农业和啤酒酿造专业转交给应用技术大学。现在这两个专业在应用科学大学得以发展,在德国已经非常出名。一位来自此专业的M教授认为其成功的原因是"这些专业在德国独一无二,注重工程实践与工艺,为企业带来较好的经济效益,学校也能获得大笔研究经费"。[①] 德国例子给了我们一个很好的走差别化、特色化改革与发展之路的启示。

7.应用科技型大学在科研模式上,要坚持走产学研合作之路

应用科技型大学必须主动面向当地主导产业和企业的实际需求,要树立企业是技术创新主体的理念,改变以往只从科学技术发展和论文堆积中寻找科研问题、开展纯理论研究的偏向。应用科技型大学需要将科研方向和问题的确定与当地主导产业和企业的实际需求相结合,寻找科研方向和问题。这意味着学校要积极面向企业的生产和产品开发需求,与企业研发人员合作,将企业的实际问题转化为研发问题。这些项目可以由企业出资资助,或者形成课题组,申报地方政府的资助课题,从而形成校企合作,共同研发,共担风险,形成利益共同体,一起解决企业的实际问题。应用科技型大学还可以自己出资,支持本校工科应用类预研课题,以满足当地产业的需求,并提高教师的应用开发能力。事实上,由地方本科院校转型发展的应用科技型大学在学科建设和科研工作中具有独特的优势。它们的学科多以应用性学科为主,专业设置更加面向区域经济社会需求,实验和实训平台相对先进。学生接受的实践性训练较为充分,他们的动手能力较强。学校和教师与企业的联系更加广泛,校企人才流动较为顺畅,更容易得到当地政府、企业和社会的支持。这些特点要求应用科技型大学在学科建设和科研工作中,不仅要致力于追求高层次的研究,还要注重技术创新长链下游的应用开发研究、技术转移、推广和服务工作,以满足实际应用目标,特别是在中小企业的"二次创业"等短期、低成本、快速的技术创新项目中找到科研的增长点。

需要特别指出的是,应用科技型大学面向企业开展应用技术开发科研活动,既要重视与大企业合作,更要重视与众多的中小企业合作。事实上,中小企业在技术创新方面的需求常常更为迫切,但他们通常缺乏技术研发团队和资源来应对这些需求。这就为应用科技型大学提供了一个极具潜力的合作伙伴。这种合作不仅可以满足企业的实际需求,还有助于大学的技术创新成果得以应用,产生更广泛的社会影响。应用科技型大学应以适用型技术研发为重点,关注中小企业的需求,为他们提供解决问题的技术方案,帮助他们提高生产效率和竞争力。这种合作对于推动当地产业的发展和促进创新至关重要,因为中小企业通常是地区经济的主要支柱,其发展对于地方经济的健康增长至关重要。同时,这种合作也可以促进学校科研成果的产业化,将研究成果应用到实际生产中,有助于提高学校的社会影响力和贡献率。因此,应用科技型大学在与中小企业的合作中可以获得双赢的结果,为地方经济和社会发展作出积极的贡献。

总而言之,应用科技型大学作为办在地方、隶属地方、立足地方、服务地方的大学,要承担起服务地方的使命,着重发展"地方科技""区域科技"。应用科技型大学应积极地与地方产业和社会需求对接,以此为依托,培育科研特色和生长点,为当地和地区的发展作出贡献。这种定位不仅符合学校的使命,也有助于提升学校的竞争能力和可持续发展能力。

---

① 陶东梅,ISABEL S,杨东平.德国应用科学大学研究功能的扩展及启示[J].江苏高教,2018(7):104-107.

(二)遵循科技创新规律，建立持续发展的创新体系，激发管理活力

欧洲应用科技型大学的研究活动组织管理形式主要有集中型自上而下式、分散型自下而上式，或者二者兼而有之。它们大多数应用科技大学研究管理部门是分散型的，它们往往分布于学系层面甚至研究小组和研究团队，这常常取决于它们获取研究合同和管理研究活动的能力。这种自下而上的分散型研究管理政策目的在于确保没有其他管理组织造成教育和研究的人为分离，实施嵌入研究的教学和以教学为目的的研究的有机融合，从而保证教育方案的研究属性和研究活动的教育价值。[①] 因此，我国应用科技型大学要借鉴其做法，围绕应用科技型大学在科技创新体系中的目标定位，结合应用科技型大学区域性和应用服务型的特点，"建体系—定制度—抓落实"以突破应用科技型大学科研发展的管理瓶颈问题。

1.建立以基础研究作为支撑、应用开发作为主导、管理创新作为桥梁的"纵向—横向—管理"三足鼎立的科技创新体系

在构建应用科技型大学科技创新体系的过程中，必须考虑学科专业的特点，以科研项目作为科技创新体系建设的抓手，重视基础研究，鼓励从事基础研究的科研人员申报国家级项目，强化高层次纵向项目的申报。对于具有应用研究基础的人员，鼓励老师积极争取横向项目，切实服务地方行业企业发展；对于经济管理、知识产权、科技情报等相关专业就鼓励他们进行软科学研究，提供优质的科技服务和决策咨询，促进管理创新。这也是针对学科专业特点对高校的科技创新、人力、资源等因素进行供给侧结构性调整，通过分类管理和评价，激活各类研究人员活力，提升科技创新体系的效率。

2.制度建设是实施科研管理、提高管理效率的保障

科研管理部门既要结合学科分布特点建立应用科技型大学的科技创新体系，确保科学研究的持续发展，又要制定科研管理制度，强化落实，只有这样才能保障科研工作的有效实施。推进以科教结合、经费管理、科研激励等相关内容为主的科技评价改革，激励广大教师科研人员从事科研工作的主动性。以制度引领、激发活力、强化服务，完善后勤保障，提升高校科研的整体实力和服务地方经济社会的能力。我国应用科技型院校普遍设立科研处对学校科研进行垂直管理，而欧洲应用科技型大学的科研管理部门"主要任务是向研究所和研究人员提供咨询服务和评价服务"[②]，常规业务主要是帮助科研人员获得行业企业科研项目以及各种基金会科研项目，落实学校配套资金，开展各种科研信息咨询。目前，我国地方本科院校尤其是新建本科院校科研管理部门对纵向科研项目管理经验有余而对横向科研项目管理经验不足。为适应应用科技型大学改革与建设的需要，我国新建本科院校科研管理人员应从管理走向服务、从办公室走向社会，充当学校与社会(行业企业)之间的桥梁、充当科研人员的服务者。新建本科院校欲达到应用技术大学改革与建设的战略目标，必须实现科研管理从"科研管理为主"向"科研服务为主"的转型。

3.分级管理是确保科研管理有效实施、激发管理活力的一种重要手段

科研管理部门的主要职责是建立科技创新体系和完善科研管理制度，而二级学院则

[①] 王朋,杨雪.欧洲应用科学大学的学术使命与实践探索[J].中国高校科技,2018(11):37-41.
[②] 宁凯.西方高校科学研究及其管理对我国新建本科院校的启示[J].黑龙江高教研究,2007(3):71-73.

负责具体的执行和专业化的精细管理。为激发管理活力,需要采取以下措施。

(1)权责下放:将科研管理的权责下放到二级学院,使他们能够更灵活地管理本学院的科研活动。这可以激发学院管理团队的积极性,让他们更好地适应本学院的特点和需求。

(2)考核评价:建立科研管理绩效考核和评价机制,以确保管理人员和团队的工作得到充分评价和奖励。这可以鼓励管理人员积极履行职责,提高管理效能。

(3)目标责任强化:强化二级管理的目标责任,鼓励学院内的人才团队和科研平台的负责人根据学科特点,围绕学科方向,探索创新的管理方式。例如,引入子项目滚动管理、成果评分制、定量考核等方法,以确保项目成果的培育和发展。

(4)激发责任感:通过合理的激励机制,鼓励管理人员和团队在科研管理方面发挥积极性和责任感。奖励和认可可以包括绩效奖金、学术荣誉、职位晋升等。通过这些举措,分级管理可以确保科研管理更加灵活和高效,各级管理团队能够更好地适应学校和学院的需求,提高科研管理的效率和质量。此外,适当的激励和评价机制可以鼓励管理人员积极参与和推动科研管理改进,有助于科研管理体系的不断完善。

当前的高校科研绩效评价体系主要是沿袭传统大学的科研评价体系,评价指标突出各级各类"纵向"科研项目、著作、论文和成果奖,而服务地方的"横向"应用性科研几乎被边缘化。应用科技型院校欲达到应用科技大学改革与建设的战略目标,"应对专业教师的聘任、考核从侧重评价科研项目和发表论文为主,转向评价工程项目设计、专利、产学合作和技术服务等方面为主"[1],逐步完善与应用技术大学相适应的科研激励、约束等运行机制,实现科研评价从"以纵向科研评价为主"向"纵横科研并重"的转型。

4.建立一个中心服务机构,以统筹协调各个部门的工作

主要提供如下服务:(1)为研究人员提供研发活动的合同管理;(2)确定中小企业需求;(3)为中小企业提供咨询;(4)为学生或社会人员提供创业培训;(5)为公司提供技术转移。

(三)遵循人岗匹配原则,探索以人事制度改革为切入点完善内部治理结构,释放活力提升效率

围绕应用科技型大学的发展目标,坚持以学科建设为龙头,坚持以绩效考核为杠杆,坚持以改革发展为动力,遵循人岗匹配的原则,优化应用科技型大学的教学、科研、行政的岗位设计。科学设岗是建立健全高等学校评价考核制度的关键前提,也是系统推进人才引进、培养培训、考核评价和收入分配等改革的先决条件。积极探索教师岗位分类管理,引导教师根据个人特长、特点和潜力选择职业通道,科学设定岗位、分类评价,实现人岗匹配,充分发挥个人优势,激发活力,提高工作效率。除了少数需要履行多个角色的特殊情况,专业技术人员(包括教学岗、教学科研岗、科研岗、社会服务岗等)和行政人员等应当在各自的岗位上发挥所长,各司其职,避免广大专业技术人员在多个角色之间分心应付,导致工作效率低下。

---

[1] 张兄武,许庆豫.关于地方本科院校转型发展的思考[J].中国高教研究,2014(10):93-97.

探索以人事制度改革为切入点完善内部治理结构,分类分层次分学科设置考核内容和考核方式,健全教师分类管理和评价办法。充分发挥评价考核政策"指挥棒"的作用,对调动教师工作积极性、主动性具有全局性和基础性影响,形成推动教师和学校共同发展的有效机制。实施制度引领,建立"以分类评价为依据、以知识价值为导向"的考核激励制度体系,建立"纵向—横向—管理"持续发展的科技创新体系,科学设岗,发挥人事制度评价考核的指挥棒作用,发挥专技人员所长,激发活力提升系统运行效率,多角度探索解决应用型大学科学研究瓶颈问题的对策方案,以期为应用科技型大学科研管理提供借鉴参考。①

(四)加大从海内外同类型高校和知名企业引进和培养学科带头人、学科领军型人才和优秀青年人才力度,注重学术团队与科研团队建设,培养集教学、科研与社会服务于一体的学术共同体,形成良好的科研文化与社会服务文化

由于目前我国应用科技型大学大都是新建本科院校和处于中西部经济欠发达地区的地方高校,学校教师的学历学位还不高,拥有博士学位比例的中青年教师较少,尤其是具有大中型知名企业研发人员和工程师经历的人员也不多,因此,提升本校教师的学历学位水平与企业研发水平对应用科技型科学研究与科技开发就显得非常重要和非常紧迫。一方面要注重与区域/地方内研究型大学与大中型企业的合作,寻求它们从人员、技术、设备及资金等方面的帮助、交流与合作;另一方面也要注重从海内外高校和大中型企业积极引进高水平的学科带头人、学术领军型人才和青年优秀人才、企业研发人员来充实、提升与培养本校的教师队伍,注重良好的教学文化、科研文化、社会服务文化的学术团队文化养成,形成集教学、科研与社会服务于一体的学术共同体,以改变普遍存在着的个人单打独斗、小打小闹、不成气候、不出大成果的科研现状。关于应用科技大学科研文化的研究,汉泽考恩(Hazelkorn)认为,创造科研文化对所有高等教育机构来说都是既重要又基本的一步,它需要可持续的和富有成效的科研活动,即建立一个科研活动和项目阶式渗透的动态环境。同时,她还认为关键团队的建立是科研文化及发展科研能力的基础,因为关键团队可以将个体教师、研究员及研究型学生聚到一起建立一个"学者共同体"。布兰德(Bland,C.P.)和露芬(M.T. Ruffinn)界定了"富于成效的科研环境"的12种特征:明确协调的目标,独特的文化,研究重点,积极的组织文化,松散组织,参与式治理,沟通顺畅,资源特别是人,组织年龄、规模和多样性,适当的奖励,重点招聘,具有科研能力和管理实践的领导。② 她们认为,良好的科研团队与环境应具有以上这12项特征。

培养科研带头人是造就高质量科研团队的重要途径。立足应用科技型大学的科研实际,要加强"双师双能型"教师队伍建设,调整教师结构,改革教师聘任制度和评价办法,积极引进行业企业优秀专业技术人才、管理人才和高技能人才作为专业建设带头人、担任专

---

① 张艳.新时期应用型大学科学研究发展瓶颈的多维度分析及对策[J].贵阳学院学报(自然科学版),2020(1):19-23.
② BLAND C P,RUFFIN M T.Characteristics of a productive research environment:literature review[J].Academic medicine,1992(6):385-397.

兼职教师。有计划地选送教师到企业接受培训、挂职工作和实践锻炼。通过教学评价、绩效考核、职务（职称）评聘、薪酬激励、校企交流等制度改革，增强教师参与企业科研实践的主动性和积极性，增强教师对科研目标的认知。要限制教师课时数量，减轻教师教学负担，为其提供专门的"企业实践期"和"科研期"。积极完善科研人员收入分配政策，健全与岗位职责、工作业绩、实际贡献紧密联系的分配激励机制，加强科技成果产权对科研人员的长期激励。通过取消科研项目绩效支出比例限制，让科研人员获得既得经济利益。高度重视科研成果转化对区域经济发展和企业需求的服务职能，鼓励高校教师参与企业实践，交流技术信息。

我国的应用科技型大学也可以仿效国外尤其是欧洲应用科学大学设立专职科研岗制度，在校内设立专职科研岗位，高薪引进具有企业工作经验、应用科研能力较强的工程师或其他高级专门人才，鼓励组建跨学科、跨学院研究团队，对接行业产业研发项目，并将研发项目运用到本科教学之中。学校可以制定特殊的岗位目标考核制度，对研究人员一个任期（通常3～5年）内的科研成果、服务地方能力、从事基础研究的教学能力、团队引领能力等方面工作绩效作出评价，以此引导科研岗教师自加压力，提升实力。①

在荷兰，应用科技大学各校研究所（院或中心）的人员大致由三类构成：第一类是教学人员兼职开展应用研究，同时把研究项目带入自己的教学之中，既可提高教学水平，也可带领学生参与研究项目，从而提高学生的解决实际问题的应用能力。这类人员均不从研究项目中获取任何报酬，只是得到自己正常的工资收入。第二类是专职研究人员，此类人员专职从事研究工作，同时按照项目要求带领并指导学生参与项目研究，从而提高学生解决实际问题的动手能力。这类人员的工资从政府的专项经费和项目经费中获取正常收入，若没有研究项目，则无法得到收入。第三类是企业兼职人员，这类人员是为保证研究项目能满足企业的需要而到学校兼职从事项目研究，从而进一步增强应用科学大学服务企业的能力。这类人员一般不从研究项目中获取报酬，只是得到自己在企业的工资收入。此外，荷兰应用科学大学的所有研究人员都是随研究项目的产生而存在，并随着研究项目的完成而解散，故实行项目经理负责制，即每个项目都有一个项目经理，全面负责与企业的沟通和项目立项、项目研究方向的确定、组建项目工作小组、制定项目研究计划、指导项目研究及确定项目研究成果。②

（五）建立与完善教学与科研综合评价体系，改变教学与科研二元分离的现状，切实提升本校的教育教学与科研质量水平

1.科研反哺教学

科学研究在大学中的最早出现就是为了提升教育教学水平。尤其是德国教育家洪堡在1810年《论柏林高等学术机构的内部和外部组织》中提出"教学与科研要达至统一"的大学治学理念，这一思想的提出改变了德国大学教育与科研相互疏离的关系。后来这一思想在研究型大学备受推崇，导致传统大学的变革与世界研究型大学的最早出现。随着资本主义市场经济的发展、现代战争尤其是第二次世界大战对现代大学科学研究与科技

---

① 王朋.从教育到研究：荷兰应用科学大学的职能拓展[J].外国教育研究,2018(1):33-41.
② 杨树新.荷兰应用科学大学"科学研究"开展情况调研[J].新疆职业教育研究,2017(2):65-67.

开发的需求与投入,研究型大学才逐步由单纯的大学内部基础科学研究转向呼应外部国家重大政治、经济与军事的需求,由个人或少数人钻研的"小科学"时代进入了多学科多单位多层次多人员联合攻关的"大科学"时代。这就给人们一个错觉,以为大学的科学研究就是为了满足外部社会的需要,就是为了从政府、企业、军工部门等外部部门获得各种巨额经费,而忘记了或忽略了高校科学研究的另一个重要的本质属性是为了提升自身的学术水平与教育教学水平,即"科研反哺教学"的初衷。

2.树立"多元学术观"

美国著名教育家欧内斯特·博耶在其撰写的《学术水平反思——教授工作的重点领域》(Scholarship Reconsidered,1990)这份报告中提出了他富有批判性的思想。他认为,时至今日,大学对科研的重视已达到一种无可复加的地步,以至于"今天我们一谈论'学术',往往指在学院或大学里的学衔和参加科研与发表论文著作";"研究和出版物已作为衡量成功与否的唯一标尺";"寻求安全和地位的年轻教授发现,在纽约或芝加哥的一次全国性会议上提交一篇论文比回校教本科生对达到目的更为有利。虽然口头上总是说要保持教学与科研的平衡,但在大多数学校,后者明显占了上风"。博耶认为,将学术工作限定在做研究、发表论文、出版专著上具有很大的局限性。研究固然重要,但除了研究之外,教授还应该进行教学以及社会服务等工作,而且三者之间可以相互促进。"好的教学需要艰巨的工作和严肃的钻研加以支持",而"最好的教学又可以改造研究和实践"。博耶认为,可以考虑对"学术水平"一词有一个更全面、更有活力的理解:"的确,学术水平意味着参与研究,但一个学者的工作还意味着走出研究,寻求相互联系,在理论与实践之间建立桥梁,并把自己的知识有效地传授给学生。教授的工作可以认为有四个不同而又相互重叠的功能:发现的学术水平(scholarship of discovery);综合的学术水平(scholarship of integration);应用的学术水平(scholarship of application);教学的学术水平(scholarship of teaching)。""发现的学术"指的是研究;"综合的学术"指的是进行学科交叉,把知识放置在更大的学科背景中;"应用的学术"指的是寻求把研究的理论与生活的现实联系起来,即用专业知识为社会服务;"教学的学术"意味着传播知识,增进理解,培养人才。[①]

博耶主张,"不仅要支持和奖励那些在研究工作中表现出特殊才能的学者,而且要支持和奖励那些在综合与应用知识方面表现杰出的人,还要支持和奖励那些特别适应教学工作的人";教师队伍中多种多样的才能,"会给高等教育和我们的国家带来不断更新的活力"。然而现实是教学远没有研究那么受到重视。"教师的教学常常得不到奖励,但是如果搞不了研究,却要受到惩罚"。在许多大学,"没有出版专著不可能获得终身职位"。

博耶提出,要改变"唯科研是从"的局面,"使教学取得同研究一样平等的地位","就应当使用我们在整个学术界而不仅仅是一个学校公认的标准,对它进行准确的评估"。博耶认为教师的评价和奖励制度应该要关注教学和服务工作,以此激励教师的活力。此外作者提出以"创造性合同"促进教师队伍的多元化,即"允许教师在以下五类职业中进行选择:研究与教学平均分配的传统类,研究类,教学类,服务类,行政类。五类都对教学、科研

[①] 欧内斯特·博耶.学术水平的反思:教授工作的重点领域[M]//吕达,周满生,刘立德,等.当代外国教育改革著名文献(美国卷·第三册).北京:人民教育出版社,2004:18-23.

和服务有最低要求"。"这种安排使教师有可能改变其日程安排,以完成一个学位计划,花时间去研究和出版,承担教学义务和参加全国性的专业活动",从而促进教师各方面学术能力的提高,促进教师队伍的多元化,使高等教育保持活力。强调教师能力的多样性并不意味着教师只需要在某一方面表现突出即可,达到某些方面的学术水平是所有教师的基本义务:(1)所有教员都应成为一个合格的研究者,每一个学者都应当表明他有从事研究、探讨严肃的智力问题并把结果公之于众的能力。(2)教师队伍的所有成员在其整个专业生涯中,都应与本专业的发展保持联系,在专业上保持活力。(3)每一位教师都必须坚持忠诚的最高标准,即遵守学术规范和教师职业道德。(4)教师的工作不管采取何种形式,都应当认真地加以评估,高质量是衡量一切学术活动的尺度。[①]

博耶的学术多元观对我们今天的大学,尤其是应用科技型大学的科研观与科研标准及其评价体系的建立与完善,具有非常重要的现实意义和指导价值。

3.让大学生参与科研过程

在奥地利,"应用研究是研究性教学发展的前提","应用研究和在课程中植入应用研究内容目的是培养专业技能人才"[②]。为连接教学与科研分离、高校与企业分离的状态,可以探索实施习明纳研讨式教学与企业实际生产问题相结合的教学方式。习明纳研讨式课堂是德国综合性大学的传统授课模式,是继讲授课之后的小班研讨课。德国一流的应用科学大学很好地继承了这一传统,研讨主题由传统的基础科学讨论转变为应用性研究研讨。教授通常会将与讲授课相关的企业科研项目或企业实际生产中的具体问题在习明纳研讨课上引导学生们深入讨论,师生通过深入的学术交流与经验交流,以演讲与反思评价的形式相互碰撞创新的灵感,从而将理论课的学科知识充分地与现实生产过程相结合。学生由于接触到实际生产的真实案例,对企业的发展思路、运营过程有了更深的理解与思考,能够更加准确地理解企业的研发需求并在较短的时间内实现技术转化,师生的科研经历与研发成果为学生未来拓展职业面给予了有力的支撑。[③]

让大学生参与应用性科研,开展"研学结合",是应用科技大学解决"工学结合"难题的一个重要方略。"研学结合"的人才培养作用也是多方面的:(1)教师和学生共同完成应用性科研的过程,也是"理论与实践相结合""学思结合""理论联系实际"的教学过程和学习过程;(2)学生参与应用性科研,特别是参与来自企事业单位的研究项目的过程,实际也是与企事业单位相互了解的过程,有助于学生获得实际工作经历和提高就业能力;(3)参加应用性科研有助于学生养成发现问题—自觉学习—解决问题的良好习惯,也有助于养成边工作边学习的终身学习习惯。

4.传授最新科技前沿知识

应用科技型大学需要将最新的技术成果与教学内容相结合,确保学生获得最新的技

[①] 欧内斯特·博耶.学术水平的反思:教授工作的重点领域[M]//吕达,周满生,刘立德,等.当代外国教育改革著名文献(美国卷·第三册).北京:人民教育出版社,2004:18-23.

[②] EDUPROF.Research at universities of applied sciences in Europe:conditions,achievements and perspectives[R].Netherlands:European project:educating the new European professional in the knowledge society (EDUPROF),2009.

[③] 徐纯,连晓庆,张宇.德国一流应用科学大学的建设特征及启示[J].天津职业大学学报,2017(2):11-16.

术知识。由于技术知识的快速更新，应用科技型大学的教育应更注重技术知识的传授。

（1）教师研究与教学整合：教师可以将他们在最新技术成果原理和内容方面的研究成果融入教学中，通过课堂讲授、案例研究、实际应用等方式实现，以确保学生了解最新的工程技术和管理知识。

（2）教材更新和编写：应用科技型大学可以编写适合学生实际需求的教材，反映学科专业的最新发展趋势。这些教材应该覆盖最新的技术和应用，以便帮助学生跟踪技术前沿。

（3）教学法研究和教具开发：学校和教师通过加强教学法研究以确定如何更好地传授技术知识。此外，他们可以设计和开发现代化的教学辅助工具，以提高教学效果。

（4）学生参与教师研发活动：学校鼓励学生参与教师的技术开发活动，帮助他们提高技术开发的实际动手能力和科学素质。这种实际参与有助于学生更好地理解和应用技术知识。

通过将教学与研发相结合，应用科技型大学可以确保其教育内容与最新的技术成果保持一致，帮助学生跟上科技知识的更新，为他们在实际工作中取得成功奠定基础。这种能力一旦掌握，将会使学生终身受益。

（六）成立专门机构，促进教学与科研、高校与企业、知识与技术的联系与转化，提升应用科技型科研的效能

1.建立高校应用研究与科技开发中心机构，将教学、应用研究与技术转化融为一体

应用科技型大学的应用研究与科技开发中心应用科研研究所如同学校的科研组织协调中心，对学校整体科研建设起到总体协调组织的枢纽职能。它负责协调学校整体的科研活动，聚焦校内的重点专业领域，用跨学科的研究方法把握学校整体的科研发展方向，为学校富有前瞻性、高效与符合成本效益的科学研究提供物质与技术保证。应用研究所与科技开发中心如同一座桥梁，将教学、基础研究与技术转化联结在一起。应用研究与科技开发中心管理所有的研究开发活动，也是组织校内各二级学院教授参与科研活动的平台。应用研究与科技开发中心负责科研项目的财务管理与控制，积极与企业界、工业界与校外研发机构、其他高校建立合作，帮助教师、学生参与到这些项目中来；协调校内各院系的科研团队，与校内各研究所共同开展科研合作。

2.建立高校教学与科研中心，实施教学与科研相结合的新探索，将基于"应用性"的教学和基于"应用性"的科研统一起来

学校教学与科研中心面向未来高新技术研究，可由应用科技型大学、综合型大学（"双一流"大学）与企业共同合作而建立，不仅为硕士毕业生提供继续攻读博士学位的实践场所，更能加强应用科技型大学的科研活力和教学活力。例如德国罗伊特林根大学在2011年建立的"博世电力电子机器人教研中心"就是一项非常成功的探索。"博世电力电子机器人教研中心"是由罗伊特林根应用科学大学、斯图加特大学与罗伯特·博世公司共同合作而建立起来的，面向电力电子专业与微电子专业的本科毕业生或硕士毕业生。这些学生可以选择在斯图加特或是罗伊特林根学习，同时还可以攻读博士学位。通过与博世公司技术团队的紧密合作，实现了为学生提供面向工业化的、面向未来创新技术的技术培训。

应用性研究既是欧洲应用科技型大学的特色，又体现了应用科技型大学与普通大学的不同。比如在德国，教授都有科研任务和专门的工作室，工作室同时又是实验室。教授可以聘用助手（包括研究生助教、双元制学生）、科技工作者和企业参与人员等。他们一起办公，研究氛围相当浓厚。实验室承担的研究任务与综合性大学不同，这些研究都来自企业，学生平时就能参与。以德国汉姆－利普斯塔特应用科技大学为例。近年来，德国无论是迅猛发展的环保技术行业还是"工业4.0"战略，都需要更多的工程师。为了满足这一需求，汉姆－利普斯塔特应用科技大学在专业设置、课程设计和开展科学研究中均以应用为导向，在校生约40%的时间在参与不同的研究项目。比如在该校的智能技术系统东威斯特法伦－利普中心，中心的技术网络"it's OWL"项目由来自174家企业、科研机构和组织共同开发；同时学生可以在利普斯塔特（Lippstadt）的车辆电子学能力中心完成项目工作和学士论文。[①]

3. 开设跨学科的校内外联合设立的独立研究机构（院、所、中心），服务中小型企业

应用科技型大学结合校内专业建设发展经验和所在区域的产业发展特点，建立跨多个专业、跨多个学院的独立研究机构（院、所、中心），将各校区、各分院的重点特色集结起来，直接面向工业领域技术转化项目，吸引不同专业领域的教师、学生、科研人员共同参与设计方案，以培养师生用跨学科、跨专业的眼光与能力解决实际问题。这种跨学科、跨专业的研究机构可以为师生营造非常开放、自由的研究氛围，只要学生对机构公布的某项研究主题或毕业设计题目有兴趣，都可以通过注册申请加入。研究所试图通过项目方案设计、开发研究、毕业设计、实验活动等形式培养学生按照工程师的思维与行动去工作。研究所还能够将企业的实际生产问题、技术研发项目根植于课程教学中，为不同专业的师生创造深入交流的机会，锻炼学生跨专业的思维与视角。跨专业的研究内容不仅提高了师生的科学研究能力，也丰富了课程教学的实践内容。

德国应用科学大学的科研合作一直强调跨专业性的特点，即应用性的科研不是为了解决单一领域的单一问题。因为实际生产中的问题往往是复杂多变的综合问题，需要运用多个专业领域的理论实践知识，集结多方面的智慧。跨专业、跨学校开展科研合作不仅可以扩大学校与企业、师生之间的学术交流，也可以共同探讨实践热点问题，挖掘科学研究的契合点，各方通力合作、共研共享，从而提高技术转化成果的质量，扩大应用研究辐射的范围，更深入地了解分析一线生产实践中的问题。应用科学大学通过校内的跨专业研究机构与校外技术转化中心同时开展有针对性的研究与开发，不仅能满足中小型企业产品创新研发的需求，也为应用科技大学的教学注入活力。例如德国埃斯林根应用科学大学的可持续能源技术与移动技术研究所，跨越了车辆工程、机械工程、楼宇能源、环境、机电一体化与电子技术等六大专业领域。学生们通过参与工业中实际问题的研究，既可以加深对所学专业理论的理解，又能够了解其他领域的专业技术，掌握不同领域间交集共融的知识。又如德累斯顿应用科学大学，所在萨克森州的中小型企业是学校应用性科研的

---

① PETER K.应用导向的教学与科研：以汉姆－利普斯塔应用科技大学为例[R].第一届中德国际教育论坛，2013-10-21.

重要合作伙伴,学校与德累斯顿周边众多的技术工艺研发中心建立了密切的合作网。[1]

欧洲应用科技大学研究所既是从事科研的场所,也是培养高水平应用人才的实践基地。在德国,应用科学大学为了服务于人才培养目标和企业对人才的需求,建立了一流的实验室和研究所。这些实验室所用技术和设备与行业、企业保持一致,有些尖端实验室所使用的技术和设备甚至超前于企业。[2] 在实验室中既可以从事一般的教学实验,又可以从事应用技术研究。应用科技大学对教师在实践能力方面的要求很高,搞研发的教师至少要有三年的实际工作经历。[3] 同时,德国实行项目化导向的实验实习制度。项目导向在德国应用科学大学中有特定的含义:一是教授从企业获得项目;二是学生自己设计项目来做;三是教授设计好实习项目让学生来做。[4]

应用科技大学应用科研研究机构(院、所、中心),可以与多方合作定期举办多形式的科研活动,例如各专业领域的创意博览会、专业研讨会,联系当地企业、工商会、研究机构、协会,聚焦重点专业领域与新技术领域开展对话与交流,使学校深入了解所处地方经济的特点、技术领域的发展趋势、企业的需求。同时也让其他层面了解应用科技大学的专业课程结构、科研建设发展水平,增加学校与校外机构、企业的沟通机会,寻求深入合作的契合点。

(七)科研管理要由管理为主向服务为主转型

荷兰应用科学大学大都未在学校层面设置专门的科研管理机构,而是仅在各院系或独立设置专门的研究所(院或中心),各个校内研究所之间均按自己院系的研究特长或领域开展应用研究,不允许互相竞争研究项目,同时,荷兰教育部门也要求各个应用科学大学按照各校的研究专长或研究领域开展研究,不允许各校之间竞争研究项目。[5]

地方本科高校在科研管理部门的功能和定位方面可以借鉴欧洲应用科学大学的经验,以适应转型和发展的需要。以下是一些可行的改进和发展方向。

(1)从管理到服务:科研管理部门应当向科研服务的方向发展。他们可以主动为学校科研人员提供咨询、评价、科研项目获取等服务,帮助科研人员获得行业、企业和社会各类基金,以及协助实施科研项目。这样的服务导向可以更好地满足学校科研人员的需求,提高科研活动的效率。

(2)社会与学校的桥梁:科研管理部门可以成为学校与社会(行业、企业)之间的桥梁,促进产学研合作。主动与外部合作伙伴建立联系,推动科研成果的应用和转化,促进科技创新与社会经济的深度融合,实现由"管理"向"服务"的转型。

(3)放活研究所:鼓励地方本科院校的研究所更积极地参与科技发展。研究所可以发挥在地方本科院校科研项目中的积极作用,推动科研成果的实际应用,促进产学研合作。

(4)建立科研激励约束机制:科研评价应该由传统的"纵向科研评价"逐渐向"纵横科

---

[1] 徐纯,连晓庆,张宇.德国一流应用科学大学的建设特征及启示[J].天津职业大学学报,2017(2):11-16.
[2] 天津大学仁爱学院.关于应用科技大学改革试点战略研究材料[R].天津大学仁爱学院申报应用科技大学试点材料,应用科技大学内部交流材料,2013(4):4.
[3] DIETER ORZESSEK.德国应用科学大学的实践性教育[R].第一届中德国际教育论坛,2013-10-21.
[4] 崔岩.德国应用科学大学运行机制的分析研究[J].机械职业教育,2013(2):5.
[5] 杨树新.荷兰应用科学大学"科学研究"开展情况调研[J].新疆职业教育研究,2017(2):65-67.

研评价并重"过渡,将服务行业、服务社区、技术转移、创新和转化应用等因素作为科研绩效评价的重要内容。

以上这些措施有助于地方本科院校更好地适应转型和发展的需求,提高科研管理的效率,促进产学研合作,并鼓励教师积极参与科研和创新活动,有利于学校的科研和发展。

(八)积极申报专业博士学位授予点,或者与综合性大学开展联合培养专业博士生项目

我国高水平的应用科技型大学已经有许多院校拥有了学术型硕士学位或者专业硕士学位、服务国家特殊需求专业学位硕士授予点,对提升应用科技型大学的办学水平、办学质量与科研水平、科研质量奠定了较好的基础,基础较好、条件具备的应用科技型大学还需积极申报专业学位博士授予权,或者与海内外大学合作,联合招收并培养专业学位博士项目。具有了一定比例的博士授予或培养学科,对快速提升本校学术水平与科研水平具有重要的促进作用。

德国一流应用科学大学区别于其他应用科学大学的一个显著特征就是与综合性大学开展联合培养博士生合作,也有少数应用科学大学获得了独立的博士授予权。

对于德国应用科学大学而言,博士授予权是"科研平权"的最后一个堡垒。伴随着长期的呼吁与争取,一些联邦州已经着手进行改革,德国《黑森州高等教育法》第4条第3款这样表达应用科学大学在博士培养中的权利:"应用科学大学通过与应用相关的教学、科研和发展,完成科学和艺术的培养,使得学生可以将科学和艺术的认识与方法独立应用于专业实践之中。应用科学大学与大学和艺术学院联合培养训练科学继承者(博士)。在此基础上,教育部可以在满足一定条件的情况下,授予应用科学大学一定期限的博士培养权,以证明应用科学大学的科研实力。"近年来,德国应用科学大学在三个方面不断努力:(1)直接争取博士授予权。2016年,德国富尔达应用科学大学首先获得了博士研究生的培养权,具有标志性的意义。(2)让更多应用科学大学毕业生开始博士深造。"但德国大学对此态度极为谨慎,招收博士研究生要求应用科学大学毕业生须专业对口,拥有优异的学习成绩,并完成预备学习,这让应用科学大学毕业生的学术进修之路漫长而艰难。"(3)与大学合作培养博士研究生。但大学仍然是联合培养的主体,"只有科研工作在应用科学大学的实验室中举行的时候,应用科学大学的研究专长才能有所发展。也只有这样,应用科学大学中的活跃研究者才能真正地开始主导博士培养过程"。

博士培养权的竞争,反映出应用科学大学融入科研体系的艰难。科研体系是一个"声誉系统",科研工作能够为个人和组织争取声望。但是声誉体系中的竞争是零和博弈,"应用型研究"获得更多的声望,"基础研究"就会受到更多的挑战。尽管"应用型研究"理念强调了应用科学大学科研工作的特殊性,但想要进入科研轨道,仍然面对科研领域趋同的标准。这一标准是由大学首先构建并主导的,大学具有不可动摇的"先发优势"。作为"后来者"的应用科学大学想要参与科研活动,不仅要遵从科研领域业已形成的科研评价规则,还要分享本来由大学独享的人员与经费。因而不难想见,应用科学大学的"科研转轨"之

路必然举步维艰。[1]

德国校内研究生院(处)作为实施硕士生与博士生项目的职能机构,科研能力表现突出的硕士毕业生可以继续申请攻读博士学位,申请得到批准的学生要签署所在应用科技大学与申请就读的综合大学的合作协议,由两所大学的指导教授共同指导其完成博士论文,在科研上给予指导与帮助。应用科技大学会定期召开博士研究生的科学研讨会,促进大学与学生间的学术交流,搭建大学与学生之间相互支持的平台。同时应用科技大学还会将一些校企合作项目融合到博士生培养项目中,借助综合大学的科研实力来改善自身研究基础相对薄弱的现状。

中国应用科技型大学在博士授予权上有先天的优势,目前教育部已出台相关系列政策,鼓励和支持部分具备较好条件和培养硕士研究生基础的地方高校、民高本科院校积极申报博士或专业博士学位点的授予权。这一点,中国的应用科技型大学将会比欧洲同类型高校走得更快、更好。

(九)成立专门机构,组织承办丰富多样高质量的应用型科研出版物

一流应用科技大学通常承办高质量的应用科学出版物,将实时的科研成果、新能源技术取得的新进展、专业课程的新融合等通过刊物来促进院校间的交流,也起到示范引领的作用。例如,德国亚琛应用科学大学承办了《维度》《应用科学大学发展规划》《校长报告书》等十余种出版物,覆盖学校获得的新的研究成果、学校管理制定的新政策与战略规划等;发布学校在教学、科研、社会服务、技术转化、国际化合作等多方面的创新举措。不仅提高了本校的科研水平和管理水平,也为其他应用科学大学的建设起到了积极的示范作用[2]。

(十)加强校企深度合作,建立与完善政产学研用平台与机制,实现产教深度融合

应用科技型大学的科学研究与科技开发不同于研究型大学的科学研究与科技开发,它一方面在人才培养、科学研究、科技开发、社会服务方面需要与企业密切合作,在校企深度合作中实现教学、研究与社会服务三大职能;另一方面还存在着教学条件、实验条件、实验平台、经费资金的严重匮乏与不足的问题。没有企业的积极参与,所谓应用科技型大学的应用科技型大学培养与应用科技型科学研究就是"海市蜃楼",就是美丽的神话。而要解决这些问题,就必须由政府出面来协调高校与企业的关系与机制,做到政府搭台、高校唱戏、企业积极参与,建立与完善校企深度合作与政产学研用的平台与机制,实现产教深度融合。

在此过程中,高校要运用自身的人才优势、科研优势和社会服务特色来积极寻求政府财政专项的重点支持或扶持以及企业的人力、物力和财力的投入与合作。

一所大学获得科研经费的多少,很大程度上代表着这所学校的科研实力和创新能力。

---

[1] 王世岳,陈洪捷.趋同与特色:德国应用科学大学"应用型研究"的机遇与挑战[J].清华大学教育研究,2021(1):86-95.

[2] 徐纯,连晓庆,张宇.德国一流应用科学大学的建设特征及启示[J].天津职业大学学报,2017(2):11-16.

当前转型高校的科研经费主要还是来自学校自身的投入和有限的国家科研专项资金,到校科研经费在几十万元到几百万元不等,对于要做真正的应用研究而言无疑是杯水车薪。因为应用研究无论在研究所需的设备购置上,还是所需的材料消耗上,其花费要远远高于基础研究。

荷兰应用科学大学的应用研究项目均来自当地中小企业发展中的问题。它主要通过发挥各校的专业优势或研究领域特长与当地中小企业开展多种形式的合作,努力解决中小企业发展中面临的技术难题或为抢占商机而开展的具有前瞻性的应用技术研发,同时,荷兰应用科学大学在选择研究项目时还要充分考虑项目是否与学校应用型人才的培养目标相符合,是否有利于培养学生解决实际问题的能力。如撒克逊应用科学大学生命健康专业比较有优势,该校研究人员通过与企业沟通及调研,发现当地制造血压测量仪的企业影响产品竞争力的主要元素是产品体积大、测量数据不准确、操作复杂等,为此该校就把新型血压测量仪的研发作为一个研究项目予以立项。又如海牙应用科学大学因地处国际组织非常多的海牙市,安全保卫专业领域自然是该校的强项,于是学校就与多家安保企业开展各种系列的安保设施的应用研发。荷兰应用科学大学主要是通过寻找本地中小企业发展中急需解决的现实性和前瞻性的实际问题并能与本校人才培养相结合而开展研究。当然,这些研究也并不完全局限在某一个企业,往往会从一个行业的角度去展开,便于推动整个行业的发展。如乳制品是荷兰非常重要的一个产业。万豪劳伦斯坦应用科学大学的研究人员通过到各个乳制品企业调研,发现蒸发器的应用非常普遍。研究人员专门组织学生到各企业采集此类数据,并将之输入相应软件进行计算,结果发现蒸发器是造成企业成本增加的一个因素。为此,该校就将蒸发器的改进作为一个研究项目。在学校研究人员、企业人员和学生的共同参与下,研发了一种新型蒸发器,仅此就为该企业每年降低成本10万欧元。因此,通过与行业和企业开展密切合作并充分了解行业、企业的需求是获得研究项目的基础。研究项目的经费主要由三个方面构成:政府公共财政支持、学校拨款、企业专项资金支持。各个方面的资金比例也无统一固定标准,而是随研究项目不同而不同,甚至有时企业只是派人员参与研究而没有经费资助。[①] 2001年,荷兰科学技术咨询委员会(Advisory Council on Science and Technology)和教育政策委员会(Education Policy Council)联合发布报告,倡议在高等教育机构和外部利益攸关方之间建立系统化的伙伴合作关系,以促进社会经济中的知识创新、转移和传播。随即,由全国雇主协会(National Employer's Association)、应用科学大学委员会(HBO-Council)、国家中小企业协会(National Association for SMEs)共同组成的工作小组制订了合作计划,承诺促进应用科学大学从纯粹的教育中心(mere education center)转向"知识门户"(knowledge gateway),这是因为,知识传播不仅关乎教育,也与源自创新的合作研究和开发密切相关。这些协会组织呼吁,产业和企业界应持开放心态推进人员交流,如派遣产业工人到高校担任客座讲师,接纳高校教师和学生到企业进行实践训练,与高校合作开展应用、设计研究等工作,以此支持和促进应用科学大学生产新的知识。这既是产业、企业与高等教育机构合

---

① 杨树新.荷兰应用科学大学"科学研究"开展情况调研[J].新疆职业教育研究,2017(2):65-67.

作共赢的路径,也是各类机构共同的社会责任。[①]

2011年,德国联邦教育科技部将应用科学大学的科研建设路线分为四个方向:服务于企业、服务于变革中的社会、服务于青年一代、服务于创新科技。因此企业始终是应用科学大学科研服务的中心。(1)在外部条件上,应用科学大学以其现代化的实验室、科研项目运行中心等为校企合作的顺利进行提供良好的硬件支持。(2)应用科学大学还专门设有校企合作中心,用来举办校企研讨会、为企业员工提供继续教育培训等。(3)为了给企业提供最新的科研动态信息,应用科学大学还与所在地区及跨地区的科研协会、专业机构保持着紧密的联系,定期开展与科研、专业协会等部门的深入交流,及时为企业提供技术和科研成果信息,帮助企业开发新技术、新项目。例如,柏林应用科学大学的应用研究所与柏林其他应用科学大学协同合作,共同推进当地中小企业开展跨界科研项目,帮助企业实现了更加合理的管理结构与生产流程。在全球能源环境频生危机的今天,德国的应用科学大学已经意识到,科学研究不仅在于追求其成果,更重要的是通过多种形式的科研活动培养企业具备可持续发展的思维。因此他们定期为合作企业的员工举办继续教育培训,以期从专业技术与社会环境两个方面提高员工的专业素质与人文素质,特别是培养他们用发展的眼光思考自身职责的习惯。[②]

借鉴荷兰、德国应用科学大学的做法和经验,转型高校可以遵循"服务地方求支持,贡献社会谋发展"的思路,从以下三个方面拓展科研经费的来源:(1)服务地方政府,承担地方的一些重大研究建设项目,获取专项资金;(2)服务当地行业企业,解决其发展中的技术、产品、工艺、经营等方面的难题,从而获得一定的赞助;(3)鼓励广大师生创新创业,申请专利和创业项目,并进行成果转化、转让,通过融资、风投等渠道吸引市场资金。例如,重庆科技学院从2012年起,每年的科研经费都超过1亿元,80%以上来自企业。

应用科技型大学应主动走出"象牙塔"模式,积极参与到区域、地方的社会经济文化大发展之中。(1)要积极发挥高校人才集聚的优势,立足社会实践,研究社会与企业难点、热点问题,找准政府关注点、着力点,参与到地方、社会、社区的治理之中,为地方政府分忧解难,出谋划策,争做政府的政策智囊。(2)要主动靠拢企业,与企业建立伙伴合作关系,邀请企业人员参与学校管理,共同研讨学科专业设置,共同进行课程开发等工作,同时为企业组建项目化研发团队,帮助企业进行技术升级,为企业输送高素质优秀人才,为企业员工提供及时的专业发展服务。(3)围绕地区优势产业、主导产业、未来发展产业和学校的科研优势与特长,主动加强与相关科研院所的合作,促进科研人员的相互学习和沟通交流,合作构建科技协同创新平台,推动科研成果的转移和转化。

综上所述,应用科技型大学的科学研究工作要紧紧围绕应用科技型大学的办学定位与本质特征以及区域/地方社会经济与文化建设的需要来展开,只有这样才能使其科学研究与科技开发成为源头之活水,永不枯竭!

[①] 王朋.从教育到研究:荷兰应用科学大学的职能拓展[J].外国教育研究,2018(1):33-41.
[②] 徐纯,钱逸秋.德国应用技术大学的应用科研建设与启示[J].天津中德职业技术学院学报,2014:47-50.

第十一章

应用科技型大学的治理

20世纪90年代以来,社会治理已逐渐成为现代世界公共事务管控与运行的主流方式。大学治理也伴随着社会治理进入21世纪的高等教育领域。治理理念及其方式变革对大学内涵建设产生了新的范式革命,从而产生了较大的效能影响。在建设中国特色高水平应用科技型大学新体系的过程中,如何科学有效地完善和提升中国应用科技型大学的治理体系与治理能力的现代化水平是一个重要的关键问题。

第一节 治理与大学治理

大学治理是伴随着社会治理成为当今世界一种新的社会管控与运行主导方式而进入21世纪的高等教育领域。2013年11月,中共十八届三中全会通过的《中共中央关于全面深化改革若干重大问题的决定》明确,全面深化改革的总目标是完善和发展中国特色社会主义制度,推进国家治理体系和治理能力现代化。决定首次提出了"推进国家治理体系和治理能力现代化"的改革目标。2019年10月,中共十九届四中全会审议通过的《中共中央关于坚持和完善中国特色社会主义制度、推进国家治理体系和治理能力现代化若干重大问题的决定》指出,坚持和完善中国特色社会主义制度、推进国家治理体系和治理能力现代化,是全党的一项重大战略任务。因此,提升高等教育治理与大学治理体系与治理能力现代化也就成为我国国家治理体系与治理能力现代化的重要组成部分和重要发展战略之一。

应用科技型大学的治理既具有当今大学所具有的共性特征,又具有应用科技型大学自身独有的特性特征。只有在世界大学治理共性基础上把握应用科技型大学的独特性来推进应用科技型的大学治理,才能有效地提升其自身的管理效能与教育效能,最大限度地提升应用科技型大学的人才培养质量、科研质量与社会服务质量。

一、什么是治理?

(一)治理的内涵

治理(govern),顾名思义,就是整治调理之义。治理作为英语一词govern,源于古希腊、古拉丁文"引领导航"(steering)意思。在古汉语，则是整修河道的意思。"治"字的本义，是水名；篆书的"治"字，是治水的象形，含有治水、整治之义。"治理"符合水之性，通过顺着事物天然具备的文理而整治，顺应其本身的能量动势趋向进行正向性的疏导，随圆就方，直能就曲，从而引导事物顺应先天客观规律而归正，这就是治理。大禹治水就是重疏而非堵，是古代治理的成功案例。

在公共管理领域，治理的概念是20世纪90年代在全球范围逐步兴起的。治理理论的主要创始人之一詹姆斯·N.罗西瑙认为，治理是通行于规制空隙之间的那些制度安排，或许更重要的是当两个或更多规制出现重叠、冲突时，或者在相互竞争的利益之间需要调解时才发挥作用的原则、规范、规则和决策程序。[①] 格里·斯托克指出："治理的本质在于，它所偏重的统治机制并不依靠政府的权威和制裁。治理的概念是，它所要创造的结构和秩序不能从外部强加；它之发挥作用，是要依靠多种进行统治的以及互相发生影响的行为者的互动。"[②]

在治理的各种定义中，全球治理委员会的表述具有很大的代表性和权威性。该委员会于1995年对治理作出如下界定：治理是或公或私的个人和机构经营管理相同事务的诸多方式的总和。它是使相互冲突或不同的利益得以调和并且采取联合行动的持续的过程。它包括有权迫使人们服从的正式机构和规章制度，以及种种非正式安排。而凡此种种均由人民和机构或者同意，或者认为符合他们的利益而授予其权力。它有四个特征：治理不是一套规则条例，也不是一种活动，而是一个过程；治理的建立不以支配为基础，而以调和为基础；治理同时涉及公、私部门；治理并不意味着一种正式制度，而确实有赖于持续的相互作用。[③]

在治理的形态中，政府治理主要体现在制度供给、政策激励、外部约束等方面。治理的最高目标与境界是善治。这个善不是伦理概念，而是治理作用的一种途径。善治（good governance）的英文表述是"好的治理"。在中国，善治的来源取自《道德经》中的解读："上善若水。水善利万物而不争，居众人之所恶，故几于道。居善地，心善渊，与善仁，言善信，政善治，事善能，动善时。"从上下文看，"政善治，事善能，动善时"，通常来讲就是，为政要善于治理好，处事能够善于发挥所长，行动善于把握时机。在这个意义上，善不光是目标，也是治理的意识和方法。理想的善治境界是大学、市场、公民与政府的制度契合和互赢关系。

"治理"是一个内涵丰富、适用广泛而又难以界定的概念。一般认为，治理是指在各种组织形态（政府、企业、社会组织等）的公共事务或其他事务中，各利益主体积极参与其中，实现权利共享和互动合作，以最大程度地增进利益相关者共同利益的结构与过程。它首先是一种理念，即分权与制衡、参与与合作；其次是一种结构，即各利益主体的权力配置方式；然后是一种过程，即权力关系的上下互动与彼此制衡的运行机制。因此，治理的核心价值就是分权与制衡，参与与合作。它强调在实现公共利益的方式上，由垄断、一元和强制走向民主、多元和合作，这是国家、社会和市民实现双赢的一条新道路。正因如此，治理作为一种新兴的理论才具有了旺盛的生命力。

---

① 詹姆斯·N.罗西瑙.没有政府的治理[M].张胜军,刘小林,等译.南昌：江西人民出版社,2001:9.
② 格里·斯托克.作为理论的治理：五个论点[J].国际社会科学（中文版）,1999(3):23-31.
③ 俞可平.治理与善治[M].北京：社会科学文献出版社,2000:270-271.

现代行政方式正在由传统的统治(government)—走向管理(management)—走向治理(governance);由善政(good government)—走向善管(good management)—走向善治(good governance)。

(二)治理与管理的关系

我国学者毛寿龙认为,英语词汇中治理(governance),既不是统治(rule),也不是指行政(administration)和管理(management),而是指政府对公共事务进行治理,它掌舵而不是划桨,不直接介入公共事务,只介于负责统治的政治和负责具体事务的管理之间,它是对以韦伯的官僚制理论为基础的传统行政的替代,意味着新公共行政或者新公共管理的诞生。①

治理指的是一种由共同的目标支持的活动,这些管理活动的主体未必是政府,也不一定非得依靠国家的强制力量来实现。从本质上看,治理行政与管理行政有很大的不同。一方面,管理行政的权威主要来自政府,而治理虽然需要权威,但这个权威并不为政府所垄断。治理行政是政治国家与公民社会的合作、政府与非政府组织的合作、公共机构与私人机构的合作、强制与自愿的合作。另一方面,权力运行的向度发生变化。管理行政的权力运行是自上而下的,它运用地方政府的政治权威,通过发号施令、制定和实施政策,对公共事务实行单一向度的管理。与此不同,治理行政则是一个上下互动的过程,政府、非政府组织以及各种私人机构主要通过合作、协商、伙伴关系,通过共同目标处理公共事务,所以其权力向度是多元的,并非纯粹自上而下。社会力量在治理中的作用日益增强,也可以通过正常途径,自下而上地对政府施加影响。②

1.治理与管理的区别

治理和管理在理念、目标、运行方式、评价标准等方面存在诸多不同之处,如表11-1-1所示:

表 11-1-1 治理与管理的具体区别

特征	治理	管理
目标	利益相关者责权利的平衡	组织的既定目标
导向	参与、合作、协调、共赢	决策、执行、控制、效率
主体	利益相关者	管理者、被管理者
运行方式	多元主体互动,合作网络	上下层级管理,科层制
权力向度	自上而下与自下而上,多向度	自上而下,单向度
实施手段	激励机制、协调机制、约束机制等	行政权威、权力控制、组织制度
运行机构	公共机构,私人机构	公共机构
政府作用	宏观调控	具体管理或干预
评价标准	善治(合作与共赢)	善政(效率与民主)

---

① 毛寿龙.西方政府的治道变革[M].北京:中国人民大学出版社,1998:7.
② 陈广胜.走向善治[M].杭州:浙江大学出版社,2007:124-125.

2.治理与管理的联系

(1)治理是管理发展到一定程度的产物,管理活动早于治理过程的出现。一般而言,组织规模较小时,边际管理成本和边际管理收益相对平衡,管理职能作用明显。但随着组织日益复杂化和组织规模日益扩张,权力进一步分化,实施治理过程成为必然要求。

(2)治理是伴随着管理危机的出现而产生的新的管理理念和机制。从公共管理理论分析,治理理论产生的背景是"政府失效"和"市场失灵"而产生的管理危机;从企业管理角度看,治理也是随着股份制公司出现而产生的所有权和经营权的分离而出现的。人们希望通过治理的方式解决公共管理和企业管理危机。

(3)治理体现了现代管理发展的新趋势。随着市场经济的成熟和公民社会的发育,各利益主体对社会公共事务的参与能力不断增强,为有效治理的实现提供了良好的制度环境。

二、高等教育治理与大学治理

在20世纪90年代末到21世纪初,社会治理的理念逐渐影响并引入高等教育领域,出现了高等教育治理与大学治理的范式变革,从而对高等教育的领导、管理与管控制度与方式产生了较大的影响。

(一)高等教育治理

高等教育治理是指作为一个国家或地区的高等教育系统的治理,它主要是作为国家或地区高等教育行政与管理主体如何更好地调节高等教育内外部关系利益主体之间的协调机制问题,以优化与提升高等教育系统的运行机制与教育效能。

从外部关系来看,它涉及政治系统(国家、省、市)与高等教育系统、经济系统与高等教育系统、文化系统与高等教育系统、社会环境系统与高等教育系统之间组织、法律、制度、政策、资源、人才等关系要素交换、沟通、支撑、共享机制的建立与完善。高等教育治理体系是在与本国、本地区的政治体系、经济体系、文化体系、社会综合体系的相互制约、相互影响中构建、优化与完善起来的。

从内部关系来看,高等教育涉及高等教育系统内部不同层次主体与要素之间关系的协调与运行。它主要包括国家、省市教育行政部门与高校系统之间、高校与高校之间以及高校内部各要素之间关系的协调与运行。

高等教育治理体系和治理能力现代化是目前我国高等教育制度改革与管理改革的一个重要战略任务。高等教育治理现代化必须是教育和知识规律主导下的一种常态性的制度行为,治理能力的发挥取决于个人自主与制度生产机制。治理能力需要放到大学、社会与政府多元体系中进行衡量。

评价高等教育的治理能力标准来自现代大学能提供多少高质量的知识和教育产品,来自外界是否对大学制度与知识活动保持尊重。[①] 正如克拉克所说的,"我们总是通过有

---

① 李海龙.论高等教育治理能力现代化的内涵[J].江苏高教,2017(4):21-28.

色眼镜来看待高等教育,结果原来就很复杂的情形更显得混乱不堪。毛病的根源在于那些从经济领域照搬而来的理论——它们主宰了我们的视线。……高等教育的任务是以知识为中心的。正因为它那令人眼花缭乱的高深学科及其自体生殖和自治的倾向,高等教育才变得独一无二——不从它本身的规律去探索就无法了解它"①。

从本质上来讲,知识规律和学术组织制定的运行逻辑是高等教育治理的主线,而社会成员、企业和政府只有在这个既定客观事实与规律的前提下才能有效推进高等教育治理。

(二)大学治理的内涵及其结构

1.国内外关于大学治理的探讨

目前,大学治理(university governance)在目前高教界是一个使用非常频繁的术语。一般认为,"大学治理"一词来自美国。1960年美国学者约翰·科森(John J. Corson)发表的《学院与大学的治理:结构与过程的现代化》(Governance of School and Universities: Modernizing structure and Processes)被称为第一本研究大学治理的专著,也是大学治理研究的奠基之作。科森认为,"决策过程涉及学生、教师、管理者、董事会与校外的个体和机构参与制定政策与规章,以及合作将其付诸实践"②。1967年美国高等教育协会(American Association for Higher Education)发布的一份名为《学术治理中的教师参与》(AAHE.Faculty Participation in Academic Governance)的报告,是最早提及学术治理的文献,该报告中认为建立学术参政会(academic senate)是实现教师参与学术治理的有效途径。③ 1973年,卡耐基高等教育委员会将大学治理定义为"作决策的结构和过程,从而区别于行政和管理"。④ 1976年,在詹姆斯·马奇(James March)和约翰·奥尔森(John Olsen)合著的《组织中的二重性与选择》(Ambiguity and Choice in Organization)中的一篇文章的题目也专门研究了大学治理(university governance)这个问题。2003年,国际高等教育研究学会(ASHE)系列丛书《关于21世纪大学治理的论文集》给大学治理界定的概念是"大学内外利益相关者参与大学重大事务决策的结构和过程"⑤。2004年,美国著名学者伯恩鲍姆(Robert Birnbaum)更深入地研究和揭示了大学治理的内涵,他认为大学治理是"平衡两种不同的但都具有合法性的组织控制力和影响力的结构和过程,一种是董事会和行政机构拥有的基于法定的权力,另一种是教师拥有的权力,它

---

① 伯顿·克拉克.高等教育系统学术组织的跨国研究[M].王承绪,徐辉,殷企平,等译.杭州:杭州大学出版社,1994:313.
② JOHN J C.The governance of colleges and universities:modernizing structure and process[M].New York:McGraw-Hill Book Co.,1975:20.
③ AAHE.Faculty participation in academic governance[R].American association for higher education,1967:67.
④ CARNEGIE FOUNDATION.The advancement of higher education: six priority problem[M].New York:McGraw Hill,1973:11.
⑤ GAYLE D,JOHN T. Governance in the twenty first century university: approaches to effective leadership and strategic management[J]. San Francisco:Jossey-Bass,2003:6.

以专业权力为基础"。①

1998年,日本学者早稻田大学前校长奥岛孝康在他的《私立大学的治理》论文中提出,并在中国和韩国举办的世界大学校长论坛上作了进一步阐述引起了较大反响。在《私立大学的治理》中,奥岛孝康说自己是在研究"公司治理(corporate governance)"的过程中考虑到"大学治理(university governance)"的②。

2004年,张维迎在其所著的《大学的逻辑》一书中提出了"大学治理(university governance)"这一概念。而张维迎对大学治理的阐述,同样是在与公司治理进行类比的基础上展开的。他指出:大学与企业不同,通常是一种非营利性机构。不过,"大学目标和理念的实现,离不开科学的制度安排,即治理结构,也就是大学的治理"。大学治理结构主要包括:第一,治理主体,即大学由谁治理,谁参与治理的问题。第二,治理客体,就是治理的对象,即利益相关者之间的责、权、利关系的协调问题。第三,治理机制,即如何治理,通过什么样的程序和机构,才能合理安排各利益相关者的责、权、利关系。他将其称之为"治理结构的三角形框架"。③

大学治理就是为实现大学目标而设计的一套制度体系,是大学内外利益相关者参与大学重大事务决策的结构和过程,是各种权力在各个主体之间的配置与行使,包括权力分配结构(治理结构)和权力运行机制(治理过程)两个互相匹配的方面。

2.大学治理的结构

大学治理首先是一种结构,即权力配置方式。大学治理结构是现代大学制度的核心,有内部治理和外部治理之分。

(1)外部治理是指大学的外部制度安排,涉及大学与政府、大学与社会、大学与市场、大学与大学之间的关系,表现为大学的办学体制、投资体制和管理体制等。

(2)内部治理是指大学的内部制度设计,即一所大学内部的组织结构和运行机制。我国大学治理问题主要涉及举办者、管理者、办学者之间的关系,及内部决策权、执行权和监督权等主要权力关系的明确规定。通过对这些关系和权力的界定,进一步明确大学与政府、社会等利益相关者之间的权益关系,明确学校与院系之间的权责关系,明确大学党委、校长、教师、学生之间的互动关系。人们通常从大学内部关系和大学外部关系两个方面,考察和探讨我国大学的内部治理。

3.大学治理要素的关系

我国大学治理应处理好十个方面的关系,即党委领导与校长负责的关系,应坚持和完善党委领导下的校长负责制;学术与行政的关系,应充分发挥学术委员会在学术治理中的作用;教学与科研的关系,应扭转以科研为主的倾向;学校与院系的关系,应完善院系的治理结构;大学章程与学校制度的关系,应完善以章程为核心的制度体系;办学自主权与治理能力的关系,应不断提高大学治理的能力;治理与管理的关系,应不断提高大学的治理

---

① ROBERT B.The end of shared governance:looking ahead or looking back[J]. New direction for higher education,2004(19):1-30.
② 奥岛孝康.大学治理:早稻田大学的改革[M].东京:早稻田大学出版部,2002:6-7.
③ 张维迎.大学的逻辑[M].北京:北京大学出版社,2004:1-20.

水平和管理水平；制度建设与文化建设的关系，应发挥文化在大学治理中的作用；外在推力与内生动力的关系，应增强大学提高治理水平的自觉性；大学与政企的关系，应做好校府、校地、校企、产教之间的深度合作与良性互动关系。

（三）大学治理与高等教育治理的关系

大学治理作为高等教育治理的核心组成部分，具有极其重要的地位和意义。它直接关系到高等教育体系的现代化和治理效能的提高。但是，大学治理又不简单地等同于高等教育治理。大学是高等教育系统的主体和组成单位，高等教育系统是由众多不同层次类型形式的高等学校（大学）组成，因此，大学治理是高等教育治理的核心与重要组成部分。

大学治理又不同于高等教育治理。它主要是指作为一种类型、一个高校自身的治理，是基于其自身内外部环境与办学定位、办学目标、办学战略而展开的一系列的治理活动与过程。大学治理体系是大学自身内外部关系主体之间相互影响、相互制约中所构建、优化与完善起来的体系。它主要处理好高校（大学）与政府、市场（企业）、社会的外部关系以及高校党委（董事会）、学校行政与机关部处、二级学院（部、所）、教辅单位、行政科室、系所、教研室、实验室、教职员工等内部各层级之间的关系，做好各层级的思想建设、组织建设、制度建设、内涵建设（师资队伍建设、学科建设、专业建设、课程建设）、条件建设、文化建设（学校文化、教学文化、教学科研共同体文化）等。中国大学的内部治理主要是处理好党委与行政（书记与校长）、学术自由与大学自主、官僚科层制与教授治校、教学与科研、教师与学生等之间的关系。因此说，高等教育治理与大学治理是集体与个体、共性与个性的关系。

自从20世纪90年代以来，随着我国社会主义市场经济体制、政治体制与教育体制的逐步改革与完善，我国的高等教育与大学系统从计划指令式的管理逐步向大学办学主体的自主性治理转变。尤其是进入21世纪以来，我国进入了全面建设社会主义现代化强国的新的历史时期，党和国家对我国高等教育的制度体系不断改革与完善，逐步构建起了我国社会主义高等教育治理的政策框架体系。2010年发布的《国家中长期教育改革和发展规划纲要（2010—2020年）》提出了"完善中国特色现代大学制度"，其要目包括完善治理结构、完善党委领导下的校长负责制、探索教授治学、加强教职工代表大会在治理中的作用等。随后，教育部相继下发《高等学校章程制定暂行办法》《学校教职工代表大会规定》《高等学校学术委员会规程》《普通高等学校理事会规程（试行）》等，这些政策文件描绘了现代大学制度建设在高校治理结构方面的整体框架。2014年，中共中央办公厅颁布《关于坚持和完善普通高等学校党委领导下校长负责制的实施意见》，进一步将党委和校长的职能进行原则性划分，为处理二者的关系奠定了合法性基础；2015年，教育部下发《关于深入推进教育管办评分离，促进政府职能转变若干意见》，为府学关系改善提供了原则性框架；2017年，教育部、中央编办等五部委联合下发《关于深化高等教育领域简政放权放管结合优化服务改革的若干意见》，进一步深化了政府简政放权的基本思路，也突出强调了高校在内部治理结构中注重进一步加强党的领导、完善民主管理和学术治理等。这一系列政策安排，较为完整地架构了中国大学治理的政策框架，这些政策安排的最终目标，都依归于建设中国特色现代大学制度这一中心目标。具体而言，在宏观的府学关系层面，围绕落实简政放权这条主线,着力提高高校自主权;在中观的组织层面,强调落实章程建设、完善治理结构、突出党的领导、建设学术委员会等;在微观的治理技术层面,要求在高校治理的职称评审、经费安排、民主监督等方面有更为完善的制度安排。但从经验层面判断,政策的执行情况似乎并不是特别理想,基于实践的调查研究和专注政策执行效果的评估研究也相对较少。① 2014年6月,国务院颁发《关于加快发展现代职业教育的决定》,强调"引导普通本科高等学校转型发展,……引导一批普通本科高等学校向应用技术类型高等学校转型"。2015年10月,教育部、国家发改委、财政部三部委联合发布的《引导部分地方普通本科高校向应用型转变的指导意见》提出"建立学校、地方、行业、企业和社区共同参与的合作办学、合作治理机制"。2019年1月,国务院发布《关于印发国家职业教育改革实施方案的通知》,提出"到2022年,一大批普通本科高等学校向应用型转变。……完善高层次应用型人才培养体系。……推动具备条件的普通本科高校向应用型转变。开展本科层次职业教育试点"。

这些国家宏观层面的制度政策,为我国高等教育治理、大学治理以及应用科技型大学治理提供了制度政策上的保障。

(四)大学治理与大学管理

正如治理与管理不同一样,大学治理与大学管理也存在性质上的区别。从时间上来看,大学管理产生的时间远早于大学治理,大学治理只是20世纪后期才进入高等教育管理领域的。从规模上来看,大学规模很小时,管理职能占主导地位,随着大学规模的逐步扩大,尤其是出现了几万人甚至是十几万人的多校区巨型大学以后,治理职能越来越重要。从制度机制上来看,大学管理是依靠权威奖惩、自上而下式的;而大学治理则是多元利益共同体的上下左右互动式的,其基本前提是大学利益主体的多元共享共治以及所有权与管理权的分离。大学治理效能及充分发挥则需要具备一定的制度环境,在制度环境不具备的条件下,盲目推行大学治理会事倍功半。

总括起来看,大学治理与大学管理在目标、导向、主体、客体、实施基础、实施手段、层级结构、沟通方向、政府作用和资金结构等方面都存在显著区别。② 关于这方面的区别可参见表11-1-2。

表11-1-2 大学治理与大学管理的区别

特征	大学治理	大学管理
目标	大学内、外部各利益主体的权利义务的平衡	大学的学科、专业、教学与科研等任务
导向	平衡导向,通过构建基本的大学架构,确保治理目标的实现	工作导向,通过实行组织管理完成学校的各项任务
主体	不同的利益相关者	大学的管理者
客体	所涉及的不同人与组织	被管理的人、财、物

---

① 刘益东,周作宇.大学治理:一个整体性框架[J].大学教育科学,2020(3).
② 李福华.大学治理与大学管理:概念辨析与边界确定[J].北京师范大学学报(社会科学版),2008(4):19-25.

续表

特征	大学治理	大学管理
基础	各种契约与市场机制	组织权威与行政权威
机制	外部治理环境与内部治理机制	计划、指挥、协调与组织
结构	大学的治理结构	大学的组织结构
关系	上下、左右的双向互动的沟通关系	自上而下的单向管理或服从关系
政府	通过制定相关法律法规等发挥宏观调控作用	通过人事任命干预管理过程

(五)大学治理的理论基础——高等教育的"内外部关系规律"

国内外有不少学者从不同视角提出了大学治理的理论基础,可以概括如下:法人理论、委托—代理理论、利益相关者理论、教育消费理论、人力资本理论、问责理论、公共选择理论、组织理论等。

我们认为,大学治理从宏观上来说要受高等教育的内外部关系规律所制约。潘懋元先生认为,高等教育要受两条规律的制约,"一条是教育的外部关系规律,指的是教育作为社会的一个子系统与整个社会系统及其他子系统——主要是经济、政治、文化系统之间的相互关系规律,简称教育外部规律;一条是教育内部关系规律,指的是教育作为一个系统,它内部各个因素或子系统之间的相互关系规律,简称教育内部基本规律"[①]。也即:教育要受一定社会的政治、经济、文化等所制约,并对社会的政治、经济、文化等的发展服务,社会主义教育必须通过德育、智育、体育、美育培养全面发展的人。以大学/大学系统为核心的高等教育系统的改革与发展既要主动适应外部社会的政治、经济、文化、科技等系统的发展需要,也要受之制约。同时,高等教育系统内部尤其是大学系统内部诸系统、诸要素之间的相互作用、相互适应、相互制约,也影响并推动着高等教育及其大学系统的变革与发展。因此,高等教育的内外部关系规律是大学治理与高等教育治理的基本理论基础。

(六)大学治理的模式

对于当前世界各国存在的大学治理模式的研究,学者们主要有以下几种观点:

伯恩鲍姆在《大学运行模式:大学组织与领导的控制系统》[②]一书中,从组织理论的视角,以"组织"和"控制"为核心概念,设想了五种大学组织权力运行模式,即"学会模式""政党模式""官僚模式""有组织的无政府模式""控制模式",并分别进行了实景描述式的深入。

郎益夫在透视各国大学治理结构的基础上提出五种治理模式,即科层模式、专业模式、民主模式、共享模式、经营型治理模式[③]。

龙献忠等人根据政府在大学治理过程中所起作用的不同提出了高等教育发展的四种

---

① 潘懋元.教育外部关系规律辨析[J].厦门大学学报(哲社版),1990(2):1-7,38.
② 罗伯特·伯恩鲍姆.大学运行模式:大学组织与领导的控制系统[M].别敦荣,译.青岛:中国海洋大学出版社,2003.
③ 郎益夫,刘希宋.高等学校治理结构的国际比较与启示[J].北方论丛,2002(1):117-121.

治理模式,即市场型治理模式、参与型治理模式、解制型治理模式、弹性化治理模式①。

刘朝晖从重视大学学术权力作用的角度提出三种大学治理结构模式,即以美国为代表的体现校外利益集团的董事会领导下的校长负责制,以德国、英国、法国为代表的体现校内各方意志的权力机构领导下的校长负责制,以日本为代表的由政府任命的校长负责制②。

甘永涛从"权威—目的两分法"分析框架出发,提出高等教育的四种理想治理模式:洪堡模式,代表政府集权化模式与文化价值目的的结合;纽曼的自由主义模式,代表自由主义与文化价值目的的结合;贝纳的社会主义模式,代表政府控制手段与社会实用目的的结合;市场模式,以新公共管理为取向,政府扮演的是"掌舵者"的角色③。

此外,还有学术治理模式(美国学者马文·W.彼得森等人)、官僚/科层治理模式(德国社会学家马克斯·韦伯提出)、共同治理/政治治理模式(鲍德里奇、萨兰奇克、佩弗克等学者为代表)、企业化治理模式(美国学者伯顿·克拉克的创新创业型的大学为代表)等④。

以上这些大学治理模式为我国大学治理尤其是应用科技型大学治理提供了一个较为丰富的借鉴与参考的模式框架。但中国的大学治理模式不同于西方国家的大学治理模式,中国大学是扎根中国大地的大学,具有其鲜明的中国特色、民族特色与时代特色。

第二节 应用科技型大学治理

应用科技型大学治理是现代大学治理中的重要组成部分,具有现代大学治理中普遍性问题与共通性规律,又具有其自身的特殊性与差异性特征。在治理应用科技型大学的过程中,应遵循现代大学治理的一般性规律,又要根据其自身的特殊性特点有针对性地进行治理工作。因此,应用科技型大学治理应在立足其特殊性规律的基础上,从各校实际出发,从问题出发,创造性地做好本校治理,以不断完善与快速提升应用科技型大学的治理体系与治理能力现代化水平。

一、应用科技型大学治理特殊性及其逻辑基础

(一)应用科技型大学治理特殊性

应用科技型大学的本质是以应用科技型高深知识的传授来培养高层次高素质的应用科技型专门人才,从事应用科技型科学研究,服务区域/地方社会经济与文化的发展。因

---

① 龙献忠.从统治到治理:治理理论视野中的政府与大学关系研究[D].武汉:华中科技大学,2005:1-2.
② 刘朝晖.重视发挥大学学术权力的作用 完善现代大学内部治理结构[J].辽宁教育研究,2007(1):13-15.
③ 甘永涛.大学治理结构的三种国际模式[J].高等工程教育,2007(2):72-76.
④ 李立国.现代大学治理形态及其变革趋势[J].高等教育研究,2018(7):9-16.

此,应用科技型大学应紧紧围绕其本质特征来进行综合治理。

应用科技型大学除了行业特色型院校之外,都是地方性高校,许多还是新建本科院校和民办职教本科院校。因此,在大学治理的理念和定位上不同于全国性的研究型大学、"双一流"大学。应用科技型大学的治理应紧紧围绕着服务于促进本地区社会经济与文化的发展来定位,在管理干部、管理制度、师资队伍、学科专业课程、人才培养目标与规格、人才培养方式、教育教学评价、科学研究与转化、产学研用合作等方面都要紧紧围绕着应用科技型大学的总体办学定位与目标来展开。其中,校地合作、产教融合、职普融通是其不同于研究型大学的显著特征和本质要求。

(二)应用科技型大学治理的逻辑基础

从大学类型来看,研究型大学治理依从的是学科逻辑与科教融合逻辑,而应用科技型大学治理遵从的是产业逻辑与产教融合逻辑。大学重构中主导性的制度逻辑如表11-2-1所示。

2004年,美国学者帕特里夏·J.加姆波特所提出的大学重构中主导性制度逻辑的二分法[①]为我们进一步分析应用型大学内部治理结构变革逻辑提供了重要参考依据。

表11-2-1 大学重构中主导性的制度逻辑

	社会(学科)逻辑	产业逻辑
广义情境	社会期望、学术共同体、经典制度神话	市场力量,经济驱动
服务社会的传统	多重的,包括教育、公民、知识保存和发展	通过技能训练和研究应用为经济发展作出贡献
对于变动需要的适当反应	停下来讨论	审视并重新定位
知识的中心价值	思想的内在价值,有独创性的学术	收入生成,商业化潜力
时间水平线	长期	短期
资金提供者视角的主导理论	投资于探究,包括基础和重大开发研究;投资于未来一代;精英教育	致力于应用研究、技术开发和教育服务;大众化与普及化教育
知识的塑造者	学科,教授导向;知识生产模式Ⅰ	市场,需求导向;知识生产模式Ⅱ与Ⅲ
理想的学术结构	综合的;延续和变革由教授控制	有选择的和弹性的;受管理者限制
继续面对的学术挑战	在资源紧缩之下坚持综合性的学术境况;内部不和谐;公众信任丧失	面对变革固定化的支出;不完备的信息;在话语和结构之间缺乏一致性
服务取向	服务于人类发展与国家重大自然社会问题	服务于区域/地方产业与社会经济文化发展

应用科技型大学治理应该是立足于培养应用科技型人才与应用科技型科技研发,来为区域地方的社会经济与文化建设服务。其逻辑基础就在于面向地方社会经济与文化建设的主战场,以校企深度合作与产教融合为核心,建立健全与完善政产学研用多方联动良性机制,充分发挥政产学研用各方力量,切实完善应用科技型大学治理结构与治理体系,较快提升应用科技型大学治理现代化水平与治理效能。

---

① 帕特里夏·J.加姆波特.大学与知识:重构智力城[J].李春萍,译.北京大学教育评论,2004(4):54-65.

二、当前中国应用科技型大学改革与发展中的主要问题

大学治理是针对其在改革与发展过程中存在的突出问题而进行的治理改革。目前，我国应用科技型大学中还存在着许多问题，主要有以下十个方面：

(1)办学基础不一，办学历史短，办学经费不足，办学条件较差。

(2)办学治校理念不清晰，办学定位(学校定位、人才培养定位)不明确，办学战略随时因人多变。大学章程大同小异，没有学校特色，流于文本形式，无法执行与实施。

(3)管理体制机制尤其是教师考评制度的公平性、合理性、科学性不足。

(4)中层干部整体素质不高，干部选拔制度较为僵化，学术权力较为弱势。

(5)"双师型"教师引进与培养力度不大，比例不足。

(6)科学研究重基础学术性研究，"五唯"顽瘴痼疾并无改善。

(7)学科专业设置与地方人才结构需求紧密度还有待提高；人才培养模式单一，课程教学质量水分过大。

(8)实践教学体系构建及实践教学实效性不足。

(9)学生纪律自由散漫，专业素养与做人修养较低。

(10)校地、校企深度合作不足，产教融合度不高。

以上这些问题，在前面有关章节中都有所论述，因此，不再展开赘述。

应用科技型大学应该紧紧围绕这些存在的突出问题，按照应用科技型大学的本质特征与办学定位、办学战略与治理逻辑要求全面系统治理。

三、如何推进应用科技型大学的治理水平与治理能力现代化

(一)办学方向治理

推进中国特色社会主义高等教育治理体系和治理能力现代化，要坚持党的领导，坚持社会主义，坚持"中国特色"与"中国道路"，扎根中国大地办教育。这是我国包括应用科技型大学在内的所有社会主义大学的统一要求与制度保障，是办什么样的大学的方向性根本要求。

我国的基本社会制度是中国特色社会主义制度，我们要建设的现代化是有中国特色的社会主义现代化。这是中华人民共和国成立七十五年来被历史和实践证明了适合中国国情的社会制度，也是中国人民的历史选择，具有社会主义制度的巨大优越性。1949年后，我国的高等教育在中国共产党的领导下，坚持社会主义的办学方向，立足中国特色社会主义建设的实际需要，在学习苏联、借鉴西方发达国家的高等教育实践经验的基础上不断改革探索与实践创新，形成了富有中国特色的社会主义高等教育治理体系，取得了举世瞩目的巨大成就。2021年，全国各类高等院校共有2738所，其中，本科院校1270所(含本科层次职业学校21所)；各类高等教育在学总规模达到4183万人，高等教育毛入学率

达到54.4%,[①]成为世界高等教育的第一大国。实践证明,坚持党的领导是中国特色高等教育治理的根本经验。

全面推进和完善中国特色社会主义高等教育治理体系与治理能力现代化就必须坚持党的领导,坚定不移地高举中国特色社会主义伟大旗帜,立足中国特色社会主义现代化对高等教育所提出来的新要求,锐意改革,实践创新。要进一步建立与完善富有中国特色的社会主义现代大学制度。要进一步建立与完善政府与大学、大学与学院、行政权力与学术权力之间的良性互动机制,着力提高高校自主管理能力,完善高校治理结构,推进高等教育治理体系和治理能力现代化。

高等学校要按照《教育法》、《高等教育法》及其他相关法律法规的要求,进一步制定与完善符合本校实际与办学特色的章程,按照本校章程依法办学与治理。要进一步完善"党委领导下的校长负责制",坚持"党委领导、校长负责、教授治学、民主管理、社会参与"的现代大学制度,尊重大学自主与学术自由的大学基本精神,积极探索由"校办院"向"院办校"的学校内部改革,做好高校人事管理、学位管理、专业设置、招生考试、对外合作等多个领域的"放管服"综合改革,积极探索新时代有中国特色的社会主义现代大学制度与大学治理体制。

(二)校级领导班子治理

推进中国特色社会主义高等教育治理体系和治理能力现代化是一项在党的领导下各方治理主体共同积极参与的伟大事业工程。因此,加强应用科技型大学的党委与校行政班子建设,遴选好党委书记与校长主要领导,理顺并处理好党委书记与校长之间的职责权关系,这是提升应用科技型大学治理水平与治理能力现代化的重要保证。

(1)要着力完善普通高校党委领导下的校长负责制。按照德才兼备、以德为先的用人标准,选好配强高校领导干部,切实增强高校领导班子的整体功能,还要健全完善高校各级基层党组织,特别是加强青年教师和研究生群体的党支部建设,选用政治素质强、业务能力精、品行口碑好的优秀干部作为支部带头人;坚持党管办学方向、管改革发展、管干部、管人才,把党的领导贯穿教育工作的各方面各环节。[②]

(2)要着力强化高校党委党建主体责任。高校党委应把抓好党建工作作为办学治校的基本功,党委书记负总责,党委委员身先士卒、率先垂范,共同履行好把方向、讲大局、带队伍、强落实的责任,保证党的教育方针在高校落地生根、结出硕果;要教育引导干部职工自觉学习贯彻习近平新时代中国特色社会主义思想,牢固树立"四个意识",严守政治纪律和政治规矩,切实增强思想自觉和行动自觉,坚持以政治建设统领高校党的思想、组织、作风和反腐倡廉建设,推动高校党的建设制度化、规范化。

(3)要解放思想,进一步完善干部人才选拔与优化淘汰机制,大力选拔政治素质强、道

---

① 教育部.2020年全国教育事业发展统计公报[EB/OL].(2021-08-27)[2021-12-18].http://www.moe.gov.cn/jyb_sjzl/sjzl_fztjgb/202108/t20210827_555004.html.
② 中共教育部党组.关于教育系统学习贯彻党的十九届四中全会精神的通知.教党〔2019〕49号[EB/OL].(2019-11-29)[2022-02-13].http://www.moe.gov.cn/srcsite/A12/s7060/201911/t20191129_410201.html.

德修养好、学术水平高、具有开阔的国际视野和国内外一定影响的高校各级各类学术管理干部队伍。通过高水平高效能的教育教学与科研、社会服务等管理,全面提升我国高校各级治理能力的现代化,全面提高我国高等教育质量水平。

(三)中层干部队伍建设

加强中层干部队伍建设,是提升应用科技型大学治理能力现代化水平的关键。"政治路线确定之后,干部就是决定因素。"国家的教育政策与学校的办学决策都需要通过机关部处和二级学院的中层干部来创造性地贯彻执行与落实。因此,在应用科技型大学的管理与治理过程中,中层干部的队伍建设就具有十分重要的意义。

由于应用科技型大学大多是新世纪以来合并与升格的新建本科院校,有许多还是近几年升格的本科院校,因此,学校现有的中层干部大多是原高职高专班底,普遍存在着干部队伍学历较低,学术素养不高,行政化管理倾向严重的特点。

近年来,随着年龄较大干部的退休退职,青年博士的大量引进和职称晋升,中层干部博士学位学历较低的局面才得以改观。但是,在许多新建本科院校中,还是存在着干部队伍年龄老化、思想僵化、能力退化的情形,中层干部只要不违法乱纪,就永远在一个岗位上待到退休,使得许多有思想、有能力、有知识、有水平的中青年干部不能够脱颖而出,走上管理岗位,严重影响了应用科技型大学办学治校与教育教学质量水平的提高。在调研中还发现了一个有趣的现象,应用科技型院校中层干部队伍素质大都普遍比"双一流"高校和民办本科高校的中层干部队伍素质低。这是因为,在"双一流"高校,由于整体教职员工的素质高,学术声望是选拔中层干部尤其是二级学院院长的首要标准,一般所选拔的院长在本学院虽不一定是学术水平最高的,但一定是一流的,是在国内本学科有一定影响力的学者,从而,从二级学院院长、副院长流动到机关部处的处长,他们的自然整体素质也较高。而民办本科院校,由于其用人体制机制的灵活性与注重实效性,凡是经过试用不合格的或者校级领导发现有更优秀的人选,会及时地淘汰或不拘一格地任用。除了人事、财务等要害部门任人唯亲之外,其他部门的领导大都能做到任人唯贤。在公办新建本科院校中,由于干部体制、选人用人机制还不够健全,一旦选拔上来的中层干部,如果不触及党纪国法,就很难被淘汰。又由于同事、同学、师生、老乡、团队、球友、棋友、酒友等各种关系网的存在,就不可避免地存在着众多"队列""团伙",尤其是在几个学校合并的高校更是严重。

选拔中层干部要注意分类设定岗位任职条件,不能简单地沿用党政部门提任干部的做法。

(1)对学校机关处的正职和业务副职要注重从一线教学科研人员中选拔,尤其是教务处、科研处、人事处、发展规划处、质量评估部门等业务性较强的部门的正职与副职,要从学院的院长、副院长以及系主任、教研室主任中进行选拔。对这些机关部处的优秀科级干部的选拔不能简单地提拔到本部门任职,可以考虑把优秀的科级干部提拔到业务性不强或者学院书记、副书记等重要岗位上继续发挥作用。

(2)要从以提任为主的方式转到面向校内外甚至海内外公开选拔的方式,把校内外、海内外优秀的学术人员吸引并充实到本校的干部队伍中。公开、公正、公平的竞选方式无疑比列入主要领导视野人选的提名讨论决定要好得多,也避免了高校在用人、选任等方面存在的腐败问题。

（3）对双肩挑人员应鼓励全职全身心地投入学校的行政管理事务中来，对仍然能够坚持教学科研的处级干部要适当按一定比例减少教学工作量与科研工作量的考核，对学院院长要加强教学与科研的质量考核，要充分发挥学术领导与学术带头人的作用，谨防当院长仅是为了少上课、少做科研的庸政懒政的情形发生。

（四）教师治理

高校中的人员除了上面提及的领导干部、管理干部，还有教职员工与学生这两大主体，由于学生是高校中人群最大的一类主体，其他所有主体的存在都是为了学生的存在而存在，因此，我们单独进行研究。教师与学生是高校存在的基本主体，而领导、管理人员以及员工都是随着高校规模的不断发展与扩大逐渐增加而成为一个相对独立的群体存在。因此，教师与员工具有不同的职能、责任与属性特征。由于行政人员与后勤服务人员职能较为单一，主要是贯彻落实学校的各种决定与做好教师的服务保障工作，因此，本书不把他们作为主要的研究对象来展开研究。教师是学校开展教育教学活动的主力军，是办学治校的核心资源，对学校发展具有决定性的作用，因此，教师治理的效能就决定着应用科技型大学办学治校效能的高低与优劣。

对教师的治理要注重从其职业人格与专业素养两个方面展开。首先，教师负有"立德树人"与"教书育人"的"传道授业解惑"的神圣职责。他们不同于社会上其他职业群体，他们是用其"春蚕到死丝方尽，蜡炬成灰泪始干"和"吃的是草，挤出来的是牛奶"的无私奉献精神、爱生如子的博爱精神、探求与传授高深专业知识技能的专业素养、学高为师身正示范的职业准则来影响学生、濡化学生、培养学生，使学生在德智体美劳技等方面得到全方位的和谐发展。

（1）道德人格是否高尚作为选聘教师的最重要的标准。对那些道德败坏、毫无爱心、自私自利、斤斤计较的人员，无论其学术水平与学历学位多高，都不能破格聘用。

（2）在教师聘任、考核与职称评定、评优选模中要坚决破除"五唯"这个顽瘴痼疾，要注重考察考核教师教学敬业精神，重点把广大教师的工作精力转移到教书育人上来，而不是重科研轻教学。应用科技型大学的教师要重点加强广大教师到企事业部门挂职锻炼，开展校企合作与技术攻关，以及带领与指导学生下企业，深入厂矿企事业做调查与考察、实习、实训。要把教育教学是否合格作为评价教师优劣高低最重要的指标，不能以科研代替教学。

（3）要注意加强"双师型"教师的引进与培养。一方面，要加大青年教师到企事业单位挂职锻炼的时间与时效；另一方面，要注重破除各种制度与机制藩篱与障碍，大力从企事业单位、从海外引进高水平的"双师型"教师，切实改变"双师型"教师比例。

（4）要切实解放教师，减少各种评比、会议与数据统计、各类填表、材料整理等形式主义的工作，使广大教师把主要的时间与精力转移到课堂教学上来，转移到产教融合与校企合作上来，转移到教书育人上来，转移到学术研究上来。

（5）教师的管理制度与考核机制要注重分类考核，不可全校所有学科专业一个标准、一个模式、一种方式方法。理工农医人文社科艺等不同学科不同专业具有极大的学科与专业特殊性，工科有工科的特点，文科有文科的特殊性。

(五)学生治理

对应用科技型大学的治理应该按照应用科技型大学办学定位与人才培养目标定位来选拔、录取与培养、管理学生,不能沿用传统大学的传统方式方法。

(1)学生选拔与录取要从现行的高考一次竞争性选拔走向适应性的多元化选拔录取制度。高考主要考查学生中学阶段的知识掌握与灵活运用能力,说到底主要是考查学生的智力水平,并且对少数智力较好的学生有利,对城市学生有利,但不利于考查学生的动手能力、实践能力、体育运动技能与特长、艺术表演与创造能力、发明创造能力以及人际交往能力、社会活动能力等各类特长与综合素质。因此,高考不利于应用科技型大学人才的选拔与培养。

(2)要做好学生从中学到大学的过渡性与衔接性教育,使学生能够平稳地适应大学生活。由于我国中学阶段是保姆式的教育,学生在中学是封闭式的管理与教育。教师和家长包揽了学生的生活、学习与课外活动的一切。因此,做好大一新生的适应性教育就显得十分重要。

要做好大一新生的适应性教育,就要从入学第一天开始,做好入学教育、军训教育、大学四年学涯规划教育、未来职业生涯规划教育、人生理想教育、大学纪律与法纪教育、大学专业教育与大学四年课程地图教育、大学生学习方法教育、大学生活自理教育、大学生劳动教育、贫困生与学困生帮扶教育等。

(3)由于大一新生纪律较好,应该从大一开始进行严格的校风校纪与学风学纪教育与管理。在调研中发现,许多高校都存在着大一新生纪律很好,可是到了大一第二学期尤其是大二开始,大部分学生的纪律开始松散的现象。所以,校风校纪与学风学纪管理与建设是当前应用科技型大学一项十分紧迫的工作。

(六)制度治理

在现代大学治理中,制度与机制的建设无疑是各类主体良好关系处理与运转的枢纽与动力源。凡是管理混乱甚至是管理失灵的高校,大都是由于其制度设计与机制运转方面出现了问题,导致了师生员工积极性受挫,出现管理效能低下的状况。所以,现代大学治理的一个重要标志就是从"人治"走向"法治",最后走向"文化治理",形成应用科技型大学师生员工的命运共同体。

(1)要建立健全与完善各类委员会,通过专业委员会的专业治理来提升应用科技型大学的治理效能。虽然,目前国内所有高校都建立了校务委员会、学术委员会、教学委员会、人事工作委员会、研究生教育委员会以及教职工代表大会等各种决策、咨询、管理功能的委员会,也都强调教授治学、民主管理、全员参与的理念。但是,在实际的执行过程中,还是流于形式,实质上还是以行政化管理为主。

另外,可以成立专门各类咨询委员会,如教授委员会、青年博士委员会、本科生委员会、研究生委员会以及党外人士委员会、留学回国人员委员会等,对学校即将出台的各种重大决定、决策、制度进行咨询,问计献策,最后将比较成熟的方案提交学校各类决策委员会讨论、完善,重大决定、决策与制度还需要提交到教代会审议、完善后通过。

(2)建立与完善高校理事会或董事会制度。在许多公办高校都建立了理事会,民办高校建立了董事会,或者有些高校二者兼有之。但在许多公办高校中,理事会仅仅是由上级党委、政府的主要领导、社会各界名流代表以及本校校级主要领导所组成,仅仅是形式上的决策机构,并无实质性的权力,还是由学校主要领导在主导,需要时走一下程序。而在民办高校,董事会则是最高权力机构,董事长往往就是创校校长或者主要的投资人之一。因此,所谓董事会领导下的校长负责制实则是董事长领导下的校长执行制。校长几乎没有什么重要人事权和财产权,校长职责大概相当于教务处长与科研处的职能角色的二者叠加。这两种情况下都不利于应用科技型大学治理效能与管理效能的提升。为此,需要按照国家相关政策要求,制定学校章程,经过本校教职工代表大会通过后报上级主管部门审批。理事会、董事会以及各级领导与管理干部都应严格按照本校章程依法管理、依法办事,杜绝出现"一言堂"、一人任意拍板决策的情形发生。

(七)学科、专业与课程治理

人才培养是应用科技型大学最主要的活动,也是应用科技型大学办学治校的根本点与落脚点。为了建设高水平的应用科技型大学就必须加强本校学科、专业与课程治理,使之按照应用科技型大学的本质特征与属性运转。

1.学科治理

应用科技型大学的学科治理必须按照应用科技型大学的本质要求来设置学科,应调整现有学科结构,注重发展应用科技型学科,不能沿用研究型大学的学科建制来发展自己。

应用科技型大学的学科建设应紧紧围绕着专业建设与课程建设来展开,而不是像研究型大学那样首先注重学科建设,专业建设与课程建设服务于学科建设;应用科技型大学的学科建设应立足于、服务于、落脚于本校的专业建设与课程建设,也就是落实到本校应用科技型人才培养与应用科技型研究活动上来。

应用科技型大学的学科布局与建设应紧紧围绕所在地方社会经济与文化发展的长远需要与未来需要来设置,紧紧围绕学科链群与地区产业结构链群紧密呼应。应从本地区高校群落的学科生态布局上,走差异化、优异化与特色化的学科治理之路。

2.专业治理

应用科技型大学的专业治理同学科治理一样,也应紧紧围绕着地方社会经济与文化建设的需要展开。专业调整、优化与布局应紧紧围绕地区经济结构、产业结构、技术结构、人才需求结构来进行,走学科链群—专业链群—产业链群紧密呼应互动的路线。

应用科技型大学专业治理要坚持"动态调整"的机制,及时淘汰过时、就业前景不好的专业,增设未来需求或就业前景较好的、地区社会经济与文化建设急需的专业。在专业设置时,还要根据学校自身的办学实际、办学条件来进行,不能盲目追求新专业。

3.课程治理

应用科技型大学治理的最终目的是提升应用科技型人才培养质量,而人才培养质量的高低优劣是通过科学优化的专业课程体系及其一门门课程质量所决定的。因此,课程质量直接决定着人才培养目标的实现与人才培养质量的高低优劣。

应用科技型大学课程质量主要是围绕着应用科技大学的人才培养定位,从课程体系的优化、课程设计(课程目标与专业培养目标的呼应度、知识点与技能点和职业素养点的综合设计等)、教学(课程)大纲与教材编写与教学参考书选用、课程实施、课程考核与评价、课程模块化、校企课程研发与实施等方面展开。突出应用型人才培养目标、过程与质量,是应用科技型大学课程管理的特殊性所在。

(八)学院治理:从校办院转向院办校

中国应用科技型大学有一个不同于欧洲应用科技型大学的特点就是学科专业多、学院学系多、校均规模大,一般地方高校都有40~60个本科专业,校均规模在1.5万~2.2万人,有些高校甚至3万人左右。而欧洲的应用科技型大学超过万人的较少,有些只有几千人,并且学科专业数量也不多,但特色型学科专业明显,紧密呼应地方社会经济发展需求。这样,中国应用科技型大学由于学科专业多、学院学系多、校均规模大等特点,就给大学治理带来了较多问题:一是学科与专业多、学院学系多,自上而下的垂直管理跨度大、难度大,各个学科专业与院系特点不同、基础不同、发展路径不同,而用全校统一的标准与模式来衡量与考核就很容易陷入"一刀切"、统一化、模式化的境地,导致管理效能低下。二是行政管理与服务人员众多,财政拨款不足,导致办学经费紧张,从而挤占教学经费的划拨与使用。三是全校一体化的统一管理很难调动各个层次教职员工的积极性与创造性,导致管理僵化,甚至管理失控。因此,地方高校由校办院向院办校的治理结构转变是目前我国许多地方高校面临的一个紧迫问题。

所谓由校办院向院办校的转变,实质上是由原来学校一级的人事权、财政权、教学与科研考核权等向二级学院的转移与让渡,其目的是根据不同学科专业与院系特点,改革责权利全面考核制度,充分调动二级院系和广大教职工的积极性、创造性,全面提升人才培养、科学研究与社会服务水平,以更好地提升办学治校的管理效能。转变的关键在于责权利项目清单的科学化划分、下放与全面考核,不能只下放责任而没有充分下放人事权、财政权和教学科研自主决策权。同时,又不能简单地全面下放,而对二级院系的管理听之任之,失去学校一级的政策领导、方向领导、宏观管理、过程监控与制度约束等。由校办院向院办校的转变是一项复杂的系统工程,涉及人财物等全方位的整体变革,需要学校充分调研,立足于本校实际,积极借鉴成功改革院校的经验,创造性地推动这一综合改革。

在调研中发现,东部某高校在2015—2019年开始启动学校综合改革方案,其核心就是由校办院向院办校的转变。在四年一轮的综合改革过程中,学校按照各个学科专业与院校的不同特点,定编定员,下放了较大程度的人事权、财务权与教学科研自主权,各个院系也都根据自身不同特点制定了相应的教师与实验教辅人员的全面考核制度,并积极开展校企合作,争取外部资金的引入。可以说,第一轮的综合改革迈出了顺利的一步。但是,随着新一届主要校级领导的更换,各个职能部门的领导也随之调整与更换。在2020—2023年新一轮改革周期中,彻底推翻了上一轮的综合改革方案,又回归到由学校一级统一管理,由各个职能部门(人事处、教务处、科研处等)制定标准,简单化地按照学院教师基数下达二级学院教学、教科研、社会服务、增收创收等任务,并且在教育厅下达任务的基础上层层加码。原来有教学为主型、教学科研型、科研为主型、专职科研型、社会服务型、专业技术教辅型等多元化的师资队伍被压缩成教学为主型、教学科研型与科研为主型三大类型,并且所制定的标准简单化、理工化、经费化,尤其是科研工作量考核与职称评聘标准过高,"五唯"(唯论文、唯帽子、唯职称、唯学历、唯奖项)情形不但没消除反而愈演愈烈。这就造成了不同学科专业统一一个标准,致使人文社科类学科专业的教师备受打压与歧视,成为压垮教师的最后一根稻草。并且,不同学院的教学工作量标准不一,如副教授都是学校要求一年完成300课时教学任务,而有的学院乘以1.5或1.2的系数,有的学院把教师的开会、监考、工会活动、文体活动等也都按一定计数标准计入教学工作量,对未完成教学量、科研量等扣钱标准也不一。这就导致全校20多个学院的计算标准不一甚至混乱。学校在下达任务时没有制定一定的宏观标准,只是简单化地平均下达任务。因此,不少教师利用多种形式向学校领导和职能部门反映意见,但回应都是学校党委会研究通过的方案不能轻易更改,致使教职工上访信件不断增多。许多教师一看怎么努力也不会完成科研任务,也不会再有希望晋升,极大地挫伤了广大教师的积极性,导致学校管理效能低下。通过这一案例,可以看出,学校综合改革与二级学院的治理任重道远,需要科学、系统地统筹规划,一张蓝图绘到底,一以贯之地持续推进,切不可虎头蛇尾,更不能朝令夕改,随着校级领导的更替而随意改弦更张。

(九)产教融合治理

作为应用科技型大学的外部治理,产教融合的治理是最重要的治理方面,也是应用科技型大学区别于传统大学与研究型大学的最显著的特征。

研究型大学的外部治理最主要的是处理好与中央政府与所在城市政府的关系,争取财政的大力支持;另外一个重要方面就是加强与海内外知名高校的合作与交流,以提升本校国际化办学水平与国际影响力。而应用科技型大学的外部治理最主要的是加强与地方政府的关系,以获得土地、资金等各方面的大力支持;另外一个方面则是加强与区域/地方企业的联系,做好校企深度合作,建立健全与完善产学研用良性机制,做好产教融合这篇大文章。应用科技型大学的本质属性决定了产教融合是应用科技型大学办学治校的基本点,没有"产"的合作与支持,就谈不上应用科技型人才培养目标的达成,更谈不上应用科技型科学研究的开展。

因此,政产学研用良好机制的建立与否就是检验应用科技型大学产教融合是否成功的一种重要标志,也是检验应用科技型大学办学治校是否成功的一个重要标准。

综上所述,实现应用科技型大学的治理水平与治理能力现代化是一项长期的系统的改革工程,需要政府、学校、社会等多方面的积极参与、鼎力合作与持续推进。

第十二章 应用科技型大学的产教融合及其基本组织形式

产教融合与校企合作是应用科技型大学办学治校的基本特征之一,也是区别于学术型大学、研究型大学的一个最显著特征。产业学院是实施产教融合与校企深度合作的基本组织、主要载体与有效形式。

产教融合的实施与产业学院的建设都是由应用科技型大学办学定位与人才培养定位所决定的。应用科技型大学的本质是通过培养高素质的应用科技型人才与应用科技型研究直接为区域社会经济与文化发展服务。无论是实践性、应用性、创新创业能力强的应用科技型人才的培养,还是通过科学与技术开发、设计、应用与转化的应用科技型研究,都需要学校与厂矿企事业的深度合作与产教融合及其主要载体——产业学院来实现。

第一节 应用科技型大学的产教融合

一、产教融合的提出

产教融合在我国具有相对较长的历史,近代我国出现的各种洋务学堂尤其是各种军事学堂、农工学堂等都是产业与教育、工厂与学校结合较紧密的办学教育。中国共产党领导下的延安时期的各类高等教育也都是紧密联系革命战争与工农业生产实际所开展的新型产教融合的办学形式。

在新中国成立后,我国的职业教育政策表述和理论研究领域,曾出现过半工半读、工学结合、工学交替、产教结合、校企合作、产教融合等概念。这些概念是在中国语境下基于职业教育的特征并伴随时代发展而产生的,尽管其外延及演绎的层次不同,但其内涵和基本语义的指向却是一致的。

改革开放后,国家开始高度重视与大力加强职业教育,不断提出加强对产教、校企、工学结合培养高素质技术技能型人才的要求。1991年,国务院颁布的《关于大力发展职业技术教育的决定》明确"提倡产教结合,工学结合";1993年,中共中央、国务院颁布的《中国教育改革和发展纲要》再次强调:"要在政府的指导下,提倡联合办学,走产教结合的路子,更多地利用贷款发展校办产业,增强学校自我发展的能力,逐步做到以厂(场)养校。"

20世纪90年代,产教结合开始成为职教战线上的热门词。

进入新世纪后,国家又进一步强调要加强产教融合、校企合作与产学结合,以培养高素质应用技术型人才。2000年,教育部颁布的《关于加强高职高专教育人才培养工作的意见》中明确要求,教学与生产、科技工作以及社会实践相结合是培养高等技术应用型人才的基本途径。2005年,国务院颁布的《关于大力发展职业教育的决定》明确指出,要积极推动公办职业学校办学体制的改革和创新,"推动公办职业学校与企业合作,形成前校后厂(场)、校企合一的办学实体"。2006年,教育部颁布的《关于全面提高高等职业教育教学质量的若干意见》进一步强调,要积极推行与生产劳动和社会实践相结合的学习模式,把工学结合作为高等职业教育人才培养模式改革的重要切入点,带动专业调整与建设,引导课程设置、教学内容和教学方法改革。因此,产学合作的发展模式是高等职业技术学院的本质特征,是学院办出特色,形成核心竞争力的根本途径。

2014年6月,国务院颁发的《关于加快发展现代职业教育的决定》明确提出"加快现代职业教育体系建设,深化职业教育产教融合、校企合作,培养数以亿计的高素质劳动者和技术技能人才"。从此,从产教结合到产教融合,标志着我国职业高等教育进入了一个更高更深层次的改革与发展阶段。

2017年12月,国务院办公厅颁发的《关于深化产教融合的若干意见》指出,进入新世纪以来,我国教育事业蓬勃发展,为社会主义现代化建设培养输送了大批高素质人才,为加快发展壮大现代产业体系作出了重大贡献。但同时,受体制机制等多种因素影响,人才培养供给侧和产业需求侧在结构、质量、水平上还不能完全适应,"两张皮"问题仍然存在。深化产教融合,促进教育链、人才链与产业链、创新链有机衔接,是当前推进人力资源供给侧结构性改革的迫切要求,在新形势下全面提高教育质量、扩大就业创业、推进经济转型升级、培育经济发展新动能具有重要意义。①

2021年10月,中共中央办公厅、国务院办公厅印发的《关于推动现代职业教育高质量发展的意见》着重提出了"完善产教融合办学体制,创新校企合作办学机制"重要任务。②

2022年12月,中共中央办公厅、国务院办公厅印发的《关于深化现代职业教育体系建设改革的意见》重点提出了以深化产教融合为重点,以推动职普融通为关键,以科教融合为新方向,有序有效推进现代职业教育体系建设改革,培养更多高素质技术技能人才、能工巧匠、大国工匠;坚持以教促产、以产助教、产教融合、产学合作,延伸教育链、服务产业链、支撑供应链、打造人才链、提升价值链,推动形成同市场需求相适应、同产业结构相匹配的现代职业教育结构和区域布局,形成制度供给充分、条件保障有力、产教深度融合的良好生态的新的战略目标要求,强调要打造市域产教联合体,打造行业产教融合共同

---

① 国务院办公厅颁发《关于深化产教融合的若干意见》(国办发〔2017〕95号)[EB/OL].(2017-12-19)[2022-03-16]. http://www.moe.gov.cn/jyb_xxgk/moe_1777/moe_1778/201712/t20171219_321953.html.
② 中共中央办公厅 国务院办公厅.关于推动现代职业教育高质量发展的意见[EB/OL].(2021-10-12)[2022-03-16].http://www.gov.cn/zhengce/2021-10/12/content_5642120.htm.

体,建设开放型区域产教融合实践中心。①

从以上政策的演变可以看出,随着我国社会主义现代化建设的全面推进,产教融合在应用科技型人才与技术技能型人才培养过程中已经具有越来越重要的地位和作用。

二、产教融合的国际实践

对产教融合、校企合作人才培养模式的研究及实施,西方发达国家开展得最早并取得了很好的成功经验,值得我们去学习和借鉴。前面的有关章节也有所介绍,这里简要概述德国、美国、英国及澳大利亚等国产教融合的人才培养模式。

(一)德国的"双元制"模式

德国实行"双元制"人才培养模式,目前被认为是世界职业教育领域中的一个成功典范。"双元制"(dual education system)的特点是要求企业和学校合作联办,校企双方联合制订教学目标和教学计划,学校负责理论教学,企业负责实习培训;学生一边学习理论知识一边进行实践实习,两者同时进行。等到毕业时,学生不仅取得了学位证书,还取得了职业资格证,可以直接上岗。② 这种模式是一种通过国家立法支持,企业和学校分工合作,共同培养人才的教学模式,值得我们认真加以总结与借鉴。

(1)建立完善的职业立法。因为德国为了"双元制"的顺利实施,颁布了一系列的法律法规,如《职业教育法》《企业基本法》《劳动促进法》《培训员资格条例》等,对学校和企业都有明确而具体的要求,用以调节与约束学校与合作企业的行为。

(2)重视职业教育师资队伍建设。在德国,从事职业教育的教师是必须经过培训的,德国政府制定了相应的法规,规定教师参加培训是一种必须履行的义务。德国注重一体化的职教师资培养过程,教师上岗前必须经过层层选拔。同时,还有严格的教师考核制度,对于从事职业教育的教师国家给予财政上的支持。

(3)重视学生的实践能力。"双元制"模式就是学生在学校与企业交替学习,在学校学习专业知识的时间大约占30%,剩下的时间都是在企业进行实践学习。学生通过大量的实践,可以对企业的环境、设备、产品及工艺技术非常熟悉,这为以后的工作奠定了一定的基础。③

德国的"双元制"对世界各国的应用科技型与技术技能型人才培养模式改革产生了较为广泛的影响。

(二)美国的合作教育模式——CBE模式

CBE(competency based education)是美国等国实施的一种"以能力为基础的教育模式",也是目前世界上比较成功的职业教育模式。它的核心是从市场的需要出发,确定能

---

① 中共中央办公厅 国务院办公厅.关于深化现代职业教育体系建设改革的意见[EB/OL].[2022-12-21].http://www.gov.cn/zhengce/2022-12/21/content_5732986.htm.
② 陈长江.德国职业教育的特点及启示[J].科技创业月刊,2005(2):84.
③ 胡青华.应用型大学转型背景下"产教融合、校企合作"人才培养模式的路径选择[J].沈阳工程学院学报(社会科学版),2017(2):235-239.

力目标。通过聘请行业中有代表性的企业专家组成专业委员会,按岗位需求确定培养目标,并以此为基础构建各项能力培养的教学模块,组织教学内容,最后按能力要求进行评价。该模式重点培养岗位群所需的技能,保证提高学生的职业能力。这一模式最值得学习和借鉴的意义在于建立了完善的学生职业能力体系和校企合作管理制度。

美国政府非常支持企业和学校进行合作,通过立法来加强企业与学校之间联合培养社会需求人才。同时,政府还专门拨出专项资金来支持校企合作。学校非常重视校企合作,通过合作,学校可以清楚地了解社会的需求,及时设置课程和调整专业,学生也可以通过企业的职位需求来选择自己的专业,这就推动了职业教育的发展和完善。同时,企业也非常重视合作。通过合作,企业可以招聘到所需求的岗位人才,这种人才不仅有理论知识,还有很强的动手能力。结果就是学校培养的人才企业满意,学校和企业之间的合作得到加强,这是一种学校和企业双赢的供需关系。[①]

(三)英国的"三明治"教育模式

英国的教育模式主要是"三明治"(sandwich education)模式,该模式最早起源于1903年英国桑得兰技术学院(Sundland Technical College)实施的所谓"三明治"教育。该教育模式要求学生在学校学习期间,要去企业实习很长的时间。它是一种"理论—实践—理论"的人才培养模式,其实施方式是在两学期之间,通过在校授课和到企业实习相互轮替的教学方式实现以职业素质、综合应用能力为主的人才培养目标。

在英国,这种培养模式主要有两种形式:(1)第一种形式分为三个阶段,学生中学毕业后,先在企业工作实践一年,接着在学校里学习完二年或三年的课程,然后再到企业工作实践一年,即所谓的"1+2+1"和"1+3+1"教育计划;(2)第二种形式是第一、二、四学年在学校学习三年理论,第三学年到企业进行为期一年的实践,即所谓的"2+1+1"教育计划。不论用哪种方式完成"三明治"课程,学生都需要在最后一年回到学校完成学业。因为形式上跟两片面包夹一块肉的"三明治"很相似,所以被称为"三明治"模式。

"三明治"教育模式的考核评估体系是一个全过程的考核体系,由企业、学校、学生共同完成。它对学生在实习期间的行为控制和质量控制起到了重要的作用。从高级技术学院时代起,学校就有了"三明治"学制。这种第一学年在学校打基础、第二学年到企业顶班实习、第三学年回学校深入学习获取学位的学制,使理论与实践得到很好的统一,是传统学制所不能比拟的,也是技术学院的最大特色。在桑得兰技术学院升格为大学(The University of Sunderland)以后仍保留了这一办学特色,由此吸引了众多的企业介入教育事业,为学校与企业人才双向流通打开了渠道。该校与我国深圳职业技术学院、温州职业技术学院等职业技术型院校开展了深度合作。

英国"三明治"教育跟美国的"学工交替"合作教育非常类似。其特点如下[②]:

(1)利用学校和企业两种不同的教育环境和教育资源培养应用科技型人才,将理论和实践结合起来,促进教和学。

---

① 韩玉珍.高职校企合作人才培养模式的探索与实践[J].北京市经济管理干部学院学报,2011(12):60-61.
② 方黛春.高职"2+1"校企合作人才培养模式的实践研究[D].上海:华东师范大学,2008:9.

(2)工作训练成为教学活动的重要组成部分。英国规定工作训练要保证工作时间,保证学习和工作的一致性。

(3)学生实习有薪酬保证。

(4)学生的工作训练应主动适应企业的需求,使学生成为企业未来人力资源的一部分。

1987年,英国政府发布的白皮书《高等教育——应对新的挑战》认为:"受过高等教育的学生不仅要接受学术的、专业的和职业的教育,他们在毕业时,还要具有有助于复兴经济所需的能力、技能、态度和价值。"这里所描述的"能力、技能、态度和价值"正是"三明治"课程实践环节的培养目标,这一目标的实现和质量控制是"三明治"课程体系的核心,它是通过严谨的"三明治"课程考核评估体系来完成的。

"三明治"课程的考核评估体系,是一个全过程考核体系,主要包括企业评估结果、指导老师评价结果和学生自评结果。企业评估结果:学生长时间在企业工作,其实习行为主要由企业经理或主管直接指导和培训,因此企业评估结果是评估考核体系中最重要的部分。指导老师评估结果:每个实习学生都有一位实习指导老师。实习指导教师在实习开始时指导督促学生制定学生"个人实习发展规划",在实习过程中通过电话和邮件等形式跟踪学生的实习进程并随时和学生探讨实习过程中的疑惑。最后,实习老师要有一个"placement visit"。这个visit由学生安排,必须有企业的经理、学生和指导老师参加。在这个visit期间,指导教师要检查学生所制定的"个人实习发展规划"完成的进度,学生的实习日志、企业的反馈等。学生工作日记:学生工作日记由个人发展计划、工作日志和反馈三部分组成。它是证明学生工作期间表现的核心文档。学生要记录在工作期间的表现,承担的工作内容,个人发展计划的完成进度,掌握的技能以及在此期间取得的其他成绩。[1]

(四)澳大利亚的 TAFE 教育模式

TAFE 是"技术和继续教育"(technical and further education)的简称,是澳大利亚在职业教育中实施的一种人才培养模式。它已有 100 多年的历史,其文凭得到澳大利亚所有大学、美国、国际大学联盟(IUA)和英联邦国家的认可。TAFE 最大的特点是学以致用,它是学生和用人单位之间最好的桥梁。TAFE 向社会输送获取不同技术等级证书和专业文凭的技能人员,它的一流学院级的教师许多就是行业中人,与各行业包括雇主都有最紧密的联系,他们最了解行业的发展,随时调整课程和学制以满足不同社会、不同行业和不同专业领域对人才的需求。

TAFE 是由政府直接管理,学校与企业及行业协同合作,以学生为中心的培养模式。它是一种具有灵活办学条件、统一教育和培训标准,以提高学生能力为目的的人才培养模式。

TAFE 模式具有如下主要特点:

(1)TAFE 是综合性的教育与培训机构,是由行业主导,政府、学校与社会相互结合,同时,各方又具有一定的相对独立性以及多层次参与性,目的是提高学生适应行业和社会

---

[1] 三明治课程[EB/OL].(2016-09-12)[2021-10-13].https://baike.baidu.com/item/三明治课程/3282804

需求的能力。

(2)TAFE学院规模大、教育培训任务重、影响非常广泛。它在澳大利亚的大城市都有分布,是全澳职业技术教育、成人教育和移民教育任务的主要承担者。

(3)TAFE学院的办学教育经费由以下两部分组成:主要经费来自政府,联邦政府与州政府拨给的经费就占所有经费的90%以上,剩下的经费由学院自己筹集。

(4)TAFE学院的教育任务是培养满足社会需求的技术技能型人才。

(5)学院拥有实力雄厚的师资力量,因为教师都是从有工作经验的专业人员中招聘的。TAFE学院教师的招聘要求:一般至少有3～5年行业专业工作的经验,不从应届毕业大学生中招聘。[1]

虽然,澳大利亚的TAFE模式只是职业教育而非本科教育的主要形式,但它对我国的应用科技型大学建设与职业高等教育改革探索也具有一定的借鉴意义和参考价值。

西方德国、英国、美国与澳大利亚等国的产教融合与校企合作教育方面都有着各自的共性及其不同的显著特点,这些对探索我国产教融合的改革实践与建设富有中国特色的高水平应用科技型大学具有较大的借鉴意义与参考价值,值得我们认真研究。

三、产教融合的内涵及其基本形态

产教融合由产教结合发展而来,因此,产教融合是在产教结合的基础上提出来的更深层次的更高要求。

(一)产教融合的内涵

1.产教结合

1993年,时任国家教委职教司副司长王文湛在解读"产教结合"一词时,将其概括为三个层次:一是教育和经济在发展战略和总体规划上要结合;二是在办学体制上要结合,即发挥企业办职教的优势,提倡企业兴办职业教育;三是在教学安排、教学组织上实现教育与生产劳动相结合。

从我国职业教育发展史来看,产教结合其实就是在以往半工半读、联合办学的基础上产生的,它是"我国职教发展实践的经验总结,也是各国职教发展的共同规律"[2]。受其影响,这一时期我国的职业教育实践改革及其政策话语体系也是在以上三个层次上开展的。

2.产教融合

进入新世纪以来,国家在一系列的文件中提出了比"产教结合"要求更高、层次更深的"产教融合"。由"结合"到"融合"标志着产业与教育、企业与高校之间在合作的理念、形态、形式、机制等方面更高的要求,实现两个主体在"育人""科研""生产""服务"等方面实现融为一体的目标要求。要深刻理解职业教育产教融合的内涵,应牢牢把握住三大融合[3]:

(1)"产业"和"教育"相融合。"产业"一词,是由不同分工的、具有一定利益关联的各

---

[1] 戴勇.澳大利亚TAFE学院的特点及启示[J].职教通讯,2001(6):55-57.
[2] 振中.王文湛谈如何理解"产教结合"[J].教育与职业,1993(9):8.
[3] 陈志杰.职业教育产教融合的内涵、本质与实践路径[J].教育与职业,2018(5):35-41.

个行业所组成的业态的总称。产教融合中的"教育"是特指职业教育活动中的学校教育。"产业"与"职业教育"的融合就是指通过某种模式,实现产业系统与职业教育系统的整合。职业教育天然地具有与社会生产联系紧密的属性,产业为职业教育提供物质支撑与人力培训,职业教育则为产业发展提供人力支撑与科技开发,进而形成一种产业要素与教育要素协同配合,共同放大产业经济效益与教育社会效益的经济教育方式。

(2)"企业"和"学校"相融合。传统上,企业与学校是两类完全不同的主体,企业主要是从事生产、经营等商业活动,学校则负责教书育人。但自第三次工业革命兴起以来,随着科技的迅速进步和产业的不断完善,企业对专业技术技能人才的要求越来越高。不论是传统的职业教育,还是企业内部的专门培训,都难以独自承担起培育合格专业技术技能人才的重任。于是,企业与学校两类主体的关系"越走越近",呈现出相互融合的趋势,欧美发达国家普遍采用的现代学徒制教育模式就是企业与学校融合的典型代表。国家一再明确提出职业教育领域要大力加强"深化产教融合"的要求,就是要将企业与学校融合作为职业教育的发展战略来看待,拓展校企合作的广度和深度。

(3)"生产"和"教学"相融合。职业高等教育的目标是为全社会生产和服务一线培养高水平应用科技型人才与职业技术技能型人才,因此,"生产"和"教学"融合是职业高等教育活动开展过程中的必然要求。然而,长期以来我国职业教育的专业教学与生产实践脱节的问题始终存在,并饱受用人单位诟病。于是,"学中做,做中学"日益成为社会各界对职业教育改革的共同呼声。国家提出推动职业教育"产教融合"的初衷之一,就是要解决国内职业教育专业教学与生产实践相脱节的问题,让广大职业院校培养的人才能够对接并满足企业的用人需求,而无须企业对其进行"二次培训",以此提高我国职业教育的质量和效率。

综括而言,产教融合的要义在于充分发挥企业的重要作用,促使教育供给方和产业需求方的各个要素全面融合,以实现教育链、人才链、产业链和创新链的协调互联,培养大批高素质的创新性应用科技型人才和技术技能人才。这一过程将为加速构建实体经济,推动科技创新、现代金融和人力资源的协同发展提供强有力的支持,增强产业的核心竞争力,并汇聚新的发展动能。产教融合的主要目标包括逐步提高行业企业参与教育的程度,建立多元化的教育体系,全面推行校企合作来培养人才。这将有助于实现教育和产业的紧密融合,建立互动良好的发展模式,也进一步完善需求导向的人才培养模式,解决人才供给与产业需求之间的重大结构性矛盾,职业教育、高等教育对经济发展和产业升级的贡献度显著增强。

(二)产业链、创新链和教育链融合的概念与形态

2017年底,国务院办公厅印发的《关于深化产教融合的若干意见》明确提出"教育链""产业链""创新链""人才链"概念,把各链融合作为推进产教融合和深化教育供给侧结构性改革的重要举措。先剖析上述概念,对各链融合的机理和组织形态进行论述,奠定分析产业学院的理论视角。

1.概念

(1)产业链。产业链是各个产业部门之间基于特定技术和经济关联,以及特定逻辑关系和时空布局关系而形成的一种有机连接的产业体系。这种产业链结构是围绕核心产业

展开的,通过对信息流、物流、资金流的控制,形成的由供应商、制造商、分销商、零售商、最终用户构成的一个功能链结构模式。① 我国经济发展进入新常态,各方正努力推进产业结构调整和转型升级,促进产业价值链由中低端迈向中高端,提高经济发展质量。

(2)创新链。创新链,也可称之为创新创业链,是指创新成果转化为创新产品的链条。创新创业链可分为研究开发、生产试验、商业化与产业化三个环节。② 因此,创新创业链包括基础研究、应用研究、实验发展、产品设计、工业生产、市场营销、售后服务等环节。它体现了各类主体之间交互作用的非线性网状链接模式。科技成果转化率低、高校重科研轻教学,是我国科技体制机制改革的难点。

(3)教育链。教育链是促进人才知识掌握、能力发展和素养培育的系列活动组成的增长链条。专业是高校人才培养的基本单元。以此为基点,高校教育链包括以下环节:专业布局—专业方向—培养方案—师资建设—课程开发—教学活动—实践环节—质量保障。受多种因素制约,高校人才培养供给侧和产业需求侧在结构、质量、水平上还不能完全匹配,人才创新能力培养状况不容乐观。

(4)三链融合。三链融合是一种战略性的发展理念,旨在实现创新战略和新时代经济高质量发展。它聚焦于培养创新创业型人才、突破关键技术与核心工艺、增加新颖产品市场供应,以创新链、教育链和产业链的深度整合为基础,实现这一目标。三链融合通过整合教育链、创新链和产业链的关键环节,使它们有机衔接和深度嵌入,以促进资源的互补和共享,促进协同演化和开放创新。三链融合的核心目标是实现创新和高质量发展,以实现创新战略为价值引领,将教育、创新和产业相互关联,促进经济发展;最终目标是形成一种良性互动格局,使行业企业积极参与高校教育教学改革,使高校主动承担区域创新引擎责任,实现教育、创新和产业的协同发展。这种融合的方法有助于推动产业链和创新链的发展,培养更多的创新型应用科技型人才,促进经济的高质量增长。

2.三链融合的组织形态

教育链、创新创业链和产业链在结成网络状协同创新体系过程中,三方既保持自身组织独立性,又在功能上相互渗透,职责上重叠和交叉。三者在相互交叉和渗透融合之时,需要相应的组织结构与制度供给,促进跨界间异质资源、知识和信息的共享与整合,推动双边或三边协作。

(1)产创融合。指高校、科研机构、行业企业和政府等创新主体协同开展技术攻关和研发,促进科研成果转化为生产力。由于各类各方在合作结构中所处位置不同,创新要素的组合方式不同,产生不同的合作与组织模式,主要有技术转让、委托研究、联合研发、校(院所)办科技、共建科研基地、产学研战略联盟和组建研发实体等。③ 创新创业链是推动产业升级和产业链动态调整的直接动力,产创融合度直接决定创新驱动发展战略能否实现。

(2)产教融合。这是建设中国特色高水平应用科技型大学的着力点和突破口。它是

---

① 张铁男,罗晓梅.产业链分析及其战略环节的确定研究[J].工业技术经济,2005(6):77-78.
② 司云波,和金生.从知识发酵机理看科技成果转化[J].科技进步与对策,2009(22):168-170.
③ 王文岩,孙福全,申强.产学研合作模式的分类、特征及选择[J].中国科技论坛,2008(5):37-40.

指高校与企业围绕协同育人所开展的资源共享、人员交流、平台搭建、制度创新和模式设计等。校企合作的模式主要有：顶岗实习、共建基地、订单培养、工学交替、项目合作等。目前来看，企业参与高校人才培养的积极性弱，产教融合层次低、形式松散和内容浅，这是制约人才供给侧质量和人才培养模式改革的重要因素。

（3）科教融合。科教融合是世界一流大学的核心办学理念，是建设高等教育质量强国的必要举措。通过教授为本科生上课、吸收本科生参与科研项目、开放大型科学仪器实验设备、更新课程教材内容和指导毕业设计等形式，让大学生接触科技发展前沿领域，接受科研方法训练，培养科学素养和创新能力。[1]

（4）三链融合。三链融合是一种高级组织形态，它超越了传统的双链关系，即大学与产业、产业与教育、科研与教学之间的关系，而将它们进行了更深层次的互动和渗透。三链融合的典型组织形式是产业学院，这种机构将人才培养、科技创新和产业发展等多方面功能有机地综合在一起，汇聚了各方优势资源。在产业学院中，企业将其产业资源、政策支持、行业经验、业务标准、实习岗位、人力资源招聘、内部培训、生产工艺、研发技术和经营管理等发展要素注入，从而推动产业升级和区域化发展。同时，高校通过提供人才、技术、社会资源等方面的支持，引领企业的战略转型和区域发展规划。高校在产业学院中承担着日常管理、专业培养、区域交流、专项研究以及人力资源等服务的角色。这种三链融合的模式有助于促进产业、教育和科研的更深层次协同发展。它强调了企业和高校之间的合作与共享，以培养更具竞争力的人才、推动科技创新和产业发展。产业学院作为这种融合的典型载体，发挥着关键的作用，促进了知识的传递、创新的推动以及产业的升级，为区域经济和社会发展提供了有力的支持。因此，产业学院成为一个全新的产学研合作模式。

产业学院的核心功能是促进高校与产业企业之间的知识流动、共享、整合、创新、应用和传播，实现互补性的合作，以实现互利共赢。这一功能的产生和发展具有深刻的机理和逻辑。产业学院的建设必须以区域或地方产业链的价值活动分析为基础，密切关注产业价值链的结构调整、转型升级和高质量发展的需求。在此基础上，它应部署创新创业链和教育链，以满足产业链的需求。通过瞄准产业链的需求侧和创新创业链以及教育链的供给侧的结合点，产业学院可以设计治理规则，确保知识的流动、转移、共享、整合、利益的分配以及风险的共担。这有助于最大程度地释放各种资源的潜力，实现创新、教育和产业的有机协同，实现动态的协同和自组织演进。产业学院的作用在于促进各方资源的共同利用，推动高校与产业的深度合作，从而促进知识的传递、创新的推动，以及产业的升级。这种有机的三链融合模式有助于实现经济的高质量发展，提高产业的竞争力，并推动区域的发展。

众所周知，博耶提出了"教学学术"的概念和思想。他主张高校学术应该包括四种有区别但联系紧密的形式："发现的学术""应用的学术""综合的学术""教学的学术"。学术意味着通过研究来发现新的知识，通过课程的发展来综合知识，通过应用把知识和当代的问题联系起来，通过咨询或教学来传授知识（教学学术）。产业学院把知识发现—知识应用—知识综合—知识传播一体化地衔接起来，综合人才培养、技术研发、社会服务等功能，

---

[1] 胡文龙.论产业学院组织制度创新的逻辑：三链融合的视角[J].高等工程教育研究，2018(3):13-17.

实现以创新引领创业和创智,以创业反哺创新和创智,以创智奠定创新和创业对人才需求的良性局面,成为协同育人组织平台的高级演化形态,促进知识协同由单链合作、互动合作到一体化协同。

综上所述,在产教融合与校企深度合作的改革探索过程中,要紧密把握其以上跨界性、双主体性、互惠性、动态性的基本特征,有目标、有计划、有系统地进行改革探索与完善提高,以实现应用科技型大学的办学治校目标。

四、当前应用科技型大学产教融合中的问题与困境

虽然,我国自20世纪90年代就一直倡导职业教育要进行产教结合,实现校企深度合作,但是在改革与实践的过程中却一直存在着许多问题与困境。要想真正实现产教融合的战略目标,建设富有中国特色的高水平应用科技型大学新体系就必须解决这些问题与突破这些困境。

应用科技型大学产教融合存在的主要问题与困境,主要有以下几个方面:

(一)政府主导职能有待加强

近年来,虽然教育部等多次发文强调产教融合、校企合作,并不断加以推动,一些高校、地方政府、行业也先后出台了产教融合、校企合作的相关制度与举措,然而由于转型时间短,各级政府并没有出台详细的、规范的校企合作法律法规,也没有建立健全与完善专门的产教融合、校企合作的监督和协调机构,产教融合缺乏有力的推动措施,政府与市场失衡以及政府边界不清、不到位等都不利于应用科技型大学产教融合进一步向纵深推动,这有待于政府的主导职能进一步加强。

1.政府与市场失衡:政府权力边界模糊与角色定位不清。

政府和市场调控在产教融合中的平衡是一个重要问题。政府计划和市场调控代表了两种不同的力量,它们在产教融合过程中需要平衡,以实现良好的结果。一方面,政府在产教融合中可能过分依赖市场,放弃在政策层面的宏观调控。政府"放任"的态度使企业和学校能够在融合形式与内容上有更多可能和途径。但"放任"所引发的监管缺失可能会导致"产教融合"在"资本逐利"的影响下,失去原有的价值定位,甚至走向违约违法的境地。21世纪初期,"工学结合、企业实践"成为"变相输出免费劳动力"的现象就是政府在行政监管和制度建设上"缺位"所致,目前在一些职业院校(尤其是一些民办院校)的实习实训过程中仍然存在类似现象。另一方面,政府在产教融合中还可能"越权"介入。"越权"表现在:(1)政府直接安排相关企业与学校建立合作关系,设立合作项目;(2)政府通过规章制度设立不合理的准入门槛与管理机制,对产教融合的内容、方式等进行过度限制。政府的"越权"行为会打击学校与企业作为融合主体的积极性,破坏市场机制优化教育资源与人力资源配置的基本格局,出现浪费社会资源以及破坏信用机制的结果。

产业与教育如何融合,理应是一个政府、高校、市场协同解决的问题。不同区域的产业对人才类型(工程型、技术型、工程技术型、技术技能型)、技术与管理水平(如基础型科研成果、应用型科研成果或软科学成果)等的需求是不断变化且极具区域和产业特点的。职业高等教育产教融合的初衷也正是希望应用科技型院校能够遵循市场机制优化资源配

置的基本规律,将应用科技型的人才培养、科学研究、社会服务与产业系统进行对接,形成"教育—产业—教育"双向支持的螺旋上升机制。政府的所有规制行为都应基于承认和鼓励市场机制作用这一根本原则。在此基础上,政府根据区域/地方内人力资源输入、开发与输出的现实,以及产业界对区域理想人力资源结构的期盼,尽可能地利用法律和政策以补充市场机制所不能实现的功能。其中的关键问题就在于如何界定政府的角色及其权力边界,尤其是"政策"作为政府灵活管理社会事务工具的边界,以避免"放任"和"越权"两种极端。

2.治理模式落后:管办评关系不清且中介性组织作用淡化

产教融合在涉及政府、学校和企业之间的复杂关系时,可能会导致管办评关系不清晰的问题。这是一个复杂的问题,因为不同方面有不同的权益和特殊性。政府在产教融合中扮演了监管和支持的角色。政府需要明确自己的职责,提供适当的政策和法规框架,以促进产教融合的健康发展。政府还应确保产权保护机制跟得上,以防止国有资产流失和不当侵占。学校作为人才培养和科学研究机构,具有特殊性。在产教融合中,学校需要确保其师生的权益不受损害,并且需要清晰界定其在项目中的角色和权利。这需要在合作协议中予以明确规定。在产教融合项目的举办、管理和评价中,应确保所有参与方的权益受到保护,产权界定清晰,国有资产得到充分保护。这可以通过建立透明的决策机制、合同管理和监管制度来实现。

管办评关系不清的另一个重要原因在于中介性组织作用的淡化。从西方大学治理的实践来看,中介性组织扮演的是"缓冲""协商""辅助"的角色。市场与政府作为市场化管理和权威式管理的代表,必须借助中间组织进行利益协调。商会、行业组织、非政府组织等都属于此类机构。而在现有的产教融合机制中,中介性组织的作用并未得到重视。以市场机制为主的产业端和以政府调控机制为主的教育端往往就合作议题直接对接。在组织性质、运行机制、发展目标、文化氛围等有着巨大差异的背景下,这种直接对接缺乏资源协调和信息缓冲的中介,并不能有效降低组织间的交易与管理成本。[①]

(二)行业企业参与积极性不高

应用科技型大学转型、产教融合使得高校与企业、行业的联系更加广泛,合作内容更加丰富。但是在校企合作过程中,高校和企业追求的目标并不相同,高校以培养应用科技型高素质人才为目标,是非营利组织,而企业主要追求的是产品盈利,合作出现"剃头挑子一头热"的情况。从目前情况看,大部分高校仍然以高校一方作为管理主体,没有将行业、企业的管理积极性调动起来。在合作教育过程中,企业只在学生实习阶段参与管理,很少参与学生的课程学习、毕业设计等其他教学过程。很多高校虽然设置了校企"双导师制",但学校和企业缺少沟通的平台,往往高校和企业各自为政,在学生培养过程和时间上难以统一。校企双方合作大都停留在技术成果的购买转让或技术咨询服务等方面,在人才培养方面的合作不够深入,企业参与的积极性有待进一步提高。

对企业来说,参与校企合作,如果不能从中获得经济效益和创造财富,反而要投入大

---

① 李政.职业教育的产教融合障碍及其消解[J].中国高教研究,2018(9):87-92.

量的人力、物力和财力,造成财富的流失,这是企业不愿意承担的。加上中国的人力资源丰富,市场劳动力供大于求,特别是技术含量低的企业,不用参与学校的合作就能招聘到大量人员。同时,新建本科院校尤其是民办院校自身条件有限,技术研发能力较薄弱,不能为企业开发新产品,提供技术上的服务。正因为上面的这些原因,使得企业参与校企合作的意愿不强,导致校企之间的合作难以进一步开展。①

因此,如果没有企业的积极参与,那么产教融合与校企深度合作的实施就将成为美丽的"海市蜃楼",最终应用科技型大学办学治校的目标终难实现。

(三)高校内部问题与发展困境

1.高校教学实践环节薄弱

应用科技型大学注重培养应用科技型人才,实践教学是其核心教学环节。然而,在转型过程中,实践教学手段和方法存在不足。这是一个需要解决的关键问题。一方面,实践教学所需的资源不足。这包括学生实训实践基地、创新创业实践平台、科技创新平台等。虽然学校在产教融合和校企合作中引进了一些资源,但由于一些原因,一部分资源没有得到充分利用,导致资源的闲置和浪费。在这方面,学校可以加强资源管理和有效利用,确保资源得到最大化的应用。另一方面,实践教学的课程体系不够完善,缺乏相应的实践类、创新类课程和教材,以及与实践教学平台相匹配的课程体系,导致实践教学缺乏系统性和连贯性。学校需要开发和完善实践教学的课程和教材,确保学生能够获得全面的实践教育。

2.应用科技型("双师型")师资普遍不足

应用科技型大学需要具备较高的教学水平、理论水平外,对其应用科学与应用技术能力也提出了更高的要求。要培养学生的实践应用能力,教师首先必须具备较强的技术应用能力以及了解社会、企业最前沿的技术。传统的高校教师以学术研究型、教学型为主,大部分教师的工程技术应用水平与实践能力不够。而新引进的青年教师大多是青年博士,他们大都来源于海内外的研究型大学,培养过程中很少深入企业和社会进行实践锻炼,从学校到学校的经历使其难以胜任实践教学工作。传统的研究型、教学型教师已无法满足应用科技型人才培养的师资需求,应用科技型的"双师型"师资队伍缺口很大,亟待提升和建设。②

3.学校办学条件对企业缺乏吸引力

如果在学校与企业的合作中能够给企业带来一定的经济利益,企业就会积极参与校企合作。但从目前一些地方高校尤其是民办新建本科院校的情况来看,由于自身的办学条件导致学校和企业的合作难以进一步向前发展。

(1)一些学校设置的课程跟社会需求脱节,专业不能很好地为企业服务,对口就业的情况比较低。

---

① 胡青华.应用型大学转型背景下"产教融合、校企合作"人才培养模式的路径选择[J].沈阳工程学院学报(社会科学版),2017(2):235-239.
② 陈维霞.应用型大学协同育人管理机制研究:基于产教融合的视角[J].中国职业技术教育,2017(32):42-47.

(2)校企合作人才培养定位不够科学合理、目标不很明确。学校本位主义使得学校仅从自身的角度去思考校企合作问题。

(3)高校实训实验条件薄弱,限制了师生实践能力的提高,扩大了与企业用人之间的差距。

(4)教师自身的知识结构需要进一步提高。教师大部分都有丰富的理论教学经验,但教师服务产业服务企业服务社会的能力欠缺,在实践经验与实践能力方面还有待丰富和提高。这些都会对企业参与校企合作产生很大的影响。学校自身条件的好坏和人才培养的质量决定了校企合作的成败和深度。①

4.学术漂移现象:产教融合中的背离倾向

"漂移"(drift)一词原本用来形容知识与实践逐渐脱节的现象,在19世纪和20世纪时主要应用于农学、工程学、医学和管理学等学科领域。② 1972年,伯吉斯(Burgess T)首次对"学术漂移"(academic drift)的内涵进行了界定,他将"学术漂移"定义为非大学部门的高等教育机构按照更接近于大学"面目"的方式来确定其活动实践的一种趋势③。

1956年,美国学者理斯曼(David Riesman)就曾对"学术漂移"进行过非常形象的描述:"高等教育系统就像是一个蛇形的实体,最有声望的大学位于等级制度的顶层,声望稍差的高等教育机构位于等级制度的中间,声望最低的院校则位于尾部。……处于中间的高等教育机构总是模仿那些处于顶层的大学,位于尾部的高校则模仿那些位于中间的高等教育机构。……高等教育机构的组织形式也因此变得越来越缺乏特色。"④

有学者对我国新建本科院校的"学术漂移"现象进行了研究,认为新建本科院校存在较为明显的以研究型大学为最终发展目标的"学术漂移"趋向。⑤ 就发展前景来看,"学术漂移"现象并不利于产教融合在应用科技型院校中的整体推进与科学发展。这是因为产教融合的核心是通过向教育领域引入产业要素,达到以人才培养与人才供给引领产业转型升级、解决就业问题的目标。教学、科研与社会服务需要紧紧围绕产业发展需求,充分照顾社会成员的就业与发展问题。这种导向与"学术漂移"所崇尚的面向基础性研究的"学术性"相违背。应用科技型院校中存在的"学术漂移"现象,是这些应用科技型高校属性的不确定性,以及教师群体学历层次不断提升所造成的结果。这需要在办学定位、人才培养定位、教师发展模式、科研方向、思想观念、社会服务等诸多方面开展较为长期的改革。

---

① 胡青华.应用型大学转型背景下"产教融合、校企合作"人才培养模式的路径选择[J].沈阳工程学院学报(社会科学版),2017(2):235-239.
② HARWOOD J. Understanding academic drift:on the institutional dynamics of higher technical and professional education[J].A review of science,learning and policy,2010,48(4):413-427.
③ BURUESS T.The shape of higher education[M].London:Cornmarket Press,1972:7-49.
④ RIESMAN D. Constraint and variety in American education[M].Lincoln:University of Nebraska Press,1956:17-143.
⑤ 聂永成,董泽芳.新建本科院校的"学术漂移"趋向:现状、成因及其抑制:基于对91所新建本科院校转型现状的实证调查[J].现代大学教育,2017(1):105-110.

(四)产教融合缺乏体制与法律政策保障

产教融合、校企合作是应用科技型大学培养应用科技型人才的重要改革路径与突破口,但由于转型时间短,相关法律法规尚不健全,缺乏长期有效的管理和运行机制。很多高校和企业的合作具有较强的偶然性和目的性,有的企业为了合作申报项目而和高校合作签约,项目申报完成后就不再合作,很多合作协议变成一张废纸。这种情形在许多高校的许多学院都有存在。由于缺乏法律与政策制度的保障机制,产教融合过程中产生的矛盾和纠纷导致产教融合的成效大打折扣。

(1)体系建设不畅,横向融合缺乏纵向发展体系的配合。从过程来看,传统的产教融合强调的是资源在横向上的双向流通,即产业主体与教育主体围绕某个具体的项目,在各自制度体系、资源占有、权力结构等现状下,借助彼此可用的资源进行优势互补。这种流通观的缺陷在于,它将融合视为一个静态的过程,这就意味着产教融合更多的是朝向组织间的短期利益。但就人才培养看,理想的产教融合更应在学校和企业间形成横向与纵向交叉的人才培养体系。就产学研转化来看,产教融合应在学校、研究机构和企业间构建集科研、生产于一体的"产业公地"。无论是科研,还是人才培养,两者都需要产教双方构建纵向的发展体系,在静态、横向资源沟通基础上,形成促进核心要素发展的机制,从而不断增强双方的实力。①

(2)落地措施不实,缺乏系统长期的产教融合法律和政策协同机制。缺乏国家立法与政策保障也是制约应用科技型大学产教融合的一个重要原因。西方发达国家的职业教育实践经验值得我们认真加以借鉴,西方发达国家为了发展学校与企业之间的健康合作关系,普遍制定了相应的法律法规作为保障。而在我国,虽然政府非常重视职业教育中学校和企业合作培养人才的问题,也大力提倡加快产教融合,深化校企合作,但是当前并没有相关的法律法规来为学校和企业的合作保驾护航,而且,相对应的可行性政策、法规都比较滞后。加上政府功能没有得到充分发挥,对校企合作资金投入不到位,对双方的组织协调性还不够,不能从政策层面为参与校企合作的企业提供支持。由于没有明确立法,使得合作双方的责、权、利没有明确表达,企业缺乏合作的积极性,学校也难以从自身出发制定相关标准。②

(3)缺乏系统完整的产教融合工作机制。产教融合的核心任务与发展环境在不同时期有着不同表现,因此,产教融合必须确保拥有灵活和连续的政策分析、制定、实施与评价机制。以德国为例,德国产教融合理念的落实依靠一个完整的工作机制。这个工作机制包括联邦职教所决策委员会、各州职业教育委员会、区域职业教育委员会、职业教育(毕业考试)委员会、职业教育条例与职业学校框架教学计划协调委员会、各州法律确定的职业学校咨询委员会、联邦政府倡导成立的职业教育与继续教育联盟。每个机构依据联邦法律出台相应的政策,不同级别和机构的政策在国家与区域间、校企之间存在沟通协调机

---

① 李政.职业教育的产教融合障碍及其消解[J].中国高教研究,2018(9):87-92.
② 胡青华.应用型大学转型背景下"产教融合、校企合作"人才培养模式的路径选择[J].沈阳工程学院学报(社会科学版),2017(2):235-239.

制。整个机制体系系统设计且依法推进[①]。目前我国在产教融合顶层设计上缺乏具体的规划,区域层面也缺乏系统性的政策供给。产教融合由系统架构走向系统实施,还需要法律和政策层面的细化与协同。[②]

五、应用科技型大学产教融合的建设路径与改革方略

应用科技型大学在产教融合中所存在的主要问题、发展障碍与困境,有些是职业高等教育产教融合过程中固有的、长期存在的基础性问题,有些则是社会经济与高等教育发展过程中出现的新问题。这些问题的解决,应基于产教融合两大主体的性质、功能、运行机制,结合高等教育发展的重要趋势以及政府行政管理体制改革的基本方向,提出创新性的解决思路。

要解决这些问题,需要结合国内外相关研究以及应用科技型大学改革实践,进一步研究探索形成符合我国国情的产教、校企协同育人机制,充分发挥政府主导保障、行业指导企业参与、学校推进实施三者的作用,并加快应用科技型大学产教融合与校企合作的制度与机制改革。

(一)政府主体的主要职责与作用——转变职能,统筹推进校企合作

政府应成为校企合作的发动者、推动者,建立并完善由政府主导、行业指导、企业参与的人才培养机制,重点制定一些可以发展校企合作的法律、法规及政策,以便更好地促进校企合作制度化。这样,校企合作不仅使校企双方充分利用了自身优势资源,而且实现了各自利益的最大化,还带来了良好的社会效应。同时,为确保校企合作顺利发展,需要合作的双方一起共同努力,更需要政府多渠道提供支持和保障。校企合作中涉及各个方面和各个部门,处理好各方和各部门之间的协作,是确保校企合作顺利开展的前提。因此,可在一定区域/地方内组建一个协调各方的校企合作管理体系,进行科学管理,确保"产教融合"校企合作向更高层次推进。政府主体的主要职责与作用就是要做好产教融合的规划,构建教育和产业统筹融合发展格局。

(1)同步规划产教融合与经济社会发展。制定实施经济社会发展规划,以及区域发展、产业发展、城市建设和重大生产力布局规划,要明确产教融合发展要求,将教育优先、人才先行融入各项政策。结合实施创新驱动发展、新型城镇化、制造强国战略,统筹优化教育和产业结构,同步规划产教融合发展政策措施、支持方式、实现途径和重大项目。

(2)统筹职业教育与区域发展布局。按照国家区域发展总体战略和主体功能区规划,优化职业教育布局,引导职业教育资源逐步向产业和人口集聚区集中。面向脱贫攻坚主战场,积极推进贫困地区学生到城市优质职业院校求学。加强东部对口西部、城市支援农村职业教育扶贫。东西部地区间、城市间协同合作,引导各地结合区域功能、产业特点探索差别化职业高等教育发展路径。

(3)促进高等教育融入国家应用科技创新体系和新型城镇化建设。完善一流应用科

[①] 刘立新.德国职业教育产教融合的经验及对我国的启示[J].中国职业技术教育,2015(30):18-23.
[②] 李政.职业教育的产教融合障碍及其消解[J].中国高教研究,2018(9):87-92.

技型院校与一流应用型学科的推进机制,注重发挥对国家和区域应用科技创新中心发展的支撑引领作用。健全应用科技型院校与行业骨干企业、中小微创业型企业紧密协同的创新生态系统,增强创新中心集聚人才资源、牵引产业升级能力。适应以城市群为主体的新型城镇化发展,合理布局职业高等教育资源,增强中小城市产业承载和创新能力,构建梯次有序、功能互补、资源共享、合作紧密的应用科技型院校产教融合网络。

(4)推动学科专业建设与产业转型升级相适应。建立紧密对接产业链、创新链的学科专业体系。大力发展现代农业、智能制造、高端装备、新一代信息技术、生物医药、节能环保、新能源、新材料以及研发设计、数字创意、现代交通运输、高效物流、融资租赁、电子商务、服务外包等产业急需紧缺学科专业。积极支持家政、健康、养老、文化、旅游等社会领域专业发展,推进标准化、规范化、品牌化建设。加强智慧城市、智能建筑等城市可持续发展能力相关专业建设。大力支持集成电路、航空发动机及燃气轮机、网络安全、人工智能等事关国家战略、国家安全等学科专业建设。适应新一轮科技革命和产业变革及新经济发展,促进学科专业交叉融合,加快推进新工科建设。

(5)健全需求导向的人才培养结构供给侧动态调整机制。加快推进教育"放管服"改革,注重发挥市场机制配置非基本公共教育资源作用,强化就业市场对人才供给的有效调节。进一步改革与完善应用科技型高校毕业生就业质量年度报告发布制度,注重发挥行业企业组织人才需求预测、用人单位职业能力评价作用,把市场供求比例、就业质量作为应用科技型院校设置调整学科专业、确定培养规模的重要依据。新增研究生招生计划向承担国家重大应用科技开发与科技应用的战略任务、积极推行校企协同育人的高校和学科倾斜。严格实行专业预警和退出机制,引导学校对设置雷同、就业连续不达标专业,及时调减或停止招生。

(6)实施产教融合发展工程。要支持一批应用科技型高校加强校企合作,共建共享技术技能实训设施。开展高水平应用科技型本科高校建设试点,加强产教融合实训环境、平台和载体建设。支持中西部应用科技型院校面向产业需求,重点强化实践教学环节建设。国家"双一流"计划不应只限于研究型大学,还应支持一批高水平的应用科技型院校纳入世界一流大学和一流学科建设高校计划,加强学科、人才、科研与产业互动,推进合作育人、协同创新和成果转化。

(7)落实财税用地等政策。优化政府投入,完善体现应用科技型院校(含行业特色型院校)专业办学特点和成本的职业高等教育、高等教育拨款机制。科研人员依法取得的科技成果转化奖励收入不纳入绩效工资,不纳入单位工资总额基数。各级财政、税务部门要把深化产教融合作为落实结构性减税政策,推进降成本、补短板的重要举措,落实社会力量举办教育有关财税政策,积极支持职业教育发展和企业参与办学。企业投资或与政府合作建设应用科技型院校的建设用地,按科教用地管理,符合《划拨用地目录》的,可通过划拨方式供地,鼓励企业自愿以出让、租赁方式取得土地。

(8)强化金融支持。鼓励金融机构按照风险可控、商业可持续原则支持产教融合项目。利用中国政企合作投资基金和国际金融组织、外国政府贷款,积极支持符合条件的产教融合项目建设。遵循相关程序、规则和章程,推动亚洲基础设施投资银行、丝路基金在业务领域内将"一带一路"职业教育项目纳入支持范围。引导银行业金融机构创新服务模式,开发适合产教融合项目特点的多元化融资品种,做好政府和社会资本合作模式的配套金融服务。积极支持符合条件的企业在资本市场进行股权融资,发行标准化债权产品,加大产教融合实训基地项目投资。加快发展学生实习责任保险和人身意外伤害保险,鼓励保险公司对现代学徒制、企业新型学徒制保险专门确定费率。

(二)企业主体的主要职责与作用——调动与强化企业积极参与的主体责任

(1)拓宽企业参与途径。鼓励企业以独资、合资、合作等方式依法参与举办职业教育、高等教育。坚持准入条件透明化、审批范围最小化,细化标准、简化流程、优化服务,改进办学准入条件和审批环节。通过购买服务、委托管理等,支持企业参与公办职业学校办学。鼓励有条件的地区探索推进职业学校股份制、混合所有制改革,允许企业以资本、技术、管理等要素依法参与办学并享有相应权利。

(2)深化"引企入教"改革。支持引导企业深度参与职业学校、高等学校教育教学改革,多种方式参与学校专业规划、教材开发、教学设计、课程设置、实习实训,促进企业需求融入人才培养环节。推行面向企业真实生产环境的任务式培养模式。职业学校新设专业原则上应有相关行业企业参与。鼓励企业依托或联合职业学校、高等学校设立产业学院和企业工作室、实验室、创新基地、实践基地。

(3)开展生产性实习实训。健全学生到企业实习实训制度。鼓励以引企驻校、引校进企、校企一体等方式,吸引优质企业与学校共建共享生产性实训基地。支持各地依托学校建设行业或区域性实训基地,带动中小微企业参与校企合作。通过探索购买服务、落实税收政策等方式,鼓励企业直接接收学生实习实训。推进实习实训规范化,保障学生享有获得合理报酬等合法权益。

(4)以企业为主体推进协同创新和成果转化。支持企业、学校、科研院所围绕产业关键技术、核心工艺和共性问题开展协同创新,加快基础研究成果向产业技术转化。引导高校将企业生产一线实际需求作为工程技术研究选题的重要来源。完善财政科技计划管理,高校、科研机构牵头申请的应用型、工程技术研究项目原则上应由行业企业参与并制订成果转化方案。完善高校科研后评价体系,将成果转化作为项目和人才评价重要内容。继续加强企业技术中心和高校技术创新平台建设,鼓励企业和高校共建产业技术实验室、中试和工程化基地。利用产业投资基金支持高校创新成果和核心技术产业化。

(5)强化企业职工在岗教育培训。落实企业职工培训制度,足额提取教育培训经费,确保教育培训经费60%以上用于一线职工。创新教育培训方式,鼓励企业向职业学校、高等学校和培训机构购买培训服务。鼓励有条件的企业开展职工技能竞赛,对参加培训提升技能等级的职工予以奖励或补贴。支持企业一线骨干技术人员技能提升,加强产能严重过剩行业转岗就业人员再就业培训。将不按规定提取使用教育培训经费并拒不改正的行为记入企业信用记录。

(6)发挥骨干企业引领作用。鼓励区域、行业骨干企业联合职业学校、高等学校共同组建产教融合集团(联盟),带动中小企业参与,推进实体化运作。注重发挥国有企业特别是中央企业示范带头作用,支持各类企业依法参与校企合作。结合推进国有企业改革,支持有条件的国有企业继续办好做强职业学校。

(三)高校主体的主要职责与作用——切实推进产教融合人才培养改革

1.推进产教协同育人

坚持职业高等教育校企合作、工学结合的办学制度,推进应用科技型院校和企业联盟、与行业联合、同园区联结。大力发展校企双制、工学一体的技术技能教育,在技术性、实践性较强的专业,全面推行现代学徒制和企业新型学徒制,推动学校招生与企业招工相衔接,校企育人"双重主体",学生学徒"双重身份",学校、企业和学生三方权利义务关系明晰。工科类专业实践性教学课时不少于总课时的40%。

2.健全应用科技型人才分类培养体系,提高应用科技型人才培养比重

推动高水平应用科技型大学加强创新创业人才培养,为学生提供多样化成长路径。大力支持应用科技型高校建设,紧密围绕产业需求,强化实践教学,完善以应用科技型人才为主的培养体系。推进专业学位研究生产学研用结合培养模式改革,增强复合型人才培养能力。

3.系统设计基于产教融合的应用科技型人才生涯发展体系

现代职业教育体系实现了职业教育与普通教育体系间的转换、沟通与融通,但从职业教育体系内部来看,以企业为主体的工作场所并未被纳入学生生涯发展体系。产教融合背景下的生涯发展路径,应将企业作为重要一元,使以企业为主体的产业元素贯穿职业能力培养的全过程。

从应用科技型高校方面来看,人才培养模式、课程体系、教学体系等的设计应由行业企业全程参与。"现代学徒制"人才培养模式、"校企模块化课程体系"、"学校与工作场所的交叉学习"等都是产教融合生涯发展路径设计的体现。学生在学校与工作场所的双向互动下,从一个"职业概念陌生的学生角色逐渐转变为具有基本职业能力的准员工角色"[1]。从企业方面来看,员工在进入工作环境后,需要学习如何让所学知识服务于工作实践、如何驾驭多元化的生产情境、如何追踪和使用最新的生产与管理技术,甚至是如何在扎实的理论功底与丰富的生产经验的支撑下完成对现有生产环节的改造、升级乃至变革,所以企业应将应用科技型院校作为员工职业生涯发展中的重要一环,通过脱岗进修、在线学习、联合研发等方式为企业员工在技术和管理层面的发展提供保障。可见,系统设计基于产教融合的人才生涯发展体系是学校和企业共同的任务,体系的建立也将反过来受惠于学校人才培养质量和企业技术、管理人才队伍的建设,最终体现为企业效益的提升。[2]

4.协同共建实践教学课程体系

课程体系是应用科技型大学培养应用科技型人才的有效载体,人才培养改革目标能否实现在很大程度上取决于其核心课程体系的改革成效。在产教深度融合的背景下,结合区域/地方产业行业发展和产业技术升级需要,整合各方资源,深化多种模式的课程改革,构建"加强实践、突出应用"的课程体系是培养应用科技型人才的重要前提。

---

[1] 庄西真.技能人才成长的二维时空交融理论[J].职教论坛,2017(34):20-25.
[2] 李政.职业教育的产教融合障碍及其消解[J].中国高教研究,2018(9):87-92.

(1)共同制订人才培养方案

应在充分调研企业行业产业对人才需求的基础上,经过分析研究得出企业行业产业对应用科技型专业人才的知识、能力、素质要求。由学校和企业合作起草初稿,然后组织专家、企业参与认证,经过修改完善后形成方案,由企业共同组织实施该人才培养方案,组织实施后跟踪毕业生质量,根据企业行业评价不断完善和修改人才培养方案。在此过程中,企业深度参与人才培养过程,完全根据行业企业社会需求进行顶层设计,针对不同专业、不同方向要求制订培养方案,从源头上确保学生的培养目标与社会、行业企业需求相符合。

(2)共同开发课程资源

现有的专业课程与教材已经跟不上行业企业日益先进的技术和能力要求。应积极发挥企业的主体作用,通过开发校企合作课程、合作编写教材,引进行业企业课程等措施,丰富学校单一校本资源,建立可供不同专业学生选择的实践应用类课程资源,为应用科技型人才培养奠定基础。

要打破传统课程资源设置,按照产业链划分不同模块,与企业共同开发一系列企业课程群,企业课程既可以在校内上,也可以去校外企业上,由学生自主选择,真正将"注重学理,亲近产业"的理念落到实处。通过企业与学校共同制订课程,共同培养学生,实现将产业前沿的技术与方法引入教学之中。也可以和企业共同开发创新课程,构建创新性和应用性均较强、模拟企业技术开发、学生乐于接受的课程。创新课程案例主要选自企业前沿的技术,通过学习和动手实践,培养学生的学习兴趣,形成以科技反哺教学的创新课程案例设计和实践。当然,还可以和企业共同开发其他课程,比如相关行业培训项目等,供学生选择。

(3)协同共建实践教学平台

应用科技型大学产教融合是培养以"实践"和"应用"为核心能力的应用科技型人才为目的的,强调育人过程中生产和教学的融合。传统以学科配置的实验室和实训室等实践平台已经满足不了应用科技型人才培养的需要。打破原有院校单方面管理的实践教学框架,整合政府、学校、行业企业各方资源,搭建协同管理的实践资源平台,是应用科技型人才培养的条件保障。需要政府、学校与行业、企业协同共建实践教学平台,多方组成实践教学管理委员会,在实践教学平台上,共同管理和培养学生,满足学生科技创新、创新竞赛、实习实训等多元化要求,提高学生的创新实践能力。

①实践教学管理主体多元化。实践教学管理主体由政府、学校、行业、企业多方组成,通过定期召开会议,充分发挥政府牵头、行业指导作用。实践教学管理的具体实施主体是企业和学校,"产业学院""行业学院"就是在学校主导下,通过合作共建、企业捐赠、合作研发等多种形式建立实践平台,协同育人。

②实践教学平台多元化。实践教学平台不局限于企业校外实习基地,可合作共建创新实验室、校内实习基地、协同研发中心、企业捐赠实验室、企业培训中心等各种形式的"多元化"实践平台。

③实践教学内容多元化。实践教学内容作为课程体系的重要组成部分,是改革的主体。根据行业企业需求,制订实践课程体系和内容,开发校企合作实践课程,构建"实验教

学、工程实践、创新训练、企业实践"等多元化内容的实践教学体系。①

(4)协同共建"双师型"的应用科技型师资队伍

传统的院校单一管理模式使得院校在专业师资队伍建设上普遍存在"重学历、轻能力""重理论、轻实践""重学术,轻技术"的现象,忽视了教师专业实践能力的培养,教师往往理论水平很高而实践能力缺乏。在产教融合背景下,通过建设协同育人管理机制共同建设"双师型"师资队伍,积极引进行业企业优秀人才,构建不同行业领域、不同技术特长、不同学术背景的多元化师资队伍,为应用科技型人才培养提供师资支持。

①引进高水平专家、企业家

聘请相关领域国内外著名专家、企业家担任兼职教授和企业课程教师,参与教学管理和育人过程,为学科发展、专业建设、课程设置等提供决策咨询意见。实现"理论教学与实践教学""校内资源与校外资源""学校教学与社会就业"的三大联通与融通。

②引进企业工程师

积极引进行业企业优秀人才充实教师队伍。一方面要引进企业工程师进校园担任学校兼职课程教师,传播先进技术和理念;另一方面要聘请较高学术水平和丰富实际应用开发经验的国内外企业工程师担任学生的企业导师,在企业中指导毕业生实习、项目研发等工作。

③培养校内"双师"素质教师

积极建设"双师型"教师队伍,通过企业研修、技术合作等措施提高现有教师的工程实践能力。如每年派骨干教师下企业进行1年以上的企业研修,研修期间教师向企业宣传科技政策,指导企业开展项目申报、技术服务,和企业导师共同指导学生实习等工作,帮助教师成为产学研合作沟通、紧密联系的纽带。

应用型教师队伍并不局限于以上几种,如还可聘任国外大学教师担任兼职教师,全英文授课,也可聘任国外企业专家来校讲座等。

5.改革教学方式和评价机制

(1)改革传统单一的学生学习评价。

传统的教学方式和评价机制往往重理论轻实践、重结果轻过程,已无法满足应用科技型人才培养的需要。在产教融合背景下,引入强化实践和创新的其他多元化评价,应成为应用科技型人才培养的重要改革内容。如积极改革传统授课形式,引入企业课程和创新课程。采用多元教学方式,如采用企业实训教学,学生在企业中接受企业课程实训,由企业方进行实训课程教学。又如,开展项目研究教学,采用科技创新案例教学等方式,结合校企合作开发项目、最新科技创新案例等激发学生学习兴趣的同时,利用现代教育技术开发"慕课""微课"等现代教学方式,也可将企业课程引入高校远程教学中,将最前沿的技术带到高校课堂中。以实践创新为导向的多元化课程教学方式更加有利于学生创新实践能力的培养。

同时,教学方式的改革必然要求教学评价方式的改革。传统高校对学生的考核往往以院校作为单一评价方进行考核,将考试成绩作为主要的评价标准。这种单一评价方式

---

① 陈维霞.应用型大学协同育人管理机制研究:基于产教融合的视角[J].中国职业技术教育,2017(32):42-47.

早已不能满足应用科技型人才培养的要求。在产教融合和应用科技型人才培养背景下,开展评价机制改革,发挥企业行业对学生的管理评价作用,有利于提升应用科技型人才培养质量。

对学生考核要引入企业考核机制,在合作培养过程中,将企业考核作为重要考核依据,在学生企业课程学习、企业实习、技术研发等过程全程参与管理和评价考核。评价内容除了考核学生的成绩外,还应包括实验动手能力、企业实习成绩、技术开发能力、创新创业能力等。要通过日常表现、实践表现、导师评价、企业导师评价等方式来综合评价学生,淡化成绩、强化能力,淡化结果、强化过程。如在企业课程中,发挥企业课程教师的管理作用,对所教学生进行评价,结合课堂成绩和实际应用能力进行综合评价;在实践教学管理中,企业作为主要参与者,同时承担着管理义务,应对学生的实习实践、动手操作能力、技术研发能力等各方面进行评价,并成为学生评价的重要内容之一。

(2)完善考试招生配套改革。加快高等职业院校分类招考,完善"文化素质+职业技能"评价方式。适度提高高等学校招收中职学校毕业生比例,建立复合型、创新型技术技能人才系统培养制度,并逐步提高高等学校招收有工作实践经历人员的比例。

(3)探索实施应用科技型大学教师绩效考核多元化的新标准。

产教融合下的教师评价应把科研成果转化率、科研产值、横向课题数量、社会服务次数、毕业生企业满意度、学生生涯发展满意度、政府采纳情况等作为综合评价的重要参考变量并赋予一定权重。教师在教学、科研与管理过程中所涉及的学生、企业员工、管理对象、社区成员、服务客户等都可以被纳入评价过程。实施"学术代表作"评价制度,允许教师或科研人员提供具有代表性的产教融合项目,由评审委员会通过自我剖析会、个别访谈、实地调查、无记名投票等形式给予综合评价,并计入绩效考核的成绩。此外,绩效考核在时间段上也要充分考虑科研成果转化、社会服务、人才培养的周期性。[①]

(四)产教融合的制度机制建设

1.消除体制机制障碍,做好系统规划与整体设计

《国务院办公厅关于深化产教融合的若干意见》的出台,是产教融合由"分隔管理"走向"系统部署"的重要一步,也是国家层面进行产教融合顶层设计的第一步。系统部署的核心在于打通原有部门和政策间的利益壁垒,消除产教融合过程中的体制机制障碍,并利用税收、购买服务等方式强化产业界融入人才培养的动力。

未来的产教融合政策应在国务院或跨部门层面进行整体设计;各地区应围绕产教融合的整体目标,将产教融合作为国民经济与社会发展规划的重要逻辑;学校、研究机构、企业等主体间的具体合作要被置于区域经济社会发展的系统环境之中,获得系统资源的支持;产教融合的质量和效益也应被视为政府绩效评估体系中的重要考核指标。

2.简政放权,充分发挥行业协会等中介性组织的协调作用

行业协会是以同行业企业为主体,代表行业利益的非营利性组织。它的职能包括两个部分:(1)企业无法独自承担但又对企业发展十分重要的职能;(2)政府基于"简政放权"

---

① 陈维霞.应用型大学协同育人管理机制研究:基于产教融合的视角[J].中国职业技术教育,2017(32):42-47.

而下放给行业的部分职能。这两种职能仅涉及企业经营生产过程中的部分环节,不涉及或很少涉及企业人力资源引进与开发、技术攻关、市场开拓等企业内部核心领域。所以行业协会等中介性组织在产教融合中的作用空间有限。

发挥中介性组织的协调作用,就必须充分赋权,赋予该组织在相应事务上的决策权及相应资源的支配权。各地区可探索以行业为主体的产教融合项目推介、联系、管理与评价机制,由行政部门赋予行业协会等中介性组织以组织、管理、评价权。由行业协调区域/地方内企业在人力资源、生产技术、管理技术、市场营销等方面的需求,并按照紧急性与复杂性进行分类以寻找具备实力的合作方。各产教融合项目实施前后,行业协会将承担项目实施的质量监督和评价工作,充分发挥行业协会作为第三方机构在专业性和公平性上的优势。

鼓励教育培训机构、行业企业联合开发优质教育资源,大力支持"互联网+教育培训"发展。支持有条件的社会组织整合校企资源,开发立体化、可选择的产业技术课程和职业培训包。推动探索应用科技型高校和行业企业课程学分转换互认,允许和鼓励应用科技型高校向行业企业和社会培训机构购买创新创业、前沿技术课程和教学服务。

产业界与教育界应利用产业转型升级与教育体制变革的契机,以人才培养为抓手,以产业振兴为动力,以社会发展为目标,按照产教融合不同阶段的任务稳步推进改革,消除体制机制障碍,办好人民满意的教育。

3.加强国际交流合作

鼓励应用科技型大学引进海外高层次人才和优质教育资源,开发符合国情、国际开放的校企合作培养人才和协同创新模式。探索构建应用科技型大学教育创新国际合作网络,推动一批中外院校和企业结对联合培养国际化应用科技型人才。鼓励应用科技型大学参与配合"一带一路"建设和国际产能合作。

4.加快学校治理结构改革

建立健全应用科技型大学理事会制度,鼓励引入行业企业、科研院所、社会组织等多方参与。推动学校优化内部治理,充分体现一线教学科研机构自主权,积极发展跨学科、跨专业教学和科研组织。

5.完善协同育人管理保障机制

在运行机制保障方面,应在政府主导下形成"目标明确、协调顺畅、责任到人"的协同育人实施运行机制。明确应用科技型人才的培养目标由应用科技型大学结合自身情况,制订完善各项协同育人相关制度法规,做到有法可依,有章可循。明确协同育人管理联盟会议制度,明确政府、高校、行业、企业各自的责任和义务。制订内部协调机制,由高校牵头,多方协调政府、高校、行业、企业之间关系,落实项目主体责任,确保产教融合、协同育人各项政策的顺利实施。

在经费保障方面,形成"政府驱动、高校自筹、企业资助、社会支持"的经费投入机制。以建设中央财政、省市共建项目为龙头,推动政府长期、稳定地投入专项资金支持学校发展;积极引进企业资助,促进高校应用科技型人才培养;以筹措社会公益基金为保障,支持学校重点项目建设。充分利用政府、高校、企业、社会资源,多方筹措经费,保障高校产教融合的良性发展。

在企业行业激励机制方面,针对企业行业积极性不高现状,应制订鼓励企业行业参与协同育人的激励政策,如对参与协同育人的企业进行声誉资质评估,授予一定荣誉;通过减免税、补贴等措施,对荣誉企业作出补助和奖励;通过设立校企合作专项资金,对企业建立的实训基地给予一定经费支持;高校对参与教育的企业专家学者进行柔性聘用,并支付相应的待遇等。①

(五)呼应地方需求,促进区域社会经济发展

不同应用科技大学开展的科研在多大程度上是与区域社会经济发展相关的这一问题的答案是不同的,它依赖于其所处的国家的实际情况。不同国家的政府当局赋予应用科技大学的功能与使命是有差异的。此外,应用科技大学得到不同的资金支持,这也导致了以不同的评估标准来评价应用科技大学的绩效。现在大多数国家的应用科技大学都被赋予了地方与区域科研的责任与使命。据有学者专门研究,欧洲应用科技型大学与所在地区的社区或企业之间常见的相互作用的方式可以分为以下几种:(1)课程与需求相结合;(2)学生的实习及论文工作;(3)支持毕业生创业;(4)合约性科研与咨询;(5)包含地区代表参与的应用科技大学治理结构;(6)人员流动。

人们越来越意识到传统大学和应用科技型大学对区域经济、社会及文化发展的多方面的广泛的贡献。大众期待高等教育机构从事与社区相关的教学与科研,特别是应用科技型大学的学生大多数是当地人,因此地方对他们的期待更高。很多中小型企业在需要咨询技术问题或组织创新时,首先考虑的就是当地的学校。地方当局及公共组织也经常号召地方高等教育机构提供政策建议及解决与区域社会、环境相关的问题。高等教育机构与企业之间的知识流动越来越频繁,根据莱玻瑞(Lepori)的研究,德国应用科学大学与企业之间的知识流动可以用图12-1-1表示:

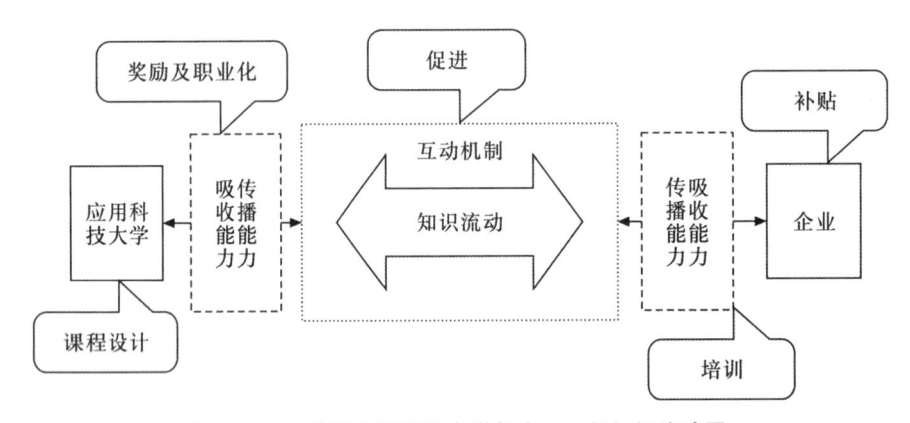

图12-1-1 欧洲应用科技大学与企业之间知识流动图

资料来源:SVEIN KYVIK,BENEDETTO LEPORI.The Research Mission of Higher Education Institutions Outside the University Sector[R].2010:31-37.

因此,产教融合的一个重要的目的和归宿就是通过知识传播与应用、人才培养与服务来促进地方社会经济与文化的发展。

---
① 李政.职业教育的产教融合障碍及其消解[J].中国高教研究,2018(9):87-92.

综上所述,产教融合在我国地方高校转型发展与建设高水平中国特色应用科技型大学过程中是一个有待于进一步探索改革的突破口与关键领域。

第二节 产业学院:应用科技型大学产教融合的有效组织形式

产业学院是传统的"校企合作"、"顶岗实习"、"订单式"培养和建立"实习实训基地"等的升级综合版,以"合作共赢、资源共享"为主要宗旨,坚持"校企合作、协同育人"理念,突出服务产业、跨界合作、深度对接的特点。它是一种产教融合的新型组织形态,有助于提升产教融合、校企合作水平,提高人才培养质量和服务社会经济发展的能力。

2017年,《国务院办公厅关于深化产教融合的若干意见》提出,要"构建教育和产业统筹融合发展格局"。2019年,《国家职业教育改革实施方案》提出,要完善高层次应用科技型人才培养体系,促进产教融合校企"双元"育人,坚持知行合一、工学结合,推动校企全面加强深度合作,培养服务区域发展的高素质技术技能人才。2020年8月,教育部办公厅、工业和信息化部办公厅联合印发《现代产业学院建设指南(试行)》。2021年12月,教育部高等教育司发布了50所首批现代产业学院名单,这是根据指南要求,经各地各高校自主申报、专家综合评议等相关工作程序,形成的首批现代产业学院名单。这标志着产业学院正式在我国应用科技型大学落地生根,发芽生长,将成长为我国产教融合改革中的一个独特靓丽的生长点与风景线。

产业学院是以立德树人为根本任务,以学生发展为中心,突破传统路径依赖,充分发挥产业优势,发挥企业重要教育主体作用,深化产教融合,推动高校探索现代产业学院建设模式,建设强优势特色专业,完善人才培养协同机制,造就大批产业需要的高素质应用科技型、复合型、创新型人才,为提高产业竞争力和汇聚发展新动能提供人才支持和智力支撑。[1]

一、产业学院的产生与发展

关于产业学院产生的时间和地点,学界存在不同的认识。早在20世纪60年代日本就建立了一系列产业大学,比如,1965年京都产业大学成立,同年大阪交通大学也改称大阪产业大学。1996年,英国公共政策研究所发布了《产业大学:创建全国学习网》,首次在英国提出"产业大学"概念。从这个报告的名称我们就可以看出,所谓的产业大学就是一个网络学习平台。1998年英国教育与就业部拟定了《英国的产业大学——使人人都参与

---

[1] 教育部办公厅,工业和信息化部办公厅.现代产业学院建设指南(试行)(教高厅函〔2020〕16号)[EB/OL].(2020-08-20)[2022-05-16].http://www.moe.gov.cn/srcsite/A08/s7056/202008/t20200820_479133.html.

终身学习》，英国政府开始在全国推广产业大学。但其并非真正意义上的大学，而是通过现代化的网络和通信技术，向社会提供高质量的学习产品及服务的开放式远程学习组织，是学习者和学习产品之间的中介机构。这里"产业大学"是类似于我国的"广播电视大学"/"国家开放大学"这样的网校。[1] 其成立的主要目的是：提高企业特别是中小型企业的生产力和竞争力；帮助个人获得知识和技能，提高他们的就业能力。[2] 与中国"广播电视大学"/"国家开放大学"不同的是，英国"产业大学"是公私合营组织，因此很多人把它与中国的混合所有制产业学院联系在一起。

也有研究者认为，我国产业学院起源于广东省中山市，其典型代表是中山职业技术学院与当地镇政府合作兴办的四个产业学院：依托电梯专业群，在中山南区国家火炬计划电梯特色产业基地兴办的南区电梯学院；依托服装专业群，在沙溪镇全国休闲服装产业基地组建的沙溪纺织服装学院；依托五金制品等制造业和现代服务业产业群，在小榄镇兴办的小榄工商学院；依托灯饰专业群，在古镇镇国家火炬计划照明器材设计与制造产业基地组建的古镇灯饰学院。专业镇是随着我国乡镇经济的崛起，由广东学者在20世纪90年代提出的经济发展模式。[3]

专业镇产业学院是产业学院的一种形态，起源于中山市，毫无异议，但是如果说产业学院产生于中山市，就难免以偏概全。应该说，成立于2009年的中山专业镇产业学院不是中国产业学院的源头，源头是浙江经济职业技术学院与浙江物产集团在2006年创建的物流产业学院和汽车售后服务连锁产业学院。[4] 也有人把产业学院的起源归结为2003年我国台湾地区成立的工业研究院产业学院。[5] 这也是值得商榷的观点，因为台湾地区的工业研究院产业学院只是一个开展工业技术培训的公司，虽然号称学院但是不具备学生培养功能，跟大陆的产业学院不是同样的组织形态。

1988年，国内作为一个名词概念的"产业学院"，最早出现在覃晓航的一篇文章中，他针对广西高等教育发展提出了几项政策建议，其中有一条是根据当地经济发展需要，创办一所"产业学院"[6]。但是这里所说的产业学院内涵上等同于职业技术学院，与我们当下讨论的产学研结合型学院并不一致。后来一些大学成立了类似的产业学院，比如，1994年成都大学成立了旅游文化产业学院，2004年辽宁大学成立了轻型产业学院，实际上就是职业学院。

准确地说，我国产业学院的概念来自产学研结合组织。2005年，在国家大力发展职业教育的推动下，经济较发达地区的许多高职院校和地方政府、行业协会、龙头企业、产业

---

[1] 张艳芳,雷世平.英国产业大学与我国产业学院的比较及启示[J].职业教育研究,2020(1):85-90.
[2] 洪明.英国终身学习的新变革:"产业大学"的理念与实践[J].比较教育研究,2001(4):18-22.
[3] 朱跃东.高职混合所有制二级产业学院建设的实践之惑与应对之策[J].中国职业技术教育,2019(1):61-67;励效杰.产业学院的制度逻辑及其政策意义[J].职业技术教育,2015,36(31):49-52.
[4] 陈樱之,谢兆黎.构建校企合作伙伴关系探索中国高职教育新模式:浙江经济职业技术学院打造产业学院功能纪实[N].浙江日报,2007-06-13(16).
[5] 李艳,王继水.我国产业学院研究:进程与趋势:基于CNKI近10年核心期刊的文献研究[J].中国职业技术教育,2020(3):22-27.
[6] 覃晓航.广西民族高等教育发展试探[J].广西民族研究,1988(2):39-45.

园区开始合作共建深度合作、互利共赢的产业学院。浙江经济技术职业学院积极探索与物产集团的产学研合作模式,建设具有产业学院功能的高职院校。2006年1月,浙江经济职业技术学院党委书记俞步松在《党委书记俞步松对集团胡董事长送达剪报的批示》中第一次提到了"产业学院",他说"有强大产业集团的支持,争创优秀高职学院、优秀产业学院的'双优'目标一定能够实现"。"剪报"介绍了上海交通大学产学研结合培养高层次人才的经验。[①] 受到剪报的激发和启示,浙江省物产集团与浙江经济职业技术学院成立了物流产业学院。2006年,浙江经济职业技术学院与当地知名的机电集团和物产物流公司共建了汽车售后服务产业学院和物流产业学院。2007年,徐秋儿发表的《产业学院:高职院校实施工学结合的有效探索》一文对校企合作、工学结合的产业学院作了较为深入的研究。[②] 2011年,广东中山职业技术学院与当地的小榄、古镇、沙溪、南区等四大镇、区政府分别建立了"工商管理学院""灯饰学院""纺织服装学院""电梯学院"等4个产业学院。2011年,宁波城市职业技术学院与当地知名的园林公司、物流公司、省创意设计协会和市旅游局分别组建了"滕头园林学院""九龙国际物流学院""视觉东方艺术学院""宁波旅游学院"。这些产业学院以社会和市场需求为导向、以学生就业和职业发展为导向,突出实践能力和职业技能培养,强调工学结合、校企合作,在当时的职业教育界产生了较大影响,起到了较好的示范带头作用。[③] 2017年,福建省的高校在探索产教融合的实现形式上进行了诸多研究,在产业学院的组办和建设方面也进行了大量实践。比如:福州大学紫金矿业学院、福建农林大学安溪茶学院、龙岩学院专用机械装备学院、莆田学院工艺美术学院、厦门理工学院新丝路时尚学院和金龙汽车学院以及汉航物流学院、福建江夏学院联发产业学院等。

2015年10月,教育部等三部委颁布的《关于引导部分地方普通本科高校向应用科技型转变的指导意见》明确提出:以推进产教融合、校企合作为主要路径,通过试点推动、示范引领,实现地方本科高校的转型发展。这种转型试点较早在江苏、浙江、福建的地方本科高校开始实践。常熟理工学院改变高校与企业基于实践教学的"一对一"合作模式,转向与特定行业和地方政府共建虚拟化的"行业学院",共建了全国第一家电梯工程学院、江苏省第一家光伏科技学院以及纺织服装工程学院、汽车工程学院等。福建的部分普通本科高校则重点与地方的某个产业共建"产业学院"。这种"产业学院"或"行业学院"与传统的校企合作、产学研平台以及大学生实践教学基地存在根本性的区别。它是通过将高校与行业、企业、地方政府等用人单位或组织的多种合作资源和要素,如资金、专业、平台、基地、人才和管理等,融合在一起,以共同的目标为导向,旨在培养行业专业人才、进行企业员工培训、进行科技研发、传承文化等方面,构建一种完全融入行业和企业元素的二级学院或以二级学院机制运作的办学机构。

[①] 党委书记俞步松对集团胡董事长送达剪报的批示[EB/OL].(2006-01-03)[2021-09-15].http://www.zjtie.edu.cn/info/1149/6086.htm.

[②] 徐秋儿.产业学院:高职院校实施工学结合的有效探索[J].中国高教研究,2007(10):72-73.

[③] 刘雄平,肖娟.地方本科高校产业学院的建设历程及主要问题探究[J].佛山科学技术学院学报(自然科学版),2020(5):48-52.

可以说，作为一种产教融合、校企合作的新兴组织形态，作为一种工学结合、协同育人的创新培养模式，最早从浙江后到广东、江苏、浙江、福建等地的许多职业技术学院都开始与当地政府、企业、行业协会等共建产业学院，而今又逐渐得到地方本科高校甚至综合性大学的普遍认可并得以快速发展，此后一段时间内，一批应用科技型本科院校在"新工科"的指引下建立了一批产业学院，比如前面所提到的厦门理工学院、常熟理工学院、东莞理工学院、武夷学院等。[①]

2017年，本科高校开始主动转向经济主战场，面向新兴经济、新兴产业、新兴行业，强化工学结合、校企合作、产教融合，与各级政府、龙头企业、行业协会、产业联盟等共建"产业化学院"，呈蓬勃发展之势。福建省教育厅遴选了首批5所示范性产业学院，2019年广东省教育厅遴选了首批10个示范性产业学院，其中研究型大学2个、地方本科高校5个、民办高校2个。2021年12月，教育部高等教育司公布了50所首批现代产业学院名单。这些产业学院不以获得利润为出发点，而是以培养高素质行业专业人才、促进双方发展共建共赢为目的，依托应用科技型院校或龙头企业、行业协会等建立的具有健全独立运行机制，服务于某个行业企业的实体或虚拟的新型办学机构。[②] 但不同类型高校所建产业学院的目标定位和功能作用是不一样的，地方高校更强调立足地方服务地方，要对区域经济发展和产业转型升级发挥支撑作用；综合性高校更注重基础理论研究，要对催生新技术和孕育新产业发挥引领作用；工科优势高校则要面向世界科技前沿和未来新兴产业，要对工程科技创新和产业创新发挥主体作用。[③]

回顾十几年的产业学院建设发展之路，建设主体也发生了较大变化。2015年之前我国"产业学院"建设主体主要是职业院校，2015年之后，普通本科高校开始加入，尤以新建应用科技型院校与民办本科院校为主。建设主体不同，对产业学院的性质、内涵、功能、运行模式和各方职能分工的研究与实践也略有不同。

二、产业学院产生与设置的原因

应用科技型大学作为高等教育体系的重要组成部分，其应用科技型办学定位和服务地方的功能定位，要求其必须融入地方经济社会发展，根据地方经济社会发展要求走科教融合、校企合作的发展道路。所以，应用科技型大学创建产业学院是深化产教融合的重要途径，是应用科技型人才培养模式的有益探索，是促进大学生就业创业的有力举措。地方本科高校建立的产业学院应当聚焦发展战略，明确创新生态系统的定位，把握建设基本要求，在组织架构与运行设计上进行探索性实践，寻求突破，积累有益经验。

应用科技型大学应从协同角度，在人才培养模式、教学实践环境、学科专业建设、应用

[①] 张根华,冀宏,钱斌.行业学院的逻辑与演进[J].高等工程教育研究,2019(1):67-70,75.
[②] 朱为鸿,彭云飞.新工科背景下地方本科院校产业学院建设研究[J].高校教育管理,2018(2):30-37.[J]
[③] 刘雄平,肖娟.地方本科高校产业学院的建设历程及主要问题探究[J].佛山科学技术学院学报(自然科学版),2020(5):48-52.

科技型师资队伍建设与应用科技型科技研发等方面对产业学院进行功能设计,按照应用科技型院校产业学院的设置机理(见图 12-2-1),制定合适的产业学院治理结构,科学界定产业学院的组织特征,建立相应的运作模式以及保障机制。①

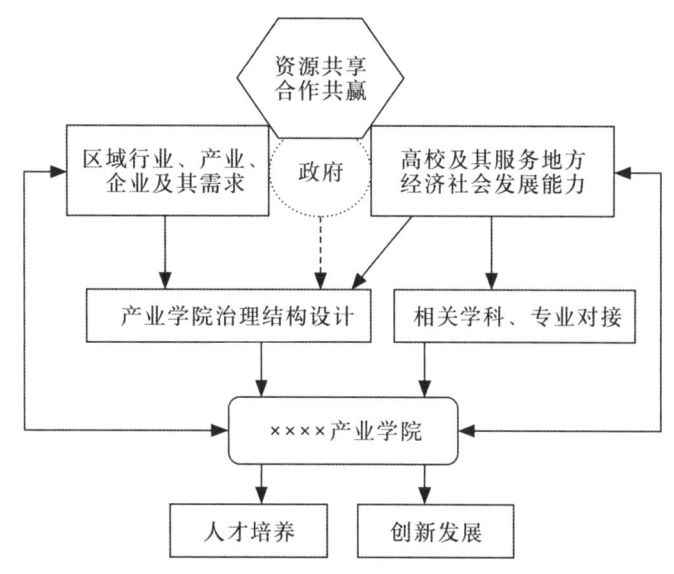

图 12-2-1 应用科技型大学产业学院设置机理

资料来源:朱为鸿,彭云飞.新工科背景下地方本科院校产业学院建设研究[J].高校教育管理,2018(2):30-37.

(一)人才培养、资源共享和创新发展是应用科技型院校建立产业学院的动力

从其设置的初衷来看,无论在理论上还是在实践中,应用科技型大学产业学院的建立都不是以获得利润为出发点的,而是以深度融合、共建共赢为目的,所以,应用科技型院校产业学院要服务区域/地方产业,成为与产业、行业、企业深度合作形成的联合办学新模式,成为典型的利益相关者组织和利益相关者共同治理下的办学机构。② 因此,应用科技型大学产业学院应该成为高校应用科技型人才培养的重要方式、主要的产业研究基地、学生实践(实习)基地以及大学生创业基地,成为合作的地方、产业、行业、企业的人才培训中心和研发中心等。随着政府职能的转变,政府在产业学院的运作中不再是参与的主体,而是通过平台提供、政策供给而成为各合作方的服务者、协调者。产学合作培养人才的前提条件日趋成熟,地方政府应不失时机地完善相关政策措施,助推产学研用合作培养高水平应用科技型人才。③

一般来说,从应用科技型大学产业学院的合作目的来看,产业学院的合作内容主要体现在人才培养、资源共享和创新发展三个方面(见表 12-2-1)。其中,创新发展是高层次的

---

① 李玉峰.地方大学产业学院的组织特征及运作模式[J].科技展望,2016(34):334.
② 郑琦.产业学院:一种利益相关者共同治理的高职办学模式[J].成人教育,2014(3):62-64.
③ 励效杰.产业学院的制度逻辑及其政策意义[J].职业技术教育,2015,36(31):49-52.

合作要求。

表 12-2-1 应用科技型院校产业学院的合作内容

合作内容	高校	合作行业、产业、企业	政府
人才培养	依据产业、行业、企业发展规划,调整相关专业的教学计划,围绕着产业、行业、企业的业务设立课程,以提高课程的应用性与实用性	参与课程的开发工作,并提供必要的内部培训	通过法律政策供给、项目立项、税收和表彰等方面进行参与和协调
	基于产业、行业、企业方所提供的实习、就业岗位提供推荐服务,组织大学生社会实践和实习实训,同时依据产业、行业、企业发展需求,不断修订人才培养的标准与方案	提供实习、实践以及就业岗位,并提供实践指导服务,参与高校人才培养标准的制订并提出建议	
	结合产业、企业业务发展,在相关领域组建团队进行专项研究,培养高层次应用科技型人才	依据产业、行业、企业发展需求,为专题研究提供信息、数据、平台、岗位以及调研方面的支持	
资源共享	向产业、行业、企业开放人才、平台、实验室等;凭借自身在当地的丰富社会资源举办各类活动,提高产业、行业、企业在当地的知名度;引进产业、行业、企业资源,提升高校发展品牌与发展特色优势	向高校提供产业、行业、企业应用科技型人才,吸纳人才,开放平台、实验室,提供资金等;配合高校进行相关活动,获得区域资源的合作以及业务发展;提高企业品牌知名度和社会形象;获得优质人力资源,打造良好社区社群	
创新发展	围绕产业、行业、企业发展需求,就产业、行业、企业发展标准与关键技术等进行研发,引领与促进产业、行业、企业发展	通过提供产业、行业、企业发展标准与技术需求,促进高校科研水平与办学水平的提升	

可以看出,资源共享、合作共赢是产业学院的目标方向,区域产业、行业、企业及其需求和高校提升服务地方经济社会发展能力是外在牵引力,人才培养与创新发展是内在推动力,建立产业学院治理结构及其管理制度与保障机制是基本条件。人才培养理念、体制机制构建和产业企业需求等方面的改变是其形成的重要条件,多方利益契合和地方政府推动是其形成的直接动力。

(二)区域/地方产业、行业、企业及其需求是应用科技型大学产业学院建立的逻辑起点

产业学院的设立应以满足区域和地方产业、行业、企业需求为出发点,而不仅仅是高校的需求。这是由应用科技型大学为地方经济和社会发展提供支持的核心任务和职责所决定的。值得说明的是,并不是区域/地方内产业、行业、企业不发达的高校就不能建立产业学院。区域内相关产业、行业、企业都可以通过产业学院这个平台与地方高校建立长期稳定的合作关系,主动将自身需求与学校的教学资源和科研实力对接,有针对性地解决经济社会和企业发展中的技术和人才短缺问题。这种合作不仅可以增强企业在市场上的竞争力和未来发展潜力,同时也为高校的发展提供了便捷的条件。产业、行业、企业积极参与学校课程体系建设,成为学校的实习和实训基地,以及"双师型""双技型""双能型"师资队伍建设的有效平台。这种紧密的合作模式共同肩负起推动区域高等教育的责任和使命。地方政府也可在科技创新、人才流动和资源配置等方面提供政策支持,以助力应用科技型大学的产业学院发展,并创造有利于其运行的良好环境。

显然,应用科技型大学是通过产业学院与当地特色产业对接,在人才培养、专业设置、课程建设、校外实践等方面开展深度合作。如莆田学院汽车工程学院与观致、奇瑞、捷豹、路虎、丰田等几十家汽车行业企业建立合作关系,共建实践教育基地20余家。产业学院也会促进学校的专业建设,如常熟理工学院相继开设了新能源科学与工程、物联网工程、机械工程及自动化(电梯工程)、车辆工程等新专业,从而使学校专业设置与当地产业发展的技术需求同步。又如云南经济管理学院结合云南特别是滇中产业新区发展趋势、经济结构特点及人才市场需求,实施专业服务产业项目,重点错位发展已有学科,建设了特色鲜明且在区域/地方内具有不可替代性的6个优势学科专业(群)。产业学院也会给相关行业带来变化。如苏州目前电梯一年的保有量和生产量约占全国总产量的四分之一,已成为长三角电梯生产企业的主要集中地,常熟理工学院成立康力电梯学院,加强和行业企业合作,协同发展,在电梯行业标准制订、填补电梯人才空缺、电梯高质量技术人才鉴定等方面发挥积极作用。应用科技型院校产业学院可以设置在校内,也可以设在产业企业集中的地方,企业的人员、理念、文化和大学校园融为一体,企业参与人才培养方案设计、过程实施和监督评价,全程参与从专业设置、课程内容到人才培养目标等全过程,如莆田学院推行了"厂中校""园中校"等教学模式。

(三)学院、学科、专业与课程重构是实现应用科技型大学产业学院资源共享的关键机制

由于受应用科技型大学办学传统和已有发展模式的影响,学校原有组织结构、学科与专业设置不符合产业学院的发展需要,应用科技型大学要建立产业学院,需要进行体制机制创新来保障其有效运行。

目前,应用科技型大学产业学院在实际运行中面临着一些挑战,其中最主要的问题之一是现有体制机制与产业学院的发展需要不相适应,特别是在学科、专业和课程之间的协同共享方面存在屏障。在实际产业发展中,一个产业通常需要多个不同专业领域的支持。例如,电商产业需要信息技术支持,跨境电商则需要英语等多个领域的知识和技能。为了建立有效的电子商务产业学院,可能需要整合市场营销专业、商务英语专业、计算机科学与技术专业等多个专业,而这些专业可能分属于不同的二级学院。因此,如何有效整合这些资源并建立专业群与课程群,就需要应用科技型大学在体制和机制上进行创新。理想情况下,产业学院的发展应该实现专业资源的共享,并建立模块化课程群。模块化课程群具有多方面优势,包括更好地满足产业学院的明确产业服务需求、灵活适应市场需求、高效配置和利用资源需求,以及发挥产业服务的综合性功能需求。

此外,应用科技型大学应该根据区域产业、行业和企业的发展需求选择适合的产业学院模式,建立相应的模块化课程群。这些模块化课程群应该具备系统性、独立性、指向性和开放性等特点。因为产业学院是为培养与产业密切相关的人才而存在的,具有功能目

的服务性、合作性办学模式和职业性教学内容。因此,建立应用科技型大学的产业学院需要改变现有校企合作中企业和相关二级学院各自分散的情况,采用以产业链为核心的方法,实现一个产业学院与整个产业的成员企业之间的有效对接。这种创新性的方法有助于更好地满足产业的需求并提高学校的应用科技型教育教学质量。

地方高校转型发展是建设产业学院的高校动因。地方本科高校尤其是新建本科院校与原行业特色型院校大多定位在"地方性""产业/行业性""应用科技型",高校与产业、行业、企业合作是应用科技型人才培养的重要途径,产业/行业学院更是高校与产业、行业、企业深度融合的"利益共同体"组织载体。通过改革应用科技型人才培养体系,将产业、行业、企业标准引入课程体系以及行业实景作为教学场景等举措,产业学院有效地推动了应用科技型大学的纵深化改革与建设。

三、产业学院的主要内涵及其主要特征

传统意义上的高校学院,主要是按照一定的学科或者专业群关系架构的大学内部相对独立的二级学术组织。随着大学与社会关系的变化,近年来也出现了一些功能性组织,如区域/国别研究学院、性别研究学院、创新创业学院等。在与企业不断推进合作的过程中,为了紧贴市场和行业产业发展,培养高素质的应用科技型人才和从事应用科技型研究,一些地方本科高校对内部机构进行调整,设置了行业学院、产业学院、技术学院等。由于产业学院在应用科技型人才培养方面显现出许多新动向、新优势,很快引发了很多高校的兴趣和社会的高度关注。

(一)产业学院的内涵

关于产业学院的内涵,目前在理论上还存在着不同的观点。如有人认为,产业学院是为了有效实现工学结合人才培养,由高职院校和具有相当规模的企业在理念、机制、模式、条件上形成的产学研一体化深度合作、互动双赢的校企联合体。从战略融合、设施共享合作、机制保障、信息互通、功能对接、人才互用等方面进行分析,产业学院可以提高企业生产和经营能力与效益,提高高素质技能型人才培养培训能力与效果。还有人提出,产业学院是将企业的产业资源、政策资质、行业经验、业务标准、实习岗位、人事招聘、内部培训、生产工艺、研发技术、经营管理等发展要素植入产业学院,依托高校的人才、人力、技术以及丰富的社会资源完成企业战略转型和区域化发展规划;高校在产业学院中负责提供日常管理、专业培养、区域交流、专项研究以及人力资源等服务,是一个全新的校企合作模式。[1]

目前,与产业学院相关的还有"行业学院"一说。行业学院不同于一般校企间的合作,不再是高校"一对一"与某一家企业的合作,而是针对某个特定的行业开展的合作。如常熟理工学院的国际服务工程学院、康力电梯学院、阿特斯光伏科技学院、旅游学院与沙家浜行政管理学院等,都是该校近年来适应长三角区域经济社会转型升级与创新发展需要,

---

[1] 徐秋儿.产业学院:高职院校实施工学结合的有效探索[J].中国高教研究,2007(10):72-73.

主动对接区域核心产业群所建立的行业学院。有人认为,产业学院指的是为直接服务于产业和社会发展需要,高校与行业、企业、地方政府等用人单位或组织融合资金、专业、平台、基地、人才、管理等多种合作资源及要素,以行业专门人才培养、企业员工培训、科技研发、文化传承等为共同目标指向而构建的全程融入行业、企业元素的二级学院或以二级学院机制运作的办学机构。[1]

应该说,目前我国本科高校产业学院的建设与发展还刚刚起步,没有成熟的模式与路径可借鉴,其概念内涵也缺乏学理方面的深入探讨。国内学界对产业学院尚未形成统一认知,有人将其定义为新型办学机构,也有人将其定义为新型产教融合共同体、多元主题教育平台等。调研结果显示,对于产业学院的界定在现实中也未能达成一致:30%被调研者认为这是一种产学研一体化的校企联合体;20%被调研者认为产业学院是人才培养与社会服务的综合平台;22%被调研者将其作为一种校企联合办学模式;另有约28%被调研者将其视为新型教育实体或者办学机构。这些定义代表着不同的视角,传递的信息是被调研者对产业学院的定位、功能等方面的理解存在较大差异,也预示了产业学院运营管理方面的差异。[2]

《现代产业学院建设指南》[3]作为官方文件,未对产业学院进行明确界定,但以打造多功能的"示范性人才培养实体"作为产业学院建设的主要目标。以此为基本依据,并结合实践经验,我们可以将产业学院定义为:以立德树人为本,以区域/地方产业发展为要,以造就大批产业需要的高素质应用型、复合型、创新型人才为核心,整合校、企、行、政等多元投资者资源,融"产、学、研、创、培、服"等功能于一体的新型产教融合组织。

应用科技型产业学院是应用科技型大学与行业产业企业(或行业中的骨干企业、典型企业)紧密融合,以行业产业(企)业生产链、产品链、技术链、创新链和服务链为对象,以资源共享与合作共赢为平台,以培养应用科技型人才与应用科技型研究为目标,依托应用科技型高校建立的具有较为健全完善的独立运行机制,融人才培养、科学研究、技术创新、企业服务、学生创业等功能于一体并服务于某个产业/行业/企业的示范性人才培养实体与新型办学机构。

简而言之,应用科技型大学产业学院就是应用科技型高校与行业产业企业共同开展应用科技型人才培养和应用科技型服务的应用科技型专业学院。具体而言,主要包含以下四个基本要点:

(1)产业学院由应用科技型大学与行业产业企业(或行业中的骨干企业、典型企业)合作共建。产业学院可以与行业产业合作,也可以与行业中的某些骨干企业、典型企业合作;所培养的学生具有行业产业的广泛适应能力,也具有广泛的行业产业需求,因为学生的技术应用能力是针对行业产业需求培养的,这确保了毕业生的行业产业企业岗位适应

---

[1] 李宝银,汤凤莲,郑细鸣.产业学院的功能设计与运行模式[J].教育评论,2015(11):3-6.
[2] 张志东,王华新,陈琳.高职院校产业学院的现状、问题及发展建议[J].中国职业技术教育,2021(34):77-81.
[3] 教育部办公厅 工业和信息化部办公厅.关于印发《现代产业学院建设指南(试行)》的通知(教高厅函〔2020〕16号)[EB/OL].(2020-08-20)[2020-09-12].http://www.moe.gov.cn/srcsite/A08/s7056/202008/t20200820_479133.html.

能力和就业水平。

（2）产业学院是一种应用科技型大学与行业产业企业系统全面且紧密融合的合作新模式。校行校产校企在人才培养、科研服务等方面全面合作，双方共同投入、开放和共享设备、场地以及人力等资源，按照一定的行业产业企业标准与需求，共同培养行业产业企业所急需的应用科技型人才。学校与行业产业企业之间的合作是一种紧密融合的合作，双方的结合度不是物理性质的，而是化学甚至是生物性质的，"你中有我，我中有你"。其中，产业学院是高校与产业行业企业之间紧密融合的结合点。

（3）产业学院的人才培养具有明确的对象性和针对性。产业学院人才培养明确以行业产业企业的生产链、产品链、技术链、创新链和服务链为对象，具有明确的行业标准与规格要求，所培养的学生既具有行业标准的技术与服务等应用能力，又具有行业职业文化的素养。因此，产业学院培养的不是泛泛而谈、无的放矢的假应用科技型人才，而是实实在在符合企业用工需求的真应用科技型人才。

产业学院培养目标的设定以产业发展相关的企业运作管理、人才需求为基础考量，育人目的直接服务于产业人才需求和企业的生产、研发和就业。所有教学活动设计和实施的出发点都是"呼应产业发展，对应产业需求"。产业学院通过近距离的行业调研及企业代表的实质性参与，形成更适合的专业人才培养目标，制订更准确的职业人才能力标准，构建更合理的能力培养课程体系，设计更真实的学习任务。[①]

（4）产业学院是一个以行业产业链为基础、统合相关资源而设置的应用科技型专业学院。产业学院建设主要以行业产业链、行业典型产品或者生产过程等为基础统合专业资源，打破传统学院以学科知识为基础的专业集群与方向模块布局，从而形成围绕行业、产业的专业集群布局。与传统学术型学院不同，产业学院是一个典型的产业导向的应用科技型学院。值得指出的是，作为新型办学机构，它可以是高校的实体组织，也可以是虚拟组织。如云南经济管理学院的康复与护理学院就是实体产业学院；许昌学院、常熟理工学院、厦门理工学院、莆田学院等建立的产业学院实际上是虚拟组织。

产业学院的专业来源于部分学院的原设置专业，从中或单一、或打包地剥离出来，形成匹配产业链需求的专业群，整体划入产业学院，不重复设置。应实际产业发展趋势所需，还可以基于业界资源优势和学校教师资源、实验设备资源等因素，通过新专业建设来满足产业中长期的人才培养需求。所有专业都紧密围绕产业的长期或中短期需求设定人才培养目标、培养方案、课程设置、课程内容、教学模式、授课方式、考核形式、实践比例、就业方向、研究领域等内容。与行业、企业共建产业学院，学院有意识地进行资源的相对集聚，使主要专业与服务产业的特定对象相匹配，[②]实现更加紧密的产学互动。

应用科技型大学在与合作方联合办学的过程中，高校为企业提供冠名权、办学场地、学生资源、学术教师、研究团队等支持，企业为高校提供业界师资、实习基地、实训场所、业界合作资源、业内竞赛机会、业内就业推荐等支持。高校从中得以深度与产业融合，企业从中得以获取研发力量和后备人才，学生从中激发了学习热情并获得实践经验和就业机

---

① 李宝银,汤凤莲,郑细鸣.产业学院的功能设计与运行模式[J].教育评论,2015(11):3-6.
② 邵庆祥.具有中国特色的产业学院办学模式理论及实践研究[J].职业技术教育,2009,30(4):44-47.

会,高校、企业和学生三方在服务产业的最终目标框架下,都能获得相应的利好和收益。

(二)产业学院的组织特征

产业学院是一种应用科技型学院,其发展以区域或地方产业的迫切需求为引导,具有行业特色和产业企业紧密联系的特点。产业学院重点放在与地方经济社会发展的结合点与交汇点上,通过不断优化专业结构,增强学校的活力,探索有效的产业链、创新链、教育链协同机制,建立新型的信息、人才、技术和资源共享机制,完善产教融合协同育人机制,创新企业兼职教师评聘机制,建立高等教育与产业集群的协同发展机制,打造一批集人才培养、科学研究、技术创新、企业服务、学生创业等多种功能于一体的示范性人才培养实体,为应用科技型高校建设提供可复制和可推广的新模式。产业学院能为地方经济和社会的可持续发展作出重要贡献,同时也能促进高校与产业之间的深度融合,为应用科技型高校提供成功的示范模式与推广经验。由于产业链、创新链、教育链在产业学院平台上实现高水平交叉和汇聚,产业学院因此渗透和重叠了各链的性质和功能,呈现出跨界融合的特点:

(1)产业学院既像企业,又不是仅追求营利的企业。一些取得法人资格的产业学院要面向市场独立经营、自负盈亏,实施企业化运行机制。但它不是营利机构,它肩负推动产业价值链转型升级和培养创新人才的责任。通过共建实验室、工程技术研究中心等举措来研发关键技术解决方案,把教育教学条件改善由校内资源支撑转向由行业企业资源支撑。

(2)产业学院像科研机构,又不是"象牙塔"式的科研机构。产业学院追求高深学术,但不是纯粹的基于兴趣的研究,在研究方向上要体现产业需求和应用导向,研究类型定位于"巴斯德象限",注重科技资源配置的效率。通过学生参与科研项目、在教学内容引入最新科技前沿和指导学生创新创业实践等举措,提高教育链运行质量。

(3)产业学院像办学机构,但不是只靠政府和学校投入资源的办学机构。产业学院在坚持教育公益性前提下,调动社会力量投入办学的积极性,拓宽办学经费来源,在专业布局和结构上体现产业发展需求,实施利益相关者参与的开放式治理,运用企业化管理机制以提高办学效益。[①]

产业学院是我国应用科技型大学建设、改革与发展的必然结果,是新时期产学研合作的新型组织,是对传统大学内部学术型组织的重构与再造。从校企合作互动与产教融合的视角分析,产业学院呈现出以下"六个共同"的特征:

(1)共同构建治理方式。不同于传统校企合作,产业学院是一种高度融合的模式,由应用科技型大学与产业行业企业共同管理和承担责任。其重要特征在于建立了共同治理机制,使学校和企业成为共同治理的主体。在实践中,高校与产业行业企业双方派遣骨干人员建立共同参与的治理结构,形成共同治理机制,这是产业学院区别于松散校企合作的重要特征。在一般的校企合作中,学校是主角、企业是配角,企业作为合作方,积极性和作用的发挥并不明显,参与度也不高。在产业学院中,行业产业企业作为重要的治理方,对

---

① 胡文龙.论产业学院组织制度创新的逻辑:三链融合的视角[J].高等工程教育研究,2018(3):13-17.

学院的发展方向和人才培养等重大发展战略具有重要的发言权、决策权,并兼有建设的责任,直接参与学院的运行管理。

(2)共同制定培养方案。产业学院是应用科技型大学与行业产业企业之间紧密融合的教学共同体,在人才培养中应紧密结合行业产业企业对人才知识、素质和能力的需求,依托学校现有专业(专业群、专业方向),形成凸显产业行业企业特色的人才培养模式。在共同制定培养方案过程中,要将行业产业企业标准引入课程体系改革,对专业的培养方向、课程模式和具体的行业产业企业课程等进行系统调整,对理论教学和实践教学体系进行大胆改革,形成全新的适应行业产业企业标准与需求的人才培养方案。

(3)共同组建教学团队。产业学院的发展必须构建校内外结合、专兼职结合的教学团队。要着眼于应用科技型人才的培养,将最新的应用技术成果及时、完整地教授给学生。高校教师一般很少长期处于生产一线,不可能时时追踪技术应用的前沿,而行业产业企业的科技人员正好具有这方面的优势,宜将企业导师纳入学校专业课程的教学团队。应用科技型人才培养需将技术应用与课堂教学很好地对接起来,在实习实训、毕业设计等环节,企业导师可以发挥更大的作用。因此,产业学院应建设一支高校教师与业界导师高度融合的教学团队,并让两支队伍的优势在应用科技型人才的培养中相得益彰,切实提高人才培养的精准性、针对性、适切性和有效性。应用科技型大学需要聘任兼职教师,行业导师的设置为教师队伍建设找到了新的方向与新的资源市场。

(4)共同推进管理改革。与传统学院不同,产业学院在培养计划、内容和目标上发生了变化,需要与相关行业产业企业团队一起,协商教学管理的相关安排,并对教学管理及其流程等进行创新与改造。如在学期制方面,产业学院应在"三学期制"改革的基础上,尝试多学期、多元化的教学,体现学生在学习时空上的灵活性与交叉性,以便于与行业产业企业实践需求在时空上进行对接;在学分修习制方面,鼓励产业学院进行相关的课程置换、学分替代改革;在教学组织形式上,可以单独建班,也可以打破专业、学院、层次及人数界限,在全校范围内单独招生或设置班级(或虚拟班)等。

(5)共同打造产学研基地。应用科技型大学与产业行业企业双方应积极探索多元化、多层次和多样式的合作,在共建、共用和共管的基础上,实现产学研基地的共同治理,形成复合、开放和共享的基地长效管理机制,保障学校在实践教学、教师来源、学生就业及教师实践培训等方面的实景场地资源,同时也为行业产业企业的人才培养、项目研发提供有力保障。

(6)共同开展项目研发。项目研发包括教学改革项目的研发与科技项目的开发。产业学院应整合高校与产业行业企业双方力量,共同打造一批高校与产业行业企业合作的模块课程、教材,建设资源共享的课程和新型教材;围绕实际应用,发挥技术优势,研发新产品与新工艺,改进管理流程,并带动学生创新创业。同时,以市场需求与行业技术需求为导向,高校发挥人才优势、技术优势和学科优势,与行业产业企业骨干一起,围绕生产服务等一线问题,开展技术项目研发与服务咨询,直接服务于行业产业企业的技术改造、产品升级和转型发展。①

(三)产业学院的定位

产业学院设立的初衷是深化高等教育的产教融合、提升人才培养质量,产业学院的基础功能定位应当是应用科技型人才培养。校地企行之间的各种合作则是实现产教深度融合的途径,因此,产业学院的功能定位除了立足于人才培养,还应考虑合作方的利益诉求,实现多方共赢。

目前,许多产业学院功能定位主要有人才培养、师资队伍能力提升和服务功能等三个方面。产业学院的基础定位是人才培养。它致力于培养高端技术研发人才和高水平专业应用科技型人才。培养的人才主要面向区域就业市场,也可以为合作企业提供定向培养服务。这有助于满足地方产业和企业的用人需求,促进区域经济和社会的发展。产业学院还有师资队伍能力提升功能。这包括培养高水平的双师双能型教师,以及引进企业高端专业人才加入专职或兼职教师队伍。这种做法有助于提高教育质量,确保学生获得最新的行业知识和技能。此外,产业学院还具备宏观和微观层面的服务职能。在宏观层面,它致力于服务区域经济的发展,引领或支持产业发展。在微观层面,它提供技术服务和人力资源服务。技术服务主要包括支持产业高端技术研发和革新,解决生产和技术关键问题。人力资源服务则是为合作企业提供在职人员的专项培训,以提高员工的技能水平。这些功能定位使产业学院成为区域经济和社会发展的有力支持者,同时为学生提供了适应行业需求的教育和培训,有助于加强产学研合作,推动产业和企业的竞争力,促进校企双方的可持续发展。

产业学院不同于传统的高校二级学院的定位。传统的二级学院主要定位于一级或二级学科下的纯学术和教育性的学科与专业机构,而产业学院被定位为混合型办学机构。产业学院旨在深化产教融合校企合作,创新人才培养模式,提高培养质量,其基本准则是共建、共管、共享、共赢,以区域或行业企业需求为指导,深度整合校内外资源,革新办学机制和人才培养方式,形成可持续且可推广的人才培养特色模式,提升学校和学科专业的影响力和竞争力。产业学院的主要任务包括提升办学水平、支持学科专业建设、提高师资队伍素质、创新人才培养方式、关注学生成长和创新创业。其改革成功与否以学生是否从中受益、受益大小程度作为评估标准,并根据实际需求进行建设和发展。这一新定位和任务确保了产业学院的使命是满足地区和行业的需求,同时以高质量的应用科技型教育为学生提供更好的职业培训与就业机会。

(四)产业学院的组织形式、运作模式和治理结构

研究产业学院的组织形式和治理结构,既是产业学院改革与发展过程中的一个重要的关键问题,又是一个急需解决的现实难题。李宝银等人提出,把产业学院定义为大学的二级学院或者按二级学院机制运作的办学机构。② 蔡瑞林和徐伟认为,产业学院可以有

---

① 徐绪卿,金劲彪,周朝成.行业学院:概念内涵、组织特征与实践路径[J].浙江树人大学学报,2018(1):1-6.
② 李宝银,汤凤莲,郑细鸣.产业学院的功能设计与运行模式[J].教育评论,2015(11):3-6.

三种形态：作为二级学院存在于学校，作为产业学院存在于企业，或者具备二级法人资格；产业学院的产品具有准公共产品的特征，产权问题是产业学院组建和运行的根本问题。因为产权的不完整性，产业学院的治理机制只能是兼顾企业市场组织和学校科层组织的混合治理结构。① 现实的产业学院确实存在着模糊产权和模糊治理，还有一些产业学院实际上是虚拟组织。② 但是这种模糊状态只是过去，而不是未来。

赵东明和赵景晖认为，二级产业学院存在着法律地位不明确、行政色彩浓厚、缺乏现代治理结构、缺乏市场化运行机制等问题。③ 万伟平指出，产业学院缺乏独立的法律地位，尚未建立现代化的治理结构和治理方式。④ 如何通过立法赋予产业学院独立地位、建立现代治理结构和市场化运行机制？很多学者提出了混合所有制产业学院模式，甚至提出了建立法人的建议，但是如何在法人组织下保护企业投资人的利益，同时防止国有资产流失，仍然是一个需要继续研究的问题。

这些研究观点，无论是法人主体，还是混合所有制和现代治理结构，都忽略了一个现实，那就是政府组织和市场组织在价值观上的不兼容，公办学校的价值观是稳定压倒一切，私营企业的价值观是富贵险中求，因此两个系统很难融合。⑤ 只要产业学院只是高等院校的附属而不是平等的主体，就很难实现产业和教育的融合。

也有人设计了一个教育组织模型：产业学院全部变成独立学院，具有独立的法人实体，采用股份制的产权结构，引入社会资本和企业资源，采用现代化治理模式，采取独立核算，在教学方面采用现代学徒制培养方式，学生在股东企业轮岗学习，这样可以避免德国模式带来的技能片面化问题；高等学校变身为产业学院的控股股东，把国有资产租赁给产业学院使用，保持国有资产的保值增值。这种制度设计可以很好地适应中国的现有体制，同时可以用市场机制促进职业教育的发展。按照这种组织结构，我们可以把产业学院办成企业人才的共享中心。⑥ 这种组织模型值得借鉴。

关于产业学院的运作模式，一般有以下几种⑦：

（1）根据空间区域集聚度，产业学院可分为集成式、连锁式和新常态式三种产业学院。

①集成式产业学院。该类产业学院在一个办学点即可保证产学研一体化的有效实现。如南阳师院与镇平县人民政府共同建设的"玉雕珠宝学院"，一处办学点就可高质量完成生产经营、教学培训、研究开发、生活保障等四大功能。

②连锁式产业学院。此类型产业学院要通过网络来链接多点分布的产学研功能。如南阳师院与牧原股份有限公司联合组建"牧原学院"。集团从 28 个子公司内给牧原学院不同专业的学生提供不同的更具有职场实战性的实训基地，联合培养企业发展急需的生

---

① 蔡瑞林,徐伟.培养产权:校企共同体产业学院建设的关键[J].现代教育管理,2018(2):89-93.
② 刘国买,何谐,李宁,等.基于"三元融合"培养应用科技型人才:新型产业学院的建设路径[J].高等工程教育研究,2019(1):62-66,98.
③ 赵东明,赵景晖.高职校企混合所有制二级产业学院建设研究[J].教育探索,2016(6):42-46.
④ 万伟平.现行机理下产业学院的运行困境及其突破[J].教育学术月刊,2020(3):82-87.
⑤ 周红利,周雪梅.系统论指导下的现代职业教育体系建构[J].教育与职业,2014(3):11-13.
⑥ 周红利.把产业学院建成企业人力资源的共享中心[N].中国教育报,2020-05-19(9).
⑦ 李玉峰.地方大学产业学院的组织特征及运作模式[J].科技展望,2016(34):334.

产、经营、设计、工程和管理等各类高级专门人才,为中原经济区的崛起和建设"国人大厨房"贡献力量。

③新常态产业学院。该类学院指的是仍位于大学校园内,但全程融入行业和企业元素的二级学院。目前国内建立的大多是此类产业学院。

(2)根据合作的对象,产业学院可分为校企合作型、校行合作型、校地合作型等三种产业学院。

①校企合作型。2016年以来,南阳师院构建了支持地方产业发展的七大应用科技型专业群:计算机及机电工程类、现代农业与生化工程类、土木建筑工程类、工商贸易服务类、珠宝玉雕工艺类、文化传媒类和教师教育类专业群。每一大专业群都按照"围绕产业办专业,办好专业促产业"的思路,与区域/地方内外各产业龙头大企业(区域/地方内如天冠集团、防爆集团、牧原公司、天工集团、渐减公司和东方爱婴教育集团等)建立产业学院,协同提升学科专业建设质量、协同创造人才培养新模式、协同开展应用科技研发、协同改善实践教学环境、协同培养应用科技型师资队伍。

②校行合作型。为对接南阳市旅游产业"十三五"发展规划,进一步打响"'宛'若仙境,颐养天堂"旅游品牌,南阳师院与河南中旅集团公司围绕渠首世界水博园项目、伏牛山天池旅游区项目、通用航空建设项目、卧龙岗文化旅游产业集聚区项目、内乡宝天曼生态文化旅游区等项目,共建"中旅学院"。

③校地合作型。为对接南阳市政府关于打造诸葛亮文化品牌的要求,南阳师院与市政府共建"卧龙书院",充分发挥学校"河南省文化产业发展研究基地""中原文化资源开发利用协同创新中心"等高水平特色研究平台优势,整合诸葛亮文化、玉文化产业、楚汉文化资源、民俗文化资源、地方曲艺戏曲等专业资源,重点在文化育人与产业发展、文化研究与创新、文化弘扬与传播等方面开展合作①。

(3)产业学院可以有不同的运行模式。按照合作要素分析,产业学院可以分为集成式、连锁式与多点集成式三种实现形式;从合作对象看,又可以分为校企订单型、校企综合型、校地合作型、校行合作型、校会联合型和多位一体型等。② 其中,多位一体型主要是指政府直接参与产业学院的建立。不同的产业学院达成的目标是不一样的,其功能也会不一样。不同层次的高校设立产业学院的需求不同必然导致其功能差异,我们还有必要从功能角度进行考察。如研究型大学设立产业学院与高职院校设立产业学院,其作用肯定是不同的。

(4)从功能考察,产业学院可以分为资源共享型、共同发展型和产业引领型三种类型。

①资源共享型是低层次的合作模式,主要着眼于资源共享,如人才、平台等的共享,目前许多高职院校建立的产业学院就是这种模式;

②共同发展型就是在资源共享的基础上,还能够促进合作各方的共同发展,能够提升各方的实力或竞争力;

③产业引领型就是合作各方从引领产业发展的高度进行战略层面的深度合作,在行

---

① 李玉峰.地方大学产业学院的组织特征及运作模式[J].科技展望,2016(34):334.
② 孙柏璋,龚森.产业学院:从形态到灵魂重塑的转型发展[J].教育评论,2016(12):14-17.

业标准、关键技术等高层次层面上进行合作,如上海交大－南加州大学文化创意产业学院就属于该类型。

资源共享型、共同发展型和产业引领型是产业学院由低级向高级发展的不同发展阶段,反映出产业学院建立时不同的发展定位。

对产业学院进行功能上的分类,不但有利于不同高校在产业学院建立时进行准确的定位,而且也有利于不同高校根据当地产业发展需求进行科学的选择,如果一个高校研究能力不强或当地缺乏大型企业,就难以建立产业引领型产业学院。如果从合作要素、合作对象与产业学院的功能综合考察,就会产生许多不同的产业学院模式。

不同的高校可以根据不同的需求条件与目标选择不同的产业学院形态。如武夷学院与福建中旅集团公司通过校企共享平台、企业员工培训及科技开发、共建专业、共育人才等途径开展深度合作,共建了中旅学院;南阳师院与河南中旅集团公司共建了中旅学院,实现通用航空建设项目、内乡宝天曼生态文化旅游区、渠首世界水博园项目、伏牛山天池旅游区项目和卧龙岗文化旅游产业项目等的合作。

产业学院合作对象的主体不同,也是各高校根据学校实际因地制宜选择产业学院模式的结果,合作模式反映了合作各方的合作深度与广度。一般情况下,高校拿出一个专业或一个专业群或一个二级学院,与当地一个企业、一个产业集群或产业链、地方政府成立产业学院,如中山市南区办事处在国家电梯特色产业基地科技园区与中山职业技术学院南区电梯学院的电梯管理与维护专业共建电梯专业实训基地,采用订单式培养,为中山区域电梯生产与制造、安装与维保企业输送了大批高级技术技能人才,凸显了学校"一镇一品一专业"的合作布局;莆田学院的产业学院打破校企合作中企业和二级学院各自分散对接的局限,围绕产业链,将原来分属于不同二级学院的专业"打包"成为专业群,采用"一对一"的方式,实现一个产业学院与一个产业对接。①

值得注意的一点是,目前许多高校设置产业学院,鲜有以某个学科或学科群作为主体的,其原因在于学科和专业的发展方向与逻辑不同。但是,研究型大学的技术学院或未来技术学院则主要是基于学科、交叉学科或学科群而设立的。产业学院主要是立足于人才培养,而技术学院则主要是立足于科技创新与开发。其二者的立足点与发展逻辑是不同的。

(5)产业学院的类别划分有不同标准,从联合共建者组合的角度可以划分为以下七类:

①高校与行业龙头企业联合共建的"校—企"型产业学院;②高校与行业协会(或职教集团等)联合共建的"校—行"型产业学院;③高校与地方政府(或部门)联合共建的"校—政"型产业学院;④高校与行业协会(或职教集团等)、行业龙头企业联合共建的"校—行—企"型产业学院;⑤高校与地方政府(或部门)、行业龙头企业联合共建的"校—政—企"型产业学院;⑥高校与地方政府(或部门)、行业协会(或职教集团等)联合共建的"校—政—行"型产业学院;⑦高校与地方政府(或部门)、行业协会(或职教集团等)、行业龙头企业等联合共建的"校—政—行—企"型产业学院。

以上不同类别的产业学院在实际运营过程中具有不同的特征及诉求。调研显示,上

---

① 朱为鸿,彭云飞.新工科背景下地方本科院校产业学院建设研究[J].高校教育管理,2018(2):30-37.

述类型基本涵盖了现实中的产业学院类别,其中,比例较高的是由高校与行业龙头企业联合共建的"校—企"型产业学院(47%),之后是"校—行—企"型产业学院(18%)及"校—政—行—企"型产业学院(14%),其他类别比例较低。行业龙头企业在产业学院组建过程中几乎不可或缺,"学校+行业龙头企业/行业协会+数个关联企业"的"1+1+N"产业学院建设模式,在产业链与教育链对接过程中正在发挥主力军作用。①

此外,产业学院的类别还可以根据牵头单位进行划分。参与调研的71个产业学院中,以高职院校牵头组建为主,比例为68%;合作的行业龙头企业牵头组建的有16个,比例为23%;地方政府(或部门)、行业协会(或职教集团)等牵头组建产业学院的比例较低,两者合计仅占9%左右。由此可以推断,对于产业学院这种产教融合新型载体,高职院校的热情要高于行业企业及其他组织。

应用科技型大学建立产业学院应该从哪些方面着手,还需要我们对产业学院的设置机理以及针对目前改革与发展中存在的主要问题进行深入探讨。

四、我国产业学院发展中存在的主要问题与发展困境

应用科技型大学的职责与使命是以产教融合、校企合作为突破口,培养高素质的应用科技型人才。现代产业学院正是推进地方高校转型发展与教育变革的基本载体和有力抓手,是实现产教融合、协同育人的最优载体。但是应用科技型大学囿于传统办学理念、自身资源禀赋、管理体制和机制的束缚,在产业学院功能定位、人才培养的工学交替实施、师资队伍建设等方面存在着许多问题与困境。

应用科技型大学是我国高等教育的主力军,其中有许多是2000年以来并校转制和升格而成的新建本科高校。这些高校经过20年的艰苦探索,由一开始的追求规模扩张逐步转向了内涵式发展。但是新建本科院校原本就是参照传统本科院校办学理念、办学模式进行奠基和提升的,特别是经过教育部本科教学工作合格评估的内化与规范,绝大多数转型前的地方高校是遵照综合性大学建设模式发展的,十多年时间竭力追赶传统本科高校,办学思路和体制机制都尽力仿照,学科建设上求全、专业设置上求多。而先天禀赋不足又要支撑规模发展,内涵发展严重不足,因而在学科专业建设方面,有些高校缺乏高质量有内涵的高水平专业,有些高校有个别高水平专业但与所在区域/地方产业发展不匹配,有些高校有多个高水平专业却分散在不同学科,无法形成高水平专业群;同时在师资队伍方面,专业师资队伍服务社会的能力不足,由于管理体制、用人机制等原因,长期存在重学历轻工程背景、重理论研究少实践应用的倾向,教师实践能力明显十足。高水平学科专业建设、高水平实践型师资队伍正是产教融合必要的前提基础,是核心能力之所在。如果基础不牢又缺乏核心能力,深入开展产教融合协同育人时,不可避免会陷入多重困境之中。②

---

① 张志东,王华新,陈琳.高职院校产业学院的现状、问题及发展建议[J].中国职业技术教育,2021(34):77-81.
② 刘雄平,肖娟.地方本科高校产业学院的建设历程及主要问题探究[J].佛山科学技术学院学报(自然科学版),2020(5):48-52.

(一)功能定位方面的问题与困境

应用科技型大学产业学院存在着功能定位不清晰、不精准、缺乏战略性等多重问题。产业学院陷入功能定位困境的原因是学科专业建设和专业师资水平等办学的前提基础不牢,缺乏产教融合服务社会的核心能力,因此在功能定位上难以把握。

目前,几乎所有应用科技型大学都设有一些产业学院,而有些高校自身学科专业不强、师资力量薄弱、产教融合能力不足,在具体服务产业企业上无法给出其清晰定位。有些地方高校更是为了跟风,完全不考虑自身基础条件和服务能力,盲目创建虚拟产业学院,在功能定位上更是模糊不清。有些产业学院定位于高端技术研发人才的培养,但由于师资队伍的技术研发能力弱,根本不具备培养高端技术研发人才的能力;有些具备一定的培养能力,但对高端技术研发人才的具体培养规格缺乏明确界定;在毕业生就业方向上定位为区域性就业,而生源来自全国各地,毕业生就业的泛区域性让人才就业方向流于概念。师资队伍能力提升功能定位都是高水平双师双能型教师培养,但是对"双师""双能"中教学、实践能力的指标和水平,缺乏符合产业学院人才功能定位的适用性要求;"引进企业高端专业人才进入专兼职教师队伍"这一定位,因无法长期性、常态化而形同虚设。多数产业学院功能定位更多立足于当前,缺乏实时动态跟随产业企业变化的长期战略性功能定位。[①]

(二)产业学院组织机构虚体大于实体,形式多样但流于形式较多

组织机构虚多实少形式。很多高校创办了实体产业学院,建院地点多在学校本体、产业园区或产业集聚区内(如福建农林大学安溪茶学院),也有将产业学院建设为虚拟办学机构的,如常熟理工学院创办的光伏科技学院是以合作教育项目为牵引的虚拟形式。但是,国内许多地方本科院校的产业学院往往只冠名而与行业企业没有开展实质性的深度合作,往往流于形式,并且有些高校的产业学院成为企业套名套利的工具。

参与者及合作形式多样但流于表面形式。目前参与者主要有高校、地方政府及相关主管部门、企业、行业或产业协会等。[②] 高校涵盖双一流高校、地方高校、高职院校等各层次高校,包含学术型、应用科技型、技能型等各类型高校;地方政府级别则从省级政府到县乡镇一级,行业主管部门则涉及多个行业领域;企业有各行业龙头企业;行业或产业协会涉及多个行业领域等。

产业学院各参与方的合作形式主要有校企合作、校地合作、校行合作、校地企合作、校行企合作等。校企合作又分为一对一校企合作、一对多校企合作(高校与产业链各环节多家龙头企业合作);校地合作如福建农林大学与安溪县政府合作创办的安溪茶学院;校行合作如福建江夏学院与资产评估协会共建的资产评估与财务服务产业学院;校地企合作如福建江夏学院与福建省住房和城乡建设厅、福建建工集团等10多家企业共建装配式建筑产业学院。2019年福建省高校产业学院发展联盟成立,出现了产业学院院际间的创新合作形式。

---

① 陈春晓,王金剑.应用型本科高校产业学院发展现状、困境与对策[J].高等工程教育研究 2020(4):131-136.

② 孙振忠,黄辉宇.现代产业学院协同共建的新模式:以东莞理工学院先进制造学院(长安)为例[J].高等工程教育研究,2019(4):40-45.

通过调研发现,随着教育部及各省市大力推进产业学院的申报工作,几乎所有地方高校都建立了产业学院,但是这些产业学院真正与企业达到"六个共同"开展教育教学与科研服务工作的较少,往往流于协议签订、企业冠名等形式。

(三)校企深度合作机制不够健全完善,行业企业的动力不足,产教深度融合难度大

应用科技型大学大多是地方本科高校,其关键使命在于服务地方经济社会发展、为产业转型升级与创新驱动发展提供智力支撑与技术支持。为实现这一目标,大学应当紧密呼应地方的特色产业、支柱产业和新兴产业。课程设置应反映产业前沿,满足企业、行业需求。然而,传统的高校文化和封闭的办学传统难以满足外部社会的需求。课程和专业选择可能受到教师个人喜好的影响,而不能充分整合和利用外部资源。尽管校政产企共建产业学院,协议上确立了各自职责、权益及其机制,但由于国家政策法律、刚性制度和行业规范的缺失,合作中"学校热、企业冷"的现象还是相当普遍。企业需要从高校获得高素质的工科人才和高水平的研发技术,否则合作动力减弱。此外,合作中可能存在风险和问题,这可能降低合作的积极性,产业学院也难以维持。高校内部的学生、教师、管理者和企业指导教师等各方的权益也需要明确保障,以促进产业学院的健康发展。要解决这些问题,需要在产学合作中建立更为全面的政策和制度支持,以确保各方的权益受到尊重,提高合作的可持续性,推动产业学院的可持续发展。

有学者调研发现,行业企业对产业学院的核心诉求是产业学院可作为行业企业定向培养人才的载体,既可以提升未来将要聘用的人才(在校学生)的适用性,又能够降低员工培训成本;同时,还可以利用产业学院将企业生产研发与高校科研服务功能进行对接,整合校企资源;此外,产业学院还应该能够为行业企业投资者带来必要的、显性或者隐形的经济价值。调研结果同时显示,行业企业投资者对产业学院具有经济价值方面的诉求,如降低生产经营成本、获取经济利益等,但这些诉求不够突出,与前述研究者的研究结论并不一致。对于企业而言,人才及科研创新能力是其发展的瓶颈,急需通过与高校合作予以突破。

产业学院建设与运营面临的一个现实问题是行业企业的参与度不够高,具体表现为:多数产业学院建在校园内,远离产业环境;产业学院的运营管理仍以学校为主,产业介入程度浅。调研数据显示,大多数产业学院(占比82%)坐落于校园内,仅有很低比例(18%)的产业学院设在产业环境中(如,设置在企业或产业园区)。由此判断,引企入校仍然是当下校企合作的主流模式。但产业学院与真正的产业环境距离较远,可能导致行业企业掌握的产业资源共享到产业学院的成本较高,从而降低其参与产业学院建设运营的积极性。[1]

(四)教师评价轻视实践,"双师型"师资队伍建设难度大

从企业和高校两方面的师资来看,"企业"师资与"校本"师资追求不同,产业师资从业

---

[1] 张志东,王华新,陈琳.高职院校产业学院的现状、问题及发展建议[J].中国职业技术教育,2021(34):77-81.

经验丰富、实践能力强,教学能力普遍缺乏。[①] 企业的营利性本质要求他们首先做好本职工作、出成果、有效益,其次才是协同育人;而产业学院虽有柔性聘用机制,也要以企业人为先。因此这些人很难长时间为产业学院工作,且其承担的育人和技术研发工作多具有隐含性,研发成果转化具有长期性,产业学院对其工作量、成果效益的绩效考核缺乏科学有效的衡量,相应的课时薪酬缺乏激励性,管理上又因其双重身份,校方对其行为缺乏足够的约束力,导致在人才培养、师资队伍能力提升、功能对接上效果欠佳,且校方管控无力。

产业学院姓"产"、应用科技型大学重在"应用",都需要有一定数量的生产实践、工程实践丰富的教师队伍支撑,产业学院人才培养的质量和服务产业、引领产业的能力,在很大程度上取决于产业学院师资队伍的整体素质。但长期以来,高校人才招聘重学历、重文凭、重研究项目和学术论文,轻技能、轻成果转化、轻生产实践,导致教师从高校到高校,教学从理论到理论,实践教学"纸上谈兵","在黑板上种田""在书本上建房"似乎成为一种常态。一些高校试图与企业通过"双聘"(双方互聘兼职教师、创业导师和兼职工程师、设计师等)和"双挂"(双方人才互换到对方挂职),提高地方本科高校中具有企业经历、行业背景、产业经验的"双师型"教师队伍素质,但受多种主客观因素影响,实施起来困难重重。一方面来自各行各业的大城工匠、企业高管、职业经理、工程师等到大学从教制度还不健全,包括标准要求、岗位设置、遴选聘任、考核管理等方面,同时作为兼职教师在时间、精力上难以保证教学投入和教学质量;另一方面高校教师有教学、科研方面的压力,现行的职称评审、岗位聘任、绩效考核等方面"唯文凭、唯论文、唯帽子、唯身份、唯奖项"状况尚未完全打破,对技术技能、实践经历、行业背景等都没有硬性规定,到企业进行实践锻炼、挂职的积极性不高。

(五)工学结合不足,学生工程技术实践能力、创新创业能力不强

当前我国大学生实践能力培养的薄弱之处主要体现在校外实习环节。由于缺乏专门的法律法规和相关政策保障,企事业单位接收大学生实习的积极性不高,实习实训难以成为影响高校人才培养的瓶颈问题,长期得不到有效解决。一方面,市场创造了大量的工作岗位,可有些大学毕业生却难以就业,更难说专业对口就业;另一方面,高校培养了庞大的大学生就业队伍,可企业又招不到适合岗位需求的人才,这说明人才供需结构性矛盾、学用脱节现象依然突出。

产业学院一般采取"3+1"或"2.5+1.5"模式,分为校内专业阶段和企业学习阶段,把课堂搬进企业,把实验室建在车间里,延长学生在企业的课程学习、实习实践、科研的时间,把学习过程与工作流程结合起来,让学生尽早了解行业经验、业务标准、生产工艺、企业文化等,开展以企业、产业的真实问题为导向基于项目的课程设计、科技开发、学科竞赛等,以此来提高学生工程技术实践能力、创新创业能力和解决真实问题能力,解决工学矛盾和高分低能、眼高手低的问题。但长期以来形成的重理论教学轻实践教学,重书本知识轻生产实践,重死记硬背轻动手实操的观念,在工程教育中还有相当大的市场,满堂灌、填

[①] 刘国买,何谐,李宁,等.基于"三元融合"培养应用科技型人才:新型产业学院的建设路径[J].高等工程教育研究,2019(1):62-66.

鸭式、低阶性的"水课"还大量存在,以培养理论学术型人才而不是技术研发人才为主的培养模式依然占据主导地位,同时还存在学生较长时间在企业、工厂等生产一线学习的经费问题、食宿问题、安全问题和管理问题等,"把理论与实践结合起来,把论文写在大地上,把科研做在车间里"的产学研用结合的工程教育方式改革还任重道远。

(六)人才培养过程中的工学交替培养模式实施困难较多

人才培养过程中的工学交替实施困难较多,弹性学制、学分和工学交替模式的实施存在弹性不足、学校教学与企业生产运营难以协同的困境。

应用科技型大学多年来高度"模仿"传统本科院校办学,在学制、学分设计上框架严格、弹性较小,延长学制则学生毕业时间晚于其他常规本科,影响其职业生涯或学历晋升规划,不易为学生接受。而人才培养方案中的课程、学分和学时设置、开设时间、进度安排等也都有相应的框架要求,产业学院仍然跳不出这些框架,这就给工学交替的实施带来了困扰。上层是学制和学分框架,下层是人才培养方案框架,教育部要求开设的课程不能少,专业基础理论和工具性课程不可废,留给实践教学的时间有限。

采用"课程教学分段模式",各类实习实训需要分时段到生产或研发一线进行,必然会带来工学交替时间安排与衔接问题、学习场合转换管控问题,也会产生实践导师工作量衡量、成果判定等方面的问题。另一方面,产业行业发展、企业生产经营都有其自身规律,与高等教育教学规律并不吻合;企业生产运营还受到多种环境因素特别是市场因素影响,具有一定的不确定性,"课程教学分段模式"需要相对固定常态化地开展工学交替,因此,必然会产生学校教学与企业生产运营难以协同的问题。采用"工学融合模式"更加难以保证长期实施,而各种"项目制""任务式""订单式"等工学交替的具体实施形式具有偶发性,一味强化则更会深陷困境。[①]

只有充分调动行业、企业以及民办社会资源,完善多主体协同育人机制,突破社会参与人才培养的体制机制障碍,才能建立从理论学习、动手实践再到探究学习的教学链条,把设计活动贯穿于实践教学全过程,实现理论教学与实践教学的交叉螺旋应用科技型人才培养理念,才能培养出能很好服务地方产业进而引领地方产业发展的高素质应用科技型人才。

(七)管理机构与管理机制不够完善

虽然国内大部分高校都建立了产业学院,但在管理机构与管理机制上还存在许多问题,大部分是机构虚设、人员兼职,挂牌挂名而没有实质性的工作运营与制度考核。2021年,据有关专题调研发现,被调研的高职产业学院中有56所(79%)建有明确的组织机构及管理团队,15所(21%)尚未建立组织机构。已建立的组织机构管理机制主要有:作为学校二级学院的院长负责制(31个,44%)、理事会领导下的院长负责制(18个,25%)及董事会领导下的院长负责制(7个,10%)。(1)产业学院院长来源。调研数据显示,建有明确组织机构的56个产业学院中,有38个院长(68%)来自学校,仅有18个院长(32%)来

---

① 刘雄平,肖娟.地方本科高校产业学院的建设历程及主要问题探究[J].佛山科学技术学院学报(自然科学版),2020(5):48-52.

自行业企业。该结果一定程度上表明，行业企业对参与产业学院运营管理的积极性还有待提升。(2)专职运营管理人员。在56个建有组织机构及管理团队的产业学院中，有44所拥有专职的运营管理人员，这意味着还有12所产业学院还处于"有机构无人员"的空架子状态；此外，15所尚未建立组织机构的产业学院中，占调研总量38%的产业学院处于"有名无实"状态。44所产业学院的专职运营人员主要来自学校(77%)及合作企业(75%)；政府主管部门、行业协会等组织有较小比例的人员派驻(比例分别为5%、7%)。另外，需要关注的是，通过社会招聘获得专职运营人员也是一种模式，目前该模式的比例还比较低，仅为7%，尚处于试水状态。招聘专职人员运营产业学院可以在最大程度上实现专业的人做专业的事，解放各方投资者在运营管理方面的精力，不失为一种有效手段。可以说，地方院校产业学院的情况与高职院校的情况相差无几。[1]

(八) 政策文件不够明确

应用科技型大学产业学院建设与运营的政策文件存在明显短板。虽然，《现代产业学院建设指南》中已经对现代产业学院的建设目标、建设原则及建设任务作出明确的指导，但是，调研中发现，产业学院的利益相关各方对有关的政策文件仍然有待于进一步细化理解。例如：产业学院的法律主体地位问题；公办院校牵头或者参与建设产业学院，其价值投入及产权界定问题；企业投建产业学院，金融、税收优惠问题；产业学院实体化运营形成收益的分配问题；产业学院认定、运营质量评价标准等方面也都缺少明确的政策文件。这些缺失，极大程度上正在制约着产业学院这一产教融合新型载体的实质发展。

五、应用科技型大学产业学院的改革方略与路径选择

建设高水平的应用科技型大学产业学院，就必须从影响与制约产业学院产教融合的主要因素入手，厘清关系，明晰定位，建立机制，增强动力，激发活力，发挥功能，充分调动各方面的积极主动性。

制约应用科技型大学产业学院产教融合的因素主要有以下几个方面：从高校一方来看，学科专业、师资队伍是产业学院人才培养的前提基础，应用科技型大学产业学院的困境源于此、受制于此，也当由此破局；高校实践教学资源、技术资源等资源禀赋及管理体制、用人机制和薪酬管理制度影响着产业学院师资队伍水平和服务能力。产业学院的参与各方也处于利益博弈的"棋局"之中，破局必然要考虑各方的利益诉求。[2] 行业、产业发展面临的复杂多变的外部环境对人才需求会产生较为直接的影响，是破局必须考虑的客观因素。此外，企业生产经营，产业行业发展的内在规律、高等教育教学规律及人的全面发展和学习规律等各类规律直接影响着人才培养模式的确立与实施，也是破局不能忽略

---

[1] 张志东,王华新,陈琳.高职院校产业学院的现状、问题及发展建议[J].中国职业技术教育,2021(34):77-81.
[2] 胡文龙.论产业学院组织制度创新的逻辑：三链融合的视角[J].高等工程教育研究,2018(3):13-17.

的约束因素。[1]

目前,我国的应用科技型大学已经完成了规模扩张并进入内涵发展阶段,需要呼应地方产业集群对人才的需求,组织结构开始合并与重组。在新一轮专业院系调整的基础上,地方院校可以考虑将与某个行业产业相关的若干专业组合起来,设置产业学院,如把与工业设计相关的专业整合为现代工业设计(产业)学院,进而促进专业学院和产业学院相互促进和功能优化。专业学院主要通过学科建设、人才培养和应用科技型学术研究为地方经济发展提供创新驱动服务;产业学院则主要以专业为支撑,通过专业建设实现专业设置与产业需求、课程内容与职业标准、教学过程与生产过程的有效对接,更好地满足区域经济社会发展和产业转型升级的需要,彰显办学特色,构建组织机构功能与组织目标高度一致的组织结构。

应用科技型院校扎根于地方,以服务区域经济社会发展为己任,其发展必须紧密对接产业和行业需求,主动适应地方经济结构调整和产业转型升级,设置适应新产业、新业态、新技术的新专业,特别是新工科专业,以便增强服务地方创新驱动发展能力。转型发展有多种建设方案和行动选择,然而,无论是专业、课程还是师资队伍建设,产教融合、校企合作是向应用科技型转变的基本策略和有效方式。对于地方本科高校而言,产教融合最重要的内容是根据产业需求培养应用科技型人才,同时逐步提升应用科技型科研水平。应用科技型人才培养不是指某些特定的专业,也不是降低学术水平和培养质量,更不是把本科高校降格为高职高专[2]。

(一)应用科技型大学产业学院的功能定位与设立步骤

1.精准定位、战略规划,做好产业学院的功能定位

(1)明晰现状和要求,精准功能定位。充分了解产业学院学科专业建设、协同育人师资队伍现状,明晰其当前产教融合师资能力水平,明晰其服务区域经济与产业、行业发展的核心能力水平,依托高校和企业能提供的技术资源、实验实践资源,结合各参与方(政府、企业、行业协会)对产业学院的利益诉求,特别是合作企业对生产研发一线人才需求、技术服务需求,进行科学精准的功能定位。

①明确产业学院的服务定位。要明确产业学院在技术服务方面,在产业高端技术研发和革新、解决生产与技术瓶颈问题上具体能够提供哪些方面、何等水平的服务,人力资源服务方面能为企业提供怎样的在职培训,从而精准确定当前的服务定位。在此基础上明晰师资队伍在服务核心能力上还存在怎样的差距,进而明确师资队伍能力提升定位中的实践能力定位。

②结合对环境因素的分析,特别是对区域市场专业人才需求、产业行业发展人才需求的分析,确定人才培养方向,明确毕业生主要就业流向,明确当前人才培养的具体规格定位,从而精准定位产业学院当前的人才培养功能。

---

[1] 陈春晓,王金剑.应用型本科高校产业学院发展现状、困境与对策[J].高等工程教育研究,2020(4):131-136.
[2] 叶飞帆.产教融合:普通本科高校向应用科技型转变的目标和路径[J].中国高等教育,2017(22):49-50.

(2)预测需求变化趋势,规划战略性功能定位。结合对市场、合作企业及产业行业转型发展对人才需求的趋势预测,明确人才培养的战略定位,进而分析当前师资队伍与战略要求的差距,明确师资队伍能力提升定位的阶段性、战略性定位。[1]

2.设立产业学院的基本步骤

通过以上对产业学院内涵、模式与机理的剖析和探究,应用科技型院校设立产业学院应主要遵循以下基本步骤:

(1)分析区域/地方内产业、行业、企业及其需求。每个地方的资源禀赋、经济社会发展特点是不同的,构成了不一样的行业产业基础与发展需求。因此,相关应用科技型院校应该认真分析区域经济社会发展需求,将"新业态"作为产业学院建设的基本前提。

(2)重组相关学科与专业,构建模块课程体系。应用科技型院校需要分析自身与当地行业、产业对应的学科与专业,通过加强学科建设与进行专业群组合,深化专业建设内涵,改革课程设置,建立有利于行业企业参与的学科、专业与课程设置范式。

(3)构建产业学院治理结构及其管理制度与保障机制。应用科技型大学应该通过建立产业学院理事会,在学校章程中明确产业学院的地位和作用,完善产业学院运行的有效机制和管理制度,以保证产业学院的顺畅运行。常熟理工学院的标杆产业学院是光伏科技学院,该产业学院致力于打造地方高校产学融合的示范样板,推进教育链、创新链、产业链的深度融合,建立科学高效、保障有力的学院运行管理模式。该学院在成立之初就设立理事会的治理模式,政校企行多主体共建共管,优化创新资源配置。常熟理工学院通过省市共建、校地合作机制,建立产教融合深度合作机制和资源共享利益共赢的政校企行合作共同体;建立《理事会章程》以及与之相适应的工作制度,成立学校现代产业学院建设领导小组,设立校地合作工作办公室等机构,赋予现代产业学院建设和运行管理的自主权限,学院制定了较完善的制度文件和运行管理办法。

(4)产业学院试运行,并不断改进和优化。产业学院建立后,开始运行时不会十分理想。这是正常现象,需要有一个不断改进和优化的过程,通过不断地总结经验教训,从理念到行动等多个层面优化产业学院的运行模式和内部管理机制,推进产业学院的内涵建设,最终达成产业学院建立的目标。[2]

产业学院作为一种新的组织形式,为应用科技型大学转型发展提供了组织保障,可以突破校企合作产教融合的体制机制障碍。应用科技型大学可以发挥产业学院的优势,通过平台建设推进产教融合、校企合作,在人才培养和科学研究上紧贴产业需求,以产业需要设定特色人才培养标准,研究产业发展中的问题,获得更多的办学资源,形成人才培养、科技开发和社会服务的良性发展局面。

当然,产业学院建设应采取逐步推广、循序渐进的战略,先在某一个行业或几个相关专业先行先试,作出成绩后再逐步向其他行业和领域推广,保证产教融合工作实现可持续发展,最终使产业学院真正形成一个融合战略共同体、利益共同体、情感共同体、行动共同

---

[1] 陈春晓,王金剑.应用型本科高校产业学院发展现状、困境与对策[J].高等工程教育研究,2020(4):131-136.

[2] 朱为鸿,彭云飞.新工科背景下地方本科院校产业学院建设研究[J].高校教育管理,2018(2):30-37.

体的产教融合共同体。

(二)行业学院改革与发展的实践路径

产业学院已经成为应用科技型大学转型发展的一个重要模式与组织形式。目前,一些应用科技型大学(包括一些高水平的民办高校)根据地方产业结构及其自身的专业资源,在校内设置了一批产业学院。从实践效果来看,产业学院已突破校企合作原有的一些障碍,给传统学院发展模式注入了新的活力,有力地推进了应用科技型大学的改革与发展。

1.扎根地方,瞄准地方产业发展需求设置专业与产业学院,提升专业建设的适切性

(1)地方高校要围绕区域/地方产业布局,寻求并对接地方核心产业、特色产业发展需求,根据学科和专业资源,抓住地方经济产业转型升级与"双创"发展的重要机遇期,主动出击寻找合作,先后与地方行业产业企业共同建立产业学院。要围绕地方确定的重点发展领域,着力推进新工科与新农科、新医科、新文科融合发展,深化专业内涵建设,主动调整专业结构,着力打造特色优势专业,推动专业集群式发展。紧密对接产业链,实现多专业交叉复合,支撑同一产业链的若干关联专业快速发展;依据行业和产业发展前沿趋势,推动建设一批应用科技型本科新专业,探索本科专业创新发展的建设路径;推进与企业合作成立专业建设指导委员会,引入行业标准和企业资源积极开展国际实质等效的专业认证,促进专业认证与创业就业资格协调联动,提高专业建设标准化、国际化水平。

(2)要坚持育人为本。以立德树人为根本任务,以提高人才培养能力为核心,推动学校人才培养供给侧与产业需求侧紧密对接,培养符合产业高质量发展和创新需求的高素质人才。

(3)要坚持产业为要。依托优势学院专业,科学定位人才培养目标,构建紧密对接产业链、创新链的专业体系,切实增强人才对经济高质量发展的适应性。突出高校科技创新和人才集聚优势,强化"产学研用"体系化设计,增强服务产业发展的支撑作用,推动经济转型升级、培育经济发展新动能。

2.围绕产业需求大力推进学科和专业集聚的协同性

产业学院的协同主要包括三个方面:(1)学校与行业产业企业之间的协同,如治理、运行等;(2)产业学院与传统学院之间的协同,学校内部同时存在着以学科、专业为基础的学术型学院和以产业需求为基础的应用科技型学院两种组织形态,它们共生共存、互补发展;(3)学科与专业之间的协调,即围绕行业产业需求所进行的学科和专业调整、集聚,如浙江树人大学在产业学院的建设过程中就紧紧围绕所在地方的八大万亿级行业/产业,在每一个行业/产业学院创建的过程中都对学科与专业资源进行不同层面和不同程度的调整,如围绕大健康方向,与树兰(杭州)医院合作成立树兰国际护理学院,并专门调整学院、学科和专业资源,成立健康与社会管理学院,统合护理学、老年服务与管理、社会工作以及公共事业管理等专业,纳入现代服务业专业群之中,形成"行业/产业学院—传统学院—学科专业群"之间的对应衔接关系,形成围绕行业/产业发展方向的学科与专业协同。通过实践探索,学校初步实现了学校与行业产业企业、行业/产业学院与传统学院、学科专业群

落与行业产业等三个层面对接的协同机制。[①]

3.引入标准,开发校企课程,面向产业行业企业特色需求改造课程培养体系

产业学院要引导行业企业深度参与教材编制和课程建设,设计课程体系、优化课程结构。加快课程教学内容迭代,关注行业创新链条的动态发展,推动课程内容与行业标准、生产流程、项目开发等产业需求科学对接,建设一批高质量校企合作课程、教材和工程案例集。以产业行业企业技术革新项目为依托,紧密结合产业实际创新教学内容、方法、手段,增加综合性、设计性实践教学比重,把产业行业企业的真实项目、产品设计等作为毕业设计和课程设计等实践环节的选题来源。依据专业特点,利用真实生产线等环境开展浸润式实景、实操、实地教学,着力提升学生的动手实践能力,有效提高学生对产业的认知程度和解决复杂问题的能力。

产业学院培养的人才应当掌握产业行业标准,符合产业行业人才标准,因此必须将产业行业标准引入课程体系和课堂教学,确保学校专业理论知识与行业生产技术实际相对接。各产业学院以行业需求、职业能力需求为导向,着力培养学生的技术技能和创新创业能力,并完善"平台+模块"的课程体系。如浙江树人大学的养老与家政产业学院发挥自身参与(起草)制定国家、地方家政服务、母婴护理和家庭保洁等标准的优势,将这些标准嵌入课程体系;同花顺金融信息服务学院根据行业特点和要求,增设互联网金融数据分析、互联网金融产品销售等课程,并通过校企合作团队实施课程教学。近年来,该校各产业/行业学院通过紧密的校企合作,结合岗位能力培养设计项目化课程教学方案,开发结合企业生产实际的项目化课程教学资源,将企业的实际项目或培训资源、企业文化、岗位责任意识以及真实的职场环境带入课堂,先后开发了20门校企合作课程,初步形成了具有行业特色的课程培养体系。

4.创新人才培养模式,提高应用科技型人才培养质量的有效性

面向产业转型发展和区域经济社会需求,以强化学生职业胜任力和持续发展能力为目标,以提高学生实践和创新能力为重点,深化产教深度融合、校企合作,创新人才培养方案、课程体系、方式方法、保障机制等。鼓励打破常规,对课程体系进行大胆革新,探索构建符合人才培养定位的课程新体系和专业建设新标准。推进"引企入教",推进启发式、探究式等教学方法改革和合作式、任务式、项目式、企业实操教学等培养模式综合改革,促进课程内容与技术发展衔接、教学过程与生产过程对接、人才培养与产业需求融合。协调推进多主体之间开放合作,整合多主体创新要素和资源,凝练产教深度融合、多方协同育人的应用科技型人才培养模式。

产业学院的产教融合协同育人模式本质上是工学交替的人才培养模式。从学制和学分的角度有固定(或弹性)学制(或学分)下的工学交替模式,从工学交替程度上又可分为"工作学期模式""课程教学分段模式""工学融合模式"。"工作学期模式"往往是在某个学期让学生到企业进行顶岗实习;"课程教学分段模式"则是学生多次到企业进行认知实习、专项或综合实习实训、顶岗实习等,既可在课程教学之先或之后也可嵌含其中;"工学融合

[①] 徐绪卿,金劲彪,周朝成.行业学院:概念内涵、组织特征与实践路径[J].浙江树人大学学报,2018(1):1-6.

模式"指学生始终在生产或研发一线,通过"做中学""学中做"提升专业能力。[①]

目前,不少高校产业学院在学制和学分设置上弹性不足,工学交替的具体形式与产教融合深度密切相关。将合作企业主要作为专业实习基地的产业学院,多采用"工作学期模式";与合作企业深度融合的则既有"工作学期模式",也有"课程教学分段模式",如广东中山职业技术学院沙溪纺织服装学院"四双融合"模式。[②] 有些产业学院在研究生层次采用"工学融合模式",如福建农林大学安溪茶学院博士研究生的个性化培养等。

(1) 跟随人才培养定位,确定工学交替模式。人才培养模式应当跟随精准的人才培养定位,还要结合高校可提供的实验实践教学资源和技术资源,企业可提供的生产研发场所、技术研发条件等;同时还必须考虑各方面规律性约束因素对产教融合实施过程的影响,要充分尊重企业经营、产业行业发展规律,不强行干扰企业正常的生产研发秩序;也要按照高等教育教学规律、人的全面发展和学习规律开展教学活动;还要兼顾高校、合作企业、学生和其他参与方的多元利益。只有这样才能根据人才培养规格确定采用哪种工学交替模式,明确在具体实施层面可采用哪些具体方式。

(2) 设置框架式培养方案+灵活式学分、学时,兼顾教学常态化、企业实践动态化要求。具备相关条件的产业学院多数采用较复杂的"课程教学分段模式",考虑到延长学制学生抵触且社会认同度低,可以从学分学时设置切入,制定框架式人才培养方案。按课程设置、先后修习逻辑、实践教学与理论学习的关系等制定进度框架,设置一定比例的实践总学分,对实习、实训、顶岗实习、项目制、任务式、嵌入式等具体实施方式,可根据实际开展情况灵活赋予学分,以完成预设的实践总学分为上限。校内教学打破五天/周、八学时/天的传统框架,可适当增加每周教学时间或利用空中课堂、线上学习、翻转课堂等教学手段充分扩展课余学习时间,必要时还可占用寒暑假期,这样可以随时增加每周、学期或学年总学时,加速校内教学的进度,既可满足高等教育教学常态化要求,也可应对由于企业生产运营状况不确定带来的实践"时间窗口"高动态性,也可为项目制、任务式等偶发性实践教学"腾出"时间。

(3) 寻求替代企业实践的创新实践方式。当出现合作企业经营状况剧变、某些课程学习进度无法逆学习规律加速进行等极端情况时,以上破解策略可能失效。因此,需要寻求可替代的其他实践方式,以期降低企业一线实践的不确定性风险。

① 企业项目、案例的课程化开发。可将企业工程实践经典案例或产业学院承担的研发项目开发转化为实践教学课程,还可建立此类课程的校企合作和动态开发机制,渐进式推进课程化开发,逐步建立案例库和系列课程。

② 远程实训。在学校或企业建立计算机控制中心,与企业计算机管理系统关联,利用管理系统中的即视性和远程控制功能,实现与生产一线的高度关联,进行某些非操作性实践。

③ 虚拟实践。有条件的产业学院可尝试利用 AR、VR 等增强、虚拟现实技术,选择基

[①] 陈春晓,王金剑.应用型本科高校产业学院发展现状、困境与对策[J].高等工程教育研究,2020(4):131-136.

[②] 龚惠兰.高职院校"四双融合"人才培养模式探索[J].当代职业教育,2017(4):80-85.

础性、典型性或核心实践环节建设虚拟仿真实践,以期更好地替代企业实践,降低工学交替的不确定性风险。

5.改革引人用人机制,校企联合打造精品教学团队,建设高水平"双师型"师资队伍

产业学院首先要破解的是师资队伍建设困境。学院长期发展离不开产教融合这一根本途径,产教融合的根本目的是应用科技型人才培养,而人才培养的关键在于师资队伍能力水平。只有在"校本"师资和"企业"师资上"两手抓,两手都要硬"才能真正协同育人破解困境。

(1)多管齐下,提高"校本"师资产教融合的核心能力。

①转变用人观念,从源头解决"校本"师资的结构性问题。将人才引进重点放在产业学院的对口专业上,注重工程背景和实践技能,适度降低具有工程背景、双师双能型人才的学历学位准入门槛。

②挂职或全职锻炼,重点培养学科专业带头人和中青年骨干教师。鼓励中青年教师到企业生产研发一线锻炼,深入了解企业对技术研发和技术服务人才的能力素质要求,明确自己研发和实践能力的提升方向,在一线得到切实锻炼和提升,也能帮助明晰校企协同育人的人才培养规格。如有些高校试行探索中青年教师到企业"访问工程师"制度。

③创新教学评估、职称评定制度,灵活匹配产教融合育人过程。在教学管理、绩效评估上构建柔性灵活的创新评价制度,以教师工作过程为导向,将"教、学、研、训"等评估有机整合,构建评价主体多元、评价标准开放的教学质量评价机制;[①]在评优选拔、职称评定上可尝试职称单列,结合上述创新质量评价体系为产业学院教师专设职称评价指标体系、评定标准,加大应用科技型成果在评价体系中的权重和奖励力度,多措并举充分调动专业教师产教融合教学的积极性。

(2)激发"企业"师资育人的积极性和成就感,量身定制教学技能培训。与合作企业充分沟通,让企业充分了解产业学院协同育人师资的相关要求,了解企业派出的高端技术、技能人员的能力水平状况。继续发挥柔性聘用机制的优势,以他们本职工作和利益为先,根据其育人、研发工作的显性和隐性、研发成果类型和受益期间,建立有针对性的绩效考核体系,课时薪酬从优给予,成果奖励加大力度。鉴于"企业"师资的特殊性,应采用重奖励、轻处罚或不处罚的薪酬奖励制度,对于责任心不强或消极育人的企业导师,应当与派出企业沟通由企业决定对其如何处理,防止挫伤其积极性出现"企业"师资后继乏人的不良后果。

对于缺乏教学能力的企业导师,可针对其承担的具体育人任务为其量身定制教育技能培训,帮助其尽快成为"双师双能型"导师。通过学生点赞等对企业导师实施精神激励,对培育出高水平学生的导师给予适当表彰奖励,对有突出表现的导师大力宣传,激发他们育人的成就感,"以点带面"吸引更多优质企业导师加入产业学院师资队伍。[②]

[①] 叶飞帆.产教融合:普通本科高校向应用科技型转变的目标和路径[J].中国高等教育,2017(22):49-50.
[②] 陈春晓,王金剑.应用型本科高校产业学院发展现状、困境与对策[J].高等工程教育研究,2020(4):131-136.

(3)依托现代产业学院,探索校企人才双向流动机制,设置灵活的人事制度,建立选聘行业协会、企业业务骨干、优秀技术和管理人才到高校任教的有效路径。探索实施产业教师(导师)特设岗位计划,完善产业兼职教师引进、认证与使用机制。加强教师培训,共建一批教师企业实践岗位,开展师资交流、研讨、培训等业务,将现代产业学院建设成"双师双能型"教师培养培训基地。开展校企导师联合授课、联合指导,推进教师激励制度探索,打造高水平教学团队。

学校教师既要强化内部交流,也要做到"入岗、研岗、适岗"。教师除了具有较高的理论基础知识外,还应具有很强的实践动手能力。教师不仅要精通所教学科的专业知识,还要学习其他学科的知识,不断扩展知识领域,做到旁әnd博引、触类旁通。因此,学校要通过各种途径提升教师教育教学水平,促进教师专业化成长。具体措施包括:鼓励教师积极参加教育主管部门的指定性培训;选派青年骨干教师直接参与产业学院的运营与管理;引导教师积极申报横向课题,推进产学研一体化。

企业教师既要指导实践项目,也要做到"入校、入学、研学"。企业要选派技术骨干和管理人员进校园担任兼职教师,参与产业学院的课程群建设和日常教学活动。例如,企业教师依托校内外实践基地,对学生进行现场教学指导,融理论教学与实践操作于一体,增强学生的感性认知和解决实际问题的能力。此外,鼓励企业教师开展在线教学,加强师生沟通,使学生在课外也能及时获得辅导。

(三)多元协同治理,全面推进校企深度融合

明确分工,赋予产业学院一定的独立决策权。在治理结构上,产业学院应实行理事会领导下的院长负责制,由高校与产业行业企业双方共建理事会,学院领导班子由校企双方共同委派组建,校方代表成员有校领导、对接学院的领导、学科专业带头人与骨干教师等,企业方代表有企业董事长、总经理、总监以及技术骨干等。同时,双方共同派员组成管理团队,负责产业学院的日常教学运行与人才培养。产业学院院长执行理事会决定并全面负责教育教学和行政管理工作。通过一段时间的运行,产业学院不断完善高校与产业行业企业双方的治理结构,初步形成了符合产业学院运行的科学治理机制。

常熟理工学院光伏科技学院实行理事会领导下的院长负责制,遵循《理事会章程》,构建政府、学校与企业、行业共同负责和管理的运行机制。在苏州市与常熟市政府统筹协调下,学校联合行业协会和骨干企业成立光伏科技学院理事会,对学院重大发展事项作决策咨询。光伏科技学院实行院长负责制,设置院长办公室,由其对学院行政、人事、财务、教学等事项进行全局管理,院长由学校党委任命,副院长由各运行主体分别委任。院长办公室下分别设置人才培养指导委员会、师资队伍建设委员会、产学研合作管理委员会,它们负责具体运行事宜。学院明确政校企行四方"一体制、四机制"组织管理体系,包括"定期协商、随时协调"的组织领导体制,"项目载体、配套自筹"的经费投入机制,"四位联动、资源集成"的实施运行机制,"优先倾斜、资源共享"的政策保障机制和"全面合作、互动共赢"的目标达成机制。总体而言,光伏科技学院建立政校企行多方联动的战略联盟,初步架构运行高效的战略角色系统,并且充分吸收现代企业制度优势,搭建扁平化的管理架构,优

化创新资源配置,打破体制壁垒,在人事、分配等方面呈现柔性和灵活性,推进行业学院发展。[1]

地方政府、行业协会、龙头企业等都可以是产业学院的联合建立者,即产业学院是真正意义上的"政—行—企—校"多元联合主体,不同类型投资者所掌握资源不同,对产业学院投入形式及核心诉求有所区别。各类主体对产业学院的投入形式差异较大,核心诉求主要表现为人才、科研等,其他诉求亦有较大差别。诉求不同的各方,在产业学院运营管理过程中如果各执己见,必然导致运营管理的低效能;较为合理的处理方式是建立具有独立决策权的理事会,负责对产业学院人、财、事等重大事项进行决策部署。在调研的71个产业学院中,建有理事会的仅有18个,建有董事会的有7个。其余46个产业学院中,尚未建立明确组织机构的有15个、由学校二级学院院长负责管理的有31个,这两类产业学院实际都是执行高校行政管理制度,缺乏自主决策权,难以直接对接市场需求。建议这些产业学院建立理事会,在形式上保留高校的行政关系,但降低其运营管理与决策权,由理事会直接决策运营管理相关事项。在产业学院具备独立法人地位之前,理事会作出的决策须经高校备案,以确保产业学院的运营管理仍然处于受控(监督)状态。[2]

产业学院要强化高校、地方政府、行业协会、企业机构等多元主体协同,形成共建共管的组织架构,探索理事会、管委会等治理模式,赋予现代产业学院改革所需的人权、事权、财权,建设科学高效、保障有力的制度体系。充分考虑区域、行业、产业特点,结合高校自身禀赋特征,优化创新资源配置模式,增强"自我造血"能力,打造高校产教融合的示范区,实现教育链、创新链、产业链的深度融合。

(四)发挥优势,完善产业学院的体制机制建设

应用科技型大学面向市场和应用的体制机制,在产业学院建设中具有得天独厚的优势。共同治理本身就是应用科技型院校内部治理的要求,在产业学院治理中又得到进一步的发挥。产业学院的建设和行业应用科技型人才的培养,也将大大提升高校的自身价值,在服务社会、学生和国家发展战略的过程中不断发展壮大,在产业学院的建设中与行业产业企业真正实现融合与双赢。

产业学院要打造实习实训基地,搭建产学研服务平台。基于行业企业的产品、技术和生产流程,创新多主体间的合作模式,构建基于产业发展和创新需求的实践教学和实训实习环境。统筹各类实践教学资源,充分利用科技产业园、行业龙头企业等优质资源,构建功能集约、开放共享、高效运行的专业类或跨专业类实践教学平台。通过引进企业研发平台、生产基地,建设一批兼具生产、教学、研发、创新创业功能的校企一体、产学研用协同发展的大型实验、实训、实习基地。

鼓励高校和企业整合双方资源,建设联合实验室(研发中心),发挥学校人才与专业综合性优势,围绕产业技术创新关键问题开展协同创新,实现高校知识溢出直接服务区域经

---

[1] 张晞,张根华,钱斌,等.行业学院模式的产教融合共同体:以常熟理工学院光伏科技学院为例[J].高等工程教育研究,2021(8):128-133.
[2] 张志东,王华新,陈琳.高职院校产业学院的现状、问题及发展建议[J].中国职业技术教育,2021(34):77-81.

济社会发展,推动科学研究成果的转化和应用,促进产业转型升级。强化校企联合开展技术攻关、产品研发、成果转化、项目孵化等工作,共同完成教学科研任务,共享研究成果,产出一批科技创新成果,提升产业创新发展竞争力。大力推动科教融合,将研究成果及时引入教学过程,促进科研与人才培养积极互动,发挥产学研合作示范影响,提升服务产业能力。

产业学院的核心竞争力主要聚焦在高效的资源整合能力、独特的专业群、与产业链适配的课程群以及高质量的毕业生。在这四项核心指标中,课程群建设是产业学院建设背景下的课程改革策略之一。深化产教融合,促进教育链、人才链与产业链、创新链有机衔接,是推动教育优先发展、人才引领发展、产业创新发展、经济高质量发展相互贯通、相互协同、相互促进的战略性举措。[①]

(五)出台并完善国家与地方政府相关政策,确立产业学院的法人主体地位

产业学院的发展需要国家的政策牵引,具体而言,需要从国家宏观政策和地方政府区域政策两方面提出建议:

1.国家宏观政策层面:出台产业学院建设和评估制度

自2014年始,国家先后出台引导地方普通本科向应用科技型转变、深化产教融合、推进新工科建设等一系列宏观政策。今后,国家应该出台产业学院建设标准与准则、建设质量评估标准等配套制度,并保持政策的连续性、实效性。依据应用科技型院校建设准则,产业学院可以明晰人才培养、师资队伍建设和服务定位等功能定位的基本方向;依据建设质量评估制度,产业学院可以不断对照自身进行政策适配性改革,让人才培养、师资队伍和服务功能定位落在实处。

现有产业学院的投资者中行业企业的比例高于90%,企业对产业学院的核心诉求除了人才、科研之外,降低经营成本、获取经济利益亦有一定的体现,这是企业作为营利性机构的必然追求。不具有市场主体地位的产业学院,其经营及获利能力有限。所以,企业投建产业学院,短期内难以获得有效的经济利益回报。这使得企业在产业学院发展初期,以关注社会效益红利为主,但是长期看来,仍然需要出台政策文件,赋予产业学院明确的法律主体地位,以使其获得可持续发展的动力。产业学院的主体地位一旦确立,行业企业对产业学院各种投入的预期产出就可以得到保障,行业企业参与度不高的问题或可迎刃而解。

2.地方政府区域政策:推进扶持政策精准化

近年来地方政府按照政策鼓励、示范引领、局部突破、分类推进的策略,积极推动地方高校转型发展和产业学院建设,已经取得了显著成效。今后还应当继续助推高校向应用科技型深度转型,出台产业学院建设的精准扶持政策,如专项资金支持示范产业学院建设、对共建产业学院的企业制定税费减免政策、建设政产学研信息共享平台、优化互兼互聘"双师型"教师职称评聘政策等。一方面可以满足产业学院各参与方利益诉求,实现多

---

① 姚君.高职产业学院课程群建设探析[J].教育与职业,2021(14):77-80.

方共赢;另一方面可以在用人机制方面帮助高校和企业摆脱传统机制束缚,更好地破解师资队伍建设的困境。①

综上所述,应用科技型大学产业学院的建设是一个需要政府、高校、行业企业、社会等相关主体共同努力共同建设的系统工程和长期过程。

---

① 陈春晓,王金剑.应用型本科高校产业学院发展现状、困境与对策[J].高等工程教育研究,2020(4):131-136.

参考文献

一、中文期刊论文

[1]潘懋元.中国高等教育的定位、特色和质量[J].中国大学教学,2005(12).

[2]潘懋元.建设一流本科全面统筹推进[J].中国大学教学,2016(6).

[3]潘懋元.高等教育改革与社会主义市场经济[J].科技导报,1992(12).

[4]潘懋元.福建船政学堂的历史地位及其影响[J].教育研究,1998(8).

[5]潘懋元.对高等教育若干问题的思考[J].西北工业大学学报(社会科学版),2018(2).

[6]潘懋元.从选拔性考试到适应性选才:高等教育普及化阶段试行"套餐式"招生模式的设想[J].高等教育研究,2021(9).

[7]潘懋元."潘懋元之问":高考有利于培养个性化创新创业人才吗?[J].河北师范大学学报(教育科学版),2022(2).

[8]潘懋元,车如山.做强地方本科院校:地方本科院校的定位与特征研究[J].中国高教研究,2009(12).

[9]潘懋元,车如山.特色型大学在高等教育中的地位与作用[J].大学教育科学,2008(2).

[10]潘懋元,董立平.关于高等学校分类、定位、特色发展的探讨[J].教育研究,2009(2).

[11]董立平.地方高校转型发展与建设应用技术大学[J].教育研究,2014(8).

[12]董立平.研究型大学的本科质量观研究[J].中国高教研究,2009(1).

[13]董立平.世界一流大学内涵建设的理论反思[J].国家教育行政学院学报,2018(10).

[14]董立平.关于建设中国应用科技型大学新体系的思考[J].国家教育行政学院学报,2022(2).

[15]董立平.关于大学课程建设与改革的理论探讨:基于中国大学"金课"建设的反思[J].大学教育科学,2019(6).

[16]董立平.关于"双一流"建设的认识误区及其理论反思[J].西南交通大学学报(社会科学版),2021(1).

[17]黄红武,董立平,王爱萍.应用型本科高校人才培养的特色化研究:以厦门理工学院"亲产业"大学办学实践为例[J].大学(学术版),2012(4).

[18]张东亚,董立平.交通运输行业院校省部共建的办学逻辑与纵深进路[J].高等工程教育研究,2022(5).

[19]卓泽林,杨体荣.美国顶尖理工大学创新创业人才培养机制研究:以伍斯特理工学院工程教育培养为例[J].现代教育管理,2016(4).

[20]庄西真.我国本科层次职业教育的前世今生:一个历史制度主义视角的分析[J].教育研究与实验,2021(2).

[21]庄西真.技能人才成长的二维时空交融理论[J].职教论坛,2017(34).

[22]朱跃东.高职混合所有制二级产业学院建设的实践之惑与应对之策[J].中国职业技术教育,2019(1).

[23]朱为鸿,彭云飞.新工科背景下地方本科院校产业学院建设研究[J].高校教育管理,2018(2).

[24]朱瑞富,孙康宁,贺业建,等.综合性大学工程训练中心发展模式设计与实践[J].实验室研究与探索,2011(4).

[25]朱科蓉.应用型大学开展院校研究的必要性及其对策[J].北京联合大学学报(自然科学版),2005(4).

[26]朱高峰.工程教育中的几个理念问题[J].高等工程教育研究,2011(1).

[27]周跃平.项目教学法在电子专业课教学中的实践[J].考试周刊,2008(35).

[28]周艳,梁美焱.应用型本科院校科研与教学关系研究:来自海南、湖南数据的统计分析[J].世纪桥,2010(9).

[29]周卫东.新建本科院校教师转型发展的推进策略[J].教育评论,2018(2).

[30]周绍森,储节旺.地方高校如何走出误区科学定位[J].中国高等教育,2004(2).

[31]周济.在国家示范性高职院校建设计划视频会议上的讲话[N].中国教育报,2006-11-14(1).

[32]周红利.把产业学院建成企业人力资源的共享中心[N].中国教育报,2020-05-19(9).

[33]周红利,周雪梅.系统论指导下的现代职业教育体系建构[J].教育与职业,2014(3).

[34]周光礼.中国大学的战略与规划:理论框架与行动框架[J].大学教育科学,2020(2).

[35]周光礼."双一流"建设中的学术突破:论大学学科、专业、课程一体化建设[J].教育研究,2016(5).

[36]周川."专业"散论[J].高等教育研究,1992(1).

[37]钟启泉.概念重建与我国课程创新:与《认真对待"轻视知识"的教育思潮》作者商榷[J].北京大学教育评论,2005(1).

[38]钟昆明,马宇,曾诗岚,等.试论应用技术大学科研工作的基本问题[J].重庆高教研究,2015(4).

[39]钟秉林,王晓辉,孙进,等.行业特色型大学发展的国际比较及启示[J].高等工程教育研究,2011(4).

[40]钟秉林,李志河.试析本科院校学科建设与专业建设[J].中国高等教育,2015(22).

[41]中央教育部.高等学校暂行规程[J].人民教育,1950(5).

[42]中华职业教育社.中华职业教育社宣言书[J].教育与职业,1917(10).

[43]中共中央政治局.关于延安干部学校的决定(1941-12-17)[N].解放日报,1941-12-20(1)

[44]郑文.本科应用型教育还是本科职业教育:历史演进与现实选择[J].高教探索,2020(1).

[45]郑琦.产业学院:一种利益相关者共同治理的高职办学模式[J].成人教育,2014(3).

[46]郑龙章,陈绍军.普通高等学校学科建设的思路[J].高等农业教育,2004(1).

[47]郑晋鸣.学以致用服务社会:南京工程学院创新发展纪实[N].光明日报,2000-08-22(A03).

[48]郑晋鸣,金怡.在合并中发展在融合中提升[N].光明日报,2008-01-06(1).

[49]振中.王文湛谈如何理解"产教结合"[J].教育与职业,1993(9).

[50]赵宇,朱伶俐.对行业特色高校学科群建设的思考[J].科技信息,2010(14).

[51]赵文平.德国工程教育"学习工厂"模式评介[J].比较教育研究,2017(6).

[52]赵鹏飞.现代学徒制人才培养的实践与认识[J].中国职业技术教育,2014(21).

[53]赵鹏飞,刘武军,罗涛,等.现代学徒制中国实践、国际比较与未来展望[J].职教论坛,2021(12).

[54]赵鹏飞,陈秀虎."现代学徒制"的实践与思考[J].中国职业技术教育,2013(12).

[55]赵康.专业、专业属性及判断成熟专业的六条标准:一个社会学角度的分析[J].社会学研究 2000(5).

[56]赵晶晶.瑞士应用技术大学与社会发展的互动研究[J].大学(学术版),2013(9).

[57]赵剑冬,戴青云.服务区域经济发展助推应用型大学转型升级[J].中国高校科技,2018(1,2).

[58]赵东明,赵景晖.高职校企混合所有制二级产业学院建设研究[J].教育探索,2016(6).

[59]张志东,王华新,陈琳.高职院校产业学院的现状、问题及发展建议[J].中国职业技术教育,2021(34).

[60]张英彦.论高校实践教学目标[J].教育研究,2006(5).

[61]张一蕃.专科及高等技职教育[J].教改通讯,1996(16).

[62]张阳.分层抑或分类:大学定位的研究与实践[J].煤炭高等教育,2010(6).

[63]张艳芳,雷世平.英国产业大学与我国产业学院的比较及启示[J].职业教育研究,2020(1).

[64]张艳.新时期应用型大学科学研究发展瓶颈的多维度分析及对策[J].贵阳学院

学报(自然科学版),2020(1).

[65]张亚群.高等学校学科建设中的关系链链接[J].江苏高教,2005(5).

[66]张兄武,许庆豫.关于地方本科院校转型发展的思考[J].中国高教研究,2014(10).

[67]张晞,顾永安.地方本科高校专业集群布局与建设的探索与思考:基于常熟理工学院的案例分析[J].中国职业技术教育,2018(11).

[68]张士献,李永平.本科应用型人才培养模式改革研究综述[J].高教论坛,2010(10).

[69]张庆久.德国应用科学大学与我国应用型本科的比较研究[J].黑龙江高教研究,2004(8).

[70]张妙弟.关于北京联合大学办学思路的新探索[J].北京联合大学学报(自然科学版),2003(4).

[71]张家齐.建立职业型高级应用技术人才的结构模型[J].水利电力高教研究,1986(1).

[72]张辉,樊泽恒,孔垂谦.高校"工程训练中心"功能定位与特色追求[J].江苏高教,2007(3).

[73]张根华,冀宏,钱斌.行业学院的逻辑与演进[J].高等工程教育研究,2019(1).

[74]张春月.欧洲应用科学大学的科学研究及启示[J].浙江树人大学学报,2014(3).

[75]张炳生,王树立.学科、专业一体化建设研究[J].中国高教研究,2021(12).

[76]张宝秀,张景秋.应用理科、应用文科本科人才培养目标及其实现路径[J].中国高教研究,2008(5).

[77]翟亚军,王战军.理念与模式:关于世界一流大学学科建设的解读[J].清华大学教育研究,2009(1).

[78]翟晶.论大众化教育背景下学生的学习质量观[J].中国电力教育,2009(6).

[79]苑迅,郭辉,秦昌明.地方高校应用型人才培养与实践教学体系构建的探索与实践[J].实验技术与管理,2011(8).

[80]于黎明,马纪明,张心婷,等.法国预科教育与我国本科教育的教学法比较与融合研究[J].高等工程教育研究,2013(4).

[81]应克荣,廖军和.应用型高校教师实践教学能力的现状及提升策略[J].淮北职业技术学院学报,2016(3).

[82]尹宁伟.中国一流大学实践教学体系建构的新趋势:基于《"985工程"大学2010年度本科教学质量报告》的文本分析[J].中国大学教学,2012(5).

[83]易雪玲,邓志高.探索"专业镇产业学院"高职教育发展新模式[J].中国高等教育,2014(23).

[84]全国高等学校教学研究会.应用型本科院校专门委员会成立[J].中国大学教学,2007(9).

[85]中华人民共和国教育部.高教司应用型本科人才培养模式研讨会纪要[J].南京工程学院学报,2002(3).

[86]叶晓勤.新工科背景下工程训练中心创新人才培养探究[J].实验技术与管理,2019(12).

[87]叶飞帆.产教融合:普通本科高校向应用技术型转变的目标和路径[J].中国高等教育,2017(22).

[88]姚立健,倪益华,金春德,等.农林类高校多维多尺度工程训练教学体系构建与评价[J].实验技术与管理,2020(4).

[89]杨忠泰.基于地方高校转型的应用技术大学的科研定位[J].宝鸡文理学院学报(社会科学版),2016(2).

[90]杨志坚.中国本科教育培养目标研究(之一):本科教育培养目标的基本理论问题[J].辽宁教育研究,2004(6).

[91]杨旭辉.高职教育类型定位的政策意蕴[J].职业技术教育,2013(1).

[92]杨天平.学科概念的沿演与指谓[J].大学教育科学,2004(1).

[93]杨树新.荷兰应用科学大学"科学研究"开展情况调研[J].新疆职业教育研究,2017(2).

[94]杨钋,井美荣.荷兰应用科技大学的发展经验及对我国的启示[J].高等教育评论,2015(1).

[95]杨金土.对发展高等职业教育几个重要问题的基本认识[J].教育研究,1995(6).

[96]杨金土,孟广平,严雪怡,等.对发展高等职业教育几个重要问题的基本认识[J].教育研究,1995(6).

[97]阎光才.本科专业与本科教育"通"和"专"定位的迷局[J].高等教育研究,2021(6).

[98]严雪怡.为什么必须区分技能型人才和技术型人才[J].机械职业教育,2010(10).

[99]严世良,夏建国,李小文.日本本科层次职业教育发展历史研究[J].中国高等教育,2019(13).

[100]宣勇,凌建."学科"考辨[J].高等教育研究,2006(4).

[101]徐英俊.应用型大学的特点及发展路径[J].大学(研究与评价),2007(3).

[102]徐迅,朱寒宇.对汉诺威应用科学大学艺术教学的认识与思考[J].浙江科技学院学报,2000(3).

[103]徐绪卿,金劲彪,周朝成.行业学院:概念内涵、组织特征与实践路径[J].浙江树人大学学报,2018(1).

[104]徐秋儿.产业学院:高职院校实施工学结合的有效探索[J].中国高教研究,2007(10).

[105]徐庆东.新形势下的人才分类[J]前沿,2005(11).

[106]徐静.模拟教学法的内涵阐释[J].苏州市职业大学学报,2005(1).

[107]徐瑾劼.英国现代学徒制和澳大利亚新学徒制比较[J].云南师范大学学报(自然科学版),2007(3).

[108]徐继铉.加强应用性教育理论的研究深化教育改革[J].辽宁高等教育研究,1991(11)(增刊2).

[109]徐国庆.职业教育项目课程的内涵、原理与开发[J].职业技术教育,2008(19).

[110]徐国庆.我国职业教育现代学徒制构建中的关键问题[J].华东师范大学学报(教育科学版),2017(1).

[111]徐福缘,任淑淳,瞿志豪,等.实现专科向本科快速转变的基本实践与理念[J].科学学与科学技术管理,2004(6).

[112]徐东.论学科向学科群演化的必然规律[J].现代大学教育,2004(6).

[113]徐纯,钱逸秋.德国应用科学大学的应用科研建设与启示[J].天津中德职业技术学院学报,2014(5).

[114]徐纯,连晓庆,张宇.德国一流应用科学大学的建设特征及启示[J].天津职业大学学报,2017(2).

[115]熊志卿,刘迎春.应用型本科院校工程实践教学内涵解析[J].南京工程学院学报(社会科学版),2010(3).

[116]萧成勇.透视应用技术型人才培养及其价值观问题[J].教育发展研究,2005(12B).

[117]肖国安.准确定位,突出特色:应用型工科大学办学思考[J].高等工程教育研究,1998(1).

[118]夏霖,刘海峰,谭贞.芬兰应用技术大学RDI科研范式及其启示[J].高教探索,2019(4).

[119]夏建国.应用科技型工程技术本科院校办学定位的特征分析:兼谈一所新升本科院校科学定位的成功案例[J].中国高教研究,2008(6).

[120]伍百洲,秦大同.论学科建设的内涵、策略与措施[J].重庆大学学报(社会科学版),2004(2).

[121]吴岩.建设中国"金课"[J].中国大学教学,2018(12).

[122]吴庆宪.高等工程教育发展与高校工程训练中心功能定位[J].南京航空航天大学学报(社会科学版),2006(1).

[123]魏晓艳.应用型大学教师发展:目标、困境与突破[J].大学教育科学,2015(4).

[124]韦相贵,傅水根,张科研,等.工程训练中心建设与管理问题探讨[J].实验技术与管理,2016(2).

[125]王玉芬.案例教学探析[J].教育与职业,2007(15).

[126]王雪生,王旭.工科本科应着重培养应用型工程技术人才[J].高等工程教育研究,1987(12).

[127]王秀梅.以学生为本构建全方位开放的实践教学体系[J].实验技术与管理,2013(2).

[128]王秀梅,韩靖然.新工科背景下工程训练中心存在的问题与实践转向[J].实验技术与管理,2019(9).

[129]王文岩,孙福全,申强.产学研合作模式的分类、特征及选择[J].中国科技论坛,2008(5).

[130]王孙禺,曾开富,李文中,等.凯克研究院的建立与发展背景研究:兼论近40年

来美国的研究生教育改革发展[J].高等工程教育研究,2012(5).

[131]王世岳,陈洪捷.趋同与特色:德国应用科学大学"应用型研究"的机遇与挑战[J].清华大学教育研究,2021(1).

[132]王启立,周长春,吴祝武,等.工程教育背景下高校实验与实训系统保障条件建设[J].实验室研究与探索,2018(1).

[133]王朋.从教育到研究:荷兰应用科学大学的职能拓展[J].外国教育研究,2018(1).

[134]王朋,杨雪.欧洲应用科学大学的学术使命与实践探索[J].中国高校科技,2018(11).

[135]王骥.对"行业特色型大学"提法的质疑:兼论其发展特征[J].江苏高教,2011(5).

[136]汪泓.瞄准地方需求创新应用型大学办学模式[J].中国高等教育,2005(21).

[137]汪潮,吴奋奋."双基论"的回顾和反思[J].课程·教材·教法,1996(5).

[138]万伟平.现行机理下产业学院的运行困境及其突破[J].教育学术月刊,2020(3).

[139]万力维.学科:原指、延指、隐指[J].现代大学教育,2005(2).

[140]涂又光.文明本土化与大学[J].高等教育研究,1998(6).

[141]童从奇,褚佐谊,钱建平.应用型人才的培养规格及其实施机制[J].高等建筑教育,1988(4).

[142]陶岩平.发达国家培养应用型本科人才的实践[J].世界教育信息,2005(1).

[143]陶龙泽.基于合格评估看新建本科院校的教师队伍发展[J].赤峰学院学报(汉文哲学社会科学版),2019(3).

[144]陶东梅.德国应用科学大学战略定位研究[J].教育学术月刊,2020(6).

[145]陶东梅,ISABEL S,杨东平.德国应用科学大学研究功能的扩展及启示[J].江苏高教,2018(7).

[146]唐纪良,曾冬梅,武波.论学科建设与专业建设的互动关系[J].改革与战略,2007(11).

[147]汤淳渊.提高工科本科教育质量之我见[J].江苏高教,1987(6).

[148]覃晓航.广西民族高等教育发展试探[J].广西民族研究,1988(2).

[149]孙振忠,黄辉宇.现代产业学院协同共建的新模式:以东莞理工学院先进制造学院(长安)为例[J].高等工程教育研究,2019(4).

[150]孙长远,齐珍.应用型本科发展的历史脉络、困厄与出路[J].河北师范大学学报(教育科学版),2014(8).

[151]孙长远,齐珍.论应用技术大学的发展历程及现实选择[J].职教论坛,2016(4).

[152]孙万东.教育理念创新与高校的教材建设[J].黑龙江高教研究,2006(1).

[153]孙康宁,傅水根,梁延德,等.赋予实践教学新使命避免工科教育理科化[J].中国大学教学,2014(6).

[154]孙康宁,傅水根,梁延德,等.浅论工程实践教育中的问题、对策及通识教育属性[J].中国大学教学,2011(9).

[155]孙进.培养高层次应用型人才:德国应用科学大学独具特色的人才培养模式[J].世界教育信息,2012(12).

[156]孙进.德国应用科学大学专业设置的特点与启示[J].清华大学教育研究,2011(4).

[157]孙进.德国应用科学大学的办学特色:类型特色和院校特色分析[J].比较教育研究,2011(10).

[158]孙建京.应用型大学重点学科内涵探讨[J].北京联合大学学报(自然科学版),2005(3).

[159]孙惠敏.新建本科院校教师发展机构的建设思路:基于比较的视角[J].高等教育研究,2012(7).

[160]孙柏璋,龚森.产业学院:从形态到灵魂重塑的转型发展[J].教育评论,2016(12).

[161]宋毅,高东锋."世界制造业中心"演变对推进我国高校工程训练改革发展的启示[J].中国大学教学,2019(4).

[162]宋广文,魏淑华.论教师专业发展[J].教育研究,2005(7).

[163]司云波,和金生.从知识发酵机理看科技成果转化[J].科技进步与对策,2009(22).

[164]司俊峰,唐玉光.高等教育"学术漂移"现象的动因探析:基于社会学制度主义的视角[J].高等教育研究,2016(9).

[165]首都钢铁公司职工大学.从企业改革和发展需要出发培养应用型人才[J].北京成人教育,1987(12).

[166]时伟.论大学实践教学体系[J].高等教育研究,2013(7).

[167]石伟平,兰金林,刘笑天.类型化改革背景下本科层次职业教育发展的困境与出路[J].现代教育管理,2021(2).

[168]施大发.基于行为导向教学法的现代职教新模式及其应用[J].机械职业教育,2007(11).

[169]邵庆祥.具有中国特色的产业学院办学模式理论及实践研究[J].职业技术教育,2009(4).

[170]山红红.行业特色型大学学科建设的思考与实践[J].中国高等教育,2013(23).

[171]任平.德国应用科学大学课程设置的特征:以柏林技术与经济应用科学大学为例[J].教育学术月刊,2020(4).

[172]佚名.全国短期职业大学第一次校际协作会议纪要[J].江汉大学学报,1984(2).

[173]钱颖一.批判性思维与创造性思维教育:理念与实践[J].清华大学教育研究,2018(4).

[174]齐艳娟.素质教育背景下文科大学生基本技能教育初探[J].牡丹江师范学院学报(哲学社会科学版),2007(4).

[175]裴云,任丽蝉.重新认识实践教学的内涵和外延[J].当代教育科学,2015(15).

[176]潘海涵,汤智.大学实践教学体系的再设计[J].中国高教研究,2012(2).

[177]宁凯.西方高校科学研究及其管理对我国新建本科院校的启示[J].黑龙江高教研究,2007(3).

[178]聂永成,董泽芳.新建本科院校的"学术漂移"趋向:现状、成因及其抑制:基于对91所新建本科院校转型现状的实证调查[J].现代大学教育,2017(1).

[179]米锦欣."世界制造业中心"转移新趋势与中国的选择[J].西部论坛,2011(2).

[180]孟宪范.学科制度建设研讨会综述[J].开放时代,2002(2).

[181]梅友松,张志良,周艳华.地方高校可持续发展机制研究[M].北京:中国文史出版社,2013.

[182]马树彬.应用型本科教育:地方本科院校在21世纪的新任务[J].常州工学院学报,2001(1).

[183]马庆栋.应用技术型人才的内涵与地方高校转型发展[J].职教论坛,2015(4).

[184]马鹏举,王亮,胡殿明.工程实践教学的现状分析与对策研究[J].高等工程教育研究,2011(1).

[185]吕鑫祥.技术、技术型人才、技术教育[J].机械职业教育,2001(9).

[186]吕红军.应用型本科高校学科建设的策略思考[J].宁波大学学报(教育科学版),2020(1).

[187]吕富媛,吕富彪.增强大学生社会实践实效性的路径研究[J].国家教育行政学院学报,2010(3).

[188]罗振玉.论中国亟宜兴实业教育[J].教育世界,1902(33).

[189]罗云.警惕我国研究型大学学科建设中的若干误区[J].现代大学教育,2004(4).

[190]逯长春.德国教师教育政策新动向:"卓越教师教育计划":推行与展望[J].教师教育研究践,2013(7).

[191]陆素菊.本科职业教育的日本道路:专门职大学制度的创立及其实践课题[J].外国教育研究,2021(1).

[192]卢晓东,陈孝戴.高等学校"专业"内涵研究[J].教育研究,2002(7).

[193]卢文忠,张锦高.基于SWOT分析框架下行业特色高校核心竞争力的提升[J].中国高等教育,2008(22).

[194]柳贡慧,徐静姝.应用型大学建设发展之实践[J].北京联合大学学报(人文社会科学版),2008(2).

[195]刘智英.大众化视域下新建本科院校的战略抉择[J].中国高教研究,2012(2).

[196]刘云彬.自由选择与制度选拔:大众高等教育时代的精英培养:基于北京大学的个案研究[J].北京大学教育评论,2017(10).

[197]刘益东,周作宇.大学治理:一个整体性框架[J].大学教育科学,2020(3).

[198]刘彦军.我国应用型高等教育的发展历程与展望[J].高等工程教育,2018(5).

[199]刘秀英,叶青.教师个人知识管理与专业发展[J].教学与管理,2008(30).

[200]刘雄平,肖娟.地方本科高校产业学院的建设历程及主要问题探究[J].佛山科学技术学院学报(自然科学版),2020(5).

[201]刘献君.论高等学校定位[J].高等教育研究,2003(1).

[202]刘献君,张俊超.高校学科建设规划的制订:HS大学案例分析[J].大学(学术版),2009(12).

[203]刘其兵.德国应用型本科人才培养的特征和启示:以代根多夫应用技术大学为例[J].滁州职业技术学院学报,2013(1).

[204]刘美,叶晓.浅谈应用型大学的学科建设[J].中国电力教育,2009(10).

[205]刘立新.德国职业教育产教融合的经验及对我国的启示[J].中国职业技术教育,2015(30).

[206]刘海燕.几种典型实践教学模式对应用型本科院校的启示[J].理工高教研究,2005(6).

[207]刘海燕,曾晓虹.学科与专业、学科建设与专业建设关系辨析[J].高等教育研究学报,2007(4).

[208]刘海峰,白玉,刘彦军.我国应用技术大学建设与科研工作的转型[J].中国高教研究,2015(7).

[209]刘国买,何谐,李宁,等.基于"三元融合"培养应用技术型人才:新型产业学院的建设路径[J].高等工程教育研究,2019(1).

[210]刘贵富,朱俊义.论学科建设与专业建设的辩证关系[J].黑龙江高教研究,2008(3).

[211]刘邦祥,吴全全.德国职业教育行动导向的教学组织研究[J].中国职业技术教育,2007(5).

[212]林江涌,魏农建,段明明.项目教学:应用型教学模式的选择[J].中国大学教学,2010(10).

[213]林健.注重卓越工程教育本质创新工程人才培养模式[J].中国高等教育,2011(6).

[214]林蕙青.深化高等学校教学改革培养高质量的跨世纪人才[J].医学教育,1997(6).

[215]梁延德.我国高校工程训练中心的建设与发展[J].实验技术与管理,2013(6).

[216]励效杰.产业学院的制度逻辑及其政策意义[J].职业技术教育,2015(31).

[217]李志鸿.高等工程教育的变革:本土探索与国际合作[J].高等工程教育研究,2019(4).

[218]李政.职业教育的产教融合障碍及其消解[J].中国高教研究,2018(9).

[219]李政,徐国庆.现代学徒制:应用型创新人才培养的有效范式[J].江苏高教,2016(4).

[220]李泽彧,陈杰斌.关于我国新建本科院校研究动态的探讨:基于1999—2006年"中国知网"的统计与分析[J].教育研究,2008(3).

[221]李玉峰.地方大学产业学院的组织特征及运作模式[J].科技展望,2016(34).

[222]李燕铭.社会需要应用型本科[N].中国教育报,2001-05-11(3).

[223]李艳,王继水.我国产业学院研究:进程与趋势:基于CNKI近10年核心期刊的文献研究[J].中国职业技术教育,2020(3).

[224]李学雷.寻求德国职业教育的切入点:德国职业教育考察报告[J].世界教育信息,2012(8).

[225]李欣旖,刘晶晶,闫志军,等.转型发展背景下地方本科高校科研体系建设目标研究:基于德国应用科学大学建设经验[J].河北科技师范学院学报(社会科学版),2017(3).

[226]李小遐.德国应用科学大学考察与启示[J].陕西教育(高教版),2013(11).

[227]李小牧.创新专业学科建设思路,打造独具首都特色的应用型大学[J].中国大学教学,2017(11).

[228]李韶华,吴文江,韩彦军.实践教学改革与大学生综合能力的培养[J].河北师范大学学报(教育科学版),2010(12).

[229]李明忠,任林芳,焦运红.美国高等工程教育改革的主要特征:以戈登奖获奖项目为例[J].高等教育研究,2018(1).

[230]李茂国,朱伟.面向工程过程的课程体系研究[J].高等工程教育研究,2014(4).

[231]李煌果.从首都实际需要出发办出北京联合大学的特色[J].北京联合大学学报,1993(2).

[232]李红路.理念创新的楷模,产学研融合的典范:记香港理工大学工业中心发展历程[J].哈尔滨职业技术学院学报,2008(2).

[233]李好好,卡尔-维尔海姆.德国的应用科技大学(Fachhochschule)研究[J].外国教育研究,2002(12).

[234]李成,朱海燕.高校实验技术人员专业发展状况与对策探讨:基于浙江省高校的调查分析[J].实验室研究与探索,2013(8).

[235]李宝银,汤凤莲,郑细鸣.产业学院的功能设计与运行模式[J].教育评论,2015(11).

[236]李爱民,郭有成.我国共建高校分类及其发展研究[J].高等工程教育研究,2017(1).

[237]匡瑛,李琪.此本科非彼本科:职业本科本质论及其发展策略[J].教育发展研究,2021(3).

[238]孔繁敏.应用型学科专业的改革与实践探索[J].北京教育(高教版),2008(21).

[239]柯文进.现代大学制度下大学人才培养模式研究[J].北京教育,2007(7-8).

[240]井美莹,杨钋.以应用研究指导地方本科院校科研的转型:来自欧洲应用科学大学的经验和启示[J].教育学术月刊,2016(10).

[241]姜淼芳,肖爱.我国应用型本科院校学科建设模式的反思与体制创新[J].江苏高教,2017(9).

[242]姜大源.职业教育:技术与技能辩[J].中国职业技术教育,2008(12).

[243]姜大源.德国500名科学家和教育家论未来知识社会里的知识与教育[J].德国研究,2000(1).

[244]姜大源.德国"双元制"职业教育再解读[J].中国职业技术教育,2013(33).

[245]姜朝晖.德国应用科学大学人才培养模式探析:以海德堡应用技术大学为例

[J].世界教育信息,2014(20).

[246]黄争舸,叶松.大学学科建设问题分析[J].高等农业教育,2004(9).

[247]黄文伟,郭建英,王博.混合所有制产业学院的生成逻辑与制度建设[J].职业技术教育,2019(13).

[248]黄华.对QAA学位资格框架和学科基准声明的认识[J].内蒙古师范大学学报(教育科学版),2006(7).

[249]黄甫全.大课程论初探[J].课程·教材·教法,2000(5).

[250]胡文龙.论产业学院组织制度创新的逻辑:三链融合的视角[J].高等工程教育研究,2018(3).

[251]胡青华.应用型大学转型背景下"产教融合、校企合作"人才培养模式的路径选择[J].沈阳工程学院学报(社会科学版),2017(2).

[252]洪明.英国终身学习的新变革:"产业大学"的理念与实践[J].比较教育研究,2001(4).

[253]贺天柱.香港理工大学工业中心发展对职业教育的启示[J].机械职业教育,2012(1).

[254]贺玲丽,白叶飞,许国强.实践教学中课程设计方的改革与研究[J].内蒙古农业大学学报(社会科学版),2011(4).

[255]何理瑞.应用型本科院校工程实训教学师资队伍建设探讨[J].浙江水利水电学院学报,2015(12).

[256]何理瑞.论"以学生发展为中心"的工程训练教学体系的构建[J].浙江水利水电学院学报,2021(4).

[257]何金平,邹平,杨丽宏,等.试点探索,建设应用技术型大学[J].中国高等教育,2014(10).

[258]何成辉,苏群.应用型本科院校学生能力培养途径的探讨[J].中国高教研究,2002(3).

[259]郝天聪.欧洲应用科学大学科研使命、典型模式及实践困境研究[J].职教论坛,2021(8).

[260]郝天聪,贺艳芳.德国应用科学大学获独立博士学位授予权争议与反思[J].比较教育研究,2018(1).

[261]韩同样,张若达,邢书明,等.以大赛为导向,提升学生工程训练综合能力[J].实验技术与管理,2012(3)

[262]郭晓丽.澳大利亚新学徒制及给我国的启示[J].长江大学学报(社会科学版),2010,(2).

[263]郭必裕.课程群建设与课程体系建设的对比分析[J].现代教育科学,2005(4).

[264]关晶.本科层次职业教育的国际经验与我国思考[J].教育发展研究,2021(3).

[265]顾永安.应用型高校推进专业集群建设的思考[J].高等工程教育研究,2019(6).

[266]顾金亮.香港理工大学的工业训练模式及启示[J].中国大学教学,2001(6).

[267]顾承卫,杨小明,甘永涛.关于大学定位的研究综述[J].赣南师范学院学报,

2006(4).

[268]龚素涟.问题研究:学生评教[J].高教评估,1991(5).

[269]工秀梅,韩靖然.新工科背景下工程训练中心存在的问题与实践转向[J].实验技术与管理,2019(9).

[270]高林.关于高等教育分类与应用性本科教育培养目标的研究[J].教育与职业,2006(17)。

[271]高伯华,殷秀莉.新建高职院校实践教学现状及对策[J].牡丹江教育学院学报,2006(2).

[272]傅水根.创建有中国特色的工程实践教学体系[J].中国大学教学,2004(7).

[273]付微,秦书生.拔尖人才的能力结构探析[J].科学与管理,2007(1).

[274]付铁,丁洪生,马树奇,等.新时期高校工程训练中心师资队伍建设探索[J].实验技术与管理,2017(12).

[275]马鹏举,佟杰,张兴华,等.工程训练课程体系的研究与实践[J].北京航空航天大学学报(社会科学版),2017(2).

[276]冯丹白.技术及职业教育的范畴[J].技术及职业教育双月刊.1990(试刊号).

[277]范守信.试析高校课程群建设[J].扬州大学学报(高教研究版),2003(3).

[278]段来根.德国应用科学大学发展模式的启示[J].常州信息职业技术学院学报,2014(4).

[279]董倩,刘东燕,黄林青.卓越土木工程师实践教学体系构建[J].中国大学教学,2012(1).

[280]邓波,贺凯.试论科学知识、技术知识与工程知识[J].自然辩证法研究,2007(10).

[281]单鹰."应用型大学"的定位需要挑明自身的职业教育范畴[J].当代教育论坛,2007(1).

[282]戴勇.澳大利亚TAFE学院的特点及启示[J].职教通讯,2001(6).

[283]崔岩.德国应用科学大学运行机制的分析研究[J].机械职业教育,2013(2).

[284]程永波,罗云.启迪与借鉴:关于国外著名研究型大学学科建设实践的研究[J].黑龙江高教研究,2006(3).

[285]陈祖福.迎接时代的挑战更新教育思想和观念[J].中国高教研究,1997(3).

[286]陈志杰.职业教育产教融合的内涵、本质与实践路径[J].教育与职业,2018(5).

[287]陈长江.德国职业教育的特点及启示[J].科技创业月刊,2005(2).

[288]陈宇峰,向郑涛,张涛,等.德国乌尔姆应用科技大学人才培养模式对地方高校电类专业人才培养的启示[J].科教导刊,2017(11).

[289]陈新.大学生创新训练项目的实践与思考[J].实验技术与管理,2017(6).

[290]陈维霞.应用型大学协同育人管理机制研究:基于产教融合的视角[J].中国职业技术教育,2017(32).

[291]陈维嘉,罗维东,范海林,等.法国"大学校"办学模式及其启示:"教育部行业特色型大学发展考察团"考察报告[J].中国高等教育,2010(24).

[292]陈霜叶,卢乃桂.大学知识组织化形式:大学本科专业及其设置的四个分析维度[J].北京大学教育评论,2006(4).

[293]陈平.专业认证理念推进工科专业建设内涵式发展[J].中国大学教学,2014(1).

[294]陈沛然,秦小丽.关于应用技术型人才研究的评述[J].教育探索,2015(5).

[295]陈丽霞,黄国清,邱波.行为导向教学法在程序设计课程中的互补应用[J].职业圈,2007(3).

[296]陈家庆,韩占生,郭亨平.法国的高等工程教育及其发展趋势[J].高等工程教育研究,2008(4).

[297]陈厚丰,张凡稷.近十年我国高等工程教育的发展轨迹、困境与路径抉择[J].大学教育科学,2021(5).

[298]陈浩森,刘宇陆,王瑛.高水平应用技术大学建设的目标定位与路径选择[J].中国职业技术教育,2020(3).

[299]陈东辉,曲嘉.全领域构建协同创新平台推进产教融合:以上海应用技术大学为例[J].学理论,2017(11).

[300]陈岱孙."通才"与"专才"[J].高教战线,1984(8).

[301]陈春晓,王金剑.应用型本科高校产业学院发展现状、困境与对策[J].高等工程教育研究,2020(4).

[302]曾昭抡.高等学校的专业设置问题[J].人民教育,1952(9).

[303]曾永卫,刘国荣."卓越计划"背景下科学构建实践教学体系探析[J].中国大学教学,2011(7).

[304]曹翼飞.行业特色型大学发展历史及研究现状[J].高等工程教育研究,2020(6).

[305]曹燕南,张男星.欧美高等教育的分类体系变迁及启示[J].大学(学术版),2013(11).

[306]蔡志奇,沈志滨.应用型本科人才培养规格的走位与实现[J].药学教育,2014(4).

[307]蔡雪峰."双师型"教师在应用型本科教育中的作用及培养途径[J].中国大学教学,2005(6).

[308]蔡瑞林,徐伟.培养产权:校企共同体产业学院建设的关键[J].现代教育管理,2018(2).

[309]蔡敏之.工科院校加强生产实践教学环节的探索[J].高教与经济,1995(3).

[310]北京石油化工学院.以学科建设和科技创新促进高水平应用型大学建设[J].北京教育(高教),2018(10).

[311]白皓."学生工"还是"真实习"职校生实习挑动了社会哪根敏感神经[N].中国青年报,2012-06-04(3).

[312]白汉刚,苏敏.中国职业教育体系的演化历程[J].中国职业技术教育,2012(18).

[313]白光义.高等教育大众化阶段的教材建设[J].北京教育(高教),2006(7).

[314]迪尔特·欧拉,王宝玺.什么是欧洲应用科技大学:瑞士圣加仑大学迪尔特·欧拉教授访谈录[J].高校教育管理,2015(4).

[315]安东尼·约翰·维克斯.欧洲学分互认体系:一个转换与累积体系[J].开放教育研究,2012(1).

[316]劳伦斯·P.格雷森.美国工程教育简史[J].陈慧芳,译.清华大学教育研究,1981(3-4).

[317]ACHIM L.应用科学大学实现应用型教学的基石:应用型科研与研发[J].应用型高等教育研究,2017(3).

[318]DIETER O.德国应用科学大学的实践性教育[R].德国安哈尔特应用技术大学校长在第一届中德国际教育论坛上的发言,2013-10.

[319]FRANK Z L.高校类型在发生变化?:对应用科学大学未来在德国高校体系中扮演角色的研究[J].应用型高等教育研究,2016(2).

[320]HENDRIK L.应用科学大学教授的兼职权:促进理论与实践结合及建立区域各界联动网络的重要工具[J].应用型高等教育研究,2018(1).

[321]HENDRIK L.试论应用研究的本质与将来的发展潜力[J].应用型高等教育研究,2020(2).

[322]HENDRIK L.试论"中国能力"课程在德国应用科学大学的推行[J].应用型高等教育研究,2019(3).

[323]HENDRIK L.德国应用科学大学体制对中国也是一种成功模式?[J].应用型高等教育研究,2016(1).

[324]PETER K.应用导向的教学与科研:以汉姆-利普斯塔应用技术大学为例[R].第一届中德教育论坛,2013-10.

二、中文著作

[1]潘懋元.应用型人才培养的理论与实践[M].厦门:厦门大学出版社,2011.

[2]潘懋元,王伟廉.高等教育学[M].福州:福建教育出版社,1995.

[3]董立平.高等教育管理价值通论[M].厦门:厦门大学出版社,2014.

[4]董立平.高等教育理论与实践多维探索[M].厦门:厦门大学出版社,2021.

[5]左宗棠.船政奏议汇编[M].光绪十四年(1888)刻本.

[6]朱永江.新建地方工科院校本科人才培养模式研究[M].上海:华东师范大学出版社,2007.

[7]周谈辉.工业教育学[M].台北:教育部计划小组,1983.

[8]周奉年,熊志翔,王金兴,等.中国高等教育运行机制研究[M].广州:广东教育出版社,1994.

[9]中央教育科学研究所比较教育研究室.六国高等教育结构[M].贵阳:贵州人民出版社,1988.

[10]中国社会科学院语言研究所词典编辑室.现代汉语词典(第7版)[M].北京:商务印书馆,2016.

[11]中国第二历史档案馆.中华民国史档案资料汇编:第3辑"教育"[Z].南京:江苏

古籍出版社,1991.

[12]郑富芝,范文曜.高等教育发展政策国别报告[M].北京:教育科学出版社,2002.

[13]赵祥麟,王承绪.杜威教育名篇[M].北京:教育科学出版社,2006.

[14]张天津.技术职业教育行政与视导[M].台北:三民书局,1983.

[15]张泰金.英国的高等教育历史·现状[M].上海:上海外语教育出版社,1995.

[16]张念宏.中国教育百科全书[M].北京:海洋出版社,1991.

[17]张楠.简明北京联合大学校史读本[M].北京:知识产权出版社,2017.

[18]张建新.高等教育体制变迁研究:英国高等教育从二元制向一元制转变探析[M].北京:教育科学出版社,2006.

[19]张家勇.哈佛大学本科生课程改革研究[M].广州:广东教育出版社,2011.

[20]张保庆,高如峰.今日法国教育[M].武汉:武汉大学出版社,1986.

[21]俞启定,和震,楼世洲.中国职业教育发展史[M].北京:高等教育出版社,2012.

[22]俞可平.治理与善治[M].北京:社会科学文献出版社,2000.

[23]于富增.国际高等教育发展与改革比较[M].北京:北京师范大学出版社,1999.

[24]殷企平.英国高等科技教育[M].杭州:杭州大学出版社,1995.

[25]易红郡.战后英国高等教育政策研究[M].长沙:湖南师范大学出版社,2012.

[26]杨文明.高职项目教学理论与行动研究[M]北京:科学出版社,2008.

[27]杨金土,高林.台湾技职教育的过去、现在与未来[M].北京:清华大学出版社,2007.

[28]杨德广.高等教育学概论[M].华东师范大学出版社,2010.

[29]杨朝祥.技术职业教育理论与实务[M].台北:三民书局,1985.

[30]杨朝祥.技术职业教育辞典[M].台北:三民书局,1984.

[31]薛天祥.高等教育学[M].桂林:广西师范大学出版社,2001.

[32]许庆瑞.研究、发展与技术创新管理[M].2版.北京:高等教育出版社,2010.

[33]许明.英国高等教育发展研究[M].沈阳:辽宁师范大学出版社,1998.

[34]徐小洲.当代欧美高教结构改革研究[M].呼和浩特:内蒙古大学出版社,1997.

[35]徐辉.高等教育发展的新阶段:论大学与工业的关系[M].杭州:杭州大学出版社,1990.

[36]徐辉,郑继伟.英国教育史[M].长春:吉林人民出版社,1993.

[37]谢长法.中国职业教育史[M].太原:山西教育出版社,2011.

[38]谢维和,文雯.中国高等教育大众化进程中的结构分析:1998—2004年的实证研究[M].北京:教育科学出版社,2007.

[39]夏征农.辞海[Z].上海:上海辞书出版社,1999.

[40]夏建国.高等技术教育学[M].上海:上海交通大学出版社,2011.

[41]王义智,李大卫,董刚,等.中外职业技术教育[M].天津:天津大学出版社,2011.

[42]王一兵.八十年代发达国家教育改革的动向和趋势述评[M].北京:人民教育出版社,1994.

[43]王廷芳.美国高等教育史[M].福州:福建教育出版社,1995.

[44]王世杰.应用型大学学科建设的理论与实践[M].合肥:中国科学技术大学出版社,2019.

[45]王立人,顾建民,庄华洁,等.国际视野中的本科应用型人才培养[M].杭州:浙江大学出版社,2008.

[46]王建民,谢芳.实践教学指导[M].兰州:兰州大学出版社,2009.

[47]王承绪,徐辉.战后英国教育研究[M].南昌:江西教育出版社,1992.

[48]王斌华.发展性教师评价制度[M].上海:华东师范大学出版社,1998.

[49]汪霞,稽艳.美国研究型大学本科生课程与教学评价研究[M].南京:南京大学出版社,2018.

[50]汪泓.中国产学合作教育的崛起[M].北京:清华大学出版社,2013.

[51]孙邦正.教育大辞书[Z].台北:台湾商务印书馆,1964.

[52]石伟平.比较职业技术教育[M].上海:华东师范大学出版社,2001.

[53]曲士培.中国大学教育发展史[M].北京:北京大学出版社,2006.

[54]瞿葆奎,陈玉琨,赵永年.教育学文集:教育评价[M].北京:人民教育出版社,1989.

[55]璩鑫圭,唐良炎.中国近代教育史资料汇编:学制演变[M].上海:上海教育出版社,1991.

[56]乔玉全.21世纪美国高等教育[M].北京:高等教育出版社,2000.

[57]钱国英.高等教育转型与应用型本科人才培养[M].杭州:浙江大学出版社,2007.

[58]彭旭.新建本科院校专业设置与调整研究[M].北京:光明日报出版社,2012.

[59]梅友松,张志良,周艳华.地方高校可持续发展机制研究[M].北京:中国文史出版社,2013.

[60]麦可思研究院.2012年中国大学生就业报告(就业蓝皮书)[M].北京:社会科学文献出版社,2012.

[61]刘海峰,庄明水.福建教育史[M].福州:福建教育出版社,1996.

[62]蔺田,王萍.中国职业技术教育史[M].北京:高等教育出版社,1994.

[63]林庆元.福建船政史稿(增订本)[M].福州:福建人民出版社,1999.

[64]林建.卓越工程师培养:工程教育系统性改革研究[M].北京:清华大学出版社,2013.

[65]李晓军.本科技术教育人才培养:比较的视野[M].上海:上海教育出版社,2011.

[66]李其龙,孙祖复.战后德国教育研究[M].南昌:江西教育出版社,1995.

[67]李曼丽.通识教育:一种大学教育观[M].北京:清华大学出版社1999.

[68]李蔺田,王萍.中国职业技术教育史[M].北京:高等教育出版社,1994.

[69]江文雄.技术及职业教育概论[M].台北:师大书苑.1999.

[70]黄政杰.课程设计[M].台北:东华书局,1991.

[71]黄政杰.多元社会课程取向[M].台北:台湾师大书苑有限公司,1995.

[72]黄宇红.美国州立大学的发展历程[M].北京:北京航空航天大学出版社,2013.

[73]黄炎培.新大陆之教育[M].上海:商务印书馆,1917.

[74]黄甫全,王嘉义.课程与教学论[M].北京:高等教育出版社,2002.

[75]黄福涛.外国高等教育史[M].上海:上海教育出版社,2003.

[76]胡璋剑.应用型人才培养新论[M].北京:中国社会科学出版社,2009.

[77]胡建华.现代中国大学制度的原点:50年代初期的大学改革[M].南京:南京师范大学出版社,2001.

[78]贺国庆.德国和美国大学发达史[M].北京:人民教育出版社,1998.

[79]贺国庆,王保星,朱文富,等.外国高等教育史[M].北京:人民教育出版社,2006.

[80]和飞.地方大学办学理念研究 IMI.北京:高等教育出版社,2005.

[81]何东昌.中华人民共和国重要教育文献(1949—1975)[M].海口:海南出版社,1983.

[82]郝维谦,龙正中,张晋峰.中华人民共和国高等教育史[M].北京:新世界出版社,2011.

[83]郝克明,汪永铨.中国高等教育结构研究[M].北京:人民教育出版社,1988.

[84]汉语大词典编辑委员会.汉语大词典(标准本)[M].北京:汉语大词典出版社,1990.

[85]韩延明.大学教育现代化[M].济南:山东教育出版社,1999.

[86]郭扬.中国高等职业教育史纲[M].北京:科学普及出版社,2010.

[87]顾明远.教育大辞典(增订合编本)[M].上海:上海教育出版社,1998.

[88]龚怡祖.论大学人才培养模式[M].南京:江苏教育出版社,1999.

[89]高林.应用性本科教育导论[M].北京:科学出版社,2006.

[90]董晓红.地方应用型本科高校实践教学体系研究[M].北京:经济科学出版社,2020.

[91]丁雅.学科分类研究与应用[M].北京:中国标准出版社,1994.

[92]刁培萼.教育文化学[M].南京:江苏教育出版社,1992.

[93]邓泽民,董慧超.德国应用科学大学[M].北京:科学出版社,2017.

[94]辞海编辑委员会.辞海[Z].上海:上海辞书出版社,1979.

[95]陈昭雄.工业职业技术教育[M].台北:三民书局,1985.

[96]陈英杰.中国高等职业教育发展史研究[M].郑州:中州古籍出版社,2007.

[97]陈学洵,田正平.中国近代教育史料汇编·洋务运动时期教育卷[C].上海:上海教育出版社,1992.

[98]陈青之.中国教育史(上、下)[M].合肥:安徽出版社,2019.

[99]陈广胜.走向善治[M].杭州:浙江大学出版社,2007.

[100]陈东原.第二次中国教育年鉴[Z].上海:商务印书馆,1948.

[101]陈勃生.职业高等教育导论[M].长沙:湖南教育出版社,2001.

[102]蔡元培.蔡元培教育论著选[M].北京:人民教育出版社,1991.

[103]蔡尚思.蔡元培学术思想传记[M].上海:棠棣出版社,1950.

[104]蔡克勇.20世纪的中国高等教育(体制卷)[M].北京:高等教育出版社,2003.

[105]编写组.浙江大学校史[M].杭州:浙江大学出版社,1996.

[106]本书编委会.全国普通高校本科教育教学质量报告(2017年度)[M].北京:高等教育出版社,2019.

[107]中国教育科学研究院课题组.欧洲应用技术大学国别研究报告[R].2013-12.

[108]应用技术大学(学院)联盟,地方高校转型发展研究中心.地方本科院校转型发展实践与政策研究报告[R].2013-11.

[109]欧洲应用科学大学的研究:现状、成就和趋势:论创新欧洲应用科学大学协作网络[R].中国教育科学研究院课题组,译,2009.

三、外文译著

[1]国际21世纪教育委员会.教育:财富蕴藏其中[M].联合国教科文组织总部中文科,译.北京:教育科学出版社,1996.

[2]经济合作与发展组织(OECD).以知识为基础的经济[M].杨宏进,薛澜.译.北京:机械工业出版社,1997.

[3]欧盟委员会.欧洲现代学徒制[M].孙玉直,译.北京:中国劳动社会保障出版社,2016.

[4]迈克尔·夏托克.高等教育的结构和管理[M].王义端,译.上海:华东师范大学出版社,1987.

[5]迈克尔·夏托克.成功大学的管理之道[M].范怡红,译.北京:北京大学出版社,2006.

[6]罗杰·金.全球化时代的大学[M].赵卫平,译.杭州:浙江大学出版社,2008.

[7]怀特海.教育的目的[M].庄莲平,王立中,译.上海:文汇出版社,2012.

[8]埃里克·阿什比.科技发达时代的大学教育[M].滕大春,滕大生,译.北京:人民出版社,1983.

[9]邓特.英国教育[M].杭州大学教育系,译.杭州:浙江教育出版社,1987.

[10]华勒斯坦.学科·知识·权力[M].刘健芝,译.北京:生活·读书·新知三联书店,1999.

[11]詹姆斯·N.罗西瑙.没有政府的治理[M].张胜军,刘小林,等译.南昌:江西人民出版社,2001.

[12]约翰·塞林.美国高等教育史:第二版[M].孙益,林伟,刘冬青,译.北京:北京大学出版社,2014.

[13]约翰·W.博耶.反思与超越:芝加哥大学发展史[M].和静,梁路璐,译.北京:生活·读书·新知三联书店,2018.

[14]约翰·S.布鲁贝克.高等教育哲学[M].王承绪,郑继伟,张维平,等译.杭州:浙江教育出版社,2001.

[15]亚瑟·科恩.美国高等教育通史[M].李子江,译.北京:北京大学出版社,2010.

[16]亚伯拉罕·弗莱克斯纳.现代大学论:美英德大学研究[M].徐辉,陈晓菲,译.杭州:浙江教育出版社,2001.

[17]威廉·德雷谢维奇.优秀的绵羊[M].林杰,译.北京:九州出版社,2016.

[18]托马斯·S.库恩.必要的张力[M].纪树立,范岱年,罗慧生,译.福州:福建人民出版社,1981.

[19]唐纳德·司托克斯.基础科学与技术创新:巴斯德象限[M].周春彦,谷春立,译.北京:科学出版社,1999.

[20]乔纳森·R.科尔.大学之道[M].冯国平,郝文磊,译.曹聪,校.北京:人民文学出版社,2014.

[21]劳伦斯·阿瑟·克雷明.学校的变革[M].单中惠,马晓斌,译.上海:上海教育出版社,1994.

[22]劳伦斯·阿瑟·克雷明.美国教育史:第二卷[M].朱旭东,译.北京:北京师范大学出版社,2002.

[23]杰弗里·A.康托.美国21世纪学徒制:培养一流劳动力的奥秘[M].孙玉直,译.北京:中国劳动社会保障出版社,2016.

[24]哈瑞·刘易斯.失去灵魂的卓越:哈佛是如何忘记教育宗旨的[M].侯定凯,译.上海:华东师范大学出版社,2012.

[25]菲利普·G.阿特巴赫.世界级大学领导力[M].姜有国,译.北京:中国人民大学出版社,2014.

[26]菲利普·阿特巴赫,利斯·瑞丝伯格,劳拉·拉莫利.全球高等教育趋势:一追踪学术革命轨迹[M].姜有国,喻恺,张蕾,译校.上海:上海交通大学出版社,2010.

[27]厄内斯特·博耶.大学:美国大学生的就读经验[M].徐芃,李长兰,丁申桃,等译.北京:北京师范大学出版社,1993.

[28]德雷克·博克.回归大学之道:对美国大学本科教育的反思与展望[M].侯定凯,梁爽,陈琼琼,译.上海:华东师范大学出版社,2008.

[29]伯顿·R.克拉克.高等教育系统:学术组织的跨国研究[M].王承绪,徐辉,殷企平,等译.杭州:杭州大学出版社,1994.

[30]艾·里斯,杰克·特劳特.定位:有史以来对美国营销最大的观念[M].谢伟山,苑爱冬,译.北京:机械工业出版社,2014.

[31]L.迪·芬克.创造有意义的学习经历[M].胡美馨,刘颖.译.杭州:浙江大学出版社,2006.

[32]J.R.安德森.认知心理学[M]杨清,张述祖,等译.长春:吉林教育出版社,1989.

[33]弗兰斯·F.范富格特.国际高等教育政策比较研究[M].王承绪,译.杭州:浙江教育出版社,2001.

[34]凯兴斯泰纳.凯兴斯泰纳教育论著选[M].郑惠卿,译.北京:人民出版社,1993.

[35]弗·鲍尔生.德国教育史[M].滕大春,滕大生,译.北京:人民教育出版社,1986.

[36]M.Л.巴申.基础研究的效率[M].骆茹敏,译.北京:科学出版社,1981.

[37]日本世界教育史研究会.六国技术教育史[M].李永连,赵秀琴,李秀英,译.北京:教育科学出版社,1984.

[38]吕达,周满生.当代外国教育改革著名文献(英国卷·1—2册)[M].北京:人民教

育出版社,2004.

[39]吕达,周满生,刘立德,等.当代外国教育改革著名文献(美国卷·1—3册)[M].北京:人民教育出版社,2004.

四、硕博学位论文

[1]朱建新.地方应用型大学变革研究[D].杭州:浙江大学,2019.
[2]陈玟晔.战后台湾技职教育发展与变革[D].上海:华东师范大学,2013.
[3]方黛春.高职"2+1"校企合作人才培养模式的实践研究[D].上海:华东师范大学,2008.
[4]董慧超.德国应用科学大学课程研究[D].秦皇岛:河北科技师范学院,2017.
[5]刘红鸽.云南省应用技术大学(学院)教师发展研究[D].昆明:云南师范大学,2017.
[6]吕斌.行业高水平大学科学定位与特色发展研究[D].武汉:华中农业大学,2011.
[7]徐斌.创新型工程人才本科课程体系的构建研究[D].天津:天津大学,2010.
[8]王威丹.台湾高等职业教育发展研究[D].郑州:郑州大学,2017.
[9]王莹.应用技术大学定位研究[D].上海:华东师范大学,2016.
[10]唐飞燕.美国佐治亚理工学院工程教育实践课程研究[D].广州:华南理工大学,2017.
[11]翟亚军.大学学科建设模式研究[D].合肥:中国科学技术大学,2007.
[12]孙青.90年代以来台湾职业技术教育发展研究[D].保定:河北大学,2004.
[13]沈红宇.中国行业特色研究型大学的发展现状与发展趋势[D].哈尔滨:哈尔滨工程大学,2010.
[14]司淑梅.应用型本科教育实践教学体系研究[D].长春:东北师范大学,2006.
[15]张冰洁.德国卡尔斯鲁厄应用科技大学课程体系研究:以电气工程与自动化技术专业为例[D].石家庄:河北师范大学,2016.
[16]张春梅.欧洲应用科学大学科研发展研究:基于国家高等教育政策的分析[D].武汉:华中科技大学,2015.

五、外文文献

[1]ALOK K V,DANIEL D,MCKINNEY S.Engaging students in STEM careers with project-based learning-marine tech project[J].Technology and engineering teacher,2011(9).

[2]AMARAL A,FERREIRA J B,MACHADO M L.Modelos de governação e gestão dos institutos politécnicos portugueses no contexto Europeu[R].Politécnica—Associação dos Institutos Politécnicos do Centro,2006.

[3]ANDREA F,VOKER M G,CHRISTOPH S.Innovationsfaktor kooperation

[R].Berlin:Stifterverband für die deutsche wissenschaft,2007.

[4]BLAND C P, RUFFIN M T.Characteristics of a productive research environment:literature review[J].Academic medicine,1992(6).

[5]BRIAN S.Education and social order 1940—1990[M].London:Lawrence and Wishart,1991.

[6]BURUESS T.The shape of higher education[M].London:Cornmarket Press,1972.

[7]CARNEGIE FOUNDATION.The advancement of higher education: six priority problem [M].New York:McGraw Hill,1973.

[8]HISE C R V. Inaugural address[M]//HAWKINGS H.The emerging university and industrial American.Lexington:D.C.Heath and Company,1970.

[9]KERR C.The uses of the university[M].Harvard:Harvard University Press,1982.

[10] REPORT C. Higher education in the Netherlands [EB/OL]. (2016-02-13) [2021-12-16]. http://www. utwente. nl/bms/cheps/puhlicaticns/puhlicaticns 2007/2007ccuntryREPORTnl.pdf.

[11] DETLEF K M, FRITZ R, SIMON B. The rise of the modern educational system:structural change and social reproduction[M].Cambridge:Syndicate of the University of Cambridge Press,1987.

[12] DEUTSCHER AKADEMISCHER AUSTAUSCHDIENST. Studium in Deutschland-informationen fuer aus laender ueber das studium an deutschen fachhochschulen[M].Bielefeld:W.Bertelsmann Verlag GmbH & Co.KG,2003.

[13]EDDY E D.Colleges for our land and time:the Land-Grant Idea in American education[M].New York:Harper & Brothers,1957.

[14]EDUPROF.Research at universities of applied sciences in Europe: conditions, achievements and perspectives[R].Netherlands:European project:educating the new European professional in the knowledge society, 2009.

[15]HENRY E.Oxford polytechnic:genesis to maturity 1865—1980,With a Decennial Review[M]. Oxford:Oxford Polytechnic,1980.

[16]ELISABETH L G A.Concise history of Cambridge[M].Cambridge:Cambridge University Press,1996.

[17]HAZELKERN E.University research management[R]//Developing research in new Institutions.Paris:OECD,2005.

[18] ENGINEERING COUNCEL. The UK standard for professional engineering competence and commitment (UK-SPEC) (4th edition) [Z]. (2020-08-22) [2023-05-16]. https://www. engc. org. uk/media/4338/uk-spec-v14-updated-hierarchy-and-rfr-june-2023.pdf.

[19]ASHBY E.Technology and academics[M].London:Macmillan,1936.

[20]ROBINSON E E.The new polytechnics[M].London:Cornmarket,1968.

[21] FOX R, WEISZ G. The organization of science and technology in France

(1808—1914)[M].Cambridge:Cambridge University Press,1980.

[22]FREDERICK R.Curriculum:a history of the American undergraduate course of study since 1636[M].San Francisco: Jossey-Bass,1979.

[23]FREDERICK R.The American college and university:a history[M].Athens:The University of Georgia Press,1990.

[24] GAGNÉ R M. The conditions of learning and theory of instruction[M].Chicago:Holt,Rinehart & Winston,1985.

[25] GARETH P. Policy-participation trajectories in English higher education[J]. Higher education quarterly,2006,60(4).

[26]GEORGE S E.Engineering education:a social history[M].Chicago:The University of Chicago Press,1973.

[27]GORDON R,MICHAEL S.Scientific studies and scientific manpower in the English civic universities 1870—1914[J].Science studies,1974,4(1).

[28]GRUBB W N.The roles of tertiary colleges and institutes:trade-offs in restructuring postsecondary education[C]//Unpublished manuscript prepared on a sabbatical period at the education and training policy division.OECD,2003.

[29]BARNARD H C.A history of English education from 1760[M].London:University of London Press Ltd.,1961.

[30]HAROLD S.Education as history:interpreting 19th and 20th century education[M].London:Methuen,1983.

[31]HARWOOD J. Understanding academic drift:on the institutional dynamics of higher technical and professional education: A review of science[J].Minerva,2010,48(4).

[32]HAWKINGS H.The emerging university and industrial American[M].Lexington:D.C.Heath and Company,1970.

[33]Institutes of Technology Ireland(IOTI).Framework for the development of research in the institute of technology(2008—2013)[R].Ireland:TOTT,2008.

[34]JANE G,TIRRELL T,GREGORY D.The professional master of bioscience program at Keck Graduate Institute[J].Best practices in biotechnology education,2009(18).

[35]JENNIFER Y.Comparative international study of cooperative education employers:the value of employing cooperative students[R].10th world conference on cooperative education, Cape Technikon:Cape Town Sough Africa,1997.

[36]JOHN J C.The governance of colleges and universities:modernizing structure and processes[M].New York:McGraw-Hill Book Co.,1975.

[37]BRUBACHER J S,RUDY W.Higher education in transition:a history of American colleges and universities:1636—1956[M].New Brunswick:Transaction Publisher,1997.

[38]JOHON T.Institutional diversity in UK higher education:policy and outcomes since the end the binary divide[J].Higher education quarterly,2003,57(3).

[39]JULIE E M,DAVID F T.Engineering education is problem-based or project-based learning the answer? [J].Engineering education,2003(1).

[40]KMK.Das Bildungswesen in der Bundesrepublik Deutschland (2008)[R].Bonn:KMK,2009.

[41]KNOLL M.The project method:its vocational education origin and international development [J].Journal of industrial teacher education,1997(34).

[42]KONRAD H J.The transformation of higher learning 1800—1930[M].Stuttgart:Klett-Cotta,1982.

[43]KYViK S.Academic drift:a reinterpretation[M]//ENDERS J,LUGIFT F.Towards a cartography of higher education policy change.Enschede:Centre for Higher Education Policy Studies,2007.

[44]KYVIK S.Structural change in higher education systems in western Europe [J].Higher education in Europe,2004(3).

[45]REEVES M,NIBLETT W R.The European university from medieval times, higher education:demand and response[M].Travistock:Travistock Publications,1969.

[46]JAMES S T,JOSE B F,MARIA L M.Non-university higher education in Europe[M].Springer,2008.

[47]MARSH C J.Planning,management and ideology:key concepts for understanding curriculum [M].London & Bristol:The Falmer Press,1977.

[48]POLANYI M.The study of man[M].London:Routledge & Kegan Paul,1957.

[49]MICHAEL S. The universities and British industry,1850—1920[M].London:Routledge and Kegan Paul Ltd.,1972.

[50]National Research Council.Science professionals:master's education for a competitive world[M].Washington, D.C.:The National Academies Press, 2008.

[51] PERCH COMMITTEE. Higher technological education [R]. London: His Majesty's Stationary Office,1945.

[52]PETER S.The meanings of mass higher education[M].Buckingham:SRHE and Open University Press,1995.

[53] PETER V R. Higher education development the technological universities 1956—1976[M].London:Faber & Faber ,1978.

[54]RISEMAN D.Constraint and variety in American education[M].Lincoln:University of Nebraska Press, 1956.

[55]ROBERT B. The end of shared governance:looking ahead or looking back [J]. New direction for higher education,2004(19).

[56]ROV L.Structural change in English higher education,1870—1920[C]//DETLEF K M,FRITZ R,SIMON R. The rise of the modern educational system:structural change and

social reproduction 1870—1920.Cambridge:Cambridge University Press,1987.

[57]RUUD C M,BRAGG D D.The applied baccalaureate:what we know,what we learned,and what we need to know[R].Office of community college research and leadership university of Illinois at Urbana-Champaign,2011.

[58]KYVIK S, LEPORI B.The research mission of higher education institutions outside the university sector [M].Springer Netherlands,2010.

[59]SCHWAS J J.The practical:a language for curriculum[J].School review,1969(2).

[60]SCOOT J L.Overview of career and technical education[M].Orland Pkwy:American Technical Publisher, Inc.,2008.

[61]SCOTT P.Unified and binary system of higher education in Europe[A].BURGEN A.Gods and purposes of higher education in the 21st century[C].London:Jessica Kingsley Publishers,1996.

[62]STEVEN E T.School and society:historical and contemporary perspectives [M].Illinois:McGraw-Hill Humanities,1993.

[63]TEICHLER U.Diversification of higher education and the profile of the individual institution[J].Higher education management and policy, 2002(3).

[64]The UNIVERSITY GRANTS COMMISSION.University development(1957—1962)[R]. London: HMSO, 1964.

[65]TONY B.British higher education[M].London:Allen & Unwin Ltd,1987.

[66]UNESCO.Vocational education:the come-back? the news letter of UNESCO'S education sector[R].UNESCO,2005.

[67]VERMA D. Administration of technical vocational education: principles and methods[M].New Delhi:Sterling Publisher,1990.

[68]STEWART W A C.Higher education in postwar Britain[M]. London:Macmillan,1989.

[69]STEPHENS W B.Education in Britain, 1750—1914[M].New York: St. Martin's Press,1998.

[70]ARAMYTAGE W H G.Four hundred years of English education[M].Cambridge:Cambridge University Press,1964.

[71]Wissenschaftsrat.Empfehlungen zur entwicklung der Fachhochschulen in den 90er Jahren[R].Koeln:Wissenschaftsrat,1991.

后　记

伴随着五一节日的结束,书稿的撰写终于接近尾声。自 2017 年本课题立项到 2022 年 5 月,整整 5 年 1800 多个日日夜夜,在中外文献的搜集、购买、阅读、笔记、梳理、提升、调研、访谈、讨论与写作过程中,没有周末,没有节假日,几乎每天都在思考与撰写书稿。可谓是皓首穷经,殚精竭虑,专心致研! 焚膏油以继晷,恒兀兀以穷年。此间的辛苦,个中的滋味,不是业内人士,难以体会。

本书的完成,得益于我的博士生导师——厦门大学教育研究院潘懋元先生的引导。众所周知,潘先生作为中国高等教育学科的创建人,在关注国内国际高等教育理论与实践研究过程中,对新建本科院校和民办院校等"弱势群体"尤为情有独钟,长期以来关注与研究新建本科、地方本科和民办高校的改革与发展问题,并承担了相关的国家级课题,发表了许多对国内相关改革产生重大影响的论文论著。笔者自 2006 年师从潘先生到毕业留厦工作,除去中间到英国访学一年之外,几乎参加了潘先生的每一次学术沙龙。潘先生的许多重要研究与思想都在沙龙上有所讨论、有所争鸣,尤其是其中关于应用型本科与地方本科院校改革的研究进展与成果。因此,潘先生的许多重要观点和思想对笔者的课题研究都有重要影响。本书也汲取和引述了潘先生及其课题的相关研究成果。

笔者自 2009 年博士毕业进入厦门理工学院以来,先后在发展规划处(高教所)、教务处(高教所)、品质与规划处(高教所)、经济与管理学院(高教所)及应用科技大学改革与发展研究中心(学校智库中心)等部门工作。在几任校长的主持下,作为总执笔人先后参与了学校的各种重大改革方案和中长期建设与发展规划的调研与起草工作,对国内有一定影响的应用技术大学的办学治校的改革与发展现状有着较深切的认识与体会,也陆续发表了一些关于地方高校转型发展的文章,在国内也产生了一定影响,尤其是 2014 年在《教育研究》上所发表的论文《地方高校转型发展与建设应用技术大学》,自发表以来一直是国内有关论题引用率最高的一篇论文。这为本课题的研究奠定了较为扎实的实践和理论基础。

　　笔者自 2016 年 9 月至 2017 年 9 月在英国访学期间,从英国剑桥大学、牛津大学、伦敦大学教育学院、中央兰开夏大学等处复印、购买了大量的关于英国高等教育、国际应用技术型大学的改革与发展的文献资料,回国后又委托在美国、德国、英国的朋友购买了各种英文图书资料。紧接着,又对国内公开发表和出版的相关中文期刊论文和著作、译著进行了搜集、购买。"上穷碧落下黄泉,动手动脚找材料",可谓是几近可能地搜尽了国内外相关的文献资料。随后对这上万篇论文和近千本著作进行了分类、阅读、摘录、整理、提炼,然后开始分章节写作。其中,艰难、思索、困顿等可想而知。按原计划,本想要亲身到我国台湾地区的一些高水平的应用科技型大学和德国、荷兰、丹麦等有代表性的欧洲应用科学大学做几个月的考察与调研,可出乎意料的是,从 2020 年 1 月开始的席卷全球的新冠疫情,一直持续到 2022 年底。一再等待疫情好转后能够出外调研与考察,可一等就是三年。遗憾的是,由于国际国内各地防疫政策的限制,不但境外出不去,即便是国内各地的高校也无法去调研。鉴于此种无奈情形,只好先对国内学者到境外考察介绍的境外应用科技型大学相关成果加以研究,收集的大多是第一手的考察资料,有较大程度的科学性。此外,又通过电话、邮件、网络等多种途径对国内应用科技型院校的相关人员进行了访谈、调研并索取相关资料。国内外的这些相关资料,有许多作为案例补充进了本课题研究报告之中。在此过程中,兰州大学车如山教授、西安欧亚学院董事长胡建波博士、北京科技职业学院董事长周孟奎博士、厦门南洋学院董事长鲁加升教授、泉州职业技术大学董事长吴滨如博士、西南交通大学闫月勤教授、合肥学院夏琍副教授、武汉理工大学周群英副教授、东莞理工学院刘健教授、厦门市教育科学研究院刘丽建副教授、赣南师范大学李胜利副教授、南宁师范大学孙存昌副教授、肇庆学院童顺平副教授、厦门大学王亚克博士等提供了许多文献资料并协助做了相关调研工作。在本课题的研究过程中,还得到了厦门大学邬大光教授、别敦荣教授、刘振天教授,教育部副部长吴岩教授,大连理工大学院党委书记张德祥教授,浙江大学张应强教授,华南师范大学卢晓中教授,苏州大学周川教授,南京师范大学胡建华教授,日本广岛大学黄福涛教授,中国教育科学研究院原副院长高宝立教授,华中师范大学纪委书记陈厚丰教授,教育部教育发展研究中心刘承波教授,中国石油大学副校长刘华东教授,江西教育厅副厅长刘小强教授,合肥学院洪艺敏教授等师兄师姐的指导与帮助。此外,本课题还得到了全国人大常委会副委员长、民盟中央主席、中国科学院大学校长丁仲礼教授,民盟中央副主席徐辉教授,民盟福建省委会专职副主委刘泓教授,民盟厦门市委主委、中国科学院院士、厦门大学谢素原教授,中国高等教育学会原会长瞿振元教授,北京大学前校长林建华教授,中山大学前校长黄达人教授,上海师范大学前校长杨德广教授,曲阜师范大学党委书记、校长戚万学教授,华中科技大学教育科学研究院院长陈廷柱教授,山东交通学院党委书记王焕斌研究员,山东省教育科学研究院孙维胜研究员,山东师范大学党委副书记张文新教授、副校长张茂聪教授,曲阜师范大学谭维智教授,湖南大学李震声研究员,常熟理工学院顾永安教授,中国科学报陈彬老师,中国社会科学报张玲老师以及厦门理工学院原校长、福建省教育厅原厅长黄红武教授,厦门理工学院原校长陈文哲教授,厦门理工学院原党委书记、福建省委组织部原常务副部长、厦门市人大常委会党组书记杨国豪教授,厦门理工学院原党委书记、福建省政协副主席黄如欣研究员,厦门理工学院原党委副书记李泽彧教授等不同形式的指导、支持与帮助。还要感谢厦门大学出版社编校人员为本书的顺利出版所做的大量校对与编审工作。在此,一并致谢!

本书限于个人能力等主客观条件,还有许多问题留待后续研究。另外,本书撰写过程中尽量做到学术规范,凡他人观点与材料,尽量做到一一引注,在此一并向作者表示衷心的感谢,但也可能由于不同时间不同形式的资料搜集,难免有些许遗漏或错误,如有此种情况,敬请读者批评指正并予以谅解,待本书再版时再进一步改进与完善。最后,笔者由衷地感谢在本课题研究过程中给予过指导、帮助与合作的领导、老师、同学、同仁、朋友!

董立平

2022 年 12 月 6 日

于厦门市思明区源泉山庄寓所